第 三 章

日本帝国主义对农业的掠夺、破坏和农业、农业资源的浩劫

　　"工业日本,农业中国""以战养战""以中国的人力物力占领和灭亡中国",1941年12月太平洋战争爆发后,进而演变为"以中国的人力物力占领和统治世界"。这是日本帝国主义的基本国策,而重点和核心是掠夺和破坏中国农业与农业资源。中国古人用兵之道,"兵马未动,粮草先行";日本侵华之策,则是兵粮马草,就地掠夺。除了兵粮马草和军需补给,还要供给日本在华机构、侨民衣食,满足日本国内的粮食、棉花和工业用农产品原料的供应。为了满足如此巨大的农产品需求,单靠明火执仗的劫夺,显然远远不够,侵华日军、各级日伪政权和日本财团进而"统制"农产品交易和农业生产,多管齐下,软硬兼施,无所不用其极:征敛、摊派、征借、"集荷""出荷""搜荷""先钱后货"、贱价强购,成立"交易场""粮栈组合""农业仓库""合作社"等,对农产品统一"收集""交易""保管"。如此等等,全都是日本侵略者掠夺中国农产品的毒招。

　　日本侵略者在大肆掠夺农产品的同时,又不择手段掠夺和破坏各种农业资源,包括土地、森林、村落、民居、耕畜、农具(尤其是车辆)等。对土地、劳力的掠夺,在东北和华北部分地区,1931年"九一八事变"后甚至"九一八事变"前早已开始,1937年全面侵华战争爆发后变本加厉。东北和华北部分地区的土地掠夺是以"移民开拓"或开办"农场"的形式进行

的。"九一八事变"前，日本即以"韩民移满,日民移韩"的方式,向东北实行间接移民①,认为只有推行"农业移民",才能直接攫夺到自己"所缺乏的物资"和"所需要的资源"。② "九一八事变"后,日本在加速向东北移遣韩民的同时,开始向东北直接移民。全面侵华战争爆发前后,日本开始实施20年移民100万户500万人的长期移民计划。1937—1945年,日本移民总数可能近20万户。伴随着日韩移民的涌入,是对土地、房屋的大量掠夺。在东北,到1945年日本战败投降为止,日本共强占土地3900多万垧(合3.9亿多亩),交给日本移民"经营"(实际由中国农民佃种或无偿耕种)的221550垧(合221万余亩);在华北,仅天津、宁河两县,日本人即掠夺土地92.2万亩,开办了120座农场,占两县耕地面积的一半。③日本侵略者掠夺的相当一部分土地,直接用于军事目的和加强对占领区民众的镇压与法西斯统治,如建造兵营、据点、炮楼、碉堡、岗哨、壕沟、围墙、铁丝网、公路网、桥梁等,都大面积侵占、圈占土地,包括破坏和摧毁农田、园地、塘堰、堤坝、灌渠、村落、民居、公共建筑、景观、名胜古迹,等等。日本侵略者掠夺和圈占的土地中,包括相当一部分耕地或可耕地,被划为各种"禁区",禁止农民耕作、放牧、利用。侵华日军强制"集家并村",实行保甲"连坐",焚毁或拆毁原有村庄、农舍,在平坦耕作区建造"集团部落",将其周边3公里的范围内划为"禁住禁作地带",禁止居住、耕作、行人、放牧、砍樵,否则格杀勿论;并制造更大范围的"无人区"(如长城沿线宽300里、长700里的"千里无人区")。其目的除了加强对农民的禁锢和法西斯统治,更主要的是强制农民与土地隔离,切断农民的生存条件,对农民实行慢性屠杀。

劳力掠夺是日本侵略和掠夺的一个重要方面。因"以中国的人力物力占领和灭亡中国"是日本的基本国策,劳力掠夺又是实现其他侵略和

① 至1931年,已累计移遣韩民60万人,占垦稻田97万余亩(赵惜梦:《沦陷三年之东北》,天津大公报社1935年版,第70页)。
② 顾明义等主编:《日本侵占旅大四十年史》,辽宁人民出版社1991年版,第342页。
③ 天津市东丽区地方编修委员会编:《东丽区志》,天津社会科学院出版社1996年版,第173—174页;天津社会科学院历史研究所编:《天津历史资料》,1980年1月第5期,第15—16页。

人民文库 第二辑

中国近代经济史
（1937—1949）

上册（二）

刘克祥｜主编

人民出版社

掠夺目标的前提条件,同夺城掠地、农产品劫夺以及每一个侵略环节紧密相连,贯穿日本全面侵华战争的全过程:行军打仗,强制征发民夫自备车马运送粮草辎重,强征壮丁"随军服役",甚至入户抢劫,也强征农民充当挑夫;在日伪军驻地及据点,周边村庄每天均须指派额定民夫、牲口,到指定地点待命"支差",承担购物、运输、挑水、打柴和各种杂务;掠夺农田,则强制农民佃种,或抓捕劳力耕作;攫夺农产品,强制农民包装运输、建仓储存;"集家并村",实施法西斯统治,强制农民建炮楼、挖壕沟、筑围墙、装大门、架设铁丝网、站岗放哨;铲除桑林、枣林,强令农民自备刀斧砍伐;甚至活埋也强制受害人自己先挖坑。日本侵略者还大批抓捕、诱骗劳工进城或往东北、朝鲜、日本、南洋充当苦力。1937—1945 年 8 年间,日本共强掳输出华北劳工合计约 791 万人。日军掠夺的相当一部分劳力或夫差,不仅在服役、当差或承担某项工程期间备受蹂躏和折磨,而且一俟苦役或工程完结,则全部杀掉;若中途患病疾病,则以防止传染为名,亦立即杀掉或活埋。诱骗或抓获运往东北、朝鲜、日本、南洋充当苦力,情况也十分凄惨,劳工寿命极短,不少人就死在押运途中。

日本侵略者深知,即使是在日本全面占领中国的情况下,中国农业生产正常进行和发展,中国农民阶层继续生存、繁育,绝非日本之福。故日本帝国主义对中国农业、农业资源和农村经济,不仅仅是掠夺,而是掠夺兼破坏、摧毁,而且破坏、摧毁更甚于掠夺。破坏、摧毁手段各种各样,极其野蛮、凶残、阴险、恶毒,包括轰炸、烧杀,决堤淹毁城镇、村庄、房屋、农田;实行杀光、烧光、抢光"三光政策",将村落、民居变为焦土,农具、家具、器物、衣被、粮食、文契和其他所有财产,统统化为灰烬;"集家并村"、制造"无人区",筑围墙、掘深沟、修公路,耕地及农田水利毁坏无遗;强制进行和扩大鸦片种植,并征收惩罚性的高额"亩捐""保甲费""禁烟特税""烟捐"("烟灯捐""土钱")等,导致地力耗竭和贫瘠沙化、粮食作物用地被侵占和减少、加剧粮食破坏家庭、摧毁劳力,农民口粮短缺、农民心身损害、农业劳力更加缺乏、农民家庭经济加速破产。

日本侵略者丧心病狂的掠夺、破坏、摧毁和各种倒行逆施,使东北和关内沦陷区的农村社会结构、农业生产关系、产品交换遭到严重破坏甚至摧毁。日伪强制"集家并村",实行保甲"连坐",将农民逐出家园、耕作的土地,如同圈牲口一样,将其赶入"人圈"①,按新的结构编排,组织保甲,原有的屋邻、地邻关系和乡土情谊,以及以此为依托的生产协作关系,统统消失。同时,无论伪满还是关内沦陷区,农民的相当一部分耕地,被日本侵略者以各种名义劫夺、圈占,或交给日本"开拓团"、日本财团,传统农业生产关系被摧毁或发生蜕变。在伪满,农民不仅土地被强占,连自身都变成了供日本移民随意驱使的牛马;在华北,津北宁河一带,一些官办或私人农场、私人土地被劫夺,交由日本财团或浪人经营,原来的农工蜕变为农奴,或者失业,又普遍成立所谓"合作社",充当日伪搜集和掠夺农产品的工具。在农业生产、农业资源和农村经济亦遭浩劫,为了实现"工业日本,农业中国"的侵略目的,在伪满和关内沦陷区严格实施"农业统制",作物品种和面积结构,都有严格规定,强制执行,为了掠夺足够数量的棉花,甚至派军队强迫农民植棉。而农民收获的棉花,自己一两也得不到,同样农民生产小麦、大米,却尝不到任何面食、米饭滋味。这种建立在烧杀掳掠基础上的"农业统制",其结果只能是农业收成和土地产量的崩塌式下降,农业生产的衰退和崩溃。而这一切最终结果,再加上侵华日军越来越灭绝人性的军事扫荡和烧杀(包括大规模屠杀、毒杀、细菌屠杀)、奸淫(包括奸杀)、掳掠(包括破坏性或以破坏为主的掳掠),农民不只是家庭经济破产,普遍和急剧递贫化、均贫化和赤贫化,饥寒交迫,往往成为饿殍,而且随时可能成为日军刀下鬼。就算躲过了今天,但未必能躲过明天、后天;就算能躲过明天、后天,但粮食、衣被、财物被劫夺一净,房屋、村落变为焦土,水井被投毒,甚或填满尸体,连最基本的生存条件也没有,仍然只能在饥饿、死亡线上挣扎和煎熬。归根结底,这就是亡国奴的命运。

---

① 在农民眼里,牲畜才有"圈",而他们被赶进"部落""圈"起来,过着牛马不如的生活,因而称其居住的"部落"为"人圈"。

第一节　日本对东北农业的掠夺、
　　　　统制与农业的严重破坏

　　为了克服本国资本主义发展资源匮乏和国内市场狭窄的缺陷,同时为了实现通过"总体战"手段称霸世界的野心,日本帝国主义一直鼓吹"满洲是日本生命线"的论调,妄图把东北变成其掠夺战略资源和扩充军工生产的"兵站基地"。在掠夺东北农产资源用以发展重工业的军国主义侵略构想下,日本在东北地区建立了庞大的国家统制机构,并制定了周密的农业掠夺政策,有计划地对东北农村地区土地、劳动力、农产品、财物等大肆掠夺。还妄图通过向东北地区移民来巩固其殖民统制。这些掠夺行为,随着侵华战争的全面爆发和太平洋战争的爆发而愈加疯狂。其中代表着农产品掠夺的"粮食出荷"和代表着劳动力掠夺的"出劳工"成为当时东北地区农民最恐惧的两大噩梦。而被日本"开拓团"驱赶的中国农民四处流离失所,数不清的良田被种满了用以为日伪当局榨取钱财并麻痹中国人民的罂粟。可以说,在日本帝国主义的残暴统制下,东北农村变成了真正的"人间地狱"。

一、加速移民与土地掠夺的扩大

　　因日本国土面积有限,人口却日渐增加,缓解人地关系紧张的矛盾始终是近代日本挥之不去的难题。而第二次世界大战结束前的日本政府始终把对外移民看作是解决国内人口问题的"良策"。早在1931年"九一八事变"前,日本就成立了"拓务省"鼓动向巴西、美国和其他地区进行移民,但是效果一直难达预期。日本陆军部和关东军侵占中国东三省全境后,便将魔爪伸向了东北地区大片未垦甚至已垦的中国土地。他们借口日本国内"人口过剩""土地资源缺乏",在"开发建设满洲生命线","解决日本人口问题"等遮羞布的掩盖下,积极鼓励对中国东北地区的移民侵略。其实,上述日本当局明面所给出种种理由不过是其掩盖侵略罪行的幌子,向东北地区移民的目的也远远不止"农业开垦"那么简单。日本对东北地区移民的目的主要有三个:一是协助掠夺东北的农业资源;二是协助镇压东北人民的抗日运动,以达到"维持治安"的目的;三是防范来自苏俄的"威胁"。协助侵略可以说是这些移民被遣往东北最主要的目的。

另外,移民的普遍武装化和严密的军事组织度也充分暴露出他们远非一般的"开拓农民"。日本对东北地区的移民名义上分为武装移民和一般移民。很多日本移民"开拓团"都采取配备枪支甚至迫击炮等武器的武装移民形式。即便是所谓的"一般移民"中的男性也基本上在国内接受过"兵农训练",是作为日本准备入侵中国关内地区和苏联的后备兵源培养的。随着全面侵华战争的扩大和太平洋战争的爆发,日本兵源严重不足,"开拓团"中的男子被大量征召入伍。在此期间还实施了一种称为"满洲开拓青少年义勇队"新移民形式,在所谓熟悉满洲农业经营情况的伪装下,把16岁到18岁的日本青少年送到东北来训练,每年大约募集2万人,通过3年的兵农训练,为日本帝国主义侵略东北提供大批骨干。如1939年,日本侵略者仅在勃利县七台河村桃山地区就派遣3000名青少年组成"义勇奉公队",强占民地1.5万亩,其中仅耕耘了2000亩,并于1940年正式编入日本"开拓团"。①

日本对东北地区移民政策的实行经过了一个逐次推进的过程。早在1932年到1936年,日本侵略者就对"治安"还没有完全安定下来的东北进行了以退伍军人为骨干的五次"武装移民",并在刺刀威胁下通过。随着侵华野心的膨胀,日本对东北地区的移民侵略也日渐加速。并于1936年成立了"满洲拓殖株式会社",专门按照关东军的命令负责处理筹集"开拓"资金、收买管理移民用地、建造移民居所等具体移民事项。1937年又将"满洲拓殖株式会社"改组为"满洲拓殖公社",主要办理日本移民

---

① 勃利县志编纂委员会编纂:《勃利县志》,中国社会出版社1992年版,第85—87页。

的贷款、开拓用地的收买和分配管理、设立并运营移民的各类相关设施、对日本移民的培养和指导等事务。1938 年,伪满接连制定《开拓团法》《开拓农业协同组合法》《开拓农场法》,即所谓"开通三法",试图从法理上使日本"开拓团"进驻合法化。[①] 1939 年,伪满政府也配合成立"开拓总局",主管协调日本移民安置和所需土地掠夺工作。并在伪三江、龙江、吉林、兴安、黑河等十个省设置开拓厅,在 47 个县设立了开拓科,83 个县、旗设立开拓股,在伪政权构成了一张中央、地方有机联系的移民工作推进网络,积极配合日本的移民侵略。在日本国内,日本政府也逐渐从关东军和拓务省全方位接管了移民工作的主导权。同年 4 月 8 日,伪满政府宣布作为东北殖民地构建纲领的三大国策:产业五年计划,开拓移民,北边振兴[②],规定"满洲开拓政策是日满两国一体的重要国策",正式将对东北的"开拓移民"作为国策确立下来。从 1940 年开始,日本政府加紧了对东北移民侵略的步伐,并在其国内下属各府县内设专管移民事务的拓务课或"主事",并陆续成立了"满洲开拓协力协会""拓务协会""移民后援会"等机构,协调配合移民的宣传、征集、训练工作。

　　1937 年,日本帝国主义正式制订了针对我东北地区号称"百万户移民"的大规模移民侵略计划,这个移民计划完全暴露了日本帝国主义的侵略本质。该计划提出,要在 20 年内向中国东北北部移民 100 万户 500 万人口,准备在东北占地 1000 万町步。[③] 并以此计划为蓝本,于 1937 年和 1942 年分布制订并执行了两次所谓的"开拓五年计划"。在第一次开拓五年计划实行期间(1937—1941 年),移殖到东北来的日本移民约 9.36 万户,10.7 万人。青少年义勇队约 2.1 万人。共占用"开拓地"180 万町步,"土地收买费"3.7 亿元,伪满负担 2.8 亿元,日本负担 9000 万元。移民入殖费和其他费用约 1.94 亿元,日本和伪满政府各负担 9700 万元。在第二次开拓五年计划实行期间(1942—1945 年),移入日本开拓民 4.1 万户,其中 80% 是开拓青少年义勇队转变来的,开拓义勇队约 1.8

①　辽宁地方志办公室编:《辽宁通志》,农业志,辽宁人民出版社 2003 年版,第 33 页。

②　刘庭:《宝清县志》,大事记,宝清县地方志编纂委员会 1993 年印行,第 15 页。

③　满洲日日新闻社:《满洲年鉴》,1940 年 12 月印行,第 339 页。

万人。为此所占土地约 140 万町步。收买土地和农地造成费 2.35 亿元(全部由伪满负担),移民入殖费和其他经费 3.9 亿元,日满各承担 1.95 亿元。① 尽管日本帝国主义者移民计划的推行远没有预期顺利,到 1941 年仍移入了 8.5 万多户。从 1941 年到 1943 年,仅进入黑龙江地区的日本移民就共有 48172 户、11 万余人,建立了 69 个集团移民区②。1940 年至 1945 年伪满灭亡,总计完成移民 14 万余户。③

日本对东北的移民形式主要分为集团部落、集合部落、分散形态三种。集团移民是 1937 年开始实施的大规模移民侵略的主要形式,这种移民形式主要采取了"分村分乡"的办法,就是把日本的一个村或一个乡作为母村,从中分出一部分农户,组成一个开拓团,移到中国东北建立一个分村,或叫子村。1932 年至 1945 年日本移民中采用"分村分乡"方式进行移民的占总数的 74%。④ 而"关于集合形态,准据集团形态,构成集合部落"是一种户数上比集团部落较小的集体移民形式。所谓"集团迁居以构成村为、集合迁居以构成部落为目的,集团迁居主要从事开拓大面积的未耕地,集合及分散开拓者主要开垦小面积的未耕地或耕地"。⑤ 在第二次开拓五年计划实施期间,日伪取消了集团部落和集合部落的分别,五十户以上的开拓团均按集团开拓民对待。"关于分散形态,以自立为开拓农户之目标"⑥,一般是指 50 户以下移民迁居形态。

日本对东北的移民中绝大多数是农业移民,解决其所需的土地成为一个十分重要的问题。表面上日本帝国主义规定其移民所需要的土地优

---

① 中央档案馆等合编:《日本帝国主义侵华档案资料选编·东北经济掠夺》,中华书局 1991 年版,第 629 页。

② 黑龙江省地方志编纂委员会编:《黑龙江省志》第 6 卷,经济综志,黑龙江人民出版社 1999 年版,第 47—48 页。

③ 中央档案馆等合编:《日本帝国主义侵华档案资料选编·东北经济掠夺》,中华书局 1991 年版,第 629 页。

④ 政协黑龙江省委员会文史资料委员会:《黑龙江文史资料》第 30 辑,梦碎满洲,日本开拓团覆灭前后,黑龙江人民出版社 1991 年版,第 16 页。

⑤ [日]满史会:《满洲开发四十年史》下卷,东北沦陷十四年史辽宁编写组译,1988 年版,第 537 页。

⑥ 中央档案馆等合编:《日本帝国主义侵华档案资料选编·东北经济掠夺》,中华书局 1991 年版,第 661 页。

先是从"国有地、公有地、无主地、荒地"中获得,"努力不给原住民造成恶劣影响","除非万不得已的情况外,不得收买熟地。不进行强制收买,以妥善的价格并取得农民同意后再确定预购的土地"。① 然而在"收买"移民用地时,不但强买强卖的事情时有发生,而且经常采用"明买暗抢"甚至强制征用的方式赤裸裸地直接从中国农民手中掠夺走土地,给当地居民带来很大危害。特别是随着日本移民政策的推进和移民人数的增加,伪满后期连几乎无可开垦土地的东北南部地区也因当地可以进行"集约型农业经营""一定面积(土地)的人口收容力"有待"增大"而也成为日本"开拓民"大量涌入的地区。② 这就使日本移民与当地原有中国居民在土地所有权上的矛盾日益尖锐。在这种情况下,日伪当局当然不择手段地为日本移民掠夺中国原有居民的土地提供全力支持,其所采用的方法更可谓五花八门。

(一)其最常用的方式是以压低价格的方式,低成本强制从中国农民手中掠夺土地

这些日本移民往往与日伪政府当局勾结,对有主荒地一概以超低的价格强制收购,若是熟地也常常只给时价的一半,有时甚至"收买的价钱不论熟地、荒地一律每垧一元"。如日本"开拓团"入殖哈达河时候,"北满一带的土地价格,每垧既耕地12元至18元,荒地2元以上。可是日本军方和官办的'满拓'强行收买时,不论现耕地还是荒地,一律按1元收买。后来,日军把土地收买业务,交给了伪满政府。伪满政府定的土地收买价格是每垧荒地2元,即耕地20元。实际收买时,又把荒地和熟地合起来算每垧只给4.2元。据曾给'开拓团'当长工的赵玉杰回忆,1932年满拓收买土地每方(45垧)熟地只给250元,撂荒地仅给2元钱"。③ 在

---

① 中央档案馆等合编:《日本帝国主义侵华档案资料选编·东北经济掠夺》,中华书局1991年版,第631页。

② 大東亞省满洲事务局:《满洲开拓资料》第8辑,满洲开拓政策关系法规,昭和十八年(1943年)版,第38页。

③ 中国人民政治协商会议黑龙江省鸡西市委员会文史资料研究委员会:《鸡西文史资料》第4辑,1988年版,第138—139页。

海林地区,"每垧地最多仅给三元钱,不足当时地价的 1/10;还有的在支付土地款时就予扣五年的国税,实际上等于无偿占有"①。铁岭、昌图、新宾、安东、庄河、锦县、盘山等地日本开拓团也四处低价强购农民土地,"有的价值 6 万多元的土地,仅给 1.1 万元强行购买,致使当地许多农民无家可归,或被迫迁徙"②。1937—1941 年,日本侵略者在今吉林白城市及镇赉、大安、通榆、乾安、扶余、长岭、洮安、前郭等 8 县,以熟地每亩 2—3 元、荒地 1 角的低价,强行收买土地,谓之"开拓地"。同时日本"开拓团"又强征民工开荒,亦称"开拓地"。共有"开拓地"344.6 万亩,占耕地总面积的 24% 强。③ 在内蒙古东部地区,大郑线地带、辽河上游地带、三河地带、西辽河地带的 200 万公顷土地被列入开拓用地。"日本侵略者规定,开拓团入殖地区的原居民,必须向其他地方转移,从而使无数农民流离失所。据 1943 年 8 月日本开拓总局长在日满开拓主任官联络会议上所作的报告中透露,至 1942 年年末,共收买了 2000 万公顷的开拓用地,其中熟垦地即达 351 万公顷"。④ 很多农民不愿廉价出卖土地,日本侵略者则采取多种残暴措施逼迫其就范。如 1939 年,铁岭伪副县长古田传一要以一万元的价格收买本地居民吴敬烈在该县新台子村时价约 6 万元的田地,吴不同意。他便将吴敬烈传唤至县公署,对吴说:"收买移民地是国策,你赶快答应吧。"吴敬烈不答应,要求增加地价。古田便命令将吴监禁在伪县公署达 10 天之久,每天都对吴拳打脚踢数十次,还威胁说将其土地没收。终于逼吴无奈交出全部土地。⑤ 有时日本侵略者甚至故意罗织各种"罪名",杀害不愿出售土地的所有者并直接强占其土地。"富锦有一家姓王的,因不愿将自己的土地出卖,全家老小 8 口一齐被

① 中国人民政治协商会议黑龙江省海林县委员会学习文史工作委员会:《海林文史资料》第 2 辑,1988 年版,第 107 页。

② 辽宁地方志办公室编:《辽宁通志》,农业志,辽宁人民出版社 2003 年版,第 33 页。

③ 白城地区地方志编纂委员会编:《白城地区志》,吉林文史出版社 1992 年版,第 392 页。

④ 《内蒙古自治区志·农业志》编委会编:《内蒙古自治区志·农业志》,内蒙古人民出版社 2000 年版,第 109—110 页。

⑤ 孙邦:《伪满史料丛书·经济掠夺》,吉林人民出版社 1993 年版,第 761 页。

日寇枪决"。①

（二）强迫农民抵押土地贷款高利贷，再通过没收抵押物的手段剥削农民土地

日伪当局常常假惺惺地声称，为"改善农村金融关系"和"促进生产"为农民提供贷款。而这些贷款中有很多是其作为掠夺贷款者手中土地的诱饵的高利贷。这种高利贷大多采取分期借用的形式，"大约在春秋两季，县指导官吏便召集各区镇的保甲长，将农民的地照收集在一起，缴予县府保存，然后按亩发放贷款，但一般农民在初并不以为苦，或以为是恩惠，可是这种放款，并未规定付款日期，正值农家在青黄不接的时期，县府便派差赴各区镇，催促归款，而农民无法，只有听凭官家的办法，因此农民的良田，不知被官家强迫收去多少"。"收去的良田，当然是给朝鲜或倭民耕耘了"。这种贷款具有明显强制性，农民在日本侵略者威逼下大多不得不饮鸩止渴，不贷款的农民极少，且不贷款者"无时不受日寇的难为，不是说他是胡匪，便是说他与关内私通，作间谍工作。不然人家都负债，而你怎么能自足？于是想尽办法，结果必给弄至破产亡家为止"。②

（三）借口"整理地籍"霸占土地

日本入侵东北后所积极推行的"整理地籍"运动，不仅是其通过清算土地占有情况来确定农业税收榨取数额的方式，还是其进行土地掠夺的一种重要手段。日伪当局派遣的"地籍整理人员"往往"与各村地痞及土劣豪绅"相勾结，上下其手，使人民产权取决于三五人之片言，将土地归于其名下。日军整理了千千万万亩的土地，入了他们的腰包，许多人民的产权是被抹杀了。"譬如良人小谷节夫和熊谷贯组织一个昭和农业会社，他们调查了奉天以西各村庄一万多亩田地地主和佃户的姓名，在民国二十年十月三十日各给一个通知，大意说：'现在我们要整理这块土地，

---

① 孙邦：《伪满史料丛书·经济掠夺》，吉林人民出版社 1993 年版，第 778 页。
② 汤丏均：《沦陷了八年的东北农民》，《东北论坛》1939 年第 2 卷第 2—3 期，第 11—12 页。

限定十一月六日止，你们如不来立租约，后悔莫及！'这些村庄明知道日本人是想抢占他们的田地，又觉得还可以当佃户，只得忍痛立了租约；不料到了第二年转佃田地的时期之前，昭和农业会社就通知所有佃户迁移"。① 在吉林宝清，从 1934 年开始，日本侵略者以所谓"商租地"的名义，直接强占中国农民土地 12522 垧，后来逐渐将沿山区的广大荒原一律强占，作为日本殖民用地。1940 年后，日本侵略者从三合至顺义号一线建立日本武装开拓民团 18 个本部 50 余个号点。其中集团移民团 13 个，义勇队移民团 13 个，报国农场 6 个，移入的在籍人口总数为 6749 人。②

（四）通过借口军事用途或修建机场、公路等设施，以并村、征用的方式强占农民土地

所谓并村就是日军为了对付东北的抗日武装，将一二十个村的村民强制并到一个大的村庄里面来，以便统制。"敌人限定了某日一定人民都迁到指定的地方，到了那天，他们拿了煤油，浇在房上，点起火来，一片皆化为灰烬。不愿并村的人，往往被其烧死"。③ "因为大村庄距离原来农民的土地过远，农民没有方法耕种，只有脱离了土地使其撩荒。抛弃产业，这样便变成了'地主不明的土地'，被日寇没收，用作移民的土地"。④ 兴城县 1939 年将原来的 31 个街村并为 22 个街村；1942 年再将 22 个街村并为 12 个街村⑤；在并村的过程中，北镇县伪警察局强制将闾山深处的零散居民集中到附近村庄，又强迫部分农民远迁黑龙江伊安县开荒，大部分人不久即因水土不服、饥寒交迫，相继死亡。⑥ 日本帝国主义者还往往通过"没收叛乱者所有土地"的法令强占农民土地。他们"为要占夺土

---

① 于毅夫：《沦陷九年的东北农村》，《农业推广通讯》1940 年第 2 卷第 10 期，第 61—62 页。

② 刘广运：《宝清县志》，宝清县地方志编纂委员会 1993 年印行，第 119 页。

③ 寄培：《日本在东北的虐政》，《血路》1938 年第 39 期，第 624 页。

④ 于毅夫：《沦陷九年的东北农村》，《农业推广通讯》1940 年第 2 卷第 10 期，第 62 页。

⑤ 兴城市地方志编纂委员会编：《兴城县志》，大事记，辽宁大学出版社 1990 年版，第 16 页。

⑥ 北镇满族自治县地方志编纂委员会编：《北镇县志》，大事记，辽宁人民出版社 1990 年版，第 24、25 页。

地,会宣布全县为'叛乱',而夺取农民所有的土地。但很少有夺取中国人大地主的土地"①。如在吉林依兰县附近的永丰镇,日军借口围剿抗日义勇军,一次杀害了当地无辜居民两万余人,"所有田地和房屋都被日本人没收了"②。1939 年,日本侵略军在安图实行"三光政策",烧毁汉阳、石人沟、四岔子、江源等聚落。③ 另外,为了巩固对东北的统治,日军也常常征用农田修建公路、机场等设施。如从哈尔滨到牡丹江铁路沿线的许多土地就是在"国防地带"的名义下被抢占。1932 年日军侵占牡丹江后,以"军事用地"名义武装掠夺境内耕地 2500 垧,占总耕地面积的 1/4。其中在兴隆区为修机场、建兵营强占耕地千余垧,占该区耕地面积的 1/3。④ 1941 年,日军又曾以"危险地"和"维持治安"为名,强迫珠河县(今尚志县)帽儿山胡家粉房 600 户农民迁至鹤岗;1943 年以军用土地为名,逼迫宁安县卧龙山和芦家村 2000 余户居民,迁往瑷珲和孙吴,致使很多农民流离失所,家破人亡。⑤ 1941 年,日本侵略者在吉林勃利县(今属黑龙江)为了把勃利建成防苏第二线阵地,大修军营及飞机场(计机场兼营房 5 处、军营 2 处),强占耕地、荒地 710 垧。共计 416685 垧,相当于"九一八事变"前 1930 年全县耕地 33365 垧的 12.5 倍。⑥

到日本投降为止,日本在中国东北地区共强占土地 3900 多万垧,其中交给日本移民"经营"的土地仅有 221550 垧,其他都借口留待后续"开拓团"使用而任由其闲置。⑦ 这些耕地中,不但真正由日本开拓民"开垦"的荒地极其有限,其有效利用的土地亦是极少,大部分掠夺来的"熟地"

---

①　A.Zugln:《日本侵占东北九年的成果》,《时与潮(增刊)》1940 年增 9,第 19 页。

②　陈正谟:《日本铁蹄下之东北农民》,中山文化教育馆 1938 年版,第 17—20 页。

③　安图县地方志编纂委员会编:《安图县志》,大事记,吉林文史出版社 1993 年版,第 15 页。

④　牡丹江市志编审委员会编:《牡丹江市志》中卷,黑龙江人民出版社 1993 年版,第 757—758 页。

⑤　黑龙江省地方志编纂委员会编:《黑龙江省志》第 6 卷,经济综志,黑龙江人民出版社 1999 年版,第 47—48 页。

⑥　勃利县志编纂委员会编:《勃利县志》,中国社会出版社 1992 年版,第 85—87 页。

⑦　高青山:《中国近现代经济史纲(1984—1996 年)》,黑龙江教育出版社 1997 年版,第 111 页。

反而因日本开拓民无力耕作而成荒。到 1942 年年末,日本侵略者强征的"开拓地"中,至少有 351 万陌土地是东北农民先前早已耕作的已耕地,而这些已耕地中"只利用了 20 万陌,其他任其荒芜",非但没有"开拓"荒地反而使大量良田变熟为荒。这种掠夺东北农民赖以生存土地的做法,也严重"激化了反满抗日的斗争"。①

日本"开拓团"虽然号称为了"开发建设满洲"而来,但其团员鲜有真正勤于农业生产者,相反多系完全依靠将分配的土地雇佣或租佃给中国农户耕作的"寄生虫"。在"开拓团"或"开拓民"掠夺的土地中,大约66%出租给中国农民耕种,其中肇东县的日本"开拓团",把掠占土地的95%出租,一些自耕的"开拓民",也是雇用中国农民为其耕种。许多失去土地的中国农民,沦为日本"开拓民"的佃户和雇工,遭受残酷的奴役和剥削②。五常地区的日本"开拓团"所占有的土地中,日本人直接耕种的土地只有 14055 垧,租给朝鲜人耕种的有 3030 垧,其余 40915 垧可耕开拓用地,"均由日本开拓团出租给中国农民耕种"③。在吉林白城市及镇赉、大安、通榆、乾安、扶余、长岭、洮安、前郭等地,日本侵略者将大量通过低价购买强占的土地又强行租给农民耕种,每亩年租一等地 1.3—1.4元,二等地 1 元,三等地 0.8—0.9 元。④ 在延吉县,日军所办的"东拓株式会社"大量侵占土地,高价租给农民耕种,限期坐收本利。今兴安乡实现村、红旗村农民多为这种佃农,称"小作农"。⑤ 另据吉林铁路调查局和锦州铁路调查局的调查,在其各自分管的铁路沿线内,日本农业移民将土地全部出租给当地中国农民用耕种的情况十分普遍。⑥

---

① [日]满史会:《满洲开发四十年史》上卷,东北沦陷十四年史辽宁编写组译,1988 年版,第 458 页。
② 黑龙江省地方志编纂委员会编:《黑龙江省志》第 6 卷,经济综志,黑龙江人民出版社1999 年版,第 47—48 页。
③ 中国人民政治协商会议黑龙江省五常县委员会文史资料研究委员会:《五常文史资料》第 1 辑,1986 年版,第 78—80 页。
④ 白城地区地方志编纂委员会编:《白城地区志》,吉林文史出版社 1992 年版,第 392 页。
⑤ 吉林省延吉市地方志编纂委员会编:《延吉市志》,新华出版社 1994 年版,第 140 页。
⑥ 安东正:《農業自由移民事情》,南滿洲鐵道株式會社産業部農林課拓殖係,1937 年版,第 35—42 页。

　　另外,从移民的自身安全等角度考虑,日伪当局本来原则上规定日本"开拓团"不得与中国农户混居,也不得雇佣中国农民生产,后来由于战争紧迫,日本"开拓团"中大量男子参军入伍,"开拓团"中劳动力越发缺乏,逐渐"开始雇佣中国农民为其生产"①。1939年,日本青年进步作家岛木健作的考察也证明了这些日本移民不但未尝给东北农村带来任何先进的"生产方式",反而在生产力和生产关系上完全承袭了东北地区的原有方式。这些摇身一变为农村中新的地主或经营地主的"开拓民"基本上没有带来任何"近代性"的因素。他在访问了东北北部地区15处"开拓地"和5处"青年义勇军"训练所后,对日本国内移民东北的"开拓民"在东北境内的农业生产做了概述:"我所走过的开拓田,不使用'满人'力量耕作的一个也没有。""'开拓民'所采用的农耕方式,仍是原有的满洲式农法。""我绝非抱着幻想去的,但新式农机未被使用的情况仍然使我感到意外。仍然是犁杖、木头辊子、点葫芦、锄头、石头磙子。""像北海道犁那样的西式农具被弃置在露天之下锈蚀的实况,是我曾多次见到过的。"②在哈达河,开拓团"家家都雇佣中国农工,不少开拓团员实际上变成了经营地主"。日本人除了雇佣中国农民作劳工、以百分之五十的地租率收取实物租外,"还经常强迫中国农民做无报酬的公务劳动和无代价的家庭帮工"。据当地农民李奎横说:"日本人熊人的办法可多了,租了他们的地,除了要地租,还得给他零活,年节还得送礼,不然,来年就不租给你地种"。③ 中国农民不仅土地被强占,连自身都变成了供日本移民随意驱使的牛马。

二、农业统制与农产生产、农村经济的浩劫

　　东北地区的农产品在日本帝国主义的殖民地体系中具有至关重要的

---

① 郭化市政协文史资料委员会:《郭化文史资料》第7辑,1990年版,第12页。

② ［日］岛木健作:《满洲纪行》,东京宝石社昭和十五年(1940年)版,第25—32页。

③ 中国人民政治协商会议黑龙江省鸡西市委员会文史资料研究委员会:《鸡西文史资料》第4辑,1988年版,第140页。

作用。东北地区所生产的棉花、水稻、苏子、大麻子、洋麻等农产品一直被日本帝国主义者视作维系其战争机器运转的重要战略物资。另外,大豆等农产品的出口也为日本帝国主义提供了发展作为军工基础的重工业必需的外汇。"'满洲国'成立以后,'满洲'的农产品是日本帝国主义(通过外贸)获取外汇的主要来源,而外汇对它推进重工业开发事业来说是不可或缺的"。[①] 随着太平洋战争的爆发,日本本土农业生产量逐年下降,亦急需掠夺东北地区的大量农产品输往日本以支撑其将被战争拖垮的国内经济。因此,从一开始,掠夺农产品就是日本帝国主义在东北殖民地最重要的任务,伪满政府的农业政策也表现出突出的掠夺本质。

早在1933年3月1日,伪满政府颁布了《满洲国经济建设纲要》,提出要确立由日本通过"日满经济一体化"垄断控制伪满各个经济部门的经济统制政策,确定了通过掠夺东北农村资源用以发展日本国内和东北重工业的殖民构想。强调极力扩张高粱、棉花等作物的种植面积,以尽力促进"一般农产物之输出",换取工业急需的外汇。1934年4月,又成立"满洲棉花股份有限公司",规定东北棉花的一切交易行为必须强制经交该公司进行。迈出了通过统制手段掠夺东北农产品的第一步。

1937年,随着日本侵华战争的扩大,其开始在东北农产品领域实施全面统制政策,进一步加紧了对东北地区农产品的掠夺。1937年11月,伪满颁布《棉花统制法》,随后又颁布《棉花统制法施行规则》,对棉花的产供销及棉种改良、配给实行一元化的经济统制,开始将统制经济的魔爪伸向农产品的生产领域。随后又开始建立烟草会社和亚麻、蓖麻子等"特殊作物"的"集荷"事务所。强迫农民按照其指定的"分配额"种植这些"特殊作物",秋后向其指定的农产收购机关以"法定准许"价格强制收购。1938年,日伪又推出了《米谷管理法》,将大米规定统一由"满洲粮谷会社"强制收购。1939年,又先后推出了《特产品专管法》和《粮谷统制法》,规定:大豆由"满洲特产专管会社"实行统制;高粱、小米和玉米则由

---

① [日]浅田乔二、小林英夫:《日本帝国主义对中国东北的统治:以十五年战争时期为中心》,东北沦陷十四年史吉林编写组内部资料,1993年印行,第320页。

"满洲粮谷会社"实行统制;小麦由"满洲谷粉会社"实行统制。至 1939 年秋,东北主要农产品的收购已经全面纳入日伪统制的范围之内。对于畜产物方面,日本侵略者也于 1939 年制定了《家畜调整法》,对如马、牛、羊等重要家畜,实施了移动、配给、输出入和屠宰等方面的统制。1938 年从伪"蒙疆"地区输出的物资总值为 10839 万元伪币,次年增至 97056 万元伪币,增加近 8 倍。太平洋战争爆发后,日本侵略者指使德穆楚克栋鲁普提出"生产协力三大原则",即"粮食就是子弹""羊毛就是火药""人力就是武力",归绥及周边地区的粮食、畜产品和劳动力成为日本侵略者加紧掠夺的重要物资。1944 年察绥地区输出的畜产品比 1939 年增加了 6 倍;1944 年该地区输出的粮食相当于 1939 年的 1.58 倍。为了确保劳动力供给,日伪成立了"劳工协会",作为日伪政府统制劳动力的机构,负责征集劳动力。据不完全统计,自 1941 年至 1943 年上半年的 3 年半时间内,在察、绥地区征集的劳动力达 84107 人。根据其后来制定的《贸易统制法》所规定的统制范围,除重要战略物资外,包括羊毛及其制品,毛皮、皮革及其制品,杏仁、蘑菇、麻类及其制品,小麦、大麦燕麦(莜麦)、荞麦、高粱、粟、黍子、玉米、大豆、小豆、豌豆、绿豆、蚕豆、扁豆、黑豆和其他谷物及其制品。可见几乎所有农业和副业产品都属于日本侵略者的统制和掠夺对象。为了将农产品的掠夺工作更加协调有序地进行,1941 年 8 月,日伪将以往设立的"满洲特产专管会社""满洲谷粉会社""满洲粮谷会社"三家农产品统制机构合并为"满洲农产公社",规定一切统制农产品的买卖必须经过"满洲农产公社"进行,通过将原有粮食流通机构粮栈整合改组为更易于控制的"粮栈组合",并极力取缔其掌控外的所谓"黑市交易"[①],力图全面控制东北农村的剩余农产品的流通。同时,对农产品的收购实行"先钱制度"(亦有称为先钱后货制度者),与农户在农产品已播种且未收获时,按农民未来收获后的预计出售量签订契约,并按该数量支付每斤若干的预付金,从货币金融领域向东北农产品的流通甚至生产

---

① 〔日〕浅田乔二、小林英夫:《日本帝国主义对中国东北的统治:以十五年战争时期为中心》,东北沦陷十四年史吉林编写组内部资料,1993 年印行,第 381 页。

领域进一步渗透,妄图通过预付契约将农户进一步牢牢栓套在其农产掠夺体系之中。

经过"满洲农产公社"强行收购的农产品,其价格远远低于原来的市场价格,可以说就是一种赤裸裸的掠夺。对于棉花等"特产物",收购的价格更是"低于市价的十倍","棉农每年卖棉花所得的报酬,尚不能换回足够的食粮。种棉区有饿死人的"①。这种情况下,农民宁可去黑市交易也不愿把粮食卖给日伪的收购机构。故一开始,日本侵略者通过统制经济掠夺东北地区农产品的企图并不理想。1939 年,其在东北各地设立的各个"统制会社"尚且"收购量甚少"②。为了扭转这种局面,日本侵略者于 1939 年开始(1940 年实际正式执行)在东北全面推行了一种叫粮谷"出荷"(亦有称"搜荷")的残暴粮食掠夺政策。

所谓"出荷",就是按一定价格一定数量强制收购农民的粮食。这种收购价格一般极低,而"出荷"的数量则完全依靠日伪当局的需要制定。如在黑龙江省,这种官定的"出荷"粮谷数量很大,一般大豆要占产量的80% 以上,小麦为 60% 左右;而且价格又很低,当时大豆市价每百公斤伪币 200 元,而官定的"出荷"价仅 17 元,只有市价的 8.5%。到了后来连原来少得可怜的现金都不给了,只给些"更生布"(更生布是日伪政权用破布、旧棉花织成的布,粗糙不耐穿,用以换农民的粮食)之类的工业品③。为了保证"出荷"数量的完成,日伪政府或其下属的兴农合作社,"与农民签订'出荷'契约,春订秋不变",不管秋后收成如何,都强迫农民如数"出荷"给日伪组织的"出荷督励班"④。1942 年以后,对"出荷"粮谷实行强制摊派主要就由这些"出荷督励班"负责,其"出荷督励"的工作一般由地方伪政府领导,协和会协助动员,兴农合作社具体负责。"1940 年 3 月 28 日,

① 中央档案馆等合编:《日本帝国主义侵华档案资料选编·东北经济掠夺》,中华书局1991 年版,第 552 页。

② [日]满史会:《满洲开发四十年史》上卷,东北沦陷十四年史辽宁编写组译,1988 年版,第 509 页。

③ 黑龙江省地方志编纂委员会编:《黑龙江省志》第 6 卷,经济综志,黑龙江人民出版社1999 年版,第 44—46 页。

④ 孙邦:《伪满史料丛书·经济掠夺》,吉林人民出版社 1993 年版,第 44—45 页。

日伪当局将'农事合作社'与'金融合作社'合并,成立县'兴农合作社',又伪县长和伪协和会长兼任正副理事长,实行社、政、协三位一体。自此,'兴农合作社'变为日伪残酷压榨的一支别动队,逼'出荷',抓劳工,皆由其牵头"[1]。"兴农合作社"这种严密的三位一体工作体制,大大提高了日伪当局对农产品掠夺的效率,因此东北农民多称其为"坑农合作社"。

　　"出荷"期间,这些"兴农合作社"组织的"督励班"分赴各地进行搜查,警特四处监视,禁止农村往城市私运粮谷。"规定市场粜粮之路线,对于规定道路以外之运搬者,认为暗盘交易",加以严惩[2]。如"四平省出荷严厉,出荷粮占全满首位。并对农民进行暗中交易者,即定为'国贼',严惩不贷,用以表示'击灭'美英之决心"。伪省长曲秉善因此还获得了伪满国务院巨额奖金。[3] 并强行取缔了一切民间油坊、磨坊等农产品加工业。同时,大量伪官吏、伪警察涌入农村,在地方村屯长的带领下,挨家挨户地搜查农户家中所存的农产品,将"出荷"的村庄搅得鸡飞狗跳。"遇有天灾等原因歉收,也不容少交"[4]。对完不成出荷数量的农户,"则施以酷刑。如'跪板凳、举林桔、打板子、压杠子、灌凉水'等。至于翻箱倒柜、打骂群众,则是家常便饭"[5]。一些地方对完不成"出荷"的农民甚至被当众"虐杀",如"把铁条烧的火炭红往身上穿,在零下四十多度的严冬里,叫农民脱得赤裸裸的站在院里往身上泼凉水"[6]。一些地方甚至发展到"武装出荷"这种明火执仗地抢劫行径。在日本侵略者的淫威下,"无粮群众,愁肠百结,四处张罗,唯恐受罚"。而日伪当局还往往"验粮

---

①　庄河县志编纂委员会办公室编:《庄河县志》,大事记,新华出版社 1996 年版,第20 页。

②　华北综合调查研究所紧急食粮对策调查委员会:《满洲食粮搜集机构与搜集对策:为检讨满华北食粮事项之比较研究》,昭和十八年(1943 年)版,第 14 页。

③　四平市地方志编纂委员会编:《四平市志》第 2 卷,大事记,吉林人民出版社 1993 年版,第 39 页。

④　黑龙江省地方志编纂委员会编:《黑龙江省志》第 6 卷,经济综志,黑龙江人民出版社1999 年版,第 44—46 页。

⑤　中国人民政治协商会议义县委员会文史资料委员会编:《义县文史资料》第 1 辑,1985年版,第 48 页。

⑥　楚珍、董化民、龙干扎布:《不堪回首忆当年:出荷逼死人》,《军政大学》1946 年第3 期。

时降等压级,稍有争议,即遭毒打"①。

通过上述残暴的粮谷"出荷"政策,日本侵略者所收刮的粮食呈现出逐年增加的态势:1940 年伪满计划完成粮谷出荷 600 万吨,1941 年增加到 680 万吨,1942 年为 720 万吨,1943 年为 780 万吨,1944 年为 820 万吨,1945 年则增加至 900 万吨②。上述出荷粮食数量的增加,完全是日本侵略者粮食掠夺手段日益残暴的结果。这主要反映在东北地区粮食出荷量占总生产量的比率,随着日伪"出荷督励"严厉推进,所呈现出的逐年增加的态势。1940 年仅为 27.4%,1941 年为 31.8%,1942 年上升至 37.1%,1943 为 42.4%,1944 年竟达到 48.9%③。其中舒兰县等部分地区"出荷"量更是达到了总产量的 50%以上④。除此之外,对于牧产品的"出荷"比率亦属极重。如 1944 年新巴尔虎左旗规定每 100 只羊要"出荷"25 只,每 300 匹马要"出荷"100 匹,每 5 只羊要"出荷"1 张羊皮。⑤农民在平常年景只能因此吃糠咽菜,如遇荒年,只能家破人亡。⑥ 以阿城县为例,该县在将自己所生产的粮食半数都交了"出荷","剩下的粮去了交地租、做种子、饲料,余下的口粮已经是所剩无几了"⑦。在庄河县,日伪当局对交不齐"出荷"数量的粮食者,尽皆"施以罐辣椒水、压杠子、毒打等酷刑"。在哲里木盟的科左中旗,日本侵略者为收购"出荷"的粮食,下令"出荷"任务完成前封闭全部碾磨,严禁碾米磨面。⑧ 仅 1938 — 1944

---

① 中国人民政治协商会议鞍山市委员会文史资料研究委员会编:《鞍山文史资料选辑》第 6 辑,1986 年版,第 102 页。

② 中央档案馆等合编:《日本帝国主义侵华档案资料选编·东北经济掠夺》,中华书局 1991 年版,第 545 页。

③ 东北物资调节委员会研究组编:《东北经济小丛书·农业(流通篇上)》,1947 年印行,第 8 页。

④ 东北物资调节委员会研究组编:《东北经济小丛书·农业(生产)》,1947 年印行,第 17—18 页。

⑤ 《内蒙古自治区志·农业志》编委会编:《内蒙古自治区志·农业志》,内蒙古人民出版社 2000 年版,第 110—111 页。

⑥ 孙邦:《伪满史料丛书·经济掠夺》,吉林人民出版社 1993 年版,第 186 页。

⑦ 中国人民政治协商会议黑龙江阿城市委员会文史资料委员会编:《阿城文史资料》第 7 辑,1996 年版,第 68 页。

⑧ 《内蒙古自治区志·农业志》编委会编:《内蒙古自治区志·农业志》,内蒙古人民出版社 2000 年版,第 110—111 页。

年,日伪就从全县农民手中掠走粮谷约 110 万吨。按 1935 年的主要粮谷产量计算(除此,未见 1932—1945 年其他年份粮谷产量统计),110 万吨"出荷"粮谷相当于 8 年的粮谷产量。① 1943 年拜泉县遭受大水灾,农产品产量减收 3 成,但仍被逼按原定 149680 吨缴纳,致使农民严重缺粮,有的被饿死。1944 年,伪龙江省农民共交纳出荷量 721939 吨,占总产量的 52%,平均每垧交纳出荷粮 844 斤,占垧产量的 51%。按当时农业人口计算,每人负担"出荷粮"890 斤。②

更有甚者,一些伪满官吏为了向日本主子表功,还在规定的"出荷"数量上,再随意增加"报恩出荷""道义出荷"等额外追征③,或虚报收成增加出荷额④,这些情况使得农民所受压迫更加沉重,生活越发没有着落。如 1943 年,"在前年的时候,由于春季有异常的旱灾,收获比往年,虽然减少了百万吨的情况",吉林省协和会在完成了当年出荷量后,强令农民从自己消费的大豆中再拿出 15 万吨,作为给"皇军"的"报恩出荷"。龙江、滨江、奉天的伪官吏也纷纷效仿,又从这三省额外搜刮出 13 万吨大豆,"共凑成二十八万余吨,尽数交给日本"⑤。在伪满各级官吏全力搜刮下,当年的"出荷的成绩,反到有比前年度增加百万吨的时期",对此大小汉奸无耻地弹冠相庆:认为"因之略略补充了战时下日华两国的紧急需要。这可以说是善妙用统制的表现"⑥。在如此的横征暴敛下,很多农户甚至将口粮和种子都被迫"出荷",甚至将所有粮谷掠夺一空,还是不够

---

① 据统计,1935 年庄河主要粮谷产量为水稻 10510 吨,旱稻 826 吨,玉米 80056 吨,高粱 16280 吨,谷子 5306 吨,大豆 23446 吨,合计 136424 吨。另 1978 市亩小麦产量不详(据《庄河县志》,第 310 页,"庄河县农作物播种面积及产量表")。

② 黑龙江省地方志编纂委员会编:《黑龙江省志》第 6 卷,经济综志,黑龙江人民出版社 1999 年版,第 44—46 页。

③ 中国人民政治协商会议庄河县委员会文史资料研究委员会编:《庄河文史资料》第 5 辑,1989 年版,第 47 页。

④ 政协清原满族自治县委员会文史资料委员会编:《清原文史资料》第 1 辑,1992 年版,第 47 页。

⑤ 中央档案馆等合编:《日本帝国主义侵华档案资料选编·伪满傀儡政权》,中华书局 1994 年版,第 685 页。

⑥ "建国"印书馆编印:《"大东亚宣告"与"满洲国"》,伪康德十年(1943 年)印本,第 59 页。

"出荷"所摊数量。"剩下的吃粮、马料、种子严重不足,自食只能靠土豆、橡子面充饥"。或"以杂粮野菜糊口"。①"造成连年饥荒,人民饥寒交迫"②,农民不是"乞讨求生,流落他乡",就是冻饿而死③。

在日伪当局全面控制农产品流通领域、彻底取缔正常的市场价值规律交换行为的前提下,其所推行的农产品统制政策对中国人民的压榨也并不仅仅及于强制低价收购农产品的层面,在农产品配给、农业生产资料配给等分配领域的压榨也颇为沉重。日伪当局对东北各城市居民的粮食供给先后开始实行严格的配给制。如1940年6月,辽宁盘山伪县公署施行颁布《物价、物资统制法》,随后公布《主要生活必需品价格和配合制纲要》,推行统配生活必需品制度,1941年12月规定,不准百姓吃大米、白面,不准弹棉花织布,不准买卖粮食,否则以"经济犯"论处。④ 这就导致当时的东北地区到处是这种奇怪的现象:基本不从事农业生产的日本人享用着细粮,而真正在农田辛勤劳动的中国人却只能吃粗粮。中国人吃了自己生产的细粮反而要受到严厉处罚。上述配给方法,名义上说"照顾各民族的生活方式",实际上是"欺骗群众,完全是以日本人为中心的配给制",通过人为压低中国人的粮食消费水平,将有限的粮食资源集中配给给日本殖民者享用。当时主要粮食的配给标准是:日本人每人每月14公斤大米;朝鲜人每人每月14公斤小米;中国人每人每月14公斤玉米、高粱米、小米;中国人、朝鲜人中的高级官吏和特殊会社的高级职员按日本人的标准配给⑤。且随着战争形势的恶化,已经很少的定量配给数额在不少地方还呈现出逐渐降低的趋势。如1944年4月1日,沈阳市伪

① 黑龙江省地方志编纂委员会编:《黑龙江省志》第6卷,经济综志,黑龙江人民出版社1999年版,第44—46页。

② 庄河县志编纂委员会办公室编:《庄河县志》,大事记,新华出版社1996年版,第19—20页。

③ 舒兰县政协文史资料研究委员会编:《舒兰文史资料》第2辑,1986年版,第49页。

④ 熊维诚:《盘山县志》,大事记,沈阳出版社1996年版,第10页。

⑤ 袁秋白、杨瑰珍编译:《罪恶的自供状:新中国对日本战犯的历史审判》,解放军出版社2005年版,第89页。

政府就擅自将每月的配给额降为大人 9 公斤，中人 6 公斤。① 另外，不少农民所需的工业品也必须配给发放，不得私下交易。日伪当时利用这一点，将布匹等工业必需品的配给与粮食"出荷"的数量挂钩，逼迫农民低价"出荷"粮食以换取少量必需的布匹等工业品配给。在如此残暴的配给制下，中国人如果储存大米、白面等细粮，一律以"经济犯""国事犯"罪名论处；而食用这些细粮者，则被冠以"思想犯"的罪名。被冠上上述"罪名"的中国人，轻则坐牢或被毒打，重则丧命。另外，日伪所声称的粮食、布料等物资的配给量不但数量微少，各级伪政府官吏在实际发放时也常常经常拖欠、克扣，进一步加重了普通中国民众的痛苦。

日伪的残暴配给制度，导致当时东北地区物资奇缺，黑市猖獗。1942 年，沈阳若以当时"公定"价格为 100 计算，黑市价格为：大米 415.7，白面 694.2，高粱米 603.4，小米 399.5，大豆 440.2，鸡蛋 173.1，猪肉 154.4，牛肉 136.3，砂糖 416.8，豆油 775.2，烧酒 283.1，纸烟 381.0，棉纱 1054.2，棉布 999.5，煤 238.3，火柴 500.5②。1944 年，因物资越来越短缺，黑市价格进一步飞涨，更加民不聊生。以当时"公定"价格为 100 计算，黑市价格为：大米 1669，白面 3757，高粱米 1762，大豆 1473.2，鸡蛋 324，猪肉 466.7，牛肉 530，砂糖 2058.4，豆油 1945.2，烧酒 1438.5，纸烟 751.6，棉纱 3033.1，棉布 6973.1，煤 857.1，火柴 1104.2。而且实际上有价无货。③ 到了 1945 年 6 月，黑市物价指数与统制物价指数之比已经达到 17∶1。④ 很多因短缺配给而不得不依赖于黑市交易的百姓，深受其苦，常以草根米糠充饥，饿死或因缺粮自杀者时有出现。⑤

---

　　① 沈阳市人民政府地方编纂办公室编：《沈阳市志》(1)，综合卷，大事记，沈阳出版社 1989 年版，第 80 页。

　　② 沈阳市人民政府地方编纂办公室编：《沈阳市志》(1)，综合卷，大事记，沈阳出版社 1989 年版，第 79 页。

　　③ 沈阳市人民政府地方编纂办公室编：《沈阳市志》(1)，综合卷，大事记，沈阳出版社 1989 年版，第 80 页。

　　④ 沈阳市人民政府地方编纂办公室编：《沈阳市志》(1)，综合卷，大事记，沈阳出版社 1989 年版，第 81 页。

　　⑤ 中央档案馆等合编：《日本帝国主义侵华档案资料选编·东北经济掠夺》，中华书局 1991 年版，第 603 页。

在农产品的生产领域,日伪还煞有介事地大力开展所谓的"农产增产运动",以更多地从东北掠夺粮食充当战备。该运动的本质是,妄图根据其掠夺数量的需要订立各个农产品增产指标,再根据所订立的指标通过威逼利诱的方式有选择地干预农民的生产,最后通过其控制的粮食流通领域的便利迫使农民将增产的成果全部"出荷"。具体而言,他们计划"除迅速增产植物油料资源(大豆、苏子、蓖麻、小麻子等)外,还需积极增产稻米和其他粮食,确保纤维原料的产量,使得农产资源等顺利交售",实现农产品各项生产指标有侧重地增长,"对完成大东亚战争作出贡献"。仅 1942 年伪满主要农产品生产指标就有:大豆产量 411 万吨(交售量 300 万吨)、苏子产量 8.2 万吨(交售量 7.6 万吨),蓖麻产量 7.9 万吨(交售量 3.5 万吨),小麻子产量 7.9 吨(交售量 7 万吨),三种粮食(高粱、粟、玉米)产量 1227 万吨,水稻产量 99 万吨,棉花、洋麻、青麻、线麻和柞蚕,确保完成第二个五年计划产量。烟草生产卷烟 240 支所需数量,甜菜核成品 3 万吨。[①]

在日伪当局所鼓动的这场"农产品增产"运动中,其所采用的促进增产手段可谓五花八门。其具体手段包括:增加土地开垦数量;动员非农人口参加农业劳动;推进种子改良;提供施肥、农作物病虫害防治等方面的技术指导;提高急需特用农作物出荷时所配给的工业品数量;投资兴修水利;增加对农业生产的贷款援助等。

虽然日军为实现农产增产可谓费尽心思,但是大多数增产方案受其掠夺农业的本质限制只能流于表面形式。因日伪强制"出荷"价格要远低于农产品的生产成本(见表 3-1),无论如何其改进种子、肥料、农药等农业生产要素,实际农民在农业生产中肥料、畜力、雇工等要素上投入越多也只会亏损越多,农民从事农业生产的积极性也只会越来越低。另外,在伪满时期工农业产品价格的"剪刀差",也在伪满政府掠夺农业以扩充工业的政策基调影响下,呈现出越来越大的趋势。不但农具、肥料、农药

---

① 中央档案馆等合编:《日本帝国主义侵华档案资料选编·东北经济掠夺》,中华书局1991 年版,第 414 页。

等农用工业品的价格水涨船高,雇工工资也因工业品上涨所带升的生活成本而上涨。农业生产中的生产资料和雇佣劳动力投入也因生产成本原因而骤减。另外,在日本侵略者所推行的严格物资配给制下,很多农业生产资料的取得都必须依靠日伪的配给发放。而这种配给不但数量极少,且发放条件十分严格。如可以作为肥料的豆饼,只有在生产并"出荷"如棉花等特用作物时候农民才能得到少量配给份额。私自买卖或生产豆饼者,则会被当作"经济犯"严惩。农民在正常农业生产中获得上述生产资料越来越困难。另外,日本侵略者在1940年先后颁布了《军马资源保护法》和《马籍法》等马匹统制政策,开始大肆掠夺东北农村畜力资源。特别是太平洋战争爆发后,日伪开始大批征购军马,以适应扩大侵略战争的需要。4年间日伪在东北全境征购军马达39万匹,致使东北全境农村马匹奇缺,畜力不足的情况更加严重,农业生产受到严重影响①。在生产资料和雇佣劳动力投入严重不足的情况下,农业生产数量也必然受其影响而逐渐减少。

表3-1 伪满各地公定粮食"出荷"价对生产成本的比率(1939年)

(单位:%)

县别 \ 品名	大豆	高粱	玉米	小麦
克山	58.1	106.4	94.1	88.9
龙江	44.6	80.8	88.7	—
呼兰	48.6	104.1	100.6	97.7
双城	44.4	107.4	84.6	104.2
永吉	46.6	69.3	70.8	—
沈阳	79.1	137.1	—	—
辽阳	62.8	—	—	—
海城	57.9	—	—	—

资料来源:[日]浅田乔二、小林英夫:《日本帝国主义对中国东北的统治:以十五年战争时期为中心》,东北沦陷十四年史吉林编写组内部资料,1993年印本,第373页。

———————————

① 吉林省地方志编纂委员会编:《吉林省志》第16卷,农业志,畜牧,吉林人民出版社1994年版,第52—53页。

　　而日本侵略者对东北农业生产劳动力使用的各项"统制"政策则更是荒唐。伪满先于1941年4月1日,在各学校推行"义务劳动制",强迫学生"义务劳动"。[1] 1942年11月18日又颁布《国民勤劳奉仕法》,规定22—30岁男性青年,凡检查"国兵"未合格者,一律编入勤劳奉仕队(通称"国兵漏"),强制劳役3年(每年4个月)。[2] 不过,一方面,大量农村适龄劳动力被强制征调往工矿、水坝等非农产业;另一方面,大批并不擅长于农业劳动的城市学生、失业的工商业者被同时征调到农村进行所谓的农业"增产"。这实质上是一种将农村熟练劳力抽调后再以不熟悉农业生产的城市劳动力补充的荒唐行为,因此此类劳力"统制""增加投入"对于农业增长能起到何种效果可想而知。

　　对于那些所急需的特用作物,日本侵略者多采用"拆东墙补西墙"的办法来强行提高产量。即通过采取各种强制手段,迫使农民在牺牲所种植的其他作物的情况下,实现这些"特用作物"产量畸形"增产"。以日伪在东北地区最急需的"战略农产品物资"棉花为例。日伪长期以来,一直一面在种棉区强迫种植,一面积极推行植棉技术指导和肥料、农业等经济措施,竭尽全力增产棉花。1940年日伪当局把各县的棉花技术人员由64人增加到1158人,同时把"兴农合作社"的棉花技术人员划归满洲棉花株式会社领导,以加强植棉力度。到1942年,辽宁棉花种植面积达到231.5万亩,1944年达到333.6万亩,植棉县份达38个,辽阳、海城、盖平(即盖县)、辽中、黑山、北镇、义县、锦县、台安等县植棉面积最多,全部超过合理种植面积。在辽阳等地还强迫农民种植洋麻。日伪当局在辽西一些县强制种植甜菜、蓖麻子,造成这部分地区粮食减产,油料、小杂粮生产大幅度下降。而棉花又被日伪当局强制收去。1944年日伪当局从农民手中强制收购的棉花占棉花产量的94%。[3]

---

　　[1] 沈阳市人民政府地方志编纂办公室编:《沈阳市志》(1),综合卷,大事记,沈阳出版社1989年版,第77页。

　　[2] 清原县志编纂委员会办公室编:《清原县志》,大事记,辽宁人民出版社1991年版,第18页。

　　[3] 辽宁地方志办公室编:《辽宁通志》,农业志,辽宁人民出版社2003年版,第34页。

可见,日伪所鼓吹的"增产"运动在实际施行过程中,反而对东北地区的农业生产造成了严重的破坏。事实上,1931—1944年的伪满统治时期,因殖民统治的破坏,东北农作物的亩产量总体上处于连年下降的状态(见表3-2),仅高粱、玉米、粟米三种主要粮食的亩产量就下降了13.3%之多。就各地区的具体情况而言,在辽宁铁岭,1932—1945年,虽然开始传播农业新技术,推行新品种,改良种植方法,但因日本帝国主义的残酷掠夺和压榨,农业生产一直停滞不前,1929年全县粮豆总产259685吨,平均亩产105.5公斤,1932—1945年总产倒退为16.5万—18.5万吨,1943年总产降至167170吨,单产仅97公斤。① 伪"龙江省"1934—1944

表3-2 东北地区主要作物和农产物单位面积
产量指数统计(1931—1944年) (1924年=100)

年份	大豆	玉米	高粱	谷子	小麦	总计
1931	78	74	74	68	93	75
1932	72	67	69	61	67	68
1933	89	73	78	70	77	71
1934	69	62	65	49	69	64
1935	74	63	68	64	93	70
1936	77	70	68	62	78	70
1937	73	65	67	63	80	69
1938	74	63	66	58	82	67
1939	61	54	61	53	79	59
1940	61	57	59	54	81	60
1941	62	56	62	51	77	63
1942	56	54	59	48	67	58
1943	64	57	64	54	63	65
1944	67	56	65	55	59	65

资料来源:东北物资调节委员会研究组编:《东北经济小丛书·农业(生产篇)》,1947年印行,第4—5、115—116页。

---

① 铁岭县地方志编纂委员会编:《铁岭县志》,辽沈书社1993年版,第267—268页。

年 11 年间,单产降幅很大。大豆前 5 年的平均晌产为 2020 斤,后 6 年降至 1680 斤,下降 16.8%;小麦从 1650 斤降至 1462 斤,下降 11.4%;高粱、苞米、谷子也依次下降了 13.7%、11.6% 和 14.7%。[1] 延吉县 1930—1945 年,水稻单产由每公顷 3293 公斤下降到了 1500 公斤,下降了 54.4%;大豆单产由每公顷 2280 公斤下降到了 800 公斤,下降了 64.9%;玉米单产由每公顷 2083 公斤下降到了 800 公斤,下降了 61.6%;谷子单产由每公顷 1631 公斤下降到了 500 公斤,下降了 69.3%;高粱单产由每公顷 2103 公斤下降到了 700 公斤,下降了 66.7%。[2] 因此,日伪想要增加东北粮食产出的幻想,从单位面积产量提高的角度来说,"已经无望了"。日伪当局的"粮食增产"只能依靠单纯增加耕地面积的粗放投入来着手阶级,"扩大耕种面积成为剩下的唯一的增产手段"[3]。

为了扩张农地面积,日伪当局接连抛出了《农地造成改良事业实施要领》《满洲国紧急农地造成要纲》等多个突击造田方案。一方面重新驱赶城市流民或逃亡农户回来耕种所谓的"二荒地"。这类"二荒地"一些是由于当地农民躲避战乱流离失所遗弃的耕地,一些则是日本侵略者原来驱逐地主掠夺而来却无力经营的"开拓地"。另一方面则大力推行开垦未利用耕地的"农地造成"运动。计划从 1939 年起,用三到四年的时间,开垦伪满境内大约 2000 万町步的"未利用土地",并成立了满洲土地开发会社专门负责此事。1940—1945 年,在昌图、通化等地"造成"农地 21.1 万公顷,在松花江下游和辽河地区"造成"水田 7 万公顷。[4] "新开垦耕地所产出的粮食,除当地消费外,全部输往日本"。这些"造成"的农地有相当一部分是日本侵略者强占来的熟地,他们往往对其采取"熟地

---

① 黑龙江省地方志编纂委员会编:《黑龙江省志》第 6 卷,经济综志,黑龙江人民出版社 1999 年版,第 46 页。

② 金信后:《延吉市志》,新华出版社 1994 年版,第 152 页。

③ [日]满史会:《满洲开发四十年史》上卷,东北沦陷十四年史辽宁编写组译,1988 年印行,第 508 页。

④ 中央档案馆等合编:《日本帝国主义侵华档案资料选编·东北经济掠夺》,中华书局 1991 年版,第 749—750 页。

不施肥”的掠夺性耕作方法,任由其地力枯竭;另外上述掠夺农法在日本侵略者开垦生地时也经常被滥用,对于新开垦的地区也概不施肥,导致所开垦耕地地力连年下降。不少“新开垦”的土地,很快就因这种极度掠夺地力的耕作方式而重新荒废。而开垦所需的劳动力,也多为裹挟来的“勤劳奉仕队”等中国劳力。[①] 在此农地造成运动中强征劳工、强占居民土地,为修水库水淹农田的事情时有发生。如日本侵略者 1944 年在东辽河流域紧急营造水田,为了修建灌溉水田必需的水库,他们竟然将附近48 个村的万余名中国农户,尽数强行驱赶离家园。被淹没的房屋达 5000多间,土地 20000 多垧。日本侵略者这种一面“造田”一面毁田的所谓“农地紧急造成”运动,不但粮食增产数量有限且缺乏可持续性,更给东北人民带来了更深重苦难。[②]

三、人力、物力搜刮和对农民的压榨、残害

自日本帝国主义占领东北地区,特别是“七七事变”以后,除了通过农业统制政策对中国农民生产行为进行直接干预,对中国农产品进行残酷掠夺外,还通过强征劳动力、苛捐杂税、发放国债等多种方式对东北农村人力、物力进行疯狂搜刮,对当地农民进行压榨、残害。

为了榨取东北劳动力资源,为其侵略战争生产所需物资资源和修建各种军事及辅助设施,日本帝国主义经常肆无忌惮地强制无偿征发和奴役东北农村劳动力。早在 1936 年,就成立了满洲劳工协会,专门抓捕劳工,压榨工人。1937 年以后,一方面,日本战备的加强,兵舍、飞机场、军用公路铁路等工程进度加快;另一方面,因为华北地区抗日敌后战场日渐强大,当地“治安不良”“物价高涨”,所能掠夺的华北劳工明显减少,日本帝国主义进一步加紧了对东北劳动力的奴役掠夺。于 1938 年在伪满“民

---

① 中央档案馆等合编:《日本帝国主义侵华档案资料选编·东北经济掠夺》,中华书局1991 年版,第 742—744 页。

② 中央档案馆等合编:《日本帝国主义侵华档案资料选编·东北经济掠夺》,中华书局1991 年版,第 748—749 页。

生部"内新下设"劳务司"，专门处理劳工"招募"、管理、工作分配等事务，旨在加强伪"政府"对劳工工作的监督权。同期，还设立了伪"国务院劳务委员会"，主管其各项劳工政策的制度与审议。1938年1月26日，日伪公布《国家总动员法》，规定必要时可随时征调市民服兵役、劳役。并在城市内实施"邻保委员制度"，通过社会基层的"邻保"组织对市民进行"社会监查""防奸连坐"和征收钱物。[①] 1939年又制定了《劳动统制法》，规定伪满政府有全面统制劳工的权力。并在劳动者中实行劳动工票制，"要进行十指指纹登记，同时捺在工票上，手续不完善者，不准各工厂企业雇用"。[②] 1941年进一步推出了《劳务新体制确立要纲》《勤劳分工法》等一系列制度措施，通过建立东北劳动力的"行政供出制度"和"国民勤劳奉公制度"，妄图将东北所有劳动力都囊括到一种"国民皆劳""举国勤劳"的"新体制"中。1942年又发布了《劳动人紧急就劳规则》，规定"公共事业或国策事业""有紧急必要"时，伪满政府可以任意征发"所需之劳动人"。并于同年正式将"国民皆劳体制之确立"和"劳务统制之强化"写入新颁行的伪满《基本国策大纲》之中。

日伪各项劳动力掠夺制度中，最为重要的是"行政供出制度"和"国民勤劳奉公制度"。所谓"行政供出制度"，就是把根据需要的劳动力数量，按比例分摊给市、县、村、旗等各地方政府，再由各地方政府协助"把头""招募"劳工，或直接征用劳工，最后由地方政府派专员将劳工押往劳动场所。所谓"国民勤劳奉公制度"，则是日本帝国主义利用手中的国家权力来奴役东北青年劳动力为其无偿劳动的一种方式。该制度规定，所有年龄19岁至23岁未服兵役的青年男子，都要无偿从事军事工程、产业建设等工作一年，后来增加到三年。后来还延伸实施了"学生勤劳奉公制度"，动员了大学学生和中学的高年级学生，甚至小学生，每年从事3个

---

① 沈阳市人民政府地方志编纂办公室编：《沈阳市志》(1)，综合卷，大事记，沈阳出版社1989年版，第75—76页。

② 沈阳市人民政府地方志编纂办公室编：《沈阳市志》(1)，综合卷，大事记，沈阳出版社1989年版，第75页。

月的义务劳功。①

　　根据时任伪满总务厅次长的战犯古海忠之的供述,1942 年日本侵略者就通过"动员劳工"的手段在东北掠夺劳动力 100 万人(其中行政供出劳工 35 万人);1943 年 120 万人(其中行政供出劳工 50 万人,勤劳奉公队 5000 人);1944 年 130 万人(其中行政供出劳工 60 万人,勤劳奉公队 2.5 万人);1945 年 160 万人(其中行政供出劳工 60 万人,勤劳奉公队 15 万人,截至 8 月 15 日共在岗 8 万人,勤劳奉公队累计 14 万人)。1994 年劳工动员计划具体分配是:工矿业 20 万人,森林采伐 10 万人,土木建筑 60 万人(不包括道路、治水、农地造成、都市建筑等),关东军 30 万人,满铁会社 10 万人,共计 130 万人。1945 年计划,工矿业 30 万人,森林采伐 10 万人,土木建筑 80 万人,关东军 30 万人,满铁会社 10 万人,共计 160 万人②。

　　在强征劳工时候,日本侵略者和当地伪满官员常常上下其手,鱼肉敲诈农民。1940 年,伪满摊牌劳工时,名义上是抽签轮派,实际上,"签是抽过了,可实际出劳工时,有钱有势的花钱托人或雇人,轮到号的也不去,而城乡贫苦人家是无法逃脱的。这就是说,名义上按号轮,实际跳格要,到头来全是贫苦人出劳工"③。不少主管劳工的摊派的伪政权基层官吏,更是凭借手中的权力敲诈勒索、为非作歹。村民稍不如其愿就以送去"出劳工"威胁。有时候,日本侵略军甚至明火执仗地直接去村庄里抓人,他们"午夜 12 点开始抓人,天亮时基本抓齐,他们把被抓的群众,三人绑一串,排成一条长队、在他们的棍棒、刺刀押解下"④,步行押往县城。日本侵略者还常常以清理"浮浪者"为名,集中抓捕无职业的中国人和乞丐充

---

　　①　清原县志编纂委员会办公室编:《清原县志》,大事记,辽宁人民出版社 1991 年版,第 18 页。

　　②　中央档案馆等合编:《日本帝国主义侵华档案资料选编·东北经济掠夺》,中华书局 1991 年版,第 860—861 页。

　　③　中国人民政治协商会议阿城县委员会文史资料研究委员会:《阿城文史资料》第 5 辑,1989 年版,第 79 页。

　　④　中国人民政治协商会议宽城满族自治县委员会文史委员会:《宽城文史资料》第 2 辑,1992 年版,第 21 页。

作劳工。[①]

在运输工人时，为了防止工人逃跑，常常使用密封的"闷罐车"，"铁门上了锁，（工人）就这样像装猪似的装上，在闷罐车里大小便、吃饭、睡觉，到了换车站停下来就是两三天。有的要这样走十天半月，不等到工作地点就死了许多"[②]。

到了工作地后，中国劳工往往过着牛马不如的生活，如在伊春，劳工"在干活时，监工的稍不如意，劳工就要挨毒打。我们当时住的是破席棚子，席中间夹着一层破油纸，下雨时，雨水能刮到棚子里铺上。劳工有的连破被也没有，劳累了一天，夜里还要挨冷受冻。穿的更是衣不遮体。十个脚指常年露在外头。冬天，冻坏、冻死的事经常发生"[③]。在海拉尔，日本人给中国劳工吃发霉的咸菜和土豆秧子，"土豆秧子有毒，连猪都不吃"，中国劳工一旦生病就用马活活拖死或活埋[④]。在乌奴耳，日本人给劳工的饮用水都是多年积垢的坑洼中取出的，"含毒质很大"，劳工们瘟疫流行，"成群成派地倒下去"。"日寇不管有气没气，不能干活就统统烧死"[⑤]。在矿井里的劳工更是凶多吉少，日本侵略者强迫中国劳工冒险作业，"以人换煤"，实行惨绝人寰的"人肉开采"。一些被派往所谓"秘密"工程的劳工，常常在完工后被集体杀害。东北到底有多少无辜民众惨死在日本侵略者的劳工制度下，现无完全统计，但仅从战后各地上报的零散统计亦可窥见其罄竹难书的罪行（见表3-3）。

---

① 政协沈阳市委员会文史资料研究委员会：《沈阳文史资料》第13辑，1987年版，第224页。

② 孙邦：《伪满史料丛书·经济掠夺》，吉林人民出版社1993年版，第466页。

③ 中国人民政治协商会议伊春市委员会文史资料研究委员会：《伊春文史资料》第3辑，1986年版，第105页。

④ 中国人民政治协商会议兰西县委员会文史资料研究委员会：《兰西文史资料》第1辑，1985年版，第38—40页。

⑤ 中国人民政治协商会议锦西县委员会文史资料研究委员会：《锦西文史资料》第2辑，1984年版，第7页。

表 3-3　伪满时期各地劳工被害惨死情况

时间	地点	情况	资料来源
1933—1948 年	北票煤矿	日本侵略者共残害死 31200 个矿工	辽宁省朝阳市政协、东煤公司北票矿务局：《朝阳文史资料》第 2 辑，血海深仇，1989 年版，第 251 页
1943 年	锦州	1000 多名劳工因修建"秘密工程"被日本关东军集体杀害	孙邦：《伪满史料丛书·经济掠夺》，吉林人民出版社 1993 年版，第 467 页
1938—1945 年	辽宁庄河	全县被抓到本溪、虎林、抚顺、密山等外地的劳工达 1.2 万余人次；被抓到安东、县内的劳工达 2 万余人次。全县做劳工死亡的 400 多人，伤残的 1300 多人	《庄河县志》，大事记，新华出版社 1996 年版，第 19 页
1942—1945 年	辽宁北镇	全县征集 1300 名劳工，编成"北镇县劳工大队"去兴安北省（今内蒙古呼伦贝尔盟）等地为"关东军"修筑工事。半年中，大半因折磨、劳累、冻饿、疾病、塌方而死，生还者仅 600 人	《北镇县志》，大事记，辽宁人民出版社 1990 年版，第 25 页
1940—1945 年	辽宁康平	每天强制劳役 10 余个小时，"忍饥挨饿，挨打受罚，被打死打伤者不乏其人"	《康平县志》，大事记，东北大学出版社 1995 年版，第 29 页
伪满统治时期	兰西县	送去的八百劳工中，就死了三百人	中国人民政治协商会议兰西县委员会文史资料研究委员会：《兰西文史资料》第 1 辑，1985 年版，第 38—40 页
1941 年	康平	日伪招千名劳工，到康平挖八家子河（工身河），工头都德阳（浑德春），克扣虐待劳工，有病不给治，死百余人，因病不能干活，活埋 6 人；工人逃跑被抓回，打死 1 人，活埋 3 人	《康平县志》，大事记，东北大学出版社 1995 年版，第 29 页

续表

时间	地点	情况	资料来源
1943 年	康平	县外军工供 500 名,本溪湖东铁公司供 750 名,县内土地开发 2500 名(平均 400 名),"勤劳奉仕队"向国防道路供 278 名。"被抓劳工者多为贫苦农民,在服劳役期间,住席棚,吃橡子面,过着非人的生活,很多劳工死于非命"	《康平县志》,大事记,东北大学出版社 1995 年版,第 30 页
伪满统治时期	鹤岗煤矿	伪牡丹江监狱在鹤岗煤矿设"作业场"(后改为"鹤岗刑务署"),关押 3000 余人,强迫下井劳动,死后扔入东山坡"万人坑"	《牡丹江市志》,大事记,黑龙江人民出版社 1993 年版,第 25 页
20 世纪 40 年代	新巴尔虎左旗	日本侵略者以所谓"勤劳奉公"的名义强征劳工,修筑军用工事、挖矿、伐木和做其他苦工。为了防止泄露机密,军用工事完成后,即将全部劳工被屠杀灭口	《内蒙古自治区志·农业志》,内蒙古人民出版社 2000 年版,第 110—111 页
1936—1945 年	阜新煤矿	被害死的矿工被埋进万人坑。据一些老矿工回忆,当年城南万人坑埋坟较少,数不及万,其余 3 处,埋坟均过万。孙家湾南山万人坑埋坟最多,有说 3 万有余者,有说多达 4 万者	中央档案馆等合编:《日本帝国主义侵华档案资料选编·东北经济掠夺》,中华书局 1991 年版,第 976 页
1931—1945 年	鸡西煤矿	仅滴道煤矿一地,就有河北、八坑死人沟等几处万人坑。"由于日本帝国主义野蛮的掠夺,劳工人数不断增加,死亡率也俱增,集中掩埋人数及乱葬地点无法统计"	中央档案馆等合编:《日本帝国主义侵华档案资料选编·东北经济掠夺》,中华书局 1991 年版,第 982 页
1939—1945 年	大石桥	扔进万人坑里的死难矿工达 17000 多人	中央档案馆等合编:《日本帝国主义侵华档案资料选编·东北经济掠夺》,中华书局 1991 年版,第 983 页

续表

时间	地点	情况	资料来源
1943 年	东安	吉林省为交通部东安土木工程处供出的 7000 劳工中，不到半年就死了 340 人	中央档案馆等合编：《日本帝国主义侵华档案资料选编·东北经济掠夺》，中华书局 1991 年版，第 972 页
1942 年	通化	大栗子沟采矿所工人，因"气候不调，以及在运输中取暖供给不好"，半年内患病者总数达 1000 多名，其中死亡 268 名	中央档案馆等合编：《日本帝国主义侵华档案资料选编·东北经济掠夺》，中华书局 1991 年版，第 971 页
1942 年	齐齐哈尔	自阿沿线制炭场的 1180 名劳工中，服劳役期间逃走 550 名，伤病 176 名，死亡 17 名	中央档案馆等合编：《日本帝国主义侵华档案资料选编·东北经济掠夺》，中华书局 1991 年版，第 967 页
伪满统治时期	黑河	"光在黑河死的劳工，就有三千多"	东北军政大学总校：《奉天屯的调查》，1947 年版，第 2 页
1937—1945 年	丰满	在修建电站期间，每天都有被害死的劳工尸体运到"万人坑"埋葬。"少则五六人，多则几十人，没有一天不扔的"。总计死难的劳工"数以万计"	孙邦：《伪满史料丛书·经济掠夺》，吉林人民出版社 1993 年版，第 496 页

　　除了掠夺东北的劳动力资源，日本侵略者还通过各自苛捐杂税榨取东北人民的血汗。"七七事变"后，伪满政府分别于 1941 年、1942 年、1943 年连续实行了三次"战时增税"。如 1941 年 12 月，为支持日本太平洋战争，日伪所实行的第一次战时大增税，仅根据沈阳市一地的情况来看，该市伪公署所修正的地方税法，就大幅提高了课税标准和附加捐的税率。在"国税附加捐"中，事业所得税提高 35%，房屋税提高 75%，地税提高 40%；在"特别卖钱税"中，新设市民捐、接客业捐和庸人捐等。百姓苦不堪言。① 到了 1944 年，伪满政府税收收入已经从 1933

---

　　① 沈阳市人民政府地方志编纂办公室编：《沈阳市志》(1)，综合卷，大事记，沈阳出版社 1989 年版，第 78 页。

年的 6 亿元增长到 21.5 亿元。① 仅"国税"的税种就由伪 1932 年的 7 种竟增加到 1944 年的 34 种,比"九一八事变"前还增加了 21 种。其中消费税 11 种,比"九一八事变"前增加 7 种,流通税 13 种,比"九一八事变"前增加 11 种。除了国税外,还有各种名目繁多的省税、县税、村费等地方税。仅宽甸一地,就有渡口捐、渔业税等 5 种省税和营业捐、屠宰捐、粮捐等 12 种省税。② "所缴的税,简直说不清。卖菜的,挑水的也要纳营业税。此外还有户别捐,是按每年收入纳税;家屋税是成一个家庭就要纳的,哪怕你是拉车的要饭的也都要纳的。至于种田税,除了固有的田赋和亩捐两样外,每亩每年还要加纳一元钱。养鸡,养猪,养狗也都要纳税"。③

日本侵略者还常常通过变更地籍等方式强迫农民重复缴纳地税。如在内蒙古地区,他们强令蒙古王公将"土地奉上"伪满皇帝,并设地政局,通过航测,分片划段清丈面积,领取土地执照,汉人领取执照前要交验原租种契约。汉民一次除款向蒙民办理"顺契",才能买清蒙民出租的土地所有权。汉民所交钱款,一律上缴伪满政府,并规定蒙汉农民一律按土地等级和亩数向伪满政府交纳亩捐。④

除了上述一些较为固定的捐税外,日本侵略者还时不时随意加派各种名目繁多的临时性捐税。如飞机献纳金,以支援"大东亚圣战"的名义,强制每户交纳一定数量的金钱给日本造飞机。1943 年 7 月至 1945 年 8 月,滨江省一省就以每垧 3 元的标准按土地摊派的形式,献纳了 70 架飞机,每架以 15 万元计算,共搜刮了 1000 余万元⑤;金属献纳运动,日伪当局 1944 年开始实行《金属特别回收》,规定城乡居民所有铜器一律交售归公。他们"为了解决战时金属不足,强制交纳铜、铁、锡、铝等。有的

① 中国人民政治协商会议全国委员会文史和学习委员会:《文史资料选辑》合订本第 13 卷总第 37—39 辑,2011 年版,第 409 页。

② 宽甸县税务局:《宽甸县税务志》,1987 年版,第 26—30 页。

③ 寄培:《日本在东北的虐政》,《血路》1938 年第 39 期。

④ 《内蒙古自治区志·农业志》编委会编:《内蒙古自治区志·农业志》,内蒙古人民出版社 2000 年版,第 109—110 页。

⑤ 中央档案馆等合编:《日本帝国主义侵华档案资料选编·伪满傀偏政权》,中华书局 1994 年版,第 685 页。

人家把蜡台、香炉、铜壶、水烟袋,甚至连吃饭的食具也交纳顶了任务"。[1] 在沈阳,日伪当局在全市挨家检查,对市民手中的金属品强行回收,指定的物件有摆设品、点心盒、伞架、饭锅、招牌幌子、壶架、香炉、灯架、洗脸盆、号码牌、门拉手等60余种[2]。1943年,仅四平一省就一次性献纳了210吨铜铁[3];"援绥"劳军捐,要求中国居民协助承担清剿绥远抗日武装的费用;"日本地震捐",借口日本地震收刮中国居民。"临时捐有时多有时少,岁额任意规定,每年总有十数次"[4]。有时日本侵略者对东北农村的搜刮甚至残暴到几近荒唐。如1944年冬,庄河伪县公署别出心裁,强令集中捕杀农户的家犬以供军需,全县家犬所剩无几[5]。

日伪政府还强迫储蓄、强迫推销公债,榨取东北人民血汗。1939年以后强行开展所谓"国民储蓄运动"。1944年又实行"必胜储蓄",强迫群众储蓄,支援"太平洋战争"。[6] "先在城镇,后扩展到农村。不顾人民死活,苦费心机,强迫储蓄"[7]。伪满所计划发行的强制储蓄额逐年递增,且在操作中所层层摊派的实际强制储金额要远远高于计划的数量。1939年计划强制储蓄额为50000元,实际为63825.5万元,1940年为83045.4万元,1941年为89329.4万元,1942年为116030.4万元,1943年为164658.8万元,1944年增至373191.3万元。5年增长了4.8倍。1945年,日本侵略者又丧心病狂地妄图将强制储蓄额扩大为60000万元,比1939年的计划额扩大了12倍。[8] 仅仅在海龙县一地日伪统制者就有职

---

① 政协柳河县委员会文史资料研究委员会:《柳河文史资料》第1辑,1986年版,第73页。

② 沈阳市人民政府地方志编纂办公室编:《沈阳市志》(1),综合卷,大事记,沈阳出版社1989年版,第79页。

③ 中央档案馆等合编:《日本帝国主义侵华档案资料选编·伪满傀儡政权》,中华书局1994年版,第684页。

④ 宋斐如:《日本铁蹄下东北同胞的生活惨状(续完)》,《时事类编》1937年第3期。

⑤ 庄河县志编纂委员会编:《庄河县志》,大事记,新华出版社1996年版,第20页。

⑥ 清原县志编纂委员会办公室编:《清原县志》,大事记,辽宁人民出版社1991年版,第18页。

⑦ 孙邦:《伪满史料丛书·经济掠夺》,吉林人民出版社1993年版,第586页。

⑧ 东北物资调节委员会研究组编:《东北经济小丛书·金融》,1948年印行,第183—184页。

员义务储蓄、卖粮储蓄、出售房地产等价款储蓄、鸦片储蓄、必胜储蓄票等数项强制储蓄，农民卖粮、卖房的款项都要被强制储蓄一部分。并且绝大多数长期不予支付。1939 年到 1945 年，共掠夺当地城乡人民 110 多万元，最后"均成废纸"。[①]

伪满建立之初，发行公债尚不算多。1937 年以后，为弥补巨额军备开支和财政赤字，伪满政府开始大量发行公债。这些公债所有职工一律按收入摊派相应比例的公债。对一般人民群众也不放过，采取种种严苛手段，强行摊销。从 1942 年到 1945 年 8 月，在仅仅 3 年又 8 个月的时间里，就发行公债195380 万元，几乎等于伪满前十年间发行额的总和。伪国垮台前夕仅 1945年 6 月和 8 月两个月就集中发行公债 3.8 亿万元。日伪统治的 14 年间，共发行公债 87 种，总计金额为 405500 万元，其中伪币公债 6 种，302500 万元。到日本侵略者投降，还本仅为 5500 万元。豪夺民财 29.7 亿万元。[②]

日伪当局的种种苛捐杂税、巧取豪夺成为农民身上的又一道催命符，不少农民为此家破人亡。在辽宁鞍山市，当地农民不仅要缴纳"出荷粮"、出"勤劳奉仕"，而且家中的车、马、犬、鸡、鸭等一律要登记收税。还有"协和费""飞机献金"等，不胜枚举，日本侵略者种种敲骨吸髓般的掠夺手段，使农民更进一步陷入水深火热之中。

四、鸦片毒害政策的推行及其灾难性后果

日本在侵占中国东三省后，一方面，为消解中国军民的抗日斗志，使之成为在精神和体能上易于操控的"驯民"，进而从身心上搞垮中国人民，彻底巩固日本在东北的统治；另一方面，也为筹措伪满"建国"所需巨额岁收财源，消解伪满政府入不敷出的财政困难，伪满政府在成立之初就积极加速推进了鸦片专卖政策。1932 年至 1933 年日伪相继公布了《暂行鸦片收买法》《暂行鸦片收买法施行规则》《鸦片法》《鸦片法施行令》《鸦

① 政协梅河口市文史资料研究委员会：《梅河口文史资料》第 4 辑，1990 年版，第 24—25 页。

② 孙邦：《伪满史料丛书·经济掠夺》，吉林人民出版社 1993 年版，第 587—588 页。

片缉私法》《批发鸦片人之贩卖区域表》《鸦片专卖法》《麻药法》等一系列政策法规,其目的在于将鸦片的吸食、贩卖、生产、收购等各个环节统制到伪满政府和专卖机关的管辖之下。鸦片的吸食和种植由伪满政府垄断并独吞其暴利,私人不得参与①。在日本"纵毒祸华"的毒化政策之下,东北地区大量的良田被种植鸦片,鸦片吸食者亦成倍增加。1936 年,东北地区与热河合计鸦片种植面积达 68.5 万亩。1935 年,仅辽宁西部的阜新、朝阳、建平、凌源 4 县种植罂粟 12856 亩,产量达 166.6 万两。② 1933 年当局登记鸦片瘾者时尚仅 10 万人,1935 年增至 20 万人,1936 年增至 50 万人,1937 年竟达 80 万人。③

日本在东北实行鸦片毒化政策的倒行逆施,加之大量日本在东北地区所生产的海洛因、吗啡等毒品被走私到欧美销售,美、英等国多次在日内瓦"鸦片与其他危险毒品咨询委员会"的会议中对日本政府公开在中国东北和热河等地制毒贩毒的事实加以严厉抨击。出于国际观瞻考虑,加之"七七事变"以后不断激增的军费需求,1937 年以后,日本在东北地区的毒化政策又开始呈现出新特征,表面上开始打出禁烟的幌子欺世盗名,实质上其东北的毒化更加变本加厉。

为应对欧美政府的谴责,伪满政府于 1937 年 10 月自欺欺人地公布了一个《十年鸦片麻药断禁方案要纲》,声称要在自 1938 年起的十年之内,"断禁"烟片烟瘾者的吸食。其主要内容为:(1)加强禁烟思想的宣传教育。(2)对现有鸦片吸食者重新进行登记,并发放鸦片吸食许可证。并严禁发吸食鸦片许可给 25 岁以下的青年,控制新增吸食者的数量。(3)设立"康生院"等"戒毒机构""矫正"吸毒者。(4)加强对鸦片生产、收购、销售的管理,逐步缩小罂粟种植面积。限制鸦片配给,确立鸦片收纳制度。将原来分散的鸦片"零售所""小卖所"所拥有的销售权上归到市、县、旗的"管烟所"。(5)严禁伪公职人员、伪军官兵、学生吸毒,违者

---

① 中共河北省委党史研究室编:《日本鸦片侵华资料集(1895—1945)》,2002 年版,第 546—547 页。

② 辽宁地方志办公室编:《辽宁通志》,农业志,辽宁人民出版社 2003 年版,第 34 页。

③ 孙邦:《伪满史料丛书·经济掠夺》,吉林人民出版社 1993 年版,第 707 页。

给予开除公职或军籍、学籍处分。①

这一"十年断禁方案"虽表面上名目繁多、冠冕堂皇，然而实为欺世盗名之举。连日伪政府自己也承认，"这种制度实施二三年以后，没有改变原来的状况，私种、私卖、私吸鸦片很普遍，使取缔工作遇到了很多困难"②。仅就其禁断期以十年为限而言，日伪当局即明显出于拖延敷衍舆论之目的。当时的很多有识之士早已提出质疑：既然已经决定要断禁鸦片，只要断绝鸦片货源，取缔鸦片零售，严格鸦片吸食者的登记制度，由政府出面，对已经成瘾者严格递减供给毒品数量，严禁新成瘾者产生。从时限上说有三五年足以禁断烟祸，根本不需要十年。然而，日本侵略者却辩称什么鸦片禁断绝不能"操之过急"，"尤其不能强制"，十年之期"十分合适"，刻意拖延，导致原本三五年即可禁断的鸦片毒祸愈演愈烈。③ 当时主管制定伪满鸦片政策的战犯古海忠之亦供称"如果用五年断绝鸦片，还有禁烟的可能性，而以十年断绝鸦片，不过是用禁烟的招牌来欺骗群众"。④

日伪政府在"鸦片禁断"政策的具体执行过程中也往往采取"名禁实纵"的手段。日伪政府的所谓"鸦片吸食者登记制度"，规定只售给拥有"鸦片牺牲许可证"者毒品，号称是为了限制新增成瘾者数量。实际上，却是采取了"申请者不需要诊断就可以登记的单纯登录制"⑤。很多地方，"吸食鸦片的人，由县公署烟务股统一发放吸食证。每年发放一次，不分男女，不分年令（龄），均可发证，一次发全年的，当年用完"⑥。"新吸食的烟民，愿起吸食证，托人花钱就给，并没有任何调查与限制"⑦。这

① 中共河北省委党史研究室编：《日本鸦片侵华资料集（1895—1945）》，2002 年版，第555 页。

② 中央档案馆等合编：《日本帝国主义侵华档案资料选编·东北经济掠夺》，中华书局1991 年版，第 821 页。

③ 孙邦：《伪满史料丛书·经济掠夺》，吉林人民出版社 1993 年版，第 710 页。

④ 中央档案馆等合编：《日本帝国主义侵华档案资料选编·东北经济掠夺》，中华书局1991 年版，第 814 页。

⑤ 马模贞：《中国禁毒史资料》，天津人民出版社 1998 年版，第 1517 页。

⑥ 中国人民政治协商会议乾安县委员会文史资料研究委员会编：《乾安文史资料》第 3辑，1987 年版，第 25—26 页。

⑦ 文芳主编：《亲历民国丛书 民国烟毒秘档》，中国文史出版社 2013 年版，第 285 页。

种不问年龄、性别、成瘾情况的鸦片吸食登记制度,导致实际上任何人只要有吸食证就可以购买毒品吸食,根本起不到防止毒品新成瘾者的作用。

更有甚者,伪满各级官吏还经常借"鸦片吸食者登记制度"的幌子上下其手进一步压榨已被毒害的烟民。因日伪政府原则上只向有"吸食证"者售烟,其常常假意控制"吸食证"的发放数量,并营私舞弊地将"吸食证"高价倒卖给无证吸食者。"一般无证的吸食者,就只好用从别人手中去买","各鸦片小卖所的头头们差不多都弄到好几个烟证,除自用者外,都用高出几倍的价格卖掉了。""至于主管部门的那些当权者更是如此,不少人也都通过这种办法大发横财"。"当时扶余县警务科有个叫张凤祥的警官,他一个人就有几十个购烟证,统由别人按期代领、代销,从中获取暴利,买了房子,置了土地,成了当地有名的暴发户。扶余长来客栈有个叫赵国壁的无业游民,就是依靠给这些人代销鸦片烟,发了一笔小财"。[1]

从表面上来看,日伪登记在案的鸦片吸食者从 1937 年的 811005 人下降到 1941 年的 316519 人。[2] "实际上,这并不是说伪'满洲国'实行鸦片专卖,所谓的禁烟,收到了效果",而是大量鸦片瘾者购买走私烟的结果。很多"瘾者怕登记,怕登记后,强迫去康生院戒烟,怕登记后丢面子。所以有'身份'的人都不登记,不登记不能去管烟所吸烟,这些有'身份'的人,宁肯花高价买私烟吸也要瞒吸烟,因此登记瘾者数就少了"。[3] 对于鸦片走私,日伪也常常采取"明禁实纵"的态度。对于东北各地普遍盛行的鸦片走私活动。日伪当局"可以断言他们完全知道。他们所抱的态度,一个是装作充耳不闻,一个是听凭地方警察和警护团们搜检。搜检出来的,不论归公归私,无疑还是销售给吸食者。搜检不出来的,当然更不例外"。[4] 很多"鸦片缉私"人员均为走私者收买,成为毒品走私贩子的合谋者,其

---

① 中国人民政治协商会议吉林委员会文史资料研究委员会编:《吉林文史资料选辑》第 20 辑,1987 年版,第 142 页。

② 中央档案馆等合编:《日本帝国主义侵华档案资料选编·东北经济掠夺》,中华书局 1991 年版,第 825 页。

③ 孙邦:《伪满史料丛书·经济掠夺》,吉林人民出版社 1993 年版,第 711 页。

④ 中国人民政治协商会议吉林委员会文史资料研究委员会编:《吉林文史资料选辑》第 20 辑,1987 年版,第 142 页。

者亲自贩毒获取暴利。如热河喀喇沁中旗警务科长王警正的长子 1941 年度往奉天贩毒时，"用大卡车满载烟土，插上宪兵队的标志"，"上自警护队，下至一般职员，皆被王警正所掌握，甘愿为其效命。只要是王某走私团伙者，所带各种物品均不检查，并同车内同行联络，设法给予保护，有的利用歇班亲自送到指定地点，而对于非王某团伙，虽持有一个烟泡者也要抓捕"。①

对于鸦片的已成瘾者，日伪政府号称设立"康生院"等"戒毒机构"帮助"矫正"。然而，这些"康生院"不但数量有限，医师素质低下，设备配置也相当落后，且根本"没有给鸦片瘾者指出明确的治愈计划"②。1941年，东北仅有"康生院"189 所，收容瘾者才 12370 人。③ 很多"康生院""在忌烟期间医师毫不负责，每天上班只是看报喝茶，一切不闻不问"。④"表面上是让吸毒者轮班到康生院去解除毒瘾，而实际仍是供应吸毒，无一人解除毒瘾。康生院与官烟所不同之处，就是把一部分吸毒者集中到康生院，集体管理起来，不准随意外出和回家。由于长时间推行贩毒政策，康生院管理人员又徇私舞弊，秘密高价盗卖毒品，以致造成瘾者终日呻吟和谩骂管理人员，而遭到殴打"。⑤ 更有甚者，一些"康生院"实则根本就是日本侵略者"榨取鸦片瘾者劳动力"的工具，为其物色"年力强壮有劳动能力的瘾者"，"编成劳动队到各矿山、工厂充当劳工"⑥。总的来说，在"康生院"里戒掉毒瘾的寥寥无几，大多数"瘾者一出院就直奔烟馆，大过其瘾。回家后仍继续吸烟"⑦。且一入其中，"完全失去了人身自

① 《承德文史文库》编委会编：《承德文史文库》第 4 卷，中国文史出版社 1998 年版，第 187 页。

② 马模贞：《中国禁毒史资料》，天津人民出版社 1998 年版，第 1517 页。

③ 孙邦：《伪满史料丛书·经济掠夺》，吉林人民出版社 1993 年版，第 729 页。

④ 中国人民政治协商会议绥中县委员会文史资料选编委员会编：《文史资料选编》第 3 辑，1983 年版，第 115 页。

⑤ 中国人民政治协商会议东沟县委员会文史资料研究委员会编：《东沟文史资料》第 2 辑，1988 年版，第 67—68 页。

⑥ 中央档案馆等编：《日本帝国主义侵华档案资料选编·东北经济掠夺》，中华书局 1991 年版，第 820 页。

⑦ 中国人民政治协商会议绥中县委员会文史资料选编委员会编：《文史资料选编》第 3 辑，1983 年版，第 115 页。

由”,“不折腾死,也扒一层皮”。东北多将“康生院”称为“生坑院”或“坑死院”以泄其愤。[①]

日伪为标榜其“鸦片禁断”政策,声称要在自1938年起逐年减少伪满境内的鸦片种植面积,并力争于1945年前后在“全满”全面禁止鸦片种植。可事实上,因无论如何都无法舍弃贩毒暴利,日本侵略者在实际削减鸦片种植地时,竟然提出了“为了禁烟,必须种烟”的荒诞口号。在规划鸦片种植区域时,日伪当局欲盖弥彰地将把原有鸦片种植地域“化散为整”地加以集中统筹,并明定热河与兴安西省的大片土地为“鸦片合法栽种区”。在此两地以外的地区,实际上亦有大量鸦片种植地未被日本侵略者取缔。据伪满内部统计,“1938年,即鸦片断禁的第一年,伪政府指定热河的栽种面积是36万亩,‘全满’59万亩”[②]。热河虽然“省政当局从伪‘康德’五年起实施三期十四年计划,强力推行禁鸦片政策,在省烟政科的指导监督下,全省组成鸦片上缴公会,目标是要完全收买,但是,由于存在种种困难的事情,总算收买了四成至八成。烟匪侵入、围绕走私贩卖的官吏腐败,以及因吸食鸦片者数量增加而造成的国民体质下降,这些问题是妨碍重建热河的症结,同治安问题一并成为省政当局大伤脑筋的根源”。[③]

1941年12月,太平洋战争爆发以后,为解决扩大战争所带来的财政负担并获得军需“麻药”的原料,“鸦片生产国增产要求得到强化,同健民政策(禁烟运动)相矛盾”,日本侵略者彻底揭下了“禁断鸦片”的遮羞布,不但不知廉耻地重新开始公开鼓励吸毒贩毒,还扩大了鸦片的“合法种植面积”。1943年,日本政府在东京召开了亚洲大陆各地区的鸦片会议。“在会上,日本帝国主义者企图把鸦片政策扩大到整个东亚地区,通过了把伪‘满洲国’和伪‘蒙疆’作为鸦片生产地,负责供应整个东亚地区鸦片

①　中国人民政治协商会议吉林委员会文史资料研究委员会编:《吉林文史资料选辑》第20辑,1987年版,第143页。

②　孙邦:《伪满史料丛书·经济掠夺》,吉林人民出版社1993年版,第729页。

③　《東京朝日新聞》,昭和十七年(1942年)。

需要的决议"。① 此后，"挂着禁绝鸦片招牌的禁烟总局重操专卖署的旧业,戒烟所变成了公开的吸烟场所,登记制度也不知丢到什么地方去了,断绝鸦片的各种伪装彻底地消失了"②。1942年,日伪当局不仅把热河地区自1938年以来削减的罂粟种植面积完全恢复,还开始在奉天、吉林、四平等省的很多地方指定新的"鸦片合法种植区",并以推行"集团栽培"的方式强迫当地农民种植鸦片。1944年1月,日本侵略者仅在沈阳市郊外就一次性指定9个地区开辟种植鸦片烟地,总面积达750亩。③ 此后,东北地区的鸦片种植面积呈现出直线上升的态势。1942年,奉、吉两省的鸦片栽种面积各500陌(每陌等于13亩),四平省300陌。吉林省的集团栽培地点是乾安县。1943年,奉、吉两省各700陌,四平省500陌。1944年,奉、吉两省各1000陌,四平省700陌。1945年,奉、吉两省各1500陌,而四平省也达到1000陌。④

1944年以后,为了对鸦片生产"加强管理",日伪当局还在各地通过施行"集团栽种"的方法强迫农民种植鸦片,并美其名曰"鸦片生产组合"。所谓鸦片"集团栽种",就是将每3000亩罂粟田划分为一个"生产组合",严禁分散的鸦片种植,鸦片的收购也经由"生产组合"完成,借此强迫中国农民集中栽种和出售鸦片。如"1944年奉天东杨官屯被组合强租200亩地,收割时以'勤劳奉仕'名义强迫全屯60户人家的妇女、学生割烟,违者严惩"⑤。

日伪在鸦片的收购和销售方面,实行严格的鸦片专卖制度。"专卖署"于地方上层层指定专门的收买人,并按照规定的价格(分上、中、下三等)进行收买。老百姓"都必须卖给专卖公署,否则如被查出,鸦片没收,

---

① 中央档案馆等合编:《日本帝国主义侵华档案资料选编·东北经济掠夺》,中华书局1991年版,第820页。

② 古海忠之:《关于"满洲国"鸦片政策的陈述及补充材料(译文)》,中央档案馆藏,119-2,19,8,第17号,第7页。

③ 沈阳市人民政府地方志编纂办公室编:《沈阳市志》(1)综合卷,大事记,沈阳出版社1989年版,第80页。

④ 马模贞:《中国禁毒史资料》,天津人民出版社1998年版,第1519页。

⑤ 孙邦:《伪满史料丛书·经济掠夺》,吉林人民出版社1993年版,第706页。

对收藏的人治罪"。很多专卖署鸦片缉私员动辄借此横行乡里,对其怀疑藏有鸦片的中国居民任意搜查凌辱。[1] 在销售鸦片时,系由专卖署委托各地区的总销售人层层批发给下线的"零售所"。实行鸦片禁断以后,"禁烟总局"也开始担负起了"专卖署"的职能,公开发售鸦片。[2] 很多此类烟馆"为招揽生意,雇有为吸食者烧烟的女招待,借以勾引贵公阔少茶余饭后到这里寻欢作乐"。[3] 日伪所收集的鸦片烟除了祸害东北人民外,还出售给纳粹德国和中国南部的汪伪政权,以达到换取战略物资和"以战养战"的目的。[4]

日伪的鸦片毒化政策给中国人民带来的深重的灾难。首先,鸦片毒化政策严重毒害了中国人民的身心健康,使无数中国人家破人亡。"从鸦片毒害政策开始至伪满崩溃的 12 年时间","新染鸦片瘾好中毒者,至少有 254.4 万人","新染鸦片嗜好中毒死亡的人数 17.9 万人"。[5] 根据伪满设立在长春的市立"禁烟所"的统计,仅该所 1937 年收容的 363 名毒瘾者(包括鸦片瘾者和吗啡瘾者)中,当年在所内毒发身死的就有 21 人,在"禁烟所"内的年死亡率就高达 5.8%。[6] 吸食鸦片不但使得鸦片吸食者自身骨瘦如柴,健康严重恶化,还常常祸延子孙。鸦片吸食者因毒害而生育畸形胎儿或绝育者大有人在。[7] 很多鸦片吸毒者,为了逞一时瘾快,甚至丧失人伦,卖儿卖妻。如乾安县的一位王姓居民,因鸦片瘾发作,竟

---

① 马模贞:《中国禁毒史资料》,天津人民出版社 1998 年版,第 1522 页。

② 古海忠之:《关于"满洲国"鸦片政策的陈述及补充材料(译文)》,中央档案馆藏,119-2,19,8,第 17 号,第 3、7 页。

③ 榆树县政协文史资料史委员会编:《榆树文史资料》第 2 辑,1988 年版,第 100 页。

④ 古海忠之:《关于"满洲国"鸦片政策的陈述及补充材料(译文)》,中央档案馆藏,119-2,19,8,第 17 号,第 6—7、11 页。

⑤ 中央档案馆等合编:《日本帝国主义侵华档案资料选编·东北经济掠夺》,中华书局 1991 年版,第 823 页。

⑥ "新京"商工公会:《"新京"商工公会统计年报"康德"4 年度 上卷》,"新京"商工会伪"康德"六年(1939 年)版,第 16 页。

⑦ 李淑娟:《日伪的鸦片毒化政策对东北农村社会的影响》,《抗日战争研究》2005 年第 1 期。

情急之下将自己的结发妻子卖到妓院换取毒资。①

其次，大量土地和劳动力被投入到鸦片种植中，罂粟种植在伪满农村畸形发展，严重影响了正常的农业生产。据不完全统计，伪满时期种植罂粟的土地面积保持在 20000—22000 垧，年产鸦片数量在 1500—1800 万两左右。②"用最好的上等地栽培婴粟，必然给一般粮食生产造成相应的障碍"。③ 以烟祸最为严重的热河省为例，1942 年时"占省内土地面积 12% 的耕地中，1/4 栽培了鸦片，全省 80 万户人口中，农家占 68 万户，其中就有 20 万户正式登录是靠鸦片维持生计。鸦片烟瘾者的数目为全省的 1/4，达到百万人以上"。日本侵略者自己亦承认"热河省运用鸦片政策所产生的重大问题是，对省民经济基础造成冲击。"④

再次，鸦片败坏了东北的社会风气，使被害者陷入醉生梦死之中，消磨了中国人的进取心和抗日意志，使其甘心于日伪的奴役。"1937 年以后，鸦片的销售与吸食，卖所的人，包括业主、经理、会计在内，似已经达到疯狂的程度。凡是鸦片零卖所的人见着其他零卖所的人，第一句话就是互问：'你们昨天卖多少？'会吸食鸦片的，见着会吸的熟人，第一句话也是必问：'抽没抽？'到哪家去串门，凡是有吸鸦片的，做主人的也是先拿烟盘子点灯，然后放上两个烟泡来招待（穷人家除外，但是也有既穷又抽的，不过无力招待客人）。稍阔一点的绅商人家，烟盘子终日在炕上摆着，烟灯终日点着，大小当官的，就更不用说了，几乎如现时家里来客人让抽纸烟那样普遍。"⑤"给人帮工干活时，主人要说：'好好干，给大烟抽。'""当时流传着'骑好马，坐好车，不抽大烟不算阔'

① 中国人民政治协商会议乾安县委员会文史资料研究委员会编：《郭化文史资料》第 6 辑，1987 年版，第 27 页。

② 孙邦：《伪满史料丛书·经济掠夺》，吉林人民出版社 1993 年版，第 729 页。

③ 中央档案馆等合编：《日本帝国主义侵华档案资料选编·东北经济掠夺》，中华书局 1991 年版，第 839 页。

④ 小秋元：《薄れ行く匪賊の姿·悩み多き阿片断禁政策·特殊境熱河の変貌》（上），见《東京朝日新聞》，昭和十七年（1942 年）。

⑤ 文芳主编：《亲历民国丛书 民国烟毒秘档》，中国文史出版社 2013 年版，第 284—285 页。

的顺口溜。官场应酬,结交亲友,以及日伪招降纳叛,也以鸦片为馈礼或诱饵"①。

第二节　日本对关内沦陷区的农业掠夺和农村洗劫

日本帝国主义的农业和人力掠夺,不只与其军事侵略如影相随,更是农业、经济和人力掠夺先行。因其基本国策就是要用中国的物力、人力占领和灭亡中国。日本在 1937 年发动"七七事变"和全面侵华战争之前,在华北地区的农业和人力掠夺已持续多年。也正是这种农业和人力掠夺,为它发动"七七事变"和全面侵华战争提供了雄厚的物质基础。全面侵华战争时期,在其关内占领区的农业、经济和人力掠夺变本加厉,并与"三光政策"、农业统制紧密配合,相辅相成;各种掠夺与破坏、摧毁同时并举,甚至以破坏、摧毁为主,土地掠夺尤甚。侵华日军掠夺和圈占的土地,除很小一部分用于农业生产或划为"无人区""无住禁作区"或其他"禁区"外,绝大部分用于修筑军用公路、飞机场,建造兵营、据点、炮楼、岗哨、围墙、壕沟。这类建筑、设施不仅大部分占有耕地,对耕地造成永久或半永久性破坏,更是制造新的破坏和摧毁的源头、祸根;经济掠夺手段,明火执仗的攫夺(包括绑票)和冠冕堂皇的捐税强摊、统制征购同时或交替使用,不同时段、不同地区互有侧重;人力(劳力)掠夺与以青壮年为重点的人口屠杀双管齐下。而对民众的屠杀,采取的是快速屠杀与慢性屠杀相结合的手段,其最终目的是将中国人民统统杀光,将中华民族完全绝灭。

同"三光政策"紧密配合的农业掠夺,导致农业的灾难性破坏和农业生产的急剧衰退与崩溃:"三光政策"使无数民居、村落变为一片废墟,农

---

① 吕永华:《伪满时期的东北烟毒》,吉林人民出版社 2004 年版,第 128 页。

具、家什、粮食、衣被、细软,先抢后烧,全成灰烬;农民不论男女老幼,多被烧死、杀死,或被抓服役;耕畜不论黄牛、水牛,烧光、吃光、扔光;骡马、车辆则被"征发"军用,用毕亦杀光、毁光。结果,或因耕地被日本侵略者侵夺、圈占、破坏、摧毁,农民幸存者无地可耕;或因耕畜、农具、种子、肥料、劳力、水源严重短缺,有地而无法耕种;或勉强耕种而违农时,耕而无获,或纵有收获,而产量异常低下。同时水旱灾荒频仍,人祸天灾交相为虐,农业收成愈加低而不稳。如此一来,尽管土地数量大减,农民耕地不足,仍有大量耕地抛荒,土地产量崩塌式下降,家庭养殖业、家庭手工业和其他家庭副业,亦空前凋敝。农业呈整体崩溃态势。

日本侵略者破坏和摧毁的不仅仅是现有的农业生产设备和农业生产力,而是延续五千年的中华农业文明积淀,包括许多历史悠久、一直发挥效益的堤坝渠堰、道路桥梁,以及古老市镇、村落,名人故里,特色民居、古屋,著名寺庙、古迹、景观。因此,日本帝国主义对中国农业,包括农业资源和中华农业文明的破坏,是灾难性和毁灭性的,几乎全部是永远无法恢复或复制的。这是一种反历史、反人类的滔天罪行。

一、反人类的"三光政策"与农业掠夺

日本帝国主义在关内占领区的农业和人力掠夺,并非单纯的殖民主义经济掠夺,而是基于和具体实施以中国的人力、物力占领和消灭中国的基本国策。日本侵略者不仅仅是要攫夺足够的军需物资和满足日本国内的生活生产需要,而且要破坏、摧毁中国的农业生产和农业资源;除了"快速屠杀"(包括枪杀、刀杀、分尸、奸杀、杖杀、毒杀、焚烧、淹毙、投井、活埋等),直接消灭中国农民的肉体,尚存者或暂时不宜杀光者(如民夫、苦役人员等)则采用"慢性屠杀"的手段,即破坏和铲除其生存条件,令其加速死亡。而且这种生存条件的破坏和铲除,还是逼迫农民自己来进行和完成的(如集家并村、挖掘封锁沟、修筑隔离墙、建立无人区等)。侵华日军在实施掠夺的过程中,一般是烧杀、奸淫、掳掠三管齐下,杀光、烧光、抢光"三光政策"贯串始终。这种掠夺凸显前中世纪的极端残忍性和反人类的特征。

（一）"七七事变"前的华北农业掠夺

日本帝国主义在关内占领区尤其是华北地区的农业和人力掠夺，早在 1937 年"七七事变"前就开始了。

日本在占领东北、建立伪"满洲国"傀儡政权后，对东北进行疯狂掠夺的同时，加速向华北进行军事渗透和领土蚕食，相继占领察哈尔、冀东，策动成立"冀东防共自治政府"，迫使中国军队退守到北平郊区；同时加紧对华北的经济渗透和掠夺，调整对华北的经济侵略方针，将原有的"中日经济提携"推演为更具体的"开发华北经济"，"满铁"为此设立以专门"开发"华北为目的的"兴中公司"，将整个华北经济与日"满"经济铸成一体，建立"日、满、华北经济体制"。

日本对华北农业掠夺的一个重点是棉花，基本手段棉花种植和销售统制。1933 年日本占领察北和冀东大片土地后，即加速推进在华北的棉花种植和统制，大阪兴业公司专门成立"植棉委员会"，在河北迁安、昌黎等 10 县设立"植棉分会"，占地 30 万亩种植棉花，并向农民提供种子，约定收获后给价收买。日商又于同年 8 月发起成立"山东棉花改良协会"，次年即从朝鲜运去棉种 3.5 万斤，在张店及其他 10 余县播种。[①] 1935 年伪"冀东防共自治政府"成立后，天津日本驻屯军与汉奸政权合作，在统制察、冀两省农村的同时，派遣日籍农村指导员，诱使农民合资植棉。日本人唆使汉奸，鼓动农民将所有地亩改种棉花，华北一些地区的棉花生产，完全被控制在日本侵略军手中。日本外务省也直接参加对华北棉花生产的改进和统制，派员在河北丰润等地设立农事试验场，跟"兴中公司"共同负责。外务省还和"满铁"共同出资，派遣技师分赴各地农村督促和统制生产，其中山东更是统制和掠夺的重点。外务省特令济南总领事向山东当局交涉，在胶东租进农田，募集农民佃种，培植改良棉种。一些日本资本家还在江苏、山东等省沿海地区变相收买田亩，勒令

---

①　钱亦石：《九一八后日本在华经济势力的进展》，《申报月刊》1934 年第 3 卷第 9 号；方秋苇：《华北棉花之前途》，《新中华》1935 年第 3 卷第 22 期。

农民植棉。[①]

随着日本对华侵略的扩大,对华北棉业的统制和掠夺也变本加厉,统制和推广、改良棉花的组织机构愈益繁多、庞大。1936年8月,日本政府第69次会议,通过对华事实预算400万元案,设立天津、青岛农事试验场,谋求改良棉花品种,增进产量;同时,拓务省同大阪资本家商洽设立"华北棉花协会",拟在天津、济南等地设10余所农业试验场,以增加华北棉花产量。另外,日本设在天津的"华北农工业研究所"也研究改良棉种,并设有信用组合、贩卖组合等会社;日本纺织业组织的"华北棉花协会",主要目的也是统制棉产;日本拓务省设有"东亚棉花绵羊协会",目的是开发、改良、统制华北的棉产、羊毛;1936年9月,还以中日"合办"的名义,成立"棉业公司",由"兴中公司"给予技术援助,"兴中公司"还准备用日满棉花协会、山东棉花改良协会,合组"东亚棉花协会"。日本外务省则建议出资日金1000万元,在天津设立大型棉花堆栈公司,作为统制棉花购买的中心。[②] 紧接着,日本宣布华北棉花五年计划,以"中日合作"的方式,由日本外务省出资600万日金作为开辟农牧场资本,其中二成作为棉业借款,在冀东敌伪管辖区域内划定通县、丰润、玉田、迁安、滦县、香河、遵化、抚宁、昌黎等县几万顷土地,作为"兴中公司"试验植棉的农场,日本侵略者更派军队在通县强迫农民植棉。[③]

为了推广和扩大棉花种植,日本侵略者采用各种手段掠夺农田。如"兴中公司"在天津迤东军粮城地方收购土地四五万亩,作为植棉区,试种美棉。并在天津建筑棉花仓库,向河北各县收购棉花;日本驻天津领事馆,通过汉奸冒用中国人的名义,在天津偷买土地,开设"华北农场试验所",并设场植棉。又有日本人以5000万元在天津组织"大众农业公司",并在军粮城北塘附近租得农田3万亩。据说天津、塘沽一带沿海河

---

① 钱俊瑞:《谈中日植棉业合作》,《中国农村》1936年第2卷第4期;杜修昌:《中国农业商品生产之发展条件》,《中华农学会报》1936年第154期。

② 陈洪进:《走向典型殖民地经济的中国棉业》,《中国农村》1936年第2卷第11期。

③ 昉如:《华北棉植业与棉纺业的透视》,《新中华》第4卷第22期;延安时事问题研究会:《日本帝国主义在中国沦陷区》,1939年刊。

两岸膏腴之地,以及天津市内地皮多被日本人买走。唐山、大沽、秦皇岛、玉田、遵化等处,都经常有日本人收买农田。有人说,日本在华北实际上已获得土地商租、购买和租赁的自由权。"冀东的农民从此不但是牛马般的佃奴,而且也要做亡国惨痛下的异族佃奴了"。①

劳力掠夺方面,日本帝国主义占领东北后,一方面,驱赶在东北谋生的关内劳工,禁止关内农民进入东北;另一方面,又在华北地区采用种种欺骗和威逼利诱的手段,招募劳工出关。从 1933 年起,大批日本浪人和汉奸在"冀东防共自治委员会"的保护下,分头在北方各省招工和拉夫。仅 1934 年,被招募的劳工就有 38.8 万人。② 在天津日租界和塘沽、威海、青岛、烟台四地都有日本人招募劳工的活动。天津日租界的"三共公司",即专事经营代雇劳工及运送事宜。1934 年天津招募的修路劳工达 16 万人,1937 年春天,天津登记出关的劳工达 16.6 万余人。塘沽出口劳工最多时,每天总在千人以上。1937 年,日本还遣派多名汉奸到河南灾区收买农民出关做工。劳工出关,照例由日本大东公司售给所谓"入国证"。由于出关劳工众多,"入国证"价格猛涨,由 1936 年的 3 角钱涨到次年的 1 元钱。③

日本帝国主义之所以严禁内地劳工出关,而要另行招募,是害怕自动出关的劳工在关外有熟人和其他社会关系,不能像浪人汉奸招募的劳工那样任意处置。招募时,浪人汉奸以各种花言巧语和优惠待遇许诺,一出关,这些劳工立即变成了孤立无援、与世隔绝和任人宰割的一群。"他们简直不是工资劳动者而是纯粹的奴隶"。工资接近零,伙食是一天三顿量少质次的稀粥或臭高粱米饭,工作时间长,劳动强度大,条件恶劣,直到死亡前没有一天休息,动作稍慢,监工、工头和日本兵的木棒、皮鞭、枪托立即上身,甚至当"共产党"枪毙。晚上随地而卧,四周围以电网,防其逃脱。他们只能日夜带着半饥半饱的肚子劳动着,一直到死。于是另一批新的劳工再从山东、河北、河南等省招募输送过来。如果是机密工程,为

---

① 中国经济情报社:《中国经济年报》第 2 辑(1935 年),第 140 页。

② 中国农村经济研究会:《中国农村动态》,1937 年刊,第 154 页。

③ 《津市"猪仔"公司之罪恶》,《劳动季报》1935 年第 5 期;华超:《华工的出国和出关》,《中国农村》1938 年第 3 卷第 6 期;《民间半月刊》1937 年第 4 卷第 3 期。

了防止泄密,工程完毕,即随地活埋,或投海淹毙,又或终身充当苦役,永远不能回家乡。①

在汉奸政权统治下的冀东和察哈尔北部,劳力和粮秣、牲畜、车辆征发也十分猖獗。据1937年的统计,冀东22县除田赋等正税外,共有苛捐杂税423种,其中汉奸政权新增的73种,加重征额的249种,只有91种(占21.5%)是承袭未变。② 在察北,汉奸政权更是家家户户抽拔男丁。青壮年编为地主保安队或正规军,老弱者驱使筑路、挖壕沟和运送粮秣。农家车辆大半征作军用,所有牛羊和马匹全部登记纳税,并禁止售卖。粮草一律禁止外运,除直接征派外,全部低价强制收购,所产池盐也全部归伪"满洲国"财政部专卖。此外还有名目繁多的捐税,农民的亩捐负担比从前加重了2.5倍以上。田亩苛捐外,又强制种植鸦片。其面积按地亩5∶5的比例确定。每亩缴纳烟捐5元,必须在播种前缴纳,而且不能不种,否则依法治罪。③ 结果,所有农民被洗劫一空,又不能从事正常的农业生产。

(二) 烧杀、奸淫、掳掠三管齐下的农业掠夺

1937年后,日本全面侵华战争爆发,标志着日本用中国物力、人力占领和消灭中国的基本国策,进入全面实施阶段,日本侵略者在关内占领区的农业掠夺变得愈加贪婪、残忍和不择手段。农业掠夺不单为了"以战养战"、满足侵略者的贪欲和日本国内的需求,同时也是全面占领和彻底消灭中国的一个重要阶段和手段。因此,日本侵略者在实施农业掠夺时,不仅不择手段破坏中国的农业生产,摧毁中国的农业资源,而且全面推行反人类的杀光、抢光、烧光"三光政策",农业掠夺往往同"三光政策"同时并行、相辅相成。

在长达8年的全面侵华战争期间,由于战争进程,战争双方阵营结构及力量对比,以及国内国际政治、经济形势的变化,日本侵略者对关内占领区的农业掠夺,按其方针、目的、范围、手段,大致分为战争前期、战争相

---

① 中国农村经济研究会:《中国农村动态》,1937年,第154—156页;华超:《华工的出国和出关》,《中国农村》1937年第3卷第6期。
② 朱平:《冀东伪组织下的苛捐杂税》,《东方杂志》1938年第35卷第15期。
③ 中国农村经济研究会:《中国农村动态》,1937年,第132—134页。

持阶段和战争后期三个阶段：自1937年"七七事变"至1938年12月日本专门负责对华经济掠夺的"兴亚院"的成立，为战争初期阶段；自"兴亚院"成立至1941年12月太平洋战争爆发，为战争相持阶段；自太平洋战争爆发至1945年8月日本战败投降，为战争后期阶段。

全面侵华战争爆发后的初期，日本的战略目标和战略决策是"速战速决"，在最短时间内占领和灭亡中国。为此不惜采用最残忍、最野蛮、最反人类的手段，尽可能多地杀戮和消灭中国人口，镇吓和阻止中国人民的反抗，消灭中国的有生力量，破坏和摧毁中国的经济基础与经济资源，使中国经济全面瘫痪、破产和完全丧失反抗能力。在关内占领区的农业掠夺，既要不择手段抢掠农牧林渔产品，充分保证侵略战争的直接需要，又要最大限度地破坏和摧毁中国的农业生产、农业生产力和农业资源，而且后者更重于前者。故在经济上提出"破坏重于建设"的口号。在这种战略决策指导下，烧杀、奸淫、掳掠并举，农业掠夺与"三光政策"合二为一。在华北，1937年10月，日军在河北藁城、赵县、栾城三县交界的梅花镇，将全镇牛、羊、猪、鸡、鸭和粮食洗劫一空的同时，屠杀村民1547人（占全镇人口的60%），其中46户被杀绝，又烧毁房屋650余间。同月在河北正定岸下、永安、西上泽等13地，抢掠牲口80头，屠杀村民1506人，杀伤103人，烧毁房屋106间。1937年冬，日军侵占山东淄川城后，旋即四处烧杀、抢掠，在锦川河畔的河东、杨家寨、龙口三村接连制造三起惨案，屠杀村民536人，烧毁房屋4600余间，烧死大牲畜400多头。1938年5月，日军在山东金乡县，5天内接连屠杀村民3347人，烧毁房屋670余间。在山西，日本侵略者的农业掠夺重点是以搜刮、统制和掠夺羊毛、皮革、棉花等土产原料。规定这类土产必须卖给特务机关指定的工厂，否则"严重惩办"。同时低价强制收购棉花，统制棉花贸易。在1938年1月至10月内由中国输出的122271公担棉花中，10万公担直接输往日本。并有大量的粗花被运往日本用作军火材料。① 中原河南，1938年7月日军侵驻

① 朱玉湘：《抗战时期日本对关内沦陷区农业的破坏和掠夺》，《山东社会科学》1994年第41期。

潢川十里棚乡北公路一带后，大肆烧杀、奸淫、掳掠，一次即烧毁房屋 30 余间、草垛 6 座；全乡被打死 7 人；东陈店等 4 个村庄被强奸的妇女，占成年妇女的 40%，日军还抢杀肥猪 44 头，牛、驴、骡各 1 头；"粮食损失更无计其数"，收割的稻谷被用来铺路(因天雨路滑)，田间稻穗被日伪马匹吃踩、糟蹋殆尽，农具、器物被烧毁的超过 60%。①

在华东华中(包括中原)地区，日军也是烧杀、奸淫加抢掠。1938 年 2 月，日军占领河南孟县，即逼迫当地人带路，逐户搜掠。到有粮户抢粮(在一家粮坊即抢得小麦 5000 公斤)，到无粮户即杀人放火，并刺伤刺死带路人。日军所到之处，房屋被烧，家什被砸，骡马牛羊或被牵走，或被烤吃；在豫东杞县，日军肆意冲杀难民，又将房舍、树木、庄稼"全行焚烧"；是年 4 月济源沦陷后，日军奸淫掳掠，无所不用其极，所到之处，房舍为墟，并抢掠粮食运往后方。②

1938 年日军入侵江西九江石门乡后，烧杀奸淫抢掠，成为家常便饭。据不完全统计，全乡先后共烧毁房屋 128 间，占原有房屋的 7.79%；杀戮(含毒死)村民 443 人，占原有人口的 17.71%；奸淫妇女 184 人，占成年妇女的 29.53%；抓夫 118 人，占原人口的 4.72%；损毁农具 498 件，占42.3%；杀死耕牛 148 头，占 82.86%；损毁家具 4584 件；全乡猪鸡被日军"吃尽"。③ 另据 1938 年 12 月至 1939 年 3 月的调查统计，在江宁、句容、溧水、江浦及六合等四个半县中，日军屠杀居民达 4 万人，烧毁房屋折值 2400 万元、农具折值 524 万元。烧死、抢掠牲畜 670 万元，烧毁、抢掠粮食折值 420 万元，摧毁各类农作物折值 78.5 万元。总计折值 4100 万元，平均每家 220 元。④ 日本侵略者在华中地区掠夺的粮食，更是数量惊人。除供侵略军及各色日、伪、汉奸人员消费外，还大量外运，计 1939 年运出

---

① 中南军政委员会土地改革委员会调查研究处编印：《中南区一百个乡调查资料选集·解放前部分》，1953 年印本，第 21—22 页。

② 张俊英：《河南沦陷区农民负担浅析》，《平顶山师专学报》2003 年第 18 卷第 6 期。

③ 中南军政委员会土地改革委员会调查研究处编印：《中南区一百个乡调查资料选集·解放前部分》，1953 年印本，第 159—160 页。

④ 时事问题研究会编：《抗战中的中国经济》，中国现代史资料编辑委员会 1957 年翻印本，第 39 页。

大米 700 万石,1940 年达 900 万石。①

　　这一时段也有农产品统制收购,但价格极低。如 1938 年,西河美国种棉花在天津市场上每担价格 65 元(法币),而日伪的统一收购价格只有 38 元(法币);华北各地粮食收购价格一般只有市场价格的一半。②

　　自日本"兴亚院"建立到太平洋战争爆发,抗日战争进入相持阶段,战争形势和日本帝国主义的农业掠夺开始发生变化。中国幅员广大,顽强抵抗;而敌人兵力有限,首尾难顾,尤其是华北占领区后方及其守军成为中国共产党领导的军民游击队的袭击目标,使日本侵略者在占领广州、武汉后,不得不暂停长驱直入式的战略进攻,回头保护和稳固占领区的控制,战略上亦不能不作长期打算。在这种形势下,日本侵略者改行采取政治上"以华制华"、经济上"以战养战"和"现地自给"的新的战争策略。1940 年日本同德国、意大利结盟后,又制定了《对华经济紧急对策》,进一步强调"加速(中国占领区)当地资源开发""确保中国战场的自行供给"的对华占领区经济掠夺总方针。

　　在这一经济掠夺总方针指导下,日本侵略者相应改变占领区的农业掠夺手段,提出所谓"开发重于封锁""建设重于破坏"的掠夺方策。此前1938 年 6 月,日本昭和研究会中国问题研究所拟定的《关于处理中国事变的根本办法》曾提出,要"开发中国经济",使之对"日满经济开发工作发生补充作用"。7 月的日本五相会议进一步提出,在经济方面,要"根据日满华互通有无的原则进行开发",掠夺手段相应"由平面开发改为重点主义的经营",重点经营的对象,集中于沦陷区的几种重要资源,即所谓"二白"(盐、棉花)"二黑"(铁、煤)③,重点明确,也更有组织和计划。1938 年 12 月,"兴亚院"取代原华北日军卵翼下的"经济委员会",并在中

---

①　李慧康、李广:《抗战时期日本帝国主义对中国沦陷区农业的掠夺》,《湘潭师范学院学报(社会科学版)》2003 年第 2 期。

②　李慧康、李广:《抗战时期日本帝国主义对中国沦陷区农业的掠夺》,《湘潭师范学院学报(社会科学版)》2003 年第 2 期。

③　陈真、姚洛编:《中国近代工业史资料》第 2 辑,生活·读书·新知三联书店 1995 年版,第 437 页。

国东北、华北和华中三地分别成立"兴亚院"的"联络部",就地负责策划、指挥农业和经济掠夺任务。又在"华北开发会社(公司)""华中振兴会社(公司)"下面成立多个子公司,环环相扣,以保证掠夺任务的完成。①

日本侵略者在组建多重机构的同时,制订了一套庞大的"开发"和掠夺计划。"兴亚院"一成立,为配合其国内先期出台的生产力扩充之"四年计划"(1938—1941年),火速拟定在中国占领区加紧掠夺的"三年计划"(1939—1941年)。按照该计划,1941年华北须生产棉花500万担、盐210万吨、羊毛5000万吨。

日本侵略者为了将"开发"亦即农民生产的农产品掠夺净尽,除了明火执仗的攫夺,其他掠夺手段也层出不穷。如在河南,对粮食的掠夺手段主要有:强迫大户(富裕户)和农民"献";以低于市场的价格强行收购;以农民急需的日用品"换";以防止八路军"抢劫"为借口,强迫农民将粮食交由日军控制的仓库代为"保管"。这还不够,各县署和粮食管理分会以及合作者,专设"收买督促班",到各乡村巡回督促农民供出粮食,"严治"拒不提供粮食者,并且严禁粮食私售私运。对棉花的掠夺也是压价强购和销售"统制"双管齐下。日伪将郑州、济南、天津设为华北三大棉花中心市场,强制收购转运,并将价格压得很低,同时对棉花的销售、流通进行严苛"统制"。1938年12月,北平伪政权下令,凡华北出产之棉花,未经许可,不得运往"统治"不及之地点;凡欲购棉花者,亦应报告出棉花种类、价值、运输地点及经手之银行。凡不遵照条例办理者,应处10000元以下罚款或处3年以下有期徒刑。凡非法购棉者,货款全数"充公"。②

显然,日本侵略者的所谓"开发",就是"掠夺"同义词,其目的是加速

---

① 如华中振兴公司成立后,即将此前成立的华中矿业、华中蚕丝、华中水电、上海内河轮船、华中电气通讯、上海恒产、都市交通、华中水产8家公司收为子公司,随后又成立了大上海瓦斯、华中铁道、淮南煤矿、华中盐业、中华轮船、华中运输、华中火柴7家子公司和振兴住宅组合及法币调节基金。所有子公司均以"中日合办"的名义(实权均为日本人所控制)向中国伪政府注册登记,属"中国法人"。总公司是日本法人,以日本法人支配中国法人。华中振兴公司通过对子公司投资、融资来掌控子公司,而子公司几乎涵盖了当时华中地区的所有重要产业以及城市公用事业,日本通过华中振兴公司,完全实现了对华中沦陷区主要产业和公用事业的"统制",实现其农业和整个经济掠夺。

② 张俊英:《河南沦陷区农民负担浅析》,《平顶山师专学报》2003年第6期。

摧毁和灭亡中国。因此,"开发"和直接破坏、毁灭并行不悖。1939 年冬日军进犯广西宾阳大林乡时落下的笔记本上记载着上级指令:"专烧农具减少敌人生产量,专杀壮丁减少敌人战斗力"。① 日军官兵就是按照这一指令行事的。就在进犯、驻扎大林乡的短短 3 天中,共杀死 33 人,多为青壮年,又抓走青壮年 81 人,亦多劳累、饥饿、折磨、残害而死。农具、家具有 80% 被烧毁,而且手法花样百出。日军煮饭、烧水洗澡不用木柴,专烧农具、家具,强迫村民集中 45 口大缸,灌满凉水,将各户犁耙、织机、桌凳、门板、木梯等木质农具、家具,堆放水缸四围,而后点火烧水洗澡。不能烧的铁锅、瓦缸等,则全部砸碎。木梯烧后,日本兵无法上楼睡觉,即抓村民充当木梯,踩踏其肩膀上楼、下楼。②

　　日军又大肆奸淫掳掠,到达大林乡的头件事就是搜罗、奸淫妇女,被奸淫的女性村民,年龄最大的 60 多岁,最小的仅 12 岁,不少惨遭多人轮奸,被奸幼女两天昏迷不醒。劫掠、破坏同样不择手段。村民的粮食、衣物能烧则烧,不能烧即在上面拉屎。仅大陆、义和 2 村,即烧毁房屋 29 间、稻谷 7800 斤。只有 52 户的贵贤村,各项损失折合稻谷 24.6 万斤;全乡被杀耕牛 59 头,猪鸡鸭全被"杀光","一只不剩";最小的义和村,被杀的肥猪即有 73 口、鸡 200 多只。日本兵杀猪,只割其肉 10 多斤,其余全部毁弃;支灶煮饭不用砖块,而用猪头架锅。③ 湖北江陵三合乡,1939 年沦陷时,村民也受尽日军"奸掳烧杀的迫害",不少村民因而"妻离子散,家破人亡"。④ 在中原河南,扫荡、烧杀、劫掠、勒索是日本侵略者的活动主轴。1940 年 3 月 18 日,通许县日军巡逻队在曹庄集"抢劫粮食无数",抢走牲口 20 余头;7 月 8 日,开封日军将白楼村"抢劫一空",并押

---

　　① 中南军政委员会土地改革委员会调查研究处编印:《中南区一百个乡调查资料选集·解放前部分》,1953 年印本,第 215 页。
　　② 中南军政委员会土地改革委员会调查研究处编印:《中南区一百个乡调查资料选集·解放前部分》,1953 年印本,第 215 页。
　　③ 中南军政委员会土地改革委员会调查研究处编印:《中南区一百个乡调查资料选集·解放前部分》,1953 年印本,第 213—216 页。
　　④ 中南军政委员会土地改革委员会调查研究处编印:《中南区一百个乡调查资料选集·解放前部分》,1953 年印本,第 34 页。

走保长(后下落不明);9月5日,驻扎太康的数百名日军骑兵,窜到高贤集实施抢劫,并押走保长袁某,勒索数万元,因袁家无力交付赎金,遂将其活活烧死。1941年日军扫荡冀鲁豫边区,实行"三光政策",内黄县烧毁房屋2159间,抢走、烧毁粮食662万余公斤,屠杀和掠去大小牲畜446头,烧毁大车195辆,粮种亦全被烧毁;高陵县劫夺、烧毁粮食662万公斤,烧毁房屋2844间,一个有38户的村庄,37户的房屋被全部烧毁。①

至于"三年计划",由于中国人民的抵抗,加上资金、器材和技术缺乏,其掠夺指标并未如愿完成。原计划1940年增产棉花517.2万担,实际只有132.8万担,仅及计划的1/4强;盐产实增89万吨,尚不及原计划的1/6。因棉花供应大减,青岛纺织业的开工率被迫降至10%,天津纺织也只有70%。② 结果,日本侵略者被迫中途放弃"三年计划",另订"华北产业开发综合五年计划"。

1941年12月太平洋战争爆发,日本全面侵华战争进入后期阶段,日本的近期战略目标和战略决策,战争双方阵营和力量对比,中国在战争中所处的地位,日本的战争开支和补给,日本对中国农业和经济掠夺,都发生了重大的变化。

太平洋战争爆发,美英两国成为日本的直接打击目标,战争阵营和远东的局势发生了根本性的改变,日本的对手不单是中国,还包括号称世界头等强国的美英两国。一方面,日本成为中国占领区的唯一主宰,不仅无须顾及美英利益,而且美英两国在沦陷区的财产也同中国财产一样,全部为日本所占有,财力增大;另一方面,随着战争扩大,日本的人力和物资消耗激增,而物资来源缩小,不单来自英美的物资进口被切断,而且陷入被封锁的境地。这样,日本的战争资源愈加依赖中国,不只是要用中国的人力物力占领和灭亡中国,还要以中国为后方基地,用中国的人力物力进而占领和独霸世界。为此,日本侵略者不仅加大了农业和经济掠夺的力度,

---

① 张俊英:《河南沦陷区农民负担浅析》,《平顶山师专学报》2003年第6期。
② 朱玉湘:《抗战时期日本对关内沦陷区农业的破坏和掠夺》,《山东社会科学》1994年第41期。

而且改变了方针、策略,即赤裸裸地直接杀戮、抢掠和冠冕堂皇地"开发",双管齐下;大力加强现有占领区的掠夺,增加仓储,发动军事进攻,扩大战争资源和沿途劫掠、就地补给,同时并举。

太平洋战争爆发后,日本侵略军在国民党正面战场多次发动大规模进攻和血腥屠杀,以达其抢掠战争物资、强化日军官兵兽性和瘫痪国民党政府经济、交通的双重目的。在华东,1942 年日军进犯浙赣线上的衢州,猖狂烧杀劫掠,白渡乡耕牛、农具大部分受损,"粮食、浮财抢劫一空",仅蒋家滩一村即烧毁房屋 100 余间,损毁风车 40 余架(占 1/2),劫杀耕牛18 头(占 2/5),毛猪减少 36%。①

在华中,1943 年 5 月 5 日,驻扎湖北荆州城内的日军到江陵三合乡奸掳烧杀,全乡被烧毁、拆毁房屋 283 间,杀戮村民 14 人,劫掠牛、马、驴45 头,烧毁、破坏农具 22 套,宰杀肥猪 12 头。村民郑世民家财物被抢,房屋被烧毁,骡马被拉走,30 石粮食和全部农具、什物"变为灰烬",从此"流亡在外,无家可归,饥不能食,寒不能衣"。② 同年 5 月,日军在湖南汉寿县厂窖周围 20 华里的地区,连续 4 天进行血腥大屠杀,烧毁帆船 2500多只、房屋 3000 多间,屠杀居民 3 万人以上,将民间车辆、牲畜、粮食、衣服、银钱等,抢劫一空。1944 年 4 月至 12 月初的 8 个月中,在国民党豫湘桂线战役溃败后,日军进一步加强了在占领区的烧杀和奸淫抢掠,在江西萍乡一地,杀戮居民 1900 余人、虏掠 2000 余人,奸淫妇女 6200 余人。③日军在湖南益阳、茶陵、道县等地的烧杀、奸淫、掳掠暴行更令人发指。益阳黄家仑乡 1944 年沦陷后,日军奸淫、掳掠暴行数不胜数。该乡王村不足 50 户,就被抢去被褥 24 套、蚊帐 10 床、棉布 12 匹、铁锅 29 口、谷米100 石、食盐 180 斤、食油 100 斤、鸡鸭 159 只、猪牛 32 头,被强奸的妇女16 人,其中 3 人因轮奸 10 余次丧命;另有一家 9 口,因被奸羞愤,母女 7

---

① 华东军政委员会土地改革委员会编:《浙江省农村调查》,1952 年印本,第 137 页。

② 中南军政委员会土地改革委员会调查研究处编印:《中南区一百个乡调查资料选集·解放前部分》,1953 年印本,第 34 页。

③ 朱玉湘:《抗战时期日本对关内沦陷区农业的破坏和掠夺》,《山东社会科学》1994 年第 41 期(总第 44 期)。

人投塘自杀;还有农民 3 人因表示反抗而被日本兵绑在树上用乱刀刺死。1944 年 6 月初,日军侵犯茶陵,经常到庙市乡抢劫粮食、奸淫妇女,每次"见人杀人,见物烧物,见东西抢东西,烧杀掳掠奸淫无恶不作"。计强奸妇女 50 人,年龄不分老幼,幼女用刺刀挑开强奸;计劫去衣物 1030 件、耕牛 29 头、大小猪 128 只、粮食 1600 担,烧毁房屋 20 栋,破坏家具 1440 件,全乡损失财物折谷 3800 达余石。还拉走民夫 40 多人,其中 4 人被活活打死,1 人杳无音信。① 日军在道县东门乡的烧杀奸淫掠夺暴行,也异常惨烈,据不完全统计,打死 57 人,强奸妇女 153 人,共中强奸致死的 2 人,抢杀肥猪 675 头、牛 246 头,烧毁房屋两栋,掠夺粮食 3000 石以上,"其他各种损失甚多"。② 广西宾阳大林乡,1944 年日军第二次驻扎,劫掠一个多月,仅大林一个村,被抢走的粮食足有 10 万斤,"棉被布匹都被抢光",全乡损失总数约值稻谷 50 万斤。1939 年、1944 年日军两次劫掠合计,财物值稻谷 157 万余斤,房屋 38 间,耕牛 59 头,猪 460 余头,布 600 余匹,鸡 2070 余只,衣服 2080 余件,被子 130 余床,农具 750 余件,家具 4800 余件,蚊帐 780 余床,鱼 3600 余斤,木板 900 余块,稻谷 174600 余斤,织布机 250 余架,牛皮 800 余张,鞋底 500 余双,鞋模 100 余对,衣车 5 架,单车 2 架,糖 2600 余斤,大米 315000 余斤,稻草 4 堆,洋纱 80 余股。③ 广东惠阳,1945 年 3 月,日军侵入沥林乡,烧杀、抢劫惨绝人寰,多人被绳索绞颈,40 多人被杀害,"物资被抢劫一空,被奸妇女不可胜数",抢走粮食超过 10 万斤,杀劫肥猪 240 多头,被掠夺的财物,据火岗、鹅室两个自然村不完全统计,即值谷 143180 斤以上。④

---

① 中南军政委员会土地改革委员会调查研究处编印:《中南区一百个乡调查资料选集·解放前部分》,1953 年印本,第 8 页。

② 中南军政委员会土地改革委员会调查研究处编印:《中南区一百个乡调查资料选集·解放前部分》,1953 年印本,第 73 页。

③ 中南军政委员会土地改革委员会调查研究处编印:《中南区一百个乡调查资料选集·解放前部分》,1953 年印本,第 213—216 页。

④ 中南军政委员会土地改革委员会调查研究处编印:《中南区一百个乡调查资料选集·解放前部分》,1953 年印本,第 172—173 页。

（三）　以捐税征摊和统制征购为主要手段的农产品劫夺

日本侵略军这种与烧杀奸淫并行的劫掠和就地补给，还只是日本侵略者在关内占领区农业掠夺中的很小一部分。特别是太平洋战争爆发后，日本战争消耗猛增，而在经济上又处于被美英封锁的状态，更要以中国为后方基地，依赖中国的人力物力，占领和统治世界，日本国内的生产生活消费，也越来越依赖中国供给。日本侵略军这种劫掠和就地补给，在日本战争消耗和关内占领区农业掠夺中所占比重就更小了。日本侵略者关内占领区的农业掠夺主要还是通过日伪政权和日伪企业机构策划进行的。

因应战争和国际形势的变化，为了加强关内占领区的农业掠夺，最大限度利用中国的人力物力占有和统治世界，日本在太平洋战争爆发后，对关内占领区的农业政策做了某些调整。太平洋战争爆发前，日本对中国东北和关内占领区农业推行的是所谓"适地适产主义""中日满农业一元化"政策，要求中国内蒙古扩充放牧地带，增产羊毛；北部地区增产棉花；中部地区则须"避免与日本相竞争之作物"栽培。太平洋战争爆发后，粮食供应问题空前严重。因南洋米和美英小麦、面粉进口中断，华北粮食供给堪忧，除杂粮可勉强应付外，面粉自给率为53%，军用大米仅20%。于是在华北由重点推广棉花改为棉花与粮食增产并重的方针。因1942年日伪在华北未能完成2000万石粮食的掠夺指标，1943年伪"华北政务委员会"增加农业、农田水利财政拨款和农业贷款，提倡多打水井，增施化肥，强迫农民打30万口水井，施放3.6万吨化肥，增加1万台抽水机；又设置粮产重点县、增产示范农家，培训农业指导员，进行选种、种子消毒、施肥增产奖励及知识宣传，以达到增产610万担粮食供其掠夺的目标。1944年，伪"华北政务委员会"复以该年度1/5强的财政预算经费用于农产政策之实施。棉花增产自然也被放在同等重要位置。1940年为完成增产100万担的掠夺指标，日伪曾要求某些地区压缩粮食作物的种植面积以扩种棉花。太平洋战争爆发后，此项政策仍在重要产棉区继续推行。1943年春在满城"治安区"，日伪到各村统一划定"种棉区"，一般差不多

500 亩地的村庄,即强迫种植 400 亩以上的棉花,植棉面积占耕地面积的 80%以上。

至于对农业产品的掠夺及其手段,则万变不离其宗,主要不外税捐课征、统制收购两项,具体手法无非是增加税捐名目、提高征额;扩大统制收购范围和数量,降低收购价格,改变价款支付办法,加大收购价同市场价的差距,将有价收购变为无偿劫夺。

在关内占领区,税捐繁多,征额苛重,而且不断增加。河南沦陷区各类税捐达 100 多种,田赋每年每亩平均 4 元,安阳每亩地收获只值 3 元左右,但需纳税七八元;沁阳规定城乡土地每亩每月征款 6 元,违者土地充公,业主枪决。1943 年,日本侵略军在豫东征收正税名目达 50 种,每丁须纳 32 元,苛捐杂税更是无奇不有。烟酒税每季每家 20—30 元,牲口税按值抽 11%,屠宰税不论大小,每杀一头猪 2 元、羊 1 元,烟贴税每张 8 元,猪狗拍照每季一换,每次抽税 8 角至 1 元,房井税每间房、每眼井 5 元,饭馆吃饭每次 6 分,大烟每亩 20 元,门牌捐每户 4 角、月征三四次不等。"良民证"一月一换,每张 1 元,人头税每人每月 2 角。安阳县东钢村是个仅有 300 人的小村,仅 1941 年 1—7 月,日本侵略军就在该村派路费 100 元,居住证费 50 元,重征二年田赋 2280 元、马鞍费 30 元,长期受训费每人 130 元,雇工招待费 120 元,修寨费 700 元,筑封锁沟墙费 800 元,青年受训费 150 元,伪军婚丧费 100 元。半年全村共纳 10280 元,平均每人 34.2 元,临时开支、捐款尚未计算在内。[①] 山西大同一带,税捐五花八门,计有地亩捐、门牌捐、户口捐、牲畜税、屠宰税、牛税、牙税、狗捐等,名目不下 50 多种。据 1942 年对 15 个游击区村庄的调查,各村对敌负担平均占总收入的 67.43%,亦即超过 2/3;在河北,平山县东岗上村,1942 年每亩负担 253 元,行唐县赵七峰村,每亩负担 316 元,按当时小米最高价格,每斤 2 元,250 元可买小米 100 余斤,占全部收入的 70%以上;在山东,1943 年,胶东敌占区每亩负担合北海币 140 元,比邻近解放区每亩负担 11.25

---

① 刘世永:《日本侵略者对河南沦陷区的经济掠夺》,《河南大学学报(哲学社会科学版)》1988 年第 1 期。

元高出 12 倍以上。海陵县蔡村、利津县宋王庄等地,各种捐税负担均占农业总收入的百分之八九十。从一个地区的税捐征额看,在晋西,日伪向种地人强征小麦 2570 麦石,平均每亩大约 5 斗,多的竟超过 100 斤,农民无力支付,日伪实行抢劫。在山东,据 1939 年 12 月伪"临时政府山东庶政视察团"的调查,"如靠近未完全收复之县区",日伪所缴田税正赋,每两丁赋 4 元,附加 4 元;另单征之夫料捐,每亩银 1 两,征 10 元;又冬季警察服装费 10 元。而游击队亦征田赋、夫料捐等费,合计每亩银一两。农民一年所纳之税,在 200 元左右。故一般农民,"舍弃房地产业,逃往他处另谋生活者,比比皆是"。①

在华东,江苏常熟日本全面侵华战争前每亩田赋为 1 元多,1942 年江苏"清乡"各县每亩高达 20 元。吴县、昆山、太仓、常熟、无锡、江阴、武进 7 县,"清乡"前 1941 年 1 月至 5 月共收田赋 58 万余元,"清乡"开始以后,1942 年同期共收 232 万余元,比"清乡"前增加 3 倍。日伪向"清乡"区开征田赋,不仅开征当年的,还要补征每亩 5 斗米的"积欠"田赋,每亩田一次要强征伪币 200 元以上,占农业收获量半数以上(当时一担米作价伪币 20 元)。② 后来物价大幅变动,伪币贬值,日伪遂将田赋由征收货币改征实物,并在改征实物("征实")之外又有"军粮征借"。在无锡,田赋征收一直使用银元,每亩 1 元,不受货币贬值的影响,没有改征实物,但每亩要"加借军粮"3 升,而且必须是白米,名义上可配给少量日用品抵还,实际上农民很少收回,加上伪乡保长从中渔利,全部有借无还。③

日本侵略者在关内占领区的农业产品掠夺中,与捐税课征同等重要的掠夺手段是统制收购或统制征购,亦即借收购或征购之名,行强盗掠夺之实。

收购或征购的名目、范围,除了粮食、棉花、油料,包括所有农副产品

---

① 中央档案馆等合编:《日本帝国主义侵华档案资料选编·汪伪政权》,中华书局 2004 年版,第 387 页。

② 朱玉湘:《抗战时期日本对关内沦陷区农业的破坏和掠夺》,《山东社会科学》1994 年第 41 期。

③ 《无锡县云林乡农村经济调查》(1950 年 1 月调查),《江苏省农村调查》,1952 年印本,第 109 页。

和其他军需物资。如在河南,日本侵略者对农产品的征购掠夺,除了小麦、棉花,还有大豆、杂粮以及桐油、猪鬃、毛皮、皮革等。日本侵略军在南阳等地设立的"裕丰公司",在镇平、赊镇等县,掠夺、强购棉花、花生、芝麻、粮食、牛皮、猪鬃、桐油等供给军用。根据伪"华北政务委员会"关于配合日军侵略战争所拟之重要物资搜集对策要纲的要求,1943年河南须确保交纳棉花192337担、青麻30万斤、花生仁1.5万吨、芝麻1万吨、净羊毛30万吨、净山羊绒3万吨、净骆驼毛1万吨、牛皮5万张、制革用羊皮33.3万张。各县屠宰场所生产的原皮、原毛,均须向"华北皮毛协会"供出。是年,仅"华北纤维公司"就在河南掠夺棉花292337担、花生1.5万吨、芝麻1万吨、羊皮5万张、制革用羊皮33.7万张;1944年夏,仅在柘城一县就派购棉花千担以上。日本侵略者不仅对沦陷区所产棉花严格控制,搜掠一空,连民间纺车、布机等器具也百般搜缴销毁。[1]

收购方式和价格高低因环境不同而异,在敌我交界地带高价现款收购,在日伪可以完全支配的地区,则低价或贷款收购。征购价格平均只有市价1/2左右。在开封,日伪出动大批人马四乡搜掠黄豆、青豆等杂粮,美其名曰"公买公卖",实际以低于市价50%的价格强买。在柘城,日伪强购杂粮500万公斤,其中谷子派购价格每公斤0.031元,只有市价(每公斤0.045—0.10元)的31%—68.9%。1943—1944年两年间,日伪在柘城派购油料数万公斤、红薯1000多万公斤、蓖麻籽数万公斤,全部低于市场价格。[2]

在江南敌占区,粮食完全由日本三井、三菱及军部合作统制,低价收纳,安徽郎溪县稻谷市价每石400元,日军仅按270元收购,且其收购每日需用经费,勒令地方负责供应,计1943年11月至1944年6月,共贴耗24万元左右。

日伪在各地征购掠夺粮食的机构各异,征购数额不一,仅有若干不完整的数据。在华北,河北密云、通县、香河、大兴、良乡、三河、顺义、昌

---

① 刘世永:《日本侵略者对河南沦陷区的经济掠夺》,《河南大学学报(哲学社会科学版)》1988年第1期。

② 张俊英:《河南沦陷区农民负担浅析》,《平顶山师专学报》2003年第6期。

平、琢县 9 县,1943 年 7 月间一次即征去小麦 3738 吨;山西汾阳、文水、孝义、交城等地,每年每县被掠粮食均在 10 万石以上,全省在 5000 万石以上。参与粮食征购的,除日本侵略军和日伪政权机构,还有日本专业协会和大商社。1940 年 6 月成立的"华北小麦协会"①,会同日本三井、三菱等大商社一起承担粮食收纳和运输业务,该协会 1940 年和 1941 年各收购小麦 27 万吨,1942 年、1943 年分别收购 20.5 万吨和 23.6 万吨。

"华北小麦协会"的机构及粮食掠夺范围,没有包括山西。因山西多山,中国共产党领导的八路军游击队相当活跃。为削弱、消灭抗日游击队,日伪在山西实施严密经济封锁和粮食统制政策。1940 年 10 月 1 日,日本侵略军以三井、三菱等大财阀为中心组成"山西省杂谷交易配给组合",总部设于太原,在潞安、运城、忻县、临汾、平遥等粮食集散地设支部,专门从事山西省内粮谷的收购、配给和外运,既要保障日伪的补给,又要切断抗日军民和全省百姓的粮源,责任重大,其地位并非一般的商业机构。侵华日军司令部通知山西各地日本驻军,"组合"人员乃"军队御用",须为其活动尽量提供方便,责成伪县政权派出车辆和马匹,供武装支援粮食收购的日本军队使用。"组合"以侵华日军为护符,收购人员佩戴"军御用"臂章,所到之处日军为其护送粮食,并以军队威力强占城内大户人家房舍充当粮食保管场所,等等。② "组合"人员实际上就是一伙地地道道的武装劫匪。

在华中,1943 年 5 月间,由中日双方同业组织成立"汪伪全国商业统

---

① 协会本部设于北平,最初职能是统制、协调小麦收购;1941 年 8 月进行改组,扩大统制范围,加大统制力度,将协会由"相互斡旋协调机关"改为对小麦的收购、配给及制品进行统制的执行机关。1943 年 5 月,日伪设立"华北物资物价处理委员会粮食管理局",统制整个华北沦陷区的小麦、面粉、杂粮等的收购及配给业务,并于 7 月将"华北小麦协会"改组为"华北面粉制造协会筹备委员会",作为粮食管理局及其在各地分局的代行机关,接收其收购的粮食,分配给其会员工厂,再把加工后的产品配给各地(王士花:《日伪统治时期的华北农村》,社会科学文献出版社 2008 年版,第 72—73 页)。

② 中央档案馆等编:《华北经济掠夺》,中华书局 2004 年版,第 734—735 页;中央研究院社会科学研究所主编、郑伯彬等编:《沦陷区经济概览·农业编》上册,国民党政府经济部资源委员会 1941 年油印本,第 A5301—A5302 页。

制总会粉麦专业委员会",贷款 10 亿元伪币,该年共收购小麦 5661878.53 市担,另代办军用大麦 4048.2 万公斤,元麦 4.5 万公斤。1944 年度,日伪在华中地区共掠夺粮食 254700 吨,相当计划指标的 46%。[①]

日伪对棉花、蚕茧的统制、征购掠夺,也主要通过"组合""协会"等专业机构进行。

日伪对棉花的统制、征购掠夺,在机构、行动方面,具体分为生产、运销二部进行。其统制机构,生产方面在华北、华中设有"棉产改进会"。其任务均为强迫农民种棉、改良棉种、经营棉场。"华北棉产改进会"成立于 1939 年 2 月,是管理和统制华北棉花生产的总机构,并在河北、河南、山东、山西设立有 4 处分会。为了扩大棉花产量,该会拟定了棉花九年增产计划,预定 1939 年产棉 460 万担,1940 年增长为年产 1000 万担。华中除"华中棉产改进会",还有"华中棉业产销管理委员会",后者并不直接管理棉花运销,而只是中枢行政机关。[②]

"华北棉产改进会"统制、改进棉产的核心就是强迫农民植棉,充分满足侵华日军军需和日本国内需要。棉花增产千万担计划出台前,侵华日军推广植棉的方法除了散放棉种、发放棉花贷款,就是禁止在道路两侧 500 米范围内种植高秆作物。[③] 迨华北棉花增产千万担计划出台,进一步加大了强迫农民种棉的力度。首先恢复 1936 年时植棉面积(861.7 万亩),然后再行扩大。计划书要求伪县公署负责"督促"农民,将以前荒废的棉田恢复植棉;在游击区无法恢复的棉田,则由道路两侧禁止种植高秆作物的土地补充。1939 年 2 月又扩大高秆作物禁种和棉花必须种植范围:凡主要道路两侧 300 米、飞机场周围 300 米、县城及重要乡镇周围 300 米,一律限定种植棉花。如果植棉面积尚不足数,则水路附近亦限定种植棉花。至 1941 年后,须再扩充棉田 216.8 万亩。加上原有棉田,合计

---

① 朱玉湘:《抗战时期日本对关内沦陷区农业的破坏和掠夺》,《山东社会科学》1994 年第 41 期。

② 中央研究院社会科学研究所主编、郑伯彬等编:《沦陷区经济概览·农业编》上册,国民党政府经济部资源委员会 1941 年油印本,第 A5285—A5290 页。

③ 此项禁令既为防止游击队活动而发,又有扩充棉田的作用,在后来扩充棉田的计划中,尤为明显。

1078.5 万亩。计划书要求，上述棉田除新垦 1.8 万亩外，其余均由粮田转化，按 1936 年种植面积计算，计小麦田 520 万亩、小米田 236 万亩、玉米田 260 万亩，合计 1016 万亩，全部改为棉田。

1939 年年底，"华北棉产改进会"即着手实施此项计划，划定华北沦陷区 53 县、3 市为强制推广植棉区。其中河北 43 县、3 市，山东 8 县（第二期将以推广山东棉田为主），河南 2 县。在推广区内，旧有棉田必须一律恢复，并禁止推广区内轧花坊、油坊、花店买卖棉籽及榨油，以防止棉种短缺，影响棉田扩张。

日伪统制棉花运销的机构是"华北棉花协会"和"中日满棉业协议会"。在两协会成立前，日商曾设有多个棉花采运机构。在华北，有棉商团体在棉产地组织的"同业公会"；纱商团体在平津、青岛、上海组织的"同业会"，或在棉产地组织的"共同购入委员会"。而棉商又有日商、满商之分；纱商也有日本内地纱厂与在华纱厂之别。各自垄断棉花收购以供自用。其中较大者有"北支棉花会社""天津棉花输出协会""石家庄棉花采取组合""北支棉统制连络委员会"等。[1] 1939 年 1 月，日军还在山东济南设立"棉花收购组合"，日本洋行在"组合"的指导、统制下，进驻德县一带棉区收购棉花。在华中沦陷区，则有"三菱商事""三井物产"、东洋棉花组织的"棉花组合"，以及"中支棉花统制会"。前三者得到侵华日军华中派遣部队的特别支持。侵华日军曾通令华中各棉产地必须将棉花售与该三行，否则严处。后者为东棉、日棉、吉田、三菱等 8 家公司所组织。规模、资本均较前者为大，出台统制方针 3 条，声称未参加公司不得享受购棉运日之权利，并决定最高收购价格。[2]

不过日本侵略军仍嫌这类"组合""会社""协会"过于分散，为进一步强化收购统制，于 1939 年 4 月将上述"棉花收购组合"进行改组，相继设立"中日满棉业协议会"和"华北棉花协会"。后者就是华北棉花运销

---

[1]　中央研究院社会科学研究所主编、郑伯彬等编：《沦陷区经济概览·农业编》上册，国民党政府经济部资源委员会 1941 年油印本，第 A5291 页。

[2]　中央研究院社会科学研究所主编、郑伯彬等编：《沦陷区经济概览·农业编》上册，国民党政府经济部资源委员会 1941 年油印本，第 A5298—A5299 页。

统制的最高执行机构。其任务不仅负责执行"中日满棉业协议会"所决定棉花分配比率，而且决定棉花"公定"价格及"专买专卖"等重要事项。除军用棉花外，各纱厂（包括"军管理"之民需厂）的原棉消费，均在该协会的统制范围之内。该协会成立及随即开始棉花收购和分配后，各地原设收买机构及所存棉花，均由该协会接收，同时派出 30 名"收买主任"，分赴河北、山东各主要产棉区新设"收购组合"，组织收购网，严格纠察私自买卖行为。① 这样，华北沦陷区的棉花流通便完全由日军设立的"华北棉花协会"控制。

随着日军占领区的扩大及统治的逐渐稳固，日本洋行相继下到县以下产地市场收购棉花。如进驻山东德县的日本洋行直接到临清、夏津、武城、恩县、郑家口等地收购棉花，并开设分店。自此，日本洋行陆续进入县城地方市场，从 1939 年 9 月到 1940 年 3 月，日本洋行在该地区收购的棉花近 4 万包。河北是华北第一产棉大省，进入的日本洋行更多，收购、掠夺的棉花数量更大。据华北棉花协会调查，1939 年 9 月至 1940 年 2 月，这些日本洋行在平汉沿线各地收购的棉花数量总计达 287886 包（150斤/包）、4300 余万斤。

实际上，作为日本指定的"华北棉花协会"会员的日本洋行，大都在棉产地区县城设有办事处，指定直属棉花商或直属收购人收购棉花。洋行购得的棉花全部上缴"华北棉花协会"在各地的支部，由其配给日军军需及日本在华纺织业做原料或输出。② 通过日本陆军特务机关及其在各县的顾问，"华北棉花协会"会员、直属协会会员的直属棉花商以及直属棉花商的直属收购人的收购活动，全都处于日军的严密监视和控制之下，以保证万无一失地获取更多的棉花。③ 侵华日军特务部对华北沦陷区所

① 中央研究院社会科学研究所主编、郑伯彬等编：《沦陷区经济概览·农业编》上册，国民党政府经济部资源委员会 1941 年油印本，第 A5301 页。

② 棉花输出实行"输出许可制"制度。1938 年 11 月王伪"临时政府"公布"棉花许可条例"，棉花输出须持伪实业部审核发给的"输出许可书"，违者处 30 年有期徒刑或 1 万元以下罚金。

③ 王士花：《日伪统治时期的华北农村》，社会科学文献出版社 2008 年版，第 122—124、126、128 页。

产棉花的分配原则是"限制当地消费",以满足日本需要为前提。事实上,华北棉花大部分运往日本内地。首次公布的 1938 年 9 月至 1939 年 8 月的棉花分配比例,在 330 万担棉花中,130.3 万担输往日本内地,占 39.4%;华北本地其次,为 117.8 万担,占 35.7%。而这部分棉花也主要供给日商纱厂和日军管理工厂,分别为 53.04 万担(占 45.0%)和 15.8 万担(占 15.8%),合计 68.84 万担(占 58.44%),亦即供华北本地消费的棉花中,将近 6 成直接或间接供给侵华日军或日伪机构需要。另外,剩余华北棉花,分别有 17% 和 7.9% 供给伪满和华中汪伪。并无一丝一缕留给华北的棉花生产者和华北民众。[1]

　　日伪通过征购掠夺棉花的基本手法是压级压价。1938 年 11 月,"华北棉花协会"开始棉花价格统制,宣布实行所谓"公定价格及平衡费制度"。价格的决定标准,并不顾及棉农的生产成本,而是"以日本采算华棉之是否有利为前提"。因此,1939 年 5 月首次出台的最高"公定价格"为每担 53 元,比市场价格约低 12 元。至 10 月间,市场棉价暴涨,天津一度达 100 元,"公定价格"虽略微增加,但与市价之差扩大至 20 元。所谓"平衡费制度",是为满足当地侵华日军军用而设立。侵华日军特务部将棉花分为军用、民用两类,强调"民用支持军用",命"华北棉花协会"将棉价相应分为"军用棉价"和"民用棉价"两项,军用棉价须比民用棉价低,而两者差额由民用棉负担。[2] 而且,补付的数额须视军用、民用购棉数量是否"平衡",随时调整价格差额。1939 年年末,因民用购棉远比军用棉少的乡村,每担棉的"平衡费"曾高达 14 元。民用棉所占比重越低,补贴军用棉差价数额大,价格负担越重。民用棉量少价昂,两头受损。

　　由于棉花"公定价格"过低,棉农严重亏折破产,导致 1939 年棉花产量骤减,棉市进一步萎缩。日本兴亚院为保证日本国内的棉花供给,于

　　①　中央研究院社会科学研究所主编、郑伯彬等编:《沦陷区经济概览·农业编》上册,国民党政府经济部资源委员会 1941 年油印本,第 A5313—A5314 页。
　　②　如在石家庄,棉花"公定价"每担 58 元,购买为"军用"时,只付 51 元。购买为"民用"时,须补足军用棉少付的差额,共付 65 元。

1939 年 11 月底颁行"棉花紧急处理法",对棉花运销采取更加严厉的统制和劫夺手段:进一步限制华北当地棉花民用,责令"华北棉花协会"负责履行对日棉花输出之义务,以确保棉花输日数量,规定"输日之外如有剩余,始得充当本地民需之用";棉花价格由侵华日军和兴亚院共同决定,责令棉商"自动降低棉花收价"。兴亚院为防止"高价收棉",随时记录棉花商所交"棉花协会"的棉花最高价格,若高价收买,"得处罚之"。"棉花紧急处理法"还规定,关于棉花之收买,"派遣军得随时随地加以积极援助"。此乃武装、血腥劫夺棉花的明确表述。①

随着日本全面侵华战争的延展,日军掠夺式收购棉花的价格越来越低。1943 年秋,日伪通过"棉产改进会"在河北保定强买棉花,名义上把棉花分为五等,但根本没有一、二、三等,质量再好的棉花也只能卖到四、五等的价格。同时,日本对华北棉花运销市场的统制愈益强化,贱价征购的棉花分别集中到郑州、济南、天津三大中心市场,而后转运,仅天津一地,1943 年运往伪满及日本的棉花即达二三百万担以上。集中济南的棉花则由青岛出口日本,出口数量由 1942 年的 45505 公担,猛增为 1943 年的 143024 公担。②

日本侵略者对蚕茧的掠夺,也是采用统制和贱价征购的手段。为了避免中国蚕丝业对日本国内蚕茧业造成威胁,日本侵略者首先将沦陷区的蚕丝业攫为己有而控制其发展。在华中,日本侵略者为劫掠和统制该地区蚕丝,1938 年 4 月 21 日成立"华中蚕丝组合"(合作社)。随即成立"华中蚕丝组合"的执行机构——"日华蚕丝公司",由该公司出面,将无锡、苏州、杭州等地残存的 10 家丝厂、2688 部缫车分别组织为惠民蚕丝公司、第二惠民蚕丝公司、华福公司等,同年 8 月又将这些公司改组成名为"中日合办"实为日本统制华中蚕丝最高机关"华中蚕丝股份有限公司"(总部设于上海)。在该公司设立之前,梁伪"维新政府"实业部于

---

① 中央研究院社会科学研究所主编、郑伯彬等编:《沦陷区经济概览·农业编》上册,国民党政府经济部资源委员会 1941 年油印本,第 A5320—A5321 页。
② 朱玉湘:《抗战时期日本对关内沦陷区农业的破坏和掠夺》,《山东社会科学》1994 年第 41 期。

1938 年 4 月设立"蚕丝产销管理局",管理范围包括原种制造改良、茧行取缔、收购分配、丝业管理等。"华中蚕丝公司"成立后,伪"实业部"旋即于 9 月以"法令"的形式,颁布管理丝茧业的临时办法及施行条例,对沦陷区旧有丝茧业商户逐一进行登记、管理;同时由"华中蚕丝公司"接管"蚕丝产销管理局"的几乎全部业务。梁伪"维新政府"实业部制定的"华中蚕丝公司"规程规定,机器缫丝业自该公司成立后一概不得新设;茧子之收买、蚕种之配给亦专由该公司统制。至于有关丝茧统制的命令,虽由梁伪"维新政府"颁发,但统制办法的制定均出自"华中蚕丝公司"。故蚕丝的统制大权完全由"华中蚕丝公司"独揽。自 1939 年 5 月起,"华中蚕丝公司"更在各主要丝茧产地陆续分派要员留驻,开设派出所或分驻所等机构,直接就地执行统制事务,不再假手伪政权。[①] 1939 年 6 月 13 日,日本兴亚院下达《统制蚕丝业指导要纲》,规定"华中蚕丝公司"对蚕种、蚕茧、缫丝、销售等的全部"统制"。梁伪"维新政府"实业部训令江、浙、皖三省伪政府,将统制三省蚕丝业的全权交予"华中蚕丝公司"。[②]

统制丝茧业的核心手段是取缔蚕茧及原种,日伪规定蚕种制造场不得制造普通蚕种,"以符繁殖日种之旨"。同时,颁布蚕种取缔办法,从检查原种、考察制种场作业状况入手,然后及于原种销售管理,规定原种制造场及非制造场之贩卖原种者,均须登记、领照,并觅具殷实铺保,违者没收其蚕种,并处以种价十倍以下之罚金。收茧统制则首从统制茧行入手,各地茧行除依照日伪"管理丝茧事业临时办法"登记外,伪省公署还规定,凡往各县收茧者,均须填具登记表,并缴纳保证金(每担干茧 1 元),由日伪核定收茧地点及数量。此举意在逼迫茧行加入"华中蚕业公司",并假手上海租界丝厂收茧商广事收集游击区蚕茧。上海收茧商虽被允许往敌伪治下各地收茧,但除受日伪收茧管理规则约束,还受侵华日军司令

① 中央研究院社会科学研究所主编、郑伯彬等编:《沦陷区经济概览·农业编》上册,国民党政府经济部资源委员会 1941 年油印本,第 A5324—A5326 页。
② 王方中编:《中国经济史编年记事(1842—1949)》,中国人民大学出版社 2009 年版,第 518 页。

部经理处"物资移动禁令"限制①，稍有不慎，所收蚕茧随时被日伪没收。收茧商不得随意收茧，也不得自由委托茧行收购，违者即被没收其蚕茧。收茧商每收茧一担，须缴纳相当数额的"蚕桑事业改进费"。而且，此项"改进费"可随时增加。初定时为3.6元，旋即增至6元。此外茧行亦不得代蚕农自由烘茧，违者即没收蚕茧，或吊销茧帖。日本侵略者为了完成和强化"华中蚕业公司"对沦陷区丝茧的统制、劫夺，自须进而统制丝茧价格，实施"官定价格制"。价格的评定原则，表面上以蚕茧生产费为第一基础条件，以丝价为第二基础条件，两者"折中定之"。实则完全以丝价为准，以纽约、横滨、神户最近6个月生丝平均价格为参数，根本不考虑蚕农实际生产成本。而手握最终决定权的"华中蚕丝公司"常务理事（日人）铃木格三朗，更"有意抑低茧价，强迫收购，使有利于倾销世界市场"。1939年干茧"官定价格"，改良种每担最高只有80元，最低55元；土种干茧更仅有40元和35元。② 在这种情况下，一方面，"华中蚕丝公司"统制和支配力迅速扩大，1938年强制收购蚕茧3.1万担，相当产茧量的30%；次年提高到60%，达6.12万担。③ 另一方面，蚕茧"官价"越来越低，该公司不仅压低价格强制收茧，有时还只付给几乎等同废纸的"军用票"。1938—1943年，日本共掠夺中国鲜茧100多万担，价值合法币4亿元以上。蚕农遭受残酷剥削，普遍入不敷出。④ 在华南，广东珠江三角洲一带蚕丝业，悉由日商三井洋行统制，区域内所产生丝，须售与该洋行，禁止纱绸运销，价格完全由三井规定，生丝每担只给与"军用手票"1900元，废丝每担480元。而此种军用手票也只是日本侵略者强迫之下，在广州市内勉强行使，一出广州，"则形同废纸"。蚕农因不能自行缫丝、土丝无市，

---

① "禁令"自1938年9月开始实行，禁令包括全部重要农矿资源，鲜茧、干茧和柞茧均为禁止输出之品。中外茧商若非事前得侵华日军司令部经理处之许可，均不得运茧出口。

② 中央研究院社会科学研究所主编、郑伯彬等编：《沦陷区经济概览·农业编》上册，国民党政府经济部资源委员会1941年油印本，第A5326—A5335页。

③ 中央研究院社会科学研究所主编、郑伯彬等编：《沦陷区经济概览·农业编》上册，国民党政府经济部资源委员会1941年油印本，第A5275—A5276页。

④ 朱玉湘：《抗战时期日本对关内沦陷区农业的破坏和掠夺》，《山东社会科学》1994年第41期。

不得不将蚕茧出售,以致茧价尤贱,"任由敌人予取予夺"。①

日本侵略者为了摧毁中国军民的抵抗能力,以中国的人力物力占领和灭亡中国,在沦陷区的所谓"治安区"进行农业掠夺的同时,还对沦陷区周边"非治安区"(非沦陷区)、"准治安区"(游击区)进行农产品和其他战需物资等掠夺、抢劫。

这种掠夺的方式、手段多种多样,大致分为两大类:一类是采用投机买卖的方式,从"非治安区"(非沦陷区)、"准治安区"(游击区)掠取、套取农产品和其他战需物资,包括利用没收或劫夺的非沦陷区货币,从非沦陷区收购农产品等物资;以鸦片、化妆品、果酒等毒品、非生活必需品往非沦陷区交换日伪军需品或必需品;利用抗日地区的商人,或在日军特务机关监督下设特殊机关,或利用集货组织、通过游击区,暗中收购抗日地区的重要物资,等等。

在山东、河南沦陷区,日军特务机关指使伪政权宣传法币贬值,让人们对法币失去信心,同时使对抗战力无助的物资流向非沦陷区,而用换回的法币在济宁附近收购皮革、棉花等重要军需物资。1942 年上半年在山东省境内,日伪越过自设封锁线,从非沦陷区获取的农产品,仅诸城一县即有大豆 300 斤、花生 600 斤、盐 3000 斤、高粱 2000 斤、鲜鱼1200 斤、猪 400 头、鸡 1800 只等。日伪在河南淮阳设有"吸收物资收购所",利用抗日区商人收购桐油 500 吨、生漆 120 吨和药品若干。在山西运城,日军特务机关监督设立"东兴公司",专门到"非治安区"收购物资。②

另一类是日伪武装流窜劫掠或在武装保护下的抢夺或贱价强购、抢购。这是日本侵略者在非沦陷区进行农业掠夺的主要手段。

因地区环境、敌我力量对比各异,日军的兵力配备和掠夺部署、手段亦不相同。在山东,日军特务机关规定,到"非治安区",以日军部队为主力,伪省、县警备队协助;到"准治安区"(游击区)抢购,则以伪省、县警备

---

① 《广东经济年鉴》(民国二十九年),1941 年印本,第 G86 页。
② 王士花:《日伪统治时期的华北农村》,社会科学文献出版社 2008 年版,第 193 页。

队为主力,日军在必要时派部队支援。①

　　日伪在每次抢夺、抢购前,都有周密计划和准备。一般先派密探,搜集"非治安区"作物生长、收割时间及抗日军民活动状况等相关情报,而后确定抢夺地区、时间和运输途径、目的地,以及保管仓库等,并制订详细计划,备足所需用具(麻袋、车辆)、人力、资金等,无一疏漏。为配合抢购、抢夺,日伪还大搞所谓"治安""拥护"宣传,以减少阻力。不仅如此,日伪还由伪县公署、新民会、合作社等组成"收集班",在日军指挥下专门抢夺、收购粮、棉等物资。日伪在"非治安区"实施抢夺前,在其邻近"治安"较好的区(乡镇所)或交通便利村镇设立收集班"移动本部",以日军及伪省、县警备队武装突袭为掩护,飞速抢夺农产品,随即运入"移动本部"。1942 年 8 月,在日军仁集团所属第 59 师团控制区,日伪军警利用"讨伐"作战、偷袭抗日地区的市场、破坏抗日生产机关、实施武装抢夺等手段,劫夺杂粮 5000 斤、盐 800 斤,以及火柴、羊毛、棉花、麻等重要物资若干。在山西潞安的日军第 36 师团控制区,日伪夺得玉米 200 斤、粟 100斤、铁 900 斤、麻和高粱若干。② 在河北石家庄,日军第 111 师团利用1942 年 6 月的"三号作战"掠夺的农产品数量更多,品种、数量见表 3-4。

表 3-4　日军利用三号作战获取粮食一览(1942 年)　　(单位:公斤)

县别\作物	安国	定县	博野	蠡县	无极	总计
小麦	181300	159682	29900	1273	60080	432235
高粱	107900	5550	36070	41623	3398	194541
大麦	17020	34250	—		6725	57995
小米	20100	200	1680	—	13330	35310
玉米	11400	1700		—	596	13696
花生	—	1345	—	—	406	1751

---

　　①　王士花:《日伪统治时期的华北农村》,社会科学文献出版社 2008 年版,第 194—195 页。

　　②　王士花:《日伪统治时期的华北农村》,社会科学文献出版社 2008 年版,第 194—195 页。

县别 作物	安国	定县	博野	蠡县	无极	总计
黑豆	9600	2500	2760	36	1334	16230
黄豆	—	250	—	—	3768	4018
小豆	—	60	—	—	74	134
绿豆	300	—	480	253	104	1137
不详	—	53700	10000	—	0	63700
总计	347620	259237	80890	43185	89815	820747

资料来源：王士花：《日伪统治时期的华北农村》，社会科学文献出版社 2008 年版，第 196 页。

日军一次武装劫掠的范围达到 5 个县，掠夺的粮食和农产品种类超过 10 种，总数超过 82 万公斤，其中绝大部分（包括小麦、小米、玉米、高粱、大麦等）是当地农民的活命口粮。日本侵略者这种残酷掠夺的目的，既是满足自身补给和日本国内需要，也是对"非治安区""准治安区"农民另一种形式的杀戮。

（四）侵华日军在关内占领区的土地和劳力掠夺

对土地、劳动力的掠夺，也是日本帝国主义在关内占领区农业掠夺的一个重要组成部分。

日本侵略者在关内占领区的土地掠夺，所掠土地及其性质、用途主要分为三类：第一类是耕地或宜耕地，用于农业生产，直接役使中国农民，榨取其必要劳动和剩余劳动；第二类属于战争或军事用地，直接用于军事、战备或侵华战争；第三类是各种名目的"禁地""禁区"，用于实行对占领区人民的统治、禁锢、监视、隔离、管制、压迫、蹂躏等。

第一类是耕地或宜耕地。日本侵略者在关内占领区不择手段掠夺农产品的同时，还在一些地方掠夺耕地或宜耕地，直接役使中国农民进行农业生产，榨取其剩余劳动和必要劳动。

早在"七七事变"前，日本侵略者就在天津组织"大众农业公司"，在军粮城等地租占农田 3 万亩；满铁直系会社"兴中公司"（设立于 1935 年 12 月）在军粮城购进土地约 5 万亩。日本帝国主义入侵天津后，进一步大肆掠夺土地,在军粮城、张贯庄、吴家嘴、河兴庄、中河村等地建立了兴农、大安、中野、近松、近江、富士、大陆、东洋民生、东西大埝、天津产业第二农场等农场,掠夺的土地达到 62925 亩,直接为侵略战争提供粮食。另外,日本某公司汉奸地主,掠买赤土村魏姓公产苇塘 4800 亩;日人下村勾结军阀陈光远,掠买佃农持有永佃权新垦农田 2000 亩,改为"近松农场",并掠走永佃契据,将据理状告的农民绑去活埋。①

日本侵略者对河北宁河土地的掠夺,也开始于全面侵华战争爆发前。据国民党政府农林部河北垦业农场档案记载,该县境内的大北涧沽 18 个村庄,土地肥沃,并有三河汇流,"最宜种稻,早经垦作水田,享有厚利"。1936 年冀东汉奸政府成立时,日本侵略者"查之大利所在,强占民田 10 万亩,且招韩农数百家为其佃户,造成肥美稻田约 6 华里面积,迫令每亩领价一元至二元",强制贱价收购。然而,当时禾稻已经成熟,每亩价值高达千元内外,即旱苇各地,每亩亦值四五百元,故 18 村 3 千余户、1 万余丁口全都拒不领价。日本侵略者随即拘捕各田主,勒令出售,村民因有生命危险,有若干家田主不得已领价,忍痛贱卖。②

日本全面侵华战争爆发后,日军占领宁河,立即加紧了这一地区的农田掠夺,除将上述大北涧沽农田拨归"米谷统制协会"组建农场,取名"蓟运河电化水利组合",20 世纪二三十年代组建的多家官办或私营农场,均被日本侵略者以种种方式劫夺。周学熙、朱启钤于 1920 年筹建的开源垦殖公司茶淀农场,有 22691 亩土地,开荒种稻,并设有 3 座蒸汽抽水站。1935 年卖给河北省棉产改进会,改行试验推广优良棉种,1937 年改称"冀东第一农事试验场茶淀农场筹备处",1940 年被"中日实业公司"劫占,改种水稻;1932 年华北水利委员会筹建的"华北水利委员会崔兴沽模范灌溉试验场"(以下简称"华北模范灌溉试验场"),有地 4875.83 亩,为国内首个从事北方滨海地区灌溉试验的场所,并取得一定经验,1941 年被日

---

① 天津市东丽区地方志编修委员会编:《东丽区志》,天津社会科学院出版社 1996 年版,第 239 页。

② 宁河县地方史志编纂委员会编:《宁河县志》,天津社会科学院出版社 1991 年版,第 201—202 页。

本侵略者夺占,改称"华北垦业公司崔兴沽农场",实行租佃制,种植水稻千亩,所收稻谷全部缴交"米谷统制协会",充作日军军粮,而配给佃农杂粮;该县还有开办于1930年的久大农场(又称"久大公司置产部"),有土地14600亩,种植旱田作物。因与邵姓有土地纠纷,1936年邵姓怀愤将土地卖与日本钟渊纺绩株式会社,农场改为日本侵略者所有。[1] 日军在宁河县先后掠夺的农田多达50.42万亩,建有18座农场,分属开源公司、永裕公司、中日实业公司、米谷统制协会等经济集团。各农场耕地合计,占全县耕地面积的66.4%。[2] 1940年,日伪合办"垦殖公司"圈占冀东沿海土地700万亩,霸占河北沿海一带农田100万亩。"冀东种植公司"组织的"东洋民生农场"所霸占的民田也达数万亩之多。[3]

在华中占领区,日本侵略者也都择肥而噬,对一些条件好的农场、肥沃江湖淤地,或直接掠夺,或由汉奸伪政权接管。如江苏吴江庞山湖农场,有地11880亩,先被吴江"维持会长"、汉奸侵占,1943年复被伪政权"接收",改名"庞山湖实验农场"。[4]

第二类属于战争或军事用地。这类土地主要是用于修筑铁路、公路、大路、飞机场、兵营、战壕、炮楼、瞭望哨等。这类土地中,大部分是耕地或宜耕地。据1942年年末的不完全统计:日本侵略者在华北修成的铁路占地至少1800平方里,新修公路、汽车路(大路)至少35000平方里以上,铁路两旁的护路沟至少占地7000平方里以上,公路、汽车路两旁的护路沟占地至少15000平方里,铁路、公路与护路沟之间,占地面积至少有25000平方里,封锁墙占地至少有5000平方里,六项合计占地至少在85800平方里以上,合计达46332000平方里,岗楼、堡垒以及飞机场等占地尚未统

---

① 天津市汉沽区地方志编修委员会编:《天津市汉沽区志》,天津社会科学院出版社1995年版,第297页。

② 宁河县地方史志编纂委员会编:《宁河县志》,天津社会科学院出版社1991年版,第201—202页。

③ 李惠康、李广:《抗战时期日本帝国主义对中国沦陷区农业的掠夺》,《湘潭师范学院学报(社会科学版)》2003年第2期。

④ 苏南农林水利局:《吴江县江庞山湖农场调查》(1949年冬调查),《江苏省农村调查》,第358页。

计在内。① 1942 年,日本侵略者为加强经济封锁,割断群众与八路军的联系,在山西五台山附近和冀东道沿长城线地区,设置了广阔的无人区,占据和荒废了数以百万亩计的耕地和土地。

第三类是各种名目的"禁地""禁区",诸如围墙、隔离墙、封锁沟、隔离带、无人区以及战壕、炮楼、岗哨、瞭望哨等,用于实行对占领区人民的统治、监视、孤立、隔离、管制、压迫、蹂躏,防止人民的反抗和抗日游击队的进攻。据统计,截至 1943 年,仅冀南沦陷区即有敌碉堡据点 1103 个(平汉、津浦、德石等铁路干线上的据点碉堡未计算在内),平均每 15 平方公里左右就有一个。以一个据点 15 亩计算,共占地 13175 亩。② 山东到 1943 年,共修建据点 2184 个,封锁墙、封锁沟长达 8494 里,可以绕山东两至三周,两共占地 109106 亩。③

日本侵略者在关内占领区,推行杀光、抢光、烧光"三光政策"的同时,实施"集家并村"。尚未杀光的男女村民一律从村内迁出,尚未烧光的房屋一律拆毁,在指定地点、范围建造"部落",集中居住,在"部落"四周修筑封锁墙,墙外挖掘隔离沟,沟外设置"无人区",谓之"无住禁耕地带",不准住人,不准耕种,不准放牧牲畜,不准打柴,在警戒线上埋上红桩子,对越界人、畜,打死无论。热河平泉县(今属河北省),日本侵略者从 1942 年开始实行"集家",修建"集团部落"(即所谓"人圈"),1943 年在抗日游击区全面推广,直到 1945 年日本投降才停止。"无人区"共涉及当时 11 个村的大部分地区,合计面积达 296 平方公里,占全县总面积的 9%。④

日本侵略者不仅在"集团部落"四围设置"无人区",在沦陷区和抗日根据地之间,均有"无人区",而且范围更大。如上揭滦平县,在县境西南长城沿线划定的"无人区"达到 230 平方公里;在晋察冀边区、冀南抗日

---

① 朱玉湘:《抗战时期日本对关内沦陷区农业的破坏和掠夺》,《山东社会科学》1994 年第 41 期。

② 齐武编著:《一个革命根据地的成长——抗日战争和解放战争时期的晋冀鲁豫边区概况》,人民出版社 1957 年版,第 63—64 页。

③ 《文史哲》1982 年第 6 期。

④ 刘义:《平泉县土地志》,平原县土地志编纂委员会 2001 年印本,第 235 页。

根据地四周,日本侵略者分别将 140 多万亩良田和 11.85 万多亩耕地用于修筑堡垒、公路和封锁沟、无人区。① 1942 年 8 月,日军还调集 1.3 万余兵力及部分伪军,在飞机、坦克、装甲车的配合下,对冀东根据地展开"报复扫荡",并抓捕 10 万民夫,大肆挖沟、筑路、建立据点,屯驻重兵,沿长城线实行集家并村,房屋进行烧毁,人民遭残杀与冻饿者不下数万人,尚存者全部逐入所谓"人圈""部落"。"部落"集中在交通线上,其周围设有"准作禁住"区;"准作禁住"范围以外是"禁住禁作"区,亦禁止居住、耕作、放牧、樵猎、通行,制造西起古北口,东至山海关,长达 700 余里、宽 80 里的"无人区"。②

日本侵略者一方面掠夺农民土地,禁止农民在自己的土地上从事生产劳动、养活自己和家人;另一方面,肆无忌惮地掠夺农村劳动力,残酷役使农民承担旨在占领和灭亡中国、占领和统制世界的各种无偿劳役。

日伪在占领区制定了严苛的兵役制度和劳役制度,到处滥抓壮丁,胁迫青壮年参加伪军、保安队,用中国人镇压、屠杀中国人,规定 18 岁以上 25 岁以下青壮年必须入伍服役;有兄弟二人者,须有一人应征;有兄弟三人者,须有二人应征;家有青壮男丁如不服役或少报人数,即惩办其家长,没收其全部家产;如有逃跑者,则惩办其家长,并将其家产充公。在河南,1938 年 7 月,在开封一次就索要壮丁 2000 人。③ 在豫东强征 14—50 岁男丁充当伪军。一些沦陷区青壮年大部分被强征当伪军。据修武县 5 个区的统计,70%—80%的青壮年被抓丁当伪兵。④

除了滥抓壮丁,又滥抓民夫,大量征发、摊派各种劳役,修筑军用工事、军事工程、军用公路和铁路、碉堡、岗哨、封锁墙、封锁沟及军事运输

① 张文升:《滦平县志》,辽海出版社 1997 年版,第 244—245 页;齐武编著:《一个革命根据地的成长——抗日战争和解放战争时期的晋冀鲁豫边区概况》,人民出版社 1957 年版。

② 魏宏运主编:《华北抗日根据地纪事》,天津人民出版社 1986 年版,第 329—330、391 页;娄平:《千里无人区》,南开大学历史系编:《中国抗日根据地史国际学术讨论会论文集》,档案出版社 1985 年版,第 555—556 页。

③ 《河南民国日报》1938 年 7 月 31 日。

④ 刘世永:《日本侵略者对河南沦陷区的经济掠夺》,《河南大学学报(哲学社会科学版)》1988 年第 1 期。

等。工程、劳役没完没了,抓夫无时不有。在河南开封,"每晚九时,各街市满宪兵","强拉壮丁几千名,往关外充作劳工"。1939 年 2 月,在开封一次强征民夫七八千人修筑三刘寨河堤;在沁阳,日伪每保每月派夫 1 名,并限令崇义、柏香等地各选壮丁 20 名备用。从 1944 年 5 月至 1945 年 8 月的一年零三个月中,仅西平县被强迫做苦工的即达 24637 人。[1] 日本侵略者华北方面军参谋长曾承认,在华北"治安区"和"非治安区"中间挖掘的隔离壕,总长 11860 公里;修筑军事工事,要耗费大量劳动力,以井陉地区中队所承担约 90 公里的正面封锁线沟为例,施工实用 70 日,共需调用 10 万人。[2] 仅修路、筑炮楼、建据点、挖壕沟等六项工事,华北地区到 1942 年年底,总共耗费人工至少 4500 万人以上;在华北日军"治安圈"内的青壮年农民每月无偿劳役的时间超过一半以上。有时抓夫服役,根本不分年龄男女,老幼妇孺无一幸免;而且在服役过程中,往往稍有不慎,即遭屠戮。有一些劳役,实际上是变相的虐杀、屠戮。1941 年冬季,冀南敌人强征滏阳河两岸的民众挖河,因怕工作不力,命令民夫全部剥掉棉衣,赤膊工作,并且每天把最后到达的民夫当众处死,以警告不得迟到。1942 年 5 月,敌人进"剿"沙河。由邢台、永年、沙河三县强征壮丁 1.3 万余人"随军服役"。前后 40 多天,打死累死饿死及被敌杀死的共 1200 余人。1942 年,太行二分区昔(阳)西敌人修城时,征发全区 18 岁到 60 岁的全部男丁,每天每人给米 6 两,不许回家,不少人因困饿而倒毙,尸体就被埋到城濠里边。[3]

除了修路、挖沟、筑墙、建据点、垒碉堡等大规模苦役,经常性的"支差"、劳力榨取,其规模、数量同样骇人听闻。各处日军驻军及据点规定,不论有事无事,周边村庄每天均须派出一定数量的民夫、牲口,到指定地点待命"支差"。如太行邢台土岭据点,"经常要五匹牲口支差(5 个人,3

---

① 刘世永:《日本侵略者对河南沦陷区的经济掠夺》,《河南大学学报(哲学社会科学版)》1988 年第 1 期。

② 日本防卫厅防卫研修所战史室编、天津市政协编译组译:《华北治安战》下册,天津人民出版社 1982 年版,第 150 页。

③ 齐武编著:《一个革命根据地的成长——抗日战争和解放战争时期的晋冀鲁豫边区概况》,人民出版社 1957 年版,第 69—70 页。

天一换)，专往城里运给养、买东西。另外，每天还要 80 个民夫担水、打柴，25 个民夫劈柴烧火"。其他敌军据点周边村庄民众，莫不如此"支差"。巨鹿大韩寨共 500 户，1943 年 3 月出民夫 1389 人；冀县北冯村共 190 户，同年 7 月出夫"支差"766 个，新河西千庄 160 户，同年 6 月出民夫 756 个；巨鹿大吕寨情况最为严重，全村 300 户，同年 5 月共出 15383 个。上述 4 村合计，共 1150 户，一个月出民夫 18294 个，当时冀南全区人口为 5487599 人，资敌人口近 500 万，以同一比例计算，每年"支差"36000 万个工。太行区邢台大板沟，1940 年 2 月至 1941 年 11 月(390 天)，共被敌征服劳役 12237 工；崔家庄等村同期共出民夫 6238 工；沙河西赵村，1942 年 3 月 12 日至 7 月 13 日，共"支差"2230 工；纸坊同期共出民夫 16740 工。[①]

日本为了补充城市劳动力的不足，在关内占领区掠夺青壮年劳力。据日本兴亚院华北联络部制订的历年华北本地劳务动员计划及历届华北满蒙华中劳务联络会、东亚劳务联络会议录记载，1941 年 1 月至 1945 年 8 月，日本在华北本地企业矿山强征使用强制劳工约为 300 万人，其中 1941 年至 1943 年年均用工 50 万人左右，1944 年强征用工近 100 万人，1945 年 1 月至 8 月强征用工约 50 万人。[②] 据"华北劳工协会"供称：从 1937 年至 1942 年六年里，仅华北地区就有 529 万人被抓捕或诱骗去东北、朝鲜和日本作苦力。[③] 1942 年 1 月至 1945 年 8 月，日本共强掳输出华北劳工 262.472 万人，其中输往"满洲"235.4 万人，输往伪"蒙疆"17.08 万人，输往华中 5.916 万人，输往日本 3.894 万人，输往朝鲜 1815 人。[④] 1937—1945 年 8 年间(含 1942 年重复计算部分)，日本共强掳输出华北劳工合计约 791 万人。输往国外的劳工中，以输往日本的最多。到 1944

---

① 齐武编著：《一个革命根据地的成长——抗日战争和解放战争时期的晋冀鲁豫边区概况》，人民出版社 19567 年版，第 68—69 页。

② 中共北京市委党史研究室编著：《北京抗战损失调查》，北京燕山出版社 2007 年版，第 318 页。

③ 朱玉湘：《抗战时期日本对关内沦陷区农业的破坏和掠夺》，《山东社会科学》1994 年第 41 期。一说 600 万人(李惠康、李广：《抗战时期日本帝国主义对中国沦陷区农业的掠夺》，《湘潭师范学院学报(社会科学版)》2003 年第 2 期)。

④ 中共北京市委党史研究室编著：《北京抗战损失调查》，北京燕山出版社 2007 年版，第 318 页。

年,被抓到日本去当苦工的有 22.6 万人。① 战争后期,日军兵源缺乏,在皖南陷区各地广征壮丁,以供驱使,征集之人数,以各地人口之多寡为比例,各县三数百名不等,征集完毕,送至南京受短期训练,即转送南洋各地,以供奴役。②

在关内敌占区,日本侵略者劳力掠夺、夫差征发中,本乡(村)就地征发、就地役使的各种劳役,包括所占比重最大,劳役范围、名目、直接意图和目的最广、最繁杂,几乎无所不包,包括"集家并村",修建"集团部落",筑封锁墙,挖封锁沟、隔离网,埋隔离桩,建无人区,挖战壕,垒碉堡,架岗哨,砍毁桑林、枣林和树林,强迫给日伪军队当伙夫,运送米柴、蔬菜、副食,攻打抗日队伍和抗日根据地,强迫村民带路,将村民押在前边挡子弹、当炮灰,等等。且涉及人数最多,男女老幼无一例外,服役时间最长,一年到头,没完没了。这种无间歇和完结的夫差劳役,不只是要满足日本侵略战争的需要,更是要最大限度压缩服役者赖以生存的耕地和生产劳动时间,加快对服役者慢性屠杀和人口绝灭的速度,甚至劳役一结束,就将其杀死。在中原河南,日本侵略军得知花生、大枣是农民的重要生活支柱,为了根绝农民的生存条件,在烧毁花生种子的同时,又有计划地摧毁枣林。1941 年,日本侵略者把砍伐枣林作为一种劳役征发,大肆抓捕农民砍伐枣树。据不完全统计,千口村被砍枣树 3349 棵;破车口的枣树被砍光;城堡东街 17 户农民的枣林被砍了 3 公顷;从丁村往西到桑村,绵延数十里,各村枣树所剩无几,有的村损失在 80% 以上。在濮阳,农民经过二三十年血汗培育的 16.75 公顷枣林被日本侵略者砍伐殆尽。即使如此,日本侵略者仍嫌这种慢性杀戮见效迟缓,于是将大部分砍枣民夫,在砍枣劳役结束后,随即全部杀戮。③ 1940 年日本侵略者扫荡河北内黄、清丰县城时,侵华日军三十五师团长召集 3000 多名老百姓,刚讲完"日军拥

---

① 李惠康、李广:《抗战时期日本帝国主义对中国沦陷区农业的掠夺》,《湘潭师范学院学报(社会科学版)》2003 年第 2 期。

② 朱玉湘:《抗战时期日本对关内沦陷区农业的破坏和掠夺》,《山东社会科学》1994 年第 41 期。

③ 张俊英:《河南沦陷区农民负担浅析》,《平顶山师专学报》2003 年第 6 期。

护中国人民"后,就从四面用十几挺轻重机枪将他们杀死,将房子烧得一间不剩,并将附近作为农民主要经济靠山的 5 万多棵枣树,也全部砍光。①

日本掳掠劳工具有长期性、普遍性、残酷性和反人类性的特点。在北平和华北,这些劳工无论是招募、摊派,还是强征、抓捕来的,不是服役于凿山、修路、建飞机场等军事工程,就是从事开矿、挖煤等经济掠夺过程中的繁重劳役;劳动环境危险,每天要干十几个小时的重活;生活条件极其恶劣,食不果腹,衣不蔽体,死亡率极高。劳工在日军的刺刀和把头的棍棒下,不敢有半点懈怠,否则就遭毒打、枪杀,饱受折磨。劳工患病,也不给治疗,疟疾、伤寒、霍乱等传染病在劳工中时有流行。有的人被送到隔离室等死,有的还没有咽气,就被扔进"万人坑"。②

由于日伪滥抓壮丁、民夫,残酷屠戮、奸杀、蹂躏,加上饥饿、疾病、瘟疫,各地人口大幅下降,河南 1936 年共有人口 3449 万人,1946 年减至2777 万人,10 年间减少 672 万人,下降 19.5%,平均每年下降 2.15%。③北平城区及近郊区,沦陷时期的 1942 年,人口为 1792860 人,1943 年、1944 年连续下降,1944 年只有 1639090 人,减少 153767 人,短短两年下降 8.86%。④ 湖北黄梅县,1939 年 69926 户、415491 人,到 1946 年,虽然户口增至 77581 户,但人口减至 392920 人,下降了 5.44%。⑤

二、农业的灾难性破坏和农业生产的崩溃式衰退

日本侵略者在关内沦陷区的农业掠夺,对关内沦陷区的农业、农民和

---

① 被俘日军士兵富田揭发材料,齐武编著:《一个革命根据地的成长——抗日战争和解放战争时期的晋冀鲁豫边区概况》,人民出版社 1957 年版,第 66 页。

② 中共北京市委党史研究室编著:《北京抗战损失调查》,北京燕山出版社 2007 年版,第319—320 页。

③ 刘世永:《日本侵略者对河南沦陷区的经济掠夺》,《河南大学学报(哲学社会科学版)》1988 年第 1 期。

④ 中共北京市委党史研究室编著:《北京抗战损失调查》,北京燕山出版社 2007 年版,第13 页。

⑤ 黄梅县人民政府:《黄梅县志》,湖北人民出版社 1985 年版,第 12—13 页。

农村都是空前浩劫：农家食粮、衣被、饰物被劫夺；猪、羊、鸡、鸭、鹅被劫食、糟蹋；房屋、器物、农具被焚烧、毁坏；牛、马、骡、驴被宰杀、征用；农民男子特别是青壮年男子被屠杀、奴役、蹂躏，女子被奸淫、凌辱、残害；农田、林地被攫夺、圈占、焚毁。日本侵略者在掠夺过程中，多是烧杀、奸淫、掳掠三管齐下，杀光、抢光、烧光"三光政策"贯穿始终，这种掠夺凸显前中世纪的极端残忍性、毁灭性和反人类的三大特征。日军掠夺的不只是当年或上年的农产品，而且是农家包括许多富裕农家多年甚至数代人的积蓄；日军破坏和摧毁的不仅仅是现有的农业生产设备和农业生产力，而是延续五千年的中华农业文明积淀，包括许多历史悠久、一直发挥效益的堤坝渠堰、道路桥梁，以及古老市镇、村落，名人故里，特色民居、古屋，著名寺庙、景观。因此，它对中国农业生产特别是农业资源和中华农业文明的破坏，是灾难性和毁灭性的，而且大多是永远无法恢复的。

（一）农业、农村的灾难性破坏和经济损失

日本全面侵华战争期间，关内沦陷区及周边地区农业的灾难性破坏和严重衰退，除了侵华日军贪婪无比和绝灭人性的掠夺，以及侵略战争本身固有的破坏因素和战争引发的自然灾害，还有日本侵略军超出战事需要的狂轰滥炸、烧杀掳掠以及其他各种丧心病狂的毁灭性破坏。同时，战争破坏、战争引发自然和人为灾难，又与日军掠夺紧密相连。

在关内各沦陷区及周边地区，由于地理位置、自然条件、战事发生季节、持续时间、激烈程度，日伪军经过、停留、驻扎时间不同，农业破坏和衰退程度，互有差异。

河北津浦铁路沿线州县，是"七七事变"后战事最初发生的地区，当时正值夏收作物收割、打场，秋收作物结籽、灌浆和紧接而来的秋获、打场、归仓。在这夏秋收作物收割或邻近收割的关键时刻，日本侵略军的人马车辆，不但在地势平坦的广袤农地上横冲直撞、肆意践踏、碾压、糟蹋，而且大量掳掠、征发原本忙于收割、采摘或庄稼后期管理的民众、牲畜、车辆。这些原本忙于收割、采摘或庄稼后期管理的劳力、牲畜、车辆，非但不能用于收割或管理、护理庄稼，反而被胁迫加入了直接践踏、碾压、糟塌庄

稼阵营。而且过后,这些劳力、牲畜、车辆大多再无音讯。不言而喻,这些地区的农作收成,劳力、牲畜、车辆、农具无不遭受破坏,损失惨重。据1937年年底对静海、东光、天津、沧县4地的调查,其破坏和损失,见表3-5。

表3-5　津浦沿线各地农业损失情况(1937年12月调查)

项目　　　县别	农作物损失(对常年之减少%)				耕畜损失	车辆农具损失
	粟	棉花	高粱	其他		
静海	20	80	40	70	马骡损失 2000 余匹	车损失 1000 余辆
东光	20	90	20	20	据农民而言,距铁路线较远之区尚有少数遗存,驴骡几乎全部征发	农具散失不可考
天津	14	40	77	20—25	少数。多为自行卖出者	少数
沧县	70	90	50	30	整体大约减少50%	车数千辆

资料来源:中央研究院社会科学研究所主编、郑伯彬等编:《沦陷区经济概览·农业编》上册,国民党政府经济部资源委员会1941年油印本,第 A5186—A5187 页。

　　表3-5中所列的粟、棉花、高粱3种主要秋收作物,整体收成损失最低14%,最高超过80%,从作物看,棉花损失最为惨重,两县的棉花减收达90%;从地区看,静海、沧县作物收成损失最重,整体减产估计达五六成。牲畜、车辆、农具损失,除天津外,其余3县都十分严重。静海马骡损失 2000 余头,车辆损失 1000 余辆;东光的驴骡、肥猪"几全部征发",仅距离铁路线较远之区有"少数遗存"。农具损失无数,以致"不可考";至于沧县,牲畜约整体损失一半,大车损失数千辆。骡马、车辆征发与民夫、劳役征发紧密相连,但调查未提及劳役征发和劳力损失情况。静海等4县只是从一个侧面反映了"七七事变"后短时间内局部农村的农产和农业设备损失情况。

　　河北平汉铁路沿线地区,和津浦沿线有所不同。该线贯通永定、滹沱、滏阳三河流域,除战祸外,犹有水灾,铁路东面之一部,因浸水过久,土地多形荒废。至于战争直接损失,则因交战延绵时间之早晚而异,石家庄以北在阴历九月以前交战之地域,农作物均蒙受极大之损失;顺德府南至彰德之间,虽交战时间已过秋收,作物受损稍轻,但人力畜力之征发似较津浦沿线为尤甚。平汉沿线各地农业破坏和损失情况见表3-6。

表3-6　平汉沿线各地农业损失情况(1937年)

项目 县别	作物损失(减少之%)	牲畜损失(减少之%)	农具及其他损失
涿县	粟50%、棉花50%、高粱50%、其他作物30%	马77%、骡40%、牛17%、其他牲畜80%	车辆损失颇多,犁损失少数
徐水	仅有军队通过,受害不大	马骡征发少数	
保定	耕地多数荒废,作物整体损失约90%	马骡征发最多	农村房屋破坏最多
定县	谷、棉、豆约40%,其余损失尚少	—	—
正定	低地作物、高粱、豆类全被水淹;其他作物因在滹沱河两岸,双方约有10万人作战,全数损失	耕畜、食用畜、家禽,几乎全被征发;因马骡驴缺乏,无法秋耕	农村房屋破坏甚多
获鹿(石家庄)	作物损失尚少	因耕畜、食用畜被征发,据"宣抚班"人而言,无论怎样借调,明年农耕均将不能复耕。又据农民而言,骡马及牛几乎无不被征发者,猪、鸡征发亦多。该县战前原有猪、鸡,现均已不见	
邢台(顺德)	战时损失以第一区最甚,因收获完毕,农作物受损不大,但土地荒废不少	耕畜征发甚多,不仅马骡全数悉归军用,牛、猪亦已全当军粮	—
邯郸	水灾使棉、粟损失一半,特别是东部滏阳河一带,收获全无,因兵灾受害区域为沿平汉路之县长西及县城东南方通大名县的公路沿线受害最甚,农作物收获不多,土地浸水荒废者不少	耕畜、食用畜之征发颇多,西顶池村饲养之家畜约减少一半	大小车被征发不少;农村房屋破坏甚多
磁县	铁道东侧被淹,野菜、粟、豆类几乎无收获,兵灾损失,因收割完毕,作物损害较少,但棉花无法采摘	畜力、劳力征发甚多,因农村劳力不足,农耕深受影响,约需两年始能恢复	—

资料来源:据《北支水害战祸调查报告·平汉沿线》,《满铁调查月报》第18卷第4、6期;《京汉沿线战祸地带农村视察记》摘要、改制。见中央研究院社会科学研究所主编、郑伯彬等编:《沦陷区经济概览·农业编》上册,国民党政府经济部资源委员会1941年油印本,第A5188—A5189页。

表 3-6 列涿县、徐水、磁县等 9 个县,除徐水外,8 个县的破坏和损失都十分严重。而且大多是水灾、兵灾交集,雪上加霜。水浸既是天灾,更是人祸。洪涝期间正逢日军大举南进,沿河两岸村民无法加高、加固和修补堤岸,洪水漫过、冲破堤岸浸泡村庄、田野,村民既不能抵挡、疏泄或抢收庄稼,也无法逃避。日军更趁火打劫,掘堤放水,大肆烧杀、掳掠,征发牲畜、车辆、劳役。收成、农地、村落受害成倍加重。涿县、定县粟、棉、豆、高粱等主要收成分别减少 50% 和 40%;磁县不仅野菜、粟、豆类"几无收获",棉花也无法采摘,全部绝收;保定更是耕地多数荒废,作物整体损失约 90%。耕畜、食用畜禽、车辆征发所造成的损失也极其惨重。保定马骡征发"最多";正定耕畜、食用畜、家禽,"几乎全被征发";获鹿(石家庄)骡马及牛"几无不被征发",猪、鸡已不见踪影;邢台,不仅马骡全数"悉归军用",牛、猪亦已"全当军粮";邯郸、磁县畜力、劳力也"征发甚多"。保定、正定、邯郸三地,农村房屋破坏也非常严重。

山西、察哈尔地区,因地势较高,水灾损失较轻,以战争直接损失为重。晋北自北往南,由山阴县岱岳镇经雁门关至崞县间,高粱杆全被征发,雁门关南北,全部村落被焚毁无余,自崞县再往南,经原平镇至忻口镇间,农作物损失最重,小麦、高粱"一无所存"。但山西全省的耕畜损失又远比农作物大,牛、马、骡、驴多被征发军队运输之用,猪、羊、鸡等畜禽则多充军队食料。"满铁"调查员一行,在大约 20 天的行程中,未见一头生猪、一只小鸡。

平绥路沿线地区,除了作物及收成损失,农牧业的严重破坏、损失,主要源自日本侵略军肆无忌惮的皮毛、役畜、粮食的征发、劫夺。据调查,宣化被征发羊皮、山羊皮 10 万张,褥子 2.9 万张;张家口及察南地区,农作物损失 30%,蔚县、怀来、万全 3 个县在 1937 年年底调查时,已被征发大米 6000 斤、小米 30 万斤、高粱 70 万斤、各类毛皮约 30 万张,而且尚在继续征发中;大同被征发耕畜、物资,约值七八万元;平地泉的粮谷"被劫一空",耕畜"也几无存";绥远被征发老羊皮 5 万张、山羊皮 1.3 万张、骆驼 3000 头、大车五六百辆,谷物损失"亦不少";包头被征发羊毛约 200 万斤、各种皮革 10 万张、谷类马粮五六万石、家畜四五百头、服役车辆之征发"亦不少"。①

华中地区农村遭受破坏和损失程度,同华北农村一样严重。耕畜、劳力的征发,粮食、畜禽的劫夺,农具的破坏、散失,凡日军所到之处,无一幸免。但具体情况有所不同。在华北,相当一部分耕畜是马骡驴,多被日军征发用于运输;在华中地区,耕畜绝大部分是牛(包括水牛和黄牛),除了被征发用于运输,绝大部分成为日军食粮(还不只是副食)。同时由于地形、道路、运输工具的差异,华北运输多用车载或骡(马、驴)驮,劳力、民夫征发,多为胁迫农民连同车马(或骡、驴)进行运输。在华中地区,除少数牛车、独轮车,多是人挑肩扛,劳力征发更多于华北。加上日军肆意烧杀,农村遭焚,农民无处栖身,普遍离村逃难,农村既无耕畜又缺劳力,对农业生产造成更大的困难。

华中地区受破坏最严重的江苏,据伪"维新政府"内政部调查,至 1938 年 5 月上旬止,江苏受灾农村占全数的 75% 以上,浙江、安徽次之,受灾农村分别占全数的 40% 以上和 35% 以上。江苏省各县截至 1938 年 5 月,战争受灾和损失情况见表 3-7。

表 3-7　江苏江宁等 18 县战争受灾和损失情况调查
(伪"维新政府"内政部调查)

县别	战前户口数		现在户口数		离村已回迁居住者		战时损害及现在状况
	户数	人口	户数	人口	户数	人口	
江宁	60657	341202	48002	251378	34090	156678	兵燹后,盗匪乘机烧劫,今夏淫雨为灾,圩田多被水淹
无锡	62358	265827	59005	247304	24715	50236	颇感困难
句容	57524	284455	56202	279830	1130	5650	农民房屋焚烧颇多,损失较大

① 中央研究院社会科学研究所主编、郑伯彬等编:《沦陷区经济概览·农业编》上册,国民党政府经济部资源委员会 1941 年油印本,第 A5190—A5191 页。

续表

县别	战前户口数		现在户口数		离村已回迁居住者		战时损害及现在状况
	户数	人口	户数	人口	户数	人口	
昆山	—	158576	—	140271	—	144555	兵燹毁失农具、耕牛甚多,复逢水灾,农民生活极端困难,半自耕农尚可勉强敷衍,佃农之贫苦者无力耕田
江浦	35750	127400	14215	58150	12120	52400	雨水过多,圩田被淹者十之六七,山田被水冲毁;且时受土匪骚扰,农民虽已耕种仍难安居
青浦	—	250000	—	197890	—	99890	平时70%以上耕种所入尚足维持生计,战后因耕牛、农具散失,种子缺乏,匪徒滋扰,迥非旧时情况
如皋	—	160489	—	12631	—	2031	城郊乡农,由"会"给以旗帜收割、播种,尚称顺利
崇明	93053	427796	86540*	397850*	830	3852	农村经济恐慌入不敷出,濒于破产
金坛	61563	269617	48019	204909	3904	17543	农具损毁过半,农民无力添置,耕种殊多困难
丹阳	120086	507976	586711▷	496817▷	12260	63773	耕牛缺乏,农具被毁,亟应设法补救
南通	—	—	—	—	—	—	有田者种田,无田者暂以前琅山棉作试验场分别佃种,以维持生活
丹徒	134985	607430	108815	478786	14354	63158	耕牛、种子缺乏
金山	41253	165412	39655	155415	32308	129235	春耕时风水甚大,低田沉没者十居八九;贫农无力购肥料,收成减色
嘉定	65887	273213	60786	242542	786	1716	东乡均系火线,农田不能耕种者颇多,加以耕牛缺乏,不能种稻而改种他项者亦多,农民房屋被毁者,生活更为困难
常熟	139187	695655	127477	638407	114903	513828	农民所受损失甚巨,逃避在外者现已回来耕种

续表

县别	战前户口数		现在户口数		离村已回迁居住者		战时损害及现在状况
	户数	人口	户数	人口	户数	人口	
吴江	125342	504088	124966	501802	—	—	沿湖各乡,地形低洼,梅汛时雨量过多,大半被淹,全县秋成仅6/10
吴县	—	437305	—	404268	—	140705	农村受灾最为惨重,耕牛、农具损失殆尽,农民经济力量薄弱,农耕因之更加困难,产量因之减少
松江	88546	408091	约38096	380096	5583	23960	农民虽受时局影响,仍可耕种,唯有时因环境关系,避往他处者,公路铁路之旁或有荒弃
总计▷	1288803	约5884532		约5090345		约1465216	—

注：* 原资料分别为相对数78%、76%,现折算为实数。▷数据疑有误。
　　▷原资料总计系约数,因细数不全,且部分明显有误(如丹阳),总数不一定等于细数之和。
资料来源:据中央研究院社会科学研究所主编、郑伯彬等编:《沦陷区经济概览·农业编》上册,国民
　　党政府经济部资源委员会1941年油印本,第A5192—A5194页摘要、改制。

　　调查的江苏江宁、无锡、吴县、吴江、松江、如皋、崇明、南通等苏南和苏北沿江18县,普遍情况是,田亩被淹,房屋被焚,耕牛、农具"散失",农民大量离村,返乡者亦无力耕作。句容"农民房屋焚烧颇多";昆山"毁失农具、耕牛甚多","佃农之贫苦者无力耕田";青浦"耕牛、农具散失,种子缺乏",加上"匪徒滋扰,迥非旧时情形";丹阳"耕牛缺乏,农具被毁";吴县更是"耕牛、农具损失殆尽";等等,不一而足。还有,江宁"淫雨为灾,圩田多被水淹";江浦"圩田被淹浸者十之六七,山田被水冲毁";金山"低田沉没者十居八九";吴江"沿湖各乡,地形低洼,梅汛时雨量过多,大半被淹",虽属天灾,亦是人祸。另外,同样值得注意的是,农民大量离村。计离村人数在10万以上者,有江宁、昆山、金山、常熟、吴县等县;在5万以上者,有无锡、江浦、青浦、丹阳、金坛等县,18县总计,各乡镇之战前人口约588.5万人,1938年5月仅及509万人,减少79.5万人,相当原有人

口的 13.5%。不过减少部分并非离村离乡者,因为现住人口中包括曾经离村现已返乡的 146.5 万人,占现有人口的 28.78%。减少的 79.5 万人,除若干滞留未归者外,多为客死他乡和本乡死亡者,而后者多是被日军烧杀而死。此种农民大量离村、死亡的情况,在华北战地亦不常见。

因资料整理不足,各地一般有关日军烧杀、掳掠、劫夺、破坏和因此导致的农业、农户、农村所受损失情况,大多只涉及某一时段或某一个、几个方面,甚至挂一漏万,无法还原历史全貌。前中央研究院社会研究所对河北清苑(保定)李家罗侯等 11 村所做的典型调查,有关日本全面侵华战争期间日军烧杀、掳掠、劫夺、破坏和农户损失情况,调查地域范围不算大,但统计相对准确、完整,非常珍贵。现将其综合整理,见表 3-8。

表 3-8　侵华日军在河北清苑李家罗侯等 11 村的
烧杀和各种劫夺(1937—1945 年)

项目 村别	总户数 (户)	地主 富农 (户)	受损 农户 (户)	烧毁拆毁房屋(间)			霸占 土地 (亩)	绑票 勒索 (元)	砍伐 树木 (棵)
				烧毁	拆毁	小计			
李家罗侯	220	6	98	12	—	12	—	7778	10
何家桥	266	31	139	21	15	36	15	980.30	592
东顾庄	218	32	109	2	—	2		755.30	63
南邓村	229	8	229	2	2	4	20.8	1333.68	109
东孟庄	183	28	106	11		11	0.6	18140.88	22
大阳村	309	17	276					319	757
固上村	383	25	250	39.5	5	44.5	6.5	1677.42	296
谢村	283	25	192	3.5		4.5	—	939.72	551
大祝泽村	245	28	245	—	—	—	13	200	865
薛庄村	175	16	104	5	24	29	32.5	320	126
蔡家营村	84	2	47	—	1	1	7.4	290	57
总计	2595	218	1795	96	48	144	95.8	32734.30	3448

续表

项目 \ 村别	劫去粮食（斤）	劫去衣饰（件）	劫去牲畜（头）	劫去钱财（元）	杀戮民众（人）			抓壮丁（人）	无偿劳役（天）
					杀死	伤残	小计		
李家罗侯	15720	454	13	92	6	8	14	11	5338
何家桥	26231	505	18	606.90	3	9	12	4	24233
东顾庄	24906	540	12	836.15	6	12	18	0	12565
南邓村	1540	362	7	554.50	2	17	19	5	22330
东孟庄	9160	423	1	413.19	4	6	10	3	8022
大阳村	5880	65	10	486	7	3	10	42	26811
固上村	31232	917	18	377.93	7	2	9	8	40393
谢村	11015	377	4	50	1	12	13	5	28449
大祝泽村	1130	41	—	37	2	—	2	4	43822
薛庄村	15865	130	7	204	5	5	10	1	28805
蔡家营村	1064	115	2	41	—	5	5	9	10854
总计	143743	3929	92	3698.67	43	79	122	92	251622

资料来源:据河北省统计局:《1930—1957年保定农村经济调查资料》(11册,1958年油印本)各册综合整理、计算编制。

如表 3-8 所示,在 8 年沦陷期间,日军烧杀、掳掠、劫夺,再加上土匪式的绑票勒索,无所不为。11 村 2595 户中,因日军烧杀、掳掠、劫夺、绑票而直接受损失的 1795 户,占总数的 69.17%。[①] 各村因地理位置的关系,遭受日军烧杀、掳掠、劫夺、绑票等的受害农户比例、损失程度不尽相同。其中南邓村、大祝泽两村,受害农户达 100%,固上村遭受损失也很惨重。因 11 村位于城市郊区,没有"集家并村"和制造"无人区",烧毁拆毁房屋、掠夺土地的情况相对稍轻,而杀戮、抓掳、劫夺情况严重。计烧毁、拆毁房屋 144 间;杀死杀伤民众 122 人;抓掳壮丁 92 人;抓掳民夫(无偿劳役)251622 天,如以成年男劳力一年做 150 个农业劳动日计算,相当于 1684 个成年男劳力一年的农业生产时间。"掠"的范围和内容最广、劫掠

---

① 计算所得百分比可能同历史实际不完全吻合。因调查进行于 1946 年,总户数比沦陷期间多(1936 年总户数为 2272 户,1936—1946 年户数增加 14.22%),而受损农户比沦陷期间少(沦陷期间迁出 45 户,绝灭 78 户,无法调查,未入统计)。

钱财数量最大:计掠夺土地 95.8 亩;劫夺树木(砍树)3448 棵,劫夺粮食 143743 斤,按受害户计算,平均每户 80 斤,大祝泽村平均每户达 179 斤;劫掠衣饰 3929 件,按受害户计算,平均每户 2.19 件,固上村平均每户达 3.67 件;劫夺大牲畜 92 头。劫掠钱财方面,其手段除了直接攫夺,更有土匪惯用的绑票勒索。即将人抓捕入狱,令其家人交钱赎人。而且绑票勒索的钱财数额远多于直接攫夺,相当于后者的 8.85 倍。二者合计 36432.97 元,按受害农户计算,平均每户 20.3 元。日军在战争之初农民遭受重大劫难、基本丧失生存条件的情况下,又连续 8 年遭受烧杀劫掠,无异敲骨吸髓、致农民于死地。而且,调查统计只限于日军明火执仗的杀戮、劫掠,日伪政权的各种税捐、摊派和对农产品的征购、征借、低价强购等,并未包括在内。这一部分的数量更大,尤其是小麦、棉花,完全被掠夺一空。

(二) 农业收成和土地产量的崩塌式下降

关内敌占区农业生产和农业资源的破坏,农民生产能力的下降,农业生产的严重衰退,最后集中反映在农业收成和土地产量的崩塌式下降。日本全面侵华战争期间的一些农业收成和土地产量数据,未必精准、完整,不过仍在一定程度上反映当时的一些情况变化。

由于战争本身固有的残酷性和破坏性,加上日军丧心病狂的狂轰滥炸、烧杀掳掠,农业破坏、作物减产如影随形。"七七事变"和日本全面侵华战争的爆发,即刻导致当年在收和待收庄稼的直接摧毁或无法收获,以致当年收成明显下降。次年因耕畜被征发,农民被杀害或被迫离村,耕播、管理、收割全都无法进行,收成进一步大减。当时调查者称,"减收百分之五十以上者,几为沦陷区普遍现象;而激战地带,且恒在减收百分之六七十以上"。[①]

在华北敌占区,据日本人"北支经济研究会"在 1937 年 10 月的调查估计,河北大多数作物即比战前减少 20%—40%,其估计数据详见表 3-9。

---

① 中央研究院社会科学研究所主编、郑伯彬等编:《沦陷因区经济概览·农业编》上册,国民党政府经济部资源委员会 1941 年油印本,第 A5184 页。

表 3-9　河北农业收成变化估计(1937 年 10 月调查)

项目 / 作物别	战前产额估计（千斤）	战后收获估计 千斤	战后收获估计 比战前减少(%)	项目 / 作物别	战前产额估计（千斤）	战后收获估计 千斤	战后收获估计 比战前减少(%)
小麦	3492964	3320216	5	花生	832324	541011	35
粟	2562372	1794360	30	芝麻	198204	138743	30
高粱	1721752	1291314	25	菜种	61918	61918	
玉米	1870136	1122094	40	甘薯	2690196	215216	20
棉花	356095	195852	45	米谷	7587149	6062519	20
大麦	710397	639357	10	烟草	55361	44288	20
大豆	593284	385634	35	总计	23207742*	16169215	30.33**
黍子	475590	356693	25				

注:* 原数为 23208742,错。现据细数核正。

　　** 据总计实数计算得出。

资料来源:中央研究院社会科学研究所主编、郑伯彬等编:《沦陷区经济概览·农业编》上册,国民党政府经济部资源委员会 1941 年油印本,第 A5201—A5202 页改制。

　　全省 14 种主要农作物,除菜种外,均较战前减少,其中以棉花减产最巨,减幅达 45%,次为玉米、粟、大豆、花生,减幅为 30%—40%,平均30.33%。不过表中估计范围包括河北全省,因日伪势力所及之处,并非全部省区,沦陷区和日伪窜扰地区,作物减产幅度要大得多。

　　1938 年,据伪河北省公署民政厅调查,农业产量进一步大幅下降,调查数据相对完整的小麦等 4 种主要粮食作物的产量情况见表 3-10。

表 3-10　河北通县、临榆等 39 县部分作物产量估计(1938 年)

(单位:千斤)

项目 / 作物别	平年	1938 年 千斤	1938 年 增(+)减(-)	1938 年 相当平年%
小麦	1007447	224499	(-)782948	(-)77.72
高粱	874958	336928	(-)538030	(-)61.49
玉米	714452	262099	(-)452353	(-)63.31

续表

项目 作物别	平年	1938 年		
		千斤	增（+）减（−）	相当平年%
大豆	377641	78636	（−）299005	（−）79.18
总计	2974498	902162	（−）2072336	（−）69.67

资料来源：平年据中央研究院社会科学研究所主编、郑伯彬等编：《沦陷区经济概览·农业编》上册，国民党政府经济部资源委员会 1941 年油印本，第 A5207 页摘要改制。

　　表 3-10 中小麦、高粱、玉米和大豆 4 种主要粮食作物（其中大豆兼有油料作物的功能）①1938 年的产量，同战前平年相比，最低下降 61.49%，最高下降 79.18%，平均下降 69.67%，比 1937 年下降幅度扩大了 1.3 倍。

　　山西无全省范围的统计，据伪"晋北自治政府"关于所辖山西省长城以北 10 县②1938 年的产量统计，同战前平年比较，情况见表 3-11。

表 3-11　晋北大同等 10 县农产收获统计（1938 年）　　（单位：千斤）

项目 作物别	平年	1938 年		
		千斤	增（+）减（−）	相当平年%
高粱	251329	92222	（−）159107	（−）63.31
黍子	37433	19481	（−）17952	（−）47.96
大麦	46452	9296	（−）27156	（−）58.46
小麦	33468	5655	（−）27813	（−）83.10
大豆	24760	4919	（−）19841	（−）80.13
豌豆	7554	3163	（−）4391	（−）58.13
莜麦	49801	27428	（−）22373	（−）44.92
荞麦	7515	1713	（−）5802	（−）77.2
稻子	7393	309	（−）7084	（−）95.82

---

　　①　原调查另有米谷、粟、芝麻、黍子 4 种作物，因调查数据缺漏过多（米谷、黍子系平年数据大量缺漏，粟、芝麻系 1938 年数据大量缺漏），无可比性，舍弃。

　　②　10 县包括大同、阳高、天镇、怀仁、山阴、朔县、应县、浑源、左云、右玉。

续表

项目 作物别	平年	1938 年		
		千斤	增(+)减(−)	相当平年%
黑豆	5760	12771	(+)7011	(+)121.72
玉米	11572	309	(−)11263	(−)97.33
胡麻	1273	5387	(+)4114	(+)323.17
总计	484310	182653	(−)301657	(−)62.29

资料来源:平年据中央研究院社会科学研究所主编、郑伯彬等编:《沦陷区经济概览·农业编》上册,国民党政府经济部资源委员会 1941 年油印本,第 A5211—A5213 页编制。

在调查的 12 种作物中,除胡麻、黑豆产量大幅增长外,其余 10 种作物的产量全部下降,降幅最小的都超过 40%,最高的超过 95%,只剩下一个零头,12 种作物平均下降 62.29%,整体收获还不及战前平年的 4 成。

察哈尔南部地区,据伪"察南政府"民政厅对其治下 1938 年包括粟、高粱、玉米、小麦、荞麦、豆、马铃薯等 11 种作物产量的估计,与战前平年比较,虽然粟、高粱、玉米、荞麦等 6 种作物的产量有所增加,但同时黍稷、小麦、大麦、燕麦、马铃薯 5 种作物的产量大幅度下降,除马铃薯外,其余 4 种作物的产量,只剩下一个零头。因此整体产量,不是提高,而是下降。1938 年 11 种作物的总产量为 1197 万担,比战前平年下降 290.7 万担,降低了 24.29%。[①]

1938 年 12 月,日本专门负责对华经济掠夺的"兴亚院"成立后,日本帝国主义侵华战略和农业掠夺方针有某些改变。日本帝国主义最初妄图"速战速决",在 3 个月内全面占领和消灭中国,由于中国人民英勇顽强的抵抗,日本帝国主义未能如愿,不得不作长期打算,"以战养战",采取政治上"以华制华",经济上"以战养战""现地自给"和"适地适产主义"的新策略,但万变不离其宗,在所谓"开发重于封锁""建设重于破坏""根据日满华互通有无的原则进行开发"的旗号下,不仅更加肆无忌惮地进行农业掠夺和经济掠夺,而且推行"集家并村",加大推行"三光政

[①] 中央研究院社会科学研究所主编、郑伯彬等编:《沦陷区经济概览·农业编》上册,国民党政府经济部资源委员会 1941 年油印本,第 A5213—A5214 页。

策"的力度,"专烧农具""专杀壮丁",直接摧毁农业资源。所有这些更加重了农业的破坏和衰退,并直接表现为作物产量的继续甚至加速下降。

1938 年据青岛"山东产业馆"对该省沦陷区花生、棉花、米谷、小麦、甘薯、烟叶等几种作物的调查,产量下降尚属轻微,部分还有所增加。而1939 年对 10 种主要作物的调查显示,除甘薯外,无论种植面积或产量,都比战前的 1936 年明显下降。详细情形见表 3-12。

表 3-12　山东沦陷区小麦等 10 种作物种植
面积及产量变化(1936 年、1939 年)　（单位:亩,公斤)

项目 作物	种植面积（亩)			总产量（公斤)		
	1939 年	1936 年	1939 年/ 1936 年（%)	1939 年	1936 年	1939 年/ 1936 年（%)
小麦	54906925	57352896	95.74	36787640	75868570	48.49
高粱	18558272	19322736	96.04	22455509	38259017	58.69
粟	18281283	18748569	97.51	22668791	38884058	58.30
玉米	7674228	8329089	92.14	5295217	14409324	36.75
米	154012	308024	50.00	121260	246419	49.21
花生	4888044	5100304	95.84	8896240	13821553	64.36
大豆	26914827	23095486	116.54	22877600	36028960	63.50
棉花	1960000	4896000	40.03	1470324	5215180	28.19
烟叶	556560	849430	65.52	873799	1843244	47.41
甘薯	5377467	3725224	144.35	52268979	46472520	112.47
总计	129271618	141727758	91.21	173715359	271048845	64.09

资料来源:中央研究院社会科学研究所主编、郑伯彬等编:《沦陷区经济概览·农业编》上册,国民党政府经济部资源委员会 1941 年油印本,第 A5210—A5211 页编制。表中百分比(%)系引者计算得出。

如表 3-12 所示,1939 年同 1936 年比较,除大豆种植面积、甘薯种植面积和产量各有增加外,全体作物的种植面积和产量双双下降,产量降幅尤大。从种植面积看，棉花、稻米和烟叶降幅最大，依次减少了6成、5成和接近3成半，整体下降了将近9%。作物产量的下降幅度比种植面积更大。后者下降不到1成，而前者的降幅超过3成半，棉花、玉米、小麦和稻米降幅最大，分别超过7成、6成和5成。大豆，虽然种植面积增加了16.54%，产量却下降了36.5%。产量大幅下降是农业生产条件恶化、农民生产能力下降、农业衰败最根本的标志。

至于甘薯种植面积和产量的增加，也并非标志着农业生产的发展或扩大，只是因为种植甘薯所需劳力和肥料较少，而产量较高。甘薯既是农民特别是贫苦农民的主要食粮，也是牲畜的重要饲料。同时，越是贫苦缺地的农户，甘薯种植面积所占比重越高。因此，甘薯扩种、增产，不过是农民贫苦、缺地、缺肥、缺劳力的产物。

在河南和整个华北沦陷区，情况与山东大致相近。

日本侵略者的疯狂掠夺，使河南沦陷区的农业生产急剧下降。在战争最初两年，作物面积分别减少了7%—8%，1936年小麦播种面积为61425万亩、产量为1054140万斤，1938年分别下降为22651万亩和421860万斤，以后逐年下降。日本全面侵华战争期间，河南小麦产量都只有战前的4成左右；棉花种植面积，战前为855.3万亩，产量为24550万斤。1937年后急剧下降，直到抗日战争胜利，棉花种植面积都没有达到250万亩，不到战前的30%。1936年的棉花产量为24550万斤，1938年降至2960万斤，只有战前产量的12.1%，亩产只有15斤。大豆是河南秋季作物的主要品种，播种面积1936年为10081.1亩，产量为103040万斤，1938年分别下降为4880万亩、70080万斤；1944年更分别降至3140万亩、29530万斤。[①]

整个华北沦陷区的小麦收获量也大幅下降。1939—1940年的小麦产量及其同战前的比较见表3-13。

---

① 刘世永：《日本侵略者对河南沦陷区的经济掠夺》，《河南大学学报（哲学社会科学版）》1988年第1期。

表 3-13　华北沦陷区小麦产量及其战前比较（1937 年、1939—1940 年）

（单位：千吨，1937 年前＝100）

年份 地区	1937 年 "七七事变"前		1939		1940	
	千吨	指数	千吨	指数	千吨	指数
河北省	1725	100	1111	64.41	1716	99.48
山东省	2893	100	1752	60.56	1456	50.33
山西省	819	100	419	51.16	637	77.78
豫北 42 县	969	100	827	85.35	855	88.24
苏北 17 县	1370	100	1263	92.19	967	70.58
总计	7776	100	5372	69.08	5631	72.42

资料来源：据王士花：《日伪统治时期的华北农村》，社会科学文献出版社 2008 年版，第 47 页改制。表中指数系引者计算得出。

表 3-13 中数据显示，华北沦陷区 1939 年的小麦总产量还不到"七七事变"前的 7 成，山西、山东分别只有 5 成和 6 成多。1940 年略有增加，也只是战前的 7 成多一点，山东更降至 5 成。1941 年据日伪"华北小麦协会"的一份调查资料，由于日伪强化对棉花的掠夺，推广植棉，增加罂粟的种植，加上天灾影响，导致全华北小麦的种植面积及产量又比上年减少约 10%—15%，比常年减少约 40%—50%。[1]

棉花产量方面，华北沦陷区 1938 年总产量为 270.9 万担，只相当于 1936 年的 48.8%，1939 年进一步大幅下降，只有 1936 年的 23.8%。1940 年后，日伪加强对棉花"增产"的培训、指导和棉花收购的统制，胁迫农民扩大棉花栽培，种植面积和收获量有所回升，产量增至 1936 年的 25.9%，1941 年的棉花总产量又增至 1936 年的 53.9%。1942 年的棉花产量或有所增加，达到华北沦陷区棉花产量的最高值，但无完整统计数据。[2] 总

---

① 王士花：《日伪统治时期的华北农村》，社会科学文献出版社 2008 年版，第 47—48 页。

② 王士花：《日伪统治时期的华北农村》，社会科学文献出版社 2008 年版，第 112—115 页。

之,棉花作为近代华北地区最主要的经济作物,在日伪统治时期严重衰败,其整体产量已不足战前常年的一半。

华中地区,1937 年年底梁伪"维新政府"曾在南京周边的江宁、句容、溧水、江浦、六合 5 县,就水稻、棉花、黄豆 3 种作物的种植面积,进行所谓"示范调查",认为"战事影响农业生产不大"。① 这不过是自欺欺人。侵华日军对南京及周边地区的进攻和占领开始于秋季。② 而江宁等县水稻(单季稻)、棉花、黄豆在两个多月前,耕播或种植早已结束,不会因为战争、战事而发生如何改变。8 月以后,水稻(单季稻)、棉花、黄豆相继进入收割、采摘,战争、战事直接影响和破坏的并非水稻(单季稻)、棉花、黄豆的播种、栽培,而是其收割、采摘,包括收获成数和农民已经收获入仓的农产品去向。

前揭资料显示,覆盖田野的成熟庄稼直接遭到日本侵略军和战事的毁坏。同时,日军丧心病狂地轰炸、烧杀、奸淫、抓夫、劫夺,大量房屋、耕畜、食用畜禽、农具、用具、口粮、衣物等被焚毁,大批农民特别是青壮年农民被屠杀、烧杀,或被迫离村外逃,或被抓夫服苦役,或因缺乏耕畜、农具、口粮,无法收割、采摘。结果,大量庄稼不是直接毁于战事,就是无劳力和工具收割,或被淹浸毁于天灾,如江浦,因雨水过多,圩田被淹者十之六七,山田被水冲毁;吴江农田大半被淹,全县秋成仅 6/10。有的即使收割入仓,也被日军焚毁殆尽。江宁沿公路、铁路各处,房屋多被焚毁,伤亡人口约 4000 余人,被焚房屋及财产损失,高达 1000 余万元。其中自然包括刚刚收割归仓农产品。

1938 年,梁伪"维新政府"实业部农村复兴事业局曾前往江苏吴县等 22 县,调查粳稻、糯稻等 7 种作物收成比战前平年增减百分比和增减原因。增减百分比见表 3-14。

---

① 中央研究院社会科学研究所主编、郑伯彬等编:《沦陷区经济概览·农业编》上册,国民党政府经济部资源委员会 1941 年油印本,第 A5215—A5216 页。

② 日军对南京的最初轰炸为 1937 年 8 月 13 日,该年 8 月 8 日立秋。

表3-14　江苏22县粳稻等7种作物收成比战前平年增减百分比（1938年）

（单位：增（+）减（−）%）

县别	粳稻	糯稻	麦子	黄豆	绿豆	杂粮	棉花	简单平均数
吴县	(−)25	(−)25	(−)26	▽	▽	未详	▽	(−)25.33
扬中	(−)50	(−)70	(−)70	(−)50	(−)70	▽	(−)60	(−)61.67
宜兴	(−)10	(−)10	(−)10	(−)10	△	△	△	(−)10.00
丹阳	(−)20	(−)30	(−)20	(−)10	▽	(−)30	(−)20	(−)21.67
金山	(−)15	(−)15	(−)15	(−)17	(−)18	(−)10	(−)15	(−)15.00
武进	(−)10	(−)10	(−)5	(−)5	(−)5	(+)15	(−)50	(−)14.29
吴江	(−)21	(−)20	(−)20	▽	(−)40	▽	(−)24.20
常熟	(−)25	(−)15	(−)5	无增减	▽	(−)20	(−)45	(−)22.00
昆山	(−)10	(−)16	(−)21	(−)20	(−)20	(−)39	42	(−)24.00
嘉定	(−)30	(−)30	(−)60	(−)40	(−)40	(−)40	(−)60	(−)42.86
江阴	(−)20	(−)20	(−)40	(−)30	△	(−)20	(−)60	(−)31.67
松江	(−)不详	(−)不详	(−)不详	(−)不详	(−)不详	△	(−)不详	(−)不详
金坛	(−)20	(−)20	(−)20	(−)50	▽	▽	▽	(−)27.50
江都	无增减	无增减	无增减	无增减	△	无增减	▽	无增减
太仓	无增减	无增减	(−)不详	(−)不详	无增减	无增减	(−)不详	(−)不详
丹徒	(−)22	(−)40	(−)38	(−)40	(−)40	(−)40	(−)40	(−)37.14
如皋	(−)不详	(−)不详	(−)不详	(−)不详	▽	(−)不详	(−)不详	(−)不详
江浦	(−)60	(−)70	(−)22	(−)22	(−)20	(−)24	匪占无查	(−)36.33
句容	(−)20	(−)30	同往年	(−)20	(−)40	▽	(−)20	(−)25.00
江宁	(−)不详	(−)不详	(−)不详	(−)不详	(−)不详	(−)不详	(−)不详	(−)不详
南通	(−)不详	(−)不详	(−)不详	▽	(−)不详	(−)不详	(−)不详	(−)不详
无锡	(−)20	(−)20	(−)25	(−)30	▽	(−)40		(−)27.00
简单平均数	(−)23.63	(−)27.56	(−)26.47	(−)26.00	(−)31.63	(−)28.17	(−)41.20	(−)29.24

注：表中"△""▽"两个特殊符号，"△"应为增（+），"▽"应为减（−）。

资料来源：据中央研究院社会科学研究所主编、郑伯彬等编：《沦陷区经济概览·农业编》上册，国民党政府经济部资源委员会1941年油印本，第A5217—A5220页整理、编制。简单平均数系引者计算得出。

如表3-14所示，22县7种粮棉作物，除了武进杂粮产量较战前平年增加 15%,宜兴绿豆、杂粮、棉花,江阴绿豆或有增加;江都粳稻、糯稻、麦子、黄豆、杂粮,太仓粳稻、糯稻、绿豆、杂粮产量"无增减",句容麦子产量"同往年",江浦棉花产量因"匪占无查",其余各县各作物同战前平年相较,产量全部下降。从计算所得简单平均数,可大致判断江苏沦陷区农业破坏和衰退的严重程度。从作物收成的角度看,调查的 7 种作物,均较战前平年产量减少两成以上,棉花收成减幅最大超过 4 成,7 种作物平均接近 3 成。从县域看,调查的 22 县中,除武进杂粮,宜兴绿豆、杂粮、棉花,江都、太仓部分作物产量外,其余各县全部作物收成无不下降,只是幅度大小有别。降幅最低的宜兴、武进,分别为一成和接近一成半,降幅最高的扬中、嘉定,分别超过 6 成和 4 成,17 县平均接近 3 成。

1939 年后,农业生产遭受严重的破坏,作物产量进一步下降。作为华中地区主要经济作物的棉花,在 1937 — 1939 年的短短 3 年间,产量下降了 4 成多(见表 3-15)。

表 3-15　华中沦陷区棉花产量估计(1937—1939 年)　　(单位:千担)

棉花别＼年份	1937	1938	1939
南北市棉	810	729	412
太仓棉	410	194	264
通州棉	1788	1258	1042
小计	3008	2181	1718

资料来源:中央研究院社会科学研究所主编、郑伯彬等编:《沦陷区经济概览·农业编》上册,国民党政府经济部资源委员会 1941 年油印本,第 A5221—A5222 页。

如表 3-15 所示,1937 年的棉产量为 300.8 万担,次年减至 218.1 万担,下降了 27.5%,1939 年又减至 171.8 万担,再下降 21.2%。

至于蚕桑生产,由于同日本生丝在国际市场竞争激烈,日本侵略者更是肆意破坏、摧毁,一些地区的桑林大部被砍光,江浙蚕桑生产陡衰,丝茧产量大幅下降。战前 1936 年江苏、浙江干茧产量分别为 45.33 万担和 53.85 万担,合计 99.18 万担,1937 年分别降至 36.75 万担和 48.45 万担,分别下降 18.07% 和 10.03%,两省合计 85.2 万担,下降 14.1%。1939

年,江苏仅产干茧6.5万担,只相当1936年的14.34%。① 浙江蚕桑衰败程度与江苏相似,但该省1939年干茧产量不详。按当时调查者估计,1939年浙江干茧产量为24.2万担,江浙两省1939年干茧产量不过30万担左右,只有战前江浙两省干茧产量的3成。②

第三节　东北和关内沦陷区农村社会结构、生产关系的破坏与蜕变

　　农村社会结构、生产关系的破坏与蜕变,既是日本帝国主义侵略的结果,又是日本侵略者进行农产品和农业资源掠夺、对各阶层农民进行法西斯殖民统治的前提条件,是实行"以中国的人力、物力占领和灭亡中国"这一基本国策的必由之路。

　　在伪满和关内占领区,一方面,由于日本侵略战争的破坏、摧毁,日军的疯狂扫荡、烧杀、掳掠和物资劫夺、财税搜刮,地主、农民都遭受惨重的经济损失,相当一部分地主(尤其是"土财主")、富农和其他富裕农民,倾家荡产或一蹶不振;不过也有部分人投靠、投降日本,卖国求荣,或在日本侵略者的高压、胁迫下,趋利避害,投机取巧,左右逢源,得以继续保持其经济利益和在乡村社会中的支配优势。这是日本全面侵华战争期间,地主、富农阶层的明显变化。同时,日本侵略军在组织"治安维持会"、傀儡政权、汉奸组织(伪满的"协和会"、关内沦陷区的"新民会"),以及伪军、伪保安、伪警察的过程中,网罗和培植的汉奸、卖国贼为数不少,成为日本法西斯殖民统治的重要社会基础。他们中有的来自上面所说的地主、富农,以及军阀、官吏、恶霸、恶棍、流氓、地痞、赌徒

---

　　① 日本《蚕丝月刊》8月号(昭和十四年8月)发表的数据,1936年江苏的干茧产量为11.85万担,6.5万担相当于54.85%。

　　② 中央研究院社会科学研究所主编、郑伯彬等编:《沦陷区经济概览·农业编》上册,国民党政府经济部资源委员会1941年油印本,第A5266、A5274—A5275页。

等其他社会渣滓,还有不少是从社会各个角落冒出来的。他们充当日本侵略者的走卒和奴隶,既卖国求荣、为虎作伥,残害民众;又狐假虎威,榨取钱财、兼并土地。这是这一时期滋生和发展起来的一个新的社会阶层,其数量远多于战前的地主、富农。这是整个农村阶级关系与社会结构的一个重大变化。

同时,农村原有生产关系也遭到严重破坏,发生蜕变:侵华日军疯狂劫夺、圈占、破坏土地,导致了土地占有和土地使用关系的变化。无论伪满还是关内沦陷区,大量耕地和宜耕地,被日本侵略者以各种名义劫夺、圈占、破坏,或交给日本"开拓团"、日本财团经营,或改作军事用途,或划为各类"禁区",强令荒废。各个阶层的农户尤其是原来占地较多地主和其他富裕农户,其相当一部分或全部土地被日军侵占、劫夺、破坏,由有地户变成少地户、缺地户或无地户;由出租户、雇工经营户或自耕农变成租地户、佣工户甚至完全失业。在伪满,农民土地被强占,由自耕农变成佃奴、工奴,沦为日本移民"开拓团"任意驱使、宰割的牛马;在华北、津北宁河一带,一些官办或私人农场、私人土地被日军劫夺,交由日本财团、浪人或韩人经营,原来的自耕农、农场农工蜕变为佃奴,又或失业。一些原来坐食地租的地主,土地被夺,又无力承佃纳租,只得包佃转租,由地主沦为"二地主"。不过由于日伪对粮食的疯狂掠夺和搜括,即使土地仍保留在地主手中,原有的租佃关系也往往难以维持。在伪满,因强制的粮食"出荷"负担极重,地主无利可图,甚至将土地给人"白种"或"撂荒",当然条件是耕者负担全部"出荷"。在生产协作关系方面,一些地区原来因单个农户耕畜、农具、劳力无法配套而形成的协作互助关系,因农民耕畜普遍被日军宰食或"征发"军用,农具被焚毁或破坏,原来的屋邻、地邻、村邻关系,因"集家并村"、实行保甲"连坐",亦被搅乱或完全改变,这类生产协作关系百无一存。为了强化"农业统制",在伪满和关内占领区,日本侵略者还强行改变原来一家一户的个体农业经营,普遍成立所谓"合作社",充当日伪搜集和掠夺农产品的工具。伪满1940年后,还将"农事合作社"与"金融合作社"合并,成立县"兴农合作社",由伪县长、"协和会"会长兼任正副理事长,社、政、协"三位一体",逼"出荷",抓劳工,皆由其牵头，"兴农合作社"成为日伪劫夺农产品、压迫和残害农民的一支别动队。原来的产品分配、产品交换关系亦被彻底破坏。日本侵略者为了尽可能劫夺更多的农产品，不仅严厉禁止农民有一粒米麦进口、一缕棉花上身，而且几乎将所有农副产品劫夺一净，配给一点少得可怜的掺沙橡子面或高粱米。粮棉等农副产品掠夺，初时除了明火执仗地入户抢劫，虽有部分打着"市场交易"的幌子，但时间、场地、数量、价格都是日本侵略者说了算，无论伪满的"出荷"，还是关内沦陷区的"征购"，数量极大而价格极低，实际上同掠夺无异。后来连"交易场""市场交易"的幌子也免了。由"合作社"统制生产、集中"交易"，或"粮食集局"，或由合作社"粮食仓库"统一"保管"，根本不经过一家一户农民之手，粮食、棉花等农产品的收集、掠夺一步到位。

一、东北地区的农村生产关系及其变化

日本入侵前的近代东北地区拥有着一套原有的乡村生产关系和社会规范。大农场经营者和地主等乡村统治阶级在原有生产关系中与商业资本、金融资本、官僚资本等之间关系紧密，形成对当地农村"四位一体"的统治秩序。日本帝国主义入侵后，为了更加高效地掠夺东北地区的农产品资源，从流通体制和农村基层权力机构两个方面入手对东北地区原有的乡村社会生产关系进行了殖民化的改造。在改造过程中，旧的农村生产关系无法继续维持，新产生的农村生产关系带有鲜明的殖民地特征。通过与日伪殖民当局的合作，乡村中诞生了一些"新贵"。这些"新贵"们，对外依附日伪所极力倡导的殖民秩序，对内凭借日伪赐予的权力欺压同胞，无形之中加大了日本殖民统治给东北普通农民所造成的痛苦。

（一）日军殖民政策下东北原有农村生产关系的解体

日本入侵前的东北农村是一个高度商品化的农业移民区。该地在历史上仅仅经过初步的开发，相当多的地区人烟稀少，土地肥沃，19 世纪

末叶后,大量农业移民才开始拥入该地区。至日本帝国主义入侵前,尽管东北南部的很多地区已经鲜有未开垦土地,开始面临人口压力的困扰,但东北北部大部分地区仍存在大片未开垦土地,吸引着无数关内农业移民前往该地谋生。因很多地区人口压力相对较小,整个东北地区每年都有大量剩余农产品流入市场等待交换。同时,东北地区自身生产的棉丝麻等制衣材料数量很少,必须通过对外贸易进口解决。[①] 因此,长期以来,出售剩余的农产品换取短缺的纺织原料和衣物,始终是东北农民必然的选择。这就构成了当地农产品高度商品化的根本驱动力。在日本入侵东北以前,该地区农作物的平均商品化率已达到53%,一些农产品如大豆、小麦的商品化率更高达80%。[②]

高度农产品商品化和农业移民区这两个特征,造成了该地农村生产关系具有鲜明的地域性特征。首先,该地大部分地区(除南部部分地区以外)并没有出现类似于临近华北地区的自耕农社会。从土地关系角度来看,传统社会生产关系的阶级对立普遍存在于该地的乡村之中。这主要是由于该地土地占有在总体上很不均匀,1933—1934年的土地占有基尼系数高达0.783—0.858。[③] 同时,该地地租水平甚高。1931年前,如按实物定额地租计算,大概在农民租种土地收入的40%—60%;年纳货币地租所占土地价格的比率各地差异较大,其中黑龙江省年回报率高达10%—29%,而辽宁地区的年回报率只有5%—8%。[④] 另据对20世纪20年代东北北部农村的统计,田场雇工经营的收益率亦极高。当时的年工从河北、山东等关内各省来的季节性移民居多,他们多在阴历二月末到三月初间上工,十月或十一月时返乡,全年工作五六个月可获得墨西哥洋75—90元,平均每日大约墨洋5角。月工和日工则以本地人居多,月工

---

① 詹自佑:《东北的资源》,东方书店1946年版,第75页。

② 南满洲铁道调查课:《满洲の農業》,昭和六年(1931年)版,第191页。

③ Ramon H.Myers, *Socioeconomic in Villages of Manchuria during the Ching and Republican Periods : Some Preliminary Findings*, Modern Asian Studies,10,p.616.

④ 滿鐵經濟調查會編:《滿鐵調查月報》昭和七年(1932年)第12卷11号,第80—81、73—78、68页。

工资每月平均 12.9 元,日工平均每日 0.69 元。[①] 如果是年工,则一般在雇主家吃住,当时平均每人年伙食费为 34 元,年工的半年伙食费成本当在 20 元左右。[②] 年工资和伙食费合计 95—110 墨西哥洋元,而当时东北北部每名农村成年男性投入农田生产所创造的平均年收益达 504.98 墨西哥洋元,相当年工报酬的 4.59—5.32 倍。[③]

其次,在高度商品化的东北农村社会中,单纯以"经营地主—雇工""地主—佃户"这样二元对立的定义来概括生产关系显然有些偏颇,东北农村的统治阶级普遍存在跨产业多元经营的特征。因当地农民生产、生活无法回避的农产品与衣料交易,导致了该地以粮栈为代表的商业资本深深介入农村生产关系。粮栈商业资本不仅通过兼业的形式与农产品加工业(如油坊、烧锅)、生活生产必需品销售业(如杂货商)企业密切合作共同控制了农产品交换领域,事实上后两者鲜有不兼营粮栈的。[④] 商业资本还通过兼营春耕贷款、"批粮"[⑤]、"挂买"[⑥]等多种金融手段介入到农民生产和生活领域中。另外,相当多的商业资本所有者还在农村直接购买土地,构成了乡村社会结构中庞大的不在地主阶层群体。各地农村中"不在地主的本质是除了这种纯地主之外,还是商业、高利贷资本主或旧官僚,由此可以发现:地主同商业、高利贷资本可以实现一体化。例如,经

---

① [日]エ・エ・ヤシノフ:《満鉄調査資料第 110 編北満洲支那農民経済》,南満洲鉄道株式会社哈爾浜事務所,昭和四年(1929 年)版,第 417—418 页。

② [日]エ・エ・ヤシノフ:《満鉄調査資料第 110 編北満洲支那農民経済》,南満洲鉄道株式会社哈爾浜事務所,昭和四年(1929 年)版,第 454 页。

③ [日]エ・エ・ヤシノフ:《満鉄調査資料第 110 編北満洲支那農民経済》,南満洲鉄道株式会社哈爾浜事務所,昭和四年(1929 年)版,第 279 页。

④ [日]満史会:《満洲開発四十年史》上卷,东北沦陷十四年史辽宁编写组译,1988 年版,第 580 页。

⑤ 滿鐵經濟調查會:《滿洲經濟年報(1935 年)》,改造社 1935 年版,第 274 页。"批粮"即农产品预卖,在庄稼尚未成熟时就将庄稼预卖给粮栈等商家,商家即期支付现金,等庄稼秋后成熟时再向农家收取农产品。这种预卖的价格一般要比较正常的市场价格低 20%—40%,本质上是一种高利贷交易。

⑥ 実業部臨時産業調査局:《産調資料 45—4 農村実態調査報告書 販売並に購入事情篇》,伪"康徳"四年(1937 年)版,第 73—75 页。所谓"挂买",即赊购,就是农户在粮栈中预先支取一些农产品,待一定时间以后再支付货款,这期间有时要收取一定的利息。

营粮栈是商业资本主积蓄的主要财源,作为不在地主他们又在农村占有了大片土地资源"①。另外,相当多的在村地主也将大量资金投资工商业②。很多不在地主或通过姻亲关系或通过在村内寻找代理人,在乡村权力结构中具有一定的影响力。③ 因此可以说,"地主层同商业、高利贷资本之间存在千丝万缕的关系,他们相互提携并构成了所谓农村中'三位一体'势力,把农村置于封锁状态,阻止农民社会的分解,维持以高地租为中心的半封建榨取,从而实现这种农村支配阶层之间的商议和幕后交易"④。

力图实现对东北农村资源全面统制和掠夺的日本帝国主义,在入侵东北后将东北农村中传统的"地主—商业资本—金融资本"支配生产关系视作其有效掠夺东北农村资源的障碍,声称"满洲的农业机构依旧限制在半封建性的框架内,农村"三位一体"的支配势力,即地主富农同商业、高利贷资本,是妨碍其生产力发展、阻碍农产品上市的根本原因"。⑤ 因此,要由日伪当局通过行政强制手段"同地主、商人、高利贷资本进行斗争,努力实现满洲农业的现代化"⑥。日本对东北农村有效控制掠夺机制的建立,势必伴随着对上述东北农村原有生产关系的吸纳、利用、削弱,甚至瓦解。

日本帝国主义在占领东北后,为实现瓦解东北农村固有的生产关系,构建对农村社会殖民化统治的图谋进行多次尝试。虽然具体政策的层面随时期不同有所调整,但其基本思路却是始终明确的,主要从下面两个方面入手。

---

① 南满洲铁道株式会社调查部:《满洲经济研究年报》,改造社昭和十六年(1941 年)版,第 264—265 页。

② 南满洲铁道株式会社调查部:《满洲经济研究年报》,改造社昭和十六年(1941 年)版,第 267—268 页。

③ 滿鐵經濟調查會编:《滿鐵調查月報》昭和十六年(1941 年)第 21 卷 1 号,第 110—112 页。

④ 南满洲铁道株式会社调查部:《满洲经济研究年报》,改造社昭和十六年(1941 年)版,第 244 页。

⑤ 南满洲铁道株式会社调查部:《满洲经济研究年报》,改造社昭和十六年(1941 年)版,第 236 页。

⑥ [日]满史会:《满洲开发四十年史》上卷,东北沦陷十四年史辽宁编写组译,1988 年版,第 495 页。

其一,通过严酷的经济统制政策,清理、网罗并重构东北农村的固有流通关系和金融关系,从农产品销售、生产和生活资料供给、资金供应等方向上斩断东北农村自由发展的可能,进而在其支配操纵下构建新型殖民地农村生产关系。即借助对农产品和消费品市场流通领域进行统制,斩断粮栈与农民、生产厂商与杂货商进行直接交易的可能,强制将上述两种交易一律交由"满洲农产公社"和"满洲生活必需品会社"统制进行,并借口通过建立"粮栈组合制度"等商业组合的名目,将不听话的商户强行排挤出去①,进而试图将东北原有的商业资本改造为依附日伪统制机构、仅代买代卖赚取微薄手续费的附庸机构。同时借口改组现代"商业银行"、取缔高利贷大力打压排挤东北农村中的原有金融资本。在生产品和消费品流通与金融领域建立了一套便于殖民掠夺的新的农村生产关系。

其二,通过权力渗透,改造农村行政系统,瓦解东北乡村固有的社会规范,构建起可保障高效榨取人力、物力资源的新型农村权力体系。日本帝国主义入侵前的东北农村基本依靠乡绅根据固有乡约习惯进行自治管理,仅仅在税务和防匪等少数方面与政府机构有行政上的联系。② 伪满统治时期,在农村基层行政体制上先是实行保甲制度、继而实行"村街制"、最后实行"国民邻保组织",逐步强化了对农村基层社会的控制。特别是在"国民邻保组织"制度下,日伪政权的基层人员不但在行政上要接受管理,在思想上也要接受控制,在经济领域更是要直接承担管理收购农产品和必需品配给,发放农村金融信贷的重任。通过"地方行政、协和会、合作社"的"一元化的指导",实现了在基层农产品掠夺过程中,伪地方政府行政催收、协和会思想动员、兴农合作社流通及金融领域控制间"三位一体"的多重压榨关系。

日伪所力图构建的此种以掠夺为目的的殖民地经济体制下,东北原

---

① 1937 年绥化县粮栈尚有 99 家。到了 1942 年,只有资金规模较大的 5 家专营粮栈因顺从得以加入有权收买"出荷粮"的"粮栈组合"而保留下来。其余则全部因无资格购买"出荷粮"被迫"停业"(见满州评论社《满州评论》第 27 卷第 9 号,昭和十九年(1944 年)9 月 2 日,第 11—12 页)。

② 满铁经济调查会编:《满铁调查月报》第 21 卷 11 号,第 26—36 页。

有农村生产关系受到极大冲击，各阶级、各阶层均无法以原来经营手段来维持其收益水平。原与农村大土地所有者连为一体的金融资本和商业资本受到了首当其冲的冲击。根据1938年对吉林、营口、锦州等地的调查，由于金融合作社的排挤和政策禁令的限制，期粮买卖等金融活动根本无法在明面上进行，当地大粮栈利息收入仅占总收入的1.04%。只是由于当时粮谷统制尚未全面实行，其粮食贩卖收益占到总收益的87.39%，总成本收益率为75.6%，尚不算不低。① 到统制经济全面实行后，粮谷买卖价格被"卡死"，粮栈于每吨大豆仅仅能赚取"两元伪币的手续费"，"这些可怜的收入已经维持不了粮栈的正常开支。油坊、烧锅原料不足，停停干干，也无利可得"。而在生活必需品零售业方面，统制的"配给品"仅持有许可证者才能得以销售，且价格也被"卡死"，完全成为"代理店"。② 而贩卖这类购销价格都严格规定的"配给品"，基本"无利可图"。因此，"不少商店都倒闭了"。③

在这种情况下，原有的大土地所有者同商业、高利贷资本之间"三位一体"的经济关系被彻底打破，土地所有者与后两者间在产业链的协作关系也已不复存在。1936年以前，东北地区已经普遍存在土地收益率随地价递减的情况，部分人地关系紧张地区的地主已经开始大量将土地投资转入工商业④，到1938年，日伪开始实行统制经济，土地收益率随地价递减的趋势进一步的扩大（见表3-16）。常规情况下的土地投资对于大土地所有者也更加不利。这种情况在日伪强制执行粮食"出荷"和消费品统制分配政策越来越疯狂的情况下更加突出。在全部余粮甚至部分口粮都必须按照规定超低价格强制"出荷"收购的情况下，出租地主、经营地主等大土地所有者阶级所受的冲击也不比普通农户小很多。因日伪所定的"出荷价格"往往远远接近甚至远低于生产成本，"出荷"可谓与无偿

---

① 南满洲铁道株式会社调查部：《满洲经济研究年报》，改造社昭和十六年（1941年）版，第279页。

② 孙邦：《伪满史料丛书·经济掠夺》，吉林人民出版社1993年版，第166页。

③ 东北局宣传部：《东北农村调查》，东北书店1946年版，第218页。

④ 王大任：《压力下的选择：近代东北农村土地关系的衍化与生态变迁》，《中国经济史研究》2013年第4期。

掠夺无异。因各地"出荷"量被严格按照田亩预估产量推定并原则上按耕地面积平摊征收。因此,不但经营地主深受其害,依靠地租为生的出租地主亦受冲击不小。根据东北土地改革时的调查,"出荷粮"至少要由地主交纳50%[1],一些地方甚至完全从地主的地租中扣除交纳。如此沉重的"出荷粮"负担,不但使得很多部分承担"出荷粮"的佃户难以忍受,很多地主更是因为沉重的"出荷"负担而不得不实际上降低地租,甚至把土地给人"白种"或"撂荒"。

表3-16　东北各地区地价、地租及土地收益率情况(1938年)

项目\省别	地价(元)			地租(元)			土地收益率(%)		
	上地	中地	下地	上地	中地	下地	上地	中地	下地
奉天省	842	557	355	70	53	36	9.4	10.5	11.3
吉林省	385	350	155	41	32	21	11.6	13.5	14.6
龙江省	174	117	66	21	16	11	11.8	13.4	16.5
热河省	684	450	211	51	34	22	8.3	8.4	11.9
滨江省	350	217	107	36	29	19	13.6	15.3	19.2
锦州省	807	603	389	62	45	30	8.4	8.4	10.4
安东省	1060	737	509	115	75	50	11	9.9	10.1
间岛省	431	262	95	21	16	11	31.3	32	44
三江省	157	105	60	26	20	15	12.8	15.2	21.5
通化省	428	327	217	62	46	32	17.2	16.2	17.5
牡丹江省	236	174	97	23	19	10	11.9	11.9	10.8
黑河省	41	35	27	13	9	6	26.7	22.2	16.7
兴安东省	103	68	46	11	9	6	11.7	13.5	14.3
兴安南省	121	83	48	11	9	7	8.4	12.1	16
兴安西省	132	92	42	20	10	6	14.7	17.1	14.6
兴安北省	55	42	21	—	—	—	—	—	—
关东州	2012	1345	706	96	63	38	4.9	4.8	5.7
平均	465	320	189	45	34	23	11.7	12.6	14.8

资料来源:国立公主岭农事试验场:《南满州铁道株式会社农事试验场研究时报26号》,伪"康德"五年(1938年)版,第119页。

---

[1]　东北局宣传部:《东北农村调查》,东北书店1946年版,第61页。

　　日伪通过统制政策实现的工农产品价格"剪刀差"掠夺体制,也直接冲击了东北雇工经营的田场主。尽管日本侵略者声称,出于保障生产力的目的,要对大农经济进行扶植,但工农产品价格比率日益失衡的事实却大大提高了经营田场主的雇工成本。同 1937 年比较,1943 年粮米类批发指数为 143.8,副食品为 414.8,衣料为 267.7,燃料为 310.3,工业杂品为 256。[1]特别是在"依赖雇佣劳力"的东北北部地区,"来自劳动工资的打击"很大。[2]对于生产成本中 38% 为雇工工资支出的东北北部经营田场主来说[3],"生活必需品涨价和劳动工资上涨,对其的前途投下极大的暗影"。[4]

　　尽管日伪当局始终未对东北农村的土地制度作出根本性的改变[5],但大土地所有者早已无法单纯依靠雇工生产或征收地租等原有经营手段获取维持其存在的利润,这从事实上造成东北农村原有生产关系的分解,不但大批粮栈"不得不停业"[6],"一般地主也好,商人也好,不少的都逐渐地走向凋敝、破产与饥饿"。[7] 特别是很多固守原有经营方式的旧地主逐渐走向没落。[8] 如果再算上日本侵略者动辄直接不分阶层地掠夺中国农户土地的行径,日本侵略者统治对东北旧有生产关系的冲击和解体作用可能还要更加猛烈。不少乡村中的原有支配阶层可能一夜之间一无所有。在"满拓"强征土地的地区,很多地主因土地被"用不合理的低价强制收买","将来失去生活之道"而怨声载道。[9] 另外,地主和富农阶层因

---

　　① 东北财经委员会调查统计处:《伪满时期东北经济统计(1931—1945 年)》,1949 年印本。

　　② 南滿洲鐵道株式會社北滿經濟調查所:《滿人農家經濟調查報告の1:遼陽縣千山村下汪家峪屯》,昭和十六年(1941 年)印本,第 21 页。

　　③ 东省铁路经济调查局:《北满农业》,1928 年印本,第 226—227 页。

　　④ 南滿洲鐵道株式會社北滿經濟調查所:《滿人農家經濟調查報告の2:肇州縣朝陽村大地窩堡》,昭和十六年(1941 年)印本,第 20 页。

　　⑤ [日]高橋正則:《決戰滿洲国の全貌》,山海堂出版部昭和十八年(1943 年)版,第 273 页。

　　⑥ [日]浅田乔二、小林英夫:《日本帝国主义对中国东北的统治:以十五年战争时期为中心》,东北沦陷十四年史吉林编写组内部资料,1993 年印本,第 196—197 页。

　　⑦ 东北局宣传部:《东北农村调查》,东北书店 1946 年版,第 218 页。

　　⑧ 李尔重、富振声等:《东北地主富农研究》,东北书店 1947 年版,第 15—16 页。

　　⑨ 中央档案馆等合编:《日本帝国主义侵华档案资料选编·东北经济掠夺》,中华书局1991 年版,第 712—714 页。

为土地征用而下降为中农甚至贫农的情况亦多有发生,如在北安县第四区,1944 年共有地主 11 户,富农 5 户。1945 年,就有 3 户地主和 1 户富农因伪政权"把他们的土地强买去"而变成贫农,另有 1 户地主因同样的原因变成了"中农"。[①]

（二）"农产多样化"外衣下的自给农业的复苏

当时的东北农村存在着两种对立的趋势:一是传统商品经济遭到破坏,农作物种植结构向自给化倒退;二是日本殖民者根据自身需要强行推广的新兴作物呈现畸形增长。这两种趋势既揭示了伪满政府农业政策对农业生产力的破坏远大于建设,也充分暴露了日本殖民者低于成本价掠夺东北农产品的暴虐性及其不顾客观实际,强行扩张其所需农作物的荒诞性。而自给农业的复苏和日伪对市场机制和农户经营自主权的践踏,也进一步地瓦解了东北农村中原有的生产关系。

1. 粮食作物对传统商品化作物的替代

关于伪满时期东北农作物种植结构变动情况,缺乏一套完整的统计数据或能凭借推算出伪满时期的时段连续性资料。[②] 相关资料大多数仅仅反映某一年或数年的情况,或记录的仅是几种主要农产品的情况(这也误导了不少后来的研究者)。特别是伪满后期,因局势动荡和日伪集中全力疯狂掠夺东北农产品的迫切要求,有组织的农村调查统计工作大大停滞。这也导致这一时期东北农村可信的统计数据极其缺乏。但是通过对于现存可信度较高的几项资料中,关于不同时期东北农作物种植面积比率数据的梳理和整理结果显示,不能简单概括为特用作物的畸形发展(见表 3-17)。1931—1945 年,日伪全力扶持的水稻、棉花等作物确有很大程度的增长,棉花从 0.28% 上升到 3.26%,水稻从 0.58% 上升到 1.77%,然而即使到 1945 年,其所占比率仍较为有限,难以概括农产结

①　东北局宣传部:《东北农村调查》,东北书店 1946 年版,第 8 页。

②　现有的不少关于伪满时期农业的研究,侧重于关注伪满政府干预下水稻、棉花等单项作物的畸形发展。这就容易造成一种错觉,即上述作物的畸形膨胀可以完全概括伪满时期东北农作物种植结构变动趋势。

构变动的整体趋势。相对而言,粮食作物比率的膨胀,高粱、玉米、谷子、其他粮食作物四项总和从 1931 年的 55.95% 上升到 1945 年的 69.32%,以及作为东北传统商品化作物代表的小麦、大豆,从 1931 年的 41.16% 下降为 1945 年的 17.18%,显然更能够代表这一时期农作物结构的变动趋势。

表 3-17　伪满时期东北农作物种植结构变动情况(1931—1945 年)

(单位:%)

作物＼年份	1931	1932	1937	1940	1943	1945
高粱	21.20	19.77	20.90	21.43	22.50	34.20
玉米	7.03	7.43	8.96	11.85	15.46	13.54
谷子	15.88	16.53	19.17	20.27	19.70	15.74
其他粮食作物	11.84	11.85	12.30	12.4	11.85	5.84
小麦	11.28	10.90	7.70	5.22	3.04	0.85
棉花	0.28	0.31	0.67	0.74	0.76	3.26
其他纤维作物	0.34	0.33	0.41	0.81	1.20	2.09
大豆	29.88	30.00	22.17	19.52	16.34	16.33
其他油料作物	1.42	1.72	1.96	1.73	2.35	1.68
果蔬及其他	0.27	0.68	4.42	4.29	5.17	4.70
水稻	0.58	0.48	1.34	1.74	1.63	1.77

资料来源:1931 年和 1932 年的数据主要来自满铁经济调查会:《满洲产业统计》(昭和七年),昭和九年(1934 年)印本,第 10—11 页,其中"其他纤维作物"和"其他油料作物"部分参考东北物资调节委员会研究组编:《东北经济小丛书·农业(生产篇)》,1947 年印行,第 50—69、123—135 页;日满农政研究會新京事务局:《满洲農業要攬》,日满农政研究會新京事务局,伪"康德"七年(1940 年)版,第 416—432 页上的数据;1937 年、1940 年、1943 年数据来源于东北财经委员会调查统计处:《伪满时期东北经济统计》,1949 年印本,表 4—(16—18);1945 年数据来源于国民政府主席东北行辕经济委员会经济调查研究处:《东北收复区(辽宁、辽北、吉林省)农产物生产量调查报告书》,1947 年印本,第 6 页。

　　大豆、小麦等传统商品化作物被粮食作物替代的趋势在日本入侵前的东北某些地区就已经开始出现。为了换取该地区生产很少的衣服必需品原料,东北地区农户往往选择将一些货币价格较高的农产物大部分出售以换取货币。在日本入侵前,东北农民主要是选择将大豆和小麦作为商品投入市场而非家庭直接消费,其商品率在日本入侵前常年保持在80%以上。① 受人地压力和市场价格动荡的影响,这两项作物的种植比率在1931年前就开始在东北部分地区出现被粮食作物替代的趋势。② 不过在日本入侵以前,上述现象还仅存在于部分地区,从整体上来说并不显著。

日本侵占东北后,由于时局混乱和国际市场变化等原因,东北地区的传统商品作物贸易受到很大冲击。以大豆为例,有报道称,"东北方面大豆、白米生产,亦告过剩。于去年(1933年)竟有将大豆作燃料的骇人事件"。③ 又说,"大豆近来行市节节下落……往年视同黄金之粮产,而今至无人过问"。④ 贸易市场的萧条加速了商品化作物在农户种植领域的退出。

不过对传统商品化作物冲击最大的因素还是日本帝国主义对东北农产品的掠夺政策。特别是在制定掠夺方针时,对东北大豆提出要"奖励多种经营农业",对其加以"抑制""替代",进而实现东北农产品种植结构向日本军需战备急需的"特用作物"转变。⑤ 而对于小麦,日伪当局虽然名义上也提出要"改良增产",但与棉花、洋麻、大麻子等更急需的战备物资相比,对促进其生产所做的工作亦可忽略不计。特别是随着日本帝国主义深陷战争泥潭,其对东北地区农产品的掠夺政策也越来越带有杀鸡取卵似的疯狂。在这种情况下,农家出售传统商品化作物获取货币收益的可能性也更加渺茫。

日本对于东北农村农产品的掠夺主要是通过对于其流通领域的掌控来实现的。即通过伪"满洲国"国家机器强力介入粮栈等东北农产品原有收购机构,使农民一切出售农产品的行为必须按照规定的价格在日伪

---

① 南满洲铁道调查课:《满洲の农业》,昭和六年(1931年)版,第191页。

② 王大任:《压力与共生:动变中的生态系统与近代东北农民经济》,中国社会科学出版社2014年版,第244—266页。

③ 《银行周报》1934年第18卷第6期,国际要闻第2页。

④ 《钱业月报》1931年第11卷第2期,杂录第21页。

⑤ 满铁经济调查会:《满洲农产品改良增产方案(大豆)》,昭和十年(1935年)版,第3—14页。

政府监视下进行,以远低于合理市价甚至生产成本的"公定价格"强制低价征收农民出售到市场上的一切农产品。据调查,1939年伪满各地很多农产品的"出荷价格"尚不及生产成本的一半①,可见其掠夺的残酷性。而雇工、肥料等生产成本价格也随着日本侵略者经济统制政策的推进逐步升高。因出售农产品尚收不回成本,农民对于农业生产资金投放的积极性很低,肥料、畜力、雇工等要素投入数量明显不足。这导致伪满统治时期东北农业生产力遭到极大破坏,东北农作物的亩产量连年下降,1931—1944年仅高粱、玉米、粟米三种主要粮食的亩产量就下降了13.3%。② 在这种情况下,农民实际上投入越多亏损越大,势必倾向于选择地生产成本的作物。根据1939年伪满"产业部"的统计,东北大豆每石的生产成本为7.47元,小麦为9.36元,高粱为5.09元,玉米为4.92元,小米为4.72元。③ 另外,小麦受病害影响颇大,还存在着收入不稳定的问题。在市场价值规律完全无效的情况下,选择粮食作物远比传统商品化作物更容易降低生产成本。

特别是到了伪满后期,日伪的"粮食出荷"越来越带有强制性,其数量则完全依靠日伪当局的需要落实到每家每户。为了保证"出荷"数量的完成,日伪政府往往"与农民签订'出荷'契约,春订秋不变",不管秋后收成如何,都强迫农民如数"出荷"给日伪组织的"出荷督励班"。一些地方甚至发展到"武装出荷"这种明火执仗地抢劫行径。④ 当时东北地区的出荷额往往占粮食生产总额的一半以上。⑤ 不少地区农民将自己所生产的粮食大半都交了"出荷",连种子、饲料、口粮都所剩无几。⑥ 面对日伪

---

① [日]浅田乔二、小林英夫:《日本帝国主义对中国东北的统治:以十五年战争时期为中心》,东北沦陷十四年史吉林编写组内部资料,1993年印本,第373页。

② 东北物资调节委员会研究组编:《东北经济小丛书·农业(生产篇)》,1947年印行,第4—5页。

③ 日满农政研究会新京事务局:《满洲农业要揽》,日满农政研究会新京事务局,伪"康德"七年(1940年)版,第446—464页。

④ 孙邦:《伪满史料丛书·经济掠夺》,吉林人民出版社1993年版,第44—45页。

⑤ 孙邦:《伪满史料丛书·经济掠夺》,吉林人民出版社1993年版,第186页。

⑥ 中国人民政治协商会议黑龙江阿城市委员会文史资料委员会编:《阿城文史资料》第7辑,1996年印本,第68页。

政权"杀鸡取卵"式地掠夺，东北农村的粮食自给都成为问题，传统商品化所带来的些许货币收入对于东北农民来说更加没有实际意义。除大豆尚因土地轮作原因保留一部分种植外，大批种植传统商品化作物的土地被生产成本更低、生存需求更为迫切的粮食作物所取代。

2. 虚构的"农业经营多样化"

在伪满统治时期，大豆以外的油料作物、棉花等纤维作物、水稻等均取得了一定程度的发展。虽然每项增加的幅度有限，但相加起来却也不容忽视。如表 3-17 所示，1931—1945 年，大豆以外的油料作物的种植比率从 1.42% 上升到 1.68%，水稻从 0.58% 上升到 1.77%，纤维作物从 0.62% 上升到 5.35%。另外"果蔬及其他项"也从 0.27% 上升到 4.7%。这是日本帝国主义支撑和扩大侵华战争、满足国内生产与消费的需要，而非如一些日本右翼研究者所称，这种农业生产的多样化是日本统治东北农村过程中"新作物栽培技术"和"化学肥料、农业药剂使用技术掌握"的结果，是"日本对满洲经营"的"无形的成果"。[1] 事实上，日本帝国主义对伪满地区和关内沦陷区的农业掠夺，除了具有比较优势的固有农产品外，消除或调整日本本土与各个殖民地、占领区间"供给上的不均衡"，可能在日本殖民地体系的设计中更加重要。由于各殖民地、占领区间物资流通的"不畅"，特别是货币贸易常"与危险相伴"，日本帝国主义显然更倾向于将各殖民地、占领区间的农产品进行工业加工后交换而非简单地将初级农产品在殖民体系中流通。[2] 日本侵略者早在 1933 年的伪满"经济建设纲要"中就提出，宜"对于供给外国农产品讲求自给之法"。[3] 随着日本在太平洋战场上的溃败，这一问题的解决越发紧迫。

对于棉花、洋麻等纤维作物，大麻子和小麻子等"特用油料作物"的种植，日本侵略者表现出了不小的重视，这几种作物在伪满时期无论种植

---

① ［日］满史会：《满洲开发四十年史》上卷，东北沦陷十四年史辽宁编写组译，1988 年印本，第 522 页。

② 太平洋贸易研究所：《东亚共荣圈经济循环的基本图式》，昭和十七年（1942 年）版，第 15—18 页。

③ 中央档案馆等合编：《日本帝国主义侵华档案资料选编·东北经济掠夺》，中华书局 1991 年版，第 32 页。

面积还是种植比率都有较大提升。棉制品历来系输入东北最大宗的商品之一,扩大东北地区自产棉花的种植也一直被日本军国主义者视作"充实'满洲'战略资源"的重要举措。而洋麻"可供做优良麻袋之原料",扩大种植可实现掠夺农产品必不可缺的"麻袋之自给自足"。水稻的种植可以确保日军军需的大米。而大麻子则"不仅可为飞机及其他精致机械之润滑油,在药用方面,亦颇重要";小麻子亦随日本"转向战争",而"需要骤增",对于这两种急需掠夺的农作物,日伪也"劝导强制并行",尽力扩大其种植的比率。而那些日伪认为战备上并不急需的纤维和油料作物,不但在生产组织上不被重视,甚至还经常被压制,以促其让位于前者。不仅如前文所示,日伪一直在极力以"农业经营多样化"替代大豆,还因伪满对大麻子等战备急需油料作物"严定限量,迫令供应,致农民对芝麻以及落花生、向日葵等已无暇顾及"。因此这几种油料作物的作物种植比率均在伪满统治时期出现持续下滑。对原来东北地区种植较多的青麻,日伪亦"拟利用青麻之耕种面积,谋洋麻之增产,乃以统制价格政策,抑制当地种植青麻"。[1] 甚至伪满的农事实验机构为此还刻意终止了对青麻的农事改良实验。[2] 尽管青麻对于东北农村乃不可或缺的重要作物,农民不但"需求甚殷",还多通过私下交易逃避日伪统制政策,其种植比率在伪满统治时期还是下滑。

显然,伪满时期东北农作物的种植结构变动中,日本侵略者为掠夺战略物资而进行的设计干预起到了至关重要的作用。伪满时期的"农业经营多样化"完全是为日本侵略者掠夺需要而"量身定制"催生出的。不过,日伪极力推行种植的很多作物当时在灌溉、肥料、病虫害防护、栽培技术等方面的条件并不具备,且"出荷"收购价格更是低于生产成本,因此多数东北农民对于这些作物的种植常常是消极甚至抵触的。同时,日伪当局在东北农村中有限的行政控制力往往又集中于对农产品的搜刮过

---

[1]   东北物资调节委员会研究组编:《东北经济小丛书·农业(生产篇)》,1947 年印行,第 58、62、64、123 页。

[2]   [日]满田隆一:《满洲农业研究三十年》,建国印书馆伪"康德"十一年(1944 年)版,第 70 页。

程,对生产过程的直接干预能力相对有限。因此,只有对其最为急需的棉花、水稻、麻类等少数几种农作物才是"应力图积极改良增产",而对大豆、高粱、玉米等大多数农作物则"任其自然发展"。① 对于前者,即使其种植对农民十分不利,日本侵略者仍有可能通过强制手段实现其小范围内的种植面积比率增长。如棉花种植,因其收成极易受冻害和虫害因素影响而很不稳定,且日伪所订收购价格也极低,伪满时期的种棉户往往怨声载道。② 不过,一方面日本殖民者对棉花的生产和交易实行了严格的统制。将棉花的收购数量直接在年初时以"出荷"指标的形式逐级下达至每一农户,并在收获时,以不足平常市价 1/10 的价格强制收购农户收获的所有棉花,并严禁农户私下里进行任何形式的棉花交易。"对完不成棉花'出荷'的户,则施以酷刑,如'跪板凳、打板子、压杠子、灌凉水'等。至于翻箱倒柜、打骂群众,则是家常便饭"。③ 另一方面,日伪当局还或多或少地订立一些"奖励"措施来引诱农民种棉。如设定一定"种棉奖励金"、对棉花种植组织一些诸如棉种消毒之类的技术指导、对棉花"出荷"者额外配给一定的豆油、肥料、棉布、粮食等。④ 其中最后一点对当时东北农民的诱惑力尤大。因为在伪满统制经济体制下,"出荷"农产品是普通农户取得上述配给品的几乎唯一途径。正是由于伪满政府这种对棉花种植不遗余力地威逼利诱、强制推广,东北棉花的作物种植比率从1931 年的 0.28%膨胀至 1945 年的 3.26%。其中,以伪满农产品统制政策最为疯狂的 1943 年至 1945 年尤为突出,比率从 0.76%暴涨至 3.26%。

尽管日伪当局对其所需农作物进行了手段残暴的掠夺,并造成了一些作物种植比率的畸形膨胀。但是,这种建立在凶暴威逼基础上的膨胀,

---

① 中央档案馆等合编:《日本帝国主义侵华档案资料选编·东北经济掠夺》,中华书局1991 年版,第 41 页。

② 王大任:《退出的近代性:近代以来东北棉花种植业的兴衰》,《中国经济史研究》2016年第 1 期。

③ 中国人民政治协商会议义县委员会文史资料委员会编印:《义县文史资料》第 1 辑,1985 年版,第 48 页。

④ 东北物资调节委员会研究组编:《东北经济小丛书·农业(生产篇)》,1947 年印行,第120—122 页。

毫无生产力组织上的支撑，其膨胀程度归根结底是不可持续的。不但农民在日本侵略者敲骨吸髓地掠夺下全无增加生产的动力，日伪当局对于农产品增产的手段也多半依赖于单纯的威逼，很多地区的农产品增产仅仅依靠政策的宣传、强制开发很多不适合耕作的"荒地"和强迫非农劳动力参加农业生产。[1] 在基本的软硬件条件都不完备的情况下，很多急需农作物的种植面积的增长都受到严重制约。以水稻种植为例，因栽培经验和技术只在日本和朝鲜移民中传播，直至光复，东北人民普遍"仍缺乏耕种水稻经验和技术"[2]，加上水利设施修建速度和技术远低于需求等原因，种植面积比率的增长长期乏力。虽然由于大批朝鲜移民在"九一八事变"后开始在东北经营水田，水稻的种植比率迅速地从 1931 年的0.58%上升到 1940 年的 1.74%。但在水稻需求更加迫切的 1940 年以后，其种植面积的扩张速度却相对于其他作物明显放缓了，仅保持在1.7%左右，甚至伪满后期水稻生产力反而出现了整体上日渐下降的情况。另外，由于基层对生产的控制力有限，日本侵略者常常在"督励""急需"的农作物增产时，常常顾此失彼。如洋麻，尽管日伪当局对其的需求十分迫切，在多方努力下种植面积比率也有了一定提高，不过在伪满后期，因地方行政系统的"指导"明显地向更需要的棉花作物集中，对洋麻关注甚少，大大影响了洋麻种植面积的进一步扩大。甚至像苏子，尽管"苏油为高级涂料，军事方面需要最大"，但因伪满政府不但收购价订立得极低，且无余力顾及在乡村中组织人力物力进行生产和病虫害防治，苏子的种植面积比率不增反降。[3]

日伪所谓的"农业经营多样化"，只不过是根据其需要设计的掠夺手段。非但没有任何市场化分工的进步因素，一定程度上反而加重了东北农民的痛苦。另外，日本侵略者所急需的很多作物扩张的乏力，暴露了其

---

① 中央档案馆等合编：《日本帝国主义侵华档案资料选编·东北经济掠夺》，中华书局1991 年版，第 456—460 页。

② 金颖：《近代水稻传入东北及其影响研究》，《中国农史》2010 年第 3 期。

③ 东北物资调节委员会研究组编：《东北经济小丛书·农业（生产篇）》，1947 年印行，第127、56—57 页。

农村政策长于掠夺而短于发展生产的特征，也揭示了其统治荒诞暴虐的本质。从另一个角度来看，日伪对于农产品生产领域的干预，不但瓦解了东北原本发达的农产品商品经济，还在进行干预的同时对当地原有的生产关系造成了极大的冲击。

（三）伪满统制下东北农村殖民地生产关系的确立

伪满时期，日本侵略者试图对东北农村的乡村流通金融和基层权力体系进行彻底的殖民地化改造。不过，在东北农村经济逐步走向自给化以及旧有农村生产关系瓦解的同时，东北农村的生产力与经济秩序也受到了严重破坏，日本侵略者对农产品的掠夺也不可避免地相应受阻。另外，日本帝国主义者对东北农村殖民统治的基本性质，使得绝大多数农村民众抵触排斥其统治，从而导致其既缺乏足够的基层信息获取，也缺乏足够可靠的乡村基层工作人员。因此，尽管东北乡村原有乡村生产关系和权力结构解体，日伪对东北乡村的基层控制实际能力始终有限。

粮栈和乡村中的大土地所有者尽管在日本侵略者的殖民地经济体系的设计中，被大大排挤和削弱了，但是他们手中却掌握着日本侵略者不具备的优势条件：对生产和交易信息的直接掌握。尽管日本殖民者对东北农村进行了多次调查，但是无论是日伪的调查机构还是主管基层农村工作的兴农合作社，都无力有效掌握农村中关于粮食生产的基层信息。粮栈虽然在新的殖民主义流通体系中受到极大压制排挤，但是不少直接进行农产品交易的交易场却仍掌握在粮栈手里。随着农产品统制政策的逐步扩大，交易场的情况更为复杂。不但由于场地不足，很多交易场必须设在"粮栈院内"，很多直接从事"出荷"工作的检查员也不得不直接由粮栈的伙计充任。[①]伪满当局尽管处心积虑地对东北乡村权力体系进行了渗透，绝大多数村屯差役仍是由原来乡村中的乡绅充当，以大土地所有者为代表的固有支配阶层，仍在当时东北基层乡村中实际直接把握着权力。

---

① 鐵道總局調查資料課：《農產物交易場整備廢合問題概況》，见滿鐵經濟調查會編：《滿鐵調查月報》第 21 卷 11 号，第 194 页。

"村长及屯长在满洲地方社会中占据重要地位，他们的家庭背景及社会地位毋庸赘述，他们有的是地主，有的是大经营者，有的是其土地的开拓者"。① 针对这些问题，日本侵略者尝试以"行政、协和会、合作社"一体化的方式进行解决。希望通过协和会所进行的"建国思想"的思想控制和兴农合作社业务工作上的技术扶植来改造乡村基层权力体系中的固有势力。然而无论在协和会还是兴农合作社中，基层"骨干"的工作人员可谓少之又少，对乡村支配阶层的影响力十分有限。对于乡村经济信息的掌握和基层权力的控制，"无论哪项工作也未取得预期的成果，实际上陷入破产的状态"②。

在这种情况下，东北农村旧生产关系中的统治阶级尽管受日本侵略者统制经济的影响无法再以过去常用方式获取利益，但是经营活动却可以在日本殖民统治的新背景下重新布局。在这一时期，部分大土地所有者、商业流通资本、农村金融资本，开始尝试借助日本殖民体系构建过程中的信息优势和直接行使行政权力的便利，为自己规避殖民体系构建的冲击，甚至从中谋利。他们在日本殖民者的高压下必须有选择性地执行部分行政命令，同时又不时有悖日本侵略者对自身利益有害意图，周旋应对，力争为自身"趋利避害"。但不管怎么说，他们的经济行为莫不打上殖民地社会的新烙印，是在殖民体制内部换了一种新的身份，试图继续保持其经济利益和在乡村社会中的支配优势。

在伪满统制经济下，地主和经营田场主等大土地所有者所面对最主要的冲击就是，沉重的"出荷"负担和不断增加的雇工成本。但如果大地主阶级在日伪乡村行政体系的构建过程中掌握了权力，则完全可以转嫁部分或全部负担。日伪粮食强制"出荷"数量原则上是按照土地的面积和质量均摊，而在将"出荷额"实际分配到户时，具体如何操作却完全由直接掌握基层信息和操作权的村屯等基层机构来决定。"在出荷之前，有上级和村公所的人来订契约，一区出多少，数目是确定了的，但是张家

---

① ［日］小野武夫：《民族農政学》，朝倉書店昭和十八年（1943年）版，第291页。
② ［日］浅田乔二、小林英夫：《日本帝国主义对中国东北的统治：以十五年战争时期为中心》，东北沦陷十四年史吉林编写组内部资料，1993年印本，第237页。

出多少,李家出多少则是可以变更的"。① 当时伪满农事的工作人员亦不得不承认"假令县署对各村的分派能够公平,可是向村内各农家的分派未必得到公平","村长或屯长不对自己的亲戚或有关系者分派,意向无关系的农家多多分派"。② 在满拓地上,尽管所有地照都被上缴,而所谓的"土地经理人"尽管没有多少明面上的收入,不过他们仗着日本侵略者给予的"管理"特权,通过"吃黑地"(通过向满拓上报虚假的荒地情况或私自开荒,把土地变成自己的私产),"吃黑租"(在满拓规定租额上额外加收,或对满拓规定免租的新垦地私自收租,从而中饱私囊),克扣贷款和赏金等手段为自身谋利。③ 尽管失去了土地所有权,但他们实际在"满拓地"上实行了比传统乡村租佃关系中更加残酷的经济压榨。

面对雇工成本逐年上升的问题,掌握基层实权的大土地所有者则可以借助手中的权力压低雇工成本。当时东北农村的村民非常怕出"劳工",出劳工不但要经常挨打受骂,食不果腹,很多情况下还有生命危险,"光在黑河死的劳工,就有三千多"④。可是各户出劳工的分摊数量仍掌握在基层的村屯长手上。很多掌握劳工分派权力的经营地主,以作其雇工不出劳工为前提,苛刻地压榨雇工。如海龙县白家窝子的黄平安,与"村长有亲戚",两个儿子也均在伪政府中做事,因此,劳工名额可以"设法派到别人头上","雇工给他干活不出劳工,少给工资,雇工不敢计较"。⑤

在乡村市场流通体系中,日本侵略者妄图将农村农产品的出售和必需品的购买都必须纳入其全面统制之中,粮栈和杂货商等民族商业资本仅能充当收取固定手续费的代理商角色。不过,在日本对流通领域改造的过程中,后者却总能借用对基层信息的掌握和与乡村基层行政机构的勾结,使自身在日伪统制所造成的物资匮乏中额外受益。就农产品的收购而言,尽管日伪当局要求"农民将其全部剩余货物出荷到粮栈,专管公

① 东北局宣传部:《东北农村调查》,东北书店 1946 年版,第 15 页。
② 刘祖荫:《合作社与兴农会》,满洲经济社,伪"康德"十一年(1944 年)版,第 59 页。
③ 李尔重、富振声等:《东北地主富农研究》,东北书店 1947 年版,第 12—14 页。
④ 东北军政大学总校:《奉天屯的调查》,1947 年印本,第 2 页。
⑤ 李尔重、富振声等:《东北地主富农研究》,东北书店 1947 年版,第 103 页。

社从粮栈将其全部收购"①,并严禁农民与粮栈之间的一切私自交易,"不得在农产物交易场或地方行政官署指定之场所以外之场所卖渡粮谷"。②不过实际上,掌握交易场的兴农合作社根本"不能有力地对抗商业资本和高利贷资本的势力"。③很多粮栈通过与兴农合作社和经济警察勾结,导致私收农民粮食并进行黑市买卖的情况非常普遍。"通过这种农村的支配阶层间的商议和幕后交易,使之出现特产物的反统制处置"。④当时东北的农民多有偷着出售粮食给粮栈的地下交易经历。一些被排挤出"粮栈组合"而名义上"停业"的粮栈,也莫不把农产品黑市交易当作主要业务。⑤在交易场粮食质量划分时操纵程序的随意性,导致粮栈可以勾结兴农合作社的"检查员",将质量高的"出荷粮""掉包"进行私下交易。⑥随着日伪粮食统制机构的不断膨胀,很多"交易场检查员不足和技术差",有些甚至根本就是"粮栈伙计",交易场很多就在"粮栈院内",导致"粮栈非法交易横行"的情况愈加严重。⑦粮栈把私收的农产品大量高价卖到黑市上,导致农产品黑市交易盛行。1942年,仅伪都"新京"(长春)一地就查处违反《粮谷管理法》的粮食走私案2397件。⑧

就必需品的销售而言,日本殖民当局对其供给量通过严格的配给制度加以限制。在配给制所造成的物资紧缺条件下,日伪当局一面大幅度抬高统制的必需品价格,一面将一些必需品的供给与农户的农产品"出

---

① ［日］武村次朗:《满洲第一線》,第一書店昭和十六年(1941年)版,第83页。

② 《粮谷管理法》,见《"满洲国"政府公报》,伪"康德"七年(1940年)九月三十日,第1929号,第1页。

③ 中山经济研究所:《日满食糧一体方針と满洲農産の增强施策》,昭和十八年(1943年)版,第21页。

④ 南满洲铁道株式会社调查部:《满洲经济研究年报》,改造社昭和十六年(1941年)版,第244页。

⑤ 满州評论社《满州评论》第27卷第9号,昭和十九年(1944年)9月2日,第13—17页。

⑥ 满鐵經濟調查會:《满洲經濟年報》(昭和十三年版),改造社1939年版,第281—282页。

⑦ 满鐵經濟調查會编:《满鐵調查月報》第21卷11号,第194页。

⑧ 中央档案馆等合编:《日本帝国主义侵华档案资料选编·东北经济掠夺》,中华书局1991年版,第175页。

荷"数量挂钩,以此最大限度地迫使农民"出荷"农产品,如在 1942 年的"出荷"中,对于出粮者实行生活必需品之特别配给,即对粮食类"出荷"一吨者,特配以棉布 15 平方码,棉线 1 轴、袜子 1 双、毛巾 1 条。① 这些配给必需品在农村的分派权直接掌握在伪政权的村、屯吏役手中,其中很多人依靠克扣配给品大发横财。很多伪村长把配给的棉布等物克扣后,拿到自家开的店里售卖。如桦川县的村长周春林,"兼配给店主事,克扣配给,变卖配给品"。② 日伪所分派的配给品不过是为赤裸裸的粮食掠夺行为进行些许"亲善爱民"粉饰的遮羞布,其数量本就极其有限。被村、屯长二次盘剥后,农民所得到的必需品更加无法满足基本需求,只能去杂货店或油坊等商业店铺中购置。而在当时严酷的统制经济政策下,此类店铺不但要有"配给物专卖许可证"才能营业,而且在敌伪内部要有相当势力才能避免伪"经济警察"动辄以"经济犯""国事犯"罪名进行敲诈勒索。③ 而这些"有特殊联络特殊靠山"者,不但随意哄抬物价,"价格比一般配给卖价是要高百分之三十至五十",而且常常在货物里"掺假","小秤出大秤入"④,或是在布匹尺寸上作假,但"没有一个老百姓敢回来找账的"。⑤

在乡村金融体系中,尽管日伪名义上禁止高利贷交易,并号称通过新农合作社贷款和农产品"出荷"的"先钱制度"解决农民的生产资金问题。实际上,下层农民根本无法从这些官方借贷中得到资金支持。金融合作社所发行的"春耕贷款"等农业金融贷款,因"需要严格的土地担保,大量下层农户并不能享受其所带来的好处"⑥,"放款的对象,主要是能提供担保(土地)者,或能提供特产的富农、中农"。⑦ 而农产品"出荷"的"先钱"

① ［日］斋藤直基知:《"满洲国"指导综揽》,"满洲"产业调查会,伪"康德"十一年(1944年)版,第 315 页。

② 李尔重、富振声等:《东北地主富农研究》,东北书店 1947 年版,第 82 页。

③ 东北局宣传部:《东北农村调查》,东北书店 1946 年版,第 218 页。

④ 李尔重、富振声等:《东北地主富农研究》,东北书店 1947 年版,第 7 页。

⑤ 孙邦:《伪满史料丛书·经济掠夺》,吉林人民出版社 1993 年版,第 166 页。

⑥ 满铁经济调查会:《满洲经济年报(1935 年)》,改造社 1935 年版,第 514 页。

⑦ ［日］满史会:《满洲开发四十年史》上卷,东北沦陷十四年史辽宁编写组译,1988 年版,第 479 页。

资金,原则上"被发放者是出荷者,然而被发放者有时会是地主,并不一定需要交给生产者"。① 从银行和合作社借不到钱的农民,不得不私下和地主借各种名义上被禁止的高利贷。年利30%—40%的青苗高利贷在当地村、屯长的掩护和支持下依旧被粮栈贷给农民。② 很多地主甚至通过将合作社中的资金"低息借入,高息放出赚取套利"。③

借助日伪行政权力向农村渗透过程中所掌握的权力,东北农村固有支配阶级中的土地所有者、商业资本家、高利贷资本家中的一部分选择依附和利用日本殖民主义经济体制,获取不菲的利益,与伪政权的各级官吏一道构成了对东北农村一种新的"四位一体"的支配关系。然而,就此支配关系自身的性质而言,一方面其谋利的权力来源于日伪行政体系的赐予,其谋利的手段必须借助于日伪统制经济政策来实施,可以说其利益的实现依赖于日伪殖民主义体制;另一方面,其种种谋利手段却也是通过对殖民经济体制的腐蚀和破坏实现的。对于日本殖民主义者而言,他们仍是在"供出、配给及其他各处表现出来违反'国家'(行为)"的"封建孤立性之残渣"。④ 他们可以说是日本殖民权力渗入东北农村基层社会受阻情况下,"异化"出的新阶层。他们既因依附于日本殖民势力而对立于农村中的所有固有阶层,又不能简单地归结为日伪的"代理人",事实上他们经常不得不在严酷的统制经济环境下与日伪当局"争利"以确保自身的收益,这也使得他们的经济行为表现出极端"唯利是图"的特征。

(四) 殖民地生产关系中阶级矛盾的激化

李尔重曾对东北殖民地农村生产关系下的新兴支配阶级做过精辟的

---

① [日]東洋経済新報社:《日本経済年報》,第52辑(昭和十八年第1辑),昭和十八年(1943年)版,第190页。

② [日]小野武夫:《民族農政学》,朝倉書店,昭和十八年(1943年)版,第298—299页。

③ [日]满史会:《满洲开发四十年史》上卷,东北沦陷十四年史辽宁编写组译,1988年版,第480页。

④ [日]斋藤直基知:《满洲国指导综揽》,满洲产业调查会,伪"康德"十一年(1944年)版,第605页。

概述，"哄了日本鬼，苦了中国人"①。这一概括形象地表达了下列事实：在新的殖民地乡村生产关系中，新兴支配阶级借助日伪统制经济介入农村时出现的缝隙为自身谋利，固然钻了日本侵略者的空子，但是其行为绝非挑战殖民主义经济掠夺体制，减轻其支配下乡村民众的痛苦。恰恰相反，他们作为日伪残暴掠夺经济下的"争利者"，其经济行为不可避免地带有只贪婪于短期利益最大化的特征。可以说，该阶层的存在无形之中加大了日伪统制经济掠夺对于普通农村民众的伤害，加剧了东北农村中的阶级对立。

尽管日本侵略者的农业掠夺政策对东北农村无论是出租地主、经营地主、自耕农、佃农、雇工等各个阶层，都造成了不同程度的冲击，但是该地区长期以来一直存在的土地占有不公的问题不但没有缓和，反而更加尖锐。如表3-18所示，一直到1936年，东北传统生产关系长期以来所形成的趋势是：土地租佃主要集中在东北中部地区，北部由于地广人稀，大土地所有者一般选择雇工经营，因此租佃关系相对不发达。而南部地区因人地压力过大，土地投资的收益下降，资本多转而向工商业流动，造成了当地小农场自耕农异常发达的"均贫化"现象②。到了1941年，由于日本帝国主义者大肆掠夺土地，导致了不少地主与普通农民一样因土地被夺而破产。但是，一方面日本侵略者土地掠夺"导致农民和部分地主破产；另一方面，因农民土地愈加短缺，一些地主豪强依附和勾结日伪，更加不择手段地兼并农民土地，加重地租剥削，地权也进一步集中"③。因此，直到1941年（见表3-19），租佃生产关系非但没有明显衰退的迹象，相反在东北北部和南部的很多地区，分别由于日本侵略者全面统制掠夺农产品交易市场而导致的雇工农场大量破产和工商业资本回流农业等原因，租佃生产关系反而有所扩张。

---

① 李尔重、富振声等：《东北地主富农研究》，东北书店1947年版，第7页。

② 王大任：《压力下的选择：近代东北农村土地关系的衍化与生态变迁》，《中国经济史研究》2013年第4期。

③ 吉林省延吉市地方志编纂委员会编：《延吉市志》，新华出版社1994年版，第141页。

表 3-18　东北各地区土地使用情况(按经营面积划分)(1934—1936 年)

项目＼地区	"北满"		"中满"		"南满"	
	数量(垧)	比率(％)	数量(垧)	比率(％)	数量(亩)	比率(％)
所有面积	8079.2	100	2375.14	100	200064.34	100
自耕面积	4120.7	50.7	904.40	31.1	14425.11	71.3
租佃面积	3999.6	49.3	1462.58	68.9	5630.13	28.7

注:"北满""中满"面积单位原为"垧",按 1 垧＝10 亩,折合为亩。

资料来源:伪"滿洲國"國務院產業部大臣官房資料科:《小作関係並に慣行編:康德元、二、三年度農村實態調查報告書》,伪"康德"五年(1938 年)印本,第 14 页。

表 3-19　东北各地区土地使用情况(1941 年)

项目＼省别	所有土地		自耕土地		租佃土地		典入土地	
	数量(陌)	比率(％)	数量(陌)	比率(％)	数量(陌)	比率(％)	数量(陌)	比率(％)
奉天省	18054.461	100	10733.026	59.45	7223.470	40.01	97.997	0.54
吉林省	28322.256	100	10736.705	37.91	17382.983	61.38	202.568	0.71
龙江省	13481.029	100	7682.776	56.99	5754.153	42.88	44.100	0.33
热河省	3537.319	100	2993.631	86.40	536.347	15.19	7.341	0.21
滨江省	10260.985	100	4879.069	47.55	5339.569	52.04	42.347	0.41
锦州省	8501.326	100	5884.063	69.21	2544.175	29.93	73.106	0.86
安东省	6377.766	100	2605.795	40.86	3579.076	56.12	192.865	3.02
间岛省	6592.820	100	2473.270	37.51	4117.86	62.46	1.690	0.03
三江省	10850.688	100	4191.928	38.62	6598.155	60.81	60.605	0.56
通化省	4253.913	100	793.242	18.64	3448.561	81.08	12.110	2.08
牡丹江省	34312.553	100	787.613	22.95	2636.930	76.85	6.710	0.20
四平省	20230.684	100	6815.611	33.69	13344.783	65.96	70.290	0.35
兴安东省	1292.515	100	833.023	64.45	459.492	35.55	0	0
兴安南省	6707.578	100	5150.890	76.79	1507.048	22.47	49.640	0.74

续表

项目 省别	所有土地		自耕土地		租佃土地		典入土地	
	数量（陌）	比率（%）	数量（陌）	比率（%）	数量（陌）	比率（%）	数量（陌）	比率（%）
兴安西省	3666.608	100	1398.865	38.15	2267.643	61.85	0.100	0.00001
北安省	15340.266	100	6612.902	43.11	8615.692	56.16	111.672	0.73
平均	160901.467	100	74572.409	46.35	85356.819	53.05	973.139	0.60

资料来源:興農合作社中央會調查課:《康德八年農村戶別概況調查報告書·土地所有関係、經營地及宅地関係篇》,伪"康德"十年(1943年)版,第Ⅱ—Ⅲ,2—3,102—103、160—161、218—219、254—255、278—279、330—331、354—355、386—387、420—421、481—482、566—567、644—645、686—687、710—711、748—749页。

当日伪当局在东北农村强制执行"粮食出荷"政策后,粮食出售价格尚不及生产成本,粮食种得越多,实际亏损也越多,又有很多地主因此而破产。特别是"许多旧脑筋的封建地主,统治本领不能满足日寇的要求","不能参加敌人统治系统之内,他便真的走向没落"。[1] 尽管农业生产如此恶劣,东北农村中却出现了很多大规模土地投资的例子。这些土地投资者很多系伪满各级官吏及其亲友,因他们可以借助手中的权力规避"出荷"的负担,因此有条件大量置地。如拜泉县时中区里各级伪政权官吏"不出荷,不负担",因而多大肆兼并土地。在"满拓地"上,很多"流氓、无赖、小偷、给胡子拉线的无业游民",因"积极支持敌人、更残酷更无理"而一跃成为大片土地的实际支配者。[2] 另外,伪满时期在农村大量置地的还有以粮栈为代表的商业资本家。此类商业资本家在统制经济强化下,经营业务举步维艰,因此,他们向土地的投资具有资本向农村逃离的因素。[3] 不过,随着日本经济掠夺政策向农村的深入,特别是粮食"出荷"政策出台后,投资农业变得无利可图。很多商业资本投资失败并在

---

[1]　李尔重、富振声等:《东北地主富农研究》,东北书店1947年版,第15—16页。

[2]　李尔重、富振声等:《东北地主富农研究》,东北书店1947年版,第16页。

[3]　孙邦:《伪满史料丛书·经济掠夺》,吉林人民出版社1993年版,第166页。

农村置地者又纷纷卖掉了他们的土地。① 然而仍有不少经营粮栈的商业资本家在农村大肆置地，其目的主要是为囤积用于农产品黑市贸易的货源提供便利。"经营粮栈是商业资本主积蓄的主要财源，而作为不在地主，他们又拥有大片土地，他们把作为地租收来的大豆贮藏在屯中自己的谷仓中"。② 因此，"城市中的一部分浮动的当地资本，特别是农村的当地资本，在统制强化之中，紧紧抓住收取机构（兴农合作社体制下的"粮栈组合"），配合地主层，通过各种方式囤积居奇，从事黑市交易，成为极大妨碍生产流通的主要原因"。③ 这些粮栈一般通过出资财东个人身份在农村置地，收取实物地租，再通过所出资的粮栈拿到黑市上出售。

在不少地区，尽管伪满的统制经济政策极度摧残农业生产，这些地区的大土地所有者仍占有大量土地，土地占有不均的程度远远高于日本入侵前的平均水平。如榆树县五棵树区的盟温站屯，东北光复时只占全屯人口4.9%的地主占据了全屯68.1%的土地。④ 辽宁镇赉，东北光复初期全县共有地主、富农2127户，占农户总数的12.6%，占地55886公顷，占全县土地的72.5%，人均2.84公顷。有耕畜16400头，占全县的63.6%，人均0.83头。而占87.4%的贫苦农民，只占27.5%的土地和36.4%的耕畜，人均分别只有0.3公顷和0.13头。⑤ 黑龙江绥化，伪满时期，日本侵略者以"国家"名义在县境北部强行征用土地，给开拓团种水田。封建地主、官僚士绅仍占有大量土地，1938年全县地主富农8471户，占10%，占地2103850亩，占63.61%；贫苦农民36837户，占总户数的74%，占地1156050亩，占34%。当时地价高，地租也高，地主凭借土地，通过雇用长

　　① 南满洲铁道株式会社調查部：《北满農業機構動態调查報告第一編·濱江省呼蘭縣孟家村孟家區》，博文馆昭和十七年（1942年）版，第28页。

　　② 南满洲铁道株式会社調查部：《满洲经济研究年報》，改造社昭和十六年（1941年）版，第265页。

　　③ 南满洲铁道株式会社調查部：《满洲经济研究年報》，改造社昭和十六年（1941年）版，第235页。

　　④ 东北局宣传部：《东北农村调查》，东北书店1946年版，第40—41页附表。

　　⑤ 张英杰：《镇赉县志》，吉林人民出版社1995年版，第320页。

工、短工、耥青、当地、兑当等形式盘剥农民。① 辽宁通化，1945 年全县农村 26510 户、118803 人，其中贫雇农、中农和手工业及自由职业者 24268 户，占 91.6%；地主富农 2242 户，占 8.4%，人口 14302 人，占 8.3%，有土地 427665 亩，占总面积 534581 亩的 80%，人均 29.9 亩，而贫雇、中农仅 1.03 亩。② 吉林延吉，"九一八事变"后，日本侵略者大势掠夺土地，划定所谓"军用地"，一方面导致农民和部分地主破产；另一方面，因农民土地愈加短缺，一些地主豪强依附和勾结日伪，更加不择手段的兼并农民土地，加重地租剥削，地权进一步集中。如兴安乡平安村土地都集中在地主韩宜君手中；长白乡达理洞大地主董某占有土地约 500 公顷、耕牛 200 余头，常年雇用长、短工 130 余人。到 1945 年，延吉有农户 2928 户，其中贫苦农民 2665 户，占总数的 91%，只有土地 1822 公顷，人均 0.12 公顷；263 户地主、二地主占农户的 9%，占有土地 1165 公顷，是贫下中农土地占有量的 12.32 倍。③ 宝清县 1945 年光复后农村土地占有情况是：占户口 5% 的地主占地 42% 以上；占户口 5% 的富农占地 25%；占户口 20% 的中农占地 20%；占户口 70% 的贫雇农占地不到 12%。④

　　另外，不少在殖民地基层政权中掌握权力的乡村"新贵"们还通过用日本侵略者"出荷"政策助纣为虐、为虎作伥的方式来讨好日伪当局，以巩固他们在伪政权中取得的地位。对于他们来说，无论其经济行为是否有悖日本侵略者的意愿，其谋利的手段归根结底来源于后者所赐予的权力。对于日本军国主义的掠夺本性来说，政权和生产关系的组织形式皆为手段，确保从农村掠夺足够的人力、资源方是其最终目的和底线要求。日伪不但在省、县级设置各种"督励班"，对农产品的掠夺随时进行实地检查，还把人力、物力掠夺的数量直接订成指标分派到村、屯长头上，对于

　　① 绥化县志编纂委员会编：《绥化县志》，吉林人民出版社 2002 年版，第 282 页。
　　② 通化县地方志编纂委员会编：《通化县志（1877—1985）》，黑龙江人民出版社 1985 年版，第 78 页。
　　③ 吉林省延吉市地方志编纂委员会编：《延吉市志》，新华出版社 1994 年版，第 141 页。
　　④ 刘广运：《宝清县志》，宝清县地方志编纂委员会 1993 年印行，第 115 页。

这些紧密依附于日伪政权的乡村基层支配者来说，不但不敢也不能从根本上反对殖民掠夺经济体制，相反还需要适时推进该体制顺利运转，以确保其在体制内既得利益的稳固。因此，在粮食"出荷"、劳工征集时，在不触及自己经济利益的前提下，伪政府在乡村的各级基层官吏可谓是积极而凶暴的。对于不能完成"出荷"任务的农户，殴打谩骂是家常便饭。一些地方甚至有为催缴"出荷粮"打死人的。很多情况下，这些基层官吏为了邀功，还在规定的"出荷"数量上，随意增加"道义出荷""报恩出荷"等额外追征①，或虚报收成增加"出荷"额②，这些情况使得农民所受压迫更加沉重。

日伪对东北农村的种种掠夺行径，严重干扰了正常的农业生产，使得其统治下东北农村生产停滞，民生凋敝，使农业经济趋于破产的境地。对此，直接执行其掠夺政策并变本加厉的农村新兴支配阶级当然难辞其咎。在他们的盘剥下，生产必需品缺乏对东北农村农业再生产能力造成了严重制约，东北农村生产力严重下降。如东北南部的棉产区，种植棉花配给的豆饼经常被屯长克扣下不少。因棉花种植很伤地力，不少村民不得不高价（去黑市）买豆饼，搞不好还要被打成"经济犯"，村里很多地都因此撂荒了。另外，在"出荷"残暴掠夺和人工成本不断上升的情况下，农民也普遍对农业生产消极绝望。在日伪统治时期，东北农民的无耕作率上升幅度甚大。根据1934—1935年的农村实态调查，东北地区的无耕作面积农户占总农户的22.8%③，而到了1941年无耕作农户的比率提高到34.26%。④ 当时，"年工费用提高，日工工资上涨，而且雇佣难"，并不断

---

① 中央档案馆等合编：《日本帝国主义侵华档案资料选编·伪满傀儡政权》，中华书局1994年版，第685页。

② 政协清原满族自治县委员会文史资料委员会编：《清原文史资料》第1辑，1992年印本，第47页。

③ "满洲国"实业部临时产业调查局：《農村實態調查報告書·康德元年度土地関係並に慣行篇》，伪"康德"四年（1937年）版，第7页；"满洲国"産業部大臣官房資料科：《産業部資料40の2·土地関係並に慣行編·南満·中満ノ部·"康德"二年度農村實態調查報告書》，伪"康德"五年（1938年）版，第16—17页。

④ 興農合作社中央會調查課：《康德八年農村戶別概況調查報告書·土地所有関係、経営地及宅地関係篇》，伪"康德"十年（1943年）版，第Ⅱ—Ⅲ页。

"出现减少耕作面积者"的情况下,无耕作农户比率的提高并不能归纳为脱产地主阶层或雇工阶层的扩大,这种现象的出现更多是由于土地收益被掠夺殆尽后的农民"流民化"。辽宁柳河(今属吉林),1926年全县有耕地129万亩,沦陷后因日本侵略者的法西斯统治和经济掠夺,民不聊生,大片耕地荒芜,1935年降至102万亩。1945年光复时只有970597亩。① 另外,当时的东北农民还对生产极为消极,不少人把生计寄希望于赌博等"不劳而获"的行为上。"物价上涨的打击和劳动力高昂所造成的人手不足,给农民带来了极大的恐慌","很多农民盛行玩麻将,赌博成风,因此带来极为恶劣的影响。特别是像现在这样的时期,经营困难,生活艰苦,处于受农民心理驱使的危险状态,梦想不劳而获,一夜暴富","热衷赌博,不事农耕,由此产生的损害会是非常大的"。② 从总体上看,在日伪统制经济肆虐期间,东北农业生产遭到严重破坏,亩产量下降速度急剧增加,农民经济趋于破产。

另外,不少商业资本在伪满政府对农村商品流通领域的殖民化清洗中开始不得不转入"黑市"交易。"黑市"交易一方面是伪满政府对中国民族商业资本殖民化压迫的必然产物;另一方面,"黑市"交易所哄抬的"黑市"价格,也严重危害了农民生活和农业生产。在日伪配给制下,物资短缺,造成必需品价格飞涨,在1939—1941年,按日伪政府的公价,"农家购入生活必需品大约上涨了十成,而大豆的收买价格上涨幅度仅为大约六成"。③ 尽管为了抑制通货膨胀,日伪荒唐地出台了一个"七二五停止令",规定"凡是贩卖物品一律按照(1941年)7月25日当日价格,报请经济保安部门批准后才准许出售",但老百姓实际依赖的黑市价格一直急剧上涨。④ 1945年6月,东北主要城市的黑市价格比1941年12

---

① 柳河县志编纂委员会编:《柳河县志》,吉林文史出版社1991年版,第117页。
② 南满洲铁道株式会社北满经济调查所:《满人农家经济调查报告の3·呼兰县孟家村刘泉井区》,昭和十六年(1941年)版,第20—22页。
③ 南满洲铁道株式会社调查部:《满洲经济研究年报》,改造社昭和十六年(1941年)版,第243页。
④ 中央档案馆等合编:《日本帝国主义侵华档案资料选编·东北经济掠夺》,中华书局1991年版,第182页。

月上涨了21.3—30.5倍,黑市价格(私价)是公价的13.3—28倍。① 黑市价格的不断哄抬,特别是克扣农民配给品用于黑市交易的行为,对于东北农村在配给制下生产和生活必需品的严重短缺起到了推波助澜的恶劣影响。"名义上的公定价格明显低于实际","一般消费者的实际购入价格别说增长两倍五倍的,甚至还有超过十倍的"。② 除了工业必需品的购买大多要经过黑市外,很多农民还不得不从黑市高价购入棉花等虽不种植但指定必须"出荷"的农产品,这无疑是农民在"出荷"制之下所受的二次盘剥,甚至有因此"饿死人"的。③

在日本入侵前,东北农村固有社会规范中尚存有一套让步利益维护乡村社会稳定的机制。在大土地所有者阶层保持高额土地收益率的基础上,该阶层也会在适当情况下对佃农和雇工阶层作出一定"退让",以保证其维持基本的生存可能。就佃户所交纳地租而言,这种"退让"表现佃户遇到灾害或特殊的生活困难时地主会对农民酌情减租。④ 另外,经营田场主也会在雇工契约制定时,适当从分配方式角度保证雇工阶层在遭受灾荒时的最低收入及其生存的可能性⑤。而东北各地农村普遍存在的"捡落穗""求帮""施与"也是此类保障的代表,其中很多地方"捡落穗"的时间和范围还被支配阶层所把持的"村董"所严格限定。⑥ 以"在地方上有势力的商会长、农会长、地方绅士等为主体构成要素"的"义仓制度及平粜会",也会向生计困难的农户"借出附有利息的现物粮谷"。通过

① 中央档案馆等合编:《日本帝国主义侵华档案资料选编·东北经济掠夺》,中华书局1991年版,第192—198页。

② 石川哲夫:《満洲に於ける民生安定問題の一齣》,见满州评论社《满州评论》第19卷12号昭和十五年(1940年)9月21日,第8—9页。

③ 中央档案馆等合编:《日本帝国主义侵华档案资料选编·东北经济掠夺》,中华书局1991年版,第552页。

④ 王大任:《压力下的选择:近代东北农村土地关系的衍化与生态变迁》,《中国经济史研究》2013年第4期。

⑤ "满洲国"实业部临时产业调查局:《产调资料45/5雇佣関係並に慣行篇:康徳元年度農村實態調査報告書》,伪"康徳"四年(1937年)版,第13、96页。

⑥ 王大任:《变幻的规范:近代东北地区大家庭的分裂与乡村互惠道义准则的生成》,《中国社会经济史研究》2014年第1期。

对底层农民施以救济的方式,维系了固有生产关系的稳定,从而"本质上救济了地主、商人和高利贷体制"。① 在殖民主义权力扩张过程中异化生成的新兴乡村支配阶级却鲜有此一方面的行动。这主要是因为在传统社会规范崩溃的情况下,乡村社会的稳定完全依赖于日伪军警的暴力压制,来自下层反抗的压力并不突出。新兴支配者在维护其收益时,更多地着眼于来自日伪政权上层动向。因此对地租的"情让""义让"被贪得无厌地转嫁"出荷"所替代,与雇工工资协商惯行被以"出劳工"为威胁的劳力压榨所替代,主雇间和主佃间尚有一丝温情的"无息借贷"被对雇工赤裸裸的高利贷剥削所替代。②

东北农村中的新兴支配阶层一方面在殖民体制下积极参与日伪对人力、物力的掠夺,变本加厉,横行乡里;另一方面,借助殖民体制的缝隙,转嫁负担,克扣配给,谋取私利,为富不仁,大发横财。于是,无形之中唤起了普通农户对于殖民统治的民族主义仇恨并触动着他们"不患贫、患不均"的传统道德底线。在伪满当局与地方新兴支配阶级的双重压迫下,东北农民生活异常困苦。在吉林安图,由于日伪统治者横征暴敛,加之地主、兵匪的盘剥勒索,农民生活十分贫苦。主食为玉米面、马铃薯、橡子面等。冬季以萝卜、白菜、酱等佐食,春秋多吃山菜。住房简陋,有马架子、草房、木楞房、地窖子等,室内阴暗潮湿,穿戴多以土布自制,许多家缺少衣物、被褥,有的连炕席也铺不上。遇有天灾病祸,常有妻离子散、家破人亡的事发生。③ 吉林延吉,1945 年不计地主、二地主以外的 2665 户农户中,借债户 1231 户,当长工的 451 人,当劳工的 738 人,逼迫卖儿卖女的 35 户。④ 宝清县,广大农民陷入食不果腹、衣不遮体的苦难深渊,当时有 1/3 的农民没有衣服穿,有的一家只有一条裤子。没有土地、房屋牲畜的农户占农村总户数的 60% 以上。⑤ 在黑龙江,农民交粮后,还要交纳地

① 滿鐵經濟調查會:《滿洲經濟年報(1935 年)》,改造社 1935 年版,第 339—340 页。
② 东北军政大学总校:《奉天屯的调查》,1947 年印本,第 29 页。
③ 安图县地方志编纂委员会编:《安图县志》第 4 卷,经济综述,吉林文史出版社 1993 年版,第 171 页。
④ 吉林省延吉市地方志编纂委员会编:《延吉市志》,新华出版社 1994 年版,第 141 页。
⑤ 刘广运:《宝清县志》,宝清县地方志编纂委员会 1993 年印行,第 115 页。

租,剩下的吃粮、马料、种子严重不足,自食只能靠土豆、橡子面充饥。粮价不仅低,而且不给现金,只给些"更生布"①之类的工业品。日伪强迫农民种水稻,却严厉禁止种稻农民吃大米,有偷运或私食者,以"国事犯"严惩,农民只能以杂粮野菜糊口。② 同时,东北农村中的新兴支配阶层在农村中大肆兼并土地,凸显了社会财富分配的不公,使得殖民体制下破产农民的不满与日俱增。在他们眼中,与殖民体制有着千丝万缕联系的农村新兴支配阶层,就是压在大多数农民头上的整个日本殖民体系的帮凶,其所聚敛的财富就是不义之财。这就造成了伪满时期东北农村中新兴支配阶层与其支配下的普通农民彻底决裂。日伪时期,东北农村中普通农民与这些殖民体制中获得既得利益者的对立远远超过了以往传统的阶层对立。在密山县半截河区居仁屯,农民对以王忠为代表的"大富农"(勾结警察、特务,任过本屯屯长)的仇恨,也要"比贫、雇农与地主之间的阶级仇恨还要深"。③ 总的来说,日本侵略者殖民统治下的东北乡村生产关系中,借助殖民地秩序来维系并谋利的那部分乡村支配阶级与普通民众之间已上升到异常凸显的民族矛盾的对立,而乡村社会规范因被彻底践踏而缺乏任何维系社会稳定的"弹性"。

二、关内沦陷区农村社会结构、生产关系的蜕变

日本帝国主义全面侵华的终极目的,不只是要独占中国,将中国变为日本的专属殖民地,让中国民众沦为供日本永远任意役使和生杀予夺的奴隶、牛马,而是要彻底灭亡中国,铲绝华夏民族。中国幅员广阔、人口众多,而日本国小人寡,资源贫乏,根本不可能凭借本国的资源和人力物力降伏中国,更遑论占领和称霸世界。日本的基本国策就是"以华制华"、用中国的人力物力占领和灭亡中国。鉴于中国人口众多,无法一年半载

---

① 更生布是日伪政权用破布、旧棉花织成的布,粗糙不耐穿,用以换取农民的粮食。
② 黑龙江省地方志编纂委员会编:《黑龙江省志》第 6 卷,经济综志,黑龙江人民出版社1999 年版,第 44—46 页。
③ 东北局宣传部:《东北农村调查》,东北书店 1946 年版,第 82 页。

将其斩尽杀绝,故侵华日军在大肆奸淫、掳掠、扫荡、清乡、破坏,推行杀光、烧光、抢光"三光政策"的同时,又用"钝刀子"杀人,设立"宣抚班",网罗汉奸、流氓、地痞和社会渣滓,组织"新民会",进行欺骗宣传、奴化教化、精神摧残、麻醉思想和文化灭绝,外加鸦片毒害,使苟活者变成行尸走肉和亡国贱奴;又承袭原有封建政权和农村封建生产关系、社会结构,利用和强化其中最落后、反动和腐朽部分并推向极端:设立各级"维持会"和伪政权,实行保甲"连坐"和所谓"民匪分离",分割、摧残、拆毁原有村落、社区,按日军所定标准,重新统一编制,以便进行法西斯殖民统治;房屋被烧毁或拆除,村庄被夷为平地,村民住无居所,或被迫"集家并村",异地"搭建",千百年形成和积淀的人文、社会、乡邻和居住环境,被彻底破坏,荡然无存;农地被掠夺、破坏或划为"无人区",相当一部分甚至大部分农民失去了土地,原有的土地占有关系被破坏或紊乱无章,也对农民的土地持有和使用造成困难;强制组建所谓的"合作社",统制农业生产和农产品的交易、保管,剥夺农民对农产品的所有权和支配权;掠夺公私农场土地,以封建性分散租佃经营取代原来的资本主义性雇工集中经营,或完全荒废,强征强"借"、贱价强"购"粮棉等农产品,禁止和根绝正常的商品交换与商业流通;以"集中保管"为名,劫夺农民口粮和种子;强迫"粮食集局""劳动奉仕",农民口粮断绝,甚至连挖野菜的时间和场地也没有,只能在死亡线上无望挣扎和熬煎。

(一) 各级伪政权、保甲"连坐"的建立和法西斯殖民统治

凭借中华古老文明和物质资源滋养起来的日本,为了"以华制华"、用中国的人力物力占领和灭亡中国,只能网罗、收买一批汉奸、流氓、社会渣滓,先成立临时性的"维持会",继而沿用原有的政权体制和架构,建立各级傀儡政权,在农村基层实行和强化保甲"连坐"。同时偷梁换柱,打着儒家思想的旗号,贩卖投降卖国的私货,又搜罗一批政棍、地痞、卖国贼,在日伪操纵下,成立"新民会"卖国组织,专门为日本帝国主义训练"驯民",并特别注重对农村青年的军事训练、思想毒化和控制,直接为日本侵略者提供伪军后备。所有这些,加上清乡、扫荡、"三光政策""集家

并村",以及土地、劳力、粮食和农产品掠夺,农村土地关系、生产关系、居住环境、社会结构都被严重破坏,或发生根本性的变化。

1. 省、县地方伪政权的建立和法西斯殖民统治

为了尽快占领和灭亡中国,并在占领区迅速有效行使对中国民众的统治和奴役,初时基本上承袭原有的行政体制和架构。日本全面侵华战争爆发一个多月后,日本陆军省于 1937 年 8 月 12 日制定的《华北政务指导要纲》,提出要"从长远考虑,尽量保存引导地方固有的社会组织与习俗";占领区后方的政治机关"要由居民自发组成,其机构运营也要靠居民积极参与"。同年 8 月 14 日,日本关东军司令部制定的《对时局处理要纲》,强调要"解决华北问题",必须在占领区"树立拥有自主独立性的地方政权"。① 在地方上,侵华日军每占领一处地方,即由随军的日军特务机关协同"宣抚班"搜罗汉奸、地痞、流氓和社会渣滓,成立"维持会"之类的伪政权,维持地方"治安",为侵华日军筹粮筹款。事实上,早在策划"卢沟桥事变"两年前策动的"华北自治运动"中,日本驻屯军和日本在北平、天津的特务机关就已在冀察地方当局和蛰居平津的北洋政府遗老遗少中物色了一批亲日卖国者,并将其牢牢控制在手中,适当时候令其在前台充当傀儡,直接为日本帝国主义效劳。

随着日军侵略的扩大与深入,到 1937 年年底、1938 年年初,在河北、山东、山西、河南和察哈尔、绥远等华北大部分地区,开始建立正式的伪政权,"治安维持会"一类的临时性伪组织,在名义上归伪政权统辖。伪"冀东防共自治政府"也于 1938 年 2 月 1 日并入伪临时政府,冀东 22 县重又编入河北省版图。华北日伪当局指示所辖各地方伪组织,就原有机构进行改组。是年 1 月,日本政府发表"不以国民政府为对手"的"近卫声明",伪政权相应提出"剿共灭党"口号,各级伪政权恢复"公署"名称,成立伪"省公署",并恢复旧时"道"的行政建制。另外,人口在百万以上的或伪政府认为有必要的城市设为"特别市"(北平、天津、青岛),直属伪"临时政府",与伪"省公署"下辖的市相区别。伪"省公署"下逐级建置

---

① 王士花:《日伪统治时期的华北农村》,社会科学文献出版社 2008 年版,第 2 页。

伪道、市、县"公署",县下设区、乡"公所",形成系统和完整的地方行政组织。伪"县公署"行政长官称"知事",以示与蒋介石国民党政府的"县长"相区别。伪县"知事"由日军"特务机关长"任命。伪"县公署"成立后,对县级伪基层政权的指导监督权基本转移至日军"特务机关"手中。在日军"特务机关长"指挥下,"县政巡回指导班"或"县联络员"负责指导各县行政特别是恢复所谓"治安"问题。到1943年,为与汪伪"国民政府"的"独立"相配合,使伪政权更具欺骗性,依照伪"华北政务委员会"的规定,各县"知事"又改称"县长";1944年1月,伪"省公署"改称"省政府",各县、市"公署"也相应改称县、市"政府"。按规定,"县知事"和后来的"县长"兼理司法,"县公署"和后来的"县政府"设有警备队与警察所,作为伪基层政权的常设武装力量,以期"军政合一"。

伪"蒙疆"政权辖区,农村行政架构有两大变化:一是"盟"正式成为一级行政组织。德王为了取得各盟旗王公上层的拥护与行动配合,巩固其权位,加强了各盟旗的行政机构及其设置,明确和强化了盟的行政领导地位。在清朝,"盟"只是各旗"会盟"之地,并不构成一级行政组织;国民党政府时期,蒙藏委员会虽制定了盟、部、旗组织法,但未及付诸实施。伪"蒙古联盟自治政府"成立后,除对锡林郭勒、乌兰察布、察哈尔(1936年由察哈尔省改设察哈尔"盟公署"时,已确定为行政组织)3盟分别确定为行政单位、除设置盟"公署"外,同时调整盟的设置,扩充了盟的辖区范围,加强了盟的实力,提高了盟的领导地位。二是实行蒙汉分治:蒙人聚居区设"旗",汉人聚居区设"县",蒙、汉杂居区旗、县并行,蒙人归旗管,汉人归县管。德王还提出以平包铁路线为界,居住在铁路线以南的蒙人全部迁至铁路线以北,居住在铁路线以北的汉人全部迁至铁路线以南,实行蒙汉分离。只因大部分蒙族上层反对,没有实行。

汪伪"国民政府"辖区,侵华日军在汪伪政权成立前组建的傀儡政权,并无统一规格,体制和架构形形色色。汪伪为规范地方政权体制,一开始即完全沿用国民党政府的旧制,把"省"作为最高一级地方政权,最初保持前梁伪"维新政府"实行的"省长制"。1940年6月复改"省长制"为"主席制",省政府最高权力机构为"省政府委员会",由9—11名委员组成。随着日本侵华战争形势的变化,汪伪对省及其以下地方政权体制多有调整,实行所谓"参战体制"后,1943年1月,决定采用"单一制"行政机构,以明确责任,增强行政效率,将原先的省政府委员"合议制"改为省长负责制。此前省以下政府机关已经实行所谓"最高首长负责制"(如县设县长、市设市长)。此次调整后,省级行政权力进一步集中,省长成为最高地方行政长官,其地位和权力均较原来的省主席有所提高,上下机关垂直、对应,便于方针政策和行政命令的贯彻执行。

至于县级政权,不同于省级政权。日本全面侵华战争爆发后,沦陷区各县政权下降瓦解,一些汉奸、走狗在日军扶持下,粉墨登场,纷纷成立"维持会""自治会"一类汉奸组织。1938年3月梁伪"维新政府"成立并组建省级伪政权后,各县"维持会""自治会"一类汉奸组织被陆续改组升格为伪县级政权。

汪伪在各地的县级政权,基本上沿用国民党政府原有的各县名称、地域范围及机构设置。太平洋战争爆发后,汪伪政权为配合日本新的侵华战略,进一步加紧了对县级以下伪政权的控制。为集中力量控制一批重点县,1942年8月公布的《县政府组织暂行条例》,将各省所辖各县按面积、人口、财赋的统一标准分为三等,按等级确定县政府的机构和官吏配置。具体列明县政府的管理权限和事务,主要有"调查户口""保甲保卫""指挥警察""改良风俗""物资调节""地方捐税征收""田赋整理""公款公产之保护""宣传"等23项。《县政府组织暂行条例》特别规定,"县政府应置政务警察,办理催征、送达侦缉、调查事项"①。

太平洋战争后期,日本侵略者在各个战场上均呈败退迹象,汪伪政权辖区内的抗日游击力量日趋活跃,基层政权更趋动荡。汪伪为强化地方政权的统治力量,把此前在个别地区实行的"行政督察专员公署"的体制普遍推广。1944年5月16日,伪"行政院"召开第209次会议,要求各省普遍设立"行政督察专员公署"。该体制原本是蒋介石"围剿"革命根据地时开始使用的,即将各个省内划分为若干个"行政督察区",每个"督察

---

① 余子道、曹振威等:《汪伪政权全史》上册,上海人民出版社2006年版,第539—540页。

区"包括相互比邻的 3—5 个县的行政区域,内设"行政督察专员公署",作为省政府常设的辅助机关,负责处理该行政区政务和军务。汪伪袭用这一体制,作为"整顿吏治、绥靖地方并增进行政效率"的手段。1945 年1 月 30 日并作出决定,行政督察专员须兼任驻在县的县长,而且还必须兼任该区保安司令,实现军政一体化,更有利于镇压抗日力量。

2. "新民会"的"驯民"训练和保甲"连坐"

在沦陷区的农村地区,底层的日伪行政组织是区乡、保甲。在华北沦陷区,日伪政权明确实行七级制的保甲系统。即"特别市长—警察局长—警察分局长—联保主任—保长—甲长—户长";"县知事、市长—警察所长—警察分所长—联保主任—保长—甲长—户长"。①

保甲"连坐"是日本侵略者沿袭中国古代特别是蒋介石国民党时期的保甲制度,利用、扩大其落后、腐朽部分,将其极端法西斯化,把沦陷区农村变为黑暗和深不见底的地狱。

中国古代保甲制度是北宋王安石变法时期开始实行的一种户籍管理制度,它的基本做法和功能是,对民户以"户"(家庭)为单位进行编组,户设户长;十户为甲,设甲长;十甲为保,设保长,连坐相保,抵御盗贼,维持社会安宁,巩固封建秩序;兵农结合,寓兵于农,抽丁训练,改募兵制为征兵制,革除募兵积弊,节省养兵耗费,即所谓"什伍其民""变募兵而行保甲"。保甲制度从北宋到明、清、民国,历经千年,时断时续,政策、功能、性质、特征亦有变化。国民党政府时期,1930 年 11 月,蒋介石采用"三分军事、七分政治"的策略,对江西苏区进行军事"围剿"时,开始研究保甲制度,并在江西试点推行。1932 年颁布《剿匪区各县编查保甲户口条例》,规定 10 户为甲,10 甲为保,"联保连坐"。1934 年 12 月,行政院通令各省,切实办理地方保甲。保甲制度由"围剿"区推向全国。于是,蒋介石国民党通过"联保连坐"法将全国变成大因牢。所谓"联保",就是各户共具保结,联合作保,不做"通共"之事;所谓"连坐",就是一家有"罪",

---

① 张贵儒等:《华北伪政权史稿——从"临时政府"到"华北政务委员会"》,社会科学文献出版社 2007 年版,第 467 页。

九家告发，如隐匿不报，九家连带坐罪。如此震慑和捆绑民众，使其"畏法而不畏匪"。

日本侵略者正是就地取材，利用国民党政府现成的保甲制度，进一步强化"联保连坐"法，将其推向极端。再加上欺骗宣传和思想毒化，对占领区民众进行超法西斯统治。1933 年 12 月，日伪已在伪"满洲国"全境实行保甲制度。1937 年日本全面侵华战争爆发后，日本即决定在华北占领区实施保甲。

为了减少办理保甲的阻力，日本帝国主义沿用在伪"满洲国"组织"协和会"的衣钵，在华北占领区通过"新民会"先行"洗脑"，进行思想毒化和"驯民"训练，而后实施保甲"连坐"。

1937 年 12 月 4 日"新民会"正式成立，在北平设"中央指导总部"，下设县总会、乡分会。"新民会"的中心工作为"教化与厚生"，打着儒家思想的旗号，贩卖汉奸理论的私货，所谓"新民"，就是维护"大东亚新秩序"的忠实"驯民"。"新民会"的主要活动就是对农村青年进行"洗脑"，向农村派驻"指导员"，向青年教"新民体操"和"新民"歌曲，开办全日制"新民学校"和"新民夜校"。1940 年 3 月，日军华北方面军将随军特工和"宣抚班"与"新民会"合并后，各县"新民会教育馆"还同日伪县政府人员并招募若干男女宣传员，联合编组"宣抚班与宣传班"，随身携带书画报刊，跟随日伪军下乡"宣抚"和宣传，欺骗和动员民众"遵行法令，输捐纳课"；灌输"新民意识"，使之"真诚信赖（日伪）政府，以收攻心之效"。[①]山西"新民会"还在各地拉人进行武装训练，编组所谓"新民突击队"，在日伪清乡、扫荡和"治安强化运动"中打先锋。[②]

"新民会"的"教化民众"、训练"驯民"，配合日伪组建保甲等精神侵略方面的活动获得日本主子的赏识和夸赞，侵华日军华北方面军称它"一向是治安强化运动的核心实践团体，以该运动的共同目标'乡村自卫'为重

---

① 朱德新：《二十世纪三四十年代河南冀东保甲制度研究》，中国社会科学出版社 1994 年版，第 33—34 页。

② 日本防卫厅战史室编：《华北治安战》下册，天津市政协编译委员会译，天津人民出版社 1982 年版，第 240 页。

点,通过武装民众、训练保甲等工作,大力开展新民会的活动";实行保甲后,又全力"加强现有的保甲制度,以此为基础整备乡村的自卫体制"。因此,"新民会的活动对于治安地区的巩固和扩大起了很大作用"。①

太平洋战争爆发后,日本的基本国策由以中国的人力物力占领和灭亡中国上升为以中国的人力物力占领和统治世界,为确保华北成为"大东亚兵站基地",进一步扶持"新民会",令其更加卖力。太平洋战争爆发当天,日军华北方面军就发出《新民会扶持大纲及说明》,要求各部队"竭尽全力加强扶持新民会"。1943年10月27日,"新民会"在北京召开临时全体联合协议会,讨论"适应太平洋战争爆发后华北时局的运动方针",以及针对八路军的"治安"对策,强调要以"乡村自卫"和"保甲训练"为重点,会后立即协同日伪军警强化保甲制度,组织"自卫队""自警队",镇压抗日活动。又在各地编组"新民突击队",直接参加日伪军警对抗日根据地的进攻。还窜上日伪经济掠夺第一线,配合日伪进行物资调查,办理粮食等商品配给"发动最大限度"掠夺物资,保证日军物资需求。1943年通过的新民会《新纲领和运动基本方针》规定,"新民会发动最大限度的人力、物力加强华北参战体制,协助完成大东亚战争"。②

"新民会"的领导和组织体制,是贯彻"政、会表里一体的精神",实行所谓"众议统战"新政治体制。1940年3月,"新民会"更将原王伪"临时政府"使用的五色"国旗"作为会旗。同年8月,由继任伪"华北政务委员会"委员长的王揖唐兼任"新民会"会长。从省(市)到道、县,各级组织的首要头目概由相应的各级伪政权首要头目兼任。在农村,新民会乡村分会与大乡的建制并行,分会事务所与乡公所合并设置,日伪大乡长兼任新民会乡村分会会长,分会的事务员由乡公所事务员兼任。新民会分会和乡公所实际上是两块牌子一套人马。乡公所或分会"事务员"的一项重

---

① 日本防卫厅战史室编:《华北治安战》下册,天津市政协编译委员会译,天津人民出版社1982年版,第239—240页。

② 日本防卫厅战史室编:《华北治安战》下册,天津市政协编译委员会译,天津人民出版社1982年版,第241—242页。

要工作是发展会员、扩大组织。① 在农村有的地方是由十户组织一个"新民班"，互选班长一名，辅助分会长办理分会事宜。② 这同保甲如出一辙。如此则"新民会"会员数量越多，占农村人口比重越大，"新民会"分会与日伪基层乡村政权重合部分的比重越大，无异于实行保甲，一举两得。因此，日伪一直希望把尽可能多的人拉进"新民会"。1942 年 8 月 22 日，"新民会"最高顾问铃木美通（日军预备役中将）在东京对日本记者团的谈话时称，在扩充加强"新民会"的组织方面，"准备将华北的全部居民都吸收进来"，"逐步做到全华北的新民化"。③

"新民会"成立将近一年后，组织运转渐成气候，日伪于是以各县的县"新民会"、区（乡镇）长"分会"的"洗脑"和精神毒化为先导，决定在华北实施保甲。1938 年冬季宣布在北平四郊及冀东通县、昌平、顺义、蓟县、密云、平谷、怀柔先行试办。在冀东地区，日伪凭借 1938 年夏秋之交冀东农民抗日大暴动的镇压及其经验，运用各种欺骗、控制手段，实行保甲。未及一年，日伪认为已获"极大效果"，相信保甲制度"确是当前对症的妙剂"，接着公布《保甲条例》，规定从 1939 年 7 月 26 日起，河南、河北、山东、山西 4 省和北京、天津、青岛 3 特别市以及苏北行政区开始全面办理保甲。④

日本侵略者在沦陷区实行的保甲，基本架构是将村民按规定序列编户入甲，居民以十户为一甲，设甲长一人；十甲编为一保，设保长一人，由村长兼任；以若干保为一联保，设联保主任一人，由乡镇长兼任。各区仍管其原来所管的各乡镇（即联保）。伪县警察所还专门组织保甲训练班，

---

① 发展会员和农民加入"新民会"的程序十分简单：首先将表格交给本人填写，找两名正式会员为介绍人，即成为"协赞会员"；经过一段时间，另找两名正式会员当"证人"，填表宣誓，即转为"正式会员"。入会后发给会员证，会员须按时交纳会费。见朱德新：《二十世纪三四十年代河南冀东保甲制度研究》，中国社会科学出版社 1994 年版，第 33 页。

② 朱德新：《二十世纪三四十年代河南冀东保甲制度研究》，中国社会科学出版社 1994 年版，第 33 页。

③ 日本防卫厅战史室编：《华北治安战》下册，天津市政协编译委员会译，天津人民出版社 1982 年版，第 239—241 页。

④ 伪"华北政务委员会治安总署"编印：《保甲教科全书》，1942 年印本，第 13、15—16 页。

训练保长,组织保甲"自卫团"。团丁由各保甲壮丁充任,分为"常备团丁"(有工资)、"散住团丁"(无工资)两种。前者驻守县城,经常进行训练,担任所谓"剿匪"工作;后者平时务农,闲时训练,进行所谓保甲"自卫"。农村基层军政合一,田农耕夫"兵农合一"。

村民编户入甲、集甲为保的核心环节是清查户口,编制门牌,发放身份证、居住证,实行心灵束缚和人身控制。对村民实行超法西斯统治。

日伪在一些地区清查户口的具体做法是,以组织"大联乡"的名义先行户口登记,届时先将各村8岁以上者驱逐到村外挖沟、扫路、捡石子,拂晓去,日落归。日军在村民回村时逐一清查,以防抗日人员进入村内。也有的以据点为中心,挨村地毯式向外清查。同时在据点内设钟一具,无论昼夜,敲钟鸣令据点内村民全体集合,晚去者罚,不去者杀。以此方式来清查户口。

户口清查完竣后编制门牌,挂于大门上方,牌上注明×乡×保×甲×户,户主姓名,男女各多少人,有无暂住人口等。牌上加盖乡公所、保公所公章。户籍管理大权操在日伪警察分驻所,内有1—2名户籍警管理户口异动。全乡有总户口簿,每保有户口册。保长必须逐日填写"循环簿",发现有八路军或形迹可疑者立即解送乡公所。对于乡、保长在户籍管理方面的责任,河北抚宁县规定:"对于乡保内住民之思想行为、动向等,必须有深刻的认识且应随时注意,如有乡内之亲友往来婚丧嫁娶出生继承等变动,各乡长必须督饬保甲事务员暨各保甲长认真呈报",如查与户口册人事不符,即按违警处罚。[①] 每家还有户口本,内注籍贯,出生年月日,常居地与年龄,总人数等。此本必须小心保管,以备查验。

清查户口、编制门牌完竣后,开始发放居住证。一般成年男子均发有居住证,上贴像片,填写年龄、文化程度、出生年月,由乡长、保长与警察分所长三方盖章,经警察分驻所验讫后发给本人。外出劳动或赶集等,均须

---

① 朱德新:《二十世纪三四十年代河南冀东保甲制度研究》,中国社会科学出版社1994年版,第46页。

随身携带,否则即遭逮捕或枪杀。有的地区还定期查验、换发。1939年年底,日伪冀东道公署认为,居住证"历时既久,难免不有遗失落于匪人之手,若不加以查验,殊不足以昭郑重而杜流弊"。各县随之将以往所发居住证全部进行查验,且手续烦琐,被查验者须一律填写"缴验居住证申请书",如发现有遗失者经调查确系属实时,准予补发。无此次查验加盖的"验讫"戳记者一律无效。①

日本全面侵华战争后期,日伪对户口查验抓得更紧。如河北唐山曾实施户口大检查,并调"反共自卫团"施以训练,担任辅助调查户口事宜。唐山北郊办事处第二次自卫会议的重要议题之一就是"户口整顿",规定"严查住户有无迁出迁入及死亡漏报情形。临时居住户口必须及时申报,凡住户漏报或虚报户口及匿藏"匪类"情况,居民各户有监视责任,必须随时举报。②

日伪还在乡间路口设置路卡,盘查、拦截来往行人,监视、控制民众的言行、日常生活、思想状况、正常行走、人际交往,认为"可疑者"即行盘问、搜查,进而抓捕、拷问,甚至置于死地。

实行保甲制度,严格管制户口,对民众进行人身控制,其核心手段是"联保连坐",各户联合作保,共具保结,不得作奸犯科、联共抗日;一家有"罪",结内其他户须即刻举发,否则结内各户连同"坐罪"。日本侵略者认为,农村人口众多,"良莠不齐在所难免"。所以把农民十家连坐视为"当务之急"。连坐范围除了保甲,还涵盖联保、大乡;连坐对象不仅涵盖全体村民,保长、乡镇亦在其列。"联保连坐"无时不在,无孔不入。

对门牌编制、户口登记,日本侵略者规定,必须"严查住户有无迁出迁入及死亡漏报情形。临时居住户口必须及时申报,凡住户漏报或虚报户口及潜藏匪类情况,居民各户有监视责任,应即时密报甲长保长及警宪

---

① 朱德新:《二十世纪三四十年代河南冀东保甲制度研究》,中国社会科学出版社1994年版,第47页。

② 朱德新:《二十世纪三四十年代河南冀东保甲制度研究》,中国社会科学出版社1994年版,第47—48页。

方面,否则按保甲连坐法处置之"。① 自户口登记后,"如再有八路军或无故外出不报者,缺一杀其全家,缺二杀乡长,过五杀全村"。②

日本侵略者对不同人群的"连坐"也有严格规定:一般村民以户为单位按甲、按保(村)、按乡"连坐"。在日伪发动的"第二次治安强化运动"中,伪丰润县公署令其警察分所与各个警官,限定10日以内用最短的时间,将所属各乡村户口按10家连坐办法调查清楚,并将连坐措施办理完毕,尽速上报以资上司奖惩。抚宁县规定,各保甲内的住民切须"互助互勉",如一家"为匪、窝匪与通匪",则一甲内之住民必连带施以惩罚,如能密报,因而"擒获匪人者",予以优厚奖金。③不仅如此,农民还要填写"连坐保证书",不识字的由别人代填,并经本人划押按手印,逐级呈报至乡公所。如"一人违法,其余人皆受牵连"。对公务人员实施5人"连坐",教职员实行10人"连坐",均须填写"连坐保证书"呈上备查,且连坐人数必须足额。据日伪《丰润五日刊》记载,10人"连坐保证书"填写说明中规定,10人连坐,如只有8人或9人,必须附签声明清楚;同一单位连坐人数不足额时,须以附近单位人员联合办理。公教人员连坐的目的,用日伪的话,就是使其"奉公守法而免误入歧途"。

沦陷区的保甲是一种监狱或牢笼型的农村基层组织,直属日伪警察系统管辖。其管辖机构是县设警察所,10个乡左右的辖区设分所,大的乡(镇)设分驻所。它是日伪县政府管理保甲的派出机构,警政合一,内有分所长、警官、户籍警、巡警等,具体任务就是清查户口,统计与征调壮丁,侦探抗日人员及家属,指导监督乡长、保长办理保甲,审查乡长、保长的产生与委派等。另外,为配合建立和强化保甲,日伪还组织了许多军警

① 朱德新:《二十世纪三四十年代河南冀东保甲制度研究》,中国社会科学出版社1994年版,第47—48页。

② 朱德新:《二十世纪三四十年代河南冀东保甲制度研究》,中国社会科学出版社1994年版,第46页。

③ 朱德新:《二十世纪三四十年代河南冀东保甲制度研究》,中国社会科学出版社1994年版,第48页。

宪特团体和保甲武装,前者据不完全统计,仅秦皇岛一地就有各种军警宪特武装19支。其中16支成立于1937年及其以后,13支成立于1940年及其以后,即日伪普遍实行和加强保甲制度以后。[1] 后者则主要是"反共自卫团"(又称"伙会""棒子队""棍团"、保甲自卫团,简称"自卫团")等。其编制是,县有总团,大乡有分团,保有村团,团设正副团长各一人,动员主任一人,有的还设有"指导员"。按年龄分,有青年班(16—25岁)、壮年班(26—49岁)、老年班(50—70岁)、基干常备班(18—35岁)等;按执行任务的不同,又分谍报组(搜集抗日部队的政治情况)、情报组(负责临时情报,有的地方规定每两小时向据点送情报一次)、联络组(负各村联络与招抚之责)、搜查组(其任务是每两小时甲、乙、丙各村互换搜查一次,以互相监视)、检举班(负秘密调查之责,如有隐藏八路军物品、掩护八路军等情事,直接向据点汇报)。[2]

沦陷区保甲作为日伪农村基层组织,是敌我双方明里暗里争夺和控制的对象。保甲政权本身的政治取态则主要取决于敌我双方的力量对比状况。敌我力量对比在不同时间与地域上互有差异,且时有变化,也决定了保甲基层政权的性质、面目及其变化。总的来说,在敌我侵略反侵略、扫荡反扫荡、烧杀反烧杀、掠夺反掠夺的残酷斗争环境中,相当一部分保甲政权带有"两面政权"的特征,不过在不同地域不同时段,抗日或亲敌的成分互有消长,呈现多样性状态。从河北冀东地区的情况看,大致分为以下三类。

一是亲敌"两面政权"。它们一般在敌人据点附近或平原地区(含某些敌据点所在的村庄),保甲"连坐"制度异常严苛,保甲长(其成员一部分系豪绅、地主或地痞流氓)把持村政大权。也有极少数村挑出办事员秘密接待抗日人员。这类政权完全听命于敌人,但也应付八路军。抗日部队只能借助"青纱帐"的掩护入村开展工作。此种亲敌"两面政权"能

---

① 朱德新:《二十世纪三四十年代河南冀东保甲制度研究》,中国社会科学出版社1994年版,第49—52页"秦皇岛地区的日伪军警宪特组织一览表"。

② 朱德新:《二十世纪三四十年代河南冀东保甲制度研究》,中国社会科学出版社1994年版,第52页。

向八路军交纳一定的粮款,但不承担任何抗战勤务。唐山北边的东西缸窑、丰滦迁联合县十区以及沙河驿以南的地区就是这种情况。

二是亲我"两面政权"。它们离敌人据点相对较远,村政权由两大系统构成,保甲长以及保丁等属敌伪系统;办事员、武装班长等属抗日系统。这种政权的任务是假意应付敌人,真心掩护和从事抗日工作。当敌人包围村庄要粮催款或搜捕八路军、游击队和抗属时,保甲长出面应付,办事员隐蔽;或者是办事员身份不公开,作为保长的助手或以保丁的身份出现,与保长共同应付敌人,借以了解敌情和展开斗争。这些村庄看似保甲长掌权,实际上他们唯一的任务是在办事员的领导下去与日伪周旋,并不参加村政,村里的实权由办事员掌握,一切工作以抗日为出发点。

三是具有"两面"形式的抗日"一面"政权。这类村庄的群众基础好,建立了村民代表会,属于比较巩固的抗日根据地,但为了对付敌人的"扫荡",同时添设敌伪处,以旧办公人员中最可靠的分子或优秀的志愿为群众作牺牲的老年人组成,在村正、副主席的直接领导下工作。

从地域上看,冀东的盘山深山区,长城内侧沿线以及山地等日军一般不易达到的小部分地区为抗日"一面"政权;城镇和铁路及其附近的小部分地区为亲敌一面政权;除此之外的大部分乡村基本上属"两面政权"。由于敌我斗争十分激烈,各种类型犬牙交错,划分无固定界限,完全根据敌我力量的消长而变化。有时敌人力量加强,抗日"一面政权"转向"两面政权"。同样,亲敌"一面政权"亦常有转变成"两面政权"的可能。①

（二）生产关系、社会结构的破坏和蜕变

在关内沦陷区农村,各级伪政权特别是基层保甲制度的建立及其对农民法西斯统治和残酷的经济掠夺,不仅使无数农民惨遭杀戮或折磨致

---

① 朱德新:《二十世纪三四十年代河南冀东保甲制度研究》,中国社会科学出版社 1994年版,第 152—155 页。

死,家庭财产被劫夺一空,农业生产和农业资源几乎被摧毁,而且农村生产关系和社会结构,农民生活环境,同样遭到严重破坏。事实上,日本帝国主义对中国的军事侵略和经济掠夺过程,就是破坏和改变原有生产关系、社会结构的过程。同时,日本侵略者对农民法西斯统治和经济掠夺、截断农民的生存条件,又是以破坏农村原有生产条件、生产关系、社会结构和农民生活环境为前提的。

侵华日军在双方交战和扫荡过程中的烧杀掳掠,导致数以万计的农民房屋连同农具、家具、粮食、种子、衣物等,全部化为灰烬。这部分农民中,无论中农、贫雇农,还是地主富农,全部瞬间沦为赤贫户,既无粮糊口、无衣御寒,又无农具、种子进行生产自救,只得出外乞讨。但因兵荒马乱,外出更难谋生,同时放不下家中自有的或租种的土地。所以大部分外逃者不久又返回了家乡。不过因为没有房屋和农具种子,已经不可能在原有生产关系下进行农业生产和土地经营,只能出租,或以土地换农具的方式进行合伙经营。

耕畜是南北农业的基本动力,也是侵华日军在农村掠夺的主要目标之一,在北方,马、骡、驴和马车、驴车是侵华日军的主要运输工具,牛(主要是黄牛)是侵华日军的主要肉食来源;在南方,牛(包括水牛和黄牛,以水牛为主)既是侵华日军的运输工具,又是其主要肉食来源。因此,不单是沦陷区,凡日本侵略者所到之处,马、骡、驴、牛多被征用或宰杀,被征用者亦有去无回;马车、驴车、牛车多被征用(多连人带车和牲口)或焚烧破坏,被征用者同样有去无回。前揭资料显示,日本侵略者所到之处,马、骡、驴、牛和马车、驴车、牛车大多所剩无几。另据极不完整的统计,仅在华北"游击区",被日本侵略者宰杀的耕畜即达631万头。[①] 在南方,江苏昆山,毁失耕牛甚多;青浦耕牛、农具(自然包括车辆)严重"散失";金坛农具(自然包括车辆)"损毁过半";吴县耕牛、农具(自然包括车辆)"损失殆尽";嘉定亦因日本侵略者劫夺,"耕牛缺乏"。江西九江县石门乡,

① 李恩涵:《战时日本贩毒与"三光作战"研究》,江苏人民出版社1999年版,第265—266页。

日本侵略者侵占 8 年间,劫杀耕牛 148 头,占原耕牛数的 82.68%,毁损农具(自然包括车辆)498 件,占原农具数的 42.3%。① 湖北江陵三合乡,1939 年沦陷后,被日本侵略者抢走牛、马各 16 头/匹,驴 13 头,合计 45 头。② 1944 年 6 月初,日本侵略者侵占湖南茶陵,其中一个团曾在庙市乡驻扎 7 天,即宰杀耕牛 29 头。③ 1944 年 9 月后,湖南道县陷落期间,日本侵略者在该县东门乡抢杀耕牛达 246 头。④

日本全面侵华战争爆发前,南北大部分地区的耕畜数量不足,部分地区或一个时期内还有不断加剧的趋势。不过就整体而言,耕畜短缺的程度还不是十分严重,更主要的问题是,在不同阶层或阶级农户之间,耕畜分配极不平衡:地主富农和部分富裕中农占有耕畜数量多、质量好,耕畜相对充裕,甚至明显过剩;广大贫雇农和部分下中农,使用土地多,而占有耕畜数量少,质量差,耕畜严重不足。这是各地农业生产正常运行的严重阻碍。

本来一个地区耕畜的主要问题,并非数量严重短缺,而是分配不均,困难并不难解决。事实上,各地在农业生产的发展过程中,都积累与形成了一整套办法及乡俗惯例,进行耕畜调剂,解决耕畜占有与使用之间的矛盾,主要有耕畜租佃、人力畜力换工、合作互助、养畜户带畜佣工,等等。在某个地区,或以某种方法为主,或多种方法并行,每种方法又各有多种形式或乡俗习惯,以确保农业生产的正常进行。

日本侵略者对耕畜的疯狂宰杀、征发和劫夺、摧毁,导致沦陷区或日军经过之处,耕畜、车辆和配套农具、器具大幅度减少,甚至绝迹。自然也彻底破坏和摧毁了上述耕畜调剂的诸种方法或生产关系,包括耕畜租佃、

---

① 中南军政委员会土地改革委员会调查研究处编印:《中南区一百个乡调查资料选集·解放前部分》,1953 年印本,第 159—160 页。

② 中南军政委员会土地改革委员会调查研究处编印:《中南区一百个乡调查资料选集·解放前部分》,1953 年印本,第 34 页。

③ 中南军政委员会土地改革委员会调查研究处编印:《中南区一百个乡调查资料选集·解放前部分》,1953 年印本,第 83 页。

④ 中南军政委员会土地改革委员会调查研究处编印:《中南区一百个乡调查资料选集·解放前部分》,1953 年印本,第 73 页。

人力畜力换工、合作互助、带畜佣工等等,全都成了无米之炊。原先耕畜自用有余,甚至专门养牛出租的地主富户,连自用畜力都无法满足,遑论牲口出租;南北一些地区原先最普遍的做法是,养不起耕畜的贫苦农户,用自己的人力换取养畜户的畜力,兑换比率因当地畜力、人力盈绌情况而异,个别的 1∶1,一般 1 个人工换 2—3 个畜工不等。现在不仅原来的养畜户已经没有耕畜,没有富余畜力可供换取所需人力,原来养不起耕畜的贫苦农户,现在则既无耕畜,又缺人力,因而不能奢望用人力换取所需畜力。

以往基于耕畜、犁具的合作互助有多种内容和形式。在北方一些地区,如用牛、驴翻耕土地(旱地),通常需用两头壮牛(黄牛)或两牛一驴同时拉犁,称作“一犋牛”。如果只有一头牛或一头驴,或一牛一驴,都无法拉犁翻地,即所谓“单牛不成犋”。但大部分农户往往只能喂养一头牛或一头驴,或喂养一牛一驴,不能单独成“犋”,也有的只有牛、驴而无犁具,或只有犁具而无牛、驴,必须两三家或四五家联合一起,才能凑成“一犋牛”。谓之“搁犋”。日军的掠夺、破坏,对“搁犋”这种生产关系的影响和破坏情形比较复杂,由于牛、驴被大量劫杀、征发,饲养牛(驴)的“搁犋”户大减,“搁犋”形式的生产关系急剧萎缩;同时,原来饲养骡、马或牛,无须“搁犋”的富裕农户,因骡、马、牛被征发、劫杀,耕畜残缺不全,无法单独成“犋”,补充了“搁犋”户数量。不过新增的“搁犋”户远比消失的“搁犋”户少,从整体上说,“搁犋”形式的生产关系急剧萎缩。

日本侵略者各种形式的农产品掠夺,明火执仗的武装和暴力攫夺、征敛、苛派不论,就是所谓“购买”,也都是以破坏、摧毁原有生产关系和市场交换关系为前提条件,其基本手段就是从生产、分配到流通、消费的全过程强力“统制”:作物种植,侵华日军、在华日人、日本国内需要什么就得种植什么,不准自己选择,而且还有各种戒律,如部落和村庄周围、铁路和公路两侧不许种植高粱、玉米等高秆作物;农民收获的粮食、棉花、蚕茧和其他农产品,也严格禁止买卖和流通,包括亲友之间的举借、馈赠,只能由日伪收购,并且将价格定得很低,有的收购价格还不到生产成本的 1/10。

更重要的是,日伪在逐家逐户向农民个体生产者以征敛、捐摊、征借、强购等手段攫夺粮棉等农产品的同时,一开始着手改变农民原来一家一户独立生产、自行收储粮食的传统习惯,成立所谓"合作社",通过统制生产、集中"交易"、统一"保管"的办法,使粮食、棉花等农产品的收集、掠夺一步到位。

日本全面侵华战争爆发前,中国的合作运动已有某种程度的发展。1937年日本全面侵华战争开始后,华北沦陷区农村原有的合作社多遭破坏,被迫停止活动。侵华日军每占领一地,除其"宣抚班"外,"新民会"亦着手建立伪组织,为大量掠取占领区的粮食、棉花等军需民用资源,达到"以战养战"的目的。日本侵略军正欲利用沦陷区的农村合作社"开发"华北农村经济,伪"临时政府"即决定由"新民会"负责合作社事宜。1937年年底,新民会已从伪临时政府接收合作社1975个。1938年1月,经侵华日军特务部批准,原华北农村合作事业委员会与"新民会"合并,于6月成立"新民合作社中央会",作为"新民会"中央指导部厚生部下专门负责合作社工作的执行机关。1938年5月,"新民会"发布的《新民农业合作社设立大纲》规定:组织中央合作社及各省、道、县联合会;组织单位合作社。各联合会指导者尽可能由"新民会"各级指导部兼任;事业经营主体为"中央联合会"。当时日本侵略军对如何利用合作社掠夺农业资源尚未形成完整的指导纲领和具体的经营方针。

1939年,侵华日军大规模的军事进攻暂告一段落,更加强了对沦陷区尤其农村占领区的统治和经济掠夺,相应加紧了合作社的设立和控制。在华北,着手统一沦陷区农村"合作事业"指导机构。新民会中央指导部厚生部将辅导科、业务科职员与新民合作社中央会的职员合并组成"合作科",由日本人山崎健太郎任科长,原新民合作社中央会成员全部转往地方。3月,"新民会"颁布的《新民合作社暂行经营要领》规定:合作社以乡为单位,与"新民会"分会一致;各合作社以中小农民为主要对象,事业原则上取"兼营主义";新民合作社以外的既成合作社尽速与新民合作社合并;由乡合作社组成县合作社联合社,由县联合社组成道合作社联合社。各级合作组织分别由同级新民会组织领导监督,统一处于新民会中央指导部合作科指导控制之下,负责合作社经营之计划、统制与指导。

合作社本是方便日本侵略者进行农产品掠夺的工具,但是按照日伪的规定,农民入会必须缴纳股金。[①] 农民饱受日本侵略者烧杀、摧毁、劫掠之苦,一贫如洗,根本无从筹措股金,入社者寥寥无几,而日本将其归咎于新民会中央指导机关"指导"不力之过。1939 年 9 月,新民会中央指导部及"首都"指导部头目被迫集体辞职。次年 3 月,新民会与侵华日军"宣抚班"合并。

日伪为推动和加快大力推行合作社运动的进展,选定"模范"区加以仿效、推广,1939 年秋在华北沦陷区选定若干县作为所谓"模范"区,包括河北石家庄地区、保定地区、顺德地区,苏北地区、北平地区、太原地区、山西省南部地区等以加快合作社运动、强化保甲"连坐"、整顿商品生产流通机构等为其重点。日伪"模范"区工作展开后,华北沦陷区农村合作社的数量迅速增加。到 1939 年年底,华北沦陷区农村合作社数量已达 4105家,社员数达 143531 户。[②]

日本侵略军发展和直接控制合作社的目的就是统制生产、更有效地掠夺农产品。在建立和发展合作社的同时,即大力"整顿商品生产流通机构",取缔自由买卖,在其统制较稳固(即所谓"治安良好")的县城开设"交易场",县城以下小镇设分场,所有农产品买卖须于交易场内进行[③],不得于场外交易;并规定交易场开市时间;新民合作社执行交易场业务;上市交易场之农产品须服从交易场主任的指挥,以到场顺序接受交易检查。这样,新民合作社通过决定上市农产品的"公定"价格、检查其等级来控制农产品销售,并在交易场附设仓库以存储物资,大大方便了日本侵略者的农产品掠夺。

---

① 各地股金数额不一。北平郊区 3 元;河北良乡 1 元;石家庄郊区 2 元;山东 2 元或 3元;山西 1 元、2 元、3 元、5 元、6 元、10 元不等;河南一般 1 元,也有 2 元或 5 元的。见王士花:《日伪统治时期的华北农村》,社会科学文献出版社 2008 年版,第 148—149 页。

② 王士花:《日伪统治时期的华北农村》,社会科学文献出版社 2008 年版,第 150 页。

③ 交易场内交易的华北农产品包括:小麦、玉米、大米、高粱、谷子、黄豆、黑豆、小豆、绿豆、芝麻、棉花、面粉、大麦等粮食,土布、猪毛等副业产品,猪、羊、牛、马、驴、骡等牲畜以及蔬菜等。

　　1941 年 7 月,自美国开始冻结日本在美资产和对日实行物资禁运,重要资源素来依靠进口的日本受到严重打击。同年 12 月,太平洋战争爆发,日本的基本国策提升为以中国的人力物力占领和称霸世界。华北沦陷区作为日本的"兵站基地"和"粮食总库",意义更加重大,从而进一步加强了对华北沦陷区农村的控制和物资掠夺,为推动华北沦陷区农村合作社运动的发展,采取了新的措施。同年 12 月 14 日成立了"华北合作事业总会",作为统一指导沦陷区农村合作事业的中央领导机关,并着手普及强化各级合作社组织,明确乡村合作社是具体实施合作业务的最基层的单位合作社,由乡长或村长兼任理事长;统一单位合作社的区域,规定合作社的区域以自然村为原则,社员"以区域内居住之各户经营主体为限、全户入社为原则";同时为加强合作社同新民会分会及保甲的联络,有的合作社理监事以合作社代表的资格加入新民会,或保长兼为合作社负责人;各省地区联社及县联社的日本人副理事长,也同时大都是"新民会"首席参事。[1] 新民会、保甲、合作社三位一体,合作社的发展、普及同日伪的"治安肃正"、保甲"连坐"互为前提。由于日伪自上而下强化行政干预、强迫农民入社,合作社数量增加。据 1943 年 12 月底统计,华北沦陷区共有乡村合作社 27034 个、社员 5404372 户[2],分别比1939 年增加 4.59 倍和 36.65 倍。1944 年 8 月,合作社复增至 28313 个,社员增至 6531365 户,分别比上年年底增加 4.73% 和 20.85%。[3] 在华北沦陷区的某些县域,绝大部分农民都被强迫入社,1943 年受"表彰"的河北磁县、河南修武、山东德县、山西解县和苏北灵璧 5 个"先进县",合作社社员占农户总数的比重,最低 57%(灵璧),最高 100%(解县),平均 81.34%。[4]

　　沦陷区合作社的建立本来就是日本侵略者进行农产品掠夺的一种手

---

　　①　王士花:《日伪统治时期的华北农村》,社会科学文献出版社 2008 年版,第 160 页。
　　②　王士花:《日伪统治时期的华北农村》,社会科学文献出版社 2008 年版,第 160 页。
　　③　王士花:《日伪统治时期的华北农村》,社会科学文献出版社 2008 年版,第 163—164 页。
　　④　据王士花:《日伪统治时期的华北农村》,社会科学文献出版社 2008 年版,第 160 页表4-2"1943 年受表彰县联乡村合作社组织情况"计算。

段,合作社的加速发展、普及,为日本侵略者的农产品掠夺提供了更加便利的条件,而合作社、新民会、保甲三位一体的形成,使合作社完全蜕变为替日本侵略者的掠夺农产品的机器,日本侵略者的农产品掠夺手法更加赤裸和简单。当合作社和社员农户数量有限时,日伪尚需设立"交易场",严格限定交易场地、时间,由新民合作社主持交易、决定价格,并由买卖双方各半缴纳1%或5%的交易手续费。这种农产品掠夺,价格由日伪决定,完全是象征性的,不过还保留着市场交易的最后一层面纱。

"华北合作事业总会"成立、合作社普及后,所谓"交易场"以及相关"交易规则"等,都已成为多余。沦陷区合作社的主要任务就是与日伪行政机关、新民会、军警宪特协同一体,强化农产统制,运用行政暴力、武力,向农民(社员)强行收缴粮食、棉花和其他农产品,原来合作社的所谓"销售"业务,完全为"行政收购"、统一"保管"所取代。

事实上,日伪政权和合作社所谓"农业仓库"的设立,粮食等农产品的"行政收购"、统一"保管",1940年就开始了。在山西,从1940年开始,日伪在各县城设立所谓"农业仓库",强制为农民统一"保管"粮食。如晋祠日军设立"合作社",农民所收稻米一律送到"合作社",不准自由粜卖。1941年6月,日伪平遥县公署发布公告,谓"现以二麦收获完毕,为免除匪共掠夺,及虫蚀之患,以谋推进人民福利,特于日前布告全体农民,于本月起速将新麦送库保管,或送与面粉厂"。[①]

在河北、山西、山东、河南、苏北沦陷区,华北合作事业总会成立后,因粮食短缺,严重地危及其军事作战和占领区统治,"交易场"的强制"收购"缓不济急,于是放弃"交易场",设立"农业仓库",取消市场交易,直接向农民搜集、强征、强夺粮食棉花和其他农副产品。1942年10月,"华北合作事业总会"为配合日军的第五次"治安强化"运动,为合作社制定的三项"方针",其重点就是利用一切搜集机构,确保农产品军供。1943年1月,"华北合作事业总会"制定的《民国三十二年度事业计划书》规定,

---

① 岳谦厚、梁金平:《抗战时期山西沦陷区的农业经济——基于满铁平遥县南政村调查之分析》,《河北学刊》2017年第1期。

合作社社员所生产的一切农产品得由乡村合作社"提供销售",县合作社联合会与乡村合作社订立"缴货契约书";实施此办法时应与"农业仓库"之设施并行,使各级合作社与收购统制机关互相扶助。日伪制定的《华北合作社紧急对策纲要》也规定,基于华北所担负的战争物资的"增产增运",乃决定战争"胜负重要原因之一",故华北所属各级合作社,务必"集中华北农民全体力量",统统"贡献于战时经济"。并令各县合作社联合会(以下简称"县联")"选定易于收集物资及出产丰富之地域,为重点的乡村合作社活动区"。①

这样,各级合作社尤其是县、乡两级合作社,在同日伪协同一起,威逼甚至暴力和武力驱使农民"增产"农产品的同时,还要征集劳力、材料,选定合适地址建造合作社"农业仓库",将强行收缴的农产品就近集中、统一"保管",等待日本侵略者随时转运。

随着搜集、劫夺农产品数量的增加,各地合作社"农业仓库"的设置,也进展迅速。据1942年12月日伪统计,华北沦陷区合作社"农业仓库"总数达192栋,其中河北103栋、山西16栋、山东32栋、河南39栋、青岛2栋,共可储存粮食129829斤。1943年,许多县合作社联合会特别是重点"县联"陆续增设仓库,同年6月底"华北合作事业总会"统计,华北合作社农业仓库已增设96栋,之后仍在持续。1944年又增设25栋,建筑面积为9468平方米。② 华北沦陷区农村的合作社仓库,容量已达相当规模。

此类沦陷区合作社"农业仓库"属于基层临时性和周转性仓库,周转迅速,所储粮、棉等农产品很快就会被运往沦陷区城镇、伪"满洲国"、日本国内和侵华日军驻地及其他战争前线。遍布华北沦陷区乡村的合作社"农业仓库"是日本以中国的人力物力占领和灭亡中国、占领和统治世界这一基本国策的罪证。在合作社"农业仓库"的背后,展现的是日伪武力劫夺农产品、合作社"农业仓库"充盈而沦陷区路有饿莩的血腥场面。

---

① 王士花:《日伪统治时期的华北农村》,社会科学文献出版社2008年版,第177—178页。
② 王士花:《日伪统治时期的华北农村》,社会科学文献出版社2008年版,第177页。

为了"集中华北农民全体力量"支持全面侵华战争和太平洋战争,日本侵略者利用合作社对华北沦陷区的农产品掠夺手段,到了为所欲为和无所不用其极的地步。

市场"交易"的面纱已经全部揭掉,"交易场"已被放弃,合作社的身份已经改变,不再以"交易场"中介人(经纪人)的身份代为收购社员和其他散户的农产品,而是以社员农产品所有者的身份强制"提供销售",将其转与县合作社联合会,但并未明确采用何种形式或手续,是否计价,如何定价、如何付款,以及由谁付款,都不清楚,只规定县合作社联合会须与乡村合作社订立"缴货契约书",同时设立"农业仓库",各级合作社与收购统制机关"互相扶助",就是不提计价、付款。不过很明显,上揭"缴货契约书"中的"缴货",同"缴税""缴租"含义相同,都是无偿的。虽然规定中也有"销售""收购"字样,但因新民会、保甲(或伪县公署)、合作社"三位一体",实际上都是向社员强行摊派。即使"收购",也价格极低,而且上缴粮棉后应得钱款大都被作为税收征去,农民几乎一分钱也拿不到,农民视合作社之"收购"为"抢粮"。

由于按"华北合作事业总会"的规定,合作社社员生产的农产品都得交由合作社"销售",社员的绝大部分甚至全部农产品都被合作社强制征收。在山西,1943年日伪通过合作社强征的粮食占其摊派量的比重,小麦达到6—7成,有的县甚至超过摊派量;杂粮平均5—6成,太谷等地超过100%。同年,有7个"县联"因强征小麦成绩突出,受到日伪表彰,其中河北香河"县联"和河南柘城"县联"100%地完成摊派量;山东高密"县联"与山西崞县、汾城"县联"都超过摊派量。就是灾荒连年的豫北地区,完成日伪规定摊派量的也达10多个"县联"。农民上缴的农产品摊派量,完全由日伪根据需要和主观想象决定,根本不考虑实际生产和自然灾害的影响。例如,冀南、豫北农村连续几年遭受蝗虫等自然灾害,饥荒严重,而日伪当局仍认为以前这里是富庶之地,而划分一级县、二级县,规定巨额上缴量。连日本记者都觉得"严重脱离实际"。又如山西宁武,小麦产量很少,1943年全部产量还不足收购量,农民请以杂粮替代,也不被允许。为确保小麦、棉花、杂粮、苇席、蓖麻等重要农产品的强征、"收购",

自"华北合作事业总会"到县合作社联合会，层层组织"收购督励班"，日伪行政长官及日本侵略军陆军联络部长亲自督阵，在强征、"收购"过程中，伪县公署出动保安队、警备队强夺农民衣物，强索民食之事屡有发生。合作社社员和散户农民无偿或以"公定"价格缴出，既不足成本，又"致自身无粮可食"。①

沦陷区合作社除向日伪上交生产的粮棉等农产品外，还由伪县公署、新民会组成所谓"收集班"，在日本侵略军指挥下，到游击区、抗日根据地（"非治安区"）专门抢夺、"收购"粮、棉等重要物资。"收集班"在"非治安区"抢夺时，预先在与之邻近的"治安区"设立"收集班移动本部"，抢夺、"收购"的村镇一般选择在一日行程的范围之内，"收集班"在伪警备队掩护下，快速抢夺，或以所定价格快速强行收购，当天返回"收集班移动本部"。仅1942年6月一个月之内，日军在河北石家庄地区就武力抢粮82万余公斤。②

除了抢粮，合作社又积极参与侵华日军的"治安强化"运动，对抗日根据地实行经济封锁。1942年10月，"华北合作事业总会"组织"治安强化"运动"督励班"五班，前往河北保定、石家庄、顺德、邯郸、天津、唐山、沧县，山东德县、济南、济宁、滋阳、潍县、青岛，河南开封、新乡、归德，江苏徐州、铜山、柳泉，山西太原、临汾、运城等地"指导"合作社，协助"治安强化"运动。战局对日本愈加不利，日军便愈加紧利用沦陷区农村的合作社。在1944年日伪制定的《华北合作社紧急对策纲要》中，明确规定："为补助军方，确保重点地带之治安及其他机关团体重点施策起见，各级合作社应本其特质，实行爱路爱矿善邻等重要工作"，以图向日军增加供应战争资材并协助日军对占领区的统治。山西省合作社甚至还为日本在华企业募集劳工。③

土地是最基本的农业生产资料，是日本在全面侵华战争期间最主要的掠夺和破坏目标之一。掠夺和破坏土地既是为了劫夺农业资源，"以

---

① 王士花：《日伪统治时期的华北农村》，社会科学文献出版社2008年版，第178—179页。
② 王士花：《日伪统治时期的华北农村》，社会科学文献出版社2008年版，第195—196页。
③ 王士花：《日伪统治时期的华北农村》，社会科学文献出版社2008年版，第180—181页。

战养战",又是蹂躏、残害中国民众,破坏原有的生产关系和社会结构,对中国民众进行超法西斯殖民统治和慢性屠杀(切断其生存条件)的重要手段,为尽快完全占领和灭亡中国创造条件。因此,日本侵略者掠夺和圈占的土地,除小部分役使中国和朝鲜农民耕种,攫取其劳动成果外,大部分或绝大部分土地,尤其是原有的大量优质耕地,并不留作耕播,而是用于建造军用机场、军用公路、据点、炮楼、碉堡、壕沟、封锁墙、"部落"(通称"人圈"),或划为"无人区""禁作地带""禁住禁作地带"等各类"禁地"。

这种土地掠夺和破坏,在大量耕地遭到破坏甚至被永久性摧毁的同时,土地占有和使用关系,农户结构、生产关系和农民居住环境,都发生了蜕变。

全面侵华战争爆发后,日本帝国主义为了便利其占领区的统治以及减轻其国内与朝鲜对粮食的负担,加快了关内沦陷区的移民和土地掠夺速度。"七七事变"前,在东北以外地区的日侨为8.6万余人,1944年秋增加到67万多人。大部分在华北,小部分在华中、华南。随着日本、朝鲜侨民的大量移入,继而是土地、房屋的大量掠夺,因为这些移民所种土地、所住房屋、所用生产工具及日用器具都必须从中国农民手中掠夺。日本侵略者掠夺的土地,其中一部分用来开办"农场"。仅在天津、宁河两县即设立了120座农场,掠夺土地达92.17万余亩。约占两县耕地面积的一半。①

原来这些土地的占有、使用情况多种多样:有的属于自耕农民,自耕自食;有的由农民开垦耕种交租,产权属于地主,但农民有永久耕作权,地主不得增租夺佃;还有的地主士绅、军阀或实业人士开办农场,采用某种形式的商业性集中经营(亦有分散租佃者)。日本侵略者攫得土地和产权后,取名"农场",全部分散出租给农民耕种,收取实物地租。原来的土地自耕、永佃制租佃和雇工集中经营,全部蜕变为农奴式或奴隶制租佃。

① 天津市东丽区地方志编修委员会编:《东丽区志》,天津社会科学院出版社1996年版,第173—174页;天津社会科学院历史研究所编:《天津历史资料》1980年第5期,第15—16页。

日本占领者为了直接掠夺和强占土地,还利用特务机关、保甲组织和建立专门的土地调查委员会,进行土地调查,强迫农民按户登记土地,根据其需要,随时征用和强占。一些自耕小农、永佃农不仅失去了地权、永佃权和土地耕作,甚至被关押、活埋惨死。军阀陈光远在顾家庄的 2000余亩农田,原系荒洼,经农民开垦成熟后,1940 年陈光远后人与农民订立永佃契约,佃租按三等交纳,一等每亩每年佃租 2.7 元,二等 2.6 元,三等 2.5 元,以后不准增租夺佃。但 1942 年陈姓地主勾结日本人,强迫将佃租增至每亩 8 元。农民上诉,陈氏败诉积愤,将土地卖与日本人下村,改为"近松农场"。农民杨立达、刘墨春代表民众起诉,日本人抢走永久契据,将其绑去活埋处死。赤土村地主魏颂洲等盗卖魏姓"公产",将大起淀苇塘 4800 亩卖给日本"义一公司",七旬老人魏福贵带侄儿魏义明赴伪宁河县政府状告,地主买通官衙,叔侄二人被押入大牢。小站 82 户农民承租璩姓土地四五千亩,已有 60 年的历史,原系偏僻、斥卤不毛之地,经过农民辛勤耕耘,已成沃壤,被璩姓地主盗卖给日商"东一公司"。1942 年,璩姓地主又勾结小站日敌警备队长,迫令农民将其永佃权让与"东一公司"。农民代表据理力争,被日本人施以各种毒刑,后遭枪杀。[①]

日本侵略者所设"农场",经营方式极为野蛮、落后,剥削极为残酷。土地被分割为极小的碎块,强迫当地农民为佃户,从事奴隶式的劳动。如"兴农公司"一部,计地 2215 亩,被分割由 46 户耕种;"大陆农场"土地一部计 6211 亩,由 122 户耕种;娄家庄农场土地一部计 62.5 亩,由 9 户佃种;"张达庄农场"土地 161.73 亩,由 21 户佃种。以上平均每户最高 50亩,最低仅 7 亩。又如"茶淀农场",土地被分成若干区,"区长"由汉奸充任,下管四五十户佃户,每 5 户佃户设一名伪警监视。佃户除了耕种自己的土地,还要替"区长"种地。日本经营的农场租率很高,如"茶淀农场"名义租率为 33%—35%,实际远不止此。佃户收割后将全部稻谷运往指

---

① 孙德常、周祖常主编:《天津近代经济史》,天津社会科学院出版社 1990 年版,第 268—269 页;天津市东丽区地方志编修委员会编:《东丽区志》,天津社会科学院出版社 1996 年版,第 173—174 页。

定地点脱粒,由场中人负责过磅,如数入库,至日后扣租若干、购买余粮若干,以及价格高低,农民均不得过问。购粮款则拖到农历腊月三十,还有不予付清者。农民终年辛苦耕耘,但不许一粒稻米进口。农民如有食用稻米者,一经发现,即遭毒打或被处死。[1]

也有的原来是小自耕农的土地,日本侵略者攫夺后,改租给韩国佃农。日本侵占宁河期间,掠夺50.42万亩土地,先后建农场18座,占全县耕地面积的66.4%,分属于开源公司、永裕公司、中日实业公司、米谷统制协会等经济集团,全部分散出租。该县大北涧沽18村,土地肥沃,并有三河汇流,最宜种稻,早经当地"农民垦作水田,享有厚利"。1936年日本侵略者操纵组织"冀东防共自治政府"时,强占是项水田10万亩,并招韩国农民数百家为其佃户,这些"肥美稻田",面积广约6华里,日本人迫令地户主每亩领价1—2元,即行立契交田。但当时稻田已熟,每亩价值达千元内外,旱苇各地每亩亦值四五百元。故所有18村3千余户、丁口1万余人均不领价,日本人将田主拘捕,勒令各户立契出售。村民担心危及生命,"不得已而领价者有若干家"。于是,日本侵略者将大北涧沽的10万亩良田建成大型农场,即"米谷统制协会"下属的"蓟运河电化水利组合"。因日本人攫得水田后招韩农为佃户,大北涧沽3千余家地户失去土地后,欲为佃户而不可得。在这里,日本侵略者攫得土地后,虽仍在耕种,原来的自耕自食的土地所有者,并未由自耕农沦为佃农或雇农,而是破产、失业。或有为韩人佃农佣工者,亦为数有限。日本侵略者将宁河2/3的土地夺走,相当一部分地主亦难免于难。一些原来坐食地租的地主,无地出租,只得包佃转租,由地主沦为"二地主"。大汉奸齐燮元在宁河老家的800亩土地未被夺走,被大于村的8户地主包佃,再转租给贫农、雇农耕种。其中有4户"二地主",即靠转租吃"斗尖子"生活。也就是佃农用尖斗交租,"二地主"用平斗交给地主齐燮元,余下的"斗尖子"粮食归

① 孙德常、周祖常主编:《天津近代经济史》,天津社会科学院出版社1990年版,第269—270页。

4户"二地主"平分。① 实行包佃转租后,地主和现耕佃农之间夹进了"二地主",佃农实际上需要缴纳双重地租。在日军的所谓"农场经营"制下,中国原有的地主和"二地主"剥削都加重了。

第四节　农民的递贫化、均贫化、赤贫化和在饥饿、死亡线上的熬煎

关内沦陷区农民的递贫化、均贫化和赤贫化,是日本帝国主义野蛮侵略、残酷掠夺,实行杀光、烧光、抢光"三光政策"的产物。

在近代半殖民地半封建条件下,农民两极分化和贫困化是农民经济发展变化的一般形态。这主要是西方列强侵略扩张、国内封建剥削加重的结果,同时也与城乡商品经济和农产品商品化的发展密切相关。由于商品交换和价值规律的作用,农民内部发生贫富分化或两极分化,小部分农户经济地位上升,大部分或绝大部分农户经济地位下降;社会财富向一极集中,贫穷向另一极集中。这种农民贫困化是在社会生产和再生产基本如常进行、社会财富总量或有增加(通常不会减少)的情况下发生的,在地域上呈辐射或分散状态;在速度和时间上呈渐进或加速状态。从某个角度说,它是资本主义产生和发展的历史条件。

关内沦陷区发生的农民急剧和极度贫困化,情况和性质完全不同。日本帝国主义的目的是要彻底灭亡中国和整个中华民族,包括灭绝全体中国民众。在日本彻底灭亡中国的总目标下,当然不会只有一部分农民贫困化,也不会出现农民内部的贫富分化或两极分化,即一部分农民经济地位下降,另一部分农民经济地位上升,或富者越富,穷者越穷,而是包括一般地主富农在内的农民普遍和整体贫困化,甚至赤贫化、极贫化。凡日

---

① 宁河县地方史志编纂委员会编:《宁河县志》,天津社会科学院出版社1991年版,第201—202页。

本侵略势力所到之处,被其掠夺、蹂躏、残害的农民不是一部分,而是全部。侵华日军不是单纯地进行经济掠夺,而是烧杀、劫掠、奴役、残害、破坏多管齐下,尽可能以最快的速度将中国人民杀光,暂时没有杀光的以"集家并村"、设立"无人区"的手段,全部驱离家园,建立等同监牢的"集团部落",强制远离农地,最大限度地压缩生产时间。收获的一点农产品,还不够缴纳税捐。这样,农民几乎丧失了最起码的生存条件,只能在饥饿和死亡线上煎熬。

一、农民的普遍贫困化、均贫化和赤贫化

关内沦陷区发生的农民普遍和极度贫困化,具体表现为层压式贫困化(递贫化)、均贫化和赤贫化。它是日本帝国主义疯狂烧杀掳掠、劫夺破坏的结果,是各阶层农民在濒临亡国灭种的悲惨处境下遭受的生死磨难。日本帝国主义的目的是要完全占领和彻底灭亡中国,全面侵华战争一开始,采用的基本手段就是狂轰滥炸,烧杀、奸淫、掳掠,随后将其推向极端,实行杀光、烧光、抢光"三光政策"。在侵华日军的"三光政策"中,杀光是核心,烧光、抢光是杀光的延伸。侵华日军无论占城掠地、行军、驻扎、换防、流窜,还是在占领区及周边地区的清乡、扫荡、"集家并村"、建立和扩大据点,均以"杀光"为首务。对无法一次性杀光的农民,也要把房屋连同粮食、衣物、生活用具等烧光,让生存者无处栖身;若一时不能把房屋烧光,也要把粮食、牲畜、衣饰、财物等抢光、吃光、毁光,让生存者家徒四壁、一无所有,并且最大限度地摧毁农田、农田水利和其他农业资源,使农民无法进行生产,丧失最起码的生存条件。

覆巢之下,安有完卵。在日本彻底灭亡中国的总目标下,当然不会出现农民内部的贫富分化或两极分化,不会一部分农民经济地位下降,另一部分农民经济地位上升,或富者越富,穷者越穷,而是递贫化或均贫化、赤贫化,全面贫困破产;农民贫困化的产生、发展和分布,也不是渐进式的或加速式的和分散的,而是突发的、一贫到底的,在一个地区的分布也是集中的。侵华日军在扫荡中,往往把某个或某一片村庄洗劫一空,再把村

民男女老幼封堵在村内,放火焚烧,将整村房屋连同来不及逃离的村民,无法运走或毁净的畜禽、农具、器具、粮食、衣被、财物细软等,统统烧光,少数村民即使幸免于难,但不论穷富,全都变得一无所有,无一例外。这就是不分穷富的普遍贫困化或"均贫化"。如果还有差别的话,就是地主、富农和部分中农,暂时还保留着日军还未一并攫夺的土地,至于那些仅有一檩茅屋和一挑锅瓢衣被的贫农、雇农等,则是孑然一身的赤贫户了。

在日本全面侵华战争的不同阶段、不同地域,农民贫困化的发生、分布、变化情况和表现特征,互有差异。在时间上,可大致分为战争初期或前期和战争中后期。

在战争初期,日本侵略军为了在极短时间内(一度妄想在3个月内)灭亡中国,在长驱直入、夺城掠地的过程中,所到之处,狂轰滥炸,大肆烧杀、奸淫、掳掠,屠戮民众,奸淫妇女,烧毁村庄,抢劫粮食、牲畜、衣饰、财物,毁坏耕地和农田水利,摧毁农业基础设施,掘毁河堤淹没、冲毁城镇、村庄,日军所到之处,城镇乡村血流成河,民居农舍全成废墟,千百万农民家破人亡、流离失所,家庭经济急剧贫困化,甚至陷入万劫不复的赤贫化深渊。

在华北,河北津浦铁路、平汉铁路沿线各地,前揭日军烧杀劫掠罪行和农业损失情况(详见表3-5、表3-6及文字说明),从一个层面直接反映农民家庭经济遭受破坏和贫困化的范围及严重程度。

河北津浦铁路沿线地区,调查的静海、东光、天津、沧县4县,除了天津农业收成(其中高粱减产严重)和耕畜、车辆的整体损失相对较小,亦即急速贫困化的程度相对稍轻,静海、东光、沧县3县,农业收成和耕畜、车辆的整体损失惨重,不仅作物收成大幅减产,而且骡马、车辆大部分甚至绝大部分被征发。因骡马、车辆既是主要的生产工具,又几乎全部为地主(主要是经营地主)、富农、中农(主要是富裕中农)所有,地主(主要是经营地主)、富农、中农(主要是富裕中农)没有骡马、车辆进行农业生产,占有土地的优势也不复存在。这样,不但下中农和贫农、雇农因农业收成大幅下降,贫困空前加剧,地主(主要是经营地主)、富农、中农(主要是富裕中农)也普遍转趋贫困。这就空前加大了农民贫困化的范围,甚至出现某种"均贫化"的现象。

平汉铁路沿线各县,洪涝损失原本已经不菲,日军又掘堤放水,趁火打劫,更加肆无忌惮地烧杀、掳掠、破坏,牲畜、车辆、夫役征发,无所不用其极。铁路沿线地方,除个别县域(如徐水)受害稍轻外,其余各县农业收成、农业生产条件和农家财产无不损失惨重,各阶层农户家庭经济遭受致命打击,大伤元气,普遍和急剧贫困化,严重的更陷入赤贫化的绝境。如保定,农村房屋破坏"最多",马骡征发"最多",作物整体损失达90%。房屋连同农具、家具、衣被、口粮、钱财全部付之一炬,当年作物基本没有收成,秋收刚过,就既无粮糊口,又无骡马役畜和劳动力(骡马征发须连同夫役),无法耕播补救,以致"耕地多数荒废",各阶层农户陷入"均贫化"和赤贫化深渊。正定、获鹿、邯郸、邢台、磁县等县,情形相仿,甚至更为严重。正定农村房屋"破坏甚多",农田作物或因洪涝,或地处战场,"全数损失",颗粒无收。畜禽方面,无论耕畜、食用畜禽,几乎全被征发。农民不仅住无片瓦,食无粒粮,且因骡驴、劳力短缺,无力秋耕自救,只能在"均贫化"和赤贫化的泥潭中坐以待毙。邯郸房屋、作物、牲畜、车辆无不损失严重:房屋破坏"甚多";作物收成稍好的减半,差的"收获全无";耕畜、食用畜"征发颇多";大小车辆"征发不少"。房屋和农业、副业全面崩溃,农民既无栖身之所、果腹之粮,又无耕作之人力、畜力、车辆、肥料,再加上长时间水浸内涝,耕地"荒废者不少",各阶层农户普遍贫困化,如无强有力的补救措施,不可避免地陷入赤贫化、极贫化深渊。获鹿、邢台情形稍异。获鹿据称作物损失"尚少",但严重问题是,不仅骡马及牛等役畜"几无不被征发者",明年土地"均将不能复耕",且猪、鸡"征发亦多"。全县战前原有的猪、鸡,"现均已不见"。所有这些,无不给农民经济以致命打击。虽然部分农户暂无断顿之虞,但很快坐吃山空,贫困破产接踵而至。邢台情况相仿。作物受损不大,但农户家畜征发"甚多",骡马全数供日运输之用,牛、猪全充日"军粮",农业动力和肥料短缺,以致"土地荒废不少",饥荒和贫困化随即到来。磁县水害严重,铁路东侧,各类作物"几无收获",全县棉花亦因日进犯"无法采摘"，农民吃穿均无着落，秋冬只能忍饥挨饿。尤其是畜力、劳力"征发过多"，农业劳力短缺，生产补救无门。各阶层农户普遍坠落穷困泥淖，而且愈陷愈深。

山西、察哈尔地区，战争破坏和日军征发、劫夺所造成的损失更为惨重，农民急剧贫困化、赤贫化的农户和地域范围也更为广泛。山西晋北铁路、公路沿线一些地区，村落被焚毁无余，农户家中小麦、高粱"一无所有"，高粱秆全部被征发；山西全省的耕畜损失又远比农作物大，牛、马、骡、驴多被征发日军运输之用，猪、羊、鸡等畜禽则多充日军食料，猪、鸡一类畜禽完全绝迹。在平绥路沿线地区，日军除了劫夺粮食、役畜（包括骆驼）、车辆、肉畜，还大量征发、劫夺毛皮、皮革、皮褥、羊毛、驼毛，农牧产品"被劫一空"，晋北和平绥路沿线地区被弄得一贫如洗，相当一部分农户陷入赤贫化的绝境。

在华中地区，受害最严重的江苏，除了日本侵略军的烧杀、掳掠、破坏，还有水患、土匪祸害，农民损失十分惨重，急剧贫困化的程度深，相当一部分农户即使侥幸活命，也是一贫如洗，失去了最起码的生存条件（详见表3-7）。如昆山，毁失农具、耕牛甚多，复逢水灾，农民生活"极端困难"，佃农贫苦者"无力耕田"，完全失去生活源泉；青浦因耕牛、农具散失，种子缺乏，匪徒滋扰，"迥非旧时情况"，农民普遍陷入深度贫困；崇明农民"入不敷出，濒于破产"；金坛"农具损毁过半，农民无力添置，耕种殊多困难"，无以为继。嘉定东乡均系火线，农田不能耕种者颇多，加以耕牛缺乏，不能种稻而改种他项者亦多，农民房屋被毁者，生活更为困难，大多数农民急剧贫困化；吴县受灾"最为惨重，耕牛、农具损失殆尽，农民经济力量薄弱，农耕因之更形困难，产量因之减少"。这里对农民生产和经济损失程度，似嫌估计不足。实际上，在"耕牛、农具损失殆尽"，亦即几乎没有耕牛、农具的情况下，农民耕作岂止"更形困难"，产量又岂止通常意义上的"减少"。农民根本无法进行生产，也根本没有产量和农业收成可言，这些农民占有或租种（包括占有田面权）的土地，失去了作为最基本的农业生产资料的意义，他们和其他丧失土地和全部生产资料的赤贫户，并无质的差别。

在一场大的人类灾难和社会变故中,农民的户口、生活、居住变迁,直接揭示出农民所受打击、损失、经济恶化和急剧贫困化的过程与状况。江苏江宁等11县户口变化和农民离村及回迁情况统计见表3-20。

表3-20　江苏江宁等11县农民离村及回迁情况统计(1938年5月调查)

(单位:户)

项目\县别	战前户数	现在户数			离村回迁居住户数		离村总户数(含回流户)	
		户数	减少户数		户数	占现在户数比例(%)	户数	占战前户数比例(%)
			户数	占战前比例(%)				
江宁	60657	48002	12655	20.86	34090	71.02	46745	77.06
无锡	62358	59005	3353	5.38	24715	41.89	28068	45.01
句容	57524	56202	1322	2.30	1130	2.01	2452	4.26
江浦	35750	14215	21535	60.24	12120	85.26	33655	94.14
崇明	93053	86540	6513	7.09	830	0.96	7343	7.89
金坛	61563	48019	13544	22.00	3904	8.13	17448	28.34
丹徒	134985	108815	26170	19.39	14354	13.19	40524	30.02
金山	41253	39655	1598	3.87	32308	81.47	33906	82.19
嘉定	65887	60786	5101	7.74	786	1.29	5887	8.93
常熟	139187	127477	11710	8.41	114903	90.14	126613	90.97
松江	88546	38096	50450	56.98	23960	62.89	74410	84.04
总计	840763	686812	153951	18.31	263100	38.31	417051	49.60

资料来源:据中央研究院社会科学研究所主编、郑伯彬等编:《沦陷区经济概览·农业编》上册,国民党政府经济部资源委员会1941年油印本,第A5192—A5194页摘要整理、计算编制。

表3-20中数据显示,从1937年7月至1938年5月,不到10个月的

时间,江宁等11县总人口从840763户减至686812户,减少了153951户,减幅达18.31%。这部分减少的户口,除遭日军烧杀产生的绝灭户,绝大部分是因日军烧杀、劫掠而倾家荡产,在村里无法生存,被迫离村外逃,或流浪行乞。几乎所有离村户,包括回流户在内,都是在村内丧失了生存条件的赤贫户。也就是说,完全丧失生存条件的赤贫户占11县总户数的一半弱,江宁、常熟、松江、江浦更依次达77.06%、90.97%、84.04%和94.14%。

日本全面侵华战争的中期和后期,在各沦陷区尤其是华北沦陷区,日本帝国主义为了"以华制华""以战养战",不但要用中国的人力物力占领和灭亡中国,1941年太平洋战争爆发后,更将华北沦陷区作为"大东亚兵站基地",用中国的人力物力征服和统治世界。在这种形势下,日本侵略者对农村的经济劫夺、劳力掳掠和政治压迫、人身管制愈加残酷,农民的贫困化范围加速扩大,贫困化程度急剧加深。具体大致两类地区:一类是日伪统治比较稳固的一些地区,即所谓"治安区";另一类是抗日游击队比较活跃的地区,或敌我双方进行拉锯战的地区,是日伪统治不太稳固或很不稳固的地区,即所谓"准治安区"或"非治安区"。日军在这两类地区烧杀劫掠、政治压迫的政策措施一样,统治和禁锢农民、维持和巩固法西斯殖民统治的基本策略都是"以战养战""以华制华",而其杀手锏是保甲"连坐"。但具体手段不尽相同,农民贫困化也有程度上的差异。在前一类地区,日军政权以"清乡"为主,没有大规模扫荡,没有普遍"集家并村"和划分"无人区",基本保留着原有的村落位置和布局结构,原有生产关系尚未遭到彻底破坏。农民贫困化主要表现为层压式贫困化("递贫化")或均贫化,大部分农民尚未完全赤贫化;在后一类地区,特别是所谓"非治安区",日军反复扫荡,实行"三光政策","集家并村",划分"无人区",快速屠杀与慢性屠杀相结合,将村民驱离家园,与土地隔离,切断其生存条件,绝大部分农民完全赤贫化。这两类地区相互穿插交错,此消彼长,不断变化。从人口和土地面积看,后一类地区远大于前一类地区。

前一类地区中,在河北清苑(保定),有关于李家罗侯等11村日本全面侵华战争期间农户和农村经济状况及其变化的调查统计资料,内容涵盖日军烧杀、劫掠和农民遭受损失,农户结构、农业生产、农户收入、土地租佃、雇佣劳动、农户升降变化等等。该项调查完成于1946年冬,部分统计数据包括1946年的情况(如1936—1946年农户升降变化等),或仅限于1946年情况(如播种面积、作物结构、土地产量、农户收入、农户副业等)。尽管如此,统计资料仍从一个侧面折射出日本全面侵华战争期间的农民急剧贫困化状况及特点,并具有一定的典型性。

清苑(保定)由于位处平汉铁路两侧,离北平很近,战争初期的破坏和农民损失极为严重,农村房屋破坏"最多",农具、家具、衣被、财物全部付之一炬;马骡征发"最多",作物整体损失高达90%。农民既无口粮,又无骡马和人力(骡马征发都须连同夫役),无法耕播补救,以致"耕地多数荒废",几乎完全丧失生存条件。[①] 日军占领保定后,烧杀尤其是粮食、劳力、钱财、树木、牲畜等的劫夺,持续不断,变本加厉。又以征购、压价强购的手段,加紧了对农产品的掠夺,而且价格越来越低。

因上述苛敛征派多同土地及家庭劳力挂钩,各阶层农户除了少数汉奸、卖国贼,经济状况急剧变坏、逐级贫困化,地主变富农、中农,富农变中农、贫农,中农变贫农、雇农,贫农雇农加速绝灭。这是一种典型的"层压式"的"递贫化"。李家罗侯等11村的农户家庭经济升降变化趋势,清晰说明了这一点。详细情形见表3—21。

调查者将农户经济状况的变化趋势简要概括为上升、下降两大类。1936—1946年的10年间(主要是1937—1945年的8年间),1946年11村2595户农民中,呈上升趋势的270户,占总数的10.4%;呈下降趋势的196户,占总数的7.55%。上升或下降的农户都只是一小部分,大部分变化不明显。这似乎并没有什么特别的地方。问题在于不同阶层农户的下降态势。上升的270户中,地主富农和中农分别只有5户和8户,分别占各自阶层农户数的2.29%和0.61%,合计13户,占上升农户总数的4.81%。而下降的196户中,地主富农和中农分别达111户和83户,分别

---

① 中央研究院社会科学研究所主编、郑伯彬等编:《沦陷区经济概览·农业编》上册,国民党政府经济部资源委员会1941年油印本,第A5188页。

表3-21　河北清苑李家罗侯等11村农户升降变化（1936—1946年）

项目 村别	总户数	上升 户数	上升 地主富农 户数	上升 地主富农 占比(%)	上升 中农 户数	上升 中农 占比(%)	上升 贫雇农 户数	上升 贫雇农 占比(%)	下降 户数	下降 地主富农 户数	下降 地主富农 占比(%)	下降 中农 户数	下降 中农 占比(%)	下降 贫雇农 户数	下降 贫雇农 占比(%)
李家罗侯	220	21	—	—	—	—	21	100	12	6	—	6	100	—	—
何家桥	266	22	2	9.10	2	9.10	18	81.82	13	4	30.77	9	69.23	—	—
东顾庄	218	32	—	—	5	15.63	27*	84.38	18	5	27.78	13	72.22	—	—
南邓村	229	44	—	—	—	—	44	100	22	12	54.55	10	45.45	—	—
东孟庄	183	22	—	—	—	—	22	100	14	6	42.86	8	—	—	—
大阳村	309	20	—	—	—	—	20*	100	42	24	57.14	18	42.86	—	—
固上村	383	66△	2	3.03	—	—	64*	94.97	35	27	77.14	8	22.86	—	—
谢村	283	8	—	—	—	—	8*	100	5	5	100	—	—	—	—
大祝泽	245	9	1	9.10	—	—	9	100	17	9	52.94	7	41.18	1	5.89
薛庄村	175	11	—	—	1	9.10	9*	81.82	15	10	66.67	4	26.67	1	1.66
蔡家营	84	15	—	—	—	—	15	100	3	3	100	—	—	—	—
总计	2595	270	5	1.85	8	2.96	257	95.19	196	111	56.63	83	42.35	2	1.02

注：* 上升的贫雇农中，东顾庄、大阳村、固上村、谢村、薛庄村依次包括1户、3户、5户、1户、2户（总计12户）"其他"户。

△ 固上村上升的66户中的66户中，9户中、9户贫农、9户雇农、5户"其他"因1946年土地改革上升；下降的35户中，3户富农、1户中农因1946年土地改革下降。

资料来源：据河北省统计局《1930—1957年保定农村经济调查资料》（1958年油印本）综合整理，计算编制。

占各自阶层农户数的 50.92% 和 6.33%，合计 194 户，占下降农户总数的 98.98%。地主富农、中农上升与下降两类农户数量比较，后者分别相当于前者的 22.2 倍和 10.38 倍。显然，地主富农、中农两个阶层农户，下降是家庭经济变化的基本趋势。亦即地主、富农、中农整体或各阶层逐层下降：地主降为富农、中农；富农降为中农、贫农；中农降为贫农、雇农。这就是十分典型的"层压式"贫困化或"递贫化"。

与地主富农、中农的变化趋势不同，贫农雇农的变化以上升为主。1064 户贫农雇农(含 51 户"其他")中，下降 2 户；上升 257 户，占该类农户总数的 24.15%，占各阶层上升农户总数的 95.19%。在农民"层压式"贫困化或"递贫化"的过程中，贫雇农不但成了上升农户的主体，甚至几乎是上升农户的全部。这种罕见的"上升"实际是由贫雇农的特殊状况和当时前所未有的"层压式"贫困化孕育的假象。因为贫雇农急剧变化主要倾向同样是下降，而非上升。虽然贫农处于农村社会的底层，已经滑落谷底，大多一贫如洗，似乎降无可降。但事实上大部分仍在继续下降，直至终了：有的因贫穷无力婚娶，最后终老绝户；有的冻饿、疾病、瘟疫而亡；也有的全家外逃、乞讨、客死他乡。统计数据显示，日本全面侵华战争期间，11 村先后有 78 户完全绝灭，几乎全部是贫雇农。因此，并非贫农雇农的经济变动趋势中没有下降，而是下降者多已灭门绝户，以致调查统计中只剩下"上升"，而没有"下降"。同时，因贫农雇农极度穷困，家庭人口少，经济简单，稍有改善显而易见。如租到小块土地耕种；找到某项工作、职业(如手艺、长工等)；小孩长大成人自食其力；病残老人去世，家庭负担减轻、人口年轻化，等等，都可能有机会"上升"。不过这是就正常情况而言，在日本侵略者的刺刀和铁蹄下又是另一回事。事实上，257 户贫雇农的上升，有相当部分出现在日本战败投降后，如固上村上升的 64 户贫雇农中，就有 23 户(含"其他"5 户)是因为 1946 年实行土地改革而上升。其他各村也应有类似情况。据此可知，日本全面侵华战争 8 年间，已跌入谷底的贫雇农出现反弹"上升"的数量并不多。1936—1946 年，因"上升"脱离贫雇农阶层的为 85 户，而继续下降的贫雇农数量则多得多，因冻饿、疾病、瘟疫死亡绝灭，或因无以为生被迫外逃外迁，因遭日本杀戮或抓壮丁而劳力短缺的就达 146 户(人)。

日本侵略者进行的劫掠,通常是需要什么就劫掠什么,农民有什么就劫掠什么。为了尽快得到需要的物资、军需,满足其贪欲,地主富户和富裕农民自然是掠夺的主要对象。不过单靠对地主富户和富裕农民的掠夺,还远不能满足其欲壑和侵略战争的需要。因此,日军在河北清苑和沦陷区的掳掠对象都是全体农民。其结果是导致包括地主富农在内的全体农民加速贫困化,亦即普遍贫困化或"均贫化"。在李家罗侯等 11 村,地主、富农、中农普遍逐层下降而极少上升,既是"层压式"贫困化或"递贫化",也是普遍贫困化或"均贫化"。

农业雇佣劳动是近代商业性农业发展和农民贫富分化的产物,农业雇佣劳动的兴衰变化直接折射出商业性农业、农业生产的兴衰和农户经济贫富变化。日本全面侵华战争期间,沦陷区农业雇佣劳动呈加速度萎缩态势,恰恰是商业性农业和农业生产衰退、破产,农民普遍贫困化和"均贫化"的结果。清苑李家罗侯等 11 村的相关统计资料,也有一定的典型性。详见表 3-22。

表 3-22　河北清苑李家罗侯等 11 村农业雇佣劳动
及其变化(1930 年、1936 年、1946 年)

项目 年份	总户数	雇入				出雇			
		长工		短工		长工		短工	
		户数	人数	户数	天数	户数	人数	户数	天数
1930	2119	181	249	287	20683	278	325.5	629	55536
1936	2272	184	238.83	255	15009	256	307	525	44213
1946	2595	115	135	178	12078	127	134.5	475	33104

资料来源:据河北省统计局:《1930—1957 年保定农村经济调查资料》(1958 年油印本)综合整理、计算编制。

表 3-22 中展示了 1930 年、1936 年、1946 年 3 个关键性年份的农业雇佣劳动统计数据。"九一八事变"前的 1930 年,农业雇佣劳动相对兴旺,反映商业性农业、农业生产有所发展,农民亦处于持续的贫富分化态势中。日本全面侵华战争爆发前的 1936 年,农业雇佣劳动除长工雇入户

数略微上升,雇入、出雇的户数、人数(或天数)均出现轻度下降。这是日本侵占东北和随后全国性农业恐慌肆虐的结果。东北沦陷导致华北土布销售市场和豆饼供应市场丧失,华北的人口和劳动力亦无法自由出入东北,以棉花种植为中心的商业性农业、以纺纱织布为中心家庭手工业受挫,农民职业和人口调节机制失灵,随之而来的全国性农业恐慌,使之雪上加霜。农业衰退,市场萧条,农民破产。1935年后,虽然农业生产和城乡经济开始复苏,但日本对华北的侵略、蚕食呈加速度发展,农业生产和农民经济复苏步伐缓慢。农业雇佣劳动的轻度萎缩所反映的是农业生产的明显衰退和农民的日趋贫困。

日本战败投降一年后的1946年,同1936年比较,农业雇佣劳动无论雇入、出雇的户数、雇工形式、人数(或天数),全都大幅度下降。雇入方面,长工的雇入户数和人数,分别从184户、238.83人降至115户、135人,下降幅度分别为37.5%、43.47%;短工的雇入户数和天数,分别从255户、15009天降至178户、12078天,下降幅度分别为30.2%、19.53%。出雇方面,长工的出雇户数和人数,分别从256户、307人降至127户、134.5人,下降幅度分别为50.39%、56.19%;短工的出雇户数和天数,分别从525户、44213天降至475户、33104天,下降幅度分别为9.52%、25.13%。其下降幅度都比1936年大得多。

农业雇佣劳动这种大幅度的萎缩,折射的是农业生产特别是商业性农业的全面和大幅度衰退、农民的普遍和急剧贫困。而且,农业雇佣劳动的雇入、出雇,长工、短工,下降幅度的高低差异,也同日本全面侵华战争期间商业性农业和农业生产的严重衰退与破坏,同农民普遍和急剧贫困的状况与特征,完全吻合。

日军疯狂、持续烧杀、劫掠,严格取缔农产品的市场交易,农民收获的农产品被劫夺一空,特别是过去主要用来交换的棉花、小麦等农产商品,更是一经收割就被日军或合作社以各种方式、借口抢走,包括所谓"集中保管"。农民既得不到棉花、小麦等实物,又见不到现金,因而没有能力也没有缘于经济利益驱动而使用雇佣劳动。所以无论长工、短工的雇入,都大幅减少。这还是日本战败投降一年后的数据,日本战败投降前的状况更要糟糕得多。在北方地区尤其是华北平原,地主土地一般以雇工经营为主,而且主要从事棉花、小麦的商品性生产。农业雇佣劳动尤其是长工、短工雇入的大幅降低,它所折射的正是商业性农业的严重衰退和地主富农经济的急速下降。

从长工、短工出雇的角度观察,这两种雇工形式之间出雇户数、人数(天数)下降幅度的重大差异,从一个侧面反映了日本全面侵华战争期间中下层农民贫困化的状况及特征:日军残酷烧杀、掳掠、切断农民生存条件等侵略手段,大大加快了各阶层农民尤其是中下层农民贫困化和因冻饿、瘟疫、疾病死亡绝灭的速度。调查统计资料显示,1936—1946年,11村的中农(包括少数富农)因经济下降而跌入贫雇农阶层的为165户,因经济上升而脱离贫雇农阶层的则只有85户,进出相抵,贫雇农阶层净增80户。与此同时,原有的相当一部分贫雇农因冻饿、瘟疫、疾病而灭门绝户,或无以为生而外逃、外迁,或被日军虐杀致死、重伤残废。1936—1946年,11村绝灭、迁出的贫雇农为79户,与上面所增80户贫雇农基本抵消。另外,还有被日军虐杀致死或重伤残废,以及被抓壮丁的贫雇农达67人(户)。这些不仅制约贫雇农的数量增减,也使贫雇农阶层的内部结构产生重大变化。1946年同1936年比较,贫雇农的数量从1028户减至1013户,下降1.46%,而贫农由899户增至975户,增加8.45%;雇农由129户减少到38户,下降了70.54%,占贫雇农阶层总数的比重从12.55%降至3.9%。更值得注意的是内部结构发生了重大变化,贫农数量上升,雇农数量大幅下降。1936年贫农、雇农分别为899户和129户,雇农占12.55%;1946年贫农增至975户,而雇农减少到38户,占贫雇农总户数的比重降至3.9%。

在一般情况下,贫农大多还保留小块土地(包括租种地)和家庭农副业,除非家里有两个以上男劳力,通常以打短工(零工)为主,卖长工的少;而雇农的土地(包括租种地)和其他生产资料已经丧失殆尽,大多除了劳动力,近乎一无所有,单靠打短工,难以维持自己和家人生活。因此,贫雇农的数量、内部结构及其变化,在市场供应上影响和制约雇佣劳动的数量、结构及其变化。长工的雇入、出雇萎缩严重,短工的雇入、出雇萎缩轻微的背后,则是贫农增加、雇农减少,贫雇农结构的重大变化。如前所述,贫雇农结构的这种重大变化,又并非雇农绝地逢生,反弹上升为贫农或中农,而是因为中农普遍和急剧贫困化、贫雇农继续下沉并最终灭门绝户的结果。

具体的变化过程是,大批中农(包括少数富农)家庭经济持续下降,纷纷跌入贫雇农阶层,不过在一段时间内,大多还保留着少量土地(包括租种地)和家庭农副业生产,只是由中农变为贫农,尚未沦为几乎一无所有的雇农。而原有的贫雇农尤其是雇农,大多继续下降和赤贫化,最后山穷水尽,以灭门绝户告终。在日伪法西斯残酷统治下,由于广大农户处于普遍贫困或"层压式"贫困化("递贫化")或"均贫化"的普遍穷困状态,全部自身难保,社会救济保障功能完全消失,因农业雇佣劳动严重萎缩而陷入失业、冻饿绝境的赤贫化雇农,无处乞讨苟延度日,而在日本侵略者又残酷烧杀掳掠,抓派壮丁、夫差、劳役的情况下,他们又没有时间和自由外出乞讨,从而大大缩短了这部分雇农从赤贫到山穷水尽、灭门绝户的过程和时间。尽管中农降为贫农雇农的户数最多,速度也在加快,但仍然无法填补因加速灭门绝户的雇农空缺。这就是贫农增加、雇农剧减的奥秘所在,也是日本全面侵华战争期间农民广泛和急剧贫困化的显著特征。

在后一类地区,即所谓"准治安区"尤其是"非治安区",同前一类地区,即所谓"治安区"相比,农民的贫困化范围更广、速度更快、程度更深,不只是广泛的"层压式"贫困化("递贫化")或"均贫化",而是急速、普遍赤贫化或极贫化。

1941年12月太平洋战争爆发和战争进入相持阶段后,大规模的战略进攻暂停,日本帝国主义的主要战略任务是,"以战养战""以华制华",进一步加强了占领区尤其是"准治安区"和"非治安区"经济攫夺、劳力掳掠和军事扫荡,在推行杀光、烧光、抢光"三光政策"的同时,实行保甲"连坐"和"集家并村",制造和扩大"死亡地带"(包括扫荡区、清乡区、撒毒区、人造瘟疫区、无住禁作区、禁区、隔离区、集团部落、集家并村区、"无人区"等等),切断民众的生存条件和民众同八路军、游击队的联系,接踵而来的自然是这类地区全体民众的急剧和极度贫困化或赤贫化。

这种极度贫困化或赤贫化,遍及"准治安区"和"非治安区",几乎无一例外。只是在不同区域或县乡、村落,侵华日军实行烧杀掳掠和"三光政策"重点、起始及持续时间、扫荡次数、涉及范围,对农业生产、农业资源、农民和农村经济造成的破坏与损失,大小和程度各有差异,农民贫困化的起始时间、范围广狭、表现形式,不尽相同。

在所谓"准治安区"和"非治安区"的大部分区域,侵华日军为了对民众进行监视和禁锢,维持和强化法西斯殖民统治,在疯狂进行经济掠夺的同时,强征民夫、劳役,修筑碉堡、据点、公路、壕沟、隔离墙等,数量多,工程量大,涵盖地域范围广,延续时间长。这样就从侵占和破坏耕地、掠夺和耗竭农民劳力两个方面,掐住了农民的脖子,使农民陷入了极贫和冻饿的绝境。

在冀南沦陷区,据不完全统计,截至 1943 年,侵华日军修建碉堡、据点、公路及封锁沟、封锁墙等,共占地 135075 亩,掠夺劳力 763.6 万余个。[1] 数以百万计的农民或有劳力而无土地,或有土地而无劳力和时间耕种,或既无劳力又无土地,都陷入极度贫困的绝境。经常性的"支差"和劳役榨取,同样甚至更严重加剧了农民贫困化和赤贫化。因为经常而沉重的劳役负担严重消耗农民的体力和时间,农民即使有土地,也没有时间和体力按农业季节进行正常生产。如冀南巨鹿大韩寨、大吕寨,冀县北冯村,新河西千庄,一个主要劳动力平均 1/5 的时间要为敌人做苦工;太行区邢台大板沟、崔家庄、沙河西赵村、纸坊 4 村,每天都有 1/8 的人口给侵华日军服苦役。如果 18 岁以上 50 岁以下的人口(敌人规定的"支差"年龄)占全人口 3/10,那么,每个在这个年龄段的男人,平均每个月就有15 天要为侵华日军服无偿劳役。[2] 这就是说,即使全年不生病、一天不歇息、不做其他事情,也只有一半左右的时间从事农业生产。在这种情况

---

[1] 齐武编著:《一个革命根据地的成长——抗日战争和解放战争时期的晋冀鲁豫边区概况》,人民出版社 1957 年版,第 63—64 页。

[2] 齐武编著:《一个革命根据地的成长——抗日战争和解放战争时期的晋冀鲁豫边区概况》,人民出版社 1957 年版,第 68—69 页。

下,除非这些农民有 50% 以上的剩余劳动或剩余产品,否则他本人及家庭成员根本无法正常生存。然而,即使在日本全面侵华战争爆发前,一般农民也远没有 50% 以上的剩余劳动或剩余产品,以致长期以来国家和政府税捐特别是封建地租严重侵蚀农民必要劳动,更遑论侵华日军铁蹄下的冀南沦陷区农民了。他们不仅无剩余劳动或剩余产品可言,而且连必要劳动和必要产品也被侵华日军劫夺一空。

从某个角度看,相对清苑李家罗侯等村而言,冀南地区的情况更为严重,侵华日军的碉堡、据点、公路尤其是封锁沟、封锁墙等的修筑,攫夺和圈占了农民更多的土地,掳掠了农民更多的劳力。经侵华日军一再扫荡、大范围禁锢,实行杀光、烧光、抢光"三光政策",农业生产和农业资源遭到严重甚至毁灭性破坏。在土地、劳力、耕畜、农具严重不足的情况下,农民仍然被迫要用一半以上的时间"支差",无法进行正常的农业生产,少得可怜的一点所获产品又被侵华日军大部分甚至全部劫夺,农民全部陷入了深度贫困化的泥潭。这种极贫化的产生,除了侵华日军对土地和农业生产、农业资源的肆意掠夺与毁灭性破坏,还有一个重要原因,就是在残酷掠夺农产品的同时,肆意掳掠农民劳动力,对农民物化劳动和活劳动两者的劫夺双管齐下。农民既无衣食,又无时间、精力和条件、办法进行生产自救,只能听天由命。

在所谓"准治安区"特别是"非治安区"一些地方,侵华日军为了便于奴役和禁锢农民,推行"集家并村"和"囚笼政策",把农民原来地势较高相对分散或有某种遮挡的住房全部拆毁或烧毁,另选平坦无遮挡地段(往往多为优质农田)建造"集团部落"(农民称为"人圈")。四周垒筑底宽 1 米以上、高 3 米以上的围墙,围墙外挖掘隔离沟,沟外 3 公里宽环形地带的全部土地被划为"禁住禁作"地带,不准耕种和人畜进入,否则格杀勿论。这样,相当一部分甚至大部分耕地被强制荒废。3 公里以外往往没有耕地,即使有耕地,也远离"部落",不便耕作。同时,整个"部落"围墙只设一至两处大门出入,门口有日军站岗,平时日出"三竿"才开门放人出外,太阳未下山便关门上锁。因开门时间短,路途遥远,大部分时间和精力都消耗于往返路途。而且,白天还要抽出大部分人去修公路、筑碉堡、开矿与挖沟,实际进行生产劳动时间很少。[①]　故此,尽管大部分耕地被划为"禁区",强制荒废,土地极度短缺,但荒地却不断增加。据热河平泉县 124 个"部落"统计,"集家并村"的当年就荒废土地 8.8 万亩,占原有 34 万多亩耕地的 26%。而且划为"无人区"的"部落"荒地反而更多,一般达 30%,最多的达 50%。由于耕地少而荒地多,劳动时间短,耕播不及时,土地产量异常低下,而苛捐杂税多达数十种,所获产品还不够交税。农业生产毫无收入可言,作物种植和农产品之外,没有其他任何收入和必要的补充。在"集团部落"内部,房屋极其简陋狭窄,没有可用于家庭手工业、养殖业或其他副业的任何空间,房舍外没任何隙地,可用于蔬菜种植。农民家庭手工业、养殖业、蔬菜种植和其他副业全部绝迹。在这种环境下,农民最多只能以野菜、草根充饥,要么冻饿、死亡。上揭热河平泉县,从 1943 年修建"集团部落"到 1945 年日本投降的两年多时间里,冻死饿死者即达 12266 人。[②]

　　这还只是"小集家",是相邻若干村庄和散居农户的"集家并村","无住禁作"或"无人区"地带划定在"部落"隔断墙周边 3 公里的范围内,尚有若干比例的农户能够或近或远部分耕种自己原有的土地,还没有达到全体农民同土地隔离的程度。在长城两侧沿线地区,侵华日军还实行了"大集家",采用屠杀、驱赶的毒辣手段,强制农民进行大范围迁移,建造"千里无人区"。这是"集家并村"过程中建造的最大"无人区",也是最典型、最凄惨的农民赤贫区。

　　1941 年 9 月,热河日本宪兵本部提出以"国境地带无人区化"作为"灭共对策";10 月,关东军西南防卫司令部制定了《西南地区肃正工作实施纲要》,制造"无人区"的全面计划出台,当年冬季即开始"小集家",将长城两侧深山里的居民全部驱赶下山,1942 年扩大推行。1943 年将"小

---

　　①　敖汉旗志编纂委员会编:《敖汉旗志》,内蒙古人民出版社 1991 年版,第 834—836 页,附《日军"集家并村"罪行录》;平原县土地志编纂委员会编:《平泉县土地志》,2001 年印本,第 235 页。

　　②　敖汉旗志编纂委员会编:《敖汉旗志》,内蒙古人民出版社 1991 年版,第 834—836 页,附《日军"集家并村"罪行录》;平原县土地志编纂委员会编:《平泉县土地志》,2001 年印本,第 235 页。

集家"上升为"大集家",出动近 10 万日伪兵力"扫荡"热南,对被划为"禁住禁作"区的房屋一概烧毁,抗拒迁出的民众"格杀勿论"。侵华日军还专门组织快速机械化部队,普遍验查"无人区",其所到之处,草木过刀,房屋放火。对于逃进深山老林的农民,敌人便实施"清剿",见人便杀。到 1943 年 12 月底,侵华日军将百万农民逐出山区,赶进"人圈",制造了东西长 700 里,南北宽 200—300 里的"千里无人区"。①

长城两侧"无人区"内原住居民被赶到日军事先划定的区域,组成如同牲口圈一样的"人圈"。他们被驱离家园,强制同原有土地隔离后,生产和居住条件比其他"集团部落"更为严酷、恶劣。四周是高 1 丈 5 尺左右的围墙,墙顶上装满铁丝网或插满枣树刺枝,墙的四角与大门顶上是碉堡,墙上留有垛口,里侧为"马道",间隔几十米设一站台,"马道"站台上由民众被迫组织的"义勇奉公队"(即所谓"反共自卫团")日夜守卫。碉堡与大门由伪军或武装"部落警"持枪把守。一般每座"人圈"仅留两个大门,白天总是太阳升得很高,日伪军警确认"平安无事",方才开门放人出外耕作,太阳未下山便赶人入内关闭大门。稍有风吹草动,就几天不开门。日伪将"人圈"禁锢得犹如铁桶一般。而在"人圈"内却实行"门户开放",夜晚不准关门,以方便日伪警特横行无阻地奸淫抢夺。② "人圈"内的青年男子尽数编入"反共自卫团",昼夜持棍巡逻,白天还要抽出大部分人去修公路、筑碉堡、开矿与挖沟。根本没有时间和精力进行生产。③

各个"人圈"之间,也相互隔绝,沟壕堡垒纵横交错,将各个片区尽行孤立。为了将"无人区"原住民众和冀东民众困死、饿死,侵华日军在冀东设置了东西南北各四道宽 4 米、深 3 米、近 4000 里的壕沟、碉堡、封锁墙相结合的封锁线,把冀东区分割成数块。无论那条封锁沟沿线,都是三里一碉,五里一堡。如从唐山到丰润 50 里,就有 25 个炮楼。许多县域还

---

① 朱德新:《二十世纪三四十年代河南冀东保甲制度研究》,中国社会科学出版社 1994 年版,第 41 页。

② 朱德新:《二十世纪三四十年代河南冀东保甲制度研究》,中国社会科学出版社 1994 年版,第 42 页。

③ 朱德新:《二十世纪三四十年代河南冀东保甲制度研究》,中国社会科学出版社 1994 年版,第 41 页。

自行构筑简单工事,以防抗日力量的渗透。1942年9月19日,伪抚宁县公署召开乡(镇)长会议,决定在各重要乡(镇)构筑宽1.2米、深1.3米的立射式散兵壕,或在周围埋设木桩,穿以带刺的铁丝网,再装上栅栏门,由"反共自卫团"日夜守护。①

这样,各个"人圈"里的民众,不论长城"千里无人区"移居民,还是当地原居民,全都处于"三隔绝"(即同土地隔绝、同八路军及抗日力量隔绝、各"人圈"间相互隔绝)的极度孤立无援状态。特别是同土地的隔绝,令他们失去了最基本的生存条件,完全陷入绝境。即使在这种情况下,侵华日军的经济掠夺仍然无所不用其极,各种征收和勒索不下二三十种,将农民全年收入搜刮殆尽。许多人只能以野菜、树叶充饥,讨饭、借债度日。据1946年统计,热河全省500万人口中,衣食住全无的达71万人,缺衣、食二项的100余万人。日本战败投降一年后的全省情况尚且如此,日本投降前的"千里无人区"可想而知。②

"集家并村"和"无人区"的农民还不算是最贫困和受害程度最深的。最为贫困、生活最为凄惨的还要数侵华日军驻地尤其是重点扫荡、反复扫荡区的农民。③ 一名侵华日军士兵声称,日军"如果约500人的部队在100户左右人家的村庄驻一夜,这个村庄恐怕10年也恢复不起来"。④ 可见这些地区破坏之大、受害之深、民众状况之惨。

在这些重点扫荡、反复扫荡区,侵华日军实行杀光、烧光、抢光"三光政策"。其基本做法是,不论男女老幼一律杀光;房屋建筑和农具、家具、器物一律烧光,不怕火烧的锅碗和金属、陶瓷器皿,一律砸碎;粮食、畜禽、衣饰、钱财、金银首饰一律抢光、运光,运不走的全部就地销毁;水井、水源一律撒毒。凡是经过扫荡、劫夺的村庄,顷刻变成废墟,相当一部分甚至大部分村民被杀死、烧死,妇女被奸杀或羞愤自尽。侥幸逃生者无屋住、

① 朱德新:《二十世纪三四十年代河南冀东保甲制度研究》,中国社会科学出版社1994年版,第42—43页。
② 娄平:《千里无人区》,南开大学历史系编:《中国抗日根据地史国际学术讨论会论文集》,档案出版社1985年版,第558页。
③ 李恩涵:《战时日本贩毒与"三光作战"研究》,江苏人民出版社1999年版,第258页。
④ 李恩涵:《战时日本贩毒与"三光作战"研究》,江苏人民出版社1999年版,第240页。

无饭吃、无衣穿，甚至无水喝、无路走，举目无亲，身无一物，孑然一身，完全失去了最起码的生存条件。这类农村，不论原来如何富庶，自然条件如何优越，出产如何丰富，全部成为极贫之区、"死亡之区""无人区"。① 这是比"千里无人区"更为惨绝人寰的另一类"无人区"。山东鲁中沂鲁山区，就是侵华日军制造的这类极贫之区、"死亡之区"和"无人区"中的一个典型。

1938 年年初，日军侵占沂鲁山区，在县城集镇安设据点，四处疯狂扫荡，实行杀光、烧光、抢光"三光政策"，不断扩大占领区范围，村庄房屋被烧，村民被屠杀，财产被洗劫一空。再加上投降日军的国民党新编第四师师长吴化文部和以山东省主席沈鸿烈为代表的国民党其他顽固派、投降派助纣为虐，扫荡、烧杀、横征暴敛，以残害抗日军民和平民百姓为能事，祸害一方。从 1941 年开始，在鲁中沂鲁山区，出现了震惊全国的"死亡之区"和"无人区"。"死亡之区"和"无人区"以临朐县的三岔（今沂源县）、九山为中心，东至安丘、昌乐西部，西至蒙阴西北部（今沂源县）、博山东部，南至沂水、蒙阴北部，北至益都、临朐南部，纵横近 100 公里。

整个"死亡之区"和"无人区"，生产凋敝、生活穷困苦的程度，超出常人想象，日伪和国民党顽固派、投降派，苛捐杂税名目多如牛毛，见粮就抢、见物就拿、苛敛、搜刮、抢掠无所不用其极。当地民众形容他们"轻的不拿鸡毛，重的不抬碾盘"，除此之外，诸如粮食、衣物以及其他一切有用的东西，都被抢掠一空。农民终年以野菜、树皮充饥，既没有一粒粮食进口，亦无种子耕播，即使偶尔弄到一点种子，哪怕已经拌上粪土耩地，也被从粪土中抢走。如临朐县于家庄于维正，好不容易买回 2 升谷种，刚耩了 6 分地，其余的便被国民党顽固和投降军从粪土中扒走了。于维正苦苦哀求，"老总，种不上粮食怎么交给养啊"！"老总"恶狠狠地说："你还想活很长时间吗"？结果，成千上万的民众，不是被日伪和国民党顽固和投降军枪杀、残害毙命，就是冻馁而亡。1943 年春荒中 1 个月即饿死 28 人。临朐县前坡村（今属沂源县），土地亩产不足 200 斤，而每亩负担"给养"

---

① 李恩涵：《战时日本贩毒与"三光作战"研究》，江苏人民出版社 1999 年版，第 258 页。

竟达 1700 斤,仅 1943 年 3 月至 5 月,全村就有 150 多人因拿不上"给养"被吊打。到 1943 年 6 月,全村 41 户、266 口人,仅剩 13 户、37 口人。有 29 户家破人亡,14 户卖儿卖女,44 人活活饿死,19 户全家死亡。马光荣一家 16 口人,1 年就饿死 11 口。人口较为稠密的南麻、鲁村等集镇也几乎断了烟火,大村只剩下几十人,小村子找不到一个村民。据临朐县不完全统计,全县逃荒要饭的 16.8 万人,典妻鬻子的 1.4 万人,遭日伪杀戮和饿病而死的 10 万多人,全县由原来的 38 万人,锐减至 8 万人。整个"死亡之区",土地荒芜,荆棘丛生,野有僵尸,路有饿殍,满目疮痍,一二十公里不见人影。村庄内蓬蒿比人高,只剩断墙残壁的房屋,到处豺狼奔逐,乌鸦啄尸,阴森森令人毛骨悚然。不少村庄先死者有人埋,后死者无人抬,到处白骨累累,火炕成了狼窝,碾盘、磨顶筑起了鸟巢。行人一停下来,吃惯了人肉的红眼巨鼠,直往身上扑。饿狼白天追吃活人,单身行人不敢上路。村中偶有个把村民蜷伏墙根,有的脸肿得像面盆,有的消肿后皱起的黑皮挂在脸部,头发长得像犯人,连张嘴说话的力气都没有。沂鲁"死亡之区"和"无人区"的贫困和凄惨程度,在山东尤其是沦陷区,无疑是最典型的,但绝不是独一无二的。国民党山东省政府粮食处一孙姓职员当时写过一副对联,上联是:"民政厅财政厅民穷财尽";下联是:"田赋处粮食处田荒粮绝"。① "民穷财尽""田荒粮绝",农民、农业、农村经济的衰败、崩溃,农民乃至全民的贫穷、困苦,均已达至极限。

二、在恐怖、屈辱、冻馁、死亡线上的挣扎与煎熬

日本帝国主义为了达到全面占领和彻底灭亡中国的目的,对中国民众采取的基本手段是快速屠杀和慢性屠杀。所谓快速屠杀,就是或单个杀戮,见一个杀一个,或将抓到的民众,成百上千集中一处,进行集体屠杀,以最快的速度、最短的时间从肉体上消灭中国民众;所谓慢性屠杀,就是剥夺尚存者的生产和生活资料,破坏、摧毁其生产、生活环境,截断和毁

① 崔维志、唐秀娥:《沂蒙抗日战争史》,中国文史出版社 1991 年版,第 290—295 页。

灭其生存条件,使其最终因饥饿、冻馁、瘟疫、疾病而加速死亡。关内沦陷区的民众,或被侵华日军快速屠杀丧命,或暂时躲过或漏过快速屠杀,但躲过或漏过了今天,不等于能躲过或漏过明天和后天,因为随时随地都会遭到快速屠杀,就算躲过或漏过快速屠杀,暂时得以保命,也绝对不可能躲过或漏过慢性屠杀,故只能苟且偷生,在屈辱、冻饿、死亡线上挣扎与煎熬。这在时间上,可大致分为战争初期和战争中后期。

(一) 日本全面侵华战争初期

在战争初期的夺城掠地过程中,侵华日军为了摧毁中国的有生力量和反抗力量,在最短时间内全面占领和灭亡中国,同时出于对有着五千年灿烂文明和4.5亿人口的东方巨人的妒恨,以及自身海寇本性的恶性膨胀,除了狂轰滥炸、烧杀掳掠,推行"焦土政策",还施展各种惨绝人寰暴行,制造骇人听闻的惨案。凡侵华日军所到之处,房屋被焚毁,村落变成焦土;村民被烧死、枪杀、活埋,或被抓夫;不少女子包括老妇、少女乃至儿童,被奸杀(先奸后杀)。即使暂时保命,但因房屋、农具、家具、衣物、生活用品被烧,耕畜、家畜家禽被宰被抢,粮食、副食被烧被抢,根本无法继续生活,被迫离乡行乞、流浪,客死他乡,或因外逃更难活命,被迫返村,但还是无法生活;妇女因被奸淫糟蹋,身心严重创伤,只能苟且偷生,或羞愤自尽,也有的为免遭侵华日军奸淫、侮辱被迫自行了断,甚至全家大小女性集体自杀,无一恋生。

有些地区,遭侵华日军一轮或多轮轰炸和烧杀掳掠,村民、居民房屋全部或大部被焚,农具、家具、衣被、锅碗盆勺尽成灰烬瓦砾,村落变为废墟、焦土、口粮、畜禽不仅全部被日军抢劫、宰杀,牛马大车亦被征发。不少农户、村民被烧死、杀死。部分家庭甚至死绝。死里逃生者孑然一身,上无片瓦遮盖,下无净土立脚,只得拖儿带女、扶老携幼,离村他徙,流浪乞讨,苟且偷生。然而,离开故土,举目无亲,人地生疏,风餐露宿,再加上兵荒马乱,到处人心惶惶,茫茫中华大地,竟无一处藏身和安身立命之地。惊吓之余,饥寒交迫,疾病、瘟疫即刻缠身(有的原本年老体弱、有病在身),因无食物果腹、无衣衫保暖,更无医药诊治,未几客死他乡,甚至全家死绝。幸存者,走投无路,举目无亲。同时也不愿客死他乡,成为"野鬼"。这样,许多离村外出流浪乞讨的农户、村民,离村不久又被迫陆续返回村里。在这方面,前揭苏南地区是一个很有代表性的例子。如表3-20所示,苏南江宁、无锡、嘉定、常熟、松江等11县,日本全面侵华战争前,共有840763户,日军占领当地后,有417051户先后离村外逃,占总户数的49.6%,即将近一半。其中江浦、常熟两县的离村外逃比重超过90%,松江、金山亦超过80%。但1938年5月调查时,已有263100户先后返回村里,占离村户总数的63.09%,占现在户数的38.31%。离村外逃的时间,大多不超过半年。他们在外面无以为生,但两手空空返回原村,因为最起码的生存条件已被日军摧毁,同样只能在饥饿和死亡线上挣扎。他们唯一能做到的,恐怕是可以死在"家"中,"落叶归根",不再成为"野鬼"。另外,1938年调查时同占战前比较,11县农民和村民减少了153951户,占战前总户数的18.31%。减少的这部分农民、村民,全部是离村未归者。除了南京大屠杀,在苏南江宁等11县农村,可能全家被日军杀绝的还不多。至于离村未归,可能主要有两种情况:一是滞留在外,暂时尚未回村;二是全家已经客死他乡。两者各自所占比例无考。不过从离村者离村、回村的贫困和匆促情景,以及当时社会环境的恶劣程度判断,这部分离村未归的农民、村民中,大部分甚至绝大部分已经客死他乡。在这么短短的时间内,如此大量的离村农民、村民,就已全家死绝,这是日本帝国主义在其占领区(不仅仅是江宁等11县)普遍实施快速屠杀和慢性屠杀双管齐下的结果,因为不能排除离村农民、村民,包括回村的农民、村民,未在流浪过程中遭到所在地侵华日军的杀戮、残害。

尽管如此,日本法西斯还是嫌这种快速屠杀和慢性屠杀双管齐下政策见效不快,必须加大快速屠杀的力度,加快中华民众灭绝的速度。而且日本法西斯经过所谓"武士道"精神的洗脑,被训练成了杀人魔鬼,嗜血成性,已经没有丝毫人性。不仅以奸淫取乐,而且追求血腥快感:用刺刀挑开女童阴户强奸;奸后捅穿阴户;先奸后杀;光天化日集体强奸、轮奸,直至受害者腹胀如鼓、阴户出血如注,最终惨死。如此等等,不一而足。在夺城掠地的过程中,杀人如麻,制造一起又一起惨案,无数中国男女老幼,惨死在日本法西斯的刀下,或因伤残、悲愤、羞怒自杀。幸存者不仅身心遭受无法医治和平复的创痛,而且绝大部分只能在生活绝境中,苦苦挣扎。

　　1937 年"七七事变"后,侵华日军沿平汉、津浦两条铁路干线长驱直入,向河北、华北地区进犯。铁蹄所至,烧杀奸淫掳掠、腥风血雨相随,各种惨案接连不断,亘古未有的灾祸从天而降:10 月初侵占石家庄,随即魔爪伸向赵县,对县城狂轰滥炸的同时,从 10 月 7 日至 15 日,短短几天时间内,日军以飞机轰炸、机枪扫射、活人当靶、刀挑枪杀、火烧水淹、活埋放毒等极其凶狠残暴的手段,制造了一起杀害 1149 人的大惨案。

　　1937 年 10 月 7 日(农历九月初四)为赵县城关大集,近中午时分,集市活动达到高潮,城内街道熙熙攘攘,人群如鲫。突然从西北、东北方向飞来 5 架日军飞机,呈一字形排列,由北向南对准人群扫射猛炸。顿时人畜倒地、房屋坍塌,几分钟内炸死、炸伤无辜民众 200 多人,损失财产无数。不足百米的东马虹街被炸死 20 多人,血肉飞溅,尸体满街,一名赶集人被炸飞的椽子插进肚里,疼痛难忍,惨叫不止。幸存居民和赶集商贩、农民,乱成一团,赶集者纷纷向城外逃散。城关居民惊慌恐怖,或逃往城外,或躲进防空洞;商店闭门,街上无人,全城一片死寂。10 月 11 日夜晚一场激战后,次日赵县县城失守,日军像一群恶狼由西门、北门冲进县城,封闭东、西、北三门,开始大搜查、大屠杀。日军在城内仅一天就杀戮居民 110 余人。当天,日军又冲进城郊宋村、常洋、官庄、东晏头等七个村庄,杀死村民 700 余人,重伤致残 80 多人。常洋尤为惨烈。4 天中,日军在常洋村杀死、烧死、淹死村民近 200 人。其中 11 户被杀绝,被烧毁房屋 69 间,猪、羊、鸡、鸭被杀光吃净,农具家具全部被烧毁、砸烂。日军把粮食、衣物装了 10 大车,抢了本村 29 头大牲畜运到赵县县城。日军走后的第二天,逃往外村的村民陆续回来,寻找亲人的尸体。当时遍地血迹,死尸累累,多处尸体被烧焦,根本无法辨认,只得同埋一坑。在这次惨案中,全村几乎家家有死人,户户断炊烟。村民掩埋了亲人,又急忙流落他乡,数月不敢回家。一时间,这个离城仅三里的村子,完全成了一片废墟。

另外，日军还在东晏头屠杀20余人；在北解家疃杀戮18人；又把大、小李家庄被抓去给日军抬担架的20名青壮年也在县城西关杀害。日军在赵县城关和周边农村的9天大屠杀，共杀戮城关居民和农村村民910人，239人重伤致残，20多家断门绝户，30多家只剩下孤儿寡母。被杀的民众有年迈的老人，有初生的婴儿，更多的是青壮年男女。日军在东晏头把陈大娘的儿子陈广妮卸下四肢，割成碎块，放在皮箱内，还硬逼迫陈大娘食儿之肉。惨无人道，登峰造极。

经日本侵略军9天的轰炸、烧杀、奸淫、掳掠，赵县城关和郊外7村民众，死者全部惨死，生者无法继续生存。由于被杀戮的人数多，家家死人，户户戴孝，日军屠杀的手段极其野蛮、残忍、无耻，民众无法忍受一个个亲人被日军残忍杀害的悲愤和伤痛，也为了自己和幸存的家人免受日军残害，被迫自杀。这样，日本侵略军屠杀的人数越多，手段越残忍，当地民众自杀的人数也越多，两者成正比。而这正是日本侵略军所企盼的。所以，愈到后来，日本侵略军屠杀的人数愈多，手段愈残忍。生者也愈难继续生存。不仅如此，幸存者的生存条件也几乎被彻底截断。特别是水井和其他水域，都被尸体填满或严重污染，民众既没有清洁、卫生的饮用水源，又无食物，耕牛、农具亦大部被掠夺、破坏，而且可能随时随地惨遭杀害，所以，大部分民众只得两手空空，出外逃荒、避难。①

侵华日军在侵犯赵县、制造赵县惨案的同时，1937年10月12日，板垣师团的两个大队5000多人侵入藁城县南部梅花镇，制造了残杀1547人的又一宗大惨案。②

1937年10月12日天色未亮，多数人家尚未起床，日军成群结队从镇西南翻过寨墙，扑向镇内，见门就砸，见房就烧，见人就杀。几个日军闯进王淘气家，进门枪杀其母亲，其父亲随手抄起一把三齿耙，喝令全家，"跟我往外冲"！一把锸死一个日本兵。当他又扑向另一个日本兵时，不幸

---

①　左禄主编：《侵华日军大屠杀实录》，解放军出版社1989年版，第66—72页。
②　因10月12日是农历九月初九，梅花镇惨案又称"九九惨案"。

中弹身亡,儿媳和两个孙子被日本兵用刺刀刺死,仅王淘气一人乘机跑了出去。一群日本兵砸开鲁全成家大门,绑走鲁全成;开枪打死其两个不满10岁的儿子;将其5岁的女儿踢昏在地;将其哭喊的姥姥踹倒,先剁掉双脚,才捅杀致死;又将其母亲、妻子和一个孩子推入井里,用辘轳、砖头活活砸死。鲁全成家大院住有6户,20口人,被日军杀死15人,其中三户被杀绝。这一天全镇被日军残杀的民众就有300多人。街道、院落、粪坑……到处都是血淋淋的尸体。

日军嫌在各家各户单独杀戮不过瘾,声势不大,显不出威风,起不到镇吓的效果,又把一批青壮年和民众抓来绑在一起,先强令他们跪在大街上、真武庙前和镇内几个较大的院落里,被看押起来,再分批拉到临时专设的杀人场集中屠戮。这样的临时杀人场,全镇就有8处。在这8处杀人场,被屠杀的民众达1200多人。其中辘轳把水坑是最大的杀人场。1937年10月12日中午,日军以30个一串,或四五十个、百十来个不等,一串串将捆绑的村民从大街上和真武庙前往至水坑边驱赶。水坑周围架着机枪,飞机在上空盘旋。几百名端着刺刀的日本兵,边用刺刀和棍棒威逼民众往水坑里跳,边用机枪扫射,近处用刺刀捅死。尸体很快填满了大坑。血水溢出坑外,顺着路沟流满了半条街。推下水坑的600多人中,仅鲁全成、张满仓等8人幸免。事后,镇上幸存者用了五天时间打捞尸体。其中有100多具尸体血肉模糊,无法辨认,只得一起埋到镇西的一个大坑内。地主尚五子家长工大院,宽大而空旷。日本兵把100多人赶到院内,跪了一天一夜后,第二天,日本兵把这100多人全部枪杀和挑死,尸体扔到院内的两个大菜窖和一个大粪坑里。

1937年10月13日,南门外的屠杀更是令人毛骨悚然。日军想从被抓到南门寨墙下的200多名妇女、儿童那里找到吕正操部队的下落,但无论哄骗,还是恫吓、威逼,均无结果。日军随即拉出四个不满10岁的女孩,将其全部劈成两半后,继续逼问,仍问不出一句话来,气得日军狂蹦乱跳,把200多名妇女小孩全部枪杀,尸体扔进寨沟里。后来掩埋尸体时,其中有36具尸体无法辨认,埋在一起,故被称作"三十六口坟"。

从1937年10月12日黎明到15日中午,侵华日军大烧杀持续了四天三夜。梅花镇550户、2500人中,1547人惨死在日军的刀枪下,占全镇人口的61.88%;24人被日军挖眼、割耳、剁脚、断臂成为终身残废;4人被迫跳井或上吊自杀。死伤和被迫自杀合计1575人,占全镇人口的63%。其中46户被杀绝,占总户数的8.36%。日军在残酷杀戮的同时,又放火烧房,大肆抢劫,烧毁房屋、店铺600余间,各户村民尤其是商铺东西、财物被抢光。"九九惨案"后,日军在梅花镇盘踞7年,继续对幸存者进行残酷压迫、压榨、凌辱和奴役。因为人口特别是青壮年减少一半,劳动力极度缺乏,加上日伪实行保甲"连坐"和严格的人身控制,四围寨墙每天早9时才开门,下午5时闭门,生产劳动的时间极短,农民和村民还要"出夫"(承担劳役)、站岗、守寨墙、看电线。不仅没有工夫进行生产,且常有工伤事故(如冯巴巴、张二妮即"出夫"时摔死),又不许到远处种地。结果大片土地荒芜(全镇荒废土地23顷),农民常年处于饥寒状态。如陈书田一家5口人,1943年有两个多月没吃到粮食,只能野菜、树叶充饥,年迈父母双双饥饿而死;王福山家5口人,那年也有一个多月没吃到粮食。全村500余户,有400余户以糠皮、树叶、棉花籽、红薯藤、豆饼等充饥,连富农户也有吃糠的。①

　　山西尤其是雁北地区民众,在日本全面侵华战争爆发不久,也很快陷入了极其残酷和悲惨的境地。1937年9月上旬,侵华日军长驱直入山西省雁北地区。仅半个月时间,阳高、天镇、大同、怀仁、广灵、浑源、山阴、左云、应县、灵丘、右玉11个城镇相继沦陷。日军在夺城掠地的过程中,制造了一起又一起灭绝人性的大惨案和特大惨案。在阳高,千余人被日军残杀,被强奸妇女无数,少女、幼女更被糟蹋得难以言状。有的被摧残致死,有的因抗拒被杀。更有一个15口之家,因忍受不了日军像野兽一样的昼夜轮番摧残蹂躏其女、媳,悲愤、绝望至极,用绳子互相拴在一起,集体投井自杀(其大女儿、女婿第二天也投井自杀)绝户。在日军的血腥屠杀中,一座两万人的县城变成了死城;②日军在灵丘,9—10月一个多月

---

① 左禄主编:《侵华日军大屠杀实录》,解放军出版社1989年版,第73—81页。
② 左禄主编:《侵华日军大屠杀实录》,解放军出版社1989年版,第15—21页。

的时间里,屠杀民众1200余人。其中一半的遇害者是集体屠杀,而且是日军强令其事先自己挖坑,而后用刺刀挑入坑内杀害。日军屠杀手段残忍、变化多样。对一些完全无力反抗的老弱妇孺、孕妇、病人,一会儿用刺刀挑一个,一会儿用大刀劈一个,一会儿又用枪打一个。进而提升为杀人表演和杀人比赛,把抓来的居民按大小分别捆绑成几串,强令跪倒在地,由几个日本兵轮流挥动大刀砍杀,能把被捆绑的一串人头一刀砍下,才算"优胜"。① 在崞县城,日军在两天中制造了屠杀居民1300余人,烧毁民房、庙宇2000余间的大惨案。被杀害的人群中,包括200名被汉奸组织扒开城门、跪地迎接日军、声称"愿当顺民"的"商民"。另外,"数以千计的年轻妇女被日军奸污后又遭枪杀"。崞县城原本是一个繁华的市镇,屠杀洗劫变成一座死人城,一片悲凉景象。②

日本侵略军不但杀人如麻,奸淫无数,而且以杀人取乐,杀人手段花样翻新;进行杀人比赛、杀人表演;以活人为靶,进行刺杀训练;也不是简单地见人就杀、见一个杀一个,而是关上院子门、封锁街口路口、关上寨门城门,将全屋院、全村寨、全街道街区、全镇乃至全城各家各户、各个角落,男女老幼全部搜出、捉拿,以8个、10个或数十百个为一组,捆绑串联一起,选择合适地点,专设杀人场,分期分批集中屠杀。在一些村寨、集镇、县城,除了外逃和个别死里逃生者,几乎被杀绝。民众无论被残杀,还是侥幸逃生、保命,无不受尽百般折磨和屈辱。由于被杀人数多,水井、水坑及其周边多为杀人场和堆尸场所,水井、水坑被死尸填满,幸存者没有劳力,不仅衣食全无,连干净安全的饮用水也没有。天镇县城关、朔县城关、宁武城关的特大惨案和民众的悲惨遭遇及处境,是典型例子。

1937年9月12日,侵华日军的铁蹄踏入山西省天镇县城,连续进行了三天的大屠杀,制造了2300余民众被杀的大惨案。③ 至于被残害致伤及被抢劫财物者,则更难以数计。

大屠杀过后许多天,日军才让居民清理死尸。大多数尸体已血肉模

① 左禄主编:《侵华日军大屠杀实录》,解放军出版社1989年版,第40—48页。
② 左禄主编:《侵华日军大屠杀实录》,解放军出版社1989年版,第54—56页。
③ 因9月12日是农历八月初八日,当地人称这次惨案 为"八八惨案"。

糊,严重腐烂,家里人只能凭亲人衣服的布料和自己做过的针线活上认尸。在狐神庙蒙难的高峨的尸体只剩下一条胳膊,家属从裹胳膊的那只破袖子才认出来。死在城内无人认领的尸体,由七八辆大车拉到南城门外偏西一里许的三官庙一带,挖坑掩埋。据幸存者王家珍统计,仅一个坑内就埋有286具死尸。被日军洗劫后的县城,像死一般寂静,白天乌鸦盘旋乱叫,黄昏狗吠狼嚎,县城内外,大街小巷,遍地污血,臭气熏天,往日人间,顿成魔鬼世界。①

朔县城惨案与天镇城"八八惨案"仅隔两星期。1937年9月28日(农历八月二十四日),侵华日军侵占朔县城,屠城三日,屠杀民众3800多人,制造了一起灭绝人性的"九二八"重大血案。

1937年9月28日上午10时许,日军侵入朔县城后,首先用机枪封锁东、西两处城门,枪杀正准备从南城门逃走的县长郭同仁,并将南城门封锁,把未逃走的一大批男女老幼用刺刀全部押回瓮圈和靠城门口的街道上。在各处大街小巷,随手枪杀未及走避的民众,准备实施早已准备好的大屠杀计划。

日本侵略军进行大屠杀的主要场地就是南城门外一段长100多米,深、宽各近10米的护城壕。日军先把从城门口截回来的居民押到城壕边上,让他们一排排地跪在地上,四周由全副武装的日本兵把守,一挺挺轻机枪枪口对准着人群;在城内的日军,则大肆搜捕居民,如稍有反抗或准备逃跑,当即枪杀或用刺刀捅死。日军把抓到的居民,先是用麻绳10个或8个一组捆串起来,一批一批地押到南城门外的杀人场上。后来更找来细铁丝,把抓来的居民每人脖子上缠几圈,一个一个地连在一起,有的还将其鼻子、肩锁骨穿开小孔,再用铁丝串起来。在押往南城门外杀人场的途中,谁要是走不快或有某种反抗动作,即用刺刀刺、用小刀在脸上划,惨叫声此伏彼起。不少人因鼻子、肩锁骨、脖子上缠着铁丝,走起路来又互相拉扯,未到杀人场就被活活勒死了。到下午四五点,南城门外已跪下的民众足有2000多人。在日军指挥官的指挥下,以表演和竞赛形式的大

---

① 左禄主编:《侵华日军大屠杀实录》,解放军出版社1989年版,第22—30页。

屠杀开始了:先是将一批跪着的居民拉到护城壕的边沿上,排成一字形长队,每个居民后面站着一个日军,当指挥官的命令一下,日军动作很整齐地把刺刀从其后背穿至前胸,搅动一下后,又一使劲,把尸体就挑进了城壕里。这样杀了几批后,日军指挥官又下令改变杀人方法,先开膛破肚,再用刺刀挑杀。当这些居民的胸膛被日军剖开,肠肚流出外面,一个个疼痛得在地上喊叫打滚时,在场外的日军官兵却拍手狂笑。日军不仅杀人取乐,而且不断变换杀人新花招,改用战刀直接往下砍头颅。其杀人程序,同样是押数十名居民一字形跪在护城壕边上,再在每人跟前指派一名手持战刀的日本兵,当指挥官口令一发,数十把战刀在空中一起一落,一个个人头便滚跌到城墙垛下。

日军如此轮番地杀了一批又一批,见被抓来的人越来越多,于是改用机枪扫射,没有死的再补捅几刀,然后将尸体一起堆入城壕里。就这样,一直杀到夜晚,使这段有 10000 立方米容积的护城壕,几乎被全部尸体填满。仅一天时间,就有 3000 多名民众倒在血泊中。日军还怕有人未死,苏醒过来后乘天黑逃生,又开来坦克在死尸堆上来回碾压,最后用汽车拉来稻草盖上,浇上汽油点火焚烧。顿时,滚滚浓烟腾空而起,呛鼻的血腥味笼罩了整个朔城。这还未完,又将抓来的大批民众,全部推入火海烧死。①

日军在城内一面到处杀人放火,一面肆意奸淫掳掠。大批妇女惨遭强奸、奸杀,或被逼投井、上吊自杀:南街吕耀先之嫂,刚结婚不久,被日军从房里拉出,当着其丈夫之面进行强奸,而后剖腹,用刺刀从其下身剖到腹部,肠子流了一地。其夫怒不可遏,赤手空拳与之搏斗,也当即被刺死;一对李姓年轻夫妻,被日军从房间赶出,强令两人全部脱光衣服,在院内扭摆,百般污辱,供其取乐;上揭徐宝院内十几名妇女,几乎全部被日军强

---

① 在这次护城壕大屠杀中,太原纺织厂炊事员徐宝,被刺三刀未死,只是由于流血过多,反复昏迷,一阵清醒,一阵迷糊。过了很久,原来串跪在他身旁的侄子(被刺了8刀)也醒了过来,增强了他的求生欲望。叔侄俩齐心合力,从死尸下面钻了出来,乘黑滚到最下面的壕里,躲过了坦克碾压,相互将绳子啮断,在日敌点火焚烧前,从城壕的拐弯处慢慢爬了出来,逃到宁武县山区,两人白天带伤讨饭,晚上在庙里过夜,苦熬了两个多月,九死一生,在两千多死人堆里捡回两条命。见左禄主编:《侵华日军大屠杀实录》,解放军出版社1989年版,第35—37页。

奸、糟踏,徐的侄女遭日军污辱后,悲愤难忍,抱着一岁半的儿子投井自杀。

日军总是挨家挨户搜查抓人杀人、奸淫杀人和搜掠抢劫,三者同时并行,全城各家各户和各个商家、店铺的金、银、首饰及贵重物品,被日军劫掠,难以计数。

日军在朔县城连续三日的大屠杀中,仅当地居民就被残杀 3600 多人,约占当时城内总人数的一半,其中 160 户被杀光。加上外来探访的亲朋和做买卖的商贩,以及放下武器的中国士兵,总计惨死者达 3800 多人,成为山西全省最大的一起屠城案。惨案发生几天后,日军转移南侵宁武,幸存者寻找和掩埋亲人尸体时,在最大杀人场城壕里看到的全是一壕人肉酱,只能根据死者衣裤和身上所带的东西辨认,然而,死者衣服多已烧得无影无踪,或者只有身躯而无头颅,或者已成一堆碎尸,甚至皮肉全无。况且许多人家里惨死者多,幸存者少,或者只剩孤儿寡母,根本无力寻找和掩埋尸体,再加上超过 1/10 的家庭被杀绝,更是无人寻找和掩埋尸体。由于无法辨认,又没有人力物力,以致几千具尸体长期沤在了城壕里。①连尸体处理问题都无法解决,就遑论生产、生活和卫生防疫了。

在宁武,日军为制造特大惨案,屠杀更多的民众,事先做了十分周密策划。1937 年 9 月 30 日晚 20 点左右,日军一侵占县城,很快物色了一个叫邢梅生的汉奸进行欺骗宣传,将在日军进城前逃往城外的许多居民骗回家。第二天黎明,八路军 120 师一支游击分队将日军进城后在城内西北隅设置的军火库点火炸毁,因同延庆寺僧侣照例行撞钟做功课的时间巧合,日军怀疑寺僧与八路军以钟为联络讯号暗通消息;由于城内居民与无家可归的铁路民工、逃难难民,以及因战争而停工的同蒲筑路工人杂居,日军又怀疑其中有暗藏的八路军游击队。于是策划了一场大规模的屠杀计划。

1937 年 10 月 2 日上午,日军通过汉奸邢梅生等把被诱骗回城的民众和城内大多数居民吆喝到宁武县师范学校的操场上"开会"。当会场

---

① 左禄主编:《侵华日军大屠杀实录》,解放军出版社 1989 年版,第 31—39 页。

上聚集到两三千人时,日军立即封锁操场出口,只准进,不准出。一切准备就绪,突然轻重机枪一齐向人群扫射,上千名居民当场被打死,操场上顷刻间血流成河,尸积如丘。与此同时,日军另一分队闯入延庆寺,勒逼主持仁柱法师交出寺内金佛。但仁柱法师宁死不屈,拒绝交出金佛。日军无计可施,恼羞成怒,将主持及全寺僧侣三四十人尽数杀害,无一幸免。寺内借住的数百名同蒲铁路民工和难民,亦被全部杀害。

日军又在城内各处挨门逐户搜查,肆意奸淫掳掠。见男人便用铁丝将锁骨穿通,数十人一串集体杀害;见妇女便或抢或奸,老妇、幼儿亦不能幸免。遇有贵重财物,则全部抢走,许多商铺的货架和钱柜被洗劫一空。日军在3天的连续屠城中,被杀戮的居民、民工、寺僧等,达4800余人。①

在山东,自1937年9月30日以来,侵华日军沿津浦铁路侵入该省境内,日军铁蹄所到之处,民众即被推入苦难与死亡地狱。进入鲁境当天,便在德州北郊于庄、后赵庄残杀村民22人。此后,铁蹄所至,暴行、惨案随之。如在济阳,杀戮1800名壮丁和600余名居民;在藤县,屠杀居民2259人;在临沂,残杀城内外居民、村民300余人;在金乡,杀戮民工及居民3340余人;在济南北郊鹊村,日军一夜就杀戮村民80余人。

鹊村位于济南市正北10余公里津浦铁路西侧。四面峭壁,山势险峻,是济南北边门户。1937年11月15日下午6点左右,日军占领鹊山,随即开始了绝灭任性的屠杀。见人无论男女老幼,远者开枪射杀,近者刺刀捅死。一名日本兵在屋顶一连打死8人。顿时,全村哭声、惨叫声响成一片。

日本兵还在村内到处搜查杀人。村民在南山脚下躲藏的一个山洞被发现,三五个日本兵手端机枪向洞内狂扫,藏在洞内的10余人全部惨死。遇难者多处中弹,鲜血溅满洞壁。日军又将村里抓到的40多人,用铁丝捆在一起,逼其一律面朝北方跪在一个大院内,一部分被日军当活靶子捅死,大部分被打得鼻青脸肿,有的被打成终身残废,有的在逃跑途中被日本兵追杀丧命。如张鸣镜全家虽然躲过了日军烧杀,但在逃往西乡途中,

---

① 左禄主编:《侵华日军大屠杀实录》,解放军出版社1989年版,第49—52页。

被日军发现开枪打死。日军在疯狂屠杀的同时,还肆意奸淫妇女。有些妇女无法忍受凌辱,含泪抱着年幼孩子跳湾自杀的有 11 人。

仅仅一个夜晚的时间,鹊山村遭日军枪杀、刺杀、烧死的 96 人、重伤 50 多人,死伤合计超过 146 人。[①] 当时全村约 1500 人,死亡人数占总人口的 6.4%,死伤(不含轻伤)人数合计超过总人口的 9.7%,亦即接近 1/10。日军的快速屠杀在这里达到了登峰造极的程度。

日军在残酷和高速杀戮的同时,又大肆烧、抢和破坏。鹊山村原有集市(三、八逢集),街面有若干店铺、商家,如纪家店、于家店、石家店、秦家店、张家小店、陈家药店、陈家木匠铺、王家点心铺和张家杂货铺等,在当地小有名气,街面也比较繁华。日军入侵鹊山,烧、抢和破坏随之:抢了秦家店,烧了陈家木匠铺和张家杂货铺,血洗了纪家店,抢了陈家药店,砸了于家店和石家店,关了张家小店。张承运 2000 多公斤谷子、玉米、小麦、面粉全部被抢;纪家店、秦家店、于家店、石家店做的都是饭店生意,面粉、粮食不少,全被劫掠一空。日军又放火焚烧,从集市往北,全是火海一片。陈光明、陈光元等 50 多户 200 余间房屋全被烧毁。被日军抢掠、烧毁的粮食至少 10 万公斤以上;烧毁的花轮大车 30 余辆,小轮木车 40 余辆,桌椅板凳 500 多件,犁耙等大型农具 50 多套,生活用具 600 多件(套),大型家具、被褥和生活用品 300 多套(件);抢杀的牛马骡驴、猪羊、鸡鸭鹅等畜禽 670 余头(只);烧毁的木材等 50 多立方米。而且日军并未撤走,长期驻扎鹊山,村民、商户的房、屋、店铺不是被烧,就是被占,未被烧、占,除了腐尸,就是家徒四壁,空空如也。

日军灭绝人性的杀戮、凌迟和焚烧、劫掠,再加上长期残害、压榨、奴役、蹂躏,鹊山村已到地狱底层,阴森恐怖,绝无人间气象。村民人数尤其是劳动力大幅减少,幸存者不仅亲人被害的凄惨情景时现眼前、悲愤永远无法平复,也根本无法在居所继续生活、生存,被迫背井离乡,四处流离漂泊,有的更被日军抓去伪满当劳工、服苦役,连流离漂泊也不可能。因既

---

　　① 高凤胜主编、崔力明编著:《两千年济南大事记》,济南市政协文史资料委员会 1999 年印本,第 355 页。据 2006 年入户调查确定,伤亡人数为 136 人,加上外地来此被杀的 40 多人,合计约 180 人上下。

无劳力,又无耕畜农具、种子肥料,土地几乎全部荒芜,村民衣食无着,只能苟延残喘。①

遭受惨绝人寰的烧杀掳掠、幸存者陷入绝境的不只是鹊山村,济南周边各县及其他地区,也都如此。1939 年 12 月山东伪"临时政府山东庶政视察团"的调查报告称,济南"周围各县乡村,断壁颓垣,田园荒芜,乡农生活困难实达极点"。②

同鹊山村惨案相比,临沂惨案持续时间更长,范围更广,受害人数更多。1938 年 3—4 月,山东临沂阻击战期间,曾参与指挥南京大屠杀的日军第五师团师团长板垣征四郎,就在临沂城内和城北古城村、城西大岭村,指挥制造了多起惨案,日军屠杀、奸杀手段之残忍,境况之凄惨,无法用文字形容。

1938 年 3 月下旬一天清晨,日军冲进古城村和大岭村,见人就杀,见屋就烧,见东西就抢。全村被杀害 62 人,有一户被杀绝。不到一天的时间,将古城村变成一片废墟。断墙残垣,血迹斑斑,鸡犬绝迹。在大岭村,日军更是无恶不作,大批村民遭受酷刑,惨死在日军刀枪下:刘志贤之母,嘴巴被割下;王富德之母,乳房被剜掉;姜志敏之祖母、父亲等 27 人,均遭枪杀;不少妇女被强奸、残害。刀声、枪声和凄厉的喊叫声震天动地。日军杀到村西头,躲在观音庙的 47 名村民,除两人侥幸逃脱外,均被日军用机枪打死,全村 300 多间房屋被烧光,有 4 户村民被杀绝。

日军又不断出动飞机对城里滥肆轰炸,特别在城垣弃守之前的两三天内,轰炸扫射日甚一日。一枚炸弹在北大街路南一杂货店的防空洞口爆炸,在洞内避难的男女老少 30 多人,有的被炸死,有的被闷死,无一幸免。颜家巷郁鸣漪一家,除本人逃出外,全部遇难。郁本人也因悲愤过度当晚自缢身亡。在西门里天主堂内避难的村民被炸死炸伤 300 多人,修女尤姑娘、夏姑娘和一信童也被炸死,尤姑娘被炸得骨肉四溅,糊到墙上。

---

① 方正主编:《日本侵略军在山东的暴行》,山东人民出版社 1989 年版,第 14—17 页,另据新浪网资料补充。

② 中央档案馆等合编:《日本帝国主义侵华档案资料选编·汪伪政权》,中华书局 2004 年版,第 381 页。

一刘姓居民被炸成肉汁,只剩头颅。其妻只得带着三个幼女逃难,一年后连饿带病而亡。有个卖炭的,其妻被炸没了影,后来在院子里只扒出一条腿。有个小女孩才出生一日,脑瓜子被炸得稀巴烂,一绺头发和血肉粘在一起,糊到了墙上。

日军进城后,在大街小巷密布岗哨,架上机枪,挨户搜查,堵门截杀。[①] 日军每到一家,遇人就是一刺刀,对中青年妇女则先奸后杀,连老人、小孩也不放过。大批居民向西门里天主教堂寻求避难,德国神甫紧闭大门,见死不救。700 多民众被丧心病狂的日本兵用机枪堵截射杀,无一幸免。事后用车拉了好多天,才把尸首清理干净。

毫无人性的日军还光天化日之下强奸、轮奸、奸杀妇女。西门里太公巷一少女,被多名日军轮奸,不堪蹂躏,尖声呼救,当即被捅死;老营房巷一少女,被众日军轮奸致残后死亡。日军按其上司密令,“为避免引起太多的问题”,凡被强奸、轮奸的妇女,一律“将她们杀掉”。被先奸后杀的妇女人数大增,而且多被用刺刀或木桩捅入阴户致死。即使不被日军刺刀捅死,不少被奸妇女也因羞愤或严重受伤而自杀。临沂乡下某少女,惨遭一二十名日军轮奸,小腹肿胀,昏死过去,被一老妇救活后,仍羞愤上吊自尽。城隍庙一带,大批妇女因不甘受辱和被奸、被杀,纷纷逃至庙东杨家园投井自尽,顷刻间尸体填满井口。日军在城西疯狂屠杀十余日后还嫌不够,又在火神庙旁和南门里路西专设两处杀人场,用军犬、刺刀连续残杀无辜群众以取乐。王学武的父亲被日军用刀剁成三截,徐廷香之父、吕宝禄等被军犬活活咬死。全城被害群众计 2840 余人,加上城郊、沿途杀戮,远远超过 3000 人。

日军在进行血腥大屠杀的同时,还纵火毁城。从火神庙以西、僧王庙前玉聚福街东、洗砚池以南,北到石碑坊、杨家巷至刘宅一带,大火一直延续六七天不息,整个城西南隅化为灰烬;南关老母庙前、阁子内外,房屋全被烧光,其他钱物、财产损失,无法统计。临沂县城沦陷 3 年后,仍不见人

---

① 被堵在家中枪杀刺杀的居民甚多,“鬼子拦门杀”一语至今还在临沂民间广为流传。见崔维志、唐秀娥:《沂蒙抗日战争史》,中国文史出版社 1991 年版,第 38 页。

烟,荒草蓬蒿,高过屋檐;粼粼白骨,随处可见;郊外古城村,同样一片废墟,断墙残垣,血迹斑斑,鸡犬绝迹,人影罕见,荒凉至极。无论城内、郊外,均无可供居民、村民生存的起码条件。外逃者和城内、村内极少数幸存者,都不敢回城、回村,即使回城(村),也不敢轻易露面,更无法恢复生产和正常生活。①

在河南,1938 年 3 月下旬,侵华日军几乎同时制造了长垣县城和浚县县城两起大惨案。屠杀无辜百姓 1700 余人,制造了惨无人道的长垣城惨案,群众称为"黉学惨案"。②

1938 年 2 月 23 日,日军侵占长垣县城后,留下一批辎重物资,交汉奸"维持会"代为保管,继续南侵,旋即由国民党部队收复县城,赶走城内汉奸、土匪势力。3 月 24 日,日军派兵取运留下的物资,遭到国民党守军阻击,于是增调兵力和重型武器,疯狂反扑,准备血洗长垣城,进行报复。炮兵疯狂向城内轰击,导致无数百姓丧生。因城内已无军人驻守,日军从东门进入后,便开始了血腥大屠杀。3 月 25 日早晨,日军沿街逐户搜查,先用枪向房内扫射一阵,再用刺刀在床下和阴暗角落乱捅,见人就杀,远者枪射,近者刀捅。大街小巷,顿时死尸狼藉,血流成河。午后,日军将屠杀重心由逐户搜索屠杀转为大规模的集体屠杀,下令将各处搜出而尚未杀戮的居民,全部集中到黉学院内,连同原在此院躲藏的居民,一齐押到经祠大殿,架起机枪疯狂扫射,数百民众应声惨死。机枪扫射过后,数十名日本兵又进入殿内,用刺刀逐一翻挑尸体,凡中弹未及要害者,即用刺刀补杀之,其状目不忍睹,其惨叫声撕心裂肺。除北街城隍庙老道侯嘉修、西街周高升、城南甄庄甄五妮 3 人在日军机枪扫射时,提前倒在墙角装死免遭枪杀外,其余数百人无一幸存。

日军在屠杀后,又继续四处搜索,凡被搜出者统统斩尽杀绝,一直屠

---

① 方正主编:《侵华日军在山东的暴行》,山东人民出版社 1989 年版,第 73—79 页;崔维志、唐秀娥:《沂蒙抗日战争史》,中国文史出版社 1991 年版,第 34—39 页。

② 因大部分人是被日军押至黉学院内集体屠杀的,故当地民众称这次惨案为"黉学惨案"。见李宏杰:《长垣城惨案》,见左禄主编:《侵华日军大屠杀实录》,解放军出版社 1989 年版,第 130—132 页。

杀到深夜。最后,日军拆毁民房,点燃起一处处火堆,四关五街遍地尸体,在灰蒙蒙的月光和火光映照下,全城一片凄惨景象。日军血洗长垣城,共杀戮无辜同胞1700多人,制造了惨绝人寰的"长垣城惨案"。

在与制造长垣城惨案几乎同时,日军又制造了浚县城惨案。1938年3月27日,日军调集骑、步兵千余人,在飞机、大炮掩护下向浚县城进犯。浚县守军和地方团队冒着敌军的密集炮火顽强固守,击退敌军多次进攻,但终因敌我力量悬殊,至次日深夜,城垣被敌攻破,日军自城东北角突入城内。一场惨绝人寰的大屠杀开始了。3月29日拂晓,一群日军将百余名居民逼进东门里一座房子内,人摞人垛成山,然后浇上汽油,纵火焚烧。除一人侥幸逃出外,其余全部罹难。40余名群众避入南关后城沟街王保善家后院,日军发现后破门而入。除5人逃脱外,其余悉遭枪杀。躲避在南山街附近土洞里的近200名居民也被敌人发现,日军用机枪向洞内猛扫,顷刻间,洞内居民几乎全部倒在血泊之中。在菜园街,日军集体屠杀居民500余人。在北门里,日军搜出数十名居民,五花大绑,押至西门城墙上,强迫其跪在城垛边沿,然后枪杀。随着一阵枪响,遇害者应声栽下城去。目睹此惨景,日军一齐狞笑。

坐落于县城东南侧的大任山、浮丘山是豫北佛教、道教圣地,古迹荟萃,远近驰名,亦遭浩劫。一股日军闯入大任山寺院,强迫禹王庙僧人慈海给其烧水。喝过水,日军竟将慈海和尚五花大绑,捆在八丈大佛前的杨树上,用刺刀刺死。在刻有"有僧东渡留禅杖"字样、显现中日两国人民友好的石崖下,日军却将天齐庙的本东和尚刺死,将海登喜法师刺穿胸膛,挖去双眼,并让猎犬咬掉鼻子和耳朵。日军还射击八丈大佛,炮击大任山顶峰的八卦楼,毁坏文昌帝君圣像、魁星像。一伙敌军闯入浮丘山庙院,将庙院道人张殿、孙祥怀、李宗杰、王太仲、宋太贵、何玉秀等人杀害。年逾古稀的王老太太避祸于庙院内,日军发现后,强令老人喝冷水,老人不从,日军竟用刺刀撬开老人嘴巴,将老人活活灌死,以此取乐。日军对庙院内所有文物肆意破坏摧毁,并以炸药轰塌三仙殿。日军又在文治阁周围纵火,数百间房舍化为灰烬。居民多惨遭杀害,幸未丧命者,亦被日军投入熊熊大火之中。坐落在大任山上的阳明书院,是明代著名学者王阳明讲学处,是中原著名古书院之一,被日军大火焚毁,只剩断垣残壁。残暴的日本法西斯匪徒,不但是杀人不眨眼的刽子手,还是一群肆意摧毁人类文明的千古罪人。29 日傍晚,血洗浚县城的日军撤离。临行又强迫几十名青壮年为其运送辎重。行至中途,日军又将民夫全部枪杀。据统计,在两天时间里,日军共残杀无辜民众 4500 余人,蹂躏、残害妇女 500 多人,1000 多间民房化为灰烬,其他财物的损失不计其数。日军洗劫后,满城尸体横陈,东南城角的几口水井被死尸填满。西门里路南遏云楼前边的十多间马棚下,尸体成垛,血流似渠,大王庙门前尸体相叠高达丈余。许多家被杀绝,未被杀绝的,也是无家不戴孝,户户皆哭声。浚县城顿成悲惨世界和人间地狱,幸存者长期陷入无限悲愤和地狱级的苦难之中。①

在华中地区,日本全面侵华战争初期,除了夺城掠地过程中的烧杀掳掠和南京大屠杀外,日本侵略军在农村地区,多次进行屠杀,相继制造了太湖马迹山惨案、盐城惨案、徐州汉王惨案和阎窝惨案等多起惨案。

无锡马迹山(以下简称"马山"),是太湖西北部的一个古岛,1937 年淞沪之战后,后撤的国民党军田文龙部 600 多人,曾驻扎该地,日军当即调集兵力"扫荡"马山,对民众进行了血腥大屠杀。

1938 年 3 月 12 日(农历二月十一日)上午,日军出动 1400 多人,几十艘汽艇,在三架飞机的掩护下强行在东半山登陆,自东向西逢屋就烧,见人就杀,东半山涧南、涧北两村首当其冲。日军将村民全部外逃的涧南村房屋烧毁,将涧北村没有外逃或隐藏在村子附近的 25 名村民全部赶到屋前场上集中屠戮,24 人惨死。

马山岛西南枏檀溪村村民闻讯纷纷躲避,也多被日军搜出杀害。有 18 个人躲在房后山脚毛竹林里的一个洞里,被日军发现,除两个青年冲出逃生外,10 个人被杀害,6 个人重伤。全村近百村民躲藏在村后冠嶂峰下山坳里。日军边搜边打枪,吓得小孩直哭,为防止暴露目标,一些孩子被活活捂死。不过大人也未能幸免于难。日军边搜边杀,见一个杀一个,许多人被捅死在路边,又将 70 多名青壮年男子驱赶到山峰尖顶,用机枪

---

① 左禄主编:《侵华日军大屠杀实录》,解放军出版社 1989 年版,第 133—137 页。

扫射杀害。

日军在烧杀的同时,又大肆发泄兽欲,强奸和奸杀妇女,上至六七十岁的老妇,下至十二三岁的小童,无一幸免,而且几乎一律先奸污、后残杀。大多奸后再用刺刀开膛破肚。柴前村一名怀孕八个月的妇女,日军奸污后将其衣服剥光,用刺刀破开肚子,将胎儿穿在枪头上取乐。

日军在东半山血洗后,就向西半山烧杀过去。在西村,日军将鲁姓兄弟俩吊在村西的水车棚梁上,当作活靶子,一刀一刀地扎,借以取乐,直至毙命,然后一把火将水车棚烧毁。

有的村民都躲到板残山上,山体光滑、陡峭,行走不易。日军一见人就用机枪扫射,无人得以幸免。还有部分村民跑到最西边的龙头渚上。日军空中飞机轰炸,陆上、湖上用机枪扫射,瞬间就集中枪杀了200多名村民。

日军在马山整整烧杀了两天,共杀害当地村民"999个半"[1],约占当地总人口的25%。不少村民三代人被杀绝。被杀害的还有国民党军田文龙部100余人,太湖渔民及无锡、常州等地来避难的民众400多人,共有1500多人死在日军的刀枪之下。日军还烧毁房屋3600多间、渔船40多条。

大屠杀后的马山,尸横遍野,血流山岗,一片凄凉。一些侥幸活着的人,老的老,小的小,女的多,男的少,造成"田地无人种、孤儿寡妇忍饥饿"的局面。[2]

苏北盐城惨案的规模、破坏和惨烈程度,均超过太湖马山惨案。

1938年4月,侵入苏北地区的日军少将佐藤正三郎指挥的101师团,共5个步兵大队。一个野炮大队,由如皋向北出动,依次洗劫海安、东台等地。4月26日,以轰炸机开道,进犯盐城县境,伍佑首当其冲。

伍佑是盐城南境千年古镇。镇内店铺、粮行、盐行众多,街道繁华,屋宇鳞次栉比,是盐城的海港和盐、粮、棉的重要集散地。日军一至伍佑,即

---

① 一名5岁小孩后被救活,左脸瘪了下去,被称为"半个头人"。算被枪杀"半个人"。

② 左禄主编:《侵华日军大屠杀实录》,解放军出版社1989年版,第117—124页。

在镇内外烧杀抢掠。顷刻间,伍佑南北四里长街变成一条大火龙。镇内外房屋倒塌,资源被毁,财物被一抢而光。来不及逃避的居民近者被刺杀,远者被枪击。一伙日军窜至居民宋吉安家要"花姑娘",宋不懂,摇了摇头,当即被乱刀劈杀,肚肠也被扯出五六步远;一王姓妇女,因刚烈不从,即被掼入火堆,她挣扎、嘶号冲出,又被投入火中烧死;一吴姓年轻妇女,被两名日军轮奸。伍佑居民群起杀死其中一名,另一名则带来大队日军,抓去居民刘占子和蔡姓、张姓等 16 人,强迫跪于日兵尸体四周,逐一用刺刀扎死,进行"活祭"。日军又强掳居民 51 人,迫令其拆房屋筑碉堡,后押至一座破墙框里,全部用刺刀刺杀。

1938 年 4 月 26 日下午,日军窜犯盐城,一路烧杀掳掠,马家庄 32 户民房被烧去 28 户,抢去猪、牛数十头,鸡鸭数百只,衣物无数。黄昏时,日军侵入盐城县城关,在东、西大街肆意纵火,劫夺财物。一时间,城区火光冲天,光照数十里。无数古迹名胜、楼阁屋宇统统焚毁。南宋末年民族英雄陆秀夫公祠,规模宏大,文物众多,先劫后焚,只余一座孤零零的门楼。西门登瀛大桥,横跨串场河,气势雄伟,仅剩几根枯黑的桥桩兀立水面。据统计,全城被日军烧毁房屋 58000 余间,店铺 1000 余家。省立盐城中学、旧商会楼、县政府机关,房屋建筑、器具财产、文件图书资料,几乎荡然无存。商业最繁盛的西大街,400 余家商店,仅徐同茂号大楼幸免烧毁。对城区居民的残害、屠杀,更是花样翻新,无所不用其极。所到之处,逢人便杀,各种残忍手段用尽:被抓居民,或汽油浇身烧死;或斩肢、挖心、剖腹;或剜去双眼;或作活靶,进行夜晚射击演习。一寇以枪捅穿幼儿肚腹,扛在肩上,幼儿未死,痛苦挣扎,众寇大笑不止。至于强奸、凌辱、残害妇女,上至七八十岁老妇,下至七八岁幼女,皆不放过,略有姿色者,先肆意凌辱,后关入城区迎宾旅馆,专设"慰安所",以供禽淫兽欲之发泄……数日间,盐城由一座有人口 13 万之众的县城变得人烟绝迹,满眼残壁断垣。全城大街小巷,白天无人行走,夜晚也只见野狗游弋。日军屠杀盐城城关居民,无精确数字统计,但慈善机构、红十字会仅在城西的一条大街,就收埋了 480 多具尸体。

在盐城县北上冈镇,日军此类兽行,不仅惨绝人寰,而且多不胜举。

全镇内外,路边河沟,全是死尸。上冈原有人口数万,经此洗劫后,常住人口仅剩数千;上冈原有大小店铺数百家,大都被劫一空。单被烧去的民房就达29000余间。

不仅上冈镇,整个盐城县城关,同样如此。盐城原本盛产食盐、粮食、棉花,城镇繁荣,商贾四时云集,有苏北的"鱼米之乡"和"小上海"之称。经日军数日暴行,尽成一片焦土,满目凄凉,城镇被毁,资源被掠,屋宇被焚,居民被杀,妇女被淫,财物被劫,农商破产,幸存者饥寒交迫,无以为生。①

1938年5月19日,日军侵占苏北重镇徐州后,在徐州郊区疯狂烧杀抢掠,又在汉王、阎窝等村接连制造了两起惨案。

汉王村地处徐州西南约25华里的山区,周围有南望、北望、蛤针窝、汉沟、罗岗、杨林等十几个自然村。1938年5月20日日军闯进蛤针窝后,即大肆杀人、烧房、掠夺。不到一小时,全村200多间房屋全被烧光,民众68人被杀,而且手段极其残忍。洗劫蛤针窝后,日军紧接着闯进汉沟村,在村西头正遇上往外地逃难的村民,立即架起机枪狂扫。顷刻间,约120名逃难村民全部在密集的弹雨中应声倒下,无一幸免,人群顿成尸堆血海。村里尚未来得及逃跑的老人、小孩亦尽遭杀戮。村东二里处有一条由山水冲刷形成、南北走向的自然沟(汉沟村名即来源于此),沟内杂草丛生,许多村民来此躲避。尽管大沟位置僻静,但还是没有逃脱日军梳箅式的大搜捕。一群日军把大沟层层封锁,近者刀砍,远者枪杀,务必砍尽杀绝。顷刻,大人哭喊孩子,孩子哭喊着爹妈,一个个、一群群惨死在日军的屠刀下。前后仅一个多小时,在大沟躲避的48人,除3人幸免外,45人惨遭杀戮。通条大沟,尸体纵横,枯草和溪水全都被鲜血染成了红色。

到黄昏时,日军杀完东大沟的村民后,又急忙调头直奔东南方向,将剩余的逃难人群,逼进罗岗和杨林两个山沟里,周围架设机枪严密封锁,数百名日军手持刺刀冲向人群,从南到北挨个刺杀,大人、孩子一个不留。

日军在汉王各村,除了烧杀抢掠,还肆意强奸妇女,61岁的韩蒋氏和

---

① 左禄主编:《侵华日军大屠杀实录》,解放军出版社1989年版,第144—147页。

她 13 岁的小孙女,被几个日军糟蹋后,扔进水坑;在罗岗村西的麦地里,几名日军将待产孕妇董翟氏轮奸后,剖腹破肚,扒出未出世的婴儿,并将其头砍下来。4 岁的女儿趴在妈妈身上哇哇直哭,也被日军砍成两截。

日军在汉王一带十几个村庄内烧杀洗劫了整整一天,共杀害村民两千多人,欺凌奸杀妇女儿童 80 人,烧毁房屋 3300 余间,抢走财产、物品不计其数。有的村庄几乎被杀光,完全变成废墟。①

阎窝位于徐州东郊 40 华里处的阎山脚下,是一个美丽富饶僻静的小山村。1938 年 5 月 20 日清晨,千余名日军在飞机的掩护下,闯进阎窝村,将全村男女老幼围在村内,即时开始了凶残无比的大屠杀,不到一个小时,就有 200 多名村民惨遭杀害。日军觉得单个或零散折磨、杀戮不过瘾,于是将山坡上和苇荡里的逃难村民统统赶出来,集中到坝子口的一块空地上,又将从人群中拉出来的 670 多名青壮年,逼进一家姓滕的四合院里。院子周围立起芦苇,浇上十几桶汽油,点火焚烧,门前的三挺机枪疯狂扫射。转眼间,门洞里的尸体便垒有半人高。门洞、窗洞里逃出来的除个别人,无有幸免。仅仅在这个小小的四合院里,就烧死、枪杀 670 多名无辜村民。

日军在阎窝一带抢掠、屠杀了一天一夜,共烧毁房屋数十间,屠杀村民近千人,单是阎窝村就有 18 户被杀绝。惨遭日军屠戮、洗劫的,还有阎窝邻近的杏坡、王山、马庄等村。凡被洗劫过的地方,未能逃出去的人尽遭屠戮,房屋全被烧光,只剩得满目焦土,一片废墟。山坡上,芦苇荡里,村里村外,尸骨成堆,血流成河。即使这样,大部分尸体根本找不到。直至当年 11 月,幸存者在烧杀现场才收殓了 200 多个头颅和成堆的尸骨,掩埋在阎山脚下的白马泉边,筑成无法计算死难人数的"人头坟"。②

(二) 日本全面侵华战争中后期

日本全面侵华战争中后期,日本侵略军通过清乡、扫荡,实行杀光、烧

① 左禄主编:《侵华日军大屠杀实录》,解放军出版社 1989 年版,第 153—157 页。
② 左禄主编:《侵华日军大屠杀实录》,解放军出版社 1989 年版,第 158—157 页。

光、抢光"三光政策",实行"集家并村"和保甲"连坐",同时加大了快速屠杀和慢性屠杀尤其是慢性屠杀的力度,增加了两者的方法、手段极其残酷程度,更加讲求规模和效率。

日本从全面侵华战争进入相持阶段后,侵华日军在对抗日根据地进行扫荡的过程中,为了对抗日军民斩尽杀绝,切断抗日军民的生存条件,将烧杀、奸淫、掳掠三管齐下的侵略政策,明确和发展为杀光、烧光、抢光"三光政策"(日文为"烬灭作战")。1940 年 9 月,日军第 1 军独立混成第 4 旅团在《讨伐队注意事项》中规定,部队归还时,"应明了敌性显著之敌根据地之村落,予以烧弃为止,彻底实行烧尽灭绝作战"。为了对抗日根据地"彻底烧毁和扫荡,以致使敌将来不能生存",该旅团在《第一期晋中作战行动实施要纲》中还对《烬灭目标及方法》进行了详细说明:"敌及装扮为当地居民之敌""认为具有敌对性质之居民中的 15 岁以上至 60 岁的男子",一律杀戮;"敌所隐匿之武器弹药工具炸药等";"认为系敌聚集之粮秣",要"没收带走,不得已时烧毁";"敌使用之文件""敌对性质之村落",一律"烧毁、破坏"。① 1940 年 10 月日军在对晋中襄垣的扫荡开始前,第 222 联队第一大队长桥本正少佐传达方面军的命令称,对八路军及八路军根据地内的人民,"不问男女老幼,应全部杀死,所有房屋,应一律烧毁,所有粮秣,其不能搬运的,亦一律烧毁,锅碗要一律打碎,并要一律埋死或投下毒药"。② 同年 10—11 月间,日军在扫荡太行、太岳根据地时,曾下达命令:"这次作战的目的,与过去完全相异,乃是在于求得完全歼灭八路军及八路军根据地,凡是敌人地域内的人不问男女老幼,应全部杀死。所有房屋,应一律烧毁,所有粮秣,其不能搬运的,亦一律烧毁,锅碗要一律打碎,并要一律埋死或下毒"。③ 日军独立混成第 4 旅团发布命令称,不仅"烧毁有敌军事设施之村落应特别彻底",而且"前进时不应突

① ［日］江口圭一:《日本帝国主义史研究:以侵华战争为中心》,周启乾、刘锦明译,世界知识出版社 2002 年版,第 283—284 页。

② 齐武编著:《一个革命根据地的成长——抗日战争和解放战争时期的晋冀鲁豫边区概况》,人民出版社 1957 年版,第 65—66 页。

③ 李恩涵:《战时日本贩毒与"三光作战"研究》,江苏人民出版社 1999 年版,第 239—240 页。

然延长时间,而应尽量将前进路上两侧的广大范围予以彻底烧毁",当即连续彻底烧毁寺子岩—姚门口之间东西约6公里间之村落,以及背庄—大有镇沿途村落、大有镇附近16个村庄。又及时总结经验,作为强化"三光政策"的"参考事项"规定:"为使烧毁能够彻底,于各纵队配置工兵,并准备炸药、燃烧弹、燃烧材料,乃绝对必要"。① 到战争后期,在侵华日军兵力严重不足、被迫收缩战线的情况下,改以专杀青壮年农民、专烧农具作为"三光政策"的重点,明确将"专烧农具减少敌人生产量,专杀壮丁减少敌人战斗力",定为日军官兵的行动指南。② 屠杀手段除枪杀、刀杀之外,毒药、毒气、细菌、瘟疫的投放和制造,成为重要的屠杀手段。

慢性屠杀方面,在不择手段将农民的农副产品劫夺尽净的同时,全力圈占、荒废、破坏、摧毁农地,减少耕地面积;全力破坏、毁灭农业动力和生产工具;像圈牲口一样集中禁锢农民、村民,将农民同农地隔离;增加农民、村民的苦役,增加和延长农民、村民尤其是敌寇据点周边地区农民、村民的"应差"时间,最大限度减少农民的劳动、生产时间。极力制造和扩大饥荒、瘟疫、毒祸、灾害、残废、贫困、死亡和死亡地带(包括扫荡区、清乡区、投毒区、人造瘟疫区、无住禁作区、禁区、隔离区、集团部落、集家并村区、无人区等)。这样,不仅死于快速屠杀的人数大大增加,而且慢性屠杀的速度明显加快,范围扩大,人数增多。在关内沦陷区,农民不仅随时随地死于日军的刀枪或"双毒"(毒药、毒气)、瘟疫,而且衣食极度短缺,甚至终年以草根、树皮充饥,随时随地因饥寒冻馁死亡。

前揭长城两侧"千里无人区",在东西长700里、南北宽200—300里的广大区域内,日军在清剿和驱赶民众、制造"无人区"的过程中,山区全部房屋连同农具、家俬、器物、衣被,全部被焚毁,成千上万的民众被杀。为了将拒不下山的民众赶尽杀绝,日本侵略军专门组织快速机械化部队,普遍验查"无人区",所到之处,草木过刀,房屋放火。并在各处山上搭起

---

① [日]江口圭一:《日本帝国主义史研究:以侵华战争为中心》,周启乾、刘锦明译,世界知识出版社2002年版,第283—284页。

② 中南军政委员会土地改革委员会调查研究处编印:《中南区一百个乡调查资料选集·解放前部分》,1953年印本,第215页。

帐篷,长期监视、搜剿,甚至严冬不撤,只要发现一缕炊烟、一点火光,就立即前往搜剿,见人就杀,已被烧光的房屋,即使留有残垣断壁,也要毁掉,以免再被利用;一经发现搭起的窝棚、地铺和住人的山洞立即摧毁;碾子、石磨一概炸掉;发现农作物就毁掉青苗。总之要灭绝隐藏居民及其一切生存条件,例如毛驴叫春就烧山 18 次。[1]

部分拒不下山的民众,虽然躲过了敌寇的子弹和烈火,但也只能像原始人一样,过着穴居野外的生活:居住在十分隐蔽的地窖、山洞里,"铺着地,盖着天,星星月亮照经年",靠野菜野果充饥;冬天大雪封山,而食物吃光,只能忍饥挨饿,而无法外出寻找食物,以免留下脚印;敌人"清剿"时,躲在山洞里的妇女,怕孩子哭闹暴露目标而大家遇害,只得狠心用奶头紧紧堵住孩子的嘴,明知孩子可能因此窒息而死,也别无选择。河北滦平县长城沿线划定"无人区"里的农民,在日军的反复搜查、清剿下,没有耕地、房屋、耕畜、农具和粮食、衣物,只能在隐蔽的洞穴栖身,不但不能进行正常的农业生产,甚至不敢生火煮食、取暖、照明,以免暴露目标,招致日军扫荡。[2] 同原始人的生活没有太大的区别。在这种敌寇反复清剿,生活极其艰难困苦的条件下,遭敌人杀戮和因冻馁、疾病、瘟疫死亡者,人数无以计量。在"千里无人区"献出生命的八路军干部、战士就"数以千计",非正常死亡的一般民众,人数更要多得多。[3]

被赶入"部落"的民众,不仅没有生产和生活资料,几乎处于绝境,而且生命贱如猪狗。日军将"人圈"禁锢得犹如铁桶一般。日军为了镇压和残害民众,任意扣上所谓"政治犯""经济犯""思想犯"等罪名,动辄施以"倒栽莲花(活埋)""军犬乱咬""电磨粉身""开膛挖心"等残酷死刑;不处死的则抓走或敲诈勒索。对"人圈"中民众的杀戮亦是家常便饭。

---

① 朱德新:《二十世纪三四十年代河南冀东保甲制度研究》,中国社会科学出版社 1994 年版,第 41 页;南开大学历史系编:《中国抗日根据地史国际学术讨论会论文集》,档案出版社 1985 年版,第 557 页。

② 张文升:《滦平县志》,辽海出版社 1997 年版,第 244—245 页;齐武编著:《一个革命根据地的成长——抗日战争和解放战争时期的晋冀鲁豫边区概况》,人民出版社 1957 年版。

③ 南开大学历史系编:《中国抗日根据地史国际学术讨论会论文集》,档案出版社 1985 年版,第 555—559 页。

如兴隆的撒河南、大磨儿峪等村，日军一次就将青壮年屠杀了一大半，两村顿成寡妇村。同时灾病、瘟疫相连，1943年死于瘟疫的，仅兴隆一县就有1万多人；同年丰宁县黑河川张家营子村，一个冬天就死亡80多人，其中一天就死亡28人。被抓走的居民（投狱或做苦工）也绝少生还。加上冻死、饿死和被逼死等，非正常死亡者数量惊人，全家死绝的随处可见，黑河川千松台村，280户中有60户死绝。兴隆县1943—1945年减少5万人，占总人口的1/3，绝大部分是遭屠杀、受蹂躏的非正常死亡。几年中热河全省被杀6万多人，"失踪"44万人，服劳役致死31万人，连同折磨、蹂躏致死不下100万人，占全省人口的1/5以上。"千里无人区"非正常死亡的人口比例自然要大得多。[①] 河北遵化县长城内侧，仅有3里宽的"无人区带"宽度较窄，建造"部落"数量较少，但居民惨遭屠杀、被抓、失踪和冻馁、瘟疫死亡情况同样十分严重。据调查，一处原有35250人的"无人区带"，被屠杀、被抓和失踪的依次为614人、164人和60人，合计838人，占总人数的2.38%；冻馁、瘟疫死亡的分别为570人和650人，合计1220人，占总人数的3.46%，两者共2058人，占总人数的5.84%。[②]

山东沂鲁"死亡之区"或"无人区"，以临朐县的三岔（今属沂源县）、九山为中心，东至安丘、昌乐西部，西至蒙阴西北部（今沂源县）、博山东部，南至沂水、蒙阴北部，北至益都、临朐南部，纵横近100公里。民众惨遭日伪军的疯狂、反复扫荡和"三光政策"的杀戮、残害、劫夺。如临朐县唐立店子村、龙岗村、冶源镇、大车沟村等多个村庄，遭日军反复扫荡、洗劫，完全变成了废墟。其中唐立店子村12名村民被刺杀，全村房屋被烧光，500多名村民无家可归；龙岗村来不及逃走的村民，被日军驱赶到河滩上，用机枪集中射杀，当场打死75人，打伤40多人；冶源镇来不及躲避民众中20余人被残杀；在这一地区，"村村户户几乎都有人被杀或全家被杀绝"。日军在烧杀的同时，又大肆劫掠。大车沟村除47间房屋被烧，

---

① 南开大学历史系编：《中国抗日根据地史国际学术讨论会论文集》，档案出版社1985年版，第558—559页。

② 中共遵化县委党史资料征集办公室编：《遵化党史资料》第2辑，第206页；朱德新：《二十世纪三四十年代河南冀东保甲制度研究》，中国社会科学出版社1994年版，第41页。

276头牛羊被宰杀,200棵树木被砍伐,全村粮食被抢光,家家断炊,无以为生。

沂鲁民众在惨遭日军扫荡、洗劫的同时,还备受国民党顽固派、投降派的压迫、搜掠和残害。1938年年底以后,国民党山东省政府机关、国民党中央军和山东地方部队四五万人麇集于鲁中沂鲁山区,除临朐保安第十七旅窦来庚部坚决抗战及个别部队于抗战初期一度抗战外,几乎全是顽固派、投降派。他们一方面同侵华日军防区相接,"和睦相处",同汪伪政权亲密往来。并联合日军,进攻八路军,屠杀抗日军民。1943年1月,国民党新编第四师师长吴化文率部投敌后,更加肆无忌惮地进攻沂蒙抗日根据地,凶残杀害根据地军民,手段之残忍令人发指,如集体枪杀、砍头、活埋、剜眼、大开膛、打活靶、点天灯、活剥皮、栓在马尾巴上拖死等,花样不下几十种。山谷、河滩成了吴伪军屠杀人民的刑场。另一方面,又打着"抗日"的旗号,在这狭小且穷困的山区横征暴敛、疯狂掠夺,以保障军队"给养"。苛捐杂税名目繁多,什么抗日捐、救国捐、胜利捐、警备捐、军事附加捐,不胜枚举;盐税、酒税、土地税、房产税、牲畜税,多如牛毛。蒙阴县南埠东村(今沂源县南麻镇),由于新四师的疯狂掠夺,树皮、草根也全部被吃光。当地群众被催粮要款逼得悬梁自尽者比比皆是。当时有民谣曰,"见了国民党,浑身虚汗淌,见了保甲长,如同见阎王"。

日伪、国民党顽固派、投降派、地主恶霸等的人为灾难,已使沂鲁山区千疮百孔、十室九空,而1941年、1942年又连遭大旱、霜冻、河溪断流,水井干涸,土地开裂,春季无法下种,夏季酷暑,滴雨不见,玉米枯焦,树木旱死,残存的高粱、谷子干秕无实。这既是天灾,也是人祸。土地大面积无种无收,饥荒进一步加重,大量村民冻馁死亡,随之瘟疫蔓延,死亡人数大增。有的村发病率高达100%,小村一天就死亡十几人,大村几十人,不少村民一家死绝。许多村庄尸体无人埋,蛆虫满街爬,民众陷入了绝境。沂鲁山区成为灾难之区、死亡之区。

民众在饥饿、瘟疫和死亡线上挣扎,而驻在该地的伪军、国民党顽固军和国民党官吏却挖空心思寻欢作乐、荒淫无耻。当地没有饿死或逃走的青年妇女,不是被奸污,便是被掳去做小老婆。有的顽固军班排长竟可以有几房姨太太。国民党新编第四师吴化文部,竟大兴吃"铃铛面"、打"欢乐牌"之风。① 为了求生,人们扶老携幼逃往沂蒙抗日根据地,但新四师顽固军却用机枪、步枪封锁住人们南逃的道路,见人就打。结果好多村民不是被打死在逃难的路上,就是只能坐以待毙,冻饿而死,并且遭受国民党顽固派、投降派的搜刮、奸淫、摧残,再加上1942年、1943年的旱灾,农民不是被枪杀致死或伤残,就是冻饿、疾病、瘟疫致死,其中相当一部分在短时间内全家死光。一部分幸存者无论物质生活,还是人格尊严,没有一天甚至一时一刻是人过的日子。据临朐县不完全统计,逃荒要饭的16.8万人,典妻鬻子的1.4万人,遭日伪杀戮和饿病而死的10万多人,全县由原来的38万人,锐减至8万人。②

太行山中部的晋冀交界处,是另一处"死亡之区"。1942年日军连续扫荡,并投放鼠疫病菌,民众惨遭杀戮,又流行鼠疫,井陉县境正太铁路沿线南侧尤其严重,罹患者达总人口的80%—90%,以致庄稼无人收,尸体没人抬,赞皇县田村原有人口约1400人,经过1942年的日军扫荡,村民大都逃居于山谷旷野,因饥饿冻寒而死,1944年全村只剩800人左右。③

在日本侵略军反复扫荡的其他所谓"准治安区"或"非治安区",农民的处境和遭受的残害大致相似,某些地区更为凄惨。

在日伪原来统治比较巩固的所谓"治安区",凡属八路军实力所及之县,日伪政权能够征税搜刮的范围日益缩小,于是便从伪县政府势力可能达到的县城附近"治安良好"的各村拼命进行暴力掠夺。农民倾其所有亦不足缴税,被逼得倾家荡产、家破人亡。晋东南高平县白村农民姜某,含恨卖光先人留下的房屋土地,仍不够交纳伪县政府摊派的税款,最后只得卖掉妻子,自己流落他乡。更有许多人因日伪横征暴敛,家贫如洗,最后冻饿而死。1943—1944年,高平县饿死250人,壶关县饿死150人。

---

① 所谓吃"铃铛面",是将抢去的青年妇女肆意糟蹋后,用刺刀逼其脱光衣裤,在乳头上系上铃铛,令其擀面条,身子晃动,铃铛作响取乐;所谓打"欢乐牌",是令青年妇女脱光衣服仰面平躺在两张并拢的方桌上,在其肚皮上打牌赌博行乐。

② 崔维志、唐秀娥:《沂蒙抗日战争史》,中国文史出版社1991年版,第290—291页。

③ 李恩涵:《战时日本贩毒与"三光作战"研究》,江苏人民出版社1999年版,第258页。

高平西梁村白某一家,夫妻和两个孩子共 4 人,统统饿死,全家遭到毁灭。①

在冀中,1942 年 5 月侵华日军制造的定县北疃大惨案,毒气、刀枪、火烧并用,在一个村一次残杀民众 800 余人。屠杀手段之残忍,村民被害情景之凄惨,令人毛骨悚然。

1942 年 5 月 27 日清晨,日军 500 余人,连同伪军共 2000 余人,围袭定县北疃村,村民和部分抗日武装人员因敌强我弱,无法抵挡,进入地道躲藏。日军一进村,就按照叛徒提供的图纸,将高浓度毒气瓦斯点燃后同燃烧的茅柴一起从多处洞口往地道投放,又用棉被将洞口捂盖严实,使毒气向地道各处流灌,在地道内逃难的八九百名村民,很快中毒、窒息身亡。老人、妇女和儿童几乎全部惨死在洞中。少数身体较壮者,即便能勉强摸到洞口爬出者,也未能躲过洞口日军的追捕和残杀。他们在洞里没有被毒死,却纷纷惨死日军的屠刀下。

1942 年 5 月 27 日至 28 日两昼一夜,日军共毒杀、枪杀、刺杀、砍杀村民和抗日武装人员 800 多人,约占当时全村总人口(1227 人)的 2/3,平均每户(全村 222 户)被杀者超过 3.6 人。相当一部分村民全家被杀绝。日军还疯狂强奸、蹂躏、残杀妇女,从 10 岁幼女到五六十岁的老妇,人数难以统计,有名有姓的就达 35 人。北疃村经过日军这次惨绝人寰的大屠杀后,几乎成了荒无人烟之处。②

在胶东,1942 年 11 月 23 日,侵华日军两万兵力拉网合围乳山县马石山地区,制造了惨绝人寰的"马石山惨案"。屠杀被围群众 500 余人,伤残无数,由于八路军往返冲杀救援,被围群众 2000 余人得以突围,为此,许多指战员壮烈牺牲。

马石山位于乳山、海阳、栖霞、牟平四县交界处,地势险要,是八路军胶东抗日根据地的中心地区。日军采取梳篦式战术,对马石山"拉网合围"。23 日,日军将方圆 40 余公里的马石山团团围住,被包围的群众有

① 中央档案馆等合编:《日本帝国主义侵华档案资料选编·汪伪政权》,中华书局 2004 年版,第 297 页。

② 左禄主编:《侵华日军大屠杀实录》,解放军出版社 1989 年版,第 240—244 页。

数千人,还有部分地方干部、伤病员以及与部队失掉联系的战士。日军随即对马石山附近村庄的村民进行大屠杀,而且手段异常残忍。在大院村,日军将躲藏沟壑、山洞中的村民一一搜出杀害。一村民全家9口躲藏一个山洞中,日军向洞内发射燃烧弹,除一人爬出外,8人全部被活活烧死。在西尚山村,日军捉到村长,先割掉耳朵,然后将他杀死。在大龙口村,日军用绳子将村民捆绑在树上,先用滚烫的开水从其头顶浇下,双脚被烫烂,再用刺刀将他刺死;又将另一村民横架在锅撑上,用火活活烤死。在草庵村,日军将民兵自卫团团长用乱刀刺死。

日军血洗马石山周边村庄后,接着在飞机的配合下,开始从四面八方搜山,步步向马石山主峰进逼。除了飞机轰炸,又以各种残忍的方式,杀害躲避在山上的村民。日军强迫躲藏在金银顶采石坑里的60多名民众,一个一个走上来,躺在地上,解开衣服,日军坐在头上,用刺刀慢刺慢割,让被害人活活痛死。这样一连杀害了50多人;招民庄70多岁的许德玉,日军用草苫将其卷起来,从下肢点上火,一直烧到头顶,谓之"烧草人";西山上一孕妇,被敌剥光衣服,从高高的悬崖上摔下去,叫作"摔西瓜";在金银顶采石坑外,日军将9个人,用绳子捆成一排,开枪射击,当场打死亡7人,称为"打活靶子"。日军还用刺刀剖开村民胸腹,五脏流出;把小孩活活劈成两半;用各种方式摧残妇女。如此等等。

日军此次"扫荡"中,共残杀抗日军民503人,其中绝大多数是马石山周围各村的农民和村民。日军还到处焚烧民房,奸杀妇女,抓捕苦工。草庵村的民房全被敌人烧掉;井桥村80%的房屋被烧毁;马石山下的石硼村,当时只有100多户人家,日军进村后一次就烧掉80多间房子。该村一名分娩不到3天的产妇,被日本兵轮奸致死;有一对夫妻被日军杀害,其未满周岁的婴孩,还在母亲怀里挣扎着找奶吃。这个被敌人血洗的小村,有11人惨遭杀害,有100多人被捉去做苦工。①

在冀鲁豫边区,1941年4月12日至20日,日军对沙区地带(包括内黄、高陵、卫河、顿丘4县)的大"扫荡"(史称"四一二"大扫荡)中,纵横

---

① 左禄主编:《侵华日军大屠杀实录》,解放军出版社1989年版,第240—244页。

搜索,杀人放火,砍树毁林,实行地毯式的杀戮和摧毁。日军每到一村,见人就杀,见屋就烧,见财物就抢,杀人手段无所不用其极,制造了新的暴行和惨案记录。

在千口、杨固、夹河、余庄、南丈、东丈、土镇等村,日军连续数天对村民进行灭绝人性的杀戮、残害。4月16日在千口村,敌寇将数百名男女村民驱赶到村东南硝河坡一处空地,强令脱光衣服被拒,日、伪军就用皮鞭和棍棒抽打、机枪扫射,骑马在尸体上狂奔乱踏。日军将枣树林中搜捕到的1000多名村民集中到一家农户场院里,强迫其全部躺倒,一层一层的垒起来,在上面任意践踏、拉屎撒尿、泼开水,最后用机枪扫射屠杀。

次日,日伪将杨固村100多名村民围困在一块不到110米大的枣林里,四面架起机枪,强令砍伐枣树,并用机枪扫射打死50多人,同时将土镇、桑村、成布等村转移到枣林里的900多名村民,全部押到杨固村的一处空地,用机枪打死300多人,用绳子捆绑未死者的手脚,分散投进六眼水井,填满后压上石碌、碾盘,再用炸弹将其炸碎,用泥土将井口封死。又对躲避在杨固村东头水沟和村西头道沟里、挤得转不开身的五六百名村民身上泼开水、浇汽油,用火烧,用机枪扫射。该村一名老妇因不让日军劫夺两只母鸡,被日军用刺刀挑死;其子去拉母亲,敌人又朝他开枪,其儿媳怀抱两岁的孩子扑上去堵枪口,被一枪打死,婴孩被兽军撕成两半,一家人全部惨死。日军闯进米秋景家,刺刀扎死其祖母;一脚踢倒其怀抱婴孩、烧火做饭的姐姐,抢过怀里的婴孩,扔进开水锅里活活烫死。

在夹河、东丈保、成布等村,日军对村民的屠戮、残害,还有更多、更令人切齿的毒招:在夹河,兽军骑兵不仅把60多名村民,一个个用刺刀扎死,而且将一名70多岁的老妪砍成8块;将一个年已半百的老妇开膛破腹。在南丈保,兽军将20多名村民关禁在一间屋子里,锁上房门,放火烧死;将一个卖豆腐的老人割耳挖眼、掏出脏腑,扔在大街上。在土镇,兽军将两名小孩扔进火里活活烧死,众兽兵在一旁观赏,乐得哈哈大笑。在余庄,兽军将7名村民套在一辆大车上,当作牛马鞭打驱赶,在大街上来回奔跑取乐,乐够了再将其一个个用刺刀捅死。在东丈保,兽军将一名4岁女童剥皮,挂在村头一棵大树上。在成布,兽军将从沙窝里搜捕的40多名村民,一个个捆绑,扔进大坑里,用炸弹炸死;将同时搜捕的20多名青年妇女的衣服扒光,在大街通衢、光天化日之下,结群淫辱,发泄兽欲,而后将其全部用机枪打死。

日军扫荡、烧杀、洗劫过后,横跨内黄、高陵、卫河、顿丘4县沙区地面,到处是惨不忍睹的死难者尸体。据冀鲁豫军区随军记者团1941年5月1日调查统计,仅南丈保、大堤口、余庄、东丈保、薛村、破车口、袁六村、温邢固、成布、土镇、杨固、桑村、夹河、马集、千口等15个村,被杀死1477人、重伤致残129人、失踪258人,被全家杀绝的48户。其中土镇一村,就被杀死296人、失踪41人、被全家杀绝的21户。①

日本侵略军为了彻底摧毁沙区抗日根据地,在大屠杀之后,紧接着是大烧大抢。据冀鲁豫军区随军记者团调查统计,方圆50里的沙窝基本区,被烧毁村庄141个②,80个村庄完全变为一片焦土。内黄县被烧毁房屋21159间;高陵县被烧毁房屋22844间;顿丘、卫河两县有3/4以上的房屋被烧毁。其中内黄县千口村被烧毁1350间;南丈保烧毁1432间;土镇村只有987间房屋,被烧毁973间,占98.58%;王张固全村38户,37户全部被烧光,仅1户幸免于难;成布村连鸡窝、猪圈都被烧得精光。

敌寇在疯狂和残酷烧杀的同时,用"到河东发八路军的洋财去"等口号,蛊惑和胁迫卫河以西的民众,到沙区来抢掠粮食、财物。仅内黄、高陵两县就被抢走和烧毁粮食132396石(军队损失尚不在内)。作为沙区两大特产和民众生活保障品的红枣、花生,更是抢掠的重点,敌寇每到一村,就把所有的红枣和花生种子劫走或全部烧毁。抢劫的被褥、家具、粮食、红枣、花生、猪、羊、鸡、鸭等,均用大车拉运,"民间财物被掠一空",但具体数量难以统计。

---

① 左禄主编:《侵华日军大屠杀实录》,解放军出版社1989年版,第214页。
② 1942年晋冀鲁豫边区党、政、军机关在沙区建立的"四一二阵亡将士暨殉难同胞之公墓"碑记载为142村。

另外,敌寇还带着斧头、钢锯,窜到各处砍伐枣树和其他成材林木。据统计,全沙区被毁枣树及林木 12.8 万余株。其中千口村被砍 3349 棵;破车口的枣树被全部砍光;从丁村往西直到桑村,绵延数十里的枣林残留无几。被砍倒的树木(主要是枣树)多达数十万株,大部被烧毁或用汽车拉走,所剩部分横七竖八地满地皆是。

在这次敌寇扫荡和烧杀、洗劫中,内黄、顿丘、高陵 3 县交界沙区,共被焚毁村庄 142 个,烧毁房屋 5 万余间。屠杀民众四千余人[①],炸毁水井百数十眼,砍伐树木数十万株,民间财物被掠一空。劫后尸体纵横,血腥遍野,断井颓垣,瓦砾焦土,无一完物留存。各村凡是没有来得及逃走和逃出敌寇包围圈的,全部被杀害,无一幸免。外逃幸存者回村里看到的是,住的房子被烧毁了,吃的东西被抢光了,路上、被烧毁前的屋前屋后,所有水井、水沟里都堆着尸体,不但找不到任何食物,甚至没有水喝,已经没有任何生存条件。[②]

在华中、华南沦陷区和游击区,由于侵华日军的反复扫荡和烧杀、奸淫、掳掠,农民既没有任何生命保障,也没有最起码的生活和生存条件,即使暂时没有被烧杀、毒杀,也只能在饥饿和死亡线上挣扎、煎熬,而且不能保证能过明天。

江西九江县石门乡,1938 年日军入侵后,当地的一些恶霸、大地主很快投降,按照日本侵略军的旨意,组织维持会,并控制县"保警队"和整个乡村政权,为虎作伥,甘当日本侵略者走狗和爪牙,除了经常给日本侵略者拉夫派款,甚至捉拿农民送给日军杀戮,带领日军进入民宅奸淫妇女,如日伪保长一次就捉去 7 个乡邻送给日军杀死。又带领日军奸淫两名妇女。同时,汉奸地主又勾结国民党特务组织的所谓"游击队",屠杀农民、抢劫财物。在日军、汉奸地主和国民党特务"游击队"残酷摧残下,农民生活的痛苦情形,如有的农民后来回忆所说,"那时真是有眼无珠,有脚无路,早农穿上袜子鞋,不知晚上脱不脱"。在这种情况下,农民根本没

---

① 另外,濮阳、清丰、滑县等 3 县几十个村庄,被日军杀戮的民众约有 8000 人。
② 左禄主编:《侵华日军大屠杀实录》,解放军出版社 1989 年版,第 210—217 页。

有条件和能力进行生产,农业生产水平下降了 78.9%。没有生产,自然无法生活。①

在湖南,相当一部分的民众,曾遭受巨大的民族灾难,惨遭屠戮、奸淫、劫掠,不仅成千上万的民众惨死在日军的刀枪下,幸存者亦无以为生。1943 年 5 月,侵华日军制造了震惊中外的汉寿厂窖(1955 年划属南县)大惨案,屠杀民众 3 万余人、伤残者 3000 多人,被强奸的妇女 2000 多人,烧毁房屋 3000 多间、船只 2500 多艘,把该地完全变成废墟。1944 年侵华日军侵犯湖南益阳、茶陵、道县等地期间,丧心病狂烧杀、奸杀(包括被奸自杀)、掳掠,恣意破坏,施放毒气,引发瘟疫,人口大量死亡。复因死尸无人掩埋,瘟疫急剧扩大,形成恶性循环,加速生产破坏和农民困苦。

汉寿厂窖大惨案发生在鄂西、湘北战役的第二阶段。其时,侵华日军三四万人,从湖北荆江各渡口大举南犯。1943 年 5 月,湖南华容、汉寿、南县、安乡等县和整个洞庭湖北岸地区均沦于敌手,国民党滨湖驻防部队纷纷夺路往西逃窜,大批逃难的国民党县、乡公务人员、学生、城乡居民及水上船民,紧随西窜的国民党军,聚集在厂窖大垸及其沿河水域,准备越河西渡,转移至常德等安全地区。于是日军大举进犯厂窖,以配合其迫战诱和策略,对国民党政权施加军事压力,造成民心恐怖,取得军事、心理战的双重效果。5 月 8 日,敌出动兵力 3000 余众,汽艇 60 多艘和部分飞机,从陆地和水上多面夹击,对厂窖地区实行军事"大合围",随即在这一地区实行"三光"政策,滥杀狂烧,抢掠奸淫,多管齐下。5 月 8 日下午,日军便开始在厂窖北堤一线实行烧杀。次日上午至 12 日,数千名日军就在整个厂窖地区进行了有计划的全面大屠杀。大屠杀地域范围包括现汉寿西港以东,沅江草尾以北,南县肖公庙以西,以厂窖大垸为中心,方圆约百十里的地区。据统计,长 25 华里的太白洲至龚家港沿河一带,被杀民众达 6800 多人;长 7 华里的瓦连堤一带,被杀民众 3000 多人;甸安河一带,被杀民众 3000 多人(其中多数为国民党溃兵),永固堤一带,被杀民众 1500

---

① 中南军政委员会土地改革委员会调查研究处编印:《中南区一百个乡调查资料选集·解放前部分》,1953 年印本,第 159—160 页。

多人（其中部分为国民党溃兵）；连山垸一带，被杀民众 1000 人以上；里中湖周围，被杀民众 800 多人。垸内其他地区，被杀民众亦为数不少。厂窖对河的三岔河乡永定、唯一两个村，被杀民众 2000 人以上；下柴市乡被杀者 1500 余人；游港乡被杀者 1000 余人；武圣宫乡被杀者 500 余人；靠近厂窖的安乡边境，被杀者 1000 余人。

大屠杀中，灭绝人性的日军，绞尽脑汁提高刺激性和残忍性。在玉成垸一处河洲上，敌人为了"锻炼"刺杀本领，竟用东洋大刀砍死村民 30 多人；或将村民三五十人为一串，用纤索捆绑，拴在汽艇后面，然后开足马力，在河里活活拖死、淹死；或用纤绳打成活密结，将船民、难民的颈脖成串锁住，赶入河中入水后，越挣扎，颈脖绳结越紧。最后全部勒死、淹死。日军在岸上狰狞狂笑不止。同成垸汪宏奎年已 60 岁，因为耳聋，未答日军问话，或答非所问，日军即将其舌头与下颚一并割掉，汪宏奎没几天活活痛死；瓦连堤彭连山身患肺病，被抓后因行动迟缓，日军用东洋刀将他砍成数块，碎尸抛入藕塘；日军从一个难民身上搜出一张"难民身份证"，即一刀从其头顶劈下，用刺刀挑开肚皮，将咸菜塞入死者肚里；用刀将难民胆囊挖出，挤出胆汁，装入随身携带的瓶内保存。此外，日军还用焚身、敲脑浆、烫身、剖腹、挖眼、割耳、灌凉水等酷刑，残杀无辜民众。

日军在厂窖大屠杀中，总是一边杀人，一边纵火烧屋，大搞焦土政策。日军魔爪所向，无不烟腾雾绕，墙倾壁倒，令人惨不忍睹。1943 年 5 月 7 日，日军蹂躏南县，当晚即纵火焚毁了南县县城。除县政府及县立学校残留一点房屋外，其余全部被烧光，街上到处是一滩一滩的血痕，野狗四处扒开瓦片找吃死尸。随后，敌人又纵火焚毁了三仙湖镇，除南华公口旧址及四五家民房外，其余均被敌人烧光。敌占厂窖后，同样魔抓伸到哪里，即焚毁到哪里，厂窖附近的茅草街、狗头洲等小墟镇，亦很快付之一炬。武圣宫更被焚烧两次，一直烧得片瓦无存，敌寇才狞笑而去。日军白天纵火、杀人、抢掠，夜晚则以纵火为其联络和行动信号。灾祸所及，多达 13 保。烧毁的房屋有 1062 栋，财产损失至少为 2.94 亿元（当时货币）。另据调查，仅今厂窖乡，除被烧毁民房 3000 多间、船只 2500 多艘以外，其他因纵火焚毁而造成的损失有猪 400 头、牛 200 头、家禽近万只、粮食 50 万斤,外加衣服、被褥等5万余件,农具家具万余件。折合金额数几千万元。据在全成村一、二组(即原作新乡五保四甲)统计,当时47户人家,大小房屋113间。日军侵占的几天里,房屋被焚44户、大小104间,损失猪50头(烧死39头,日军杀掉9头,"维持会"拉去两头),鸡鸭229只(烧死134只,日军劫去53只,跑掉42只);粮食21000多斤(烧掉13000多斤,抢走8000斤)。与此同时,被堵截在厂窖沿河两侧的几千艘船只,更是焚毁无存。除太白洲一处因日军架设电话线,及打捞几个被打死的日军尸体,需留下几条木船外,其他船只全部被日军烧毁,几乎荡然无存。不仅如此,日军还烧杀兼行,借纵火烧屋之机,把民众成群结队赶往火里烧死。仅瓦连一个村,当时便有20多名妇女被大火烧死。

在破坏的同时又大肆掳抢。日军一般是白天杀人,傍晚出外"打闹"(即抢掠)。民众所有财物,特别是金银首饰、上好衣料、粮食、糖、油及家禽、牲畜等,均不放过。1943年5月10日那天,永固垸有两个农民被日军一个班掳去当夫,随他们挑着两副大筐跟着到里中湖、汀浃洲一带去"打闹"。据两人事后回忆,那11名日军,在一天之内(不到9小时),竟然犯下了如下的罪行:用刺刀、乱枪杀死村民140多人,强奸妇女20多人,纵火烧毁民房5栋,砍死耕牛2头,杀死生猪10多头。此外还抢走了民众的大量财物。两人随日军"打闹"一天,前后倒换箩筐5次,如此留下好的丢掉次的,最后剩下的全是金银玉器、毛料绸绫等贵重物品,重达300多斤。日军魔爪所至,无一不是劫掠、残杀本性大发,见家具什物,即尽数捣毁;见牲畜家禽,即任意宰杀;见到蚊帐铺盖,即撕烂作捆绑民众之用,或充作垫日军马房之用;见谷米、菜食,或随意吃掉,或倒入粪坑;即使吃剩的,也总要撒上屎尿,使劫后的群众返家之后,既无处安身,又无吃用度日。日军抢掠中,照例要掳去大量民夫做苦役,以后杳无音讯者,仅厂窖一地即达200多人。

日军蹂躏厂窖期间,对妇女更是百般凌辱、残害。小至十来岁的幼童,大至六七十岁的老妪,凡躲避不及者,无一幸免。当地民众唾骂,日军全是"人面畜牲""两脚野猪"。当时还是一小墟镇的茅草街,日军仅在这地方盘踞一日一夜,被奸淫的妇女,即有三四十人之多,一年仅10岁的女童,惨被两名兽兵轮奸,母女痛不欲生,一同投河自杀。在厂窖垸内,不仅是一般妇女难免被强奸,连修道的童贞女也不能幸免;甚至龙钟老妪、孕妇、产妇、经期妇女等,全都不能逃脱。德福村一个60多岁的老妇,见日军枪杀她两个儿子,跑出屋外救护未遂,反被四个兽兵轮奸,兽兵事后还拍手狞笑。先奸后杀、因奸致死者,随处可见:某乌篷船一名12岁女童,被一群兽兵轮奸致死,尸体扔入河中;肖家湾一妇女因反抗被日军割去双乳;瓦连堤一名孕妇,惨遭7名兽兵轮奸,继而又被踢伤腹部,不几日因重伤、羞愤惨死;日本兵还在强奸孕妇后,用刺刀从肚里挑出胎儿作乐,一尸两命;更有日本兵奸后用刺刀捅穿被害者阴户,或用刀切割肉体,或用各种异物塞入阴户,致其惨死。于家垸一家4名女性,全是这样被残害而死。另外,还有大批妇女因拒不受辱丧命。仅厂窖垸一地,妇女中宁死不受辱、壮烈而死难有名有姓者,即达50多人。有一肖姓妇女,三次被日本兵逼奸,均成功挣脱。后逃至河边,兽兵仍紧追不舍,她急中生智,一手抱住日本兵滚入河中,与敌同归于尽。可见厂窖地区妇女受害人数之多,情景之惨。

由于厂窖地区属于洞庭湖围垦区,地形为低洼的淤积平原,人口多,密度大,再加上大批外来难民和国民党溃兵,人口数量越多,而地形为低洼的淤积平原,地上无山林,地下水位高而无洞穴,根本无处藏身、逃避。日军借此条件,从武汉、当阳等地出动飞机,频频窜至厂窖上空,轮番轰炸、扫射,与陆上、水面日军紧密配合,形成铁桶般的包围大屠杀态势。国民党军残部和大批逃难民众,除少数乘船逃出外,绝大部分(主要是难民和当地群众)则全部被围死在大包围圈内,这就使得日军烧杀、奸淫、掳掠、破坏变得异常快捷而又轻而易举。上揭一个班的日军一天的杀戮、奸淫、抢掠罪行,是一个典型例子,由此可知日军在厂窖地区所犯的罪行。由于围垦区同洞庭湖水面高度相近,甚至比湖面低,破坏也很容易,日军将垸堤掘口数十处,禾苗十分之五六被水淹没。纵使未被大水淹掉没,也无人、无法耕作管理。秋收无望,外逃幸存者亦无米粮糊口。

惨遭日军血洗的厂窖地区,上上下下,垸内垸外,尸横遍野,江河变赤,无不室断炊烟,道无行人,一片悲惨景象。值得注意的是,惨遭日军杀戮的民众中,还有相当一部分是其他地区千辛万苦逃难到此的难民,仅永固埫一地，收埋的无名尸体，就达千具以上，人称"千人坑"。另外，还有不少尸体沉于河底、湖底或漂流他处，未能掩埋。所以记者于惨案发生四年后发现河岸还有冤死者的白骨，河中还有烧余下来的船板。这些白骨即是难民或船民。难民们虽然在老家暂时躲过了日军的杀戮、残害，但却惨死他乡，最终还是未能逃脱日军的屠刀。这是沦陷区民众在死亡线上挣扎情景的真实写照。①

益阳在 1944 年沦陷后，农民也惨遭日军烧杀、奸淫、抢劫。如王村四五十户人家中，被抢去被褥 24 床、蚊帐 10 床、棉布 12 匹、铁锅 29 口、谷米 100 石、食盐 180 斤、食油 100 斤、鸡鸭 159 只、猪牛 32 头。16 名妇女被强奸，其中 3 人因轮奸十多次而致死；从外乡逃来的一户农民全家 9 人，为不被敌人奸污，母女 7 人投塘自杀。农民龚松柏等 3 人，因在日军面前表示反抗，被日军捉去绑在树上用刺刀捅死。日军的残暴烧杀、洗劫，加上封建地主的压榨，农民被剥夺了最起码的生活条件，以致"日趋贫困，生活极为痛苦。特别是占 50% 以上的雇贫农，除过年过节外，几乎长年都是吃稀粥或杂粮，每年春荒时节，没有粮食，靠着种的蔬菜和野草来充饥"。许多佃农秋收割下的谷子交租还账，就揭不开锅，"禾镰挂上壁，就喊没饭吃"。②

日军在茶陵，"见人杀人，见物烧物，见东西抢东西，烧杀掳掠奸淫无恶不作"。抢不完、运不走的粮食、房舍、衣物，全部糟蹋、摧毁，"剩下的杂粮焚烧或拉屎撒尿糟蹋，将衣服熏蚊子垫马栏铺战壕或撕破，并将家具堆集焚烧，挖墙壁，拆楼板，毁门板……"，目的就是根绝农民的生存条件。村民为了逃命，全部躲进郊外山林，日晒夜露，风寒雨淋，加上日军施放毒气，死人、死猪、死牛，无人掩埋，腐烂生蛆，引发伤寒、痢疾、疟疾、皮肤病等瘟疫、疾病大流行，当时全乡 10 人中有 8 人患传染病，农民无钱治疗只有等死，1944 年仅庙市乡即病死 200 多人。不仅如此，农民还受到本地土匪游击队的搜劫。土匪游击队趁乱拦路打劫，搜掠民财；汉奸地主与敌（日军）、伪（汪精卫）、顽（国民党顽固派）勾结，对农民的压迫与剥

---

① 左禄主编：《侵华日军大屠杀实录》，解放军出版社 1989 年版，第 257—270 页。

② 中南军政委员会土地改革委员会调查研究处编印：《中南区一百个乡调查资料选集·解放前部分》，1953 年印本，第 60—61 页。

削更为厉害;地主为了转移和分散目标,把一些东西寄放农民家中,被日伪军抢走后,强迫农民照价赔偿。日本帝国主义、汉奸、土匪、封建地主、国民党顽固派一齐"压在农民头上,简直使农民喘不过气来"。①

在道县,因日军烧杀掠夺,情况异常惨重,又瘟疫和天灾连年,人祸带来天灾,天灾伴随人祸。战祸、瘟疫、天灾三者交加,互为因果,而罪魁祸首就是日本侵略军。日军大肆杀戮尤其是残酷杀害青壮年农民,奸杀妇女,将农户粮食、耕牛、生猪抢劫一空,导致农民既无口粮、种子,又无劳力、耕牛、肥料和生产、生活资金,无粮充饥,无力防病治病,导致疟疾、伤寒、霍乱等各种疫病肆虐,农民无钱诊治死亡者甚众,仅东门乡一个乡,因病死绝的农户即达 35 户,占总户数的 6.3%。这又进一步加剧了农民生产和抗灾能力的下降,导致天灾愈益频仍和收成下降、土地荒废。如东门乡1938 年、1945 年旱灾,1946 年又发生虫灾,1938 年收成下降 31.4%;1945年、1946 年两年收成均较常年下降 51.6%,有的甚至颗粒无收,农民无力耕作,佃农无力佃种,外出逃生,致田地荒芜,"广大农民陷于贫困破产"。②

广西宾阳大林乡,1939 年、1944 年两次遭日军侵犯、驻扎和烧杀、奸淫、掳掠,损失非常惨重。日军掳掠不只是军队补给和个人的强盗抢劫行为(将财物运回日本国内),更要摧毁中国的反抗能力,根绝农民的生存条件。前揭日军诫条:"专烧农具减少敌人生产量,专杀壮丁减少敌人战斗力",就是见于驻扎宾阳日军遗下的笔记本。故此,侵华日军一直是掠夺和破坏、摧毁并重,凡是他们搬不走或不需要的东西,一律破坏、摧毁或寓破坏、摧毁于掠夺之中。如日军杀一口猪,只要 10 多斤肉,其余全部毁弃;煮饭不用砖架锅,而用猪头代替;做饭烧水不烧木柴,专烧犁耙、农具、家具、门板、织布机等。这就大大加大了日军掠夺造成的损失和农民的生存难度。大林乡两次损失的财物主要有:稻谷 174600 余斤、大米 315000余斤、糖 2600 余斤,平均每户损失稻谷 496 斤、895 斤、糖 7.4 斤;损失耕

---

① 中南军政委员会土地改革委员会调查研究处编印:《中南区一百个乡调查资料选集·解放前部分》,1953 年印本,第 82—84、92 页。

② 中南军政委员会土地改革委员会调查研究处编印:《中南区一百个乡调查资料选集·解放前部分》,1953 年印本,第 72—73 页。

牛 59 头、农具 750 余件,分别相当于 1949 年实有耕牛的 30.7%和农具的 138.6%。损失的各种财物共折合稻谷 1570000 余斤,平均每家损失 4460 斤。农民还损失衣服 2080 余件、蚊帐 780 余床、鞋底鞋模 600 余双、洋纱 80 余股、织布机 250 余架,平均每家损失衣服 5.9 件、蚊帐 2.2 床、鞋底鞋 模 1.7 双、洋纱 0.23 股、织布机 0.71 架。[①]

这样,日军把农民的口粮和种子、耕牛、畜禽、农具、肥料劫夺、破坏尽 净,农民既无口粮充饥,又无条件进行生产自救;日军将农民的衣服、蚊 帐、鞋底、鞋模、棉纱、织布机、缝纫机劫掠、摧毁无遗,农民既无衣服、鞋袜 可穿,无蚊帐可用,又无棉纱、织布机、缝纫机织布、缝衣,不仅饥寒交迫, 而且蚊虫肆虐,疟疾等瘟疫暴发,束手无策,大片地区的农民完全陷入绝 境,直至解放才得以缓解。

广东省惠阳(今惠州市)先后四次沦陷,侵华日军占领惠阳期间,在 城乡大肆烧杀、奸淫、抢劫,无恶不作,总计屠杀居民、村民 5000 人以上, 仅 1942 年 2 月 4 日第三次沦陷的头三天,日军就屠杀居民 3000 人以上。

1938 年 10 月 14 日,惠阳第一次沦陷。日军入城后,大肆烧杀,焚烧 城关最繁盛之水东路店铺,大火 10 余天不熄,其余街道店铺、民房,亦一 律焚毁。日军见人即杀,见物即抢,奸淫妇女,虽六七十岁之老妪,十二三 岁之幼女亦未能幸免。日军侵占县城 50 多天,居民死伤惨重。至 12 月 7 日,日军退出县城,临走时还炸毁东新桥。

1941 年 5 月 3 日,惠阳第二次沦陷。居民多事先逃避乡间,日军入城 一无所获,遂到各乡搜劫,在蓬滚村屠杀村民及城中逃难者 400 多人。日军 在 5 月 10 日撤退,当天拂晓,日军出动数百人,各携燃火工具分别在水东 路、塘下、打石街(中山西)、万石路(中山南)的商店民房,以鸣炮为号,一齐 放火焚烧商铺、民房。第一炮响后,顿时,各处火烟冲天。鸣第二炮,日军 开始撤退,此时县、府两城已成火海,市区已成废墟,焚毁房屋达 80%。此 外,西湖周围的名胜古迹,如栖禅寺、永福寺、元妙观等,亦遭焚烧。

---

① 中南军政委员会土地改革委员会调查研究处编印:《中南区一百个乡调查资料选集·
解放前部分》,1953 年印本,第 213—216 页。

1942 年 2 月 4 日,惠阳第三次沦陷。日军入城前曾遭国民党军队一个团的炮击,日军联队长被击毙。敌寇恼羞成怒,入城后进行报复,逢人便杀,只埔头一处即残杀 100 余人;礼门义路及叶屋巷口杀 100 余人;南津牛颈岭杀死 300 多人;还有在五眼桥河边被活埋的有几十人。而用汽车运出郊外残杀的更不计其数,估计这次被杀害的人数达 3000 人,残酷的大屠杀达 3 天之久,日军始退出惠阳。①

1945 年 1 月 14 日,惠州第四次沦陷。日军入城后,采用"以华治华"的政策,事先组织伪军汉奸,一齐进城,随即组织"维持会",派出伪县长,设立机构,同奸商前往内地经营黄金、粮食生意,从中谋利;开设"防务公司"(赌博公司)、禁烟局(鸦片烟馆)、彩票公司、出入口货物附加征收处以及妓院等,榨取税捐。又利用汉奸为耳目,到处抓人,指为游击队,残酷刑讯,肆意杀戮。同时下乡大肆烧杀抢掠。3 月,日军侵入沥林乡一带,除烧杀、奸淫、抢劫,还酷刑威胁农民交出枪弹。驻乡的伪县自卫队以"清匪治安"为名,向农民征粮、抽兵,军粮每月一次,每次每人 1 斤,全乡每年被征 3 万斤以上;征兵每年 3 次,按男丁摊派,既要人,又征粮,全乡每年被征 12 万斤以上。②

日军四次侵占惠州,民众生命、财产、资源损失不计其数,寺院、名胜古迹、景观亦几乎全被焚毁。民众幸存者长期处于哀伤悲愤和恐怖之中,一直在死亡线上挣扎、煎熬,求生艰难。即使躲过了日军第一次、第二次侵占、烧杀,未必能躲过第三次、第四次。沥林乡农民朱流明,叔父眼睛失明,家婶年过五十,妹妹年幼,全靠自己一人耕田维持生活,好不容易躲过了日军前三次侵占和烧杀、掳掠,但最终还是没能躲过日军第四次掳掠、残害。日伪既要粮,又抽兵,朱流明因无力交纳"兵役谷",被拉去当兵,盲叔被逼自杀,婶嫁人,妹被卖,迅即家破人亡。③

---

① 左禄主编:《侵华日军大屠杀实录》,解放军出版社 1989 年版,第 228—232 页。

② 中南军政委员会土地改革委员会调查研究处编印:《中南区一百个乡调查资料选集·解放前部分》,1953 年印本,第 172—173 页。

③ 中南军政委员会土地改革委员会调查研究处编印:《中南区一百个乡调查资料选集·解放前部分》,1953 年印本,第 173 页。

第 四 章

日本帝国主义对手工业的掠夺和破坏

　　1937 年,"卢沟桥事变"标志着日本全面侵华战争的开始。1937 年 12 月,华北日军在北平宣布成立"中华民国临时政府",1938 年 1 月,日本政府制定《处理中国事变的根本方针》,对"华北临时政府"组织机构陆续进行若干调整。随着日军占领区域的扩大,临时政府逐步从北平、天津两市扩大到河北、山西、河南、山东数省的部分地区及青岛市。

　　东北沦陷期间,随着日本对东北资源掠夺的加强和对经济统制的强化,不少手工业濒临绝境。1937 年,伪满洲国公布"重要产业统制法", 1938 年,长春市设立"满洲纤维公社",对东北纺织工业的原料、产品生产和销售、商品价格等方面实行统制。1939 年,伪满洲国公布《原棉、棉制品统制法》,成立满洲棉业联合会,对纺织、织布工厂实行统制。在日伪统制政策下,农村织布副业因缺乏棉纱相继休业,染业生产停顿,小织袜厂纷纷倒闭。1939 年,日本成立满洲柞蚕株式会社,向蚕农强行收购蚕茧,对茧、丝实行配给,对缫丝、织绸业者强行派购,民营缫丝厂、丝栈纷纷倒闭。1940 年后日本在东北实行"主要物资配给制""主要特产物专管法"等,对钢铁、棉纱、皮革、麻等实行全面统制,不少手工业户因原料缺乏,被迫停工或倒闭。

　　1938 年 10 月,日本制定《华中方面军占领地域内一般商品出入境取缔规定》,随后接连公布严格禁止从沦陷区往抗战区、从上海往其他沦陷区运送物资的命令。1938 年 11 月,华北开发公司和华中振兴公司成立,前者支配整个华北一切资源的开发与统制,后者主持华中物资的产销经营。华中振兴公司在华中地区对交通运输、通信、电气、煤气及自来水、矿冶、水产等各项事业享有经营统制权。华中振兴公司成立后,将在此之前成立的华中矿业、华中蚕丝、华中水电、上海内河轮船、华中电气通讯、上海恒产、都市交通、华中水产 8 家公司收为子公司。日本通过华中振兴公司,实现了对华中沦陷区主要产业和公用事业的统制。1938 年 12 月,兴亚院正式组建,作为日本政府对华侵略的最高行政机构,专门处理除了伪满和台湾以外的在华政治、经济、文化等一切事务。1939 年 3 月,兴亚院在中国占领区成立华北联络部、"蒙疆联络部"、华中联络部、厦门联络部和华北联络部青岛出张所,后又在广州和汉口设立派遣员事务所,各部、所具体负责中国华北、华中、华南沦陷区及其他有关城市、地区的经济掠夺和殖民统制事务。1939 年 8 月,日本为维持华中沦陷区军票价值、扩大军票流通范围和物资顺利进口调运与配给,成立军票交换用物资配给组合,总部设在上海,在华中沦陷区各地设有分店、办事处 30 余所。1940 年 9 月,华中物资运销协会成立,以防止上海物资经其他沦陷区输入抗战区,并控制华中沦陷区的物资销售量,同时援助军票交换用物资配给组合加强华中沦陷区的军票地位。华中人造丝织品运销协会、华中棉制造品运销协会等 9 个运销协会总部均设于上海,在华中沦陷区内各重要城市遍设分支部。1940 年 11 月,日本成立输入配给组合联合会,以调整日本、伪满对华中沦陷区的贸易,输入配给来自上述地区的商品,在华中沦陷区对外贸易机构中,除军票交换用物资配给组合所经营的商品外,凡一般物资的输入配给均由该机构负责。1941 年 9 月,中央物资统制委员会成立,并成立地方物资统制委员会,负责各区域准许移出主要物资每月标准的申请、对当地施行物资统制、取缔"非正当物资"移动。1943 年,汪伪政权与日本协议决定取消中央物资统制委员会,日军将物资统制权移交给汪伪政权,3 月全国商业统制总会和物资统制审议委员会成立,前者是华中沦陷区物资统制的执行机构,凡华中统制物资的收买配给、各地域物资交换营运、军需物资采办、输出物资供给等事项,均归其管理,后者是华中沦陷区物资统制的督导机关。全国商业统制总会下设米粮、棉业、粉麦、油料、日用品五个分支,对沦陷区物资进行强行收购,所列统制物资包括煤、铁、钢材、化工、药品等共37类,禁止自由流通。战事直接毁坏、战争中交通阻塞,以及在统制政策下原料供应和产品销售受限,使手工业受到极大影响。

第一节 手工业概况

手工业在中国国民经济中占据重要地位。1936年手工业估计产值是同期近代化工业产值的3.5倍,手工业品出口值超过出口贸易总值的1/3。

日本对东北资源掠夺的加强和对经济统制的强化使不少手工业濒临绝境。辽宁省棉纺织业大部分工厂停产,染业厂坊、民营缫丝厂、丝栈纷纷倒闭。吉林省染业生产停顿,针织业大多停产,缫丝业逐渐衰落,皮革业、缝纫业、家具及木制品业等业所剩无几。黑龙江省织布及印染业急剧衰落,针织复制业各厂或半停工或被迫倒闭。

日本全面侵华战争爆发后,关内沦陷区手工业普遍衰落。战争前浙江省近1/4人口依赖手工业为生,战争爆发后不少手工业户失业。战争期间山东发网、花边、草帽辫等手工业出口减少,逐渐衰落,部分手工业户数锐减,部分甚至绝业。经历8年战争后广东省手工业户所剩不多,全省近1/4县无手工业专业户。战事爆发后上海针织业、绸布印花业、制革业等均遭到破坏,战区内作坊和工厂大多停工。苏州手工业大部分陷入停顿,青岛沦陷后因日本统制、交通阻塞、日货竞销等原因,纺织、金属冶铸等业陷入停顿或半停顿状态,郑州沦陷后手工业户数比1936年减少1/3以上,职工数量减少近1/4。

一、手工业在国民经济中占据重要地位

中国手工业生产历史悠久,是传统经济的重要组成部分。鸦片战争

后,在西方工业化国家的冲击下,中国社会经济环境发生巨大变化,手工业的发展亦受影响,但仍在国民经济中占据重要地位。从产值来看,全国27种手工业产值自1914年的9.5亿元逐年增至1917年的21.6亿元,1918年和1919年各为13.8亿元和11.8亿元。[①] 1920年中国手工业估计产值为42.6亿元,1933年为43.5亿元,1936年为100.1亿元(分别是同期近代化工业产值的4.8倍、2倍、3.5倍),年均增长率为5.5%(低于同期近代工业化产值年均增长率的7.6%)。[②] 从对外贸易来看,1910年手工开采矿产品、手工半制品和手工制成品出口值近2.5亿元,1920年3.4亿元,1930年4.4亿元,1936年2.9亿元,在当年货物出口总值中各占41.6%、40.3%、31.8%、41.7%,分别是同期机器开采矿产品、机器半制品和机器制成品出口值的2.2倍、1.7倍、1.4倍和2.9倍。[③] 从行业来看,1933年全国15大类行业中,除水电气制造业之外,其他行业均存在相当数量的手工业,据巫宝三估计,其中10类手工业产值超过机器工业产值(在10类行业工业总产值中占60.6%—99.7%),在39个分类行业中有5个行业手工业产值在对应工业总产值中占53.7%—70.6%、20个行业手工业产值超过75%。1933年,棉纺业中手工业产值占工业总产值的10.4%,棉织业中手工业产值占86.7%,缫丝业中手工业产值占53.7%,丝织业中手工业产值占70.6%,制糖业中手工业产值占89.1%,造纸印刷业中手工业产值占67.6%,制烟业中手工业产值占42.9%。[④] 据汪敬虞估计,1933年棉纱产量中手工业生产占25%,棉布产量中手工业生产占81%,生丝产量中手工业生产占59%,绸产量中手工业生产占

---

①　彭泽益编:《中国近代手工业史资料(1840—1949)》第2卷,生活·读书·新知三联书店1957年版,"附录(一)"。

②　许涤新、吴承明:《中国资本主义发展史》第2卷,社会科学文献出版社2007年版,第834页。

③　刘克祥、吴太昌主编:《中国近代经济史(1927—1937)》,人民出版社2012年版,第1126页。

④　刘克祥、吴太昌主编:《中国近代经济史(1927—1937)》,人民出版社2012年版,第1123—1125页。

75%,糖产量中手工业生产占98%,纸产量中手工业生产占83%。①

1937年,中国手工业品出口值为1.9亿海关两(占出口贸易总值的35.4%),比1936年的1.55亿海关两(占出口贸易总值的34.2%)增加22.6%。②

在1937年63类手工业品出口值统计中,其中46类手工业品1937年出口值与1935年和1936年平均数相比有不同程度的增加,17类有不同程度的减少。植物油在手工业品出口值中所占比重最高,其次是茶,再次是挑花品等和丝,4类合计占56%—65%,1937年出口值均比1935年和1936年平均数有所增加,植物油增加70.9%(出口量增加42%),挑花品等增加49.5%,丝增加11.1%(出口量减少11.5%),茶增加2.1%(出口量增加7.8%)(见表4-1、表4-2)。③

表4-1　63类手工业品出口值(1935—1937年)　(单位:万海关两)

手工业品　　　年份	1935	1936	1937	1937年比1935年和1936年平均数的变动(%)
金银器	2.3	6	15.4	271.08
抽纱品	338.3	139.9	472.1	97.45
毛毯	0.13	0.27	0.38	90.00
花边衣饰	209.5	374	543.9	86.43
玩具	1.8	3.1	4.5	83.67
石器	16.1	23.9	35.9	79.50
地毯	260.2	326.5	520.5	77.43
皮、衣、被、褥	290.3	419	617.8	74.20
藤器	2.5	5.8	7.2	73.49
植物油	3676.5	5865.7	8154	70.90

①　汪敬虞:《中国近代手工业及其在中国资本主义产生中的地位》,《中国经济史研究》1988年第1期。

②　彭泽益编:《中国近代手工业史资料(1840—1949)》第3卷,中华书局1962年版,第816页。

③　彭泽益编:《中国近代手工业史资料(1840—1949)》第3卷,中华书局1962年版,"附录"表1、表3。

续表

手工业品 \\ 年份	1935	1936	1937	1937年比1935年和1936年平均数的变动（%）
酱、酱油	9.6	10.3	17	70.85
家具	8.9	10.3	15.8	64.58
熟皮器	37.5	57.7	77.8	63.45
漆器	8	11.2	15.4	60.42
熟皮	17.2	33.8	40.9	60.39
景泰蓝器	8.1	13.5	17	57.41
扇	8.1	9.6	13.3	50.28
挑花品等*	548.9	1225.1	1325.7	49.46
牙刷	7.4	13.6	15.4	46.67
绳	15	25.1	29.4	46.63
棉毯	22.4	29.5	37.5	44.51
纸箔	111.4	128.9	172.7	43.74
料器、玻璃器	15.4	23.5	27.7	42.42
瓷器	56	72.9	90.9	41.04
酒、药酒	50.1	55.8	72.4	36.73
丝经	98.4	68.4	111.3	33.45
茧绸	322.6	345.7	443.5	32.72
爆竹、焰火	87.3	87.9	115.8	32.19
腐乳	17.5	21.1	25.2	30.57
木器	41.8	58.9	65.7	30.49
火腿、制过肉	94.1	78.9	110.4	27.63
竹器	66.1	87.5	94.8	23.44
粉丝、通心粉	202.7	198	240.3	19.94
丝绵	10	8.7	11.2	19.79
砖瓦	19.2	19.5	22.7	17.31
渔网	57	70	73	14.96
纸	149.3	163.5	175.3	12.08
丝绣货	213.9	275.4	273.8	11.91
袜	27.7	41.3	38.5	11.59

续表

手工业品＼年份	1935	1936	1937	1937 年比 1935 年和 1936 年平均数的变动(%)
发网	66.5	77.5	80.1	11.25
丝	608.5	763	762	11.12
毛巾	18.9	25.1	23.9	8.64
黄铜器	59.3	75	69.7	3.80
子饼	334.1	425.8	390.4	2.75
土布	103.5	148.2	129.2	2.66
茶	1901.4	1968	1976.1	2.14
夏布	94.7	127	110.8	−0.05
神香	24	27.6	25.7	−0.39
伞	91.2	85.7	86.1	−2.66
席、地席	295	338.4	281.1	−11.24
文具	12.9	14	11.5	−14.50
象牙器	6.8	7.3	5.9	−16.31
草帽辫	146.7	147	118.6	−19.24
首饰	17.2	18.9	14.2	−21.33
墨	3.4	4.3	2.9	−24.68
绸缎	544.3	488.6	364.5	−29.42
陶瓦器	49.6	51.6	35.4	−30.04
草帽等**	449.9	371.4	260.3	−36.61
袋包	37.9	19.1	6.7	−76.49
烛	7.2	1.1	0.5	−87.95
围巾	0.01	0.06	0.003	−91.43
女红用品	0.48	0.23	0.01	−97.18
棉胎	4.7	11.2	0.008	−99.90
总计	12007.42	15605.86	18897.701	36.87

注:* 包括挑花品、非丝绣货;** 包括草帽、蒲草帽、金丝、麻草帽。

资料来源:彭泽益编:《中国近代手工业史资料(1840—1949)》第 3 卷,中华书局 1962 年版,"附录"表 3。

表 4-2 植物油等 4 类出口值占当年手工业品
出口值比重（1935—1937 年） （单位:%）

手工业品＼年份	1935	1936	1937
植物油	30.62	37.59	43.15
茶	15.84	12.61	10.46
挑花品等	4.57	7.85	7.02
丝	5.07	4.89	4.03
总计	56.09	62.94	64.65

资料来源:彭泽益编:《中国近代手工业史资料(1840—1949)》第 3 卷,中华书局 1962 年版,"附录"表 3。

在 31 类手工业品出口量统计中,其中 16 类手工业品 1937 年出口量与 1935 年和 1936 年的平均数相比有所增加,15 类有不同程度的减少。金银器出口量和出口值增加最多,各达 303% 和 271%,绳和熟皮出口量和出口值增加幅度也较大,绳各达 69% 和 47%,熟皮各达 45% 和 60%。出口量减少幅度较大的有烛、草帽辫和绸缎,烛出口量和出口值各减少 88%,草帽辫和绸缎出口量减少 28%,出口值各减少 19% 和 29%(见表 4-3)。[①]

表 4-3 31 类手工业品出口量(1935—1937 年)

手工业品数量＼年份		1935	1936	1937	1937 年比 1935 年和 1936 年平均数的变动(%)
金银器	千斤	1.2	3.3	9.1	303.10
绳	千担	14.6	36.0	42.9	69.33
熟皮	千担	3.7	6.8	7.6	44.59
植物油	千担	2124.5	2254.3	3109.0	42.00
爆竹、焰火	千担	44.3	46.2	59.5	31.55
地毯	千担	18.6	23.9	27.6	29.79
瓷器	千担	76.0	80.6	99.8	27.40

---

① 彭泽益编:《中国近代手工业史资料(1840—1949)》第 3 卷,中华书局 1962 年版,"附录"表 1、表 3。

续表

年份 手工业品数量		1935	1936	1937	1937年比1935年和1936年平均数的变动(%)
纸箔	千担	83.5	93.7	112.8	27.29
酒、药酒	千担	23.7	25.0	31.0	27.25
纸	千担	157.0	170.0	201.2	23.05
草帽	千顶	1598.4	2534.0	2530.5	22.47
茧绸	千担	10.3	9.8	12.1	20.82
茶	千担	630.8	616.7	672.5	7.81
伞	千柄	6056.0	7504.5	7256.4	7.02
丝绣货	千担	2.5	3.2	3.0	6.13
袜	千打	417.6	646.6	551.6	3.67
神香	千担	24.6	27.8	26.1	-0.42
席	千条	29562	36862	32952	-0.78
陶瓦器	千担	173.0	176.9	170.5	-2.54
土布	千担	19.2	27.3	22.6	-2.72
粉丝、通心粉	千担	203.6	190.5	189.7	-3.73
丝经	千担	3.9	2.2	2.9	-3.83
夏布	千担	8.6	11.6	9.6	-5.20
黄铜器	千担	15.1	18.6	15.3	-8.95
丝	千担	102.7	92.4	86.4	-11.49
渔网	千担	15.4	13.3	12.7	-11.74
子饼	千担	1938.8	2238.6	1711.5	-18.06
地席	千捆	114.9	123.7	96.7	-18.95
绸缎	千担	9.7	9.2	6.8	-28.16
草帽辫	千担	27.4	23.5	18.3	-28.16
烛	千担	4.0	0.6	0.3	-88.21

资料来源:彭泽益编:《中国近代手工业史资料(1840—1949)》第3卷,中华书局1962年版,"附录"表1。

二、日伪统制政策和东北手工业的凋落

东北沦陷期间,随着日本对东北资源掠夺的加强和对经济统制的强化,不少手工业濒临绝境。辽宁省棉纺织业大部分工厂停产,染业厂坊、民营缫丝厂、丝栈纷纷倒闭。吉林省染业生产停顿,针织业大多停产,缫丝业逐渐衰落,皮革业、缝纫业、家具及木制品业等业所剩无几。黑龙江省织布及印染业急剧衰落,针织复制业各厂或半停工或被迫倒闭。因纸张输入减少,东北手滤纸业有所发展。解放战争时期,吉林省解放区手工业、黑龙江手工卷烟业有所发展。

东北沦陷期间,全东北包括农村家庭副业,每年织布用纱量在10万—15万件,辽宁约占80%。辽宁棉布品种以大尺布为主,据1934年全满一般工场调查,大尺布占44%、粗布占24%、细布占18%、斜纹布占7%、条纹布占2%,其他占5%。奉天、营口以大尺布为主,安东以粗布为主。[1] 据1934年伪满洲国工场调查记载,辽宁(不含旅大地区)有专业棉纺织工厂304家,织布机5972台,其中动力织机4674台、手织机1298台。"七七事变"后日本国内对棉制品实行统制,东北市场日本棉布减少,1939年减至1937年的1/10,1940年减至1/15。1939年,伪满洲国公布《原棉、棉制品统制法》,成立满洲棉业联合会,对纺织、织布工厂实行统制。城市织布工厂按地方组成棉织组合,农村织布副业因缺乏棉纱相继休业。1945年8月,日本投降前,安东、营口、关东州、奉天4个织物组合所属棉织工厂有155个,棉织机1.1万台;另有织布专业工厂8个,织机800余台。加上12个棉纺织全能厂(除沈纺、营纺有部分中国资本外,其他均为日资),辽宁共有织布机2.3万台,因原料不足,生产能力仅使用21%。[2] 1946—1948年棉纺织工厂设备损坏严重。解放区工人克服困

---

① 辽宁省地方志编纂委员会办公室编:《辽宁省志　纺织工业志》,辽宁民族出版社2001年版,第82页。

② 辽宁省地方志编纂委员会办公室编:《辽宁省志　纺织工业志》,辽宁民族出版社2001年版,第43—44页。

难,努力生产,如安东纺织厂,在人民政府接管期间,生产棉布近 21.3 万匹、棉纱 1.36 万余件,棉纱除自用外还可供 12 家民营织布厂。①

20 世纪 20 年代末辽宁染业分为 3 种:一是机械染厂,专染花旗布及士林细布;二是手工染靛染坊,染花旗布、大布、麻花布;三是弹染,洗染各种新旧衣片。东北沦陷时期,日伪当局向染业经营者赊销布匹和染料,染色业厂坊增加,1933 年沈阳有印染厂和染坊 130 户,染房 763 间,染缸、染锅 710 口,电力染机 12 台,安东有染色工厂 32 个,其中棉印染机械加工厂 10 个。与此同时,日资大量进入辽宁印染业。1941 年,日伪当局颁布《纤维及纤维制品统制法》,在纤维联合会指导下生产,纤维联合会对染色组合所产产品实行收贩制度,1942 年改为委托加工制。因加工任务不足,大部分民族染色业厂商纷纷倒闭。1945 年 8 月,日本投降后,私营厂相继复工,或新建染厂和手工染坊,沈阳市曾达 49 户。内战爆发后,因通货膨胀、交通不畅、原料短缺,私营印染厂陆续倒闭。②

1940 年,东北地区共有铁工厂和纺机工场 96 个(其中辽宁 77 个),纺织器材工场 4 个(其中辽宁 3 个),工场规模一般 4—6 人。③

1939 年,日本成立满洲柞蚕株式会社,在奉天、安东等地设立分社,在凤城、庄河、盖平、西丰等地设立出张所。满洲柞蚕株式会社向蚕农强行收购蚕茧,对茧、丝实行配给,对缫丝、织绸业者强行派购,民营缫丝厂、丝栈纷纷倒闭,1944 年辽宁产柞蚕丝 1000 吨,比 1934 年下降约 2/3。内战爆发后,1947 年辽宁柞蚕茧产量仅 600 万粒(840 担)。缫丝、织绸工厂大部分停工。④

1939 年,安东共有织绸工厂 59 家,织绸机 1400 台,其中电力织机

---

① 辽宁省地方志编纂委员会办公室编:《辽宁省志 纺织工业志》,辽宁民族出版社 2001 年版,第 43—45 页。

② 辽宁省地方志编纂委员会办公室编:《辽宁省志 纺织工业志》,辽宁民族出版社 2001 年版,第 94 页。

③ 辽宁省地方志编纂委员会办公室编:《辽宁省志 纺织工业志》,辽宁民族出版社 2001 年版,第 215 页。

④ 辽宁省地方志编纂委员会办公室编:《辽宁省志 纺织工业志》,辽宁民族出版社 2001 年版,第 116 页。

320 台、手工织机 1080 台。安东义泰祥织绸厂规模较大,有织绸机 110
台,其中电力丝绸机 100 台、手工织绸机 10 台。到 1945 年 7 月,安东、奉
天、营口、大连中国人开办的丝绸工厂合计 21 家,织绸机 1879 台,年产丝
绸 53.5 万匹。[①]

　　1940 年,吉林全境(指 1985 年吉林省行政区划范围)手工业工场(店
铺)有 901 家,从业人员 1.16 万人,各比 1934 年增长 43.2% 和 44%。皮
革、缝纫、制帽、纸制品、木制品和普通机械是手工业的 6 个主要行业,其
中日办企业为 97 户(占 16%),从业人员 2795 人(占 31%),规模较大。
1940 年后日本在东北实行"主要物资配给制""主要特产物专管法"等,
对钢铁、棉纱、皮革、麻等实行全面统制,规定"优先供给军需。对于规模
宏大、生产力强的各种工业优先配给物资。其次规模小的工业,必要时对
于生产力微小的工业可能不予配给,违犯者按照经济取缔规程处罚之"。
不少手工业户因原料缺乏,被迫停工或倒闭,皮革、纺织、金属制品等业户
所剩无几。[②]

　　东北沦陷后期,吉林省近代纺织业原料缺乏,生产停顿,到 1945 年日
本投降时,保存下来的纺织工厂多数处于停产状态。到吉林省解放前,全
省 400 多台织机和袜机分散在吉林、长春、四平等地,其中能生产的厂家
不多,且只能生产粗布、麻袋和小针织品。[③]

　　1937 年 5 月 1 日,伪满洲国公布"重要产业统制法",1938 年,在长春
市设立满洲纤维公社,对东北纺织工业的原料、产品生产和销售、商品价
格等方面实行统制。吉林市大染坊减为 3 户,小染坊 10 户,染布所 12
户,从业人员减少 180 人。伪满政府为控制纺织品生产,强行推行"工业
组合",1942 年 10 月,长春市染业成立"新京染色加工工业组合",有工厂
11 个、职工 134 人,固定资产 13500 元,每月生产染色布 4.3 万匹(折 71

---

① 辽宁省地方志编纂委员会办公室编:《辽宁省志　纺织工业志》,辽宁民族出版社 2001
年版,第 116 页。
② 吉林省地方志编纂委员会编:《吉林省志　第二十卷　轻工业志　手工业》,吉林人民
出版社 1997 年版,第 17—18 页。
③ 吉林省地方志编纂委员会编:《吉林省志　第二十卷　轻工业志　手工业》,吉林人民
出版社 1997 年版,第 4 页。

万米)、棉线 6810 捆(折 1384 公斤)。此外,当时四平市有染坊 3 家,郭家店有染坊 2 家,郑家屯有染坊 8 家,洮南有染坊 1 家。在日伪统制政策下,因原料缺乏,设备简陋,染业生产停顿,到 1945 年 8 月吉林省内多数染厂停产关闭。内战爆发后,印染加工业进一步遭到破坏,1946 年长春市染厂全部停业,仅剩几家小手工染坊靠洗染旧衣为业,吉林市染业仅有 6 家染坊维持生产。1948 年吉林省印染业基本处于瘫痪状态。①

1949 年以前,吉林省以家庭手工业为主的小针织厂分布在长春、吉林、四平等地区,主要生产线袜等小针织品。1934 年,吉林省有针织厂家 59 户、工人 721 人。1937 年,针织品产量较高,以长春市为例,生产袜品 18 万打,比 1925 年增加 75%。② 1937 年以后,伪满洲国对纺织工业实行统制,小织袜厂纷纷倒闭,一些较大的针织厂被统制管理,形成"工业组合"。因原料紧缺,加上日本扩大战争的影响,针织生产每况愈下,1945 年残存下来的织袜厂大多处于停产状态。抗战胜利后,吉林全省有 190 台袜机分散在长春、吉林、四平等地,生产普通线袜。③

20 世纪 30 年代初,吉林省缫丝业已有很大发展,1934 年西安县缫丝业有 45 户,每户每年可缫丝千余斤。柞蚕灰丝除加工制成织物外,大多由烟台、牟平、牛庄、安东、旅顺等口岸销往日本、新加坡、菲律宾等国,缫丝作坊成为吉林省手工业中的重要行业。东北沦陷时期,日本对个体手工业实行原料配给制并立价,个体手工业逐渐衰落。1942 年前后日伪当局在西安县成立义盛缫丝株式会社,有工人百余人,实行包供包销,后因连年亏损而倒闭。1948 年吉林省解放时,全省仅有一些零散的家庭缫丝作坊,产量甚微,乡村一些柞蚕放养户所收蚕茧多被外地收购。④

---

① 吉林省地方志编纂委员会编:《吉林省志 第二十卷 轻工业志 手工业》,吉林人民出版社 1997 年版,第 131—132 页。

② 吉林省地方志编纂委员会编:《吉林省志 第二十卷 轻工业志 手工业》,吉林人民出版社 1997 年版,第 246 页。

③ 吉林省地方志编纂委员会编:《吉林省志 第二十卷 轻工业志 手工业》,吉林人民出版社 1997 年版,第 247 页。

④ 吉林省地方志编纂委员会编:《吉林省志 第二十卷 轻工业志 手工业》,吉林人民出版社 1997 年版,第 274 页。

20 世纪 20 年代末,吉林省皮革制品行业作坊数比 1922 年增加 2.6 倍,辽源、白城、延吉、通化等地经营业务达 460 余家,从业人员 3100 余人。外资制革企业有 60 家、皮帽商行 22 家、靴鞋及皮帽制品作坊 115 家,有的脱离手工业传统工艺,使用化学药剂鞣制和挤水机、磨皮机、片皮机等设备。1931 年"九一八事变"后日资侵入,民族制革工业逐渐衰落,1934 年减至 46 户,从业人员减至 389 人。长春、吉林等地因日伪统治机关增多、日本移民涌入,对皮革制品需求增加,皮革工业有所恢复,1940 年工场有 81 户,从业人员 1039 人,各比 1934 年增加 76.1% 和 167.1%(该统计仅限于注册企业,并未包含散布于广大农村及小城镇的零散业户)。太平洋战争爆发后,日本通过伪满洲国政府颁发《毛皮、皮革类统制法》,设立"满洲畜产株式会社""满洲皮革、毛皮输入组合"等统制机构,强令原皮由日籍商社收购,"牛、马、骡、驴、猪的屠宰者对各种皮张未经官署许可不得自行使用、消费、加工、贩卖",重要化工原料由日伪"满洲丹宁剂统制组合"控制,并明令禁止华人用牛皮制革。日伪当局对皮革生产经营者逐户登记,控制生产品种、生产计划、原料来源和产品价格。绝大多数中国人所办的皮革生产工场因原料断绝、经营亏损而转产或停产,到 1945 年抗战胜利前夕,吉林全境皮革业厂商所剩无几,濒临崩溃。①

东北沦陷初期城市人口增加,吉林境内缝纫业有所发展,1934 年缝纫业户达 224 户,店员 2123 人,1938 年全省缝纫业店铺有 219 户(其中服装生产店铺 129 户、零活加工店铺 39 户、布鞋生产店铺 40 户、帽子生产店铺 11 户),店员 3570 人。129 户服装生产店铺有店员 2640 人,其中日本人经营 35 户,店员 1139 人,各占 27.1% 和 43.1%,规模大于中国人所办店铺。太平洋战争爆发后,伪满洲国政府对棉布等物资实行统制,缝纫业户纷纷倒闭。1945 年抗战胜利后,日军军用物资棉布、棉纱流散于社会上,加上农村土纱土布有所发展,吉林省缝纫业短暂恢复,内战期间通

---

① 吉林省地方志编纂委员会编:《吉林省志 第二十卷 轻工业志 手工业》,吉林人民出版社 1997 年版,第 140—141 页。

货膨胀、生产萧条,缝纫业濒临绝境。1948 年吉林省全境解放后,缝纫业开始恢复。1949 年长春市被服缝纫业户有 506 户,店员 986 人,其中成衣铺 307 户,店员 605 人。[①]

　　1931 年"九一八事变"后,长春成为伪满洲国的都城,随着伪政权机关和日本移民的增加,家具及木制品业有所发展。1933 年"新京"特别市制材及木制品工场有 45 户,职工 585 人,1936 年各增至 63 户和 1376 人,吉林全境(指 1985 年吉林省行政区划范围)共有 237 户,职工 3111 人,1940 年各增至 360 户和 3500 人。1940 年日办工场有 24 户(占业户总数的 6.7%),职工 903 人(占职工总数的 25.8%),规模较大。太平洋战争爆发后,日本加强掠夺东北资源,强制推行"山林管制法",木器业用材减少,全省家具木制品业逐渐萧条,到 1945 年抗战胜利时吉林市木家具业仅存 11 户,长春及其他各市县木器业户所剩无几。解放战争时期,解放区家具木制品业有所发展,1947 年洮南县 50 余名木器手工业者组建洮南县第三区木工生产合作社,是吉林省成立最早的木器生产合作社。[②]

　　1939 年,吉林境内五金制品工场有 329 户,从业人员 3365 人。1940 年后,日本对金属原料实行配给制,除军需用品生产业户尚可维持生产外,民间五金制品业户相继停产倒闭。[③]

　　20 世纪 10 年代,山东机匠到东北设铺用旧式木机织布,或云游到农户承织,这种手工棉织业以吉林、长春、哈尔滨等城市为中心,散布于各县城。10 年代末黑龙江地区第一家棉织厂在哈尔滨傅家甸一带建成,一些小染坊和小织布厂也相继创办,大多设备简陋,土法操作,20 年代织布及印染业在黑龙江地区迅速发展。1931 年年初,织布厂和染坊有 90 户,棉布产量 40 万匹(合 512 万米)。"九一八事变"后日本实行经济统制,黑龙江地区织布及印染业急剧衰落。1940 年滨江省织布业仅

　　① 吉林省地方志编纂委员会编:《吉林省志　第二十卷　轻工业志　手工业》,吉林人民出版社 1997 年版,第 179 页。
　　② 吉林省地方志编纂委员会编:《吉林省志　第二十卷　轻工业志　手工业》,吉林人民出版社 1997 年版,第 283—284 页。
　　③ 吉林省地方志编纂委员会编:《吉林省志　第二十卷　轻工业志　手工业》,吉林人民出版社 1997 年版,第 215 页。

有 45 户,染坊 5 户。至抗战胜利前夕,黑龙江地区织布及印染业仅剩少数几家工厂,用旧织物粉碎成杂色纤维,再以手工纺成粗支纱,织成"更生布"出售。①

20 世纪 20 年代末,哈尔滨有十多家针织复制厂,均使用人力织机,日产毛巾约 2000 条,褥单产量很小。1930 年,哈尔滨有针织复制厂 90 余家,大多厂家资金微薄,设备简陋。齐齐哈尔、克山、青冈、兰西、阿城等一些交通便利的城镇也兴办起小针织手工作坊。1940 年年末,哈尔滨有针织复制厂 115 家,克山、拜泉、明水、依安、牡丹江等地也有针织厂(坊)。在日货竞争下,当地所产针织品销售困难。1941 年以后,日本对纤维制品加紧统制,主要用于军需和出口换取战时物资,极力削减民用棉纱,严格配给工业用纱。因原料缺乏,各厂处于半停工状态,有些被迫倒闭,到1945 年时所剩无几。抗战胜利后,东北人民行政委员会为解决军需民用,先后成立 15 个公营针织复制厂,1947 年年末哈尔滨市针织复制业公营厂有 13 家,私营厂及个体户有 469 家。②

机制卷烟在东北卷烟业中居优势地位,自 20 世纪 30 年代起日本逐渐加强对东北烟草业的统制和掠夺,不少小烟厂或倒闭或被合并。解放战争期间,因机制卷烟市场供应不足,黑龙江手工卷烟业有所发展。20世纪初黑龙江卷烟业兴起,主要有波兰籍犹太人老巴夺兄弟开办的制烟丝作坊、秋林商行开办的烟厂和日本东亚烟草株式会社分部开办的小型卷烟厂。10 年代英美烟公司吞并老巴夺烟庄,逐渐占据卷烟市场。③ 在此期间民族卷烟业有所发展,但规模较小。1931 年"九一八事变"后,日本对东北烟草业实行统制,1936 年伪满政府公布《烟税法》和《烟税法实

---

① 黑龙江省地方志编纂委员会编:《黑龙江省志 烟草志 纺织志》,黑龙江人民出版社1994 年版,第 7 页。

② 黑龙江省地方志编纂委员会编:《黑龙江省志 烟草志 纺织志》,黑龙江人民出版社1994 年版,第 113—114 页。

③ 1934 年英美烟公司资本占东北烟草业资本总额的 77%、设备能力的 63%。1934 年启东烟草公司(名义上是华资公司,实际上总共 9950 股中有 7500 股归驻华英美烟公司所有)卷烟产量为 14.4 万箱,占东北卷烟总产量的 60%,1941 年增至 27.3 万箱,占 63%。黑龙江省地方志编纂委员会编:《黑龙江省志 烟草志 纺织志》,黑龙江人民出版社 1994 年版,第 93—94 页。

行规则》,1937 年公布《重要产业统制法》,规定烟草与武器、飞机、汽车、金属、毛织、棉纺、火柴等项作为重要产业,产量和价格须经主管大臣许可。1940 年公布《卷烟税法》和《卷烟税法施行规则》,1941 年颁布"卷烟配给制及相应配给机构"法令,组成卷烟配给统制协会(组合)。在伪满当局对烟草的所谓整顿下,众多小烟厂或倒闭或被合并,哈尔滨仅剩老巴夺烟草株式会社和协合烟草株式会社的部分卷烟制造企业,除此之外,在东北也仅保留启东、东亚、满洲、太阳、奉天、同新 6 个烟草制造企业。1941 年,太平洋战争爆发后日伪接管长期在东北居垄断地位的英美烟公司。1943 年,伪满兴农部设立"满洲烟草统制组合"。日本加强对东北烟草业的统制和掠夺,导致烟厂数目减少,产量锐减,1943 年东北卷烟产量为 14.1 万箱,1944 年为 19 万箱。1945 年日本投降后,老巴夺父子烟草公司恢复称号,重新归英美烟公司所有,其余烟厂多数倒闭,黑龙江全境仅销售卷烟 6000 余箱。解放战争期间,市场机制卷烟匮乏,一些机关和企业创办烟厂供应部队和民需。手工卷烟逐渐发展起来,哈尔滨市有数百家手工卷制作坊,哈尔滨市人民政府成立职工合作社,建成新华烟厂,有职工 30 余人,生产手工卷烟。1948 年年末,齐齐哈尔市私人卷烟有124 户,每日产量 1000 包(每包 500 支),佳木斯、肇东也有手工卷烟作坊。①

东北纸业以机械制纸为主,手滤纸业占据份额较小,1940 年后因纸张输入减少,均有所发展。1934 年东北较大的纸房(东北手滤制纸业称为纸房或纸局)约有 60 家,年产额月 42 万元(伪币),所产毛头纸为民间传统所习用。机械造纸畅销各地后,纸房逐渐减少。少数纸房仅赖其纸质强韧与民间习用的特殊性以维持营业。1927 年,东北区内机械制纸和手滤纸需要量各占 55%和 45%,1934 年机械制纸提高到 85%,手滤纸仅占 15%。② 1935 年日本国内纸浆资源缺乏,拟"日满纸浆综合增产计划"

---

① 黑龙江省地方志编纂委员会编:《黑龙江省志 烟草志 纺织志》,黑龙江人民出版社1994 年版,第 2、85、96—99、186—187 页。

② 1935 年机械制纸需要量进一步提高到 91%,手滤纸仅占 9%。东北物资调节委员会研究组编:《东北经济小丛书·纸及纸浆》,1947 年印行,第 14、28 页。

以吸取东北纸浆资源,令伪满政府将纸浆增产列入伪满第一次产业开发五年计划中,东北纸浆工业和制纸工业有所发展,制纸工厂增加。东北市场纸张供不应求,仍需从日本输入,1940 年输入几近断绝,伪满政府谋求自给自足,1941 年实行制纸五年计划,以现有制纸工业为基础,令优良工厂增设制纸机械、人造丝木浆工厂附设制纸机械兼制纸,日本投降后该计划搁浅。1940 年以来,东北区内纸张需求激增,而输入减少、配给不足,机械制纸工厂和手滤制纸工厂均极兴盛。民间创厂制纸有利可图,小规模制纸工厂多处设立,1942 年成立较大者有 7 家,1943 年成立 3 家,1944 年成立 2 家,统制之外的小工厂为数更多。小规模工厂产品多为粗劣纸张,产量亦微。以往手滤纸只有国人所制的毛头纸,后来则又有日本人所制的日本纸、高丽人所制的高丽纸,规模较大,加上 1938 年后纸浆工业勃兴,制造日本纸及高丽纸的手滤业者开始利用纸浆造纸,其中两三家增设制纸机成为机械制纸工业。1937 年,东北纸产量为 4376 万磅,逐年增加,1943 年达 16805 万磅,1944 年因木材供给减少,资材输入困难,产量减至 10090 万磅。1945 年东北区内制纸公司有 43 家,工厂 55 家,制纸机 82 架(其中规模最大、设备最优的 15 家工厂的生产量超过东北总生产量的 70%),1946 年年末被损害程度约为原生产能力的 70%。[①]

解放战争时期,吉林省解放区民主政府对手工业者和私人工商业采取保护和扶持政策,对铁木农具业、服装鞋帽业、粮油加工业、皮革皮毛业、酱菜酿造业、陶瓷业等缺少资金和原料的手工业户发放贴息贷款,组织加工订货或产品包销。1945 年年末,延吉 16 个行业近 300 个作坊恢复生产。白城子靴鞋、棉纺、钟表、铁木、皮革、绳麻、缝纫等业户 93 家,1947 年增至 265 家。1947 年延吉市公民合作社成立,是吉林省第一个手工业生产合作社,入社社员有 126 人,同年洮安县成立木工合作社。解放区手工业担负"发展生产,保障供给"和"加紧生产,支援前线"两大任务。

---

① 东北物资调节委员会研究组编:《东北经济小丛书·纸及纸浆》,1947 年印行,第 8、15—16、24—25、75 页表 5。

1948 年白城子群众集资办社建厂,先后成立火柴、盆窑、皮革、制鞋、服装、木器、肥皂、铁工等 11 个工场,大量生产军鞋军服,并生产肥皂、火柴、毡袜、皮帽等供给前方部队。[1]

三、关内沦陷区手工业的普遍衰落

抗战前浙江省近 1/4 人口依赖手工业为生,战争爆发后不少手工业户失业。个别手工业产量在抗战期间达到民国时期产量最高值。1948—1949 年浙江省瓯绣、纸伞等手工业年产量比战前减少 2/3 以上,杭州绸伞等产量不及战前的 1/10。战争期间山东发网、花边、草帽辫等手工业出口减少,逐渐衰落,部分手工业户数锐减,部分甚至绝业。经历 8 年战争后广东省手工业户所剩不多,全省近 1/4 县无手工业专业户,个别县因手工匠人迁入,手工业有所发展。

淞沪会战前上海作坊数量是工厂数量的 3 倍,约 1/2 的作坊分布在沪南。战事爆发后,针织业、绸布印花业、制革业等业均遭到破坏,战区内作坊和工厂大多停工。苏州手工业大部分陷入停顿,青岛沦陷后因日本统制、交通阻塞、日货竞销等原因,纺织、金属冶铸等业陷入停顿或半停顿状态。战争期间上海绸布印花业、牙刷业等逐渐衰落,手帕业、制革业等有所发展,太平洋战争爆发前电工器材业厂商增加,随后因外销受阻和日军管制而停工减产。北平手工业发展状况因行业而异,装花、藤竹等业厂商数量减少,围垫、镜框等业增加。抗战胜利后上海针织业各厂逐渐恢复,开工数量相当于战前的 1/2,多为家庭式小型工场,牙刷业和电工器材业因美货倾销,部分停工。北平地毯业、玉器业等与战前相比,规模大为缩小,南京部分手工业户数和产销量比战前增加,部分减少。

总体而言,浙江、山东和广东手工业均遭战争破坏,战争期间仅部分行业有所发展,上海、北平等地亦是如此。

---

[1] 吉林省地方志编纂委员会编:《吉林省志 第二十卷 轻工业志 手工业》,吉林人民出版社 1997 年版,第 18 页。

（一）浙江

1936 年浙江省仰赖手工业为生者约 500 万人，占全省人口总数近 25%，草帽、草鞋、刺绣等手工业品出口值超过 1200 万元，纸伞、纸扇等手工业品也遍销国内外。日本全面侵华战争爆发后，手工业急剧衰落，大批手工业户被迫歇业。1938 年浙江省政府设立浙江省手工业指导所，组织民众成立工业合作社和示范场。1942 年浙江省各种生产合作社有 65 个，社员 5052 人。抗战期间军用皮革需求增加，1943 年温州市区大小制革厂有 41 家。中国共产党领导的革命根据地和部队也在部分地区领导民众组建合作社发展生产，1939 年中国工业合作协会在浙江丽水设立分处，成立工合东南区兰溪事务所，先后组织被服、皮革等 10 多个生产合作社。天台县组织赤城镇妇女手工合作社，社员 100 多人，生产草鞋等品。1943 年在工合常山事务所指导下，衢州印刷社、肥皂设、贫民工厂等 6 个工业生产合作社成立。日本全面侵华战争期间萧山县作坊（工场）倒闭 129 家，1380 人失业，新设小作坊 138 家，每家 2—3 人，合计约 300 人，至抗战胜利前夕全县手工业从业人数仅存 1214 人，比战前减少将近一半。个别手工业品，如杭州扇子、花竹制品和建德县皮鞋在抗战期间年产量达到民国时期最高。

抗日战争胜利后，国民党政府对美国“最重要的一百十项物品”减免进口税，美货充斥市场，滥发钞票物价飞涨，手工业税收增加，种种因素导致一些手工业户关闭歇业或改作他业，不少传统手工业品产量大幅减少。1948—1949 年浙江省羽毛扇、毛笔等 6 品年产量比最高年产量（1927—1930 年）减少 63%—100%，纸伞等 4 品年产量比最高年产量（1936—1937 年）减少 67%—90%，绍兴锡箔、衢县土纸、杭州网篮、手杖和绸伞年产量比最高年产量（1930—1936 年）减少 75%—96%，建德县皮鞋、杭州扇子和花竹制品比最高年产量（1941—1944 年）减少 80%—95%（见表 4-4）。[①]

---

①　浙江省二轻工业志编纂委员会编：《浙江省二轻工业志》，浙江人民出版社 1998 年版，第 12—15 页。

表 4-4　民国时期浙江省手工业部分传统产品产量

地区、产品		产量	民国时期最高年产量		民国后期年产量		变动(%)
浙江全省	瓯绣	万套	25	1937 年	10	1948 年	-60
	草席	万条	1000	1936 年	98	1949 年	-90
	纸伞	万把	500	1936 年	120	1949 年	-76
	萧山花边	万码	600	1936 年	200	1948 年	-67
	麻帽	万顶	960	1930 年	360	1949 年	-63
	宝剑	万把	0.2	1929 年	0	1948 年	-100
	金丝草帽	万顶	310	1929 年	27	1949 年	-91
	剪刀	万把	160	1929 年	40	1949 年	-75
	毛笔	万支	400	1929 年	100	1949 年	-75
	羽毛扇	万把	20	1927 年	0.6	1948 年	-97
杭州	扇子	万把	1.44	1944 年	0.12	1949 年	-92
	花竹制品	千件	5	1941 年	0.25	1949 年	-95
	绸伞	万把	5.3	1936 年	0.36	1949 年	-93
	手杖	千支	8.4	1935 年	0.36	1949 年	-96
	网篮	万只	6	1932 年	1.5	1949 年	-75
建德县	皮鞋	千双	2.7	1944 年	0.55	1949 年	-80
绍兴	锡箔	万块	400	1930 年	100	1948 年	-75
衢县	土纸	万吨	1.8	1930 年	0.29	1949 年	-84

资料来源:浙江省二轻工业志编纂委员会编:《浙江省二轻工业志》,浙江人民出版社 1998 年版,第 14—15 页。

（二）山东

日本全面侵华战争爆发前山东全省绣花制品每年出口 1.7 万套(约价值银元 10 万元),1933 年范县和掖县沙河镇从事草帽辫生产者各达 12 万人和 10 万人(沙河镇草帽辫产量占山东全省的 1/3),1937 年发网出口 72 万罗(占世界需求量的 41%),日军侵占山东后均逐渐衰落,1949 年山东全省草帽辫出口仅 20 万元。山东花边业鼎盛时期每年出口产品价值白银 350 万两左右,20 世纪 30 年代逐渐没落,1941 年太平洋战争爆发后出口停顿,花边业一蹶不振。1947 年青岛约 50% 的工厂歇业,其中包括大量手工业作坊工场。临清手工业原有 26 个行业中裘皮、花炮、织毯等9 个行业绝业,木齐家具业、铁炉业和首饰业各从 1936 年的 37 户、40 户和 5 户减至 1943 年的 25 户、23 户和 2 户,鞋业从 1936 年的 25 户减至1944 年的 15 户,皮条铺(车马挽具铺)从 1937 年的 18 户减至 1943 年的3 户。据 1947 年统计,山东全省农村从事各种手工业(农村烧炭业、铁匠业、泥瓦匠业、玩具业等未计入)的农户占总农户的 43.2%,其中从事纺织业者占比最高(占 34.8%,每年平均工作 3.6 个月),其次是木匠业和缝纫业(各占 3.1% 和 3%,每年平均工作各为 4.3 个月和 2.9 个月),土砖陶器业和草鞋等编制业各占 1.6% 和 0.7%(每年平均工作各 3.3 个月和 1.5 个月)。①

(三) 广东

日本全面侵华战争期间不少手工业者随政府机关迁往粤北山区。怀集县位于湘粤交界处偏僻山区,1933 年全县仅有砖瓦石灰、织席和造草纸 4 种手工业,抗战期间迁入手工业匠人 49 户,86 人,抗战结束时该县手工业发展到 12 个行业,129 户,456 人。翁源县在抗战前仅有为数不多的副业性家庭手工业从事竹藤编织,抗战期间自广州和从化迁入打铁、制鞋等手工业户后,该县方出现手工业作坊。经 8 年战祸摧残后,据 1946年调查,广东全省 95 县中 23 县无手工业专业户,全省个体手工业户仅7.85 万户,从业 27.32 万人,产值 805 亿元(法币,依当时汇率折合 3000美元)。1947 年后因恶性通货膨胀一些手工业户倒闭,至解放前夕全省由工商部门管理的个体手工业户为 22.8 万户,从业 26.7 万人,产值 1.28亿元,其中约 1/4 从事服装缝纫、1/4 从事竹藤棕草编织,其他从事小五金、小农具等 15 业。牙雕业从鼎盛时期 1300 多人减至 50 多人,潮汕抽纱从战前 50 多万人减至 17.9 万人,作为中国四大名绣之一的广绣仅存

---

① 曲东涛主编:《山东省二轻工业志稿》,山东人民出版社 1991 年版,第 10—16 页。

240 多人。①

(四) 主要城市

1. 上海

"八一三"淞沪会战前上海全市有工厂 5525 家、作坊 16851 家,合计 22376 家,雇用工人约 60 万人。工厂和作坊主要分布在沪南,其次是公共租界,各占 41.5% 和 49.3%、25% 和 24.2%,各区域工厂和作坊家数比例在 1∶1.5 至 1∶3.6。战事发生后战区内工厂、作坊大多停工,1937 年年底失业工人超过 35 万人。② 据统计,1938 年 5 月上海市失业难民人数超过 1.4 万人,手工业工人失业人数为 2769 人,其中针织工人和绣工 2536 人,手工业工匠失业人数达 1673 人,其中中西成衣匠三四百人,铜匠和木匠各近三百人(见表 4-5)。③

表 4-5   上海市工厂、作坊家数统计(1937 年上半年调查)

项目 区域	工厂		作坊		共计	
	家数	占比(%)	家数	占比(%)	家数	占比(%)
沪南	2295	41.5	8311	49.3	10606	47.4
闸北	1182	21.4	2848	16.9	4030	18.0
乡区	326	5.9	488	2.9	814	3.6
公共租界	1379	25.0	4085	24.2	5464	24.4
法租界	343	6.2	1119	6.6	1462	6.5
总计	5525	100.0	16851	100.0*	22376	100.0*

注: * 数字四舍五入,此处数据有所调整。
资料来源:程海峰:《一九三七年之中国劳工界》,《国际劳工通讯》1938 年第 4 期。

上海针织业多设在虹口、闸北、南市一带,1937 年抗日战争爆发后相当一部分毁于炮火,幸存各厂多停工或歇业,产品减少 80%—90%,一些

---

① 张钊编著:《广东省志·二轻(手)工业志》,广东省人民出版社 1995 年版,第 71—72、154 页。
② 程海峰:《一九三七年之中国劳工界》,《国际劳工通讯》1938 年第 4 期。
③ 《上海失业难民职业分类统计》,《经济统计月志》1938 年第 6 期。

小厂原料以土纱为主维持生产一年多后,因原料价格上涨等原因被迫停工。[①] 1945 年抗战结束后针织业各厂逐渐恢复,开工数量达战前的 50%,产量仅 30% 左右。[②] 针织业多为家庭式小型工场,约有 593 家,袜机、布机、缝衣机合计 26233 部。[③] 其中电力袜机和手摇袜机各有 4756 部和 18742 部,主要产品为纱线袜,以往行销南洋及国内各地。因交通梗阻和外汇低落,销路不振,价格较低,而棉纱原料、工资和利息高昂,成本超过市价(每打线袜市价 0.8 元,成本需 1 万元,每打华袜市价 1.4 万元,成本需 1.65 万元),不少资力薄弱者相继停工,仅剩百余家勉强维持。[④] 上海原有袜厂 30 余家,产品行销本地和外埠,初时因战事影响外埠销路中断而损失严重。随着市场状况好转,小规模袜厂相继设立,合计四五十家,平均每家资本 1000 元左右,手摇袜机 10 余部,雇用女工 30 余人,每日每机约产 2 打,由马路摊贩代为销售,销量可观。[⑤]

日本全面侵华战争爆发后,上海绸布印花业约 80% 遭到破坏,太平洋战争爆发后外销中断,加上日货印花绸竞销,绸布印花业逐渐衰落。[⑥] 1938 年上海沦陷后,因日本工厂大多改制军需品,日货手帕外销减少,国产手帕外销增加,1940 年最旺时每月出口 60 余万打,占产量的 90%。1941 年太平洋战争爆发后国外市场断绝,手帕转向内销。抗战胜利后上海手帕织造厂有 70 余家,为小型家庭工业,普通每厂 10 余工人,因原料价格上涨、资金难以周转及工潮等因素,织机开工率仅 40%,10 余家手帕厂倒闭。[⑦]

日本全面侵华战争爆发后,上海制革厂大部分散布于市郊战区内,不

---

① 彭泽益编:《中国近代手工业史资料(1840—1949)》第 4 卷,生活·读书·新知三联书店 1957 年版,第 111 页。

② 彭泽益编:《中国近代手工业史资料(1840—1949)》第 4 卷,生活·读书·新知三联书店 1957 年版,第 516 页。

③ 山禾:《风雨飘摇中的上海工业》,《经济周报》1946 年第 25 期。

④ 山禾:《风雨飘摇中的上海工业》,《经济周报》1946 年第 25 期。

⑤ 《沪市小型工厂激增》,《国际劳工通讯》1938 年第 11 期。

⑥ 彭泽益编:《中国近代手工业史资料(1840—1949)》第 4 卷,生活·读书·新知三联书店 1957 年版,第 109 页。

⑦ 山禾:《风雨飘摇中的上海工业》,《经济周报》1946 年第 25 期。

少毁于炮火。1941 年日美开战后,国际贸易停顿,原皮供给减少,舶来精致皮革缺乏,对国产一般皮革需求增加。1943—1944 年上海华商制革工厂多达 215 家,其中机器制革厂 37 家、手工制革厂 178 家。1944 年上海 139 家制革厂中,20 家设立年份不明,38 家设于 1937 年前(占 27%),1938—1943 年设立 81 家(占 58%)。机器制革厂资本额在 5 万—20 万元的有 10 家,21 万—100 万元的有 14 家,150 万—500 万元的有 12 家,另 1 家资本额不明,合计 37 家,平均每家近 200 万元,手工制革厂资本额在 5 万—20 万元的有 84 家,21 万—40 万元的有 14 家,41 万—100 万元的仅有 4 家,合计 102 家,平均每家 18 万元。机器皮革厂平均每家有职工 19 人,手工制革厂平均每家 3 人。手工制革厂大多为小资本经营,原料品质有限,技术低劣,但在战时仍有部分市场。机器制革厂中停工者有 3 家,26 家开工率在 5%—30%,即近 3/4 的机器制革厂开工率不足 30%,手工制革厂中停工者有 20 家,59 家开工率在 5%—30%,各占 20% 和 58%,手工制革厂中 3/4 以上开工率不足 30%。① 抗战胜利后上海制革业逐渐活跃,新设不少制革厂。1946 年舶来皮革大量输入,制革各厂面临严重困难,1947 年秋季后输入略减,币值低落出口销路好转,据统计上海制革业有会员 330 家,至解放为止会员有 373 家,工人 1535 人。②

1937 年日本全面侵华战争爆发后,纱布五金被日军统制收购,阳伞业国外销路受阻,生产大为减少。抗战期间油布伞因原料易于购买,国产油布伞销路较旺。抗战胜利后阳伞场商仅剩 30 余家,1947 年增加到 50 家左右,旺季日产 1000 打,全年约产 20 万打,远低于战前,多销往京沪杭等地区的镇市和农村。1948 年后物价剧烈波动,交通障阻,大部分生产萎缩陷入停顿。③

抗战初期上海牙刷销往全国各省、南洋等地,牙刷生产者有 110 户

---

① 管怀琮译:《上海之皮革工业》,《中国工业(上海)》1944 年第 2 卷第 7—8 期。
② 彭泽益编:《中国近代手工业史资料(1840—1949)》第 4 卷,生活・读书・新知三联书店 1957 年版,第 519 页。
③ 彭泽益编:《中国近代手工业史资料(1840—1949)》第 4 卷,生活・读书・新知三联书店 1957 年版,第 116、520 页。

（其中 10 户为机器生产），工人 1000 余人，月产量高达 80 万支，太平洋战争爆发后国内外销路受阻，全业半数以上倒闭转业或转向内地生产，月产量不足 30 万支。抗战结束后美国玻璃牙刷倾销，价格低于国货 30%，牙刷厂或作坊仅剩下一部分维持半停顿状态。[①]

1938—1941 年电工器材业厂商增至 105 家，职工达 5000 人，日产电筒 120 万—130 万只，其中国内、国外销量各占 40% 和 60%。太平洋战争爆发后国外销路受阻，加上日军进入租界后对电筒禁用禁运，电筒、电池、电珠各厂纷纷停工减产。抗战结束后电筒、电池厂有 15 家复工，每天可产 2000—2500 打，随后因美货倾销，1948 年复停工七八家，电珠厂部分逐渐复工但亦勉强维持。[②]

2. 南京

抗战前南京棉布、制扇等 15 类手工业合计 1481 户，抗战后卷烟、棉布等 17 业合计 5916 户，其中砖、瓦、饴糖酱色等 10 业户数比战前增加，饴糖酱色、砖、瓦等 5 业产（销）量比战前增加，制扇、毛巾和板鸭业户数比战前减少，丝织、绒织等 7 业产（销）量比战前减少（见表 4-6）。[③]

表 4-6　南京市手工业变动情况

项目 业别	户数（户）			产量或销量		
	抗战前	抗战后 （1945— 1949 年）	变动 （%）	抗战前	抗战后 （1945— 1949 年）	变动 （%）
竹货（筛子）（只）业	100	100	0.0	10000	11000	10.0
花席（席子）（条）业	43	58	34.9	400000	150000	-62.5
制扇（把）业	200	10	-95.0	4000000	1900000	-52.5
皂烛碱（皂）（箱）业	25	32	28.0	224400	72000	-67.9

[①]　彭泽益编：《中国近代手工业史资料（1840—1949）》第 4 卷，生活·读书·新知三联书店 1957 年版，第 116、520 页。

[②]　彭泽益编：《中国近代手工业史资料（1840—1949）》第 4 卷，生活·读书·新知三联书店 1957 年版，第 116、520 页。

[③]　中国科学院经济研究所编：《手工业资料汇编（1950—1953）》，中国科学院 1954 年印本，第 29—30 页。

续表

项目 业别	户数（户）			产量或销量		
	抗战前	抗战后 （1945— 1949年）	变动 （%）	抗战前	抗战后 （1945— 1949年）	变动 （%）
国药（斤）业	87	179	105.7	116000	143500	23.7
丝织（匹）业	—	—	—	20000	2000	−90.0
绒织（匹）业	—	—	—	3000	500	−83.3
制茶（担）业	75	130	73.3	10000	9000	−10.0
板鸭（只）业	200	140	−30.0	3000000	1500000	−50.0
饴糖酱色（担）业	15	45	200.0	15000	60000	300.0
砖（万块）业	33	106	221.2	10000	24000	140.0
瓦（万片）业	33	106	221.2	400	840	110.0
灰炉坊业	30	30	0.0	—	—	—
制革（张）业	80	110	37.5	—	—	—
铁器（农具）（件）业	200	240	20.0	—	18300	—
卷烟（箱）业	—	3870	—		1500/月	
牙刷（支）业	—	—	—	30000	50000	66.7
毛巾（打）业	60	40	−33.3	300000	50000	−83.3
针织袜子（打）业	—	20	—	72000	—	—
棉布（匹）业	300	700	133.3	400000	400000	0

资料来源：中国科学院经济研究所编：《手工业资料汇编（1950—1953）》，中国科学院1954年印本，第29—30页。

3. 北平

抗战前北平市手工艺作坊及厂商有数千家，工人超过15万人，每年销往国外100余万美元。[①] 北平沦陷后，原料供应和产品销售均受极大影响，不少技术工人转就他业或失业，部分手工业厂商家数有所增加。战前北京市装花、玉器等43业厂商合计4528家，1943年木器、鞋业等34业合计3220家，其中装花、籐竹等17业厂商数减少，围垫、镜框等17业增

[①] 彭泽益编：《中国近代手工业史资料（1840—1949）》第4卷，生活·读书·新知三联书店1957年版，第127页。

加。① 北平手工业面临主要原料不足、成本高昂、资金缺乏、海外市场竞争加剧等困难,此外手工业工人以领活制作或论件计酬居多,在行业不景气、生活压力加大的情况下不少工人转做他业,技术也面临退化或失传的困境(见表4-7)。②

表 4-7　北京市手工业厂商数量变动状况　　　　　(单位:家)

项目 业别	事变前 厂商数	1943 年 厂商数	减少数	减少 (%)	项目 业别	事变前 厂商数	1943 年 厂商数	增加数	增加 (%)
装花业	1000	37	963	96.3	围垫	20	115	95	475.0
籐竹业	20	3	17	85.0	镜框	20	94	74	370.0
玩具业	120	19	101	84.2	木器	100	385	285	285.0
地毯业	250	52	198	79.2	乐器	20	62	42	210.0
雨衣业	10	3	7	70.0	旱烟袋	30	57	27	90.0
桶业业	116	38	78	67.2	帽业	130	220	90	69.2
玉器业	320	127	193	60.3	绦带	70	110	40	57.1
造纸业	200	93	107	53.5	刀剪	60	94	34	56.7
刺绣业	30	15	15	50.0	料器	30	47	17	56.7
织工业	160				首饰业	160	247	87	54.4
织袜业	60	230	90	28.1	糕点业	110	166	56	50.9
毛巾业	100				灯画业	9	13	4	44.4
锦匣业	100	79	21	21.0	香烛	79	94	15	19.0
度量衡业	30	25	5	16.7	折扇	11	13	2	18.2
琺瑯业	58	52	6	10.3	鞋业	300	330	30	10.0
雕漆业	10	9	1	10.0	花爆	10	11	1	10.0
铜铁锡业	300	272	28	9.3	小器	100	108	8	8.0

资料来源:赵禾:《北京市手工业之概况》,《东亚经济月刊》1943 年第 10 期。

① 赵禾:《北京市手工业之概况》,《东亚经济月刊》1943 年第 10 期。
② 张延祝:《日趋没落的北平手工业》,《经济评论》1947 年第 16 期。

抗战胜利后交通恢复,一些厂商作坊逐渐复业,1946 年 11 月各业营业总额约 20 万余美元,但与战前相距甚远。战前地毯业年产约百万方尺,1946 年减至 9 万方尺,挑补花业原有工人 10 万人,减至不足 2000 人,铜器业原有作坊 200 余家,仅余 30 余家,锡器业营业额仅占战前最盛时期的 1%,雕漆业技工从数百人减至数十人,玉器从业人员从数千人减至不足百人。[①] 抗战胜利后洋行及洋人向铜锡器业订货渐多,据 1947 年同业公会统计,会员有 49 家(其中 11 家作洋庄业务),此外也有未加入公会的家庭制造者,但未恢复战前数量(战前 230 家,其中 30 余家纯作洋庄)。战前最盛时铜锡器业年产量达 1.1 万担,1946 年仅 1700 余担。[②] 1932 年景泰蓝业同业公会有会员 58 家,未入会者 20 余家,抗战胜利近 2 年景泰蓝未有出口,制作者仅剩 15 家。战前北平玉器业最盛时从业者达 4000 人,战后仅剩 200 — 300 人,1946 年出口数量不及战前 10%。[③] 据统计 1947 年玉器业手艺作坊工厂有 15 家。[④]

北平地毯业厂坊有 80 余家,其中 57 家加入同业公会组织,约占 2/3,另外 1/3 属地下商号,规模甚小,未请领营业执照以逃避租税负担。57 家公会会员中 6 家歇业,33 家销售和织造地毯(其中 26 家织造、7 家专营门市),17 家纺造毛线毡毯,1 家染线。26 家地毯织造厂坊中资本额最高 1000 万元,最低 40 万元,平均每家 151 万元,工徒人数最多 95 人,最少 4 人,平均每家近 14 人,织机最多 20 台,最少 2 台,平均每家 3 台。[⑤] 织造地毯的主要原料是羊毛,自西北各省由平绥、平汉铁路运至北平,因交通不畅运输颇为困难,另外尽管工资不断调整增加,但也不足以应付日渐高涨的生活费用,致使工人缺乏,地毯业陷于停滞状态。[⑥]

---

① 彭泽益编:《中国近代手工业史资料(1840—1949)》第 4 卷,生活·读书·新知三联书店 1957 年版,第 524 页。

② 李兆骏:《北平的手工业:铜锡器》,《工业月刊(西安)》1948 年第 3 期;张延祝:《日趋没落的北平手工业》,《经济评论》1947 年第 16 期。

③ 张延祝:《日趋没落的北平手工业》,《经济评论》1947 年第 16 期。

④ 彭泽益编:《中国近代手工业史资料(1840—1949)》第 4 卷,生活·读书·新知三联书店 1957 年版,第 530 页。

⑤ 刘宝忠、曹宗坎:《北平的手工业:地毯》,《工业月刊(西安)》1948 年第 1 期。

⑥ 刘宝忠、曹宗坎:《北平的手工业:地毯》,《工业月刊(西安)》1948 年第 1 期。

1949 年北平织染、针织等 7 业手工业作坊和手工工场合计 1500 户，资本 2.78 亿元，职工 6389 人，户均资本 18.5 万元，户均职工 4 人，其中资本不满 10 万元者，造纸业、机器铁工业、针织业和织染业各占 100%、75.7%、63.4% 和 53.6%，资本不满 20 万元者，制革业和金属品冶制业各占 69.3% 和 66.7%（见表 4-8）。[1]

表 4-8　北平数种手工业作坊和手工工场概况（1949 年）

项目 业别	户数 （户）	职工人数 （人）	资本额 （万元）	户均职工数 （人）	户均资本额 （万元）
窑盆业	21	190	1044	9	49.7
制革业	143	461	2957	3	20.7
造纸业	64	366	102	6	1.6
金属品冶制业	6	18	112	3	18.7
机器铁工业	527	1346	4886	3	9.3
织染业	463	2907	14322	6	30.9
针织业	276	1101	4349	4	15.8

资料来源:彭泽益编：《中国近代手工业史资料（1840—1949）》第 4 卷,生活·读书·新知三联书店 1957 年版,第 536 页。

4. 青岛

1936 年,青岛纺织、针织、制革、金属冶铸、食品、造纸、草帽辫等业手工业户数合计 1100 户。青岛沦陷后,日本对棉纱、麻、皮革、铁的统制使纺织、针织、纺绳、制革、金属冶铸等行业陷入半歇状态,战时交通阻塞使木器、猪鬃、肠衣等业经营呆滞,日货竞销影响脚踏车白铁、肥皂、造纸等业的发展,窑业、洗染、靴鞋等业则因日本大量移民到青岛兴建宿舍、厂房而一度活跃。[2]

1936 年以前青岛金属品冶铸业有五六家,1941 年太平洋战争爆发后

---

① 彭泽益编：《中国近代手工业史资料（1840—1949）》第 4 卷,生活·读书·新知三联书店 1957 年版,第 536—537 页。

② 彭泽益编：《中国近代手工业史资料（1840—1949）》第 4 卷,生活·读书·新知三联书店 1957 年版,第 122—123 页。

海上交通困难,纱厂所需日货器材供给断绝,故多由冶铸业代制,形成该业最盛时期。1944年和1945年日本大肆掠夺后,市场原料所剩无几、价格昂贵,金属品冶铸业逐渐衰落。1937年日本侵占青岛后,铁工业约有六七十户,1944年前后日本大肆掠夺五金、铜、铁、煤等物资严重缺乏,工厂相继倒闭。① 1926年青岛机器制革厂和手工业制革厂各有4家和16家,日本统治时期将皮革列为军用品,禁止贩卖和制造,制革厂大多停工,部分搬至乡村生产。1945年后逐渐恢复,曾发展到200余户,1946年因制革厂过多、产品滞销,成本较高而质量低下,不少业户倒闭。② 1940—1941年由于日本对棉纱进行统治封锁,华中和华北交易受阻,上海产品北上困难,青岛针织业得以发展,共有28家。1942年后所有产品和原料受日本控制,针织工业停滞。③

抗战胜利后,青岛制革、针织、纺织等业因原料来源充裕而一度有所好转。随后出现恶性通胀,城乡关系断绝,原料来源困难,加上美货倾销,各业大部分日趋倒闭,个别行业有所发展,如粉丝、绣花、发网等出口手工业,由40余户发展到568户。④

5. 郑州

郑州手工业多为散居户,1936年成衣业、刻字业等18业合计492户,资本20.28万元,职工2222人(其中油坊业和自行车修配业两业38户无资本和职工人数数据),户均资本和户均职工数(油坊业和自行车修配业38户不计入)各为378元和4.8人,其中成衣业、竹木作业和麻绳业户数较多,营造业的户均资本额和户均职工数均最高,其次是制革业,肥皂业户均资本额较大,制鞋业户均职工较多(见表4-9)。⑤

---

① 彭泽益编:《中国近代手工业史资料(1840—1949)》第4卷,生活·读书·新知三联书店1957年版,第123页。
② 彭泽益编:《中国近代手工业史资料(1840—1949)》第4卷,生活·读书·新知三联书店1957年版,第124页。
③ 彭泽益编:《中国近代手工业史资料(1840—1949)》第4卷,生活·读书·新知三联书店1957年版,第125页。
④ 彭泽益编:《中国近代手工业史资料(1840—1949)》第4卷,生活·读书·新知三联书店1957年版,第540页。
⑤ 郑州市工商业联合会编印:《郑州工商业兴衰史概况》,1984年印本,第38页。

表 4-9 郑州手工业概况(1936 年、1941 年)

项目 业别	1936 年			1941 年		
	户数 (户)	资本额 (元)	职工数 (人)	户数 (户)	资本额 (元)	职工数 (人)
成衣业	200	32900	500	14	2500	30
制革业	14	56160	200	3	421	4
度量衡	4	3187	11	1	200	6
皮条业	16	7616	19	5	2540	7
油坊业	29	—	—	12	1000	25
竹木作业	50	1350	40	31	1535	64
白铁业	30	1400	130	20	933	30
刻字业	32	2800	57	27	1200	42
麻绳业	36	16000	180	32	12000	90
洗染业	16	567	40	15	2800	60
服装业	5	700	30	5	700	30
镜框业	6	105	10	6	105	10
制鞋业	2	3100	32	2	3100	32
砖瓦业	30	21144	211	50	21114	211
营造业	4	25216	700	7	28572	750
自行车修配业	9	—	—	—	—	—
肥皂业	8	30400	58	—	—	—
手工制造业	1	185	4	—	—	—
铁工业	—	—	—	5	80940	26
印刷业	—	—	—	13	9360	60
针织业	—	—	—	3	200	35
打铁业	—	—	—	32	126	45
弹花业	—	—	—	30	4212	87
总计*	492	202830	2222	313	173558	1644

注:* 1936 年 18 业户数、资本和职工数量加总各为 492 户、20.28 万元和 2222 人,原表为 494 户、17.24 万元和 2164 人。

资料来源:郑州市工商业联合会编印:《郑州工商业兴衰史概况》,1984 年印本,第 38、50 页。

1941 年手工业 20 业合计 313 户,资本额 17.36 万元,职工 1644 人,户均资本额和户均职工数各为 555 元和 5.3 人,其中砖瓦业户数最多,其次是麻绳业和打铁业,铁工业户均资本最高,营造业(主要业务对象是军用建筑)户均资本和户均职工数均较高。手工和半手工卷烟业开始兴旺,数量较多,多为家庭单干户(调查表中缺乏此项数据),棉织业有97户,实际营业者有94户,大都为家庭户(未列入调查表)。①

　　1941年日军侵占郑州,手工业户数比1936年减少36.6%,职工数量减少24%,资本额增加0.7%,户均资本额和户均职工数各增加46.7%和10.6%。成衣业等10业户数比1936年减少,砖瓦业和营造业户数增加。成衣业、制革业、度量衡和皮条业的户数、资本额和职工数量减少幅度均较大。皮条业、竹木作业和洗染业的户均资本和户均职工数有所增加。②手工卷烟业自1936年的500余家减至10—20家,1945年抗战胜利后增至30家。③ 1946年后家庭织布厂有10余家,织布铁机24部,解放前夕织布厂增至27家,增加铁机49部、木机1部(见表4-10)。④

表4-10　郑州手工业变动(1936年、1941年)

项目 业别	1941年比1936年变动(%)			1941年比 1936年变动(%)	
	户数	资本额	职工数	户均资本	户均职工数
成衣业	-93.0	-92.4	-94.0	8.6	-14.3
制革业	-78.6	-99.3	-98.0	-96.5	-90.7
度量衡	-75.0	-93.7	-45.5	-74.9	118.2
皮条业	-68.8	-66.6	-63.2	6.7	17.9
油坊业	-58.6	—	—	—	—
竹木作业	-38.0	13.7	60.0	83.4	158.1
白铁业	-33.3	-33.4	-76.9	0.0	-65.4
刻字业	-15.6	-57.1	-26.3	-49.2	-12.7
麻绳业	-11.1	-25.0	-50.0	-15.6	-43.8
洗染业	-6.3	393.8	50.0	426.7	60.0
服装业	0.0	0.0	0.0	0.0	0.0
镜框业	0.0	0.0	0.0	0.0	0.0

---

① 郑州市工商业联合会编印:《郑州工商业兴衰史概况》,1984年印本,第50—51、55页。

② 郑州市工商业联合会编印:《郑州工商业兴衰史概况》,1984年印本,第38、50页。

③ 郑州市工商业联合会编印:《郑州工商业兴衰史概况》,1984年印本,第85—86页。

④ 郑州市工商业联合会编印:《郑州工商业兴衰史概况》,1984年印本,第81页。

续表

项目\业别	1941 年比 1936 年变动（%）			1941 年比 1936 年变动（%）	
	户数	资本额	职工数	户均资本	户均职工数
制鞋业	0.0	0.0	0.0	0.0	0.0
砖瓦业	66.7	−0.1	0.0	−40.1	−40.0
营造业	75.0	13.3	7.1	−35.3	−38.8

资料来源：郑州市工商业联合会编印：《郑州工商业兴衰史概况》，1984 年印本，第 38、50 页。

　　1948 年上半年手工业 23 业合计 815 户，资本 24.27 万元，职工 3468 人，户均资本和户均职工数各为 298 元和 4.3 人，其中成衣业户数最多，其次是轧花业，再次是炉坊业和刻字业，汽马车修配业户均资本额和户均职工数均最高，皮件业户均资本额和营造业户均职工数较高（见表 4-11）。[①]

表 4-11　郑州手工业户数、资本额、职工数（1948 年上半年度）

项目\业别	户数（户）	资本额（元）	职工数（人）	项目\业别	户数（户）	资本额（元）	职工数（人）
成衣业	90	12586	200	营造业	39	4000	600
度量衡	8	300	13	自行车修配业	40	5925	109
油坊业	36	1995	60	肥皂业	17	2808	48
竹木作业	70	22815	110	印刷业	32	18220	250
白铁业	50	1872	90	针织业	30	1200	285
刻字业	61	1600	231	汽马车修配	10	102957	155
麻绳业	42	4000	110	炉坊业	60	252	70
洗染业	16	13085	115	手工卷烟业	30	515	400
服装业	22	8560	154	木机卷烟业	3	1123	31
镜框业	14	1909	27	皮件业	5	7850	23
制鞋业	44	8080	139	轧花业	80	9360	158
砖瓦业	16	11689	90	总计	815	242701	3468

---

　　①　郑州市工商业联合会编印：《郑州工商业兴衰史概况》，1984 年印本，第 56—57 页。

资料来源:郑州市工商业联合会编印:《郑州工商业兴衰史概况》,1984年印本,第56—57页。

1948年上半年手工业户数、资本额和职工数比1941年各增加160%、40%和111%,比1936年也各增加65%、41%和60%,而户均资本额和户均职工数比1941年和1936年均下降。度量衡业等10业户数比1941年和1936年均有增加,洗染业比1941年减少,但与1936年持平,成衣业户数比1941年增加,但少于1936年,砖瓦业户数比1941年和1936年均减少。印刷业和针织业户数、资本额和职工数均比1941年增加,自行车修配业和肥皂业户数多于1936年(见表4-12)。[①]

表4-12 郑州手工业户数、资本额、职工数变动(1936年、
1941年、1948年上半年度)

项目 业别	1948年上半年比 1941年变动(%)			1948年上半年比 1936年变动(%)		
	户数	资本额	职工数	户数	资本额	职工数
成衣业	542.9	403.4	566.7	−55.0	−61.7	−60.0
度量衡	700.0	50.0	116.7	100.0	−90.6	18.2
油坊业	200.0	99.5	140.0	24.1	—	—
竹木作业	125.8	1386.3	71.9	40.0	1590.0	175.0
白铁业	150.0	100.6	200.0	66.7	33.7	−30.8
刻字业	125.9	33.3	450.0	90.6	−42.9	305.3
麻绳业	31.3	−66.7	22.2	16.7	−75.0	−38.9
洗染业	6.7	367.3	91.7	0.0	2207.8	187.5
服装业	340.0	1122.9	413.3	340.0	1122.9	413.3
镜框业	133.3	1718.1	170.0	133.3	1718.1	170.0
制鞋业	2100.0	160.6	334.4	2100.0	160.6	334.4
砖瓦业	−68.0	−44.6	−57.3	−46.7	−44.7	−57.3
营造业	457.1	−86.0	−20.0	875.0	−84.1	−14.3
自行车修配业	—	—	—	344.4	—	—

---

① 郑州市工商业联合会编印:《郑州工商业兴衰史概况》,1984年印本,第38、50、56—57页。

项目\业别	1948 年上半年比 1941 年变动（%）			1948 年上半年比 1936 年变动（%）		
	户数	资本额	职工数	户数	资本额	职工数
肥皂业	—	—	—	112.5	−90.8	−17.2
印刷业	146.2	94.7	316.7	—	—	—
针织业	900.0	500.0	714.3	—	—	—

资料来源：郑州市工商业联合会编印：《郑州工商业兴衰史概况》，1984 年印本，第 38、50、56—57 页。

1948 年 10 月 22 日，郑州有手工业和半手工业 452 户，比 1948 年上半年度减少 45%。[1]

6. 其他

苏州小手艺轻工业较为发达，战争爆发后工人四散，工厂存货机件被毁。据 1938 年苏州手工业调查，制扇业 100 余家、红木器业 60 余家、丝边业 30 余家、毛毯业数十户、烧窑业 10 余户均在停顿中，织席业数百户、绸缎绣件业 100 余家、摇袜业 60 余家、皮箱业 50 余家、玉器古玩业 30 余家、制帽业数十家、家用木器业数十家均有少数复业，象牙骨货 50 余家有半数复业。[2]

抗战期间绍兴造箔业因原料不足，年产仅 100 万元左右，比 1935 年减少 3/4。箔业所需外来鹿鸣纸和外来锡减少，城内开设鹿鸣纸坊十多户，将箔铺裁下的零碎鹿鸣纸边重新打浆制纸，熔炼作坊收购家用锡器熔炼后供箔业所用，数量有所增加。抗战胜利后一些停业的箔铺逐步复业，并出现千余人个体打箔者和若干小箔坊，前者买锡打成锡页出售，后者购买锡页造锡箔纸，产量比沦陷时期增加 50%。酿酒业因粮荒缺乏原料，东浦、阮社等酿酒基地的酿坊半数以上停酿，1944 年全县酿酒 6000—7000 缸，不及战前的 1/10，抗战胜利后酿酒业有所好转，1948 年酒坊产量 5 万缸。纸扇因销路不通，产量仅为战前的 10%—20%，抗战胜利后纸

---

[1] 郑州市工商业联合会编印：《郑州工商业兴衰史概况》，1984 年印本，第 57 页。
[2] 《实业部特派员京沪线视察报告》，《实业月刊》1938 年创刊号。

扇产量约 1000 万把,占战前的 30%—40%。油坊因外来原料中断,产量仅及 20 世纪 30 年代的 3/10,抗战胜利后油坊业有 7 户,比战前减少 59%,产量不及战前的 1/3。乡区华舍、下方桥两大丝绸基地的机坊几乎全部停产,城南仅剩三四户绉纱作坊和二三户丝绢作坊,抗战胜利后华舍、下方桥绸缎机坊仅数户复业。茶叶生产因山区被封锁、茶园荒芜而一落千丈。草纸作坊、造纸农户和砖瓦窑因战乱大多停业,抗战胜利后有所好转。其他二三十个手工行业的作坊工场中,除染坊、磨坊、塘坊、熔炼、白铁、打铁和制服等业情况较好外,比沦陷期间无明显起色。解放前夕绍兴城内包括手工工场在内的各类工商户共计 4300—4400 户,从业者 1 万多人。[①]

杭州炼染业分经绒染业(专染经绒)、青蓝染业(专染布匹)、生绸染炼坊(专以手工染炼生绸)、机器炼业工厂 4 种。除机器染业外,其他均为劳工染坊,资本微小,在机械化炼业竞争下在战前已呈衰落,事变后损失更大,据调查,全市仅 12 家,资本合计 16 万元。[②]

包头绒毯业在约百年前由美国传教士指导推广,成为家庭工业,并逐渐成为包头一项专业。事变前,绒毯业作坊有 26 厂,事变后,因原料腾贵和产品销路不畅纷纷倒闭,1939 年不超过 7 家,1941 年仅剩 3 家营业。[③]1939 年包头市毯工约有 200 人,就业不超过 60 人。事变前包头提花毯年产 6000 条,产值 12 万元,1940 年年产 2500 条,产值 8 万元。[④]

事变爆发前宣化有 17 家厂商从事毡帽生产,1938 年年末有 27 家,1939 年有 39 家,其中 15 家资本额在 50—500 元,11 家在 600—1000 元,13 家在 1200—3000 元,平均每家资本额 1014 元、工人和学徒近 23 名。与同类工业相比,毡帽业因所需固定资本多、产销周期长、流动资本周转率低,资本额略高。事变爆发后一般毛皮加工业受毛皮类输出取缔令的

① 中国人民政治协商会议浙江省绍兴县委员会文史资料工作委员会:《绍兴文史资料选辑》第 9 辑,1990 年,第 26、31、34 页。

② 《实业部特派员沪杭线视察报告》,《实业月刊》1938 年创刊号。

③ 彭泽益编:《中国近代手工业史资料(1840—1949)》第 4 卷,生活·读书·新知三联书店 1957 年版,第 133 页。

④ 彭泽益编:《中国近代手工业史资料(1840—1949)》第 4 卷,生活·读书·新知三联书店 1957 年版,第 134 页。

影响而趋于衰退,毡帽业因产品输出不在取缔之列,再加上地方市场可提供原料,厂商有所增加。毡帽制品几乎全部供给满洲国,年产总额超过50万元,在当地占重要地位。[①]

四、手工业者的工资管窥

据调查,20世纪20年代初浙江工人收入大体分为甲(月收入超过20元)、乙(月收入在10—20元)、丙(月收入10元以下)三类,丙类占大多数(约在70%以上),甲类和乙类占比较小(甲类不过5%、乙类不过20%)。丙类"仅足敷一身之费用,如有家室者,其妇女非另觅工作不能维持生活"。1936—1949年物价上涨,纸币贬值,手工业劳动者工资以米计值,1947年兰溪县政府规定石匠工资每工供膳百米10斤、泥工和木匠8斤,成衣和篾匠6斤5两,包膳者一律加米4斤,其他工匠照此类推。[②]战前浙江於潜县普通厂坊工人或手工工人月工资约15元,工作时间8—12小时不等。据估计,战前土木石缝各工以每家4口计,米、菜和油灯等基本消费每日约需3.5元,1941年石工每日工资3—4元,木工、泥工1—1.5元,土木石工人兼营农业,否则难以维持生活。造纸厂及其他小工场工人待遇菲薄,生活困难程度与土木工人相当,多数工人在农忙时成为农村短工,从事农作。[③]浙江昌化纸业打料工人每天1.5元,造纸工人每天2元,由槽主供伙食,晒纸每刀0.2元、整理0.4元,实行包工制,闲散农户可借以补贴家用。石匠、木匠、泥工等工资约在1元以上(供膳食),高于1936年(0.25—0.4元)。[④]贵阳城区印刷、制帽、制鞋、纺织、成衣、木匠、

①　彭泽益编:《中国近代手工业史资料(1840—1949)》第4卷,生活·读书·新知三联书店1957年版,第130—131页。

②　浙江省二轻工业志编纂委员会编:《浙江省二轻工业志》,浙江人民出版社1998年版,第16页。

③　彭泽益编:《中国近代手工业史资料(1840—1949)》第4卷,生活·读书·新知三联书店1957年版,第326—327页。

④　彭泽益编:《中国近代手工业史资料(1840—1949)》第4卷,生活·读书·新知三联书店1957年版,第327—328页。

铜匠、铁匠等手工业普通工人月工资(供应膳食)在 5—11 元,童工通常无工资,最高月工资不同行业间差异较大,从 12 元到 25 元不等。[1]

山东眉村、寒亭及其他农村原用于副业的布机集中在潍县县城东关,城市布机多是布机所有者将布机售与事变前的放机商人,或以布机为股本取得"自股"参与机房经营。农村布机所有者或参加合股组织,或成为织布工人。潍县机房织布工人并未完全脱离农业,农忙时各自回家务农,带有半工半农性质。工人每天一般从早晨 6 时劳动到晚上 10 时,三餐进餐时间约 1.5 小时,每天实际劳动时间为 14.5 小时。机房对工人及其他从业员须提供膳食,每人每月约需 25 元。[2] 织工工资极低,不需要技术而主要依靠体力的白布织工,普通每月工资为 12—13 元,依靠体力并需一定技术的条格布职工,则依技术高低工资自 14—15 元到 18—19 元不等。在一些机房工人被雇佣后前 3 个月工资被扣作身份保证金,3 个月之后方可按月领取当月工资。[3] 1941 年 8 月平遥土布出售价格为二斤布 7 元/匹,二斤细白禹州布和大尺布 8 元/匹,一斤半木机布 5 元/匹,上涨为事变前的 2—3 倍。事变后每匹二斤布、二斤细白禹州布、大尺布、一斤半木机布包织工价各自事变前的 0.2—0.22 元、0.25—0.3 元、0.2—0.22 元、0.18—0.2 元增至 0.55 元、0.6 元、0.6 元、0.5 元,增加 1 倍多。二斤布产量最多,事变前每匹二斤布的原料费、包织工价、营业费各为 1.38 元、0.2 元、0.12 元,事变后各增至 5 元、0.55 元、0.35 元,制造成本从 1.7 元增加到 5.9 元,以销售价格为 7 元/匹计,每匹二斤布利润为 1.1 元,与 1928—1929 年每匹利润 1.2 元相比,有所减少,相对于每单位制造成本,利润下降幅度较大。[4]

---

① 吴泽霖:《贵阳城劳工概况的初步调查》,《新大夏月刊》1938 年第 3 期。

② 彭泽益编:《中国近代手工业史资料(1840—1949)》第 4 卷,生活·读书·新知三联书店 1957 年版,第 25 页。

③ 彭泽益编:《中国近代手工业史资料(1840—1949)》第 4 卷,生活·读书·新知三联书店 1957 年版,第 29 页。

④ 彭泽益编:《中国近代手工业史资料(1840—1949)》第 4 卷,生活·读书·新知三联书店 1957 年版,第 48—49 页。

第二节　关内沦陷区主要手工业

抗战爆发后手工织布业和蚕丝业均遭到破坏，华北实行棉纱配给，华中实行蚕丝统制，珠江三角洲强制丝厂复工并低价收购生丝。20 世纪 40 年代初华北手工织布产量比战前减少超过一半，苏浙丝织业织机数量比战前减少 1/3，战时主要蚕桑区生丝产量仅及战前的 1/10。浙江和广东盐产量各有不同程度的波动。

一、棉 纺 织 业

战前华北棉布需求以手工织布为主，约占棉布总需求量的 2/3。战争爆发后华北手工织布业几乎全遭破坏，原本集中在潍县、高阳、定县和冀东等地的手工织布业，逐渐分散各地，其中一部分织机运往城市中的日本纺织工厂。据估计，1937—1939 年华北三省（河北、山东、山西）手工织布业产量比战前减少约 60%，1940—1941 年比 1937 年减少 62%，其中河北省减少幅度较大，高阳手工织布产量仅占战前产量的 2%—4%，占 1939 年产量的 8%—18%。高阳、潍县、济南向织布业者实行棉纱配给，并支付工价、缴回制品，山西织布业者申请配给棉纱织布后，交由同业公会发售或由县公署运入公益市场出售。织布工价因布匹质量和种类而不同，高阳每匹布织布工价在 1.6—2 元，潍县每匹 1—2 元，平遥每匹布 0.55 元。

（一）棉田面积、皮棉和土布产量的减少

1938 年 3 月，兴中公司联络在华日本纺织、棉花两类同业公会创立华北棉花会社，垄断华北的棉花收购与运销。随后日本先后成立一系列棉花统制机关，实行统一收购和公定价格制度。1939 年 2 月，伪临时政府将河北省棉产改进会改组为华北棉产改进会，在北京设立理事会，同时在河北、

河南、山东、山西各省设立分会以及指导区办事处、分办事处。1939年5月，华北棉花协会在北平成立，统制华北棉花的收购、运销和分配。1941年3月，华北棉花振兴会成立，指导奖励良种配给、棉花栽培、技术人员培训等事宜。

　　1932—1936年，华北四省（河北、河南、山东、山西）平均植棉面积为16125千亩，华中三省（江苏、浙江、安徽）为11791千亩，合计在全国占70.8%，华北平均棉花产量为5430千担，华中为3217千担，合计在全国占71.5%。[①] 1937年，华北四省棉田有23875千亩，产量为6428千担，1938年棉田减为12011千亩，产量跌至3173千担，华中江苏吴县等22县棉花减产41%。[②] 1939年华北四省棉田和皮棉产量进一步减至5612千亩和1432千担，1940年比1939年略有增加（6396千亩、1795千担），棉田面积和皮棉产量各仅占1937年的26.8%和27.9%（见表4-13）。[③]

表4-13　华北四省棉田面积和皮棉产量（1938—1940年）

项目 \ 年份		1938（比上年变化%）		1939（比上年变化%）		1940（比上年变化%）	
棉田面积（千亩）	河北	6181	（−35）	2570	（−58）	3858	（50）
	河南	2585	（−60）	919	（−64）	1193	（30）
	山东	2787	（−50）	1761	（−37）	1025	（−42）
	山西	457	（−80）	362	（−21）	320	（−12）
	总计	12010	（−50）	5612	（−53）	6396	（14）
皮棉产量（千担）	河北	1691	（−40）	654	（−61）	1070	（64）
	河南	543	（−60）	246	（−55）	320	（30）
	山东	815	（−50）	463	（−43）	336	（−27）
	山西	125	（−80）	69	（−45）	69	（0）
	总计	3174	（−51）	1432	（−55）	1795	（25）

资料来源：马仲起：《近年来华北棉产之概况》，《中联银行月刊》1943年第3期。

---

　　① 许道夫编：《中国近代农业生产及贸易统计资料》，上海人民出版社1983年版，第209—212页。
　　② 郑伯彬：《日本侵占区之经济》，资源委员会经济研究室1945年版，第35、39页。
　　③ 马仲起：《近年来华北棉产之概况》，《中联银行月刊》1943年第3期。

1937—1939 年华北手工织布供给量不及战前手工织布需求量的 1/2,1940—1941 年不及 1/5。1937—1939 年华北 3 省手工织布业产量估计值比战前减少 60% 左右,1940—1941 年减少 84%。据估计,战前华北棉布需求量为机织布 3.1 亿平方码、手工织布 6 亿平方码,合计 9.1 亿平方码。1937—1941 年机织布供给估计量在 2.6 亿—3.4 亿平方码,手工织布供给估计量在 1 亿—2.8 亿平方码,合计 3.6—6.2 亿平方码,仅及战前总需求量的 49%—77%,其中手工织布短缺程度更为显著(见表 4-14)。①

表 4-14　华北棉布供求量比较(1937—1941 年)　　（单位:亿平方码）

项目 年份	机织布 供给量	手工织布 供给量	总计	机织布供给量相当于战前需要量的比例(%)	手工织布供给量相当于战前需要量的比例(%)	二者总计占战前总需要量的比例(%)
1937	2.98	2.81	5.79	98.9	47.1	63.9
1938	2.57	2.61	5.18	85.4	43.7	57.2
1939	4.2	2.75	6.95	139.6	46.0	76.7
1940	3.4	1.08	4.48	113.1	18.1	49.5
1941	3.38	1.08	4.46	112.2	18.1	49.2

资料来源:彭泽益编:《中国近代手工业史资料(1840—1949)》第 4 卷,生活·读书·新知三联书店 1957 年版,第 64 页。

1937 年,山东、河北和山西 3 省手工织布业估计产量为 2.84 亿平方码,比战前(年产量约 6.9 亿平方码)减少 59%。1938 年减至 2.61 亿平方码,比 1937 年减少 8.1%,其中山东减少 52.8%,河北增加 27%。1939 年 3 省手工织布业产量比 1937 年减少 3.2%,1940 年和 1941 年均比 1937 年减少 61.9%,河北省减少幅度高于山东省(见表 4-15)。②

① 彭泽益编:《中国近代手工业史资料(1840—1949)》第 4 卷,生活·读书·新知三联书店 1957 年版,第 63—64 页。

② 彭泽益编:《中国近代手工业史资料(1840—1949)》第 4 卷,生活·读书·新知三联书店 1957 年版,第 63 页。

表 4-15　山东、河北和山西手工织布业产量估计(1937—1941 年)

（单位：亿平方码）

年份＼省份	山东	河北	山西	华北三省总计
1937	1.25	1.59	—	2.84
1938	0.59	2.02	—	2.61
1939	1.22	1.52	0.01	2.75
1940	0.64	0.31	0.13	1.08
1941	0.64	0.31	0.13	1.08

资料来源:彭泽益编:《中国近代手工业史资料(1840—1949)》第 4 卷,生活·读书·新知三联书店 1957 年版,第 63 页。

　　战前山东省手工织布业产量约在 3.68 亿平方码。1937—1941 年山东手工织布业产量除 1937 年和 1939 年略高于 1.2 亿平方码外,另 3 年每年产量在 0.6 亿平方码左右。[①] 事变前山西全省机厂坊、家庭手工业和游民习艺工厂棉布产量共计 338 万匹,产值 1053 万元(家庭手工业棉布产量和产值各占 73%和 45%,机厂坊棉布产量和产值各占 26%和 54%)。1939 年太原、榆次、太谷、曲沃、新绛、汾阳、平遥工场制手工织布产量合计 3.87 万匹,相当于资本制动力机器产量的 9%,与事变前山西各地机坊产量近 87 万匹相差更远。[②] 高阳原为河北省最大手工织布产地,战前年产量约 7680 万平方码。日军占领高阳县城后,城乡关系隔断,纱布商逃往京津等地,日军"三光政策"更使高阳织布业均告停顿,1939 年洪水灾害进一步加剧民众困苦程度,大部分织布工具被出售到天津、保定,或被作燃料用。手工织布产量锐减,1939 年年产 1760 万平方码,1940 年和 1941 年各仅产 140 万平方码、320 万平方码。[③] 日军统治时期高阳每集上市的布不足 100 匹,棉线不足三四

---

　　① 彭泽益编:《中国近代手工业史资料(1840—1949)》第 4 卷,生活·读书·新知三联书店 1957 年版,第 58、63 页。

　　② 彭泽益编:《中国近代手工业史资料(1840—1949)》第 4 卷,生活·读书·新知三联书店 1957 年版,第 54 页。

　　③ 彭泽益编:《中国近代手工业史资料(1840—1949)》第 4 卷,生活·读书·新知三联书店 1957 年版,第 62 页。

百斤。[①]

日本全面侵华战争爆发后,棉纱供给量减少,棉织业原料来源困难。1937年上半年山东省棉纱供给量合计1.9万吨,1938年降至0.93万吨(相当于1937年上半年供给量的49%),1939年增至1.9万吨(相当于1937年半年供给量),1940年和1941年仅1万吨。[②] 1940年潍县运入棉纱约178.3万公斤,仅相当于事变前全盛时期年运入量的10%,其中自青岛运入最多(67万公斤),占37.6%。1941年1月至5月潍县运入棉纱20.4万公斤,月平均运入量占1940年月平均运入量的27.4%,其中自青岛运入棉纱占89.8%。[③]

1934年山西省内纱厂棉纱产量为5.17万捆,1938年减至0.58万捆[④],1939年略增至1.25万捆。其中榆次纺织厂棉纱产量三年各为2.94万捆、0.53万捆、0.94万捆,新绛一厂和二厂合计各为2.23万捆、488捆、0.31万捆,因太原纺织厂棉纱仅供自织并不出售,未计入。[⑤] 1939年太原、榆次、太古、曲沃、汾阳、平遥、新绛棉纱消费量合计1152.56捆,仅相当于事变前棉纱消费量(46000捆)的2%。从纺绩会社销售棉纱量来看,包括山西全省织布业者、毛巾业、线袜业和流出省外在内的棉纱消费量不足9000捆,相当于事变前的19.5%。[⑥] 1940年太原、榆次、新绛等7地16支棉纱平均价在465—800元/捆,20支棉纱平均价在467—760元/捆,32支棉纱平均价在700—911元/捆,多上涨至事变前的3倍(见表4-16)。平遥三种棉纱平均价格均相对较高,1939年仅有20捆棉纱流

[①]　《高阳县志》编纂委员会:《高阳县志》,方志出版社1999年版,第1186页。

[②]　彭泽益编:《中国近代手工业史资料(1840—1949)》第4卷,生活·读书·新知三联书店1957年版,第58、63页。

[③]　彭泽益编:《中国近代手工业史资料(1840—1949)》第4卷,生活·读书·新知三联书店1957年版,第29页。

[④]　榆次纱厂和新绛纱厂由日本纺织资本掌握成为军管理工厂,1938年相继开工,但棉花收购困难,劳动力不足。

[⑤]　彭泽益编:《中国近代手工业史资料(1840—1949)》第4卷,生活·读书·新知三联书店1957年版,第39页。

[⑥]　彭泽益编:《中国近代手工业史资料(1840—1949)》第4卷,生活·读书·新知三联书店1957年版,第55页。

入,棉纱来源极困难。[①]

表4-16　山西棉纱平均价(1940年)　　　　　　(单位:元/捆)

地区＼项目	16支棉纱平均价	20支棉纱平均价	32支棉纱平均价
太原	513	691	911
榆次	536	607	728
平遥	800	760	700
太谷	465	467	784
新绛	600	620	——
汾阳	600	620	——
曲沃	700	——	——

资料来源:彭泽益编:《中国近代手工业史资料(1840—1949)》第4卷,生活·读书·新知三联书店
　　　　1957年版,第40页。

(二) 手工业生产及资源的损失

高阳棉纱依靠外地供给,棉布由农民手工生产。"七七事变"后厂纱
供给不足。[②] 布庄和纱庄的减少使农民无法购入棉纱进行生产和出售,
纺织工厂因棉花不足,棉纱量减少,并且棉纱被禁止自由运往铁路沿线之
外,导致土布生产流通机构再建受阻。1939年日商北泽商店进入高阳,
1940年开始营业,5月由东洋棉花会社取代,配给棉纱由东棉会社指定布
匹规格,所收制品全部运至天津,由天津染织厂印染后投入市场。事变前
高阳县城有10余个染色加工工场,土地、厂房、机器等资产总计超过200
万元,工人约有1000人,事变后,随着土布生产的衰落,各厂纷纷闭歇。[③]

---

① 彭泽益编:《中国近代手工业史资料(1840—1949)》第4卷,生活·读书·新知三联书
店1957年版,第40页。
② 1937年天津对河北省的棉纱供给中,高阳占23.4%,冀东占42.7%,合计占66.1%,
1939年高阳和冀东各降至8.3%和41.7%,合计占50%,1940年天津对高阳和冀东不再有棉纱
供给。彭泽益编:《中国近代手工业史资料(1840—1949)》第4卷,生活·读书·新知三联书店
1957年版,第61页。
③ 彭泽益编:《中国近代手工业史资料(1840—1949)》第4卷,生活·读书·新知三联书
店1957年版,第6页。

　　截至 1941 年 5 月,高阳共有 293 户在东棉支配下从事织布,布机 517
部。其中农业兼业有 74 户、商业兼业有 56 户、织布专业有 163 户,各保
有布机 105 部、121 部、291 部,三类织布业者平均每户保有布机数各为
1.4 部、2.2 部、1.8 部,织布专业织户在总户数中所占比重最高,为 56%,
商业兼业织户平均每户保有布机数最多。517 部布机中约 35% 是依靠雇
佣工人开动,常时雇佣工人数为 183 人,均为织工,其余以家属劳动为主,
共 1088 人。商业兼业织户平均每户家属人数和工人数均最多,各为 4.2
人和 0.95 人,织布专业织户平均每户家属人数略高于农业兼业织户,平
均每户工人数略低于农业兼业织户。1940—1943 年机户产布 20 来万
匹,据 1945 年调查,高阳 3 万台左右织布机在遭遇日军掠夺和天灾损失
后,仅剩 1800 台(见表 4-17)。[1]

表 4-17　东棉会社所支配的机户状况(1941 年 5 月)

项目＼织户	农业兼业织户	商业兼业织户	织布专业织户	总计
户数	74	56	163	293
保有布机部数	105	121	291	517
平均每户保有布机部数	1.4	2.2	1.8	1.76
家属人数	258	237	593	1088
平均每户家属人数	3.5	4.2	3.6	3.7
工人数	43	53	87	183
平均每户工人数	0.58	0.95	0.53	0.62

资料来源:彭泽益编:《中国近代手工业史资料(1840—1949)》第 4 卷,生活·读书·新知三联书店
1957 年版,第 7 页。

　　"七七事变"爆发前山西各地从事手工业织布者,机坊有 130 处,总
人数 9259 人(其中工人 8504 人),家庭手工业者有 34.3 万户,总人数
65.36 万人。[2] 山西省 103 县中有 45 县作为农家副业的家庭手工业在织布

---

　　① 彭泽益编:《中国近代手工业史资料(1840—1949)》第 4 卷,生活·读书·新知三联书
店 1957 年版,第 10 页。
　　② 彭泽益编:《中国近代手工业史资料(1840—1949)》第 4 卷,生活·读书·新知三联书
店 1957 年版,第 51 页。

业中占据重要地位,其中 32 县在河东道,平遥、万泉、猗氏尤其突出。工场制手工业零细工场数量也较多,散在全省 26 县,新绛、晋城、太原等地较为发达。榆次、太原各有资本制纺织工厂 1 家,新绛有 2 家,共计 4 厂。① 平遥包织业者、机户和独立生产者等织布业者所需棉纱一直由布庄供给,布庄则通过榆次、太原等产纱地的布线庄获取棉纱,事变后这些地方的布线庄在战争中被破坏或处于混乱状态,棉纱来源断绝,织布业全部停工。在倒闭危机中留存下来的布庄,对价格上涨的棉纱进行囤积,导致依存于布庄的机户无法继续生产,全部停止织布。全面停织约经一年后,1939 年年初有 2—3 家织布业者开工生产,因棉纱运入数量有限,1940 年 7 月末也仅有 4 家织布业者复工。1928—1929 年平遥布庄有 40 家,平均每家有机户 50 户,平均每家布庄收土布 2 万匹,事变后布庄减少到 20 家,平均每家仅有机户 6.25 户,平均每家布庄收土布 3431 匹②。随着经济形势略见稳定,棉纱运入量有所增加,1940 年 10 月以城内机户为中心的包织开始恢复,散落农村的机户尚不在此列。1941 年平遥织工业同业公会登记会员 200 户,1943 年年初会员有 320 户,布机共计 1200 部。棉纱供给不足问题依然存在,自 1940 年 10 月到 1943 年年初,织布机户仅有 115 家,生产也处于时断时续状态,该时期大尺布、二斤布等产量合计 83835 匹,平均每户仅产 676 匹③。

1938 年太原、榆次、新绛、太谷、平遥、汾阳、曲沃有 14 家手工织布厂进行织布(8 家为再开复工、6 家为新设),1939 年有 16 厂(8 家为再开、8 家为新设),1940 年有 34 厂(2 家为再开、32 家为新设)。这些手工织布厂主要集中在太原和新绛,1938 年新设 6 厂中 5 厂在太原,1939 年新设 8 厂中 6 厂在太原、1 厂在新绛,1940 年新设 32 厂中太原和新绛各有 4 厂和 22 厂,其次是榆次,1938—1940 年每年各有 2 厂、3 厂、3 厂恢复织布。

---

① 彭泽益编:《中国近代手工业史资料(1840—1949)》第 4 卷,生活·读书·新知三联书店 1957 年版,第 53 页。

② 彭泽益编:《中国近代手工业史资料(1840—1949)》第 4 卷,生活·读书·新知三联书店 1957 年版,第 41、46 页。

③ 彭泽益编:《中国近代手工业史资料(1840—1949)》第 4 卷,生活·读书·新知三联书店 1957 年版,第 42 页。

1940年以太原、榆次为中心的邻近各县和以新绛为中心的邻近各县的织布业在数量上接近恢复到事变前水平。[1]

1939年太原、榆次、太谷、汾阳、平遥、新绛合计有28家织布厂,织机共515部,仅224部运转,运转率为43%。1939年新绛织机有11部,8部运转,榆次121部织机中有72部运转,两地织机运转率相对较高,太原、太谷、汾阳和平遥运转率不超过40%,其中,汾阳低至16%。与太原、榆次、新绛资本制纺织工厂平均70%左右的运转率相比,工场制手工生产的织机运转率极低(见表4-18)。[2]

表4-18 山西织布厂状况和棉纱消费量(1939年)

项目 地区	织布厂数 (家)	织机数 (部)	平均每厂 织机数 (部)	运转 织机数 (部)	运转率 (%)	棉纱 消费量 (捆)
太原	12	225	18.8	90	40	656.6
榆次	5	121	24.2	72	60	277.7
太谷	6	97	16.2	39	40	125.0
汾阳	1	38	38.0	6	16	22.0
平遥	2	23	11.5	9	39	17.7
新绛	2	11	5.5	8	73	9.9
曲沃	—	43.8	—	—	—	—

资料来源:彭泽益编:《中国近代手工业史资料(1840—1949)》第4卷,生活·读书·新知三联书店1957年版,第55页。

"七七事变"爆发前,潍县织布业达到鼎盛,从业人员约15万人,土布年产值达2000万元,在潍县全部产业中约占25%。布匹远销至云南、四川、贵州、福建、河北、河南、绥远等各省。事变爆发后,山东各地治安紊乱,1938年潍县土布生产停工一年,1939年后随着交通治安改善而略有恢复。农村受到事变和旱灾影响,经济疲敝,棉纱来源断绝,不少农民将

① 彭泽益编:《中国近代手工业史资料(1840—1949)》第4卷,生活·读书·新知三联书店1957年版,第53—54页。
② 彭泽益编:《中国近代手工业史资料(1840—1949)》第4卷,生活·读书·新知三联书店1957年版,第55页。

事变前约 100 元购入的织布机以 30—50 元价格出售以获取急需的现金,
对于一些破旧到无法利用的织布机则将木材部分作燃料,将铁部件售与
县城小型铁工厂,农闲期到潍县县城做机房工人每月收入 6 元工资以补
贴家用。据估计,事变前潍县约有织布机 10 万部,事变后约有 5000 部遭
到破坏,3 万部作为零件流向济南、青岛、徐州、烟台等地,6.5 万部流向其
他非占领区(大多闲置在各个农家,并未运转),5000 部分布于潍县织布
区,其中县城东关约有 1000 部,峃山、南流和其他农村各有 2000 部、1000
部、1000 部。① 潍县县城东关织布机中仅约 400 部从事生产,大部分为少
数染织工厂包织土布。与土布生产相关联的染织工厂,因购买力降低和
原料来源困难等状况,仅有日华合办的信丰、元聚、德聚三厂经营,其他中
国工厂几乎全闭歇。棉纱和棉布配给统制机构成立后,处于染织工厂与
机房间中介地位的布庄和线庄也趋于没落。② 1939 年潍县东关织布机总
数为 959 部,1942 年为 1000—1300 部。③

　　济南情况有所不同,战争爆发后内地农村机织业者相继集中于此,济
南手工织布业产量比战前有所增加。1933 年济南有织布厂 60 家,布机
总数为 800 部,1936 年通过冀东贸易大量廉价棉布流入,济南织布业受
此影响开始出现衰退。1937 年事变后不少机坊闭歇逃亡,1938 年年末逐
渐开始恢复。1936 年济南织布工厂有 180 家,1940 年增加到 216 家,木
制织机从 600 台增加到 1100 台,铁制织机从 115 台增加到 1117 台。1936
年济南棉布产量为 800 万平方码,1938 年为 37.6 万平方码,1940 年增加
到 2160 万平方码,1941 年为 1012 万平方码。④

　　1942 年济南有 300 户机织业者,比事变前增加 4 倍,布机总数超过

---

　　① 彭泽益编:《中国近代手工业史资料(1840—1949)》第 4 卷,生活·读书·新知三联书
店 1957 年版,第 30 页。

　　② 彭泽益编:《中国近代手工业史资料(1840—1949)》第 4 卷,生活·读书·新知三联书
店 1957 年版,第 12 页。

　　③ 彭泽益编:《中国近代手工业史资料(1840—1949)》第 4 卷,生活·读书·新知三联书
店 1957 年版,第 13 页。

　　④ 彭泽益编:《中国近代手工业史资料(1840—1949)》第 4 卷,生活·读书·新知三联书
店 1957 年版,第 30、60 页。

2000 部,多为规模极小的机房。1943 年济南共有机户 200 户,其中布机规模在 1—5 台和 6—10 台的机户数量较多,各有 69 户和 83 户,二者合计占机户总数的 76%,布机规模在 11—20 台的机户占 19.5%,布机在 30 台以上的机户仅有 3 户。包织户有 120 户,占机户总数的 60%,在总计 1797 台布机中,包织机房布机占 52%。布机规模在 1—5 台的机户中包织户所占比例较高,包织户户数和布机数量所占比例各为 87% 和 85%,布机规模在 6—20 台的机户中包织户户数和布机数量所占比例各在 34%—53% 和 38%—53%,布机规模在二三十台的机户中无包织户,规模较大、各有 73 台布机和 80 台布机的两户机房均为包织户(见表 4-19)。[①]

表 4-19 济南机户和布机数量(1943 年)

项目 机户分组	机户			布机		
	总数 (户)	包织户 (户)	包织户占 机户总数 比重(%)	总数 (部)	包织机房 布机数 (部)	包织机房 布机数占 布机总数 比重(%)
1—5	69	60	87.0	247	210	85.0
6—10	83	44	53.0	659	348	52.8
11—15	26	9	34.6	315	129	41.0
16—20	13	5	38.5	240	93	38.8
22—26	6	—	—	145	—	—
38	1	—	—	38	—	—
73	1	1	100	73	73	100
80	1	1	100	80	80	100
总计	200	120	60	1797	933	51.9

资料来源:彭泽益编:《中国近代手工业史资料(1840—1949)》第 4 卷,生活·读书·新知三联书店 1957 年版,第 38 页。

---

① 彭泽益编:《中国近代手工业史资料(1840—1949)》第 4 卷,生活·读书·新知三联书店 1957 年版,第 31、38 页。

（三）日资集团对华北棉纺织业的支配

东棉会社配给棉纱的范围以高阳县城为限,凡请领配给棉纱须先加入新民会的织业分会,提供连带责任保证人署名的保证书,每次对每户配给约可织成 20 匹布的棉纱。因手工织户布机粗笨,技术落后以及隐匿棉纱等原因,所缴制品长度宽度不足,东棉将其分为上、中、下等,上等每匹支付工价 2 元、中等 1.8 元、下等 1.6 元,所收布匹送至天津万新工厂进行轧光、上浆、印染等加工,也不再以高阳土布之名进行交易。①

随着棉纱配给统制的加强和日本棉纺织资本进入漂染厂,潍县机房经营形态多向包织工厂转化,并日益隶属于直接经营织布的漂染厂。拥有染坊设备、通过染纱制造条格布的工场(而非专门织造白平布的工场),能够维持较独立的经营。日系染织厂更能左右棉纱供给关系,并召集织布业者,而旧日布庄、线庄等独立企业日趋没落,或是成为织布投资者以隶属于染织工厂。② 事变前,线庄通过对布庄的金融支配,统治布庄下面的直接生产者农村机户,控制大部分土布生产;事变后,机器漂染厂通过包织关系统制着机坊和农村机户,支配土布生产。潍县县城东关的机坊和战前已有的织布工厂(4 厂,布机约 158 部)中 90%采取包织方式,直接隶属于机器漂染厂,农村机户也基本全为机器漂染厂织布。包织方式大体分为两种,一是由漂染厂直接发放棉纱实行包织,二是不发放棉纱而预付定钱。③ 1941 年,潍县棉纱基本完全为日华合办的信丰、元聚、德聚三个染织厂支配,县城、南流、峄山等地的织布业者与其订立织布契约,三厂配给棉纱并缴回制品,织布业者领取织布工价,制品若不合规格,织布业者则须赔偿或被削减工价。织布工价一般为每匹大布 2 元、哔叽 1.8 元、细布 1 元,织布机数量多而放织工作少,领织者间的相互竞争使

---

① 彭泽益编:《中国近代手工业史资料(1840—1949)》第 4 卷,生活・读书・新知三联书店 1957 年版,第 8 页。

② 彭泽益编:《中国近代手工业史资料(1840—1949)》第 4 卷,生活・读书・新知三联书店 1957 年版,第 13 页。

③ 彭泽益编:《中国近代手工业史资料(1840—1949)》第 4 卷,生活・读书・新知三联书店 1957 年版,第 14 页。

工价由染织工厂任意决定。织布工价所得并不足以弥补每部布机每月 6
元的修理费。有些机房除向染织厂领织以外，也用现金自线庄购入少量
棉纱，制品供自己用或出售，产品较少，每月每部织布机土布生产能力约
为大布 60 匹、哗叽 30 匹、细布 30 匹。[①]

　　事变后的济南织布业多是从潍县周村等织布区集中过来。这些织布
业规模小，在原料价格不断上涨、无力购买棉纱的情况下难以使用自己资
本进行独立生产，多被吸收到面袋厂和纺织厂所采取的包织制中。济南
近代纺织业主要有仁丰、成通、成大三厂，事变后由日本纺织资本支配，仁
丰纱厂（钟纺系统）设有附属织布厂和染色加工厂，成通（丰田纺织系统）
和成大（东洋纺织系统）两厂仅产棉纱，屡向当局提出设置织布机未能获
准，开始采取包织制生产棉布。复聚泰和同顺泰两家是济南、周村、青州、
济宁、徐州等面粉公司所用面袋的独占生产厂家，因其直接投资和间接投
资的机房所产面袋难以满足需要，故也采取包织制来保证面袋供应。进
行独立生产、规模在布机 10 台以上的机房，主要生产华北纺纱兼织布的
近代工厂在技术上难以生产的条格布，随着包织制的发展，也有逐渐走向
包织的趋势。包织工厂所得利益包括包织工价和所发棉纱两个方面，纺
织厂依靠放织每匹包布可获益 1.35 元，每匹细布可获益 7.29 元。1941
年，久益工厂依靠经手转放获取利益总计 43900 元，纯益为 30200 元。[②]

　　事变前后山西各地手工织布业者取得原料的方式，大体有三类。一
是普遍流行的方式，通过商人（洋货铺）或经纪"跑合儿"等购买纱厂营业
处发售出来的棉纱，如太原、新绛、太谷等地；二是纱厂批发给代理店（布
店或洋货店），当地布店或洋货铺买入后通过包织关系转至手工业者，如
平遥、汾阳等以商人包买主制家庭手工业为主的地方；三是纱厂直接售与
一些配给组合，再收售给一般织布业者，配给组合从中酌加运费，如榆次
家庭工艺社，是半官半商的强制组织，也是织布业的奖励机构，事变后向

---

　　① 彭泽益编：《中国近代手工业史资料（1840—1949）》第 4 卷，生活·读书·新知三联书
店 1957 年版，第 15 页。

　　② 彭泽益编：《中国近代手工业史资料（1840—1949）》第 4 卷，生活·读书·新知三联书
店 1957 年版，第 32—37 页。

纱厂直接购入棉纱。除榆次之外,各地织布业者一般都需通过中间组织取得原料,或依靠包织,基本无法直接从纱厂购入原料。① 山西当局(日伪)规定棉纱售与指定商店,严禁售与非指定商店,以防止棉纱流入外地并得以强制推行公定价格。各县由县公署或同业公会向物资统制委员会或代理机关领取一定数量棉纱配给,再由织布业者申请配给,织布后交由同业公会发售或由县公署运入公益市场出售。事变后县城内民众出城门时,所携带物品须接受检查,以防止棉布流出,从外县购买棉布则须有证明书方可购买。如新绛,顾客购买棉布,须同织布业者一同到同业公会报明事由,公会向本地新民会申请,获准和领到证明书后才能交易。事变后棉花来源骤减,各纱厂普遍减工,开工率最高60%,最低30%,平均仅35%左右,市场销售棉纱极度减少,并且在日军统制下禁止自由贩卖,天津等地也因价格暴涨而难以输送棉纱,棉纱供给仅依靠事变前的存货和极少量的贩卖棉纱。② 1940年6月,太原、榆次的织布业者成立同业组合,与榆次纱厂签订契约,规定由该纱厂配给棉纱,同业组合须在一定期间内按一定规格织成布匹缴纳东洋纺绩商事部,并领取一定的织布工资。织布业者从同业组合领取棉纱、缴给布匹,由同业组合检查,完全转化为包织户。太谷织布业同业公会在同样条件下与榆次纱厂商订包织契约,新绛纱厂(上海纺绩会社)向当地织布业同业公会配给一定数量棉纱,也欲向榆次生产形态转化。平遥县城之外人员禁止从事织布和保有织机,当局劝告织布者移入城内,布庄为规避治安问题和棉纱来源不足的风险,也拒绝同农民机户恢复包织关系,这种状况持续两三个月。依照机户要求和当局指示,1941年3月平遥织工业同业公会成立,是由包织业者、独立织布业者及其他棉纺品(毛巾、袜子、手套等)生产者所组成的手工业者组合。③

---

① 彭泽益编:《中国近代手工业史资料(1840—1949)》第4卷,生活·读书·新知三联书店1957年版,第47—48页。

② 彭泽益编:《中国近代手工业史资料(1840—1949)》第4卷,生活·读书·新知三联书店1957年版,第54页。

③ 彭泽益编:《中国近代手工业史资料(1840—1949)》第4卷,生活·读书·新知三联书店1957年版,第42—43页。

二、蚕 丝 业

战前中国生丝产量平均每年近 30 万市担,其中苏浙、广东和四川各占 50.4%、26.8% 和 10.6%。战时主要蚕桑区域沦陷,桑园和设备多遭毁坏,产量仅占战前约 1/10,其中四川和苏浙各占 64% 和 20%。1947—1948 年中国生丝产量在 7 万—8 万担,其中苏浙皖区占 53%—55%,川滇区占 18%,广东区占 14%—15%,柞蚕丝区占 11%—12%(见表 4-20)。[1]

表 4-20　战前、战时和战后中国生丝产量估计　　（单位:市担）

项目 省别	战前产量 1933—1937 年平均数	战时产量 1938—1941 年平均数	项目 地区	丝产品	1947 年产量	1948 年产量
浙江	107618	6046	苏浙皖区	厂丝	28000	31000
江苏	42322	—		绢丝	7000	8000
安徽	7256	1210		土丝	6000	5000
四川	31438	19348	川滇区	厂丝	3500	5000
广东	79806	—		小厂丝	2000	2000
广西	2418	1210		土丝	8000	8000
山东	9674	—	广东区	厂丝	4500	6000
河南	3628	1210		土丝	6000	6000
湖北	10882	—	柞蚕丝区	柞蚕丝及茧绸	8000	10000
其他各省	2418	1210	其他各省	各种生丝	1200	1400
总计	297460	30234	总计		74200	82400

资料来源:彭泽益编:《中国近代手工业史资料(1840—1949)》第 4 卷,生活·读书·新知三联书店 1957 年版,第 484—485 页。

1939—1940 年苏浙生丝产量比 1938 年增加约 1/3,1941—1942 年

---

[1]　彭泽益编:《中国近代手工业史资料(1840—1949)》第 4 卷,生活·读书·新知三联书店 1957 年版,第 484 页。

连续减少,1942 年比 1938 年减少 1/3 以上。1938 年蚕茧产量比战前减少约 1/4,1940 年恢复到与战前相当,1942 年桑园面积比 1940 年减少 3/10,蚕茧产量减少近 1/2。华中蚕丝会社统制蚕种和蚕茧的数量、价格和配给,独占经营华中各地机器制丝,1938 年年末家庭制丝社兴起,每家缫丝车不超过 20 部,1940 年江苏和浙江家庭丝厂有 400 家,1941—1942 年逐渐衰退。

珠江三角洲是广东生丝主要产地。1938 年战事扩大到广东,1939 年日本强制沦陷蚕丝产地丝厂复工,并不断降低价格收购生丝,1941—1942 年丝厂纷纷停业,1943 年生丝产量比 1939—1941 年减少 1/2 左右。内战期间广东生丝生产基本陷于停顿状态,1946 年缫丝厂数量比 1937 年减少近一半,1947—1948 年手工丝年产 300 吨。

1938 年苏浙两省织机数量比战前减少 1/5,其中仅约 1/3 开工,1939 年开工率提高到 62%,1939—1942 年织机数量逐年减少,开工率不断降低,1942 年织机数量仅及战前的 2/3。事变爆发后苏浙两省机业地蚕丝消费量比事变前减少 1/2 以上。日本全面侵华战争爆发后,杭州丝绸业用丝量减少,盛泽产绸工厂全部停闭,1938 年苏州城厢丝织工场开工数量比沦陷前减少 1/2 以上,1939 年杭州机坊逐渐复业,1940 年绍兴县丝织厂机户全部停业,苏州织机比战前减少近 1/2,盛泽丝比战前减少近 1/3,1942 年均又比 1940 年减少 1/2 左右。河南开封、南阳等地手工丝绸业亦在日军侵入后衰退。

(一) 桑园面积、蚕茧产量的减少

1938 年 8 月战争扩大到华中后,江浙蚕丝业遭遇沉重打击,上海各大丝厂及茧商在战乱中难以收购蚕茧,蚕区普遍处于炮火之下,农民难以售出蚕茧。1938 年苏浙蚕茧产量较低(58.7 万担),1939 年有所增加(73 万担),1940 年约 77 万担,与事变爆发前产量相当(见表 4-21)。

1938—1940 年苏浙两省养蚕户在 126 万—131 万户,蚕茧产量在 58.7 万—76.8 万担,1941—1942 年养蚕户数、桑园面积和蚕茧产量均减少。太平洋战争的爆发、食粮腾贵而茧丝价低,1942 年养蚕户数比 1940

年减少10%,桑园面积减少30%,蚕茧产量减少46.4%。[①]

表4-21 苏浙两省养蚕业概况(1938—1942年)

项目 年份	苏浙2省养 蚕户数(户)	桑园面积 (亩)	蚕茧产量 (担)
1938	1266896	3066989	587140
1939	1305533	1555779	729200
1940	1278110	2005595	768365
1941	1214205	1744868	557220
1942	1150299	1403917	411500

资料来源:彭泽益:《中国近代手工业史资料(1840—1949)》第4卷,生活·读书·新知三联书店1957年版,第105页。

  浙江省建设厅对蚕种采取统制政策,1936年杭州市制种场共11家,战争爆发后90%种场遭火毁。[②] 1939年,华中蚕丝株式会社统制蚕丝业,蚕种归华中蚕丝会社收买或委托制造。

  战前浙江省桑田260万亩,改良种蚕子产量140万纸,蚕茧产量100万担,茧行300家,1947年浙江省桑田99.5万亩,蚕子产量45.5万纸,蚕茧产量10.9万担。[③] 日本全面侵华战争期间浙江省损失桑园170万亩,比抗战前减少65.4%,1948年桑园面积增至127.7万亩,占兴盛时期桑园面积的48%,1933年全省桑园平均亩产桑叶346公斤,1948年平均亩产降至203公斤,亩桑产茧量为13公斤。[④]

----

  ① 维新政府实业部设立茧价评定委员会(后改隶国民政府农矿部),1940年茧价评定委员会将春季标准茧价定为鲜茧司马秤1担320元(市秤260元),干茧400元(最低280元),但春茧上市时正遇法币跌落,丝价高涨,公定价格无法维持。华中蚕丝会社大部分也无法按公定价格收购。据1942年估计,植棉每亩收益85.4元(包括棉花50.4元和棉花的补助作物小麦35元),养蚕每亩收益79.5元(包括蚕茧卖价59.5元和蚕豆20元),相比之下养蚕收入每亩低5.9元。彭泽编:《中国近代手工业史资料(1840—1949)》第4卷,生活·读书·新知三联书店1957年版,第102—106页。

  ② 民建杭州市委员会、杭州市工商业联合会:《杭州工商史料》第4辑,1989年版,第5页。

  ③ 朱世铣译:《浙江省的蚕丝业》,《纺织建设月刊》1948年第11期。

  ④ 据1948年浙江银行经济研究室编《浙江经济年鉴》记载,日本全面侵华战争时期浙江收茧量减少73.2%、茧行减少50%,缫丝机自战前8595台减至4474台,产丝量自2.4万担减至1.75万担;《浙江省蚕桑志》编纂委员会编:《浙江省蚕桑志》,浙江大学出版社2004年版,第101—102页;《浙江省丝绸志》编纂委员会编:《浙江省丝绸志》,方志出版社1999年版,第96—97页。

1936年和1937年浙江省产茧量超过3.6万吨,1938年和1939年分别减至1.7万吨和2.4万吨,1940年不足1.2万吨,占战前产量不及1/3,1946—1948年自0.6吨增至1.7万吨。其中1938—1940年国统区产茧量为3800—4820吨,1941年不足3000吨,1938年和1939年沦陷区产茧量各为1.36万吨和1.9万吨,1940年和1943年不足1万吨(见表4-22)。①

表4-22　浙江省产茧量和收购量(1935—1948年)　　(单位:吨)

年份\项目	产茧量	收购量	年份\项目	产茧量	收购量
1935	29896	18599	1940	4265*	—
1936	36498	32480		7326**	—
1937	36104	1173	1941	2970*	—
1938	3818*	—	1943	9024**	—
	13600**	—	1946	5819	—
1939	4820*	3170	1947	9542	—
	19142**	—	1948	17227	—

注:*为国民政府统治区统计数,**为沦陷区统计数。
资料来源:《浙江省蚕桑志》编纂委员会编:《浙江省蚕桑志》,浙江大学出版社2004年版,第188页。

1935年浙江省收茧37.2万担,自缫土丝者约占产量的2/5。1936年浙江省蚕丝统制委员会收茧计65万担,土茧平均价格每担近21元,改良茧平均价格在27—35元。1939年浙江省油茶丝绵管理处春季收鲜茧6.55万担(改良茧和土茧各占42.6%和57.4%),改良茧每担47元,土茧每担37元,秋季收购鲜茧2431担,平均每担62.8元,烘制干茧821.5担。1940年油茶棉丝管理处统收鲜茧5.1万担。1941年浙江省建设厅设蚕丝管理委员会,除在嵊新自收部分蚕茧外,其他均由贸委会富华公司、复兴公司委托代收。抗日战争胜利后蚕丝机构纷纷恢复和整顿。1947年浙江省蚕业改进管理委员会成立,订立浙江省茧行丝厂绸厂土丝

① 《浙江省蚕桑志》编纂委员会编:《浙江省蚕桑志》,浙江大学出版社2004年版,第184—188页。

行号等级规则和管理收茧办法。

日本全面侵华战争期间浙江省茧行被毁 150 家,烘茧机损失 42 台(占 93%)。1931 年杭州茧行营业者有 17 家,全年收购鲜茧 1.7 万担,每担价格在 43—52 元,1932 年每担降至 23—30 元,全年收购 1.02 万担①。1938 年春改良种、春土种和秋种各为每担 35 元、30 元、55 元,1939—1943 年(除 1941 年外)春改良种和土种价格均比上一年有大幅上涨,(除 1940 年外)秋种价格也比上一年有不同幅度的上涨(见表 4-23)。

表 4-23 杭州鲜茧价格(1938—1943 年)

项目 年份	鲜茧价格(元/担)			鲜茧价格比上一年变动(%)		
	春改良种	春土种	秋种	春改良种	春土种	秋种
1938	35	30	55	——	——	——
1939	70	60	200	100.0	100.0	263.6
1940	227	183	121	224.3	205.0	-39.5
1941	202	144	174	-11.0	-21.3	43.8
1942	554	446	484	174.3	209.7	178.2
1943	2853	2250	—	415.0	404.5	——

资料来源:民建杭州市委员会、杭州市工商业联合会:《杭州工商史料》第 4 辑,1989 年版,第 8 页。

1920 年山东全省散植桑 3000 余万株,1936 年 1600 万株,1949 年仅 330 万株,桑园约 8000 亩。② 1938 年安东柞蚕丝输入断绝,经丝纬丝需使用山东柞蚕丝。山东柞蚕丝每年由满洲国输入蚕种,当地蚕丝试验场通过各场分厂配布,但因治安不稳实际并未实现,1939 年后产量锐减。1939 年山东栖霞、文登等地柞蚕茧产量比 1932—1934 年平均产量减少 60.5%—95.7% 不等(见表 4-24)。③

---

① 民建杭州市委员会、杭州市工商业联合会:《杭州工商史料》第 4 辑,1989 年版,第 6—7 页。

② 山东省地方史志编纂委员会:《山东省志 丝绸志》,山东人民出版社 1991 年版,第 15 页。

③ 彭泽益编:《中国近代手工业史资料(1840—1949)》第 4 卷,生活·读书·新知三联书店 1957 年版,第 70 页。

表 4-24　山东各地柞蚕茧产量(1932—1939 年)　　(单位:千粒)

地区 年份	栖霞	文登	海阳	牟平	烟台	威海卫
1932	100000	90000	80500	50372	10	60000
1933	77000	27000	96000	33580	9	58000
1934	99000	96000	73400	29900	11	61000
1939	15000	24000	3550	15000	——	——

资料来源:彭泽益编:《中国近代手工业史资料(1840—1949)》第 4 卷,生活·读书·新知三联书店 1957 年版,第 70 页。

(二) 战争对蚕丝业生产的破坏

1. 苏浙

(1)制丝业

抗日战争爆发初期,日军破坏后上海残存丝厂产量比战前减少约 4/5,无锡减少 3/5,浙江减少 1/4。江浙一带丝厂或被战争烧毁破坏,或在日军进攻下闭歇,基本停止活动。江浙地方丝厂有 114 家,其中 74 家被烧毁,残存 40 家,残存丝厂中继续开工的仅有上海同裕、鸿丰、怡和 3 厂。据 1938 年 4 月统计,上海残存丝厂釜数仅及战前的 20%,产量仅及 21%,无锡丝厂釜数和产量各残存 37%和 39%,浙江丝厂釜数和产量各残存 78%和 76%(见表 4-25)。[1]

表 4-25　日军破坏后江浙丝厂残存数量(1938 年 4 月)

项目 地区	战前			残存		
	厂数	釜数	产量(担)	厂数	釜数	产量(担)
上海*	40	9674	23700	7	1924	5060
浙江	22	5550	16120	17	4320	12220

[1]　彭泽益编:《中国近代手工业史资料(1840—1949)》第 4 卷,生活·读书·新知三联书店 1957 年版,第 65—66 页。

续表

项目\地区	战前			残存		
	厂数	釜数	产量(担)	厂数	釜数	产量(担)
无锡**	31	11086	31870	13	4092	12380
苏州	1	320	900	1	—	—

注：* 上海 10 家小厂未计入，326 釜；** 无锡 10 家小厂未计入，214 釜。

资料来源：彭泽益编《中国近代手工业史资料(1840—1949)》第 4 卷，生活·读书·新知三联书店 1957 年版，第 66—67 页。

　　1933—1937 年苏浙两省生丝平均年产量合计 15 万担，1938 年 2 省生丝产量为 4.1 万担，1939 年和 1940 年①增至 5.5 万—5.6 万担，1941 年和 1942 年各减至 3.9 万担和 2.6 万担。1938 年、1941—1942 年华中蚕丝会社生丝产量占苏浙两省产量的 15%—31%，辑里丝及土丝占 52%—68%，租界丝厂及家庭制丝社占 16%—17%。1939 年和 1940 年华中蚕丝会社生丝产量所占比重较高，占 38%—43%，辑里丝及土丝占 27%—36%，租界丝厂及家庭制丝社占 20%—35%（见表 4-26）。②

表 4-26　苏浙两省生丝产量（1938—1942 年）　　　　（单位：担）

项目\年份	华中蚕丝会社生丝产量	租界丝厂及家庭制丝社生丝产量	辑里丝及土丝产量	总计	
				生丝产量	蚕茧使用量
1938	6250	6850	28000	41100	587140
1939	20789	19255	14775	54819	729200
1940	24185	11319	20250	55754	768365
1941	12352	6754	20312	39418	512200

①　1940 年华中蚕丝会社丝厂与事变前釜数相比，江苏省恢复率为 25%，浙江省为 21%，地方丝厂总计不过 24%。彭泽益编《中国近代手工业史资料(1840—1949)》第 4 卷，生活·读书·新知三联书店 1957 年版，第 65 页。

②　彭泽益编《中国近代手工业史资料(1840—1949)》第 4 卷，生活·读书·新知三联书店 1957 年版，第 94 页。

续表

项目 年份	华中蚕丝会社生丝产量	租界丝厂及家庭制丝社生丝产量	辑里丝及土丝产量	总计	
				生丝产量	蚕茧使用量
1942	5795	4235	16135	26165	359000

资料来源:彭泽益:《中国近代手工业史资料(1840—1949)》第4卷,生活·读书·新知三联书店1957年版,第94页。

　　江苏蚕区战时被侵占8年内丝产损失总额为20.8万公担,浙江丝产损失总额为42.4万公担。[1] 战前浙江省有缫丝机8598架,丝织品300万卷,1947年缫丝机4790架,生丝产量5669担。[2] 1936年浙江省土丝产量为404吨,1938—1941年国统区土丝产量自269吨减至125吨,1941年回升到221.5吨,1946年[3]秋浙江土丝产量128吨,1947年为328吨,1948年春为426吨。[4] 据不完全统计,1938—1943年杭州纬成、庆成、天章、长安等厂所产2万担生丝被日本掠夺。1946年浙江省实际开业的缫丝厂有21家,开车数3728台,1947年缫丝厂合计28家,1948年缫丝厂仅存11家,绸厂、机坊中机台关停达到3/4,1949年纬成、天章等9家丝厂产丝2846担。[5]

　　战前无锡缫丝业产量占苏、浙、皖边界产丝区所有缫丝厂产量的50%以上,原料采集占上述地区全部鲜茧产量的60%以上,相关劳动力占无锡全盛时代10万产业工人的70%。1940年无锡县家庭制丝社有99家,其中65家在20釜以下,25家在21—50釜,8家在51—100釜,仅有1家超过100釜。江苏省(无锡除外)家庭制丝社有8家,其中5家在20釜以下,2家在31—50釜,1家在51—100釜数。浙江省家庭制丝社有21家,其中8家在20釜以下,5家在31—50釜,6家在51—100釜,2家超

　　① 吴惠芬:《抗日战争日伪控制下的江浙家庭制丝业》,《古今农业》2003年第3期。
　　② 朱世铣译:《浙江省的蚕丝业》,《纺织建设月刊》1948年第11期。
　　③ 1936年是浙江省土丝生产最盛时,年产量1.7万公担,抗日战争胜利后随着蚕桑生产的衰落和机械缫丝业的发展,土丝产量下降,1946年土丝产量不及抗战前最高产量的21%。《浙江省丝绸志》编纂委员会编:《浙江省丝绸志》,方志出版社1999年版,第9页。
　　④ 《浙江省蚕桑志》编纂委员会编:《浙江省蚕桑志》,浙江大学出版社2004年版,第188页。
　　⑤ 《浙江省丝绸志》编纂委员会编:《浙江省丝绸志》,方志出版社1999年版,第8、97页。

过 100 釜。① 无锡家庭制丝社普遍资本规模微小，据 1941 年对 95 家家庭制丝社调查，总资本额 59.7 万元，平均每家 6300 元。资本额在 5000 元以下的工场有 65 家，占 68.4%，资本合计 19 万元，仅占总资本额的 32%。② 1948 年无锡丝厂城乡共计 80 余家，最大的丝厂有丝车 200 余部，最小的家庭工业式丝厂有丝车 8 部，丝车合计 2000 多部，其中 1600 余部已停工，仅有 400 余部运转，1948 年年末全部停顿。③

（2）丝织业

据华中蚕丝会社调查，事变前苏浙两省机业地④蚕丝消费量为 12.5 万担，事变爆发后减至 5.5 万担，减少 56%。事变前蚕丝消费量中机制生丝占 14%、土丝占 26%、人造丝占 60%，事变爆发后各占 9%、13%、78%。⑤

1938 年苏浙两省电织机和手织机合计约 2.7 万部，相当于事变爆发前的 80%。受物资统制及其他影响，织机数量随着丝绸销路缩小而减少，战争爆发后丝绸海外销路断绝，1942 年织机减至 2.2 万部。因生产费用增加、治安不良、原料及资材来源困难等问题，1939 年和 1940 年开工率仅约 60%，1942 年降至 35%。1939 年丝绸产量约 278 万匹，1942 年约 100 万匹（见表 4-27）。⑥

表 4-27　苏浙两省电织机和手织机数量及开工率（1938—1942 年）

年份	苏浙两省电织机和手织机总数（部）	开工数量（部）	开工率（%）
1938	26845	9390	35.0
1939	25586	15765	61.6

---

① 彭泽益编：《中国近代手工业史资料（1840—1949）》第 4 卷，生活·读书·新知三联书店 1957 年版，第 87 页。

② 彭泽益编：《中国近代手工业史资料（1840—1949）》第 4 卷，生活·读书·新知三联书店 1957 年版，第 85—86 页。

③ 人韦：《垮了！无锡的缫丝工业》，《经济周报》1948 年第 24 期。

④ 机业地为上海、杭州、苏州、湖州、盛泽、南京、丹阳、镇江、无锡等地。

⑤ 彭泽益编：《中国近代手工业史资料（1840—1949）》第 4 卷，生活·读书·新知三联书店 1957 年版，第 94 页。

⑥ 彭泽益编：《中国近代手工业史资料（1840—1949）》第 4 卷，生活·读书·新知三联书店 1957 年版，第 96、290 页。

续表

年份 \ 项目	苏浙两省电织机和手织机总数(部)	开工数量(部)	开工率(%)
1940	23971	14173	59.1
1941	22339	12450	55.7
1942	22266	7891	35.4

资料来源:彭泽益编:《中国近代手工业史资料(1840—1949)》第4卷,生活·读书·新知三联书店1957年版,第97页。

日本全面侵华战争期间浙江丝绸产区遭受严重摧残。1939—1942年大城市丝厂多数停业,国民党政府一些丝绸业务机构和部分资产转入嵊县、新昌、诸暨等县兴办11家缫丝厂,制改良丝10余吨,运销土丝22.6万两,织绸数百匹,自设武义缫丝厂1所,缫丝车140台。1941年前浙江省蚕管会在永康成立实验织绸厂,自嵊县运木机12台进行生产,并向绍兴下方桥、华舍等地机户拨款5万元以维持生产。1942年永康沦陷,实验织绸厂遭破坏后残存机件运至龙泉复工。1943年蚕管会浙东办事处在云和设立小规模缫丝厂及制棉厂、在龙泉安仁设立实验织绸厂,制改良丝2.33万两、丝绵2.87万两、织绸1004匹。①

1936年浙江绸缎产量3346万米(其中厂丝织物543万米、交织物2018万米、土丝织物784万米),1946年浙江省丝织产量为905万米(其中厂丝交织151万米、交织绸452万米、土丝织物302万米),1947年1508万米(其中厂丝交织452万米、交织绸754万米、土丝织物302万米),1949年1498万米。②

苏州、杭州、盛泽、湖州是中国主要丝织地,华中蚕丝会社根据苏州、杭州、盛泽、湖州等地丝绸业公会及自行调查结果估算,事变前该4地丝织厂电织机设备共计6040台、手织机6013台,事变爆发后因兵火焚毁、破坏、停工等原因电织机减至2723台、手织机减至2593台,各减少55%

---

① 《浙江省丝绸志》编纂委员会编:《浙江省丝绸志》,方志出版社1999年版,第96—97、174页。

② 《浙江省丝绸志》编纂委员会编:《浙江省丝绸志》,方志出版社1999年版,第174页。

和57%（见表4-28）。①

表4-28　"七七事变"前后苏州等4地织机数量变动

项目 地区	"七七事变"前织机数量（部）		"七七事变"后织机数量（部）			
	电织机	手织机	电织机	电织机减少（%）	手织机	手织机减少（%）
苏州	700	3000	500	28.6	1000	66.7
杭州	4355	1824	1468	66.3	730	60.0
盛泽	229	700	229	0	700	0
湖州	756	489	526	30.4	163	66.7

资料来源：彭泽益编：《中国近代手工业史资料（1840—1949）》第4卷，生活·读书·新知三联书店1957年版，第97页。

杭州丝织业包括经纬业、生货机织业和丝绸织造业，2/3以上机商在家中设手织木机，家庭成员进行纺织。小手工业和丝厂共有6000家以上。② 丝绸业在杭州工商业中占较大比重，据统计直接从事丝绸业及随着丝绸业而发展的行业有10万余人，连同间接依附于丝绸业的从业人员，不少于20万—30万人。1931年杭州丝绸业户数占全市工商业总户数的22%，1946年占16.5%，1947年占12.4%。③

1936年杭州市绸厂有140家，机坊4000户，机台1.47万台，年产绸缎110万匹，杭州沦陷后绸缎被日军抢劫一空。1937年杭州市丝绸业每月用丝比抗战前减少，1939年机缫丝（量）和手缫丝（值）仅及1937年的21%和13%，人造丝（量）为1937年的58%。④ 1939年杭州下城机坊逐渐复业，1941年日本峰绢洋行放料机，部分绸厂代织，1942年震旦、天成等

---

① 彭泽益编：《中国近代手工业史资料（1840—1949）》第4卷，生活·读书·新知三联书店1957年版，第68页。
② 《实业部特派员沪杭线视察报告》，《实业月刊》1938年创刊号。
③ 民建杭州市委员会、杭州市工商业联合会：《杭州工商史料》第4辑，1989年版，第1页。
④ 彭泽益编：《中国近代手工业史资料（1840—1949）》第4卷，生活·读书·新知三联书店1957年版，第68页。

8 家绸厂复业。1946 年江商第三织绸厂等 7 家织绸厂自敌伪接收,丝织机合计 226 台。[1] 蚕丝纺经业是丝织业生产中的准备部门,初为料房。20 世纪初盛行洋花锻,用丝需求量增加从而带动该业增至 828 家,20 年代规模较大的绸厂自设准备部,接替了料房工作,20 年代末经纬厂增多,料房尚存 400 余家,1931 年减至 233 家,1932 年年初一度停工,1935 年丝织业织物趋向花式货,熟货比例小,用经不多,料房减至百余家,1937 年日本全面侵华战争爆发后料房全部停顿,1941 年前很少恢复,1942 年有部分丝号转入纺制绫线、干经,抗战胜利后熟货缎子、织锦等织物织造者渐多,料房因而逐渐活跃,陆续复业(见表 4-29)。[2]

表 4-29　杭州织绸业每年用丝统计(1935—1939 年)

年份　　项目	机缫丝(担)	手缫丝(万两)	人造丝(箱)
1935	1200	396	4200
1936	1420	419	4800
1937	950	352	3800
1939	200	44.8	2200

资料来源:彭泽益编:《中国近代手工业史资料(1840—1949)》第 4 卷,生活·读书·新知三联书店 1957 年版,第 68 页。

1929 年绍兴绸业处于旺销期,机户 3850 家、织机 6860 台,年产绸 20.21 万匹。"九一八事变"后机户陆续减少,1935 年机户减至 3200 家,产量为 1929 年的 1/4,1940 年绍兴县丝织厂机户全部停业,1949 年绍兴仅存机台 797 台。1925 年湖州市大小绸厂有 60 多家,手拉机 2000 余台、电力机 200 余台,乡镇木机 4000 余台,1933 年后湖州丝绸生产渐趋衰落。嘉兴地区丝绸生产集中在濮院、王江泾、王店等地,民国早期鼎盛时期濮院镇有"机杼千户,日出万绸"之称,王江泾有织机千余台,年产绸 14 万

---

[1]　《浙江省丝绸志》编纂委员会编:《浙江省丝绸志》,方志出版社 1999 年版,第 174 页。
[2]　民建杭州市委员会、杭州市工商业联合会:《杭州工商史料》第 4 辑,1989 年版,第 14—15 页。

匹,先后在军阀混战时期和 1933 年后衰退。[1]

苏州丝织厂有 30 余家,振亚、大生、华经数家规模较大,其他有些小厂相当于家庭工厂。丝织厂均设于城内,战时未受损毁。[2] 1938 年苏州城厢铁机丝织工场有 44 户,电机 697 台,每月出产丝绸 4000 匹左右,比沦陷前的开机数额减少一半以上。1940 年苏州城厢有丝织厂 100 家,另有纱缎庄账房附设的小规模手工工场 20 家,除振亚、大生、华经、东吴等少数大厂外,大多是使用铁、木织机的工场手工业,雇工 1—2 人,资本额在 500—800 元。1940 年后随着日本对物资统制的加强,苏州丝织业所需生丝的供应和产品行销均受严格控制,不少工场主自黑市掮客购进原料,成本昂贵,一些丝织厂不得不从用厂丝改用土丝,改电力织为人工织。1940 年苏州织机 2051 台,比 1936 年减少 44.6%,1942 年有 1075 台,比1940 年减少 47.6%。抗日战争胜利后,据吴县丝织厂业同业公会 1946 年和 1947 年会员登记册载,苏州城厢大小丝织厂有 116 家,电织机 1311台,纱缎庄账房附设工场 20 余家。[3]

日本全面侵华战争爆发后,盛泽产绸工厂全部停闭。1940 年盛泽丝织业农村木织机仅有 1.2 万台,电力机由鼎盛时期的 1000 台减至 860台,丝织厂和手工工场织机 3000 台,比 1936 年减少 31.8%,1942 年 1350台,比 1940 年减少 55%。1946 年盛泽全镇电力机和木机共有 8000 台左右,日产绸缎仅 2000 匹。1947 年国民党政府实行蚕丝产销专卖统制后,厂丝均归中国蚕丝公司统购统销,蚕丝配购日渐减少,加上通货膨胀严重,丝价暴涨,不少丝织工场、现卖机户和小丝织厂相继倒闭。[4]

2. 广东

广东生丝产地向来集中在珠江三角洲的南海、中山、顺德、番禺等地,其次是西江沿岸各县,生产最盛时期年产 7 万余包(每包 80 斤),珠江三角洲产量约占广东全省的 90%。1938 年前 5 年粤丝价格低落,1933 年粤

---

① 《浙江省丝绸志》编纂委员会编:《浙江省丝绸志》,方志出版社 1999 年版,第 175 页。
② 《实业部特派员京沪线视察报告》,《实业月刊》1938 年创刊号。
③ 段本洛:《欧战后苏州丝织手工业三十年间的蜕变》,《近代史研究》1986 年第 4 期。
④ 段本洛:《欧战后苏州丝织手工业三十年间的蜕变》,《近代史研究》1986 年第 4 期。

丝每担平均价格为 380 元港币,1934 年 420 元,1935 年 470 元,1936 年 500 元,1937 年 600 元。种桑养蚕农家因丝价低落而亏损,植桑地亩多改种杂粮或荒芜。在此期间平均每年生丝出口 3.6 万余担,年产值约 2000 万元。[①] 在蚕丝恐慌和世界经济恐慌前,广东干茧年产约 50 万担、生丝约 10 万担,后因丝市不振,不少制丝厂歇业。日本全面侵华战争爆发后蚕丝生产地区遭遇日军破坏,1939 年广东全省蚕茧和生丝产量与 1926 年相比各下降 80.3%和 76.5%。1934 年广东有丝厂 37 个,锅数 2 万余,1937 年事变爆发,1938 年成为炮火区,1939 年仅剩顺德 19 个丝厂(10070 釜)、南海县 12 个丝厂(6925 釜),合计 31 厂。[②] 1940 年广东机制生丝输出量自 1937 年的 1.96 万担减至 2064 担(减少 89%),生丝总输出自 2.63 万担减至 6171 担(减少 77%)。1943 年干茧年产约 10 万担、生丝约 2 万担。1946 年广东桑地面积比 1937 年减少 56.6%,蚕茧产量减少 59.2%,缫丝厂减少 44.4%(自 90 家减至 50 家),其中顺德县仅存机器缫丝厂 38 家,丝车 7150 台,13 家缫丝厂复工,年产生丝 2000 多担,南海县仅存缫丝厂 2 家,丝车 700 台,年产生丝 1757 担,其余为手工缫丝工场。[③] 内战期间广东生丝生产基本陷于停顿状态,据估计 1947 年广东机器丝产量 225 吨,手工丝 300 吨,1948 年机器丝和手工丝各 300 吨,1949 年全省生丝产量仅 348 吨,外销 24 吨(见表 4-30)。[④]

珠江三角洲蚕丝产地相继陷落后,丝厂纷纷停工,日商三井三菱洋行以军票 800 元在广州收购存丝。1939 年丝价回升,日本强制丝厂复工,以借煤作为依限开工的条件,产丝以军票 800 元收购,不依限开工将生丝售与他人者则焚毁原丝厂。1940 年生丝收价降为军票 700 元,加上交易

---

① 彭泽益编:《中国近代手工业史资料(1840—1949)》第 4 卷,生活·读书·新知三联书店 1957 年版,第 95 页。

② 彭泽益编:《中国近代手工业史资料(1840—1949)》第 4 卷,生活·读书·新知三联书店 1957 年版,第 69 页。

③ 彭泽益编:《中国近代手工业史资料(1840—1949)》第 4 卷,生活·读书·新知三联书店 1957 年版,第 69—70 页;广东省地方史志编纂委员会编:《广东省志 丝绸志》,广东人民出版社 2004 年版,第 276、298 页。

④ 广东省地方史志编纂委员会编:《广东省志 丝绸志》,广东人民出版社 2004 年版,第 299 页。

中的苛例,多数丝商将生丝偷运至香港,每担售价约法币 8000 元。1941
年再降至军票 600 元,不少丝厂停业,1942 年珠江三角洲丝厂全部停业,
所有蚕茧改缫"洗门"丝以供应土织纱绸。① 据估计,1939—1941 年珠江
三角洲生丝产量在 4 万—4.7 万担,西江沿岸各县生丝产量在 2 万斤左
右(见表 4-30)。②

表 4-30　珠江三角洲生丝产量和西江沿岸各县生丝产量(1933—1941 年)

年份 \ 项目	珠江三角洲生丝产量*(担)	西江沿岸各县生丝产量**(斤)
1933	46952	30124
1934	32975	28795
1935	40235	27834
1936	36978	26983
1937	34589	25892
1938	33561	22549
1939	40212	20697
1940	46459	20468
1941	47483	18944

注:* 1938 年前珠江三角洲生丝产量为海关出口数量统计,1938 年后为调查估计,包括出口及土丝在
　　内;** 西江沿岸各县产量由植桑地面积产茧量和土织纱绸产量估计而得,1941 年数字根据西江
　　蚕桑改良场调查报告。
资料来源:彭泽益编:《中国近代手工业史资料(1840—1949)》第 4 卷,生活·读书·新知三联书店
　　　　1957 年版,第 96、290 页。

3. 其他地区

中国华南广东、广西,华中四川、湖南,华北山东、河南、山西,以及东
北辽宁等省出产柞蚕。战前最盛时期山东、河南和辽宁产量较高。山东
以烟台为中心,河南产区集中在南部鲁山、南台和镇平三处,辽宁安东和
营口产丝后大多织成制品运至烟台供出口。豫南丝绸曾产出 7 万—8 万

---

① 彭泽益编:《中国近代手工业史资料(1840—1949)》第 4 卷,生活·读书·新知三联书
店 1957 年版,第 95—96 页。
② 彭泽益编:《中国近代手工业史资料(1840—1949)》第 4 卷,生活·读书·新知三联书
店 1957 年版,第 290 页。

市担,胶东 4 万—5 万市担,安东 0.4 万—0.5 万市担,三处共计每年约合 1 千万—1.5 千万美元。[①] 豫西南鲁山、南召、内乡、镇平和南阳 5 县是著名柞蚕丝产地,沿用手工旧法进行缫丝和织造,因从业人数众多故产量可观,销往湖北、湖南,远至俄国、印度等地,出口大部分集中在上海或青岛装运。[②]

山东缫制土丝多为家庭副业,也有专门缫制土丝的手工作坊。20 世纪 20 年代山东柞蚕丝业最盛时,文登、牟平等地有百余家类似家庭工业的小丝厂,大多使用脚踏丝车缫制大矿灰丝,30 年代以后山东柞蚕丝生产日渐衰微,小丝厂开工者寥寥无几。据《中国实业志》记载,1934 年山东省有 59 县生产土丝,其中东平、乐陵等 34 县缫丝户合计 6445 户、丝灶 7353 乘,年产丝 3089 担。1949 年胶东一带丝矿(木矿)668 支(其中 640 支生产大矿灰丝),仅 572 支开工。[③]

开封、南阳等地是河南手工业丝绸的主要产地。开封景文洲是清朝有名的手工业丝绸作坊,1923 年有织机 72 张,1938 年日军侵占开封后减至 20 余张,1948 年开封丝绸作坊有 12 家、个体劳动者数家,木织机不足百张。20 世纪初南阳宛城城关及附近村镇机坊 700 余家,织机 3000 多张,1949 年仅存 10 台脚蹬手拉木织机。1931 年镇平有织机 1 万多张,年产丝绸 16 万余匹,日军侵入后逐渐衰退,20 世纪 50 年代初手织机仅 400 余台。20 世纪 20 年代鲁山城郊 50 余村从事织绸,织机 4800 余张,从业 1.5 万余人,县城内设 7 家炼绸作坊,年产柞绸 26 万匹,柘城县几乎户户养蚕,1931 年全县产丝 20 余万斤,1938 年后一蹶不振,1948 年鲁山蚕茧产量不足 2000 担,柞丝不足万斤,博爱县七方村盛时大小织机 900 多张,1949 年仅存数十张。1949 年河南全省手工织机 2000 多台,年产土丝绸 100 多万米。[④] 织染业集中在镇平,用土法染色,织染业从业人数约占全

①　方柏容:《我国柞蚕丝业的回顾》,《纺织建设月刊》1948 年第 3 期。

②　方柏容:《我国柞蚕丝业的回顾》,《纺织建设月刊》1948 年第 3 期。

③　山东省地方史志编纂委员会:《山东省志　丝绸志》,山东人民出版社 1991 年版,第 151—152、158—160 页。

④　河南省地方史志编纂委员会编纂:《河南省志　纺织工业志》,河南人民出版社 1993 年版,第 130—134 页。

县人口的 1/5。[①]

（三）华中蚕丝会社对蚕丝业的统制

1938 年中支蚕丝组合成立,额定资本 300 万元,首次实收 30 万元,委托片仓、郡是、钟纺 3 公司所组织的日华蚕丝公司经营,范围包括蚕茧及其他蚕丝类的买卖、丝厂经营、蚕种制造和配给。中华蚕丝组合在无锡组织惠民公司以与华商合作之名强行廉价向各地收购丝茧。华中振兴公司成立后,与华中蚕丝组合合并,成立华中蚕丝公司,由中日共同出资。1938 年华中蚕丝株式会社在上海成立[②],继承中支蚕丝组合一切事业,享有蚕种制造业、茧行业、机器制丝业的独占企业权,全面运营统制中国蚕丝业。华中丝业统制包括两方面:一是使中日产品品质各有特征,以避免直接竞争;二是限制双方产量。

华中蚕丝会社对蚕丝业的统制包括:(1)蚕种的统制。华中需要配给统制的蚕种,全由华中蚕丝株式会社供应,获取江苏省 95 个蚕种制造场(216.3 万张)和浙江省 34 个蚕种制造场(121.2 万张)的营业许可。华中蚕丝会社根据维新政府实业部训令进行改良蚕种的配给,收买蚕种制造业者所产全部改良蚕种,并委托制造业者制造,通过省建设厅、县公署、办事处和合作社配给农户,对数量、价格和配给进行统制。(2)蚕茧的统制。华中所产蚕茧,按维新政府实业部茧价评定委员会建议价格由华中蚕丝株式会社一手收购,以统制蚕茧的数量、价格和配给。因治安或其他原因华中蚕丝会社无法收购者,由规定的手工缫丝工场或其他特定单位,委托已获华中蚕丝会社许可的茧行收购,蚕茧运出也以华中蚕丝会社名义统一管理。华中株式会社获取江苏省 214 个茧行(212280 担收鲜茧能力)和浙江省 100 个茧行(159400 担收鲜茧能力)的独占营业许可。

[①]　方柏容:《我国柞蚕丝业的回顾》,《纺织建设月刊》1948 年第 3 期。

[②]　华中蚕丝会社以日华合办为前提,实际由日本资本和日本人经营,制品售与日本的输出商人。1942 年年末资本总额 1000 万元,其中 300 万元(6 万股)实物出资包括工厂、机械器具及其他设备,是中国人及国民政府的出资。彭泽益编:《中国近代手工业史资料(1840—1949)》第 4 卷,生活·读书·新知三联书店 1957 年版,第 73 页。

(3)生丝的统制。华中各地机器制丝业完全由华中蚕丝株式会社统制经营,生丝全由其统一贩卖,对于手工制丝工场及上海市内制丝工厂,以指定数量为限,由华中蚕丝会社配给部分蚕茧。①

苏浙两省蚕茧供给包括华中蚕丝会社、上海租界丝厂、家庭制丝和蚕农自制土丝四方面。日军严禁蚕茧运沪,在产区广设茧行或收买旧茧行,压价收购蚕茧。在实际配给中华中蚕丝会社经手约40%,更多的是依办法直接向制造者购买和通过中间商贩买卖。1938年苏浙两省蚕茧产量合计58.7万担,其中15.2%由华中蚕丝会社收购,1939年产量合计72.9万担,华中蚕丝会社收购率提高到37.3%,1940年收购率达45%。1941年后因英美冻结日本资产,生丝输出断绝,茧丝价格不稳,粮食涨价等因素,产茧量锐减,1941年华中蚕丝会社收购率为36.1%,随着一些蚕茧流向土丝生产,1942年华中蚕丝会社收买量占蚕茧总产量的34%,1943年降至23.7%(见表4-31)。②

表4-31　华中蚕丝会社在苏、浙蚕茧收买量(1938—1939年)

年份	项目＼地区	江苏省	浙江省	总计
1938	蚕茧产量(担)	277140	310000	587140
	华中蚕丝会社收买量(担)	73000	16300	89300
	收买量占产量比重(%)	26.3	5.3	15.2
1939	蚕茧产量(担)	346362	382838	729200
	华中蚕丝会社收买量(担)	172200	100000	272200
	收买量占产量比重(%)	49.7	26.1	37.3

注:蚕茧产量来自华中蚕丝会社估计,收买量是华中蚕丝会社实际收买量。
资料来源:彭泽益编:《中国近代手工业史资料(1840—1949)》第4卷,生活·读书·新知三联书店1957年版,第104页。

---

① [日]堀江英一:《中国蚕丝业之调整政策》,《东亚经济论丛》1943年第3卷第2号。
② 彭泽益编:《中国近代手工业史资料(1840—1949)》第4卷,生活·读书·新知三联书店1957年版,第102—104页;《浙江省蚕桑志》编纂委员会编:《浙江省蚕桑志》,浙江大学出版社2004年版,第186页。

1938 年华中蚕丝业由华中蚕丝会社统制后,除了旧法制丝,所有丝厂均交由该会社经营。该会社名义下恢复丝厂数量仅为事变前的 30%,闲置的蚕茧和制丝设备推动了家庭制丝社的兴起。华中蚕丝会社独占机器制丝导致本地资本无法经营大丝厂,而 20 釜以下的家庭制丝社为当地新政策所允许。① 至 1940 年,以无锡和吴江为首,江苏和浙江各地产生家庭制丝厂 400 家,共 8000 釜,无锡最多时达二三百家。每家家庭制丝社最少有 2—3 部缫丝车,最多 20 部,若超过 20 部须另领执照分场营业。家庭制丝社与机器制丝厂主要区别是煮茧设备,家庭制丝社多使用煮茧灶或煮茧锅(少数使用煮茧机),生丝质量低于机器制丝厂。② 家庭制丝社因资本少和治安环境差,所产生丝凑足 1 担立刻售与生丝商人,生丝商人资本多在 1 万元左右,收购三五担后经敌伪运至上海,每担生丝预纳税捐,另加运费,到上海后抑价迫售与日商丝厂。生丝生产费用因煤炭价格上涨而增加,1939 年每百斤生丝售价多在 400 元左右,高者达 600 元。家庭丝厂产生于 1938 年年末,1939 年达到全盛,1941 年和 1942 年前后由于丝业不景气及统制加强,逐渐衰退。③

三、制 盐 业

1939 年后,山东日伪当局相继管辖王官等 8 处盐场,王官场实营盐滩不断减少,1944 年停晒。1944—1945 年解放区盐产量占 1937 年山东盐产量的 1/3 左右,1947 年占 3/4。战争期间浙江部分盐场被日军占领,1937 年盐产量比战前减少 1/4 到 1/3,1938—1940 年与战前产量相当,

① 家庭制丝社为 1939 年公布的《实业部管理手工制丝业暂行办法》中规定的手工业制丝,即不满 20 釜的小规模机器制丝工厂。按手工制丝业暂行办法规定,20 釜以上丝厂不得作为手工制丝,但实际中一些 100 釜以上的丝厂在名字上分割为不满 20 釜的数家丝厂登记,共同使用场地和设备。彭泽益编:《中国近代手工业史资料(1840—1949)》第 4 卷,生活·读书·新知三联书店 1957 年版,第 86—87 页。

② 彭泽益:《中国近代手工业史资料(1840—1949)》第 4 卷,生活·读书·新知三联书店 1957 年版,第 82—84 页。

③ 彭泽益:《中国近代手工业史资料(1840—1949)》第 4 卷,生活·读书·新知三联书店 1957 年版,第 89 页。

1941—1945 年锐减,1946—1948 年恢复到战前水平。战争期间广东盐场亦多丧失,1941 年盐产量比战前减少 1/2,1942 年恢复到战前水平,1943 年比战前增加 1/3。

山东早年采用煎法制盐,20 年代沿海地区除个别地方外大多采用日光晒盐,基本方法是先修滩,后纳潮或汲取地下卤水,制卤结晶成盐。滩晒法盐产量比煎法提高,而成本下降。1927—1931 年,王官、永利等 8 个盐场平均每年产盐 507 万担。1932 年和 1937 年,山东各产盐 964 万担和877 万担。1939 年后,日伪盐务机构相继管辖山东王官等 8 个盐场。1939—1941 年王官场实营盐滩各 80 副、200 副、750 副,1942—1943 年各减至 380 副和 100 副,1944 年全部停晒。抗日军民不断收复被日伪侵占的盐区,并新开辟盐滩,1944 年山东抗日根据地掌握王官场的寿北、广北盐区,永利场的垦利盐区,莱州场的冒北、潍北盐区,石岛场的荣成盐区,金口场的乳山盐区和涛青场日赣盐区,据不完全统计,盐田面积近 6.5 万亩,盐滩 4640 副。1944 年和 1945 年解放区盐田实营面积各为 6.5 万亩和 6.1 万亩,盐产量各为 244.6 万担和 309.3 万担。抗战胜利后山东解放区所辖盐场进一步扩大,1946 年共恢复盐田 9.3 万亩,新开盐田 1.43万亩,产盐 787.6 万担。1945—1948 年国民党占据胶澳盐场的 2/3,其他均属解放区,1947 年解放区产盐 665 万担,其中渤海区 130 万担、胶东区375 万担、滨海区 160 万担。[①]

清末浙江制盐逐渐由煎熬法改为日光晒制。明代浙盐产量曾居全国第二位,改煎为晒后北方自然条件优于浙江,海盐生产发展迅速,民国时期浙盐仅占全国产量的 9%。1930—1936 年浙江每年盐产量多在 23万—27 万吨,日本全面侵华战争时期部分场区先后被日军占领,1937 年盐产量减至 17.5 万吨,1938—1940 年自 21.4 万吨增至 27 万吨,1941—1945 年仅有 1.8 万—7.7 万吨。[②] 抗日战争胜利后各地盐场次第恢复,

---

① 刘大可:《民国时期山东盐业生产概况》,《盐业史研究》1990 年第 3 期;山东省地方史志编纂委员会:《山东省志 一轻工业志》,山东人民出版社 1993 年版,第 40 页。
② 抗日战争时期国民政府管辖范围缩小,至 1942 年仅温台 7 场有数据。浙江省盐业志编纂委员会编:《浙江省盐业志》,中华书局 1996 年版,第 105 页。

1946—1948 年盐产量在 21 万—29.5 万吨,基本达到战前水平。1949 年余姚、钱清等 10 盐场和宁属、浙西 2 局盐田面积共 34.6 万市亩(折 2.31 万公顷),晒板 110 万块、盐坦 7.6 万格、煎灶 460 座,年生产能力约 20 万吨。[1]

广东海盐生产技术从煎煮发展到滩晒。20 世纪 20 年代广东(两广)平均每年产盐 370 万担,占全国产量的 10% 以上。1930—1933 年每年产盐 456 万—504 万担,1934 年和 1935 年在 300 万担上下。1936 年广东(两广)有盐场 17 个,年产盐 524 万担。战争期间沿海沦陷,盐场亦多丧失。日本全面侵华战争爆发后,东北、华北和华东主要盐场被日军占领,湖南、江西和广西原由北盐供应的地区因盐源隔绝,军民食盐供应紧张。1938 年广州沦陷,两广盐务局被迫分成粤东、粤西两个管理局,所产食盐一半保证本省需求,近一半调至缺盐邻省和抗日前线。经调整和合并后,1940 年广东(两广)有盐场 8 个。1941 年全省仅产盐 12.94 万吨(259 万担),1942 年增至 26.15 万吨,盐工和盐民合计 12.5 万人,1943 年产盐 34.6 万吨。[2]

---

① 浙江省盐业志编纂委员会编:《浙江省盐业志》,中华书局 1996 年版,第 95、104、107—109 页。

② 广东省地方史志办公室编:《广东省志　盐业志》,广东人民出版社 2006 年版,第 2、53、91 页。

第 五 章

伪"满洲国"和关内沦陷区的交通

交通,包括运输和邮电两个方面①,在战争时期发挥极其重大的作用,在和平时期的经济社会生活中发挥着基础性、先行性的作用。近代新式交通因西方列强在华掠夺的需要而引入中国;中国自办的新式交通则起于晚清的自强新政。在艰难发展的中国近代新式产业中,交通业占有重要地位。如在1936年的国家资本中,交通业竟占了57.5%。② 敌我双方无不重视交通的作用。日本帝国主义为灭亡中国、建立殖民掠夺体系,极为重视对中国交通线的占领、交通运输网的建立和利用。国民党政府对此亦有痛切认识:"交通与国防,关系悠深。盖在战时大兵团之运动,首贵神速,以时间争取空间,乃能出奇制胜。唯运动之神速与否,系乎交通。苟有稠密之交通网,优越之运输力,复能管理合度,运用适宜者,则其作战兵力,必能百以当千,劳而不疲。此次敌寇侵华之初期成功,即因其能先占交通点线,以作进攻基础之故……交通线亦即敌寇生命线。"③

---

① 根据《中国大百科全书》(中国大百科全书出版社1986年版)交通卷第1页的解释,交通包括运输和邮电两个方面。其中,现代运输方式包括铁路、公路、水路、航空、管道运输;现代邮电包括邮政和电信。

② 吴承明:《中国的现代化:市场与社会》,生活·读书·新知三联书店2001年版,第106—107页。

③ 国民党中央调查统计局特种经济调查处编:《四年之敌寇经济侵略》,1941年印本,第147页。

1931 年"九一八事变"前,中国东北新式交通运输已形成三大系统。一是以大连为中心的日本满铁运输系统;二是以海参崴为中心的苏联中东铁路运输系统;三是以葫芦岛为中心的中国东四路、西四路运输系统。① "九一八事变"后,东北沦陷,东北地区的交通事业——沦入敌手。日本侵略者更是策划成立傀儡政权"满洲国",实行殖民化统治,企图把东北建成全面占领中国的基地。日本一方面控制伪满政府的交通行政部门;另一方面通过满铁这样的"国策会社",全面控制中国东北地区的交通运输业。

1937 年"七七事变"开始,日本发动全面侵略中国的战争。日本在关内华北、华中和华南占领区扶植汉奸傀儡政权,实行交通统制,垄断交通经营,劫掠中国资源,奴役中国人民。公路、铁路、邮政、电信、航空、水运各业,都成为日本帝国主义侵略和掠夺中国的工具。

1931—1945 年 14 年间,日本侵华战争给中国交通业造成巨大损失。直接的财产损失,如交通线路被日军占领、没收,交通工具、设备被战火毁损或被敌劫夺,所致损失数量巨大;交通线沦陷带来的营业损失,东北 14 年、关内 8 年,同样为数巨大;交通员工流离失所、伤亡的损失,亦不在少数。国民党政府对战争损失有多种估算。大体说来,财产损失一般按沦陷前的资产价值估算;营业损失按沦陷前平均营业额粗略推算。此外,还将战后重建交通所需费用也计入损失。据国民党政府交通部统计,1937 年 7 月日本发动全面侵华战争以来,关内交通历年遭受的财产损失累计共约 8478 亿元,其中直接财产损失约 7385 亿元,间接财产损失约 1093 亿元。② 这一损失数,如按 1937 年 7 月法币币值计,约为 27 亿多元,折合美元价值为 9.9 亿多美元。其中,国营交通业的财产损失占 81% 有余。另据统计,"九一八事变"以来的 14 年间,全国交

---

① 参见东北物资调节委员会研究组编:《东北经济小丛书·运输》,1948 年印行,第 10 页。东四路是指奉(天)山(海关)、奉海(龙)、吉(林)海(龙)和吉(林)敦(化)铁路;西四路是指奉(天)山(海关)、四(平)洮(南)、洮(南)昂(昂溪)和齐(齐哈尔)克(山)铁路。

② 李忠杰主编:《国民政府档案中有关抗日战争时期人口伤亡和财产损失资料选编》第 2 册,中共党史出版社 2014 年版,第 821 页。

通业的财产损失总额约相当于 1937 年 7 月法币价值 53 亿多元,折合美元价值近 16 亿美元。①

第一节 伪"满洲国"的交通统制体制

1931 年"九一八事变"后,日本武装占领中国东北和内蒙古东部,夺占中国交通各业,炮制、扶植并假手汉奸傀儡政权伪"满洲国",将伪满辖区的交通纳入日本主导的殖民体系。

1931 年 10 月 10 日,日本关东军向满铁发出《关于铁路委任经营及新线建设的指示》,满铁随即拼凑铁路统制机构,即所谓新"东北交通委员会",取代原中国东北地方政府的交通委员会,"接管"并经营中国东北地区铁路交通(中苏"共管"的中东铁路等除外)。② 1931 年 10 月 23 日,伪"东北交通委员会"正式挂牌,正副委员长是汉奸丁鉴修(沈海铁路伪保安维持会会长)和金璧东(肃清王次子,吉长吉敦铁路局局长),首席顾问为十河信二,代理首席顾问为村上义一,两人均为满铁理事;另有顾问佐藤应次郎、山叶助、金井章次,这几人均为满铁社员。③ 可见,这个委员会的实权掌握在满铁"顾问"手中,是一个十足的傀儡机构。

1932 年 3 月,伪"满洲国"傀儡政权成立,设有交通部,伪"东北交通委员会"解散。伪交通部掌管铁路、汽车、水路、港湾、船舶、航空、邮政、电信等事项。交通部首脑为"总长";1934 年 3 月,伪满政府由执政

---

① 李忠杰主编:《国民政府档案中有关抗日战争时期人口伤亡和财产损失资料选编》第 2 册,中共党史出版社 2014 年版,第 816 页。不过,国民党政府交通部的这一统计,虽名为"九一八事变"以来全国交通财产损失,但实际上,关外东北部分只列入了铁路、公路和电政 3 项损失。故而,这个所谓全国交通财产损失,是一个很不完全的统计。实际损失数,肯定远超统计数。

② 吉林省社会科学院《满铁史资料》编辑组编:《满铁史资料》第 2 卷路权篇,第 4 分册,中华书局 1979 年版,第 1109—1110 页。

③ 吉林省社会科学院《满铁史资料》编辑组编:《满铁史资料》第 2 卷路权篇,第 4 分册,中华书局 1979 年版,第 1112 页。

制改为帝制后,总长改称"大臣"。本部设有总务、铁路、水运和邮政4个司。1934年,改为总务、路政、邮政3个司。1937年,伪"民政部"所属土木局并入交通部,部内设有大臣官房、铁路司、航路司、道路司,部外设邮政总局。1939年,又改为大臣官房、铁路司、水路司、道路司、航空司、都邑计划司及部外的邮政总局,还管理中央气象台。1943年,取消道路司和都邑计划司,增设建设司。另有"国道会议"直属伪"国务院"。

在伪满地方政权中,亦设置相应的交通行政机构。1933年,在营口、安东(今丹东)、哈尔滨设航政局(后改称"航务局");在黑河、佳木斯、葫芦岛、吉林设分局或办事处,管理水运行政。1937年,在图们、牡丹江、安东、黑河、海拉尔、营口、锦州设土木建设处。在长春设治水调查处,在彰武、营口、锦州设治水工程处。1939年,在安东设大东港建设局。航空行政方面,在长春、沈阳、齐齐哈尔、承德、哈尔滨、牡丹江设航空所,负责航空业务。伪满各"省"政府内设有交通厅或道路科;伪"市政府"内设有交通处或交通科;伪县、旗政府内设有土木科或交通科。

在伪满政府之外,更有日本人直接经营的"满铁",在东北广设各种机构,如铁路局、江运局等。[1] 满铁于1936年成立的铁道总局,统一经营伪满辖区的铁路、国有汽车运输,东北北部的水运和海港、河港;还经营与水陆交通有关的仓库、旅馆,并通过国际运输会社、大连交通会社、大连汽船会社等控制短途运输、城市公共交通和海运业。

操控伪满政府的,实际是日本人。日本内阁决议要求,"施行日满两国的合理的产业统制,实现日满统一的自给自足经济体",伪满政府应从日方"聘用有权威的顾问,作为关于财经问题及一般政治问题的最高指导者";伪满的"铁路和其他交通机关,须由我方掌握管理实权"。[2] 国联调查报告也称,在伪满"政府"中,"日本官员甚为显要,各部均有日本顾

① 东北物资调节委员会研究组编:《东北经济小丛书·运输》,1948年印行,第91—93页。

② 吉林省社会科学院《满铁史资料》编辑组编:《满铁史资料》第2卷路权篇,第4分册,中华书局1979年版,第1148页。

问","实际上操有最大权力之各总务厅,其厅长,则均属日本人。其初命名为顾问,但最近职位之最重要者,已被实授为政府官员";"日人在铁路局……者,为数亦众"。① 伪"政府"交通部长虽为华人,但铁道司和最具实权的总务司,全系日本人。

伪满交通行政实权控制在日本人手中,其交通的经营和建设,也由日本人掌控。1932 年 8 月 17 日,伪满政府"国务总理"与关东军司令官签署《满洲国铁路、港湾、水路、空路等管理及线路敷设管理协定》②,"委托"满铁经营伪满辖区的"国有"铁路、港口、水运、航空运输。日本以此建立殖民地化的交通统制。

伪满政府"委托"满铁经营辖区内交通业的具体工作,是由铁路总局和铁道建设局承担的。1933 年 2 月 9 日,满铁与伪满政府签订《满洲国铁道借款及委托经营契约》等系列文件,1933 年 3 月 1 日,满铁在沈阳设铁路总局,下辖奉山、沈海、吉海、四洮、洮昂、齐克、吉长、吉敦和呼海 9 个铁路局,经营伪满"国有"铁路;又在大连设铁道建设局,负责修建铁路。③满铁派出一千多人参加铁路总局的工作,总局和所属的 9 个铁路局机构庞大,从业人员多达 3.5 万人,另有护路警察 5000 余人分布在各路局管内。此外,还有 3.8 万名中国员工被迫留下工作。④ 满铁自有铁路(即所谓"本社线"或"社线")仍归满铁本社铁道部管理,在大连、沈阳分设铁道事务所。此外,随着 1933 年 9 月京图线通车,中国东北与朝鲜北部直接联系的完成,满铁又与日本驻朝鲜总督府签订"委托"经营合同,从 10 月 1 日起经营朝鲜北部的"国有"铁路。满铁在清津设"北鲜铁道管理局",直属满铁总裁,主要经营雄(基)罗(津)线和罗津港。⑤ 这

---

① 张研、孙燕京主编:《民国史料丛刊》第 230 册,大象出版社 2009 年版,第 215—216 页。

② 吉林省社会科学院《满铁史资料》编辑组编:《满铁史资料》第 2 卷路权篇,第 4 分册,中华书局 1979 年版,第 1160—1163 页。

③ 苏崇民主编:《满铁档案资料汇编·垄断东北铁路和海港》,社会科学文献出版社 2011 年版,第 369 页。铁路总局局长为宇佐美宽尔。

④ 苏崇民主编:《满铁档案资料汇编·垄断东北铁路和海港》,社会科学文献出版社 2011 年版,第 368、372 页。

⑤ 苏崇民主编:《满铁档案资料汇编·垄断东北铁路和海港》,社会科学文献出版社 2011 年版,第 358 页。铁道总局成立后,北鲜铁道局改为北鲜铁道事务所,并迁至罗津。

样,日本、中国东北、朝鲜通过海陆联运,形成更紧密的交通联系。为实现满铁的"国策"使命,满铁还要求伪满政府提供各种便利。例如,不仅是铁路用地,其他想要使用的土地,伪满政府都要提供便利;铁路总局自由经营森林、矿山等;免除总局经营的一切"国税"和地方税,以及物品的输入税。[①]

为加强交通统制,1934 年 4 月,满铁将 9 个铁路局合并为奉天、新京、洮南和哈尔滨 4 个铁路局,另设哈尔滨水运局统管水运业务,使权力更加集中。在 1935 年收买中东铁路后,新设牡丹江铁路局;奉天、新京、洮南 3 个铁路局迁址并改名为锦州、吉林、齐齐哈尔铁路局。此时,满铁经营的所谓"国线"已长达 8800 多公里,远超满铁"社线"长度。但这一时期,满铁"社线"仍归满铁铁道部管理,维持满铁主导下的"国线""社线"二元经营体制。

为"适应国策要求","实现统一的一元化的经营体系"[②],1936 年 10月,满铁将铁道部、铁路总局、铁道建设局和北鲜铁道局合并,在奉天设新的"满洲铁道总局",直属满铁总裁,并由满铁副总裁担任总局局长,统一管理伪满辖区和朝鲜北部铁路运输,铁路"国线""社线"合一。铁道总局从业人员一律称为"社员"。总局下辖 5 个铁道局,2 个铁道事务所及铁道学院、铁道研究所;各铁道局下,设有铁道监理所,并设有学校、医院、农场、工厂、苗圃、种畜场、汽车管理所等。铁道总局还设有哈尔滨林业所、哈尔滨造船所、皇姑屯、新京、松浦、齐齐哈尔、大连等地铁道工厂及北满经济调查会等。中国东北地区与朝鲜北部铁路网连为一体,实现了所谓"一体化"经营。1937 年,日本搞所谓撤销在伪满的治外法权,满铁将铁路附属地行政权"让给"伪满政府,又将其重工业部门"转给"伪"满洲重工业开发株式会社",从此专注于交通运输业。满

---

① 苏崇民主编:《满铁档案资料汇编·垄断东北铁路和海港》,社会科学文献出版社 2011 年版,第 377 页。

② 苏崇民主编:《满铁档案资料汇编·垄断东北铁路和海港》,社会科学文献出版社 2011 年版,第 380 页。

铁也趁机向伪满政府安插职员 1495 人。[1] 1938 年 6 月,又新设或升格水道局和汽车局。这样,以铁路为中心,水路、汽车运输和港口等交通业,全部纳入满铁主导的交通统制体系,甚至损益、收支亦能互相弥补,比较灵活地适应了日本侵略和掠夺的需要。[2] 自 1940 年 4 月 1 日起,伪满"国线"与满铁"社线"实行统一核算,伪满政府对满铁承担的借款利息也一律免除。[3] 于是,形式上"委托"满铁经营的伪满"国线",实质上也被满铁纳为己有,实现了全方位的一体化经营。但关东军司令官对满铁享有一元化的监督权。

日本发动全面侵华战争,无疑对交通的需求更加迫切。为适应全面侵华战争的需要,以及准备对苏作战,日伪进一步强化战时经济统制。他们修改所谓"五年计划",并通过所谓"日满物(资)动(员)计划",以"确立以日本为中心的日满经济一体化"。这就要求满铁采取措施,把"日本掌握满洲交通"推向极致。铁道总局新动作不断,一方面,在 1938 年调整其机构职能;另一方面,规划伪满辖区各港口的腹地范围,同时还规定汽车运输业的统制方针,充实"国营"汽车,收买民营汽车。此外,通过进一步整合东北和朝鲜的水陆交通,设立日本海航路统制会社,缩短与日本之间的运输距离,加快输出中国东北重工业资源和输入日本武装移民。[4] 1939 年 5 月,机构扩充有了动作,从总务课中分出部分职能,加强人事课

---

① [日]满史会编:《满州[洲]开発四十年史》上卷,满州[洲]开発四十年史刊行会 1964 年版,第 255 页。

② 东北物资调节委员会研究组编:《东北经济小丛书·运输》,1948 年印行,第 137—138、164—165 页。1945 年日本投降前,铁道总局之下已有中国大连埠头、沈阳、锦州、吉林、哈尔滨、齐齐哈尔、牡丹江和朝鲜罗津 8 个铁道局,大连、沈阳、长春、哈尔滨、三棵树、牡丹江、齐齐哈尔、吉林 8 处铁道工厂,沈阳、通化、哈尔滨、齐齐哈尔 4 处铁道建设事务所。

③ 1940 年 4 月 1 日开始实施的议定包括:满铁对伪满政府的各项借款,不论新旧一律无息,对既往未处理的借款利息,追溯到契约生效之时全部免除;委托满铁经营的伪满"国线"的经营收支,由满铁自行核算;满铁每年向伪满政府交纳报偿金 1500 万日元;另表所载的伪满"国有"铁路有关各项公债等的偿还,由伪满政府自行负担;废止原来对伪满政府的缴纳金制度。参见[日]满史会编:《满州[洲]开発四十年史》上卷,满州[洲]开発四十年史刊行会 1964 年版,第 262 页。

④ 苏崇民主编:《满铁档案资料汇编·垄断东北铁路和海港》,社会科学文献出版社 2011 年版,第 385 页。

的职能;增设自动车课,以加强对汽车运输的统制;在哈尔滨、牡丹江和齐齐哈尔三个铁路局中设电气课,以加强铁路战时体制。同年6月,应关东军的要求,又设置铁道总局企划委员会,专职负责交通业的计划和对外联系工作,以确保完成交通的日常工作和战时统制的业务。1940年4月,又在营业局内增设小运送课,以解决铁路运输的积压问题;在汽车局内增设计划课,满足汽车运输的整顿和扩充需要。①

为支持日本全面侵华战争,1939年4月"华北交通株式会社"成立之时,满铁总裁大材卓一与"华北交通株式会社"总裁宇佐宽美尔达成统一经营备忘录,约定两社业务上紧密联系,"在实质上达到满华铁路及其他交通的统一经营的目的"。②

1941年12月太平洋战争爆发后,日本、伪满政府及"满铁"均开足马力,支撑战时体制。满铁将本社企划和经营部分迁往长春,以便与伪满政府更加紧密配合,落实日本的侵略决策。在长春设大陆铁道输送协议会事务局,以加强满铁、朝鲜铁路、中国华北、华中四大大陆铁路系统的一体化运输,强化和落实战时体制。③

伪满政府还颁布了多种交通法规。铁路交通方面,1933年颁布《铁路法》,规定了所谓"国有"铁路的原则;1934年颁布《铁路营业法》,作出了铁路营业的具体规定;1935年颁布《私设铁路法》,规定了私营铁路的原则,1937年又颁布《私设铁路补助法》,具体规定了支付私营铁路补助金的方法;另有《私设铁路法施行规则》《私设铁路建设规程》《专用铁路规程》《私设铁路运转、信号、保安规程》《私设铁路职员制度》等规定先后颁行。公路交通方面,1937年颁布《汽车运输事业法》,1940年颁布《汽车交通事业法》,对定期汽车客货运输营业作出了规定;还先后颁布《汽车交通事业取缔规程》《汽车取缔规则》等。水运方面,1933年颁布《河

---

① 苏崇民主编:《满铁档案资料汇编·垄断东北铁路和海港》,社会科学文献出版社2011年版,第387—391页。

② 苏崇民主编:《满铁档案资料汇编·垄断东北铁路和海港》,社会科学文献出版社2011年版,第397页。

③ 东北物资调节委员会研究组编:《东北经济小丛书·运输》,1948年印行,第141页。

川航运法》,1937 年陆续颁布《船舶法》《船舶登记法》《船舶登录税法》。港湾、河川方面,1938—1940 年颁布有《开港取缔法》《船舶装载量测度法》《河川法》等。1937 年颁布《航空法》,规定了航空业的原则。1937 年颁布《运输法》,规定了小运输的原则。此外,还颁行有《吨税法》《都邑计划法》《海商法》《关税法》等。①

伪满政府于 1933 年 3 月公布所谓《满洲经济建设纲领》,计划铁路总长要达到 2.5 万公里,第一期计划十年间建设新路 4000 公里,全部"委托"满铁统一经营;十年内新建或改建公路 6 万公里;建立全东北电信网,充实对海外的电信,政府统一经营有线电信、无线电信、电话、广播等事业;三年内开辟航空线路 3500 公里,由"满洲航空株式会社"经营,并开辟欧亚和东洋各地之间的航线;利用原有港口,先改筑营口、安东两港,再修筑葫芦岛港。对河流运输、城市建设,也有规划。② 目的是巩固傀儡政权的统治,配合日本侵略者的殖民统治。1934 年 3 月,日本内阁通过《日满经济统制方策要纲》,交通和通讯业等 14 类产业置于最重要地位,要求由在伪满辖区"该种事业中处于支配地位的特殊会社经营",直接受日本政府的特别保护与监督。伪满政府对此心领神会,同年 6 月发表《关于一般企业声明》,将交通和通讯业列为"国防上重要事业、公共公益事业、一般产业之根本基础产业",明令要"特别讲求措置"。③

1937 年,伪满实行所谓第一次开发产业五年计划,之后又有所谓北边振兴计划、农业开发计划、民生振兴计划、疆土计划等先后出笼,对交通的依赖加重。1939 年第二次世界大战欧洲战场开战,翌年苏德战争爆发,日本也加紧备战,准备新的军事扩张。1941 年,日本发动太平洋战争,东北要为日军提供更多的补给,伪满交通全力为日本的军事冒险服务。

---

① 东北物资调节委员会研究组编:《东北经济小丛书·运输》,1948 年印行,第 95—97 页。

② 东北物资调节委员会研究组编:《东北经济小丛书·运输》,1948 年印行,第 93—94 页。

③ 中央档案馆等编:《日本帝国主义侵华档案资料选编·东北经济掠夺》,中华书局 1991 年版,第 36—43 页。

第二节　伪"满洲国"的铁路交通

东北地区在 1931 年"九一八事变"发生前已建成铁路 6200 多公里。其中,中国自办铁路超过 1186 公里①,与俄国资本有关铁路 1788.8 公里(中东铁路及南部支路)②,与英国资本有关铁路 889.9 公里(北宁铁路关外段等)③,中国向日本借款修建铁路 1231.7 公里④,日本经营铁路 1130.7 公里("南满"铁路等)⑤。也即,日本经营和贷款铁路共达 2362.4 公里;且通过贷款、承包工程、供料等方式,不同程度地夺取或参与了贷款铁路的经营权。"九一八事变"后,侵略中国的急先锋、所谓"国策会社"满铁,运用各种手段,先后掌控了伪"满洲国"辖区全部铁路的修建权和

① 齐昂路(齐齐哈尔—昂昂溪)29 公里,开丰路(石家台—西丰)63.7 公里,鹤岗路(莲江口—兴山)56 公里,西安支线(梅河口—西安)73.6 公里,呼海路(三棵树—海伦)220.1 公里,沈海线(奉天—朝阳镇)263.5 公里,昂齐支线(昂昂溪—齐齐哈尔)30.4 公里,吉海线(吉林—朝阳镇)183.9 公里,榆树线(榆树屯—昂昂溪)6.4 公里,齐克线(齐齐哈尔—泰安)128.9 公里,讷河支线(宁年—拉哈)48 公里,洮索线(白城子—老爷庙)82.9 公里。合计 1186.4 公里。

② 中东铁路(满洲里—绥芬河)1481.2 公里,南部支线(长春—哈尔滨)242.1 公里,梨树线(下城子—梨树镇)58.9 公里,道里码头线(哈尔滨—道里码头)3.8 公里,八区码头线(哈尔滨—八区码头)2.8 公里。合计 1788.8 公里。中东铁路"南满"支路长春至旅顺段(即连长线)在日俄战争后被日本接管。

③ 奉山线(奉天—山海关)419.6 公里,河北线(沟帮子—河北)91.1 公里,葫芦岛线(锦西—葫芦岛)12.1 公里,北票线(金岭寺—北票)17.9 公里,锦古线锦县金岭寺段 94.7 公里,大通线(大虎山—通辽)251.7 公里,皇姑屯联络线 2.8 公里。合计 889.9 公里。

④ 吉长线(吉林—长春)127.7 公里,溪城线(本溪湖—牛心台)14.9 公里,四郑线(四平街—郑家屯)92.8 公里,郑通线(郑家屯—通辽)114.5 公里,天图线(开山屯—老头沟)101.1 公里,天图线(朝阳川—延吉)10 公里,郑洮线(郑家屯—洮南)228.1 公里,洮昂线(洮南—三间房)220.1 公里,吉敦线(吉林—敦化)210.5 公里,奶子山线(蛟河—奶子山)10 公里,金城线(金州—城子疃)102.1 公里。合计 1231.7 公里。

⑤ 连长线(大连—长春)704.3 公里,旅顺线(周水子—旅顺)50.8 公里,营口线(大石桥—新营口)22.4 公里,抚顺线(苏家屯—抚顺)52.9 公里,烟台线(烟台—烟台煤矿)15.6 公里,安奉线(安东—奉天苏家屯)261.8 公里,吾妻线 2.9 公里,浑榆线(浑军—榆树台)4.1 公里,甘井子线(南关岭—甘井子)11.9 公里,入船线(沙河口—入船)4 公里。合计 1130.7 公里。

经营权以及铁路"附带事业"。

一、日本劫夺中国东北地区铁路

自晚清至民国,日本一直图谋在中国东北夺取更多铁路权益。除了以借款渗透中国铁路、擅自铺设铁路、独资修建铁路、以战争手段与沙俄瓜分铁路,还计划大规模成系统地获得中国东北铁路权益。1913年夺得所谓满蒙五路路权[①],1918年夺得满蒙四路路权[②],1923—1927年间又提出新满蒙五路方案[③]。1925年满铁制订了一个"满蒙开发铁路网"计划,欲分4期完成35条、8800公里铁路[④],以实现日本的"满蒙特殊化"野心。

由于张作霖被炸身亡,东北实现易帜,日本的计划搁浅。不过,日本并不死心,以深具战略意义的吉会等铁路为重点,继续对东北地方政府施压。1929年10月,日本向吉林省政府再次提出,由满铁垫款修建敦化至图们铁路,且与朝鲜铁路连接。1930年,日本步步紧逼,抛出所谓中国在东北53项"违约事件",指责中国在东北修建铁路、东四路(京奉西与沈

---

① 1913年10月5日,袁世凯政府与日本以秘密换文的形式确定《铁路借款预约办法大纲》,袁政府许诺日本,四平街至洮南、开原至海龙、长春至洮南3条铁路由日本借款修建;洮南至承德、吉林省城至海龙2条铁路,日本有优先贷款权。吉林省社会科学院《满铁史资料》编辑组编:《满铁史资料》第2卷路权篇,第2分册,中华书局1979年版,第610—611页。

② 1918年9月24日,段祺瑞政府与日本达成满蒙四路换文,承诺向日本借款修建开原、海龙、吉林间(开吉铁路),长春、洮南间(长洮铁路),洮南、热河间(洮热铁路),洮热铁路线某一点至某海港间铁路。吉林省社会科学院《满铁史资料》编辑组编:《满铁史资料》第2卷路权篇,第2分册,中华书局1979年版,第632—633页。

③ 早在1923年,满铁向日本政府提交了一个新的满蒙五条铁路方案。1927年10月,为落实日本全面侵略中国的"东方会议"决议,满铁总裁山本条太郎亲赴北京,与当时控制东北四省(包括热河)的张作霖缔结修建7条铁路大纲的交涉协议,据此,1928年5月,缔结其中5条铁路的承建合同,称为"满蒙新五路",决定先建造除吉林至五常线之外的4条铁路,即:由敦化经老头沟至图们江江岸线;由长春至大赉线;由洮南至索伦线;由延吉至海林线。吉林省社会科学院《满铁史资料》编辑组编:《满铁史资料》第2卷路权篇,第3分册,中华书局1979年版,第910—911页。

④ 吉林省社会科学院《满铁史资料》编辑组编:《满铁史资料》第2卷路权篇,第3分册,中华书局1979年版,第847—849页。"九一八事变"后,日本在中国东北的铁路修建,基本在这一计划之内。

海、吉海、吉敦三路)与西四路(京奉东与四洮、洮昂、齐黑三路)实行联运,是与满铁竞争,损害了满铁和日本利益,决心"采取一切手段加以阻止",并逼迫东北地方政府谈判解决。[①] 日本帝国主义者等不及"交涉"成功,悍然发动侵略中国东北的战争。

"九一八事变"爆发后,日本关东军和满铁互相配合,全面劫夺中国东北地区的铁路和其他交通事业。日本长期谋划、处心积虑的侵略野心,得以一一实现。

日本侵略者在短短两三个月的时间内,夺取了中国东北地区除中东铁路以外的已成(约 4438 公里)和待建铁路的全部路权。1932 年 3 月 1 日,汉奸傀儡政权——伪"满洲国"宣布成立。此前的 2 月 25 日,关东军已决定"委托"满铁经营中国东北全部铁路。3 月 10 日,关东军司令与满铁总裁签订《关于满洲国铁道、港湾及河川委托经营及新设等协定》,规定将属于伪"满洲国"政府的铁路、港湾、河川及其附带事业的经营权,以及这些交通的新建、扩建事宜,都"委托"给满铁;委任满铁总裁为关东军最高顾问,满铁其他业务人员为关东军顾问,伪满政府象征性地派驻监督官,监督经营;该项协定期限 50 年。[②] 同日,关东军还迫使伪满执政溥仪签署与关东军司令官本庄繁的秘密换文,作为日本内阁《中国问题处理方针要纲》的附件。溥仪在换文中"慷慨"表示,"敝国承认,贵国军队,凡为国防上所必要,将已修铁路、港湾、水路、航空等之管理并新路之布设均委诸贵国或贵国所指定之机关"。[③] 除航空交给另设的"满洲航空会社"承担外,铁路、港湾、水路及其附带的"国有"汽车等事业,全部交给满铁经营,满铁则以部分经营利润充作关东军军费。1932 年 4 月 11 日和 15 日,日本内阁先后两次会议通过《关于帝国对满蒙新国家的具体援助与

---

① 宓汝成:《帝国主义与中国铁路(1847—1949)》,上海人民出版社 1980 年版,第 310 页;吉林省社会科学院《满铁史资料》编辑组编:《满铁史资料》第 2 卷路权篇,第 3 分册,中华书局 1979 年版,第 1041—1045 页。

② 吉林省社会科学院《满铁史资料》编辑组编:《满铁史资料》第 2 卷路权篇,第 4 分册,中华书局 1979 年版,第 1143—1146 页。

③ 吉林省社会科学院《满铁史资料》编辑组编:《满铁史资料》第 2 卷路权篇,第 4 分册,中华书局 1979 年版,第 1142—1143 页。

指导问题》,声称"鉴于帝国及新国家的国防及经济方面的需要,新国家的铁路和其他交通机关,须由我方掌握管理实权"。具体方法则按《关于满洲国铁道、港口、河川处理方针》办理,包括前述伪满"执政"溥仪致关东军司令官本庄繁函的秘密换文、本庄繁与满铁总裁的协定。这个处理方针的"谅解事项"还特别说明,满铁上缴日本政府的款额,应作为驻守"满洲国"军费的财源;经营利润(从收入中扣除营业费、新借款利息及旧借款利息的约半数的余额)的大约5%为满铁所得。例如,关东军与满铁约定,驻军费用标准大致为:兵营及其他设备费 1 亿日元,经常费 490 万日元。5 月 9 日,日本政府以"绝对机密"指令批准了关东军与满铁的协定。①

　　为掩人耳目,1932 年 8 月 17 日,伪满政府"国务总理"与关东军司令官签署《满洲国铁路、港湾、水路、空路等管理及线路敷设管理协定》,完全接受前述各项协定、换文的内容,确立了关东军劫夺伪满"国有"交通事业的所谓法律依据。② 1933 年 2 月 9 日,满铁总裁林博太郎遵照关东军指令,又与伪满政府交通部总长丁鉴修签署《满洲国铁道借款及委托经营契约》《松花江水运事业委托经营细目契约》《敦化、图们江铁道外二铁道建造借款及委托经营契约》等系列文件。这些"委托经营"的契约规定,"满洲国"辖区的吉长、吉敦、吉海、四洮、洮昂、洮索、呼海(包括松花江水运的一部分)、沈海及奉山(包括大通线及附属港湾)等已成铁路,所欠满铁的债务共计1.3 亿多日元,以此作为借款总额,并将这些铁路所属的一切财产和收入,作为借款本息的担保,同时把这些铁路的经营委托给满铁;伪满政府与满铁以外的第三国之间所存在的债务问题,则在"政府"与满铁之间达成协议的基础上,由满铁处置,其需要支付的款项及修建奉山线向中英公司所借资金的偿还,由铁路委托经营的收入支付;敦化至图们江的铁路、拉法至哈尔滨的铁路及泰东至海伦的铁路建设,交给满铁承建。其建设资金约 1

---

　　① 吉林省社会科学院《满铁史资料》编辑组编:《满铁史资料》第 2 卷路权篇,第 4 分册,中华书局 1979 年版,第 1147—1153 页。

　　② 吉林省社会科学院《满铁史资料》编辑组编:《满铁史资料》第 2 卷路权篇,第 4 分册,中华书局 1979 年版,第 1160—1163 页。

亿日元;伪“满洲国”向满铁借款约600万日元收购天图轻便铁路,并委托满铁经营。① 上述敦化至图们江铁路以外的两条铁路之借款及缔结委托经营契约以后再订契约时,大致按照开工顺序依次公布。1933年12月、1934年12月和1935年12月,又先后公布4批铁路项目,由伪满政府投资建设费,满铁承建。1935年12月之后,不再公布有关契约。②

伪满傀儡政府也“配合”日本侵略者的要求,宣布“满洲国”铁路一律国有,不准私营,并将已成铁路和新路建设全部“委托”给满铁经营。满铁设铁路总局经营“委托”的铁路、水路及其他附带事业,同时在大连满铁总部设铁路建设局负责新路建设。1933年3月1日,满铁在沈阳设立铁路总局,经营原来分属9个铁路局的中国铁路干线和支线共18条。这就是所谓的“国线”。铁路附属的272辆机车、354辆客车、3604辆货车以及皇姑屯、长春、松浦3家工厂,也都落入满铁之手。③ 这些名义上的伪满“国有”资产,伪满政府根本无权过问,也不能从中获取收益;它们实际上都掌握在以满铁为代表的日本侵略者手中,成为实现日本“国策”的工具。

日本为霸占中国东北地区的全部铁路,又对久怀觊觎之心的中东铁路下手。早在1924年5月,中华民国政府与苏联政府签订《解决悬案大纲协定》和《暂行管理中东铁路协定》,规定中东路纯属商业性质,由中苏共管,不允许第三国干涉该路前途。日本不甘心,极力阻扰,唆使张作霖抵制两个协定的落实。苏联迫于形势,与张作霖控制的东北自治政府签订《奉俄协定》,而内容与上述协定相同,确立了中苏共管中东路的原则。但中东路并未完全实现共管,苏联认为中东路“是苏联的财产,仅仅在管理上才是双方共同的”④,实际控制着中东路的运营。

---

① 吉林省社会科学院《满铁史资料》编辑组编:《满铁史资料》第2卷路权篇,第4分册,中华书局1979年版,第1170—1181页。

② [日]满史会编:《满州[洲]开発四十年史》上卷,满州[洲]开発四十年史刊行会1964年版,第362—363页。

③ 苏崇民:《日本侵占下东北经济的殖民地化》,北京交通大学出版社2018年版,第45页。

④ 吉林省社会科学院《满铁史资料》编辑组编:《满铁史资料》第2卷路权篇,第4分册,中华书局1979年版,第1205页。

　　日本入侵中国东北后,苏联为了自己的利益,保持中立,不支持东北人民的抗日斗争。苏联甚至答应日本政府的请求,允许日本通过中东路转运日军。为掩人耳目,规定转运日军需要付费①。但这一行径还是严重违反中东铁路纯属商业性质的条约规定,使中东路间接成为日本侵略者的帮凶。日本政府则多次向苏联保证,"苏联的权益,特别是苏联对中东铁路的权益将不受侵犯,而且日军司令部和日本驻满官员均奉有不得对苏联权益进行任何侵犯的严格训令"②。但中东路运营仍发生种种问题。例如,成高子站发生列车颠覆事件(有数十名日军伤亡),松花江二号铁桥爆炸事件(未遂),日本特务机关坚称是中东路内部人员所为,扣押苏联人员严刑拷问,继而一口咬定是该路4名中国劳工所为,对其进行惨无人道的拷问。日军还放任暴徒袭击车站。1933年2月以后,中东铁路各车站屡遭武装暴徒袭击,苏联员工也成为袭击目标,货车遭到破坏和抢劫。苏方指责驻扎各地的日军及伪满警察对此不闻不问。日本及伪满机构还极力干扰中东路的运输业务。例如,事变前的1930年12月,东北政务委员会批准哈尔滨东北油房同业联合会关于由陆路直接向欧洲输出东北北部大豆和豆饼的申请,从此即可通过中东路向欧洲输出货物,到1932年共输出大豆20多万吨,也即"九一八事变"后,这一运输并未终止。1933年3月,伪满中东路督办(理事长)李绍庚通知苏联代表、中东路副理事长库兹涅佐夫,要求在3月20日前停运。苏联代表则认为中东路为苏"满"合办,还打出"苏满两国亲善牌",要求暂缓停止经由满洲里的直通运输业务,维持海参崴经中东路至贝加尔州之间的运输(不换车、不倒车)。双方还发生中东路货车是否被苏联扣留或转移、日本是否拖欠中东路日军转运费、日本是否扣留苏联货物、日本是否指使伪满政府强

---

　　①　日本关东军应中东路要求,曾先后五次支付总额为220万日元的预付款。见吉林省社会科学院《满铁史资料》编辑组编:《满铁史资料》第2卷路权篇,第4分册,中华书局1979年版,第1213页。

　　②　吉林省社会科学院《满铁史资料》编辑组编:《满铁史资料》第2卷路权篇,第4分册,中华书局1979年版,第1201页。

占中东路转运码头等问题的交涉。日、苏各执一词。①

种种纷争,加上日伪在东北新建、拟建各路,与中东铁路形成激烈竞争,使中东路的营业越发难以盈利,甚至严重亏损。苏联认为日本占领中国东北是"进攻苏联的序幕"②,高度警惕日本的侵略阴谋,但也不敢与日本发生正面冲突。苏联此时在西方遇到强大的德国的威胁,其程度超过日本,不断调整对国民党政府和日本的外交政策,最终是着眼于维护苏联的安全和利益。权衡之下,苏联为减少与日本发生正面冲突的危险,保持远东的平静,决定将中苏共管的中东路"让渡"给伪满政府,以此表达苏联与日本"互不侵犯"的意向。③ 当初签订共管协定的,是中华民国政府与苏联政府。苏联竟将中东路"转让"给一个不被国际广泛承认的伪政权,这是严重违反国际条约的。苏联不顾中国方面的抗议,于 1933 年 5月 2 日公开向日本提议让售中东路,并于 6 月 26 日在东京与伪满政府代表开始正式谈判。当然,为安抚中国,苏联政府也于 8 月 6 日通知中国国民党政府外交部,同意签订中苏互不侵犯条约,并很快提交条约草案,展开正式谈判。④ 1935 年 3 月 23 日,日本侵略者由伪满政府出面,与苏联签订关于让渡中东路(当时已改称"北满铁路")的协定,以 1.7 亿日元(铁路作价 1.4 亿日元,苏联员工退职金 0.3 亿日元)获得全部中东铁路及附属财产。⑤ 日本从而获得东北地区全部铁路。

二、伪"满洲国"的铁路修建

1932 年,即"九一八事变"后不到三个月,日本关东军要求满铁从速

---

① 吉林省社会科学院《满铁史资料》编辑组编:《满铁史资料》第 2 卷路权篇,第 4 分册,中华书局 1979 年版,第 1190—1216 页。

② [苏]《真理报》1931 年 11 月 6 日、1932 年 5 月 1 日。

③ 沈志华主编:《中苏关系史纲》上卷,社会科学文献出版社 2016 年版,第 74 页。

④ 吉林省社会科学院《满铁史资料》编辑组编:《满铁史资料》第 2 卷路权篇,第 4 分册,中华书局 1979 年版,第 1218 页。

⑤ 吉林省社会科学院:《满铁史资料》编辑组编:《满铁史资料》第 2 卷路权篇,第 4 分册,中华书局 1979 年版,第 1306 页。

修建铁路,满铁先后部署所谓三次建设线的步骤,计划修建铁路4000多公里。① 这一修建计划的线路和步骤,与1925年满铁制订的"满蒙开发铁路网"计划一脉相承。依据1932年3月10日关东军与满铁的协定,第一次建设线为敦(化)图(们江)线、拉(法)滨(江)线、海(伦)克(山)线。第二次建设线为通辽或锦县经赤峰至热河线、长(春)大(赉)线、延吉(后改称"图们")经海林至佳木斯线(即图佳线)。② 第三次建设线有白城子至杜鲁尔(即白阿线)等。1933年3月1日,伪满政府秉承日本旨意,公布所谓《满洲国经济建设纲要》,计划将来铁路的总长度为2.5万公里,在今后10年先建造4000公里新线,加上旧路,使总长度达到1万公里。③ 铁路修建计划中的"第四次线""第五次线"纳入"产业开发五年计划"。第四次线主要为分布在北部和东北部的所谓国防铁路,共14条、1624公里。第五次线则是产业开发五年计划中的所谓"产业开发上所需要的经济线",即以鸭绿江江口大东港为起点,连接凤城、宽甸、桓仁、通化、蒙江(今靖宇)、抚松等地,抵达京图线某一站的所谓"东边道纵贯线"。1939年4月第三次修改产业开发五年计划时,确定"第六次线",计划新建梨树镇至鸡西等路,并重点修建已有铁路的复线。1941年8月,又决定修建"第七次线"。这些又是与所谓百万户移民计划、北边振兴计划相适应的。1942年,满铁编制《满洲国铁道计划路线大要》,计划从1945年至1959年的三个五年计划期间,修建铁路71条,共10355公里。

日本侵略者及其傀儡伪满政府通过满铁在东北修建的铁路,大体分为四类。

其一,从日本殖民东北的"国策","特别是作战上的角度"出发,修建或改建便于与日本本国和朝鲜相联络的线路。为此,续建完成京(长

---

① 宓汝成:《帝国主义与中国铁路1847—1949》,上海人民出版社1980年版,第327页。

② 吉林省社会科学院《满铁史资料》编辑组编:《满铁史资料》第2卷路权篇,第4分册,中华书局1979年版,第1146页。

③ 中央档案馆等编:《日本帝国主义侵华档案资料选编·东北经济掠夺》,中华书局1991年版,第31页。

春)图(们)线,新建图(们)佳(木斯)线、四(平街)梅(河口)线和梅(河口)辑(安,今集安)线。"九一八事变"前,中国东北与朝鲜之间只有安(东)奉(天)一条铁路线。"九一八事变"后,日本侵略者为建立和巩固东北亚殖民体系,增建由吉敦线的敦化东经朝阳川、延吉至图们的铁路(即京图线),以与朝鲜东北部铁路线衔接;又由朝阳川至开山屯修建京图线支线,以与朝鲜西北部铁路衔接,从而最终完成其图谋已久的吉(林)会(宁)铁路。这些线路还能通往朝鲜东部重要港口罗津;同时也是为了完成朝鲜东部另一重要港口清津港的筑港工程。这一系列工程,便于日本侵略者从殖民地朝鲜直接进入东北北部,还能把从东北北部劫夺的中国资源由哈尔滨更快捷地运抵罗津、清津两港,输往日本等地。这比起运至冰期极长的苏联海参崴,或绕道中国大连,都更加便捷、合算。在中国东北东边的中部、鸭绿江两岸的辑安与朝鲜满浦之间架设国际铁路大桥,密切了与朝鲜平壤等地的联系。加上原有的安奉铁路跨江与朝鲜铁路相接,于是在中朝之间构成了三条国际铁路交通线。

其二,可南下华北、西进内蒙古,为进一步侵略中国增强运输保障的铁路。"七七事变"之前,东北与华北之间,仅有一条京奉铁路。京奉线锦(州)朝(阳)支线延展至承德、古北口(即锦承、锦古线),与京奉线平行,使日军可直捣平津。日军占领华北后,又续建北平至古北口铁路,以与锦古线一气呵成,构成从东北直入华北的第二条铁路干线。为便于东北腹地与华北连接,又开辟新义和高新两路。新义线由锦古线上的义县经阜新煤矿至大郑线新立屯;高新线由新立屯至京奉线高台山,这两路的建成,既可使阜新矿的煤炭直运沈阳工业区,亦可使大郑线与四洮线相连,使日本掠夺的华北物资,不必经京奉线即可运往东北北部诸路;而沈阳以北军队,也不必经山海关便能快速进入华北。西进内蒙古的线路,如京白线(长春至白城子)、白阿线(白城子至杜鲁尔)、鲁北线(平齐线的太平川至鲁北),均可深入内蒙古地区,并抵近外蒙。叶(柏寿)赤(峰)等线路,既能指向蒙边,亦可控制热河、进犯华北。

其三,为防御或进攻苏联,加强军备的线路。拉(法)滨(江)线如一把利刃,由吉会线拉法站刺向东北北部重镇哈尔滨,大大缩短日军由清津港至哈尔滨的路程。图佳线从中朝边境图们江岸的图们出发,跨越中东铁路而至松花江下游佳木斯,在经济上可聚集、拦截松花江上游丰富的资源,不经苏联控制的中东铁路而出口,军事上亦可快速扼断东北北部水陆交通要道。从图佳线的林口经密山至乌苏里江边虎头的林虎线,可以威胁苏联乌苏里铁路。延长呼海、齐克两线会合于北安,再北进至黑河(即北黑线),与苏联布拉戈维申斯克(海兰泡)隔江对峙,并可腰斩西伯利亚铁路。由滨(江)北(安)线的绥化东达佳木斯对岸,将东北北部铁路联成一体,使日军由朝鲜北部可直抵黑河,并利用图佳线协同支援同江军备。修建由中东铁路东段滨绥线的河西站至军事要塞东宁的遂宁线,以及由图佳线的新兴站至城子沟的兴宁线,并与遂宁线接轨,构建环形铁路网,虎视苏联海参崴等地。

其四,便利于对东北地区加强殖民统治和掠夺的线路,上述各路都兼具这种意义,如新义和高新两路。图佳线与通往鹤岗、绥化等地的铁路衔接,便于掠夺东北地区东北部各地的农、林、矿资源。齐(齐哈尔)北(安)、绥(化)佳(木斯)、宁(年)霍(龙门)等线路,在"北满谷仓"构成齐齐哈尔—克山—哈尔滨环形铁路网。[①] 日本尤其重视开通所谓"日满最短线"。为掠夺东北资源,加快对日运输,日本在日"满"之间构建三条主要贸易线。第一条是以"南满"三港(丹东、大连和葫芦岛)为门户,经过满铁"社线",以东北南部为腹地,以大连为中心,并辐射全东北;第二条是以苏联海参崴为门户,经过中东铁路,以东北北部为腹地;第三条是以朝鲜清津、雄基为门户,以间岛、珲春等地为腹地。前两条为传统线路,而以京(长春)图(们)线为重点,以拉(法)(哈尔)滨线为培养线的第三条

---

① 宓汝成:《帝国主义与中国铁路 1847—1949》,上海人民出版社 1980 年版,第 328—330 页。

表 5—1 伪满辖区新建铁路统计（1931 年 9 月—1945 年 8 月）

（单位：公里）

项目 干线别	路段和支线名	起讫地		里程			正式营业时间 （年、月）	备注
		起点	终点	干线	支线			
1. 中东路	滨洲线、滨绥线	满洲里	绥芬河	[滨洲线 944.5 公里] [滨绥线 555.6 公里]			1903.7 1901.11	1933 年中东铁路改称"北满铁路"，1935 年 3 月转让给伪"满洲国"，并"委托"满铁经营，其西部称滨洲线（哈尔滨至满洲里），东部称滨绥线（哈尔滨至绥芬河）
	哈尔滨东门联络线				17		1936	
	亚林支线改建、续建	亚布洛尼 （亚布力）	龙爪沟		13.1		1938	1907 年俄国商人开建森林铁路，1930 年铺轨至螯麻子沟，1932 年转让给日商近藤林业公司，1938 年改建，续建至龙爪沟。全长 93.3 公里
	开道绕行线	亚布洛尼 （亚布力）	横道河子		58.5		1942.9	—

项目 干线别	路段和支线名	起讫地		里程		正式营业时间 (年、月)	备注
		起点	终点	干线	支线		
1. 中东路	海林支线	散头	长汀		44	1942	为满足日本"开拓团"垦荒、伐木的需求修建
	江南联络线	太平桥	江南		2.2	1943	
	博林支线	沟口	125公里处		60	1935—1945	森林铁路,1928年由东省清铁路公司的东方公司开工,1930年时已完工52公里。1935年"委托"满铁经营,并向林区展筑,1945年铺轨至112公里处。1947年全部建成通车,全长126.6公里
	牙林支线	牙克石	137公里处		137	1940—1945	俄国商人与日本人合作修建的木材运输线。1945年完成137公里。1947年延伸至库都尔,全长144公里

续表

项目　干线别	路段和支线名	起讫地 起点	起讫地 终点	里程 干线	里程 支线	正式营业时间（年,月）	备注
2. 齐北线	泰克段（部分）	齐齐哈尔	北安	[231.4]			东北沦陷之前，齐齐哈尔至泰安段128.9公里已建成通车，并铺轨至泰东
	泰东克山段	泰东	克山	31.9		1933.12	1932年9月临时营业
	泰东北安段	克山	北安	56.1		1933.12	1933年1月临时营业
3. 京滨线		新京[长春]	哈尔滨	[242.1]			原为中东铁路"南满"支路的区段
	陶榆线	陶赖昭	团山子		76.1	1943.7	位于吉林北部，为京滨线支线，主要用于运输榆树一带粮食和石料
4. 滨北线	呼海路呼海拉滨联络线	三棵树/滨江	北安	[326.1]			含呼海路、海克路及拉滨路与呼海路联络线
	新松浦支线	三棵树	徐家		15.2	1934.6	
	海克线	马船口	新松浦		4	1934	1938年拆除
		海伦	克山	162.2		1933.12	

续表

| 项目
干线别 | 路段和支线名 | 起讫地 | | 里程 | | 正式营业时间
(年.月) | 备注 |
		起点	终点	干线	支线		
5. 北黑线		北安	黑河	302.9		1935.11	1946年苏军拆除
	黑河码头线	黑河	黑河码头		4.2	1935.11	1946年拆除
		宁年	神武屯 (终点为 绿神站)	[456.9]			1945年7月,日军拆除霍龙门至绿神,墨尔根至霍龙门段,至此,该路段宁年至墨尔根段,1946年苏军拆除宁年至墨尔根,至此,该路全部拆除
6. 宁神线		拉哈	讷河	38.8		1932.12	
		讷河	墨尔根	93.5		1937.7	1937年3月临时营业。墨尔根,今嫩江
		墨尔根	霍龙门	103.6		1944.1	1939年11月临时营业
		霍龙门	绿神	173		1944.1	1942年春临时营业
	纳金口支线	双峡	南源利		72.6	1943.12	通往中苏边境的军用铁路,1945年春被日军拆除
7. 绥佳线		绥化	佳木斯	381.8		1940.12	
8. 汤林线		南岔	伊春	104.7		1945.3	抗战结束时被破坏

续表

项目 干线别	路段和支线名	起讫地		里程		正式营业时间（年、月）	备注
		起点	终点	干线	支线		
8. 汤林线	汤林路翠峦支线	伊春	翠峦		20.9	1945	
9. 图佳线		图们	佳木斯	580.2		1937.7	
	嘎呀河森林铁路	春阳	小李树沟和朝阳川		33.8	1935.3	该路在高丽屯站分岔，一路南行至小李树沟，一路北行至朝阳川。1938年前后拆除
		林口	虎头	225.7		林口—密山段1936年7月营业；密山—虎头段1937年12月营业。	1946年苏军拆除密山以东路段164.8公里
10. 虎林线	恒山线	鸡西	恒山		12.4	1941.11	恒山煤矿专线
	青奎支线	青山	奎山		22	1943	虎林线与图佳线的联络线
	城子河线	西鸡西	城子河		10.4	1943	城子河煤矿专线

续表

项目 / 干线别	路段和支线名	起讫地		里程		正式营业时间（年、月）	备注
		起点	终点	干线	支线		
10. 虎林线	东当线	西安东站	兴隆		37.5	1942. 3	军用铁路。1945年苏军拆除
11. 城鸡线	梨树镇至西鸡西段	梨树镇	西鸡西	44.5		1941. 11	1925年已由下城子通车60公里至梨树镇
12. 遂宁线		河西	东宁	91.8		1939. 12	1945年12月该路被苏军拆除
13. 兴宁线		新兴	城子沟	216.1		1940. 12	1945年8月苏联对日宣战后，日军破坏了部分路段。同年11月，苏军拆除其余全部铁路
14. 连京线	连京线	大连	新京	[701.8]			原为中东铁路"南满"支路的一段
14. 连京线	辽公联络线	辽阳	公原（本溪南站）		69.3	1942	亦称辽公线。系"鞍山昭和制钢所"和"日满弓长岭铁矿有限公司"专用线
15. 平齐线		四平	齐齐哈尔	[571.3]			1934年4月四洮铁路、洮昂铁路和齐克铁路昂齐支线合并，称平齐线
15. 平齐线	三间房联络线	三间房	昂昂溪		9.8	1939	平齐线与滨洲线的联络线

续表

项目 干线别	路段和支线名	起讫地		里程		正式营业时间（年、月）	备注
		起点	终点	干线	支线		
16. 白阿线（白杜线）	洮索线怀远镇—索伦段	白城子	杜鲁尔	[377.3]		1941.11	该路包括洮索线、索兴线、兴温线和温杜线
	索兴线	洮安（白城）	索伦	109.2		1935.11	该线全长192公里，1931年1月底已铺轨至怀远镇（今乌兰浩特北）
	兴温线	索伦	南兴安	130.8		1936.7	
	温杜线	南兴安	阿尔山[温泉]	15.4		1937.1	
		阿尔山	杜鲁尔	40.3		1941.11	
17. 京白线		新京[长春]	白城子	332.6		1935.11	
	大赉码头线	大赉城	大赉码头		5.5	1935.2	
18. 京图线		新京	图们	[530.7]		1933.6	亦称长图线，由吉长、吉敦和敦图等线路合并而成

续表

项目 干线别	路段和支线名	起讫地		里程		正式营业时间 （年,月）	备注
		起点	终点	干线	支线		
18. 京图线	敦图段	敦化	图们	191.9		1933.6	
	朝开线	朝阳川	开山屯		59.5	1934.11	原为天图轻便铁路的一部分,经改建而成
	龙丰线	龙潭山站	大丰满		22.8	1938.1	丰满电站运输线
19. 拉滨线		拉法	滨江	271.7		1934.9	
	小新联络线	小姑家	新站		9.1	1933.12	京图线与拉滨线的联络线
	三棵树码头线	三棵树	码头		3.5	1933.12	通往松花江的水陆联运线
	滨江支线	哈尔滨	三棵树		8.8	1935.9	与中东铁路接轨
20. 平梅铁路	西四线	四平	西安（辽源）	82.5		1936.9	由沈海铁路梅西支线与西四线合并而成,全长156.7公里。梅西支线全长74.2公里,已于1927年12月通车营业
21. 梅辑线		梅河口	辑安	251.6		1939.9	

续表

项目 干线别	路段和支线名	起讫地		里程		正式营业时间 （年、月）	备注
		起点	终点	干线	支线		
21. 梅辑线	新通化支线	通化	新通化		4.9	1943. 1	通往通化城区的线路。通化为伪满通化省"省会"
22. 鸭大线		鸭园	大栗子	114		1940. 12	
23. 奉山线		奉天[沈阳]	山海关	[419. 8]			即京奉路关外段
	大成皇姑屯联络线	皇姑屯	大成		3. 9	1940	大成皇姑屯联络线的延长
	于大联络线	于洪	大成		4. 5	1944	
24. 溪田线		本溪南	田师傅	85. 9		1940. 4	阜新煤矿运输线
25. 新义路		新立屯	义县	131. 5		1937. 1	
26. 高新线		高台山	新立屯	60. 6		1940. 3	
27. 锦古线		锦州	古北口	[542. 2]			由锦朝支线、坂凌线、凌泉线、泉承线和承古线组成。其中，锦朝支线作为北票煤矿运输线，已于1924年12月建成通车。日伪新修线路448公里

续表

项目 干线别	路段和支线名	起讫地		里程		正式营业时间 (年,月)	备注
		起点	终点	干线	支线		
27. 锦古线	锦朝支线	锦州	北票	[113]		1924. 12	
	坂凌线	金岭寺	凌源	156. 8		1934. 12	
	凌泉线	凌源	平泉	87. 2		1935. 1	
	泉承线	平泉	承德	97. 5		1936. 6	
	承古线	承德	古北口	106. 2		1938. 11	
28. 叶峰线		叶柏寿	赤峰	148		1935. 12	
	总计			5020. 5	842. 5		
干支线总计				5863			
其他专用线和联络线	小汪清森林铁路	小汪清	宝清沟		72	1941	位于吉林省汪清县内,1947 年全部拆除
	龙青线	龙井	和龙		52. 4	1940. 6	吉林松下坪煤矿运输线。在朝阳川川站与朝开线接轨

续表

干线别	项目 路段和支线名	起讫地 起点	起讫地 终点	里程 干线	里程 支线	正式营业时间（年,月）	备注
其他专用线和联络线	吉兰线（舒兰线）	龙潭山站	舒兰		85.9	1941.1	吉林化工厂原料供应线。在舒兰站与拉滨线接轨。1944年12月关东军拆除部分路段
	杉松线	团林子	杉松岗		42.1	1945.7	位于吉林省辉南县境内,为杉松岗煤田运输线
	锦西线	锦西	杨家杖子		36.2	1941	位于辽宁西部,为商办杨家杖子矿运输铁路
	京奉线南票支线	女儿河	南票		41	1945.7	南票矿区运输线
	抚顺城联络线	抚顺	抚顺城		4.5	1945.7	位于辽宁省中部,为连京线通往沈（阳）吉（林）的通道之一
	抚将联络线	抚顺	将军堡		3.6	1944.7	亦称将军堡联络线,位于辽宁省中部,与抚顺城联络线同期建设
	赛马集支线	灌水	小孤山		50.7	1945.7	溪田线支线,为赛马集煤田运输线

续表

项目 干线别	路段和支线名	起讫地		里程		正式营业时间 （年，月）	备注
		起点	终点	干线	支线		
其他专用线 和联络线	专用线、联络线 总计				388.4		
干支线、专用 线、联络线总 计				6251.4			
未完工线	牙库线	牙克石	上库力		110		位于黑龙江省西部，为滨洲线支线
	霍伦线	霍龙门	鄂伦		102.9		位于黑龙江省西部，从齐北线宁年车站分岔，预定由西呼玛至欧浦
	佳富线	东佳木斯	富锦		130		图佳线支线，为双鸭山煤矿运输线，仅铺轨至62公里处。1945年苏军拆除
	逊河线	孙吴	逊河		59		位于黑龙江省，为北黑线支线
	鲁北线	太平川	鲁北		100	1936年停工	由平齐线太平川通往内蒙古的支线

续表

项目 干线别	路段和支线名	起讫地		里程		正式营业时间（年、月）	备注
		起点	终点	干线	支线		
	浑三线	浑江	三岔子		23.5		位于吉林省东南部，为林区运输线，临时营业17.5公里至城墙砬子车站
	松抚线	三岔子	抚松		38		浑三线延长线，为龙岗林区运输线
	通仁线	通化	桓仁		98		吉林通化至辽宁桓仁，为东边道纵贯线的一段
	城仁线	北甸	桓仁		119.4		溪田线延长线，为东边道纵贯线的一段
	凤灌线	凤凰城	灌水		88		位于辽宁省东南部，为安（东）（桓）仁线的一段，1943年5月仅开办临时营业
未完工线	西满铁道赵家屯支线	女儿河	赵家屯		13		

续表

项目	路段和支线名	起讫地		里程		正式营业时间（年.月）	备注
干线别		起点	终点	干线	支线		
未完工线	安大线	南安东	大东港		20		安东至南安东之间临时营业
	总计				901.8		

注:本表只列出新通车铁路里程,其他变动在备注中简要说明。[ ]内里程为以往通车里程,不计入统计。

资料来源:严中平等编:《中国近代经济史统计资料选辑》,科学出版社 1955 年版;马里干等编著:《中国铁路建筑编年简史(1881—1981)》,中国铁道出版社 1983 年版;张雨才编:《中国铁道建设史略(1876—1949)》,中国铁道出版社 1997 年版;苏崇民主编:《满铁档案资料汇编·垄断东北铁路和海港》,社会科学文献出版社 2011 年版,第 547—570 页。

贸易线路的建设,极大地改变了东北与日本之间的贸易格局,加快日本对中国东北的掠夺和日"满"一体化。①

许多新线路的修建,首先是出于军事需要,"不惜支出巨额建设费而抓紧修建",如滨北、洮索、锦承、北黑等线。②

从"九一八事变"到日本投降,14年间,伪"满洲国"辖区共新建铁路干线5020多公里,支线和联络线约1231公里;干支线总计6251公里。另有900多公里铁路未完工(见表5-1)。

在"国营"铁路干线之外,一些地方也存在民营性质的所谓"私设铁路",主要用于煤矿、木材开采的运输。伪满政府制定《私设铁路法》和《私设铁路补助法》,规定自登记建设之日起,以十年为期,由官方给予一定额度的补助。③

三、伪"满洲国"的铁路营运

如前所述,满铁铁道总局对伪满辖区铁路实行一元化管理。不计罗津局,伪满辖区内7家铁道局共经管线路11058公里。④

1934—1944年伪满铁路营业规模见表5-2。

表5-2　伪满铁路营业规模(1934—1944年)

项目 年份	车辆保有数(辆)			营业里程 (公里)	铁路职工数(人)	
	机车	客车	货车		现场职工 总数	满铁 社员数
1934	916	1265	15179	5477	—	—
1935	1094	1525	18229	8320	—	—

---

①　苏崇民主编:《满铁档案资料汇编·垄断东北铁路和海港》,社会科学文献出版社2011年版,第645页。

②　苏崇民主编:《满铁档案资料汇编·垄断东北铁路和海港》,社会科学文献出版社2011年版,第377页。

③　东北物资调节委员会研究组编:《东北经济小丛书·运输》,1948年印行,第101页。

④　东北物资调节委员会研究组编:《东北经济小丛书·运输》,1948年印行,第164—165页。

续表

项目年份	车辆保有数(辆)			营业里程(公里)	铁路职工数(人)	
	机车	客车	货车		现场职工总数	满铁社员数
1936	1250	1701	20021	8884	—	—
1937	1384	2109	21974	9655	84397	56100
1938	1497	2239	2365	9846	99106	61502
1939	1617	2404	26987	10459	119315	77992
1940	1786	2609	30056	11039	121711	80653
1941	1946	2814	32353	11097	137157	93657
1942	2100	2984	35781	11140	—	—
1943	2265	3194	39309	11270	—	—
1944	2399	3049	41826	11285	—	—

注:1. 部分年份包括朝鲜北部铁路(以下铁路统计各表均同)。2. 营业里程不计私营铁路(以下各表均同)。3. 现场职工包括满铁社员以外的全部人员。

资料来源:据东北物资调节委员会研究组编:《东北经济小丛书·运输》,1948 年印行,第 134、173—174 页;张研、孙燕京主编:《民国史料丛刊》第 360 册《伪满时期东北经济统计(1931—1945)》,大象出版社 2009 年版,第 167 页综合而成。

为维持铁路营运,日伪、满铁采取多种措施,以掠夺中国物资,巩固殖民统治,支撑军事冒险。如统一规章,优化车辆调配,扩大各线联运,提升运行效率。1934 年 2 月,废除各路间的车辆贷借制度,对辖区内铁路实行集中配车;同年 3 月,废除原 9 个铁路局各不相同的运输规章,统一伪满"国有"铁路有关货物运输规程。伪满"国有"铁路、满铁所属"社线"和朝鲜北部铁路之间,东北与华北之间,以及与日本铁道省所属各线、汽船会社的航路之间,先后开始联运。[①] 实行保税、负责运输、减免运费等措施,为掠夺东北资源提供便利。以往货主自行负责改为货运完全由铁路负责;设交货期间制度,加快运输速度;发行货物换取证,实施代收贷款制度,提供金融便利;设现状证明和提单制度,提供商业交易便利。

大的运费调整有三次。1936 年 2 月,满铁为推进一元化经营,决定

---

① 东北物资调节委员会研究组编:《东北经济小丛书·运输》,1948 年印行,第 205—208、224—279 页。

统一伪满"国有"铁路旅客票价和货物运费。旅客票价方面,废止原奉山、京图、吉海及其他地带各不相同的票价,以京图线基本运费为基准加以核定,统一运费。如一等旅客票价为每人每公里5分,二等旅客票价为每人每公里3分,三等旅客票价为每人每公里1.8分。货物运费方面,围绕远距离(长途)运费递减、腹地开发特定运费两方面予以调整。也是废止各不相同的运费,以京图线运费为基准,规定统一的基本运费,实行远距离递减制,替代以往的距离比例法,便于长途运输;对海伦、齐齐哈尔、富拉尔基等偏远地区各站,以及大虎山、沈阳、图们、上三峰等接近港口各站之间一般货物的运输,规定了较为低廉的运费,以促进对腹地的资源掠夺。

满铁"社线"运费仍自成体系,但也尽量与伪满"国线"趋于一致,运费也有一定程度的调整,如普通运费方面,将货物等级由四级制改为六级制,提高远距离递减费率,以百公里以内为基本费率,百公里以上每百公里减低7%。实施"腹地开发特定运费"制度,对海港发货及到货、生活必需品和建筑材料实行特定运费率,以海港发、到货的特定运费率适用范围最大。也即通过铁路运输,由大连、旅顺、营口和安东四港发出或到达此四港的货物,特定减低运费。这次调整运费率,范围扩大到运往南部各港口以及朝鲜北部港口的农产品,以促进东北腹地农产品的输出,加快对东北的资源掠夺。对于5000公斤以上的零担货物,也实行减价运输,促进杂货的流通。[①]

前述特定运费制度,尤其是日、"满"和朝鲜三者之间的货物联运特定运费,是推动伪满经济更加依附于日本的重大举措。满铁扩大和加强已有日、"满"旅客联运以及日本铁道省所属"省线"和满铁"社线"之间的货物联运,制定"国线""省线"间货物联运的特定运费。从1936年3月21日起,在"国线""省线"两方主要车站之间发行通过票据,在就近车站即可办理押汇,省去了烦琐手续,节省了时间,每吨货物也降低了5角

---

① 东北物资调节委员会研究组编:《东北经济小丛书·运输》,1948年印行,第189—196页;[日]满史会编:《满州[洲]开发四十年史》上卷,满州[洲]开发四十年史刊行会1964年版,第142页。

到 1 元的直接和间接的中继费,使日、"满"贸易联系更加紧密。根据日伪交通统制的意图,海上运输实行"一航线一船"原则,构建 5 大联络系统和接续点:一是"省线"—釜山—北鲜线—安东—满铁"社线"—伪满"国线";二是"省线"—釜山—北鲜线—上三峰—图们—伪满"国线";三是日本神户(下关、门司)—大阪商船—大连—伪满"国线";四是伪满"国线"—敦贺—北日本汽船—清津雄基—北鲜线;五是伪满"国线"—新潟—日本海汽船—北鲜线—伪满"国线"。这样的联运,均按货物品种规定低廉的协议运费,并按发货人的意图,发货或到货均可付费;规定运货时间,逾期则返还运费的全部或部分;除地方外,各机关均负有连带责任。此外,还可根据申请办理货物兑换证和货物兑换事务;免费代办通关手续和总局线发货经由朝鲜北部的海上保险契约。日军军事工程急需的建筑材料,享有降低 25% 运费的特别优惠;军事工业所需物资,则可半价运输。[①]

这次价格调整,对伪满辖区经济的影响颇大。实行远距离递减制,有利于长途运输,不利于短途运输,加速了日伪对东北北部农产品的掠夺,但却打击了以哈尔滨为中心的东北北部民族工业的发展。1935年,哈尔滨铁道局将 11% 的大豆发送到哈尔滨周边地区,供当地加工,但次年只有 5% 的大豆运往当地,同期运往北鲜三港的大豆却由 4% 激增至 32%。这一变化,加快了东北北部经济的没落,推动了日本控制下的"满洲市场"的统一,有利于日本侵略者实施的经济统制。腹地开发特定运费也加快了对东北北部边远地区的资源掠夺。1935 年滨北线各站发送大豆 25 万多吨,次年增至 42 万多吨,增加了 68%。同期北黑线南运的林产品由 0.8 万多吨猛增至 7.1 万多吨。东北北部发到海港特定运费的制定,也使东北北部物产更多地运往北鲜三港。1935 年拉滨线发送的大豆,9% 到达北鲜三港,但次年大增至 82%;滨绥线则由16% 增至 81%;而滨北线、滨洲线运往北鲜三港的大豆从无到有,分别

① 苏崇民主编:《满铁档案资料汇编·垄断东北铁路和海港》,社会科学文献出版社 2011年版,第 423—425 页;苏崇民:《日本侵占下东北经济的殖民地化》,北京交通大学出版社 2018年版,第 58 页。

占发送大豆的 13% 和 9%。①

1937 年 7 月,日本发动全面侵华战争后,为适应战争的需求,日伪修改"第一次产业开发五年计划",除了数量上的加码,目标也有调整,放弃所谓"就地征集"("现地调弁")方针,改行支援日本方针,全力推动向日本的原料供给。这就要求全方位加紧实行远距离运输。为此,1938 年 10 月再次调整运费。首先,设单一基本运费。统一"社线""国线""北鲜线"的货物运费标准,规定以各线中价格较低的满铁"社线"运费为标准,一律实行远距离递减。其次,为开发腹地、掠夺资源提供运费减价的支持。日伪所谓"开发"政策,以东北北部地区的开发、重工业部门的扩充、贸易政策为重点。凡有助于此的一般货物运输,均采取运费远距离递减;对特殊品种,设品种基本运费减价办法,运费低廉,不惜每年减少运费收入两千数百万元。尤其是谷物、家畜、木材、煤炭、铁矿这 5 个品种,占全部货运的 75%,获得更加低廉的运费优惠。谷物运费固定为每吨 23 元,其他 4 种,则加大远距离递减费率,加快腹地产品的流通,促进执行相关重要产业的"开发"计划。再次,整理港口装卸费,且以往海港发货、到货特定运费中,凡运往朝鲜北部三港的,统一运费率,均按距三港最近的里程计算。修正特定运费率,大连到货、发货运输里程超过 120 公里的(后改为 80 公里),予以减价;2 吨以上的零运货物的特定运费(后改为 5 吨以上)减价 25%(后改为 15%)。此外,1940 年 12 月又统一了旅客票价。货物运费的亏损,则以多次提高旅客票价加以弥补。

随着侵华战争的扩大、太平洋战争的爆发,日伪经济日益吃紧。1942 年 1 月,满铁再次调整物价,运费被迫提高。以客运一等票价为例,"七七事变"前的 1936 年每人每公里 5 分,至太平洋战争爆发后的 1942 年 4 月上涨至 6 分,1943 年 4 月上调至 6.5 分,1944 年更是高达 12 分,竟为 1936 年的 2.4 倍。二等、三等票价亦做相应上调。乘客最多的三等车票,从 1936 年的 1.8 分,经 3 次上调,1944 年 1 月达 5.5 分,是 1936 年票

---

① 苏崇民主编:《满铁档案资料汇编·垄断东北铁路和海港》,社会科学文献出版社 2011 年版,第 425 页。

表 5-3　伪满铁路货物基本运费调整一览（1933—1942 年）

项目 年月	路线性质	运输方式	一级品	二级品	三级品	四级品	五级品	六级品	备注
1933 年 2 月"营业开始时"	伪"国线"	零运	0.7—0.78	0.6—0.66	0.5—0.55	0.4—0.45	0.3—0.45	0.2—0.4	100 公斤每公里
		整车	6.0—7.0	5.0—5.5	4.0—4.5	3.0—4.5	2.0—0.4	1.5—3.0	1 吨每斤每公里
	满铁"社线"	零运	0.59—0.625	0.44—0.5	0.33—0.375	0.22—0.25			100 市斤每英里
		整车		4.4—5.0	3.3—3.75	2.2—2.5			1 美吨每英里
1936 年 2 月 1 日调整	伪"国线"	零运	1.0	0.84	0.65	0.5	0.38	0.28	100 公斤每公里
		整车	6.7	5.4	4.2	3.2	2.4	1.7	1 吨每公里
	满铁"社线"	零运			为整车运费的 1.5 倍				100 公斤每公里
		整车	5.5	4.58	3.66	2.74	1.82	1.4	1 吨每公里
1938 年 10 月 1 日调整	全线	零运	0.7	0.5	0.3				100 公斤每公里
		整车	4.58	3.66	2.74	1.82			1 吨每公里
1942 年 1 月 1 日调整	全线	零运	1.2	0.85	0.55	0.33			100 公斤每公里
		整车	6.0	4.4	3.0	2.0			1 吨每公里

注：一级品包括照相器材等；二级品包括棉线和棉织物、羊毛、车辆等；三级品包括矿石等、碎石等；四级品包括大豆、包米、大米、果实、钢铁制品等；五级品包括钢铁、煤炭、纸浆、蔬菜等；六级品包括矿铁、碎石等。1 美吨约等于 907.2 公斤，1 英里约等于 1.609344 公里。

资料来源：苏崇民主编：《满铁档案资料汇编·垄断东北铁路和海港》，社会科学文献出版社 2011 年版，第 412 页。

价的 3 倍多。货物运费也做了调整。[①] 不同时期货物运费的调整情况见表 5-3。

以大豆为例,1934 年 4 月 21 日由依兰经哈尔滨通过拉滨等线运到大连的"河豆",运费在各种费用中占了 6 成;从泰安运到大连的"铁豆",运费高达 7 成。[②] 统一运费、降低运价后,1938 年从北安、齐齐哈尔、哈尔滨等地运往大连的大豆,运费在各种费用中的比重降至 16% 到 21% 不等[③],降幅颇大。

1937 年日本发动全面侵华战争,1941 年又发动太平洋战争,满铁经管的铁路及其他交通工具均开足马力,以运输支持日本的军事冒险。

"七七事变"爆发后,满铁立即开始从中国东北、朝鲜和日本运输兵力。满铁一方面抓紧抢修夏季水灾损坏的铁路;另一方面利用营口支线,或绕行大郑线,向山海关或承德方向实施军运。从 1937 年 7 月到 1939 年 3 月,满铁平均每月开行军用列车 200 多列、动用 8000 多辆,共 37 万辆;运输军用建筑材料,1937 年 7 月达 30 万吨,次年 9 月达 80 万吨,同时在车站储备大量物资,1937 年 7 月为 11 万吨,次年 12 月达 125 万吨。[④] 尽管军运价格低廉,每吨公里运费仅为 1 分,但从铁路货运收入来看,军品运输收入也是趋于增加的,历年军品运费在 600 万元左右,但在 1937 年跃增至 1768 万元,增加了近 2 倍,竟可与当年"社线"的港口收入 1772 万元匹敌。1936 年"社线""国线"货车收入共 18864 万元,军品运输收入 593.3 万元,占 3.15%;1937 年两线货车收入共 21736.3 万元,军品运输收入 1768.3 万元,占 8.14%,增加明显。[⑤]

---

① 东北物资调节委员会研究组编:《东北经济小丛书·运输》,1948 年印行,第 197 页第 73 表。

② 苏崇民主编:《满铁档案资料汇编·垄断东北铁路和海港》,社会科学文献出版社 2011 年版,第 413 页。

③ 东北物资调节委员会研究组编:《东北经济小丛书·农产》流通篇下,1948 年印行,第 8—12 页。

④ 苏崇民主编:《满铁档案资料汇编·垄断东北铁路和海港》,社会科学文献出版社 2011 年版,第 471 页。

⑤ 苏崇民主编:《满铁档案资料汇编·垄断东北铁路和海港》,社会科学文献出版社 2011 年版,第 472—481 页。

日伪于 1938 年 10 月开始严格实行所谓"统制输送",具体方式是实施月间货物输送计划,即军用货物、总动员物资、满铁社用品、食品的运输,需经军部、有关会社和运输当局磋商,然后提出输送量,并核对输送能力(由当月运转材料、设备及辅助设备决定),决定各种物资的分配额,这一分配额就是输送计划量。①

1941 年 6 月苏德战争爆发,日本企图借机与纳粹德国夹击苏联,搞了一次"关特演",在 1941 年 7 月 30 日至 9 月 15 日,将日本国内动员到的兵力迅速集中到伪满"国境"附近,准备入侵苏联,也即关东军的特别演习。满铁全力配合,制定《战时铁道动员计划》,展开军事运输,获关东军司令官的"谢词"。②

但苏德战争爆发后,日伪依靠轴心国贸易获取物资的途径遇阻。1941 年 7 月,美、英纷纷冻结日本资产,日伪对外贸易举步维艰,物资输入、财税收入都大受影响,只能在日本主导的所谓"大东亚共荣圈"内百般搜刮。为此,日本推行所谓"计划交易""物资交流"。太平洋战争爆发后,日本更加急切,出笼《大东亚共荣圈内物资的交换计划》,设置"交易营团",实施贸易统制,宣称目的是以圈内各地向日本提供重要物资,日本则供给各地开发资材;致力于圈内各地消费物资的自给和相互交流。但实际所谓"交流",是将搜刮到的物资输往日本,并保障各地日本侵略军能以战养战,傀儡政权能苟延残喘,并促使各日占区"同皇国日本间的相互依存度加深",维持殖民统治。③ 满铁配合日本的掠夺和搜刮,加紧货物运输。

太平洋战争期间,日本海上运输受美军打击、阻隔,伪满边境各站的进出口货物,例如对关内、朝鲜的"交流"物资,以及对日本的运输,都无法通畅,不得不实行所谓"陆运转嫁运输",更加依赖铁路等陆路交通。

---

① 苏崇民主编:《满铁档案资料汇编·垄断东北铁路和海港》,社会科学文献出版社 2011 年版,第 487 页。

② 苏崇民主编:《满铁档案资料汇编·垄断东北铁路和海港》,社会科学文献出版社 2011 年版,第 496—498 页。

③ 苏崇民:《日本侵占下东北经济的殖民地化》,北京交通大学出版社 2018 年版,第 354 页。

这也是战时总动员的重要措施。尤其是安奉、奉山两线,是伪满、关内、日本之间的运输大动脉。1942 年 12 月至次年 3 月末,第一期转嫁运输的数量计划为农产品 30 万吨,华北盐 9 万吨,本溪湖生铁 10 万吨,经朝鲜釜山运往日本,顺利完成。预计在 1943 年 4 月以后,将 60 万吨华北煤运到朝鲜;还有 120 万吨谷物运往日本,其中的 40 万吨经罗津港运送。换防的日军也经陆路运送,而不论他们来自东北还是华北、华中。① 结果是,1943 年由华北经东北运往朝鲜、日本的物资为 44 万吨,由东北运往朝鲜、日本的物资为 175 万吨,其中经过朝鲜南部釜山、马山、丽水和木浦等港口运往日本的物资多达 151 万吨。1944 年由华北运往日本物资 156 万吨,由东北运往日本物资 361 万吨,均通过东北铁路。在重要的进出口车站(即所谓"国境"联络站)安东、山海关、满浦和上三峰,1939 年输入货物 103.4 万吨,而 1943 年猛增至 608.1 万吨,5 年间约增加了 5 倍。其中,经安东输入的货物增加了 2 倍多,经山海关输入的货物竟增加了 28 倍之多。经这 4 站输出的物资,从 1939 年的 136.7 万吨增加到 1943 年的 548.1 万吨,增加了 3 倍多。②

为完成运输,安奉、奉山、新义和连京等连接华北与东北、通往港口和朝鲜的路线,都调整列车运行,增加货运。安奉线增加货车 3 列,奉山线增加货车 4 列;各线控制旅客列车运行 6000 公里,为转嫁运输让路。从1944 年 10 月 1 日起,满铁全面修改列车运行计划,以确保定时运转,全面发挥运输能力,提高车辆运用率。为此,改造、扩充铁路设备,修建复线,培训、补充员工,增加车辆和场站,采取多种措施。③

日本对陆上运输依赖加重,也使得奉山、安奉、图佳等铁路线的运输格外繁忙。普通客货运输遭到抑制,与战争有关的运输猛增。加上通货膨胀的影响,战时负担加重,铁路运费也被迫提高。除了前述旅客运费大

---

① 苏崇民主编:《满铁档案资料汇编·垄断东北铁路和海港》,社会科学文献出版社 2011年版,第 506 页。

② 东北物资调节委员会研究组编:《东北经济小丛书·运输》,1948 年印行,第 258—264 页。

③ 苏崇民主编:《满铁档案资料汇编·垄断东北铁路和海港》,社会科学文献出版社 2011年版,第 506—518 页。

涨,一度下调的货物运费也有提高。从 1942 年 1 月 1 日起,货物运费、手续费都有不同程度的提高。例如,煤的运费由每吨 0.2 分(500—600 公里)和 0.1 分(700—800 公里)都统一提高到 0.4 分,1—300 公里内价格不变;矿石运费由每吨 0.75 分(200—300 公里)、0.3 分(500—600 公里)和 0.15 分(700—800 公里)分别提高到 0.8 分、0.6 分和 0.4 分,1—50 公里内价格不变;木材运费由每吨 2 分(1—50 公里)和 1.52 分(200—300 公里)分别提高到 2.2 分和 1.8 分,500—600 公里内不变,700—800 公里运费则从每吨 0.72 分下调至 0.6 分。另外,煤、矿石和木材的包车手续费从每吨 0.75 分增至 1 分。满铁还计划将普通旅客三等运费提高到 3 分,由此可增加收入 4970 万日元。而提高军用货物运费的计划遭到关东军的质疑。[①] 1934—1944 年伪满辖区铁路旅客、货物运输的变化见表 5-4。

表 5-4 伪满辖区铁路旅客和货物运输统计(1934—1944 年)

项目\年份	运客(万人)	运输里程(万公里)	客运收入(万元)	客运收入占客货收入总额(%)	运货(万吨)	运输里程(百万公里)	货运收入(万元)
1934	2368	228560	3837	19.9	3466	9469	15450
1935	2930	281818	5058	22.0	3740	10170	17954
1936	3323	331992	5797	23.1	4209	10748	19344
1937	3843	413003	6934	23.4	4012	12903	22664
1938	5005	544880	9454	25.4	4736	16260	27551
1939	7597	853089	14728	30.9	5896	20462	32907
1940	9782	1053660	19069	38.0	6339	20594	31067
1941	10378	1100570	22262	37.7	7344	25864	36885
1942	13215	1403467	30691	42.2	8317	27957	42157

---

① 苏崇民主编:《满铁档案资料汇编·垄断东北铁路和海港》,社会科学文献出版社 2011 年版,第 443—445 页。

续表

项目 年份	运客 （万人）	运输里程 （万公里）	客运收入 （万元）	客运收入 占客货 收入总额 （%）	运货 （万吨）	运输里程 （百万 公里）	货运收入 （万元）
1943	16356	1672053	43572	50.2	8462	28159	43332
1944	17005	1737755	60133	56.9	7756	26708	45561

资料来源：东北物资调节委员会研究组编：《东北经济小丛书·运输》，1948 年印行，第 203、215、223—224 页。

铁路旅客和货物运输的变化，受多种因素影响。

1933 年，伪满政府"委托"满铁经营其"国有"铁路，同年 10 月，朝鲜北部铁路也委托满铁经营。由于长春至图们铁路已通车营业，长春至朝鲜北部及清津港开行直达货运列车；通过与苏联海参崴遥相对应的清津港，得以与日本海的航运衔接。

1934 年 1 月，满铁将运往大连的农产品（如豆油、豆饼）所实行的混合保管制①，推广到东北各铁路沿线，并免费运输救灾粮食。同年 3 月，统一伪"国线"有关货物运输规程；伪满"国线"、满铁社线、北鲜线开行直达客车，又于 5 月开始货物联运。同年 6 月，设东方旅行社，为旅客提供旅行指导；沈阳、北平之间亦开行直达客车；9 月，连京线复线全线通车，长春大连之间开行"亚细亚"号特快；11 月，长春至朝鲜釜山也开通"光"号特快。因拉滨线开通营业，以哈尔滨为中心的东北北部市场，可绕开中东铁路，构成伪满铁路运输网。

1935 年 3 月，中东铁路被日本接收，东北铁路全部由满铁经营。长春哈尔滨之间的宽轨改为标准轨后，特快"亚细亚"号可从大连直达哈尔滨，运行时间 12 个小时，比原来缩短了 8 个多小时。图佳线图们至牡丹江段、朝鲜雄基至罗津线等新建铁路陆续完工通车，朝鲜罗津港也开始营

---

① 所谓"混合保管制度"，是把密集货物按同种类、同等级进行混合保管，并从中按相同数量提货的一种保管方式。另一种方式则为"分别保管"，即把各个寄存物原封不动地为寄存者分别保管，不与其他寄存物混合，日后寄存者提货时，则按货物原来形状、质量和数量返还。苏崇民主编：《满铁档案资料汇编·垄断东北铁路和海港》，社会科学文献出版社 2011 年版，第 465 页。

业,殖民地化的铁路交通网逐渐扩大。日本对中国东北的经济掠夺,除经由大连、安东外,更新增朝鲜北部罗津、雄基和清津三大港口,与日本海航运相接。同年5月,日本与伪满政府达成《关于经过图们国境列车直通运行及简化通关手续协定》,简化经朝鲜三港输入货物的通关手续,并从7月1日起,在三港设伪满税关。同年,长白线(长春至白城子)、白阿线(白城子至杜鲁尔)全线开通营业,便于日本对东北西北部地区的掠夺。运往朝鲜北部的农产品,以及松花江大豆,也实行混保制度。

1936年2月,运费有较大调整;同年3月,伪满"国线"开始与日本铁道省所管铁路开始联运;5月,又与北宁线联运。同年7月,中东路滨洲线宽轨改为标准轨,滨绥线宽轨亦于翌年开始改建标准轨。从此,东北铁路标准完全统一。9月之后,伪满辖区铁路加入欧亚货物联运。平梅线四平至"煤城"西安段也于9月开通营业。10月,伪满"国有"铁路被纳入满铁系统,"国线""社线"实现统一经营,伪满地区铁路形成更加紧密的一元化经营。

1937年,日伪开始实施"第一次产业开发五年计划",加快掠夺东北资源。日本移民、中国内地劳工,大批进入东北,加大了客运量。"七七事变"后,铁路运输更加繁忙。该年有图佳线全线、虎林线、新义线、白阿线洮安至阿尔山段铁路先后通车;梅辑线梅河口至通化段亦开始营业,运输里程扩大。

1938年,日本全面侵华战争扩大,伪满也修改"第一次产业开发五年计划",加速扩充产业以支撑侵略战争,货运也随之繁忙起来。伪满地区与华北、日本之间的联系更加频繁,华北劳工、日本武装移民源源而来,客运人数比1937年大幅增加了30%。为减轻客运压力,废除部分旅客票价减价办法,且严格限制免票的发行;为缓解货运紧张,规定载货车辆夜间不得停运,实行夜间装卸,缩短税关检查的停车时间。但军运频繁,未能明显缓和客货运输的紧张。同年10月,货物运费再做大的调整,统一满铁"社线"、伪满"国线"和北朝鲜线的货运价格标准,一律采用远距离递减制;对几种主要物资实行"品目"(品种)运费,予以减价;对日用品运输,也有减价办法。伪满政府还对与日本、朝鲜之间的货物联运,规定了直通运费价目。

1939 年,随着铁路建设、产业开发的推进,华北劳工、日本和朝鲜移民及武装开拓团等持续进入东北,且东北境内短途旅客也逐渐增多,当年客运人数竟比上年增加近 52%。为缓解客运紧张,严加限制铁路员工及家属的免票,停止大部分团体票的减价,并调整列车运行图,甚至减速运行,扩大客运能力。货运方面,年初大连港埠头积压货物 20 万吨;同年又发生关东军与苏联军队的诺门坎之战,运输量加剧;第二次世界大战欧洲战场开战,运往欧洲的大豆遇阻积压。但同年 10 月,促进掠夺吉林东边道资源、联络东北与朝鲜的梅(河口)辑(安)线开通营业,铁路营业里程超过一万公里,年底达 10459 公里;翌年 1 月与西伯利亚铁路开始联运,东北大豆恢复对欧洲出口。

1940 年,欧洲激战正酣,日本也积极准备扩大战争,所谓产业开发计划也将重点转移到战争准备上来,加强经济统制,对负有经济侵略使命的"特殊会社"提出新的要求。满铁"社线"与伪满"国线"的基本运费率实现统一,交通统制又进一步;经济统制使得进口货物减少,货运量增加不多,收入却有减少。同年 7 月,满铁解除北朝鲜西部线中的清津至上三峰间(134 公里)和会宁煤矿线(11 公里)的"委托"经营。

1941 年 6 月,苏德战争爆发,12 月太平洋战争爆发,日本深陷战争泥潭,开始限制普通客运。加上上年颁布汇兑管理法,对关内外的汇兑大加限制,严重影响客商的往来;华北劳工来东北也明显减少。受战争影响,日本旅客大为减少。当年客运人数增加不多;而客运收入受 1940 年 12 月票价上涨的影响,增加超过 16%。与军事侵略有关的军用品运输大增 70%,推动当年货运量比上年增加超过 25%;但货运收入增加并不为多。日伪财政捉襟见肘,不得不提高货运价格,次年施行。

1942 年,铁路运输仍受战争影响,战时色彩加重。日本出笼《大东亚共荣圈内物资的交换计划》,加紧物资搜刮,但海运不畅,伪满地区与华北、朝鲜之间的物资交流更加依赖陆路运输;配合日本战略的伪满第二次产业开发五年计划加紧推进,煤、铁、农产品等重要战时物资的运输更加繁重。该年客运却又见活跃,不得不调整客车运行时间,增加客车;但受对日"转嫁运输"影响,又不得不减少客运。而票价上涨,使得客运收入大增了38%。

1943年,日伪实行战争总动员。1943年3月,日本召开大陆铁道输送协议会,对增强军事力量的物资,尤其是输往日本的"转嫁运输"物资、日占区内的所谓"交流物资",作为运输重点,货运量大增,运输总里程超280亿公里,达伪满时期最高纪录。安奉、奉山等线运量增加尤大,约占伪满地区货运量的20%。但货运繁忙,客运被迫临时停运三次,停运里程达14000公里,加剧了客运困难。铁路方面不得不采取多项措施:限制车票、快车票出售数量;限制旅客乘车;限制携带行李包裹;加挂车辆。当年旅客人数比上年增加了24%。而座位效率,由上年的73%增至82%。同时,因票价上涨,客运收入大增了42%。

1944年,日本陷入穷途末路,输往日本的物资已无法使用大连、朝鲜港口,不得不取道安东、朝鲜陆路。同年8月,日伪实施所谓"铁路运送决战年间临时特例",试图扭转运输困境,但该年货运量仍然下滑。而客运人数和收入,均创伪满时期铁路客运最高纪录。[①]

铁路运输的货物,主要有矿产品、农产品、林产品、畜产品、水产品、工业品和铁路器材等。1933—1943年伪满地区铁路主要货物运输量统计见表5-5。

表5-5　伪满铁路主要货物运输量统计(1933—1943年)　　　　　(单位:万吨)

项目／年份	矿产品	农产品	林产品	畜产品	水产品	其他	官用品	铁路用品	总计
1933	—	—	—	—	—	—	—	—	2777
1934	—	—	—	—	—	—	—	—	3354
1935	—	—	—	—	—	—	—	—	3594
1936	1382	839	189	17	51	565	158[军品]	801	4002
1937	1357	647	203	15	59	583	397	751	4012

① 东北物资调节委员会研究组编:《东北经济小丛书·运输》,1948年印行,第205—208、224—229页。

续表

项目 年份	矿产品	农产品	林产品	畜产品	水产品	其他	官用品	铁路 用品	总计
1941	2114	542	412	16	65	784	2013	1368	7314
1943	2590	574	426	16	116	816	2110	1814	8462

资料来源:1933—1936 年数据根据苏崇民主编:《满铁档案资料汇编·垄断东北铁路和海港》,社会科学文献出版社 2011 年版,第 472—473 页;其余根据张研、孙燕京主编:《民国史料丛刊》第 360 册《伪满时期东北经济统计(1931—1945)》,大象出版社 2009 年版,第 174 页。

如果从货运结构看,也是维持战争的煤炭、军品运输量增加最快。受战争影响,农产品运输量尤其是大豆运输量自 1940 年开始明显减少,大豆从 1938 年最高量 2213 百万吨/公里,几乎逐年下降,至 1943 年降至 780 百万吨/公里,仅为 1938 年的 35.2%;军用品及战时重要物资煤炭运输量则大幅增加,军用品 1937 年为 1797 百万吨/公里,但太平洋战争爆发的 1941 年猛增至 8806 百万吨/公里,增加了近 4 倍[1]。

1934—1943 年,伪满地区铁路营业收支状况如表 5-6 所示(含北鲜线[2])。

表 5-6　伪满铁路营业状况统计(1934—1943 年)

项目 年份	(1)铁路运输收益状况					(2)铁路运输事故		
	1. 客货 运输收入 总计 (万元)	2. 客货 运输支出 总计 (万元)	3. 盈利 (万元)	利润率 (%) (3/1)	成本 收益率 (%) (2/1)	运转事故 (件)	旅客事故 (件)	货物事故 (件)
1934*	19854	10911	8943	45	55	—	—	—
1935	22730	11988	10742	47	53	—	—	—
1936	25180	13861	11319	45	55	—	—	—

---

①　苏崇民主编:《满铁档案资料汇编·垄断东北铁路和海港》,社会科学文献出版社 2011 年版,第 495 页。

②　朝鲜北部铁路收支状况如下:1934 年收入 300 万元;1935 年收入 430 万元;1936 年收入 610 万元;1937 年收入 710 万元、支出 590 万元;1938 年收入 890 万元,支出 760 万元;1939 年收入 1140 万元,支出 1137 万元;1940 年收入 740 万元,支出 953 万元;1941 年收入 640 万元,支出 829 万元;1942 年收入 770 万元,支出 917 万元;1943 年收入 830 万元,支出 1041 万元。东北物资调节委员会研究组编:《东北经济小丛书·运输》,1948 年印行,第 268 页。

项目 年份	（1）铁路运输收益状况					（2）铁路运输事故		
	1. 客货运输收入总计（万元）	2. 客货运输支出总计（万元）	3. 盈利（万元）	利润率（%）(3/1)	成本收益率（%）(2/1)	运转事故（件）	旅客事故（件）	货物事故（件）
1937	29590	15870	13720	46	54	9875	823	5182
1938	37000	21300	15700	42	58	17498	566	10213
1939	47640	29101	18539	39	61	30182	570	23310
1940	50140	35213	14927	30	70	31944	865	38785
1941	59160	43309	15851	27	73	26289	2191	58692
1942	72850	50617	22233	31	69	31240	1190	41826
1943	86900	61351	25549	29	71	—	—	—

资料来源：* 1934 年收益状况据苏崇民主编：《满铁档案资料汇编·垄断东北铁路和海港》，社会科学文献出版社 2011 年版，第 530 页有关统计表计算；其余年份均据东北物资调节委员会研究组编：《东北经济小丛书·运输》，1948 年印行，第 264—265 页。运输事故据张研、孙燕京主编：《民国史料丛刊》第 360 册《伪满时期东北经济统计（1931—1945）》，大象出版社 2009 年版，第 179 页。

统计表明，1934—1943 年 10 年间，以 1935 年收益状况最佳，利润率最高，成本收益率所反映的盈利能力也为最高。从"七七事变"后的 1938 年开始，收益状况趋于变差；不计 1944 年，苏德战争和太平洋战争爆发的 1941 年，收益状况表现最差。另外，各路事故也越来越频繁。日本帝国主义的战争冒险，对铁路营运的影响可见一斑。

第三节 伪"满洲国"的公路交通

在东北，清末政府为抵御沙俄入侵，在原有驿道基础上，修建过几条军用公路。地方公路也有修建，除奉天、吉林、齐齐哈尔外，还有以大连、安东、营口、长春、郑家屯、三姓、延吉、锦州等地为中心的公路。

东北汽车运输事业，在第一次世界大战结束之后，才有所发展。1918

年中华民国北京政府公布《长途汽车条例》,东北也兴起了汽车运输。但当时东北地区的道路、桥梁、设备都极为简陋,所谓公路,多为自然形成,人工修建的极少,且每到雨季便泥泞不堪,河流泛滥,车辆通行受阻,也就冬季结冰期尚可通行。加之东北匪患严重,沿途安全堪忧,汽车运输仅限于几个大的城市。1928年东北易帜,政局稍有稳定,1929年东北地方政府公布《汽车公路用地租用办法大纲》,一些汽车公司开始修建专用公路,经营汽车运输。如沈阳汽车公司、沈北长途汽车公司、四榆长途汽车公司、辽阳县南部农商联合会汽车部等。① 但规模甚小,往往在同一条线路上,经营汽车运输的最多不过十几人,每人一二辆车而已。

"九一八事变"后,日本侵略者和伪满傀儡政权,为巩固殖民统治,极力发展陆路交通,公路汽车运输也是其重点。在伪满政府成立前,公路建设工程由关东军在沈阳设立的临时道路建设事务所承担,满足日军军用汽车运输的需求。1932年3月10日,关东军司令官与满铁总裁签订《关于满洲国铁道、港湾及河川委托经营及新设等协定》,将属于伪"满洲国"政府的铁路、港湾、河川及其附带事业的经营权,以及这些交通的新建、扩建事宜,全部"委托"给满铁。汽车运输作为"附带事业",亦由满铁经营。8月17日,伪满政府"国务总理"与关东军司令官签署《满洲国铁路、港湾、水路、空路等管理及线路敷设管理协定》,对满铁经营伪满"国营"交通业,包括汽车运输,予以"法律"确认。

伪"满洲国"成立后,其公路组织机构先后有五类。一是"国道"会议,是伪满所谓"国道"建设的最高决策机构,设议长1人,由伪"国务总理大臣"兼任;副议长和议员若干人,主要审议伪"国务总理大臣"提出的国道建议,以及水利工程等重要土木工程。二是"国道"局,直属伪"国务院",负责"国家"直属公路及水利方面的基本调查、计划的制订和方案的确定。三是伪"民政部"土木局,1937年1月由伪"民政部"土木司与"国道"局合并而成,管理伪满全部道路。四是伪"交通部"道路司,1937年7

---

① [日]满史会编:《满州[洲]开发四十年史》上卷,满州[洲]开发四十年史刊行会1964年版,第648页。

月1日,道路建设与管理由伪"民政部"划归伪"交通部",伪"交通部"内设道路司,下设监理、直辖工事和地方工事3个科及哈大道路调查事务所,原"建设处"改为"土木工程处"。这次机构调整,将有关铁路、公路、河流、港湾、水运等事项的行政统归伪交通大臣管理。五是伪"交通部"土木总局,因日本发动太平洋战争,强化"战时体制",伪"交通部"于1944年3月1日另设"土木总局"专门修建关东军指定的军用道路和机场。此外,城镇公路由伪"国务院"内务局城镇计划科负责监督指导,后升格为城镇计划司,直属伪"交通部"。①

在关东军策划下,伪满地区的公路修建、"国有"汽车运输,都把持在满铁手中,实行交通统制。1932年12月,满铁本社铁道部营业课设自动车(汽车)系。1933年3月,满铁成立铁路总局,在总局运输处旅客课设汽车系,与铁道部营业课汽车系并存。同年7月27日,在满铁监董事会上,决定"社线""国线"有关汽车业,全部由铁路总局经营。1936年10月铁道总局成立,铁道总局的营业局设汽车课,管理辖区内的汽车客货运输业务。在奉天、锦州、吉林、牡丹江、哈尔滨、齐齐哈尔及朝鲜罗津铁道局设汽车营业所39处,营业支所118处。1937年10月废除汽车营业所,改设汽车区,并设停留所作为分支机构(也是区工作人员的所在地)。"七七事变"爆发后,1938年10月铁道总局将汽车课从营业局分离出来,升格为汽车局。1943年5月汽车局改称汽车部。②

一、伪"满洲国"的公路建设

1932年和1933年,关东军授意满铁先后制定和修订《满洲特殊自动车交通事业方策》,计划在东北修建长达6万公里的公路网。1933年3

---

① [日]满史会编:《满州[洲]开発四十年史》上卷,满州[洲]开発四十年史刊行会1964年版,第632页。

② 苏崇民主编:《满铁档案资料汇编·水陆交通和运输工人》,社会科学文献出版社2011年版,第131—132、141页;东北物资调节委员会研究组编:《东北经济小丛书·运输》,1948年印行,第277页。

月,伪满政府"交通部"设"国道局",下设"国道"建设处,接管关东军临时道路事务所的相关工作,具体负责"国道"的施工。国道会议、国道局及各土木建设处根据满铁的方案,制订"国道"建设十年计划,目标为 6 万公里"国道"。经过修改,第一期五年计划(1932—1936 年)为 1 万公里,第二期五年计划(1937—1941 年)为 1.3 万公里,总目标 2.3 万公里。结果在第一期计划中,完成修建"国道"8992 公里,耗用工程费 3830 百万日元(合伪满币 3780 多万元);第二期计划,到 1940 年年底完成修建"国道"近 9590 公里,支出伪满币近 7330 万元。①

对地方公路,也制订了公路网改造计划,并从 1935 年开始改建,计划改建 2 万公里,连接伪满各省、县公署所在地,以及各县公署所在地通往主要火车站等处。此外,为满足日本武装移民的需求,从 1937 年开始实施移民道路五条计划,修建连接移民地与地方中心和地方交通要道的公路。②

伪满辖区所修公路,主要有"国道"、地方道路、警备道路、军用道路、"开拓民"道路、国防道路 6 类。到 1941 年,共修建"国道"18582 公里,耗资伪满币 11059 万元,平均每公里约 5952 元。截至 1945 年 8 月 15 日日本投降,完成上述 6 类道路共约 35452 公里。③

主要的"国道"有:

安城"国道",由中、朝边境城市安东(今丹东)起,至城子疃,全长 216.2 公里,是连接大连与朝鲜的通道,又是关东州内大连至城子疃铁路的连接线。这条路线早在清朝就已形成,当时是山东和河北等地向东北移民的主要道路之一。中日甲午战争和日俄战争中,日本曾利用此路调

---

① 〔日〕满史会编:《满州〔洲〕开発四十年史》上卷,满州〔洲〕开発四十年史刊行会 1964 年版,第 632 页;黑龙江省地方志编纂委员会编:《黑龙江省志·交通志》,黑龙江人民出版社 1997 年版,第 51 页。另说第一期"国道"计划拟修 3.4 万公里,第二期拟修 2.6 万公里(见黑龙江省地方志编纂委员会编:《黑龙江省志·交通志》,黑龙江人民出版社 1997 年版,第 50 页)。

② 〔日〕满史会编:《满州〔洲〕开発四十年史》上卷,满州〔洲〕开発四十年史刊行会 1964 年版,第 632—634 页。

③ 黑龙江省地方志编纂委员会编:《黑龙江省志·交通志》,黑龙江人民出版社 1997 年版,第 51 页;中国公路交通史编审委员会编:《中国公路史》第 1 册,人民交通出版社 1990 年版,第 363 页。

动军队。1932年沿原有路线修建为国道，开始行驶汽车。

京吉"国道"，从"新京"（长春）的吉林大马路终端起，到达吉林市西南的黄旗屯附近止，全长108.8公里。1935年动工，1935年6月竣工，耗资93万多日元，动用劳力60万人次。[1]

北承"国道"，从北票到热河省会承德止，全长342.9公里。其中朝阳至承德段为清朝以来的重要道路，自1923年以来，东北军阀曾多次整治，到1928年已能通行汽车。1933年3月，日军侵占热河后，责成伪国务院在原有道路基础上，按一等国道标准改建。此路也是关东军对付热河抗日武装的主要警备道路之一。

讷黑"国道"，早在清朝，该路就是重要的官马大道。从民国到伪满时期仍是东北北部的干线道路。该路由讷河起，到东北北部门户黑河止，全长366.4公里。伪满时期仅就原路加以整修而已。

齐海"国道"，原为官马大道，是东北重镇齐齐哈尔通往东北地区西部门户海拉尔的干线道路，全长约400公里。

此外，1939年，伪满交通部公路司在奉天设哈大公路调查事务所，准备修建哈尔滨至大连的高速公路，设计最高时速为160公里，一般时速100公里。但直到日本投降，也未正式动工，仅做了一些前期调查。[2]

根据汽车行车路面的不同构造，"国道"有一、二、三等之分。一等"国道"通常是指连接伪满"首都"与主要城市及港口的道路及国防专用线，路宽7米。二等"国道"连接各主要城市，由各主要城市通往主要县城及车站所在地的道路，路宽6米。三等"国道"连接各县城及由县城通往地方城镇的道路，路宽无明确规定，以原有宽度为准。一、二等"国道"分为汽车道和马车道，在河川湿地等或不得不涉渡的地方，由于没有适当的设施，两种道路亦可并用。三等"国道"主要是利用原有路面，不分汽

---

① ［日］满史会编：《满州［洲］开发四十年史》上卷，满州［洲］开发四十年史刊行会1964年版，第635页。

② ［日］满史会编：《满州［洲］开发四十年史》上卷，满州［洲］开发四十年史刊行会1964年版，第643页。

车道和马车道。[①]

地方道路,仅在 1933—1938 年修建 13893 公里,另建有桥梁 21618 米,合计近 13915 公里;道路工程费共约伪满币 3070713 元,桥梁工程费伪满币 2739454 元。两项合计工程费 5810167 元。[②]

为保障汽车运输,满铁还建有汽车工厂,从事汽车的制造和修理。据统计,1938 年伪满地区有车体制造厂 14 家,每月可分别制造客、货汽车 70 辆、637 辆;另有汽车修理厂 194 家,每月可修理 1932 辆。[③]

二、伪"满洲国"的汽车运输

汽车运输分为"国营"和民营两类。与铁路并行或能替代铁路,与铁路形成竞争的路线,对维持殖民统治有重大军事和治安意义的路线,有利于经济掠夺的路线,乃至对"国营"公路形成竞争的路线,都归"国营",其他路线均可民营。"国营"汽车运输作为铁路的附带事业,也委托满铁经营。满铁在其铁路总局和各地铁路局内设有专门机构管理、经营公路汽车运输。避免公路与铁路形成竞争,固然是为保护历史更久的铁路的利益,但也有利于减少重复投资,使陆路交通布局更加合理。

据 1933 年 2 月满铁修订的《满洲特殊自动车交通事业方策》以及说明,汽车运输交由与铁路经营有关的特殊汽车公司经营,规定在各主要地区设数个独立公司分别经营,但由母公司负责投资并实行业务统制,也即在同一路线上的运输业务,必须由同一经营主体统一经营;特殊公司除由"满铁"和伪满政府投资组建外,原则上可在伪满辖区和日本募集股金,

---

① ［日］满史会编:《满州［洲］开发四十年史》上卷,满州［洲］开发四十年史刊行会 1964 年版,第 632—633 页。

② 黑龙江省地方志编纂委员会编:《黑龙江省志·交通志》,黑龙江人民出版社 1997 年版,第 59 页。

③ 张研、孙燕京主编:《民国史料丛刊》第 360 册《伪满时期东北经济统计(1931—1945)》,大象出版社 2009 年版,第 200—201 页。

在必要时也可允许外国人投资入股;实行独占营业,不向一般业者发放许可,但在附加条件时可允许临时营业;否认竞争营业,减免多项税费,无偿"借用"营业用地;特殊汽车公司设立之前的汽车公司由满铁直接经营等。

1933年满铁和伪满政府计划中的6万公里公路,其中的一半将成为定期长途汽车运输线;与铁路关系密切的路线、可代替铁路的路线以及对军事行动和传达邮件不可缺少的路线,加上若干紧要路线,总长达2.5万公里,由满铁设特殊汽车公司垄断经营。特殊汽车公司的经营范围为:客货运输,汽车和零部件的销售,汽车装配修理厂的经营,母公司对其他汽车公司的投资;还可经营仓储业、金融及汇兑业、调配业、旅馆业和土地房屋的出租等附带业务。关东军对汽车经营有很大的控制权。1933年11月22日,关东军交通监理部指示满铁,汽车路线由军方与交通部协议决定;满铁经营的路线,应由军方发出指令。①

1937年,满铁制订汽车事业四年计划。"七七事变"后,为满足全面侵华战争的需要,日本关东军又于1938年2月提出《满洲国汽车运输事业扩充统制纲要》,要求到1940年年底,"国营"公路通车里程要达到51463公里,汽车保有量要达到4000辆;民营公路线达到13000公里,汽车保有量达到1500辆;划定"国营"、民营各自经营及"国营"、民营并存的区域,在安东、奉天、吉林这类人口稠密的地区,以地方短途运输为主,民营汽车运输已较发达,原则上以民营为主、"国营"为辅,其他地区以国营为主、民营为辅;继续整顿民营汽车运输业,规定在1941年以前实现"一省一会社"(即在一个省区内由一家母公司统一经营)的目标;要求强制使用"国产"汽车,尤其是同和汽车会社制造的汽车。② 同年3月,关东军又决定,城市短途运输也可实行"国营"。这些措施进一步强化了交通统制,推动了适应侵华战争的汽车运输的发展。该年,许可开业的国营汽

---

① 苏崇民主编:《满铁档案资料汇编·水陆交通和运输工人》,社会科学文献出版社2011年版,第94—99页。

② 苏崇民主编:《满铁档案资料汇编·水陆交通和运输工人》,社会科学文献出版社2011年版,第112—114页。

车路线 139 条,营业里程长约 11717 公里。[①]

　　1939 年,日本扩大侵华战争,欧洲亦战云密布,9 月爆发大战。满铁制定《国营汽车交通指定纲要》,要求加紧充实汽车运输各项设备,并划定 195 条开业路线,营业里程长约 16175 公里。此外,根据统制的需要,原来许可民营的路线,一部分也予以收回。[②]

　　1940 年,汽车营业里程突破 2 万公里,比 1936 年增加了 3 倍,车辆增加了 4 倍,从业人员增加了 9 倍。不顾质量,快速扩张数量,导致许多问题。车辆破损严重,燃料、材料、熟练工补充困难,营业亏损严重。[③] 1938年亏损超过 110 万元,1939 年、1940 年两年,更是连续亏损,每年均超过 420 万元之多。1941 年,满铁被迫停止扩张汽车运输,开始整顿。[④]

　　经过整顿,1941 年营业收支状况好转,扭亏为盈。截至 1941 年年底,"国营"、民营汽车共有 4422 辆,通车里程达 26342 公里。[⑤] 但这年年底,日本发动太平洋战争,形势陡变。满铁不断加强汽车运输统制。因燃料紧张,10 月起更多使用木炭之类的代用燃料。1941 年使用 7.4 万公斤木炭行驶了 5.4 万公里。[⑥]

　　到 1944 年,日本侵略者深陷战争泥潭,更加强化汽车运输统制。关东军于 4 月公布《公路运输计划执行纲要》和《汽车运输统制业务处理纲要》,要求对汽车运输"加以最大限度的统制和运用,以期完成军事方面和增强战力的重要运输任务"。原则是,汽车运输仍以"国营"为主体,与

---

　　① 苏崇民主编:《满铁档案资料汇编·水陆交通和运输工人》,社会科学文献出版社 2011年版,第 117 页。

　　② 苏崇民主编:《满铁档案资料汇编·水陆交通和运输工人》,社会科学文献出版社 2011年版,第 119、132 页。

　　③ 苏崇民主编:《满铁档案资料汇编·水陆交通和运输工人》,社会科学文献出版社 2011年版,第 135 页。

　　④ 苏崇民主编:《满铁档案资料汇编·水陆交通和运输工人》,社会科学文献出版社 2011年版,第 137、139—140 页。

　　⑤ 中国公路交通史编审委员会编:《中国公路运输史》,人民交通出版社 1990 年版,第373—374 页。

　　⑥ 张研、孙燕京主编:《民国史料丛刊》第 360 册《伪满时期东北经济统计(1931—1945)》,大象出版社 2009 年版,第 201 页。

铁路相结合,形成一元化,成为局部地区的重要运输骨干;与铁路和汽车的统制运输相呼应,要保证铁路运输和军事运输,加强短途运输能力,为此设立短途搬运统制协议会。运输统制的具体实施方式,规定运输申请要报不同机关调查汇总后提出(军需物资由野战铁道司令部提出、特殊物资由伪满政府和关东局提出、满铁社用品由满铁提出);各机关要在每月20日之前协议申请,审定运输力的分配;按规定管制运输。①

满铁开始经营"国营"汽车运输,始于1933年3月的热河军用公路汽车运输。满铁设铁路总局伊始,关东军马上指令满铁"基于作战上的必要",立即开始由朝阳或北票到承德和赤峰的汽车运输营业。3月20日,满铁正式开始经营朝阳至北票40公里的汽车运输。当时,运输业务由奉山铁路局管理,拨给千代田牌汽车5辆。当时正值解冰期,运行困难,平常2小时的行程(每小时20公里),此时需要6小时,甚至15小时,只是持续运行能力强于马车而已。②

汽车运输的旅客运费为每人每公里5分,采用十足里程收取运费,根据路线情况,最高运费率达到6分4厘,最低为1分5厘。各线均实行定期行车制度,但行车次数和车辆数不尽一致。除了奉天抚顺间、新京吉林间这类连接大城市的短途运输,其他长途路线一般是每天一个来回或者单程,有时4天一个来回;一趟行车由2—4辆车组成纵队,但也有30—40辆的纵队,如哈尔滨至同江间的汽车运输。③

满铁自1933年3月开始经营汽车运输后,营业路线逐年增加。到1940年年底实际营业里程达到1.8万公里(许可里程更长)。车辆保有量从1933年的197辆增加到1941年的2285辆;从业员工从1937年的1476人增加到1941年的5180人;长途运输客运人数从1937年的116万人增加到1941年的1159万人;货运量从1937年的37997吨增加到1941

---

① 苏崇民主编:《满铁档案资料汇编·水陆交通和运输工人》,社会科学文献出版社2011年版,第123—124页。

② 苏崇民主编:《满铁档案资料汇编·水陆交通和运输工人》,社会科学文献出版社2011年版,第125页。

③ 苏崇民主编:《满铁档案资料汇编·水陆交通和运输工人》,社会科学文献出版社2011年版,第129—130页。

年的 66352 吨(见表 5-7)。

表 5-7 伪满"国营"汽车运输统计(1932—1943 年)

项目 年份	营业 里程 (公里)	车辆数(辆)		员工数 (人)	运输旅客(万人)			运输货物(吨)		
		客车	货车		长途	短途	旅客万 人公里	起运	运输	货物万 吨公里
1932	40	—	—	19	—	—	—	—	—	—
1933	—	100	97	611	—	—	—	—	—	—
1934	—	252	224	882	—	—	—	—	—	—
1935	—	219	261	726	—	—	—	—	—	—
1936	—	291	323	737	—	—	—	—	—	—
1937	5683	334	700	1476	116	—	4342	37997	40633	4023
1938	9544	—	—	2896	447	—	10228	38228	42854	1980
1939	14478	—	—	5175	706	668	20085	68377	70613	3204
1940	18230	—	—	5326	1109	1119	31887	66500	71317	4028
1941	18516	1412	873	5180	1159	783	36356	66352	75247	5076
1942	19877	—	—	—	1251	664	41913	68770	—	5958
1943	19803	—	—	—	949	622	33514	270402	—	8203

注:1. 各年平均每日行驶汽车数、1940 年货物起运量、1942 年和 1943 年营业里程包括北朝鲜的统计
    数。2. 车辆数不含其他种类车辆。

资料来源:1932—1936 年据苏崇民主编:《满铁档案资料汇编·水陆交通和运输工人》,社会科学文
    献出版社 2011 年版,第 142—146 页;其余年份据张研、孙燕京主编:《民国史料丛刊》第
    360 册《伪满时期东北经济统计(1931—1945)》,大象出版社 2009 年版,第 194—197 页。

"国营"汽车货物运输,有工业品、矿产品、农产品、水产品、杂品、官用货物和其他货物几类。各年货物运输情况见表 5-8。

表 5-8 伪满"国营"汽车运输各类货物起运量统计(1937—1941 年)

(单位:吨)

项目 年份	工业品	矿产品	农产品	水产品	杂品	官用 货物	其他	总计
1937	1120	—	7845	183	5765	—	23084	37997
1938	6028	4273	4362	174	17009	—	6382	38228
1939	15219	32989	11106	497	—	5057	3509	68377

续表

项目 \ 年份	工业品	矿产品	农产品	水产品	杂品	官用货物	其他	总计
1940	—	—	—	—	—	—	—	66200
1941	—	20296	12176	—	—	2698	31181	66351

注:1. 1939年"其他"中包括林产品1875吨、畜产品126吨。2. 1938年全部统计及1940年总计中,均
　　包括北朝鲜统计数。

资料来源:张研、孙燕京主编:《民国史料丛刊》第360册《伪满时期东北经济统计(1931—1945)》,大
　　象出版社2009年版,第198页。

伪满"国营"汽车运输的收支情况见表5-9。

表5-9　伪满"国营"汽车运输收支统计(1933—1942年)　　(单位:万元)

项目 \ 年份	收入				支出	盈(+) 亏(−)	附:满铁汽车事业费
	客运	货运	其他	总计			
1933	44.6	14.0	2.3	60.9	140.0	−78.9	87.7
1934	85.9	37.5	3.1	126.5	192.5	−66.0	94.6
1935	107.2	46.5	4.5	158.2	264.8	−106.6	197.9
1936	137.9	47.5	3.1	188.5	298.0	−109.5	244.6
1937	—	—	—	351.3	418.8	−67.5	343.7
1938	392.2	340.8	19.6	752.6	862.7	−110.1	—
1939	707.1	528.5	14.3	1249.9	1682.1	−432.2	—
1940	1171.3	803.5	35.0	2009.8	2433.2	−423.4	—
1941	1988.3	1052.8	27.4	3068.5	3063.3	5.2	—
1942	2346.9	1179.5	122.1	3648.5	3634.2	14.3	—

资料来源:1932—1936年据苏崇民主编:《满铁档案资料汇编·水陆交通和运输工人》,社会科学文
　　献出版社2011年版,第145页;其余年份据张研、孙燕京主编:《民国史料丛刊》第360册
　　《伪满时期东北经济统计(1931—1945)》,大象出版社2009年版,第199页。

开放民营的汽车路线,据调查,截至1937年8月,长达5232公里(市
内公交线226公里);有汽车617辆,其中客车524辆(市内公交车296

辆),货车93辆。[1]

伪满辖区民营汽车运输是作为日本殖民统治的附庸而存在的。在伪满政府成立前,民营汽车运输业者多属个体业户,主要经营客运,经营货运者寥寥。伪满政府成立后,这些小企业在所谓"统制管理""集中化经营"的方针指导下,绝大部分被日本集团资本和具有特权的大、中型企业所排挤、兼并。1938年2月关东军制定《满洲国汽车运输事业扩充统制纲要》,要求民营汽车运输业必须与其他交通机关保持协调,且能适应"国防"需要;以"一省一会社"为原则。根据关东军的这一指令,伪满交通部在原统制管理的基础上,又进行更大规模的"扩充统制"。原有民营汽车运输企业有1/3以上继续被集团资本所垄断兼并。自1933年至1937年的5年间,原有运输业者由206家急剧减少到30家。但营运路线和车辆保有量却有所增加。据调查,民营汽车业较为发达的为奉天、安东和吉林三"省",1937年民营汽车营业里程实有6700公里,车辆保有785辆;1938年营业里程实有8400公里,车辆保有985辆;1939年营业里程实有10500公里,车辆保有1195辆;1940年营业里程实有11500公里,车辆保有1345辆;1941年营业里程实有13500公里,车辆保有1505辆。营业里程和车辆保有量都有较大增加。[2]

另据不完全统计,1939年至1940年,伪满辖区民营汽车运输企业共有20家(不包括市内公共汽车和出租汽车业者),汽车营业路线总里程达7826公里,营业汽车保有量由1505辆跃增到1940年的2137辆,车辆的技术状况和客货运输设施、设备也有较大改善,职工人数达5765人(见表5-10)。[3]

---

① 黑龙江省档案馆编:《满铁调查报告》第二辑第21册,广西师范大学出版社2005年版,第3页。

② 苏崇民主编:《满铁档案资料汇编·水陆交通和运输工人》,社会科学文献出版社2011年版,第145页。

③ 张研、孙燕京主编:《民国史料丛刊》第360册《伪满时期东北经济统计(1931—1945)》,大象出版社2009年版,第202页。不同的调查,统计数不尽一致。

表 5-10 伪满辖区民营汽车业统计(1939—1940 年)

项目 地区	公司名	公司 所在地	经营规模						运输业绩		备注
			员工数 (人)	营运 里程 (公里)	客车 (辆)	货车 (辆)	车辆 总计 (辆)		客运 (千人)	货运 (吨)	
1. 辽东	安东交通 株式会社	安东	418	697	52	80	132		882	2976	系 1939 年 12 月至 1940 年 2 月运输数
	奉天交通 株式会社	沈阳	1396	1219	259	12	271		2043	—	1939 年上期统计数,含沈阳,抚顺两市
	奉南交通 株式会社	鞍山	399	805	907	13	920		12	—	1939 年 11—12 月统计数
	小计		2213	2721	1218	105	1323		2937	2976	—
2. 辽西	锦西交通 株式会社	北镇	37	72	8	4	12		35	1102	1939 年上期数
	昭和汽车 公司	台安	16	68	3	1	4		51	680	1939 年全期数
	奉北交通 株式会社	四平	344	1609	59	12	71		641	—	1939 年上期数,内有 249 公里停运
	小计		397	1749	70	17	87		727	1782	—

续表

项目 地区	公司名	公司所在地	经营规模					运输业绩		备注
			员工数（人）	营运里程（公里）	客车（辆）	货车（辆）	车辆总计（辆）	客运（千人）	货运（吨）	
3. 吉林	长春交通株式会社	长春	1121	462	198	—	198	7811	—	1939年上期数，含长春市
	满洲交通株式会社	长春	66	306	19	8	27	261	—	1939年全期数
	奉吉交通株式会社	公主岭	58	269	11	10	21	100	2	1939年下期数
	吉林交通株式会社	吉林市	150	514	31	24	55	1704	—	1939年全期数，含吉林市
	东满洲铁道株式会社	珲春	7	18	2	—	2	16	—	1939年上期数
	株式会社信义洋行	图们	3	3	2	—	2	16	—	1939年全期数
	小计		1405	1572	263	42	305	9908	2	—

项目 地区	公司名	公司所在地	经营规模					运输业绩		备注
			员工数（人）	营运里程（公里）	客车（辆）	货车（辆）	车辆总计（辆）	客运（千人）	货运（吨）	
4. 黑龙江	丙通长途汽车公司	洮南	15	216	1	4	5	4	21	1939年全期数
	东亚运输商会	绥化	109	440	18	11	29	70	2	1939年下期数
	小计		124	656	19	15	34	74	23	—
5. 松江	哈尔滨株式会社	哈尔滨	540	71	106	—	106	9150	—	1939年上期数
	哈尔滨汽车交通合资会社	哈尔滨	64	134	14	3	17	51	291	1939年全期数
	哈郭长途汽车公司	呼兰	46	125	6	5	11	29	718	1939年下期数
	牡丹江市营汽车	牡丹江	109	29	23	—	23	2065	—	含牡丹江市
	小计		759	359	149	8	157	11295	1009	—

续表

项目地区	公司名	公司所在地	经营规模					运输业绩		备注
			员工数（人）	营运里程（公里）	客车（辆）	货车（辆）	车辆总计（辆）	客运（千人）	货运（吨）	
6. 热河	华北满蒙运输商行	承德	12	110	2	2	4	4	1003	1939 年全期数
7. 旅大	大连都市交通株式会社	—	855	659	227	—	227	17016	—	1940 年数，含旅顺、大连两市
总计	20 家		5765	7826	1948	189	2137	41961	6795	

资料来源:张研、孙燕京主编:《民国史料丛刊》第 360 册《伪满时期东北经济统计（1931—1945）》,大象出版社 2009 年版,第 202 页。原表个别数据有误,本表已订正。

比较重要的运输企业有两家。一家是"大连都市交通株式会社",另一家是"国际运输株式会社"。

"大连都市交通株式会社"为"满铁"直接投资的直系会社,不仅经营大连市内、市郊的电车公共汽车运输业务,还执行日本侵略者的交通统制国策,倚仗其雄厚的资本、人力和技术力量,担当起收买、兼并民营汽车企业的任务。

1934 年 11 月,日资"南满洲电气株式会社"将其电灯、供电及附带业务全部转让给新设立的伪满"满洲电气株式会社",从而专门经营电车和公共汽车业务。1936 年 4 月,更名为"大连都市交通株式会社"(以下简称"大连交通")。该会社已于 1935 年 7 月与新京特别市共同出资设立新京交通(投资 25 万元);又于 1936 年 8 月设瓦房店复县交通(投资 9.9 万元);1937 年 3 月设奉天交通(投资 120 万元);1938 年 12 月设安东交通;1939 年 11 月设奉南交通等公司。此外,还投资于奉北、东吉林、牡丹江的交通公司。为配合日军入侵华北,又投资于华北地区的青岛、天津,染指华北主要城市的交通。[①] 该公司成为推动日伪交通集中统制的急先锋和控制民营汽车运输的核心企业。

至 1942 年年底,在伪满的民营汽车运输企业中,中国私人资本已减少到仅占 3.7%;至 1945 年 6 月,在伪满汽车运输企业的特殊公司和准特殊公司中,中国私人资本仅占 0.2%。

在汽车货运业方面,居于垄断地位的是"国际运输株式会社"。早在 1923 年,满铁鉴于当时中国东北南部地区的生产已无更多扩展的余地,计划向北部地区寻找货源,但又不愿直接以铁路的名义进行,为掩人耳目,决定设立一个分支机构,于 6 月 22 日成立"国际运送株式会社",担负起实现"满铁"在东北北部乃至远东地区运输野心的重任。满铁先在 1923 年 2 月设立东亚运送株式会社,然后与日本运送株式会社合并,从而继承了日本运送拥有全部股份的另一家运输企业明治运送株式会社的

---

① 苏崇民主编:《满铁档案资料汇编·水陆交通和运输工人》,社会科学文献出版社 2011 年版,第 150—155 页。

营业。1926 年,国际运送株式会社、明治运送株式会社和又一家运输企业内国通运株式会社三家公司计划合并。而满铁认为,"国际运送株式会社"在中国东北和朝鲜的分支机构的业务负有特殊使命,应独立经营,于是在 1926 年 8 月 1 日成立一家新的企业——"国际运输株式会社",成为满铁运输业务的重要辅助机构。原"国际运送株式会社"与内国通运株式会社合并,仍沿用"国际运送株式会社"之名。满铁给予新成立的"国际运输株式会社"的首要任务,就是运输东北北部物产,特别是该地区的特产,为满铁掠夺中国东北北部资源服务,同时与中东路竞争。这样,满铁就可以"躲在幕后通过国际运输株式会社来实现应付吸收北满货物等问题了"。"国际运输株式会社"(以下简称"国际运输会社")额定资本金为 1000 万元,股份 20 万股,满铁以个人名义保有 161765 股,成为绝对的大股东。实缴资本 340 万元,满铁缴 275 万元。

由于"国际运输会社"负有特殊使命,满铁与其签订了额度 300 万元、以货物为担保的融资协议,提供包括运输和仓库货物的贷款、经办货物的运费以及其他各种费用垫款。该社继承了原"国际运送株式会社"支社管辖的支店、营业所、派出所,还新设店所,于 1926 年 8 月 15 日开始营业。之后,营业网从中国东北、日本扩展到中国关内、朝鲜、中国台湾各地。1928 年 11 月,该社已有支店 16 个,办事处(出张所)12 个,营业所28 个。[①]

1931 年"九一八事变"发生后,"国际运输会社"抓住机会,承担军事、新线建材、劳工等运输,并随着日军的铁蹄不断扩大业务范围,营业收入也逐年上升,1932 年股本分红高达 8 成。随后,又落实满铁进入朝鲜北部的国策,试图统制北朝鲜三港的海陆运输,于 1934 年 9 月正式接手国际运送、朝鲜通运和北鲜运输 3 家公司在朝鲜北部的全部业务。随着伪满"国线"铁道网的扩大和经营一体化的进展,中国东北南部和朝鲜北部港口的进出口货物猛增,"国际运输会社"的海陆运输也盛极一时。该

---

① 苏崇民主编:《满铁档案资料汇编·水陆交通和运输工人》,社会科学文献出版社 2011年版,第 161—163 页。

社独家垄断了伪满辖区的大半汽车(包括胶轮马车)货运量。其分支机构遍布各大中城市,在铁路沿线城镇均设有运输营业所,享有全境铁路车站到、发货物的独家经营权。1936年,满铁在奉天设铁道总局,统一经营伪满和朝鲜北部铁路。"国际运输会社"紧随其后,派出常务董事常驻奉天。

1937年,日本玩起所谓撤销在伪满"治外法权"的把戏,"国际运输会社"设立打着伪满法人旗号的同名子公司,在奉天设总社;而仍在大连的日本法人"国际运输会社",作为母公司负责统管日本国内、朝鲜、关东州及中国内地机构的业务。但两家会社实际上是一体的,两块牌子一套人马,实行共同经营。

除了经营运输和仓储业务,"国际运输会社"也有少量的金融业务,主要是以该社栈单或保管的货物为担保,从事押汇业务,1937年经营的金融款额达6300万元。该社的金融业务后来逐渐减少。[①]

至1941年年初,"国际运输会社"已发展到有11000多名从业人员、830家店的规模;最近一年收入达1.5亿元。1941年,该社以伪满法人组织名义,牵头组建伪"满洲国运输组合"(运输业联合会),打着民间组织的旗号,实质是日本在伪满辖区汽车货运业的中枢指导机关。

"国际运输会社"在所谓小运送上,也具有垄断优势。所谓小运送,是指附随于铁路、船舶等大运输机构,或对其利用或与其结合,并以满铁所管铁路沿线的车站、码头为中心,进行短途为主的陆路运输。在东北地区,小运送存在多年。在铁路线以外各地的粮商或加工厂,将农产物及其加工品运往铁路沿线的粮栈、加工厂、特产输出行或车站仓库;所用运输工具,多为大车、四轮车(苏联式)、牛车或转运公司的拉货马车、胶轮车等。小运送从业者众多,价格自由浮动,每年运送货物约为1500吨,有利于当地工商经济的发展。[②] 日本侵占东北后,推行统制经济。"国际运输

---

① 苏崇民主编:《满铁档案资料汇编·水陆交通和运输工人》,社会科学文献出版社2011年版,第165—174页。

② 东北物资调节委员会研究组编:《东北经济小丛书·农产》流通篇下,1948年印行,第43—44页。

会社”的营业机构遍布铁路沿线,在小运送的统制上具有优势,且与各家船会社联系密切,又在日本、朝鲜、中国台湾设有分支机构,形成其他机构无法比拟的庞大的运输网。仅在 1937 年 7 月至 1938 年 6 月一年中,全部小运送业者经办的满铁站发到小运送货物 1760 万吨,该社独家经办了 530 万吨,占总量的 31%;其余货物由另外的 1200 家经办。由此可见该社的垄断能力。1938 年 1 月以后,满铁实行铁路集中货物配达,以零担货物为主,加上铁路通关代办业务和各车站、码头(不包括大连码头)装卸作业的代办等,全部由满铁交给该社承包,该社也得以经办一半以上的小运送业务。

为加强运输统制,满铁要求日伪实行小运送许可制度,指定“国际运输会社”承担小运送的整备统制事务。1940 年 7 月,满铁制定“特定小运送人”规则,指定“国际运输会社”为特定小运送人,营业范围包括:小件行李或货物的收发作业及其附属业务,行李货物的装卸作业,代办报关业务,其他满铁认为特别有必要的业务。这样,该社实质上成为伪满地区小运送业的半官半民的统制机关。该社也借此良机,扩展业务,增加投资,1941 年资金增至 1500 万元,1943 年增至 3000 万元。

1941 年,根据关东军的决定,伪满政府交通、兴农两“部”制定《关于战时农作物小运送实施要领》(即粮谷短途集运),“国际运输会社”作为特定企业又独家垄断伪满辖区城乡间包括粮麻、木材、煤炭等物品的统制运输业务。据统计,1941 年实际完成运输量达 350 万吨,占粮谷类总输出量的 86%,1942 年实际运输量占总输出量的 93%。①

除伪满辖区外,“国际运输会社”势力范围更扩张到冀东、华北和内蒙古等地。随着日本在华北和内蒙古等地侵略活动的日益嚣张,“国际运输会社”以所谓“国策先驱”自诩,也加大在华北的业务扩张。早在 1925 年,“国际运送会社”已在天津设立办事处。1935 年 11 月,日本策划的所谓“冀东自治政府”成立,“国际运输会社”先后在山海关、唐山、北

---

① 中国公路交通史编审委员会编:《中国公路运输史》第 1 册,人民交通出版社 1990 年版,第 377—378 页。

平、张家口设营业所,在所谓"冀东贸易"中极为活跃,不仅在大连与秦皇岛一带的沿海贸易中承担运输,还牵头代营柳江煤矿轻轨铁路,经营唐山的粮谷交易场;以张家口为起点,向绥远、多伦、西苏尼特等内蒙古一带扩张运输业务。1936年接手冈村汽船天津东兴洋行的业务和设施,翌年2月与兴中公司、大连汽船共同出资,设立天津塘沽运输公司经营天津、塘沽一带码头货物装卸和舢板运输业,并于1937年"七七事变"后不久的8月1日,迅速将天津办事处升级为支店,统辖华北和伪"蒙疆"地区的运输业务,成为侵华日军的得力帮凶。"七七事变"后,满铁在北平设华北事务局,奉日军之命经营日占铁路,指定"国际运输会社"办理货物运输。该社以天津支店为骨干,派遣社员,并调集在伪满的人员,又从日本雇人,紧跟日军,冲在前沿,在京汉、津浦、北宁等铁路沿线设营业分支机构,承担与铁路一体的运输任务。还根据军方命令,通过大清河等河流,承担天津、保定间的军用品和粮食搬运。同年12月,在天津设董事室,负责与日军行动有关的业务和联络交涉事务,并于1938年2月将董事室紧随日本华北方面军司令部迁到北平,至9月又新设华北支社,统管华北地区的业务。1938年7月,该社将张家口支店业务转给伪"蒙疆"政权,协助其创办"蒙疆运输股份公司"。1939年4月,日本设"华北交通株式会社"经营华北铁路,1941年又设"华北运输株式会社",统一经营华北运输。"国际运输会社"为这两家公司提供资金、人力、物力,助其开展业务,并于1941年9月30日将业务全部移交给两公司。[1]

　　1943—1945年,"国际运输会社"的搬运工具数量如下:1943年有马匹2670匹,马车4927辆,手车83辆,汽车277辆;1944年有马匹6191匹,马车6047辆,手车830辆,汽车292辆;1945年本社有马车11142辆,另外雇用马车27005辆,有手车2656辆,汽车340辆。[2] 其收支状况见表5—11。

---

　　① 苏崇民主编:《满铁档案资料汇编·水陆交通和运输工人》,社会科学文献出版社2011年版,第165—173页。
　　② 东北物资调节委员会研究组编:《东北经济小丛书·运输》,1948年印行,第291—293页。

表 5-11　"国际运输会社"营业收支统计（1932—1942 年）　　（单位:万元）

年份 \ 项目	收入	支出	损益	事业费	财产余额
1932	599.7	566.8	32.9	—	189.4
1933	1038.9	678.0	360.9	—	323.3
1934	1517.5	996.6	520.9	55.5	290.1
1935	1662.9	1038.7	624.2	89.6	326.9
1936	1905.2	1208.6	696.6	64.8	341.0
1937	2525.0	1681.2	843.8	82.2	378.3
1938	4341.4	2974.3	1367.1	209.6	601.6
1939	8845.1	6293.8	2551.3	376.7	890.0
1940	13667.8	10234.1	3433.7	658.2	1529.4
1941	16861.0	13158.1	3702.9	967.2	2123.1
1942	8520.3*	6627.4*	1892.9*	959.5	2161.4*

注:1. 收支包括子公司;2. 事业费不包括华北部分;3. * 为 1942 年上期数。

资料来源:苏崇民主编《满铁档案资料汇编·水陆交通和运输工人》,社会科学文献出版社 2011 年版,第 183—186 页。

第四节　伪"满洲国"的邮政电信和航空运输

日本侵略者为在伪"满洲国"推行和巩固殖民统治,非常重视邮政、电信和航空运输业等。他们劫夺中国东北的邮电和航空事业,假手伪满傀儡政权,建立殖民地化的邮电、航空网络。

一、伪"满洲国"的邮政

国民党政府的中华邮政在东北设有辽宁、吉黑两个邮区。随着关内邮政业的发展、关内人民移民东北的逐渐增多,中华邮政在东北的业务也有所发展。到 1931 年,中华邮政在东北的邮政局所有 2850 处,邮路里程超过 5 万公里。① 加之东北邮区是亚洲与欧洲陆上交通最便利的孔道,不仅是中国邮政最重要的邮区,且为欧亚邮件运输的转递枢纽,邮政业每年有二三百万元的盈余,每年由东北各邮局汇入关内的款额超过 2100 万元。在某种意义上,东北邮政"谓为整个中国邮政之生命线,亦非过言"。②

第一次世界大战期间及战后,各国在中国的"客邮"纷纷撤销,但日本在"南满"铁路区域内和旅大租借地的邮局,反而猛增。据国民党政府邮政总局调查,1928 年日本在东北设有非法邮局 62 处,1931 年"九一八事变"前夕非法邮局扩大到 223 处。③

"九一八事变"发生时,中华邮政辽宁邮区邮务长为意大利人巴立地。他召集邮区高级职员商讨对策,并发布通令,要求区内各邮局继续维持业务;给邮差(邮递员)颁发白布臂章,上书"邮政局",加盖管理局关防(公章),并加编号、签名。巴立地还试图与日本占领当局"商议",请求日军允许邮政员工正常行走,勿予留难。巴立地又前往日本非法设在沈阳的邮局,要求对方在北宁铁路阻断期间提供邮件运输的协助。日方顾忌中华邮政已加入万国邮政联盟,是国际通信机关,未敢强行接管,暂时同意转寄往来上海及以南各处邮件。

然而,日本侵略者还是对中华邮政百方施暴。事变次日凌晨,日军二十多人闯入辽宁邮政管理局,恐吓邮区职员,殴打员工,强征邮车。在各地,日本"军队所至,对于邮件则强行严厉检查,对于员工则百般凌虐,稍涉嫌疑,辄或殴打或拘禁。内地各局所,或迫匪祸,或受军事影响,局屋被毁者有之,票款公物被劫者有之,员工拘禁伤害、受有损失者有之"④。

1932 年 3 月,伪满傀儡政权成立后,发出通告,自 1932 年 4 月 1 日

① 彭瀛添:《列强侵华邮权史》,(台北)华冈出版有限公司 1979 年版,第 191—192 页统计表。

② 何新吾:《东北现状》,首都国民印务局 1933 年版,见丁三青:《近代以来日本对我国东北邮政的侵夺》,《历史档案》1995 年第 3 期。

③ 现代邮政月刊社编:《现代邮政》1949 年第 3 期。

④ 杨斌:《邮政总局等关于"九一八"事变后处理东北邮务经过密呈稿》,《民国档案》1990 年第 3 期。

起,东北邮务由"满洲国"自行处理。4月24日,伪"满洲国"申请加入万国邮政公约、万国电信条约和万国无线电条约,为此,分别致电瑞士、比利时和美国,但遭万国邮联会拒绝。伪满政府还决定于8月1日发行伪满邮票,且日籍视察官、监察官强行进入邮局,强占办公场所。鉴于此,国民党政府邮政总局于7月23日命令辽宁和吉黑两邮区全面停业;交通部也发表严正声明,通告中外,暂停东北两邮区业务。两个邮区的员工3120人大部分陆续撤入关内。国民党政府同时宣布对伪满实行邮政封锁。

在日伪肆虐之下,东北邮政损失严重。2800多处邮政局所丧失。除部分邮袋设法寄回关内外,其余财产均被日伪扣留。房屋、地基、船只、车辆及其他财产,辽宁邮区损失约值法币110.38万元;吉黑邮区损失约值上海银元121.95万元。另有大量邮票、汇兑印件被迫就地焚毁。据报,辽宁邮区焚毁邮票额值19987.54元,汇兑印件额值41963.2元;吉黑邮区在滨江焚毁邮票额值149561.46元,汇兑印件920932.52元。此外,至少有2万元现款、存于外国银行的大洋117.17元和哈洋713.75元,也被日伪扣留。

日伪在初期不敢立即以武力接管东北邮政,原因之一,是担心国民党政府对其实行邮政封锁。但伪满政府以断绝通过西伯利亚铁路中转关内的国际邮件,反过来威胁国民党政府。此外,伪满政府还利用日本邮局受理邮件和汇兑业务,并在哈尔滨设外国行动邮件(即国际邮件)管理所。日伪沆瀣一气,使国民党政府的邮政封锁大打折扣。日伪还以山海关为突破口,施展各种手段,打破"封锁"。中苏、中日之间早有邮运合同,而中日并未断交,中国在天津和沈阳设有国际邮件互换局,负责交接国际邮件,在1932年7月23日"邮政封锁"之后,国际邮件仍畅通无阻。但关内外通邮要地山海关并非国际邮件交换地,日军亲自护送邮件到达山海关,武力恐吓拒收邮件的中华邮政员工,殴打、关押、逼迫山海关邮局局长李鸿业签订"接收邮件办法"。面对日军的一再威逼,国民党政府举棋不定。最初声称完全拒收,接着允许接收国际邮袋,后又决定暂时将邮袋转存天津管理局,然后又以"欠资"处理日军和日侨邮件。而新任山海关邮局局长的英国人德敦竟将日军欠资邮件全部放行。

此外,在日本领事馆的唆使、庇护下,日本人在北京、天津、青岛、上海非法发展邮务,大肆走私邮件。例如,北京日侨信件都交给日本领事馆,再免费交给天津日领事馆,通过日本轮船运到大连,再由投递局向收件人索取寄费。甚至日本邮票也在中国境内公开发行。其猖狂可见一斑。山海关、福州、济南、汉口等地,也有日本人私设邮务代办机构,非法经营邮务之事。中国邮局仅仅是通过某些海关查处走私日本人邮件,给以欠资罚款;或例行公事地向日领事表示抗议。但日本以领事裁判权庇护日本人,国民党政府无可奈何。各国出于自己的利益,不顾日本侵略中国的事实,反而不满邮政封锁影响国际邮件交换,向中国施加压力。某些中国不良商人也参与到邮件走私活动中。封锁效果越来越差。

1934年9月,国民党政府派员与日本关东军代表在北平进行关内外通邮谈判。日方代表咄咄逼人,只要求国民党政府代表在"是"与"否"之间作选择。最后,国民党政府代表几乎全盘接受日方通邮方案;日方只同意增加一条"通过西伯利亚邮件依照旧例办理",而对于撤销关内各地非法日邮的要求,置之不理。1934年12月14日,双方达成9条《通邮大纲》和7条《技术会谈之谅解事项》,19日正式对外公告,在山海关、古北口两地设转递机构,关内外开始通邮。① 双方虽未正式签字,但自1935年1月10日起,关内外的邮政、汇兑先后恢复,邮政封锁"暂时"结束。国

①　彭瀛添:《列强侵华邮权史》,(台北)华冈出版有限公司1979年版,第243—308页。《通邮大纲》规定:通邮由双方邮政机关在山海关、古北口设转递机构实施;使用关东军特种邮票,但票面不表示"满洲国"和"满洲"字样;邮票印制4种,供函件、挂号、快信等贴用;邮戳在关东军方使用现用欧文;邮资由邮政主管机关各自决定;通邮文书尽量使用公历,不表示"满洲国"和"满洲"字样;1935年1月10日实行通邮,2月1日实行包裹和汇兑;通过西伯利亚的邮件依照旧例办理;本办法的变更,须经双方协议;依上述旨趣,作出处理进出山海关、古北口邮件、汇兑暂行办法。《技术会谈之谅解事项》主要内容有:通邮办法除协议部分,不得公开发表;关东军特种邮票花纹预示给中国邮政总局;寄给关内的邮件努力使用特种邮票;中方邮政机构对少数未贴特种邮票的邮件,免征欠资;关东军方面使用现用欧文邮戳,小邮局可继续使用中文邮戳,但务不表示"省"字;通邮文书(包括单据)努力不表示"满洲国"和"满洲"字样;双方邮政机关往来文书,关东军所发的,发信人为邮务司长,收信人为邮政总局局长或邮政储金汇业局局长,则由天津邮局转交,中华邮政方面,发信人为邮政总局局长或邮政储金汇业局局长,并由代理人签名,则附书代理人职衔,并在文末表示"奉命",邮务司长为收信人。

民党政府在山海关设"汇通转递局",通过山海关、古北口两处交换邮件,并将入关邮件集中在天津、北平、济南、青岛、上海等处邮政管理局,涂消日方邮票,加盖方印文字说明,以掩人耳目。[①] 同年 2 月 1 日,又开始办理关内外包裹和汇兑业务。1939 年后,因京奉路直达通车,关外至京津等地邮件实现直运;寄往华南邮件由绕道日本改由京奉路运至天津,再装船运往南方各地。伪满辖区寄往关内的包裹,由只限京津两局也扩大到多地。

伪"满洲国"成立后,在伪交通部下设邮务司,不久又设立邮政管理局。其下分为两个邮区。其中,奉天邮区包括奉天省、热河省、兴安南分省;吉黑邮区包括吉林省、黑龙江省、兴安东分省、兴安北分省、特别区。两区共有一、二、三等邮局及代办所 1016 处。1937 年,伪交通部在长春设邮政总局,在新京(长春)、奉天(沈阳)、牡丹江、哈尔滨、锦州 5 处设邮政管理局,各市县乡镇村设邮政局、邮政办事所(类似于代办所、信柜)。此外,伪邮政总局内除设有邮政处,还设有电政处、储金保险处,1942 年又在沈阳增设邮政保险业务局。据统计,历年邮政局和邮政办事处的数量亦有增加。其中,1939 年有邮政局 544 个、邮政办事处 1523 个;1940 年有邮政局 589 个、邮政办事处 1679 个;1941 年有邮政局 588 个、邮政办事处 1708 个;1942 年有邮政局 584 个、邮政办事处 1741 个。[②] 1937 年 12 月,满铁附属地的 123 处日本邮政局所并入伪满邮政,但旅大地区("关东州")的邮政仍由日本关东厅递信局继续经营,有邮政局所 120 处,直到日本战败投降,才由中国政府收回(电信业务已于 1933 年 9 月移交给日伪满"电电会社")。

伪满还仿照日本邮政模式建立邮政管理制度,邮政人员的职称由员、佐、差改为日本式的技士、雇员、佣人;处长、会计长、局长改为技正、事务官或理事官。信差制服也由绿色改为深蓝色。在员工中,华人邮员与外

---

① 彭瀛添:《列强侵华邮权史》,(台北)华冈出版有限公司 1979 年版,第 309—310 页。邮票加盖方印文字为"此信系本局承转,所有无效邮票表示之邮资,均由本局赔缴。山海关汇通转递局印"。

② 金毓绂主编:《东北要揽》,国立东北大学 1944 年编印,第 354 页。

国邮员所占的比例大约为 5∶1。据 1933 年 9 月统计,伪满两个邮区共有邮员 2350 余人,其中日本人 240 名,朝鲜人 200 余人,白俄 60 余人,其余为华人。外国人尤其是日本人都充任重要职员,从邮务司到两大邮区的各级机构中,高级职员 35 人,日本人多达 27 人,华人仅有 8 人。从邮务司到邮区管理局及局以下各科的正职,均为日本人。日本人藤原为伪"满洲国"首任邮务司长。华人邮员待遇低下,只能充任差役。同一职阶中,日、俄、韩人的薪水比华人多一倍。

例如,黑龙江阿城邮局有二十多人,局长为华人,但实际掌权的是日本主事(副局长)。局长、日本主事从不值日、值宿,其他人轮流看护电话和邮局。每逢当班,自带行李,睡在办公桌上。早起扫地打水,擦拭桌椅,冬季生火烧炉。日常业务中,最忙最累的工作都由邮差承担。邮局没有自行车,邮件、报刊不分城乡,全由邮差徒步递送。日本主事动辄大发雷霆,训斥员工。不会说日语的人,在工资、工作上常常吃亏。每天早会上,都要朗读"国民训";中午只要有一声鸣笛,员工都要起立低头,默祷日军阵亡者;班后会上,还要听日本主事讲一套"大东亚圣战""王道乐土""日满一德一心"等洗脑训话;还经常举办"防空演习""勤劳奉公"之类的活动。①

1935 年 11 月,伪满邮政以宣统二年(1910 年)签订的《日清邮政小包协定》和 1922 年签订的《日华邮政交换协约》《代收货价和保价箱匣交换协定》为基础,与日本签订《日满邮政协定》,与日本及其占领区通邮。随着日本侵略军向关内、华中、华南及东南亚等地的入侵,通邮地区也随之扩大。

伪满邮政为适应日本侵略需要,对偏重于商业性的原中华邮政的邮资予以调整。1932 年 7 月制定新资费,以伪满币计费,伪满辖区内互寄信函 4 分,明信片 2 分,邮筒和双明信片 4 分。1934 年 3 月 1 日伪满改行帝制,降低邮费,伪满辖区内互寄信函 3 分,明信片 1.5 分,邮筒和双明信

---

① 张志和、胡仲元主编:《全国各级政协文史资料·邮电史料》上册,北京燕山出版社 1995 年版,第 14—15 页。

片(封缄)3分。1937年3月,伪满政府为弥补邮政经费不足,将信函资费提高到4分,明信片2分,邮筒和双明信片4分,书籍、印刷品、贸易契、相片、字画样货每100公斤2分,并仿效日本增加农产种子,每120克2分。根据所谓《满华通邮协定》,将伪满辖区与关内信函改为5分,明信片2.5分。1942年,进行第三次调整资费,信函提高到6分,明信片3分,邮筒(封缄)6分,新闻纸、书籍、印刷品等各增加0.5—2分,特种处理费按类别增加2—3分,并将伪满辖区与关内和日本间邮资与区内互寄邮资划一。① 邮政包裹资费,1933年规定小包资费按各区间核定,普通包裹重1公斤伪满币0.4元,每增加1公斤递增0.2元。1937年规定,普通包裹部分就地投送和各局互寄,只按重量计费,最高限重10公斤,1公斤以内0.2元;每增加1公斤加收0.1元。1942年3月起,普通包裹仍按1公斤0.4元计,每增加1公斤递增0.2元。1944年10月,伪满辖区内互寄1公斤以内0.6元,每增加1公斤加收0.3元;寄往关内的包裹1公斤以内0.8元,每增加1公斤加收0.4元;航空速达包裹每公斤另外加收5元。② 国际邮资方面,1934年寄往日本的信函每20克3分,单明信片1.5分,其他种类的邮资亦有规定。1937年,寄往日本的信函资费增至6分,单明信片调整为3分;寄往日本以外国家的信函2角,单明信片1角,双明信片2角,贸易契重250克1角,超过者每增加50克加收4分,盲人读物每重1000克2分,货样每重100克8分。寄往日本、中国台湾的航空信函每重20克3角5分,寄往朝鲜新义州2角。1942年公布新资费表,寄往其他各国信函改为每重20克2角,续重20克以内的1角2分。其他种类的邮资有的维持、有的调整。③

① 吉林省交通厅编:《吉林交通志》,黑龙江人民出版社1988年版,第82—83页《东北沦陷时期邮资调整情况表》;《内蒙古自治区志·邮电志》编纂委员会编:《内蒙古自治区志·邮电志》,内蒙古人民出版社2000年版,第189—190页。

② 吉林省交通厅编:《吉林交通志》,黑龙江人民出版社1988年版,第115页《寄往关内包裹资费表》;《内蒙古自治区志·邮电志》编纂委员会编:《内蒙古自治区志·邮电志》,内蒙古人民出版社2000年版,第203—204页。

③ 《内蒙古自治区志·邮电志》编纂委员会编:《内蒙古自治区志·邮电志》,第232页;吉林省交通厅编:《吉林交通志》,黑龙江人民出版社1988年版,第127页《寄往日本及其他外国邮件资费表》。

此外,伪满邮局还办理通往日本和朝鲜的国际邮件业务。1940年,图们、珲春、龙井为寄往日本邮件的交换区域,"新京"(长春)为交换局。①

至于汇兑业务,1932年8月,伪满邮政开办普通汇兑业务,每张限开500元,暂按1920年中国与日本签订的《华日汇兑协定》办法,相继开通"满"日普通汇兑。1934年8月再与日本交换"小汇兑",每张限开50元。1935年11月《满日邮便协定》订立,翌年效仿日本汇兑制度办理。1936年1月开办电报汇兑,手续与原中华邮政相同,每张限开500元,由主要城市逐渐推向各局。为办理代收货价邮件而开发的普通汇票每张限额1000元,邮政公事汇票无限额。伪满邮政开办汇兑后,试图与关内互相交换汇兑,遭中华邮政拒绝。1934年12月,伪满与关内中华邮政签订《华满邮政协定》,次年2月按中国国内通行的中华邮政汇兑制度恢复关内外的汇兑往来。1937年"七七事变"后,再度停止通汇,汪伪政府成立后,伪满逐渐恢复对关内汪伪辖区的通汇。1935年10月,与德国开通汇兑。太平洋战争爆发后,日军占领地域扩大,伪满相继与香港、荷属印尼等地通汇。② 伪满辖区内的汇兑资费,1934年8月规定小款汇票("小汇兑")1元以内汇费为3分,5元及以内为5分,5元以上至20元为1角,补水费按普通汇费收取。1935年又规定20元以上至200元汇费为2角,200元以上至2000元为千分之一。1942年汇兑资费调整,小汇兑、普通汇兑、电报汇兑资费均有变化。伪满辖区与关内的汇兑资费亦有规定。③

1932年8—12月,伪满和伪"蒙疆"地区共开发和兑付汇票62591张,收付汇款伪满币203万元;1941年增至6589147张,收付款伪币4亿元。同一时期,与日本之间的所谓"满日"汇兑,也由1.3万张、收付款24.9万元,增至536万张、3.1亿元。十年间,"满日"汇兑收付款总额达

---

① 吉林省交通厅编:《吉林交通志》,黑龙江人民出版社1988年版,第150页。

② 《内蒙古自治区志·邮电志》编纂委员会编:《内蒙古自治区志·邮电志》,内蒙古人民出版社2000年版,第212—213页。

③ 吉林省交通厅编:《吉林交通志》,黑龙江人民出版社1988年版,第155、157页;《内蒙古自治区志·邮电志》编纂委员会编:《内蒙古自治区志·邮电志》,内蒙古人民出版社2000年版,第216页。

8.5 亿元。据 1941 年统计,"满日"汇兑中,上述日伪地区收汇金额为兑付金额的 9 倍。以此推算,十年间由东北汇往日本 7.65 亿元,由日本汇到东北仅 0.85 亿元,逆差高达 6.8 亿元。

储金汇业方面,1932 年中华邮政撤退时,将储金账簿带入关内。翌年 3 月 29 日,北平邮政管理局发布公告,通知关外邮政储金储户,可在河北省以南各地邮局办理确认手续,支取存款。伪满邮政从 1932 年 5 月起,沿用中华邮政储金制度,制定《暂行邮政储金规则》,开办普通储金业务。1935 年 10 月,增办"官吏义务储金"。1937 年 3 月,伪满政府仿照日本制度公布《邮政储金法》,将储金分为普通储金和特别储金两类。特别储金又分为:规约储金(即集体定期储蓄,在存款人中指定一名总代表,以其名义存入,一定时期内不得提取),存置储金(即定期存款,期限 2—10 年),定额储金(一次存入,定期内不得提取,也不得零取,存期至少 2 年,超过 3 年的利率递增),按月储金(即零存整取),在外者储金(在华北地区工作的人员可用邮政汇兑存储,不用储金簿),官吏义务储金(类似于公积金,伪官吏凡月薪在 50 元以上者,每月按 3%以上,月薪在 200 元以上者按 5%存储,除非退职,不得提取)。普通储金的款额限制,初期定为 1 角以上即可存入,最高限额伪币 3000 元。1941 年 3 月,改为最低 1 元,最高 5000 元,团体储户不限额。同时开办"储金票储金",每张 1 角,贴于"储金票贴纸"上,贴满 10 张后即可转入储金簿。普通储金利息,初期为年利 4.8 厘,1937 年 7 月,改为 4.2 厘;定期储金 4.41 厘。定额储金按存期长短而利率不同,3 年以内的 4.41 厘,3 年以上 5 年以内的 4.5 厘,5 年以上 7 年以内的 4.62 厘,7 年以上的 4.8 厘。其他种类均按普通储金利率计息。1933 年开办当年,储户 1 万余人,存款余额伪币 20.3 万元;1935 年储户增至 7.3 万户,余额增加 10 倍,达 233.6 万元。1937 年 12 月,满铁附属地日本邮政局所并入伪满邮政,储户增至 20.4 万户,余额增至 1730 万元。"七七事变"后,日本疯狂搜刮资金,将邮政储金纳入所谓"国民储蓄运动",进一步扩大储金局所,储金额大幅增加。1939 年储户超过百万户,余额破亿元。1940 年,日本加紧准备进行更大的军事冒险,日伪将"国民储蓄运动"定为国策,由伪"协和会"组织所谓"官民合同"的"国民储蓄中央实践委员会",强行摊派和奖励并行,新储户达125.6万户,余额达2.29亿元。日本为进行太平洋战争,进一步强化"国民储蓄运动",公布《储蓄会法》,增加所谓"必胜储金""甦生储金"等名目,强制规定所有工资收入者均须定额储蓄,在每月发薪时由所在单位送银行或邮局;伪"国际妇人协会"也强行规定家庭妇女每月最低储蓄2元,由居民组长送存邮局或银行。① 经过这样的大加搜刮,1942年储金余额超3亿元,1943年更是高达4.3亿元。

伪满邮政还仿效日本邮政转账制度(即划拨储金),制定《暂行邮政转账储金规则》,从1936年12月1日起开办伪满辖区内及与日本之间的邮政转账业务。翌年5月,伪满政府公布《邮政转账法》,重订转账规则,从12月起开办转账业务。邮政转账的存款利息为年利3厘,并按件收取手续费。初期只限于少数邮局办理,后来发展到除电报转账外,凡甲种邮政办事所以上的各局均可办理。1936年12月,伪满辖区邮政转账有890户,办理转账1044件,收付款伪币3.7万元,结存金额2万元。次年增至5019户,办理29.4万件,收付款伪币2090万元,结存60.1万元。1941年增至12761户,办理147.1万件,收付款伪币3.48亿元,结存938.5万元。在此期间,伪满与日本之间的所谓"满日"邮政转账业务,从东北转往日本累计2.88亿元,从日本转来东北累计0.4亿元,逆差2.48亿元。加上邮政汇兑逆差6.8亿元,通过邮政汇兑、转账两项业务,从东北流入日本资金多达9.28亿元。②

1937年9月,伪满政府公布《邮政生命保险法》,自同年10月起各地邮局开始办理小额生命保险业务,分为终身保险、养老保险和立业保险3类。1937年开办当年3个月共办理2.4万件,保险金额伪币384.9万元。

---

① 辽宁省地方志编纂委员会编:《辽宁省志·邮电志》,辽宁民族出版社2002年版,第266—270页。

② 辽宁省地方志编纂委员会编:《辽宁省志·邮电志》,辽宁民族出版社2002年版,第271页。邮政转账,即划拨储金。用户在邮局存款,建立户头,通过邮政转账进行户头之间的资金划拨,称"普通转账";双方用户有一方未在邮局建立转账户头的,也可转至对方邮局支付现金,称"普通付现金";或以现金转至对方户头,称"现金缴纳"。邮政专款还适用于代收货价及收款邮件之缴款,用户与交易银行的存款转账,以及向官署缴纳公款等。

1941 年增至 44.3 万件,保险额伪币 9145 万元。至此累计有效保险契约 850 万件,保险额伪币 1.52 亿元。[①]

伪满"国营"邮政状况见表 5−12。

表 5−12　伪满"国营"邮政统计(1932—1944 年)

项目 年份	邮政规模			营业状况				
				一般邮件(万件)		包裹(万件)		储金额 (伪满币 万元)
	邮路 (公里)	邮政局 所(处)	员工 (人)	接收	投递	接收	投递	
1932	—	—	—	1237	1414	7	7	—
1933	—	—	—	7430	7771	75	64	20
1934	—	—	—	12637	15064	86	133	63
1935	—	—	—	14412	19647	81	116	234
1936	—	—	—	16228	18322	79	138	711
1937	165637	1862	7331	17764	19718	176	231	1730
1938	145813	—	—	22387	23479	150	279	5161
1939	190226	—	—	28299	27963	197	384	10273
1940	—	—	—	34413	32899	253	479	16814
1941	—	2301	14609	31602	31077	203	285	22945
1942	—	—	—	32459	32358	266	322	30606
1943	—	—	—	33051	32426	243	304	43078
1944	—	2374	15968	—	—	—	—	—

注:1. 1932 年邮政包裹为 8—12 月统计数,且不包括外国邮件和包裹;2. 1933 年邮件和包裹数不包括外国包裹。

资料来源:1932—1940 年各项统计数见吉林省交通厅编:《吉林交通志》,黑龙江人民出版社 1988 年版,第 89、116、171 页;其余见张研、孙燕京主编:《民国史料丛刊》第 360 册《伪满时期东北经济统计(1931—1945)》,大象出版社 2009 年版,第 224—225 页。

东北邮政员工也采取行动,反抗日伪的殖民邮政。在黑龙江肇东满沟邮政局,局长是日本人齐元造,会说中国话。他到任之后,经常打骂员

---

① 辽宁省地方志编纂委员会编:《辽宁省志·邮电志》,辽宁民族出版社 2002 年版,第 271 页。

工，工人都挨过他的皮靴子踢，对其恨之入骨。齐元造带来一幅天皇"圣像"，放入专门房间，每天逼员工们给天皇"圣像"祈祷。有几个员工不愿，被他打得满脸淌血。1943 年 7 月某日，邮差陈德敏、陈发趁日本人不在局内，爬上房顶，用铁棍在放天皇圣像位置上方的天棚上扎了几个洞。当天晚上下了一场大雨。第二天早上员工们刚上班，日本宪兵司令部的一个队长来邮局检查信件、报纸。齐元造为在上司面前显示对天皇的忠诚，集合员工们去给天皇像祈祷。当他打开房门一看，顿时吓得面如土色，只见天皇"圣像"被棚顶上冲刷下来的泥水冲得跟庙里的小鬼一样。宪兵队长顿时暴跳起来，狠狠地打了齐元造一顿耳光。事后不久，齐元造被派往黑河当兵。当时，关内的抗日团体经常躲过日伪的层层检查，向东北寄送抗日宣传品。满沟邮政局也时常接到抗日宣传品，为了能使这些宣传品发出去，又不被日本人抓把柄，大家想出了一个办法，把整批的宣传品以邮件形式封装，通过邮务员工分拣装到各投递段格子里，再由信差分别送到各户。某天日本人得到情报，来邮局抓人。按照事先商量好的办法，窗口邮务人员理直气壮地说："投递书报、信件，只要贴足邮票，只好照收，我们无权拆看检查，怎么会知道里面有宣传品？这是按章办事。"信差们则辩解说："我们只有按地址投递的责任，中间扣信是违法的，这是邮政章程上规定的。"日本宪兵在邮局呆了几天，找不出破绽，只好灰溜溜地离开。[①]

二、伪"满洲国"的电信

"九一八事变"前，东北地区的电信（电报和电话）业发展缓慢，且经营也不统一，分为四大块：一是辽吉黑电政管理局（直属东北交通委员会）管理下的官办电信；二是民营电信；三是日本满铁及其附属关东递信局经营的铁路电信和民用电信；四是苏联经营的中东铁路电信。

---

① 张志和、胡仲元主编：《全国各级政协文史资料·邮电史料》上册，北京燕山出版社1995 年版，第 26—27 页。

东北地区的电信业,始于1884年天津、山海关、营口之间的有线电报。次年又架设辽阳至朝鲜釜山、沈阳至吉林、齐齐哈尔至瑷珲的线路。日俄战争结束后,清政府接收部分电信线路,电信设施有所扩大。进入民国后,东北电信业陷入停滞,直到1920年才建成沈阳至北京、沈阳至洮南两条干线。旧有线路则设备陈旧,年久失修。国民党政府成立后,交通部设立电政司,并设电政总局于上海(1928年归并于电政司);各省省城设电政管理局,以省城电报局局长兼任管理局局长。但东北地区的辽吉黑电政管理局归东北交通委员会管辖。1931年,东北各省有电信局156处,收发电报80余万件(1930年统计)。无线电信发展较快,1922年接收中东铁路哈尔滨无线电信局,建设沈阳、长春、吉林、齐齐哈尔等处无线电台,1923年营业。各地纷纷设立无线电台。1927年与德国、1928年与美国分别开通直通无线通信,与法国巴黎也有直通线路。1927年,沈阳与哈尔滨、天津分别开始电传照相业务。东北的电话业则起步较晚,1900年电报局内开始附设长途电话,1906年沈阳、长春开始装设市内电话。1932年在伪满"电信电话株式会社"成立之前,有长途电话局165处,市内电话用户10700户。

广播方面,1926年8月,东北无线电监督处拟定广播无线电台建设计划,并制定条例和规程,首先建设沈阳、哈尔滨两处广播电台。1928年2月,哈尔滨广播电台装备美国产播音机,收取收听费,正式开始广播服务。不久,沈阳台也开始广播。

日本一直处心积虑在中国东北发展电信业务。1905年日俄战争后,日军在大连、旅顺、柳树屯、营口、海城、辽阳、沈阳、凤城、安东等地设公众电报局,开始办理一般电报,并向其他地方增设通信所。1908年,中日签订电信协约。到1932年,日本经营的电信局所已达214处,一年收发电报达507万件,远超中国官办电报业务量;并有佐世保至大连和长崎至大连的海底线路,朝鲜京城至沈阳的有线线路,东京至大连、大阪至沈阳、下关至沈阳的直通线路。日本在东北的无线通信,在大连设海岸局,并在大连东京间、大连大阪、大连朝鲜京城间、大连北京间、大连天津间先后装设无线电设备。

电话方面,日本在日俄战争期间在中国东北设军用电话,1906 年在多地设电话局,开始办理电话营业,有承办局 11 处,电话用户 785 户。1932 年承办局发展到 254 处,电话用户增至 21255 户,规模也超过中国方面。1924 年在东北与朝鲜之间架设长途电话线。其长途电话除了关东州和满铁附属地,还开通与沈阳、天津、北京之间的长途电话。[1]

1931 年"九一八事变"后,日军要求满铁沿线的日本电信、电话局合并。1932 年,日本制定《对满洲通信政策》,提出日本在满洲最高指导机关应是日本人,特别是日军军官要参与"满洲国"电信电话公司的创设和经营。1932 年 3 月,伪满执政府成立,伪交通部接管了东北各地的电报电话局,设立奉天和哈尔滨两个管理局。1933 年 3 月 1 日,伪满公布《满洲国经济建设纲要》,其第三项"经济统制之方策"中规定:"带有国防的或公共公益的性质之重要事业,以公营或令特殊会社经营为原则。"[2]同年 3 月 26 日,日本政府与伪满政府签订《关于设立日满合办通信公司的决定》,由日本政府、伪满政府、满铁、日本放送协会、朝鲜银行共同出资,于 8 月 31 日在大连(后迁长春)正式成立日伪合办的"满洲电信电话株式会社"(以下简称"伪满'电电会社'")。1934 年 6 月,伪满政府将电信划入"公营"或特殊会社经营的事业或企业,但掌握实权的是日本人。

伪满"电电会社"得日伪支持,强行接管各地公、私电信经营机构,实行一元化经营,除警务、政府公务专用电话外,东北电信被其一网打尽。首先接收大连、沈阳、哈尔滨等地官办电报局和 36 处营业所,并恢复各地停办的局所,逐渐增设新的局所。随着日本移民涌入东北,电报业务发展较快,1934 年电报收发达 1233 万件。1934—1938 年,伪满"电电会社"快速扩张,业务繁忙一时。1934 年,长春无线电台建成,开展对欧美无线电通信,并增设 141 处电信局,实行电报费减价和电话传送电报措施,并开始办理贺年电报。1935 年伪满接收中东铁路电信设施,"委托"满铁经营,同时恢复沈阳与天津间的电信业务,对华北办理日文电报,又开始中

---

[1] 东北物资调节委员会研究组编:《东北经济小丛书·电信》,1948 年印行,第 3—5 页。
[2] 中央档案馆等编:《日本帝国主义侵华档案资料选编·东北经济掠夺》,中华书局 1991 年版,第 31 页。

国沈阳与日本大阪和法国之间的直通无线通信。1936 年,提供华文电报翻译业务,制定朝鲜特别电报制度,接收原朝鲜电信局经营的延吉一带的电信设施。1937 年,日本名义上撤销在东北地区的治外法权,将满铁附属地行政权移交给伪满政府,与德、意订立所谓三国"防共协定",加强备战,加大对东北的经济掠夺和统制,与伪满政府制订所谓产业开发计划。伪满"电电会社"密切配合日本的行动。"七七事变"后,该会社开通长春、大阪之间的无线电业务,并加强伪满与朝鲜之间的有线电路;又在伪满辖区各地委托伪县、旗"公署"和邮政局代办公众电报,推广电信。为方便日本人,各地均办理日文电报。1938 年,为落实产业开发计划,该会社也制订《事业五年计划》。1939 年,日本授意伪满制订所谓《北边振兴计划》,实行"开拓"政策,加速在东北的经济掠夺,加之日本与苏联在边境的军事对峙趋于紧张,日本在华北也加紧掠夺,伪满"电电会社"的电报业务量大增,当年收发电报多达 3411 万件。这一年,还开展沈阳与大阪之间的电传照相业务,增设气象通告电报、医疗无线电报等。随着日本侵华战争的加剧,欧洲战场的开战,伪满电信业全力支持日本的军事扩张,并转入所谓"临战体制"。太平洋战争爆发后,伪满电信日益陷入困境。据调查,1945 年 6 月时,伪满"电电会社"尚有员工 20910 人,其中技术员工 13291 人;技术员工中,日本籍 7746 人,中国籍 5545 人。伪满"电电会社"经营的各项不完全统计,参见表 5-13。

表 5-13 伪"满洲电信电话株式会社"经营统计(1933—1945 年)

项目\年份	员工数(人)	电报			电话				广播	
		局所数(处)	电报件数(万件)	电报费(万元)	局所数(处)	用户数(户)	长途电话次数(万次)	市内电话次数(万次)	电台(处)	收听户(户)
1933	—	363	1013	122	128	33253	64.3	7.40	4	7995
1934	—	576	1232	451	273	41493	207.4	45.40	4	12286
1935		650	1550	480	329	54112	252.4	38.60		19764
1936	—	685	1771	519	363	63374	269.7	33.10	4	41202
1937	8256	784	2089	577	408	73939	332.2	35.60	7	88876

续表

项目 年份	员工数 （人）	电报			电话				广播	
		局所数 （处）	电报件数 （万件）	电报费 （万元）	局所数 （处）	用户数 （户）	长途电话次数 （万次）	市内电话次数 （万次）	电台 （处）	收听户 （户）
1938	—	860	2650	754	444	82630	422.5	40.00	12	127417
1939	—	934	3411	912	468	93314	567.0	69.60	14	225889
1940	15224	982	4335	1045	509	107703	682.0	106.50	17	340294
1941		1050	4257	1093	520	118592	721.0	87.00	17	454835
1942		1122	4263	1541	525	124654	770.8	—	18	509319
1943		1148	4370	—	—	—	875.0		20	554022
1944		1051	4600	—		130695	888.0		25	588597
1945	20910	1030	—	—		138156	368.0	—	25	—

注:1. 电报件数是指发报和承转的总计数;2. 市内电话次数是指公用电话和电话局经办的数量。

资料来源:东北物资调节委员会研究组编:《东北经济小丛书·电信》,1948年印行,第9、38、44—46、107—108页;张研、孙燕京主编:《民国史料丛刊》第360册《伪满时期东北经济统计(1931—1945)》,大象出版社2009年版,第229—232页。

1934年8月,伪满"电电会社"规定,电报分两类,即官报和私报。1939年,又将电报分为动员令电报、军机电报、非常电报、人命安全电报、障碍电报、加急官报、加急局报、加急课全局报、加急汇兑局报、气象局报、加急私报、加急新闻电报、官报、局报、课全局报、汇兑局报、私报、新闻电报、庆吊电报。1941年增办陆上局保管、医疗无线电报。[1]

有线电报方面,"电电会社"成立后,采取多种措施,扩充电报设施。如推广印刷电报机,减少莫里斯印码机,便于员工操作;重要的电报局之间,采用自动印刷设备,以加快工作,提高准确率;改用搬送式电报装置,实现多层通信,以节省线路经费等。此外,该会社也具备生产若干种电报设备的能力。"电电会社"一方面扩大本社的修理工厂;另一方面建新厂制造设备,如印刷电报机和自动电报机零件,交由大连修缮所和奉天工作局制造;至日本投降前,自动电报机的全部和印刷电报机零件的大部,均能制造等。有线电报线路总长(包括搬送式电路和电话电报双用线)也

---

[1] 吉林省交通厅编:《吉林交通志》,黑龙江人民出版社1988年版,第229页。

达到 111500 公里左右。①

无线电报方面,开展对欧美和东亚、东南亚各地之间的通信业务。对欧美的通信,利用长春无线电台,分别有旧金山、柏林、巴黎和罗马 4 条路线。全面侵华战争开始后,对美、法两国的无线电报通信中断。1942 年,对东亚、东南亚的爪哇、马来群岛、苏门答腊、菲律宾、缅甸和中国香港开始无线电报通信;对日本东京、大阪,对中国关内天津、北平、青岛、烟台和上海等城市的通信,都通过长春、沈阳、哈尔滨和大连等地的电台。开办国际电报业务的局至 1942 年达 37 处。② 在伪满辖区内的无线电报通信,除重要电路外,都采用手压声码通信机;分别在大连、沈阳、承德、长春、哈尔滨、齐齐哈尔、牡丹江和佳木斯设中心局及若干地方局开展无线通信业务。船舶通信也是其无线通信的重要业务,主要由大连中心局向近海航行船舶提供。此外,无线电报业务还包括一般公众通信和新闻报道通信,大连、沈阳、承德、长春、哈尔滨、齐齐哈尔、牡丹江和海拉尔 8 处均能提供。至日本投降前,已有 60 处无线电信局所,100 多架收信机。③

1934 年,日伪统一电信资费,不分官报、私报,同城往来日文每语 3 分(伪满币),中文和欧文每语 4 分;同省和出省电报,日文每语 6 分,中文和欧文每语 1 角 2 分。同年 12 月,又将中文、日文和欧文每语一律调整为 1 角 5 分。电报投递方式分为直接投递、电话投递、特使(专差)投递和专线传递 4 种。城市直接投递半径为 4 公里,配红色自行车。农村来报实行邮送,以普通件送达。④

电话也是伪满"电电会社"的重要业务。该会社成立之初,由日本和伪满政府方面接收大小电话局 128 处,之后逐年增加,至 1942 年增至 525

---

① 东北物资调节委员会研究组编:《东北经济小丛书·电信》,1948 年印行,第 10—11 页。

② 吉林省交通厅编:《吉林交通志》,黑龙江人民出版社 1988 年版,第 340 页。

③ 东北物资调节委员会研究组编:《东北经济小丛书·电信》,1948 年印行,第 20—22 页。

④ 吉林省交通厅编:《吉林交通志》,黑龙江人民出版社 1988 年版,第 239—240、246 页。伪满电报计费实行语数制,以语为计算单位,日文每 5 个字为一语,中文每 4 个数码为一语,欧文每 5—15 个字母为一语,最低以 5 语起算。国际电报资费不详。

处,增加 3 倍多。电话用户则从 1933 年的 33253 户,增至 1945 年的 138156 户,也增加了 3 倍多。市外电话电路,由 1933 年的 248 线增至 1945 年的 1094 线,仍增加了 3 倍多。1934 年开通由长春对日本东京的无线电路电话,同年 12 月又经中国图们、朝鲜南阳、清津与朝鲜北部开通有线电话,翌年 2 月成立所谓《满鲜间电话业务协定》;年底又成立伪"间岛省"内的"朝鲜总督府"管辖之电信设施接受协定。1936 年 3 月与日本递信省签订《关于办理间岛省收发通信协定》,3 月底接受"朝鲜总督府"的电信设施,从 4 月 1 日起开始电话联络。此外,还根据所谓《中、满电话联络会谈》,伪满辖区各主要城市与北平开通电话。华北伪政权出笼后,设立伪华北电信电话株式会社,伪满与华北的通话区域也随之扩大。同年,还实行市外专用电话制度,为报社、通信社和交易所提供服务。1936 年,修改长途电话费,次年各地设电话继线监督;还设有"临时电话制度",便于使用廉价电话;大连开通对日本东京通话。1937 年 3 月完成安东、沈阳之间的有线工程,1940 年由沈阳延长至长春,1941 年又延长至哈尔滨。1941 年修改电话规程和电话费,加快了伪满辖区电话业务的一元化经营。电话费除大连、沈阳、长春和哈尔滨 4 大城市采用次数制外,其他地区分为九级,电话费采取与次数无关的划一制度;又在上述 4 大城市试办简易通话,增加便利。还设"加入特殊设施电话规程",以应对矿业的特殊用途。1941 年,伪满电话向海外大力扩展业务。同年 4 月,利用大连的无线电话,与中国台湾和华中地区开始通话,并与部分大连航线汽船开通普通电话。以往国际电话都要通过日本中继,1941 年 8 月长春与柏林开始直接通话。[①]

伪满"电电会社"规定,市内电话营业范围是指同一电话局内互相通话,其他均为长途电话。长途电话中,加急长途电话资费为普通长话的 2 倍;定时通话费为普通通话的 5 倍;预约通话费月额为普通话费的 3 倍,但报社减半;短期预约通话费为普通通话的 3 倍;长期专用电话费为普通

---

① 东北物资调节委员会研究组编:《东北经济小丛书·电信》,1948 年印行,第 38—48 页;吉林省交通厅编:《吉林交通志》,黑龙江人民出版社 1988 年版,第 341 页。

电话的 30 倍。1933—1945 年,又 3 次调整长话资费。第一次计费标准分 33 级,第二次分 36 级,第三次分 18 级。[1] 市内电话,1934 年制定的《电话规程》规定分为普通电话、同线电话、电话副机、专用电话、公众电话、通话所用电话、局用电话、临时电话和专用通信设施接续电话(即用户交换机)9 种。附带业务有移机、换机、换号、更名和代维线路 5 种。用户分为甲、乙两种。1934 年 8 月,"电电会社"制定统一的资费标准,根据市内电话局机械设备容量和实装户数,划分为甲、乙、丙、丁、戊 5 级收费地域,按地域规定各种业务资费标准。以普通电话为例,除了装机登记费各不相同外,甲地装机费 100 元,月租费 9 元(伪满币);乙地装机费 100 元,月租费 8 元;丙地装机费 70 元,月租费 7 元;丁地装机费 70 元,月租费 6 元;戊地装机费 50 元,月租费 5 元。市内通话费一律为 5 分。1939 年调整市内电话资费,将 5 级地域改为 9 级,实行计次和包月两种收费制。1944—1945 年,一年内两次调整资费,价格大涨。虽然取消了装机登记费,但其他各项资费普遍上涨 40% 以上,最高的增加一倍以上。[2]

广播方面,早在 1925 年,东北地方政府计划在哈尔滨和沈阳设立广播电台。哈尔滨在 1926 年 10 月开始试验广播,1928 年元旦正式开始中俄两种语言广播。1928 年 10 月,沈阳广播电台也在东北无线长途电话监督处管理下开始广播。日本控制的关东州也在 1925 年 7 月开始试验性的广播。当时日本国内也仅有东京和名古屋两处广播。"九一八事变"后,沈阳、哈尔滨和长春的广播电台被日军占领,由关东军特殊通信部窃据,后"移交"给伪满政府交通部。1933 年 9 月,伪满"电电会社"接收关东州递信局移交的大连广播电台和伪满政府移交的沈阳、哈尔滨、长春广播电台,统一经营伪满辖区的广播,为殖民化宣传服务。开办第一年,无线电广播听户有 7952 户。之后逐年扩充设施,增加设备,吸引听

---

① 《内蒙古自治区志·邮电志》编纂委员会编:《内蒙古自治区志·邮电志》,内蒙古人民出版社 2000 年版,第 501 页;吉林省交通厅编:《吉林交通志》,黑龙江人民出版社 1988 年版,第 286 页《东北沦陷时期长途电话资费表》)。

② 《内蒙古自治区志·邮电志》编纂委员会编:《内蒙古自治区志·邮电志》,内蒙古人民出版社 2000 年版,第 529、548—550 页。

户。广播电台从中心城市大连、沈阳、长春、哈尔滨扩展到偏远的牡丹江、安东、承德乃至海拉尔、黑河、营口、富锦等地,到1939年,各重要城市几乎都设有广播电台,并以大电力电台为主。无线广播开办第二年听户达12000户以上,82%为日本人。1936年的听户中,日本人更是超过87%。同年,伪满电台还开始中日两种语言广播。1938年,伪满"电电会社"机构也有扩大,营业部下辖的广播课升级为广播部;各电台所属的办理无线电业务的机构均改为独立经营的无线电营业所(后又改为广播普及局),听户也突破10万户,达12万多户。1941年,在北安设广播电台,以对抗苏联对日伪的广播。太平洋战争爆发后,日本与伪满之间利用无电荷电缆作为有线中继,对海外则由长春用20千瓦广播机两台、1千瓦以下数台加强宣传战。1942年、1943年,先后与轴心国意大利和德国达成交换广播协定;听户也在1942年超过50万户。1943年广播部再次升格,成为广播局;听户多达55万多户。为躲避盟军轰炸,1943—1944年,先后在孙吴、赤峰、本溪湖、吉林、兴安、鞍山和抚顺等地设微电力电台。[①]

此外,伪满"电电会社"始终密切配合日军的侵略行动和日伪的几次产业开发计划,成为日本帝国主义在东北建立殖民体系的重要推手。

三、伪"满洲国"的航空运输

东北的航空运输业,起于军阀混战时期。1920年9月,东三省巡阅使张作霖出于军事目的,设东三省航空筹备处。同年10月,在奉天(沈阳)东塔修建机场,从段祺瑞把持的北京政府瓜分到4架英制大维梅型运输机、4架小维梅型侦察机运回东北。1921年4月,东三省航空处(1925年改称"东北航空处")正式成立,直属东三省巡阅使公署,张学良任总办,主要任务是建立空军。下设航空工厂和东北航空学校。航空学校除聘用中国教练,也聘用英国和前俄罗斯(白俄)教官,招收中学毕业

---

① 东北物资调节委员会研究组编:《东北经济小丛书·电信》,1948年印本,第90—94页。

生和陆军军官学校出身的学生参加飞行训练,1924 年第一期毕业 41 人。1923 年年底,航空处派学员 9 人赴法国学习航空,1925 年 3 月 8 人学成回国。1925 年继续选派学生赴法学习,一批 10 人入高德隆航空学校,另一批 19 人入漠拉诺航空学校,1926 年学成回国。之后,又陆续挑选两批学生学习航空,毕业 15 人;并派 4 人赴日学习侦察飞行。1926 年,东北航空学校还在秦皇岛举办东北水上飞机队和东北海防飞行训练班,1928 年迁至青岛。1928 年,航空学校并入东北讲武堂,改称"航空教育班",选派航空队队员来班深造,聘请日本教官分科训练,一年毕业。1930 年,航空教育班又改名航空教导队,隶属东北航空司令部,另外聘请日本教官分科训练。1931 年,又成立东北航空教育班。东北空军包括航校在内,向国外购入各式飞机约 300 架,共花费 7000 万元。

东北航空以军用为主,但也兼办定期搭乘客座和邮件。1924 年 3 月 1 日,航空处总办张学良驾机进行奉天营口之间的邮件空运,东北民用航空就此开启,但未能持续飞行。1925 年,东北航空处增设航线筹备处,拟定奉天—天津航空邮件运输计划。1928 年 11 月,再次拟定奉天、吉林、长春、哈尔滨、安东、营口等城市间的航空邮运和客运计划,准备增开南京—奉天航运线,派员赴济南、徐州等地勘察设站,并进行辽吉、辽黑长途航空邮运试飞,因"九一八事变"停办。①

日本早就策划攫取"满蒙"航空权。1924 年,日本修建大连周水子机场,并于 1927 年建成,由南满航空株式会社控制。1930 年日本内阁会议决定,要与中国政府"交涉"。根据这一决定,以张学良为对象,一再就设立"日满"合办航空会社问题进行交涉,但未成功。

1931 年日本关东军发动"九一八事变",占领东塔机场,中国东北航空建设的成果,全部落入日本侵略者之手。日本侵略者扶持伪满傀儡政权,实行经济统制,航空业也不例外。1931 年 11 月 11 日内阁会议,为获得"满蒙"航空权,并为关东军提供可靠的互相联系,决定以军事联络为

---

① 辽宁省地方志编纂委员会编:《辽宁省志·民用航空志》,辽宁民族出版社 2013 年版,第 3 页;姜长英:《中国航空史》,(台北)中国之翼出版社 1993 年版,第 23—25、132 页。

借口,由日本航空输送株式会社将航线从朝鲜首尔和大连先延伸至沈阳,继而延伸至长春、哈尔滨,开辟沈阳—新义州、沈阳—大连、沈阳—锦州、沈阳—长春—哈尔滨4条军用定期航线,通航里程1350公里。

伪满政府成立后,日本筹划常设机关,从事在中国东北的飞行。日本侵略者有更大的野心,企图通过满蒙航空的经营,进而助其实现欧亚航空联络、产业开发和获取中国全部航空权,为更大的侵略扩张做准备。因此,日本千方百计使筹划中的满蒙航空经营,以"符合国防上的要求为最高方针",并使其"在帝国政府的完全指导与监督之下进行经营";但为在国际上掩人耳目,又要使其"作为满洲国法人的日满合办会社",而实质上由日本"掌握其指导和监督权"。

1932年8月7日,伪满"国务总理"与日本关东军司令签订《关于设立航空会社的协定》,规定"航空会社"为依据满洲国法律的日"满"合办股份公司,资本金为"伪满洲"国币350万元。其中,满铁150万元,住友合资会社100万元,伪满政府100万元(以机场、中间降落场等实物出资),民间100万元。

1932年8月12日,日本内阁会议决议提出,"满洲的航空事业,其设施和经营的根本方针,应符合帝国国防上的要求,并有助于帝国航空事业和满洲国经济的发展";"满洲航空会社的指导、监督以及一旦有事时的管理权,应使满洲国委托帝国驻满最高机关(过渡性的是关东军司令官)"。伪满政府、满铁还计划提供补助金,以弥补航空会社收入的不足。其中,伪满政府计划在1932年补助伪满币40万元,1933年伪满币100万元,1934年伪满币140万元,1935年之后伪满币170万元;满铁1932年补助50万日元,1933年至1941年如无其他办法,每年补助50万日元。[①]

1932年9月26日,主要由伪满政府、满铁和住友合资会社共同投资的"满洲航空株式会社"成立(以下简称"满航"),经营东北地区的民用航空。这家航空会社,是一家"准特殊会社"。它名义上是伪满法人公

---

① 日本外务省档案,WT27IMT149。见中央档案馆等编:《日本帝国主义侵华档案资料选编·东北经济掠夺》,中华书局1991年版,第10—12页。

司,但其管理权"委托"给日本驻伪满最高机关,处于"日本政府完全的指导监督下经营业务";股东原则上也不能分红。① 因而与一般商业性的公司有极大不同。满铁作为发起人和大股东,享有航空会社提供的连带运输(如旅客运输)、飞机特别使用以及制作航空摄影测量图等服务。

1933 年 3 月,伪满政府公布所谓的《满洲国经济建设纲要》,规定由"满航"经营航空运输;在今后三年开航空路 3500 公里,将来"努力开拓欧亚及东洋各地"的航空线。② 为确保日本在"满蒙"地区的航空权,"满航"采取多种措施,完善飞机、机场和各种设施,整改、扩充东北兵器厂,提供维修服务。1933 年 10 月,开始制造飞机机身。1935 年 10 月,在航空工厂扩建工程完工后,又开始制造飞机发动机。为打破英美油在满洲地区的垄断地位,保障燃料供给,1933 年 8 月组建燃料班,取得了不错的效果。1934 年 1 月设摄影班,从事空中摄影和绘制精密地图,为日本的经济掠夺服务。1935 年 4 月,修订航运时间表,建立以伪满"国都"新京为中心的航空网。同年从 5 月 1 日起,实施日"满"(新京—大阪间、邮件为新京—东京间)当天联络运输;从 10 月 14 日起开始与日本铁道省、日本航空会社实行空中连带运输。与伪"中华航空会社"也有联运业务。

1936 年 10 月 23 日,日本与冀察政务委员会秘密成立所谓中日合办"惠通航空股份有限公司"。该公司先是开辟天津—大连航线,每周往返 2 班,航程 759 公里;开辟北平—天津—山海关—锦州航线,每周往返 7 班("七七事变"后停航)。1938 年 10 月,开辟北平—天津大连航线,并与东京—大连航线相连。同年下半年,北平—锦州航线延伸至奉天。③ "满航"为惠通航空公司提供人员 80 人和飞机 6 架。

德国汉莎航空公司早有打通欧亚航路、连接柏林到北京的设想。此前汉莎公司的运输机已经飞到阿富汗。德、日两国的思路和利害一致,双

---

① 苏崇民主编:《满铁档案资料汇编·水陆交通和运输工人》,社会科学文献出版社 2011 年版,第 206 页。

② 中央档案馆等编:《日本帝国主义侵华档案资料选编·东北经济掠夺》,中华书局 1991 年版,第 32 页。

③ 辽宁省地方志编纂委员会编:《辽宁省志·民用航空志》,辽宁民族出版社 2013 年版,第 159 页。

方迅速达成协议,草签《关于欧亚航线定期航班协定的协定》《关于东亚航空领域合作的协定》。双方的合作通过秘密换文确认,并最终在缔结日德防共协定(1936 年 11 月)中落实。在这种形势下,日本政府于 1937 年 3 月 19 日提出阁议禀请书。禀请书提出:鉴于现在国际局势……欧亚航路,北有苏联占据西伯利亚航路,南有英法荷联合控制印度航路,唯有横断伪"蒙疆"的中路尚存机会。满洲航空会社与汉莎航空公司在日德政府许可下对此航路实行联运达成完全谅解。此为日本进入欧洲的大好时机,请从速设立本航线:1. 本航线以东京为起点柏林为终点,途经新京—西安—喀布尔—巴格达和罗德岛;2. 本航线为定期航线;3. 为此依照日本法令设立新的公司;4. 请给予该公司必要的补助金。日本阁议即日通过。1937 年 6 月 23 日,"满航"正式设国际航空会社,开展欧亚联络航空。①

伪满"交通部"设航路司掌管民用航空行政,航空运输业务则"委托""满航"统制经营。以长春为中心,"满航"航线遍布伪满全境,并划分为奉天、"新京"、哈尔滨、齐齐哈尔和牡丹江 5 个管区,每个管区分设若干支店和出张所。截至 1938 年年底,奉天管区设 4 处支店、7 处出张所;"新京"管区设 1 处支店、6 处出张所;哈尔滨管区设 1 处支店、17 处出张所;齐齐哈尔管区设 3 处出张所;牡丹江管区设 9 处出张所。此外,还有飞往朝鲜、日本的航线。

至 1938 年,"满航"的飞行里程达 513 万公里。1940 年,"满航"有以下主要航线:

长春("新京")满洲里线(途经龙江、呼伦),每天往返 1 次;

长春锦州线,每周二往返 1 次;

长春牡丹江线,每周三往返 1 次;

长春沈阳线(途经通辽、开鲁、林东、林西、赤峰、锦县);

长春中江镇线(途经通化、辑安),每周二往返 1 次;

长春东宁线(途经牡丹江、穆棱、绥芬河);

---

① [日]前间孝则:《满洲航空の全貌:1932—1945:大陆を翔けた双貌の翼》,株式会社草思社 2013 年版,第 252—2254 页;苏崇民编:《满铁档案资料汇编·水陆交通和运输工人》,社会科学文献出版社 2011 年版,第 207 页。

长春承德线,每天往返1次;

长春新义州线,每周往返1次;

长春新义州线(途经沈阳),每周三往返1次;

长春清津线(途经图们、珲春),每周二往返1次;

滨江(哈尔滨)大连线(途经长春、沈阳),每天往返1次;

滨江佳木斯线,每天往返1次;

滨江富锦线(途经依兰、佳木斯),航程465公里,每天往返1次;

滨江牡丹江线,每周三往返1次;

滨江龙江线(途经北安镇、黑河、嫩江);

龙江黑河线(途经嫩江),每周二往返1次;

牡丹江密山线(途经勃利),每周一往返1次;

牡丹江富锦线(途经密山、宝清、饶河、同江),每周二往返1次;

佳木斯宝清线,每天往返1次;

佳木斯汤原线,每周二往返1次;

佳木斯漠河线(途经佛山、乌云、黑河、呼玛、欧浦),每周一往返1次;

佳木斯饶河线(途经富锦、同江),每周二往返1次;

佳木斯富锦线(途经宝清),每天往返1次;

沈阳大连线(途经通化、辑安、安东),每周三往返1次;

沈阳承德线(途经锦县),每天往返1次;

沈阳张家口线(途经锦县、承德);

沈阳北平线(途经锦县、天津)。

另有日本航空输送株式会社经营大连东京线(途经朝鲜新义州、朝鲜京城、日本大阪),每天往返1次;长春东京线(直达),每天往返1次;大连朝鲜京城线,每天往返1次。①

这样,以日本航空会社、"满航"和伪"中华航空会社"三家航空机构

---

① 中国社会科学院研究所编:《民国文献资料丛编·中国社会科学院研究所藏近代经济史料续编》第3册,国家图书馆出版社2020年版,第179—182页;[日]东京市役所编:《新東亜大観》,1940年印行,第229—230页。

为主,伪满辖区对内、对外的主要航路有:

其一,日"满"联络急行线,包括长沈线(长春至沈阳)、沈京线(沈阳至长春)和东长线(日本东京至长春)。

其二,日"满"直行线,包括长清线(长春至朝鲜清津)、长东线(长春至东京)。

其三,多条普通航线,遍布伪满全境。①

"满航"客运收费以沿铁路航线与不沿铁路航线作为核准票价的基础。1935 年,大连—满洲里航线经停奉天、新京、哈尔滨、齐齐哈尔、海拉尔,航程 1715 公里,客运票价为伪满币 146 元;锦州—赤峰航线票价 33 元;奉天—通化航线票价 24 元。1939 年调整客运票价,沿铁路航线每人/公里平均收费 0.8 — 0.12 元,不沿铁路航线每人/公里平均收费 0.166—0.168 元。如奉天—大连航线客运票价为 16 元,大连—新京 34 元,新京—哈尔滨 21 元,哈尔滨—齐齐哈尔 22 元,齐齐哈尔—海拉尔 48 元,哈尔滨—牡丹江 47 元,等等。②

货物和邮件运输价格,是以客运票价为基础计算的。旅客手提携带 10 公斤以内者免费,超过 10 公斤按货物运价收费,逾重不足 1 公斤按 1 公斤收费。基本标准是:按营运里程计价,1 公斤 500 公里收费 1.5 元(伪满币);1100 公里收费 3 元;1800 公里收费 4.5 元;2600 公里收费 6 元。军用航线手提行李收费高于营运航线,400 公里 1 公斤收费 2 元,900 公里收费 4 元,1500 公里收费 6 元,2200 公里收费 8 元。③

1932 年,"满航"运送货物 1.62 吨,邮件 1.65 吨。1933 年,运货 18.98 吨,邮件 15.66 吨。1936 年,运货 146.15 吨,邮件 51.67 吨。1937 年"七七事变"后,"满航"货物和邮件运量均有大幅减少。1939 年后,军用和企业物资发运量占货运总量的多数,军用邮件占邮件发运量的

① 金毓绂主编:《东北要揽》,国立东北大学 1944 年编印,第 352—353 页。

② 辽宁省地方志编纂委员会编:《辽宁省志·民用航空志》,辽宁民族出版社 2013 年版,第 233 页;黑龙江省地方志编纂委员会编:《黑龙江省志·交通志》,黑龙江人民出版社 1997 年版,第 923 页。

③ 辽宁省地方志编纂委员会编:《辽宁省志·民用航空志》,辽宁民族出版社 2013 年版,第 239 页。

33.3%。1941 年后，更是全力运送军用物资。当年货运营业收入 7.93 万元（伪满币），邮运收入 1.5 万元，包租机收入 2.63 万元。[①]

本来，航空邮运也是“满航”的一大业务。如在伪满西部的内蒙古地区，1936 年开通长春—哈尔滨—齐齐哈尔—海拉尔—满洲里和锦州—朝阳—赤峰两条航空邮路。次年，又开辟长春—郑家屯—通辽—林西和奉天—通辽—赤峰—林西两条邮路。1941 年 4 月整顿航线，长春—白城子—齐齐哈尔—海拉尔航空邮路每周往返 3 次，下行每周一、三、五，上行每周二、四、六；长春—通辽—开鲁—林东—林西—赤峰—承德航空邮路亦为每周往返 3 次，下行每周日、二、四，上行每周一、三、五。[②]

1932—1938 年“满航”的营业情况，参见表 5-14。

表 5-14　“满洲航空株式会社”营业统计（1932—1938 年）

项目 年份	定期航线 （公里）	飞行总里程 （公里）	运输旅客 （人）
1932	995	336669	1545
1933	2300	2618533	16509
1934	3945	3749292	21698
1935	5475	4606125	30945
1936	7495	5401125	32426
1937	7085	5145250	28023
1938	7570	5131046	32657

资料来源：大连商工会議所编：《满洲经济图説》，昭和十五年（1940 年）版（第 6 回），第 79—80 页。

“满航”还有不同于欧美航空公司的两大特色，即自制飞机和军民一体。“满航”在创办之际就决定从事全套的飞机修理、制造、组装、试飞。这是欧美国家所没有的独特安排。一般航空公司会从事本公司飞机的修理

---

① 辽宁省地方志编纂委员会：《辽宁省志·民用航空志》，辽宁民族出版社 2013 年版，第 202 页。

② 《内蒙古自治区志·邮电志》编纂委员会编：《内蒙古自治区志·邮电志》，内蒙古人民出版社 2000 版，第 155—156 页。

和组装,但制造飞机和发动机需要完全不同的生产设备,航空公司一般不会如此。"满航"的这种安排完全出于关东军的要求,一方面,伪满没有航空产业链,依靠日本国内又嫌太遥远;另一方面,关东军本身一直有独立于军部的意图,所以制定了"满航"自给自足的方针。"满航"以关东军占领的张学良旧东北航空所(工厂)和旧兵工学校为基础,占地 3 万平方米,建筑面积 10 万平方米。创办时全员 255 人,工务科设发动机工厂和飞机工厂,后来又增加了修理和飞机制造。1932 年,"满航"主要使用英国制朴茨茅斯飞机、日本制中岛 1.2.SP 型飞机、荷兰制伏兹加 3M 型飞机。1933 年 10 月,"满航"奉天航空工厂制造的满航 1 型飞机投入运营,后期又相继制造满航 2 型、3 型和隼式飞机。1938 年后,增加日本制中岛 AT 型飞机和德国制容克斯 JU86 型客机。① 截至 1945 年 8 月,共生产各型客机 130 架。②

　　1938 年,因不符合伪满政府关于垄断的法令,"满航"将航空工厂分离出去,成立"满洲飞行机制造株式会社"。经过发展扩充,1942 年员工达 6500 人,除日本人外,还有本地人和俄罗斯籍员工。至 1945 年有 6 种机型达到量产,总共生产了 5350 架飞机,4000 台发动机,战时高峰年产飞机达 1000 架。③

　　在航空基础设施方面,日本侵略者除改建东塔机场,还于 1934 年 11 月建成奉天北陵机场,承担东塔机场的部分业务,东塔机场划归"满航",用于飞机试飞。1933 年,日本修建朝阳机场,用于日军的航空侦察,后"满航"利用来开办空运。1942 年进行扩建,至日本战败投降未完工。1932 年,伪满政府在宽甸县城南门外修建军用机场,1936 年改为民用,1941 年废弃。1939 年,侵华日军军用机场锦州机场也开始民用空运。此外,各地还有大量较小的机场,供军用和运输营业用。例如,仅在黑龙江,1932 年就在 7 个县、市修建了机场;1933 年在 14 个城

---

① 辽宁省地方志编纂委员会编:《辽宁省志·民用航空志》,辽宁民族出版社 2013 年版,第 74、85—86、95 页。

② 〔日〕前间孝则:《満洲航空の全貌:1932—1945:大陸を翔けた双貌の翼》,株式会社草思社 2013 年版,第 183 页。

③ 〔日〕前间孝则:《満洲航空の全貌:1932—1945:大陸を翔けた双貌の翼》,株式会社草思社 2013 年版,第 235—236 页。

镇修建了机场。① "满航"所用机场,全部是关东军强迫中国劳工所建。

"满航"的"军民一体"的军事特色也十分明显。在创立之初,"满航"首脑向关东军小矶国昭参谋长致意时就保证:一朝有事必定服从军事调遣,承担侦察轰炸任务。因此"满航"的飞行员全部可由关东军无薪委托任用("无给嘱托"),管理职位则是高等官待遇,其他是判任官待遇。此外因军事飞行有危险,也有相应的保障制度。创立时从日航转入55人,新招20人,共75人。其中飞行员8人,8人之中7人来自日航,大部分出身军队。9个月后人员发展到411人,在飞行员和机师中,军籍有将校30人(内含中佐1人、少佐6人、大尉1人、中尉1人、少尉16人)、准士官13人、下士官43人。飞行员松井在日记中记载:"无论日本航空还是满航,无法完全依靠普通旅客和其他营业自立,必须依靠政府或军部的支持。反之接受关东军资助的满航也就俯首帖耳。无论日航还是满航,高级干部多数是军人。'满航'以儿玉副社长为首,军人基本控制了公司的航运。"②

在日军侵略中国的军事行动中,"满航"也密切配合,成为日军的帮凶。到1936年,"满航"拥有12条不定期军用航线。日本关东军"讨伐"抗日义勇军时,"满航"派机为日军承担军运。日军在辽南、热河展开侵略行动时,"满航"派机与日本航空会社共同承担军运任务,运送粮食、弹药、被服和伤病员。1938年,"满航"又派机参加日军攻占汉口的战役。1941年11月,"满航"派13架飞机在越南西贡地区承担军运任务。同年12月,"满航"编入日本陆军特设第16运输飞行队。1942年12月,"满航"派大批飞机前往印度支那承担军运任务。1943年3月,派6架飞机赴巴布亚新几内亚为日军基地承担军运任务。③

此外,"满航"和"中华航空会社"还有走私鸦片等丑行。从满洲航空

① 黑龙江省地方志编纂委员会编:《黑龙江省志·交通志》,黑龙江人民出版社1997年版,第879页。

② [日]前间孝则:《満洲航空の全貌:1932—1945:大陸を翔けた双貌の翼》,株式会社草思社2013年版,第183—186、233页。

③ 辽宁省地方志编纂委员会编:《辽宁省志·民用航空志》,辽宁民族出版社2013年版,第133、185页。

转职到中华航空的机师能都一男在日记中,以当事人身份记载了"中华航空会社"的内幕。因"中华航空会社"奉军令飞行的固定航班和临时航班比"满航"多,运输鸦片更为方便。有"鸦片王"之称的里见甫,经手巨量的鸦片资金,曾供述"蒙疆政府八成的财政收入由我提供……鸦片资金是由兴亚院直接管理的"(《周刊读卖》昭和三十年六月五日,《战争商人生存录 装点着鸦片的大陆秘史》)。东京审判中美方 IPS 的调查说:"内蒙古鸦片通过铁路、飞机和船舶从内蒙古运出,其中主要是由中华航空自有自用飞机运输的(《秘密文件·CIA 对日工作》)"。据里见甫本人的资料记载,1941 年伪"蒙疆政权"辖地的鸦片贸易额高达 3 亿元(约合当时 1.5 亿日元,按现在物价合 560 亿日元)(《华中宏济堂内容概记》)。

飞机运输可避免盗贼和抗日军队的袭击,适宜运送体积小、重量轻、价值高的货物。而被称为"特殊航运"的航班不搭载乘客,安全性更高。神田好武于 1937 年入职日本航空输送会社,两年后转职"中华航空会社",是 1952 年全日空的创始人之一。他对"中华航空会社"时期运输鸦片的情况记录如下:"我们的飞行时间是每月 100 小时以上,不停地飞,不停地运……大部分是军需物资和上前线的军官,有时候还有慰安妇……军需物资中,麻醉药、鸦片之类很多。运输这些物资的主要是九七重爆运输机,张家口—上海航线,被称为'深夜鸦片邮递'。除了正规的运输,相当数量是机组人员的走私货,属于'非法打工'……此外还有少数机师和驾驶员走私金条和港币(《神田机师长飞行日记》)。"①

第五节　关内沦陷区的铁路、公路、
邮电和航空运输

1937 年"七七事变"之后,侵华日军先后占领中国华北大片国土。同

---

① ［日］前间孝则:《満洲航空の全貌:1932—1945:大陸を翔けた双貌の翼》,株式会社草思社 2013 年版,第 312—313 页。

年 12 月,日本华北方面军扶持汉奸汤尔和、王克敏等在北平组成傀儡政权"华北临时政府"。华北伪政权下辖河北、河南、山西和山东 4 个省级伪政府,以及北京、天津和青岛 3 个特别市。1938 年 4 月 1 日,华北伪政权设建设总署,作为"建设华北"的领导机构,负责制定华北地区公路、水利和城市(主要是城市道路)的建设政策和规划,并领导下属各工程局进行工作。这也是为执行侵华日军的指令,直接为日本侵略服务的一个工程建设指挥中心。

1938 年 3 月,日本华中派遣军则扶持另一批汉奸梁鸿志、温宗尧等在南京成立"中华民国维新政府"。梁鸿志任"行政院长",下辖苏、浙、皖 3 个省和京沪 2 个特别市;内部设有"交通部"。同年 9 月,伪"华北临时政府"、南京"维新政府"组成"中华民国政府联合委员会"。为巩固殖民统治,1940 年 3 月,以汪精卫为首的伪"中华民国国民政府"正式成立。1943 年 2 月成立"建设部",内设路政署,下辖公路处,掌公路建设。伪"华北临时政府"也并入汪伪政府,改称"华北政务委员会",伪建设总署于 1943 年改称工务总署。

此外,日军在占领察绥及晋北地区后,策划成立地方傀儡政权。1937 年 11 月 27 日,日本关东军召集察南、晋北和伪"蒙古联盟自治政府"三个傀儡政权成立伪"蒙疆联合委员会",并于 1938 年 9 月 1 日改为伪"蒙古联合自治政府"。汪伪政府成立后,也无法过问其事务。因此,华北沦陷区包括伪"华北政务委员会"和伪"蒙疆联合自治委员会"管辖区域。日伪铁路部门所管铁路,则有部分位于苏北、皖北。所以,华北沦陷区的范围更广。

一、日本在关内沦陷区的交通统制

日本在中国关内沦陷区的经济掠夺和交通统制,早有筹谋,一直按计划推进。日本采取与东北稍有不同的策略,但也是以国策会社的方式实施。"华北开发株式会社"和"华中振兴株式会社",就是两大支柱性组织。各地汉奸傀儡政权则为虎作伥,如同伪满政府一样。

1934 年 4 月,对华经济侵略急先锋满铁成立"对华投资问题研究小委员会",提出对华投资机关和计划、工业交通通讯各业投资调查和计划、华北矿业开发计划、通货货物金融实施方策、棉业和畜产业振兴计划等十项报告。① 日本中国驻屯军积极支持满铁的调查,在 1935 年 7 月制定的《随着华北新政权产生的经济开发指导案》中提出,"抓住一切机会,在交通、资源及金融各方面投资";向以满铁为主体的会社投资于交通(铁路、公路、航空、水运、港口)及矿产资源的铁和煤炭,"其他日本方面的投资者使之随意投资";对交通和矿产,要由军方与外务部门组成华北经济开发委员会进行统制;实施过程中,"口头上高唱门户开放,但在华北,在驱逐外国人势力上,竭尽全力"。② 该方案还就铁路、汽车交通、航空、水运、港湾等提出了计划。满铁也积极为日本政府献计献策,提出各种方针、方案、方策,认为华北的价值在于,"现在是军需资源供给地,将来是日本工业原料地",主张扶植伪政权,由军方、满铁、兴中公司等实施统制经济。③ 日军定下"华北开发最高指导方针",是要"驱逐外国势力,使日、满、华依赖关系进一步紧密,努力尽快增强国防力"。④ 显然,其目的是使中国成为日本独占的殖民地,借以扩充军事力量,为更大的军事扩张积累力量。其具体方案是,成立"华北兴业有限公司",以统一计划,避免在华企业的竞争。日本政府综合各方面的建议,制定《第二次华北处理要纲》,企图在华北"建立起巩固的防共亲日地带,并取得国防资源,扩充交通设施"。⑤

由此可见,日本各界最为关注的是掠夺中国资源、壮大国防(军事)力量、建立"亲日"殖民秩序;并以各种名目包装、掩饰。1937 年 7 月,日

① 张利民:《论日本对华北经济方针的制定》,《历史教学》1996 年第 9 期。
② 中央档案馆等编:《日本帝国主义侵华档案资料选编·华北经济掠夺》,中华书局 2004 年版,第 3—5 页。
③ 中央档案馆等编:《日本帝国主义侵华档案资料选编·华北经济掠夺》,中华书局 2004 年版,第 14、21 页。
④ 中央档案馆等编:《日本帝国主义侵华档案资料选编·华北经济掠夺》,中华书局 2004 年版,第 24—34 页。
⑤ 中央档案馆等编:《日本帝国主义侵华档案资料选编·华北经济掠夺》,中华书局 2004 年版,第 40 页。

本干脆直接发动全面侵华战争,以武力占领中国,实现其称霸亚洲的狼子野心。

"七七事变"后,日本华北方面军于 9 月 30 日制定《华北经济开发基本要纲案》和《华北开发国策会社要纲案》,"以把华北包含在帝国经济圈内为目标",将日本资本分为统制企业和自由企业,统制企业必须顺应日、"满"产业计划,"根据日、满、华北为一体的计划制定计划"。也即必须服从建立殖民地秩序的目标。统制企业包括重要的矿产资源开发和原料加工企业;主要的交通事业;主要的发电、送电事业;开发盐田和认为其他的有必要实行企业统制的事业。统制企业要由国策会社实行综合的管理经营。这个筹划中的华北开发国策会社暂定为"华北兴业公司",除统一兴中公司和其他已有企业外,集中满铁和广大的内地资本而成,也吸收当地土著资本参加。[①] 这一计划后来由"华北开发株式会社"承担。

1937 年 12 月,日本政府制定的指导华北、华中侵略行动的《处理中国事变纲要》提出,"经济上以建立日、满、华不可分离的关系为目标",即日本统治下的殖民秩序;为了开发和统制华北经济,设立国策公司,以"体现举国一致的精神和动员全国产业的宗旨"。国策公司主要从事交通运输事业、通讯事业、电力、矿业、盐业等重要产业的开发经营。为掩人耳目,"力求让中国方面出面",且承认"对第三国在开发华北经济方面的适当投资"。纲要还要求满铁人员在经营交通、通讯事业中充分运用其技术、经验。[②] 1938 年 3 月,日本内阁通过了《华北开发株式会社设立纲要》和《华中振兴株式会社设立纲要》,确立了两大会社法的基本原则。同月,日本召开第 73 届国会,通过了《战时总动员法》,推动日本经济走向战时体制;同时还通过了《华北开发株式会社法》和《华中振兴株式会社法》,并在 4 月正式公布。

通过一系列动作,日本侵略者试图吸引更多的日本财阀参与掠夺

---

① 中央档案馆等编:《日本帝国主义侵华档案资料选编·华北经济掠夺》,中华书局 2004 年版,第 155—156 页。

② 居之芬主编:《日本对华北经济的掠夺和统制·华北沦陷区经济资料选编》,北京出版社 1997 年版,第 20—22 页。

中国,以强化战时经济。1938 年 6 月,日本制订华北产业开发第一次五年计划(1938—1942 年,后又修改为 1939—1942 年四年计划),交通方面计划扩充铁道、港湾及公路网,需资金 4.47 亿元。[①] 1938 年 7 月,又出笼一个《日本政府从内部指导中国政权大纲》,以适应日本"国防国策",建立殖民秩序,要求铁路、水运、航空、通信等,"实质上应掌握在帝国势力之下,不遗余力地完成军事任务",并以"有利于人民的生活"的口号来欺骗中国民众;特别强调在华北方面"要在实质上抓住必要的交通事业"。[②]

"国策会社"巨头满铁,早在 1934 年就筹划设立一家"兴中公司",参与并企图垄断对华北的经济侵略。满铁理事十河信二是关东军顾问,1934 年两度来华考察。他在"视察报告"中建议,由满铁在华北设立运输公司,延长北宁铁路至山西,便于晋煤运往日本;与中国合办运输公司,经营中国国有铁路运输;设立对华投资公司,专门从事与中国交涉日本各项计划和方案的实施。[③] 1935 年 12 月 20 日,作为"日本发展对华经济的统制性执行机关","株式会社兴中公司"在大连满铁会社内成立,资本为1000 万日元,第一次实缴 250 万日元。公司社长为十河信二,总部设于大连,东京设有分公司。公司作为满铁的分支机构,按照满铁的指挥进行活动。[④] 交通方面,兴中公司主要是策划修建(天)津石(门)铁路。天津为华北最大商港,又是日本华北驻屯军司令部所在地,石门(今石家庄)则位于华北腹地京汉铁路与正太铁路交会点上,可通往井陉煤矿及山西,因此这条铁路具有重要的军事、经济意义。兴中公司的修路计划未能实现,但在电力、采矿方面有所进展,还在天津设立塘沽运输公司,从事对日

---

① 居之芬主编:《日本对华北经济的掠夺和统制·华北沦陷区经济资料选编》,北京出版社 1997 年版,第 24 页。

② 居之芬主编:《日本对华北经济的掠夺和统制·华北沦陷区经济资料选编》,北京出版社 1997 年版,第 26 页。

③ 居之芬、张利民主编:《日本在华北经济统制掠夺史》,天津古籍出版社 1997 年版,第41 页。

④ 中央档案馆等编:《日本帝国主义侵华档案资料选编·华北经济掠夺》,中华书局 2004年版,第 63 页。

输出中国盐产等物品的轮船运输。[1]

汽车运输是兴中公司的"直营事业"。为侵华日军提供军事运输，1937 年与"国际运输会社"设立军用材料运输委员会承运，1938 年 3 月由兴中公司独家承担军事材料的运输，有汽车 200 辆。[2] 但兴中公司只是满铁的子公司，还无法承担对整个华北的经济掠夺和统制，也不能满足日本其他财阀的要求，1939 年并入新成立的"华北开发株式会社"。

1938 年日军攻占武汉、广州后，中日双方进入战略相持阶段。日本侵略者更加注重巩固占领区的殖民秩序、加强经济掠夺。12 月 16 日，日本政府为协调军政各方的对华侵略活动，设立兴亚院，首相亲任总裁。筹划已久的大型国策会社"华北开发株式会社"，也终于亮相。

1938 年 11 月，所谓"中国法人资格特殊公司"——"华北开发株式会社"（中文名为"华北开发股份公司"）在日本东京成立，正副总裁均由政府任命；资本额为 3.5 亿日元，官民各半。然而，在政府的 1.75 亿日元股本中，实物竟占了 30.8%，其中主要是日军劫夺的中国企事业，尤其是铁路设施，折算为政府的投资。

"华北开发株式会社"（以下简称"华北开发会社"）首先是要落实华北产业开发第一次五年计划。其主要目标是：交通运输方面，恢复华北已有铁路交通，立即修建通古铁路、沧石铁路、胶济铁路延长线，修复并扩建连云港，新建塘沽新港，经营华北汽车运输；通信方面，恢复北京至天津、天津至芝罘间的国内线，北京经天津至伪"满洲国"和北京至伪"蒙疆"的线路；恢复天津至上海线路，建立联结日本、伪"满洲"和中国关内的通讯网。因此，"华北开发会社"成为日本对华北实行经济统制和经济掠夺的主要机构。

"华北开发会社"最大的一家子公司是"华北交通株式会社"（中文名

① 中央档案馆等编：《日本帝国主义侵华档案资料选编·华北经济掠夺》，中华书局 2004 年版，第 47、55 页；居之芬主编：《日本对华北经济的掠夺和统制·华北沦陷区经济资料选编》，北京出版社 1997 年版，第 122—124 页。

② 居之芬主编：《日本对华北经济的掠夺和统制·华北沦陷区经济资料选编》，北京出版社 1997 年版，第 125、126 页。

为"华北交通股份有限公司")。日本政府在 1937 年 12 月先后出台的《华北经济开发方针》和《支那事变处理要纲》中决定,将另设"国策会社",满铁也就不可能垄断包括铁路交通在内的华北经济了。日本对华北占领区的中国铁路,考虑到各路尚有大量对外借款,也顾忌中国人民的抵抗,不敢明目张胆地收为日本所有,借鉴处理东北铁路的经验,表面上承认华北铁路属中国"国有",但通过夺取经营权而获得控制权。最后选择了"中日合办中国法人会社"的方式经营华北铁路。日本的如意算盘是,此举可以减轻中国人民的反感,也能方便地处理外债,还能控制实际经营权,获得"日本舍其名而得其实"的效果。1937 年 12 月,根据日本大本营陆军部制定的《华北交通处理方针》,以及前述日本内阁企划院制定的《华北经济开发方针》,日本中央军部定下方针,即"铁路全部归民国所有,由日本军司令官掌管,在华北产业会社统制下,设中国特殊法人华北交通会社,使之经营此项事业"。之后,日本中央军部、华北方面军司令部等有关方面多次磋商,关东军司令部也提交了自己的方案,后期伪"华北傀儡政权"和伪"蒙疆政权"也参与其中。但基本原则还是日本军方确定的,即:华北原有中国铁路、港湾为"国有"民营;新建及改良原有铁路港湾而由交通会社支出者为社有;为偿还对原有线的外国借款,由交通会社上缴给中国"政府"的款项如何筹措,待定;中国"政府"遵照军方内部指导设立华北交通会社,经营"国有"铁路及有关的港湾;此外,还经营特殊路线的汽车运输、国内水路轮船运输以及附属事业;"华北交通会社"同中国"政府"签订委托合同进行经营;中国"政府"对铁路的行政监督,日本政府的事业监督,均通过会社执行;军事事项由陆军大臣下达命令并通过会社进行监督,但在重要战役结束前,军事事项由日本最高指挥官发布命令并监督之。以后如有军事行动,司令官可直接指示会社进行作战警备,并监督之;中国方面在"政府"中设日本人交通顾问,中国"政府"对交通行政的监督,必须得到日本顾问的同意。①

---

① 解学诗主编:《满铁档案资料汇编·华北交通与山东、大同煤矿》,社会科学文献出版社 2011 年版,第 41—46 页。

1938年4月,日军司令官与华北伪"临时政府"头目王克敏签订协定,对华北交通运输,明确规定伪"政府"是根据《华北交通株式会社法》而设立交通株式会社的;伪"政权"非经日军司令官的同意,不得以任何形式改废交通会社法及其附属命令;日军司令官得对交通会社发出军事上所必要的命令和采取适当的措施;等等。[①] 1938年9月至1939年4月,华北伪"政权"与日方对拟定中的交通会社,就利益分配问题也曾"谈判"多次,一方面,对日方表示无意干涉日本的军事行动和"建设东亚新秩序","也不打算排斥开发华北的资源";另一方面,又苦心孤诣地替日本设想,担心日本的强压政策"会失去中国民心","对日本也非长久之策",然后可怜巴巴地提出把铁路归还给伪政权,"希望拥有平等的权利"。[②] 结局当然是对日本妥协。1939年4月14日,日本兴亚院与华北伪临时政府达成关于设立"华北交通株式会社"的谅解事项,划定交通会社的经营范围为铁道事业(包括日占各铁路干支线、将来建设或收买的铁路、在其他政权区域内所委托的铁路),汽车运输业,内陆水运业及其他附带事业;还规定在主要铁路以外的铁路、汽车运输和内陆水运业,在不妨碍交通会社事业的限度内,经会社同意,允许第三者经营,但必须服从会社统制。同日,还公布了华北交通株式会社《会社法》,将日方的意图、各方达成的协议固定为伪政权的法律。

1939年4月17日,"华北交通株式会社"正式成立,全面接替满铁华北事务局事务。公司资本额定3亿元,"华北开发会社"出资1.5亿元,满铁出资1.2亿元,华北伪政权出资0.3亿元,经营范围为铁路、汽车运输、国内水运、港口及其他附带事业和关联投资,执掌华北、"蒙疆"交通事业的一元化统制运营("蒙疆"汽车交通不久又被划出)。[③] 公司组织机构

---

① 谢学诗主编:《满铁档案资料汇编·华北交通与山东、大同煤矿》,社会科学文献出版社2011年版,第51—52页。

② 解学诗主编:《满铁档案资料汇编·华北交通与山东、大同煤矿》,社会科学文献出版社2011年版,第56、74页。

③ 中央档案馆等编:《日本帝国主义侵华档案资料选编·华北经济掠夺》,中华书局2004年版,第462—465页;居之芬主编:《日本对华北经济的掠夺和统制·华北沦陷区经济资料选编》,北京出版社1997年版,第229页。

庞大,职员人数众多。到1944年3月,有员工154797人(不包括港湾总局),其中日本人43863人,中国人110943人①,主要集中在铁路部门。但是,"华北交通会社"《会社法》虽以华北伪临时政府名义制定和公布,却未见其公布中文本,会社《章程》亦未公布中文本;两份文件都未划分各方股份,只是规定总资本为3亿元,共600万股,经"政府"批准可增加。实际出资,华北伪政府出资0.3亿元,仅占10%的股份,成为最小股东;"华北开发会社"所谓出资1.5亿元,占了50%的股份,而且是以日本侵占的中国铁路及附属设施出资,一次全额缴清,用中国资产控制了华北交通。第二大股东则是满铁,占股40%,华北地区铁路此前就掌控在满铁华北事务局手中。这个所谓的中国法人中日合办公司,成为名副其实的日本控股公司。所有的安排,都在日本军方制定的《华北交通处理方针》和日本内阁制定的《华北经济开发方针》《支那事变处理要纲》等决策范围内。华北汉奸傀儡政权装模作样地"希望拥有平等权利",不过是自欺欺人。1942年,"华北交通会社"资本达到4亿元,其中华北开发会社和华北伪政府分别增资8500万元和1500万元。

"华北交通会社"还有若干关系会社。如:青岛交通株式会社(1938年7月设立,日本普通法人),天津交通株式会社(1938年9月设立,中国普通法人),青岛码头株式会社(1938年9月设立,日本普通法人),华北交通会社港湾总局(1941年9月由兴中公司移交),华北车辆株式会社(1940年6月设立,日本普通法人),"蒙疆汽车股份有限公司"(1939年5月设立,内蒙古地区特殊法人),华北运输有限公司(1941年10月设立,中国普通法人),天津驳船运输会社(1942年6月设立,日中合办日本法人)。②

"华北交通会社"各年的收益状况参见表5-15。

---

① 中央档案馆等编:《日本帝国主义侵华档案资料选编·华北经济掠夺》,中华书局2004年版,第464页。

② 解学诗主编:《满铁档案资料汇编·华北交通与山东、大同煤矿》,社会科学文献出版社2011年版,第218—242页;解学诗:《满铁与华北经济(1935—1945)》,社会科学文献出版社2007年版,第383—384页。

表 5-15 华北交通会社收益统计（1940—1942 年） （单位:千元）

项目 年份	铁道	汽车	水运	利息	年度总损益
1940	12436	-3323	-2928	-5994	191
1940(乙)	8064	-2102	-1659	-6083	-1780
1941	44719	-3298	-2977	-17683	20761
1942	69291	8065	-1701	-13526	62129

注:1942 年系 11 个月的统计数。

资料来源:解学诗主编:《满铁档案资料汇编·华北交通与山东、大同煤矿》,社会科学文献出版社
2011 年版,第 200 页。原表个别数据有误,本表已订正。

日伪在华北邮政、电信、航空方面,均实行统制。"七七事变"后,北平伪组织成立所谓"华北电政总局"。1938 年 7 月,日伪成立"华北电信电话股份有限公司"（日文名"华北电信电话株式会社"）,对华北地区的电报电话业实行统制,从 8 月 1 日起开始营业。又设有"华北航空公司"（日文名"华北航空株式会社"）统制华北的航空运输业。"华北开发会社"历年对交通电信的投资参见表 5-16。

表 5-16 华北开发会社对交通电信的投资（1939—1943 年）

（单位:百万日元）

项目 年份	交通	电信	总计
1939	161.8	12.3	174.1
1940	402.8	25.5	428.3
1941	635.7	42.0	677.7
1942	884.1	55.7	939.8
1943	995.3	65.2	1060.5
合计	3079.7	200.7	3280.4

资料来源:许涤新、吴承明主编:《中国资本主义发展史》第 3 卷,人民出版社 2003 年版,第 434 页表
4-10。

日本划定的华中地区,北至陇海铁路,南跨珠江三角洲,西起汉水,东达黄海、东海之滨,包括江苏、浙江、安徽三省和江西、湖北、河南部分地区,上海、南京、杭州、武汉、徐州、南昌等重要城市和战略要地。日本在华

中地区也设立所谓"国策会社(公司)"。1938年4月30日,日本议会在通过"华北开发株式会社法案"的同时,还通过了"华中振兴株式会社法案"。同年11月7日,日本特殊法人"华中振兴公司"正式登记成立,日文名为"华中振兴株式会社"(以下简称"华中振兴会社")。公司资本额为1亿日元,本部设于上海,东京设有分部。首任总裁为前横滨正金银行总裁儿玉谦次,1943年3月后为高岛菊次郎。鉴于华中地区经济较为发达,各国经济权益错综复杂,因此,"华中振兴会社"宣称着重于"战后华中经济的复兴"("华中振兴株式会社法案"第一条)。会社法案规定其统制范围有:交通运输业,通信事业,电气、煤气及自来水业,矿业,水产业,前述各项之外华中所谓"公共利益"及"振兴产业"所必需的事业。与"华北开发会社"均由下属实体公司经营稍有不同之处,"华中振兴会社"经日本政府批准,也可直接经营统制事业。"华中振兴会社"成立后,原有各家公司如华中电气通讯公司等均纳入其中,成为子公司。"华中振兴会社"对子公司有责任进行投融资,自成立之后,70%的投资用于铁路、电气和通信事业。[①]

全面侵华战争前和战争期间日本在关内沦陷区的交通投资比较,参见表5-17。

表5-17 日本在关内沦陷区的交通投资统计(1936年、1938年)

(单位:千日元)

地区　　项目	1936年			1938年			
	华北	伪"蒙疆"	总计	华北	伪"蒙疆"	华中	总计
汽车运输	357	—	357	8266	—	1516	9782
通信	—	—		5250	1500	5000	11450
航空运输	2250	—	2250	2500	—	500	3000
总计	2607	—	2607	16016	1500	7016	24532

资料来源:居之芬、张利民主编:《日本在华北经济统制掠夺史》,天津古籍出版社1997年版,第148页。

---

① 王士花:《"开发"与掠夺——抗日战争时期日本在华北华中沦陷区的经济统制》,中国社会科学出版社1998年版,第32页。

二、关内沦陷区的铁路交通

中国最早投入商业运营的铁路——唐胥铁路,即诞生在华北。1937年"七七事变"前,位于或途径华北地区的铁路有北宁、平绥、平汉、道清、胶济、津浦、正太、同蒲、陇海等,营业里程长达5775公里,分布于河北、察哈尔、山西、山东、河南、江苏等省。[①]"七七事变"后,华北地区中国铁路相继沦入敌手。在华北交通株式会社成立后,因徐州以南津浦铁路移交给华中铁道株式会社,营业里程变为4995公里。

初期,满铁仍扮演着重要角色。满铁早在1935年11月即在华北设天津事务所,协助在华北的日军从事"特殊使命"。1937年7月9日,日本关东军铁道线区司令部向满铁发出派出人员和器材的命令。满铁立即派铁道总局一名监察和4名人员前往天津,负责与军方联络,包括拟定"接收"北宁铁路关内段铁路方案及其他重要工作。同时,在山海关组成以奉天铁道事务所车务课牵头的输送班,协助日军落实军运方案。满铁派员在铁路沿线指导、监督铁路员工,专门从事军运。后设天津输送班,并在山海关常驻联络员,协助关内外的军运调度;不久又改归"铁道监"统一指挥铁路军运。同年8月以后,日军沿京绥、京汉、津浦路进犯,满铁在丰台设输送事务所,管理丰台以西的北宁路段和京绥、京汉两路运输。8月27日,满铁将天津事务所升级为华北事务局,统辖满铁在华北的一切事务,包括战时运输,管理日军占领的中国铁路、公路、水运等交通,并开展临时营业。12月1日,华北事务局又设铁道事务所,加强铁路运输的管理。在日军华北方面军司令部从天津迁至北京后,华北事务局也于1938年1月27日迁至北京。华北事务局先后4次改组,到1938年9月18日,设有运输、水运等10个部局和输送委员会;到1939年4月有员工18693人(其中日本人15671人,其余为来自伪满地区的中国人)。

---

① 解学诗主编:《满铁档案资料汇编·华北交通与山东、大同煤矿》,社会科学文献出版社2011年版,第204页。日伪划分的华北地区,包括河南和江苏两省北部部分地区,津浦路徐州以北段、陇海路连云港至开封段以及道清等铁路,均属"华北交通株式会社"经营。

从"七七事变"到1938年8月底,满铁跟随日军先后占领、"接管"或控制华北铁路。在这一过程中,日军夺占中国铁路车辆、器材,从占领各路夺得机车329台,客货车3490辆。满铁在集中运送侵华日军入关的同时,还提供车辆供华北地区使用,并制造新车。1938年5月下旬,满铁派往华北的货车多达5707辆,占满铁全部货车的26%。

北宁铁路(即京奉线)系英国贷款修建,且有英国人参与管理。关外段(奉山线)早已被日本占领。关内段京山线(北京至山海关)最初拒绝运输日军,日军制定《华北铁路经营纲要》,谎称"在作战上不侵犯他国利益",强制进行军运。日军沿铁路设置由满铁人员组成的站区,监督北宁铁路运行,并陆续派人打入该路机构"指导"经营,逐渐掌握实权。1938年1月23日,华北方面军司令官命令华北事务局,即日起"开始指挥经营北宁铁路";同日,日军参谋长又发出指示,要求把"逐渐由我掌握实权"变为"从形式上也要统一经营",从而使北宁铁路局名副其实地变为华北事务局的一个局。日军特务部还提出了具体方案。华北事务局和天津事务所奉日军之命,制定具体对策。同年6月20日,将天津铁道事务所和北宁铁路局合并成立天津铁路局,完全控制了北宁铁路实权。

1937年8月27日,关东军侵占张家口,当地汉奸成立察哈尔治安维持会,不久又陆续设立伪"察哈尔交通委员会"、伪"产业金融委员会"、伪"察南自治政府"。伪"察哈尔交通委员会"掌管当地铁道、汽车、道路、邮政、电报、电话、广播、电灯、电话等领域。其中铁路与电报、电话事关日军军事,由关东军于10月4日指令满铁迅速经营平绥铁路。不久,日本华北方面军又指令华北事务局经营华北各铁路。1938年6月,满铁成立张家口铁路局,改平绥线为京包线。该线名义上属于1937年11月22日成立的伪"蒙疆联合委员会"管理,以造成伪"蒙疆"独立于华北和外蒙古地区的局面,实际听令于日军,按照日军军部的命令,由满铁华北事务局进行"委托经营"。1939年,该路按照兴亚院的指示,按地区分别隶属于伪"蒙疆"、临时和维新"政府",经营权仍归华北事务局。其他各路,均根据《华北各铁路经营纲要》"委托"华北事务局经营,直至"华北交通株式会社"成立。华北日占区铁路在"七七事变"后以军运为主,也经营一般运输;1938 年军运减少,一般运输增多。1938 年总运输量 2035 万吨,军运占 26%。为管理华北日占区铁路,华北事务局设有天津、北京、张家口和济南等铁路局。[①] 1940 年"华北交通会社"成立后,铁路由其统一经营。

日伪在华北占领区,出于军事和经济等目的,也修建新路。比较重要的铁路有:

通古线(通州—古北口),原为中国规划中的平古铁路,其中北平至通县一段已于"七七事变"之前建成。日本将通县至古北口段修建完成,全长 125 公里。此线北通承德,与伪满铁道系统沟通,可辅助北宁(京奉)线运输的不足;南可与平汉、津浦线联络,极具军事、经济意义。

新开线(新乡小冀—开封),因黄河决口,日军未能如期占领铁路中枢郑州,于是修建新开线,全长约 86 公里,以连接平汉、陇海两路,直通连云港,缩短出海里程,既能供调遣军队,又便于日伪之间货物的运输。

石德线(石家庄—德县),全长约 181 公里,所经之处,均为冀中平原膏腴之地,农产丰富,尤其适宜种植棉花;山西煤炭资源极为丰富。日本为发展本国纺织工业和军需工业,对河北棉花和山西东中部煤炭垂涎欲滴,筑路以便于运输粮棉矿产。且由德县转胶济铁路直奔青岛,为出海捷径,可分天津转运之劳,利益重大。就军事价值而言,该线位于河北腹地东接津浦,以达天津,西联正太,以通晋陕,进可窥视关中,袭我后方,退可拱卫平津,控制华北,极具战略意义。

同蒲铁路白潞支线(白圭—潞安,今长治),全长约 178 公里,是沿白(圭)晋(城)公路修建的轻便铁路。晋东南不仅盛产煤炭,且太行山区为国共抗日根据地,抗日军民不断出击,随时威胁日伪同蒲、京汉、道清铁路交通,且使晋中日军无法与豫北日军取得密切联系。因交通不便,日军无法展开大兵团作战,多次进攻,均损兵折将。这一铁路的修建,既可掠夺煤炭资源,更可截断晋东南抗日军民的联系,将日军晋豫战场打成一片。

---

① 谢学诗主编:《满铁档案资料汇编·华北交通与山东、大同煤矿》,社会科学文献出版社 2011 年版,第 23—37 页。

表5-18 华北沦陷区新建铁路一览(1938—1945年)

年份\项目	铁路线/段名	起—迄	长度(公里)	开工时间	竣工时间	备注
1938	通古线	通州—古北口	125.8	1937.9	1938.3	在古北口与锦古线接轨
	北同蒲线	平旺—朔县—原平	223.0	1938.10	1939.4	同期同蒲全线改为标准轨
	凤山运煤线	南张村—凤山	6.6	—	1938.4	运煤
1939	新开线	新乡小冀—开封	86.2	1938.10	1939.5	陇海路与京汉路联络线,1947年拆除
	烟筒山线	宣化—烟筒山	11.0	—	—	铁矿运输
1940	石滩线	轩岗—石滩	2.7	1940.4	1940.4	运煤
	大台线	门头沟—大台	30.4	1939.10	1940.5	运煤
	大青山线	包头—召沟	41.4	1939.6	1940.7	运煤,1945年拆除
	刘顶磷矿线	海州—刘顶	10.0	—	1940.7	窄轨,磷矿运输,1945年拆除
	史家岗线	蒋村—史家岗	7.6	1940.4	1940.9	运煤,1944年拆除
	西佐线	马头—西佐	20.6	—	1940.11	改建,运煤

续表

项目 年份	铁路线/段名	起—讫	长度 （公里）	开工时间	竣工时间	备注
1941	八徒线	博山—八徒	9.3	1940.3	1941.2	利用原日商运煤窄轨铁路改建
	石德线	石家庄—德州	180.7	1940.6	1941.2	运煤，代替流产的沧石铁路
	白潞线	白圭—潞安（今长治）	178.4	1939.6	1941.3	同蒲路支线，晋东南煤炭外运，1945年拆除一段
	柳泉煤矿线	柳泉—贾汪煤矿	15.6	1941.2	1941.3	运煤
	赤柴线	东太平—赤柴	26.3	1940.8	1941.6	运煤
	怀庆线	清化—怀庆	18.0	1941.3	1941.8	1945年拆除
	新河码头线	新河—码头	2.0	—	1941.8	—
	凭心线	常口—凭心	2.6	1941.7	1941.9	运煤
	雪花山线	井陉—雪花山	0.5	1941.8	1941.9	运煤，1943年拆除
	南苑线	永定门—南苑	7.6	—	1941.9	—

续表

项目 年份	铁路线/段名	起—迄	长度 (公里)	开工时间	竣工时间	备注
1942	西郊线	西便门—西郊	4.0	1941.10	1942.2	—
	章丘运煤线	普集—章丘	4.0	1941.7	1942.2	1945年拆除
	寿阳运煤线	黄丹沟—寿阳	15.4	1941.5	1942.3	—
	民兴运煤线	风歧线中途—民兴	2.8	1941.7	1942.6	—
	孤山运煤线	三浦站侧线增建	11.0	1941.4	1942.6	—
	金岭镇运矿线	金岭镇—铁山	7.1	1942.8	1942.9	—
1943	焦作运煤线	李封—王村	1.2		1943.5	—
	南新泰线	赤柴—南新泰	48.0	1941.11	1943.7	—
	罗家庄线	南定—罗家庄	6.6		1943.9	—
1944	磁山线	邯郸—磁山	44.5	1943.5	1944.6	—
	宣庞线	宣化—庞家堡	40.0	1940.12	1944.12	连联龙烟铁矿
	天津南线	新塘沽附近	1.2	1943.5	1944	—
1945	鹅毛口线	怀仁—鹅毛口	9.5	—	1945.2	运煤

续表

项目 年份	铁路线/段名	起一迄	长度 （公里）	开工时间	竣工时间	备注
修建中	同塘线	丰台—沙城	106.0	—	—	1944 年 9 月停工
修建中	新泰线	南新泰—新泰	8.0	—	—	1944 年 10 月停工
修建中	莱芜线	新泰—莱芜	38.0	—	—	1944 年 10 月停工
总计	—	—	1201.6	—	—	—

资料来源：马里干等编著：《中国铁路建筑编年简史 1881—1981》，中国铁道出版社 1983 年版；郑会欣主编：《战前及沦陷期间华北经济调查》，天津古籍出版社 2010 年版，第 440 页。不同的资料数据略有不同。

国民党军中条山之战惨败,此线对日军发挥了一定作用。

京汉铁路磁山支线(邯郸—磁山),全长约 45 公里,这是日军为掠夺磁山铁矿资源和进犯晋东南抗日根据地而修的重要铁路。

其他铁路的修建,也都有经济掠夺、军事运用等作用,尤其是各地农林、矿产资源的外运(见表 5-18)。

8 年间,日伪在华北沦陷区新建铁路干支线(含少量改建)1200 余公里;加上原有铁路,华北沦陷区铁路长达 6200 多公里。以 1943 年为例,华北沦陷区铁路营业里程为 6158 公里(见表 5-19)。

表 5-19　华北沦陷区铁路线路、起讫地和营业里程统计(1943 年)

线路名及起讫地	营业里程(公里)	备注
京山线北京至山海关	449.8	——
京汉线北京至信阳小冀站段	976.7	——
津浦线天津至蚌埠段	1050.5	——
京包线北京至包头	919.3	——
京古线通州至古北口	153.4	——
胶济线济南至青岛	503.0	——
石太线石门至太原	282.2	1939 年 10 月改轨
石德线石门至德州	180.7	——
陇海线连云港至开封段	503.0	——
同蒲线大同至蒲州	1139.3	内有 689.8 公里窄轨
总　计	6157.9	——

注:无备注者为标准轨铁路。又,营业里程短于通车里程。

资料来源:中央档案馆等编:《日本帝国主义侵华档案资料选编·华北经济掠夺》,中华书局 2004 年版,第 467 页。

在华北伪政权成立后,华北沦陷区的铁路法律上均归伪政权"国有",但由"华北交通会社"经营。[1] 该公司内设有铁路局,并在多地设铁

---

[1]　中央档案馆等编:《日本帝国主义侵华档案资料选编·华北经济掠夺》,中华书局 2004 年版,第 457 页。

路局,具体经营管理华北地区的铁路。初期有北京、天津、济南、太原4个铁路局,随着日军占领区的扩大,到1945年日本投降之前,华北地区有8个铁路局,管辖铁路线约5657公里。[①]

华北沦陷区铁路基本情况参见表5-20。

表5-20　华北沦陷区铁路基本情况统计(1935—1944年)

项目　　年份	基本情况			保有车辆(辆)				客货运输	
	员工数(人)	通车里程(公里)	营业里程(公里)	总计	机车	客车	货车	客运(万人)	货运(万吨)
1935	—	—	—	16954	1036	1373	14545	1886	2600
1937.9	—	2924	—	3436	241	320	2875	—	—
1938	75441	5656	—	12933	909	870	11154	1449	2035
1939	87884	7136	5259	16993	1017	894	15082	2962	3053
1940	106382	7750	5604	18115	1108	997	16010	4023	3604
1941	129202	7806	6008	19592	1239	1201	17152	3890	3720
1942	140004	7933	6022	19883	1254	1308	17321	5650	4098
1943	154797[*]	8142	6117	21109	1311	1384	18414	8875	3982
1944	158365	—	5911	21471	1352	1410	18709	8097	3433

注:1. 本表年份系指该年4月至次年3月;2.车辆保有数系指该年份末统计数;3.1943年员工数[*]系指华北交通公司员工数,包括汽车和内河航运员工;4.1944年营业里程减少,系徐州以南铁路移交给华中铁道株式会社。

资料来源:员工人数根据居之芬、张利民主编:《日本在华北经济统制掠夺史》,天津古籍出版社1997年版,第400页;营业里程根据解学诗:《满铁档案资料汇编·华北交通与山东、大同煤矿》,社会科学文献出版社2011年版,第207页;其他据郑会欣主编:《战前及沦陷期间华北经济调查》,天津古籍出版社2010年版,第436—437页。

华北沦陷区铁路营业收支状况如表5-21所示。

---

① 郑会欣主编:《战前及沦陷期间华北经济调查》,天津古籍出版社2010年版,第451页。

表 5-21 华北沦陷区铁路营业收支统计(1939—1944 年)(单位:万元)

年月 \ 项目	收入	支出	盈亏
1939 年 10 月 1 日—1940 年 9 月 30 日	20618	19375	1243
1940 年 10 月 1 日—1942 年 3 月 31 日	46635	41357	5278
1943	76328	67298	9030
1944	42644	36758	5886

资料来源:居之芬主编:《日本对华北经济的掠夺和统制·华北沦陷区经济资料选编》,北京出版社 1997 年版,第 238 页。

沦陷区铁路既要配合日军的军事行动,也要便于运输物产,成为日本掠夺中国资源的重要工具。在铁路运输的货物中,煤、铁矿石、盐、矾土、棉花这类战争物资的运输占全部货运量的大半(见表 5-22)。

表 5-22 华北沦陷区货物分类运输统计(1938—1944 年) (单位:千吨)

年份 \ 项目	矿物类				农林畜产类			其他	工业类及其他	总计
	煤炭	铁矿石	其他	小计	林产类	农产类	畜产类			
1938	7601	116	1525	9242	267	1994	143	160	2147	13953
1939	11997	279	971	11997	478	2260	209	258	2260	17462
1940	13826	449	1788	16063	687	2216	256	574	2771	22567
1941	17042	653	1808	19503	820	2075	226	465	2846	25935
1942	18377	1044	1669	21090	1149	1919	172	714	3023	28067
1943	15786	1114	1535	18435	1175	2132	172	958	3540	26412
1944	11561	1009	1804	14374	916	1518	127	621	3017	20573

资料来源:郑会欣主编:《战前及沦陷期间华北经济调查》,天津古籍出版社 2010 年版,第 436 页。

如果细分运输的货物种类,以 1939 年的统计为例,则有表 5-23 所示的货物和数量。

表 5-23　华北沦陷区铁路运输货物分类统计(1939 年)　　（单位:吨）

品名	数量	品名	数量
煤炭	8163512	棉类	29366
矿及矿石	207036	木材	131466
石材、碎石	833065	家畜	96703
大豆	102037	盐	92748
高粱	326841	盐鲜鱼	14088
花生	71554	洋灰	43985
苞米	70249	小麦粉	177907
粟米	82358	绵绢丝布	38876
小麦	110372	油脂类	84578
生干果及野菜	79810	铜铁及其制品	34220
烟叶	8352	总计	10799123

资料来源:中央研究院社会科学研究所主编、郑伯彬等编:《沦陷区经济概览》,国民党政府经济部资源委员会 1941 年油印本,第 A6149—A6150 页。原表总计数为 20354320,本表予以订正。

统计表明,煤炭在铁路货物运输中运量最大。煤炭是华北沦陷区最主要的矿产。除当地消费,大量外运至日本、伪满地区,少量运往中国其他地区。受外汇管制的影响,日本对煤的需求,几乎都靠中国沦陷区满足。运往日本的煤炭,早期主要来自开滦煤矿和山东的煤矿,后来各地煤产,均要全力供应日本。1938 年 8 月,满铁"华北联络部"拟定华北煤炭输送计划,要求对日输出焦炭不少于 170 万吨,具体办法是:以门头沟产煤(该地多产燃料煤)供当地消费;限制开滦煤及大同煤(多属焦煤)对华中、华南输出;减少沦陷区本地煤的消费;加紧输送各地存煤。[①] 满铁华北事务局据此亦制定货车配给计划,自当年 9 月 1 日起实施。各矿每天配给数量是:开滦煤 490 车,门头沟煤 76 车,坨里煤 30 车,口泉煤 130 车,六河沟煤 25 车,井陉煤 8 车,下花园煤 20 车,博山煤 20 车,黄山煤 15

---

①　中央研究院社会科学研究所主编、郑伯彬等编:《沦陷区经济概览》,国民党政府经济部资源委员会 1941 年油印本,第 A5689 页。

车,大昆仑煤 15 车,一共 837 车。① 当时满铁在华北行驶的货车有 1998
辆,用于运煤货车则多达 42%;尤其注重焦煤的运输。据 1939 年 12 月统
计,各大煤矿外运煤炭,按每月平均计算,开滦、大同、井陉煤 100% 运往日
本,中兴煤矿 60% 的煤输日,山东其他煤矿 43% 的煤输日。② 到 1939 年
年底,华北物价高涨,货车供不应求,新成立的"华北交通会社"才不再固
定煤车配额,但各交通机构仍有优先运煤的义务。华北各铁路每月运煤
平均 65 万吨,但因货车不足,抗日军民沿途袭扰,各矿存煤无法全部运
出。1939 年年底统计,各矿每天运出煤炭 22292 吨,但积存 4785 吨,
21.5% 的存煤无法运出。③

　　1939 年冬,日伪为保障沦陷区煤炭对日输出,拟全部统制华北煤炭
运销。"华北开发会社"提出,华北各煤矿一向由日资分散经营,未能统
一经营。应先谋求分配方面的调整,具体办法是设立"北支石炭贩卖会
社",资本暂定 2000 万元,由"华北开发会社"和各地煤矿会社各出一半;
举凡各矿产煤,均由该贩卖会社统一运销,俾能从事一元统制。但三井、
三菱等公司原由兴中公司委托经营各矿,向兴亚院表示反对此议,只同意
该贩卖会社的业务限于煤炭价格公定,或订立华北煤炭分配计划,以及调
拨货车。④

　　不过,随着日本侵略战争的扩大,美英对日封锁也不断加强,海运难
度加大,日本实施海运转陆运的所谓"转嫁运输",以保障对日输送资源。
尤其是太平洋战争爆发后,华北铁路对日、"满"和华中方面转嫁为陆运
的货物量猛增,再加上各日占区之间的所谓"交流运输",都加大了货
运量。

---

　　① 中央研究院社会科学研究所主编、郑伯彬等编:《沦陷区经济概览》,国民党政府经济
部资源委员会 1941 年油印本,第 A5690—A5691 页。
　　② 中央研究院社会科学研究所主编、郑伯彬等编:《沦陷区经济概览》,国民党政府经济
部资源委员会 1941 年油印本,第 A5688 页。
　　③ 中央研究院社会科学研究所主编、郑伯彬等编:《沦陷区经济概览》,国民党政府经济
部资源委员会 1941 年油印本,第 A5691—A5694 页。
　　④ 中央研究院社会科学研究所主编、郑伯彬等编:《沦陷区经济概览》,国民党政府经济
部资源委员会 1941 年油印本,第 A5695—A5696 页。

据统计,1939—1943 年华北陆运转嫁运输,从 1939 年的 48.5 万吨,逐年增加到 1943 年的 904 万吨,增加近 18 倍(见表 5-24)。

表 5-24 华北沦陷区陆运转嫁运输统计(1939—1944 年)　　（单位:千吨）

类别 / 年份	对日、"满"山海关口			对华中蚌埠口			总计		
	出	入	小计	出	入	小计	出	入	总计
1939	91	200	291	181	13	194	272	213	485
1940	397	262	659	267	124	391	664	386	1050
1941	1915	317	2232	913	198	1111	2828	515	3343
1942	2878	632	3510	2272	397	2669	5150	1029	6179
1943	4575	1400	5975	2425	640	3065	7000	2080	9040
1944	7711	1585	9296	3760	700	4460	11471	2285	13756

资料来源:解学诗主编:《满铁档案资料汇编·华北交通与山东、大同煤矿》,社会科学文献出版社 2011 年版,第 205 页。

1939—1943 年的 5 年间,华北外运的煤运往日本的比例,分别为 68.2%、70.0%、62.9%、58.7% 和 46.7%,铁矿石更是连续多年全部运往日本(见表 5-25)。

表 5-25 华北沦陷区铁路运输货物去向统计(1939—1943 年)

（单位:千吨;%）

去向	类别	1939 年	1940 年	1941 年	1942 年	1943 年
日本	煤炭	3373	4338	4807	5079	3717
	铁矿石	111	308	470	484	60
	矾土	144	148	180	178	154
	磷矿石	—	35	65	90	55
	盐	399	715	1047	1134	409
	小计	4027	5544	6569	6965	4495
	占总计的比例	68.2	70.0	62.9	58.7	46.7

续表

去向	类别	1939 年	1940 年	1941 年	1942 年	1943 年
伪满地区	煤炭	198	486	2077	2543	2802
	铁矿石	—	—	—	350	648
	硫化矿	—	—	—	6	8
	棉花	—	—	13	36	11
	其他	—	—	—	—	66
	小计	198	486	2090	2935	3535
	占总计的比例	3.6	6.1	20.0	24.7	36.7
华中地区	煤炭	1681	1890	1779	1968	1587
	硫化矿	—	—	—	8	4
	小计	1681	1890	1779	1976	1591
总计		—	5906	7920	10438	11876	9621

资料来源:中央档案馆等编:《日本帝国主义侵华档案资料选编·华北经济掠夺》,中华书局 2004 年版,第 469 页。原表个别数据有误,本表已订正。

统计表明,在 1939—1943 年的 5 年间,华北地区的铁路货物运输,连续 4 年有 59%—70% 的矿产运往日本,以支撑日本的侵略扩张。

在华北大量货物运往日本和伪满地区的同时,日伪还将一些货物列为统制范围,禁止或限制对其他地区尤其是国民党统治区的输送。"华北交通会社"成立后,日本为确保其独占华北运输,令伪政权对向陇海铁路以南输送物资办法作出规定。1938 年 4 月 19 日,华北伪政权颁布《填发运输统制品专用品护照规则》,对货物运输加以限制,规定"凡运输一切统制品专用品,其数量在限制以外者,非持有临时政府行政部护照,不生效力";"持护照人除照内所列物品外,不得夹带其他物品及转借他人冒用或带运他人物品"。

1939 年 7 月 24 日,伪政权按照日本人的指令,制定《陆路运输临时管制办法》,列出限制输出的货物清单:第一类,牛皮、羊皮(包括小绵羊皮及山羊皮)、羊毛、蔴、骡马;第二类,蛋及蛋类加工品、胡桃及胡桃仁、花生、杏仁、棉籽、烟叶、粉条及通心面条、煤、毛毯、草帽、棉花。[①] 第一类货物，除陇海铁路线外，不得向陇海铁路以南区域运出；第二类货物，除陇海铁路线外，非持有伪"临时政府实业部"所发给的护照，不得向陇海铁路以南区域运出。请领护照者还应向省公署缴纳护照费；实业部为取缔上述两类货物运出，于必要地点设立陆路货运检查所，以查验护照、检查货物；违法规定运出货物的，没收货物，处以相当于货物价值3倍的罚金。[②]

日伪还制定了对这些货物的运输办法。一是按照《临时物资搬出取缔办法》规定所禁止搬运之物（牛皮、羊皮、骡马、蔴），由"华北交通会社"承运；二是按照《临时物资搬出取缔办法》规定须有伪临时政府所发护照之物（鸡蛋、铜器、胡桃、花生油、杏仁、棉花籽、烟叶、豆索面、石炭、毛毯、麦秆、棉花）由持有护照之移出人提出护照，由交通会社承运；三是其他物资移出人提出中国联合准备银行外汇局物品移出承认书，由交通会社承运；四是物资之移出者在移出3个月内须再移入与搬运出物资价额相等之物资，此项物品由铁路移入，须由交通会社领有移入证明书，此项证明书由移入者做成后，由交通会社盖印证明。[③]

1940年2月1日，"华北交通会社"决定开始实施所谓"中日满货运一元化计划"。该会社与日本、朝鲜、伪满及华中沦陷区各铁路的联络货物运输站（联运站）扩充计划也同时实施。此后，华北重要地点由指定的联运站向日本及其控制的各地铁路，无论运送零担或整车货物，均可自由托运；由日本运到华北各处联运站，亦可同样办理。目的是提高经济统制和掠夺的效率。当时实施联运的货站多达123处。[④]

---

① 中央研究院社会科学研究所主编、郑伯彬等编：《沦陷区经济概览》，国民党政府经济部资源委员会1941年油印本，第A6156—A6158页。
② 居之芬主编：《日本对华北经济的掠夺和统制·华北沦陷区经济资料选编》，北京出版社1997年版，第92—93页。
③ 伪《新民报》1939年12月7日，见中央研究院社会科学研究所主编、郑伯彬等编：《沦陷区经济概览》，国民党政府经济部资源委员会1941年油印本，第A6159—A6160页。
④ 中央研究院社会科学研究所主编、郑伯彬等编：《沦陷区经济概览》，国民党政府经济部资源委员会1941年油印本，第A6160页。

中国近代经济史(1937—1949)

此外,还实行航运和铁路联运。"华北交通会社"在连云港码头设有车务所,制定了《连云港货物[办]报关办理规则》,为货物报关提供便利。① 华北沦陷区铁路联运情形见表5-26。

表5-26　华北沦陷区铁路货物水陆联运统计(1939—1944年)

(单位:千吨)

项目 年份	陆运			海运				
	经由 山海关	经由 蚌埠和 徐州	总计	经由 塘沽	经由 秦皇岛	经由 青岛	经由 连云港	总计
1939	285	507	792	309	3626	1142	46	5123
1940	704	525	1229	578	3766	1360	588	3692
1941	2303	525	2828	774	3077	1671	1425	6947
1942	3144	2091	5235	927	2768	1169	1560	6424
1943	4296	2250	6546	543	1774	704	1061	4082
1944	4025	1996	6021	224	485	628	519	1856

资料来源:郑会欣主编:《战前及沦陷期间华北经济调查》,天津古籍出版社2010年版,第436页。

在华中、华南沦陷区,日本侵略者除了和在东北、华北沦陷区一样尽力修复原有铁路外,新建铁路不多。水蚌路,自淮南铁路水家湖至津浦路的蚌埠,全长61公里;大通至八公山支线全长22公里,这是专门为掠夺淮南煤炭而修筑的。日本侵略者为了掠夺浙江武义县的炼钢原料荧石,利用拆除的浙赣路金华至衢州段轨料,修筑了金华至武义支线,全长40公里,1945年拆除。华中沦陷区的铁路运输,1939年货运量每月只有15万吨,1940年每月也不过16.2万吨,不及战前运输的80%。② 1940年2月至1941年7月,"华中铁道株式会社"利用该地区各铁路(京沪、沪杭、苏嘉、江南、淮南和津浦路南段)共运输货物近318万吨。③ 湘鄂赣沦陷

---

① 中央研究院社会科学研究所主编、郑伯彬等编:《沦陷区经济概览》,国民党政府经济部资源委员会1941年油印本,第A6163页。

② 郑伯彬:《日本侵占区之经济》,国民党政府经济部资源委员会经济研究室1947年印行,第229页。

③ 国民党中央调查统计局特种经济调查处编:《四年之倭寇经济侵略》,1941年印行,第217页;《第五年之倭寇经济侵略》,1943年印行,第110页。

区铁路,受"华中军铁道部"管理,运输量不大。

在华南沦陷区,日本侵略者为了掠夺海南岛的资源,强征民工修建自榆林港至北黎的干线和榆林港东岸安游至田独铁矿及石碌铁矿经北黎至八所港的两条支线铁路,全长254公里。华南沦陷区铁路受"华南军铁道部"管理,运输也不大。

三、关内沦陷区的汽车运输

日本侵略者在关内华北、华中和华南占领区,抢夺中国公路,扶植汉奸傀儡政权,为军事行动和经济掠夺、建立殖民统治而修建新路、经营汽车运输。

(一) 华北沦陷区的汽车运输

公路汽车运输也是日伪交通统制的重要方面。"七七事变"前,华北5省有公路23598公里,各类车辆5212辆;有长途汽车运输线路115条,营业里程14264公里;经营长途汽车运输的业主有126家,客货车1200辆。[①]

"七七事变"后,华北伪政权建设总署按照日军军部指令,一面组织抢修、恢复旧有公路,一面调查交通情况,先后四次制订公路建设五年或十年计划。但在抗日军民的打击下,这些计划都未能全部实现。据伪建设总署统计,自1938年至1945年,改善公路10389公里,补充或养护公路14608公里,改建桥梁4071米,补修或养护桥梁22733米。自1940年至1944年的5年中,新建公路1253公里(每年新建里程分别为393公里、222公里、343公里、133公里和162公里),新建桥梁6034米(见表5-27)。所有公路的修建、养护都是强迫当地居民进行的;同时,又反复被抗日军民破坏,路况非常低劣,只能勉强维持通车。

_____

① 郑会欣主编:《战前及沦陷期间华北经济调查》,天津古籍出版社2010年版,第454页。

表 5-27　华北沦陷区公路修建里程统计(1938—1945 年)

项目 年份	公路(公里)			桥梁(延米)		
	新建	改善	修补、维护	新建	改善	修补、维护
1938	—	413	687	—	786	814
1939	—	679	1221	—	2780	3320
1940	393	—	1530	1078	—	6542
1941	222	32	4099	1745	9	3488
1942	343	80	4316	761	22	6278
1943	133	86	2687	1690	—	2191
1944	162	9099	—	760	474	—
1945	—	—	68	—	—	100
总计	1253	10389	14608	6034	4071	22733

资料来源:孙丙湘:《天津公路史》第 1 册,人民交通出版社 1988 年版,第 160—161 页;居之芬、张利民主编:《日本在华北经济统制掠夺史》,天津古籍出版社 1997 年版,第 402 页。

　　1935 年 6 月,满铁根据日本关东军指令,在山海关设汽车班,经营山海关至建昌营(108 公里)汽车运输。1936 年 4 月 1 日,满铁公路总局为配合日军逐渐扩大的侵略行动,并扩大在中国的汽车运输业务,由天津事务所设立"华北汽车公司",资本额 500 万元。但汽车公司负责人以个人名义出现,以混淆视听,减轻中国民众的警惕。该公司在山海关、唐山、北平、张家口等地设立了几家汽车公司,承担冀东和张家口以北察哈尔一带运输(见表 5-28)。

表 5-28　满铁华北汽车公司营业路线和车辆统计

项目 公司别	营业车辆数(辆)			营业线路(公里)			
	客车	货车	总计	线路名	营业线路	营业里程	途经地
山建汽车公司	4	2	6	山建线	山海关—建昌营	100	秦皇岛、抚宁、抬头营、建昌营
					山海关—南海	5	
民新汽车公司	8	5	13	唐喜线	唐山—喜峰口	171	丰润、玉田、平安城、遵化、三屯营
					玉田—林南仓	13	
					唐山—胥各庄	10	

项目 \ 公司别	营业车辆数（辆）			营业线路（公里）			
	客车	货车	总计	线路名	营业线路	营业里程	途经地
承平汽车公司	16	4	20	承平线	北平—古北口	132	高丽营、怀柔、密云
张多汽车公司	15	30	45	内蒙古线	张家口—多伦	329	张北、尚义、公会
					张北—商都	126	
					张北—德化	121	
					张北—康保	109	
					张北—平定堡	164	
总计	43	41	84	—		1280	

资料来源：郑会欣主编：《战前及沦陷期间华北经济调查》，天津古籍出版社2010年版，第454页。

　　"华北汽车公司"直接受日军控制，主要任务是运送兵员、辎重和军需物资，为日本侵略战争服务。"七七事变"发生时，张多公司调集40辆汽车参与东北、热河及张北间的军事运输，将日军储存的10万升汽油运往前线。日军侵占北平、天津等地后，为扩大战争，指示满铁不惜一切代价恢复交通运输，"华北汽车公司"立即调集车辆开通北平至天津、北平至唐山的旅客运输线。为此，日军一再夸赞"华北汽车公司"在"确立国防治安，开发经济、文化中作出了重大意义的贡献"。由于"华北汽车公司"经营目的是配合日军军事侵略和经济掠夺，自建立后连年亏损，至1939年累计亏损约260万日元。满铁则主要从军事需要着眼，不计盈亏，连年追加投资，至1939年累计投资约1200多万日元。因之，"华北汽车公司"在亏损的情况下仍不断扩张，在移交给"华北株式交通会社"之前，营运路线达到126条，营运里程达7687公里，分别比初建时增加14倍和6倍。车辆亦由84辆猛增到1211辆，从业人员由70人增至2000多人，在组织机构经过改组扩充后，下设天津、石门（今石家庄）、济南、青岛4个办事处，以及"蒙疆汽车公司"，成为华北地区最大的汽车运输公司，直至"华北交通会社"成立始告结束。[1]

---

　　[1] 中国公路交通史编审委员会编：《中国公路史》第1册，人民交通出版社1990年版，第387页。

1939 年 4 月，"华北交通株式会社"成立(中文名"华北交通有限公司"，以下简称"华交会社")，会社内设自动车部(后改为"自动车处")，专管汽车运输。部内设汽车、技术两课，部外设"华北交通会社"自动车(汽车)事务所，统一经营华北地区的汽车运输。初期只将"华北汽车公司"移交的天津、石门、青岛及济南 4 个办事处改为事务所，后又改称营业所。此后，以北宁(今京沈铁路)、平汉、津浦三大铁路干线为中心，陆续建起 10 余处自动车营业所，以及数以百计的营业支所、停留所、车票代卖所、货物委托所等业务分支机构。河北、河南、山西、山东等省大部分公路汽车运输业务都在其垄断和控制之下。截至 1940 年 1 月 1 日，各事务所(营业所)营业地和营业里程如下：

天津事务所营业地有秦皇岛、滦县、唐山、天津、北京、通州，营业里程 3008 公里；

石家庄事务所营业地有保定、石家庄、顺德、开封、彰德、新乡，营业里程 1143 公里；

太原事务所营业地有太原、运城，营业里程 925 公里；

济南事务所营业地有德州、泰安、济南、禹城、济宁、徐州、张店、惠民，营业里程 2668 公里；

青岛事务所营业地有潍县、胶州、高密、青岛、芝罘、临沂、威海卫、新浦(海州)，营业里程 925 公里。[1]

随着日军占领区的扩大，后期又新增或重新划分出北京、徐州、开封等营业所。到 1945 年日本投降时，华北沦陷区仍有"国道"25 条，营业里程 7139 公里。[2]

为了加强控制，"华交会社"的大小头目、职员、技工多数是日本人，司机有日本人也有中国人，售票员、行李托运员及修车中的粗重工种则多数是中国雇员。"华交会社"和"华北汽车公司"一样，以运输日军兵员、

----

① 中央研究院社会科学研究所主编、郑伯彬等编：《沦陷区经济概览》，国民党政府经济部资源委员会 1941 年油印本，第 A6240 页。

② 郑会欣主编：《战前及沦陷期间华北经济调查》，天津古籍出版社 2010 年版，第 461 页。

辎重、粮食及其他战略物资为主要任务,经常充当作战的后勤,或随军"扫荡"中国军民抗日根据地,掠夺财物,只有在军事运输不多,运力多余时,才从事商业运输。

由于"华交会社"负有特殊使命,日伪政权给"华交会社"许多特殊权益。如可免交一切课捐赋税;必要时可以利用国有财产及收用公私土地、建筑物;可以装设专用电报、电话;有事业上必要的警察权。并特别注明"警察权"为"与司法权有关之各种权限及保安警察、卫生警察有关之权限",还可在"所管地区范围之外行使职权"。由于"华交会社"以日本侵略军为后盾,享有许多特殊权益,业务不断扩张,自动车部经营业务也日渐增多。成立初期,接管"华北汽车公司"全部财产。两个月后将"蒙疆汽车公司"划交伪"蒙疆联合自治委员会"。划交后,实有营运里程4653公里,汽车957辆,从业人员2216人,客运量2474千人,货运量24.42千吨。营运里程最多时为1944年4月至1945年3月,达到18909公里;客运量的高峰为1941年4月至1942年3月,超过8985千人,以后不断减少,1944年4月至1945年3月减少到3396千人;货运量则以1943年4月至1944年3月的409.8千吨为最多。[1]

"华北运输株式会社"(以下简称"华运会社")前身是在伪满的"国际运输会社"的分支机构。如前所述,早在1923年,日本东京国际运输会社即在中国天津、青岛设有办事处。"七七事变"后,由其所属大连支店演变而成的伪满"国际运输会社"大举侵入华北,1938年12月在天津设营业所,次年2月又迁至北平,并升格为华北支社。1941年,日军为进一步完成交通统制一元化的部署,以华北支社为基础,吸收"华北开发会社"资金150万元、"华北交通会社"资金1000万元、"国际运输会社"华北支社资金400万元和福昌华工会社资金50万元,总资本达2000万元,脱离伪满"国际运输会社",独立经营,更名为"华北运输株式会社",成为"华北交通会社"的分支会社。"华运会社"成立时,共

---

① 中国公路交通史编审委员会编:《中国公路运输史》第1册,人民交通出版社1990年版,第389页。

接管"国际运输会社"在华北的支店、营业所、驻在所 500 多处，从业人员 5500 多人。其中主要的有天津、北平、石门、太原、青岛、徐州、济南、开封和连云港 9 个营业所，以及山海关、保定、塘沽、唐山、彰德、德县、阳泉和济宁 8 个办事处。主要业务是：铁路整车、零担货物的托运、转运、领取；市内车站、货场货物的搬运、装卸和短途运输；水陆联运；经营自有人力、畜力车，并组织民间人力、畜力运输工具参加运输。"华运会社"的管理手段是"以华制华"，网罗把头和帮会势力，利用他们垄断、把持民间人力、畜力运输，压制民间运输工人和装卸搬运工人。有的把头不仅在经济上剥削工人，还秉承日军旨意，依仗日军势力，骗卖劳工，无恶不作。

在山西省，"华交会社""蒙疆汽车公司"等日伪官办公司，以及 16 家日商小型运输企业垄断了日占区的汽车商运。"华交会社"在太原设自动车管理所，有汽车 100 辆，经营太原至祁县、交城、文水和太原至忻县、定襄、崞县的商运业务。1940 年，太原自动车管理所移交给太原铁路局管辖，汽车发展到 250 辆，增设阳泉、临汾、运城、潞安等自动车管理所和若干分所，并委托太原、榆次、汾阳、阳城、和顺等地的 25 家客店办理客货运输业务。"蒙疆汽车公司"在大同设营业所，初期仅经营大同市内和大同至云冈、代县的少量货物运输，随着日军加强对晋北的经济掠夺，又开辟大同至察哈尔阳原、蔚县，大同至浑源、灵丘的运输线路，为日军运输兵员、军需品和抢夺的粮食、牲畜等，也为日军转运抢掠的羊皮、羊毛等土特产品和其他工业原料，仅在 1939 年就集运羊毛 50 多万公斤，同时还为日军掠夺大同煤炭服务，把日军捕捉的民工和战俘运往矿区，再把煤炭从矿区运到港口，转船运往日本。"华交会社"控制下的其他 16 家日商，13 家有货车 19 辆，经营太原至榆次、太谷、汾阳的货物运输，1 家米仓公司设在宁武，有货车 4 辆，经营宁武至五寨的商运。1942—1943 年，山西"华交"系统及日商经营线路 36 条，总里程达 2600 公里。太平洋战争爆发之后，美孚石油供应中断，"华交会社"汽车改烧木炭、酒精，加之抗日军民炸公路、毁桥梁，"华交会社"经营陷入困境,营业范围日益缩小。①

在伪"蒙疆"地区,"七七事变"发生后,国民党政府将所有供察哈尔、绥远长途运输的汽车全部撤走。1937 年,伪"蒙疆联合自治委员会"宣告成立,次年 1 月发布的第一号命令就是将满铁系统的张多汽车公司改组、扩大为"蒙疆汽车公司"。1939 年,"华北交通会社"成立,曾将"蒙疆汽车公司"划归"华北交通会社"统一领导。5 月,又应伪"蒙疆联合自治委员会"的要求仍划出单独经营。总公司设于张家口,又多地设营业处,在张家口、包头设修理厂②,垄断察哈尔、绥远和晋北广大地区的公路运输。当时有营运路线 35 条,总长 3036 公里,客车 53 辆,货车 199 辆,员工 455 人。全部资本为伪"蒙疆"法币 600 万元。其中有"华交会社"资本 400 万元。至 1941 年,营业路线发展到 53 条共 9000 公里,形成了以张家口、包头为中心,联接同蒲、平绥(今京包铁路)铁路各车站的汽车运输网。此后,因中国抗日游击队日益壮大,长城内外的公路运输经常遭到抗日军民的袭击,营运路线日益萎缩。至日本投降前夕,仅有 33 条路线维持通车,其中还有 15 条通车里程比原来缩短,289 辆营运汽车的工作率仅为 36%。

"蒙疆汽车股份公司"的前身也是日本国际运输会社的分支机构。1935 年《何梅协定》签署后,国际运输会社依据不平等条约,开始侵入察哈尔和绥远地区,先后在张北、张家口、平地泉、归绥(今呼和浩特市)设立营业所。"七七事变"后,业务迅速扩张,张家口营业所升格为支店,统一领导察绥地区的国际运输会社机构。1939 年伪"蒙古联合自治政府"贯彻日军"交通一元化"意图,以张家口支店为中心,以北平至包头铁路沿线各站点为基点,设内蒙古特殊法人公司,改隶于伪"蒙疆政府",单独经营。"蒙疆汽车公司"资本金为 600 万元,其中"华北交通会社"出资 200 万元,伪"蒙疆"政权出资 400 万元,有汽车 291 辆,营

---

① 山西省史志研究院编:《山西通志　第 21 卷　交通志·公路水运篇》,中华书局 1999 年版,第 340、397 页。

② 中央研究院社会科学研究所主编、郑伯彬等编:《沦陷区经济概览》,国民党政府经济部资源委员会 1941 年油印本,第 A6252 页。

业里程 4075 公里。[①] 总公司设在张家口,在张家口、宣化、大同等地设有分公司,经营业务与华北运输公司相似。汽车客运价格,按路面性质,各有不同。以归绥为例,1936 年,自然路客运每人公里 0.065 元,货运每吨公里 0.77 元;土路客运每人公里则 0.032 元、0.033 元和 0.036 元不等,货运每吨公里 0.49 元、0.66 元和 0.43 元不等。[②]

华北沦陷区也存在商车经营。日军在强化侵占地区运输体系的同时,日本的私营汽车运输业在日伪的庇护下,日益增多,垄断公路运输,排斥和限制中国的商营汽车运输业。如日军进占冀察两省之后,只准当地商车在公路损坏、长期不能通车的张家口至蔚县、张家口至怀安两条路上行驶,其他条件较好的路线全由日商经营。但因车辆不足,不得已采取借用当地商车的办法,以补足其运输需要。但要向商车提取高达 20%—30% 的管理费,并摊派公路建设费。当时在张家口的商车运输业原有 59 家,共有汽车 95 辆,除被借用 19 辆外,其余商车全部歇业。在北平,战前有长途汽车行 37 家,汽车 60 余辆。日本入侵后,各公路划归"华北交通会社"所有,当地商车行驶各公路时,必须取得"容认证"。由于这种限制,商车日渐减少,到 1940 年只剩下汽车行 10 家,客车 17 辆。

在山东省,日军入侵后,通过所谓"组合""协会"等组织,对商营汽车进行控制。商车运货,必须通过"组合"批准,自由承揽时,亦须由"组合"轮流分配。商车除每月交纳会费外,每次行车还须按运费收入交纳 3% 的管理费。太平洋战争爆发后,燃料供应困难,捐税征派日多,致使当地商车运输业不断倒闭。青岛市原有商营长途汽车公司 3 家,到 1941 年全部倒闭。[③]

---

① 解学诗主编:《满铁档案资料汇编·华北交通与山东、大同煤矿》,社会科学文献出版社 2011 年版,第 213 页。

② 内蒙古自治区公路交通史志编审委员会编:《内蒙古自治区志·公路、水运交通志》,内蒙古人民出版社 2001 年版,第 625 页。

③ 中国公路交通史编审委员会编:《中国公路运输史》第 1 册,人民交通出版社 1990 年版,第 391—392 页。

（二）华中、华南沦陷区的汽车运输

华中地区为汪伪政权管辖区。日军为便于控制,在汪伪政权成立初期,按照东北地区模式,将公路运输划归交通、铁道两部分管。伪"交通部"公路署二处管汽车公司立案、发照等行政事务,"铁道部"管经营。实际经营权由类似东北"满铁"的"华中铁道株式会社"掌握。1942年,伪"铁道部"与"交通部"合并。1943年2月,"交通部"与"水利委员会"合并成立"建设部"。"建设部"下设有路政署,署下设公路处主管公路修建和运输。公路处首先组织修复杭州钱塘江大桥,并修通萧(山)绍(兴)公路,使日军得以向浙东一带进行骚扰。伪"建设部"曾拟定公路建设三年计划,准备由1943年下半年开始,三年内完成以下7条干线公路的整修:京沪干线(南京至上海)、京曹干线(南京经杭州至曹娥)、京蚌干线(南京至蚌埠)、沪寿干线(上海经杭州至寿昌)、京徽干线(南京经芜湖至徽州)、京庐干线(南京经巢县至庐江)、京淮干线(南京经高邮、宝应至淮阴)。以上干线总长2124公里,其中已通车806公里,需修复1143公里,需新建175公里。此外,公路支线(省道和县道)总长2317公里,除已通车1867公里外,需修建450公里。所有各干线的新建工程拟设公路工程局负责办理。但不到两年,日本投降,汪伪政权覆灭,上述计划几乎全部落空。

汪伪时期的复路工程以修复京杭国道由吴兴至长兴段为最大。1940年,伪"江苏建设厅"成立省公路局,先后修复路线达1087公里;新筑路线近450公里。修复和新筑公路的工程经费来源,大多由伪"治安委员会"的交通网整理费项下开支,以及由当地伪县政府就地筹募。到日本投降时,江苏省公路通车里程仅剩876公里,占抗战前夕通车公路5400公里的16.2%。

华东和华南日军占领区的公路建设,除苏、浙、皖三省外,日军在广东省曾通令各县先后修复了29条公路,共长635.2公里。汪伪政权和当时东北、华北的伪政权都是日本帝国主义的傀儡,修建公路是为日军侵略战争服务,其标准简陋、质量低劣;同时,在抗日军民不断打击之下,敌伪政权无法实现其修路计划。[①]

伪政权统治下的交通运输与其他部门一样,全在日本侵略军的掌握之中。日本在占领区设有兴亚院,名为与伪"国民政府"平行,实际是控制伪政权的机关。兴亚院下设两个"国策会社",即"华北开发株式会社"和"华中振兴株式会社"。这两个会社的组织法分别规定,可以兴办交通运输、通讯、电气、煤气、自来水、水产、矿产等多种产业,以投资方式控制占领区的经济命脉。"华中振兴会社"创立于 1938 年 11 月,资本 1 亿日元,分为 200 万股,每股 50 元,规定由日本政府和日商各投一半。这个公司未成立前,日军即以"军管理""中日合作"等名目强占中国的民族工业,并纳入日商所设兴中公司的管理之下。"华中振兴会社"成立后,兴中公司即将所属企业移交"华中振兴会社"。"华中振兴会社"又继续强占和兼并,至 1942 年,拥有下属公司 16 家,其中 3 家公司专门控制和垄断交通运输。即专营长途汽车的"华中铁道株式会社",专营市内公共交通的"华中都市自动车株式会社"(1944 年改为上海都市交通公司),以及专门办理搬运、装卸、仓储及水陆联运等的"华中运输株式会社"。

1939 年 4 月,伪"维新政府"与日本在中国设立的兴亚院华中联络部签订协议,组建日伪合办的"华中铁道株式会社"(以下简称"华铁")。"华铁"除经营华中铁道业务外,还有专营华中主要公路线汽车运输业务的特权。直到 1945 年日本投降前,才将此权交日本军方直接管理。据汪伪政府建设部资料记载,"华铁"成立于 1939 年 5 月 1 日,除铁道运输外,经营苏、浙、皖三省及宁、沪长途汽车,资金总额原为 5000 万日元,后增至 6400 万日元,分 128 股,85% 为日方投资,15% 为伪"维新政府"投资。[②]公司隶属于兴亚院的"华中振兴会社"。成立初期,有客车 191 辆,货车 63 辆。"华铁"经核准行驶的公路路线,在长江以南有 3821 公里,长江以

---

① 中国公路交通史编审委员会编:《中国公路史》第 1 册,人民交通出版社 1990 年版,第375—376 页。

② 中国公路交通史编审委员会编:《中国公路运输史》第 1 册,人民交通出版社 1990 年版,第 381 页。

北有 2668 公里。① 但有车行驶的江南为 1837 公里,江北为 800 公里,仅为核准数的 40%。日军在华中地区设立这家公司,目的是要控制华中地区的铁路和公路长途汽车运输,实现汽车交通统制一元化。因此,在敌占区的兴亚院与伪维新政府签订的《华中铁道公司设立纲要》中第六条规定,"对本公司以外,以一般运输为目的,而为铁道建设及经营或于主要路线而经营汽车运输之事业等,政府一概不予许可,以资统治"。即明文规定只能"华铁"独家经营。规定公布后商车与社会舆论反响极其强烈,伪政府迫于舆论压力,不得不向日方提出"异议"。后经多方交涉,兴亚院提出:如在主要路线经营汽车(运输)时,其路线之选定和经营方法,由双方协议定之。这一补充规定与《华中铁道株式会社设立要纲》并无实质性区别,因"华铁"可借口军事需要自选路线,而其他企业无日方许可就不能经营,华中地区公路运输仍然完全置于日军控制之下。当时,日本帝国主义已穷于应付太平洋战场,并无足够的资金装备"华铁"。"华铁"拥有车辆有限,又严格限制商车发展,致使汪伪统治区内交通极其不便。"建设部"路政署函中承认:各地货物价值悬殊,盈虚互异……而运输能力不足以使其流通,实为最大原因。现在沿铁道、公路各地货物,请求拨车装运者,多不能如期充分供给,货既不得畅其流,价格自然不能一致。"华铁"从 1941 年 4 月到次年 3 月的一年内,共运旅客 285 万人次,货物 2 万吨;从 1943 年 4 月到次年 3 月的一年内,共运旅客 81 万人次,货物 3951 吨,客货运量均很小。1944 年,经汪伪"建设部"检验合格的客货汽车仅有 204 辆。②

"华中都市自动车株式会社"(以下简称"华都")成立于 1938 年 11 月,总公司设于上海。资金总额 300 万日元,分 6 万股,每股 50 元,其中日股占 99.5%。"华都"下设上海、苏州、南京、杭州 4 个营业所,以及镇江、无锡、上海南市、沪东 4 个办事处。"华都"成立时,共有汽车 186 辆,

① 中国公路交通史编审委员会编:《中国公路运输史》第 1 册,人民交通出版社 1990 年版,第 382 页。
② 中国公路交通史编审委员会编:《中国公路运输史》第 1 册,人民交通出版社 1990 年版,第 383 页。

分布于上海、南京、苏州、杭州、镇江、无锡等大小城市,其中上海有 119 辆。至 1941 年,全公司车辆数增至 248 辆。其中上海有 170 辆,每年均有盈余。后因东南亚局势紧张,汽油输入困难,特别是太平洋战争爆发以后,车辆只能以木炭为燃料,加上配件缺少,修车困难,行驶车辆日益减少,营运路线日益缩短,业务衰落,入不敷出。1942 年,日军将接管的原英商汽车、电车交"华都"经营,业务状况也未见好转,至 1943 年已负债 30 多万元。镇江、无锡两地因无法维持而停业,杭州、南京、苏州三地各有一条路线继续运行。其中,"华都"杭州营业所仅剩的一条公共汽车线路,也主要是为满足日军和日侨的需要,开行于迎紫路与日本人聚居区拱宸桥之间。该营业所 1942 年营业亏损 12321 元,1943 年 1 — 6 月亏损 916 元,1945 年 1 月停业。[①]

至 1944 年 11 月,该公司改组为"上海都市交通株式会社",专营上海一地的公共电、汽车。之后业务仍日趋下降,至日军投降前夕,上海也仅有虹口公园至五角场一线勉强维持通车。

日本侵略者为进一步全面控制华中地区的交通运输事业,1941 年 9 月向汪伪政府"交通部"提出建立"华中运输株式会社"(以下简称"华中运")。在日方拟定的《华中铁道株式会社设立要纲》中,汪伪政府投资不到总投资的 1/10,提出"异议"。后日方对投资比例略做修改,伪政府也就屈服,于次年六七月间准予成立。"华中运"成立于 1942 年 7 月,公司设在上海,另在上海、南京、芜湖、杭州、九江、汉口等地设有 6 个支店。支店下设营业所 42 处,派出所 160 处。"华中运"资金预定为 800 万日元,每股 50 元,分 16 万股。按《华中铁道株式会社设立要纲》规定,日方投资 255 万日元,汪伪投资 280 万日元,"中"日合办事业投资 265 万日元。早在 1939 年,日军在上海设立"通运株式会社",经营汽车运输、仓库管理、装卸搬运及货物转运等业务。"华中运"成立时,日方将"通运"资产全部投入,即占 7 万股,成为"华中运"的主体。汪伪仅投入 1000 日元。《华

---

① 浙江省汽车运输总公司编史组编:《浙江公路运输史》第 1 册,近代公路运输,人民交通出版社 1988 年版,第 128 页。

中铁道株式会社设立要纲》各项曾说明,"社长(即董事长)由中国人充任,但在中国方面款项未交付前,暂不选派"。因此,社长空缺,公司大权全部由日方副社长掌握。公司董事、监事共6人,其中日方5人,绝对掌控大权。而"华中运"业务范围为水陆联运、仓库保管、货物中转以及代办装卸、报关、保险等业务。汪伪政府"行政院"批准这个公司成立时,曾明确提出不能独占权利。开业之后,"华中运"仍然依仗日军势力独占了有关业务。这个公司仅有货运汽车28辆,马车30辆,双轮小车35辆,大量业务是依靠居间联系获取利润,类似皮包公司。但因大权在握,既不许客商插手与有关行业挂钩,也不许通过其他渠道联系,独家垄断,盈利较多。据"华中运"统计,从1943年10月至次年3月的6个月中,即获利近33万日元,而华中地区原有的转运、报关等行业大批关闭,工人失业。①

华南各省多为部分陷落,而且在沦陷前,公路遭到中国军民破坏,桥梁被炸毁,沦陷后有较长时期无法恢复通车。通车后,日伪组建的运输体系也不如华北、华中完善。

1938年10月广州沦陷后,国民党广东省政府迁至韶关。为了阻挠日军深入,实行"焦土抗战"。省政府于1938年12月和次年4月两次下令全面破坏公路,共破坏12554.6公里,占已筑成公路的84%。敌军占领后无法较快恢复通车。直至1940年10月伪广东省政府成立,日伪才通令各县修复公路,经1941年、1942年两年,共修复广州至新塘等处29条公路,共计635.9公里。这些路线都有行车公司开办的定期或不定期班车。其中以日商福太公司规模大,行车路线多,几乎垄断了当地的公路运输业。1943年福太公司按军方旨意,将汽车及有关机具作价交由伪广东省建设厅接收办理。至1945年4月,因战局紧张,又由日军直接管理交通运输。

和其他沦陷区一样,日军侵入后,日商汽车也随之渗入。如在广东新

---

① 中国公路交通史编审委员会编:《中国公路运输史》第1册,人民交通出版社1990年版,第385页。

会、东莞、南海、汕头等地,都有日商汽车公司经营运输,当地商营汽车运输业遭到排斥,走向衰落。在福建,厦门于 1938 年 5 月沦陷,日商福大汽车株式会社即在厦门经营汽车和配件业务。这年冬,日军将侵占来的原商营厦禾汽车公司的所有车辆、设备与福大汽车株式会社合并,作为日伪组办的"厦门市建设公司"下的汽车部,并添购日产、丰田等厂牌客车 10 多辆,货车 2 辆,工程车 1 辆,经营厦门市郊客货运输业务。营运路线有:浮屿至江关、浮屿至何厝、浮屿至五通、浮屿至钟宅、江头至寨上等线。乘客主要是日伪军政人员和部分商贩。货运主要是农副水产品进市和以日货为主的工业品、生活日用品下乡。除汽车部外,还有日商经营的"荷役株式会社",也有货车数辆,经营货运,并兼营仓库出租。厦门市在日军侵占的 7 年间,客货运输经营一直处于萧条状态,业务无所发展。市区公共汽车亦未恢复。[①]

四、关内沦陷区的邮政电信和航空运输

在关内沦陷区,日本侵略者和汉奸傀儡政权控制、接管中国邮政电信系统和航空运输,为全面侵华战争和殖民掠夺服务。

(一) 邮政电信

华北沦陷后,一方面,国民党政府管辖下的中华邮政在日本默许下,暂时还能继续营业;另一方面,日本除了一开始就接管了伪"蒙疆"地区的中国邮政,对其他地区的中国邮政,则加强控制,逐步渗透,最终在 1941 年太平洋战争爆发后,全面接管。

日本关东军一手接管张家口、包头一带的邮政,单独成立"蒙疆邮电总局",将"察哈尔、绥远两省及山西邮区长城以北各局均划入伪'蒙疆'区域之内","自行组成一邮政区域,采取独自经营之方针"[②],迫使这一地

---

① 中国公路交通史编审委员会编:《中国公路运输史》第 1 册,人民交通出版社 1990 年版,第 393 页。

② 邮电史编辑室编:《中国近代邮电史》,人民邮电出版社 1984 年版,第 190 页。

区的中国邮政完全脱离中华邮政,而与伪满邮政实行一元化。开始由伪满委托经营,1938 年双方又缔结邮政业务正式协定。这是日本企图把满蒙从中国分离出去的阴谋的一个组成部分。辖区内共有邮电局 57 处,邮电代办所 85 处。1941 年,伪"蒙疆政权"将"交通部""邮电总局"合并为"交通总局",下设邮政科、电政科等 8 个科。后又改为"交通部",下设总务科、邮电科等部门,以及邮电局、邮电代办所、放送局、无线总台、邮电学院等直属机构。至 1945 年,伪"蒙疆"地区设有邮电局 63 处,邮电代办所 98 处。此外,在 1938 年 3 月,伪"邮电总局"在张家口设伪"蒙疆电气通信设备株式会社",为伪"蒙疆"地区各级邮电机构、伪政府部门及其他单位提供通信设备和安装、维修服务。该会社由伪政府与日本合资,有资金 1200 万元,为特殊法人资格。其中,伪"蒙疆联合委员会"以实物投资 200 万元,伪"蒙疆银行"出资 400 万元,日本电报电话工程株式会社出资 400 万元,国际电气株式会社出资 200 万元。[①] 1938—1942 年伪"蒙疆"地区(含察南、晋北地区)邮政函件业务量情况参见表 5-29。

表 5-29　伪"蒙疆"地区邮政函件业务量统计(1938—1942 年)　　（单位:件）

年份　　项目	业务类别	平信	挂号	航空
1938	收寄	688	31	4
	投递	604	24	3
1939	收寄	763	38	8
	投递	746	30	4
1940	收寄	1134	44	14
	投递	1045	41	11
1941	收寄	1011	49	11
	投递	939	39	13

①　内蒙古自治区志·邮电志编纂委员会编:《内蒙古自治区志·邮电志》,内蒙古人民出版社 2000 年版,第 92—94 页。

续表

项目 年份	业务类别	平信	挂号	航空
1942	收寄	1122	54	5
	投递	1034	42	7

资料来源:《内蒙古自治区志·邮电志》编纂委员会编:《内蒙古自治区志·邮电志》,内蒙古人民出版社 2000 年版,第 183 页。

伪"蒙疆"地区经济并不发达,包裹寄递的物品,以土特产居多。如绥远地区,大量日用百货、棉布等均从平津等地进货,本地土特产皮毛、肠衣等向平津输出,1937 年之前通过归绥邮局月进口包裹 1.1 万件。12 月之后,伪"蒙疆"地区各局办理寄往本地区内及华北、伪满各地和日本的小包业务(1 公斤为限)、代收货价包裹和保价包裹业务。各代办所只办理本地区内的邮政小包。贵金属制品、宝石、珍珠、珊瑚、象牙及制成品、无线电收音机、留声机和唱片、刺绣、金丝、银丝及其制成品、香水等,为限制收寄物品,一旦发现,收件人如果无法提交许可证,则需交付邮件手续费。皮毛、肠衣等土特产则禁止外运。呼和浩特每天只收寄 30 件小包裹,而从华北、伪满等地输入的包裹每天多达 500 余件。1938 年,伪"蒙疆"地区小包裹邮件共收寄 70990 件,投出 255022 件。到 1942 年,小包裹邮件共收寄 79118 件,投出 126297 件。[①]

1938 年 1 月,伪"蒙疆"辖区内邮政开办普通汇兑和电报汇兑,并开办"蒙满"、"蒙"日普通汇兑、电报汇兑和小汇兑。同年 2 月,参照伪满邮政汇兑制度中的"满"华汇兑暂行规程,开办伪"蒙疆"与华北地区(即所谓"蒙华")的普通汇兑,加贴中华邮政汇兑印纸。汇兑资费,辖区内汇 5元收费 5 分,10 元收 1 角,1 元及其零数收 1 角;汇往伪满和日本 20 元收取汇费 0.15 元,50 元收 0.25 元,100 元收 0.35 元,150 元收 0.45 元,200

---

① 《内蒙古自治区志·邮电志》编纂委员会编:《内蒙古自治区志·邮电志》,内蒙古人民出版社 2000 年版,第 199 页。

元收 0.55 元,250 元收 0.65 元,300 元收 0.75 元。①

伪"蒙疆"地区邮政包裹资费,1937 年制定的标准是,区内及华北地区每公斤伪"蒙疆"币 0.2 元,每增加 1 公斤加收 0.1 元,最高限重 7 公斤。寄往伪满地区每公斤 0.4 元,每增加 1 公斤加收 0.2 元。②

在华北地区,日本华北方面军采取在傀儡政权内部设立邮政总局的办法,逐步夺取邮政的控制权。最初,国民党政府为了防止日本接管沦陷区中国邮政,把中华邮政华北邮区的负责人全部换成外籍人员,并加派北平邮政管理局局长巴立地为平、晋、豫北联区邮政总视察,就地主持华北沦陷区的邮政事务。因此,日本暂未强行接收华北地区的中国邮政,但加强渗透,除强索邮票供"察南邮政"(即伪"蒙疆邮政"的前身)使用外,更是向邮政内部派遣"调查员"进行监视。1938 年夏天,日本驻北平特务部交通组组长白井到上海活动,表示要在北京设置邮政总局。"白井并不否认,北方之设立总局,系受华北日军所策动","现在北方充任调查员之日籍邮员五十人,均将被'临时政府'(指华北傀儡政权)雇用,派在总局服务。其中以每七人为一组,派往其所辖各邮区,每区一组,每组中又以资历较高者二人留在管理局办事,分别畀以副邮务长及副会计长职务;其余五人,或派往重要属局,或令办理恢复局所事务"。③ 1938 年 8 月,伪"邮政总局"正式成立,主揽全权的副局长由日本军特务部从递信省调来的递信事务官担任。伪"邮政总局"不受考试入局和人数的限制,向邮局强制塞入日本人,以加强对邮政的控制。

1940 年前后,日本逐渐加紧对邮政的干涉,突出表现在强行委派日籍邮局副局长和限制兑付汇票方面。1940 年 1 月 18 日,巴立地在给重庆邮政总局的报告中指出:伪华北"邮政总局""不过一傀儡机关,其实均由东京方面或兴亚院指示执行"。巴立地提出日本人要添派副局长事关

① 《内蒙古自治区志·邮电志》编纂委员会编:《内蒙古自治区志·邮电志》,内蒙古人民出版社 2000 年版,第 213—214 页。

② 《内蒙古自治区志·邮电志》编纂委员会编:《内蒙古自治区志·邮电志》,内蒙古人民出版社 2000 年版,第 204 页。

③ 邮电史编辑室编:《中国近代邮电史》,人民邮电出版社 1984 年版,第 190—191 页。

重大,若同意则邮政实权全被剥夺。日本军方逼迫华北地区的邮政接受日籍副局长,从而实际上控制了邮政。日本人规定担任各邮区邮政管理局副局长的职权是:"(1)副局长位于各股长之上,辅佐局长办理一切局务,并指挥及监督各股事务;(2)关于一切收发文电于处理前应由副局长查阅之;(3)凡应由局长核夺事项均须于事前由副局长辅核之;(4)副局长为谋局务迅捷计,关于轻易事项须以局长名义决行之;(5)副局长因事不在局时得由日籍高级人员代理之。"①就这样,日本强行向北京、河北、山东、山西、河南等邮区派驻了日籍副局长。太平洋战争爆发后,日本把巴立地等外籍人员投入监狱。1942 年 7 月,伪邮政总局改称"华北邮政总局",同时另设由日本人直接控制的"华北邮政资金局"。从此,华北沦陷区的邮政大权完全沦于日军之手。日本控制华北邮政后,使邮政适应日本侨民、军政人员的需要,密切与日本、伪满等地的邮政联系。如国外汇兑绝大多数是在中日之间进行。1938 年 12 月开办中日电报汇票,1940 年 7 月开办中日小汇票。另外,还接受委托代办事业,代办日本、朝鲜及满洲邮政人寿保险,代办日本储金及"振替储金"(划拨储金),直接替日本服务。

华北地区的邮政被日本劫夺后,一方面对后方各地汇往华北的汇票进行多方限制,最后停止兑付;另一方面巧立名目,搜刮民财,为日本侵华战争服务。如 1942 年 7 月为吸收社会游资,强制推行邮政人寿保险,或用抽签给奖的形式吸引民众资金,利用储金为日本筹措军费。仅从 1941 年 12 月起,五次开办有奖定集储金就达 1400 万元(伪"联合准备银行"的货币单位)。

在华中、华南沦陷区,日本对中华邮政采取了逐步抓住实权而先不成立伪邮政总局的策略,迟至 1943 年才由汪伪政权出面接收。1937 年 8 月 13 日,日本在上海一带发动大规模侵略战争。8 月 16 日,上海邮政管理局员工除局长等少数人留守外,其余均撤至静安寺愚园路临时租用的办公场所工作。8 月 20 日,上海邮政 8 名员工在运邮途中遇日机轰炸殉

---

① 邮电史编辑室编:《中国近代邮电史》,人民邮电出版社 1984 年版,第 191 页。

职。郊县有 4 处所局房屋毁于战火,33 个内地局和 78 个代办所暂停营业,市区内也有 15 个靠近战地的局所撤离。到 12 月,暂停营业的局所先后复业。由于华中地区(特别是上海)是中国的国际邮件互换局所在地,国际通邮关系涉及列强在华势力,加上外籍人员担任邮区负责人的较多,日本对强行接管尚有所顾忌。因而,直到 1940 年以前,尽管伪政权一再要求接管邮政,日本都没有同意。日本对华中邮政,采取指派邮件检查员和提高日籍邮员的地位等办法进行控制。邮件检查控制住进出口邮件,也即控制了邮政业务的核心。日本在人事上主要靠日籍副邮务长金指谨一郎进行监视和控制。国民党政府在 1938 年 1 月任命法国籍的乍配林为沪苏浙皖联区总视察,次年 3 月又任命他为邮政总局驻沪办事处主任。办事处设总务、业务、财务三科,握有实权的业务科科长就是日本人金指谨一郎。以后,日本人不断施加压力,又使金指谨一郎被任命为上海局局长帮办,另一日本人福家丰为上海局总巡员。从此,开始招收日本人为"不列等"邮务员,派往华中各省邮局进行监视。但是,华中邮政毕竟没有全部为日本人所掌握,与后方通邮照旧进行,国际邮件照样从上海进出口,华中盈余继续汇交重庆邮政总局。乍配林通过与法国领事馆的关系,利用上海法国总会电台,继续与撤到后方的国民党政府邮政总局保持联系,接受领导。太平洋战争爆发后,日本利用汪伪政权牵制重庆国民党政府,对汪伪一再提出的接收邮政的要求予以支持。但由于华中邮政此时亏空较多,汪伪政权不想贴补,所以只采取了控制办事处的办法。直到 1943 年 3 月,重庆与上海断绝一切邮政经济联系,日伪才正式接收华中邮政。6 月,乍配林被汪伪政权免去主任职务,上海办事处实权落入日本人高木正道手中。与此同时,上海储汇分局和邮总上海供应处也被日伪劫夺。①

华中邮政被日伪"接收"后,收入锐减,连年赤字,管理混乱,贪污成风,业务量降低。以上海为例,1936 年邮政函件收寄量达 20350 万件,1937 年降至 7797 万件,1940 年和 1941 年有所恢复,收寄量也只相当于

---

① 邮电史编辑室编:《中国近代邮电史》,人民邮电出版社 1984 年版,第 192—193 页。

1936 年的一半左右,之后又有下降,1943 年更是只有 3960 万件。邮政包裹在战前的 1936 年收寄量达 268.6 万件,但 1937 年大幅下降到 109 万件,之后一直未见起色,1944 年只有 17.5 万件,1945 年仅有 6.6 万件。邮资也大幅度上涨,一封平信从 1937 年的法币 0.05 元涨至 1940 年的法币 0.08 元,之后又经过 9 次上调,到 1945 年 7 月已涨至伪中储券 400 元。[①]

华南邮政的情况基本上与华中大同小异。至于早就被日本强占去的中国台湾地区邮政,更是一切依照日本制度办理的典型殖民地邮政。中国台湾高级邮政人员的职务都由日本人充任,资历相等的台湾同胞工薪最高只能是日本人的 2/3。

电信方面,"七七事变"后,日本武力劫夺华北、华中的电信事业,分别成立由日本包办的垄断企业,竭力使电信成为"大东亚共荣圈"通信网的组成部分。1938 年,日本首先在北京设立"华北电信总局"。同年 8 月 1 日,由日本操纵的伪临时政府公布"华北电信电话株式会社"(中文名"华北电信电话有限股份公司",以下简称"华北电电")条例,以"中日合办"的名义成立"华北电电",负责"华北电气通信事业之综合营运,通讯设施之改善扩充"。资本额 3500 万元,由日本电信电话、伪满电信电话等公司,以及华北伪政权共同出资,经营华北的电报、电话业。

"华北电电"的总公司设总裁室、通信部和管理部,由日本人直接控制,只有审查室和电气通信学院由华人理事负责。在华北地方上先设北平、天津、青岛、济南四总局,以后又加设徐州和开封(后移至郑州)总局,把总局改为通信局。此外,在烟台还设有分局。

"华北电电"经营陇海线以北的电报、电话业务。在经营中投资较多的是京津间 1939 年 6 月完成的无负荷地下电缆,至 1943 年改为十二路 63 回线。其次是在北京进行市内电话自动化升级,1940 年已有 40% 的用户由共电式手动接线改为自动机,至日本投降前自动机已达 70% 左右。[②]

---

① 上海邮电志编纂委员会编:《上海邮电志》,上海社会科学院出版社 1999 年版,第 125—130、154 页。

② 邮电史编辑室编:《中国近代邮电史》,人民邮电出版社 1984 年版,第 193—194 页。

1937年"八一三"之后,日本强行接收上海电话局和电报局,强占国际电台的中央控制室。1938年1月,日本递信省指派日本国际通信株式会社、电信电话工事株式会社负责设立"华中电信公司"。为掩人耳目,于7月末改为日伪合办的"华中电气通信株式会社"(中文名"华中电气通信股份公司",以下简称"华中电信"),负责整个华中沦陷区有线、无线电信的"统制经营"。该公司设于上海,资本总额1500万元,伪"维新政府"以现物出资500万元,现金出资1000万元。公司还享有"关于土地之收用,电线路之建设,道路、河川、桥梁、堤防及其他公用土地之收用,经费之征收之手段及手续等通讯事业经营上所必要之一切特权"①。

"华中电信"在上海以外地区经营范围有限,发展不快。如汉口管理局所辖范围仅有大冶、九江、沙市三处无线电报设备,以及汉口、武昌两市的简单电话设备,其余长途有线设备多数残破,且由日军方利用,该公司素少过问。日本着意经营的是以上海为中心的沪宁杭地区以及国际通信。"华中电信"在日本兴亚院华中联络部的监督控制下,重建了真如、刘行电台,新建了南翔电台。这三个无线电台的部分机器,供应日军、中华航空株式会社、同盟通信社使用。到1945年,真如电台的主要机器设备都供应日军,其接收的海岸电台更是供日军使用的机要电台,除一个中国人任杂务外,全台都是日本人。

"华中电信"经过几番改造,把华中的国际通信变为日本东亚电气通信网的组成部分,形成以日本为中心的典型殖民化的电信网。1941年1月,日本通过所谓"东亚电气通信业务协定",取得了规定或取消各地建立直达电路的权力。因此,出现了畸形的无线电通信,如上海发电至厦门,不准设立直达电路,必须由日本东京电台转发。

"华中电信"受日本控制的程度远大于"华北电电",其高中级人员均由日本人充任,机械线路技术亦均系日本人主持办理。1940年8月,日本人在公司职工中就占67.23%。1943年4月以前,连电信资费也以日本军用票为单位。

---

① 章伯锋、庄建平主编:《抗日战争》第6卷,四川大学出版社1997年版,第757—758页。

太平洋战争爆发后,日本又接收了美商上海电话公司等企业,实现了全上海电信事业的统制经营。从此,电报业务量的 70% 为日文电报,上海的电话用户中日本人占 87.7%,日伪军事机关占 53%。电信已成为日本侵华的工具。

日本为加快侵略步伐,对电信机件的添置与改造曾不遗余力。以上海伪电话总局为例,1939 年三个局共 2600 号线,实装用户才 1727 号;至 1945 年 8 月,机件容量达 7100 号,实装 4970 号,发展较为迅速。上海虹口分局的 3000 号机器已引进步进制自动电话交换机。长话方面,分别与无锡、南京、杭州等地开放了单路、三路、六路载波电路。"华中电信"还修复了沪杭、沪宁、宁蚌、蚌徐等有线报话线路,但因日本物资缺乏,有线电路开通不多,且经常被抗日民众切断,有线电信的发展不如无线电。[①]

(二) 航空运输

航空运输也是日本侵略者交通统制的重要方面。为对抗国民党政府方面的中美合资中国航空公司和中德合资欧亚航空公司,1934 年,日本关东军借口《塘沽协定》善后处理事项,要求关内外通航。经交涉,拟在长城线开展中日联航。关东军代表再次提出中日合办航空公司大纲,遭婉拒。日方不甘心,暗中已开始筹备飞行。1935 年 7 月,日军再次派出代表谈判,提出中"满"合办航空公司协定大纲。中方有所让步,国民党政府国防会议提出中日合办,仿照欧亚航空公司前例,限于商业性质,合同上不能有"满洲国"字样,且航线以平津与关外及大连的联络为范围。日方不满足于此,谈判破裂。日方眼见与国民党政府交涉不成,改与"冀察政务委员会"交涉,指派驻天津总领事堀内干城为代表,与"冀察政务委员会"委员长宋哲元谈判,并于 1936 年 10 月 16 日秘密签订航空换文。但国民党政府对此表示"碍难核准"。根据这个非法的秘密换文,11 月 7 日正式成立所谓中日合办"惠通航空股份有限公司"。[②] 总公司设于天津

---

① 邮电史编辑室编:《中国近代邮电史》,人民邮电出版社 1984 年版,第 194—195 页。
② 中央档案馆等编:《日本帝国主义侵华档案资料选编·华北经济掠夺》,中华书局 2004 年版,第 79—92 页。

（1938 年 1 月迁至北京），额定资本法币 450 万元，中日各半，实缴 270 万元。航线有天津—大连线；北京—天津—山海关—锦州线；天津—北京—承德线；天津—北京—张家口—张北线。[①]

"七七事变"后，日方将中方资本没收。因战火蔓延，除天津—大连线外，其他航线停航。"八一三"淞沪会战后，中国航空公司和欧亚航空公司西迁，惠通航空公司乘机独占沦陷区各航空线路，扩大业务至华中、华南，并与日本航空会社航线联航。1938 年 8 月 10 日，公司的北京—天津—大连线于与日本航空会社的大连—东京线联航，同年 10 月 1 日北京—天津—青岛—福冈线与日本福冈—东京线联航。

1938 年 12 月 16 日，日本侵略者设立中国特殊法人"中华航空股份有限公司"（日文名"中华航空株式会社"），将惠通航空公司并入。"中华航空公司"由日本、伪华北政权、伪南京"维新政府"、伪"蒙疆傀儡组织"共同出资 500 万元成立。其中，伪"维新政府"出资 200 万元，伪"华北临时政府"出资 180 万元，伪"蒙疆联合委员会"出资 20 万元，惠通航空公司出资 100 万元，大日本航空会社出资 100 万元。1939 年 9 月 21 日，该公司召开第二次股东大会，将资本金增至 5000 万元，其中大日本航空会社出资 2900 万元，伪政权共出资 2100 万元。[②]

成立之初，"中华航空公司"营业航线有：北京—天津—大连线（每日往返）；北京—天津—济南—徐州—南京—上海线（每周往返 4 次）；北京—张家口—大同线（每周往返 2 次）；上海—南京—汉口（每周往返 7 次）。之后，又有大同—包头线、北京—青岛—上海线、大连—青岛—上海线、北京—上海—广州线、上海—南京—广州线、上海—台北—广州线；并与"满洲航空株式会社"开展联航。机场包括：北京南苑、北苑；天津东局子；保定东校场；滦州；济南张庄；青岛；济宁；烟台；太原；大同；张家口；

---

① 中央研究院社会科学研究所主编、郑伯彬等编：《沦陷区经济概览》，国民党政府经济部资源委员会 1941 年油印本，第 A6257—A6259 页。

② 中央研究院社会科学研究所主编、郑伯彬等编：《沦陷区经济概览》，国民党政府经济部资源委员会 1941 年油印本，第 A6259—A6260 页。

乌兰哈达;包头;明安;平地泉;归绥;百灵庙;五原。① 其中,也包括邮政航空运输业务,如 1939 年开辟北京—张家口—包头航空邮路,625 公里,每周往返 3 次,下行每星期一、三、五,上行星期二、四、六。1940 年伪"蒙疆政权"与伪满签订航空联络协议后,开辟承德—张家口—大同—厚和—包头航空邮路,每周往返 2 次,下行星期五、六,上行星期三、四;下行邮路之后又开辟承德—多伦—张家口定期航空邮路,由"满洲航空会社"承运。同年 4 月,设伪"蒙疆航空管理局",与"中华航空公司"签订不定期航线并运输邮件。②

从 1938 年 10 月 5 日开始,日本与中国沦陷区主要城市之间的航空运输也开展起来,主要航线有福冈—上海—南京线、东京—福冈—青岛—北京线。③

第六节　日本全面侵华战争期间对中国轮船航运业的掠夺和控制

自从中日甲午战争后,日本在华航运势力急剧扩张,在华的专业轮船公司先有日邮、大阪,后有湖南、大东,以及日清公司等的设立,加上日邮、大阪等远洋轮船公司的航线衔接,到 20 世纪初,日本已经打破了英国的垄断,而形成英、日分霸中国航运业的局面。④ 1931 年"九一八事变"后,东北全境沦陷,东北联合航运局和所有商办的轮船公司,连同东北全部航运资产和资源,全部落入日本之手。1937 年 7 月,日本全面侵华战争爆

---

① 中央研究院社会科学研究所主编、郑伯彬等编:《沦陷区经济概览》,国民党政府经济部资源委员会 1941 年油印本,第 A6263 页。

② 《内蒙古自治区志·邮电志》编纂委员会编:《内蒙古自治区志·邮电志》,内蒙古人民出版社 2000 年版,第 156 页。

③ 中央研究院社会科学研究所主编、郑伯彬等编:《沦陷区经济概览》,国民党政府经济部资源委员会 1941 年油印本,第 A6264 页。

④ 严中平等编:《中国近代经济史统计资料选辑》,科学出版社 1955 年版,第 237 页。

发后,中国自己的轮船航运船只除少量转入四川等大后方外,余均损失殆尽。整个东半部内河、沿岸和远洋轮船运输,全被日本攫夺、垄断。

一、中国轮船航运业遭受的破坏和损失

1937 年 7 月,日本全面侵华战争爆发后,中国沿海和内河的轮船航运业被日本侵袭垄断。侵华日军封锁长江及其他航线,大肆搜捕、击沉中国船舶,或将之转卖给第三国,使中国轮船航运业遭受巨大打击。根据日本《中外商业新报》的统计数据,1939 年中国轮船吨数减少至 11 千吨,仅相当于 1936 年中国轮船吨数(5448 千吨)的 0.2%。[①]

为尽量保存船只,国民党政府主要采取了两种方式:一是督饬撤退。"八一三"淞沪战争之前有关当局已预知将要爆发大战,交通部提前督促招商局和其他中国航运公司将所有海轮尽速驶入长江,不能开入长江者则驶往中国香港或国外港口躲避。因此,除战前已租给日本的 14 艘海轮被敌利用外,其他海轮皆未落于敌手。其中驶入长江者数量最多,战前汉口有船 450 艘,42681 吨,1938 年 2 月增至 645 艘,143790 吨。二是准许国有轮船暂时转移外籍。在这期间转移外籍的轮船计 130 艘,共 145000 吨,主要为意、德、希、葡、巴、挪等国,因此不少国轮得以保存。据 1941 年 6 月的统计,尚存轮船 874 艘,合计 95685 吨。[②] 但由于日本政府采取了封锁航线、扣押船只、限制运输等手段,外国在华航运业也大幅衰退。1941 年 12 月,太平洋战争爆发后,中国转入外籍的船只还是大都被日军抢夺或损毁。

为了防御日本海军侵入内江,国民党政府交通部门协助军事机关征调不宜行驶于内河的海轮以及船龄较大的旧船作为阻挡日军进犯的工具。抗战初期交通部门协助军事机关共征用商船 87 艘,约 11 万吨,主要在长江中下游

---

① 朱荫贵:《抗战时期日本对中国轮船航运业的入侵与垄断》,《历史研究》2011 年第 2 期。

② 中国航海学会编:《中国航海史(近代航海史)》,人民交通出版社 1989 年版,第 301—302 页。

的江阴、黄浦江、马当和闽江口、珠江口等处放水下沉,筑成防御工事。[①]

统计表明,中国航业经过战前整顿发展,到1936年时进出国内各港口吨位数量已达3500多万吨,且发展势头很猛,与英国的4100万吨相比,"颇有长足之进展,渐有压倒英商之势"。抗战爆发后,随着海岸线被日军封锁,长江、珠江均被迫停航,各埠航运业均遭受重大影响,中国的船舶吨位数直线下降,到1940年往来国内各口的船舶吨位数仅有160万吨左右(见表5-30、表5-31)。

表5-30　往来国内船只吨数国别情况统计(1936—1940年)

年份 项目 国别	1936		1937		1938		1939		1940	
	吨数 (百万吨)	占比 (%)	吨数 (百万吨)	占比 (%)	吨数 (百万吨)	占比 (%)	吨数 (百万吨)	占比 (%)	吨数 (百万吨)	占比 (%)
日本	15.50	15.53	6.02	11.02	2.26	7.69	3.76	17.02	5.00	31.82
中国	35.40	35.47	18.64	34.15	4.57	15.56	2.01	9.11	1.60	10.16
英国	41.19	41.28	23.17	42.43	16.05	54.63	10.94	49.48	6.41	40.79
美国	0.65	0.65	0.40	0.73	0.10	0.33	0.06	0.26	0.08	0.52

表5-31　往来外洋船只吨数国别情况统计(1936—1940年)

年份 项目 国别	1936		1937		1938		1939		1940	
	吨数 (百万吨)	占比 (%)	吨数 (百万吨)	占比 (%)	吨数 (百万吨)	占比 (%)	吨数 (百万吨)	占比 (%)	吨数 (百万吨)	占比 (%)
日本	9.42	20.82	6.80	19.18	6.48	22.03	11.99	40.21	13.74	53.49
中国	3.96	8.75	2.95	8.32	0.79	2.69	0.68	2.29	0.65	2.54
英国	16.16	35.72	12.94	36.51	12.35	41.97	8.30	27.82	4.44	17.28
美国	3.12	6.90	1.66	4.69	3.29	1.12	0.77	2.58	1.47	5.73

注:因篇幅限制,略去法国、德国、丹麦、荷兰等其他各国指数。吨位数据按原表数字做四舍五入处理,百分比数据保持不变。
资料来源:邓辉:《抗战期中我国之航运》,《经济汇报》1941年第4期。

抗日战争时期,中国轮船航运业遭受到严重损失。1943年只剩船舶

---

① 中国航海学会编:《中国航海史(近代航海史)》,人民交通出版社1989年版,第311页。

422 只,37303 吨。据交通部 1948 年所发表的统计资料称,1935 年中国江海轮船已有 3895 艘,67.5 万吨。[①] 另有统计,战前海轮有 124 艘,367383 吨,江轮 3333 艘,208617 吨。战时直接损失,计海轮 47 艘,250271 吨,江轮 2790 艘,99248 吨;间接损失,计有海轮 77 艘,117112 吨,江轮 86 艘,28689 吨,两部分合计,战争期间中国共损失江海轮船 3000 艘,495320 吨。与战前相比,中国的轮船损失了 80%—90%,而海轮则全部损失(见表 5–32)。[②]

表 5-32　抗日战争时期中国轮船损失统计

类别\项目	海轮		江轮		总计	
	只	吨数	只	吨数	只	吨数
直接损失 *	47	250271	2790	99248	2837	349519
间接损失 *	77	117112	86	28689	163	148801
总计	124	367383	2876	127937	3000	495320

注:* 被敌炸毁掠夺之海船为直接损失(木船未计算)。征用沉塞港道者为间接损失。

资料来源:严中平等编:《中国近代经济史统计资料选辑》,中国社会科学出版社 2012 年版,第 157 页。

不仅中国如此,在国内和外洋的各国商船数量在抗战爆发后也受到极大影响,急剧减少。1939 年欧洲大战爆发后,英国在华航运力量受到严重影响,日本遂乘机加快占领中国航运市场,尤其是在外洋航运领域已取代英国占据绝对领先优势,统计数字就显示了这种变化(见表 5–30、表 5–31)。

1941 年太平洋战争爆发后,日军占领中国香港,日本对英美等国在华航运势力更是进行了全面排挤和侵吞。

在这期间,招商局共损失大小轮船、趸船、驳船 73 艘,计 88952 吨,其中江海轮船 27 艘,计 51912 吨。在损失的船只中,包括要塞沉船 18 艘,

---

[①] 严中平等编:《中国近代经济史统计资料选辑》,中国社会科学出版社 2012 年版,第 157 页。

[②] 中国航海学会编:《中国航海史(近代航海史)》,人民交通出版社 1989 年版,第 300 页。

计 34520 吨,沦入敌手的大小客货轮、趸船、驳船共 42 艘,计 34142 吨,被敌机炸毁 13 艘,计 20290 吨。招商局的经济实力受到了极大削弱,船舶总吨位急剧下降。以江海大轮为例,抗战前的 1936 年江海大轮达 71177 总吨,1937 年下半年降为 54689 总吨,1938 年降为 30523 总吨,1941 年更降为 22713 总吨,招商局运力被日军摧毁和自沉的占战前的 2/3 以上。此外,招商局的码头和仓栈也遭到日军破坏。根据 1947 年招商局的调查,抗战时期招商局的财产损失达 2600 余万美元,营业损失 2.8 亿多美元,合计达 3 亿多美元(见表 5-33)。①

表 5-33　招商局抗战时期各项损失汇总　　　（单位:美元）

项目 类别	资产损失	营业损失	总计损失
船舶	17097526	241887241	258984767
上海码头、仓库	8342000	41393500	49735500
各地房产	1078170	2059550	3137720
总计	26517696	285340291	311857987

资料来源:张后铨编:《招商局史》(近代部分),人民交通出版社 1988 年版,第 432 页。

根据抗战胜利后国民党政府内政部抗战损失调查委员会统计,按照 1937 年 7 月美元价值计算,抗战期间中国全国公私直接财产损失中,内陆水运设备损失 2081.7 万美元,海运船舶类(包括海船、渔轮及木造渔轮船)损失则高达 13881.2 万美元。该统计尚不包括港口设施、工商业轮运设备、航务交通事业营业等方面的损失,而两项数值合计已远超战时中国各银行的金银损失总数(约 1.2 亿美元),足见日本对华侵略战争对中国轮船航运业破坏之深重。②

以"七七事变"为契机,到 1940 年夏时,日本的海运业已经"实现了

---

① 张后铨编:《招商局史》(近代部分),人民交通出版社 1988 年版,第 425—433 页。
② 迟景德:《中国对日抗战损失调查史述》,台北"国史馆"1987 年版,第 261—264 页。中国国民党中央委员会党史委员会编印、秦孝仪主编:《中华民国重要史料初编——对日抗战时期》,第 2 编《作战经过》(4),中国国民党中央委员会 1981 年刊本,第 31—40 页。

从以日本为中心向以东洋为中心的飞跃"。而这次事变给中国海运业带来的后果是"中国民族航运业的溃灭,在华外国航运势力的衰退和日本航运业的新起点"。由于日本对长江和其他港口的封锁,日本海军对中国船舶的搜捕、击沉以及中国船舶转卖给第三国,加上战火对港航设备的直接间接破坏,中国民族航运业受到极其巨大的打击和影响。截至1940年8月,日本方面也认为,"中国方面失去了总吨数超过30万吨的船舶和相当多的港航设备,基本处于毁灭的状态"①。

二、日本在沿海内河轮船航运业上的侵袭和把持

1937—1945年日本军国主义政府对中国发动的全面侵略战争,是力图把中国变为日本殖民地的战争,为达此目的,日本军国主义者动员了各种资源和力量。在此过程中,轮船航运业被日本政府视为与飞机同等重要的工具和利器②,成为岛国日本运输人员、物资,达成所谓"大东亚一体化"的重要手段。为此,日本政府制定颁布了一系列战时海运政策,推动实行战时海运体制,对日本海运业进行改造并直接对东亚和中国沿海内河的轮船航运业进行统制,以达到其"独占"的目的。日本政府的这一举措,对东亚和中国的沿海内河航运业造成了巨大冲击,影响深远。

1937年7月7日,日本发动了全面侵华战争。9月10日,日本政府公布临时船舶管理法。根据该法,日本政府拥有对航路、就航区域、物资运输、运费、租船费以及船员和造船的控制等大范围的决定权③。这是日本政府对海运业强化控制的步骤。

---

① 《各社の航路を统一,东亚国策航路を确立》,日本《中外商业新报》昭和十五年(1940年)8月9日。

② 1943年(昭和十八年),日本邮船会社社长寺井久信在股东大会上说,"大东亚战争是飞机与舰船为中心的连续决战……"是"血与铁、精神与机械的死斗"。财团法人日本经营史研究所编:《日本邮船百年史资料》,大洋印刷产业株式会社昭和六十三年(1988年)版,第386页。

③ 财团法人日本经营史研究所编:《日本邮船株式会社百年史》,大洋印刷产业株式会社昭和六十三年(1988年)版,第357—359页。

1938 年 4 月,日本政府颁布"国家总动员法"。1940 年 2 月,日本政府在已颁布"国家总动员法"的基础上,进一步制定和颁布"海运统制令"。使得日本"海运业必须严格服从国家的统制体制"①。

1941 年 1 月,作为强化战时体制一环和整备强化海运行政的"海运事业法""海上小运送法""东亚海运株式会社法"三法案在日本第 76 议会上提出。② 1941 年 8 月 19 日,日本内阁会议进而制订"战时海运管理要纲",决定船舶、船员及造船等一切涉及海运的事项均要纳入国家管理之下。1942 年 3 月 25 日,日本政府公布"战时海运管理令",同日实行。

短短的几年内一连出台如此之多的海运政策,根本原因在于日本政府认为,对中国大陆、中国东北和亚洲其余地区,在战争状态下,"必然激起对庞大物资的运输需求"。"近海航路未来必将成为我国海运业者最活跃的舞台"③。日本政府制定颁布这些海运政策,目的就是保证"包含亚洲诸地区在内的大东亚经济共荣圈的树立"这一根本目标的顺利实行。

在颁布实施这一系列对海运业进行控制和整合政策的同时,日本政府还同时指令实行直接掌控海运业的两大措施:一是推动日本最大的轮船公司日本邮船会社的近海部分轮船分离,合并进入近海邮船会社,使其一跃成为拥有 136 只轮船,82 万总吨世界排名第一大的轮船公司④。二是直接组织设立了专门针对中国航路的大型国策海运公司——东亚海运株式会社。

承担日本"海运政策向东亚中心主义迈出第一步","统一各社航路,

---

① 财团法人日本经营史研究所编:《日本邮船株式会社百年史》,大洋印刷产业株式会社昭和六十三年(1988 年)版,第 360—361 页。

② 《战时体制强化へ,总动员法改正》,日本《读卖新闻》昭和十六年(1941 年)1 月 28 日;《海运业法一本建》,《日本工业新闻》昭和十六年(1941 年)1 月 17 日。

③ 财团法人日本经营史研究所编:《日本邮船株式会社百年史》,大洋印刷产业株式会社昭和六十三年(1988 年)版,第 370、373 页。"近海"是指从日本国内到中国各口岸的航线。见中央研究院社会科学研究所主编、郑伯彬等编:《沦陷区经济概览·交通篇·航运》,国民党政府经济部资源委员会 1941 年油印本,第 6197 页。

④ 财团法人日本经营史研究所编:《日本邮船株式会社百年史》,大洋印刷产业株式会社昭和六十三年(1988 年)版,第 356 页。

确立东亚国策航路"任务的东亚海运株式会社,成立于 1939 年 8 月 5 日,被日本朝野视为是确立"对中国航运政策基础的国策会社"。①

日本政府直接推动东亚海运株式会社成立的目的,是认为"东亚历来的海运业处于各国争雄的状态之下,而作为我国海运业的各会社仍然停留在按照各自会社的经营政策行驶航路和配船的状况中"。因此,这种状况难以符合日本政府的要求,为此在"七七事变"爆发后的第 73 次议会上,日本政府就作出了"强化海运统制,将各关系会社打造成一体,奠定东亚海运基础"的决策,此后"经过一年半的反复研究"②,在"从以日本为中心转向以东洋为中心发展"的过程中,肩负"称霸东洋海运"重任的东亚海运株式会社,终得于在 1939 年 8 月 5 日正式成立。

东亚海运株式会社社长由日本政府内阁书记长官河田烈氏担任。③受日本政府指示以部分或全部资产参加该会社组成的有日本邮船、近海邮船、大阪商船、三井物产船舶部、川崎汽船、日清汽船、原田汽船、大同海运、冈崎汽船、阿波共同汽船、山下汽船 11 家公司,该会社资本金 7300 万日元,拥有船舶总数 59 只,共 20 余万吨。④

东亚海运株式会社成立时设定的航路包括:日本至中国天津、日本至中国青岛、日本至中国上海、日本至中国华南、台湾至上海、台湾至天津、台湾至华南、大连至华北、天津至上海、天津至华南、大连至华南等十多条。总社设于东京,并在日本横滨、大阪、神户、门司、长崎和中国台北、大连、天津、青岛、上海等地设立分社 16 处。⑤

东亚海运株式会社的成立,被日本寄予厚望:"新会社的成立,不仅

---

① 《各社の航路を统一,东亚国策航路を确立》,日本《中外商业新报》昭和十五年(1940年)8 月 9 日。

② 《关系会社打つて一丸,东亚海运会社设立,海运の综合力发挥へ》,日本《大阪每日新闻》昭和十四年(1939 年)8 月 6 日。

③ 《关系会社打つて一丸,东亚海运会社设立,海运の综合力发挥へ》,日本《大阪每日新闻》昭和十四年(1939 年)8 月 6 日。

④ 《两国策会社生れ,东洋海运の制霸へ》,日本《中外商业新报》昭和十四年(1939 年)9月 10 日。

⑤ 《关系会社打つて一丸,东亚海运会社设立,海运の综合力发挥へ》,日本《大阪每日新闻》昭和十四年(1939 年)8 月 6 日。

能使我国海运的综合实力得以发挥,而且能使日中间以及中国各地的海运交通得以急速地整备,而以从未有过的新面貌出现"。①

对于日本政府计划设立大型会社意图控制中国海运业一事,还在1938年3月,中国的媒体就已敏锐地有所察觉:"日本递信省管船局……目前积极树立海运国策会社之计划,大体完成。曾派新谷监理课长前往中国各地调查,刻已返日有所报告,闻其计划内容,举凡华中、南、北之航路,包罗无遗。并由递信省立案,筹妥资本金一亿日金,网罗日本十三个会社之航路,诚规模宏大之日本新兴航运公司也。"②

此次日本政府设定的"大东亚交通基本政策"的立足点,在于"开拓大陆、海洋、岛屿所构成之大东亚圈。并以帝国为中心,图有机的结合,充实国防力,同时促进产业建设,确保物资交流,以完成大东亚战争,强固大东亚基础",进而实现"建设世界新秩序,确立帝国主动地位"③的目的。

此后,在太平洋战争爆发之前,该公司已将触角伸展到东南亚一带,并做好"扩展南洋各埠,如马来半岛、爪哇、菲律宾及海峡殖民地等处海运事业"④的准备。

除东亚海运株式会社外,日本另外设立了目标专门针对中国内河内港航行的轮船公司,以与主要目标是"近海"和沿海航路的东亚海运株式会社以及日本其他轮船公司的航线接轨和相互配合。这种旨在控制中国内河内港和沿海航运的公司从中国的北部地区到南方沿海内河所在多有,这里仅列举几家主要的公司为例。

1. 中华轮船株式会社

据日本《中外商业新报》报道,这是作为东亚海运株式会社卫星公司面貌出现的一家轮船公司,于1940年2月25日在上海成立。这家公司名义上是中国籍,实际却是"中国籍的国策会社","具有继承南京政府血

---

① 《关系会社打つて一丸,东亚海运会社设立,海运の综合力发挥へ》,日本《大阪每日新闻》昭和十四年(1939年)8月6日。
② 凌君仪:《日对华航运新内容》,《远东贸易月报》1938年第3号,第31—32页。
③ 刘厚滋译:《大东亚共荣圈之物资交流》,《中联银行月刊》1942年第4期。
④ 国民党特种经济调查处编:《经济汇报》1940年第6号,第31页。

脉的维新政府的特殊法人身份"。"该公司以处理占领地没收的中国航运有关的地产,提携强化与中国民族资本有关的航运业以及解放长江航运的国策等为宗旨。""其目的以长江及中国沿岸航运业的经营为主,以及向与其有关的码头、船舶、仓库等有关的事业进行投资"为主要业务。

中华轮船株式会社"是日中合办的公司,资本金为三千万元。中国以现物出资,折合一千五百六十九万余元,日方以现金一千四百三十万元出资。日方资金全部由东亚海运株式会社和中支振兴两家公司所出"。该社社长是"前维新政府交通部长江宏杰氏,副社长是大阪商船株式会社参事渡边重吉氏"。中华轮船株式会社总社设于上海,从 1940 年"五月中旬开始,已在长江干线开港和不开港间以及不开港之间从事航运"。①

中华轮船株式会社成立后,实力发展很快。公司刚成立时,"只有公司船 4 只,佣船 4 只,受托运航船 5 只,租用船 4 只,合计 17 只"。1941 年12 月 8 日,太平洋战争爆发后,该公司"积极扩充,至民国三十一年末,计公司船 27 只,佣船 40 只,受托运航船 7 只,租用船 10 只,合计有 84 只之多"。航线方面,"民国二十九年末,计有崇明、天生港及口岸四线,至三十年三月末,增加舟山群岛、裕溪口二线,后又增加北沙线、芜湖大通线及上海宁波线。是年下半年,又开航安庆地区及镇江地区等长江中流地区线八条。至三十一年又增加了几线……航线计长三千五百公里。此外对于上海、镇江、南京、九江等仓库的货物运输,亦在力求圆滑"。②

2. 上海内河轮船股份有限公司

上海内河轮船股份有限公司设立于 1938 年 7 月 28 日,是日本"为统制以上海为中心之航运起见"而设立的轮船公司。该公司同样"系敌伪合资营办。总公司设于上海北苏州路四三四号,资本总额为二百万元。其业务包括华中主要内河航路之客货运输、仓库及码头之经营等"。"该公司现有自置汽船五十三只,借用汽船十只,雇用汽船三十八只,合计一

---

① 《各社の航路を统一,东亚国策航路を确立》,日本《中外商业新报》昭和十五年(1940年)8 月 9 日。

② 光林:《日本在华中之国策公司概述》,《中联银行月刊》1943 年第 5 期。

百零一只。此外并有拖船一百八十五只。"该公司的航线以上海为中心设定,大体可分为两部分:"①沿苏州河往来于北新泾、苏州、无锡、常州等地之苏州班。②沿黄浦江上游往来于闵行、叶榭、松江、金山、平湖、嘉兴、湖州、杭州等地之黄浦班。此外尚有通行内地之航线数十条。""该公司对于今后之计划,拟以增加船舶为主,并拟极力建设各地仓库。闻上海之仓库以及上海苏州两地之船舶修理工场,均已完成。"①这是一家以短期航线和小型轮船为主,旨在控制上海周边地区水运业务的轮船公司。

1944 年英文《中国年鉴》对上述上海内河轮船股份有限公司的成立和运营情况有如下报道:"中日战争爆发后,往返苏浙两省的小汽船活动陷于停顿。由于两省某些地方秩序逐渐恢复正常,大多数由日人经营的华籍船只已开始恢复运输业务。为避免不良的竞争,以上海为中心管理内河航运的实施办法于 1938 年 3 月实行。……同时公布一项规定,凡非新公司所属之一切轮船及小火轮,一律禁止在内河航行。1938 年 7 月,上海内河航运公司成立,资本为 2238000 元。此为中日合办之企业。此项新组织中,华股共 1062000 元,日股共 1176000 元,最后华中开发公司投资 600000 元,估计该公司现有资本在 6000000 元以内。"

关于该公司的运营情况,《中国年鉴》有如下记载:"上海内河航运公司有 90 条以上的航线网,总里程约为 6000 公里。主要航线为苏州河线、黄浦江线、湖州线、杭州线、江北线、南铜线、泰县线、东台线、兴化线、靖江线、南京线、芜湖线以及淮河线。由此可见江苏、浙江、安徽等省平靖地区之一切内河航线,都统一在上海内河航运公司的控制之下。"该公司成立之后的运营成绩如下:"1941 年 10 月至 1942 年 3 月间各线旅客总数为 2170000 人,票费收入为 1500000 元。货运共 900000 吨,运费为 5200000元。与 1941 年 4 月至 9 月间客货运收入的成绩相比,票费增加了 300000元,运费增加了 700000 元。估计从 1940 年 11 月至 1941 年 3 月,上海内河航运公司的净利共为 108000 元,1941 年上半年净利为 211000 元,下半

---

① 国民党特种经济调查处编:《经济汇报》1940 年第 8 号,第 21—30 页。

年利润与上半年相等。股息为 10%。"①

　　成立上海内河轮船股份有限公司的另一个目的,是通过设立类似的轮船公司,有利于从各种渠道把中国的资源集中起来运往日本。如将安徽淮南煤矿公司的煤运往日本就是一例②。

3. 华中运输公司

　　华中运输公司创立于 1942 年 7 月 1 日,资本金 800 万元。该公司是作为"华中铁道、中华轮船、内河轮船运输公司的下层机构"而设立。其主要业务是"至一定的输送地点,搜集货物",是主要为这几家公司筹集货运业务而设立的服务型下级公司。该公司创立以后,即"在华中设立六个支店,一百七十八处的营业所、回漕所、派出所及办理行李所,努力于物资的圆滑输送"。该公司成立后,大力扩充业务,在 1943 年的公司计划中,即准备向华中振兴公司"长期借入约一百三十万元",供其"在各地努力扩充物资的搜集网"之用。该公司的水上工具中,"有木驳船、铁驳船、汽船"等,陆路上有汽车、马车、马匹等。③

4. 华北交通株式会社

　　"华北事变"发生后,华北的交通事业即由满铁负责经营,其后因"业务渐趋兴盛",遂于"民国二十八年四月成立华北交通株式会社。资本金计四亿元,内开发公司二亿三千五百万元,满铁一亿二千万元,华北政务委员会四千五百万元"。"其业务除经营华北境内之铁道公路,内河水运外,伪'蒙疆'地区之铁道亦委托其运营,并担任塘沽新港及连云港之修筑工事。"④华北交通株式会社资本金如此雄厚,其被赋予的任务自然也非比寻常:"大东亚建设,日有进展;中日满之关系,日见紧密。为迎合各种资源之开拓及经济建设之进展,输送机关之必须整备扩充,盖有与日俱增之势。华北交通公司,拟以铁道为动脉,于汽车及内河水运等以综合的经营,期其飞跃式发展,至于塘沽新港之建设,修筑连云港之工事,以及白

---

① 《中国年鉴》(英文本),1944 年版,第 731 页。
② 国民党特种经济调查处编:《经济汇报》1940 年第 11 号,第 32 页。
③ 光林:《日本在华中之国策公司概述》,《中联银行月刊》1943 年第 5 期,第 133 页。
④ 诵唐:《华北开发公司之伟绩》,《中联银行月刊》1944 年第 3 期。

河沿岸六个码头之经营,则皆该公司用为交通事业之根干者也"。也因此,"截止三十一年六月底止,本社投资额百分之五五点五,贷款额百分之七八点九,合计百分之六十九点五,均用于交通事业,额数之巨,远非其他事业之所及。交通事业之重要性,于此可见"。之所以如此,是日本政府认为,"运输事业不但担负治安上、军事上之重要使命,且为复兴华北经济并开发产业之根本事业"①。

5. 华北运输株式会社

"华北事变"发生后,华北境内之运输任务曾一度由国际运输株式会社担任。后为确立运送之单一经营,遂于三十年十月一日成立"华北运输股份有限公司"。该公司"资本金二千万元,实收一千二百万元。计开发公司一百五十万元,华北交通六百万元,国际运输四百万元,福昌华工五十万元"。业务除"经营水陆运输、劳力供应外,并兼营仓库、专业委托、买卖业及资金之融通关系事业"②。

对于华北运输股份有限公司成立后的活动,1944 年的英文《中国年鉴》有如下记载:"在华北运输公司管理之下,下述这些水道将予以发展:在该公司支持下,大清河已经开放通航,同时开辟其他河道及运河交通的工作也在向前推进。华北行政委员会的建设总局还决定改善南北运河及天津与永定河之间的水道工程,工程费共达 7500000 元。内河航运企业中最有势力的天津朝日会社现有船舶 130 只以上,雇用小船 1800 只,总共约有 60000 吨,航行于济运河、北运河、永定河、子牙河及南运河。目前华北内河船舶共约 500000 吨。"③

华北地区各省内河航运,仅河北、山东两省较有舟楫之利,"而敌所欲加以利用以攫取各地物产者,亦厥为冀鲁两省,尤以冀省为最"。1938年 6 月,"敌伪为统制华北内河民船,乃设立所谓'中国内河航运公会'"。1939 年 2 月,"并任日人渡濑二郎为理事长",同时发表公示,宣称将"于

---

① 中联银行调查室:《新民会全体联合协议会席上之报告》,《中联银行月刊》1942 年第4 期。

② 涌唐:《华北开发公司之伟绩》,《中联银行月刊》1944 年第 3 期。

③ 《中国年鉴》(英文),1944 年版,第 738 页。

3月1日起,实施勒令各河航业者加入该会,以便统制"。公示的主要内容是:"华北之水运业,暂由'北支派遣军司令官监督指导',而由日本军特务机关管理"。公告指出,"各船舶应有日本军特务机关之'航行许可证',否则不许航行。日本军之特务机关及内河航运公会职员之检查官,对航行中及停泊中之船舶,得随时检查其是否有'航行许可证'及所搭载之货物"。此外,"日本军队可随时征用各船舶"。①

需要指出,无论是华北地区的华北交通运输会社、华北运输株式会社还是上述江南地区的中华轮船株式会社、上海内河轮船股份有限公司、华中运输公司,都并非孤立存在,而是分属于华北地区的日本国策会社华北开发公司和华中也就是江南地区的日本国策会社华中振兴公司。

日本发动全面侵华战争后,如何保证经济上的持续供给是不能不面对的难题。开发统制中国经济资源和市场由此成为日本政府政策中不能不考虑的重要方面。也因此,成立综合开发中国经济和资源的大型国策会社,成为此期日本政府的重要举措。1938年3月,日本国会第73次会议通过设立华北开发公司(华北振兴株式会社)和华中振兴公司(华中振兴株式会社)的公司法。华北开发公司和华中振兴公司本身并不直接从事具体的经营活动,而是在日本当局的直接策划下,通过投资和融资等形式,对有关的重要事业进行控制。例如,资本金为三亿五千万元的华北开发公司(其中半数由日本政府出资),其开发公司法案中对业务的规定:"该公司对于下列事业为投资或融资,并统合调整其经营:(1)交通运输港湾事业;(2)通信事业;(3)矿业;(4)盐业及其贩卖利用事业。"②而"事业之主干为交通业"。

到1943年10月底,华北开发公司已拥有"子公司29个,组合3个,孙公司11个,合计子孙公司43,组合3个。刻仍本其原定之步骤,发挥国策公司之任务"。③上述介绍的华北地区的华北交通运输会社、华北运输

---

① 中央研究院社会科学研究所主编、郑伯彬等编:《沦陷区经济概览》,交通篇·华北内河交通概况,国民党政府经济部资源委员会1941年油印本,第6213页。
② 诵唐:《华北开发公司之伟绩》,《中联银行月刊》1944年第3期。
③ 思淑、维亚:《华北经济动态》,《中国经济》1944年第5期。

株式会社以及中华轮船株式会社、上海内河轮船股份有限公司、华中运输公司等，就是分属于华北开发公司和华中振兴公司下的子公司。

三、日本侵袭下在华各国航运势力的衰落

日本政府认为，"围绕中国的航权，历来是英国占据优势"，"日中战争的爆发，带来改变这种状况的契机"。[①] 以"七七事变"为契机，到1940年夏，日本的海运业已经"实现了从日本为中心向东洋为中心的飞跃"。[②]

表5-34中1936年和1939年各国在华船舶的数字对比，清楚地展现了"七七事变"后以上海为中心的华中地区各国航运势力的衰落变化。

表5-34 "七七事变"前后各国在华中地区航运
势力统计（1936年、1939年） （单位：千吨）

项目\国别	1936年（昭和十一年）		1939年（昭和十四年）	
	总吨数	指数（%）	总吨数	指数（与1936年比）（%）
美国	129	100	22	17.1
英国	6025	100	2802	46.5
中国	5448	100	11	0.2
德国	148	100	322	217.6
意大利	24	100	253	1054.2
日本	2279	100	1313	57.6

资料来源：《各社の航路を统一，东亚国策航路を确立》，日本《中外商业新报》昭和十五年（1940年）8月9日。

从日本报纸登载的统计数字看，1939年，以上海为中心的华中地区的轮船航运势力中，美英两国的轮船数量有大幅衰减，日本方面有所减少但幅度有限，德意两国有大幅增长，但因绝对数量有限，无关大局。只有

---

① 财团法人日本经营史研究所编：《日本邮船株式会社百年史》，大洋印刷产业株式会社昭和六十三年（1988年）版，第374—375页。

② 《各社の航路を统一，东亚国策航路を确立》，日本《中外商业新报》昭和十五年（1940年）8月9日。

中国,从 544 万余吨一下减少到只有 11000 余吨,仅相当于 1936 年时的 0.2%,"基本处于毁灭的状态"绝非言过其实。此后,以"去年(1939 年)9 月欧洲大战的爆发为转机,英德意等国出现了衰退,可以期待,日本必将得到进一步的发展"。①

事实也确实如日本媒体预言,以近代中国内外贸易中心上海的轮船航运数字进行比较,就确凿地证明了这一点。

1939 年 9 月,欧洲大战爆发后,受到欧洲大战爆发的拖累,英、意、荷、法、丹麦等欧洲各国通过上海往来外洋的轮船数字都有减少,特别是此前的霸主英国,欧洲大战爆发前的 1939 年 8 月,其通过上海往来外洋的轮船数字还有 554516 吨,9 月欧洲大战爆发,到 11 月,英国通过上海往来外洋的轮船数字就只有 296520 吨,锐减了 257996 吨,减少将近一半。其他欧洲各国也都有不同程度的减少。此时,日本政府采取上述多种努力和多种措施大力发展本国轮船航运业的国策就显示了明显作用,欧洲各国减少的航运量,被占领中国沿海内河的日本顺势接收,也因此,就在 1939 年 11 月,日本通过上海往来外洋的轮船数字达到 336366 吨,第一次超过了英国的 296520 吨。再过 1 年,到 1940 年 11 月,通过上海往来外洋的轮船数字日本已经达到 363657 吨,而英国只有 215276 吨,日本已经大幅超过英国近 15 万吨。不仅如此,通过上海往来中国国内各口的轮船数字日本已达到 153934 吨,超过了英国的 150841 吨。也就是说,到 1940 年 11 月,日本已在往来外洋和中国国内各口的轮船航运吨位数中实现了全面超越英国,改变了"围绕中国的航权,历来是英国占据优势"的局面。到 1941 年 3 月时,这种差距进一步扩大,特别是在往来外洋方面,日本的轮船吨位数已经达到 480672 吨,远超英国的 82814 吨,超过英国 4.8 倍。②

上述数字展示的上海港进出外洋和中国国内各口的统计数字,清楚

---

① 《各社の航路を统一、东亚国策航路を确立》,日本《中外商业新报》昭和十五年(1940 年)8 月 9 日。

② 中国经济统计研究所:《经济统计月志》1939 年第 12 期、1940 年第 12 期、1941 年第 4 期。

地表明 1941 年 12 月 8 日太平洋战争爆发前,日本在中国的航运势力已经超越和取代了此前的霸主英国,一跃成为在中国的第一位霸主。

这种新霸主局面的形成,无疑需要多种因素的综合作用相配合才能形成。事实也确实如此,除了以上所举之外,日本政府的其他各种手段和配合措施也所在多有。这些配合措施中,最主要且对日本确立霸主地位作用最大的措施,是日本利用战争和安全的理由对其他国家的轮船航运势力持续进行封锁、限制和打压的各种举措。

中日战争爆发之后,中国的轮船航运业遭到沉重打击,实力大幅消减和后撤。为免遭日方打击和保存实力,部分中国船舶转向外国注册,改换国籍悬挂外旗。这种情况也给各国在华航运势力带来了难得的扩张机会。这些外国航运公司或者承租或者购买中国轮船,以致战争爆发之后的第二年即 1938 年,"行驶南北洋线及长江下游之轮船,全系外商轮船公司之外轮"。除以前实力最强的"英商怡和及太古等公司外,其余礼和、鲁麟、华美、中意、正德、远东、美利等所有轮船,均系以前之华商轮船,或由外商承租,或由外商收买"。这些外商轮船公司,不仅"行驶南北洋线及长江下游",且"以前不准外轮行驶之线,今则全为外轮所操纵"。这些外轮公司利用战争的非常时期,提高货物的运费和客票价格,其幅度"为历来所罕见"。在此过程中,日商日清轮船公司同样"强占商轮,改名航行"。江浙内河方面,已"为日商内河轮船公司所垄断"。①

但是,把东亚海域看成"内海""近海",把东亚航海业视为保证"大东亚战争"胜利基础的日本政府,岂能容忍其他国家的外商轮船公司趁此时机在华扩张? 此时日本政府以"有外国船输入武器弹药",而武器弹药的输入"能够从精神和物质上助长中国方面的抗日气势"为由,在 1937 年 8 月 25 日发布了交通封锁令,要求在被封锁地区出现的外国船要将"七七事变"前的船名、船长的姓名、吨数和资本数等通报日方。② 1937 年 9 月,日本政府进一步发布命令,对怀疑转换国籍有问题的船舶扣留执

---

① 《国内要闻》,《银行周报》1938 年第 37 期。
② 《支那事变关系执务报告》上卷,第 2 册,第 730—731 页。文档号レファレンスコード B02130172200。日本外务省外交史料馆藏。

行"临检留证的必要措施"。[1]

因此，以"战事"为理由对航线进行封锁，限制和禁止其他国家轮船公司在华航行，就成为日本政府打压其他外轮公司趁机扩张的重要借口和理由。在此过程中，首先遭到禁运的是长江。据《经济统计月志》记载，1938 年年底，上海往来内港之航运，"表面上亦颇发达"，但"扬子江日人迄未允许开放"，因此"各外轮不得已纷向内港发展"[2]。

日方封闭长江航运，自然遭到其他各国的反对，但是，"虽经英、美、法各国当局向日方数度提出交涉"，日方的答复却是"拒绝开放"。英美各国轮船公司无奈，只得在向日方要求恢复扬子江航运的交涉中，退而求其次，请求"暂以南京为终点"，但也因"谈判未有端倪，已告停顿"。实际上，日本封锁长江航运，目的十分清楚，就是要把航运权控制在手。这一点，"大陆报"的报道就很清楚：当其他外商航运公司"被禁于扬子江航运"时，结果却是"日商现时在亚洲之大半重要水道中，得享无与为抗之垄断矣"[3]。

另一条史料也把日方控制长江打压其他国家航运势力的情况说得很清楚："长江商务航务，全为日本人垄断，且汉口外侨因此无从趁船瓜代，屡次抗议，日本仍不明对于第三国之义务，至今尚无满意解决之望。近来长江下游，且有日本人企图夺运英船货物之举，设法使中国客家不装英船。其方法多非寻常所有。内河航业为日本人专利，入其掌握，好恶随意，于英国商务大有影响……商务道路既不自由，则进出口货自被限制耳。"[4]

与此同时，以战事为由的日方航运封锁，进一步从长江向沿海一带扩展。

据宁波口海关册记载，1938 年"往来本埠船只，所受军事限制日见严厉，进出水道，时而一部封锁，时而完全禁止通行"。1939 年的情况更见

---

[1]　《中国事变关系国际法律问题》第 1 卷，第 3264 页。文档号レファレンスコード B02030674300。日本外务省外交史料馆藏。

[2]　中国经济统计研究所发行：《经济统计月志》1938 年第 12 期。

[3]　《扬子江开放问题，国内要闻》，《银行周报》1938 年第 46 期。

[4]　《国内要闻》，《银行周报》1939 年第 16 期。

严重："本年宁波地方，迥异寻常，往来航业与进出贸易，无不备遭阻挠……"1940年，则自"7月15日起，日本海军宣布封锁本埠，形势骤变，自是以至年终，海路交通悉告断绝，各项贸易咸遭塞滞"①。

对于1939年5月前日本对沿海内河航运造成的破坏，《经济统计月志》1939年第5期中有一段话叙述得很清楚："自上月日舰炮轰镇海与海门后，上海至海门之航线即已停顿。四月份因日舰往来不绝，浙海形势愈见紧张，除海门附近之灵江已正式封锁外，宁波附近之甬江与温州附近之瓯江，复先后于五日及二十三日禁止船只航行。于是上海与浙省各口岸间之三大交通干线，遂至完全断绝。宁波与温州皆属通商口岸，故本月份往来国内口岸类（轮船）吨数因此所受之打击，不言可知。"

但这仅是上海口岸轮船进出口数量减少的原因之一，"更有一因，即日人籍口检查，扣留第三国籍船只是也"。"查此项事件本年（1939年）一月即曾发生，当时被扣留者为哈发、海达与永贞三轮。唯此次之范围，则已较前扩大，因自四月六日起至二十六日止，各国轮船之被日方扣留者，不下二十一艘之多。各国之国籍分类，除包括葡（萄牙）轮十三艘，希腊轮与那威轮各两艘，匈牙利轮与巴西轮各一艘外，复有英轮与德轮各一艘。闻二十一艘之中至少有十二艘系行驶上海与其他通商口岸间之航线者，故吨数之减少当亦以往来国内口岸类首当其冲。""现在葡商各轮公司，因被扣轮船虽经交涉，迄未由日方放还，已自四月十七日起，全部停航矣。""闻日人排挤第三国籍航运事业之方法，除上言者外，尚有强迫外轮向日当局登记，借口军事行动，阻挠航行与对于沦陷区货物之装运，须经其签发'搬出证'等。"②由此可见，1937年8月和9月日本政府发布的封锁令和对外国船的"临检留证"令，至1939年仍然在实行。

除了扣留轮船外，对其他国家的轮船采取限制运输货物的措施，是日本政府使出的另一种限制其他国家航运势力发展的釜底抽薪办法。

例如，在华北地区，"日本虽确言尊重第三国在华贸易之利益，实则

① 杭州海关译编：《近代浙江通商口岸经济社会概况——浙海关、欧海关、杭州关贸易报告集成》，浙江人民出版社2002年版，第402、403、404页。

② 中国经济统计研究所发行：《经济统计月志》1939年第5期。

唯图增进其自己之利益,而置第三国利益于不顾。最近天津宣布出口商欲输出物品,必须向海关证明已以出口物产价值之外币,售予'联准银行',始能照准。否则任何种物产,均不准出口。数月之前,青岛亦照样实行矣"。采取这种强迫外国轮船商将相当于出口货物价值的外币售予日方控制的"联准银行",一方面可以充实联准银行所发行纸币的价值;另一方面可以限制和减少外商轮船运输中国出口货物,可谓一举两得。因为"日方在其武力占据各区内,垄断中国之产物,彼等之目的唯在:'1. 供应战地日军之需要;2. 供给在华与本国之日本实业所需之原料;3. 余剩之物产可供输往欧美者,其售得之外币,尽入日方统制之银行掌握中'"。当然,日方之所以能够如此做,是"因铁路与水道全受日军统制,不得其准许,任何对象均不能运输"①之故。这也就是日方要把交通权控制在手的重要原因。

运出土货限制如此,对于外轮运入中国的货物,日方同样进行阻挠:"日人禁阻沿海航运,原在杜绝第三国货品之输入"②。"日军封锁华南愈亟,本月初九龙与韶关间之交通曾遭切断,本埠(上海)货品经九龙内运者因此所受打击甚深"③。

在这种种限制和阻挠措施下,轮船航运业的总体演变趋势只能是日益趋减。这一点,从上述中国最主要的进出口商港上海的轮船吨位数变化,就十分明显。1939 年年底,往来外洋与往来国内各口岸轮船的吨位数字都有明显的趋减,其原因,"则系某方统治交通阻挠土货运申之所致。关于此点可引最近消息两则,以显明之:1. 上月底有德轮两艘在浔浦装货准备运申,某方籍口未经得其允许,将货扣留,事后,德轮空船返沪,暂时停航。2. 沪温航线续通续断已非一日,本月初有外轮四艘由沪驶温,复在瓯江口外被某方所阻,虽一再交涉,始终无效。结果,内中三艘原货开回,另一艘系意商经理,则未有消息"。《经济统计月志》在对此情况进行介绍后一针见血地指出日方,"其实统治交通与阻挠土货运申亦

---

① 《国内要闻》,《银行周报》1939 年第 12 期。
② 中国经济统计研究所发行:《经济统计月志》1940 年第 1 期。
③ 中国经济统计研究所发行:《经济统计月志》1941 年第 3 期。

非某方真正目的,其真正目的乃欲垄断航运,垄断商业耳"①。

确实,为实现垄断中国长江和沿海航运及垄断商业的目标,日方在很长时期内一直使出各种方式阻挠和刁难其他国家的轮船公司。《申报》1940年11月3日以"四外轮巨额船货,昨突遭没收"为题报道:"日军当局今日(2日)在法租界外滩鱼市场码头,扣留德、英、意、葡商内河轮四艘,并没收丝与棉货,价值二百万元有奇……轮上所载货物,当夜与今晨,遭日方检查,而卸入日方汽艇。"②此为采取没收其他国家轮船公司的货物,对各外国轮船航运业进行的刁难和打击。此后又成立水上宪兵队和便衣警军,对各国轮船实行监督和侦查骚扰,进一步对各国轮船航运业进行排挤:"自日水上宪兵队对行驶浙闽及江北之外轮严加限制后,各外商轮船遂遭遇更艰苦之厄运。行驶江北之利平、利玛等轮,自被扣留后,因损失巨大而停驶。实际上江北一带运沪之土产,除由日商轮包运外,外轮如欲装运,即有被没收之危险,而由沪运往江北一带之货物,亦由日商轮承运,外轮无插足之可能。而日方近复连日派出便衣警军,分赴各码头,侦查由各地驶沪之外轮,至沪浙航运,目前已濒于绝境,行驶各处之轮只,闲泊沪滨者达十余艘之多。过去日舰封锁浙海口时,外轮行驶虽受阻碍,但小帆船有时尚可行驶。现日舰对此类船只竟加阻止,而以机枪扫射。行驶温州被扣达二月余之德商海福轮,于去年底释放返沪,至今多日,日方依然禁止该轮卸货。其原因为该轮不接受其处罚之规则。但该轮所装载者,均系水果,经二月余之稽延,恐已全部腐烂矣。"③

在日方采取多种手段和措施多管齐下的压迫打击下,其他国家轮船航运势力遭受不断打击和排挤的同时,日方轮船航运业的发展以无可阻挡之势不断增强。"日人本身之航运事业","颇有蓬勃之气象……长江下游航运,自被日方统制后,日清公司上月底起已加派商轮五艘,航行江南线(上海至江阴间各口岸)与江北线(上海至青龙港间各口岸),同时,并已新辟上海至厦航线。他如大连汽船会社之专航北洋班,大阪商船会

---

① 中国经济统计研究所发行:《经济统计月志》1939年第12期。

② 《四外轮巨额船货,昨突遭没收》,《申报》1940年11月3日。

③ 《日轮垄断下之长江航运》,《申报》1941年1月15日。

社之专航南洋班,与上海内河汽船公司之专航江浙两省沦陷区之内河班之办法,近亦进行颇为顺利"。此为 1939 年时的状况,该年"一至四月,日籍船只所增之吨数,已达 46588 吨"。① 此后经过不到一年,1940 年 2 月,"本月份往来外洋类日籍船只已远在英籍者之上"。再过 9 个月,到 1940 年 11 月,往来国内口岸类船只中,日籍船只"已第一次驾乎同类英旗船只吨数之上"。1941 年 4 月,《经济统计月志》在总结日方轮船航运业的发展趋势时指出:"'八一三'之前,日旗吨数在往来外洋类占第二位,在往来国内口岸类占第三位,在欧战之前,往来外洋类日旗吨数不及英旗三分之二,往来国内口岸类,虽升为第二位,仅当英旗二分之一强。今则同时执两类吨数之牛耳矣"。②

在各种打击下,有的外国公司和船只只得将资产售与日本而停止营业。如 1941 年 7 月发生之"航运界重要事件",则为主要经营沿海航运的"英商大沽拖驳公司之船只以二十五万英镑之代价售予日本东亚海运会社。其全部资产包括拖驳船四十六艘,码头、机器厂、大沽产业等"。《经济统计月志》在报道这条消息的同时惊呼:"然则英国将完全放弃华北之航权欤?"而"关于内河之航运,日商内河汽船公司之营业似颇不弱。该公司去年开始建造之货船 74 艘,已将造完成。今复拟添造货船 36 艘及舢板 180 只,闻前后建造之费用将达 686 万日元之多也"③。

在日方轮船航运势力的迅猛发展,特别是日本政府的强力支持下,1941 年 10 月时,日方轮船航运势力已经牢牢控制了中国沿海和内河航运业,在内河航运方面,更是"一般国籍者须经'特准'方能行驶,已成(日本)独占之局"。④

根据海关统计数字,1942 年时中国各通商口岸往来外洋进出口轮船的吨位数中,日本为 9623732 吨,在各国轮船吨位合计数 10582807 吨中,

① 中国经济统计研究所发行:《经济统计月志》1939 年第 5 期。
② 中国经济统计研究所发行:《经济统计月志》1940 年第 3 期、1940 年第 12 期、1941 年第 4 期。
③ 中国经济统计研究所发行:《经济统计月志》1941 年第 8 期。
④ 中国经济统计研究所发行:《经济统计月志》1941 年第 10 期。

独占 90.94%;在中国各通商口岸往来国内进出口轮船总吨位数 5273795 吨中,日本总吨位数为 3757683 吨,占比为 71.25%。在各国往来外洋和往来国内合计轮船总吨位数 15856602 吨中,日本轮船总吨数为 13381415 吨,占比为 84.39%。[①] 已经远远超过了其他国家轮船数字的总和。

表 5-35 是海关统计的 1943 年中国各通商口岸往来外洋和往来国内各港口的商船只数、吨数和货物运输吨数,这些统计数字更加雄辩地证实到 1943 年,日本在中国的轮船航运业中已经牢牢占据了绝对的垄断地位。

表 5-35 1943 年中国各通商口岸进出外洋和
国内轮船数、吨数及货物运输吨数

项目 国别	各通商口岸往来外洋轮船数					各通商口岸往来国内轮船数				
	只数	进出口 轮船 吨数	百分比 (%)	进出口 货物数	百分比 (%)	轮船 只数	进出口 轮船 吨数	百分比 (%)	进出口 货物数	百分比 (%)
中国(非民船)	869	507481	5.98	221256	3.36	1862	735530	21.62	277775	24.03
中国民船	1083	48258	0.57	17593	0.27	2485	62805	1.84	44914	3.88
法国	—	—	—	—	—	27	742	0.02	—	—
德国	6	14456	0.17	14043	0.21	61	103366	3.03	73888	6.39
意大利	1	1172	0.01	—	—	1	1172	0.03	25	0.00
日本	8624	7808869	92.04	6237010	94.81	2879	2279204	67.00	671149	58.07
满洲	94	38316	0.45	7997	0.12	532	213809	6.28	111207	9.62
葡萄牙	28	65632	0.77	80140	1.22	2	4688	0.14	—	—
总计	10705	8484184	100.00	6578039	100.00	7849	3401316	100.00	1178958	100.00

注:1. 本表将原表进口栏和出口栏的数字做了总计处理,百分比栏目为笔者设定,统计数字均为笔者计算。

2. 本表是根据原表中有统计数字的国家所做的统计表,英国、美国、巴拿马、挪威等国此时已无数字,故未显示。

3. "中国(非民船)"一栏的数字完全是轮船的统计数字。"中国民船"一栏中显示的是符合"普通行轮章程进出口"的民船,除此之外的民船不包括在内。

资料来源:中国第二历史档案馆、中国海关总署办公厅合编:《中国旧海关史料(1858—1948)》第 145 册,京华出版社 2001 年版,第 574 页。

根据统计,此前英美等航运强国的轮船数字已经完全消失,法、意、德

---

① 中国第二历史档案馆、中国海关总署办公厅合编:《中国旧海关史料(1858—1948)》第 143 册,京华出版社 2001 年版,第 90 页。

等国的数字微不足道,只有日本的轮船航运数字高居榜首。1943 年,日本在中国往来外洋轮船的吨位数百分比中占据 92.04%,在进出外洋的货物运输数中占据 94.81%;在往来国内各口的轮船数中占据 67%,在往来国内各口的货物运输数中占据 58.07%。而且,这还是在没有加上日本势力掌控的伪"满洲国"的轮船统计数上的比例数。因此,无论从哪一个数据和角度看,此时期日本在中国的航运业中都占到了绝对的垄断地位。

第 六 章

伪"满洲国"、伪"蒙疆"和
关内沦陷区的对外经济关系

　　1937 年,日本帝国主义发动全面侵华战争,意图完全占领中国。除了它之前占领的中国东北以外,还扩大侵略,侵占内蒙古、华北、华东、华南大片中国土地。日军在占领区,相继成立了伪"满洲国"、伪"中华民国临时政府"(后改称伪"华北政务委员会")、伪"蒙疆联合自治政府"(后改称伪"蒙疆自治邦政府")和伪"中华民国维新政府"(后被汪伪"中华民国国民政府"替代)等傀儡政权。日本帝国主义确立了"以战养战""以华制华"的"基本国策",通过在占领区利用各傀儡政权进行大规模的经济劫掠,为日本在全球扩张战略服务。日本的这一"基本国策"深刻影响着伪"满洲国"、伪"蒙疆"和关内沦陷区的对外经济关系。

　　这一时期伪"满洲国"、伪"蒙疆"和关内沦陷区的对外经济关系比较复杂,关键有两点:一是辨别真"外"假"外",难度颇大;二是当时日本方面实行"军财抱合"及"以战养战",侵华日军在伪"满洲国"、伪"蒙疆"和关内沦陷区的掠夺有很大部分是通过日资企业进行的,这使得当时国际收支平衡估计表"一般项目"里的进出口贸易、外国在华驻军费等,"资本项目"里的外国在华企业投资及其利润估算难度加大。

第一节　伪"满洲国"的对外贸易、
外债与国际收支

1931 年前,中国东北的对外贸易占全国进出口总额的 37%,是当时中国唯一贸易出超的地区。东北的沦陷,使中国的出口贸易,特别是农产品的出口受到沉重打击。日本帝国主义在中国东北炮制伪"满洲国"傀儡政权,又以伪"满洲国"为"根据地",扩大侵略战争。日本在伪"满洲国"进行土地、矿产、金融和其他经济资源的掠夺,为其侵略战争服务。伪"满洲国"的对外贸易、外债与国际收支,被深深刻上了日本法西斯殖民掠夺经济的烙印。

日本侵占中国东北前后在华北大规模的走私活动,也严重地影响了中国正常的进口贸易。出口方面,自日本帝国主义武装侵占东北后,减少了中国东北的出口货物,同时,这一时期正值西方资本主义各国为摆脱经济危机,纷纷实行输入贸易统制政策,提高进口货税率,限制进口,对农产品限制尤严。而中国出口产品中,恰恰以农产品及其制成品为最大宗,出口量大受影响。

1931 年"九一八事变"后,日本侵略势力夺取了中国东北的全部海关,利用海关作为其在东北实施贸易统制的重要工具。日本侵略势力以伪满政府名义公布《贸易统制法》等,加强了其在中国东北的贸易统制。

伪满时期的对外贸易,直接反映了日本的需要。伪满政府成立后,日本投资激增,东北经济完全被日本控制,出口贸易中日本(包括朝鲜)占最多数。在进口方面,由于大规模经济建设的需要,日本不断对伪满增加投资,因此进口逐年增大。从各海关看,大连、安东、营口占大部分。

伪满政府成立初期(1932—1936 年),对日贸易中因生产及建设物资进口,贸易赤字常达 1 亿元;而日本对伪满的投资,则从 3 亿元增至 5 亿元。因此,虽然贸易入超,实际上由日本流入的资金比入超额多七八千万元。1937—1941 年,伪满产业计划在第一年就因"七七事变"不得不进行修改,变成以军需生产为重点,大力开发重工业和优先进口建设所需的生产物资,贸易逆差严重,国际收支大为不利;1942 年到日本投降,1941 年太平洋战争爆发后,伪满国际收支的收入部分,因日本投资锐减而大为减少;支出部分,由日本的进口虽然已经减少,但日本关东军军费从 1944 年9 月后即不由日本国库支付,而改由当地筹措,亦即由伪满政府承担,因此伪满对日支出竟超过收入 2 亿元乃至 13 亿元。

一、日本在中国东北实行贸易统制

日本在中国东北实行的贸易统制,是与其在中国东北实行的全面经济统制紧密联系的,是多管齐下的。日本帝国主义于 1931 年发动"九一八事变"侵占中国东北后,从 1932 年 6 月强夺大连海关到 1933 年 1 月强行接收绥芬河海关,夺取了中国东北的全部海关。日本利用东北的海关作为其在东北实施贸易统制的重要工具。日本侵略势力又分别于 1933年 7 月、1933 年 10 月、1935 年 11 月 3 次修订东北海关进出口税率,便于其在东北倾销日本商品及掠夺东北的丰富资源。1932 年,日本侵略者指使伪满在山海关长城一带设立"税关",宣布对关内贸易课以进出口税。①伪满将中国关内商品当作外国产品而课以关税,使得中国商品在东北市场被日本商品进一步排挤,也使得伪满的进出口贸易逐步集中于日本。

1932 年 6 月,日本侵略势力公布《满洲中央银行法》,在掠夺中国东北金融机构基础上建立伪满"中央银行",使之成为统一伪满币制、统制伪满金融的职能机构。日本侵略势力公布《货币法》等,将伪满的货币制度纳入日元体系,使伪"满洲国"在金融和货币制度方面沦为日本的殖民地、附属国。② 日本侵略势力在中国东北的金融统制,也是其在东北贸易

---

① 中国抗日战争史学会、中国人民抗日战争纪念馆编:《抗战时期的经济》,北京出版社1995 年版,第 172 页;东北物资调节委员会研究组编:《东北经济小丛书·贸易》,1948 年印行,第 75—77 页。

② 解学诗:《伪满洲国史新编》,人民出版社 1995 年版,第 148—149 页。

统制的重要组成部分。

1933年3月,日本侵略势力以伪满政府名义制定了《满洲国经济建设纲要》①。该纲要主旨是以经济建设名义对中国东北重要经济部门进行统制,以更多地攫取东北资源。1934年3月,《日满经济统制方策要纲》出笼,力求"将日满经济作为同一组织体,以合理的融合为目标,考虑两国资源状况、既有产业状况和国民经济发展态势,实行适地适应主义"②。《满洲国经济建设纲要》提出,"重要之部门施以国家的统制",对"公共、公益性质的事业",实行"公营或特殊会社经营"。③ 日本人在中国东北为此投入巨额资金建立多个行业的特殊会社和准特殊会社,利用东北资源实行垄断经营。到1936年,已有特殊会社和准特殊会社13家,名义资本达到12819万元。到1937年"七七事变"止,伪满特殊会社增至28家,资本总额4.8亿多元。到1943年3月,伪满的工矿、交通部门公司企业实缴资本总额为61亿元,其中特殊会社、准特殊会社的实缴资本占59%强。这充分显示特殊会社、准特殊会社在伪满经济中的垄断地位。④日本侵略势力大力组建特殊会社、准特殊会社,统制和掠夺采矿和冶炼业、轻重工业等,以产业升级代替初级产品出口,其目的是加强在中国东北的经济统制和经济掠夺。

在日本帝国主义发动全面侵华战争的前一年,1936年8月日本侵略势力以伪满政府名义公布《贸易紧急统制法》,中国东北开始进入统制贸易,大规模输入日本生产性资本。1936年12月,伪满政府实施"保税输送"制度,设置保税仓库、保税货场、保税工场等,东北贸易体制遂有急剧的变革。1937年12月,日本侵略势力以伪满政府名义公布《贸易统制法》,规定"禁止、限制输出入及增加或减免关税等重要事项",以适应全

---

① 中央档案馆等编:《日本帝国主义侵华档案资料选编·东北经济掠夺》,中华书局1991年版,第3页。

② 中央档案馆等编:《日本帝国主义侵华档案资料选编·东北经济掠夺》,中华书局1991年版,第36—37页。

③ 解学诗:《伪满洲国史新编》,人民出版社1995年版,第311—312页。

④ 章伯锋、庄建平主编:《抗日战争》第六卷,四川大学出版社1997年版,第83—85页;解学诗:《伪满洲国史新编》,人民出版社1995年版,第312—313页。

面侵华战争需要,加强在中国东北的贸易统制,以期"保护日本利益,补助日本经济"。① 1938 年 2 月,伪满政府公布《国家总动员法》,公布了经过多次修订的《汇总管理法令》等,贸易统制进一步加强。

1939 年,第二次世界大战爆发后,伪满在国际市场上的进口受到沉重打击,只能从日本势力范围内获取极少的重要物资。为了应付这种情势,日本、伪满与关内沦陷区展开物资流通。1940 年 9 月公布《加强一元贸易统制之实施要纲》,设置贸易汇兑委员会和临时贸易汇兑局。1940 年 10 月,日本人主导制定《日满华经济建设要纲》,要求"改组和加强日满华经济","扩大组成东亚共荣圈",希望中国与日本加强协作,"开发资源,复兴经济,特别要谋求交通的发达,物资交易的通畅,重要产业和资源的开发",中国东北要重点发展矿业、电气事业、重工业及化学工业。② 1941 年,在《日满华经济建设要纲》的基础上,伪满政府制定了一个《日满华经济建设联系要纲》,确定了在经济圈内伪"满洲国"应负担的责任和所起的作用。《日满华经济建设要纲》确定了第二次五年计划的方针。

太平洋战争爆发后,伪满原定的经济建设计划全盘变动,日本占领各地区均中止仰赖日本,转为对日出口。伪满对日、德、意的互惠贸易难以为继。伪满不得不放弃外援,致力于调整日本、伪满、关内之间的贸易政策。1942 年 1 月,设立伪满贸易联合会。③

太平洋战争爆发以后,日本将战争物资供应问题提上日程,资源贫乏愈显沉重。1941 年 12 月 22 日,伪满"国务院"总务厅为此抛出了《战时紧急经济方策要纲》④。《战时紧急经济方策要纲》强调伪"满洲国"竭尽全力支持日本,应对"大东亚战争"爆发而出现的"紧急事态",为此必须

---

① 东北物资调节委员会研究组编:《东北经济小丛书·贸易》,1948 年印行,第 86—87 页。

② 中国抗日战争史学会、中国人民抗日战争纪念馆编:《日本对华北经济的掠夺和统制》,北京出版社 1995 年版,第 27—30 页。

③ 关于伪满与旧关东州贸易统制的一体化,初期在伪满方面设立"满洲生活必需品输入联盟"及各种公会,在旧关东州方面设立"关东州贸易实业组合联合会",分别实施消费物资的贸易统制。

④ 陈本善:《日本侵略中国东北史》,吉林大学出版社 1989 年版,第 590 页。

进一步"整备并强化"伪满经济的"战时体制";"发挥"伪满"自给资源"的作用;"加强"伪满同"大陆各地区"(即朝鲜和中国华北、华中、华南沦陷区)的"经济联系";提出"在军需资源方面,要限制国内消费并加强增产,特别是在钢铁、煤炭、燃料、金属、农产品等物资方面,要竭尽全力增大对日的贡献";同时考虑到伪满"国防的特殊地位",必须"以及时满足日本战时紧急需要作为各项经济政策的唯一目标,以迅速征服战时的紧张局势"。随着战争的扩大和战线的拉长,日本陷入不能自拔的物资困境,更加重视在中国东北的贸易统制和经济掠夺。在掠夺东北金属方面曾经在东北全境开展"金属献纳"运动。1942 年 4 月 8 日,伪满政府制定《捐献金属处理要纲》,又于 1943 年 4 月 8 日制定了《金属献纳强调要纲》,下令进一步回收金属,以支援"大东亚圣战"。1943 年,伪北安省为支持日本的"圣战",把德都钟灵寺 187 尊铜像尽数献纳,还隆重举行盛大的献纳仪式。日伪"回收"金属之风竟然达到恣意破坏重要历史文物的严重程度。日本侵略势力制定的《战时紧急经济方案要纲》这一经济掠夺纲领一直推行到日军无条件投降为止。①

二、伪"满洲国"的进出口贸易

(一)"九一八事变"前东北对外贸易概况

18 世纪末叶,沙俄势力进入黑龙江流域,当时贸易量很小。19 世纪 50 年代中俄《瑷珲条约》、中英《天津条约》等签订后,东北与俄、英、日、德等国贸易才初具规模,达 500 万海关两。中日甲午战争后,东北因资源丰富,成为列强所需原料的供给地,俄、日、英、美、德等列强与东北的贸易较多,其中沙俄、日本成为侵占东北的急先锋。俄国因"干涉还辽"取得清政府信任,强占旅大为租借地,并开放为自由港,积极铺设中东铁路,同时取得了铁路附属地的使用权、矿山开采权、森林砍伐权、电信电话建设

---

① 张宪文、张玉法主编:《中华民国专题史》第 12 卷,南京大学出版社 2015 年版,第 134—135 页。

经营权等特殊权利。东北的贸易商品主要为:出口大豆、豆饼、种子、面粉等农产品及半成品,入口麻袋、棉织品、水产品、砂糖、煤油、焦炭、钢铁等工业品。日本则迫切希望获取东北豆饼,极力扩张势力。豆饼在东北经济中的地位也迅速提高,营口的油坊工业日益发达,机器油坊也陆续出现。东北经济市场与外国的关系,日益紧密,营口贸易额在1897年达到900万两,1904年竟达到1700万两。日俄战争后,安东、大连、大东沟、满洲里、绥芬河、瑷珲、三姓、哈尔滨、珲春、龙井村等地,也相继开放。日本占据大连后,锐意经营,港口吞吐和铁路运输能力大大增强,"九一八事变"前,日本对东北贸易总额已经达到27000万两,占东北全部贸易的35%。① "九一八事变"后,日本将东北据为己有;苏联被迫出卖中东铁路,它在东北的势力被局限于哈尔滨以北;英、美等国因为不承认伪满政府,贸易也锐减。如表6-1所示,这一时期,东北贸易在1929年达到最高潮,总贸易为7.45亿海关两。与关内贸易相比,东北贸易增长速度较快;而且与关内基本处于入超的状态不同,连年出超。在"九一八事变"前的五年间,东北平均每年输出额为6.6亿元,输入额为4.35亿元,出超2.25亿元。

表 6-1　伪满贸易统计(1921—1931 年)　　(单位:千海关两)

项目 年份	出口			进口				总贸易额
	对外国	对关内	计	外国品		中国品(由关内)	计	
				由国外	由关内			
1921	—	—	234407	—	—	—	218187	452594
1922	—	—	267659	—	—	—	188452	456111
1923	—	—	287032	—	—	—	200911	487943
1924	—	—	262413	—	—	—	193574	455987
1925	—	—	306390	—	—	—	238156	544546
1926	—	—	363314	—	—	—	270507	633821

---

① 东北物资调节委员会研究组编:《东北经济小丛书·贸易》,1948 年印行,第 12—13 页。

续表

项目 \ 年份	出口			进口				总贸易额
	对外国	对关内	计	外国品		中国品（由关内）	计	
				由国外	由关内			
1927	294129	107153	401282*	179554	18103	64678	262336	663619
1928	323170	105429	428639	213767	16648	64421	294837	723476
1929	332508	90365	422873	230061	17027	75313	322402	745275
1930	292125	97864	389989	206804	17216	72628	296649	686638
1931	326087	147781	473868	152652	9162	57133	218948	692816

注：* 原表数据为401283，此处为订正数据。

资料来源：据东北物资调节委员会研究组编：《东北经济小丛书·贸易》，1948年印行，第15、17页相关表格绘制。

从东北各海关统计看，辽南的大连、营口、安东三口最多，几乎占总贸易额的90%；松北的哈尔滨、瑷珲两口约占10%；吉东的龙井村、珲春两口则微不足道。大连是东北最大的国际商港，贸易额约占总额的60%左右，且有出超的趋势。除了日本将之作为经济侵略的重要据点而大力经营外，主要还因为大连制油工业非常发达。营口的对外贸易在民国初年尚占据东北第一位，但因大连的繁荣而受到抑制。直到1928年"东北易帜"以后，因为铁路运费和税收减少的关系，才暂时呈现好转的趋势。

（二）伪满初期的贸易状况（1932—1936年）

"九一八事变"后，日本在东北倡导"日满一体经济圈"。伪满政府成立时，设立了关东军特务部。这是一个庞大的组织，它网罗了国民经济各方面的专家，专门研究和拟定侵略满洲的经济计划。1933年3月，以伪满政府名义制定的《满洲国经济建设纲要》，就是由该部制订的经济侵略计划。① 该纲要主旨是振兴实业，对重要经济部门进行统制，并制定了具体的经济建设方针。1934年3月，《日满经济统制方策要纲》出笼，力求

---

① 中央档案馆等编：《日本帝国主义侵华档案资料选编·东北经济掠夺》，中华书局1991年版，第3页。

表6-2 伪满贸易统计（1932—1936年）

（单位：千元）

项目 年份	出口额		进口额		总贸易额		净进口额	
	出口额	纯出口额	进口额	纯进口额	总贸易额	纯贸易额	净进口额	纯净进口额
"九一八事变"前五年平均	660403	638527	435302	413518	1095705	1052045	225101	225009
1932	618156	599761	337672	319277	955828	919038	280484	280484
1933	448477	423790	515832	491144	964309	914934	-6735	-67354
1934	448426	419956	593562	565091	1041988	985047	-145136	-145135
1935	421077	391545	604149	574616	1025226	966161	-183072	-183071
1936	602758	528616	691830	617687	1294588	1146303	-89072	-89071

注："出口额""进口额"中均包括过境商品，主要为以大连为卸货场所而转口国外的贸易，这些商品应列入"转口贸易"项目，如减去转口贸易的数额，即为"纯进口额""纯出口额"。

资料来源：据东北物资调节委员会研究组编《东北经济小丛书·贸易》，1948年印行，第31、32页相关表格绘制。

"将日满经济作为同一组织体,以合理的融合为目标,考虑两国资源状况、既有产业状况和国民经济发展态势,实行适地适应主义"[1]。

中国东北地区的自然资源十分丰富。根据 1936 年伪"满洲国""国务院"的资源调查报告,中国东北地区可耕地面积为 4000 万顷(40 亿亩),其中已耕地 2500 万顷。森林面积为 1.7 亿公顷。当时东北年产大豆 250 万吨,小麦 200 万吨,稻子 70 万吨,小米 100 万吨,高粱 800 万吨,玉米 500 万吨,杂粮豆类(大豆除外)60 万吨,棉花 30 万吨,烟草 16 万吨。存栏牲畜包括马 400 万匹,牛 300 万头,羊 3000 万头,猪 4000 万头。中国东北地区煤炭储量约为 30 亿吨,铁储量约 40 亿吨。其他矿物有黄金、菱镁矿、铝矾土、油页岩、金刚石等。林业、渔业资源也非常丰富。

伪满时期的对外贸易,直接反映了日本的需要。在关税方面,伪满政府发表"关税独立宣言",于 1932 年 9 月声明将中国视为外国,并先后于 1933 年 7 月和 1934 年 11 月两次修改税则。在出口方面,伪满初期正值"大萧条",世界经济衰退,东北天灾频仍,农业生产急剧下降,因此出口呈现萎缩状态。其后因为社会秩序逐渐恢复,经济状况有所好转,自 1936 年,出口才又增加(见表 6-2)。在进口方面,由于大规模经济建设的需要,日本不断对伪满增加投资,因此进口逐年增大。从各海关看,大连、安东、营口占大部分,其中大连港在 1933 年竟占总额 75%强,1936 年占 75%弱,辽南三口合计占 90%以上。从贸易对象看,"九一八事变"之前,东北出口贸易中,日本居首位;伪满政府成立后,日本投资激增,东北经济完全被日本控制,出口贸易中日本(包括朝鲜)占最多数。1932 年对日出口为 2.35 亿元,占全国贸易额的 38%;1936 年为 2.85 亿元,占 47%。[2] 从贸易种类看,这一时期东北出口产品仍以大豆及大豆制品、其他农产物、煤、原铁为主(见表 6-3),进口则多为棉纺、面粉、烟草、砂糖等(见表 6-4),其他化学工业药品等生产所需物资,较前也有增加。

---

[1]　中央档案馆等编:《日本帝国主义侵华档案资料选编·东北经济掠夺》,中华书局 1991 年版,第 36—37 页。

[2]　东北物资调节委员会研究组编:《东北经济小丛书·贸易》,1948 年印行,第 32—37 页。

表 6-3　伪满出口商品(1932—1945 年 1 月)　　　(单位:千吨)

商品 年份	大豆	粮谷	油类	花生	豆饼	煤	铁及 铁矿石
1932	2478	670	128	42	1410	3780	365
1933	2302	392	82	55	1067	4546	488
1934	2424	565	98	94	1222	4263	437
1935	2371	208	88	5	1015	3977	428
1936	1898	462	84	7	841	3720	306
1937	1945	367	94	102	808	3004	642
1938	2164	599	73	82	869	—	984
1939	1711	703	95	28	1220	—	580
1940	602	188	26	26	495	3312	547
1941	683	365	20	8	448	2635	953
1942	685	316	12	12	541	1602	979
1943	686	361	11	3	456	2383	829
1944— 1945 年 1 月	828	699	13	—	505	35	372

资料来源:孔经纬:《东北经济史》,四川人民出版社 1986 年版,第 390、490 页。

表 6-4　伪满进口商品占进口总额的比重(1936 年)　　　(单位:%)

种类	百分比	种类	百分比
棉织品	12.6	烟草	1.5
毛织品	2.6	砂糖	4.3
麻袋	2.0	化学药品	2.2
棉线	1.1	铁与钢	5.7
棉花	2.7	机械及工具	5.6
小麦粉	3.9	车辆类	5.7

资料来源:孔经纬:《东北经济史》,四川人民出版社 1986 年版,第 392 页。

（三）全面抗战时期伪满的对外贸易(1937—1945 年)

1937 年 5 月,伪满政府颁布《重要产业统制法》,对 21 种重要产业进行严格管控。1937 年 6 月,伪满政府开始实行第一次产业开发五年计划,

表 6—5　伪满贸易统计（1937—1939 年）

（单位：千元）

年份　项目	出口额		进口额		总贸易额		净进口额	
	出口额	纯出口额	进口额	纯进口额	总贸易额	纯贸易额	净进口额	纯净进口额
1937	645294	562548	887400	804662	1532694	1367210	-242106	-242114
1938	724009	665808	1273878	1215102	1997887	1880910	-549869	-549294
1939	834693	766253	1799143	1747660	2633836	2513913	-964450	-981407

注：因为伪满贸易统计中，系将旧日关东州包括在内；但旧日关东州的输入总额中有一部分又转口关内或其他国家，一部分于该地区内部消费，因此伪满的实际进口额要低于这一数据。

资料来源：据东北物资调节委员会研究组编：《东北经济小丛书·贸易》，1948 年印行，第 47 页相关表格绘制。

致力于东北各种产业的开发,旨在使日本攫取东北的资源。"七七事变"后,为了配合日本战时经济的需要,伪满政府对计划进行修改,规定以军需生产为重点,努力建设重工业,扩充生产能力,所需物资50%由日本进口,生产资料输入为1937—1939年贸易的一大特征。从各海关看,大连贸易额仍占首位。由于日本占领华北,经由山海关的贸易①逐渐复苏,进出口均有增加(见表6-5、表6-6)。

表6-6　伪满进出口贸易统计(1940—1945年)　　(单位:百万元)

年份\项目	进口	出口	总贸易额	净进口额
1940	684	1771	2455	-1087
1941	675	1409	2084	-734
1942	751	1397	2148	-646
1943	915	1402	2317	-487
1944	903	1091	1994	-188
1945年1—2月	103	230	333	-127

资料来源:据东北物资调节委员会研究组编:《东北经济小丛书·贸易》,1948年印行,第60页第38表绘制。

1937—1939年,伪满贸易的主要特点有:第一,伪满为推动大规模建设,在贸易统制政策下将生产器材与生活必需品进口并重,减免进口关税;对非急需和奢侈品则限制进口。第二,对关内的贸易,因为此前伪满与国民党政府均设置重税而一度萎缩,现在则有逐渐增加的趋势。第三,伪满第一次产业开发计划虽然仰赖日本生产器材,但也尽量从德国、意大利进口;由于德国、意大利都需要大豆,因此在日本的斡旋下,1936年4月签订了《满、德贸易协定》,该协定主要内容为伪满对德出口1亿元大豆,德国向伪满出口2500万元重工业器材,此后又进行追加。1937年秋,德国奥特沃尔财团与伪满中央银行签订"国际信用借款",限伪满向德国进口重工业制品。伪满与意大利之间也签订了《满、日、意贸易协

---

① 这里含有假"外贸",即关内与关外的贸易。

定》。从贸易商品看,大豆和豆油、豆饼出口,在 1937—1939 年还在不断增加。1939 年大豆及豆制品出口量为 300 万吨,价值 3.5 亿元。从 1940年起,大豆、豆油、豆饼的出口锐减,主要是受到"第二次世界大战爆发之后欧洲市场受影响所致"(见表 6-7)。[1]

表 6-7　伪满主要进出口商品对日本贸易依存度(1933—1939 年)

(单位:%)

项目　　年份	出口种类					进口种类			
	大豆(包括黄豆以外的种类)	大豆三品	大豆以外的主要农产品	动物性纺织品及毛皮	生产品	纺织品	食料嗜好品	消费品合计	生产品
1933	24.2	34.2	74.8	70.7	85.3	65.1	62.6	64.1	54.0
1934	24.8	35.6	55.8	61.8	83.5	89.3	53.8	74.0	88.3
1935	33.4	40.5	51.4	67.6	86.2	92.4	62.8	77.6	90.9
1936	33.4	39.7	61.2	58.9	86.6	95.1	60.0	80.5	96.8
1937	34.0	43.7	69.8	55.1	89.7	70.2	70.1	72.7	80.9
1938	34.1	45.6	62.4	70.3	93.4	65.8	88.6	75.4	69.9
1939	46.3	58.9	67.8	70.0	96.0	94.5	85.9	89.8	82.2

资料来源:孔经纬:《东北经济史》,四川人民出版社 1986 年版,第 393 页。

　　这一时期,日本、朝鲜、伪满、华北、华中、华南与南洋若干地区,虽然可以进行物资流通,并采取种种办法,设立特殊交易资金部、交易公司等,但终因日本战局不断失利,制海权被美军掌握,陆路运输也非常有限,伪满经济终于到了不可收拾的地步,贸易额锐减。此期间伪满与各地的贸易,多为协定贸易,根据"物动计划"实行,所有对外贸易,不问品质、数量、价格,一律由伪满政府决定。伪满政府对物价高昂地区的贸易,采取

---

[1]　孔经纬:《东北经济史》,四川人民出版社 1986 年版,第 489 页。

"经济平衡资金制度"①,加以补贴。这一时期,伪满政府制定《战时紧急经济方策要纲》,其目的是增产战时紧急物资,把东北作为原料生产地,通过对它的榨取扩大对日本的援助。

表6-8A、6-8B两个表对照来看,可以大致反映20世纪上半叶中国东北(伪"满洲国")在日本对外贸易的地位变化。1942年,日本由伪满进口占日本进口总额的比重有31%,日本对伪满出口占日本出口总额的比重达到55%;之后这两个占比都有所下降,至1945年,日本由伪满进口占日本进口总额的比重为25%,日本对伪满出口占日本出口总额的比重下降到41%。

表6-8A　　日本所占中国对外贸易国别比重　　　　（单位:%）

地区	年份	进口	出口
东北占全国	1919	64.5	60.4
	1927	55.2	34.9
	1931	56.9	44.9
	1936*	83.0	59.2
全国总计	1919	36.3	30.9
	1927	28.4	22.7
	1931	20.0	27.4
	1936	16.3	14.5

注:* 为1936年东北数字引自伪"满洲国"贸易统计,该数字不包括在"全国总计"栏内。该年东北同日本的贸易数包括中国台湾和朝鲜。

资料来源:摘编自郑友揆:《中国的对外贸易和工业发展》,上海社会科学院出版社1984年版,第60—63页。

---

① "经济平衡资金制度",为伪满在统制经济背景下,为了防止物价昂贵而采取的经济缓冲办法,其目的主要是:平衡对外国交易物资价格与伪满价格的差额,使境内生产商品的成本维持平衡,对重要产业进行补助。这一制度肇端于1937年的铜铁平衡资金办法,这一办法将"日满商事会社"的铜铁统制贩卖所得利润加以保管,用作调整各厂生产成本之需。后来这种办法逐次推广发展,渐及煤、非铁金属、化学药品、水泥、矿石等。1943年,伪满特设"经济平衡资金部"。

表6-8B 日本与伪满的贸易关系(1942—1945年) (单位:千元)

项目\年份	日本对伪满出口	占日本出口总额的比重	日本由伪满进口	占日本进口总额的比重
1942	546202	55	990344	31
1943	400122	48	796795	20
1944	456176	49	632749	23
1945	246658	41	161874	25

资料来源:孔经纬:《东北经济史》,四川人民出版社1986年版,第492页。

三、伪"满洲国"的外债与国际收支

(一) 外债

伪满外债情况,因复杂的政局和战事演变,难以详细说明,而且统计数据相互矛盾。可以从以下三个方面推求大略情形。

首先,从伪满政府的国债情况看。发行"国债"是伪满政府财政收入的重要组成部分,在1938年实施资金统制后应该也是外债的主要部分。据统计,1932年国债收入占财政收入的24.1%,随着境内税和关税收入的增加,国债收入占比大幅减少,1933年仅4.6%,1937年1.8%(见表6-9),此后又迅速增加,1942年占比17.6%,1943年发行公债516.1百万元,占比高达24.4%。这部分统计数据不甚精确,但总趋势应该不会有大的差错。

表6-9 伪满政府发行国债额(1931—1941年) (单位:百万元)

项目\年份	"内国"(境内)债	外国债	总计	国债收入占财政总收入的比重(%)
1931	7.5	20.0	27.5	—
1932	55.1	50.3	105.4	24.1
1933	78.3	50.3	128.6	4.6
1934	80.5	88.3	168.8	—
1935	114.8	116.2	231.0	3.8
1936	154.4	170.1	324.5	—
1937	255.0	207.0	462.0	1.8

续表

项目 年份	"内国"（境内）债	外国债	总计	国债收入占财政总收入的比重(%)
1938	512.7	346.3	859.0	10.1
1939	899.3	417.9	1317.2	13.2
1940	1090.0	636.3	1726.3	5.3
1941	1376.4	851.0	2227.4	15.4

资料来源:孔经纬:《东北经济史》,四川人民出版社1986年版,第444、466、484—485页。

其次,据伪满中央银行档案,1932—1945年伪"满洲国"公债情况如表6-10所示。表中"日币公债"中"余额"数额与表6-9中"外国债"数额相差无多。由表6-10可见,1939年以后,"日币公债"发行大幅增加,而偿还数额很少,于是余额日益增加,至1945年几乎达到10亿元,约占公债总额的25%。

表6-10　伪"满洲国"公债情况(1932—1945年)　　(单位:百万元)

项目 年份	伪币公债			日币公债			总计		
	发行	偿还	余额	发行	偿还	余额	发行	偿还	余额
1932	—	—	—	35.0	0.5	34.5	35.0	0.5	34.5
1933	50.9	—	50.9	—	0.1	34.4	50.9	0.1	85.3
1934	3.6	—	54.5	10.0	0.1	44.3	13.6	0.1	98.8
1935	8.2	—	62.7	60.0	2.1	102.2	68.2	2.1	164.9
1936	30.0	—	92.7	60.0	4.1	158.1	90.0	4.1	250.8
1937	105.5	—	198.2	45.0	6.1	197.0	150.5	6.1	395.2
1938	150.0	—	348.2	50.0	8.9	238.1	200.0	8.9	586.3
1939	106.0	—	454.2	200.0	11.5	426.6	306.0	11.5	880.8
1940	537.5	—	991.7	200.0	2.1	624.5	737.5	2.1	1616.2
1941	230.0	10.0	1211.7	220.0	2.4	842.1	450.0	12.4	2053.8
1942	545.8	0.1	1757.4	114.5	3.4	953.2	660.3	3.5	2710.6
1943	406.0	39.5	2123.9	20.0	4.9	968.3	426.0	44.4	3092.2

续表

项目 年份	伪币公债			日币公债			总计		
	发行	偿还	余额	发行	偿还	余额	发行	偿还	余额
1944	472.0	7.3	2588.6	15.0	8.1	975.2	487.0	15.4	3563.8
1945	380.0	0.4	2968.2	—	32.0	943.2	380.0	32.4	3911.4

资料来源:中央档案馆等编:《日本帝国主义侵华档案资料选编·东北经济掠夺》,中华书局1991年版,第782页。

最后,从日本对伪满投资看,"九一八事变"前,日本对东北的投资,主要以大连旧满铁及其关系会社为中心,渐渐扩展到旧满铁沿线各都市,但一直受到中国政府方面的限制,因此投资额不过18亿元。[1] 日本占领东北后,特别是随着伪满政府的成立,日本建设资金和物资流入大增,特别是实行第一次产业开发五年计划,所需资金和物资更多。伪满政府对日本投资予以各种政策便利,并于1938年颁布《工厂抵押法》《矿业财团抵押法》《社债担保权信托法》等,设立企业财团社债制度,并实施资金统制。日本的金融财团组成债券推销团,对伪满国债予以优遇。1940年,这些投资中有一部分为间接投资,这是伪满政府外债的主要组成部分(见表6-11)。

表6-11 日本对东北的投资(1931—1944年) (单位:百万元)

年份	投资额	年份	投资额
九一八事变以前	1800	1938	525
1932	97	1939	1075
1933	160	1940	1225
1934	252	1941	1424
1935	382	1942	1299
1936	263	1943	989
1937	453	1944	871

资料来源:东北物资调节委员会研究组编:《东北经济小丛书·贸易》,1948年印行,第111页。

---

[1] 东北物资调节委员会研究组编:《东北经济小丛书·贸易》,1948年印行,第110页。

（二）国际收支

伪满政府国际收支的沿革,可以分为三个时期:第一,伪满政府成立初期(1932—1936年),对日贸易中因生产及建设物资进口,贸易赤字常达1亿元;而日本对伪满的投资,则从3亿元增至5亿元。因此,虽然贸易入超,实际上由日本流入的资金比入超额多七八千万元。第二,产业开发五年计划时期(1937—1941年),伪满产业计划在第一年就因"七七事变"不得不进行修改,变成以军需生产为重点,大力开发重工业和优先进口建设所需的生产物资,贸易逆差严重,国际收支大为不利,于是实行统制日元资金办法,并由日本银行设立各种信用贷款。第三,太平洋战争时期(1942年到日本投降),1941年太平洋战争爆发后,伪满国际收支的收入部分,因日本投资锐减而大为减少;支出部分,由日本的进口虽然已经减少,但日本关东军军费从1944年9月后即不由日本国库支付,而改由当地筹措,亦即由伪满政府承担,因此伪满对日支出竟超过收入2亿元乃至13亿元。此外,对于关内各伪政权的收支,虽然从前有结余,但由于贸易情况的转变而变成透支,这主要是因为华北、华中地区物价昂贵,但伪满所需物资却仍需购买(见表6-12)。[①]

表6-12 伪"满洲国"国际收支（1933—1945年） （单位:百万元）

项目 年份	收入			支出			差额
	贸易	贸易外	共计	贸易	贸易外	共计	
1933	448	489	937	515	360	875	62
1934	448	449	897	593	209	802	95
1935	421	622	1043	604	343	947	96
1936	602	759	1361	691	592	1283	78
1937	645	787	1432	887	515	1402	30
1938	725	1278	2003	1274	776	2050	-47

① 东北物资调节委员会研究组编:《东北经济小丛书·贸易》,1948年印行,第107—108页。

续表

项目 年份	收入			支出			差额
	贸易	贸易外	共计	贸易	贸易外	共计	
1939	834	2166	3000	1816	1094	2910	90
1940	689	1239	1928	1975	943	2918	−990
1941	696	1572	2268	1611	1157	2768	−500
1942	768	1418	2186	1694	1324	3018	−832
1943	895	980	1875	1775	1430	3205	−1330
1944	742	720	1462	1183	1811	2994	−1532
1945年 1—2月	103	192	295	230	451	681	−386

注:伪满政府于1935年7月初次发表其前两年(1933年、1934年)的"国际收支调查表"(包括旧关东州),此后每年发表前一年的"国际收支"。

资料来源:东北物资调节委员会研究组编:《东北经济小丛书·贸易》,1948年印行,第108—109页。

伪满国际收支最重要的问题为来自日本资金的运用。从贸易关系而言,伪满方面处于入超;因此依赖贸易外收支出超来弥补。这反映了一方面伪满由日本进口所需建设物资,另一方面日本对伪满投资及其国库款项流入伪满(见表6-13、表6-14)。

表6-13　伪"满洲国"对日本的国际收支(1938—1944年)

(单位:百万元)

项目 年份	收入			支出			差额
	贸易	贸易外	共计	贸易	贸易外	共计	
1938	416	1208	1624	993	652	1645	−21
1939	521	2049	2570	1540	845	2385	185
1940	468	2380	2848	1859	1240	3099	−251
1941	485	3024	3509	1509	1403	2912	597
1942	593	2765	3358	1525	1345	2870	488
1943	693	2781	3474	1511	1510	3021	453
1944	706	2190	2896	1100	2721	3821	−925

资料来源:东北物资调节委员会研究组编:《东北经济小丛书·金融》,1948年印行,第191页。

表6-14　伪"满洲国"历年国际收支比较

（单位：千元）

项目	年份、收支	1938 收受	1938 偿付	1938 差额	1940 收受	1940 偿付	1940 差额	1943 收受	1943 偿付	1943 差额
总额		1624965	1645498	△20533	2848332	3099635	△251303	3474653	3021741	452912
指数（以1938年为基期）		100	100	—	175	138	—	214	184	—
贸易	总计	416825	993413	△576588	468539	1859881	△1391342	693507	1511041	△817534
贸易以外 经常部分	总计	1208140	652085	556055	2379793	1239754	1140039	2781146	1510700	1270446
	利息及分红	393034	344496	48538	895221	889074	6147	2028674	1237935	790739
	劳务收支	8222	151436	—	10880	255479	—	2001	141580	—
	海运收支	24911	66117	—	47356	394088	—	77330	168216	—
	保险收支	43622	5487	—	36739	6071	—	5888	10164	—
	旅行者消费	20939	35159	—	23499	42596	—	5188	19801	—
	政府经费	290633	46729	—	80057	143685	—	90455	213241	—
	其他	1523	19795	—	696690	47209	—	1842461	670906	—
贸易以外 临时部分	合计	815106	307589	507517	1484572	350680	1133892	752472	272765	479707
	投资及其他	726691	92496	—	1448327	168526	—	698510	130552	—
	资金收回	88415	215093	—	25406	152135	—	53962	142213	—
	其他	3184	19774	—	10839	30019	—	6343	14027	—

注：1. 1939年以前是按各种收支原因所调查的数字，1940年以后是以外汇统计为基础所估计的数字。

2. 贸易额中不包含原关东州的数字，所以与贸易统计上的数字不等。

3. 有△符号者为入超。

资料来源：东北财经委员会调查统计处编：《伪满时期东北经济统计（1931—1945）》，1949年版，第11—21页。原书资料来源：伪满经济部《金融情势参考资料》（1943年），东北物资调节委员会编：《东北经济小丛书》（1948年）。

第二节 伪"蒙疆"区对外经济关系

从 1933 年 7 月起,日本侵略势力大力向内蒙古扩张,在内蒙古相继成立了伪"蒙疆政府联合委员会"、伪"蒙古军政府"、伪"蒙古联盟自治政府"、伪"蒙疆联合委员会"、伪"蒙疆联合自治政府"①等傀儡政权。伪"蒙疆"区是指伪"蒙疆"政权控制地区。而 1937 年"七七事变"后日本关东军发动察哈尔战役,相继侵占张家口、大同、归绥等地,伪"蒙疆"地区实际上就一直处于日本统治者的严密统治之下。在伪"蒙疆"政权控制时期,这个地区主要依靠输出原料、并利用输出原料所得的资金输入衣食住等生活资料,对外贸易实际上左右着地域经济。日本侵略势力在伪"蒙疆"政权对外经济关系方面一直占有主导地位。

一、日本在伪"蒙疆"地区实行贸易统制

所谓伪"蒙疆"地域,包括内蒙古、察南、晋北地区。20 世纪上半叶这一片辽阔大地盛产铁矿石、煤炭、粮食、鸦片以及羊、马、牛等牲畜及畜产品。这些都是当时日本国内极其缺乏并且是进行对外扩张战争必不可缺的重要战略物资。日本帝国主义对这些资源垂涎已久。在 1931 年,日本陆军大佐板垣征四郎就曾经详尽地分析了这一地区农、畜、水、林、矿产的资源,认为这些资源是"作为国防资源所必需的",这一地区"是帝国自给自足所绝对必要的地区"。1935 年 7 月,日本关东军参谋部针对内蒙古地区的经济情况,制定经济方面工作的"措施要领",提出要设立"对蒙贸

———————————

① 1940 年汪精卫在南京建立汪伪国民政府之后,日本又指使伪"蒙疆政权"与汪伪政权签订协议,伪"蒙疆"承认汪伪为继承"正统"的新中央政府,汪伪承认伪蒙为高度自治的地方政权,汪伪政权在名义上拥有伪"蒙疆",但实际上没有管辖权。因此本章把伪"蒙疆"政权对外经济关系单独为一节。

易公司收购内蒙古产品","把便宜的日本制造的杂货卖给蒙古人"。日本侵略势力在张家口设立的"蒙疆银行",发行"蒙疆券",以便于在伪"蒙疆"地区实行贸易统制。1938 年 11 月,日本御前会议作出的《调整日华新关系的方针》,1941 年 11 月 30 日,日本政府与汪伪政权签订的《日本国与中华民国间关于基本关系的条约》等,都含有伪"蒙疆"地区资源开发的内容。显而易见,日本帝国主义把内蒙古地区的资源视为"其侵略战争整体资源掠夺的一个重要组成部分",不容他人染指。[1] 日本侵略势力认为:"蒙疆在资金、人力、物力等所有方面,必须依赖日本,否则其经济活动将无法进行。伪"蒙疆"作为广义上的高度国防国家,其意义并不在于经济上如何自立,而在于帮助东亚共荣圈繁荣发展",即日本欲将该地区作为掠夺工业原料及军需物资的基地。日本为了有效地控制该地区的经济命脉和最大限度地获取所需要的战略物资,对重要经济部门实行国家统制。因为伪"蒙疆"作为日满支经济的一环,为了满足日本的战时经济需求以及尽早完成自身特殊的军事和政治建设,必须对经济的运行加以统制。[2]

当时伪"蒙疆"地区的对外贸易主要通过京包线和同蒲线进行,此外汽车、牛马车、骆驼队等也进行对外贸易运输。据 1939 年的统计,前者所占的比重为 93%,后者只占输出入贸易的 7%。通过京包线的贸易主要以张家口为中心,进行沿线各城市与津京之间的贸易,输出粮食、皮毛,输入日常生活用品。铁路以外的商路主要有以下三条:第一条,多伦—承德—赤峰商路,主要输出家畜、蒙盐,输入砂糖、烟草、砖茶、日本酒等。第二条,大同—太原商路,主要是在晋北地区与山西省之间进行。对山西省来说是铁路以外唯一的重要贸易渠道。输出品主要是棉布,输入品是山西产烟草。第三条,以包头和厚和为中心与西北贸易的商路,最初有归绥(厚和)—蒙古国、归绥(厚和)—新疆、包头—宁夏、包头—青海、包头—甘肃五条分道。第一分道和第二分道在 1935 年以后由于苏联对蒙古国控制的加深以及对新疆的不断渗透,已经完全断绝,仅剩以包头为中心的

---

① 张宪文、张玉法主编:《中华民国专题史》第 12 卷,南京大学出版社 2015 年版,第 156—157 页。

② 王龙耿:《伪蒙疆时期经济的殖民地化》,《内蒙古社会科学》1988 年第 2 期。

第三条分道。1937年"七七事变"后,由于治安不良以及西北国统区禁止对外输出,基本处于杜绝状态。但这之前西北贸易在该地区对津京的贸易中占极其重要的地位,即由西北贸易输入的商品皮毛类、鸦片等以包头地区为中继地再输往津京地区,并且从津京地区输入的商品棉布类、砖茶、烟草、火柴、砂糖等的相当大部分(事变前约占40%)通过包头地区再输出到中国西北地区。[①]

日本帝国主义为了有效地控制伪"蒙疆"地区的经济命脉和最大限度地获取其所需要的战略物资,对伪"蒙疆"地区重要经济部门实行严密统制。1937年11月,伪政权"蒙疆联合委员会"成立以后就陆续颁布了《兽毛类输出取缔令》(1937年12月1日)、《皮毛类搬出取缔令》(1938年3月18日)、《铜搬出取缔令》(1938)、《杂谷类搬出取缔令》(1939)等单行法。伪政权"蒙古联合自治政府"成立后,归纳统和上述单行法,并且加上了新的取缔品目,于1939年10月10日颁布并开始实施《贸易统制法》;1939年11月20日颁布了《物资统制法》等,这些法规规定伪政权对认为有必要的"物资之生产、配给、转让处理、使用消费、保有及场所变动等"有权进行"统制"。[②] 按照伪"蒙疆""贸易统制法附则"第一条的规定,当时成为统制对象的贸易品目主要包括:(1)羊毛、羊皮及其他兽皮、兽毛类;(2)金矿、银矿、铁矿、铜矿、煤炭、石油等23种矿物和铜铁及其制成品;(3)油脂原料、药材、麻类及鸦片;(4)毛制绒毯及毛毡;(5)牛、马、羊、骡、驴等牲畜及猪。[③] 日本侵略势力根据这些法规对伪"蒙疆"地区重要物资实行全面统制。

日本侵略势力在《物资统制法》中规定:对于成为统制对象的贸易品在"价格运费、保管费、保险费、租赁费及加工费等"方面由伪政权决定费率;伪政权认为有必要时可以决定"同种或异种事业之事业主,命令设立

---

① 丁晓杰:《论日本在伪蒙疆政权时期实行的贸易统制政策研究》,《史林》2008年第3期。

② 中国抗日战争史学会、中国人民抗日战争纪念馆编:《日本对华北经济的掠夺和统制》,北京出版社1995年版,第847—848页;丁晓杰:《论日本在伪蒙疆政权时期实行的贸易统制政策研究》,《史林》2008年第3期。

③ 王龙耿:《伪蒙疆时期经济的殖民地化》,《内蒙古社会科学》1988年第2期。

以统制该事业为目的的组合"。根据《物资统制法》,日本方面可以通过伪"蒙疆政府"随时指定任何物资为认为有必要"统制"的物资,由伪政权指定价格,并通过伪政权指定的组合进行垄断经营。这实际上是日本为根据其战时需要,随时可能获得伪"蒙疆"地区的战略资源的需求而制定的法律,是当时日本在伪"蒙疆"地区推行经济统制政策的基本核心法规。于是,《物资统制法》颁布后,日本开始逐渐在伪"蒙疆"地区的生产和流通领域推行经济统制政策,即对生产领域的矿产、交通、鸦片、粮食、畜牧业等部门以及流通领域的对外贸易、物价、金融、配给消费等部门实行强制性的政府监督指导和控制措施。日本侵略势力当时对生产部门的统制程度相对低,统制经济的重点集中在流通领域。①

当时伪"蒙疆"地区的矿产、粮食、畜产品等重要物资都由伪政府或蒙日合资的公司垄断经营,小部分粮食、牲畜、鸦片也必须由伪政府指定的伪商会经营。伪"蒙疆"地区煤铁矿的埋藏量在华北数第一,当时又以大同煤矿和龙烟铁矿在本地区占有重要地位。1937 年"七七事变"后,日军相继占领了伪"蒙疆"地区的大同煤矿和龙烟铁矿。日资"南满洲铁道株式会社"立即接管了大同煤矿,日本人还迫不及待地从侵占多年的抚顺煤矿将各类煤矿管理人员直接拨给大同煤矿进行管理开发。1940 年,日本侵略势力又成立"大同炭矿有限公司经营煤矿"。② 龙烟铁矿在日资"兴中公司"的管理下,一面计划运输以往储存的 6 万吨矿石,一面修理铁路支线。于 1937 年 12 月 20 日,第一次向日本八幡制铁所(日本最大的炼铁厂)运输 600 吨的铁矿石。③ 1939 年,日本侵略势力又成立"龙烟铁矿有限公司"经营铁矿。④ 伪"蒙疆"地区牲畜及畜产品出口由"家畜

① 丁晓杰:《论日本在伪蒙疆政权时期实行的贸易统制政策研究》,《史林》2008 年第3 期。

② 中国抗日战争史学会、中国人民抗日战争纪念馆编:《日本对华北经济的掠夺和统制》,北京出版社 1995 年版,第 1026 页。

③ 赵春水:《日本对伪蒙疆地区龙烟铁矿和大同煤矿的调查与掠夺》,《内蒙古师范大学学报》2009 年第 5 期。

④ 中国抗日战争史学会、中国人民抗日战争纪念馆编:《日本对华北经济的掠夺和统制》,北京出版社 1995 年版,第 1026 页。

输出组合"垄断,1940 年 4 月在察哈尔盟多伦和锡林郭勒盟贝子庙两处设立了家畜交易厂,1941 年 2 月在张家口设立了中央家畜交易厂,强化对牲畜及畜产品交易的控制。而粮食对外输出是采取指定输出业者制。1940 年年初,被指定的输出机关是"察南杂谷联合会""厚和粮货栈公会""巴盟各县粮谷同业会"。此外日系的"三井洋行""三菱公司""兼松洋行""大蒙公司""正华洋行"等也在伪"蒙疆"地区各地设立了粮业组合负责收购粮食。①

汇兑管理是伪"蒙疆政府"实行贸易统制政策中的重要手段之一。日本侵略势力先是在伪"蒙疆"地区成立了"察南银行"。后又于 1938 年把察南银行改组为"蒙疆银行",使之成为伪"蒙疆政府"的中央银行,并和伪"实业银行"②一起垄断了伪"蒙疆"地区的金融业。蒙疆银行成立后,对外汇兑管理由其负责。1938 年,伪"蒙疆联合委员会"公布了《货币取缔令》,开始通过蒙疆银行对重要物资的输出实行汇兑管理、统制。《货币取缔令》的主要内容有:(1)向伪"蒙疆"地域以外输出金或银锭、金或者金之合金以及以金或银为主要材料的物品时,必须经过伪"蒙疆联合委员会"的许可;(2)向伪"蒙疆"地区携带出相当于千元额以上的通货、支票以及期票时,必须经过"蒙疆联合委员会"的许可;(3)向伪"蒙疆"地域以外汇出千元以上汇款时,必须经过伪"蒙疆联合委员会"的许可。汇款许可业务由"蒙疆银行"执行,即防止伪"蒙疆票"与"伪中联票"③的私自兑换,从而控制伪"蒙疆"地区和华北地区的商品交易。1939 年通过《贸易统制法》和《物资统制法》后,伪"蒙疆政府"可以随时指定任何物资为有必要"统制"的物资,由政府指定价格,并由政府所指定的组合进行垄断经营,重要物资贸易的大部分都采用了汇兑集中管理制。1940 年 9 月 1 日,伪"蒙疆政府"以法令的形式公布统制力更强的《汇兑

---

① 丁晓杰:《日本在伪蒙疆政权时期的家畜收购输出统制研究》,《宁夏社会科学》2010 年第 5 期;宝音朝克图:《伪蒙疆政权的物资统制政策——羊毛统制政策的研究》,《内蒙古大学学报》(人文社会科学版)2001 年第 1 期;丁晓杰:《论日本在伪蒙疆政权时期实行的贸易统制政策研究》,《史林》2008 年第 3 期。

② 1938 年 3 月,由日本侵略势力在伪"蒙疆"建立的伪银行。

③ 日本在华北占领区由中国联合储备银行发行的钞票。

管理法》,取代以前的《货币取缔令》;同时设立了临时汇兑贸易局,"处理有关贸易统制汇兑、汇兑资金的管理以及该领域内的调查事务"。从立法和行政两方面对汇兑和贸易实行计划性管理,开始对贸易实行全面的统制汇兑。也就是说,输出入组合在进行物资交易时,必须通过银行汇兑来结算,换言之,作为许可输出的条件之一是物资交易必须通过银行结汇进行。而《蒙疆银行条例》规定,对该区域以外的汇兑和对日本、伪"满洲国"的汇兑全部集中在"蒙疆银行"办理。这样主要物资的输出输入全部处于"蒙疆银行"的监视、控制之下,即实行贸易统制计量化,以便伪"蒙疆政府"随时把握输出输入的交易态势,更有效地继续推行贸易统制。[1]

二、伪"蒙疆"地区成为日本的原料供给市场

1937 年"七七事变"前伪"蒙疆"地区在古代茶马贸易基础上主要进行旅蒙贸易及西北与天津口岸贸易,主要是以包头、张家口为中心,输出家畜、蒙盐、皮毛,输入棉布、砂糖、烟草、砖茶等日常生活用品。1937 年"七七事变"后,日本侵略势力认为:应该由伪"蒙疆"供给的原料品,第一是国防工业、重工业的基本原料,尤其是铁矿石和煤炭。第二是重要的军需资源羊毛。因为当时日本国内仅能基本自给的重工业基本原料煤炭随着需求增大,凭日本国内的供给已不能充分满足经济发展的需求。"九一八事变"后形成的"日满经济圈"虽然一时提供了丰富的铁矿石和煤炭,但随着后来军事国防工业的膨胀以及全面侵华战争的开始,日本的国防资源依然不能摆脱依赖海外市场的状态。因此"蒙疆作为矿产资源及羊毛资源的供给地,在日满支经济圈内占有重要地位"。之后在伪"蒙疆政府"所控制地区的对外贸易中,输出方面以农产品以及畜牧产品占重要地位,输入方面以工业制成品为主,并且在工业制成品中,消费资料与

① 张宪文、张玉法主编:《中华民国专题史》第 12 卷,南京大学出版社 2015 年版,第160—161 页;丁晓杰:《论日本在伪蒙疆政权时期实行的贸易统制政策研究》,《史林》2008 年第3 期。

生产资料并重,生产资料的输入占重要地位。[①]

　　日本侵略势力大肆掠夺伪"蒙疆"地区铁煤资源。日军侵占了大同煤矿以后交由"南满洲铁道株式会社"经营。1938 年,"南满洲铁道株式会社"在大同煤田开发计划中要求大同煤矿在 1942 年能向日本输出1000 万吨煤炭,1947 年能向日本输出 3000 万吨煤炭,以此作为大同煤田的开发目标。为了掠夺煤炭资原,日本除加强对大同煤矿的控制外,还于1940 年修建包头至石拐的运煤铁路,霸占原官商办的石拐煤矿,改名为"大青山煤炭株式会社"。在日本侵占大同煤矿不到 8 年的时间里,总共掠夺 1400 万吨煤炭。伪"蒙疆"出产的铁矿石大部分进塘沽港海运日本。1939 年 7 月,日本侵略势力设立"龙烟铁矿公司"。该公司的开采量在 1939—1941 年 3 年间不断上升,每年开采铁矿石从 60 万吨上升至 100万吨。龙烟铁矿 1941 年共输出铁矿石 51.25 万吨,其中输往日本的占95.55%。龙烟所产铁矿石部分运往石景山制铁所,所产铣铁也全部运往日本。1939—1941 年三年中日本人从伪"蒙疆"地区掠夺煤炭达 415 万余吨,平均每年 138 万余吨。[②]

　　日军侵占包头后,用武力强迫中国皮毛商把库存的畜产品全部交出,把绒毛按一、二、三等及等外品四种分类,以每百斤平均 75 元的不等价(1936 年包头市场绒毛平均价为 125 元),由日本陆军仓库强行收购,各种牛、羊、马皮也用低价收购。1938 年,先后在呼和浩特、包头两地成立伪"通商会",诱迫中国商人用日方配给的棉布纺织品、砖茶等日用百货,冒险去日本未占领地区收购皮毛。同时日本的垄断财阀"三井""三菱""钟纺"等纷纷在内蒙古各地设立分支机构,大量收购皮毛等物资。仅1939—1941 年的三年中,日本从内蒙古直接掠夺绒毛有 1600 万余斤,各

---

　　① 王龙耿:《伪蒙疆时期经济的殖民地化》,《内蒙古社会科学》1988 年第 2 期;丁晓杰:《论日本在伪蒙疆政权时期实行的贸易统制政策研究》,《史林》2008 年第 3 期。
　　② 赵春水:《日本对伪蒙疆地区龙烟铁矿和大同煤矿的调查与掠夺》,《内蒙古师范大学学报》2009 年第 5 期;王龙耿:《伪蒙疆时期经济的殖民地化》,《内蒙古社会科学》1988 年第2 期。

种皮张 497 万余张。①

日本侵略势力于 1940 年 12 月 28 日,制定了《豪利希亚大纲》,规定从 1941 年春起在内蒙古各旗以全民入股的形式创办专门负责蒙旗畜产品的出售和生活用品的购入及配给事宜的豪利希亚。于是,五盟地区全部蒙旗均先后以旗为单位设豪利希亚,有些旗还设了豪利希亚支所,同时各盟设本部,在张家口设总本部,由政府和兴亚院直接进行监督指导,并予以援助。1941 年 2 月,为了使畜产品收购机构更加完备和系统化,在张家口设"兴蒙委员会"实业处管辖的"中央家畜交易厂",制订了《家畜交易厂事业扩充五年计划》,扩充锡、察盟家畜交易厂,并在乌、巴、伊盟也开设了家畜交易厂总厂和支厂。为提高收购效率,日本把收购畜产品与配给生活必需品结合在一起,蒙旗的所有生活用品均由家畜交易厂办理,其中不仅仅包揽旗民的生活用品,而且把内蒙古地区原有的商务机构定为交易厂的隶属机构,对它们进行高度统制。这既能防止他人的交易,又能保证生产者向指定收购者交售羊毛。各旗豪利希亚收购家畜、羊毛等畜产品,再上交给"中央家畜交易厂"。家畜交易厂和豪利希亚的设立为日本垄断该地区羊毛市场提供了各种有利条件。②

日本人为了加强其军事力量,欲将伪"蒙疆"作为绵羊改良的基地,企图通过对原种内蒙古绵羊进行改良,以达到增加产毛量及改善毛质的目的,为日本提供更多更好的军需民用羊毛。为此,1938 年 10 月 8 日,伪"蒙疆联合委员会"制定《蒙疆畜产政策要纲》,提出"蒙疆"的畜产方针:"鉴于蒙疆地区之畜产在国防及产业上的特殊重要性,以马和绵羊为重点力求振兴畜产,以适应军事上的需求并改善民生。为此,决定把通过增加牲畜头数、改良品种作为振兴畜产的主要方向。"当时在伪"蒙疆"地区进行绵羊改良的有伪"蒙疆政府""善邻协会""东亚绵羊协会"以及"东洋拓殖株式会社""钟渊纺织株式会社""大蒙公司""蒙疆畜产公司"等数家日系公司。其中,"东洋拓殖株式会社"制订了《蒙疆绵羊改良增殖实施计

① 王龙耿:《伪蒙疆时期经济的殖民地化》,《内蒙古社会科学》1988 年第 2 期。
② 宝音朝克图:《伪蒙疆政权的物资统制政策——羊毛统制政策的研究》,《内蒙古大学学报(人文社会科学版)》2001 年第 1 期。

划书》。1940年7月,"东洋拓殖株式会社"在德化县新民乡(今乌兰察布市化德县)设立了3000町步的"东洋拓殖株式会社德化牧羊场"。①

日本侵略势力还借助"金融战"的手段确保了其羊毛收购权利。"七七事变"前,中国银行、交通银行等国内一些金融机构在该地区发放收购羊毛的专项贷款高达200万元以上。但日本入侵后立即颁布《紧急通货防卫令》《通货取缔令》等法规,进行币制统一,取缔了在该地区流通的中国银行、交通银行、中央银行等发放的货币,以日元系统的附属——"蒙疆银行券"统一了整个伪"蒙疆"地区货币市场。随后,"蒙疆银行"以"羊毛为担保"发放信贷,促使伪政府指定的羊毛收购业者及时有效地完成收购任务。②

日本入侵初期,由军队收购的羊毛大部分经天津、大阪运往日本东京陆军千住制绒所进行加工。到1938年1月,在呼和浩特组建"满蒙毛织株式会社蒙疆毛织厂"后,部分羊毛直接运到该厂加工军用毛布等纺织品。后来在呼和浩特建"大蒙被服工厂"和"钟纺蒙疆出张所",在张家口设选毛工场等毛纺织厂。日本侵略势力对伪"蒙疆"地区羊毛的生产、收购、加工、价格等整个环节实行强硬的统制政策,使该地区变成其倾销商品、掠夺资源的市场。由于日本依靠配给制度,把羊毛直接向日本输出或向其指定毛制品制造业配给,垄断了羊毛加工环节,使其他羊毛加工业者丧失了获得羊毛资源的机会。其目的在于直接满足其廉价的军用毛制品,而并非高价出售从中谋利,因此人为地造成了羊毛低价现象。这正是日本对该地区羊毛资源采取统制政策的最终侵略目的。③

1940年9月,日本入侵印度支那北部并与德国、意大利签订三国同盟条约后,日美关系更趋紧张。美国加大了限制对日本的战略物资输出力度。日本一方面为夺取南洋的资源准备对美国开战,同时也计划在不依靠

---

① 丁晓杰:《日本东洋拓殖株式会社在伪蒙疆的经营计划及活动述论》,《抗日战争研究》2010年第1期。

② 宝音朝克图:《伪蒙疆政权的物资统制政策——羊毛统制政策的研究》,《内蒙古大学学报(人文社会科学版)》2001年第1期。

③ 宝音朝克图:《伪蒙疆政权的物资统制政策——羊毛统制政策的研究》,《内蒙古大学学报(人文社会科学版)》2001年第1期。

海外市场的前提下,尽量充实提高国防。所以在日元经济圈内获得日本及伪"满洲国"必要的国防资源的意义变得越来越重要。因此"蒙疆作为矿产资源及羊毛资源的供给地,在日满支经济圈内占有重要地位"。除了煤铁矿产及羊毛之外,伪"蒙疆"地区还出口皮张、粮食、药材类、麻类等。农产品及畜牧产品占输出总额的80%以上。进口商品主要有纺织品、调味嗜好品类、机械金属类、木材类、车辆类等。从进口商品结构分析看,制成品占压倒性多数。制成品中占显著部分的是纺织品等消费资料这一事实说明,该地域的产业是以农牧业为主,工业仍欠发达。另外,机械金属等生产资料的输入增加,这说明日本从掠夺该地区的资源的目的出发,加大了"开发力度",所以生产资料的输入增加速度极快,1938年为476.5万元,1939年达3665.6万元,一年内激增6.6倍。伪"蒙疆"地区进出口贸易对象国是日本。①

"七七事变"前伪"蒙疆"地区的对外贸易处于出超,出超额大体在4000万—7000万元。"七七事变"后第二年依然持续呈现出超势态,约400万元。1939年后开始出现入超,入超额达3682.3万元。出现入超的原因一是以该地区为中继地的西北贸易杜绝;二是由于治安的关系本地域内的生产物输出减少。此外还因为输入品价格的提高。"七七事变"后,伪"蒙疆"地区物价上涨,输入品上涨幅度最大。原因一是该地域作为日满经济区的一员受日本、满洲国物价上涨的影响;二是由于事变后运输不畅,输入困难,供给失衡,导致物价上涨。抑制物价上涨的基本对策是必须控制通货膨胀以及解决物资的相对供应不足。但当时在通货及物资两方面伪"蒙疆"不能采取抑制物价腾贵的政策,所以作为抑制物价腾贵的对策只有实行"统制"这一条路。在当时的形势下,日伪政权通过制定法规,实行强制性统制贸易来达到目的。②

---

① 丁晓杰:《论日本在伪蒙疆政权时期实行的贸易统制政策研究》,《史林》2008年第3期;宝音朝克图:《伪蒙疆政权的物资统制政策——羊毛统制政策的研究》,《内蒙古大学学报(人文社会科学版)》2001年第1期。

② 丁晓杰:《论日本在伪蒙疆政权时期实行的贸易统制政策研究》,《史林》2008年第3期;宝音朝克图:《伪蒙疆政权的物资统制政策——羊毛统制政策的研究》,《内蒙古大学学报(人文社会科学版)》2001年第1期。

太平洋战争爆发后,由于军费开支浩繁,日本加紧对占领地的搜刮。指使伪"蒙疆政府"提出"粮食就是子弹、羊毛就是火药、人力就是武力"的"生产协力"三大原则。加大了对伪"蒙疆"经济的掠夺步伐。为满足其侵略战争所需之物力、财力,日本全面调整和加强对伪"蒙疆"地区的物资管理,1941 年 9 月 1 日、1942 年 3 月 5 日,伪政府经济部两次对输出、输入限制品目进行调整。到 1943 年 5 月 21 日,根据经济部第 18 号令,又公布实施了《基于贸易统制法输出入许可规则》,进一步强化了对输出的管理统制,该规则与前法相比,需要许可的输出品目由 16 种增加到 60 种,需许可的输入品目由 60 种减少到 30 种。当时对输入的限制控制得并不十分严厉。如《基于贸易统制法输出入许可规则》中,在强化对输出统制的同时,却对必须经许可的输入品目却由 60 种减少到 30 种。与输出相比,统制逐步放松。①

因此,日本将伪"蒙疆"定位于日本的原料供给市场、日本商品的销售市场,以及在此基础上的资本输出市场。但当时作为商品销售市场及资本输出市场的作用是第二位的,日本的主要目的是欲将伪"蒙疆"地区当作"日本及满洲国原料供给市场"。②

第三节　关内沦陷区的对外经济关系

在 1937 年"七七事变"前,作为日本帝国主义对华侵略急先锋的满铁,对华北、华中进行了大调查,搜集情报,为进行经济统制和掠夺做准备。1935 年 12 月成立的日资兴中公司"负有统制和推行对华经济工作的使命",是当时日本对华北进行经济侵略的先驱机构。"七七事变"后华北、华中、华南大片国土相继被日军占领。日方利用伪政权接管所占领

---

① 丁晓杰:《论日本在伪蒙疆政权时期实行的贸易统制政策研究》,《史林》2008 年第 3 期。

② 王龙耿:《伪蒙疆时期经济的殖民地化》,《内蒙古社会科学》1988 年第 2 期。

城市海关。日本在华占领区各海关"均增加日籍内外勤关员控制一切关务,尤以出口货品为然",这些海关成为日本侵略势力实行贸易统制的重要工具。1935 年法币改革时北平、天津的中资银行在当地兑得巨额白银。国民党政府要求将中央、中国和交通银行存放于平津的白银南运,以确保法币现金准备金的安全。而在日本人胁迫下这些存银被扣留在北平、天津。平津沦陷后中资银行在当地的巨额存银处理问题,是在特殊时期特定环境下中外经济关系的特别问题。围绕这一问题,中、日、英三国经历数年角力,还牵涉法国和美国。太平洋战争爆发后日军进占天津租界,中国存银被日本人攫夺。日本侵略者对关内沦陷区进行了空前规模的经济掠夺。日本在中国关内沦陷区实行的贸易统制,是与其在关内沦陷区实行的全面经济统制紧密联系的,是金融、产业、流通等领域多管齐下的,是在经济掠夺基础上实行统制的,统制的目的是进一步掠夺。

在太平洋战争爆发前,尽管日本人企图排除美国在远东的经济势力,但沦陷区与美国之间的贸易却日益兴旺。同期,沦陷区与欧洲国家之间的贸易有所下降,关内沦陷区与东南亚国家和印度之间的贸易有所上升。太平洋战争后,欧美贸易基本停止,与东南亚的贸易也在衰退,日元集团独占了沦陷区的对外贸易。由于日本的掠夺政策,至 1943 年对日本的出口中二黑(煤、铁)和二白(棉、盐)有所增加。但是杀鸡取卵式掠夺不能持久,"1944 年就大幅度下降,1945 年日本投降前已微不足道"。

一、关内沦陷区的通商口岸及海关问题

(一) 关内沦陷区的通商口岸

1937 年"七七事变"后,日本帝国主义发动了全面侵华战争。中国国民党军队虽然进行了抵抗,但是华北、华中、华南大片国土仍然相继被日军占领。这一大片国土的通商口岸(见表 6-15)也相继被日伪政权控制。

表 6-15 关内沦陷区的通商口岸

通商口岸	日军占领时间	备注
秦皇岛	1937 年 7 月	
天津	1937 年 7 月	
龙口	1938 年 2 月	
烟台	1938 年 2 月	
威海卫	1938 年 3 月	
青岛	1938 年 1 月	
上海	1937 年 11 月	
苏州	1937 年 12 月	封锁
杭州	1937 年 12 月	封锁
镇江	1937 年 12 月	封锁
南京	1937 年 12 月	封锁
芜湖	1937 年 12 月	封锁
九江	1938 年 7 月	封锁
汉口	1938 年 10 月	封锁,1941 年 12 月贸易再开
岳州	1938 年 11 月	封锁
宁波	1941 年 4 月	
厦门	1938 年 5 月	
汕头	1939 年 6 月	封锁,1942 年 9 月贸易再开
广州	1938 年 10 月	
九龙	1941 年 12 月	
江门	1939 年 3 月	封锁,1942 年 5 月贸易再开
三水	1938 年 10 月	封锁
琼州	1939 年 2 月	外贸事实上封锁

资料来源:王建朗、曾景忠编著:《中国近代通史》第 9 卷有关章节,江苏人民出版社 2007 年版;久保亨等:《战时期中国经济发展与社会变容》(日文),庆应义塾大学出版会 2014 年版,第 94、95 页。

(二)英日关于中国海关的非法协定及海关变化

19 世纪中叶以后中国海关即处于英国为首的西方势力控制下,1937 年中国海关总税务司已由英国人梅乐和(F.W.Maze,1871—1959)担任多年。另一方面,日本侵占中国海关的野心由来已久,在侵占中国东北后日本假借伪"满洲国"名义劫夺了东北各关及其税款。① 1937 年日军侵占天津、上海等地后,当地海关仍然受英国人梅乐和为首的总税务司署控制,不过日本人已准备逐步夺取所占之地的海关行政权和关税收入。

1937 年 8 月,日本人对天津海关税务司施加压力,要求将一向由中国"中央银行"存放的天津、秦皇岛两关的税款改存于日本正金银行,只许保留一小部分税款去支付某些国际债务和各种费用,否则日方将"接收"当地海关,由日方"完全管理"。②

日方意图以保全英国对中国海关名义上完整的管理权为诱饵,通过英美等国对国民党政府施加压力,以换取国民党政府的妥协。果然,英国为保全对海关的控制权及债权国及时获得外债,不管日本的要求是否侵略了中国的国家主权、是否干涉了海关行政,在得到日方允诺及时偿还外债、保障英国完整的海关管理权的条件下,积极劝说国民党政府妥协。海关英籍总税务司梅乐和屡次致电关务署,极力说服国民党政府同意日本的三项条件,指出国民党政府如答应日本所提条件,"不但中国政府在华北之主权可资维护,而于中国对内对外之债信,亦复极有裨益"③;威胁中国政府"不应该过高估计美、英、法三国在南京和东京的抗议,应知道这种抗议只能是一般性的。……日本军方大概会得出如下结论,即这种空洞的抗议并不预示要发生战争,因此不必太认真对待。由于现在北方只有津、秦两关标志着南京的主权,应当尽一切努力不使脱离,时间愈长愈好,不要忘记,河北省实际上由日本人控制,因此他们提出的条件并不算太苛"④;他们劝诱说"华北海关得以保存,关政完整得以维持,而海关执行职务,亦得日方辅助,不若曩昔之掣肘……如准职照所定办法继续办理,在六星期以内,所有津、秦一代海关之职务必能完全恢复原态,即长城

---

① 陈诗启:《中国近代海关史》第 38 章,人民出版社 2002 年版。

② 中国近代经济史资料丛刊编辑委员会主编:《一九三八年英日关于中国海关的非法协定》,中华书局 1965 年版,第 3 页。

③ 中国近代经济史资料丛刊编辑委员会主编:《一九三八年英日关于中国海关的非法协定》,中华书局 1965 年版,第 7 页。

④ 中国近代经济史资料丛刊编辑委员会主编:《一九三八年英日关于中国海关的非法协定》,中华书局 1965 年版,第 9 页。

各口分卡,亦可恢复管理"①。梅乐和与英籍天津海关税务司梅维亮为了维护西方国家在华利益,尤其是维护英国对中国海关的控制权,力劝中国国民党政府对日妥协。他们劝诱中国国民党当局,如能设法维持该两关的行政完整,不但中国政府在华北之主权可资维护,而于中国对内对外之债信,亦复极有裨益,希望中国政府接受日方条件。

中国国民党政府拒绝对日妥协,认为这样会损害国家利益。他们希望列强能够对日采取适当措施以保护那些外国债券持有者的利益。中国"财政部"部长孔祥熙请求英国财政部首席顾问李滋罗斯采取适宜步骤,以便使中英两国的共同利益和权利免受日本人高压政策的破坏。中国关务署曾于1937年9月15日致电梅乐和,指出"查日领所提三项办法,碍及国家主权,且自敌方非法封锁中国海岸之后,对于海关巡船任意毁击,现已干涉海关行政。关税收入,关系担保偿还内外债务及赔款,该总税务司责任重大,自应于不妨碍国家主权及关政统一范围之下,力为维护。如遇有某关不能执行职务时,应即将该关宣告封闭,立于附近相当地点,另行设关征税。同时并应预筹由他关代收该关税款办法,以图补救"。但是英国外交部以常务次官奥德写信给中国驻英大使郭泰棋说:"对我们来说,确有一种日渐逼近的真正危险,除非我们接受日本人的条件,把关税交出去并使之成为补充日本军费的资金。"英国驻华使馆代办贺武会见了蒋介石,用尽一切办法来劝说他同意梅维亮有自由行动的权力。日方则越来越强硬,到10月18日,梅乐和要求中国财政部"应即为决定,接受日方条件"。② 梅乐和威逼利诱,迫使孔祥熙表态:"非正式特准该税务司得自由斟酌,将津、秦两关税款存于当地有相当地位殷实可靠之银行,以作最后让步。"梅维亮在获得自由处理津、秦关税之权后,马上于10月22日在天津"正金银行"开立账户,并告知日本驻天津总领事:"自今天起,津、秦两关征收的全部关税,即进口税和进口附加税、出口税和出口附

---

① 中国近代经济史资料丛刊编辑委员会主编:《一九三八年英日关于中国海关的非法协定》,中华书局1965年版,第17页。

② 中国近代经济史资料丛刊编辑委员会主编:《一九三八年英日关于中国海关的非法协定》,中华书局1965年版,第5—25页。

加税、复进口半税和复进口半税附加税将存于该行。"①津、秦两关关税款被强夺,津、秦海关变成执行日本侵略政策的工具。② 到1938年,龙口、烟台、威海卫三关税款也交由"正金银行"保管,中国华北海关的税款保管权被英国拱手送给了日本。

日军占领天津后,以空头允诺的方式胁迫英籍税务司将天津和秦皇岛两海关税款存入日本正金银行,随即食言不肯从该税款中按比例拨付由关税作担保的各种外债份额。对此,英国因无力顾及,不得不隐忍!1938年1月22日,在日本怂恿下伪"华北临时政府"宣布修订中国政府于1934年制定的海关税则,大幅度减免华北与日本及"日元集团"有关的商品进出口税率。其中,棉花、胡麻籽、矿砂等出口免税,其他主要物资出口税率降低幅度平均达40%—50%;小麦、面粉进口免税,砂糖及海产品进口税率减少50%,纺织品、钢铁、机械等进口税率也大幅度降低。③新税率的受惠者是日本。而国民党政府不仅失去了华北各港口的关税收入,还失去了由于华北新税率降低后,原来从上海等地进口的货物改从天津和青岛进口所吸引到北方去的那部分贸易的税收。

日军侵占上海后,日方得寸进尺,要求江海关税款按照津海关前例办理。上海是中国最大的口岸,关税收入最多,是英国在华利益集中的地方,英国人不肯像津海关那样轻易放弃。因此英国就与美、法两国合谋对策,决定由英国外交部指示英驻华和驻日使馆分别在上海和东京同日方谈判,并通过驻华使馆向梅乐和指授机宜。谈判中心逐渐移往东京,谈判内容也由江海关问题扩大到整个沦陷区海关问题。在这样一个关系中国主权的海关问题谈判过程中,英国竟然把中国排除在外。谈判集中在中国海关税款保管、中国债务及赔款的偿付上。英国与日本一再讨价还价,谈了约半年。日本人以空头允诺的方式胁迫英籍税务司将天津和秦皇岛

---

① 中国近代经济史资料丛刊编辑委员会主编:《一九三八年英日关于中国海关的非法协定》,中华书局1965年版,第6、16页。

② 陈诗启:《中国近代海关史》,人民出版社2002年版,第811页。

③ 中国近代经济史资料丛刊编辑委员会主编:《一九三八年英日关于中国海关的非法协定》,中华书局1965年版,第59—191页。

两海关税款存入日本正金银行,随即食言不肯从该税款中按比例拨付由关税作担保的各种外债份额。对此,英国因无力顾及,不得不隐忍。[①]

1938年4月16日,英国驻日大使克莱琪电告英国外交部,日本外务省次官"再一次明确保证,日本政府无意干预海关的行政完整,并像英国政府一样对海关完整极为重视"。1938年5月2日,日本外务相广田宏毅致克莱琪第59/A1号照会及其附件提出:日本在华占领区各海关所征一切关税、附加税及其他捐税,应以税务司名义存入正金银行;日方同意从占领区各海关所征关税款中按比例拨付以关税为担保的各项外债赔款;中国政府停付的对日庚子赔款照付等。克莱琪很快致广田宏毅照会,表示奉命声明:"英国政府不反对实施阁下的照会和附件中所提出的临时措施";"还奉命再一次向阁下指出,我国(英国)政府对于从各方面维持海关的权力和海关的完整,极为关切"。这样,1938年5月3日,在日本进一步逼压之下,日英两国又在东京达成关于中国海关税收及外债本息偿付之谅解,英日两国签订了关于中国海关问题的非法协定。协定规定各关凡在日军所控制之区域以内者,所有税均应存放在横滨正金银行,其中一部分得由总税务司拨充行政经费,其以关税为担保之外债本息与赔款即得尽予以偿付。[②] 英日两国关于中国海关问题非法协定的签订,中国国民党政府"并不表示惊骇,因彼等早知有此结果,只是向英政府提出照会,声明中国不受其约束,并保留对海关之一切权利与行动自由。但中国民众以英竟与日订结协定,表示愤懑!"[③]

日方还怂恿伪政权接管江海关。江海关华员为此曾经成立海关华员护关会,发表《抗日护关宣言》,进行抵制。此后,日本在华占领区各海关"均增加日籍内外勤关员控制一切关务,尤以出口货品为然。无日籍高级职员签准,不得办理结关手续"[④]。

---

①　周祖文:《抗战时期平津存银问题:中日英三方的角力》,《抗日战争研究》2016年第2期。

②　《一九三八年英日关于中国海关的非法协定》,第59—191页;周祖文:《抗战时期平津存银问题:中日英三方的角力》,《抗日战争研究》2016年第2期。

③　陈诗启:《中国近代海关史》,人民出版社2002年版,第821页。

④　陈诗启:《中国近代海关史》,人民出版社2002年版,第822—826页。

1941 年 12 月 8 日,日军偷袭美国海军基地珍珠港,同时进攻太平洋上的美、英属地,太平洋战争爆发。日军也立即开进上海公共租界,海关总税务司梅乐和被俘,日伪势力接管了海关总税务司署。

二、平津中资银行存银被夺问题

北平、天津沦陷后中资银行在当地的存银被夺问题,是在特殊时期特定环境下中外经济关系的特别问题。

1935 年 11 月 3 日,国民党政府宣布实行法币改革,规定由中央银行、中国银行和交通银行 3 家银行发行之银行券为法币,银币禁止流通使用,白银持有者须向国家提出兑换。国民党政府要求以宋哲元为委员长的冀察政务委员会将中央银行、中国银行和交通银行存放于平津的白银南运,以确保法币现金准备金的安全。而日本政府对中国法币改革表示不满。在中国法币改革宣布后 6 天,日本驻北平武官高桥坦即向宋哲元施加压力,禁止中央银行等 3 家银行在华北的存银南运;12 日,关东军独立混成第一旅团长指挥的日军向山海关集结,造成大军压境的高压态势。以宋哲元为首的华北当局在白银南运问题上选择性地对日妥协,顺水推舟,下令禁止白银南运。1936 年 3 月 4 日,天津市长萧振瀛致电国民党政府财政部部长孔祥熙,谓"北方金融特殊","所持以安人心者,全在现洋,就地保管,一旦南运,币信必摇"。① 这些在日本人胁迫下被扣留在北平、天津的中央银行、中国银行、交通银行、河北省银行、金城银行、中孚银行、上海银行和浙江兴业银行存银数共计 5493.27 万元。② 仅留存于天津英法租界的中国银行和交通银行银两总额 4000 余万元,几乎占当时国民党政府除军费以外年度主要财政开支总额的 20%。③ 不仅中方银行的

---

① 周祖文:《抗战时期平津存银问题:中日英三方的角力》,《抗日战争研究》2016 年第 2 期。

② 中国人民银行总行参事室编:《中华民国货币史资料》第 2 辑,上海人民出版社 1991 年版,第 198—200 页。

③ 吴景平:《抗战时期天津租界中国存银问题——以中英交涉为中心》,《历史研究》2012 年第 3 期。

现银被扣留,即便英法银行的现银也被阻无法南运。据法国驻华代办称:北平、天津之中法工商银行有数十万现银,拟运往中央银行调换法币,但被"冀察政务委员会"所阻止,未能南运。①

1937年7月全面抗战爆发后,日本占领平津,即试图攫夺该地区的中方存银,以用于建立和维持华北占领区的金融体系。1938年春伪华北临时政府成立"联合准备银行"后不久,便借口开展外汇业务所需,拟提取中交两行存银。②

1938年5月7日,天津中国银行和交通银行再次急电香港总处:"谓平伪当局已决定移动现银。"总处对此的处置仍是"报部,请英、法大使作相当保护外,亦只得徐观变化"。7月6日,日伪催逼益急。中国国民党政府敦促英、法两国干涉。至7月13日,英、法租界当局开始介入。法租界当局派人将日本人劝走,并在随后不久"派警至行保护"。英大使馆表态对于中国银行"在津英租界一切生命财产均允妥为保护"。7月23日,天津中交两行电总处,称日方觊觎"平津存银",为保护北平存银,"平中法银行已代接管各项库存"。至此,日方以联合准备银行现银之借口而谋攫夺天津英法租界和北平东交民巷存银的努力暂告失败。③

1939年4月9日晚,伪联合准备银行津行经理、伪津海关监督程锡庚于在天津英租界内的大光明戏院被枪杀。英租界方面逮捕了4名嫌疑犯。日本当局要求将此4人移交日方,但英国迟迟不肯移交这4人。6月5日,日方向天津英当局发出最后通牒,称英方若不将暗杀程锡庚的嫌疑犯交出,则日方将采取必要步骤,封锁英租界。6月14日,日本正式封锁天津英租界,造成英租界内正常生活的停顿,天津租界危机正式爆发。时任日本驻英大使的重光葵回忆道:"日军对出入英租界的英国人不分男

---

① 周祖文:《抗战时期平津存银问题:中日英三方的角力》,《抗日战争研究》2016年第2期。

② 吴景平:《抗战时期天津租界中国存银问题——以中英交涉为中心》,《历史研究》2012年第3期。

③ 周祖文:《抗战时期平津存银问题:中日英三方的角力》,《抗日战争研究》2016年第2期。

女都要脱衣检查,致使英国舆论为之哗然。"英国开始考虑对日经济制裁的问题,首相张伯伦在下议院暗示,除非日本解除封锁,否则英国有可能进行经济报复。17 日,英国官方对外宣称,如果天津局势至本周周末仍未改善,则英国可能的应对有三种:(1)取消日本原享之最惠国待遇;(2)废弃 1911 年英日条约;(3)对进口日货一律加征重税。与此同时,英国还向美、法两国求援。但美国在研究局势后,最终得出的结论是:"暂时美国在远东做不成任何实实在在的事。"法国不仅对英国提出的在远东联合展示武力的提议不热衷,反倒特别提醒英国"不要对日本采取任何经济制裁的措施,除非确信这些措施将会是有效的"。英国面对危机,最终采取了对日妥协的基本态度。7 月 22 日,英国驻日大使克莱琪与日方签订协定,具体内容为:"英国政府充分认识正在进行大规模敌对行动的中国的实际局势,并注意到,只要这种事态继续存在,在华日军为了保障其自身安全和维护其控制的地区内的公共秩序,就有其特殊的需要,也就必须采取必要的步骤,以便镇压或消除那种将妨碍他们或有利于他们的敌人的任何活动或动因。因此,英国政府将避免,并使在中国的英国当局也避免有任何将妨碍日本军队达到其上述目的的行动和措施。"英国最终于 1939 年 9 月 5 日将犯罪嫌疑人 4人移交给了天津伪政权。日本军方明确表示,"除非经济问题[1]解决,否则决不解除封锁"。[2]

英、日之间又为天津租界存银问题进行博弈。1939 年 9 月 1 日,德军从三面突袭波兰,欧洲大战全面爆发。英国在应对欧战时,在应对天津租界危机的决策圈里对日妥协派渐占上风。其间,中国国民党政府为保护平津中资银行存银一再对英国进行交涉。关于国民党政府这些对英交涉活动,有学者认为:"在天津存银问题交涉全过程中,蒋介石虽然多次向外交部门发出有关指示,也曾派出专门代表甚至亲自出面向英国大使表明立场,并且是中英最终换文文本的审定者,但总的来看,蒋介石对天

---

[1] 主要是天津租界存银问题。
[2] 博敏:《英国在远东的双重外交与天津租界危机》,《民国档案》2009 年第 3 期。

津租界存银问题重视不够。整体而言,围绕天津租界存银问题的对英交涉,中国外交体制运作明显滞后,缺乏及时性和有效性。"①;也有学者认为:"在中英关于天津租界存银的交涉中,中国政府经历了从由财政部孔祥熙主导到由抗战领袖蒋介石主导的一个变化过程,处置方法也逐渐从早期单纯的财政视角,转向中后期从外交政治全局角度加以考量。"②最终,英国不顾中国的反对,于1940年6月12日与日本正式签订《天津协定》,在天津存银问题上向日本妥协。至此,英日在天津问题上达成一致。日军解除了对天津英租界长达372天的封锁,天津租界危机由此平息。③ 在英日协定达成的当天,法国方面在没有同中方达成谅解的情况下,匆匆与日本达成天津法租界存银的协定,其内容除所提取的救济用款相当于20万镑之外,其余部分与英日协定相同。太平洋战争爆发后日军进占天津租界,攫夺中国存银达5700万余元。④

北平、天津沦陷后中资银行在当地的巨额存银被扣被夺,是在特定环境下中外经济关系的特别问题。围绕这一问题,中、日、英三方经历数年角力,还牵涉法国和美国。有学者认为:在这一问题交涉中"英国表现出只顾及本国利益,不尊重中国的主权和重大利益,对中国抗战持消极立场的本质,使以最高决策者蒋介石为首的国民党政府官员试图依靠英国维护国家利益的幻想破灭。与此相应,在国民党政府战时外交的全局中,国别的倾向性开始发生显著的调整,英国的地位不可避免地下降,美国的重要性上升"⑤;也有学者认为:"在平津存银问题这场中日英三方的角力中,中国虽然在存银上有所损失,但在战略上,中日英三国关系开始步入了中国政府,或者确切地说是蒋介石所设想的轨道。从这个角度来说,平

　　① 吴景平:《抗战时期天津租界中国存银问题——以中英交涉为中心》,《历史研究》2012年第3期。

　　② 周祖文:《抗战时期平津存银问题:中日英三方的角力》,《抗日战争研究》2016年第2期。

　　③ 傅敏:《英国在远东的双重外交与天津租界危机》,《民国档案》2009年第3期。

　　④ 吴景平:《抗战时期天津租界中国存银问题——以中英交涉为中心》,《历史研究》2012年第3期。

　　⑤ 吴景平:《抗战时期天津租界中国存银问题——以中英交涉为中心》,《历史研究》2012年第3期。

津存银问题的源起与流变,对于抗战大局之影响,实不容小觑。"[①]

三、日本在关内沦陷区实行贸易统制

(一) 多管齐下的统制

1937年"七七事变"后,日本帝国主义发动了全面侵华战争。由于蒋介石国民党的不抵抗政策,华北和东南大片国土相继沦陷。这一大片国土战前曾经集中了关内新式工矿生产能力的绝大部分,并有丰富的自然资源。日本侵略者在中国关内各地城乡狂轰滥炸、烧杀奸淫、肆意破坏的同时,对关内沦陷区进行了空前规模的经济掠夺。日本在中国关内沦陷区实行的贸易统制,是与其在关内沦陷区实行的全面经济统制紧密联系的,是金融、产业、流通等领域多管齐下的,是在经济掠夺基础上实行统制,统制的目的是进一步掠夺。

"七七事变"后,日军在中国东部沿海夺城掠地,而国民党军队很快溃退。日军很快占领了在中国东部沿海大片地区,形成关内沦陷区。当时日本侵略势力在关内沦陷区政治方面迅速炮制汉奸政权。华北汉奸政权经历了从伪"中华民国临时政府"到伪"华北政务委员会"、从"中央政权"到地方政权的演变过程。在华中,1938年3月成立了梁伪"中华民国维新政府"。1940年3月,汪伪"国民党政府"成立并"还都"南京。伪"华北政务委员会"名义上是隶属于南京汪伪"国民政府",但实际上拥有"高度自治"。日军在逐个占领了中国东部沿海口岸城市后,如其所述马上夺取当地的海关行政权和关税收入,再控制和利用这些海关,并修订关税税率,为其在关内沦陷区实行贸易统制服务。例如,1938年1月22日,日本侵略势力令伪"临时政府"降低国民党政府原所颁关税税率,实行新税则;5月30日,又令王伪"临时政府"及梁伪"维新政府"联合声明更正税率,改正税则在华中地区同样施行,有利于日本棉布、人造丝及其制成

---

① 周祖文:《抗战时期平津存银问题:中日英三方的角力》,《抗日战争研究》2016年第2期。

品等的进口,又促使中国煤、铁矿石等廉价输往日本。[1]

　　日本侵略势力在掠夺中国原有金融机构的基础上,先后成立伪"中国联合准备银行"、伪"华兴商业银行"、伪"中央储备银行"等金融组织,也是日本人在关内沦陷区实行贸易统制的重要工具。这些伪银行发行"联银券"(亦称"联准券")[2]、"华兴券"[3]、"中储券"[4],日本人利用这些伪币收兑法币到国统区和抗日游击区去套购物资,在沦陷区亦是日本人实行经济统制的"吸血器"。1937年11月起日军还在关内沦陷区强制发行"军用手票"(亦称"军票")用来掠夺沦陷区财源。1939年8月,日本侵略势力为维持华中沦陷区军票价值,并扩大军票流通范围,同时也是为了物资的顺利进口调运与配给,建立了军票交换用物资配给组合(军配组合)。其总部设在上海。其由总务部和棉纱布、毛绒及毛织品、人造丝布、砂糖、肥料、纸张、药品、染料8个专业商品部组成。总务部部长握有军配组合最高指挥权,由日本华中派遣军经理部部长担任,实际掌握经营权的常务干事则按经理部"第七出张所"的命令行事。各专业商品部门的组合会员,都是三井物产、三菱商事等少数日本大商社,因而被称为"大商社中心主义"。各专业商品部设有理事会,下面有经办商,但实际上是由总务部指挥。"军配组合"在华中沦陷区各地设有分店、办事处30余所,职员、组合会员人数除下属机构外有3500人,可见机构之庞大。从日本、朝鲜、中国台湾、伪满、华北等日元集团区域输入上海的重要物资,有一半以上为"军配组合"所控制,由它实施统制配给,并严格实行军票买卖。[5]

　　中国关内沦陷区的城市、矿山各类工矿和商业企业,或被炸毁、烧毁,或落入日军、日本浪人手中,为日本帝国主义全面实施蓄谋已久的统制、

---

　　① 章伯锋、庄建平主编:《抗日战争》第6卷,四川大学出版社1997年版,第744—745页。

　　② 与日元等价,流通于北平、天津、青岛、济南及河南等地日军占领区。

　　③ 与法币等价,流通于华中沦陷区。

　　④ 初与法币等价,流通于南京、上海、江苏、浙江、安徽、江西、湖北、广东等地沦陷区。

　　⑤ 黄美真:《1937—1945:日伪对以上海为中心的华中沦陷区的物资统制》,《抗日战争研究》1999年第1期。

掠夺、"开发"沦陷区的经济资源计划创造了机会。日军对沦陷区工矿企业的掠夺,更加变本加厉。它以"军管理"和"委托经管"的方式,夺取了华北、华中沦陷区内差不多全部的工矿企业。不过在战争初始阶段,如第一章所述,日本帝国主义并没有将原已相当成熟和完善的有关方针、策略、办法,即时全面付诸实施。由于日本帝国主义侵华战争的破坏,特别是由于日军杀鸡取卵的掠夺政策,使关内工矿业生产停顿。

在日军侵占武汉、广州后,抗日战争进入相持阶段。这时日本侵略军由于战线拉长,战争范围扩大,迫切需要在中国建立新的军需工业,以补充其战争消耗。他们提出了"以战养战"政策,对关内沦陷区工矿业的掠夺,由赤裸裸的军事霸占,改为所谓"中日合作"方式经营,以便更好地掠夺中国资源,实现侵华日军军需物资就地供给。在这种情况下,日本侵略者对中国关内工矿业的掠夺政策做了一些调整,把沦陷区工矿业分为"统制事业"与"自由事业"两大类。"统制事业"代表日本军阀的利益,其目的是攫取中国的重要战争资源,包括日本所缺乏的军事资源及与军事直接相关的交通通信事业、公用事业,以及与日本经济发生摩擦的蚕丝、水产事业等,只能由兴中公司、华北开发公司、华中振兴公司等国策会社系统的企业来经营。"自由事业"则是为满足日本工商资产阶级在华投资经营活动所要求的一般工业和商业,包括纺织、面粉、烟草、啤酒等行业,私人可以投资经营,但仍有一些限制。根据日本东亚研究所的调查,1938 年,日本在关内沦陷区的投资比 1936 年增加了 65%,其中企业投资增加了 72%,这些投资主要是在华北。1938 年,日本在关内的投资中,银行业占 18%,进出口业占 14%,纺织业占 22%,其他制造业占 9%,矿业占 7%,航运业占 5%,其中纺织业占的比重最大。[①] 1939 年第二次世界大战爆发后,日本人集中精力掠夺以二白(盐和棉花)、二黑(铁和煤)为代表的重要军事资源。1940 年 10 月,日本内阁通过了《国土计划设定要纲》,提出所谓"适地适产主义",即"日满华三者之间,实行适当分业",规定日本着重发展军事工业、机械工业和轻工业,伪满着重发展矿业、电气工业,

---

① [日]东亚研究所:《日本の对支投资》,1941 年版,第 1045—1046 页及附表。

一部分机械工业和轻工业,华北着重开发矿业和盐业,华中发展部分轻工业。[1] 关内沦陷区工业生产和贸易受到日本帝国主义更加严格的统制。

（二）华北的物资与贸易统制

关内沦陷区又大致分为华北、华中等区域。日本在这些区域的贸易统制具体方式有些差异。

第二次世界大战期间,华北对于日本,既有北攻或防御苏蒙联军的军事一线的重要战略价值;又有着反共防共前沿、直接镇压中国共产党领导的大规模的人民武装抗日游击战争,巩固伪满州国后方,占据中枢吞并全中国进而称霸大东亚的重要政治价值;因此,又是其发动太平洋战争的屯兵、练兵、运兵的重要"兵站基地"。而华北在日本战争全局中的经济地位更是至关重要。[2]

1940 年 10 月,日本人主导制定了《日满华经济建设要纲》,要求中国与日本加强协作,"开发资源,复兴经济,特别要谋求交通的发达,物资交易的通畅,重要产业和资源的开发",华北要重点发展矿业、制盐业、重工业及化学工业,"为建立东亚共荣圈作出贡献"。[3] 从日本在《日满华经济建设要纲》中绘制的"生存圈"内各部位产业设置和经济发展蓝图可知,在日本整部战争经济机器中,如果其本土是核心,主要发展高新兵器工业、军事化工业;那么中国东北沦陷区是为其军事工业提供动力、钢铁和化工制品半成品及粮食饲料的补给地,也是其主要的殖民场所;而华北则纯粹是为其提供煤、铁、铝等原矿石,海盐、棉花、皮革、羊毛、肉类以及大批强制劳工的原材料和人力资源供给地。实施国家垄断资本的绝对统制。即以"满铁"和"华北开发公司"等殖民国策会社为核心,对占领区经

---

① 郑友揆:《中国的对外贸易和工业发展》,上海社会科学院出版社 1984 年版,第147 页。

② 居之芬:《华北沦陷区的经济地位及日本统制掠夺之特点》,《晋阳学刊》1998 年第1 期。

③ 中国抗日战争史学会、中国人民抗日战争纪念馆编:《日本对华北经济的掠夺和统制》,北京出版社 1995 年版,第 27—30 页。

济的基础产业与重要资源产业实施强行霸占和统制经营,实行强制的指令性生产和输出,并对产、供、销、输入、配给实行全面统制。这种统制掠夺以为其侵略战争服务为最高宗旨,因此这种国家垄断资本无不刻上日本军事法西斯主义的罪恶烙印。①

在日军侵占华北的作战中,每到一处即对华北重要国防产业(主要是铁路、公路、港湾、通信、发电、煤矿、铁矿、盐业化工等)一律强行"军管",再委托兴中公司及其他日本专业财团经营,使其迅速恢复生产,以便尽快向日本提供急缺的战略物资。当时煤炭在华北矿业开采及出口贸易中占有重要地位。日本军方把除外资企业(如开滦煤矿等)外的华北各省区的中国公私营煤矿,如井陉、焦作、阳泉、中兴、柳泉等10余座煤矿强行接管并作为"军管理"的绝对"统制"的企业。到1938年年底,兴中公司配合军管,经营了井陉、焦作、阳泉等10个煤矿,使其煤产量达200余万吨,已达事变前生产能力的90%以上。②"华北开发公司"成立后,接管了这些煤矿,迅速完成了对华北采煤业的统制。

日本侵略势力为了确保侵略战争对华北煤炭之需求,制订了详尽的"开发"计划,加紧掠夺华北的煤炭资源。以下以河北井陉煤矿及山东煤矿业为例进行探讨。

1936年11月,日本满铁经济调查委员会在对井陉煤矿做了深入调查之后,日本满铁经济调查委员会便作出了《关于兴中公司经营井陉炭矿的收支预想调查》,其内容主要是关于井陉矿务局被兴中公司经营的预想。1937年11月,为了迎合日本国内的煤炭增产计划,日军又对井陉煤矿进行调查,也制订了一套"开发"计划。日军"开发"计划的最终目的就是将井陉矿的煤炭资源开发殆尽。到了1939年,日本又制订出了《井陉炭矿株式会社事业计划案》和《井陉炭矿株式会社事业计划参考表》。③

---

① 居之芬:《华北沦陷区的经济地位及日本统制掠夺之特点》,《晋阳学刊》1998年第1期。
② 居之芬:《日本对华北经济的统制和掠夺》,《历史研究》1995年第2期。
③ 张宪文、张玉法主编:《中华民国专题史》第12卷,南京大学出版社2015年版,第182—186页。

1933 年 11 月,满铁制订了《华北经济调查计划》。同年 12 月,满铁经济调查会在天津、青岛等地设立分会,在北平、山海关、滦州、张家口、太原、济南等地设立办事处,专门调查开滦、井陉煤矿和冀东、山西、山东等地的工矿业与华北各种资源的供求关系等情况,以便为日本向华北地区的经济扩张及日后实施经济统制政策提供依据。1934 年 10 月,华北日本驻屯军司令部又制定了《华北重要资源经济调查方针及要项》,进一步提出了调查、"开发"华北资源的详细计划与方针:规定在华北掠夺的目标,是获取国防资源,强化日本在华北的经济统制;并准备组成"日满华北经济集团"。调查要项中把矿业资源放在重要地位,尤其重视华北的煤炭资源。1935 年前后,日本在制造了震惊中外的"华北事变"的同时,在经济上也加强了渗透与控制。日本把山东看作"中日满联盟经济"的重要一环,对山东的经济调查更为积极。由于日本名义上已把山东归还中国,所以这些调查主要是由侨居山东的日本人来进行的。具体到对于山东煤炭的调查,则大多由鲁大公司及后来的山东煤矿产销公司主持。这些调查详细且全面,对山东全省的主要煤田都有涉及。日本侵略者还致力于一些新煤田的勘探活动。从 1938 年至 1942 年 7 月,日本华北矿业开发株式会社调查局先后派遣庄司诚一等人,在鲁南、鲁西南地区多次进行矿产综合性地质调查,认为这一地区有煤,并进一步推断邹县(今邹城市)境内地层深部有丰厚的煤层存在。另外日本侵略者经过调查还发现莱芜县中心埋有 2 亿吨适于炼焦用的强黏结性有烟煤,还在新泰地方探得约有10 亿吨以上的庞大煤田。[①]

1937 年 10 月,日本军部陆续接收了井陉、正丰煤矿之后,将它们改组为军管理煤矿。为了满足日本军方对井陉煤炭资源的掠夺,以满足其军需供应,"兴中公司"奉军部命令,对军管理工厂实行受托经营。但"兴中公司"设立后既缺乏管理经验又没有煤炭等事业方面的技术力量,因此当"兴中公司"占领井陉煤矿后,它一方面向满铁要求人员支援;另一

[①]　胡海香:《抗日战争时期日本统制下的山东煤炭业》,曲阜师范大学 2003 年硕士学位论文。

方面通过日本陆军当局的援助指示,要求贝岛煤矿股份有限公司的支援。随着 1938 年"华北开发公司"的成立,兴中公司的托管被逐渐接替。直到 1940 年 7 月 22 日,"井陉煤矿股份有限公司"成立,日军的军管理时期才彻底结束。华北开发公司开发煤炭资源的方针是:确保对华北煤炭资源的控制力,充分补给日本煤炭的不足,并将开发资金限制在最小数额。在"开发"过程中,为了使日本对中国煤炭业的掠夺具有"合法"的形式,日本公司大多采用与华北伪政权共同出资设立煤矿公司的"合办"形式。然而这种中日合办,名为"合办",实际上企业完全被日方所操纵。"井陉煤矿股份有限公司"的成立,是华北开发公司与贝岛财团、华北伪政权勾结,打着中外合办的幌子,掠夺井陉煤矿资源的产物。① 山东煤矿也被日军改组为军管理煤矿。在日本"军管理"的名义下,1938 年 1 月,宁阳的华丰煤矿和泰安的华宝煤矿由日本满铁下属的"兴中公司"接管;3 月,峰县的中兴煤矿也被其接管。为了加强对煤炭的"开发"和吸引日本各垄断财阀的资本投资煤矿业,"兴中公司"把它掌管的中兴煤矿交给"三井矿山株式会社"经营,华丰煤矿和华宝煤矿交给"三菱矿业株式会社"经营。与此同时,在日本侵略者的威逼下,胶济沿线的各煤矿则被迫与1923 年由满铁等投资创立的"山东矿业株式会社"签订了"让渡契约书"。这种名义上的"合办",就其实质来说,"与吞并无异"。各矿主在"让渡契约书"上签字的同时,也就把煤矿的所有权拱手交给了日本人。于是,胶济沿线的淄川、博山、章丘、坊子等煤矿便为"山东矿业株式会社"所控制。随之而来的便是野蛮的"开发"与掠夺。② 1940 年 2 月,伪"中华民国临时政府"实业部颁发了"关于各省煤矿由中日合办的公告"③,使华北煤矿"中日合办"形式"合法"化。

从 1937 年日军开始占领井陉煤矿开始直到 1943 年,对煤矿所采用

---

① 张宪文、张玉法主编:《中华民国专题史》第 12 卷,南京大学出版社 2015 年版,第189—193 页。

② 胡海香:《抗日战争时期日本统制下的山东煤炭业》,曲阜师范大学 2003 年硕士学位论文。

③ 中国抗日战争史学会、中国人民抗日战争纪念馆编:《日本对华北经济的掠夺和统制》,北京出版社 1995 年版,第 90 页。

的采煤方法均以残柱式为主,而这种采煤方法投资少,出煤率高,充分利用劳动力,但缺点是危险性大,丢弃的煤多。因此,日本能够在井陉煤矿掠夺 800 多万吨煤炭资源的原因之一,便是在采用高出煤率的采煤方法和使用众多的劳动力的基础之上的;在煤矿的安保设施方面,日方采取了配置安全灯、配置瓦斯干扰仪、配置坑内照明、坑内负责人进行巡视时进行物理研究等措施,这些安全保卫设施的设置,在一定程度上也体现出,日军为了开采更多的煤炭资源,也尽力避免矿难的发生;从煤矿的运输来看,使用马匹、翻斗车、底卸式贮料机和铲煤机等,铁轨已延伸至坑内主要坑道 15 公里,并配有铁制和木制炭车共 589 辆。这些设备都增强了煤矿的装煤能力,同时也大大增强了日本对煤炭资源的外运能力。从 1937 年 11 月 1 日至 1945 年 8 月 15 日,日本在井陉煤矿共采出煤炭 827.845 万吨。而从 1908—1936 年,井陉煤矿 29 年间的煤炭资源产量是 812.88 万吨。日本用 8 年的时间挖掘了比井陉煤矿以往开采 29 年还要多的煤炭资源,其掠夺之巨由此可见。① 由于受战争的影响,1937 年山东各煤矿的生产大都受到严重破坏,基本处于停产状态。战争初期,国民党军队在逃跑时为防止煤矿为日军所利用,也对煤矿的生产设备进行了破坏。尤其是"山东省有关中日合办的煤矿遭到彻底的破坏"。淄川煤矿、南定煤矿、博东煤矿、旭华煤矿等煤矿被全部炸毁,价值千万元的设备、设施化为乌有。再加上治安状况的恶化,社会陷入了无政府状态,煤矿业主以及煤矿工作人员为逃避战祸纷纷逃走,各煤矿大部分进水,即使是中国人经营的煤矿也不能继续生产。战争使山东煤炭业处于毁灭的边缘。在占领了山东各地的煤矿后,日本侵略者不得不腾出手来收拾这个烂摊子,加紧对其进行恢复生产,以图尽可能多地掠夺山东的煤炭。1938 年 1 月,日军完成了对胶济铁路沿线的占领,日本人也陆续返回胶济沿线的各煤矿,在日军的武力保护下开始了"复兴"工作。由于大煤矿的复工需要相当长的时间,"姑为缓和计,应先恢复较容易恢复的中国煤矿",但需要

---

① 张宪文、张玉法主编:《中华民国专题史》第 12 卷,南京大学出版社 2015 年版,第 186—189 页。

在日本山东矿业株式会社控制的前提下,给予投资或技术上的援助,并奖励产煤。同时,在日军的武力镇压下,各矿区中国人民的反抗斗争也受到了一定程度的遏制。由此,各地煤矿的生产开始恢复。淄川煤矿、悦异煤矿、博山、振业、东方、荣德等诸煤矿的产煤量逐渐提高,章丘、官庄煤矿也开始增产。随着日本侵略者对山东煤矿的全面占领,为贯彻"旧本国策及日支共存共荣的主旨",就需要把山东的煤矿业作为"特殊的事情",进行"分产合销的统制"。"分产"就是各自生产,"合销"就是共同销售。具体地说,就是采掘权归各煤矿所有,但煤炭的销售则由各煤矿业主组成的销售公司进行组织和实施。"山东煤矿产销公司"就是为了适应这种需要而建立的。该公司以"山东矿业株式会社"为主体,主要经营管理胶济沿线各煤矿的各项事务。于是,这些煤矿的采掘权和销售权都被日本侵略者所垄断。1937年,山东全省输入日本的煤炭才10余万吨,而1940年在"山东煤矿产销公司"的调配下,胶济沿线各煤矿输入日本的煤炭总量达359944吨。1941年太平洋战争爆发后日本需煤急切。为增加山东煤矿生产,除了不断勘探新矿井外,日本侵略者还采取了其他相关的措施,筹建和扩建了一批与煤炭开采相配套的修理厂、炼焦厂、电厂。1942年建成的博山铁工厂,专门用来修理和装配矿山机械设备。同年扩建的博山洪山电厂,装机容量达到15300千瓦。到1944年淄博煤矿共有发电厂5个,发电机16台,总装机容量达到32100千瓦,形成了贯穿神头、南定、张店、金岭镇、王村等地,全长12.25公里、配置33千伏线路和6个变电站的电力网。这些措施的实行使日本对山东煤炭的掠夺在1942年达到了最高峰,当年山东的煤炭产量竟占到了华北总产量的1/3。[1]

华北开发公司又于1940年年底与三井、三菱、大仓、明治等日本财团合股折半出资1365万元,接管了中兴、大坟口、磁县、山西、焦作和柳泉6个煤炭矿业所,组成华北煤炭组合加以统制经营和扩大开采。1941年12月,太平洋战争爆发后日军又将中英合办的开滦煤矿强行接收。到1942

---

① 胡海香:《抗日战争时期日本统制下的山东煤炭业》,曲阜师范大学2003年硕士学位论文。

年,日本在华北统制和开采的煤炭年产总量 2500 万吨左右。① 太平洋战争爆发后,日军在战争中对煤炭等资源的消耗,远远超出了日本的预料。随着 1942 年日军在中途岛、瓜岛战役中的惨败,日军的经济进一步恶化,对华北工矿资源的掠夺也更加疯狂。在沦陷区的煤炭业,资金器材不足、劳动力不足、运输困难、治安恶化等问题更加突出。日方在这种状况下,针对井陉、正丰、开滦等煤矿调整了掠夺煤炭的方针,提出了"以提高优质煤的产量为目标,集中人、财、物力,重点增加炼铁用焦煤的生产,实行超重点主义"。② 1943 年至 1944 年,华北煤炭平均年产量 2000 万吨左右,1945 年开始大幅度下降。这些煤大部分用于日本在华北紧急上马的冶金和化工业,1/3 约 700 万吨左右,运往日本和伪满。③ 日本帝国主义统制下华北煤炭生产指数,如果以 1936 年为 100,1937 年为 79,1940 年为 108,1942 年为 145,1944 年为 122。④ 河北井陉、正丰等煤矿所生产煤炭,能够留给当地用的仅有 4.61%,绝大部分都被日方或运往日本,或用于军事等,运往日本本土的煤炭量日益加大。⑤

华北食盐及纯碱等基础化工产品被日本侵略势力视为重要军需物资。在日军侵占华北的作战中,"兴中公司"经营了处于"军管理"状态的久大精盐厂与永利化学厂。到 1939 年 8 月,永利化学厂生产纯碱 34.285 吨,烧碱 1483.05 吨,久大精盐厂已可产精盐 35000 吨,全部对日输出;到 1939 年年底,长芦盐场年产精盐 84.3 万吨,对日输出盐达 120 余万吨。1939 年 8 月,"华北开发公司"创设"华北盐业股份有限公司",从兴中公司手里接管了长芦盐场,到 1942 年,年产量已达 96.8 万吨,较 1939 年增加了近 1 倍。1941 年 4 月,华北开发公司又以 6 万股 1000 万元,从日本

①　居之芬:《日本对华北经济的统制和掠夺》,《历史研究》1995 年第 2 期。

②　王士花:《日本侵华战争时期对华北工矿资源的控制和掠夺》,《抗日战争研究》1993 年第 1 期。

③　居之芬:《日本对华北经济的统制和掠夺》,《历史研究》1995 年第 2 期。

④　中国抗日战争史学会、中国人民抗日战争纪念馆编:《抗战时期的经济》,北京出版社 1995 年版,第 192 页。

⑤　张宪文、张玉法主编:《中华民国专题史》第 12 卷,南京大学出版社 2015 年版,第 202—203 页。

民间财团手中接管了"山东盐业股份有限公司",到 1941 年年底,该公司年产量已达 50 万吨,较事变前增加了 1 倍。这些盐除少部分就地加工成纯碱、烧碱对日输出外,绝大部分运往日本。华北开发公司接办永利化学工厂后在以盐为原料的纯碱、烧碱生产和盐的卤化物加工生产方面,1942 年以前年产纯碱始终在 35000—40000 吨徘徊,年产烧碱也不过 3500—4000 吨,全部对日输出。1943—1945 年 8 月,日本人在华北共采盐 500 万吨。纯碱年产量始终在 3 万—4 万吨徘徊,共掠走纯碱 21.2369 万吨(7 年半),烧碱 1.7913 万吨以上(主要是永利化学工业公司的)。[①] 日本帝国主义统制下华北纯碱生产指数,如果以 1936 年为 100,1937 年为 34,1940 年为 108,1942 年为 145,1944 年为 122;华北烧碱生产指数,如果以 1936 年为 100,1937 年为 100,1940 年为 106,1942 年为 107,1944 年为 18。[②] 1937 年遭遇严重战争破坏,其后逐渐恢复,到 1942 年达到高峰,以后又明显下降。

棉花是军需和民用必不可少的原料,战争时期则是重要的战略资源。日本是个棉产资源极为贫乏的国家,而华北是日本"基本生存圈"内的主要产棉区,因此日本一开始就把华北棉花作为重要的战略资源,给予重点统制和掠夺。为最大限度地掠夺华北棉花,日本侵略者制订了华北"棉花增产"计划以及为实现这一计划而推行的"棉花增产活动"。尽管日伪采用各种手段,大力推行"棉花增产运动",华北棉花产量非但没有增加,反而呈下降趋势。关于日伪推行"棉花增产运动"这方面内容,前面章节已有所述,我们在这里主要阐述在流通领域日伪对华北棉花资源的统制和掠夺。

伪"华北棉产改进会"是日伪棉花增产运动的主要实施机关,该会主要任务就是为了完成日军庞大的棉花掠夺计划,积极执行兴亚院华北联络部制订的棉花增产计划。"华北棉产改进会"除了进行繁殖良种、举办水利、斡旋贷款、训练技术人员等活动之外,还组织棉花运销合作社。棉

---

① 居之芬:《日本对华北经济的统制和掠夺》,《历史研究》1995 年第 2 期。

② 中国抗日战争史学会、中国人民抗日战争纪念馆编:《抗战时期的经济》,北京出版社1995 年版,第 192 页。

花运销合作事业兴起于 1934 年的华北。通过棉花运销合作社运销棉花，比一般商贩的运销费用低廉，无形中增加了棉农的收益。南开大学经济研究所 1934 年调查显示，河北省西河区经普通商贩运至天津市场的棉花，每担皮棉的运销费用为七元六角，而翌年华北农产研究改进社指导下的晋县、无极一带合作社，运销棉花至天津，每担运销费用仅为二元二角八分四厘。伪华北棉产改进会为了降低棉花运销费用，便利日伪接运棉花，积极倡导该事业。该会于华北四省指导组织的棉花运销合作社，1939 年计：河北省为 500 余社，社员 18700 余人，山东省为 300 余社，社员 15700 余人；截至 1941 年 5 月计：河北省 893 社，社员人数 30701 人，山东省 938 社，社员人数 38871 人，山西省 46 社，社员人数 795 人，河南省 128 社，社员人数 6824 人，总计 2005 社，77191 人。从这些数据看，棉花运销合作社有明显发展。①

日伪当局为了廉价收购华北棉花，对棉花收购价格进行统制。1938 年秋，日伪当局规定了棉花的最高价格，强制规定西河美棉种每担不能超过 38 元，而当时天津西河美棉种市场价格，在 65 元左右，日伪的强制价格与当时天津的市场价格相差 27 元。从价格差上就可以看出棉农所受的损失，他们的经济效益减少近一半。在山西，棉花最初完全由日军统制收购，日军规定 1938 年棉花收购价只为山西汾阳市场价的 55.6%。1939 年收购价只为汾阳市场价的 50%。1938 年 8 月，日本在石门、济南两地设立了"棉花收买联盟"，在天津成立"棉花同业公会"，负责棉花收买工作。为了对华北棉花做一元化的统制收买，日本人于 1939 年 4 月 1 日成立了"华北棉花协会"。该协会设本部于北京，设支部于天津、青岛，并在天津、青岛成立棉花交易所和大型仓库。该会实行公定价格制度，统一定价并规定纺织业者和棉花输出者只能使用该协会购买的棉花。公定价格制度破坏了华北棉花由原始市场经中级市场再到终点市场的正常运销体系，不仅棉农大受损失，而且棉花店及民族纺织厂亦不堪忍受剥削而纷纷

---

① 杜秀娟：《抗日战争时期日伪对华北棉花资源的统制与掠夺》，河北师范大学 2006 年硕士学位论文。

倒闭。中国的棉花市场完全落入日本之手。"公定价格制度表面上是依各地植棉成本及一般经济情形,并考虑上市状况及各物价的均衡为原则,但连日本研究机构也不得不承认,棉花统制价格的决定标准,显然是以日本采购华棉之是否有利为前提的。"该协会对于各种棉花都规定有一定的价格,农民非得按照规定的价格出售棉花不可。为促进日本纺织业的发展,日本尽量压低棉花的价格而提高纺织品的价格。为了便于棉花经过天津、青岛输入日本,日伪当局有意识地利用地区差价促使棉花向天津、青岛移动。"以1939年公定价格为例,粗绒一等棉,石家庄每担62元,保定64元,天津与青岛则升为66元,各地差价依次为2元。10月5日改正价,细绒一等棉,石家庄每担75元,保定每担76元,天津与青岛均为80元,保定较石家庄提高1元,而天津与青岛较石家庄则提高5元;12月21日改正价格,细绒一等棉石家庄每担103元,保定104元,天津升至112元,保定较石家庄提高1元,而天津较石家庄则提高9元。"天津、青岛的棉花价格均高于石家庄、保定等内陆地区,这必然使棉花从价格低的地区向价格高的地区转移,棉花集中到天津、青岛等港口城市后,顺利地运销日本。[1]

1938年3月,"兴中公司"以300万元资金设立了"华北棉花公司",在华北主要产棉区的河北、山东、河南三省设立了4个棉花打包加工厂与仓库,"主要负责统制和垄断华北棉花的收购、运送和输出,也融资给棉农,负责促使其改良品种扩大生产的督励业务",垄断华北棉花的收购和对日输出。[2] 1939年年底,"华北开发公司"以300万元资本从"兴中公司"手中收买了"华北棉花公司"。"华北开发公司"统制了华北棉花的收购与输出,到1942年华北年产皮棉平均达360余万担,大部分输向日本。"日棉实业株式会社"在华北地区设立天津、北京、张家口、青岛、济南5个支店,支店之下设立出张所。天津支店下设石门、邯郸、新乡、沧县4个

---

① 杜秀娟:《抗日战争时期日伪对华北棉花资源的统制与掠夺》,河北师范大学2006年硕士学位论文。

② 居之芬、张利民:《日本在华北经济统制掠夺史》,天津古籍出版社1997年版,第230页。

出张所,张家口支店设厚和出张所,青岛与济南支店各设两个出张所,青岛支店下辖潍县、益都出张所,济南支店管辖张店、夏津出张所。该社以收购棉花为其主要业务。为了对华北棉花生产、指导、收买、纺织、棉织品及其他纤维制品的配给做综合的一元化的统制,1943 年 8 月 16 日,日伪当局成立了"华北纤维统制总会"。总会直属于伪"华北政务委员会",下辖"华北棉产改进会""华北纺织工业会""华北纤维协会""华北纤维公司"等棉花统制机关,本部设北平。该公司从事棉花的统一收购、管理、分配及进出口,特需用棉籽的管理、收购、加工及进出口,特需用纤维原料的打包及保管,特需用纤维制品的管理、收购、分配及进出口等。1943 年,英美盟军转入反攻,日本的进攻态势宣告结束,穷途末路的日本垂死挣扎,于是在华北沦陷区展开了极具破坏性的疯狂的资源掠夺,对棉花的掠夺进一步加强。1943 年,日伪《棉花收集促进要纲》出笼,规定了各省棉花责任收集量,河北省责任收集量为皮棉 1004500 担,山东省 44.4384 万担,河南省 29.2367 万担。《河北省棉花收集促进要纲》规定了河北省各道县的棉花责任收集量。为禁止农民储有或自行生产棉花等重要物资,日伪制定了严苛的惩治规则。1944 年,伪华北政务委员会制定了《华北扰乱经济统制治罪暂行条例》,对私行移动物资及违反公定价格出售物资的行为予以严厉惩罚。条例规定,棉花及其制品为其主要物资种类之一。"以营利为目的,囤积主要物资,隐匿不报,或未经许可,自行移动大量物资希图暴利者,处死刑、无期徒刑,或七年以下有期徒刑,并科 1 万元以上 5 万元以下之罚金"。私行移动大量物资希图暴利者是日伪所不能允许的,私行移动物资以资抗日更是日伪绝对禁止的,否则处以死刑。《华北扰乱经济统制治罪暂行条例》规定:"犯上条之罪,移动物资于统制线以外之区域,查有资敌之实者,处死刑"。拒按公定价格出售物资的处罚,虽没有私行移动物资的处罚严厉,也要接受巨额罚款甚至判刑。"超过公定价格售卖物资或拒绝按公定价格售卖物资者,处 3 年以上 5 年以下有期徒刑,并科 1 万元以下之罚金。"这样加强对棉花等主要物资种类的统制,通过处罚、定罪等方式来加强对人民的控制,使华北棉花能最大限度地输向日本。1943—1945 年华北棉产每年平均 300 万担左右,大部分运往日本或加工成纤维制品运往日本。① 日伪当局通过这些机制,对华北棉花资源从收买到输出实行了严厉的统制。

(三) 华中华南的物资与贸易统制

华中沦陷区初时是指日军侵占的上海、南京两市和江苏、浙江、安徽三省区域,后来扩大至武汉地区及江西省沦陷区。华南沦陷区是指日军侵占的福建、广东地区。日本对以上海为中心的华中沦陷区的物资和贸易统制,开始时是由日本侵华占领军以军事手段推行的,有明显的暴力掠夺性质。

1938 年秋之后,日本所预期的侵华战争"速战速决""速和速结"的目标未能实现,战争出现了持久的局面。日本为了应付长期战争,实现侵华日军的"现地自活",强化了"以战养战"方针,对华中沦陷区的物资和贸易统制也进一步加强。这年 10 月 26 日,日本制定了《华中方面军占领地域内一般商品出入境取缔规定》。之后,严格禁止从沦陷区往抗战区、从上海往其他沦陷区运送物资的命令也接连地公布。与此相适应,带有垄断性的物资内外贸易机构,也先后在上海建立起来。1938 年 11 月 7日,"华中振兴公司"②在上海成立,它是由三井、三菱、住友等财团依据 1938 年 4 月 30 日日本政府以 81 号法令颁布的《华中振兴株式会社组织法》联合组织的,是日本政府筹划设立的华中地区经济统制机构。它根据日本政府制定的该公司组织法规定,是一家"特殊法人股份有限公司"。所谓"特殊法人",系日本政府对公司拥有直接的监督和支配权。日本政府对该公司专门设置监理官。该公司决策层分别来自军方和大财阀系统,可以说该公司是日本军阀和财阀的一个结合体。"华中振兴公司"具体业务由其所属的 16 个子公司经营。这些子公司可分为:①采矿类:即"华中矿业公司"(其资产主要是劫掠中国浙江、安徽、江苏境内的

---

① 杜秀娟:《抗日战争时期日伪对华北棉花资源的统制与掠夺》,河北师范大学 2006 年硕士学位论文。

② 华中振兴公司,又称"华中振兴株式会社",公司总部设在上海,在东京设有分公司,在南京、杭州等地设立办事处。

铁矿、萤石矿等组成)、"淮南煤矿公司"(包括安徽的淮南煤矿和附近的大通煤矿);②水电类:即"华中水电公司"(资产由强占上海租界以外、南京、戚墅堰、杭州、镇江、芜湖、安庆等地的电厂、自来水厂组成)、"上海瓦斯公司";③通讯事业类:即"华中电气通讯公司";④交通运输类:即"上海内河轮船公司"(其资产以原日清汽船株式会社为主,合并了劫夺于江苏、浙江等地轮船公司的船只,拥有内河小轮船及驳船等 1177 艘,在江、浙境内开辟内河航线 90 条)、"华中铁道公司"(产业包括沪宁、津浦路南段、陇海路东段、沪杭、淮南等约 1200 千米的铁路线,以及吴淞、浦镇、戚墅堰 3 个机车工厂和南京下关轮渡、车站、旅馆等设施)、"中华轮船公司"(该公司是由强占招商局所属的船舶、码头、仓库,以及平安协记、华丰宝记、东亚海运等轮船公司合并组成,拥有船舶 95 艘,均系长江轮船)、"华中都市公共汽车公司"(该公司是由被日军侵占的南京、上海、杭州 3 市的公共交通产业为基础组成)、"华中运输公司";⑤纺织类:即"华中蚕丝公司"(该公司是在被日军侵占上海、江苏、浙江境内有关养蚕、缫丝场的基础上建立起来的);⑥其他类:即"华中水产公司"(专门从事海上捕鱼和冷藏加工,拥有渔船 30 余艘,在舟山设渔业基地,在南京、上海等地设鱼市场)、"华中盐业公司"(该公司是在被日军侵占的淮北盐场基础上建立起来的)、"华中火柴公司"(该公司是在被日军侵占的上海大中华火柴公司基础上成立的,包括上海和镇江 2 厂)、"上海恒产公司"(主要从事码头和房地产业务)和"振兴住宅组合"等。"华中振兴公司"主要从事华中沦陷区工矿交通及城市公用事业,是日本帝国主义掠夺华中资源,控制华中沦陷区物资和贸易的国策会社。[1]

　　"华中振兴公司"的子公司之一"华中蚕丝公司"是在华中振兴公司之前成立的。日本侵略势力为了掠夺华中的蚕丝资源,于 1938 年 4 月先设立了"中支蚕丝组合"。参与投资的日本公司共有 6 家制丝公司、2 家生丝批发商、6 家生丝出口商总计 14 家,它们分别是片仓、郡是、钟纺、昭

---

　　[1]　黄美真主编:《日伪对华中沦陷区经济的掠夺与统制》,社会科学文献出版社 2005 年版,第 326—329 页。

荣、日华蚕丝、三井物产、三菱商事、旭夕沙夕、原合名、神荣、上甲信弘、神户生丝、若林、日本棉花。日本侵略势力加强对中国蚕丝业的统制经营的步伐很急，"中支蚕丝组合"成立不到 4 个月，又在上海成立了"华中蚕丝公司"（日本名为"华中蚕丝株式会社"）。"中支蚕丝组合"并入华中蚕丝公司。"华中蚕丝公司"根据伪政府赋予的独占权，霸占江浙沪许多丝厂、蚕种场等，借以统制华中蚕丝业。①

1937 年秋冬，日军占领上海及其周边的地区后，为统制并获取这个地区的物资，即实行"物资军事管制"，建立起以上海为中心的物资流通控制网。日军执行统制物资的机关主要有两个：海军方面为上海海军经理部，主管水路运输的统制；陆军方面有华中侵华日军经理部在上海设立的"第七出张所"，主管陆路运输的统制。上海货物运往外地，必须向这个出张所申请核发"物品搬出许可证"。外地货物运进上海，也必须持有向当地日本军方申请核发的"物品搬入许可证"。当时，上海除租界外通往外地的重要水陆交通已被日军所控制，日军在各交通要口设有检查站，没有日本军方核发的物品搬出入许可证，货物不能进出上海。而华商能直接领得"搬出入许可证"者寥寥无几，往往需假手日商才能获得。于是，当时这种移动许可证本身即成为交易的对象，许多日商借以牟利。②

日本侵略势力还在华中沦陷区成立商品别贩卖协会以援助"军配组合"，加强华中沦陷区的军票地位，强化控制华中沦陷区的物资和贸易。这种"贩卖协会"主要有 9 个，即："华中人造丝织品贩卖协会""华中食用油运销协会""华中燃料油运销协会""华中棉制造品贩卖协会""华中肥皂贩卖协会""华中火柴贩卖协会""华中卷烟贩卖协会""华中糖类贩卖协会""华中五金运贩卖协会"。各"协会"总部均设于上海，而在华中沦陷区内各重要城市遍设分支部。运销规定甚为严格，凡已设有"贩卖协会"的商品，除"贩卖协会"外任何人不得运销。运销办法：一是先指定运

---

① 张宪文、张玉法主编：《中华民国专题史》第 12 卷，南京大学出版社 2015 年版，第 440—450 页。

② 黄美真：《1937—1945：日伪对以上海为中心的华中沦陷区的物资统制》，《抗日战争研究》1999 年第 1 期。

销的区域,再按该区内人口的多寡以估计消费量;二是运销商品不限于日货,唯日货运输有优先权;三是销售价格均有规定,原则上不允许随时变更,决定销售价格的基础为上海的市价。"自从这种贩卖协会组织后,内地物资奇缺,物价飞涨,而上海存货又乏正当途径运销内地,是以走私颇不乏人,获利颇大。"①

日军攻占华南厦门、广州、香港、福州和海南岛等地后,实施"以华制华""以战养战"的战略,在工矿企业、农业、金融、商贸等领域实施全面的经济掠夺和统制。例如在广州地区,1939 年日军下令地方各商号须领取贸易许可证后才能营业。铁、钨、锰、锑等金属和矿石的贸易由日本三井、三菱、杉原 3 家公司垄断,收音机和零件的进口、销售、修理、制造权由日本宪兵司令部授予 5 家日本商号。为"攫取南方资源,以谋自给自足",日军对华南地区矿产资源实行掠夺性开采。铁矿分布在昌江、崖县、陵水等地,以田独和石碌铁矿品位最高,矿石含铁量在 50%,据称是世界良质铁矿,是建造舰艇的最好钢材原料。日本侵略势力授命"石原株式会社"投资开采田独铁矿,"日窒素肥料株式会社"(后改名为"日窒兴业株式会社")投资开采石碌铁矿等。②

华中地区的粮棉生产,在全国占有重要的地位。中国三大米粮市场武汉、芜湖、无锡均在华中沦陷区内。江苏棉花产量冠于全国。在日本对华中沦陷区实行统制的各类物资中,粮食与棉花占有重要的位置。日本侵华占领军司令部把华中沦陷区的棉粮置于其严厉统制之下,规定只许持有日军发给的物品搬运许可证的日商才能运销。1939 年 8 月,日军为便于收购军用食米,对苏浙皖三省产米区实行禁止新米搬运出境,指定专由日本"三井物产""三菱商事""大丸兴业""一郡商会"等大商社收购军用食米。指定采办商得再指定各地日本粮食商人为各地采购米粮的承包

---

① 张宪文、张玉法主编:《中华民国专题史》第 12 卷,南京大学出版社 2015 年版,第374—377 页;黄美真:《1937—1945:日伪对以上海为中心的华中沦陷区的物资统制》,《抗日战争研究》1999 年第 1 期。

② 赖正维:《抗战时期日本对华南地区经济掠夺与统制的特点》,《江海学刊》2004 年第1 期。

商,全部贱价强制收购。除了采办商、承包商,一律禁止搬运米粮出境。
1940 年 1 月,由华中的面粉厂和经营小麦、面粉及其副产品的日华商社
共同组织"华中制粉组合联合会"。这个联合会的任务是在兴亚院华中
联络部的指导监督下,调整华中小麦、面粉及其副产品的供需关系,并力
图对日本、伪满及南洋各地供应的畅通。棉花的收购则在日本占领军的
指导下,先是由日本商社利用一些中国棉花居间商或轧花商进行。1940
年 2 月,又由"日本在华纺织同业公会上海支部""日本棉花同业会""上
海制棉协会""落棉协会"4 个棉业组织联合成立"华中棉花协会",作为
华中沦陷区棉花的统制收购机关。对华中棉花包括飞花及其他杂棉实行
统一收购和配给,而最主要的任务则是负责收购向日军缴纳的棉花。
"华中棉花协会"为了确保军用棉花的收购,在主要产棉地杭州、南京、安
庆、南通、海门、启东、太仓、常熟 8 个城市设立支部,大致划定了各支部的
收买区域。"①

　　随着中日战争的扩大,持久战局面的出现,日本为在中国占领区"确
立长期占领的阵势","向形成日满华经济集团、通货集团的目标前进",
对以上海为中心的华中沦陷区的物资统制,也转为以军方为主,有日本政
府驻华机构参加并与汪伪政权"合作"的面目出现。及至 1943 年年初,
日本由于在太平洋战场上失利,为协调与汪伪政权的关系,在中国沦陷区
获取更多的物资,决定实行"对华新政策",对以上海为中心的华中沦陷
区的物资统制,则改由汪伪政权出面,自己退居幕后操纵。② 这是与华北
沦陷区有所不同的。

　　汪伪政权参与物资统制,是从当时最急需解决的粮食开始的。1940
年汪伪汉奸政权成立后,即由汪伪管事部成立"粮食管理委员会",负责
办理汪伪军需米及民需米的采购、配给事宜。汪伪政权并在各产米区设
置区办事处,"先试办征购米谷及配给民食部分"。经日本同意,汪日双

---

　　① 黄美真:《1937—1945:日伪对以上海为中心的华中沦陷区的物资统制》,《抗日战争研究》1999 年第 1 期。
　　② 黄美真:《1937—1945:日伪对以上海为中心的华中沦陷区的物资统制》,《抗日战争研究》1999 年第 1 期。

方划分了粮食采办地区范围:松江、嘉兴、嘉善地区6个县、苏州地区5个县及无锡地区4个县,共计15个县(粳米产地)为日方军米收购区,由日本军方指定日本米商收购;芜湖、南京、镇江、无锡、湖州地区(籼米产地)为汪伪政府食米收购区,由汪伪政权指定中国米商收购。7月30日,汪伪行政院通过了《苏浙皖食米运销管理暂行条例》和《米业同业公会管理暂行条例》,规定在汪伪收购区内搬运粮食,非请领"粮食管理委员会"核发之证照,"任何证明书件,不得凭以通行"。但在日本的严密控制下,汪伪对粮食的统制,"未见大效"。1941年,日军企图扩大日商收购区域,又与汪伪商定将芜湖对岸的5县划归日方收购,江南的芜湖地区仍归汪伪方面收购。

　　1941年6月,汪精卫以伪"国民政府"主席兼行政院长身份第一次访问日本,向日本政府提出了各项希望,包括物资和贸易统制的内容。日本政府为推行"以华治华"政策,表示对汪伪政权给予政治上的支持、财政上的援助,也同意了汪伪关于物资统制的某些希望。1941年8月,汪伪全国经济委员会副委员长周佛海与日本派遣军副总参谋长土桥勇逸签订了《长江下游地带物资统制暂行调整纲要(修正案)》(以下简称《调整纲要》)。9月,按照《调整纲要》,成立了物资统制委员会。各地方物资统制委员会,由各警备区域有关的日军及汪伪机关共同组成,其任务是:(1)对该区域准许移出主要物资每月标准之申请;(2)对当地施行物资统制;(3)取缔"非正当物资"移动,尤其是防止物资流向"非和平区"等对策之审议。以后,日汪双方对华中沦陷区的物资统制,即按上述《调整纲要》推行。但在制定《调整纲要》时,日军最高司令官又做了两项决定作为"谅解事项":(1)在上海除日本陆海军许可机关外,其他机关发出的物资移动许可证或类似文件,俱认为无效;(2)军需特定物资的移动限制,遇有必要,由日军最高司令官决定办理之。并且规定,凡自上海运往华中沦陷区其他城市物资的配给,"为防止流向非和平区域及完成军票政策起见","由日方指导之";此前由日方成立的控制物资运销配给机构,如军票配给组合、商品贩卖协议及其他配给组合仍继续存在。由日本军方继续控制着上海这个最大工商城市的物资流动,并仍由日方各种物资配给组合包揽内外贸易,汪伪能有多少物资统制参与权可想而知。连曾任汪伪政权最高经济顾问青木一男也不得不承认:物资统制,"现在都是日本人在干。日本人的组合等一本万利大赚其钱"。"如果铁矿、煤矿等大企业被夺走还可以,但是竟连小买卖也都被日本人夺走了。"①

1943年1月,汪伪政权发布对英美宣战布告后,立即就物资统制权的移交问题与日本驻华军政机关进行协商。由于华中沦陷区的物资统制权长期掌握在侵华日军手中,因此,双方在协商具体方案时,受到了侵华日本军部的阻挠。经汪伪最高经济顾问石渡庄太郎的调停,汪伪政权与日本驻华军政机关决定取消此前汪日双方共同成立的"中央物资统制委员会",日军将物资统制权移交给汪伪政权;汪日双方联合设立"物资统制审议委员会",作为华中沦陷区物资统制的督导机关;由汪伪政权指派中国工商界有力人士组织"全国商业统制总会",作为华中沦陷区物资统制的执行机关,全国商业统制总会之下设立各种专业统制委员会,同汪日双方各该专业商行联合组织,负责执行各项统制物资的收购、配给及供应业务。1943年3月15日,商业统制总会在上海成立。理事长由交通银行总经理唐寿民担任;另设米粮、棉花两统制委员会为其外围机构。基层组织为各同业联合会及各同业公会。1943年3月19日,汪日共同成立物资统制审议委员会(物审会),由汪伪"行政院"副院长周佛海任委员长,日本驻汪伪大使馆公使堀内干城任副委员长。其任务是"以从事督导商统会完善地运用其机能,强化物资统制"。"物审会"实际上成了物资统制的决策机构。尽管如此,由于太平洋战争后,上海一带的贸易结束了短暂的畸形的繁荣期,在日伪严密统制下,进入了长期的萧条状态。②

抗战后期,日伪对粮棉等农产品的统制和掠夺加紧,日本侵略势力更加注意利用汪伪政权力量。在粮食统制收买方面,1942年12月,日本交还了芜湖对岸庐江、和县、含山、巢县的江北军需米区;1943年4月,汪伪

---

① 黄美真:《1937—1945:日伪对以上海为中心的华中沦陷区的物资统制》,《抗日战争研究》1999年第1期。

② 张宪文、张玉法主编:《中华民国专题史》第12卷,南京大学出版社2015年版,第377页。

粮食部又接管了江苏的吴县、吴江、常熟、昆山、太仓、松江、金山、青浦、武进、无锡、宜兴、江阴和浙江的嘉兴、嘉善和平湖15个县粮食统制事宜,使原来的日汪双轨制归为一体。1943年10月,日汪双方米商联手组织的"米粮统制委员会"(以下简称"米统会")①接管了原属汪伪粮食部及日方华中米谷收买组合的米粮收购、配给、调运、保管、审批移动执照等统制事项。其下层收买机构,华方为"米粮采办同业公会",日方则为"华中米谷收买组合"。在具体收购方式上,将产米区划分为甲乙两种产区,日商负责军需米及日侨配给米之收买,华商负责其他配给米的收买。为了有效实施统制,米统会在南京、镇江、苏州、无锡、吴江、常熟、常州、丹阳、金坛、芜湖、裕溪口、泰县、扬州、南通、松江、嘉兴、湖州、宜兴等地设立办事处。② 米统会实权实际掌握在负责采办军米的日商手中。"米统会"依据"物审会"制定的《苏浙皖三省米粮收买实施要领》等,由"米统会"决定各县摊派定额,米商入户"登记存储食米,以便供给"日本军用。汪伪最高国防会议又通过了《扬子江下游清乡地区米粮封锁暂行办法》,规定"供给敌方米粮者"及"封锁工作人员因怠忽职务,而发生前项情事者",按其情节轻重,"处死刑、或无期徒刑,或10年以上有期徒刑"。③ 通过血腥手段,日伪米商将农民收获的粮食掠夺殆尽,"米统会"向日军提供的军粮逐步增加,而广大劳动人民排队轧户口米的苦难生活却是日趋严重。④ 为了加强对华中米粮的掠夺,从1944年4月开始,日军"直接援助"米统会,协助其米粮收买,开启了日军强力统一支援下的米粮强制收买。1944年年底以后,由于华中日军在战场败退,日伪所谓"安定地区"不断收缩,这一形势迫使日本军方为了确保军用米的供给,武装强制"收买"米粮,汪伪原本在日军卵翼下的米粮统制机构解体。在日本侵略势

① "米统会"由伪上海商会会长袁履登出任委员长,日本米商油谷恭一为副委员长,日军另派宪兵大佐冈田到会监督。
② 黄美真:《伪廷幽影录——对汪伪政权的回忆纪实》,中国文史出版社1991年版,第204页。
③ 余子道、曹振威等:《汪伪政权全史》下册,上海人民出版社2006年版,第1289页。
④ 黄美真:《伪廷幽影录——对汪伪政权的回忆纪实》,中国文史出版社1991年版,第172页。

力杀鸡取卵式严厉统制下,1945年春华中粮食危机已达到爆发阶段,日本帝国主义在华中沦陷区的残暴统治岌岌可危。

1941年12月,太平洋战争爆发后,生丝在欧美市场上断了销路,"华中蚕丝股份有限公司"所属各厂被迫减产或停工。1943年11月5日,"华中蚕丝股份有限公司"宣告解散。根据日本对华的新政策,在1944年5月3日重新成立了"华中振兴股份有限公司"的分公司——"中华蚕丝股份有限公司"对中国蚕丝业实行统制。而另一方面,为了抵制日本人的掠夺,在日伪控制薄弱的地区曾出现了大批家庭手工缫丝业,蚕茧流向土丝生产。① 这是沦陷区人民对日伪蚕丝业统制的反抗。

抗战后期日本人在棉花统制方面也注意发挥伪政权作用。"商统会"成立后,随即着手筹组"棉业统制委员会",将华商纱布界的代表人物推到前台,自己幕后操纵。1943年11月27日,"棉业统制委员会"②(以下简称"棉统会")宣告成立。"棉统会"下设"棉花收买同业协会""花纱布临时管理委员会""棉花管理处""棉花公库"等机构。"棉统会"的主要职责是供给日本军需棉花及对日出口棉花;操办华中棉花的统一收买及统一配给;规定棉花的收买及配给价格;筹集棉花收买资金;制订关于收买棉花需要交换物资的计划;审查核发棉花登记证及搬运许可证;等等。收买棉花的相关计划,由日伪双方纺织厂在"棉统会"指挥下,联合组织"棉花收买同业协会"负责执行。"棉花收买同业协会"在各地的棉花收买业务,由各地基层会员执行,并且所收棉花必须按照棉统会指定地点运交棉花公库验收,层层管制极为严格。"棉统会"成立后,中国沦陷区棉纺织业与日本棉纺织业紧密协作,并得到日本大使馆上海事务所的积极支持,原棉收购任务超过日本商人在枪杆子下强制收买时期的数量。棉统会在华中地区所收买的棉花中,60%直接交日军使用及出口,其余40%用于供应中日双方的纱厂,其中日方得到供应量的3/4,华商仅得1/4。③ 汪伪棉纱布贸易政策

---

① 彭泽益编:《中国近代手工业史资料》第4卷,中华书局1962年版,第105页。
② 1944年7月与"棉业管理处"合并,改组为"棉业统制委员会"。
③ 黄美真:《伪廷幽影录——对汪伪政权的回忆纪实》,中国文史出版社1991年版,第209页。

实际上是日本对华经济统制政策的翻版和组成部分。

四、关内沦陷区的进出口贸易

1937 年 7 月,日本帝国主义发动全面侵华战争,逐步侵占了华北、华东和华南沿海大片国土。日本占领沿海各省后,即严格控制了进出口贸易,但当时海关仍由以英国人为首的总税务司署管理。在太平洋战争爆发前,尽管日本人企图排除美国在远东的经济势力,但沦陷区与美国之间的贸易却日益兴旺。在进口方面,当时只有美国有能力向沦陷区提供棉花、烟叶、化学品等工业原料以及机器设备等,以维持中国沿海地区工厂开工运转。沦陷区所需要的面粉、煤油和其他各种日用品也要从美国进口,美国来的进口商品值从 1938 年的 2590 万美元增至 1940 年的 9610 万美元,两年间增加了 2.7 倍多。在出口方面,沦陷区的大宗出口商品,如生丝、丝绸、猪鬃、植物油和籽仁、针织品等,过去主要运向欧美市场,欧洲战争爆发后则集中运往美国,使得对美出口值从 1938 年的 1460 万美元增至 1940 年的 3000 万美元以上。同期,沦陷区与欧洲国家之间的贸易有所下降,而沦陷区需要泰国、越南的米粮,又上海"孤岛"时期纺织和食品工业繁荣,大量运销南洋,同时也需要缅甸、印度的棉花和印度尼西亚的煤油。这都不是日本所能代替的。结果是,关内沦陷区与东南亚国家和印度之间的贸易有所上升(见表 6-16A、表 6-16B)。①

表 6-16A 关内沦陷区的进口值(1938—1941 年)

项目 年份	总值 (百万 美元)	日本及其 属地(%)	美国 (%)	东南亚 (%)	印度 (%)	其他 (%)
1938	177.6	42.0	14.6	10.4	2.4	13.0
1939	367.9	38.0	14.7	8.1	9.7	16.3

---

① 郑友揆:《中国的对外贸易和工业发展》,上海社会科学院出版社 1984 年版,第 158—162 页。

续表

项目＼年份	总值(百万美元)	日本及其属地(%)	美国(%)	东南亚(%)	印度(%)	其他(%)
1940	444.3	33.1	21.6	16.5	9.2	11.3
1941	469.5	30.0	18.5	25.2	7.3	13.5

资料来源:根据郑友揆:《中国的对外贸易和工业发展》,上海社会科学院出版社1984年版,第171—173页表改编。

表 6-16B 关内沦陷区的入超(1938—1941年)

项目＼年份	总值(百万美元)	日本及其属地	美国(%)	东南亚(%)	印度(%)	其他(%)
1938	76.5	41.1	11.3	12.6	0.9	10.6
1939	273.0	125.4	28.9	18.9	32.1	67.7
1940	339.9*	129.8	62.6	60.5	35.4	51.6
1941	335.3**	109.6	56.3	90.1	28.5	50.8

注:* 原表数据为340.0。

   ** 原表数据为335.2。此处为订正数。

资料来源:根据郑友揆:《中国的对外贸易和工业发展》,上海社会科学院出版社1984年版,第162页表改编。

上海是近代中国最大的进出口贸易口岸。从上海沦陷之日起,上海租界与其四周日军占领区的交通全被日军封锁,港口也随时有被切断的可能,随着战局的转移,上海口岸的对外贸易,此时多南移广州。从"孤岛"初期的1937年第三季度起,上海对外贸易的进出口业务顿现剧降,1938年上海进出口贸易额继续下降,上海口岸1937年出口贸易值11859万美元,进口贸易值149693万美元;1938年出口贸易值4686万美元,进口贸易值8076万美元。上海沦陷这一年多进出口业务空前衰落。战事西移后,上海"孤岛"形态确定,两租界内居民人心稍定,战区地主、资本家携款避难来沪;国民党政府对外贸易的贸易管制和外汇管制的法令在上海此时已无法推行实施,上海黑市外汇市场产生,外汇汇率暴缩,"孤岛"物价受黑市外汇汇率变化的刺激,推波助澜,立刻飞跌回涨,使"孤岛"市场上掀起一股收购外汇和囤积货物的投机之风,经营进出口业务的商人们遂既可留存外汇又可囤积货物发财。这些因素从而造成了"孤岛"经营对外贸易进出口业务较内地更为有利的特殊条件,反而推动了"孤岛"上海对外贸易的回升(见表6-17)。

表6-17 上海历年进出口贸易值统计(比数以1936年为100)
(1936—1941年)

项目 年份	出口贸易值 (百万美元)	出口值比数 (%)	进口贸易值 (百万美元)	进口值比数 (%)
1936	107.6	100	165.0	100
1937	118.6	110	149.7	91
1938	46.9	44	80.8	49
1939	67.1	62	179.1	109
1940	83.0	77	189.7	115
1941	108.3	101	196.8	119

资料来源:根据上海社会科学院经济所等编著:《上海对外贸易》下册,上海社会科学院出版社1989年版,第3页有关数据改编。

上海沦陷后,日军用军用手票和占领区物资换来的法币,在"孤岛"市场上直接收购进口战略物资如进口的高级钢材,有锋钢、车刀钢、横具钢等高碳钢和合金钢之类,这些物资的进口值明显上升。由于日军对上海纱厂用棉加紧封锁,使"孤岛"内所需被迫另付外汇向国外大量进口,1939年、1940年棉花进口值跃居上海进口商品第一位。由于日军对沦陷区粮食统制封锁,移归军用和运去日本,因而迫使"孤岛"内租界当局为了维护民食,不得不向国外大量进口粮食,上海在"孤岛"初期,粮食(包括洋米、洋麦、面粉)进口数量增加,1939年日军开始加紧掠夺占领区粮食后,"孤岛"粮食进口值就一跃为第三位。由于关内沦陷区的煤矿全被日方统制,中止运沪,致使上海产生缺煤恐慌,居民的生活用煤固然困难万状,工业用煤更是常苦不继,于是迫使"孤岛"租界当局不得不扩大进口外煤的数额。1938年,上海对外煤进口骤升为进口商品中的第四位。[①]

---

① 张宪文、张玉法主编:《中华民国专题史》第12卷,南京大学出版社2015年版,第358—359页。

在战前的 1936 年,上海口岸出口商品中桐油、生丝、茶叶、蛋品等农副产品以很高的比重列于大宗出口商品的前茅。上海沦陷后,粮食、棉花等由日军严格统制,供它军用或运去日本,而且禁止供应"孤岛"居民使用。此外,牛皮、马皮、麻、纱布、矿砂等也因有关军需而严加统制;蚕丝等虽非军用但系大宗出口商品,但日本侵略者为了集中掌握以便掠取外汇,由日军特设华中蚕丝公司,从育蚕一直统制到生丝出口,在日本人管辖下江浙生丝出口较全面抗战前明显减少;猪鬃、肠衣、茶叶、羽毛、草帽、花边等与军用关系不大或非军用物资,则允许日商以外的商人,通过所谓"规定手续,自由采运出口"。因此在上海"孤岛"期间总的出口趋势是:农副产品因日军统制出口在下降,非军用物资出口在上升。上海对南洋出口轻工业制成品,在"孤岛"时期,此时也出现了旺势。① 太平洋战争爆发后,日军开进上海公共租界、法租界及两租界越界筑路地区。这时,上海这种特殊形态的"孤岛"随之消失,上海对外贸易受到沉重打击。

天津是近代华北最大的进出口贸易口岸。天津沦陷后日本侵略势力将天津外贸纳入战争轨道,并使其成为实现"以战养战"政策的重要步骤。日本人规定天津进出口贸易,尤其是重要货物以及军需品的输出必经占领当局的批准,并由当局指定的贸易机构,例如"天津输出入配给组合联合会"(后改为"华北交易统制总会天津支部")等进行。这样,日本人主宰和垄断了天津外贸。从"七七事变"到太平洋战争爆发,天津外贸虽没有大的发展,但也没有明显的下降,大体上维持着"七七事变"前的水平,处在起伏升降的过程中,有的年份还略有增长。太平洋战争爆发后,天津外贸便急剧衰退。天津出口方面,1938—1944 年输往日本的煤、铁、矿产、盐、棉、粮、皮毛等就达数千万吨(有不少没有计入海关统计);输日的豆类产品占天津出口同类产品的比重,1939 年为 72.6%,1940 年达 92.72%。在进口方面,天津进口的纤维及其制品日货比重,1939 年为56.07%,1940 年为 58.81%;天津进口金属及铜制品与机制品日货比重,

---

① 张宪文、张玉法主编:《中华民国专题史》第 12 卷,南京大学出版社 2015 年版,第360 页。

1939 年为 48.56％,1940 年为 53.65％;天津进口药材香料、嗜好品日货比重,1939 年为 80.55％,1940 年为 41.35％;进口油脂、蜡、化学制品日货比重,1939 年为 41.9％,1940 年为 34.52％。① 日本及其属地在天津进出口贸易中占有重要的比重(见表 6-18)。

表 6-18　天津历年进出口贸易值分析(1937—1941 年)

项目 年份	进出口贸易值 (万美元)	日本及其属地 占进口比数(％)	日本及其属地 占出口比数(％)
1937	6285.8	36.96	22.19
1938	8846.2	59.99	55.79
1939	4877.2	52.79	19.84
1940	4688.3	47.32	29.41
1941	6531.5	42.64	31.65

注:日本及其属地占进口比数:天津进口值为 100;
　　日本及其属地占出口比数:天津出口值为 100。
资料来源:根据姚洪卓:《近代天津对外贸易》,天津社会科学院出版社 1993 年版,第 85 页有关数据改编。

太平洋战争爆发后,沦陷区与美、英等国的贸易关系被完全切断,由于日本进军东南亚的战事,与东南亚国家及印度的贸易逐年下降。因而沦陷区对外贸易的结构和性质立即发生了剧烈的变化。无论是进口贸易,还是出口贸易,日本所占比重一直占压倒性优势。日本将其过剩的消费品,如人造丝、纸张、糖等向沦陷区倾销,使之成为沦陷区的主要进口商品;为在中国掠取更多的物资,日伪当局在关内沦陷区实行严格的物资统制,沦陷区从城镇到乡村所有物品几乎全是配给,大量军需物资运往日本。日本侵略势力特别看重搜刮沦陷区的煤、铁、棉、盐等原料,这 4 种原料 1941 年时仅占沦陷区出口值的 8.6％,到 1942 年立即上升至 39.7％,1943—1945 年又达到 44％—51％。中国关内沦陷区更进一步地变为日本的经济殖民地。②

① 姚洪卓:《近代天津对外贸易》,天津社会科学院出版社 1993 年版,第 84—86 页。
② 郑友揆:《中国的对外贸易和工业发展》,上海社会科学院出版社 1984 年版,第 185—189 页。

表 6-19 是郑友揆精心整理的统计,为避免各种伪币的混乱和币值的剧烈变动一律折美元计算,可与表 6-17、表 6-18 等相互参照。表 6-19 显示,1938—1941 年关内沦陷区的进口骤增(可参考前述上海"孤岛"进口贸易变化),出口则增长有限,以至入超竟达出口值的 3.5 倍。到 1941 年,沦陷区出口煤 586 万吨、盐 763 万吨,确较战前大增。棉则自 1939 年起反而变出超为大量入超,使日本发生棉荒。最为关键的铁矿石输日(包括输伪满),战前即 1936 年有 184 万吨,沦陷后每年仅 70 万—100 余万吨,1941 年增至 277 万吨,平均每年输日数仍低于战前水平。①

表 6-19 关内沦陷区的对外贸易(1937—1945 年 8 月)

(单位:百万美元)

年份 项目	1937 年 全关内	1938	1939	1940	1941	1942	1943	1944	1945 年 1—8 月
进口	279.9	177.6	367.9	444.3	469.5	123.4	110.2	60.5	14.0
出口	245.8	101.0	94.9	104.5	134.3	44.3	17.2	16.6	7.2
入超	34.1	76.6	273.0	339.8	335.2	79.1	93.0	43.9	6.8
各国家(地区)占进口比重(%)									
日元集团	17.3	42.0	38.0	33.1	30.0	82.9	81.7	75.5	84.7
英国及中国香港	13.7	8.9	7.1	5.8	3.6	2.4	2.2	3.4	0.5
美国	19.8	14.6	14.7	21.6	18.5	0.7	0.2	1.0	—
德国	15.3	8.7	6.1	2.5	1.9	3.3	6.0	15.9	14.2
东南亚及印度	17.2	12.8	17.8	25.7	32.5	8.3	8.4	2.4	
其他	16.7	13.0	16.3	11.3	13.5	2.4	1.5	1.8	0.6
各国家(地区)占出口比重(%)									
日元集团	13.1	33.1	15.2	16.4	23.4	88.0	93.6	89.8	97.6
英国及中国香港	29.0	20.2	25.2	24.6	21.5	1.5	2.1	4.0	0.7
美国	27.6	14.4	26.6	32.0	22.7	—		—	

① 郑友揆:《中国的对外贸易和工业发展》,上海社会科学院出版社 1984 年版,第 188 页;铁矿石输日见浅田乔二:《日本帝国主义下の中国》,游乐书房 1981 年版,第 250 页。

续表

年份\项目	1937年全关内	1938	1939	1940	1941	1942	1943	1944	1945年1—8月
德国	8.6	9.9	5.3	0.2	0.3	0.7	0.1	0.2	—
东南亚及印度	7.8	9.2	15.0	17.3	25.5	5.6	3.1	0.9	—
其他	13.9	13.2	12.7	9.5	6.6	4.2	1.1	5.1	1.7

注:1. 1942年以后日伪对统计保密,此后系从战后盟军所得副本按各年关金、法币、联银卷、中储券的近似汇率折成美元。

2. 日元集团包括"满洲国",1942年以后它占进口的17%左右、占出口的25%左右。

资料来源:郑友揆:《中国的对外贸易和工业发展》,上海社会科学院出版社1984年版,第171—176、184、187页。根据许涤新、吴承明主编:《中国资本主义发展史》第3卷,人民出版社2003年版,第428页有关表格改编。

第 七 章

伪"满洲国"和关内沦陷区的商业流通

日本是一个资源极度贫乏的岛国,一直窥视着中国。"九一八事变"以后,日本侵占中国东北,扶植伪"满洲国",将东北地区变成它的经济附庸和对外侵略的战争基地。1937 年日本发动全面侵华战争以后,又先后占领了伪"蒙疆"和关内的大片土地。为了确保战时军需,日本在占领区颁布了一系列法令,对钢铁、煤炭、粮食、棉花等重要工业品和农产品的生产、流通、消费、价格实施全面统制,还建立起由日伪企业为主导的商品配给体制,全面掌控各类物资。日本除了在占领区实施统制经济之外,还大肆掠夺占领区的重要战略物资,运回日本,以维持日本的对外侵略战争。

日本在占领区的商业统制和物资掠夺,给占领区的商业发展和市场流通带来了巨大灾难。首先,由于日军的贸易封锁和商品统制,传统商业流通秩序遭到彻底破坏,农民和商人失去交易选择权,一切重要物资均纳入日伪政府统制之下,形成了以各类日伪机构为主导的商品统制和配给体系;其次,原材料均被日军控制和掠夺,商品流通量大幅下降,各地传统商业交易出现衰退,尤其是民族工商业的发展举步维艰,同时,随着日本商业资本和商人大举进入中国,日货大量倾销中国市场,中国商号也被迫经营日货,各地商业出现一时虚假的日货繁荣景象;最后,由于商品流通渠道遭到人为切断,大量物资被日军控制和掠夺,市场供需平衡被打破,导致物资奇缺,物价飞涨,出现严重的恶性通货膨胀,人民生活水平日益困苦。日本在占领区推行商业统制政策的主要目的就是要控制和掠夺占领区各种战略物资,打压中国民族工商业,把占领区变为日本商品的倾销地,为日本的对外侵略战争服务。

第一节　日伪的商业统制和物资掠夺

抗日战争爆发以后,日本侵略军为了实现"以战养战"的目的,加紧对沦陷区实行商业统制和物资掠夺。日本把在东北实行的物资统制办法搬到了"蒙疆"和关内沦陷区,先后设置了一系列物资统制机构,其中以1943年成立的"全国商业统制总会"的规模和实力最大,下属多个专业委员会,形成一整套严密的商业流通控制网络。在日伪统治下,凡是认为与其侵略战争相关的所有生产和生活物资,均纳入统制范围,不可任意流通和交易。沦陷区人民的生活必需用品全部施行配给票制度,以期达到控制各类物资的目的。日伪政权实施的这些商业统制政策严重地限制了中国的城乡经济,给广大人民群众带来了沉重的苦难。

一、伪"满洲国"的商业统制和物资掠夺

(一) 伪"满洲国"的商业统制政策

"九一八事变"后,为了实现使中国东北地区成为其原材料供应地和商品输出地的目的,日本军政势力参与并指导伪"满洲国"颁布了一系列纲领及法令,实现了对其商业的全面统制。伪"满洲国"的经济统制起源于1932年3月,伪满政府成立时设立了关东军特务部。8月,关东军拟定了《满洲经济统制根本方策案》,推行"日满经济一体",确定了关东军和"满铁"为统制伪"满洲国"的领导机构。1933年3月,伪"满洲国"政府颁布了《满洲国经济建设纲要》,对各重要经济部门加以国家统制。在

商业流通方面提出"注重国民福利,维持其生计起见,对于生产必需品及其他有关国民生活之商品,就其供给与价格施以适当之调剂"的统制原则。[1] 并委托经济部门制定专利法、商标法,谋求保护工业所有权,制定有关信托保险等法制,统一度量衡制度、改良交易所等振兴商业的方针。

随着日本全面侵华战争的爆发,日本经济转入战时体制。与此相应,伪"满洲国"也逐渐步入战时体制轨道。1937 年 5 月,伪"满洲国"颁布《重要产业统制法》,这是实行经济统制的一项基本法令,它确定了重要产业的范围,规定国防上或国民经济的重要产业全由特殊会社或准特殊会社掌管。同时规定国内原始生产品的加工工业及设备生产能力过剩状态的也属于受统制的产业,这就扩大了原来统制的范围,许多与日本相冲突的工业,如纸浆、洋灰、纺织、制糖、制粉、火柴等纳入统制,煤矿、汽车制造、硫酸铔、酒精等改为日伪独占。随着"产业开发五年计划"的实行,新设了"满洲重工业开发会社""昭和制钢所""满洲飞机制造会社""满洲汽车制造会社"等,积极地进行经济侵略。

1938 年 2 月,伪"满洲国"政府颁布了总动员法,它的目的是国防上的需要,动员和控制所有的人力、物力,为战争服务。同年 4 月,制定了《钢铁类统制法》,由过去担负煤炭统制的"日满商事会社",办理煤炭、钢铁的统制事务。[2] 1939 年 10 月,改组为特殊会社,除煤炭、钢铁之外,还负责统制铜、水泥等非铁金属和化工制品。它和"满洲林业会社"一样,成为统一掌管重要生产资料的机构。从此,伪满政府对重要生产资材的生产、分配、消费、价格,实施了全面统制。

农产物的经济统制开始于 1937 年 10 月。根据《棉花统制法》对棉花生产和配给进行统制,具体由满洲棉花会社实施。不过,这仅仅是为了改良棉花和增加生产为目的的局部措施。1938 年 10 月,伪"满洲国"政府制定了《米谷管理法》,设立了"满洲粮谷会社",统制稻米的生产、分配和

---

[1] [日]满洲国史编纂刊行会编:《满洲国史(总论)》,黑龙江社会科学院历史研究所译,1990 年版,第 411 页。

[2] [日]满洲国史研究会编:《满洲开发四十年史》下卷,东北沦陷十四年史辽宁编写组译,1988 年印行,第 231 页。

价格调整。其目的是增加东北稻米产量,把廉价的稻米输往日本。正规地执行农作物的统制是从 1939 年开始的,主要是对大豆和小麦实行统制。关于畜产品,根据 1939 年制定的家畜调整法,对重要家畜,如马、牛、羊等,实施了移动、配给、输出入和屠宰等方面的统制。

消费物资的统制是在全面地掌握了重要生产物资的统制以后实行的。1940 年,随着"产业开发五年计划"的进展,物价逐渐高涨。另外,因该计划的重点放在重工业,采取了限制输入消费品的方针,从而使消费品的供应逐渐减少,造成了物价昂贵,严重地威胁了当地人民的生活,不得不对消费物资实行统制。1940 年 6 月,制定了《物价及物资统制法》。该法不仅规定了物品的价格,就连佣钱、包工费、租赁费,也要由该法规定。此外,还包括有关物资的收购和分配的统制范围等。从此,伪"满洲国"政府对所有的生活必需品实施了全面统制,尤其是主要生活物品,如粮谷、煤、盐、糖、棉织品、植物油等,采用了通账制和票据制。

太平洋战争爆发后,日伪对生产物资和消费物资进一步强化统制。1941 年 12 月,伪"满洲国"颁布《战时紧急经济方策要纲》,提出"努力提高农产品及生活必需物资自给率,加强调整配给","对照各生产部门的各项政策,在财政、物价金融、配给、流通方面,采取适当措施,尤其要采取适当政策以防止通货膨胀"的战时物资流通统制的根本方针。此后,又陆续颁布了一系列物资统制法令,《纸配给统制规则》(1942 年)、《关于木材统制之件》(1942 年)、《关于兴安东省棉麻和线麻加工品统制之件》(1942 年 2 月)、《关于兴安西省棉麻及棉麻加工品统制之件》(1942 年 9 月)、《关于卷烟草批发业许可之件》(1943 年 7 月)等。[①] 1942 年 12 月,伪"满洲国"政府制定《满洲国基本国策大纲》,进一步强化经济统制政策,提出"以与日本综合经济关系为基础,以完成国防经济体制为目标,以贯彻计划统制经济为原则"的方针,贯彻"一业一社主义",并提出了产业各部门具体统制措施。[②] 通过这些法令,实现了对重要生产物资和消

---

① [日]高桥贞三:《满洲经济统制法》,满洲修文馆 1943 年版相关章节。
② 中央档案馆等编:《日本帝国主义侵华档案资料选编·东北经济掠夺》,中华书局 1991 年版,第 5 页。

费物资实施全面经济统制,在彻底榨取中国人民的基础上推行经济侵略计划。

(二) 伪"满洲国"的商品配给制度

作为统制经济的一环,伪"满洲国"对商品实施配给制度,负责商业流通的中央行政机构最初是实业部,下设工商司掌管商业行政事务。1937年伪"满洲国"行政机构改革后,新设经济部统一掌管开发资源相关流通领域的行政事宜,下属商务司具体分管商事、通商、贸易、保险、仓库等事宜,专卖总局负责专卖事宜。1938年5月,伪"满洲国"设立了隶属于国务院的企划委员会,下面分设汇兑委员会、物资委员会、劳务委员会、金融委员会、产业开发委员会、开拓委员会、物价委员会、整备委员会,是直接负责审议并制订动员计划的中枢机关。物资委员会和物价委员会相互配合负责审议并制订下列事项和计划:(1)重要物资配给和填补计划;(2)确定配给顺序;(3)有关配给统制机构;(4)有关消费调整;(5)有关价格对策;(6)有关物资物价统制法令运用方针。而直接负责物资统制的是产业部,在产业部大臣官房设物资调查科,根据重要物资的品种和需要单位同部内各司、科联系,办理统制业务。①

伪满政府实现经济统制的基层机构有:(1)商工公会体系,原则上各省市旗县各设一个,使之变成协助政府经济管理和当地资金动员等经济统制的协助机关;(2)还有各类特殊会社、准特殊会社或组合等,这些机构在产业部的监督下分别通过各自的基层机构、辅助机关、生产者组合,或直接对生产、配给、价格或进出口等实行统制;(3)专卖机构体系,将盐、石油类、酒精、火柴、面粉生产的输入、输出、配给、价格等都纳入经济统制范围内。表7-1是伪"满洲国"各种物资统制实施机关,从中可以看出,将各类商品分别交给相关会社或组合统制,负责这些物资的生产、流通、价格和分配。

---

① 中央档案馆等编:《日本帝国主义侵华档案资料选编·东北经济掠夺》,中华书局1991年版,第81页。

表7-1　伪"满洲国"各种物资统制实施机关（截至1939年10月1日）

项目 物资类别	统制机关	统制范围
钢铁、煤炭、有色金属类	日满商事株式会社	配给、价格、输入输出
轻金属	满洲轻金属制造株式会社	配给、价格
水泥	满洲共同水泥株式会社	配给、价格、进出口
木材	满洲林业株式会社	采伐、配给、价格
橡胶	全满橡胶工业联合会	进口、配给
毛皮皮革	满洲畜产株式会社 毛皮输入组合 皮革输入组合 丹宁剂输入组合	毛皮皮革采购、价格、配给 毛皮进口 皮革进口 丹宁剂进口
羊毛	满洲羊毛同业会	收购、配给、价格
棉花	满洲棉花株式会社	改良繁殖、生产、配给
米谷、饲料	满洲粮谷株式会社	生产、配给、价格、进出口
小麦、面粉	满洲制粉联合会	小麦采购、面粉生产、进口、销售
重要特产品	满洲特产专管公社 （未设立）	大豆、豆粕、豆油的购销
烟叶	满洲烟草株式会社	收购、配给、价格、进出口
麻袋	满洲特产中央会 关东州特产中央会	进口、配给、价格
生活必需品	满洲生活必需品株式 会社	进口、收购、配给、价格

资料来源：中央档案馆等编：《日本帝国主义侵华档案资料选编·东北经济掠夺》，中华书局1991年版，第58页。

物资配给制涉及面广，从生产到消费、从收集到分配、从批发到零售、从民需到军需、从生产工具到生活必需品无所不包，建立健全物资配给机构是顺利实行物资配给制的关键所在。因此，日本军政以及企事业势力参与并指导伪"满洲国"政府建立健全物资配给机构。满洲国物资配给的具体情况如图7-1所示。

从图7-1可以看出，伪"满洲国"的物资配给统制机构是以"满关贸联"为中心的"满关重要日用品统制组合""满关杂货统制组合""满洲生必会社""其他各种统制组合""满关百货店统制组合""满铁生计所""消费组合""批发联盟""零售联盟"等不同领域、不同级别的统制组合以及

```
        ┌─────────┐   ┌───────────┐
        │ 日本生产 │   │ 满洲国生产 │
        └────┬────┘   └─────┬─────┘
             │              │
        ┌────┴──────────────┴──┐
        │      满关贸易         │
        └──┬───┬────┬────┬──────┘
```

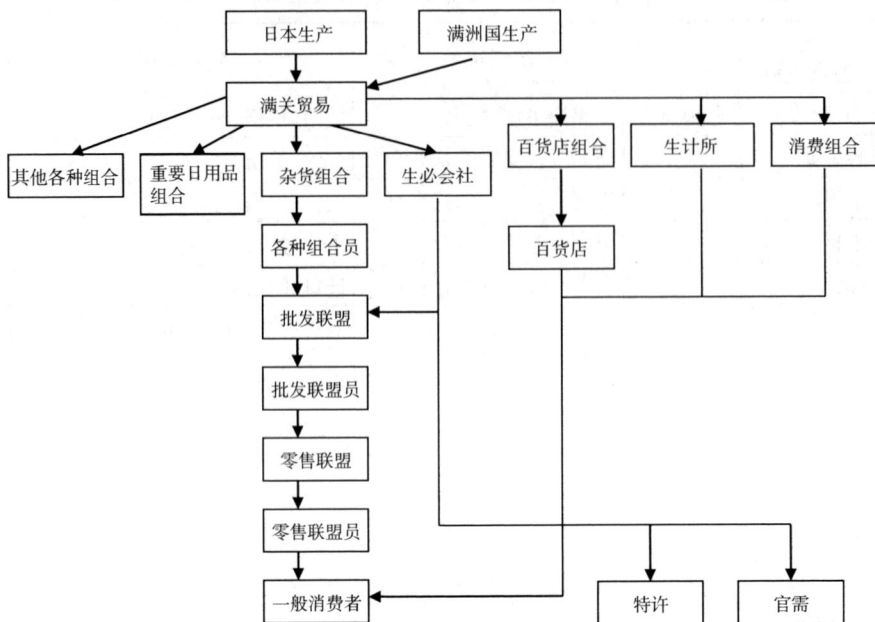

图 7-1 伪"满洲国"物资配给示意图

资料来源:《满洲国年鉴》,1943 年版,第 133 页。

特殊会社构成的综合性机构。

伪"满洲国"政府依据相关物资配给统制纲领及法令,按物资生产、消费特征,分领域、分种类,实行了物资配给统制。

第一类型是专卖物资领域,即盐、石油类、火柴、酒精等专卖物资的配给,由专卖机构付诸实施。

第二类型是生产资料领域,即以重工业部门为中心的生产资料,包括钢铁、煤炭、有色金属、化学药品、机械类、水泥、木材等物资的配给,由相关领域特殊会社或统制组合付诸实施。

第三类型是农产品领域,即稻米、高粱、玉米、谷子、大麦、荞麦、绿豆、大豆三品、小麦及面粉、棉花、烟叶、麻纤维及麻织品、柞蚕及棉纱布、草制品等粮食农机产品的配给,由相关领域特殊会社或统制组合付诸实施。[1]

————————————

[1] "满洲国通信社"编:《满洲国现势》,"满洲国通信社"1943 年版,第 573 页。

作为实施伪"满洲国"物资动员计划的一种重要手段,伪"满洲国"物资配给是按不同顺序进行,其顺序为:军需、准军需、官需、特需、准特需、重要民需、纯民需 7 个层次,具体配给情况如下:军需及准军需、无限满足,对于其他需求要加以控制;官需,与特需及准特需一样,必须尽可能地充分供应,但必须加以严格统制;特需及准特需,仅次于军需,必须尽可能地充分供应;民需,按物资数量供应。物资配给量是根据配给顺序的不同而定,凭通账票证供应。

对粮食的配给政策始于 1940 年 6 月,在各主要城市实行大米的票制配售,对象是日本人和朝鲜族,标准是:4 岁至 12 岁每月 9 公斤,12 岁至 60 岁每月 15 公斤,60 岁以上者每月 12 公斤。从 1941 年起,除面粉由专卖机关配售外,其他各种农产品及其加工品,均由伪"满洲农产公社"配售。根据自该年开始实施的农产物动员计划,除供应日本、朝鲜和华北以外,伪满需用者分为关东军的军需和其他需要,后者还区分为各省民需,即民用粮食、饲料、加工工厂用粮等,以及特需,即重要事业团体、勤劳奉公队、伪满军、特定工厂、收购棉麻的特配需用等。各省民需农产品,由省向市县层层下达计划,并于农产物年度开始的五日前办完,如大米、杂粮、油类等的配售,在市、镇设立批发公会和零售公会,较小地区只设零售公会。配售方法采取配售票制度或配售账制度。到 1943 年,伪满各地全面推行这种制度。而且由专卖机关专卖的面粉也转归农产物统制机构实行配售。

至于配给标准,数量是很低的,而且逐年下降。到 1942 年,日本人和朝鲜族的大米配售标准降到大人儿童平均 8 公斤,而且包括杂粮。日本人尚且如此,中国人自然几乎得不到大米。按伪满政府规定,只有官僚、高级军官、汉奸、地主、大资本家等少数上层人物,每人每月才能得到 1—3 公斤大米的配售。普通中国百姓,甚至农民也无法得到一粒大米。对中国人的粮食配给不仅品种次,而且数量少。

1943 年的调查显示:伪"满洲国"中国人的粮食配给量分为一般人、劳动需要和农村地区三种。一般还分为甲、乙;劳动需要分为第一种和第二种,表 7-2 是伪"满洲国"新京粮食配给标准。

表7-2　伪"满洲国"新京粮食配给标准

类别		粮食配给标准(公斤/月)	
一般人	甲,特殊会社、机关以及相当于上述单位的机构	成人	12公斤
		儿童	7公斤
	乙,其他	成人	9公斤
		儿童	7公斤
劳动需要	第一种	成人	24.0公斤
	第二种	成人	15.5公斤
农村地区		成人	6.5公斤
		儿童	5.1公斤

资料来源:华北综合调查研究所紧急食粮对策调查委员会:《关东州及满洲最近的食粮情况》,1943年10月,第8页。

　　新京基本上按上述标准配给,其他城市的粮食配给标准更低。一般人中的乙种实际配给量,鞍山的成年人为6公斤左右,奉天只有4—5公斤。也就是说,城市的实际配给量与需要数量相距甚远。不足部分到黑市购买,或忍受饥饿,或到有粮食配给的地方购买食物,或迁到农村去。一般人中的乙种人,如果从农村流入城市,半年之内以种种理由不发给配给券。如果迁居,在新迁居的地方得到配给券,至少也需要半年左右的时间。享受劳动需要配给者,这种配给只限于劳动者本人,因此,他们便在不致被解雇的前提下消极怠工,另找活干。或者将劳动需要的配给粮食让给家里人,自己再去黑市购买粮食。

　　由于民食严重匮乏,粮食黑市交易剧增。表7-3是伪"满洲国"公定价格和黑市价格比较表,从中可以看到高粱的黑市价格要比公定价格高出13倍之多,白面的黑市价格也要比公定价格高出5倍,整体上看粮食的黑市价格普遍高出公定价格的10倍左右,真是民不聊生。

表7-3　伪"满洲国"粮食公定价格和黑市价格比较

种类 \ 价格	公定价格	黑市价格	对比
白面	2角8分	1元3角	5倍

续表

价格 种类	公定价格	黑市价格	对比
苞米	1角2分	1元1角	9倍
高粱	1角	1元3角	13倍
粟	1角2分	1元2角	10倍
大米	2角2分	2元	9倍

资料来源:中央档案馆等编:《日本帝国主义侵华档案资料选编·东北经济掠夺》,中华书局1991年版,第616页。

因为粮食收成不好,以及日伪政府强行"粮食出荷",各地相继发生了民食、种子、饲料不足的现象,出现了多起请愿配给民食的事件。1943年上半期,各地因缺粮引起的民众请愿事件已经达到45起,其中以北安、奉天、通化为最多,其次是四平、东安、龙江、锦州等地。在沈阳县农村,由于民众粮食极度匮乏,县内95%的农民缺乏粮食,大部分人面色苍白,呈现半病状态,屡次发生偷粮事件,某部落一个月已达40多件。新民县后营子村1299户中,粮食完全断绝的占总户数的50%,存粮不足一个月的占20%,缺粮不多的占30%。中农以下的农民,只能以豆饼、土豆充饥,妇女老幼要饭的特别多。[①]

尽管东北地区普通民众的生活已经极度困苦,但是,日伪政府为了实现粮食配给的目标,进一步强化粮食搜刮和统制,专门设立了经济警察以取缔所谓的各种违法活动。警察部门通过各地保安科、经济保安股、经济保安科的经济警察对中国人进行种种监视和限制。大米和白面既不准中国人吃,也不准中国人存,一旦违禁便被视为经济犯和国事犯,各地民众苦不堪言。

(三) 日伪对东北地区的物资掠夺

1. 对战略资源的掠夺

中国东北地区资源十分丰富,根据1936年的调查显示:煤炭储量

[①]　中央档案馆等编:《日本帝国主义侵华档案资料选编·东北经济掠夺》,中华书局1991年版,第613页。

约 30 亿吨,铁储量约 40 亿吨,另外有黄金、铝矾土、油页岩、金刚石等多种资源,这些都是日本发展军事工业和维持对外侵略战争的基础,日本早有觊觎掠夺东北各种资源的野心。"九一八事变"后,关东军将武装夺取的煤铁矿交给满铁经营。由于当时伪"满洲国"缺乏炼钢设备,所以除满足伪"满洲国"的少量需要外,煤炭、生铁几乎全部运往日本。

"七七事变"后,日本决定加快发展伪"满洲国"的重工业和军事工业,将伪"满洲国"建设成为对外扩张侵略的军事工业与原料基地。1937 年 12 月,关东军请来了拥有军事工业生产能力的新兴财阀"日本产业会社",成立了庞大的康采恩"满洲重工业开发株式会社"(满业),满业除接收了满铁的一些企业之外,还先后建立了四十多家特殊公司,垄断了伪"满洲国"境内的钢铁业、轻金属工业、重工业、煤矿业的经营。

1938 年 9 月,伪"满洲国"修订了《产业开发五年计划》,执行期为 1937 年至 1941 年,表 7-4 是伪"满洲国"第一次产业开发修改后的计划指标。该计划从基于特殊战略考虑的"就地筹办国防的原则"和充分利用伪"满洲国"煤铁资源这两个优势,来扩大伪"满洲国"的钢铁生产规模。按照计划要求:生铁由 1936 年的 85 万吨增加到年产 450 万吨,其中输向日本 152.2 万吨;钢锭由 58 万吨增加到 316 万吨,其中输向日本 112.6 万吨;钢材由 40 万吨增加到 120 万吨;煤炭由 1170 万吨增加到 3111 万吨,其中输向日本 600 万吨;挥发油由 2.4 万吨增加到 174 万吨,其中输往日本 145.3 万吨;铝由 4000 吨增加到 3 万吨,其中输往日本 11625 吨;生产汽车 5 万辆,飞机 0.5 万架;发电量由 45.8 万千瓦增加到 257 万千瓦。这些数字充分暴露了日本掠夺东北战略资源的贪婪性,和试图把东北地区变成战争基地的野心。但是,第一次五年计划完全脱离了伪"满洲国"的财政状况,到了第三年即严重受挫,日伪不得不将掠夺的重点集中在钢铁和非铁金属等部门。

表 7-4　伪"满洲国"第一次产业开发修改后的计划指标

品名 项目		1936 年年末生产能力	当初计划指标	修改后计划指标	对日输出指标
生铁	吨	850000	2530000	（设备 4850000）4500000	1522000
钢锭	吨	580000	富 1850000	（设备 3550000）3160000	1126000
钢材	吨	400000	1500000	（设备 1700000）1200000	—
铁矿石	吨	富 709000 贫 1768000	富 1590000 贫 6150000	富 2990000 贫 13000000	—
煤炭	吨	11700000	27160000	（统制外 3800000）31110000	6000000
液化煤	吨	—	800000	1770000	
页岩油	吨	145000	800000	650000	
挥发油	吨	24000	826000	1740000	1453000
铝	吨	4000	20000	30000	11625
镁	吨	—	500	3000	
铅	吨	1220	12400	29000	20000
亚铅	吨	1643	6600	50000	
盐	吨	333683	937588	910520	450000
铜	吨	—	—	3000	
金	元	—	累计 212000000	340012000	—
汽车	台	—	—	50000	
飞机	架	—	340	5000	
电力	k·W	458600	1405000	2570550	

资料来源：[日]满洲国史编纂刊行会编：《满洲国史（总论）》，第 541—542 页；东北物资调节委员会研究组编：《东北经济小丛书·资源及产业（下）》第九表，1948 年印行。

第二次满洲《产业开发五年计划》是在 1941 年策划的，更加着重于战略资源的掠夺，特别是钢铁、非铁金属等用于日本的军事工业。生铁，增加设备能力 155 万吨（1941 年年底的设备能力是 145 万吨，增加后设备能力达到 300 万吨，计划产量 250 万吨）。钢增加 60 万吨（1941 年年底是 40 万吨)。煤增加 1350 万吨(1941 年年底产量 2150 万吨,增加后年产量 3500 万吨)。石油类、页岩油的设备能力增加 34 万吨(原设备能力 18 万吨),煤液化(锦州)3 万吨,共计 37 万吨。轻金属,铝的设备能力增加 5.2 万吨(原设备能力 8000 吨),镁增加 300 吨(原来 90 吨)。铜增加 5000 吨(原来 1000 吨)。铅增加 1 万吨(原来 5000 吨)。特殊钢增加 3 万吨(原来 6000 吨)。电力,火力 30 万千瓦,水力 70 万千瓦,共计增加 100 万千瓦。[①] 第二次满洲《产业开发五年计划》的第一目标是确保供应日本的物资,特别是钢铁、非铁金属等,这一点比第一次产业五年计划显得尤其突出。

伪"满洲国"的产业开发计划,实际上就是日本对东北地区的大规模物资掠夺,为日本扩大战争提供所需要的各种战略物资。太平洋战争爆发以前,日本所需的 38 种重要军事原料中有 24 种是由东北地区供应的。太平洋战争爆发以后,日本对东北战略资源的依赖性更加紧密,甚至限制伪"满洲国"内使用,强行增产,不断扩大对日本的输出。据统计,1932 年至 1945 年本溪湖煤铁公司共生产生铁 344 万吨,其中低磷铁 171.8 万吨,占总产量的 49.9%,全部运往日本。[②] 1941 年和 1942 年,日本生铁总输入量中的 65.9% 和 57.9% 均来自伪"满洲国"的昭和制钢所。[③] 伪"满洲国"生产的油料大部分供应了日本军队,其中抚顺西炼油厂所产重油的 92.1% 直接提供给日本海军。[④] 仅 1943 年上半年伪"满洲国"实际供应日本的钢块就有 66156 吨,钢铁 22351 吨,普通铁 218000 吨,低燃铁 96000 吨,铁矿石 124000 吨,铅 1033 吨,亚铅精矿 3183 吨,铝 1280 吨,莹石 8133 吨,有烟煤 948000 吨,工业盐 166000 吨,食盐 144000 吨,曹达灰

---

① 中央档案馆等编:《日本帝国主义侵华档案资料选编·东北经济掠夺》,中华书局 1991 年版,第 211 页。

② 朱建华编:《东北解放区财政经济史稿》,黑龙江人民出版社 1987 年版,第 200 页。

③ 中央档案馆等编:《日本帝国主义侵华档案资料选编·东北经济掠夺》,中华书局 1991 年版,第 339 页。

④ 中央档案馆等编:《日本帝国主义侵华档案资料选编·东北经济掠夺》,中华书局 1991 年版,第 387 页。

3280 吨,纯苯 3502 吨,硫酸铝 24000 吨,大豆 599 吨,豆饼 162000 吨。①
这就是日本帝国主义所谓的"原料满洲、工业日本"的殖民掠夺政策,使
伪"满洲国"的工矿业完全成为日本的经济附庸。

　　日本不仅掠夺东北的工矿产物,甚至还强行征收民间的金、银、铜、
铁、白金等资源。伪满洲政府于 1943 年 8 月 20 日制定并施行了《金属类
回收法》,根据这个法律,在伪"满洲国"境内进行旧金属和钢铁的回收。
仅在奉天市就回收了价值约 7000 万元的旧机器和废铁等,在哈尔滨市回
收了价值约 5000 万元的各种旧机器和旧铁,各大城市民间所有的铁器全
部回收了。铜也是回收的重要物资,为了达到此目的,除了强制回收民间
的各种铜制品外,还大肆破坏了中国宝贵的文物。如拆毁了热河省承德
避暑山庄在乾隆时代修建的铜亭子,抢走了黑河地区五大连池庙里的
200 多尊铜佛。由于强迫进行金属类回收,竟迫使沈阳铜行胡同内的铜
器制造店铺全都倒闭。伪新京市向居民强征铜铁的办法,是由各市区通
知邻组,由邻组通行各户,在限定具体日期将所有铜铁用具全部交出。居
民被迫把自家铁门拆毁,交出防寒用的炉子,甚至日常生活中使用的铜
锅、铜盆等。1944 年 2 月 4 日,又进一步扩大回收范围,原来指定回收的
铜制品 53 种,现又新增了 44 种,铁制品也增加了 15 种,对新京等 10 个
主要城市进行金属制品的无限制强制回收。②

　　2. 对农产品的掠夺

　　伪满时期,东北地区总人口的 80%以上是农民,农业是最基本的产
业部门,农民所受到的压榨最为深重,对农业的掠夺也极为残酷。

　　1933 年,伪满政府发表《经济建设纲要》,宣称"谋求依赖国外的农产
品实现自给并努力增加一般农产品的输出,以增进农民大众的福利,提高
其生活"作为农业增产的主要目标。③ 对大豆、高粱、谷子、苞米等普通农
作物的品种改良和种植,进行指导和奖励;增产原棉目标是一亿五千万

---

① ［日］满洲国史编纂刊行会编:《满洲国史(总论)》,1990 年版,第 733 页。
② 中央档案馆等编:《日本帝国主义侵华档案资料选编·东北经济掠夺》,中华书局 1991
年版,第 404 页。
③ 兴农部大臣官房:《兴农部关系重要政策要纲集》,1942 年版,第 2 页。

斤;改良并增产小麦,年产两千万石;奖励并指导烟、麻、果树等特殊农作物的种植。非常明显,日伪的所谓增产计划,与其说是增进农民的福利,不如说是掠夺农业原料,来摆脱日本国内的粮食不足所造成的困境。"七七事变"前,日本尚未直接控制东北地区的农业生产,对农产品的获取主要还是通过商业贸易的手段和渠道,并通过市场和价格政策给以影响。但在"七七事变"以后,日伪政府则采取严格的统制政策。1937年制定《产业开发五年计划》时,首先将增产重点放在与军事相关的特殊农产品,随着战争形势的发展扩大到一般农产品。日伪的物资动员计划和生产力扩充计划,日益强烈地要求输出更多的东北大豆和其他农产品,以维持对外侵略战争。并且,随着战争长期化和泥沼化,日本国内和日本占领的华北地区的粮食缺口,都需要由东北的农业生产来解决。

为了完成掠夺农产物资的任务,日伪政府先后设立了"农事组合""农事合作社""兴农合作社"等机构来统制农业经济和控制农产品的产销。在中央设立了农事合作社中央委员会,作为全国性的组织机构,企图以中央集权的形式来掌握农村经济。各省、县、旗均设有农事合作社,它与金融合作社一起,对东北的农业实行控制。各县旗的农事合作社,受实业部和省、县政府委托,根本不考虑农民的利益,强行增产日本所需要的农产物。当时,农事合作社主要是在东北北部实行大豆的增产,同时还确立了小麦增产计划。在"满洲"的中部和南部,则是促进棉花、洋麻、青麻的增产。这样,就为日本掠夺必需的农产物打下了基础。

从1939年开始,伪满政府开始实行大豆和小麦的全面统制,一方面加强农产物"出荷"的组织机构,如兴农合作社、农产公社等;另一方面责成省、县以增产"出荷"为主要工作,命令省、县设置粮谷出荷督励本部。从此以后,榨取粮谷的机构设置更加完善,"出荷"的数量也逐年增加了。

日伪对农民"粮食出荷"名曰"收购",实际是用低价格剥削东北农民,掠夺农产品。从1940年开始,伪满政府取缔了农产品私人交易,实行对农产品全面统制,严禁私藏粮食,违反者以经济犯论处。1942年进而公布《农产品强制出卖法》,伪政府把预定收买粮食的计划数量分配给各省,各省再分摊到各县。为了确保完成任务,各县采取了种种办法,如

"先钱"契约制度,防止粮谷移动,禁止搬出县境,动员警察催逼等手段,实际上就是以武力强制"粮食出荷"。例如,1942 年和 1943 年,吉林、龙江、北安、滨江、四平、通化、东安、间岛、新京等省市的粮食"出荷"率都在粮食生产总量的 40% 以上。其中北安省 1942 年粮食"出荷"率高达55.1%,1943 年也达到 53.5%。东安省的粮食"出荷"率也分别达到51.2% 和 49.5%。[1] "出荷"的粮食,农民还要自备车马送往指定的地点。"出荷"粮食的官定价格很低,如大豆 100 公斤只给 17 满元,按市价应值200 满元,且需缴纳储金 2%,余款由伪满政府配给棉布,出荷 100 公斤大豆通常配给布 4 丈,每丈付款 4 元,共付 16 元,再加上征储金 2%,所以农民实际上只是得到一点棉布。[2]

根据伪满兴农部大臣黄富俊供述,1940 年粮谷出荷的总数是 620 万吨,1941 年 680 万吨,1942 年 720 万吨,1943 年 780 万吨,1944 年 820 万吨,伪满崩溃的 1945 年 900 万吨。掠夺来的东北农作物,大部分运往日本本土和朝鲜及支援华北地区内的侵略战争,1942 年运往日本 260 万吨,运往朝鲜 30 万吨,运往关东州 7 万吨,运往华北汪伪政权 30 万吨。1943 年运往日本 320 万吨,运往朝鲜 35 万吨,运往关东州 7 万吨,运往华北汪伪政权 40 万吨。1944 年运往日本 390 万吨,运往朝鲜 35 万吨,运往关东州 7 万吨,运往华北汪伪政权 40 万吨。三年总共运往日本 970 万吨,运往朝鲜 100 万吨,运往关东州 21 万吨,运往华北汪伪政权 110 万吨。运往朝鲜是为了换取朝鲜的大米,供日本用;运往关东州是为了换取芝麻、花生,供给日本榨油;运往华北是为了换取棉花、棉布、煤,其中棉花、棉布一部分留作自用,大部分交给关东军。

另据日本战犯古海忠夫的供述,如表 7-5 所示,1940 年粮谷出荷的总数是 580 万吨,1941 年 650 万吨,1942 年 720 万吨,1943 年 820 万吨,1944 年 890 万吨。所得粮食除了留给部分供当地民需之外,大部分运往日本本土、朝鲜及关内地区。1940 年留给当地民需 275 万吨,占总量的

---

[1]　中央档案馆等编:《日本帝国主义侵华档案资料选编·东北经济掠夺》,中华书局 1991 年版,第 590 页。

[2]　许涤新:《现代中国经济教程》,光华书店 1948 年版,第 135 页。

47%,运往日本 160 万吨,运往朝鲜及关内 45 万吨,供给关东军用达到 80 万吨,上述三项占总量的 49%。1944 年留给当地民需 285 万吨,占总量的 32%,运往日本 300 万吨,运往朝鲜及关内 65 万吨,供给关东军用达到 120 万吨,上述三项占总量的 54%。五年总共运往日本 1120 万吨,运往朝鲜及关内 231 万吨,供给关东军用 500 万吨,而且这个比重在不断增加。虽然根据日本战犯古海忠夫的笔供,粮食出荷数量与黄富俊的笔供略有出入,但都反映了日伪政府对东北农民的残酷压榨,东北农民生活的困苦。

表 7-5　粮食出荷概数统计(1940—1944 年)　　　(单位:千吨)

项目 ＼ 年份	1940	1941	1942	1943	1944
预定收买量	6300	6700	7200	7500	8200
实际收买量	5800	6500	7200	8200	8900
对日援助数	1600	1800	2200	2600	3000
输出量	450	550	600	600	650
关东军用	800	1000	1000	1000	1200
劳需	—	—	800	1200	1200
民需	2750	3150	2600	2800	2850
备考	1. 1943 年和 1944 年预定数量和实际收买数之间的差额是报恩出荷。 2. 输出是指向华北和朝鲜两处,1944 年向华北输出 30 万吨,向朝鲜输出 35 万吨。由于伪满向朝鲜输出粮谷,朝鲜以 10 万吨大米供给日本,因此,伪满对日支援数量应是 310 万吨。				

资料来源:中央档案馆等编:《日本帝国主义侵华档案资料选编·东北经济掠夺》,中华书局 1991 年版,第 501 页。

　　除了抢夺粮谷之外,日伪还于 1942 年收买了牛皮、羊皮、狗皮 7000 吨,猪皮 50 万张,龟皮 100 万张,各种毛 2.5 万吨,肉类 3 万吨,动物油 500 吨。1943 年收买了牛皮、羊皮、狗皮 7500 吨,猪皮 52 万张,兔皮 120 万张,各种毛 2.7 万吨,肉类 3.2 万吨,动物油 520 吨。1944 年收买了牛皮、羊皮、狗皮 8000 吨,猪皮 52 万张,兔皮 150 万张,各种毛 3 万吨,肉类 3.5 万吨,动物油 520 吨。1945 年收买任务牛皮、羊皮、狗皮 9000 吨,猪皮 55 万张,兔皮 180 万张,各种毛 3.8 万吨,动物油 550 万吨,到日本投降时只完成了一半。每年收买的畜产品,除动物油 1 万吨留伪满自用外,其余全部交给日本关东军。①

由于日伪的疯狂掠夺,东北各地的民食极端缺乏,不得不把灰菜、白菜、糠作为主食。由于营养严重不足,抢夺、请愿等事件频繁发生。

二、伪"蒙疆"地区的商业统制和物资掠夺

(一) 伪"蒙疆"地区的商业统制政策

所谓伪"蒙疆"地区,即内蒙古西部、察哈尔南部、山西北部,面积 50 多万平方公里,人口 565 万人,盛产煤炭、铁矿、鸦片、粮食和牛、马、羊等畜产品,这些都是日本发动对外战争所必需的重要战略资源。1937 年 7 月,抗日战争全面爆发后,日本先后占领了张家口、大同、绥远等地,并分别成立了察南、晋北、"蒙古联盟自治政府"三伪政权。1939 年 9 月,在日本的扶植下伪"蒙疆联合自治政府"成立。

为了有效地控制商品的流通,最大限度地掠夺战略物资,日本逐步强化对伪"蒙疆"地区的经济统制。1937 年 11 月,伪"蒙疆政府"陆续颁布了一些单行法规,《兽毛类输出取缔令》(1937 年 12 月 1 日)、《皮毛类搬出取缔令》(1938 年 3 月 8 日)、《铜搬出取缔令》(1938)、《杂谷类搬出取缔令》(1939 年 10 月 10 日)等,对各类重要物资实施统制。1939 年 10 月,伪"蒙疆政府"将上述单行法规统合为《贸易统制法》。该法规定,政府在认为必要时,可以指定一定的物品在对其输出输入禁止的同时,也可以采取促进输出输入的措施。在这一原则规定基础下,当时成为统制对象的贸易物资主要有:(1)羊毛、羊皮为主的一切毛皮类;(2)金矿、银矿、铜矿、煤炭、石油等 23 种矿物和铜铁及其制成品;(3)油脂原料、草药、麻类及其制成品;(4)毛制绒毯及其毡类;(5)粮谷类。②

1939 年 11 月 20 日,日本通过伪"蒙疆政府"颁布了《物资统制法》,

---

① 中央档案馆等编:《日本帝国主义侵华档案资料选编·东北经济掠夺》,中华书局 1991 年版,第 549 页。

② 蒙疆银行调查课编:《蒙疆金融关系法令集》,蒙疆银行 1941 年版,第 22 页。

该法第一条规定:政府对认为有必要的物资之生产、配给、转让处理、使用消费、保有及场所变动等有权进行统制,同时对认为有必要的价格运费、保管费、保险费、租赁费及加工费等由政府决定费率,政府认为有必要时可以决定同种或异种事业之事业主,命令设立以统制该事业为目的的组合。根据该法,日本可以通过伪"蒙疆政府"随时指定任何物资为认为有必要"统制"的物资,由政府指定价格,并通过政府指定的组合进行垄断经营。这实际是日本根据其战时需求为随时可以获得该地区的战略资源的需求而制定的法律,是推行经济统制政策的基本核心法规。[1] 该法颁布后,日本占领当局逐步开始对伪"蒙疆"生产领域的矿产、交通、鸦片、粮食、盐业、畜牧业等部门,以及流通领域的对外贸易、物价、金融、配给消费等部门实行强制性的政府监督计划指导、控制措施。但在生产领域的统制程度相对低,伪"蒙疆"统制经济的重点集中在流通领域。

1940年8月,伪"蒙疆政府"公布实施《基于贸易统制法关于输出限制之件》,对输出物品具体指定羊毛、羊皮、粮食、矿产等15类物品为统制输出品。指定贵金属、无线电产品、纺织品、烟草、机械水泥等21类物品为统制输入品。进出口上述物品时,必须得到财政部部长的许可,并由指定的"组合"办理。[2] 1941年9月1日、1942年3月5日,伪"蒙疆政府"两次对输出入限制品种类进行调整。1943年5月21日,更进一步强化对重要物资输出的统制,需要许可的输出品由16种扩大至60种。[3]

日伪在颁布一系列统制政策的同时,还通过设立各种组合,垄断物资流通渠道。根据1939年10月颁布的《贸易统制法》,伪"蒙疆政府"最初设立了有关纤维制品、粮食、日用杂货的输入组合。1940年12月,又先后设立了木材、水泥、钢材、医药品等输入组合。1941年8月,在察南、晋北、巴彦搭拉盟、察哈尔盟四个地区,设立了由当地商人组成的输入组合。

---

[1] 财团法人东亚经济恳谈会编:《蒙古联合自治政府贸易关系法规集》,1941年印行,第59页。

[2] 财团法人东亚经济恳谈会编:《蒙古联合自治政府贸易关系法规集》,1941年印行,第9页。

[3] 蒙疆新闻社编:《蒙疆年鉴》,蒙疆新闻社1944年版,第256页。

组合由各地区同业公会和商会构成,日本人担任顾问。该组合实力较弱,主要从事土布等生活必需品的销售,接受日系输入组合的商品配给。

输出统制机构方面,特殊物资由政府经营,其他重要物资采取指定商制度。表7-6是伪"蒙疆"地区的商业统制机构一览表,可见各类商品均有指定的贸易商。例如,1940年年末,"蒙疆矿产贩卖股份有限公司"成立,全面控制矿产物的收购、配给和输出。部分公司虽然冠名为"蒙疆""大蒙""大青山""满蒙""日蒙",实际上全部由日本各财团委派理事长、经理掌管,中国人只有虚名。

表7-6 伪"蒙疆"地区的商业统制机构一览

输入统制机构	日本商人	一般物资	"蒙疆食料品输入组合""蒙疆杂货输入组合""蒙疆纤维制品输入组合"
		重要物资	"蒙疆铁钢输入组合""蒙疆木材输入组合""蒙疆水泥输入组合""蒙疆药品医理化器械输入组合""蒙疆纸输入组合""蒙疆车辆输入组合"
	当地商人		察南输入配给组合(张家口)、晋北输入配给组合(大同)、察盟输入配给组合(张北)、巴盟输入配给组合(厚和)
	特殊机构		内蒙古政府官厅(官厅用品)、日本大使馆、领事馆(官厅用品)、官吏消费组合(内蒙古政府及日本大使馆、领事馆官吏生活用品)、华北交通生计所(华北交通从业员生活用品)、防共委员会(欧洲人生活必需品)、内蒙古生计会(内蒙古人生活必需品)
输出统制机构	矿产物		"蒙疆矿产贩卖股份有限公司"、大兴贸易公司
	药材		大蒙公司、正华洋行、永和洋行、岛贸易板式会社、三井洋行、满蒙毛织株式会社、三兴洋行、大兴贸易公司、钟渊纺织株式会社、厚包贸易组合、"蒙疆甘草工业股份有限公司"、察南药材统制组合、晋北药材统制组合
	牲畜		兴蒙委员会指定日本及当地41家商社
	亚麻仁及芥子		大蒙公司、三井洋行、兼松洋行、钟渊纺织株式会社、加藤物产、大兴贸易公司、正华洋行、永和洋行
	杂谷类		三井洋行、三菱洋行、兼松洋行、大蒙公司、正华洋行
	兽毛、兽皮、兽骨		满蒙毛织、三井洋行、三菱洋行、兼松洋行、大蒙公司、正华洋行
	鸦片		"蒙疆土业总组合"

资料来源:《跃进蒙疆的产业与贸易》,兵库县兴亚经济协会1943年印行,第75页。

由于伪"蒙疆"地区与陕北抗日根据地相连,其配给机构与经济封锁机构密切相关。从物资集散地运出的封锁物资,一定数量采取政盟公署、警备厅或县公署的许可制;购物的场合,需有各县参事官发给的证明和工商科的证明。县以下的配给机构尚不完备,但在主要县向各联合村分配配给额,联合村长据此将购入证明发给居民,在县城用其交换进行购买。为规范物资消费和阻止剩余物资向陕北抗日根据地流出,在物资分配方面实行票证制度和分配制度:米(对日人)、面粉(一部分)、盐、砂糖(对日人)、石油、火柴等主要采用票证制度,其他重要品种杂谷、棉布、木材、纸、烟草等实施分配制。[①] 通过上述方式,日伪当局最大限度地阻绝物资进入陕北抗日根据地,企图借此扼杀中国抗日力量。

(二) 日伪对伪"蒙疆"地区的物资掠夺

日本对中国伪"蒙疆"地区丰富的自然资源垂涎已久,因而,掠夺伪"蒙疆"地区的各种战略资源,把伪"蒙疆"地区变为日本工业品的倾销地是日本的既定方针。早在"七七事变"之前,日本就派遣特务对伪"蒙疆"地区的资源进行了大量调查。1938 年,日本"华北开发株式会社"根据调查资料,绘制了包括 12 种矿产物产资源蕴藏的《蒙疆地区资源集散图》。1938 年 11 月日本御前会议提出《调整日华新关系的方针》,"关于资源的开发利用,在华北、伪"蒙疆"地区寻求日满所缺乏的资源(特别是地下资源)为政策的重点,中国从共同防共和经济合作的观点出发,提供特殊便利"[②]。为了便于掠夺,日本鼓动国内财团、民间组织和个人到占领区兴办企业,伪"蒙疆"地区有三菱、三井、钟纺、兼松等 10 多家日本企业建立的各种株式会社。日本侵略者在伪"蒙疆"地区调查资源的基础上,假办企业之名,行掠夺资源之实,在满足侵略战争需要的基础上,其余部分运回本土,掠夺的资源主要有铁矿、煤炭、盐、粮食及各种农畜

---

① 中央档案馆等编:《日本帝国主义侵华档案资料选编·东北经济掠夺》,中华书局 1991 年版,第 1081 页。

② [日]外务省编:《日本外交年表及主要文书(1840—1945)》下卷,原书房 1955 年版,第 405 页。

产品。

铁矿是日军进行大规模侵略战争的军工原料,察哈尔省龙烟铁矿是储量多、含量高的富矿,被列为掠夺的重点。《蒙疆年鉴》称龙烟铁矿是世界著名的硅质赤铁矿,仅次于美国沾多林铁矿。1938 年,由兴亚院兴中公司在张家口设的支社主持开采,大同、厚和豪特、下花园等地设有办事处。矿石运到北平石景山或日本冶炼,当年日产铁矿石 600 吨,上半年运回日本 7 万吨。日本侵华 8 年,总计从龙烟铁矿运回日本铁矿石 300 万吨。[①] 另有资料表明:1939 年龙烟铁矿产量 19.2 万吨,其中 16.5 万吨运往伪"满洲国"和日本,1940 年龙烟铁矿产量 39.6 万吨,其中 29.8 万吨运往伪"满洲国"和日本,后面几年的情况大致相似,运往伪"满洲国"和日本的铁矿占龙烟铁矿总产量的 80% 左右。[②]

伪"蒙疆"地区是中国煤炭储量富集之地,当时勘查晋北、察南、包头的煤田储量为 400 亿吨。日军占领伪"蒙疆"地区后,没收了民族资本的矿业,由日军垄断金融资本所取代。1937 年 12 月,日军在大同口泉、宣化下花园开采煤矿,日产分别为 1300 吨和 300 吨。1938 年大同、察南、包头石拐沟 3 个煤田年产 100 万吨,其中输入日本 35 万吨。1939 年,日军在口泉开设"蒙疆煤炭液化厂",提炼石油。1940 年,日军为运输石拐沟煤炭,修建了包头至石拐沟铁路。日军侵华八年,掠夺了伪"蒙疆"地区的煤炭约 8000 万吨。

盐是伪"蒙疆"地区的又一种重要资源,1938 年,年产 80 万担。日本通过盐业组合,将盐外运,赚取高额利润,年运往伪"满洲国"达 20 多万担。日本对伪"蒙疆"地区各族人民的食盐实行配给,不准私人贩运。[③] 另据资料,日本每年从伪"蒙疆"运往国内的食盐达 80 万担。[④]

---

① 钱占元:《日寇对蒙疆地区的经济掠夺》,《内蒙古日报》2009 年 10 月 30 日。

② 居之芬、张利民主编:《日本在华北经济统制掠夺史》,天津古籍出版社 1997 年版,第 406 页。

③ 钱占元:《日寇对蒙疆地区的经济掠夺》,《内蒙古日报》2009 年 10 月 30 日。

④ 文斐编:《我所知道的伪蒙疆政权》,中国文史出版社 2005 年版,第 14 页。

牲畜和畜产品为伪"蒙疆"地区的特产。为掠夺这些特产,伪"蒙疆政府"专设牧业总局,规定各种牲畜和畜产品均由钟纺、三菱、三井、大蒙、兼松、满蒙、白毛等日资公司垄断经营。将收购数量下达各旗县,限期完成。这些公司统一定价,即所谓大大低于市场价格的"公定"价格,如1944年牛肉的"公定"价格每公斤5元(伪"蒙疆币",下同),市场价为20元;一匹马"公定"价格为800元,市场价为2000元;牛皮每公斤"公定"价格9.5元,市场价为100元;老羊皮每张"公定"价格23.5元,市场价为250元。抗战胜利后,据《晋察冀日报》调查,日本侵华期间,在伪"蒙疆"地区共掠夺牲畜113万多头(只)、兽皮378万多张、畜毛4450多万斤。[①]兽皮,"蒙疆畜产股份有限公司"1944年5月1日至1945年4月30日的《年度决算报告》所载数字表明,仅一年时间掠夺牛羊皮321532张。此外,还有骆驼皮、牛头皮、牛腿皮等共31种,270640张。按当时公家的价格计算,价值2.96亿元(伪"蒙疆币"),按市价计算合29.6亿元。不仅如此,日本连伪"蒙疆"地区的兽骨、兽血都不放过。兽骨,仅1944年5月1日至1945年内,就收买牛骨、胶骨、材料骨合计806384公斤。兽血,从1944年5月1日至1945年4月30日,共收购各种兽血49634公斤;还有兽脂34431公斤。牲畜,据1945年8月统计,掠夺伪"蒙疆"地区牲畜113万多头;畜皮378万多张。畜毛,日本在投降前共掠夺到畜毛4450多万公斤。[②]

农产品,据1938年统计资料,当时伪"蒙疆"地区有耕地面积1.4253万平方公里,几种主要农作物的产量为:小麦1381164石,黍子1473649石、高粱807288石、豆类686708石,马铃薯14883945石。总产量的近1/3被日本掠夺。1939年,伪"蒙疆政府"相继公布《粮谷管理令》《主要食料品搬出取缔令》。利用各种伪组织强令农民粮谷"出荷",以及为低廉的价格强行收购农产品,残酷压榨农民的血汗。农民自己种稻子、小麦等,日本却严令禁止农民食用大米、白面。城镇居民,却只能定量配给质

---

① 钱占元:《日寇对蒙疆地区的经济掠夺》,《内蒙古日报》2009年10月30日。

② 文斐编:《我所知道的伪蒙疆政权》,中国文史出版社2005年版,第14页。

量低劣的杂合面。除粮食外,察北各县的亚麻,蔚县、涿鹿、怀来的白麻等,也都列为统制之物,不得自由买卖。日本强迫收购运回国内,用作军工纤维工业原料。[①]

在日本法西斯殖民统治下的伪"蒙疆"地区,蒙汉各族人民政治上遭受极其残酷的压迫,经济上遭受空前的掠夺,生产严重衰退,人口急剧下降。在日本统治时期,绥远的土地荒芜达 1000 多万亩,锡林郭勒盟的牲畜损失了 428500 多头,土默特旗的人口也由原来的 48000 人减少至 20000 人。[②] 日本的残酷掠夺给伪"蒙疆"农业发展和人民生活带来了巨大灾难。

三、关内沦陷区的商业统制政策和物资掠夺

(一) 商业统制政策和机构

为满足战争的需要,达到"以战养战、以华制华"的目的,加强对占领区战略物资的掠夺,日本侵略者在占领区先后实行了物资统制和物资配给。

日本侵华战争初期,日本军队对华侵略意见并不一致,故行政工作紊乱。1938 年 12 月,日本为了协调军政各方的对华工作,设置了"兴亚院",并分别在北平、张家口、上海、厦门等地设置联络部。"兴亚院"集中了除外交之外占领区政治、经济、文化等各项职权,担当现地指挥工作,驻军和特务机关则处于辅助地位。日本在关内占领区统制事业主要依靠各地伪政权和两大国策会社——"华北开发会社"和"华中振兴会社"。"华北开发会社"之下共有 18 个子公司,"华中振兴会社"之下也有 13 个子公司,其触角已遍及一切重要产业部门。除垄断交通、通信、电力、矿山、冶金、盐业和棉业等统制事业之外,还包括纺织、毛织、面粉、烟草、火柴、

---

① 中国人民政治协商会议河北省张家口市委员会文史资料研究委员会编:《张家口文史资料》第4—5辑,纪念张家口解放专辑,1986 年 6 月,第 295 页。

② 张洪祥:《近代日本在中国的殖民统治》,天津人民出版社 1996 年版,第 328 页。

造纸、水泥、铁工等轻纺、建材、食品等工业,以及一般贸易商业。这些被日本列为"自由企业",允许华商和日商自由经营。

日本在华北占领区的商业统制政策,最初是从控制棉粮和生活必需物资入手的。1938 年 6 月和 11 月,日本通过伪"华北临时政府"先后颁布禁止毛皮类及棉花出口的命令,凡华北所产羊毛、皮革、棉花,非经伪实业部许可不得输出。华北皮毛统制机关是"天津日华皮革工业联合会"和"蒙疆畜产公司羊毛同业会",棉花统制机关是"华北棉花协会",非经该协会许可,不得自由买卖棉花,棉农也不得自由抬高棉价,由该协会按照日本纱厂采购标准,决定棉花"公定价格"。[①] 1938 年 12 月,日本兴亚院华北联络部成立后,命令伪"华北临时政府"成立"华北煤粮调节委员会",力图控制平津两大城市的煤、粮物资的进出口、运输、储存、配给与价格。1939 年 6 月 15 日,又命令伪"华北临时政府"在华北各级伪政权下成立"物资调节委员会",负责对华北各省、市粮食和生活必需物资的生产、消费、进出口、运输及物价情况的随时调查、统计和平衡调度;不久,在此基础上又设立"中央物资调节委员会",力图统一对华北全境粮食及生活必需物资的统制。

太平洋战争爆发后,日本从战争物资到生活必需品均感严重匮乏,从而加强对沦陷区的商业统制。1942 年 11 月,日本大东亚省驻北京大使馆颁布《关于华北物资输出入及生产、配给机构整备要领》。1943 年 4 月,又陆续建立起"华北交易配给统制总会""蒙古交易公社"等机构,下设上百个地区、行业分支统制机构,受日本驻北平公使直接"指导与监督",负责实施"对华北境内全部物资贸易及生活物资之生产与配给的绝对统制"。具体使命是:(1)制定华北"物资交易及生活物资之生产、搜集及配给计划";(2)实施"物资交易及统制并与以上事项有关之必要行动";(3)实施"生活物资之配给及统制并与以上事项有关之必要行为";(4)实施"生活物资之生产加工、委托加工并与以上事项有关之必要行

---

① 国防最高委员会对敌经济封锁委员会:《敌伪在我沦陷区域经济统制动态》,1941 年 5 月印行,第 25 页。

为";(5)实施"生活物资之保有并与以上事项有关之必要行为";(6)实施"交易物资及生活物资之价格调整与统制"等。①

在华中占领区,1939 年年初,伪"维新政府"也开始实施丝蚕、鬃毛、苎麻、皮革、蛋及蛋制品等物资的统制。华中各类物资统制机关是日商联合组织"华中物产联合会",非经该会许可不得在沦陷区收购或搬运物资。同时还在上海成立了"华中肥皂贩卖协议会""华中火柴贩卖协议会""华中棉布棉纱贩卖协议会""华中砂糖贩卖协议会"等,在各个城市设立分部,以此对各种商品的销售实施严格统制。② 1941 年又成立了"华中日本输入配给组合联合会",经营日本东亚输入输出联合会及中国台湾、朝鲜和东北的统制物品共 25 种组合,除重要物资和少量消费品仍由"华中军用票交换物资配给组合"统制外,其余一切生活必需品均由这个联合会统制配给。

1942 年 2 月,汪伪政权颁布《调整物资统制一般原则》和《调整物资统制草案纲要》,设置"物资统制委员会",负责办理一切物资统制事宜,并规定对军需、外销、民生必需品等物资实施全面统制。1943 年 3 月,日伪政府在上海成立了"全国商业统制会",下设各专业委员会、各业的公司委员会、各业的同业公会等,构成一个庞大的商业统制网。物资统制的三个主要统制机构的负责人为:伪商业统制委员会理事长是交通银行的总经理唐寿民,伪米业统制会的主任委员是上海商会主席袁履登,伪棉花统制会的主任委员是上海纱布交易所的董事长闻兰亭。其工作主要范围是:统制物资的收买配给事项,国内各地域物资交换,输出物资的供给,输入物资的配给,政府委托军需物资的采办,实业部及其他主管部门指定或委托事项。统制物资从大米、面粉、糖、盐、蛋等生活必需品,到棉纱、棉织品、钢铁、汽油、水泥等工业品,以及猪鬃、桐油、棉花、生丝等土特产品。③

---

① 日本天津支那问题研究所编:《中国经济旬报》1944 年 7 月第 232 号,第 35—39 页。
② 国防最高委员会对敌经济封锁委员会:《敌伪在我沦陷区域经济统制动态》,1941 年 5 月,第 25 页。
③ 金湛庐:《记汪伪金国商业统制总会》,中国人民政治协商会议全国委员会文史资料委员会编:《文史资料存稿选编》第 8 辑,中国文史出版社 2002 年版,第 889 页。

另外又通过伪政府在各地颁布有关统制条例,如北平颁布《流动物资取缔纲要》,上海颁布《物资移动许可制》等,后者规定:(1)钢铁等18类物品,须先经许可始得在上海区内移动;(2)3码以上的绸布或手织物、2盎司以上的棉纱或毛线、1斤以上的糖或盐等,须先经许可始得由上海运往其他地区;(3)2公斤以上的米麦或面粉、5斤以上的豆类、20个以上的鸡蛋、1斤以上的茶叶等,须先经许可始得从其他地区运入上海;(4)猪鬃、肠衣、桐油、棉花、生丝等,除特定商业经营外,均禁止自由移动。希望对各地商品加以统制。1944年8月8日,宁波发布《甬江流域民船航行取缔规则》,禁止运输物品包括兵器弹药类、火药及原料、鸦片及麻药等。禁止输出敌地物品最高限量,食盐1斤、食用油类2斤、砂糖5斤、火柴一大包、香烟100支为限。同年10月,杭州发布《杭州城门经济封锁的布告》,日军对于杭州市城门经济封锁的办法加以缓和,大米每人在八公斤以内者可自由搬入,香烟每人在五十支以内者可自由搬出,搬出入时间自午前七时至午后六时给予通行,但对于搬入危险物品、搬出大量米粮者,依军法严处。[①]

在华南占领区,日军对商业和物资也实行了统制,但由于日军在华南占领区域较少,所以对华南的经济统制效果不如华北和华中,统制机构规模也较小。1939年,日军令地方各商号必须领取贸易许可证后方可营业,商业交易、货物贩运、进出口贸易等都不得自由进行,须经日伪政权的许可。1941年12月,广东陆军特务机关颁布《和平地区内之营业取缔要纲》,规定广州市内除与治安或军事管理有关系之外,枪炮、火药等营业需向宪兵队履行手续,其他营业则须经中国机关许可。进出口贸易须向日伪机关领取许可证,部分重要物资严禁出口。[②]

（二）商品配给

日本在关内沦陷区的消费统制以华北为主。1939年11月,日伪政

---

① 上海市档案馆编:《日本在华中经济掠夺史料(1937—1945)》,上海书店出版社2005年版,第494页。

② 张中华主编:《日军侵略广东档案史料选编》,中国档案出版社2005年版,第339页。

府成立了"华北日本人米谷统制委员会",并在北平、天津、青岛等华北各大中城市同时成立分会,首先对日本人所需的主要食品实行消费配给,禁止一般中国百姓食用。1940年1月,兴亚院华北联络部成立以日本会社为核心的"华北小麦面粉输入组合",对在华北各大小城市、产业中心和交通要道的日本侨民和职工实行重点配给供应,对中国城市居民只在春节前后限各户配购面粉一袋。[①] 6月以后,在天津等地实施了砂糖及煤炭等物资的配给,并且配给的范围逐渐扩大到其他生活必需品。

1941年10月,日伪在天津召集会议商定物资配给办法,并颁布条例,从粮食、日用品着手实施消费统制。华北消费品的配给在各地形式内容不一,如北平按每户的消费量,发放配给票,凭证向代理商购买,统制的消费品有面粉、大米、大米、小麦、煤球、煤油、火柴、盐等27种。其配给量为面粉每人每日一斤,儿童减半,米或杂粮每人每日成人十六两,老人十二两,儿童减半,食盐每人每月十四两,煤油每户每月四两。天津的粮食配给则主要通过社会局查明各户所需的粮食,指定代理商号,负责售卖,代理商定期向社会局报告销售情况。县级消费品配给的主要有粮食、盐、棉花、布匹、煤油等,有的完全配给,有的部分配给,有些地方由代理商经营,有些地方由城关合作社一类的机构经营。山西太原敌特务机关于1942年春设立"物资配给组合",并于平定、阳泉、运城、临汾、潞安等地设办事处,该组合设立目的主要是防止物资流向国统区。同时在各地办理食盐配给,居民需要食盐须先向伪太原市署领取食盐购买证,凭证向食盐配给所购买。[②] 从实际实施结果来看,1941年年底以前,日本通过对华北境内贸易的统制,基本达到了保证对日本驻军、侨民与产业中心的物资供应的目的。换言之,在1941年年底以前,日本在华北只实现了对日本商人贸易活动的基本统制,还未能实现对中国商人贸易活动的基本统制。

1943年4月,日本将原"华北贸易组合联合会"改组为"华北交易配

---

① 中国抗日战争史学会、中国人民抗日战争纪念馆编:《日本对华北经济的掠夺和统制》,北京出版社1995年版,第807页。

② 国民党中央调查统计局特种经济调查处编:《第五年之倭寇经济侵略》,1943年印本,第53页。

给统制总会"。该会受日本驻北平公使的直接"指导与监督",负责实施"对华北境内全部物资贸易及生活物资的生产与配给的绝对统制"。1944年以后,随着华北生活必需物资的日趋匮乏,日本的统制愈加严厉和严密。当年2月日本大东亚省驻北平大使馆制定实施了《关于华北生活必需物资的重点配给要纲》,规定"把剩余物资全部调拨给重要产业业务部门,用以扩充生产力和稳定在这些产业中从业人员的生活"。即要将有限的生活必需物资,重点确保对日本在华北的驻军及军备生产人员和日本侨民供应,并按其对战争的直接重要性,划分第一类、第二类,分别实施计划配给。对第一类重点配给人员的配给物资交由"华北开发公司"下属的"开发生活必需品组合"统筹配给,对第二类重点配给人员的配给物资,属于日侨的交由侨民团体来统一配给,属于伪职人员的交由"新民会"统制配给。而"对那些不属于第一类和第二类的普通人来说,则由各地迅速组织起来的生活必需物资配给组合,从这些组合的配给所,进行生活必需物资的配给。上述这些配给组合设立后,又同有关的小卖店合作"。① 也就是说,华北广大城乡百姓没有被列入配给计划,只能听凭基层小卖店"自筹配给"。

在华北,规定大米面粉为军用粮食,禁止一般人民食用,劳动人民只能吃花生饼、豆饼等饲料粮。在北平配给居民食用的是用豆饼、树皮、草根等54种东西混合制成的所谓"混合面",又霉又涩,难以入口,因此而饿死、病死的人,不计其数。所谓粮食,主要就是由豆饼、树皮、草根等54种东西制成的混合面,开始配给时还多少给点粮食,以后就很少见到粮食了。

在华中沦陷区,1943年3月,汪伪政权在上海成立"全国商业统制总会",统制物资的收购、储运和配售、出口及军需物资的采办等业务。总会下设各种同业公会、同业联合会,并先后成立米粮、棉业、粉麦、油粮和日用品5个统制委员会,全面控制沦陷区的商业贸易。② 对非占领区的

① 中国抗日战争史学会、中国人民抗日战争纪念馆编:《日本对华北经济的掠夺和统制》,北京出版社1995年版,第811页。

② 国民党政府物资统制审议委员会秘书处编:《物资统制法规》,1944年版,第78页。

物资,日军同样实行严密的统制。在上海,规定钢铁等 18 类物资,必须取得许可证,方可在区内移动,严禁输入后方和抗日根据地。当时上海四周布满了铁丝网,人员进出,严格搜查,即使是一斤糖盐、几斤大豆或 20 个鸡蛋等小量物品,都必须取得许可证,方可携带。一些紧缺物资,更是严禁自由流动,正常贸易几乎停止。

为了控制物资,日本侵略者对中国居民的日用消费品,实行配售制度,供应数量极少,远远不够食用。例如,1942 年 7 月 6 日,上海市工部局开始发售第一期配给米,规定市民可凭"市民证"领取购米证,每星期配米一次,每次每人可购食米一升半。上海人看了这张布告,立刻感到惶惶不安。因为根据一般人的食量,一升半米仅供一人两三天之用。更糟糕的是,配给米在数量、品种和售价等方面时有变更,例如第一期配给白米一升、碎米半升,第二期改为碎米一升、白米半升,数量与售价相同而品种不同。8 月 28 日发售第八期户口米时,碎米改为苞米粉。9 月 21 日,工部局宣布配给米改为十日一期,日期延长而数量并不增加。[①] 户口米不仅数量很少,而且质量也很差,籼米混有泥沙碎粒,白米霉糙难以下咽。原来日本侵略者把仓库里所存的碎米、糙米搬出来配给市民,而将好米留给自己吃。除食米外,配给制还推行到各项日用品、香烟、火柴、食油等。由于供求关系严重失衡,导致上海市黑市猖獗,上海当时形成了江湾、真如、北新泾、周家渡、漕家镇、龙华等分布上海周围的黑市米粮集散地。成千上万的民众及小贩冒着生命危险,穿梭于封锁线内外。而黑市的粮价通常是配给米的数倍,依靠工资收入的普通家庭根本无法承受。

1943 年,汪伪行政院第 193 次会议通过了《苏浙皖地区物资收买配给实施纲要》,规定实施配给之物资,计为棉纱布、蜡烛、火柴、肥皂、砂糖、卷烟等六项,关于盐的配给计划另行订立。配给物由上海运出及在各地之总批发业务,应由"商统会"所属机构办理。交换物资之配给机关,在已设有商统会下层机构之地方,应任用该会各地最下层机构办理为原则;其在"商统会"未设下层机构之地方,及其在接近非和平区之地方应

---

① 陶菊隐:《孤岛见闻——抗战时期的上海》,上海人民出版社 1979 年版,第 181 页。

以运用当地各种收买机系责成"商统会"于各主要地区分设下层机构负责实施。该纲要自 1943 年 11 月开始。[①] 在实际实施过程中，日伪因无足够的物资可供配给，各种生活用品的供应时间、数量和品种随时变化。如 1944 年 3 月 15 日，伪"浙江省经济局"发布公告，"本局兹定于本月 15 日起至 22 日止开始第一次配给物资，规定每户配给火柴 5 盒、肥皂 2 块。依照评价……外加消费特捐 4%，各户均凭本局填发配给证第一页，向指定商店购买，并将配给种类、数量、价格及配给证号码分别列表另行张贴配给商店门前，仰持有配给证之市民遵照规定缴证购买，凡逾期未购者，其配给证之第一页即作无效"[②]。可见，浙江省 1944 年第一次生活品的配给，品种也仅有火柴和肥皂，而且数量也少得可怜，甚至还要以特别消费的名义回收捐款，人民生活困苦不堪。

在华南沦陷区，为了防止粮食、食盐等重要物资流入国统区，日伪对商品的转运实行严格的控制，并实施了重要物资配给措施。1942 年 9 月，日伪政权在广州市设置了"广东省物资配给委员会"，在各县市也设置了物资配给委员会，将物资分成五类，按照重要等级实施移动限制。各类商品价格也由省配给委员会制订，各商号每月要将存货向配给委员会报告，或由省配给委员会同伪警务厅、伪市政府执行强制性检查。物资配给数量或以户为单位，如火油配给每月每户限四两八钱，或以人为单位，如火柴配给每月每人限两小盒。[③] 1943 年，日军在广州成立"商业统制会广东分会"，对经济实行更加严格的统制。广东"商统分会"成立后，将物资分成三类，对物资的分配、消费、运输、收购实施全面的统制，并要求各商号组成各该业同业公会加入商统分会，以加强对商业的控制。

日伪政府在沦陷区的经济统制和残酷掠夺，使沦陷区城乡广大人民群众都挣扎在饥饿线上，给社会经济和人民生活带来了深重的灾难。

---

① 浙江省档案馆、中共浙江省委党史研究室编：《日军侵略浙江实录(1937—1945)》，中共党史出版社 1995 年版，第 497 页。

② 浙江省档案馆、中共浙江省委党史研究室编：《日军侵略浙江实录(1937—1945)》，中共党史出版社 1995 年版，第 497 页。

③ 广东省政府秘书处编：《广东省政概况》第五篇建设，1942 年 5 月，第 66 页。

（三）对关内沦陷区的物资掠夺

在日本发动全面侵华战争之前，日本就曾经对华北经济做过周密调查。1934年10月，华北日本驻屯军制定了《华北重要资源经济调查方针及要项》，提出了调查和开发华北资源的详细计划。1938年11月，日本的《御前会议决定》中就明确提出掠夺中国资源的要点："在华北、蒙疆地区，以寻求日满所缺乏的资源（特别是地下资源）为政策重点"，并要求中国"提供特殊便利"和"在其他地区，关于特定资源的开发也从经济合作的观点出发，提供必要的便利"。[①] 日本的国策会社"华北开发会社"打着"中日经济提携"和"中日合办"的旗号，强行掠夺中国企业，全面控制着华北交通、矿产、电力等重要产业部门。在日本占领期间，华北成了名副其实的"原料供应基础"，华北地区矿产资源的开发和生产出现畸形繁荣。

表7-7是1936—1944年日本掠夺下华北15种工业的生产量统计表，从中可以看出华北工业中有些日本帝国主义所需要的部门，生产一度有显著的增长。生铁1944年为1936年的43.6倍；钢从无到有，1941年到1942年一年内就增长了2.6倍；煤1942年为1936年的1.45倍；酒精1944年比1936年增加了7倍多；电也在同期增长了2.07倍。硫酸、盐酸、电石等都有很大的增长。但是与人民生活有关的棉纱、毛线、面粉等，不但没有增长，而且大幅度地下降了，都降到了1936年的50%以下，毛线降到了5%。这就严重地影响了各经济部门的平衡，使生产无法延续下去，人民无法生活下去。

还应指出，上述增产的日本所需要的产品，首先都是以满足日本本土的需要为原则。华北占领区的重要战略物资如煤、铁、碱、酒精等大多被运往日本或被日军控制利用。如1941年，华北仅经铁路运往日本的主要物资达到656.9万吨，其中煤炭480.7万吨，铁矿石47.0万吨，矾土矿

---

① 复旦大学历史系日本史组编：《日本帝国主义对华侵略史料选编》，上海人民出版社1975年版，第282页。

表 7-7　日本掠夺华北 15 种工业的生产量统计（1936—1944 年）

产品	年份	1936	1937	1938	1939	1940	1941	1942	1943	1944
煤	千吨	16733	13267	10093	14677	18008	23247	24239	21963	20397
生铁	吨	5000	8000	3000	39000	50000	61000	90000	125000	218000
钢	吨	—	—	—	—	—	12814	45594	28718	8322
水泥	吨	207000	173000	181500	233686	328673	290315	339812	292141	260974
电	百万度	221	180	120	144	221	242	429	599	679
纯碱	吨	40000	13580	24945	25408	37334	38306	38592	33066	20000
烧碱	吨	4000	4000	—	21545	4241	4329	4264	3450	729
硫酸	吨	122	260	300	1130	977	557	489	194	657
盐酸	吨	—	—	—	95	136	169	176	177	180
酒精	千加仑	169	76	71	198	352	552	712	726	1355
焦油	吨	1793	727	800	936	937	1279	1134	2263	2263
电石	吨	—	—	—	—	—	494	1703	1864	4382
棉纱	千包	469	380	262	223	234	236	201	200	180
毛线	吨	785	376	408	318	266	130	100	70	40
面粉	千袋	20356	13034	8159	14249	12161	15239	10095	10000	9000

资料来源：严中平等编：《中国近代经济史统计资料选辑》，科学出版社 1955 年版，第 147 页。

18.0 万吨,磷矿 6.5 万吨,盐 104.7 万吨。1942 年,运往日本的主要物资达 696.5 万吨,其中煤炭 507.9 万吨,铁矿石 48.4 万吨,矾土矿 17.8 万吨,磷矿 9.0 万吨,盐 113.4 万吨。① 据统计,到 1945 年 8 月,日本共从华北开采掠走煤炭 12000 余万吨,铁矿石 500 万吨左右,钢铁 60 余万吨,盐 1200 万吨,碱 20 余万吨,矾土矿石 300 余万吨,钨锰精矿石 21.9565 万吨,以及大量金矿、云母、石英等矿。② 这表明了日军对中国野蛮的殖民掠夺。

　　日军对华北地区农产品的掠夺主要是通过实施严厉的统制政策来实现的,棉花是日军在华北地区掠夺的重点。日军占领华北后不久,就立即宣布棉花为统制产品,对其生产、价格、销售和输出实行严格控制。1938 年 3 月,日本设立了"华北棉花公司",作为掠夺棉花的统一机关,并由华北临时政府颁布《棉花输出许可暂行条例》,"非经实业部总长之许可,不得输出"③。1939 年 3 月,日军在伪"华北临时政府"之下又专门设置了"华北棉产改进会",以扩大开发华北棉花生产。由于日军对棉花实行统购政策,老百姓被迫以低于市场价 20% 以上的价格出售给日本。日本又强行规定,必将将收购棉花的 40% 运往日本,17% 运往伪满洲,35.7% 供给华北日商纱厂做原料,不足 8% 运往华中华南交换物资。据资料,到 1945 年战争结束,日军计从华北掠夺了大约 2000 余万担棉花(皮棉)。除了棉花外,日军在华北还成立了诸如"米谷统制会""华北小麦协会"等机构,统制与掠夺华北地区生产的大米、小麦等重要农产品。1943 年 7 月,河北密云、通县、香河、大兴等 9 个县,一次即被征收小麦 3738 吨,山西汾阳、文水、孝义、交城等地每年每县被掠去粮食均在 10 万石以上,全省则在 500 万石以上。④

---

① 居之芬、张利民主编:《日本在华北经济统制掠夺史》,天津古籍出版社 1997 年版,第 417 页。

② 居之芬:《日本的华北产业开发计划与经济掠夺》;中共石家庄市委党史研究室编:《日军侵华暴行(国际)学术研讨会》,新华出版社 1996 年版,第 521 页。

③ 伪"中华民国临时政府"实业部编:《实业公报》1938 年第 6 期。

④ 中央档案馆等编:《日本帝国主义侵华档案资料选编·华北经济掠夺》,中华书局 2004 年版,第 787 页。

在华中日军占领区，粮食完全由三井、三菱等及军部合作统制。1939年输出的米达700万石，1940年达900万担。由于日军将大批米运走，连一向产米的无锡、常熟、芜湖，都因而发生了米荒。① 到1944年，日伪在这些地区征收的"军粮"，每石只付给农民伪币1700元，仅为市场价的1/20，有时连伪币也不给，只给两包卷烟或者几两食糖而已。由于日伪的超强度掠夺，农民不仅生产难以为继，连生存也受到严重威胁，有些农民实在活不下去，选择了自杀的道路，甚至有一家七口全部自杀的。

华中各地农村除了受到日伪的直接掠夺，还要遭受各种杂牌武装的捐税盘剥。每个据点敌、伪保安队，伪警察的供应费（包括食米、菜金、油费、服装、工事苇、灯油、办公费等），仅无锡东伪五区的马膀桥据点，只有20人左右的一个伪保安队，就要在7个乡镇中征收。2月征米11石多，柴280担，钱35万多元，计每乡征米1石6斗，树柴20担，稻草20担，菜金等5.1万元。2月征款150多万元，草140扭，每乡征20万元，稻草20担（市镇还要多）。无锡北伪二区的供应费：2月每个保安队要摊派到3.88万元，米3斗，还要加上伪镇公所和伪乡公所的经常费，敌伪过境的招待费，平均每月每亩要征收1—3升白米。公开的伪田赋，下芒（下半年）要征23斤（官定）到30斤稻。其他各节礼、年礼，伪军警特工的婚丧喜庆的强迫按户送礼，遍地设立税卡，牛捐猪税等更是名目百出。因此苏锡澄虞地区内，普遍感到食粮恐慌。到荒春3月苦8月的时候，无饭吃的事情将成为普遍严重现象了。②

蚕丝是华中地区主要输出品，在国际市场上被视为日本蚕丝的劲敌。日军占领江南蚕丝区后，开始大肆掠夺中国蚕丝。1938—1943年，日本共掠夺鲜茧达100多万担，价值合法币4亿元以上，对中国蚕桑业造成了严重破坏。③ 其中，由日伪扶植设立的"华中蚕丝会社"完全控制了江南地区的蚕丝业，垄断了江浙地区138家蚕种制造场的营业许可证，直接控制的蚕种场有14家。直营蚕种场的制种能力仅20万张，实际自1939—

---

① 陈翰笙等编：《解放前的中国农村》（二），中国展望出版社1987年版，第603页。
② 江苏省档案馆编：《苏南抗日根据地》，中共党史资料出版社1987年，第381页。
③ 陈翰笙等编：《解放前的中国农村》（二），中国展望出版社1987年版，第602页。

1943 年仅产蚕种 40 万张,其余则是凭借拥有的营业许可证委托的形式来控制。"华中蚕丝股份有限公司"凭借着对茧行的控制,历年以压级压价等手法强行收购干茧共约 2.5 万吨,每担茧价比平常市价压低了 1/3 左右,这造成了江浙两省干蚕茧生产量逐年下降。如表 7-8 所示,1940 年江浙两省干蚕茧产量达 260770 司马担;1941 年下降到 189240 司马担,减产了 27%;1942 年持续下降到 140140 司马担,又减产了 26%;直到 1943 年日本帝国主义的蚕丝业统制政策破产后产量才有所回升。这些被掠夺的蚕茧一部分用来供给在华侵占丝厂做原料茧,剩余部分蚕茧和废茧被运回日本国内作为制造军需被服的原料,以弥补其国内纤维生产的不足。1938—1943 年,"华中蚕丝会社"在江浙收茧 396784 司马担,占该地区所产干茧总量的 32.84%,直接收茧的比重虽然不大,但由于小丝厂、土丝产品实际上也在"华中蚕丝会社"的控制之下,可以说,江浙两省日占区的蚕茧已完全被"华中蚕丝会社"掠夺。

表 7-8　华中蚕丝会社历年收购江浙两省干茧数量统计(1938—1943 年)

(单位:司马担)

项目 年份	产茧量	指数	华中公司 收购量	占产茧量 比重(%)	小丝厂 及土丝 用茧量	占产茧量 比重(%)
1938	197300	100.00	35414	17.95	161886	82.05
1939	246330	124.85	90998	36.94	155332	63.06
1940	260770	132.17	114032	43.73	146738	56.27
1941	189240	95.91	68288	36.09	120952	63.91
1942	140140	71.03	47278	33.74	92862	66.26
1943	174390	88.39	40774	23.38	133616	76.62
总计	1208170	—	396784	32.84	811386	67.16

资料来源:徐新吾:《中国近代缫丝工业史》,上海人民出版社 1990 年版,第 379 页。

　　日军除了控制粮食和蚕丝之外,还加大对华中地区食盐、茶叶、桐油等物资的掠夺。据《四年来之敌寇经济侵略》记载,两淮的海盐产区面积共 35 万亩,年产盐约 60 万吨。1939 年 5 月,由伪"维新政府"设立"海州盐务管理局",8 月复于"华中振兴会社"下,成立"华中盐务公司",以开发海州盐为目的,资本总额 500 万元,伪"维新政府"认 250 万元,"华中振兴会社"出资 150 万元,大日本盐业及东洋拓殖会社则共认 100 万元。据该增盐计划称:"从济南、中正、板浦、临兴四盐场之年产 60 万吨,一举增至 200 万吨,以供日本内地化学工业所需之原料。"

日伪掠夺茶叶的最高机构为上海日商三井、三菱两洋行。三井洋行设有专营收购茶叶业务之"福利公司",下设茶厂二处,一为前汉口华茶公司之茶厂,二为闸北前昌记茶厂。该公司所需原料,系在浙属杭州、湖州,皖属宣城、芜湖收买,制造绿茶,对外推销。该公司于 1940 年春亦曾收购茶叶达 4 万箱之巨。三菱洋行则设有茶叶部,收购各地茶叶。武汉方面,日伪设有"武汉制茶股份有限公司",资本 20 万元,专制茶叶,运销外国,并在羊楼洞设有工厂。1941 年春季,日伪集资 50 万元,统制岳阳临湘一带茶叶,并在羊楼洞、羊楼司、城陵矶一带设庄收买。接近游击区的茶叶,则采用以盐换茶办法,大量掠夺。安徽的立煌、霍山、卢山、六安、舒城、岳西一带茶区,每年产额达 800 余万斤,亦被日伪直接收购或利用奸商,大量走私,集中六安,运销山东省。华南方面,1941 年 3 月 15 日,厦门日伪成立"华南茶叶合作公司"统制闽茶。其中由日伪召茶商投资 20 万元,组织"福建茶叶采运公司",华商投资 18 万元,组织"厦长茶叶采运公司",对外贸易,以合作公司名义开展活动。在惠安的崇武、獭窟、南安的运河、石井、海城之岛美悟屿、行头、井头、乌礁、洲坟、茂州、打石坑等地偷运出口之茶叶,统由该公司低价收购,高价配发各茶商,或运销南洋。

日伪对于华中沦陷区的桐油亦加以统制。安徽六安、太湖、舒城、宿松、岳西、霍山一带,年产桐油约 210 余万斤,1/10 均由日伪利用奸商大量搜集,由六安经卢江、无为运往芜湖沦陷区。湖北省西北年产桐油约 25 万担,也多半由敌人高价诱引奸商偷运赴汉,湘西每年外输桐油达 50 万石,1940 年大部分均走私到汉口。浙江省年产桐油 20 万担,日伪也以高价诱惑农民偷运出境。以上各地桐油,多半以走私方法直接输往岳州及汉口运达上海。据日伪统计,1939 年上半年抵沪的桐油数量为 4800 公担,约值 37 万元,1940 年上半年为 21473 公担,约值 1330 万元,均由日军收购运销。

日伪对华中畜产的掠夺主要集中于皮革收购。华中皮革以汉口、上海、蚌埠、芜湖为集散地。1938 年之前,日伪皮革收购集中在安徽,日商祥生洋行、三裕公司等曾派员纷赴蚌埠收购。同年 9 月间,日伪在汉口成立"华中皮革协会"后,华中皮革收购业务即由该公司经营。11 月开始统制,收购数量年达百余万斤。1939 年年底,日商大仓、三井、岩井、瀛华、大同、桀谷、新泰、真奇八家集资 340 万元,将"皮革协会"改组为"华中皮革股份有限公司",设总公司于上海,设分公司于汉口,设办事处于内地各重要集散地点,收购贩卖华中皮革。华中皮革,至此全由日军统制。1937 年,由上海输出的皮革共约 30755 千公担,1938 年为 139 公担。经由中国海关出口,1937—1940 年四年输日皮革共达 26314637 元,羊毛达 6527721 元。

华中兽毛出产以猪鬃、羽毛为主,其输出也为日伪所统制。统制办法系委托日商三井、大仓、岩井、荣泰等洋行,派员前赴开封、汉口等地,设庄高价大量收买。羽毛类的鸭毛、鹅毛及其他禽毛等,也为华中重要输出的大宗。1940 年上半期华中羽毛输出达 13500 公担,大部分均为日军所收买。[①]

由于日军对粮食等农产品的极度掠夺,同时又对农村所需的日用品等物资实施严厉统制,这就从根本上窒息了农村经济,恶化了农民生活。

第二节　伪"满洲国"、伪"蒙疆"地区的商业流通和市场

一、伪"满洲国"的商业流通和市场

(一) 统制经济下的物资流动

中国东北的农业很久以来就和来自关内移民的商业资本有着紧密关

---

① 国民党中央调查统计局特种经济调查处编:《四年之敌寇经济侵略》,1941 年印本,第 100—103 页。

系,农民或多或少被纳入商品经济内。后来随着俄国、日本资本主义为首的列强进入东北,使东北农民日益受到资本主义商品经济的影响,并被置于他们的统治之下。这个过程明显地表现在农产品商品化的发展。根据1933年满铁调查课的调查:大豆商品化率达到80%—83%,小麦79%,高粱40%—42%,玉米35%—36%,谷子20%—22%,其他谷类16%—17%,东北农产品商品化率总平均为53%[1],这表明东北农业的商品性质是相当强的。

在东北农产品的交易过程中,"定期集市"起着非常重要的作用,同更具有近代性质的集散地(县城市镇)交易一起存在很久了。尤其在东北南部地区,距离满铁干线不远的地方集市很多,在辽河以西这种集市尤为发达。另外在热河、冀东地区也保留着这种交易方式。在这些地方,县城本身有定期集市,县以下的各镇也有各自的集日,通常是在每月6天的集日里,有成百上千的农民从近郊汇集到这里进行农产品或日用品的买卖。而在满铁、奉山、安奉各线的沿线和辽河沿岸的县城和市镇集中一些粮栈,这里的粮栈在本店、支店、代理店、联号等有机组织下,集中农产品,然后与大连、奉天等中央市场的特产商、出口业者结合在一起,形成了农产品的流通机构。当地粮栈从农民买进的农产品,即刻通过铁路或水运运往大连,几天之后经过出口商之手从大连港向欧洲、日本、中国关内输出。如以花生为例,从盖平附近收购的花生经过当地粮栈再由丹麦的商业资本宝隆洋行向欧洲市场出口,此外棉花、青麻、牛羊等也各自经过当地的棉花栈、麻栈、牛马店之手运往国外和国内的消费市场,这些商品的价格受强大的中央市场大连的行情影响,尤其是大豆,深受欧洲伦敦市场的控制。[2]

在伪"满洲国"实行统制经济之前,流通机构主要为外国商业资本所掌握,民族商业资本充当买办作用,其次才是密布于农村的零星商业资本。其流通渠道一般由厂家、进出口商、批发商、大批量用户、零售商、消费者这

---

① 〔日〕日本满史会编著:《满洲开发四十年史》上卷,东北沦陷十四年史辽宁编写组译,1988年印行,第565页。

② 〔日〕日本满史会编著:《满洲开发四十年史》上卷,东北沦陷十四年史辽宁编写组译,1988年印行,第565—572页。

条线联结着。这种复杂交易中的重要环节一方面是批发商和货栈,以它们为中心联结着外国商业资本;另一方面与农村商业资本相联结。东北的大豆、棉花、畜产、手工业品、进口货等商品流通过程大致如下:

大豆等农产品:农民→小贩→(客商)→粮栈→(客商)→粮栈→(经纪)→粮店、油坊、烧锅;

棉花:棉农→小贩→花店→花号→棉花栈→(经纪)→纺纱厂→铺庄洋行;

畜产:农牧民→土拨子→皮毛拨→(客商)→货栈→铺庄洋行;

手工业品:工匠→小贩→厂家→(客商)→经纪→铺庄洋行;

进口货:洋行、满商→经纪→货栈、杂货铺、小贩→消费者。①

可见,东北土特产商品的流通过程相对复杂,每种农产品流通需要经过多个机构,且又以农产品的种类不同而各不相同,但是,不管哪种农产品,货栈作为联结农民和出口商的当地商人资本,在东北农产品流通过程中起着至关重要的作用。例如,从大豆等农产品的流通渠道可以看到,一般粮栈从农民那里收购农产品,再把它卖给油房或出口者,从中获得商业利润。从农民那里直接收购往往是地方小粮栈,但集散地的大粮栈也有的直接从农民收购。买卖形式有实物交易和期货交易(即所谓买卖青田)。农民用自己的马车把粮食运送到粮栈院内。没有马的小户、贫农只能把大豆卖给有马的中农、富农。小户、贫农遭到富农的剥削,或者因卖青田等形式,大部分利益被商人掠夺去。集散地粮栈把收购的粮食转卖给油房和出口商人。

日本发动全面侵华战争之后,为了控制和掠夺中国东北战略资源,日伪提出了根据五年计划制定的增产政策和流通统制。随着战时统制经济的不断加强,日伪进入所谓“物资动员”时期,一切重要商品都作为战争服务的手段纳入关东军和伪“满洲国”的统制之下。在农业方面,理所当然地将大豆和大米、小米、小麦等主要粮食置于统制之下。

---

① [日]日本满史会编著:《满洲开发四十年史》下卷,东北沦陷十四年史辽宁编写组译,1988 年印行,第 224 页。

1938 年 10 月,伪"满洲国"颁布了《米谷管理法》实行粮食配给,建立了农民→合作社→粮谷会社→(粮栈组合)→消费者的一元化统制方式,此外,由于"棉业联合会""制粉联合会""生活必需品会社"等统制机构的建立,使东北农业被置于强有力的统制之下,成为日本帝国主义进行战争不可缺少的一环。

1938 年《米谷管理法》具体内容如下:若新开水田,须经行政官署许可。在取得许可的水田以外不得种水稻,其次在废止水田或停止耕种水稻时,须向行政官署提出申请。非粮谷会社不能从大米生产或作为地租收取大米以及其他产业部大臣确定的米谷取得者那里收购大米。粮谷会社收购的大米,只能卖给取得地方行政官署许可的粮米贩卖者,不能出售给其他任何人。会社收购或出售大米的价格,须经兴农部大臣批准。粮米加工业者需要增添新设施时,须经所管大臣的批准。米谷销售业者取得地方行政官署的许可后成立米谷配给组合,为使米谷配给顺利和价格合理,须规定大米的零售价格和对组合成员配给比例等,其次该组合不能以营利为目的经营事业。

1939 年,伪"满洲国"政府公布了《特产品专管法》,开始对特产品进行统制。根据这项法令,成立了"特产品专管公社"。统制对象为大豆、苏子、小麻子、大麻子、花生、胡麻、棉籽、亚麻仁、向日葵籽和以其为原料加工的油。农民如果准备出售上述各种农产品,除特殊情况外,只准许在交易所或经地方行政官署指定的场所进行交易。在交易所或指定场所收购特产品的,只限于粮栈,兴农合作社及专管公社或其特约收购人。收购方法既可以用行商办法,也可以按交易所的等级价格(固定价格)。粮栈收购的特产品,只要没有地方行政官的特殊许可,就必须全部卖给专管公社或其特约收购人。另外,特约收购人所收购的特产品都必须全部卖给专管公社。专管公社经兴农部大臣批准,按事前公布的收购价格收购。对大豆、小麻子、苏子、胡麻、花生五个品种,限在一定期间内将"出荷"奖励金通过粮栈支付给农民。油房业者,特殊加工业者,须经地方行政官署许可,使用专管公社和粮栈或合作社等收购的特产品。特约收购人由兴农部用布告公布,例如,混保大豆有三井、三赛、宝隆洋行。关于改良有高木商店、大矢组、桥本洋行、桥口洋行、深尾洋行的朝肥合资等。①

伪"满洲国"政府实施统制经济末期,为了进一步加强对日粮食和工业原料的供给,对农产品及其加工商品采取更加严厉的统制政策。图7-2是伪"满洲国"统制经济末期农产品流通示意图。东北地区传统意义上的农产品交易所和土特产出口贸易商均失去了存在价值,同时农产品及其加工商品的流通方式也逐渐趋于单一。农民上交的农产品除一部分出口到中国台湾、朝鲜、日本和中国华北之外,在伪"满洲国"流通部分,主要通过粮栈组合。根据农产公社的指示,委托各地大小规模不等的油坊、磨场和碾米场进行加工,然后分拨给各类消费组合,再下拨给各类配给店,最后进入消费者手中。

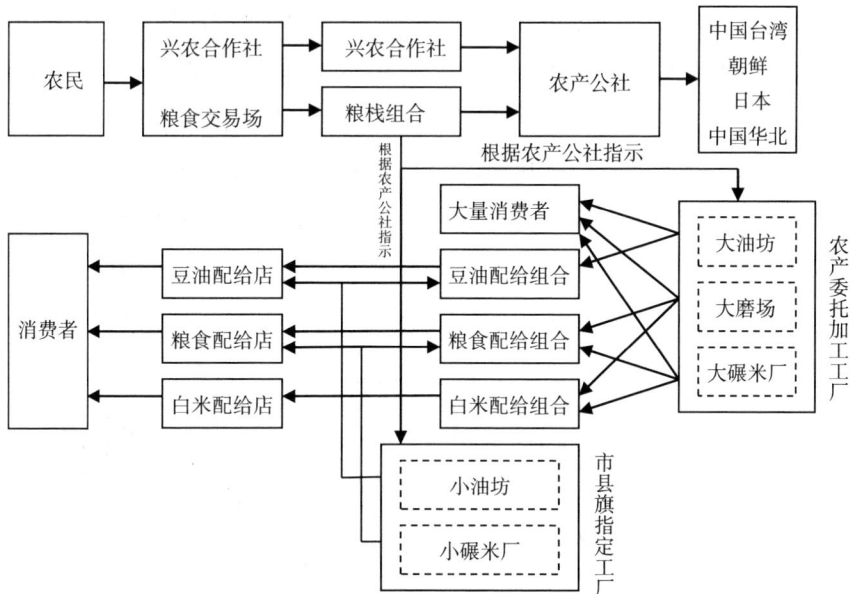

图 7-2 伪"满洲国"统制经济末期农产品流通示意图

资料来源:东北物资调节委员会研究组编:《东北经济小丛书·农产流通篇》上册,1948 年印行,第142 页。

除农产品之外,其他物资也均由各类机构加以统制。例如,钢铁、有色金

① [日]日本满史会编著:《满洲开发四十年史》上卷,东北沦陷十四年史辽宁编写组译,1988 年印行,第 591 页。

属、煤炭由"日满商事株式会社"统制,羊毛由"满洲羊毛同业会"统制,棉花由"满洲棉花株式会社"统制,小麦、面粉由"满洲制粉联合会"统制,生活必需品由"满洲生活必需品株式会社"统制。此外,盐、石油、酒精、火柴均实行专卖,其生产、配给、价格等均实行统制。通过建立如上那样的农产品统制机构,日本直接控制了中国东北的农产品,用于扩充侵略战争的力量。

(二) 伪"满洲国"商业的衰退

"九一八事变"后,由于日本掌握了政治主导权,大量日本人涌入中国东北地区。首先是军人军属、官吏和职员,其次是一般工商业者、土木业者、农业生产者及其家族。表7-9是伪"满洲国"商业人口概况。截至1937年10月1日,包括居住在关东州的日本人、朝鲜人和中国台湾同胞共达154万余人,比1932年的83万人增加了83%。其中,日本人为60万人(军人军属不在内),朝鲜人94万人,中国台湾同胞600人,日本人比1932年增加2倍多,共增加33万人,朝鲜人约增加1.5倍,共增加40万人,中国台湾同胞增加500人。[1] 1937年,伪"满洲国"商业人口中的中国人占95%,日本人占4.8%,到1940年中国人下降到92.8%,而日本人上升到7.0%。在日本特权庇护下,短时期内日本商业人口的剧增,也反映了对中国民族工商业的挤压。

表7-9　伪"满洲国"商业人口概况(1937—1940年)

项目 年份	有职人口总数	商业人口									有职人口中商业人口百分数(%)	指数
		总计	占比(%)	中国人	占比(%)	日本人	占比(%)	其他外国人	占比(%)			
1937	18844485	1126974	100	1070390	95.0	53951	4.8	2633	0.2		5.98	100
1939	20132162	1184258	100	1119579	94.5	61358	5.2	3321	0.3		5.88	105
1940	20949225	1202918	100	1115774	92.8	84451	7.0	2693	0.2		5.74	107

资料来源:东北财经委员会调查统计处编:《伪满时期东北经济统计》,东北财经委员会调查统计处1949年印行,第238页。

表7-10是伪"满洲国"公司规模比较。随着日本商人和商业资本的

---

① ［日］日本满史会编著:《满洲开发四十年史》下卷,东北沦陷十四年史辽宁编写组译,1988年印行,第263页。

表 7-10　伪"满洲国"公司规模比较（1937—1943 年）

（单位：千元）

项目 年份		总计		10 万元以下		10 万—50 万元		50 万—100 万元		100 万—500 万元		500 万元以上	
		数量	%	数量	%	数量	%	数量	%	数量	%	数量	%
公司数	1937	1436	100	1216	84.7	172	12.0	23	1.6	22	1.5	3	0.2
	1940	2315	100	1857	80.2	396	17.1	32	1.4	23	1.0	7	0.3
	1943	2160	100	1234	50.7	804	37.2	57	2.6	58	2.7	7	0.3
资本金	1937	114638	100	23371	20.4	28653	25.0	12650	11.0	33964	29.6	16000	14.0
	1940	209594	100	33954	16.2	56171	26.8	14671	7.0	27457	13.1	77341	36.9
	1943	447847	100	44006	9.8	133450	29.8	32240	7.2	100114	22.4	138037	30.8

资料来源：东北财经委员会调查统计处编：《伪满时期东北经济统计》，东北财经委员会调查统计处 1949 年印行，第 238 页。

大规模进入,从1937年至1943年,东北地区公司的数量和资本金规模均有一定增加,但是,从结构上来看都呈现出一个非常明显的变动趋势,即小规模公司大幅减少,而中、大型规模公司显著增加。这说明伪"满洲国"政府实行统制经济之后,资本逐渐向中、大规模公司集中,而商业资本较弱的民族企业却不断衰退。

1939年,伪"满洲国"政府在实行生活必需品统制配给时,曾经对商业有一次"实态调查"。表7-11是1939年伪"满洲国"的各项商业统计,虽然该统计很不完整,但大致反映了东北商业的状况。

表 7-11 伪"满洲国"的商业统计(1939 年)

项目 行业	户数 (家)	资本 (万元)	店员数 (人)	销售额 (万元)	利润额 (万元)
粮食业	5251	13390	63149	96882	3303
批发	633	6727	11905	38029	961
零售	4618	6663	51244	58853	2342
副食、烟酒业	19541	23414	114534	87780	4807
批发	923	11772	11110	23259	1303
零售	18618	11642	103424	64521	3504
纺织、百货业	14265	41774	152670	142779	11428
批发	2038	26791	33646	60175	3905
零售	12227	14983	119024	82604	7523
燃料业	926	941	4493	3492	255
批发	79	193	436	760	72
零售	847	748	4057	2732	183
机器业	2614	24853	23272	24479	1997
建筑材料业	2039	9234	30181	27456	2178
其他	18035	23778	133070	71716	6491
总计	62671	137384	521369	454584	30459
批发	5664	71077	91195	164296	8900
零售	57007	66307	430174	290288	21559

资料来源:东北财经委员会调查统计处编:《伪满时期东北经济统计》,东北财经委员会调查统计处1949年印行,第239—243页表6-12。

东北商业行业原以粮栈业为最大,除购销粮食外,还供应油房、磨房、烧锅原料,或兼营加工。由于日伪对东北农产品的掠夺,主要农产品不仅产量下降,而且商品率在 1939 年以后明显下降,1939 年为 48.0%,1940年下降到 25.3%。[①] 因此,粮栈业日益衰退,1939 年东北有粮商 5251 家,资本总额 13390 万元,平均每家 2.5 万元,地位已经在绸布业以下。副食、烟酒商业 19541 家,资本总额 23414 万元,平均每户 1.2 万元。纺织品和百货商 14265 家,资本 41774 万元,平均每家 2.9 万元,超过粮栈变成第一大商业行业。不过以后即实行生活必需品统制配给,粮食和纺织、百货商业首当其冲,基本上变成"满洲农产公社"和"生活必需品会社"的配给店,营业和利润都受严格限制,总体而言二业均处衰落。这一时期,五金和电器商业发展非常迅速,1939 年有 2614 家,资本总额达到 24853万元,虽然资本总额位居第二,但平均每家 9.5 万元,位居第一。总的来说,在 1939 年以前,随着城市和工业建设的发展,商业也有所发展。1939年是日占时期东北经济发展的高峰年,随着日伪统制经济的强化,伪"满洲国"商业日益萎缩。

由于实行统一分配制,私人工业丧失了原料来源,在基本生活资料的供给方面实行了配给制。这样,东北民族工商业彻底丧失了经营自主权。

1937 年 5 月,伪"满洲国"公布《重要产业统制法》,把原属于自由经营的制粉业、纺织业、油坊、火柴制造业作为特殊企业置于"政府"指导监督之下。1940 年 6 月颁布《物资及物价统制法》,规定生活必需品及其他物产的销售价格等都由公定,并且一切从业者都要组成"统制"组合,通过特殊会社与准特殊会社进行统制。

《重要产业统制法》规定所谓重要产业完全由特殊会社或准特殊会社经营,在其投资中,东北民族资本所占比例较小。据 1943 年的统计,伪满工矿交通部门中的私人资本,主要是日本私人资本,占 97%,属于中国私人资本的仅占 3%。1945 年 6 月,在伪满"特殊会社"和"准特殊会社"

---

①　东北物资调节委员会研究组编:《东北经济小丛书·农产流通篇》上册,1948 年印行,第 5 页。

资本中,中国私人资本更是微乎其微,在工业中占 0.5%,在交通业中仅占 0.2%,在矿业中则为 0,总计仅占 0.3%,绝大部分为日本政府、日本私人资本及伪"满洲国"政府所占有。

一些规模较大的民族工商业逐步被排挤出重要生产领域,有的成为日伪指定的加工厂,有的甚至破产。由于煤炭、钢铁的来源初受限制,继则告绝,中国人的一些小型铁工厂和手工业小铁炉纷纷破产。例如:大连顺兴铁工厂、沈阳的兴奉铁工厂、哈尔滨的振兴铁工厂等先后宣告歇业。由于粮棉油类农产品统制,大连、营口、哈尔滨、长春等地油坊业、火磨(制粉工厂)、纺织业陆续倒闭 200 多家,甚至小油房、注磨坊的碾子和石磨也被没收。到最后,伪"满洲国"政府下令将中国资本家旧存的钢材、旧铁、机械、机器和零件以及破产歇业的全套机器设备,统统以低价强制收购,民族资本损失达到 8 亿多元。[①]

长春益发合公司始创于 1892 年,到 20 世纪 20 年代,建立了比较近代化的制油厂和制粉厂,并还涉及其他一些行业,不仅在关内外 20 多个城市设立了分支机构,其触角还远达日本的大阪和名古屋,成为东北地区最大的私人企业之一。但是,在日伪经济统制的摧残下,本土企业每况愈下,许多工厂纷纷倒闭。到 1926 年,民族资本的制油厂只剩益发合一家,1929 年,民族资本的制粉厂只剩益发合和裕昌源两家。尽管在 1938 年益发合增设了制米厂,1939 年增设了造酒厂,1940 年增设了碾米厂和油坊,但在 1940 年以后,其面粉厂因丧失自产自销能力而停止小麦生产去加工包米粉,1939 年在长春设立的造酒厂到 1941 年前后就停了业。伪"满洲国"末期,益发合的工厂变为日伪军粮豆油的加工厂,粮栈变成收购所,百货店变成了配给站,库房变成了"满洲生产必需品公社""满洲纤维联合会""满洲农产公社"的仓库,这时的益发合实质上变成了日伪战时经济的一个分支,一个加工厂。

益发合的情况反映了民族资本主义工商业在日伪统治时期的遭遇,

---

① 中国人民政治协商会议全国委员会文史资料研究委员会编:《文史资料选辑》第 39集,中华书局 1963 年版,第 61 页。

至于以农产品为原料的中小工商业更为困难,不是成为统制机构的加工厂就成为代销店或配给店,只能靠固定的加工费和手续费取得固定收入,以维持门面,至于企业的倒闭,更是屡见不鲜,如1942年,沈阳倒闭的各种工厂竟达836家之多,1943年哈尔滨道外的民族资本饮食店共337家,竟有146家歇业,占43%。双城县于1943年春,一次即封闭315家磨坊。同年,本溪市豆腐房88家中的1/3,煎饼铺300余家中的2/3均告歇业。齐齐哈尔的工商业从1939年的2407户,下降到1941年的886户,有1521户倒闭。这些都是由于粮食配给不足或根本不配给造成的。在伪"满洲国"崩溃前夕,民族工商业极端凋敝,经济生活一片荒凉。[1]

民族工商业的衰落凋敝,是东北经济沦为殖民地经济的主要特征之一,也是一种必然的结果。日伪日益加强的经济统制,使民族工商业活动的范围越来越小,加之日本资本的大量入侵,在竞争中民族工商业处于劣势,不可能有较大的发展。因此,伪满政府崩溃前夕,工商业极端凋敝,经济一片萧条,取代正常商业活动的是物物交易或黑市交易。

(三)伪"满洲国"的物价上涨和人民生活贫困化

1937年5月,伪"满洲国"颁布《重要产业统制法》,对各产业部门实施统制,引起价格波动。进入1938年,物资的供求关系不平衡逐渐表面化,物价的上涨如水决堤。1937年年末至1938年年末的一年里,原料物资和建设材料约涨三成,消费物资提高四成四分,加上1937年的小麦歉收,更助长了物价上涨的势头。

在这种形势下,伪满政府于1938年4月修改了《暴利取缔令》,对小麦、面粉、烟草等物资设定公价,对钢铁、煤炭、硫铵等物资按分配价格实施统制,当时尚未涉及进口商品为主的一般消费品。但这些努力仅仅只是昙花一现,到1939年情况更加严重,物价的涨势从生产资料、大豆到一般消费物资,输出品的上涨率更高于输入品。1939年年末与1938年12

---

[1] 东北沦陷十四年史总编室编:《1931—1945东北沦陷十四年史研究》第1辑,吉林人民出版社1988年版,第135页。

月上涨率相比,大豆等特产品为 33%、杂粮为 81%、粮食为 34%、纺织品为 19%、建筑材料为 30%。

1940 年,伪"满洲国"物价的趋势越来越显示出恶性通货膨胀的趋势,上一年度以消费物资为主的全面物价高涨进一步加剧,迫使重要物资的统制价格无法保证,伪满政府不得不修改农产品价格政策,先后提高了农产品、麻袋、水泥、煤炭、钢铁等物资的统制价格。提高输出农产品的收购价格,导致统制以外的农产品价格大涨。在 1940 年的一年里,各类物资的价格普遍上涨。以伪"满洲国""首都"新京为例,其批发物价指数,如以 1936 年指数为 100,则 1937 年至 1940 年的物价指数如表 7-12所示。

表 7-12　新京批发物价指数(1937—1940 年)

[1936=100(满洲中银)]

项目 \ 年份	1937	1938	1939	1940
总平均	118	141	171	213
特产	109	193	146	153
杂粮	116	122	169	264
食料品	107	118	147	189
纺织品	116	165	209	240
金属物	174	228	168	225
建筑材料	117	141	183	201
灯用燃费	104	113	137	187
杂货	117	156	207	318
输入品	125	164	187	233
输出品	112	114	149	195
国内品	112	132	168	218

资料来源:[日]日本满史会编著:《满洲开发四十年史》,东北沦陷十四年史辽宁编写组译,1988 年印行,第 253 页。

伪"满洲国"的物价政策是建立在公定价格制度和物资配给制度之

上,但要取得经济统制的实效却非常困难。东北大部分是半封建的农村,原有流通机构在此根深蒂固,兼充地主、商人和高利贷者的民族资本在农村掌握着最后的分配机关。随着统制增强,物资枯竭,通货膨胀的加剧,相当多的生产品流到分配组织之外,形成黑市商品。哪种物品需要量大,或哪个地方需要越多,结果和需要相比它的绝对数量就越少,黑市情况就越严重。一般情况下黑市价格超过公定价格的 3 倍乃至更高,价格暴涨最厉害的物品是纤维类物品的棉布类,平均为公定价格的 10 倍多,其次是专卖品和生活必需品。

广大民众为了求生存,在公定市场上买不到的商品就只能求购于黑市,而黑市的物价更是高得惊人,而且是一涨再涨。1942 年至 1944 年,沈阳、长春、哈尔滨黑市物价指数,如以公定价格指数为 100,其各年各地黑市物价指数如表 7-13 所示。

表 7-13　公定价格与黑市价格的比较(指数)(1942—1944 年)

(公定价格为基准 = 100)

项目 商品	沈阳			长春			哈尔滨		
	1942 年	1943 年	1944 年	1942 年	1943 年	1944 年	1942 年	1943 年	1944 年
大米	415.7	1258.2	1669.0	328.3	756.1	1151.0	379.2	934.3	1444.1
白面	694.2	1407.5	3757.8	623.7	817.5	3788.9	562.9	1075.9	4136.8
高粱米	603.4	2497.7	1762.0	583.5	1078.7	1445.9	652.0	1653.4	1816.7
小米	399.5	2456.6	—	268.6	1024.7	—	297.5	1443.9	—
大豆	440.2	1648.4	1473.2	294.7	556.9	1001.4	409.5	705.3	740.7
鸡蛋	173.1	201.7	324.0	175.9	227.0	329.8	143.8	224.6	308.3
猪肉	154.4	360.8	466.7	151.5	205.6	294.4	138.3	238.4	271.3
牛肉	136.3	324.4	530.0	141.2	199.2	317.4	140.5	207.1	300.3
砂糖	416.8	1213.6	2058.4	397.6	977.5	3083.8	447.3	878.6	2470.1
豆油	775.2	1188.7	1945.2	440.5	916.2	2414.0	618.1	1343.2	1832.3
烧酒	283.1	902.0	1438.5	258.3	386.8	702.9	248.3	780.6	1466.7
纸烟	381.0	624.3	751.6	200.0	328.0	528.7	328.0	476.2	484.1

续表

项目 商品	沈阳			长春			哈尔滨		
	1942 年	1943 年	1944 年	1942 年	1943 年	1944 年	1942 年	1943 年	1944 年
棉纱	1050.2	1603.8	3033.1	883.9	1201.9	2853.7	1144.4	1441.5	3229.7
棉布	999.5	1526.8	6973.7	850.7	1499.0	1150.3	808.1	1749.8	5550.2
煤	238.3	354.9	857.1	202.9	241.7	1099.8	153.5	186.1	972.2
火柴	500.5	756.1	1104.2	592.8	937.2	1241.6	670.9	1040.1	1708.3

资料来源:东北财经委员会调查统计处编:《伪满时期东北经济统计》,东北财经委员会调查统计处1949 年印行,第 308 页。

　　在通货膨胀、物价上涨的大背景下,东北人民生活水平日益贫困化。伪满政府对粮食等主要生活资料实行严格的配给制度。1943 年对中国人一般乙种配给量是成人每月 9 公斤(新京),规定虽是如此,实际配售量大大低于这个数量。鞍山一般乙种配售量是成人每月 6 公斤,奉天只有 4—5公斤。越到后期,配售数量越少,粮食质量也更低,而且经常中断。广大群众忍饥挨饿,只有少数富裕者才有可能从黑市上购买一点粮食。

　　不仅如此,在各个行业中,中日工人工资待遇大不相同,相去甚远。表 7-14 是 1940 年东北境内的中日工人工资比较,可见中国工人工资往往被压得很低,按工人每工时实得工资平均数计算,1940 年中国工人工资只有日本工人工资的 1/3 左右。按照这样的收入和物价比例,工人一个月的全部工资也只能买一二十斤普通的粗粮。

表 7-14　东北境内的中日工人工资比较(1940 年)　　　(单位:元)

行业 项目	中国工人	日本工人	行业 项目	中国工人	日本工人
总平均	0.12	0.34	制材业	0.14	0.42
煤气业	0.12	0.41	纺织业	0.09	0.31
金属业	0.16	0.43	食品业	0.17	0.34
机械业	0.16	0.41	印刷装订业	0.15	0.45
化学业	0.13	0.41	其他工业	0.19	0.40
窑业	0.16	0.41			

资料来源:伪满经济部编:《满洲工场统计》,伪满经济部工务司,1940 年印行。

严重的粮食不足,不仅造成人民生活水平的严重下降,疾病、死亡率急剧升高,还导致许多骇人听闻的惨剧。据资料,"龙江省"泰来县大五家子警察署管内101户,5月特配粮食已经用尽,村民以野草之花"黄花"充饥,因而村民中营养不良、全身浮肿、呈现中毒状态者很多。"三江省"鹤立县有300人因无粮自杀。佳木斯市内住民全以豆腐渣、糠、草根等充饥。

人民为了生存,同伪满政府展开了夺粮斗争。仅1943年上半年,要求开仓放粮,配给民食的请愿活动已达45件,其中以北安、奉天、通化最多,其次是四平、东安、龙江、锦州等。[①] 警察署一方面实施镇压;另一方面对策是配给土豆及其他代用食品,同时实行疏散城市流动人口,对重要劳动者及官吏实行重点配给,对一般市民实行限制配给。所以,民食不足的现象相当普遍。

二、伪"蒙疆"地区的商业流通和市场

伪"蒙疆"地区位于察哈尔、绥远二省和山西省北部,包括乌兰察布盟、巴彦塔拉盟、土默特旗、锡林郭勒盟、察哈尔盟和张家口市、厚和豪特市(今呼和浩特市)、包头市以及晋北部分县,面积50多万平方公里,人口565万人,其中80%是汉族。

"七七事变"之前,该地区与外界的贸易主要有5条通道。通过京包线(对华北交易)和同蒲线(对山西交易)进行,以张家口为中心,进行沿线各城市与津京之间的贸易,输出粮食、皮毛,输入日常生活用品。通过黄河水路的西北贸易渠道,以包头和厚和为中心。对伪"满洲国"贸易的多伦—承德—赤峰渠道,主要输出家畜、蒙盐,输入砂糖、烟草、砖茶、日本酒等。该渠道主要被大蒙公司、三井物产所垄断。山西贸易的大同—太原渠道,主要是在晋北地区与山西省之间进行,输出品主要是棉布,输入

---

① 警务总局编:《经济情报》,1943年12月。

品是山西产烟草。①"七七事变"之后,由于治安恶化和物资统制等因素,"蒙疆"地区与外界的贸易受到较大影响,境内商业流通也趋于衰退。

日本对伪"蒙疆"地区的占领政策非常明确,即输出战略资源,输入日本工业品。为了有效地控制资源,日伪在伪"蒙疆"地区通过三菱、三井、大仓等来垄断和控制各大城镇商业的发展,同时通过"组合"制度控制各类物资流通。1938年,日本三井、大仓两财阀与伪"蒙疆"政府集资20万元,设立出口公司,统制平绥沿线的驼羊毛、皮革、蛋粉、油脂等产品的销售。1939年9月底,日伪成立"蒙疆商业株式会社",资本1000万元,由伪"蒙疆联合自治政府"及"华北开发会社"各出一半,专销日本货,从而使内蒙古市场成了日本商品的天下。

统制伪"蒙疆"地区商业流通的最大组织是"蒙疆公司"和"大蒙公司"。蒙疆公司为日本统制伪"蒙疆"经济及经营一切商业之主要机关,1938年8月成立,总部设张家口,其负责人为常务董事渡边侔等。大同、归绥等地均设有支店,业务共分四部:烟土部、皮毛部、杂粮部、铜货部。抗日战争前各店积存的皮、毛货物,一半由日人估价收买,一半限定伪"蒙疆"境内销售,不准华商收买新货,各地皮毛商因此纷纷倒闭。"蒙疆公司"收购的杂粮存储于平津两地,以备日军军需或转运日本国内。所有铜货不准自由运销,只限于"蒙疆公司"收购。"大蒙公司"经营日本及伪"满洲国"的砂糖、煤油、酒类、杂货、烟草、纺织物等,向伪"蒙疆"输入,并经营平绥沿线食粮、盐、皮类、牲口等输出。1937年营业总额达229.3万元,资本150万元。总部初设长春,后移至张家口,支店分设沈阳、归绥、包头、大同等地,经营输出入贸易。从日本及伪"满洲国"购买砂糖、煤油、酒类、杂货、烟草、纺织物等向伪"蒙疆"输入;输出平绥沿线的食粮、蒙盐、皮类、牲口等。②

各类重要商品的生产、流通、消费等整个领域均被日伪统制。例如,

①　[日]兵库县兴亚经济协会编:《跃进蒙疆的产业与贸易》,兵库县兴亚经济协会1943年印行,第66页。

②　中国抗日战争史学会、中国人民抗日战争纪念馆编:《日本对华北经济的掠夺和统制》,北京出版社1995年版,第1024页。

粮食是最重要的战略物资,按照 1939 年颁布的《贸易统制法》,伪"蒙疆政府"对粮食运输采取"许可制",对经营粮食输出入同业者进行严格登记管理。1940 年 3 月 7 日,指定"察南谷类联合会""厚和粮货栈公会""巴盟各县粮食同业公会""三井物产株式会社""三菱商事株式会社""正华洋行""永和洋行""大蒙公司""蒙疆公司""兼松洋行""大兴贸易株式会社"为政府指定的杂粮输出同业者。[①] 12 月 1 日,又颁布《粮食管理令》,不仅对粮食输出入实行统制,同时对粮食的收购、转让、买卖以及粮食的价格、加工、消费等各个环节均实行了"许可制"。农民除政府所指定的收购同业者不得向他人转让或推销粮食,指定收购同业者把从农民手里收购的粮食必须转交给获输出粮食的权力的专人或同业者。

在粮食加工方面,伪"蒙疆政府"也实行"许可制"。日本从 1938 年至 1941 年先后投资设立了"包头面粉股份有限公司""厚和制粉股份有限公司""大同制粉工厂""瑞丰面粉无限公司""日蒙制粉股份有限公司""益丰制粉股份有限公司"6 家大型粮食加工贩卖厂家,依靠特有的权力和雄厚的资本,垄断了该地区粮食加工行业,严重打击了当地民族面粉工业的发展。[②] 在粮食价格方面实行了"公定价格制度",以统一的物价制度对伪"蒙疆"地区的物价进行了统制。粮食公定价格和配给标准价格都很低,上涨幅度也很小。而对民需粮食则以低价收购,高价出售,残酷掠夺人民财富。消费方面实行"粮食配给"制度,配给对象分"特需、准特需、民需"等次,当然首先确保其特需、准特需。至于"民需",则竭力限制民间消费。

由于日伪对主要商品流通的统制和大规模的掠夺,使得当地民族工商业纷纷倒闭,商业日渐衰落。张家口是伪"蒙疆"地区最大商业城市,原来有 600 多家毛皮商店,"七七事变"后就有 300 多家商店关了门。皮革业由原来的 600 多人到日本投降前夕减少到 200 多人,皮裘业由 2000 多人剩下 500 多人,粗业由 400 多人剩下 100 余人。素有"皮都"之称,长

---

① [日]福岛义澄编:《蒙疆年鉴》,蒙疆新闻社 1941 年版,第 101 页。
② 呼和浩特市政协文史和学习委员会编:《归绥地区抗日斗争通志》,内蒙古人民出版社 2015 年版,第 70 页。

盛不衰的张家口皮毛业,经日本 14 年的掠夺,变得萧条冷落,一蹶不振。[1] 西北贸易重镇包头被日本占领之后,西北贸易基本中断,原有各种工商业 1000 多户,"七七事变"后就只剩下 500 多户,市面极其萧条。[2]

晋北的大同在日军占领前行商非常活跃,经商者多达 1500 余户,主要经营牲畜、煤炭、粮食、杂货等。大多从事批发行业,从绥远、包头等地贩运杂货、皮毛等到大同销售或者发往天津、太原等地,然后再从大同的农村地区收购特产、药材、粮食、农副产品等运到口外销售。[3] 日军占领大同后,实行经济封锁,垄断物资流通,斩断了行商的命脉,昔日的大商号纷纷倒闭。日军还对商铺进行疯狂抢夺,商铺主纷纷弃商保命。据统计,大同沦陷后残存的商铺仅有 850 家左右,其中杂货店近百家,米面店 65 家,皮货、油、盐店各 30 家,旧物店 25 家,所有这些店铺的总资本仅 40 余万元,商业凋敝情形可见一斑。本地商铺衰落的同时,大批日本人纷纷涌入,先后在大同开设了 300 多家商店,经营范围涉及所有行业,几乎垄断了大同市场。当时的大同街道两旁,日本招牌比比皆是,很多中国商店都竞相模仿日本式样改换招牌。1936 年,大同的摊贩有 1560 户 2100 多人。日军占领后,只剩下一些小吃摊、估衣摊、破烂摊、纸烟摊维持经营,到1940 年,日军加紧物资统制后,这些摊贩也逐渐衰落。[4]

绥远的商都县,由于是蒙汉农、牧区的交通枢纽和农牧产品集散地,行商客旅往来不断,促使县城的手工作坊和商业得到快速发展,至 1935年,城里居民已达 1602 户,其中工商户居民约占 70%,有名的工商字号共有 317 家。1936 年,商都县被日军占领,日本在商都县设有"三菱""三井""大蒙""蒙疆土药组合"等大公司、大洋行的办事机构,大量高价倾销人民不需要的日货,低价收购地方农牧产品,如粮食、油皮毛等,可以说当时的农牧产品都由这几家公司垄断收购,全镇 200 多家私人商户也被

① 中国人民政治协商会议河北省张家口市委员会文史资料研究委员会编:《张家口文史资料》第 4—5 辑,纪念张家口解放专辑,1986 年版,第 296 页。
② [日]福岛义澄编:《蒙疆年鉴》,蒙疆新闻社 1941 年版,第 140 页。
③ 大同市地方志编纂委员会编:《大同市志》,中华书局 2000 年版,第 933 页。
④ 大同市地方志编纂委员会编:《大同市志》,中华书局 2000 年版,第 625 页。

伪"蒙疆政府"控制,商店塞满日货,一些较大的资本家贿赂伪"蒙疆政府",倚仗职权,横征暴敛,排挤中小商户,形成"大鱼吃小鱼"的局面。群众以私价买货,以官价卖货,差距有二三倍。有一个时期,农民卖一石小麦只能买到一个土布或一斤红糖,一斗莜麦买一块水烟。日本入侵之后,一方面那些有实力的商家逃亡;另一方面由于被剥削商业贸易不景气,破产日益增加。①

1933年5月,日伪军占领多伦县,奉关东军之命,天津大仓洋行派人在多伦县成立"大蒙公司"。伪"蒙疆联合自治政府"成立后,规定伪"蒙疆"地区各种牲畜和畜产品都必须由日本"三井""三菱""大蒙"等公司经营,其他商人不得经营。"大蒙公司"在多伦县成立之前,多伦县的牲畜和皮毛统归"皇军供给部"经营,"大蒙公司"成立后,在锡林郭勒盟多个旗县设立分支机构,对旅蒙商垄断货源,控制价格。随后实行颁发商业许可证的方法,限制经营。有些商户倒闭,有的勉为支撑,有的被其雇佣逐渐变为买办性质。被日军占领前,多伦县市场商品,一部分来自张家口,大批京货则由北京、丰台经古北口进入。多伦县被日军占领后,两条商路阻断。输入货物大部分是由锦州而来的日本舶来品,主要是砂糖、煤油、杂货、纺织品等。然后销往内蒙古中西部,多伦县成为日本对西蒙商业活动的中心。日伪统治多伦县时期,按同行业的商号成立"组合",商品的收购、运输、加工、销售统由"组合"统一指挥,受日本或"蒙疆"的公司控制。多伦县当时有消费组合、棉布组合、碱业组合、盐业组合、百货组合、牲畜组合等。对城镇居民生活必需品曾实行"配给"供应的办法,按民户人口和富裕程度核定布匹、食油、白面、火柴、食糖、煤油、食盐等物品的供应标准,填发配给票,凭票购买。此外,实行鸦片组合,公开收购和贩运鸦片。1936年日本人除在多伦县开设15家麻醉剂贩卖店铺外,还在多伦县建立制造"吗啡"和"海洛因"的工厂。鸦片公开销售、吸食,致使多伦城乡吸烟馆遍布。时价每两海洛因在多伦县城为37美元。日本人

---

①　中国人民政治协商会议内蒙古自治区乌兰察布盟委员会文史资料研究委员会编:《乌兰察布文史资料》第5辑,1985年版,第203页。

在多伦县城还设立名为"俱乐部"的官营赌场,设赌抽头,聚敛民财,并由日本人经营在县城内设立数家妓院兼小吃的"料理馆"。① 在日伪的政治和经济的双重压榨下,伪"蒙疆"地区民族工商业已是奄奄一息,濒临崩溃的边缘。

第三节　关内沦陷区的商业流通和市场

商品流通必须以交通运输业的发展为前提,尤其是大宗商品的流转主要依靠轮船、铁路和公路运输。据统计,抗日战争爆发前夕,在轮船、铁路、汽车三种运输工具中,铁路占总量的 75%,轮船占总量的 24%,汽车运量较小。② 根据海关埠际贸易报告统计,并结合全国物价指数,抗日战争爆发以后中国商品流通总量呈现下降态势。从国内埠际贸易商品流向来看,由于受到上海"孤岛"贸易影响,外国输入品主要集中在上海一港,棉布、棉纱、面粉、纸烟等机制品基本上是从上海转运到内地各埠,而烟叶、桐油、煤炭、猪鬃等原料品主要从内地各埠转运到上海。华北沦陷区铁路装运货物以矿产品和农产品为主,也反映了日本对沦陷区的物资掠夺情况。

一、从交通运输业发展看商品流通量的变化

(一) 水上运输

水上运输可分为沿海和内河航运两部分。在整个抗日战争时期,国内沦陷区的沿海运输事业大致经历了三个阶段:第一阶段是从"八一三"上海战事到第二次世界大战爆发为止,该时期中国航运船只遭到日

---

① 多伦县志编委员会编:《多伦县志》,内蒙古文化出版社 2000 年版,第 399 页。
② 国家统计局主编:《伟大的十年》,人民出版社 1959 年版,第 131 页。

军的严重打击,受损严重,损失船只 470 余艘,载重约 54 万吨以上,沿海航运业呈现日商与欧美列强互相竞争局面。第二阶段是第二次世界大战爆发以后,欧洲航运势力逐渐退出,日商轮船逐渐形成独占局面。第三阶段是太平洋战争爆发以后,日商轮船大多被炸,主要航线也只能勉强维持。内河航运事业在抗战爆发后分为三个区域,华北方面统一归日本"华北交通会社"经营,小汽船全部为该公司所收买,一般民船的搭客载货也必须持有该公司的航行证。据 1943 年统计,华北内河航运公会所属民船约 11000 余艘,载重约 27 万吨。华中地区河道纵横,日本另立了"中华轮船公司"和"上海内河汽船公司"分别经营,对一般民船虽同样加以诸多限制,但不具备独占华中航运的能力。华南经营水运的中心是日本的广东内河运营组合,经营广州、港澳、海口、汕头等线路。[①]

　　沦陷区港口随着战事的推进而不断向南扩大。1937 年年底,秦皇岛、天津、青岛、芜湖、南京、镇江、上海、苏州、杭州均告陷落,1938 年 2 月,龙口、烟台沦陷,5 月威海卫、厦门,8 月九江,11 月广州、三水、汉口、岳州,1939 年 3 月琼州,4 月江门,7 月汕头,1940 年 6 月至 7 月宜昌、沙市,相继沦陷。由此可以看出,截至 1940 年年底,除西南地区少数港口之外,中国沿海沿江大部分重要港口已先后落入日军之手。

　　表 7-15 是 1936 年至 1943 年海关土货埠际转口贸易货值统计。单纯从数据来看,无论是进口、出口和总值均呈现先下降后上升的一个过程。由于受到战争的影响,1938 年和 1939 年两年土货埠际转口贸易值出现下降,战局稍见稳定之后,埠际转口贸易又趋活跃,1940 年以后贸易总值大幅增加。但是,该时期的贸易值统计数据的增加明显受到物价上扬因素的影响,参考全国物价指数,事实上在 1937 年之后,中国土货埠际转口贸易值是不断下降的过程。

---

　　① 郑伯彬:《日本侵占区之经济》,国民党政府资源委员会经济研究室 1947 年印行,第 238—246 页。

表 7-15 海关土货埠际转口贸易货值统计(1936—1943 年)

(单位:百万元)

项目 年份	进口	出口	总值	全国物价指数
1936	11186	11019	22205	—
1937	11794	11627	23421	100(1—7月)
1938	8384	7753	16137	131
1939	7176	8107	15283	220
1940	11187	14948	26135	513
1941	10954	15897	26851	1296
1942	14489	14902	29391	3900
1943	2660 联准券 15945 中储券	2733 联准券 15973 中储券	5393 联准券 31918 中储券	12541

资料来源:历年海关贸易统计。

表 7-16 随机抽选了 1937 年和 1940 年两年主要商品埠际输出量值的统计情况。例如,米谷 1937 年输出量 836.8 万担,输出值 8106.4 万元,单价 9.7 元,1940 年输出量 4.0 万担,输出值 141.9 万元,单价 35.5元,米谷的输出量大幅下降,而单价却大幅上升,其他各类商品的情况也基本类似。商品输出量的下降直接证明了埠际贸易的萎缩,而商品单价的上升则反映了物价的上涨。所以,从 1937 年至 1943 年中国土货埠际转口贸易是明显衰退的,而贸易值的增加是由于受到物价上涨的作用。

表 7-16 主要商品埠际输出量值统计(1937 年、1940 年)

项目 商品	1937 年			1940 年		
	万公担	万元	单价(元)	万公担	万元	单价(元)
米谷	836.8	8106.4	9.7	4.0	141.9	35.5
小麦	136.0	1145.2	8.4	10.2	473.3	46.4
黄豆	63.5	662.9	10.4	60.1	2103.6	35.0
棉花	83.4	6282.7	75.3	15.2	2499.0	164.4
棉纱	110.6	13509.1	122.1	60.3	30846.0	511.5
土布	4.3	589.8	137.2	2.8	1273.4	454.8

续表

项目　商品	1937 年			1940 年		
	万公担	万元	单价（元）	万公担	万元	单价（元）
斜纹布	29.0	4531.7	156.3	9.3	5102.8	548.7
糖	171.1	3360.4	19.6	15.8	608.4	38.5
烟叶	41.4	2179.5	52.6	16.5	3235.1	196.1
煤	12.1	29.7	2.5	2.9	14.0	4.8

资料来源：郑有揆、韩启桐编：《中国埠际贸易统计 1936—1940》，1951 年印行，第 34—42 页。

由于受到战争影响，国内交通和市场网络逐步被切断，城市间贸易格局发生了较大变化，大致有以下几个特点。

1. 埠际转口贸易联系总量减少。受到战争影响，国内各个港口贸易联系受到较大冲击，城市间贸易联系数量由 1936 年的 332 条，减少到 1937 年的 308 条，1938 年的 249 条，1940 年的 60 条，这意味着在 1940 年只有 30 对城市发生埠际贸易联系（特指经海关部分），如去除与枢纽城市发生关系的"一对多"贸易类型则更少。[1]

2. 华北地区较早沦陷，日伪势力相对比较稳固。区域内六埠秦皇岛、天津、龙口、烟台、威海卫、胶州之间的埠际贸易比较频繁。据统计数据，1937 年，华北六埠间的贸易值 2845.1 万元，占全国贸易总值的 17.1%，1940 年，贸易值上升至 10533.5 万元，占全国贸易总值的 26.8%[2]，不管是贸易值和贸易值所占比重均有较大增加，说明抗战期间华北六埠间的贸易关系日趋紧密。

3. 由于日军对长江沿线和东南沿海的封锁，汉口以下长江水运完全由日清汽船公司及大连汽船公司平分秋色，外商轮船不容许染指。同 1936 年和 1937 年相比，1940 年华中、华南沦陷区内绝大多数城市的埠际贸易值是急剧下降的，特别是长江沿岸的城市，汉口、南京、镇江、芜湖、苏州、杭州的转口贸易值几乎为零，东南沿海的广州、厦门、汕头、南宁、琼

[1]　王哲：《晚清民国埠际贸易的网络体系（1885—1940）》，《史学月刊》2010 年第 9 期。

[2]　郑有揆、韩启桐编：《中国埠际贸易统计 1936—1940》，中国科学院 1951 年印行，第 4—23 页表 6。

州、龙州的转口贸易值也急剧萎缩。

4. 华中沦陷区的贸易总额仅从统计数据上看是上升的,但是,华中沦陷区的埠际贸易额主要集中在上海一港。据统计,1936 年上海港埠际贸易量占华中 16 港埠际贸易总量的 52%,1937 年占 49%,基本持平,1938 年上升至 63%,1939 年为 81%,1940 年更是猛增至 89%。这主要是受到抗战期间上海"孤岛"贸易影响。

(二) 铁路运输

抗日战争全面爆发以前,中国原有铁路干支线共计 11100 余公里(东四省除外),截至 1941 年已沦陷达 7500 余公里,约占总里程 67% 强。其中,华北为 5400 余公里,华中约 1800 余公里,华南约 300 余公里。[①] 华北的铁路设施,国民党军队在撤退时未及时破坏,连同机车设备俱落入日军之手,而华中和华南铁路在后撤时均进行过有意识的破坏。到 1940 年日军基本上修复了这些铁路,并且陆续增筑了一些铁路,不过新筑铁路除了海南岛环海线、蚌埠水家湖线之外,全部集中在华北。

华北沦陷区所有铁路均由"华北交通会社"统制经营,由于该地区日军势力较强,铁路线路密布,破坏程度较小,因此交通运输状况比较良好。表 7-17 是华北沦陷区铁路货运量及分类运输统计表,据统计 1938 年"华北交通会社"的货运量为 2188.3 万吨,随后几年货运量稳步上升,1942 年达到 4064.3 万吨,货运量几近翻倍,直到 1944 年货运量才略有下降。从运送物资来看,该地区运送的主要是煤炭、铁矿石、农林畜产品等战略物资,尤其是矿物类占到运输总量的 70% 左右,这与日本在中国加紧掠夺各项资源有着密切相关。

华中苏浙皖三省沦陷铁路运输均由"华中铁道会社"经营,但是该地区局势并不稳定,运输业务不如华北发达。截止到 1940 年,其运力还没有恢复到战前水平。表 7-18 是华中沦陷区铁路货运量统计表, 据统计

---

① 国民党中央调查统计局特种经济调查处编:《第五年之倭寇经济侵略》,1943 年印行,第 98 页。

表 7-17　华北沦陷区铁路货运量及分类运输统计（1938—1944 年）

（单位：千吨）

| 项目 年份 | 货运量 | 矿产类 | | | | 林产类 | 农产类 | 畜产类 | 其他 | 工业类及其他 | 合计 |
		煤炭	铁矿石	其他	合计						
1938	21883	7601	116	1525	9242	267	1994	143	160	2147	13953
1939	30226	10747	279	971	11997	478	2260	209	258	2260	17462
1940	35773	13826	449	1788	16063	687	2216	256	574	2771	22567
1941	38779	17042	653	1808	19503	820	2075	226	465	2846	25935
1942	40643	18377	1044	1669	21090	1149	1919	172	714	3023	28067
1943	39022	15786	1114	1535	18435	1175	2132	172	958	3540	26412
1944	34326	11561	1009	1804	14374	916	1518	127	621	3017	20573

资料来源：郑会欣编：《战前及沦陷期间华北经济调查》，天津古籍出版社 2010 年版，第 436 页。

1939 年华中沦陷区各铁路每月货物运输量平均约 15 万吨,1940 年约为 16.2 万吨,不及战前运力的 80%。[1] 1941 年 7 月,江南四线的民用货物运输量 29 万多吨,江北二线 16 万多吨,共计 45 万多吨,比 6 月微增 2000 吨,比 2 月增加 7 万多吨,但比去年 12 月又少 6 万多吨。究其增减原因,虽不无季节关系,也可见营业上无显著变化。

表 7-18 华中沦陷区铁路货运量统计(1940 年 2 月—1941 年 7 月)

(单位:千吨)

项目 年月	京沪铁路	沪杭铁路	苏嘉铁路	江南铁路	淮南铁路	津浦铁路 南段	合计
1940 年 2 月	151	20	1	10	7	37	226
1940 年 3 月	171	40	1	17	15	77	321
1940 年 4 月	193	49	1	19	55	86	403
1940 年 12 月	—			—			518
1941 年 1 月		241				171	412
1941 年 2 月		229				152	381
1941 年 6 月	—			456			456
1941 年 7 月	292			166			458

资料来源:中央调查统计局特种经济调查处编:《四年之倭寇经济侵略》,1941 年印行,第 217 页;《第五年之倭寇经济侵略》,1943 年印行,第 110 页。

湘鄂赣沦陷区铁路,如平汉线南段,粤汉线北段及南浔线等,仍由"华中军铁道部"管辖,华南铁路由"华南军铁道部"管辖,这些区域均因军运繁忙,并且战事颇多,列车时常中断,所以客货运输量较少。

(三) 公路运输

抗日战争全面爆发之前,全国公路总长约 114200 公里,沦陷区公路占总长的 40% 以上。国民党军队在后撤时破坏不多,华北的公路不仅路面未遭破坏,连车辆也未做有效撤退,武汉地区公路均遭破坏。为便于物资掠夺,日军在沦陷区内修复了一些受损公路,又新筑了一些公路,但大部分集中在华北,华中沦陷区所筑公路里程极短,且多为县镇间联络线

---

① 郑伯彬:《日本侵占区之经济》,国民党政府资源委员会经济研究室 1947 年印行,第 229 页。

路,除了便于军队调动,几无任何作用。[1]

华北公路交通也归"华北交通会社"统制经营,由于该地区日军控制稳固,公路运输量有显著进步,客货运输都比较繁盛。表7-19是华北沦陷区公路货运统计表,据统计1940年5月华北沦陷区公路营业里程共有10710公里,1942年6月已增至14000公里,路线共计190余条。[2] 1940年货运量为117410吨,1942年为337590吨,1943年猛增到409803吨,到1944年已经增加到394000吨,货运量的增加比较明显。

表7-19　华北沦陷区公路货运统计(1940—1944年)　　　　(单位:吨)

年份	1940	1941	1942	1943	1944
货运量	117410	229439	337590	409803	394000

资料来源:郑会欣编:《战前及沦陷期间华北经济调查》,天津古籍出版社2010年版,第459页。

华中苏浙皖沦陷区公路,都市的公共汽车运输归"华中都市公共汽车公司"经营。长途公路运输由"华中铁道会社"管辖,武汉方面公路运输由"武汉交通会社"办理。因华中地区河川非常发达,货物大多通过水运,公路运输主要仅有少数客运。1941年,由于日伪多次发动大规模"清乡"围剿,商旅往来更加稀少,又由于汽油统制、军运繁忙等因素影响,公路货物运输业务较少。

华南地区公路由"福大公司"支配,因军运繁忙,并且战事频繁,客货运输也不多。

(四) 邮政运输

邮政业务的发展也从一个侧面反映出商品的流转及变化趋势。除交寄一般函件之外,收寄包裹是与商品流转紧密相关的邮政业务,特别是因为种种原因,商品发货遇到困难时,商人们会较多采用邮政包裹的形式交

---

[1] 　郑伯彬:《日本侵占区之经济》,国民党政府资源委员会经济研究室1947年印行,第230—237页。

[2] 　国民党中央调查统计局特种经济调查处编:《第五年之倭寇经济侵略》,1943年印行,第109页。

寄货物。表 7-20 是华北沦陷区邮政业务营业概况,从交寄包裹数量来看,1937 年为 253 万件,1938 年因战争影响急剧下跌至 97 万件,1939 年战事稍趋于缓和,交寄包裹数量回复至 157 万件,随后几年稳步上升,到 1942 年增加到 229 万件,达到最高峰,1943 年之后又开始逐年下降,交寄包裹数量变化与华北沦陷区战局变化和经济发展基本吻合。

表 7-20　华北沦陷区邮政业务营业概况(1937—1945 年)　　　(单位:万件)

项目　　年份	交寄函件件数				包裹件数
	普通	特殊	航空	总计	
1937	17579	778	—	18357	253
1938	7541	351	—	7892	97
1939	11948	552	154	12654	157
1940	17979	817	180	18976	180
1941	17238	877	229	18344	179
1942	17529	1010	33	18572	229
1943	19949	684	17	20650	177
1944	16446	1097	9	17552	97
1945	7071	536	4	7611	35

注:1. 华北沦陷区包括北平、河北、山东、河南、山西的统计数据,但山西、河南两区管理局成立于 1940 年,故 1937—1939 年不包括该两地数据。2. 1937—1938 年因尚无航空,故邮件无统计数据。

资料来源:郑会欣编:《战前及沦陷期间华北经济调查》,天津古籍出版社 2010 年版,第 483 页。

二、商品结构和商品流向

由于受到战争影响,抗战时期沦陷区商品流通受到外来因素干扰,商品流通总量呈现下降态势,那么商品结构和商品流向又出现了哪些变化呢?根据海关对轮船运输货物的统计,据表 7-21 所示,1936 年原料品在货运总值中占 30%,随后比重一路下滑,1937 年为 28%,1939 年下滑至 18%,1940 年更跌至 17%,显然像粮食、矿产等原料品直接被日军统制和掠夺,并没有进入流通领域。半制成品在几年内升降幅度不大,大致保持在 30% 以上。然而制成品所占比重却大幅上升,1936 年占货运总值的

38%,1939 年上升至 51%,1940 年也占到 49%,制成品所占比重的大幅上升反映了日本向中国各地商品倾销的力度在不断加强。

表 7-21 轮船运输货物结构统计(1936—1940 年) (单位:百万元)

产品 \ 年份	1936	1937	1938	1939	1940
原料品	272(30%)	260(28%)	158(25%)	123(18%)	218(17%)
半制成品	297(32%)	309(34%)	220(34%)	216(31%)	419(33%)
制成品	342(38%)	347(38%)	266(41%)	353(51%)	625(49%)
总计	911(100%)	916(100%)	644(100%)	692(100%)	122(100%)

资料来源:郑有揆、韩启桐编:《中国埠际贸易统计 1936—1940》,中国科学院 1951 年印行,第 34—42 页。

表 7-22 是 1940 年国内埠际贸易主要商品统计表,从当年全国埠际贸易统计来看,制成品占 49%,半制成品占 33%,原材料占 17%。埠际贸易中排名前 20 位的商品分别是棉布、棉纱、面粉、纸烟、烟叶、纸张、棉花、日用织制品、煤炭、黄豆、猪鬃、花生仁、各类茶叶、果实、豆饼、药材、桐油、糖、小麦、粮食,上述 20 类商品占全国埠际贸易总值的 76.7%。其中棉布基本上是机制品,土布仅 2.8 万公担,价值仅占 3%,棉纱全部都是机制品,再加上纸烟、面粉、日用织制品、煤四项工业品,占上述 20 种商品值的62.2%。另外,1936 年桐油在国内埠际主要商品中位居第三,粮食位居第四,因受粮食统制影响,1940 年流通量均大幅下降。国内埠际贸易商品流向来看,由于受到上海"孤岛"贸易影响,外国输入品主要集中在上海一港,棉布、棉纱、面粉、纸烟等机制品基本上是从上海转运到内地各埠,而烟叶、桐油、煤炭、猪鬃等原料品主要从内地各埠转运到上海。

表 7-22 国内埠际贸易主要商品统计(1940 年)

货品 \ 项目		货量(公担)	货值(万元)	价值占比(%)	主要输出商埠	主要输入商埠
1	棉布	694410	41017	27.4	上海	雷州、九龙、蒙自
2	棉纱	602866	30846	20.6	上海	雷州、蒙自

续表

货品\项目		货量 （公担）	货值 （万元）	价值占比 （%）	主要输出 商埠	主要输入 商埠
3	面粉	1735319	10440	7.0	上海	天津
4	纸烟	9196339	6142	4.1	上海、青岛	九龙
5	烟叶	164854	3235	2.2	重庆	上海
6	纸张	—	2530	1.7	宁波、上海	上海、青岛、天津
7	棉花	151701	2499	1.7	上海、沙市、宁波	重庆
8	日用织制品	—	2404	1.6	上海	上海、青岛、九龙、雷州
9	煤炭	1645725	2204	1.5	秦皇岛	上海
10	黄豆	600652	2104	1.4	上海、青岛	上海、拱北
11	猪鬃	770240	2077	1.3	天津	上海
12	花生仁	357805	1621	1.0	青岛、上海、天津	上海、拱北
13	各类茶叶	170942	1522	1.0	上海、青岛	九龙
14	果实	—	1485	1.0	青岛、天津	上海、拱北
15	豆饼	378531	1317	0.9	上海	汕头、厦门
16	药材	—	1267	0.8	上海、宁波	上海、宜昌
17	桐油	79091	779	0.5	万县、天津	重庆、上海
18	糖	157731	608	0.4	雷州、琼州	上海
19	小麦	101578	473	0.3	上海	青岛
20	粮食	40257	142	0.1	上海	天津、汕头
合计		—	114712	76.7	—	—
贸易总额		—	149476	100	—	—

资料来源:郑有揆、韩启桐编:《中国埠际贸易统计 1936—1940》,中国科学院 1951 年印行,整理而成。

华北沦陷区铁路装运货物大半为矿产,表 7-23 是华北沦陷区铁路运输本国产品结构,从 1938 年至 1944 年统计数据来看基本上占到货运

总量的 70% 左右,其中矿产类中以煤炭占最多数,铁矿石次之。林产类
和蓄产类所占比重较少,变化也不大,林产主要是从伪"满洲国"输入的
木材。农产类的运量整体呈现下降趋势,1938 年农产类占货运总量的
14%,随后逐年下降,到 1944 年下跌至 7%。

表 7-23 华北沦陷区铁路运输本国产品结构(1938—1944 年)　　　(单位:%)

类别 年份	矿产类	林产类	农产类	畜产类	其他	工业类 及其他	总量
1938	66	2	14	1	1	16*	13953
1939	69	3	13	1	1	13	17462
1940	71	3	10	1	3	12	22567
1941	75	3	8	1	2	11	25935
1942	75	4	7	1	3	11	28067
1943	70	4	8	1	4	13	26412
1944	70	4	7	1	3	15	20573

* 原表数据为 15,此处为订正数。
资料来源:郑会欣编:《战前及沦陷期间华北经济调查》,天津古籍出版社 2010 年版,第 436 页。

从商品流向上来看,华北地区由内地运出者,多棉麦等农产,运往内
地者则以棉纱及其他日货日用品为主。华中地区由汉口运往上海较多的
是米、麦等粮食及药材、烟叶、废纸等,由上海运往汉口者以汽油、煤、其他
军用品及日货为多。华南地区由农村运往广州的大多是水果、粮食、废铜
钱,从广州运往周边农村的货物以煤油、棉布、日用品及其他敌货为主。

另外,非常值得关注的是,占埠际贸易前 20 位的商品大都以上海为
最主要的输出或输入港口。据《中国埠际贸易统计》显示,1936 年上海港
埠际贸易量占全国埠际贸易总量的 75%,1937 年为 72%,1940 年上升至
88%。这充分反映了上海作为全国工业和贸易中心所具有的重要地位。

第四节 商业与城乡市场的破坏和损失

上海是近代中国最大的商业和金融中心,从 1937 年 11 月上海沦陷

至 1941 年 12 月太平洋战争爆发被称为"孤岛"时期。大量人员和资金涌入上海,催生了商业和金融业的虚假繁荣。人们开始疯狂地投机囤积,形成了"工不如商,商不如囤"的局面,引起物价狂涨,造成整个市场的混乱。上海租界的"孤岛"经济出现了一个畸形的黄金时代。1941 年 12 月随着日军进入租界,加强商业统制和物资掠夺,"孤岛"繁荣彻底消失。中国其他的各个城市,在抗战初期由于日军的野蛮轰炸和掠夺,商业和贸易受损严重,随着日本资本和商品的大量涌入,大多出现了日货商业异常繁荣的现象。到了抗战末期,随着日军军事节节溃败,各地商业又重新衰落下去。日伪在中国占领区的主要城镇和广大农村,主要采用贸易封锁和商业垄断措施,独占商业与贸易市场,加紧了对各类物资的掠夺,给各地商业发展和人民生活带来了严重的灾难。

一、城市商业的畸形发展

(一) 上海租界内商业的虚假繁荣

1937 年 8 月 13 日,日军进攻上海,11 月 11 日,除租界以外的上海市区全部沦陷,遭受日军重点进攻的闸北、虹口、杨树浦、南市最为凄惨,闸北地区几乎全部,虹口、杨树浦地区 70%,南市地区 30% 的华商企业遭到严重损失,大批商店毁于战火,幸存者逃离战区,沦陷区人烟稀少、市面萧条,摊贩几近绝迹。而上海的公共租界和法租界,由于当时日本还未对英美等国宣战,仍能维持原状,这两块地方便像"孤岛"一样浮在日军占领区之中,此后至 1941 年太平洋战争爆发的 4 年多时间称为"孤岛"时期。

日军基于政治和经济上的考虑,未敢贸然进驻上海两租界,上海租界保持了相对安定的政治环境和社会环境。该时期大量周边难民涌入租界避难,投资者也把租界作为理想的投资和生活场所,租界内工厂和人口激增。据统计 1937 年年底租界开工的工厂仅 442 家,工人 2.7 万人,到 1938 年年底开工的工厂达 4707 家,工人达 23.7 万人;1939 年又净增工厂1010家,1940年增加236家。太平洋战争爆发以前上海两租界人口不到170万人,其中公共租界人口约122万人,法租界约48万人。到1938年下半年,两租界居留的人口约400万人,而到1940年年初两租界人口最多时超过500万人。[1] 人口的剧增有力地刺激了市场需求,又为租界工业提供了充足的廉价劳动力,各地富户豪绅和外籍人士携款汇集于租界,促进了上海商业的发展。到1940年前后,上海租界的"孤岛"经济出现了一个畸形的黄金时代。

上海商业的繁荣首先体现在百货商业的大发展上。1938年至1940年上海市新设的民族工厂和商店共1608家,其中百货商店即占500余家,至1939年,上海百货行业共有1000余家,较抗战爆发前增加1倍左右。由原来集中在广东路、南京路、金陵路外,扩展到淮海中路、西藏路、静安寺路(今南京西路)、同孚路(今石门路)一带。当时,上海大小百货商店"从早到晚,顾客盈门,人如潮涌",上海四大百货公司的营业额每年均有较大增长,如永安公司1941年的营业额比1938年增长了5倍半,利润比1938年增长了11倍以上。[2] 棉布商业也不断发展,太平洋战争前上海棉布商业达2700多家,其中批发字号约2000家,比战前增加约1000多户。[3] 面粉商业同样出现了畸形繁荣,产品供不应求。各厂所需原料除向苏北产区购运外,还向外商大量订购洋麦,1939年至1941年三个合计进口洋麦1216万吨,其中最多的1939年达到845万吨。[4] 五金业务也迅速好转,上海钢铁货品太平洋战争爆发以前存底总数约2.1万余吨,因外汇关系价格飞涨,钢板每担之前为13元,现售17元;洋板之前为11.5元,现售13元;洋元之前为11.5元,现售15元;洋方之前为11.5元,现售13.5元;水流工字铁之前为13.5元,现售17元;三角铁之前为12元,现售16元。1939年以来,上海市各行业无不生意兴

---

① 刘惠吾主编:《上海近代史》(下),华东师范大学出版社1987年版,第383页。

② 上海百货公司等编著:《上海近代百货商业史》,上海社会科学院出版社1988年版,第116页。

③ 上海市工商行政管理局、上海市纺织品公司棉布商业史料组编:《上海市棉布商业》,中华书局1979年版,第269页。

④ 上海市粮食局等编:《中国近代面粉工业史》,中华书局1987年版,第152页。

隆,获利无数,而尤以五金业为最盛。据悉五金业中仅新顺泰一家,获利达数百万元之巨,其他各号亦一二百万不等。① 1940 年,上海市场投机囤货之风急剧蔓延。

另据统计,1938 年新设的 491 家工厂和商店中,饮食商店达 129 家,日用品商店有 85 家,衣着商店有 58 家,文化商店有 53 家,医药店有 31 家,娱乐场所有 27 家,装饰品店有 26 家,其中新设商店占到总数的一半以上。②

国内外贸易方面,1938 年 10 月广州沦陷后,全国贸易中心重回上海。1939 年上海进出口贸易总额为 11.7 亿元,较 1938 年 6.8 亿元增加 4.9 亿元,1940 年上半年又较 1939 年同期增加 5.3 亿元。③ 上海埠际贸易也曾一度受挫,但到 1938 年年初,随着交通的逐渐恢复,埠际贸易也逐步恢复并有所发展。1938 年和 1939 年上海埠际贸易额分别为 5.14 亿元和 6.73 亿元,比 1937 年的 8.46 亿元为少,但到 1940 年则有较大幅度的上升,为 13.15 亿元。④ 据《中国埠际贸易统计》显示,1936 年上海港埠际贸易量占全国埠际贸易总量的 75%,1937 年为 72%,1940 年上升至 88%。可见,这一时期上海的对内外贸易也呈现繁荣景象。

与此同时,大量资金开始涌入上海,进一步催生了商业和金融业的虚假繁荣。当时上海租界内的主要投机物品为纱布、粮食和股票三项。由于国际市场对纱布需求量的增加,日军在搜求纱布,大后方也在搜求纱布,租界内各纺织厂所产纱布成为抢手货,纱布价较其他物品上涨幅度大,如以 1936 年为 100,将棉花、棉纱和棉布上涨幅度如表 7-24 所示。

---

① 上海社会科学院经济研究所:《上海近代五金商业史》,上海社会科学院出版社 1990 年版,第 45 页。
② 专心:《一年来上海各公司商号变动调查》(上),《商业月报》19 卷 2 号,1939 年 2 月 28 日,第 1 页。
③ 钱承绪:《战后上海之工商业》,中国经济研究会 1940 年版,第 2 页。
④ 郑友揆、韩启桐编:《中国埠际贸易统计 1936—1940》,中国科学院 1951 年印行,第 12 页。

从表7-24可看出,作为原料的棉花在5年中上涨了4.6倍,棉纱上涨了6.5倍以上,棉布上涨了5.8倍以上,可见纺织品所获的利润是极高的。据报道,英商怡和纱厂在1938年就净获利800万元,每包纱净赚50—100元。不少商人套购棉纱后,囤积起来,等待涨价后销售。由于工商利润不断看高,股票价格也水涨船高,怡和纱厂股票战前每股最低价仅7元,到1939年5月已涨至20元以上。中华纱厂的股票由太平洋战争爆发以前的每股10元,涨到120元,上涨了110倍。[①] 疯狂的投机囤积,形成了"工不如商,商不如囤"的局面,引起物价狂涨,造成整个市场的混乱。

表7-24 上海棉花、棉纱和棉布平均价及指数(1936—1941年)

项目 年份	棉花(担)		棉纱(包)		棉布(疋)	
	平均价 (元)	指数	平均价 (元)	指数	平均价 (元)	指数
1936	43.1	100	220.7	100	7.5	100
1937	40.9	94.9	276.4	125.2	9.7	129.3
1938	36.6	91.9	330.6	149.8	12	160.3
1939	84.3	195.6	549.8	249.2	15.7	209.3
1940	164.1	380.1	1046.0	473.9	29.6	394.7
1941	214.5	560.3	1674.0	758.5	51.3	684.0

资料来源:陈真编:《中国近代工业史资料》第4辑,生活·读书·新知三联书店1957年版,第240页。

"孤岛"时期租界内银行有208家,钱庄212家,比抗日战争爆发之前银行多134家,钱庄多120家。[②] 银行和钱庄大量增设,反映出存款数额的急剧增加。1937年前后,上海各银行的存款数额曾大幅度下降,但到1939年上半年全市银行存款共达30亿元左右,约占全国银行存款总数

---

① 陈真编:《中国近代工业史资料》第4辑,生活·读书·新知三联书店1957年版,第241页。
② 中国人民银行上海市分行编:《上海钱庄史料》,上海人民出版社1960年版,第287页。

50 亿元的 60%。① 1939 年秋上海游资为 12 亿元,1940 年 3 月增至 30 亿元,至 1940 年 5 月底,"孤岛"游资已超过 50 亿元,这一数目相当于国民党政府 1940 年年底法币发行总量 78.7 亿元的 2/3 以上。② 在政局动荡、物价上涨的战时背景下,投资工业风险太大,投资商业反而有利可图,于是大量游资趋向投机囤积。1940 年年初,在上海 30 亿元的游资中,有40%的资金流入投机市场,而仅有 10%的资金投资于沪西新兴工业。③

"孤岛"时期上海商业的繁荣和高额利润在很大程度上是依赖市场供求的失调,尤其是 1939 年第二次世界大战爆发以后,欧洲国家减少了对上海的输出,上海洋货行业普遍获得了暴利。但是,1941 年太平洋战争爆发后,日军进入租界,立即下令疏散人口,实行恐怖统治,加强商业统制和物资掠夺,市场出现一片萧条,"孤岛"繁荣彻底消失。

(二) 其他城市和集镇的兴衰

由于日本对华军事侵略和资本扩张,沦陷区城市出现了商业衰落和短暂兴旺的交替局面。从整体上来看,抗战初期由于日军的野蛮轰炸和掠夺,各城市商业和贸易严重受损,随着日本资本和商品的大量涌入,出现了日货商业异常繁荣的现象,抗战末期,随着日军军事节节溃败,各地商业又重新衰落下去,下面来看一下各地城镇商业的兴衰过程。

秦皇岛经历了军阀混战,特别是 1933 年 1 月,日军炮火进攻山海关以后,秦皇岛地区被沦陷为伪"满洲国"和伪"冀东特别行政区",商业经济完全殖民地化。为了控制进出口贸易,日伪政客先设立了"航行组合",使港口贸易为日军侵华服务,有的县城还辟有"日本街",日本和朝鲜浪人开设的洋行(鸦片馆)、医院、旅馆、料理店、妓院等,比比皆是。据1936 年《北宁铁路沿线经济调查报告》记载,秦皇岛铁路沿线各地中外各类商号 1100 多家,日、朝商人开设的各类商号控制了秦皇岛地区的商业运输、转运、渔业、木业、建筑、煤业、面粉、玻璃、百货行业,日本人还以办

---

① 冯克昌:《上海繁荣的观察》,《商业月报》1939 年第 19 卷第 5 号,第 1 页。
② 《大公报》1940 年 8 月 12 日。
③ 《申报》1940 年 3 月 8 日。

理出入伪"满洲国"签证的名义在山海关控制旅馆、照相等服务性行业。中国商号也都大多经营日货,使日货充斥市场。到日本投降前夕,除日、朝侨商及少数中国商号外,大部分中国商号都破产倒闭。1944 年至 1945 年,仅一年零四个月的时间秦皇岛就有 39 家商号向商会申请歇业。秦皇岛、山海关仅有的 593 家中国商号也只有一半能够勉强度日。①

烟台在 1937 年日军侵占山东前夕,商号就陆续开始关闭,到 1938 年日军占领烟台时,大部分商号已经停止营业,有的商号改转为行商或摊商。特别是在县城、村镇的座商几乎全部关闭或转行。但是,随着日本人的大量涌入,日本商业势力发展却非常迅速,1940 年日本商号在芝罘区已达 60 余家,并组织起"日本联合会"完全垄断了芝罘经济,又建立起各行业"组合"全面控制了芝罘的工商业,致使芝罘区的生产不振,生意萧条,税赋繁重。敌人虽然不准商号停业,但多数商号待吃老赔,不少被迫歇业。1942 年芝罘区仅有商户 3413 家,1943 年降到 3333 家,1944 年降到 3285 家,到 1945 年只有商户 3212 家。黄县全县商业户数 1936 年 2211 户,1944 年降至 1629 户。荣成县 4 个集镇商业户数 1936 年以前是 438 户 2694 人,1939 年下降到 396 户 2115 人,1945 年又降到 321 户 1330 人。②

青岛在 1933 年全市商业企业 5514 个,资本总额约 19090 万元,全年营业额 404283.7 万元。1938 年 1 月日本占领青岛后,日商凭借特权欺凌、侵吞、排挤中国民族工商业。日伪政府实施"战时统制经济"政策,严禁物资外运,控制商品流通,民族商业经营萎缩。1939 年,全市商业计 107 个行业,3949 个企业,资本总额 10992.2 万元。③

广州在抗战初期由于国内各省客商云集广州采办货物,导致当地商业出现了短暂繁荣局面。随着日军侵华重心南移,广州商业渐显萧条,物价大涨,尤其是那些生活必需品。1938 年 2 月,广州市商会调查全市商

①　秦皇岛市商业志编纂领导小组编:《秦皇岛市商业志》,中国标准出版社 1990 年版,第 2 页。

②　山东省烟台市商业局史志办公室编:《烟台市商业志》,1987 年版,第 6 页。

③　青岛市史志办公室编:《青岛市志·商业志》,五洲传播出版社 2000 年版,第 13 页。

业情况,商店倒闭者占总量的 35%。① 10 月,日军进入广州城,原有 120 万人口骤降到不足 10 万人。到 1939 年夏,广州的商业活动基本上处于停滞状态,日军虽然采取了一些措施希望恢复商业秩序,但到 1940 年年底,广州商会下属的同业公会只有 30 多个行业(抗日战争前为 160 多个行业),基本上是日常生活所不可缺少的衣食住行、医药等相关行业。② 太平洋战争爆发后,滞留港澳的广东人大量回乡,日军从新占领区大肆掠夺资财,其中一部分物资运至广州。消费市场的扩大和生产条件的改善,造就了广州经济的表面"繁荣"。1942 年 6 月,广州商业的"繁荣"达到了沦陷时期的顶峰,开业商店多达 15079 家,其中粮食 861 家,店员总数亦达 43501 人。③ 1943 年 4 月,广东"商统分会"成立,进一步加强物资统制和商品调控,商人则借机囤积,使得广州商业赖以发展的物资严重匮乏,物价飙升。随着日军节节败退,广州经济很快便由"繁荣"走向了崩溃。

二、国内城乡市场的破坏和损失

在广大沦陷区,日伪政府对商业贸易采取了严格的统制政策,在占领区的主要城镇和广大农村,独占商业与贸易市场,加紧了对物资的掠夺。其主要手段是贸易封锁和商业垄断。

(一)贸易封锁

为了实现统制经济,加快掠夺资源,日伪政府在沦陷区实施贸易封锁,限制物资的自由流动。伪"河北省政府联合新民会河北省总会"、伪"河北省合作联合会",共同设立了"经济封锁委员会"及"物资对策委员会",山西成立了伪"山西省物资对策委员会",统一全省的物资封锁。封锁的具体执行通过日军、宪兵队的经济封锁班或经济调查班与经济警察

---

① 广州市地方志编纂委员会:《广州市志》第 1 卷,广州出版社 2000 年版,第 239 页。
② 黄增章:《民国广东商业史》,广东人民出版社 2006 年版,第 140 页。
③ 广州市地方志编纂委员会:《近代广州口岸经济社会概况——粤海关报告汇集》,暨南大学出版社 1995 年版,第 829 页。

班,以"治安壕"为封锁线,以各碉堡交通路口为出入口,检查来往行人,物资出入封锁线必须具有许可证及搬运证,并且配给物品须与配给证数量相符,其超过量没收,若无许可证时完全没收。商人正常的贸易行为在经济封锁的压力下完全丧失自由,各地商业活动极度萎缩。

河北正定县日军规定商人办货前须先付 5 元伪钞,买一张"购货证",到了平津、石家庄等城市,又须买一张"运货证",再经 7 道封锁检查机关的检查,不交贿赂休想过关。货物运来又须向特务机关缴纳"购货登记费"才能买卖。内丘县依山岳地带设置了封锁线,蜿蜒长达 80 余里,均用山石砌成,并筑碉堡 7 处。邯郸县共设物资检查站 9 处,每处设武装警察 3 名,警备兵 3 名,在各紧要路口设 10 处物资检问处,每处设警士 2 名,专门检查物资流出情况。[1]

安徽沦陷区内日伪不仅在边界设立了大量封锁管理处(站),严格禁止粮食、食盐、布匹、药品及其他军需物资流向国统区,还在占领区内到处设立关卡,限制物资流动,对各种物资的流进流出课以重税,如从蚌埠到凤阳的刘府仅 25 里,就要收地方税、营业税、出境税、入口税和过路税等五道税,从芜湖到合肥,一路要过 20 多道关卡,关关受检,关关纳税;还对民间物资进行严格的统制,如粮食,从生产、消费到存储,每个环节都要进行统制,对农民未被征收的粮食,也强迫登记、入仓,不仅粮食计口配给,对食盐也实行每人每月半斤的限量配给。

江苏吴县特别区的商业与抗日战争全面爆发前相比也相去甚远,除接近苏州或交通便利之地略好外,其余各地商业均极为衰落,吴县特区公署所在地渭泾镇人口 4400 余人,而该镇商业异常萧条,竟无一家饭馆,而各店铺的货物,特别是日用品均很缺乏。当地的商品输出入仅靠各商店自行解决,作少量运输。因物资不能顺畅流通,使整个商业陷入停顿状态。[2]

---

① 中央档案馆等编:《日本帝国主义侵华档案资料选编·华北治安强化运动》,中华书局 1997 年版,第 251 页。

② 清乡委员会经济设计委员会编辑:《清乡区经济概况调查报告》,大象出版社 2009 年版,第 21 页。

　　广州和珠江三角洲一些地区被日军占领,为独占沦陷区的商业贸易,掠夺战略物资,日军对沦陷区的外贸及航运进行统制,对于外商贸易,则借口军事行动,禁止船舶装运货物,多方限制。珠江主航道在日本人的控制下,广九铁路更是支离破碎,广东原有商业渠道被人为切断。日伪对沦陷区内物资移动进行严密监视,在广州周围主要道路上设置了 26 个检查站,共有 54 名检查员和 160 名经济警察,对粮食、盐等战略物资实施监控,限制物资的贸易和运输。限制银行、钱庄的汇兑业务,宣布携带法币为非法。此外,对商店和商号进行严格盘查,商人领取搬运证明,必须由物主按买卖契约,核对印鉴,由物资委员会发给证明,违反者轻则罚钱或没收货物,重者坐牢。日伪的贸易封锁严重限制和打击了占领区的商业贸易。

　　（二）商业垄断

　　从 1937 年 7 月日军全面侵华开始,日军就对占领区主要物资的流动加以统制,限制商品的自由流通。日本在沦陷区经济统制主要通过两大国策会社及其子公司,"华北开发会社"之下共有"兴中公司""华北交通会社""华北棉花会社"等 18 个子公司,"华中振兴会社"之下也有"华中铁道会社""华中蚕丝会社"等 13 个子公司。[1]

　　为了统制华北的棉花收购、销售和输出,早在 1938 年年初日本就设立了"华北棉花会社",并在华北沦陷区内迅速扩展的日商纱厂也分别成立"棉花同业公会"和"棉花协会"等机构,日商由以前在天津、济南等终点市场经花行中介从地方初级市场花店派来的花客手中购花,变成自己派员到地方初级市场,直接从地方县城花店统制收购棉花供华北境内日商纱厂使用。这些棉花统制收购、输出配给机构互相勾结,构成了日本对华北全境棉花从收购、运输、销售到输出和配给实行全面统制和垄断的网络。日本实行统制经济政策下所形成的新的棉花流通机构和流通体系,

---

[1] 国防最高委员会对敌经济封锁委员会:《敌伪在我沦陷区域经济统制动态》,1941 年印行,第 20 页。

彻底改变了抗战前业已形成的华北棉花由农村棉产地原始市场,到县城初级市场,再到天津、济南等大城市终点市场的流通网络,中国棉花商人被排挤出棉花流通市场,传统棉花自由市场交易网络被统制系统所取代。

华中沦陷区的商品运输和销售也全部由日商控制。例如,汪伪政权规定在常熟、无锡、吴县等清乡区的物资运输,必须具备原产地证明书、实需证明书,由清乡督察专员公署及特务机关联署签发,并需登有部队出具的证明书,方能运输无阻。事实上,也只有日商才有可能申领到上述证明。因为凡经营任何商品的商店,均需加入"组合",遇到运输需求时,先由"组合"证明,然后申请军队认可,而华商本身无团体组织,又不能加入日商"组合",更不明申领手续。例如,常熟地区的日用品输入一直由城区日比野洋行等日商自上海输入,发交各日商,然后转批各华商,再零售给消费者。米谷等农产品输出均由日商三菱、福记等行号下乡收购,利用内河航运大量输出。棉花则由"华中棉花协会",授意"江商株式会社"到各地采办,也由航运输出。不仅华商不得自由搬运,即使农民欲囤留自给也不可能。县境内日本人经营的商业,都规模宏大,资本雄厚,整个市场为其控制。华商一般只携带少量货物,藉博蝇利而已。①

华中沦陷区的蚕丝完全由"华中蚕丝会社"统制经营,生丝完全由公司统一贩卖,但上海市内制丝工场及家庭缫丝工场,以指定数量限度,由"华中蚕丝会社"统一配给一部分茧料。在统制政策下,蚕茧价格由伪"维新政府"事业部茧价评议委员会公定,"华中蚕丝会社"则拥有唯一购买权,事实上是接受日本军事力量的控制。"华中蚕丝会社"用这种方式独占了沦陷区原料茧的购买权,切断了租界丝厂的原料来源,阻止了"华中蚕丝会社"统制圈外丝厂的成立,或者将它们收到自己系统内,从而统制了蚕茧的生产与价格。"华中蚕丝会社"凭借日伪发布的《禁止货物移动》命令和生丝出口须取得生丝检验所"检验单"的规定,在 1938 年至

---

① 清乡委员会经济设计委员会编辑:《清乡区经济概况调查报告》,大象出版社 2009 年版,第 39 页。

1940 年的 3 年里共掠夺中国出口生丝 3887.96 吨,内销生丝 455.56 吨,合计 4343.52 吨。[①] "华中蚕丝会社"在 1938 年 8 月 10 日至 1942 年 9 月 3 日经营总收入为 26246 万日元,总支出为 24627 万日元,纯利润为 1619 万日元。分配给股东的利润为 255 万日元,奖励骨干 36 万日元,合计为 291 万日元。根据股份结构,其中 70% 为日方的半额出资,30% 为中方的现物全额出资,支付给日方股东的利润至少为 178 万日元,支付给汪伪政权的利润为 76 万日元。[②]

在广东沦陷区,日军规定华商或外商的商业交易、货物贩运、进出口贸易等不得自由进行,必须取得日伪政府的许可后方可营业。并将重要物资授权给日本大商社实行垄断经营,如铁、钨、锰、锑等金属和矿石的贸易指定由"三井物产""三菱商事""杉原产业"专营。牛皮、黄麻由振山洋行等日本商社专营。煤油、电油、油渣由"出光火水公司"专营。蚕丝贸易由"三井物产""日本棉花""三菱商事"等公司经营,其中"三井物产"统制了大部分的蚕丝贸易。1939 年 4 月,日本 7 家渔业产品公司组成"广东鱼市场组合",垄断经营广州鱼类批发及鱼类制品贸易。1940 年 4 月,日本宪兵司令部将广州市内进口、销售和修理收音机及零件的专利权授予"福大公司"等 5 家日本商号。皮革为重要军用物资,日军当局先是组织"皮革资源统制组合",继而组织"广州市皮革同业公会",专营皮革采购,规定每个会员每月必须向日军提供 1000 张以上的生皮,广州市内所有生皮必须以"公允价格"销给日军。[③]

三、关内沦陷区的物价上涨和人民生活困苦

(一) 沦陷区的物价上涨

抗日战争爆发后,沿海沿江城市相继沦陷,原有的供需平衡被打破,物

---

① [日]崛江英一:《中国蚕丝业的调整政策》,《东亚经济论丛》,1943 年印行,第 13 页。
② [日]渡边辖二:《华中蚕丝会社沿革史》,湘南堂书店 1944 年印行,第 377 页。
③ 陈木杉:《从函电史料观抗战时期汪精卫集团治粤梗概》,(台湾)学生书局 1996 年版,第 191 页。

资供应骤显紧张,引起物价上涨。表 7-25 是沦陷区物价批发指数与工人生活费指数统计表,从物价指数来看,天津和上海的物价总体呈现上升趋势。1937 年至 1940 年为第一阶段,天津的物价指数从 1937 年的 117.50 上涨到 1940 年的 399.74,上海从 1937 年的 118.60 上涨到 1940 年的 505.70,涨幅相对较缓。1941 年至 1945 年为第二阶段,天津的物价指数从 1941 年的 450.19 上涨到 1945 年的 305170.00,上海从 1941 年的 1099.30 上涨到 1945 年的 9740247.70,呈现剧烈上涨态势。同时,从地区物价上涨指数来看,1937 年至 1945 年的近 9 年里天津物价批发指数上涨约 2597 倍,上海物价批发指数上涨约 82127 倍,上海的物价批发指数上涨幅度要远远高于天津的物价批发指数。

表 7-25 沦陷区物价批发指数与工人生活费指数统计(1937—1945 年)

(1936 年 = 100)

项目 年份	天津物价 批发指数	天津工人 生活费指数	上海物价 批发指数	上海工人 生活费指数
1937	117.50	109.39	118.60	19.08
1938	152.06	139.00	142.60	150.62
1939	226.69	221.34	232.00	197.52
1940	399.74	378.68	505.70	428.35
1941	450.19	407.17	1099.30	826.84
1942	599.15	653.04	3452.60	1993.56
1943	893.22	1528.45	14361.80	7225.65
1944	25378.36	—	100739.40	47750.45
1945	305170.00	—	9740247.70	6648285.00

资料来源:上海社会科学院经济研究所编:《上海解放前后物价资料汇编》,上海人民出版社 1958 年版,第 83 页;贾秀岩:《民国价格史》,中国物价出版社 1992 年版,第 253 页;中央档案馆等编:《日本帝国主义侵华档案资料选编·华北经济掠夺》,中华书局 2004 年版,第 948 页。

物价的上涨与货币超发和物资供应短缺有着密切关系。一方面,日本帝国主义在沦陷区毫无限制地掠夺各种物资,同时又人为地切断沦陷区与外国进行贸易,只同日本相联系,造成物资的严重匮乏;另一方面,各伪政权大量发行货币,1938 年 12 月联银券的发行额为 16192 万元,1940

年 12 月为 71515 万元,1942 年 12 月便增至 159251 万元,到了 1944 年 12 月便增至 1622518 万元①。由于上述原因,沦陷区呈现出严重的恶性通货膨胀迹象。

(二) 沦陷区人民生活困苦

在沦陷区,日伪政府对粮食和其他生活必需品实行广泛的配给制度,配给的品种、数量很少,少的难以维持生活,而且质量非常低劣。到 1939 年下半年,物资供应明显不足,出现了严重的抢购风潮,甚至出现了激烈的民众反抗运动,其中规模和影响较大的要数江苏无锡和苏州一带的 5 万余农民的暴动。②

在日伪政府的统制经济下,沦陷区人民生活空前恶化。自 1940 年夏以来,食品不足问题日益严重。除河南开封地区及其他较好的部分地区外,过去以米面为主食者不得不转向吃杂粮,而贫民阶级日常食杂粮也日显困难,北京郊区南苑、定县、唐山、喜峰口的一部分民众已以野菜为主食,或者已处于不得已而食草根树皮的状态。除此之外,通州、博山、唐山等地乞食者激增,古北口、南苑、博山、阳泉等地盗窃事件增加,大同、芦台、唐山地区出现饿死者。另外,各地出现了一些罢工、抢粮、偷盗等事件。③

1942 年至 1943 年,山东临城不少村庄有 80% 的富裕中农靠吃糠生活。④ 北平丰台附近农民不得不在日军军马的粪便中挑拣未被消化的大豆作食物。广东潮安也有类似情况。抗战时期工人工资低微,抗战后期工人吃的是用橡子、麻楂子、坏玉米、棉子饼、豆饼等混合而成的六合面。

广东向来为缺粮省份,日伪政府的掠夺更加重了广州市粮荒。自

---

① 杨培新:《旧中国的通货膨胀》,人民出版社 1985 年版,第 70 页。

② 中共江苏省委党史工作委员会、江苏省档案馆合编:《苏南抗日根据地》,中共党史资料出版社 1987 年版,第 380 页。

③ 中央档案馆等编:《日本帝国主义侵华档案资料选编·华北经济掠夺》,中华书局 2004 年版,第 945 页。

④ 华东军政委员会土地改革委员会编:《华东各大中城市郊区山东省农村调查》,1952 年印行,第 85 页。

1942 年 5 月 28 日起,广州开始实行人口调查,按户口配给粮食,实行计口授粮,并推行种植和食用杂粮等办法以缓解粮荒,但实际上收效甚微。10 元钱在广州可购买粮食的数量,1933 年是 70 公斤,1936 年为 8.3 斤(1 斤为 500 克),1942 年为 6 斤,1943 年为 2 斤 10 两(1 两为 31.25 克),1944 年 5 月为 7 两,同年 12 月为 0.6 两。按照伪《中山日报》1940 年 10 月 6 日一篇文章的说法,是"富者转贫,贫者变乞,芸芸众生,无食者众",各阶层的生活状况都急剧下降,在 1944 年 7 月,大学教授每月发米 80 斤,中学教员每月发米 50 斤。[①]

　　抗日战争时期,日伪的经济统制政策和商品配给制度,导致沦陷区物资匮乏,商业衰退,物价飞涨,严重影响了普通民众的日常生活,给当地商业发展带来了严重的灾难。

---

　　①　陈木杉:《从函电史料观抗战时期汪精卫集团治粤梗概》,台湾学生书局 1996 年版,第 199 页。

第 八 章

伪"满洲国"和关内沦陷区的金融业

第一节 伪"满洲国"的金融业

金融是经济的血液,也是殖民当局控制和征服一地必须摆在不容忽视地位的重大任务。日本军国主义分子早就将中国东北地区看作征服中国内地前必须控制的基地,因而在此地发展日本的金融势力进而控制和垄断金融就成了必不可少的环节。下面分别将 1931 年前后以及成立伪"满洲中央银行"时期日本在此地控制金融活动的大体脉络做一梳理。

一、1931 年前东北的日本金融势力

1900 年 1 月,日本横滨正金银行在牛庄开设支店,这是最早进入中国东北的日本金融机构。1903 年,正金银行开始发行银行券,成为日本在东北最早发行的钞票。当时在东北的外国货币中,俄国货币占有最大份额。1904 年日俄战争时,日本政府发行了 19000 万元的军用手票,在满铁一线流通。以此为契机,当年 8 月在大连,第二年 5 月在奉天设立了正金银行的支店。1906 年,日本政府发布敕令 247 号,作出调整,由正金

银行发行 1 元为基础的银行券,兑换和收回日俄战争时期的军用票,强制
在东北通用。正金银行遂"成为日本在满洲名实相符的代表机关"。此
后正金银行又陆续增设了旅顺、辽阳、铁岭、安东、长春、哈尔滨等地的
支店。①

在横滨正金银行之后,陆续又有多家日本银行在东北成立或进入东
北。截至 1930 年年底,日本在东北的金融机构计有银行本店 15 处,分店
及出张所②49 处,经营地产的金融业 1 处(东洋拓殖株式会社),无尽业
者(与中国的做会机构相似)9 家,当铺约 240 余家,东北南部、安奉沿线
金融合作社 20 余处。其中,主要银行机构的情况如表 8-1 所示。

表 8-1 1930 年年底日本在东北银行机构情况统计

(资本及公积金单位:日金元)

银行名称	设立年份	已交资本	公积金	本店所在地	在东北主要支店
正隆银行	1908	5624375	109602	大连	哈尔滨东北南部、安奉沿线共十一处
满洲银行	1923	2906662	565000	大连	永吉及南北部、安奉沿线共十五处
大连商业银行	1918	2000000	277000	大连	—
大连兴信银行	1900	200000	—	大连	—
长春实业银行	1917	400000	165486	长春	—
满洲殖业银行	1920	500000	8700	沈阳	—
"南满"银行	1919	375000	28931	鞍山	—
安东实业银行	1913	125000	116101	安东	—
协成银行	1918	250000	100872	安东	—

---

① 满洲事情案内所报告 36:《满洲通货及金融の过去和现在》,满洲事情案内所昭和 11
年(1936 年)版,第 53 页。陈经:《日本势力下二十年来之满蒙》,上海华通书局 1931 年印行,第
109 页。

② "出张所"为分店日下属的储蓄所。

续表

银行名称	设立年份	已交资本	公积金	本店所在地	在东北主要支店
商工银行	1913	275000	10900	辽阳	—
振兴银行	1918	500000	139050	营口	—
日华银行	1918	500000	53819	铁岭	—
吉林银行	1920	75000	21600	永吉	—
平和银行	1920	200000	53622	永吉	—
哈尔滨银行	1921	500000	59320	哈尔滨	—
正金银行	1880	100000000	117292830	日本横滨	哈尔滨及满铁沿线共六处
朝鲜银行	1909	25000000	2901026	朝鲜京城	滨江及东北南部、安奉沿线共十一处
东洋拓殖株式会社	—	50000000	—	日本东京	哈尔滨、大连、沈阳
无尽业者	—	435000	142227	—	共九处均在满铁沿线

资料来源:雷雨:《东北经济概况》,北平西北书局1932年印行,第50—51页。

到1930年年底,东北的金融业者中,"中国方面大小共计约一千五百处,外国方面大小共计约五百五十处;但中国方面之资本,估计不过约一万万元现大洋,外国方面有数字可考者,即已有四千八百万元左右。约及中国者之半。存放款项及汇兑数目,大抵同此比例"[1]。也就是说,在1931年"九一八事变"爆发前,日本在东北的金融势力一直处于持续和迅速的增长之中。

日本在东北金融势力进展之快和力量之强,还可从朝鲜和正金两家日本银行发行日币钞票的情况中得到证明。1917年,为全面实行对中国的侵略,日本政府对中国东北的日本金融机构进行了整合和分工,将横滨正金银行的金券发行权及日本国库事务,"均移归朝鲜银行管理"[2]。由此,朝鲜银行遂成为日本在中国东北金融侵略势力的领头羊。此后,朝鲜银行发行的纸币成为日本在东北钞票的主要代表。正金银行尽管减少了发行数量,但发行钞票的行动并未完全停止。

---

[1] 雷雨:《东北经济概况》,北平西北书局1932年印行,第53页。
[2] 陈经:《日本势力下二十年来之满蒙》,上海华通书局1931年印行,第110页。

朝鲜银行在 1918 年至 1927 年 10 年中发行钞票的情况如表 8-2 所示。

表 8-2　日本朝鲜银行在东北发行钞票情况(1918—1927 年)

(单位:千元)

项目 年份	在东北发行额	总发行额	东北发行占 总发行的比例(%)
1918	19098	115523	16.5
1919	37066	163600	22.7
1920	42342	114034	37.1
1921	46775	134360	34.8
1922	34251	100544	34.2
1923	39174	110233	35.5
1924	45190	129113	35.0
1925	42190	120540	35.0
1926	38829	110939	35.0
1927	43584	124527	35.0

注:"东北发行占总发行的比例"一栏为引者计算。
资料来源:陈经:《日本势力下二十年来之满蒙》,上海华通书局 1931 年印行,第 115 页。

从表 8-2 显示的朝鲜银行发行钞票的情况看,朝鲜银行从 1918 年开始在东北发行金票,当年数额就达到 1900 余万元,从 1920 年之后,在东北发行的钞票数额一直稳居其总发行数额的 35% 左右。到 1927 年,朝鲜银行发行的金票数额已达到 4000 余万元,正金银行发行的银券数量也达到 400 余万元,而我国中国银行和交通银行在东北发行的钞票,加起来也"只达到四千与五千万余元",与这两家日本银行在东北发行的钞票大体相等,加上日本在中国东北的整体实力,"操纵着满蒙金融界的实权,而把纵断的'南满'铁道沿线做扩充一切经济的根干","在满蒙皆推行使用金票,以尽量扩大它的货币势力"。在 1931 年"九一八事变"爆发之前,两家银行实际上已成为"垄断了满蒙货币的势力"①。

---

①　陈经:《日本势力下二十年来之满蒙》,上海华通书局 1931 年印行,第 115 页。

总体来看,从20世纪初开始到1931年,从通货史的角度进行考察,东北金融领域中的大体演变脉络如下。首先,俄国和日本分别在自己掌握的"北满"和"南满"铁路沿线,设立金融机构和发行钞票,构筑扩大自己的势力范围。与此相对,中国的通货金融在日俄势力范围之外的地区也有一定的推进。这时,大体"北满"铁路沿线是俄罗斯、"南满"铁路沿线是日本,其他地区是以东北官银钱号为中心的中国金融控制区域。然而第一次世界大战和俄国革命使得情势为之一变:俄罗斯势力后退,日本金融势力北进,分别与"北满"中国方面哈大洋票系统和"南满"张学良政权下的现大洋票系统发生冲突①,在此时期爆发的"九一八事变",导致此后伪"满洲中央银行"设立,中断和掠取了中国方面此前金融方面的发展,使得整个中国东北的金融,被纳入日本的势力圈。可见,"东北中国货币之受日金支配,则为整个之财政及政治问题,非仅金融一方面所能包括"②。

二、伪"满洲国"成立后日本在东北的金融扩张

1931年,日本帝国主义在沈阳发动了侵略中国的"九一八事变",大举向中国进攻,在短时间内就占领了东北三省。1932年3月1日,日本炮制的傀儡政权伪"满洲国"正式成立,东北成了日本帝国主义者的殖民地。

此后直到1937年抗日战争全面爆发为止,东北日本金融势力的扩张大体循着两条线路发展:一条是建立日本控制的伪"满洲中央银行",用以统合东北中国方面的各种金融机构以及币制,目的是"确立日本方面对金融的支配"。③ 另一条是日本本国金融势力在东北的发展,其中又可

---

① 据安冨步的考证,20世纪20年代以后,张作霖在东北北部以"哈大洋"票、张学良在东北南部以"大洋票"试图统一币制的努力都取得了一定的进展。见[日]安冨步:《"满洲国"の金融》,日本创文社1997年版,"序章"第29—33页。

② 雷雨:《东北经济概况》,北平西北书局1932年印行,第53页。

③ [日]安冨步:《"满洲国"の金融》,日本创文社1997年版,第48页。

分为两个阶段:1935年10月前确立以朝鲜银行发行的钞票占据统治地位,此后朝鲜银行的钞票退出满洲,由日元与伪"满洲中央银行"发行的钞票按1∶1的比例直接挂钩,最终将伪"满洲中央银行"钞票纳入日本货币圈,完成了对中国东北金融的彻底改造和控制。

现分别进行考察。先看中国方面金融机构的演变:"九一八事变"发生时,东北境内的中国金融机构有被称为四大金融机构的东三省官银号、吉林永衡银钱号、黑龙江省官银号和边业银行。中国银行和交通银行在东北也设有支行。这些金融机构都发行钞票,且钞票种类很多,加上地方小银行和钱庄等发行的纸币和硬币等,币制十分复杂。"九一八事变"爆发时,日本关东军迅速封锁和接管了中国的这四大金融机构,并决定设立伪满洲中央银行来接收和领有这些金融机构,并将这些银行的发行准备金强行集中,作为伪"满洲中央银行"成立时的准备金。"这次接收的成功使得'满洲中央银行'的成立和其后的活动变得容易。"①1932年1月,关东军统治部设立的"币制及金融咨问委员会"发布"货币及金融制度方针案"和"货币及金融制度关系法案",在朝鲜银行、正金银行和"满铁"的协助下,3月15日通过了"货币法""满洲中央银行法""满洲中央银行组织办法"。决定发行称为"国币"的伪"满洲国"中央银行纸币,并以之统一"满洲"的中国货币(以下简称"伪满币")。②

1932年7月1日,以被强行改组的中国四大金融机构为基础设立的伪"满洲国中央银行"正式成立。总行设于长春,并在沈阳等大城市设立分行,县以上城市设立支行和办事处,"总分支机构达128处。该行成立时资本定为伪币3000万元,实交750万元,最后又增资到伪币10000万元,实交2500万元"③。在伪满洲中央银行筹备成立期间,伪《货币法》也在1932年6月11日公布。伪《货币法》规定,货币的制造及发行之权归伪"满洲政府","由'满洲中央银行'行使之"。伪"满洲中央银行"的货币采用银本位制,1元纸币含纯银23.91公分,发行百元、十元、五元、一

①　[日]安冨步:《"满洲国"の金融》,日本创文社1997年版,第40页。
②　[日]安冨步:《"满洲国"の金融》,日本创文社1997年版,第39—41页。
③　[日]安冨步:《"满洲国"の金融》,日本创文社1997年版,第260页。

元、五角 5 种纸币,铸造 1 角、5 分、1 分和 5 厘 4 种辅币。[①] 在这里,没有登载纸币可以兑换现银或外汇的规定,因此,这种伪"满洲中央银行"的货币可以看成是依靠政权力量强行推行的纸币。

伪"满洲中央银行"成立后,即将所谓整理回收过去的旧币定为首要的任务。1932 年 7 月 1 日伪"满洲中央银行"开业当日,即颁布实行《旧货币整理办法》,规定从即日起,在两年内收兑原四大金融机构发行的 15 种货币,其他各种钞币也限期收回。东北原流通的营口过炉银、安东镇平银也禁止发行和流通,并限期兑换成伪"满洲中央银行"的纸币。"在收缴'旧币'中,有意压低兑价"。如东三省官银号发行的奉天票被强行按 50∶1(后又改为 60∶1)的比价兑换;吉林永衡官银钱号发行的"官帖",流通额约有 103.1 亿吊,被日伪极力贬低价值,规定 360 吊换伪币 1 元,几天后又规定 500 吊换伪币 1 元,仅此一项,东北人民即被盘剥了 800 多万元(以伪币计)。[②] 对黑龙江省官银号发行的"官帖",更以 1680 吊比伪币 1 元的比价收兑。到 1934 年,伪"满洲中央银行"收回各种旧币合伪币 14223 万余元。此外,还收兑了大量白银,仅在整理安东镇平银时,就用伪币搜刮白银 500 万两。[③]

伪"满洲国"的成立对东北金融的影响是巨大的。在日本政府控制支配中国东北金融的侵略政策下,这种所谓货币兑换,实际变成了对中国人民的一次掠夺。到 1934 年 6 月时,原有的各种东北旧币已被收回 93.1%,1935 年 6 月收回率更高达 97.1%。[④] 这时,日本政府通过伪"满洲中央银行"及其强制推行的钞票,已控制掌握了中国东北的金融机构和金融命脉。

在日本侵略者通过成立傀儡政府伪"满洲国"和成立伪"满洲中央银

---

① 满洲事情案内所报告 36:《满洲通货及金融の过去和现在》,满洲事情案内所昭和十一年(1936 年)版,"附录·货币法"。

② 吉林省金融研究所编:《伪满洲中央银行史料》,吉林人民出版社 1984 年版,第 9 页。

③ 洪葭管主编:《中国金融史》,西南财经大学出版社 1993 年版,第 263 页。前引满洲事情案内所报告 36:《满洲通货及金融の过去和现在》,满洲事情案内所昭和 11 年(1936 年)版,第 93—97 页。

④ 〔日〕安冨步:《"满洲国"の金融》,日本创文社 1997 年版,第 41、48 页。

行”,对“九一八事变”之前存在的中国东北方面的金融机构实施控制的同时,原有日本在中国东北的金融机构和势力中,除有代表性的两家银行朝鲜银行和正金银行外,1935 年 6 月,以正隆银行为代表的日本其他民间银行共有 13 家。这 13 家银行共有实收资本 1913 万元,公积金 246 万元,各项存款中金票 26000 万元、钞票 897 万元、国币 2540 万元;各种贷出项目中金票 24000 万元、钞票 603 万元、国币 3066 万元。① 与上述统计1930 年时日本银行数量的表 8-1 相比,日本民间银行的数量减少了两家,但日本政府的代表银行朝鲜银行的势力却有明显的增长。从 1931 年6 月末开始到 1936 年年末,朝鲜银行在东北开设了 8 家支店,使得朝鲜银行在满洲的支店数达到 22 家,职员数从 215 名增加到 329 名。1935 年12 月时,朝鲜银行发行的金票总数额中有 60% 即 1.2 亿—1.3 亿元在满洲流通。② 与统计表 8-2 显示的 1927 年时朝鲜银行在东北流通的钞票4000 余万元相比,增加了 2 倍。1932 年 12 月到 1936 年 12 月,朝鲜银行的存款从 1.23 亿元增加到 2.71 亿元,贷款从 6000 万元增加到 1.22 亿元,在 4 年间均增长了 1 倍左右。③ 1934 年时,在对东北土特产品领域的贷款中,正金银行占 46%,朝鲜银行占 26%,而伪“满洲中央银行”只占1%。④ 日本通过本国银行对东北物产的直接控制,已实现了完全的垄断。

从 1931 年“九一八事变”起,中国东北的金融局面出现了巨大改变,通过“九一八事变”开始的赤裸裸侵略,日本使用暴力强行切断了中国东北和内地的联系,将中国东北变成了自己的殖民地。在此过程中,日本金融势力从过去通过满铁沿线,以大连为中心的“点和线”的势力分布,一

① 这些数字中的金票为朝鲜银行发行的以金为本位制的货币,钞票为正金银行发行的以银为本位制的银元券,国币为伪满洲中央银行发行的货币。上述数字见满洲事情案内所报告 36;《满洲通货及金融的过去和现在》,满洲事情案内所昭和十一年(1936 年)版,第 201 页。

② 满洲帝国政府编:《满洲建国十年史》,原书房 1969 年版,第 503—504 页。见[日]安冨步:《“满洲国”の金融》,日本创文社 1997 年版,第 96 页。

③ 朝鲜银行研究会编:《朝鲜银行史》,东洋经济新报社 1987 年版,第 440—444 页。见[日]安冨步:《“满洲国”の金融》,日本创文社 1997 年版,第 96 页。

④ 满洲国实业部临时产业调查局编:《特产交易事情》上卷,1937 年版,第 530、538 页。见[日]安冨步:《“满洲国”の金融》,日本创文社 1997 年版,第 97 页。

表8-3　伪"满洲国"主要金融机构放款情况统计（1934—1945年6月）

（单位：千元）

项目 年份	中央银行	兴业银行	兴农金库	境内私营银行	日本银行	关内银行	欧美银行	各种合作社	总计
1934	165092	—	—	34986	305291	29248	35928	7110	577655
1935	171000	—	—	32103	287673	22194	27191	16546	556707
1936	199359	—	—	36586	368012	23540	24457	22951	672905
1937	212569	258995	—	57288	162917	17866	30070	32642	772347
1938	419996	412419	—	71800	290223	14901	22247	49493	1281079
1939	871190	790373	—	98730	509722	14874	11154	90357	2386400
1940	872461	1294574	—	168141	770494	12880	4584	127651	3250785
1941	757595	1091984	—	281178	883260	15929	2255	167452	3199653
1942	691712	1222862	—	388269	1316862	7967	656	205951	3834279
1943	2186972	1884658	399358	450386	1752208	6987	603	246550	6927722
1944	6586198	3076441	1763582	527615	2974262	7201	—	985400	15920699
1945年6月	9490765	3604221	2400063	534549	4081275	6424	—	985400	21102697

注：1. 表中数字1943年前按《满洲金融统计》。

2. 1944年后数字,按《东北经济小丛书》,但大兴公司,无尽公司数字不在内。

3. 日本银行指日本设在伪"满洲国"境内的各银行。

4. 关内银行指总行设在关内,在伪"满洲国"境内开设的分支机构。

资料来源：吉林省金融研究所编著：《伪满洲中央银行史料》,吉林人民出版社1984年版,第514—515页。

改而为通过伪"满洲国"从"面"上直接占支配统治的格局。此后,日本政府更利用 1934—1935 年国际市场上白银价格上涨而日元放弃金本位制的机会,由日本大藏省次官津岛寿一和伪"满洲国"财政部部长星野植树联合发表共同声明,宣称在 1935 年 12 月 10 日开始的这个时点,将"满洲国编入日本元金融圈"。① 这个声明,实际是抛掉最后一点伪装,直接将满洲的金融纳入日本金融势力范围中,与日本金融合成一体公开宣布。

自此以后,中国东北成了日本金融势力占绝对统治地位的局面。这一点,从下面列举的伪"满洲国"主要金融机构放款的统计数字中完全可以得到证明。

从表 8-3 中可以看出,以伪"满洲中央银行"、兴业银行、兴农金库、日本银行和各种合作社组成的日本金融势力网,其实力远远超过关内银行和欧美银行,在日本金融势力网实力越来越强大的同时,关内银行和欧美银行的实力呈难以遏制的下跌趋势,从 1942 年开始,关内银行的放款就跌破千万元大关,同期欧美银行则是跌破百万元大关。再过一年,关内银行的放款数字跌落到 700 万元左右,而欧美银行甚至彻底失去了踪影。这期间,伪"满洲中央银行"的放款额则急剧猛升,1945 年 6 月高达 94 亿元,日本银行也达 40 亿元。合计日伪金融机构放款额高达 211 亿元,完全彻底地控制了中国东北的金融领域。

三、伪"满洲中央银行"的金融活动

从 1932 年 7 月 1 日正式开业到 1945 年 8 月日本投降时为止,伪"满洲中央银行"存在的时间约 13 年。在 1945 年 8 月日本投降之时,伪"满洲中央银行"有总店 1 家,本店营业所 1 家,支店 31 家,储蓄所 5 家,驻在员事务所 4 家,派遣员事务所 1 家,总分支机构共有 43 个单位,其中长春总行的职员就有 643 人。② 伪"满洲中央银行"的阵容如此强大,是因为

---

① ［日］安冨步:《"满洲国"の金融》,日本创文社 1997 年版,第 98 页。
② 杨承厚:《伪满中央银行简史》,《中央银行月报》1948 年新 3 卷第 7 期。

伪"满洲中央银行"具有伪"满洲国"傀儡政权国家银行的特定身份,同时本质上是日本在中国东北殖民地银行的缘故。它的殖民地银行性质集中表现在以下几方面。

第一,伪"满洲中央银行"自始至终为日本关东军所控制和支配,它存在的主要目的是为日本关东军提供军费以及筹措军需物质,效力于日本关东军的侵略政策。第二,伪"满洲中央银行"政策方针的制定和重大问题的决策,直接取决于日本大藏省,可以说是日本银行在华的特种分支机构,它按照日本银行模式实行货币和信用管理。第三,伪"满洲中央银行"发行的货币,币值完全为日元所左右,可说是日元的附庸。第四,伪"满洲中央银行"的组织和人事安排,完全受日本控制。正副总裁的任命,由日本大藏省建议,关东军提名,伪"满洲国"政府只是履行任命手续。第五,伪"满洲中央银行"既是经营货币、信用的经济组织,又是伪"满洲国"傀儡政权的金融机关,故此其不仅参与伪政权经济金融方针、政策和资源掠夺计划的制订,而且直接成为这些政策、方针和计划的执行者。①

具体而言,在伪"满洲中央银行"存在的 13 年里,主要活动包括垄断东北地区纸币发行,建立傀儡政府的货币制度;实行金融统制,为支持日本侵华战争进行产业开发;以及承担在东北日本关东军的军费开支和强制储蓄,包销公债控制外汇等。

以下针对重点内容进行一些介绍。

伪"满洲中央银行"限制和收兑东北地区原有货币的情况,在上面第二目的内容中已经有所叙述。这里再介绍一下伪"满洲中央银行"垄断发行纸币和建立货币体系的情况。

本来制造和发行货币之权,应该属于主权政府。可是因为伪"满洲国"政府的傀儡性质,制造和发行货币之事遂"完全委托伪央行办理"。②在这种状况下,伪"满洲中央银行"的纸币发行情况见表8-4。

---

① 吉林省金融研究所编著:《伪满洲中央银行史料》,吉林人民出版社 1984 年版,第3 页。

② 杨承厚:《伪满中央银行简史》,《中央银行月报》1948 年新 3 卷第 7 期。

表 8-4 伪"满洲中央银行"纸币发行数额(1932—1945 年 7 月)

(单位:千元)

项目 年份	纸币发行额	辅币发行额	发行总额	发行指数 (1932=100)
1932 年年末	151863	—	151863	100
1933 年年末	129223	2169	131392	86.5
1934 年年末	168332	15772	184104	121.2
1935 年年末	178655	20284	198939	130.0
1936 年年末	254243	20448	274691	198.0
1937 年年末	307489	22420	329909	216.5
1938 年年末	425737	27159	452896	298.2
1939 年年末	625621	33724	657345	432.8
1940 年年末	947050	44179	991229	653.3
1941 年年末	1261531	55498	1317029	867.2
1942 年年末	1669631	58513	1728144	1137.9
1943 年年末	3011187	68606	3079793	2027.9
1944 年年末	5797999	78854	5876853	3869.7
1945 年 7 月	—	—	8085042	5323.8

资料来源:杨承厚:《伪满中央银行简史》,《中央银行月报》1948 年新 3 卷第 7 期。原表发行总数合计有误,已经重算核正。

　　伪"满洲中央银行"纸币发行之初,大体还能控制纸币的发行量,1932 年时一年的发行量不过 1.5 亿元。到 1935 年年底,经过 3 年时间,纸币量仅增加 30%,1 年的发行量也不到 2 亿元。但从 1936 年开始,纸币的增加就呈加速趋势,到 1942 年年底,仅仅 10 年时间纸币发行量就增加了 10 倍,达到 17 亿元左右。1942 年之后,随着战事状况恶化,伪"满洲中央银行"纸币的发行更以每年十多亿元的速度增加,到 1945 年 7 月底日本投降前夕,纸币的发行量 80 余亿元,比 1932 年的发行额增加了 53 倍之多。而在日本投降之后,"根据最后结算(1945 年 11 月 13 日移交结余),伪满券之发行总额已超过 136 亿元(13688462264 元)之多矣"[1]。也就是说,在伪"满洲中央银行"存在的 13 年间,其货币发行量增加了

———————————

[1] 杨承厚:《伪满中央银行简史》,《中央银行月报》1948 年新 3 卷第 7 期。

136 倍之多。

　　与此同时,伪"满洲中央银行"的货币发行准备金却是一再减少,日益空虚。根据伪《货币法》第十条及第十一条的规定,"伪央行对于伪币的发行,必须准备有货币发行额百分之三十以上的现金准备(此项现金准备包括银块、金块、确实可靠之外国通货及在外国银行之金银存款)。其余部分可以公债商业票据及有价证券抵充,谓之保证准备"。① 但自1937 年伪满实行产业五年计划开始,伪"满洲中央银行"货币发行中的金银块相继输出英美,伪政府不得已乃改变伪《货币法》的解释,指定日本公债可以代替准备金中之金银;故在 1937 年 5 月以后,日本公债即可充作现金准备,且不受任何数额的限制。其后"七七事变"及太平洋战争相继爆发,现金准备内容更趋枯竭,1938 年 9 月遂再次规定伪"满洲国"国债也可以计入现金准备,开始还有数额限制,后到 1944 年 11 月伪"满洲国"债即可无限制充任现金准备;同时伪满洲政府借款以及对日军费之垫付等均得列入现金准备之内。其结果,是"现金准备完全变为公债及借款证书,实际上反不如普通之保证准备"②。

　　伪"满洲中央银行"前后 13 年存续期间现金准备变动情况可见表8-5。

表 8-5　伪"满洲中央银行"发行准备金变动情况统计(1932—1945 年)

(各种准备金占百分比%)

项目 年份	金	英美 货币	银及 银圆	日元 钞券	日公债 及贷金	满洲 公债	政府发 行债券	合计
1932	3.9	4.8	19.0	24.6	—	—	—	51.3
1933	6.0	4.1	19.4	22.9	—	—	—	52.4
1934	7.7	3.0	11.6	21.9	—	—	—	44.2
1935	15.9	3.3	8.9	23.5	—	—	—	51.6
1936	16.0	5.6	1.3	46.8	—	—	—	69.7
1937	17.6	2.1	1.2	30.0	13.6	—	—	64.5

---

　　①　杨承厚:《伪满中央银行简史》,《中央银行月报》1948 年新 3 卷第 7 期。
　　②　杨承厚:《伪满中央银行简史》,《中央银行月报》1948 年新 3 卷第 7 期。

续表

项目 年份	金	英美 货币	银及 银圆	日元 钞券	日公债 及贷金	满洲 公债	政府发 行债券	合计
1938	5.5	—	—	1.6	25.4	18.3	—	50.8
1939	0.4	1.8	—	0.6	17.1	32.0	—	51.9
1940	0.1	—	—	1.1	11.3	26.4	—	38.9
1941	0.2	—	—	3.1	8.4	23.2	—	34.9
1942	0.6	—	—	0.5	26.8	8.4	—	36.3
1943	0.3	—	—	—	52.3	—	—	52.6
1944	0.5	—	—	—	28.3	—	3.9	32.7
1945	—	—	—	—	29.3	—	2.8	32.1

资料来源:杨承厚:《伪满中央银行简史》,《中央银行月报》1948 年新 3 卷第 7 期。原表合计有误,已经重算核正。

表 8-5 中数字清楚地表明,作为伪"满洲中央银行"发行钞币准备金的金、银及银圆、英美货币和日元钞券,1938 年后都大幅减少。银块及银圆是 1938 年,英美货币是 1940 年,日元钞券是 1943 年,金是 1945 年完全消失,与之相反的是,日本公债、伪满洲公债和伪满洲政府发行的证券充当了伪"满洲中央银行"纸币发行的主要准备金,加上伪满纸币发行数量的暴增,其贬值和通货膨胀的出现就是必然的现象。

伪"满洲国"和伪"满洲中央银行"成立后,配合日本的殖民意图,通过强行整理和收兑原来的各种货币,发行伪"满洲中央银行"纸币,建立了傀儡国的货币制度,可也正因为其具有的殖民地傀儡银行身份,其迅速败落的下场也就成为难以逃避的事情。

伪"满洲中央银行"成立后做的第二件重要事情,是垄断放款。通过垄断发行,集中资源以支持日本在满洲开发产业,进而支持侵略战争。为此,伪"满洲中央银行"根据伪"满洲国"《国家总动员法》《临时资金统制法》《汇兑管理法》和《银行法》等法规,集中一切可能集中的资源,从各个角度强化金融统制,控制各个领域的资金活动。其中,它将供应长期产业资金的业务,交给由日本人经营的朝鲜、正隆、满洲三家银行合并而成的伪"满洲兴业银行",通过伪"满洲兴业银行"积极培植各专业垄断公司,大搞产业"开发"，掠夺资源。到 1945 年 6 月末为止，伪"满洲中央银行"借给伪"满洲兴业银行"、伪"兴农金库"、日本横滨正金银行的款项竟达 76.54 亿元[①]，占该行放款总额的 75.5%，而对民族金融事业的放款只剩 500 万元，使得民族金融资本陷入绝境。

伪"满洲中央银行"成立当时，"放款额为一亿零七百余万元，到 1937 年年末时达二亿一千二百万元，增长一倍。迄至 1945 年 6 月末，放款总额达到一百零一亿余元，比 1937 年增加四十七倍。伪'满洲中央银行'放款占社会总放款的比重，由 1937 年的百分之三十六点六，上升到百分之六十二点八。其余百分之三十七点二，在放款方向和使用上，也无不为伪'满洲中央银行'所操控"。因此，"整个放款几乎为伪'满洲中央银行'所垄断"。[②]

伪"满洲中央银行"垄断放款后，其主要的放款方向有三个。

第一个对象是向伪"满洲兴业银行"放款。伪"满建国"之初，工矿企业生产所需资金，大部分由伪"满洲中央银行"直接供给。后日伪为了使伪"满洲中央银行"成为有力的发行银行，并使金融资本与产业资本紧密结合，于 1937 年成立了伪"满洲兴业银行"，专管供应工矿企业所需的长期资金。伪"满洲中央银行"自然极力给予配合和资金支持，因此伪"满洲兴业银行"成为伪"满洲中央银行"的主要贷款户。"伪'满洲兴业银行'的放款数额逐年猛增。1937 年年末为二亿五千八百万元，1945 年 6 月末一跃增到三十六亿零四百万元。而它从伪满洲中央银行取得的贷款竟达三十五亿一千五百万元，仅比其放出额少八千九百万元。"[③]

从伪"满洲兴业银行"放出资金的用途看，1945 年 3 月末，工业资金占 56%，矿产资金占 11%，其他资金仅占 33%。它的主要放款对象，不过 30 来个垄断公司。其中重点是拥有 16 个子公司的"满洲重工业公司"。

---

① 《伪满洲中央银行简史》，见吉林省金融研究所编著：《伪满洲中央银行史料》，吉林人民出版社 1984 年版，第 18 页。

② 《伪满洲中央银行简史》，见吉林省金融研究所编著：《伪满洲中央银行史料》，吉林人民出版社 1984 年版，第 18—19 页。

③ 《伪满洲中央银行简史》，见吉林省金融研究所编著：《伪满洲中央银行史料》，吉林人民出版社 1984 年版，第 19 页。

而这是一家主要集中生产战略军需物资的公司。1944 年 3 月末,伪"满洲兴业银行"对它发放了 11.79 亿元放款,占该行放款总额 30.83 亿元的 1/3 以上。① 资金供应的垄断,反映了生产的集中和垄断。伪"满洲中央银行"通过伪"满洲兴业银行",重点支持了军工生产,支持了侵略战争,掠走和摧毁了无可估量的财富。

从另一份资料中,可以看出 1942 年 6 月至 1944 年 12 月伪"满洲兴业银行"放款的主要对象(见表 8-6)。

表 8-6　伪"满洲兴业银行"主要放款对象统计(1942 年 6 月—1944 年 12 月)

(单位:百万元)

年月＼企业名	1942 年 6 月	1943 年 6 月	1943 年 12 月	1944 年 6 月	1944 年 9 月	1944 年 12 月
满洲重工业	169	164	163	253	307	327
日满商事	43	66	113	115	133	126
满洲房产	61	56	57	53	52	53
满洲林业	37	40	—	—	—	—
满洲矿业开发	15	15	51	68	76	91
满洲鸭绿江水电	35	35	25	26	28	23
满洲畜产	—	—	12	—	—	—
满洲农业公社	15	19	59	83	47	287
满洲电信电话	—	—	—	35	46	24
满洲电信建物	—	—	—	—	11	—
满洲电业	—	42	52	109	18	70
满洲生活必需品	41	55	76	84	110	105
康德矿业	—	—	—	—	51	61
密山炭矿	—	—	—	22	26	39

---

① 吉林省金融研究所编著:《伪满洲中央银行史料》,吉林人民出版社 1984 年版,第 19 页。

续表

年月／企业名	1942年6月	1943年6月	1943年12月	1944年6月	1944年9月	1944年12月
满洲兴业证券	—	—	—	20	24	26
钟渊纺织（钟渊工业）	—	—	20	20	20	20
关东军酒保	—	—	29	18	13	13
马车公会	—	3	—	—	—	—
东裕公司	11	10	—	—	—	—
满洲纸业统制协会	—	—	—	—	19	27
纤维联合会（满洲纤维公社）	—	9	—	11	25	51
满洲豆秆纸浆	—	12	—	12	14	18
满洲电化	—	—	—	—	18	40
满洲大豆化学	—	—	—	—	14	25
满洲林产化学	—	—	—	—	12	18
国际运输	—	—	—	—	47	87
满洲电气化学	—	—	—	14	—	—
同和自动车	16	—	—	—	—	—
满洲自动车制造	—	16	16	17	16	15
满洲工厂	—	—	—	—	29	28
满洲兴拓	13	—	12	12	29	33
三和兴业	—	13	12	15	16	16
奉天造兵所	—	7	12	—	12	—
满蒙毛织	—	—	—	—	19	—
满洲住友金属	—	8	13	18	20	20

续表

年月 企业名	1942年 6月	1943年 6月	1943年 12月	1944年 6月	1944年 9月	1944年 12月
满洲飞行机制造	—	—	—	—	16	25
满洲电线	—	—	—	11	—	13
满洲制糖	—	9	—	—	—	—
昭和制钢所	—	6	—	—	—	—
本溪湖煤铁	28	52	82	—	—	—
满洲制铁	—	—	—	109	119	124
本溪湖洋灰	13	17	12	14	14	16
满洲开发	—	—	11	—	—	—
满洲盐业	—	—	—	—	14	17
吉林人造石油	15	—	—	—	—	—
其他	477	721	1056	1115	991	1226
总计	989	1375	1883	2254	2404	3064

资料来源:[日]安冨步:《"满洲国"の金融》(图表篇),日本创文社1997年版,第45页,表Ⅱ-10C。

从表8-6的数据中,可以看出明显的几个特点:首先,伪"满洲兴业银行"对东北日伪实业的放款数额在2年左右的时间里有急剧的增加,从1942年6月总额9.89亿元,猛增到1944年12月的30.64亿元,两年半时间增加了2倍多;其次,伪"满洲兴业银行"放款对象虽然涉及各方面的多个公司,但主要以工矿企业为主;再次,伪"满洲兴业银行"放款重点中的重点,是集中生产战略军需物资的满洲重工业公司。可以看出,对满洲重工业公司的放款数量最多,各季度一直没有低于1.5亿元以下,进入1944年以后,更是从1.65亿元直接增加到3.27亿元。可见伪"满洲中央银行"通过伪"满洲兴业银行"重点支持军工生产,支持侵略战争,掠夺中国东北大量资源和宝藏的罪恶事实。

除了对伪"满洲兴业银行"大力放款外,伪"满洲兴农金库"也成为伪"满洲中央银行"放款的主要对象之一,成立于1943年的伪"满洲兴农金库"主要是为发放农副业资金,控制农村金融,掠夺农副产品而设立。资金不足则靠伪"满洲中央银行"全力支持。该金库成立当年，从伪"满洲中央银行"就借款 4.15 亿元，1945 年 6 月末竟达到 18.39 亿元。"在一年半的时间里，猛增三点四倍。相当于该库放款总额二十四亿元的百分之七十六点六。"①伪"满洲兴农金库"的放款对象主要是兴农合作社、农产公社、林产公社三家。1945 年 3 月末对这三家贷放款预计为 10.5 亿元，占当时该金库放款总额 20.17 亿元的 52.1%，用于抢购粮豆及其他农副产品。②

伪"满洲中央银行"对日伪金融机构放款的第三个重点对象，是日本横滨正金银行。伪"满洲中央银行"对横滨正金银行的放款，1943 年、1944 年两年各为 4 亿余元，1945 年因关东军军费改由东北就地解决，因之对横滨正金银行的放款猛增至 26.6 亿元。"其中关东军军费即占 23 亿元"。③

伪"满洲中央银行"对以上 3 家金融机构的放款变动情况通过表 8-7 还可以看得更清楚。

表 8-7　伪"满洲中央银行"对三家金融机构的放款
明细（1940 年、1943—1945 年）　　　（单位：千元）

银行 年份	兴业银行	兴农金库	横滨正金银行
1940	260306		
1943	989454	415944	460959
1944	2780837	1232436	470892
1945	3515895	1839499	2660000

注：1. 对正金银行放款，1944 年为 4 月末，1945 年为 7 月末数字。
　　2. 1945 年对兴业银行及兴农金库放款均为 6 月末，其余各年均为 10 月末数字。
资料来源：东北物资调节委员会研究组编：《东北经济小丛书·金融》，1947 年印行，第 50 页。

----

①　吉林省金融研究所编著：《伪满洲中央银行史料》，吉林人民出版社 1984 年版，第 19 页。

②　吉林省金融研究所编著：《伪满洲中央银行史料》，吉林人民出版社 1984 年版，第 20 页。

③　吉林省金融研究所编著：《伪满洲中央银行史料》，吉林人民出版社 1984 年版，第 20 页。

伪"满洲中央银行"在对日伪金融机构大量放款的同时,必然压缩对民间金融机构的放款。表8-8就显示了1936年到1945年伪"满洲中央银行"对数十家私营银行的放款情况。

表8-8 伪"满洲中央银行"对私营银行放款情况统计(1936—1945年)

(单位:千元)

年份 项目	放款额	往来私营银行数
1936	11153	17
1937	11127	22
1938	12268	29
1939	5732	31
1940	4554	36
1941	14861	38
1944	30000	16
1945	5000	16

资料来源:东北物资调节委员会研究组编:《东北经济小丛书·金融》,1947年印行,第49页。

伪"满洲中央银行"的重要职能之一,就是为伪"满洲国"和日本关东军筹措军费。前述伪"满洲中央银行"滥发纸币的一个重要原因就是为了支持军费开支。1945年2月,伪"满洲中央银行"调查部部长庆田在关东军经理部的一次秘密会议上的讲话时说,"通货增加的一个主要原因,不能不说是军费开支。而军费开支又与产业资金相联系,特别是矿工业资金需要的增加"[①]。伪"满洲国"军费(包括治安费)开支,有双重负担。一个是军队、警察费用,一个是为日本关东军负担的军费,共占每年财政支出的三四成。其费用如果以1932年为基期,则1940年为其3.8倍多,以后逐年激增。起初以所谓"国防费分担金"的名义,由日伪按比例分担,列入财政预算。1944年,日本财政经济已濒临崩溃,遂把关东军军费负担完全压在东北人民头上。日本政府指令横滨正金银行出面,代其向伪"满

---

① 吉林省金融研究所编著:《伪满洲中央银行史料》,吉林人民出版社1984年版,第11—12页。

洲中央银行"借款,日本银行担保。然后日本政府转账给日本军部,再拨付给关东军,存入伪"满洲中央银行"总行"关东军"户头。至 1945 年 8 月,在 1 年多的时间里,在伪"满洲国""筹措"军费即达 34 亿元。[①]

日本伪"满洲"军费的详细支出来源情况可参见表 8-9。

表 8-9　日本在伪"满洲"军费来源情况统计(1939 年上期至 1945 年下期)

(单位:百万元)

年·期　　　项目	日本国库金支出	横滨正金银行贷予	合计
1939 年上期	211	—	211
1939 年下期	319	—	319
1940 年上期	258	—	258
1940 年下期	423	—	423
1941 年上期	379	—	379
1941 年下期	744	—	744
1942 年上期	579	—	579
1942 年下期	763	—	763
1943 年上期	713	—	713
1943 年下期	1079	—	1079
1944 年上期	998	—	998
1944 年下期	479	600	1079
1945 年上期	—	1500	1500
1945 年下期	—	1300	1300
累计	6945	3400	10345

资料来源:[日]安冨步:《"满洲国"の金融》(图表篇),日本创文社 1997 年版,第 70 页,表 11-21。

从表 8-9 可以看出,在 1939 年至 1944 年,日本从国库金中为满洲的军费支出了 69.45 亿元,而在 1944 年下半期到 1945 年的时间里,通过横滨正金银行支出了 34 亿元,而合计 6 年左右的时间,日本在满洲的军费开支共达 103.45 亿元。显然,日本控制的这些银行在其中发挥了重要的

————————

①　吉林省金融研究所编著:《伪满洲中央银行史料》,吉林人民出版社 1984 年版,第 12 页。

作用。

为帮助侵略战争,集聚资源,以伪"满洲中央银行"为首的日伪银行还采取种种措施,实行"资金统制"和强迫储蓄。从1939年起,在伪"满洲中央银行"和伪"协和会中央本部"控制下,组织中央、省、市、县(旗)储蓄联络委员会,设立所谓"实践委员会",策划开展"国民储蓄运动"。为此,伪"满洲中央银行"各级机构内设立"储金部",办理储蓄存款的具体业务。1941年,为进一步加强对储蓄的控制,改由伪"协和会"直接领导,伪"满洲中央银行"予以协助。在主要城市组织以伪"满洲中央银行"为中心的国民储蓄金融机构委员会。各有关金融机构(包括邮局、合作社、保险公司等)均从事摊派储蓄。在各金融机构里组织储蓄"挺身队",胁迫群众参加。从1942年开始,又强逼城镇居民、机关、企事业、团体等一律组成集体储蓄会,接收摊派任务。如若完不成,就被视作违法,有的被抓去当劳工。

1942年3月,伪"满洲政府"公布实行《国民储蓄会法》,规定储蓄为义务制。1944年,日伪在穷途末路的情况下,为挽救败局,将储蓄领导机构改为伪满最高行政机关"国务院"总务厅,在总务厅内设储蓄奖励本部,领导储蓄运动。在各种近乎疯狂的搜刮手段下,伪"满洲国"的年储蓄数额急剧增加:1939年为5亿元,1944年达30亿元,1945年更猛增至60亿元,"竟达国民总收入预算额的百分之四十六点二,六年间增长十一倍"①。

可以想见,为达到多多吸收存款的目的,伪"满政府"和伪"满洲中央银行"必然会采取多种手段和花样。事实也确实如此,伪"满政府"把工商企业存款、个人存款、生命保险费等都列入储蓄内容,甚至有出卖不动产储蓄、鸦片瘾者储蓄、小学生储蓄等,不一而足。看电影、戏剧,参加各种娱乐活动,下饭馆,买烟、酒、茶、糖等日用消费品也都要按消费额或商品价格搭配储蓄票。名曰储蓄,实则变相课税。还将每月8日定为所谓"诏书

---

①　吉林省金融研究所编著:《伪满洲中央银行史料》,吉林人民出版社1984年版,第13页。

奉戴日",同时也为储蓄日。每当日本侵略军占领某个重要地点时,则确定感谢"皇军"战捷储蓄旬,胁迫群众参加储蓄。甚至采取高压措施,硬性克扣。如出卖不动产储蓄,不问其具体情况,一律按出售价款的半额,由房地产管理部门在办理出卖手续时硬性扣存,3年内不准动用。对机关企业职工,按工资收入一定比例,从工资中扣留。农村储蓄按出售农副产品价款总额的15%,在出售农村产品时由兴农合作社扣留。鸦片瘾者也要组成国民储蓄会,以"管烟所"、鸦片分配所等为单位,各所长为会长,瘾者为会员,会员每人每月必储10元,否则不供给鸦片。按《国民储蓄会法》规定:"无正当理由不组成单位储蓄会时,罚以五百元以下之罚金。"①可见其强迫储蓄之甚。

另外,为筹集资金,伪"满洲中央银行"和伪"满政府"还发行过伪币公债和日币公债。伪"满政府"在日本发行日币公债。日伪发行的公债,分为伪币公债和日币公债两种。在日本发行日币公债,给日本财团输出资本开了方便之门。伪币公债,由伪"满政府"发行,伪"满洲中央银行"包销。其偿还期一般为10年到20年,最长达50年。日币公债,也由伪"满政府"发行,由日本兴业银行等17个金融机关组成承包团包销。其资金主要用于对铁路和矿山投资。偿还期一般10年左右,最长不超过15年。

"日伪统治十四年间,共发行公债八十七种,合计金额四十亿零五千五百万元。其中伪币公债五十六种,三十亿零二千五百万元,占公债发行总额的百分之七十四点六;日币公债三十一种,十亿零三千万元,占公债发行总额的百分之二十五点四"。②

伪"满洲中央银行"承包伪币公债后对私营银行、民族工商业者及个人,采取软硬兼施的诱逼手段,强行推销。一是以发放公债抵押放款为诱饵,刺激企业承购公债。此项放款利率低,借款额可以达到抵押公债票面

① 吉林省金融研究所编著:《伪满洲中央银行史料》,吉林人民出版社1984年版,第14—15页。
② 吉林省金融研究所编著:《伪满洲中央银行史料》,吉林人民出版社1984年版,第15页。

额的 95%。二是降低银行存款利率。使一般存款利率低于公债利息,引诱企业购买公债。但是,更多的情况却是硬性摊派。1943 年 5 月,伪"满政府"公布《资金特定用途制度》,规定各银行及商工金融合作社等金融机构,须保有相当于存款额 30% 的公债;各公司企业都得保有占纯益金一定比例的公债。对所有职工一律按收入比例摊派相应的公债。此外,对一般群众,也不放过,采取种种手段强行推销。及至伪满末期,又发行为期三年、五年的所谓"报国公债"等。金融机构、公司企业保有公债,可以得到许多优惠待遇。而劳动人民被迫承购的公债,在物价暴涨、货币贬值的情况下,则是徒蒙损失。

日伪为适应侵略战争的需要,从 1937 年起,实行所谓"战时统制经济",公布了《国家总动员法》,强行把国民经济纳入军事化轨道。1938 年 9 月,又公布了《临时资金统制法》,实行"资金统制",把有限的财力、物力,集中用于军工生产。此项法令的执行由伪"满洲中央银行"进行监督、检查和办理具体事务。同时,伪"满洲中央银行"又强制私营银行设立所谓"银行协会",要求加入"共同融资团",为其推动"资金统制"充当帮凶。而且,在一些重点厂矿企业中派驻驻厂(矿)员,监视生产,干预经营。这个"资金统制"随着侵略战争屡遭惨败而越来越严酷。开始时,"资金统制"只对资本金 50 万元以上和需要贷款 10 万元以上的企业实行。之后,对资本金 20 万元以上和需要贷款 5 万元以上的企业也列入统制对象。1940 年,日伪财力、物力愈益陷入困境,对一般企业的借款也严加控制起来。1941 年太平洋战争爆发,日伪与英美等国相互冻结对方财产,国际贸易断绝,日伪愈陷孤立,不得已实施了《战时紧急经济方策要纲》,推行所谓"彻底的重点主义"方针,集中一切可能集中的财力、物力,用于掠夺铁、煤、粮食等急需物资。对伪"满洲房产公司"、伪"满洲农产公社"的对外放款,也一并管理起来。对私营银行,则逼迫它们扩大存款,并将存款的 3 成存于伪"满洲中央银行"。各公司、企业,必须提报"资金需要计划"和"业务报告"。更有甚者,伪"满洲中央银行"对企事业单位的设立和撤销、资本的增减、名义的变更、企业内部的开支、利润分配以及个人买卖房地产等活动,但凡涉及资金流动的事务,都纳入了"资金统制"范围之内。[①]

"资金统制"的实行,维护了少数垄断企业的利益,摧残了民族工商业。三十几家工矿业垄断公司,1945年6月获得的放款额竟比1938年6月增加86倍;29家经营农副产品的大公司,1945年1月得到的放款,也比前二年增加3.2倍。与此相反,民族工商业却遭受沉重打击。1941年7月28日,伪"满政府"作为紧急对策,公布以7月25日物品价格为水准的《价格等临时措置法》,限制价格变动。再加上实行配给制度的控制,使民族企业营业衰落,资本金缩减到惨不忍睹的地步。"如1945年伪"满政府"安排的产业资金65亿元中,一般产业(其中包括民族产业),仅有6亿元,占9.2%,比上年减少40%多。直到日本帝国主义投降时,在私人工业投资中,日本人占95.5%,中国人仅占0.5%,民族资本被摧残殆尽"。[②]

此外,伪"满洲中央银行"在控制外汇,垄断对外贸易等方面同样采取和实行了一系列措施。1935年11月,日元、伪币实现等价后,日伪为防止资金外流,维护币值,稳定汇兑汇价,乃制定公布《汇兑管理法》等有关外汇、外贸管理的方针、政策和法令。开始禁止伪币投机买卖和金银出境;禁止外币交易和输入。伪"满洲中央银行"负责管理对关内、日本的外汇、外贸。对第三国则由横滨正金银行一手独揽。

汇兑管理刚开始实行时,民众对伪币极不信任,金融市场动荡不稳。1937年1月和10月以后屡经修改《汇兑管理法》,把汇兑管理与贸易管理扭在一起。凡输出贸易,必经伪"满洲中央银行"批准,另对非贸易输出入,证券输出入,商旅出境携带现款,向关内赡家汇款等均加以限制。其目的在于防止资金外流,沉重打击了民族经济。

日本和伪满间的外汇贸易,以"日满经济一体化""日本搞军工工业""满洲国是原材料基地"为指导方针,因此伪满与日本之间的汇兑,在初期并没有进行限制。1940年后,虽表面上限定10万元、3万元、5000元,

---

① 吉林省金融研究所编著:《伪满洲中央银行史料》,吉林人民出版社1984年版,第16—17页。

② 吉林省金融研究所编著:《伪满洲中央银行史料》,吉林人民出版社1984年版,第18页。

但是只要伪"满洲中央银行""同意",即可通过该行或伪"满洲兴业银行"、横滨正金银行,不拘多少都可汇出汇入。汇兑资金的调剂,也不需要汇兑基金,概由伪"满洲中央银行"东京支行与日本银行签订短期透支契约解决。从 1933 年到 1945 年的 13 年间,伪满贸易由日本进口 122.2 亿元,占进口总值的 82%,向日本输出 50.7 亿元,占出口总值的 63%。[①] 进口绝大部分都是工业品,而出口 65% 左右是农副产品。这从一个侧面强有力地证明了伪"满洲国"殖民地经济被剥削、受掠夺的实质。

伪"满洲国"管理外汇资金,采取"外汇集中制",即把各银行取得的外汇资金,集中到伪"满洲中央银行",然后交由横滨正金银行调剂使用。

以上种种特点,都证明伪"满洲中央银行"自始至终就是被日本关东军和日本政府控制,受其支配并为其服务的殖民地银行。

第二节　关内沦陷区的金融业

1937 年抗日战争全面爆发前后,日本势力进入中原地区,大片国土沦丧。日本侵略军在沦陷区进行经济榨取,无不以金融首当其冲:或劫持中国金融机构建立日伪金融系统;或设立日伪银行,发行钞券,统制汇兑,以控制沦陷区的经济;或发行和推广军票,提高其比价,吸收法币攫取国统区物资;另外还有制造假币以扰乱国统区币制;等等,不一而足。

一、日伪占领下的华北地区金融业

(一)"七七事变"前日本在华北的金融活动

东北成为日本殖民地后,关内的大片国土和资源遂成为日本帝国主

---

① 吉林省金融研究所编著:《伪满洲中央银行史料》,吉林人民出版社 1984 年版,第 21 页。

义进一步的侵略目标。1935 年 9 月,日本提出建立独立于国民党政府的华北政权的要求。当年 11 月伪冀东防共自治委员会得以成立,12 月在日本和国民党政府双方参与下,成立了以宋哲元为委员长的伪"冀察政务委员会",12 月 25 日改称伪"冀东防共自治政府",这是完全在日本庇护下设立的傀儡政权。通过这个伪政权,大量日本商品以公开走私的贸易形式涌入关内,严重打击了国民党政府的关税收入。

在这种情势下,日本帝国主义金融势力必然插手干涉华北金融。首先是对 1935 年 11 月国民党政府实行的"法币改革"抱敌对态度。1935年 11 月 8 日,日本驻华大使馆武官矾谷廉介发表声明公然反对华北现银南运和币制改革。第二天,日本外务省也发表谈话,以事前未与日本协商就着手币制改革为由表示不满。日系银行拒绝将白银移交国民党政府系银行。赞成币制改革的平津地区中国方面银行实际上也反对将现银南运,因此成立天津发行准备管理委员会作为名义上的现银保管机关,实际上现银仍归各家银行自己保管。外国银行中,除日系银行所有的 500 万元之外,基本上都已移交中国方面。中国方面的银行中,伪"冀察政务委员会"控制的河北省银行在日本方面的压力下也拒绝移交现银,并将各银行的现银逐渐集中到日伪控制的银行中。

1936 年年底,日本方面在研究建立日本控制下的华北特殊币制方案时,先后提出的方案有三种:"a. 金票案;b. 伪"满洲国"币案;c. 华北统一银行券案"①,但由于法币改革的原因都未能付诸实施,结果在"七七事变"前后采取了接近 c 方案的办法。从 1936 年 5 月起伪冀察政务委员会、经济委员会命令河北省银行发行该行的新银行券,这种银行券在北平、天津、保定、察哈尔等地流通。显然,因为伪"冀察政权"受日本干预和控制,这种与国民党政府币制改革背道而驰的做法,不外是日本控制华北地区的一个环节。1937 年 8 月,日本政府有关各省会议决定的《第二次华北处理要纲》,目的在于使华北成为"防共亲日满地带",该要纲强调

① 〔日〕浅田乔二等:《1937—1945 日本在中国沦陷区的经济掠夺》,袁愈佺译,复旦大学出版社 1997 年版,第 182 页。

培植日本特殊权益和华北的独立,其中关于金融方面的对策有如下的表述:"最后的目标固然在于建立脱离南京方面金融统治的华北中央金库,但鉴于华北金融的现状,南京政权的通货金融政策及其他各种情势,上述目的难以实现。对于河北省银行这种华北原有的金融机关……应当加以培植强化,借以树立名副其实的冀察中央金库的基础,暂时以此作为当前的目标"。①

除河北省银行外,1936 年 11 月,伪"冀东政"权在日方援助下在通县开设了冀东银行,1937 年 3 月开始发行钞票。河北省银行和冀东银行发行钞票的行动,是日本针对国民党政府币制改革而采取针锋相对的敌对行动之一。目的是要搅乱华北的币制统一,甚至进一步想用这些新发行的钞票驱逐国民党政府发行的法币,结果形势的发展与日伪的期望相反,法币反而更加广泛深入地进入华北市场,日伪的企图未能得逞。

(二)"七七事变"后的华北地区金融

1937 年八九月间,日军侵入内蒙古、张家口、大同和归绥一带。这些地区原来的货币状况十分复杂,除中国、交通两银行发行的钞票之外,尚有当地发行机构发行的各种钞票。日军侵入后,为统制当地金融,遂采取一系列措施:首先是在 1937 年 8 月底,成立所谓"察南自治政府",9 月 23 日宣布设立"察南银行",同年 10 月 1 日该行正式开始营业,其后为加强实力计,进一步扩大该行的组织,改为"蒙疆银行",于同年 11 月 13 日宣布成立,12 月 1 日正式接收"察南银行",开始营业。该行的成立实际是作为伪"蒙疆"的中央银行,成为统一发行钞票及统制全蒙疆地区的最高金融机关。②

"蒙疆银行"成立后,即以"银行之银行"的地位,利用各地钱庄共同出资(各出资百万元),在各自政府所在地设立一家实业银行,由"蒙疆银

---

① [日]浅田乔二等:《1937—1945 日本在中国沦陷区的经济掠夺》,袁愈佺译,复旦大学出版社 1997 年版,第 182 页。
② 谭玉佐编著:《中国重要银行发展史》,(台湾)台北联合出版中心 1966 年版,第522 页。

行"操纵指挥,各行负责人均以参加股份钱庄的代表担任。此外尚设日籍指导员一人,由"蒙疆银行"指派,管导一切行务。

在"蒙疆银行"控制指挥下的傀儡银行共有 3 家,具体情况见表 8-10。

表 8-10　日伪"蒙疆银行"控制下的傀儡银行情况统计

[单位:元(蒙银券)]

项目 行名	资本定额	实交	总行地点	分行处所在地
晋北实业银行	1000000	蒙银:500000 各钱庄:116250	大同	阳高、天镇、左云、岱岳镇、口泉镇、朔郡、应郡、浮源、泽源、广灵
察南实业银行	1000000	蒙银:500000 各钱庄:379000	张家口	宣化、蔚县、阳原、怀来、涿鹿、赤城、淮安、龙关、沙城镇、紫沟堡、张家口上堡、张家口桥东等处
蒙古实业银行	1000000	蒙银:500000 各钱庄:345500	归绥	包头、集宁、丰镇、萨拉斋、厚和、新城、旃下营

资料来源:谭玉佐编著:《中国重要银行发展史》,(台湾)台北联合出版中心 1966 年版,第 523 页。

此后 1942 年 5 月间,这 3 家银行改组合并成为同和实业银行,"资本 500 万元,于三十一(1942)年六月正式设立"。据调查,控制这几家傀儡银行的"蒙疆银行","总裁为日人宗田征夫……监理官一职,系由日人柴山兼任。该行原定资本为一千二百万日元,后增为四千五百万元,但大部现金准备(硬币)早经运日,而以牛、羊、马及乳酪等实物为基金,发行钞券"[①]。

另一家重要的日伪银行是 1938 年 3 月成立的伪"中国联合准备银行"。1937 年 12 月,汉奸王克敏在日本的扶植下于北平组织成立了伪"中华民国临时政府"。在伪临时政府成立前的 9 月 12 日,如上所述,日本内阁会议就决定了《华北金融对策要纲》。这项要纲的计划很明显,就是不仅要积极利用河北省银行,而且要加以扩充,实现由中国人开设的各家银行共同出资建立联合准备制度的目标。但只过了 2 个月,11 月 26 日,

---

① 谭玉佐编著:《中国重要银行发展史》,(台湾)台北联合出版中心 1966 年版,第 524 页。

日本内阁会议上原来的《华北金融对策要纲》中积极利用河北省银行的方案,就被调整为《华北联合银行设立要纲》,规定银行资本由伪"华北政权"和在华北的中国各银行分别出资半数,伪"临时政府"的出资由日方援助。日本此时的打算,是将华北联合银行"作为伪临时政府的中央银行,负有华北通货金融统制机关的职能"来设计和定位的。该银行"设置预定由日本人担任的顾问制度",目的是保证能够由"日本金融当局掌握联银的权力"。①

以《华北联合银行设立要纲》为基础的联合银行营业条例于 1938 年 2 月 5 日正式公布,当天由正金、朝鲜、日本兴业 3 家日方银行向临时政府提供总额 1250 万元的贷款以助其成立。而联合银行的组织及业务方案,均由日方创立委员会拟定,目的就是要伪"中国联合银行""必须按日本方面的基本方针强制贯彻执行"。

伪"中国联合银行"于 1938 年 2 月 11 日成立,于当年 3 月 10 日正式开业。伪"临时政府"于 3 月 11 日立即公布下述有关法令:(1)规定联银发行的纸币为国币;(2)公布旧通货的整理办法;(3)关于扰乱金融取缔办法;(4)规定联银券对外价值与日本元等价。② 伪"中国联合准备银行"总行设于北平,另在各重要城市设立分支行处,同时仿照"蒙疆银行"做法,在各重要城市里从中策动,另行筹设地方银行,由伪"中国联合银行"担任资本半数,余则就地征集,以树立其统制金融的权威。

伪"中国联合准备银行"总行和分支行设立情况见表 8-11。

表 8-11　伪"中国联合准备银行"总分支行设立情况统计

总行设立地点 及日期	分行设立地点 及日期	分行设立地点 及日期	办事处设立 地点及日期
北平 (1938 年 3 月 10 日)	天津 (1938 年 3 月 10 日)	青岛 (1938 年 4 月 6 日)	威海卫 (1939 年 2 月 6 日)

---

①　[日]浅田乔二等:《1937—1945 日本在中国沦陷区的经济掠夺》,袁愈佺译,复旦大学出版社 1997 年版,第 185 页。

②　[日]浅田乔二等:《1937—1945 日本在中国沦陷区的经济掠夺》,袁愈佺译,复旦大学出版社 1997 年版,第 186 页。

续表

总行设立地点 及日期	分行设立地点 及日期	分行设立地点 及日期	办事处设立 地点及日期
	济南 (1938 年 4 月 6 日)	石家庄 (1938 年 4 月 15 日)	龙门 (1939 年 6 月 5 日)
	唐山 (1938 年 4 月 20 日)	太原 (1938 年 11 月 1 日)	秦皇岛 (1939 年 10 月 14 日)
	烟台 (1938 年 11 月 1 日)	山海关 (1938 年 11 月 28 日)	塘沽
	新乡 (1939 年 2 月 8 日)	临汾 (1939 年 2 月 18 日)	
	运城 (1939 年 2 月 23 日)	开封 (1939 年 4 月 20 日)	
	徐州 (1939 年 5 月 16 日)	海州 (1939 年 6 月 1 日)	
	秦皇岛 (1939 年 10 月 17 日)		

资料来源:谭玉佐编著:《中国重要银行发展史》,(台湾)台北联合出版中心 1966 年版,第 524 —525 页。

　　除了伪"中国联合银行"直接设立的分支行处外,伪"联银"还有一批由其出资帮助成立和受其控制的银行。这些银行大部分都在 1939 年后成立,其中各家银行一半的资本金都为伪"中国联合准备银行"出资设立,这些银行的具体情况可参见表 8-12。在这些银行中,"河北及冀东两行在日本帝国主义占领华北之前就已接受日本方面的参加;中国、交通两行在太平洋战争爆发后被接收编入联银伞下,其余的银行都是由联银全部或半数出资,其中的山东农业银行是以旧山东省民生银行为基础;1944年设立的华北工业银行是以发展轻工业为目的并继承中华汇业银行债权和债务的银行。其余的四家据称是'分别由山东、河南、山西各省有力人士提出新银行计划而由本行(指联银—引者注)援助创立的'"。这些联银控制的地方银行的职能,主要是分担联银"地方农业、工业和商业等方面的业务,并代理联银执行供应货币和吸收存款的业务"。[①]

　　[①] [日]浅田乔二等:《1937—1945 日本在中国沦陷区的经济掠夺》,袁愈伦译,复旦大学出版社 1997 年版,第 227 页。

表 8-12　伪"中国联合准备银行"控制下的银行概况　（单位:百万元）

项目 行名	设立年月	实收资本	联银出资	存款	放款
河北省银行	1929 年 3 月	3.0	1.5	46.8	57.8
冀东银行	1936 年 11 月	2.5	1.25	28.3	29.3
大阜银行	1939 年 8 月	1.5	0.75	17.9	13.0
鲁兴银行	1939 年 9 月	1.5	0.75	16.4	12.3
河南实业银行	1940 年 8 月	0.5	0.25	7.5	3.8
山西实业银行	1941 年 7 月	1.5	0.75	7.6	2.0
山东农业银行	1942 年 3 月	5.0	2.5	3.2	1.9
中国银行	1942 年 10 月	6.0	3.0	19.0	11.2
交通银行	1942.10	5.0	2.5	17.1	7.7
华北储蓄银行	1943 年 3 月	1.0	1.0	—	—
华北工业银行	1944 年 10 月	10.0	5.0	—	—
合计	—	37.5	19.25	163.8	139.0

注:1. 河北省银行原为河北银行,1942 年 7 月改名为河北省银行。

　　2. 存款放款数字均为 1942 年年底数字。

资料来源:[日]浅田乔二等:《1937—1945 日本在中国沦陷区的经济掠夺》,袁愈佺译,复旦大学出版
　　社 1997 年版,第 226 页。

伪"中国联合准备银行"成立后,在开业的同时即开始对其他所谓旧通货进行清理,清理的主要对象是法币。其对此前通货的主要清理办法规定如下:

"第一条　中国联合准备银行发行之货币定为国币,一切款项之支付必须使用之。

第二条　原来流通之中国银行及交通银行发行之纸币(券面印有天津、青岛或山东字样)、河北省银行及冀东银行发行之纸币限于本办法施行之日起满一年内得以流通。前项列举之纸币对国币暂时按一元对一元之比率流通。

第三条　原来流通之中央银行发行之纸币及前条印有地名以外之中国银行及交通银行发行之纸币限于本办法施行之日起三个月内得以流通(下略)。

第四条 原来流通之纸币在第二条及第三条未予列举者,按前条办理,限于三个月内得以流通……"①

1938 年 6 月 10 日,中国、交通两行的北方券及河北省、冀东两银行以外的银行券一律被禁止流通,同年 8 月 7 日对中、交两行北方券实行贬值 10%,到 12 月 31 日又强行贬值 30%,同时精心策划对法币的进攻。1939 年 3 月 10 日,河北省、冀东银行券以及法币也一律被禁止流通。与此同时,也积极回收在华北流通的属于日系通货的日银券、朝银券、伪满洲中央银行券和蒙银券等,极力推动联银券的使用,也因此,伪联银券的发行额得以急剧增加。表 8-13 中的数字就显示了这一点:

表 8-13 日军占领地区通货发行额统计(1937 年 12 月—1945 年 8 月)

(单位:百万元)

年月 \ 项目	蒙银券	联银券	军票	华兴券	储备券
1937 年 12 月	13	—	1	—	—
1938 年 6 月	18	59	1	—	—
1938 年 12 月	36	162	36	—	—
1939 年 6 月	32	264	131	0.6	—
1939 年 12 月	60	458	151	5.1	—
1940 年 6 月	57	599	160	5.6	—
1940 年 12 月	93	715	248	5.6	—
1941 年 6 月	66	690	271	—	65
1941 年 12 月	114	964	244	—	237
1942 年 6 月	83	937	251	—	1172
1942 年 12 月	143	1581	381	—	3477
1943 年 6 月	176	1949	471	—	9122
1943 年 12 月	379	3762	487	—	19150
1944 年 6 月	418	5995	436	—	38359
1944 年 12 月	1058	15841	671	—	139699

---

① [日]浅田乔二等:《1937—1945 日本在中国沦陷区的经济掠夺》,袁愈佺译,复旦大学出版社 1997 年版,第 187 页。

续表

项目 年月	蒙银券	联银券	军票	华兴券	储备券
1945 年 6 月	1818	55391	1494	—	738723
1945 年 8 月	3600	132603	2516	—	2697231

注:发行额各种资料数字多不一致,据 1. 日银统计局:《战时金融统计要览》(1947),第 157—158 页
（《日本金融史资料》昭和篇第 30 卷）。2. 兴亚院经济部第四课:《华中通货情况参考书》(1942
年 6 月)〔秋元文书(54)〕整理。
资料来源:〔日〕浅田乔二等:《1937—1945 日本在中国沦陷区的经济掠夺》,袁愈佺译,复旦大学出版
社 1997 年版,第 188 页。

从表 8-13 中的数字可知,上述这些日系银行于 1937 年全面抗战爆发后,其纸币发行数字都有明显的增长。但是,其中发行纸币增长速度最快的有两家:一家是伪"中国联合准备银行",另一家就是华中汪精卫政权控制下的伪"中央储备银行"。

在 1941 年 12 月太平洋战争爆发之前,日军虽可以通过这些金融机构进行金融上的劫持,但对于英美等国在华北地区的金融机构和势力尚有顾虑。自太平洋战争爆发后,日军遂毫无顾忌,1942 年 1 月上旬对平津两地的英国汇丰、麦加利,美国的花旗、大通和中国的中央、中国、交通等银行全数接收,国民党政府存于天津英租界的白银亦被攫去,充作伪"中国联合准备银行"的资金。到三四月间,更是假借整饬金融为名,对平津等地银钱业,实行彻底之清查,规定每庄号资本最低额须在 50 万元以上,并限定以资本之半数存放于伪"中国联合准备银行"。仅就天津一地而论,以不符规定致被迫停业之钱庄数达 60 余家,其余能够继续经营者,亦在严酷操纵下苟延残喘。

在以平津一带为中心的华北地区,自伪"中国联合准备银行"成立并发行联银券后,日伪即以其作为主要的通货使用。伪联银券发行之初,与日钞等价行使,并与国民党政府发行的法币等值联系,其对外汇价,早期系随日元对英镑连锁制,每元银联券合英镑 1 先令 2 便士,其后因战局关系,于 1939 年 12 月 14 日改随日元与美元相联系,每百元折合 23 美元又 7/16。

伪联银券发行后,进入社会和市场流通主要采用以下的这些方式:

1. 充作财政支出,以军饷和政府所发薪资的方式进入社会及市场。

2. 伪"中国联合准备银行"以伪联银券分送各银行,强迫各银行接受,以为存款。

3. 收购物资,经营实业:利用敌伪统制机关以伪钞收购货物,设立各种公司(如华北交通、华北盐业等),以伪钞充作资本经营各种实业。

4. 以伪钞充作其他伪行及合作社资本:如伪联银曾贷款800万元给予"冀东银行",充作该行营运资金。同时还担任河南实业银行、青岛大阜银行及济南鲁兴银行资本之一部分。另外,当日伪在华北设立合作社时,伪联银券也被充作资本。

5. 日军同样要求日侨使用伪钞:驻留平津的日本人,需向日本银行或伪行以日元兑换伪联银券使用,日本人间的交易,亦禁止使用日钞,日本人到华北地区旅行者,亦需兑换伪联银券使用。[1]

二、汪伪政权控制下的金融业

上面提到,在日本占领区日系银行发行纸币最多的有两家,分别是伪"中国联合准备银行"和汪精卫汉奸政权成立的伪"中央储备银行"。1940年3月20日,汪精卫集团在日本帝国主义扶植下,以"还都"为口号在南京建立起伪政权"国民政府"。1940年12月19日,在日本的直接策划、指导和干预下,汪伪政权公布了"中央储备银行法",该法共6章31条。规定该行为伪"国民政府"设立之"国家银行",资本总额为1亿元,由"国库"拨足。可招募商股,但不得超过40%。主要业务为发行本位货币、辅助货币、兑换券;经营"国库";经理接收内外债券及本利支付结算;经理收付"国营"事业资金;管理"全国"银行储备并经理各行间汇拨结算事宜;代理地方公库及公营事业资金之收付;汇收存款及"国库"证券、公债息票之贴现;国内银行承兑票、国内商业汇票及期票重贴现;买卖国内

---

① 谭玉佐编著:《中国重要银行发展史》,(台湾)台北联合出版中心1966年版,第527页。

外银行到期汇票、支票;买卖生金银及外国货币;抵押贷款、放款等。①

1941年1月,作为汪伪政权中央银行的伪"中央储备银行"在南京设立,随后分别在上海、苏州、杭州、蚌埠、宁波等城市设立分行,并在芜湖、南通、无锡、嘉兴、扬州、日本东京等城市设立办事处。伪"中央储备银行"由伪"政权行政院"副院长兼"财政部"部长周佛海担任总裁,金城银行大连分行经理钱大櫆担任副总裁。理事会、监事会也同时成立,周佛海、钱大櫆分任正副主席,罗君强任监事会主席。伪"中央储备银行"总行及重要支行设顾问室,日本人木村增太郎、吉川智慧丸为总行顾问室顾问。总行下设业务局、发行局、国库局、外汇局、总务处、稽检处、秘书处、无线电台等,并在上海设立金融检查事务处,在南京设分处,统一管理金融检查事务。

伪"中央储备银行"设立后,立即发行伪"中央储备银行"券(以下简称伪中储券),伪中储券发行时规定流通范围为华北、华中和华南,但华北地区暂缓实行,故实际流通范围只有华中(包括南京、上海等华东地区)和华南。

伪"中央储备银行"是汪伪政权在金融领域中最重要的金融机构,汪伪政权希望通过其设立达到几种目标:首先是与西撤到西南地区的国民党政府争夺政权的正统地位和合法性。汪伪政权打着承继国民党政府"党统""法统""三民主义建国方略"的幌子,在不抵触日本的前提下,保留绝大部分国民党政府的政治体制,再按照1937年3月国民党中央政治会议通过的改组"中央银行"为"中央储备银行"的决议,将筹建中的伪"中央政权"的银行定名为"中央储备银行",以示自己政权的正统性和合法性。其次,是想通过设立伪"中央储备银行"来奠定和维持伪政权的财政问题。当时,华中经济惨遭破坏,日本军票在日本军部的控制下大肆掠夺,而把持华中沦陷区财政的日本,又拒绝将存于横滨正金银行的江海关关税返还于汪伪,"汪伪政权成立前,只准以借款形式借4000万元",而

---

① 中国第二历史档案馆编:《中华民国史档案资料汇编》第5辑第2编附录(下),江苏古籍出版社1997年版,第952—958页。

这 4000 万元根据 1940 年 3 月 30 日汪伪政府"财政部"部长周佛海,与日本横滨正金银行上海支店经理岸浪义质签订的《四千万元借款契约》和《谅解事项》规定,这 4000 万元法币存在横滨正金银行的存款账户上,可分 4 次提取,分别是 3 月 30 日 1500 万元,4 月 30 日 1000 万元,5 月 30 日 1000 万元,6 月 30 日 500 万元,汪伪政权在"提取该款时要告知正金银行数额和现金种类,并且同意接受军票和华兴券"。再加上这时江、浙、皖三省的统税和整个华中地区的盐税也掌握在日本人的手中[1],汪伪政权要筹集和维持伪政府运作的资金,不得不从设立自己能够掌控的银行着手,伪"中央储备银行"就是在这样的背景下出笼的。汪伪政权是企图通过设立伪"中央储备银行"来复兴华中经济,进而实现解决政府财政问题的目的。最后,对抗坐镇重庆的国民党政府。汪伪政权借日本之力成立伪政权,目的便是逐渐成为中国的"合法"政府。所以除了在"名分"的"正统性"上与国民党政府相抗之外,也在经济举措上与之对抗,对其实施打压行动。伪中储行的设立形成了国民党政府、汪伪政权与日本政府三方金融势力角逐的局面。其中日本与汪伪从总体上是相互利用的关系,他们联合起来与国民党政府对抗和进攻,"从全局角度看,重庆国民党政府是守方,汪伪政府和日本政府是攻方"[2]。

伪"中央储备银行"是最典型的殖民地银行,业务大权完全掌握在日本人手中,一切重大决策和业务活动均须受命于日本对华进行经济侵略的统帅机关"兴亚院"。日本则通过如下四种手段对其进行控制。首先,是顾问制度。日本先后派进伪"中央储备银行"的顾问、副顾问和顾问辅佐有 37 人。[3] 顾问的权力很大,伪"中央储备银行"对外数额较大的贷款、借款、放款,都必须经由顾问室审核批准,伪"中央储备银行"业务局和上海分行仅仅是办理手续而已。伪中储券的印刷发行,都由顾问室筹

① 朱佩禧:《寄生与共生:汪伪中央储备银行研究》,同济大学出版社 2012 年版,第 17 页。

② 朱佩禧:《角力上海:伪中央储备银行成立及其原因探析》,《江苏社会科学》2007 年第 5 期,第 158 页。

③ 《历史档案》1982 年第 4 期,第 132 页。另一说有 40 多人,见政协上海市委员会:《文史资料选辑》总第 34 辑(1980 年第 5 辑),上海人民出版社 1980 年版,第 155 页。

划决定,连发行局局长也无权过问。其他如重要规章制度的建立、对外重要文件的签发、科长以上人员的任免等,都要事先请示顾问同意后方可办理。副顾问大久保太三郎还兼任日本银行驻上海办事处处长,他们幕后策划各种金融措施,通过上海的横滨正金银行和伪"中央储备银行"贯彻执行,以控制沦陷区的金融。其次,日本方面规定"'中央储备银行'的外汇收入必须存入日本银行"。这样,伪"中央储备银行"的外汇就全部都转为日元,实际上由日本银行调度使用。其三,1942 年 8 月,正金银行上海支行与伪"中央储备银行"签订《军用票与中储券之互相存放款契约》,名义上是互相存放款,但根据契约规定,正金银行上海支行需要中储券时,只要在账面上空收一笔军用票作为伪"中央储备银行"的存款,而后者就得对等地按 18∶1 的比例折合中储券,作为正金银行上海支行在伪"中央储备银行"的存款,由正金上海支行任意支用。其四,日本各级军政和特务机关可对"中央储备银行"进行经常性的检查和监督。①

伪"中央储备银行"自设立后,配合日本方面的计划,首要的攻击目标就是国民党政府货币体系中最重要的一环——法币。日伪攻击法币的过程分为以下几个阶段。

伪中储券首先在成为"孤岛"的上海投放,并宣称"所发钞票皆为法币,举凡纳税、汇兑及一切公私往来,一律行使"。并规定"关于现在流通之各种法币(指此前中、中、交、农银行发行的钞票),皆准与中央储备银行券等价流通"。② 这时,日伪允许原来的旧法币与伪中储券等价流通使用,一是借助法币威信推广伪中储券的发行,二是利用法币套取外汇。日本的意图,在于以中储券套取法币,利用法币与外汇的挂钩关系套取外汇,在驱逐法币的同时掠夺中国的物质。

汪伪政权极力推动伪中储券的流通和使用,但伪"中储券"没有现银准备,又是伪政权发行的纸币,要与旧法币等价行使,难度不小,特别是以上海为中心的华中地区受到老百姓的抵制。汪伪政权不得不制定《妨害

① 姚会元:《日本对华金融掠夺研究》(1931—1945),武汉出版社 2008 年版,第 236 页。
② 洪葭管:《中国金融通史》第四卷,"国民政府时期",中国金融出版社 2008 年版,第 368 页。

新法币治罪暂行条例》,又硬性规定关盐税等"中央"税收一律只收伪中储券,日军支出的军费和日商收购物资的资金均用伪中储券支付。

但是,伪"中储券"的推广却并不顺利。这期间,伪中储券难以推进流通的原因还有重要的几点:一是英美国家对伪中储券的态度有所抵制,而且伪中储券无法兑换英镑或美元;二是伪"中央储备银行"本身受日方顾问室、大使馆、军部、兴亚院的多头指导,这些部门本身存在部门利益和矛盾,影响政令实行;三是国民党政府坚决抵制伪中储券,宣称伪"中央储备银行"是日本的"傀儡银行",不予承认。使得英美列强和沦陷区民众拒绝接受中储券,直接影响到其流通。中储券发行后,四联总处饬令中、交两行上海分行拒收伪券,并要求在上海的外国银行(英国汇丰银行、美国花旗银行等)不给伪"中储券"挂牌,拒绝承认伪"中储券"为法定货币。[①] 也因此,伪"中央储备银行"设立后,伪"中储券"的发行并不顺利。

1941 年 12 月太平洋战争爆发,内外形势又发生巨大变化:上海在太平洋战争爆发前的"孤岛"时期,战前开业的所有外国银行业务基本不受大的影响,仍继续开业,只有英国的大英银行于 1939 年并入麦加利银行。英国的汇丰银行、麦加利银行和美国的花旗银行、大通银行除了经营一般的银行业务外,还应中国财政金融当局之托,在法币的外汇储备和汇价的维持方面提供了一些合作和支援。汇丰银行和麦加利银行还参加了1939 年中英货币平准基金,分别出资 300 万镑和 200 万镑。[②]

1941 年 12 月 8 日,日本偷袭美国珍珠港,太平洋战争爆发后,日军立即占领了上海租界,在租界的外国银行被日军强行接管和清理。在这些银行中,包括英国的汇丰银行、麦加利银行、有利银行和沙逊银行,美国的花旗银行、大通银行、运通银行和友邦银行,荷兰的荷兰银行、安达银行和比利时的华比银行均被日军接管。此时在上海的外国银行,除了德、法、意

---

① 朱佩禧:《寄生与共生:汪伪中央储备银行研究》,同济大学出版社 2012 年版,第53 页。

② 洪葭管:《中国金融通史》第四卷,"国民政府时期",中国金融出版社 2008 年版,第361 页。

的几家银行外,其余均是日本籍的银行。其中上海银行、天津银行、汉口银行、济南银行系地方性小银行;三井洋行、三菱银行、住友银行系日本国内大银行的分行,横滨银行、朝鲜银行和中国台湾银行三家银行的许多业务活动则更是直接为日本军国主义的经济金融侵略服务,尤其是横滨正金银行,在为日军提供军费、霸占关税、抢购外资、垄断信贷等方面发挥过重要作用。这时,这3家日本银行也代表日本军方去接管英美籍的大银行,其分工是:三井洋行接管麦加利银行、三菱银行接管花旗银行、住友银行接管大通银行。本来就是日本政府用于发展对外贸易、扩张对外势力而设立的横滨正金银行,这时更成为军方依赖的重要角色。它一家接收的就有最重要的汇丰银行、沙逊银行、华比银行等8个机构。它在霸占金融市场、掠夺金融资源、垄断信贷、抢购物资等方面起了独特的作用。①正如它自己宣称的:"大东亚战争在各地的制胜,说它的成功大多是由于正金为之付出了巨大的努力,也是不过分的"。②

太平洋战争爆发,日军进入上海租界接管外国在华银行的情况,如表8-14所示。

表8-14　太平洋战争爆发后日本在上海租界银行接管
外国在华银行和金融机构情况统计

被接管的外资银行 和金融机构名称	担任接管的 日本银行名称	备注
[英]汇丰银行	横滨正金银行	—
[英]沙逊银行	横滨正金银行	—
[英]通济隆公司	横滨正金银行	有发行旅行支票等银行业务
[美]美国运通银行	横滨正金银行	—
[美]美丰银行	横滨正金银行	实已停业,在清理中
[英]达商银行	横滨正金银行	—
[英]汇众银公司	横滨正金银行	银公司,未加入银行公会

① 洪葭管:《中国金融通史》第四卷,"国民政府时期",中国金融出版社2008年版,第361—362页。

② 中国人民银行吉林省金融研究所编:《横滨正金银行史料》,中国金融出版社1992年版,第4页。

续表

被接管的外资银行 和金融机构名称	担任接管的 日本银行名称	备注
〔英〕麦加利银行	三井洋行	—
〔美〕花旗银行	三菱银行	—
〔美〕大通银行	住友银行	—
〔荷〕荷兰银行	中国台湾银行	—
〔荷〕安达银行	中国台湾银行	—
〔美〕友邦银行	中国台湾银行	—
〔英〕有利银行	朝鲜银行	在东北的朝鲜银行合并为满洲兴业银行,在上海的朝鲜银行尚在营业

资料来源:洪葭管主编:《上海金融志》,上海社会科学院出版社 2003 年版,第 184—185 页。

太平洋战争爆发,日军在进占上海租界和香港,接管外国在华银行的同时,也封闭了国民党政府在上海租界的中央、中国、交通和农民银行。外国在华银行被接管和国民党政府在上海租界中的银行被封闭,导致法币外汇市场消失,利用法币套取外汇的功能亦随之结束。因此,日伪决定从华中和华南驱逐法币。1942 年 1 月 31 日,"兴亚院"制定了《大东亚战争开始后华中通货金融临时处理要纲》,其主要内容如下:

"1. 以打倒旧法币为目标,当前应积极采取压迫的姿态,同时切断新旧法币的等价关系;在将旧法币向敌区驱逐的计划下,应逐渐积极扩大各部门、各地区强制行使新法币的范围,借以促进旧法币逐渐禁止流通的措施;伪中央储备银行应立即竭力压缩新法币对旧法币的兑换……;伪中央储备银行应立即取消新法币与旧法币的等价交换,同时取消日元对旧法币的兑换牌价……

2. 为使伪中央储备银行成为指导华中的金融,亟须加强该行对中国人开设的银行及钱庄的统制力,为此采取以下措施:A. 伪中央储备银行应从速在各地开设分支机构,不仅限于长江三角洲地带,汉口地区亦应开设。B. 从速实行贸易及汇兑管理,剥夺旧法币的贸易通货机能……南洋地区的汇兑由中央银行集中办理。

3. 鉴于储备银行必须尽可能早日成为我方(即日方,下同)筹措军费及其他必需资金的银行起见,应即相应对该行顾问制度进行调整扩充,进一步加强我方对该行的控制,同时使该行的经营得以全面配合我方的政策。由于这种关系,为我方便于获得新通货起见,中央储备银行必须更积极向日本方面的银行存款或放款……"①

在此政策指导下,1941 年 5 月 12 日,日本兴亚院制定《关于华中通货整理措施的规定》,"对旧法币的攻击进一步彻底进行,使新法币(指伪中储券)及早成为华中唯一的基本通货"②。实际上,还在 3 月 23 日时,就将法币与中储券等值的比价改变,规定旧法币 100 元只能兑换伪中储券 77 元,以后进一步快速贬值,5 月 20 日 100 法币可兑换伪中储券 74元,5 月 22 日 66 元,5 月 23 日 60 元,5 月 25 日 53 元,5 月 26 日 50 元。③从 3 月 23 日开始,短短两个月时间里,日伪将法币与伪中储券的比价由等价贬值到 2∶1。在这种贬值和打压的过程中,中国民众遭受的损失无法计算。《通货整理措施》还对华中地区流通的日本军票兑换伪中储券的比价固定为中储券 100 元兑换军票 18 元,从 3 月 21 日开始按照这项固定比价进行交易。"从此以后原来从属于法币、跟着法币转动的中储券,在军票=日本元这一虚构的关系上,也就以 18 元的固定比率加入日本元的领域,到日本战败为止,名义上一直维持这一比率。这样,中国整个占领地也就被囊括进入了日元领域"。④

1942 年 5 月 12 日,日本兴亚院在决定《关于华中通货整理措施的规定》时,对于法币的全面兑换以及禁止流通,规定了具体措施。措施规定,兑换业务由伪中储行执行,对于回收的法币采取付给公债或以储备券存款转账的办法,"以抑制储备券的发放"。5 月 31 日,汪伪政权公布了

---

① [日]浅田乔二等:《1937—1945 日本在中国沦陷区的经济掠夺》,袁愈佺译,复旦大学出版社 1997 年版,第 232—233 页。
② [日]浅田乔二等:《1937—1945 日本在中国沦陷区的经济掠夺》,袁愈佺译,复旦大学出版社 1997 年版,第 235 页。
③ [日]浅田乔二等:《1937—1945 日本在中国沦陷区的经济掠夺》,袁愈佺译,复旦大学出版社 1997 年版,第 235 页。
④ [日]浅田乔二等:《1937—1945 日本在中国沦陷区的经济掠夺》,袁愈佺译,复旦大学出版社 1997 年版,第 235 页。

《整理旧法币条例》。规定回收的法币除了辅币之外以中央、中国、交通三行发行的法币为限,回收的地区收缩为苏浙皖三省及上海、南京两个特别市。同时还公布了《金融稳定公债条例》,均从 6 月 1 日起施行。这项公债条例是企图使法币转化为伪中储券面额的公债,来抑制伪中储券的供给数量。公债年息 5 厘,20 年还本,并规定不得转让,发行条件极为苛刻和不利。兑换时限规定从 6 月 1 日起到 21 日,到了 6 月 23 日,汪伪政权公布《禁止旧法币使用办法》,即日起施行,首先在南京、上海禁止使用法币。其他各地的兑换和禁止法币流通也在同样进行,但由于各地的兑换和禁止是分地区分时期进行,以至于法币流通被禁止的时间并不相同。"蚌埠、芜湖等地禁止流通是在 12 月 1 日,汉口是在 8 月 24 日,九江、南昌等地则是在次年 2 月 15 日"。各地回收的法币共计 112800 万元,"其中回收的 75%集中在上海"。①

在推进伪中储券的过程中,涉及日本在占领区流通的日元、军用票和伪"维新政府"发行的伪华兴券。1937 年 11 月 5 日,日军在杭州湾登陆后开始发行军用票,军用票发行的依据是日本内阁决定的军用票管理办法第一条:"政府为便于供应军费开支,在预算范围内发行军用手票","对于军票发行额及发行准备都没有任何规定"。② 军用票与日本通货间也不能进行兑换,两者之间名义上维持等价,实际上这种没有发行准备且不能兑换的军用票,是一种便于日本侵略军掠夺中国物资的手段,军用票与日元等价的说法不过是一种欺骗。

1937 年 12 月,上海和南京设立军用票交换所,以便于与日本控制的通货相交换,同时成立军用物资交换所,"真实目的是推广军用票发行,以备军费开支和军需物资的套购"③。1938 年年底,军用票的发行额为 3600 万元,以后逐渐增多,1941 年年底为 24400 万元,1943 年年底为

---

① [日]浅田乔二等:《1937—1945 日本在中国沦陷区的经济掠夺》,袁愈佺译,复旦大学出版社 1997 年版,第 236—237 页。
② [日]浅田乔二等:《1937—1945 日本在中国沦陷区的经济掠夺》,袁愈佺译,复旦大学出版社 1997 年版,第 192—193 页。
③ 洪葭管:《中国金融通史》第四卷,"国民政府时期",中国金融出版社 2008 年版,第 369 页。

48700 万元,1944 年年底为 67100 万元,1945 年 8 月一举猛增至 251600 万元。[①] 这种没有发行准备金且大量印刷流通的军用票的行为,实际是一种明目张胆的掠夺。特别是如前所述,1941 年日本兴亚院制定的通货整理措施将中储券对军用票的比价固定为 100∶18,这种比例一直维持到日本战败投降为止,就更是一种大规模的抢劫行为。

伪华兴券是 1939 年 5 月日本扶植的以梁鸿志为首的伪"维新政府",在上海设立的华兴银行所发行的货币。这种伪华兴券以法币为发行准备金,名义上属日元集团,与伪"满中央银行券"、伪联银券、伪"蒙疆券"等无联系,其用心是不排斥法币并与之等价流通,以便于掠夺物资,套取外汇,但后来脱离法币的汇价水平,自己单独订立汇价,由于并无外汇储备,难以取得成效,等到汪伪"中央储备银行"成立,这家汉奸银行也就很快被取代了。它已发行的钞票,按照"伪华兴券 100 元折合伪中储券 240 元的比率,全数由该行(中储行)收回。此后经营一般商业银行业务,直至日本投降后由国民党政府接受清理"[②]。伪华兴券和法币被收兑完毕,伪中储券便成为华中地区唯一的基本通货。

而如前所述,1942 年 8 月,正金银行上海支行与伪"中央储备银行"签订了《军用票与中储券之互相存放款契约》,成为华中地区唯一基本通货的伪中储券,也就更容易按照日本侵略者的意志成为侵略军的军费、汪伪政权的政务费以及日本收购物品和资源的货币。

关内沦陷区的金融,在抗战期间大体能够以 1941 年 12 月太平洋战争爆发分为前后两个阶段,两个阶段各有不同的特点和表现形式。

1937 年 7 月至 1941 年 12 月为第一阶段。

随着 1937 年 7 月抗战全面爆发,一时间资金逃避及银行提存十分严重。据估计,"自七月十日起至八月十二日止,各政府银行售出各项外汇,合计额达七百五十万镑"。而在战事全面爆发前一星期内售出者,不过为"一百五十万镑"。外汇之外,向各银行提取存款情况也十分严重,

---

① [日]浅田乔二等:《1937—1945 日本在中国沦陷区的经济掠夺》,袁愈佺译,复旦大学出版社 1997 年版,第 188 页。

② 洪葭管主编:《上海金融志》,上海社会科学院出版社 2003 年版,第 173—174 页。

以上海商业储蓄银行和浙江兴业银行为例,上海商业储蓄银行"约提出二千五百万元以上,占存款总额百分之十六以上",浙江兴业银行"约提出一千七百万元以上,亦约占存款总额百分之十七以上"①。"连中中交及各商业银行计算在内,提出之数总在二三万万元左右"②。

迨至 11 月,国民党军队撤出上海,当时日本还未与英美等国作战,上海的"公共租界"和"法租界",仍然由它们的"工部局"发号施令。在此两个租界里,不仅外国资本银行与过去一样继续营业,中国方面的官方银行和民间银行、钱庄及各种金融机构也仍然继续营业。上海租界在这段时期成为"孤岛"。③

在应付了战争初期的提存风潮之后,上海附近的省份成为战区,从 1938 年春季起,出现了两个重大变化:首先是来沪的人口日益增加。战前,包括租界以外的所有上海城镇乡村人口"不过 350 万人"。抗战初期,上海人口撤退到内地,此后,随着战事西移,聚集到上海租界的避难人口出现了迅速的回流和增长。1938 年下半年,据上海租界当局统计,仅仅是两租界的人口,"已增加到四百五十万人"。增加的人口中,"一种是难民,一种是各地来沪的资产阶级",而且,"这批资产阶级都有大量的购买力"④。其次是大量游资在此期间汇聚上海。据当时的学者研究,汇聚上海的游资来源主要分为内地民众携来、战争初期出逃之资金回流、南洋新加坡等地逃沪资金和避难外国犹太难民带来等几种。⑤ 特别是 1938 年北方联合准备银行成立后,"各种贸易政策货币政策,接二连三地频翻花样";1939 年上半年,"天津租界屡受威胁,先后引起了北方的资本逃避"。1939 年秋间,第二次世界大战爆发,英国远东属地施行经济统制,"引起了当地华侨的资本逃避"等因素,都使得这时依然保持资本自由流

---

① 寒芷主编:《战后上海的金融》,(香港)金融出版社 1941 年版,第 26 页。

② 寒芷主编:《战后上海的金融》,(香港)金融出版社 1941 年版,第 121 页。

③ 1937 年 11 月,国民党军队撤出上海。由于当时日本尚未与英美等国作战,尚未进入上海的"公共租界"和"法租界"等地,这些地区仍由过去的"工部局"管理。直到 1941 年 12 月太平洋战争爆发日军进入租界为止,这前后四年左右时期的租界,被称为上海的"孤岛"时期。

④ 魏友斐:《上海景气论》,财政评论社编印:《财政评论》1939 年第 1 卷第 6 期。

⑤ 宋柏:《游资的动向》,《金融导报》1940 年第 2 卷第 11 期。

动的上海,成为世界上少数几个仍然具有这种特点的城市之一。也因此,这些逃避的资金"不是以上海为转口,便是以上海为归宿"①,使得上海一时成为游资集中之地。

据《战后上海的金融》一书调查,上海 7 家主要银行和 12 家普通银行的存款,战争爆发后,1937 年存款比 1936 年时的存款明显有所降低成为普遍现象。此后开始回升,1938 年已经超过 1936 年,1939 年继续有所增长,除普通银行中有两家存款量不如 1936 年外,其余 17 家银行存款量均比 1936 年有不同程度的增加。具体情况如表 8-15 所示。

表 8-15　四年来银行存款变动状况(1936—1939 年)　　(单位:千元)

银行别＼年份	1936	1937	1938	1939	1939 年较 1937 年增加数
上海	153804	129127	144920	178204	(+)49077
中南	95065	94785	104715	101294	(+)6509
浙江兴业	83265	81600	108855	129680	(+)48080
浙江实业	50514	50101	62016	64406	(+)14305
国华	44874	38701	46453	66343	(+)27642
中孚	22490	24459	25483	27589	(+)3130
中国垦业	14693	14020	17505	18958	(+)4938
共计	464705	432883	509947	586474	(+)153591

原表说明:中南银行储蓄部存款未计入。

普通银行＼年份	1936	1937	1938	1939	1939 年较 1937 年增减数
永大	4294	5134	6178	8397	(+)3263
中华劝工	5362	4626	5914	8462	(+)3836
至中	5415	6163	5159	6544	(+)381
惠中	990	1655	4889	6265	(+)4610
中国企业	4196	2618	4794	5345	(+)2727
正明	2851	2105	2738	3503	(+)1398

---

① 朱博泉:《战时上海金融之病态及其治疗》,《财政评论》1940 年第 3 卷第 2 期。

续表

年份 普通银行	1936	1937	1938	1939	1939年 较1937年 增减数
煤业	2133	1592	1962	2022	(+)430
中和	2075	1387	1611	2117	(+)730
浦东	1387	1255	1537	1792	(+)537
建华	232	353	1264	1206	(+)853
辛泰	2340	1579	1207	1252	(-)327
民孚	679	678	857	624	(-)54
共计	32054	29145	38110	47529	(+)18384

资料来源:寒芷主编:《战后上海的金融》,(香港)金融出版社1941年版,第120—121页。

　　但是,表8-15显示的这十几家银行增加的存款量,相比这期间聚积上海的游资而言,只是一小部分而已。那么,这期间汇聚到上海的游资数量大约有多少呢?据《经济统计月志》第7卷第5期称,"据最近新申社向银行界探悉,至少在三十万万元以上"①。南京《中报》1940年6月28日刊载文章认为:"(1937年)事变以来,沪市以无形成为一般富有者避难之乐园,资金麇集,金融活动,各项事业均呈畸形之繁荣。迨欧战爆发,南洋、香港各地之华侨,复以大批资金向沪市逃避,至去年年底止,据估计竟达30万万元之巨。最近两周间,欧战局势急转直下,华商各大小银行活期存款骤增,其存户以外商银行转入华商银行者居多,约其有60万万元之巨。而各华商银行,均因存款过巨,拒收新户存款"。②

　　日本调查者则认为,抗战爆发时华人资金出逃的数字约有2亿美元,"其中约有一半即1亿美元自(1939年)9月以降已渐次回流上海",又认为,"无论这个数字正确与否,总有二十亿乃至四五十亿的游资汇聚上海","这一点是十分明白的"。③ 1939年2月,重庆方面出版的英文报纸

---

　　① 中国经济统计研究所发行:《经济统计月志》1940年第7卷第5期,第98页。
　　② 中国经济统计研究所发行:《经济统计月志》1940年第7卷第5期,第328页。
　　③ 〔日〕松本信次:《中国の证券市场》,日本《经济志林》第15卷2号,1942年版,第51页;〔日〕及川朝雄:《上海外商株式市场论》,上海三通书局1941年版,第25页。

Social Welfare 推测上海的法币存款在 38 亿元以上。而据美国当局推算，"1940 年秋时，上海的法币存款在三十亿元以上"①。

这期间巨量游资进入上海后，有几个特点值得注意：首先是存款中活期存款数量多于定期存款。在上海、中南、浙江兴业、浙江实业、中孚和中国垦业 6 家银行的存款中，活期存款和定期存款的情况见表 8-16。

表 8-16　六家银行活期存款与定期存款情况统计（1936—1939 年）

（单位：千元）

年份　　　项目	活期存款	定期存款	活期存款与定期存款之百分比（%）
1936	240189	179632	133.7
1937	219128	175053	125.2
1938	318288	145206	220.0
1939	365612	154519	237.0

资料来源：根据银行营业报告，见寒芷主编：《战后上海的金融》，（香港）金融出版社 1941 年版，第 122 页。

从表 8-16 看，1936 年至 1939 年的 4 年中，从 1937 年起，活期存款就呈连续增加的趋势，与定期存款之比也是同样的趋势。这种现象说明这些资金绝大多数是游资，不愿把资金固定化以受到限制。其次是这期间汇聚上海的资金投资于工商业的数量有限，虽然 1938 年秋季后上海各工业营业转好，商业也趋向繁荣，但实际上"仍不能容纳大量游资，故银行的放款一般的均在趋向减少之中"。表 8-17 就显示了这种状况。

表 8-17　四年来银行放款变动状况（1936—1939 年）　（单位：千元）

银行别　　　年份	1936	1937	1938	1939	1939 年较 1936 年增减数
上海	119549	92581	68038	85699	（-）33850
中南	75314	67865	67575	68693	（-）6621

---

① 日本东亚研究所译：《战时下的上海经济》（资料丙第 291 号 A，原书为英文），东亚研究所 1941 年版，第 216 页。

银行别　　年份	1936	1937	1938	1939	1939 年较 1936 年增减数
浙江兴业	53021	48637	47760	49684	（-）3337
浙江实业	42812	41475	42969	44858	（+）2046
国华	22880	22534	24902	34057	（+）11177
中孚	15904	14853	14512	15117	（-）787
中国垦业	15243	13709	13499	14031	（-）1212
共计	344723	301654	279255	312139	（-）32584

原表说明：中南银行储蓄部放款未计入。

普通银行　　年份	1936	1937	1938	1939	1939 年较 1936 年增减数
永大	4520	3145	4337	6221	（+）1701
中华劝工	5559	5289	4935	6925	（+）1366
至中	5396	5578	4526	3119	（-）2277
惠中	1201	1696	4292	5063	（+）3862
中国企业	3831	2675	3986	3809	（-）22
正明	1676	1041	1089	2434	（+）758
煤业	1092	1178	1304	1347	（+）255
中和	1249	1727	1538	1372	（+）123
浦东	1566	1715	1535	1426	（-）140
建华	544	762	865	599	（+）55
辛泰	1469	1247	1129	1132	（-）337
民孚	1181	926	1163	979	（-）202
总计	29284	26979	30699	34326	（+）5042

资料来源：寒芷主编：《战后上海的金融》，（香港）金融出版社 1941 年版，第 124—125 页。

　　从表 8-17 中 7 家主要银行和 12 家普通银行放款总数合计看，1939 年数字与 1936 年数字相比，减少了 2750 万元左右。这种情况"说明了战后上海正常放款途径的狭隘"①。

战事离开上海、人口增加、战争对物质的需求和巨额游资汇聚,加上正常放款途径的狭隘,必然使得以上海为中心的沦陷区金融出现多种变化。

1941年12月太平洋战争爆发直至1945年8月日本投降为止,是沦陷区金融发展的第二阶段。

这期间日军进入租界,金融投机更加剧烈。套购外汇、黄金,囤购货物,经营证券和买卖房地产等均为此期间金融投机牟利的途径。为达投机的目的,新设的银行、钱庄和信托公司不断增加。1944年的《申报年鉴》对太平洋战争爆发后出现的这种情况追述说:"迨至事变以后,新兴的银行乃顿形增加,迄至三十一年八月份为止,新设的银行计有特许银行三家,省市县立银行十九家,商业储蓄银行六十二家,农工银行十五家,专业银行九家,共计一百零八家。"②作为金融中心的上海,情况更为突出:"抗日战争前,上海的银行、钱庄、信托公司的家数分别是83家、48家和6家,而到抗日战争结束时则分别增加到195家、226家和20家,增加情况实堪惊人。"③截至1943年3月,上海的银行数量就已超出一般人的估计,"竟多至129家,较事变之前的数量骤增四倍以上"。在这129家银行中,资本总数"千万元以上者计有5家,500万元以上者计有19家,100万元以上者计有81家,100万元以下者计有24家"。"从各方面看来,银行家数的增加,实可以表示都市资金的缺乏正当出路;同时也是助长投机囤积之风的主要因素。"④

在汪伪政权全国经济委员会经济调查研究所编印的《经济研究》第1卷第2期(1944年2月出版)的《统计》栏目中,刊载了截至1943年12月30日的上海华商银行一览表。这些银行有名称、总行或总管理处所在地、设

---

① 寒芷主编:《战后上海的金融》,(香港)金融出版社1941年版,第125页。
② 民国丛书续编编辑委员会编:《申报年鉴》(1944年第2册),上海书店出版社2012年版,第633页。
③ 洪葭管:《中国金融史》,西南财经大学出版社1998年版,第327页。
④ 民国丛书续编编辑委员会编:《申报年鉴》(1944年第2册),上海书店出版社2012年版,第633页。

立年月日、资本总额、实收资本额、常务董事姓名、副总经理姓名以及备注各栏的银行的详细情况,总共 168 家。其中 105 家成立于抗战后,1941 年 12 月 8 日太平洋战争爆发后设立的有 79 家。① 不难想象,这期间设立的这些银行,其中绝大多数都是为投机而设。再从存款的性质看,即使是如浙江兴业、浙江实业、上海商业储蓄、大陆、盐业、金城、中国、中南、中国垦业、四行储蓄会、新华银行这 11 家老资格的商业银行的定期存款,"在事变前占总存款百分之六十,活期存款占百分之四十。而于三十二年(1943 年)间,定期存款仅占百分之二十,活期存款竟占百分之八十。""此种情形,表示商业银行今已不复为民间储蓄之信托人,而仅为社会通货之代管者。"且因活期存款增减无定,不得不厚集准备,以防万一,以致全面抗战开始后的准备金"逐渐增至百分之四十六七,至三十一(1942)年始略减"。②

这些大量设立的银行在吸收存款后,主要的经营事业是投机。投机的重点在太平洋战争爆发前是外汇、外币、外汇套息和黄金,此后增加了囤积物资、地产等,特别在外汇的套汇和投机方面获得了巨额盈余。以至于 1939 年年底时,据说不仅银行在战争爆发后受到的损失全部弥补收回,而且大都获致厚利,据说"有数家银行盈余在数百万、千把万,甚至数千万","各银行办理决算时,竟有关起门来由一二高级当局参加秘密进行的怪现象"。③

上海金融市场的另一支重要力量钱庄,在这期间同样经历了大起大落的变化。首先从数量看,1937 年抗战全面爆发之际,上海的汇划钱庄总计有 46 家。1938 年减为 43 家,1939 年又减少两家,总数降为 41 家。到 1941 年春季,"上海的汇划钱庄数目共计 39 家,各家钱庄的资本总额为 1600 万元,每家平均资本约为 40 万元"④。表 8-18 是 1934 年至 1940

---

① 据汪伪政权全国经济委员会经济调查研究所编印:《经济研究》第 1 卷第 2 期(1944 年 2 月 15 日出版),第 102—110 页统计表中银行成立时间统计。

② 民国丛书续编辑委员会编:《申报年鉴》(1944 年第 2 册),上海书店出版社 2012 年版,第 634 页。

③ 寒芷主编:《战后上海的金融》,(香港)金融出版社 1941 年版,第 57—58 页。

④ 民国丛书续编辑委员会编:《申报年鉴》(1944 年第 2 册),上海书店出版社 2012 年版,第 639 页。

年上海钱庄基本状况统计表。

表 8-18 中显示的 1934 年到 1940 年上海的钱庄业家数、资本、每家钱庄资本数等方面看,战前战后大体上没有什么大的变动。战后钱庄业虽出现过短期的衰落,但因战时损失不大,也因此没有受到多大的冲击。

表 8-18 上海钱庄基本情况统计(1934—1940 年) (单位:千元)

项目 / 年份	资本总额	钱庄家数	每家平均	年份 / 资本分组	1936	1937	1938	1939	1940
1934	22658	65	349	10 万元以上	4	1	1	1	1
1935	19305	55	351	20 万元以上	17	12	12	12	12
1936	18400	50	368	30 万元以上	12	10	7	7	5
1937	19136	46	416	40 万元以上	5	8	7	6	7
1938	17759	43	413	50 万元以上	4	7	9	8	8
1939	16933	41	413	60 万元以上	3	3	3	3	3
1940	17589	41	429	70 万元以上	2	2	2	2	3
				80 万元以上	3	3	2	2	2
				总计(家)	50	46	43	41	41

资料来源:寒芷主编:《战后上海的金融》,(香港)金融出版社 1941 年版,第 147—148 页。

但是,到了 1943 年 3 月底时,上海一地的汇划钱庄的家数骤增 108 家之多,其中资本额在 100 万元以上的有 61 家,50 万元以上的有 47 家,50 万元以下的有 8 家。但这种钱庄数量猛增的趋势并未结束,到了当年 12 月 10 日,加入钱庄业同业公会的会员钱庄,"竟达 193 家之多"。[①] 十分明显,这期间钱庄与银行骤增的原因一样,主要都是为了投机。

上海的钱庄除了汇划庄外,还有一种营业注重于货币兑换的钱庄,此种钱庄营业范围较窄,俗称"钱兑"。这种钱庄因资本较小,调整转头较易,战事发生以后,经历了短暂的调整期,在 1938 年 3 月以后就迅速地发展起来。"最初以经营汇划及票据贴现为主。以后买卖日钞,更进而经营公债,现金,纱花等暗市交易,营业之佳,获利之厚,均甚于战前。故投

---

① 民国丛书续编编辑委员会编:《申报年鉴》(1944 年第 2 册),上海书店出版社 2012 年版,第 639 页。

机商人,纷纷集资开设,一时风起云涌,四川路一带,钱兑店星罗棋布,有如雨后春笋。二十七年度盈余,自数万至十余万不等。尤以三泰、实康、谦泰、天成等钱兑庄,获利最多。因之二十八年度上市等,竟达六十三家之多。"①此后钱兑庄的数量继续增长,"根据上海市钱兑业公会在民国三十年三月发表的报告,加入公会的钱兑庄共计一百二十四家"。而实际上同样性质的钱庄,随时随地多有创设,"根据私人的估计,在民国三十年初,上海一市的钱兑庄数目当在二千至三千之间"。②

钱兑庄大都为合伙组织,也有少数为股份有限组织。有的名为钱庄,有的名为银号,名称虽然不同但其主要业务则都为买卖金银、外汇、外币、公债和股票等。太平洋战争爆发后,因为公债、外汇外币的买卖业务都相继遭受禁止和限制,盛极一时的钱兑庄业务因为缺乏营业对象,难以支持而相继歇业,但也有改弦更张,扩大范围,改组成为汇划钱庄者,这种情况也屡见不鲜。

此后,汪伪政权认为钱庄创设过滥,实力不足,制定了一个将钱庄的资本总额提高至三百万元才算合格的规定,并要求在1943年8月以前将钱庄的组织都必须改组为股份有限公司的规定,"若不符部令规定者,即勒令停业"。因此导致上海市的钱庄业面貌大变,"近来市上各家钱庄纷纷增资或合并,俾求自保"。③ 具有长久历史的中国传统金融机构钱庄,在1943年后的组织形式一改而为股份有限公司。

因为种种原因,抗战时期上海金融市场最明显的特色,是投机色彩浓厚。这里再将黄金、外币和一般物价指数三个统计表列于后,可以使我们对这期间上海金融市场的投机程度和带来的严重后果,有更深一步的认识。

---

① 王季深等编:《战时上海经济》第一辑,上海经济研究所1945年版,第18页。
② 民国丛书续编编辑委员会编:《申报年鉴》(1944年第2册),上海书店出版社2012年版,第639页。
③ 民国丛书续编编辑委员会编:《申报年鉴》(1944年第2册),上海书店出版社2012年版,第639页。

从表 8-19 中的数字可以看出,每条黄金(10 两一条)的价格,这 3 年多的时间中一直在上涨,即使是表中黄金的每年平均价指数,1944 年也比 1942 年涨了 16.66 倍。如果与战前相比,"战前每条(10 两)不过法币1100 元,而卅四年七月行市,最高时每两达一千二百五十万元,每条需'中储券'一万二千五百万元,相差达十一万倍之多,即以最近每条九千万元计(七月三十日行市),亦在八万倍以上,可谓骇人听闻者矣"①。

表 8-19　上海金条市价统计(1942 年 1 月—1945 年 6 月)

(单位:市平 10 两;成色:0.992)

年份 月份	1942	1943	1944	1945
1	11286.04	29617.00	97031.25	873625.00
2	12836.25	37316.00	136586.96	1989062.50
3	16985.40	47685.00	144250.00	3226600.00
4	19556.52	49827.00	140182.00	7393913.04
5	25200.96	46862.00	172500.00	9626538.46
6(注)	22091.00	54304.00	209666.67	—
7	21953.13	89895.83	365938.00	—
8	21634.60	95846.00	540577.00	—
9	22979.20	95288.00	583917.00	—
10	24615.40	96880.00	591188.00	—
11	26750.00	—	573955.00	—
12	31461.50	—	730571.00	—
最高价	31461.50	96880.00	770571.00	—
最低价	11286.04	29617.00	97031.25	—
平均价	21445.83	70014.90	357196.90	—
每年平均价指数	1874.9	6121.20	31229.00	—

注:1942 年 6 月以前货币为旧法币,此后为"中储券"。

资料来源:中国经济研究社编:《每月统计》,见王季深等编:《战时上海经济》,第一辑,上海经济研究所 1945 年版,第 55 页。

　　表 8-20 是 1942 年 1 月至 12 月上海地区货币的行市表。

---

① 王季深等编:《战时上海经济》第一辑,上海经济研究所 1945 年版,第 55 页。

表8-20 上海地区货币行市统计（1942年1—12月）

项目 年月	英金镑		英金票		美金镑		美金票		港票		日军票	
	最高	最低	最高	最低	最高	最低	最高	最低	最高	最低	最高	最低
1942.1	290	240	30	—	295	245	18.3	15.4	3.4	2.45	26.45	25.00
2	350	280	—	—	360	290	18.25	15.78	3.1	2.68	25.25	22.72
3	420	350	—	—	430	360	20.50	16.70	3.3	2.80	22.99	12.09
4	480	400	—	—	490	410	36.00	26.70	5.3	3.50	14.08	12.99
5	780	470	—	—	800	480	50.00	32.00	7.5	4.70	14.19	8.37
6(注1)	570	410	—	—	590	420	39.00	24.00	5.10	2.50	18.35	17.52
7	540	520	—	—	560	540	33.00	28.00	4.20	3.10	18.35	17.92
8	—	—	—	—	—	—	—	—	—	—	18.05	17.97
9	—	—	—	—	—	—	—	—	—	—	18.05	17.92
10	—	—	—	—	—	—	—	—	—	—	18.08	17.95
11	—	—	—	—	—	—	—	—	—	—	18.03	17.98
12	—	—	—	—	—	—	—	—	—	—	18.03	17.98

注1：自6月起，各项市价，完全改以"中储券"折算，日军票行市，系以旧法币百元折合计算，6月后改以"中储券"计算。

资料来源：王季深等编：《战时上海经济》第一辑，上海经济研究所1945年版，第56页。

表8-20中统计的只是1942年一年中上海地区相关货币行情,但同月中的最高和最低差价以及不同月份间的差价,足以使投机分子乐此不疲,踊跃参与其中。

与投机盛行伴行的,一定是物价的上涨。表8-21统计的是1937年至1944年上海物价指数状况,从中可以看到物价指数的急剧上涨趋势。

表8-21　上海物价指数统计(1937—1944年)

(简单几何平均,1936年=100)

年份＼类别	食物类	纺织品类	建筑材料类	化学品类	燃料类	金属类	总指数
1937平均	117.4	116.3	124.4	106.8	—	145.4	—
1938	131.4	132.5	165.4	142.4	—	174.1	—
1939	203.7	212.8	245.2	242.1	—	344.3	—
1940	465.0	448.7	573.2	491.8	—	686.3	—
1941	974.3	818.2	1172.9	1170.5	—	2477.0	—
1942	2900.0	2640.1	3027.9	3840.4	—	9606.4	—
1943	10337.1	11287.3	18456.1	15575.4	—	57199.2	—
1944	59899.1	70600.9	121509.4	151771.5	—	353150.6	—

资料来源:王季深等编:《战时上海经济》第一辑,上海经济研究所1945年版,第59页。

从表8-21中的数据可以看出,1936年到1944年的8年时间里,上海市场上各类物品的价格年年上涨且涨幅越来越猛,食物类的价格8年涨了将近600倍,纺织品类的价格涨了706倍,建筑材料和化学品类则分别涨了1200倍和1500多倍。

上海物价的变动投机和急剧上升,是在外汇金价变动之后。"数年来,则投机目标,显已集中于物资,无论军需攸关之五金,日用必须之粮食,旁及来源不继,市场不足之西药、呢绒、纸张等,莫不频加搜罗,居为奇货。尤以民国卅二年及卅三年,最为显著。物价涨势之猛烈,实远出金价华股之上。而在卅三年中,且有物价狂涨,华股下跌之现象。自入民国卅四年,初则以人民心理之恐慌,以及购买实力之衰退,物价大跌,而金价狂涨;继以欧洲战局之刺激,华股亦随之好转:入后则更以黄金华股之景气,而领导物价之上升,半年以来,黄金华股之涨风,可称空前,而物价之动荡,亦甚剧烈,常此以往,不特民不堪命,即整个上海金融市场,亦有陷于崩溃之情势。"①

从上引这段史料中,可以窥见抗战时期上海金融市场的混乱以及投机之风的惨烈和其中不同时期的变化。

三、"孤岛"前后的沦陷区证券业

抗战时期的上海华商证券市场②,在近代中国的证券市场发展史上占有特殊的地位。说其特殊,首先是其创造了许多纪录:如专门经营股票交易的公司曾达到近150家;上市交易的股票种类最多时达199种,且全是华商股票,一举改变和结束了抗战前证券市场基本以政府债券为交易标的物的所谓"财政市场"性质;③还有,通过这期间上海华商证券市场的资本运动,近代中国第一次出现了跨行业跨领域的大型华商资本企业集团——"企业公司",且不止一家,一个行业。这些现象,在旧中国的证券市场上可以说都是唯一的特例。

显然,这期间上海华商证券市场上出现的这些特例,必然有使其产生

① 王季深等编:《战时上海经济》第一辑,上海经济研究所1945年版,第57页。

② 目前有关这方面的科研成果数量还很少。洪葭管、张继凤所著《近代上海金融市场》(人民出版社1989年版),第五章第四节"战时的证券交易和交易所",是对此有概括介绍的少数著作。其他著述涉及此事都十分简略。张晓阳在《档案与史学》1999年第1期上发表的"抗战时期的上海股市研究",是目前见到的正面介绍分析抗战时期上海证券市场的唯一论文。但张文主要在于介绍和描述西商众业公所的外股向华商股票的转变,叙述分析其过程和投机性是其重点,且可能因篇幅的限制,叙述较为笼统和简略。对于这期间华商证券市场发展的阶段、华商证券市场的特点,以及这期间华商证券市场在中国企业发展史上所起的作用则未曾涉及。而这些问题正是本目准备重点探讨的部分。

③ 这一点,可说是当时的共识和定论,在多种文献中均可看到这种说法。例如章乃器在《中国金融的现势》一文中(见章立凡选编:《章乃器文集》上,华夏出版社1997年版,第425页)就说:"上海原来也有中国人办理的证券市场,就是华商证券交易所;然而,它所买卖的,却只有政府债券——它是财政证券市场,而不是产业证券市场"。日本人松本信次在《中国の证券市场》(见日本《经济志林》杂志1942年第15卷第2号)中也有"华商证券交易所只不过是'财政市场',这一点是明白无误的"的结论。

的土壤及条件;战争造成的上海特殊社会环境、游资麇集、投机盛行、通货膨胀推波助澜等都不同程度、不同范围地成为其起因和存在的基础。但同样不可忽视的是,其中也有市场经济发展到一定水平一定规模后本身规律的运动作用,再加上监管弱化和其他一些因素,才共同营造出抗战期间中国证券市场上这段特殊的史实。

(一) 抗战期间上海华商证券市场演变的几个阶段

从1937年"八一三"日军进攻上海到1945年8月日本正式投降,在8年的抗战期间,上海华商证券市场根据前后的演变和发展,可以清晰地划分成"中国股票推进会"的出现及结束、民间自发自由交易和伪上海证券交易所的诞生与活动三个阶段。

中国股票推进会的出现和结束 抗战爆发后,随着国民党军队从上海撤退,原上海华商证券交易所奉命停业,国民党政府债券和华商股票的交易都暂告停顿。此后,随着上海租界成为"孤岛",上海原由外国人开办的证券交易所即西商众业公所在停业4个月后复业,一些过去经营证券的华商经纪人也随之在华商证券交易所大楼走廊上组织过小规模的证券现货交易,买卖国民党政府发行的公债。但在1938年3月国民党政府实行外汇审核办法后,法币对外汇价难以维持,黑市外汇出现,黄金和外股价格迅速上升,国民党政府发行的公债已难以成为交易对象。这时,所谓战时"孤岛经济繁荣"[①]现象已经出现,加上游资汇聚上海等多种因素,上海追逐外汇、黄金和外商股票的投机热潮迅速升温。尤其对外商股票,在1941年12月太平洋战争爆发前,虽有起伏,却出现了前所未有的投机追逐热。"投机之狂热,匪可宣言",在短短的一两年时间内,西商股票"价格之暴升,竟有超过票面数十倍者"。[②]

在上海的这种投机热潮中,过去长期被人冷落的华商企业股票,这时

---

① 关于上海的"孤岛经济繁荣",见魏达志:《上海"孤岛经济繁荣"始末》,《复旦学报》1985年第4期。

② 美商环球信托公司经济研究部主编:《日用经济月刊》1940年第2卷第6期"外商股票总诠",第545页。

也出现了转机。转机在这时出现有两方面的原因：一方面是由于上海法币价值低落、物价上升即"孤岛景气"，上海各公司的营业都获利丰厚，每届发息分红，均有出人意料之优厚。而在外汇上发初期国难财者，在外商企业股票投机热潮中，也颇有希望购买华商股票以作投资和保本者。另一方面是受战争影响遭到损失经济困穷欲将原有股票抛出者，也不乏人。在供求双方都有增加的情况下，出现了一些专门代客介绍买卖股票的捐客和商号。但与这期间狂热的外商股票投机热潮相比，无论在数量和热度上，上海华商股票的交易这时都还无法与之相比，还处于陪衬和配角的地位。

面对狂热的投机热潮和华商资金大量投入买卖外商股票的状况，当时上海的中国学者尤其是经济学者和企业家们深为忧虑，他们认为，当时上海的"一切均在畸形发展之中"。而其中最可忧虑的现象是，"一方面数十万万游资充斥于投机之途；另一方面关系国运之正当产业，则因缺乏资金，无由发展"。而这种现象如果继续发展下去，对社会相当不利，"此二者间之鸿沟愈深，则其为祸于社会者愈大"。因此，他们希望"对华商股票公开买卖场所，作有力之提倡"，而这种提倡最主要的途径是争取建立华商股票买卖市场，以谋求挽救之策。之所以如此，是他们认为，假如"中国股票得以推广，中国股票市场得以建立"，则可以"一方面导游资于坦途，另一方面谋中国工商业合理之迈进；且使两者相互为用，相得益彰"，从而能够收"贻社会无穷之福"的效果。[①] 也就是说，在原上海华商证券交易所奉命停业和国民党政府西迁，对上海经济活动鞭长莫及的情况下，他们将提倡华商股票买卖和建立华商股票市场的重任主动承担下来。他们认为，"现在游资充斥，投资途径窄狭，此正为我华商股票之抬头时期。股票商人亟宜趁此时机，力谋支持此民族企业之中国股票，使脱离陪衬地位，日趋于康庄大道，民族实业，亦由是趋于复兴。则我华商股票之发扬光大，自无待为之赘述矣"[②]。

---

① 王海波：《中国股票概述》，《日用经济月刊》1940 年第 2 卷第 10 期，第 683 页。

② 郑学诰：《我对华商股票交易感想》，《日用经济月刊》1940 年第 2 卷第 10 期，第 698 页。

　　此后,除在多种场合多种刊物报纸上发表鼓吹推进华商股票买卖的言论外①,他们还依托"上海信托业同人联欢会"这个组织,成立了"中国股票推进会"这个实体来推动华商股票的买卖,初步建立了抗战时期的上海华商股票交易市场。

　　"中国股票推进会"成立于1940年12月。对于该会成立的缘由,"中国股票推进会"曾特别加以说明,指出"各银行信托部及信托公司每受客户之委托代理买卖中国股票,而我国苦无股票交易之市场,买卖双方均难觅相当之头寸。因此组织中国股票推进委员会,借为会员代客买卖、调节供求、便利交易,并尽创导之功能"。因此,该会"以推进中国股票之流通,便利投资,提倡实业"为宗旨。为避免外界尤其是重庆方面的误解,又特别声明,该会"绝对非投机性质","绝对非变相的交易所"。

　　"上海信托业同人联欢会"以上海11家信托公司和9家银行信托部为会员。"中国股票推进会"由"上海信托业同人联欢会"会员中的新华银行、永大银行、中华劝工银行信托部及上海、中一、中国、久安、生大、通易、环球、和祥信托公司等11家会员发起组成。"中国股票推进会"的组织章程中明确规定该会的事务为:"为本委员会会员介绍买卖中国股票、调查各公司内容、登记及报告买卖之价格及数量,并办理其他相关事项"。其"介绍买卖之股票以正式注册之股份有限公司股票为限。其公司名称及股票种类须先经本委员会审查通过方得办理"。同时还规定,"本委员会介绍买卖中国股票以现货买卖为限"。"中国股票推进会"的事务,由参加会员也就是各信托公司和银行信托部各推代表1人为委员,由委员中互推干事7人处理。干事任期1年,连选得连任。至于买卖股票,由参加会员各家另派交易员办理。规定除星期日及例假日外,每日下午2点至3点交易员集会一次办理交易。②

　　"中国股票推进会"第一批介绍买卖的股票,包括金融业、新药业、纺

---

　　①　例如,在《日用经济月刊》1940年第2卷第10期,这些学者就集中刊发了一组提倡华商股票买卖的"股票证券专号"。

　　②　稚敏:《关于中国股票推进会》,见《信托季刊》第5卷第3、4期。

织制造业、公用事业等十大类别 78 家华商企业的股票。当时上海的著名华商企业如中国银行、永安纺织公司、南洋烟草公司等均包括在内。对于"中国股票推进会"的活动,日本华中振兴株式会社调查课的评价是:"推进会成立后,上海华商股票界的面貌一新","特别是在价格方面有显著的表现",从该会"成立之后约一年左右的行情变动来看,几乎无例外的都出现了价格的上腾"。① 1947 年出版的《中国股票年鉴》对该会活动的评价是:"于中国股票之流通,该会确能尽其倡导职能,故对于推进中国股票之流通与提倡投资实业,其功殊不可没"。其后,"中国股票推进会""至太平洋战事发生,方始停顿"。② 当事人刘恒之在对抗战期间上海证券市场的评论中,也认为"至三十年十二月太平洋战事发生后,该会即告解散。然对于以后华股事业之发展,不无贡献"③。从这些评论来看,该会的活动是取得了一定的成效的。

这段时期,可以说是抗战时期上海证券市场发展的第一阶段。

民间自发自由交易阶段 1941 年 12 月太平洋战争爆发,直接促成抗战时期的上海华商证券市场由陪衬地位转入主角。这个转变过程的动因正如吴毅堂在《中国股票年鉴》中所描述:"民国 30 年 12 月 8 日,太平洋战事发动,日军进占租界,上海经济局势转变入另一阶段。其时外汇冻结,外股外币群在禁止买卖之列,大量游资为求得归宿,群向中国股票集中,从来未曾受人青睐之中国股票,至此始告勃兴"。其后,汪精卫伪政府公布的以伪"中央储备银行"纸币取代法币,并将兑换率一再变动的政令公布后,为求资产保值,华商股票热得以进一步被激发:"当三十一年上半期,伪"财政部"公布所谓新旧法币脱离之时,伪中储券对法币之比率,由七七、七四、七十、六六、六十、五三而降至五十,币值日低,一般人均求资金安全之道。中国股票乃受第一次普遍欢迎,盛况空前。"④针对这

① "振兴调查资料第 28 号"《上海华商证券业概况》,"中支那振兴株式会社"调查课 1941 年版,第 56 页。

② 吴毅堂编著:《中国股票年鉴》,中国股票年鉴社 1947 年版,第 8 页。

③ 上海社科院经济所"中国企业史资料研究中心"所藏"经济类剪报资料汇集",卷号"10—007,编号 000110"。

④ 吴毅堂编著:《中国股票年鉴》,中国股票年鉴社 1947 年版,第 8 页。

一期间华商股票市场发生的变化,王相秦在《华商股票提要》一书中指出:"及至今年(1942)自币制发生变动,及物价厉行统制后,一般拥有资金者,均争相收购华商股票,以期资金运用于企业之妥途。故近来华商股票之交易,已日趋旺盛。截至目前为止,上海虽无正式华商股票市场之成立,而经营华商股票之公司,均已相率设立,蓬勃之象,迥非昔比,查其前途,实犹方兴未艾也。"①

在中国股票兴起初期,专业经营中国股票买卖的公司数量并不多。据统计,1941年以前成立的有10家,1941年成立的有8家,而在太平洋战争爆发后华商股票成为热门追逐对象的1942年,1年间成立者即为127家。曾创造过"新设者竟日有数起"的纪录,"统计先后成立者竟达145家,其中大多皆为向日经营黄金、纱花、钱兑业者所改组"。这145家股票公司若以资本分类,资金在10万元以内者56家,10万元以上20万元以下者72家,20万元以上者有17家。②

这时,如此之多的股票公司集中成立,除了显示出股市投机热度在迅速提高之外,还有另一个原因,就是股票筹码的数量也在同样迅速增加。二者相互作用,共同推动华商股票市场迅速升温。股票筹码的增加在这时有其必然性:股票投机热必然增加对股票筹码的需求,对股票筹码的需求又必然寻求更多的供给,而这时上海特殊的社会环境和企业股票自由上市的状况对此需求又提供了可能,因此,企业股票筹码增加就成了这时上海华商证券市场必然的现象。股票筹码增加的来源,一是老企业增资股票上市,再一个就是新设立企业的股票数量大幅增长和上市。也因此,新设企业数量迅速增加成为1942年上海经济界引人注目的现象。据不完全统计,仅1942年下半年新设的公司数量就有208家③,以至于《华股指南》一书在总结这一年的股票市场时指出:"三十一年的上海,在经济上可说是一个产业年,在市场上可说是一个华股年。老工厂的扩大与新

① 王相秦:《华商股票提要》,兴业股票公司1942年版,第195页。
② 吴毅堂编著:《中国股票年鉴》,中国股票年鉴社1947年版,第9页。
③ 《旧中国交易所股票金融市场资料汇编》下册,书目文献出版社1995年版,第1727页。

工厂的勃兴,造成了无数的企业家、资本家,——同时,也造成了许多的投机家。这些投机家靠办工厂投机发财;也靠了做股票投机发财。到后来简直是泾渭不分,真实企业家与投机企业家混淆在一起,而投机企业家与股票投机家更是一而二二而一。这就是躲在所谓产业景气——其实应该称为物价景气——背后的庞大黑暗面。"[1]

值得特别指出的是,这时的企业股票上市准入门槛十分低。由于这时并无证券交易所存在,也无对上市企业标准进行审查的机构存在,因此,新成立的企业股票均是"通过股票公司上市","并无一定标准遵循",而且这时华商股票交易的状况,是"所有股票交易,纯由各股票公司自由买卖,自由开拍,在同一时间、同一股票,各家行情恒大相径庭,任其一家之供求状况,自行上落"[2]。因此,在这种状况下,上市公司股票鱼龙混杂,投机气氛日益浓厚,乃至于"空头股票充斥于市,投机家视为乐园,巧取豪夺,操纵垄断"[3]的现象就无法避免,且会愈演愈烈,也因此,终于引起汪伪政权的干涉。先是伪实业部拟订"取缔买卖华商股票暂行规则"12条,并呈经伪行政院会议通过公布实施,"规定凡买卖股票业商必须申请注册,依照资本总额交纳百分之十保证金,否则不得开始营业;非经华商公司股票审查委员会审定之股票,不得买卖。股票业商不得有操纵市价或垄断居奇之行为,同时不得为期货之买卖……"[4]但是,一纸文告怎能限制住已经出现并不断升温的投机热?因此,"伪实部取缔规则,等于具文,所谓禁者自禁,做者自做,绝鲜效果。而整个股市,仍然陷于投机气氛,市价高涨,刺激物价,间接威胁市民生活,引起大众不安"。[5]

---

[1] 《旧中国交易所股票金融市场资料汇编》下册,书目文献出版社 1995 年版,第 1724 页。

[2] 吴毅堂编著:《中国股票年鉴》,中国股票年鉴社 1947 年版,第 10、30、12 页。

[3] 吴毅堂编著:《中国股票年鉴》,中国股票年鉴社 1947 年版,第 30 页。

[4] 上海社会科学院经济研究所"中国企业史资料研究中心"所藏"经济类剪报资料汇集",卷号"补遗 011,编号 000042"。

[5] 吴毅堂编著:《中国股票年鉴》,中国股票年鉴社 1947 年版,第 32 页。

在此种状况下,1943 年 2 月 28 日,汪伪政权在"进退维谷,难于应付"①的情况下查封了永昌、中国两家股票公司,3 月 6 日更是进一步查封了 65 家股票公司,"继而全沪 150 余家之股票商亦被迫停业"。此后,经过交涉和磋商,在分别向伪上海市经济局和工部局两方交纳合计 1‰的"证明费"后,35 家股票公司获准分两批于 5 月 19 日和 6 月 9 日恢复营业。由于这种做法引起市场骚动,为了对控制证券市场更加有利,1943年 7 月间,伪财政、实业两部决定恢复上海证券交易所,"令饬华商证券交易所筹办复业"②,抗战时期上海华商证券市场的演变遂进入第三阶段。

---

① 杨荫溥主编:《金融》第 23 期,见上海社会科学院经济研究所"中国企业史资料研究中心"所藏"经济类剪报资料汇集",卷号"10—007,编号 000110"。

② 吴毅堂编著:《中国股票年鉴》,中国股票年鉴社 1947 年版,第 32、35 页。关于此时在上海恢复伪华商证券交易所的动因,过去的说法主要是认为此时"适有日敌经济要员来沪考察,认为此种经济病态(指资金无正当出路,囤货之风弥漫全沪),必须建立证券市场,疏导游资方可改善,伪华商证券交易所之复业,其动机即起于此"(见朱斯煌主编:《民国经济史》,1970年台湾影印版,第 154 页。洪葭管、张继凤著《近代上海金融市场》一书亦采此种说法)。实际上,值得注意的应该说还有汪伪政权背后日本方面的态度和动向。从日本方面来看,同意恢复上海华商证券交易所,首先是认为战争进入持续阶段后,在上海成立证券交易所,是在上海当地筹集生产建设资金支撑大东亚战争的手段,认为这不仅是"现实的课题,而且作为理念,必须将其纳入大东亚共荣圈的构想之下进行考虑。当前的急务,一方面是整备上海的金融机构,另一方面是对上海的产业进行再整合"。因此,"当局的意向,是再开交易所,作为吸收游资的方策"(见"证券经济调查资料第四号",《上海的证券市场》,川岛屋证券株式会社调查课 1941 年版,第 13 页)。由此,从日本方面看,恢复上海伪华商证券交易所并非仅仅是停留在解决当时上海游资和投机的问题,而是有着更深的考虑在内。松本信次在日本《经济志林》第 15 卷第 2号(1942 年出版)上发表的《中国の证券市场》一文,就从另一个角度透露了日本方面的这一设想,尽管这个设想看来近乎妄想。文章开篇他就指出,"当日美英开战,我方取得决定性胜利之际,使人痛感大东亚共荣圈的确立已近在眉睫。'大东亚共荣圈'确立后,在证券市场政策方面,必然出现划时代的新时期,这个新时期就是大东亚共荣圈证券市场政策的确立"。他接着解释建立这个所谓"大东亚共荣圈"证券市场的必要性是,"至今为止,我国的证券市场政策,可以说仅仅局限于日本的内地市场,换言之,即现在日本的证券资本主义,是以日本内地的资本供给及分配的理论作为背景的。然而,如今我国的经济已飞跃发展到日本、满洲、支那、南洋等广大的区域。关于证券市场政策,理所当然,必须以涵盖这一广阔区域且是统一体系的构想作为政策。简言之,就是应在东京、大阪、名古屋、朝鲜、台湾、满洲、北京、天津、上海、广东、火奴鲁鲁、曼谷、马尼拉、香港、夏威夷、西贡、新加坡、巴达维亚等各地设立证券交易所,并将这些证券交易所作为大东亚共荣圈交易所的一环,统一进行活动,并统一调节大东亚共荣圈内各国的资本供给以及分配"。他声明,这个以广大区域为对象的大证券市场的构想,要以各地各领域的证券市场作为其构成要素。他声称,他写《中国の证券市场》一文的目的,正在这里。由此看

伪上海华商证券交易所的诞生与活动　1943 年 7 月中旬,南京伪财政、实业两部发布商字第 1448 号令,指出,"上海为全国实业首要之区,该交易所因事变影响陷于停顿状态,迄已数年。兹为调整证券流通稳定金融基础起见,着即早日筹备复业"①。随后,该所于 7 月 24 日召集股东临时会,商讨修改章程、补选理监事及其他复业事项,并决定增加资本至2000 万元。10 月 29 日,该所举行复业礼,发布 4 项上市股票审查原则,规定得以上市进行交易的公司股票需符合下列条件:

1. 遵照中华民国法律组织并领有主管官署执照之股份有限公司股票;

2. 公司成立已营业一年以上者;

3. 公司实收资本五百万元以上者(如有增加资本其增资部分未经主管官署核准者不得上市);

4. 依照规定呈送必要之书件者。

结果,依据以上原则审查合格,第一批得以上市的华商股票按类型分类包括金融投资股 21 种、百货股 6 种、化学工业股 16 种、文化股 9 种、纺织股 43 种、其他实业股 13 种,合计六大类共 108 家。②

伪上海华商证券交易所由原上海华商证券交易所的张慰如、沈长赓主持。各项准备工作完成后,"(1943 年)11 月 8 日正式开拍,所订营业细则凡 75 条,规定经纪人名额为二百人。为避免法令上之重复起见,先于 9 月 24 日废止 1931 年 8 月 26 日所颁之伪实部取缔买卖华商股票 12条,更为避免执照上之重复起见,同时亦废止伪经济局所发给之股票营业执照,规定持有该局执照之二人,得合并为交易所经纪人一人"③。此后,直到 1945 年 8 月日本投降为止,是为抗战时期上海华商证券市场发展的

来,此时伪上海华商证券交易所的复业,并非简单的事情,也不能仅仅局限于从上海华商证券交易所复业本身进行考察,而可能有着更为复杂的背景。

①　怀方:《吾国证券交易所之简史与股票市场之演进》,《中国工业月刊》1943 年第 1 卷第 10 号。

②　怀方:《吾国证券交易所之简史与股票市场之演进》,《中国工业月刊》1943 年第 1 卷第 10 号。

③　吴毅堂编著:《中国股票年鉴》,中国股票年鉴社 1947 年版,第 35 页。

第三阶段。

（二）抗战时期上海华商证券市场的几个特点

抗战时期上海华商证券市场具有的第一个也可以说是最大的特点，是改变了此前中国证券市场发展至此的走向，出现了一个完全以华商公司股票为标的物的证券市场。这个变化过程大体如下：

"抗战前，上海证券市场有二：一为外商之众业公所，一为上海华商证券交易所。前者专营外股，与我国工商企业绝少关系。后者尽属政府公债，亦未能视为真正资本市场。二十六年'八一三'日敌攻沪，华商证券交易所宣告停业。同年十一月该所奉令筹备迁汉，以种种阻碍，未能实现"。此后，如前所述，抗战时期上海证券市场以 1941 年 12 月太平洋战争爆发为界，出现了一个从投机外商股票到转为关注华商企业股票的变化。在太平洋战争爆发之前，由于"外汇剧缩，资金外逃，洋股遂成为天之骄子。即向作外汇投机者，亦转而投机洋股，以至投机之狂热，股价之飞涨，史所罕见"。但好景不长，到太平洋战争爆发，"日敌与英美交恶，洋股被指为敌性证券，因是明令禁止交易。众业公所遂告停闭，而公债交易，亦难公开活动，华股乃转居上风"。①

前面已经提到，1940 年 12 月 16 日成立的"中国股票推进会"，以提倡推进中国企业股票交易为己任，其"介绍买卖之股票，尽为中国股票，且以正式注册之股份有限公司为限"。经该会首批推出的中国企业股票有 78 家。此后经该会推出的华商股票数量续有增加，"当时经该会先后决议准予买卖之中国股票，凡 88 种"。②

太平洋战争爆发后，"中国股票推进会"停止活动，上海华商证券市场进入自发自由阶段，这期间上海证券市场上交易的华商企业股票种类有多少，在现有的资料中尚未找到明确记载。但我们如从前面提到的1942 年成立的经营股票买卖的公司有 127 家，先后成立者有 145 家，以及

---

① 上海社会科学院经济研究所"中国企业史资料研究中心"所藏"经济类剪报资料汇集"，卷号"10—007，编号000110"。

② 吴毅堂编著：《中国股票年鉴》，中国股票年鉴社 1947 年版，第 7 页。

1942 年下半年新设立的公司企业有 208 家,并且股票纷纷上市交易来看,推断这时候在上海证券市场上买卖的华商企业股票,比"中国股票推进会"时期的 88 家只多不少,应该是没有问题的。

此后,上海华商股票交易进入第三阶段,即 1943 年伪上海证券交易所成立,到 1945 年结束为止 3 年左右的时间内,经其审查核准上市的华商企业股票共有 3 批。"第一批核准上市之股票,达一百零八种之多;第二批(三十三年度)上市者达六十一;第三批(三十四年度)上市者达三十家"。"计共上市股票一百九十九家"。① 在证券市场上交易的证券种类只有中国企业股票,没有政府债券和外国企业股票,以及中国上市企业股票种类如此之多的状况,是近代中国证券市场自诞生以来从未有过的事情。以至于当时的学者对此评论说,"上海证券交易所恢复营业后,目前专拍产业证券,将吾国最发达之证券交易所由财政市场变质为资本市场,实为吾国长期投资机构奠定重要之基础"②。此评论应该说不无道理。

近代中国的证券市场,诞生于 19 世纪 80 年代初。当时中国证券市场出现,以洋务企业兴办热潮的出现为依托,但为时短暂,种类数量也不多。此后直到抗战爆发之前的半个多世纪,其间虽也曾出现过 1910 年的"橡胶股票热潮",以及 1921 年买卖证券交易所及信托公司股票的"信交风潮",但一是买卖的标的物是外国橡胶公司和交易所信托公司滥设的股票,与中国产业证券相去甚远;二是存在时间都不长,都仅在半年左右。③ 此后国民党政府时期证券市场被称为"财政市场"、政府发行的债券成为交易所买卖主要标的物的情况,更是众所周知的事情。真正以华

---

① 上海社会科学院经济研究所"中国企业史资料研究中心"所藏"经济类剪报资料汇集",卷号"10—007,编号 000110";吴毅堂编著:《中国股票年鉴》,中国股票年鉴社 1947 年版,第 52 页。

② 怀方:《吾国证券交易所之简史与股票市场之演进》,《中国工业月刊》1943 年第 1 卷第 10 号。

③ 关于这三次股票买卖热,见朱荫贵:《近代中国证券市场上股票买卖的三次高潮》,《中国经济史研究》1998 年第 3 期。该文根据《申报》资料统计,1882 年至 1887 年第一次股票买卖热潮中先后上市的中国企业股票累计为 37 家。

商企业股票为标的物,且发展到只有中国企业的股票上市,是在抗战爆发后这个特殊时期的上海证券市场上实现的。可以说,在抗战时期上海的证券市场上,所拍卖的上市企业股票国籍之单纯和企业股票种类之丰富,都开创了近代中国证券市场的纪录。①

但是,日本全面侵华战争时期的上海华商证券市场,在投机手法翻新和花样繁复等方面,同样开创了近代中国证券市场上前所未有的纪录,也因此构成在此期间上海证券市场上令人瞩目的第二个特点。这些投机手法不一而足,这里仅略举股票发行过程中的数例弊端,可见一斑。

一为在股票发行过程中造假。由于当时发行股票并非难事,"既无法令束缚,亦无机关管理,加以投资投机者一致盲从,故新股票一经发行,一转手间,即获厚利"之故,给投机者带来了可乘之机。其做法大体是:若干不正当商人,并无相当资本而开设空头公司进行欺骗。先是由参与者分别认足股款总额,接着召开创立会,造成公司正式成立之假象。"实际股款并未交出,或以传票转账或以远期票据抵现搪塞,而此时参与者各人均已摊得股票,即联络数家股票公司,狼狈为奸,上市买卖,并做虚假宣传,抬高其股票市价,按照票面加数成抛出。一般顾客,不知实情,高价买进,而彼等则坐获巨利。"由于此种现象并非个别且贻害甚大,以至于工部局不得不发布公告警告:"查近有若干不法商人,创设滑头公司,一面捏造消息,复凭无谓号召,将其股票推行上市。若干公司,其营业亏损,已为人明晓,但仍在市上推行股票,虽公司经济情形欠佳,然由于有人从事垄断,股票价值竟于一星期内,告涨百分之二十五至三十。此外若干新公司之股票,其价值与前途,并不可靠,但亦凭虚伪之宣传,推行市上……"

二为包揽发行。包揽发行又分好几种,其中最恶劣的一种是"私相受授,直接操纵某项股票,使其价格腾涨之一法。例如有某厂拟扩大增资,或改为股份有限公司组织,股额除由发起人认购外,其余部分决议向外界招募。但发起人为图满足私人欲望起见,此项招募并不采取公开方

---

① 在1941年太平洋战争爆发前,中国证券市场上不仅始终存在外国股票的买卖,而且还出现过西商证券交易所和日本取引所(即交易所)并立的局面,这种状况直到1941年后才完全得到改变。

式,竟私与某一机关订定,以每股十元票面之股票,作价十一元或十二元,全部包于该公司销认。此一二元之升价,既非溢价,更非承募费用,自归属于发起人所有,饱入私囊。承揽此股票之公司,却又以更高价分包若干股票公司,一方面相互散布利多消息,使不明真相的投资者,愿出高价购进。此种'飞票'式的公开招股,与房主秘密出顶房屋索取巨额顶费,以及二房东分租房屋,索取小费,初无二致⋯⋯"

三为操纵垄断。其做法是:"若干厂商当局或少数大户握有巨量之股票者,勾结股票商,遇有适当机会,将其股票价格故意抬高,常在国际战局变化之时,或金融头寸松动时,故作谣言,散布空气,使股价在数日之间涨起数倍。在此高价,大户即陆续卖出,迨散户套进,市价即形猛跌。此种情形可谓大户之惯技,使真正投资者咸具戒心。"

四为增资发股获利。在上海华商股票投机热中,老公司厂商不断靠增资发股进行投机是很值得注意的一种手法。当股市充斥大量发行的新企业股票以后,其经营技术幼稚和股票上市时大涨大跌给社会留下了恶劣印象,对新股产生疑虑转而注意老企业股票时,一些投机分子又找到了可乘之机:使老公司厂商增资发股。在此过程中,"不依产销状况为标准","不从业务着眼而滥行增资","完全视股票之需求而增发","因牟利而制造多量的股票","竟成一时风气"!在增资方式上,先有"升股"和"认股"的区别,后发展到以"升股"为主,"有一股送五股,与一股升一股者"。此种手法的目的,"显然以升股作增资,用以博取股东之欢心,刺激股价之上涨⋯⋯"[1]

另外,在发行过程中,还有"溢价发行""股款临时收据流通"及"附加承募费"等名目,不一而足。

1943年伪上海证券交易所复业后,投机之风,炽烈如故。一些专以搜刮散户为获利捷径的企业家和投机大户,利用大众对于股票产生的厌恶心理,"投井下石,故意将股市放空压低,以便在散户忍痛斩弃时,再趁机拖进。致使市场惊涛骇浪,无有已时"。在此阶段,交易所场外交易、

---

[1]　吴毅堂编著:《中国股票年鉴》,中国股票年鉴社1947年版,第10—15页。

黑市猖獗始终未能禁绝。场外各经纪人私自对做,实行五日期、一星期期、一个月期不等的期货交易。甚至发展到"可允顾客只付一部分证金而代收货,或顾客如要放空而无现货时,亦可向顾客收取一部证金而代客交货",这种做法,除"足以招致投机性之加强,扩大股市上落之幅度"外,更容易"为少数人所操纵利用"。为吸引投资人注意,有的公司与此前企业增资扩股的手法相反,"实行减资,发还股款。首创者为康元制罐,继起者有平安、三轮车、华成实业、联华地产等",以期博取社会好感,获取更大利益。

1945年抗战即将胜利前,由于军事局势已趋于明朗,加上伪中储币恶性膨胀,有加无已,大票面之伍千、一万元钞票相继发行,有资者为保本起见,除囤积货物,即买进股票黄金,因此其时"股票市气之鼎沸,价格之激昂,实属无以复加"。以至于伪上海证券交易所的"涨停板","几至无日无有"。这时股市"市面之疯狂,价格之暴跳","起伏高低,实动人心魄"。股价的高价与年初时相比,"甚有相差四千倍者"。① 可以说,在投机手段多样和股价起伏跌涨方面,抗战时期的上海证券市场同样是创造了中国近代证券市场的新纪录。

由于这期间股票市场上的资金资本运动,直接催生了近代中国工商企业发展史上少见的机构——企业公司。"何谓企业公司?"据当时人的观察,认为"似兼有英美投资事业之性格;且直接参与企业之经营与自行建业。是则所谓企业公司,实为集合大宗财力,投资、管理或经营工商实业的机构"。② 据黄汉民、张忠民先生的研究,企业公司早在抗战爆发前的20世纪二三十年代,即已出现。③ 但细加追究,那时的企业公司与抗战爆发后华商证券市场勃兴时期出现的企业公司在性质上还有所不同。抗战爆发后新设之企业公司,"其业务大多包括以下四款:1. 工商农矿企

① 吴毅堂编著:《中国股票年鉴》,中国股票年鉴社1947年版,第40、41、51、52页。
② 陈禾章:《上海之企业公司》,见王季深等编:《战时上海经济》第1辑,上海经济研究所1945年版,第91页。
③ 黄汉民:《抗战时期上海企业公司的兴起与蜕变》,《学术月刊》1994年第10期;张忠民:《艰难的变迁——近代中国公司制度研究》,上海社会科学院出版社2002年版,第三章第四节。

业之投资管理;2. 国内外贸易暨运输仓库业务;3. 买卖有价证券;4. 买卖及经营房地产等"。"是则企业公司无异于百业公司矣"。①

值得注意的是,这种"无异于百业公司"的企业公司,在抗战时期上海的设立,"蓬勃一时,竟如雨后春笋"。据《战时上海之企业公司》一文的作者陈禾章估计,抗战爆发后新设的企业公司,"不下三百余家"。在他编制的"沪市企业公司设立年月统计表"中,共有企业公司 146 家,其中"成立于民国三十年以前者计十四家,三十年者三家,三十一年四十三家,三十二年五十七家,三十三年二十九家","而其蓬勃兴起,则在三十一年十月以后"。②

从表 8-22 中可以看出企业公司与股市间是一个互生互荣的关系。1941 年以前设立者数量并不多,其大量出现,是在太平洋战争爆发后,与上海华商证券市场的繁荣同步。"民国三十一年五月,新旧法币比率折换,一时金融市场引起极大波动,再由金融市场之动荡,引起工商各业之畸形发展,企业公司于焉崭露头角,十月以后,锋芒毕露……三十一年十一月至三十二年四月之六个月内,新设公司达五十家之多"。"(三十二年)十一月八日证交筹备就绪,正式开拍,一时股市兴高采烈……1933 年1 月,新设者盛况空前,计共十六家"。③ 显然,证券市场的繁荣和投机为此期极力利用其扩大实力和势力的企业家和投机家,提供了一个极好的活动舞台。1933 年1 月一下出现十六家企业公司,其主要原因,正是因为伪证券交易所复业,导致上海的各种势力"组织企业公司,准备逐鹿股市"之故④,与"一时股市兴高采烈"间相互呼应的关系十分明显。关于这一点,当事人吴毅堂在《中国股票年鉴》一书中对此有所分析:"原来中国股票继外股上市之后,已获资金市场之青睐,上海企业界把握此千载一时之良机,在股市大显神通,展开所谓附业战与股票战。一时附属事业之扩充与增添,仿如雨后春笋,新股票之推行与拉抬,亦层出不穷。此种发展,

---

① 王季深等编:《战时上海经济》第 1 辑,上海经济研究所 1945 年版,第 84 页。
② 王季深等编:《战时上海经济》第 1 辑,上海经济研究所 1945 年版,第 86 页。
③ 王季深等编:《战时上海经济》第 1 辑,上海经济研究所 1945 年版,第 86 页。
④ 王季深等编:《战时上海经济》第 1 辑,上海经济研究所 1945 年版,第 86 页。

乃完成新兴企业财团之初步形态。当伪币通货一元化实现,企业公司之兴起,达于高潮,虽多以投资性质为美名,实则深具控制股票公司之意义。新兴企业财团以此作为基础,而为拓殖之新据点,从事积极的活动,老股票之拉抬,新公司之创办,旧组织之吸收、收买、合作、改组。以各种不同之方式,借以培养自己之实力。唯作风过滥,大有饥不择食之势……迨伪证交复业,企业界之活跃,又燃起第二次火焰,企业公司之新潮亦澎湃奔腾,不可一世……"①

表 8-22 沪市企业公司设立时间统计(1937 年前、
1938—1944 年 9 月)

设立年月	设立家数	
1937 年前	8	
1938 年		
1939 年	3	
1940 年	3	14
1941 年	3	3
1942 年 1 月	1	
1942 年 2 月		
1942 年 3 月	2	
1942 年 4 月	1	
1942 年 5 月	1	
1942 年 6 月	2	
1942 年 7 月	7	
1942 年 8 月	1	
1942 年 9 月	1	
1942 年 10 月	5	
1942 年 11 月	11	
1942 年 12 月	11	43
1943 年 1 月	12	
1943 年 2 月	2	

---

① 吴毅堂编著:《中国股票年鉴》,中国股票年鉴社 1947 年版,第 43、44 页。

续表

设立年月	设立家数	
1943 年 3 月	7	
1943 年 4 月	7	
1943 年 5 月	5	
1943 年 6 月		
1943 年 7 月	8	
1943 年 8 月	4	
1943 年 9 月	3	
1943 年 10 月	2	
1943 年 11 月	3	
1943 年 12 月	4	57
1944 年 1 月	16	
1944 年 2 月	4	
1944 年 3 月	1	
1944 年 4 月		
1944 年 5 月	4	
1944 年 6 月	1	
1944 年 7 月	1	
1944 年 8 月	1	
1944 年 9 月	1	29
总计		146

资料来源:王季深等编:《战时上海经济》第 1 辑,上海经济研究所 1945 年版,第 87 页。

　　应该说,通过证券市场进行的这种活动是大见成效的。也就是在这短短的期间内,中国企业历史上出现了前所未有的产业与金融业结合的巨大企业集团——企业公司,而且不止一个集团一个行业。据统计,这期间出现的企业集团,有所谓五大集团六大体系之说[1],其中,五大集团之首的新亚集团在抗战爆发之前,尚不过是"资本仅有数十万元之组织,初不料十年发展,形成范围最庞大,机构最复杂体系。依当时情形,隶属于

----

[1]　关于这五大集团六大体系的情况,吴毅堂在《中国股票年鉴》第 44—50 页有所介绍。

新亚财团下之公司厂商,有三十六家之多,各公司资本总额在十万万元以上。从体系言,可分为新亚系、新亚副系及新中系三大系统"①。其他的各大企业集团和体系除了规模略小外,情况也大体类似。这些企业集团"内部构成分子有企业地产一类公司为之扩大范围,擘画经营;有银行信托一类公司为之周转资金,予以支援;一方面从事基本事业之积极推展,以巩固集团之基础;一方面运用种种方法,向外扩展。总之,集团之内,枝连气通,一方稍受波折,可以群力挽救……"②

可以说,在中国近代的企业发展史上,通过证券市场这个平台的资本运动,无论在企业集团的扩展规模还是在扩张的速度上,以及通过这种资本运动所创造出来的新型企业财团的特色上,抗战时期的上海都创造了新的纪录。

虽然此后由于环境的变动和此前"作风过滥,大有饥不择食之势"留下了后患,再加上日本投降抗战结束导致的时局变动,仅仅一二年之后,这些企业集团即出现分化甚至瓦解,但在中国近代企业发展史上出现的这种空前绝后的局面,与这期间证券市场的繁荣投机热与产业之间出现的紧密联动关系,却是我们应当关注的现象之一。

（三）抗战期间上海证券市场特点的深层根源

如上所述,抗战时期上海华商证券市场的几个发展阶段以及所表现出来的这些特点,在近代中国证券市场上都是仅见的。那么,是什么原因和什么因素导致在此期间出现这些现象和特点呢? 在过去对此的分析中,一般都是从这期间游资麇集、投机保值、伪法币取代法币造成的动荡和通货膨胀等方面着眼。这些分析当然都不错,但似乎都没有说到根本点。在笔者看来,这期间上海华商证券市场的发展和出现的特点,是在一种特殊环境下的畸形发展。或者换一句话说,就是在不正常环境中的正常发展。

---

① 吴毅堂编著:《中国股票年鉴》,中国股票年鉴社 1947 年版,第 44 页。
② 王季深等编:《战时上海经济》第 1 辑,上海经济研究所 1945 年版,第 88 页。

　　首先,经过抗战前几十年的发展和积累,上海工商实业的基础已经有了明显的增进,再加上抗战爆发后,由于战时景气等原因,新成立的企业大量出现,前面提到的 1942 年一年就成立企业 208 家的事情就是一例。可以说,产业企业的大量出现是上海华商证券市场得以发展的前提。另外,上海是近代中国工商实业以及金融业最为发达的中心,20 世纪 30 年代上海甚至被称为远东的金融中心就是一个证明。其在工商业、贸易和金融领域的积累奠定了抗战爆发后上海华商证券市场兴起的基础。当然,基础毕竟只是基础,如无其他条件的配合,以后并不一定会出现华商证券市场的这种发展。而这里所说的"其他条件"中,最重要和最关键的是:抗战爆发后的华商证券市场,是在一种无法律和无政府监控下出现的发展。换句话说,就是这期间的华商证券市场,是在一种自由无限制或弱限制环境中的发展,有此前提存在,其他诸如游资麋集等条件才能充分发挥作用,进而共同演绎了中国近代证券市场发展史上的独特一幕。

　　因为证券市场是一种特殊的市场,有其自身运作的规律和特点,同时也要求有与其配套的环境和条件,才能保证正常的运行。其最大和最突出的特点,在于它是一种有价证券发行和交易的活动,进行的是资金和资本的运作。因此,需要在严格的法律、监管和有序的环境中才能保证正常的运行。这一点正如杨荫溥在《中国交易所论》一书中指出的,从事证券买卖的交易所与普通市场,"虽同为货物交易之机关,然细究之,则两者性质完全不同"。他进而指出,由交易所进行的证券买卖,其性质前提是"依一定之法律、于一定之时刻、在一定之场所、限一定之物品、由一定之商人、用一定之方法、为一定之交易者也"。也就是说,由交易所进行的证券买卖,其性质与一般市场迥然不同,"交易所之市场,为一有系统有秩序有法律之组织","实可称之为'市场之市场'","断非普通市场之所能望其项背者也"。①

　　但是,在抗战时期的上海华商证券市场上,我们看到的却是另一番景

---

① 杨荫溥:《中国交易所论》,上海商务印书馆 1930 年版,第 9—11 页。

象。且不说"中国股票推进会"和"自发自由"阶段,这两个时期华商证券市场股票发行和交易的"自由""不规范",没有限制或者说弱限制的状况是显而易见的,在前面的叙述中已有过不少提及。即使拿第三阶段即伪上海证券交易所复业后的情况来看,也远不是那么回事。例如,在股票的发行上,虽然成立了"上市公司监督管理委员会",改变了此前"新股通过股票公司上市,根本毫无限制"的局面,但"立法一事,审查通过又一事",1944年红盘开市第一天,就发生交易所新股"未经'证交'监理会之核准通过,贸然上市,致不周间,即被'监委会'勒令停止上市,投资买户,形成啼笑皆非"①局面的事情。此后,发行方面的弊病仍然多有出现。其次,集中交易、禁绝场外交易以避免逃避佣金和捐税的事情发生,以及统一市价这两个方面也同样未能办到。"伪证交之复业原具有整饬股票市场之决心,顾开业以来,一切均未臻理想,建立资本市场之使命,顾难完成,即集中交易统一市价两端,亦未彻底办到。场外黑市猖獗,即已上市之股票,亦未经交易所之手,而在场外由各经纪人私自对做……"②

也就是说,在抗战时期的上海华商证券市场上,有效的监管和运作环境始终未能形成,而其根源,似乎可以追溯到上海租界的存在、"孤岛"时期的景气和游资的麇集,以及汪伪政权的权威、能力及当时日伪政权间在统治上海方面留下的空隙等方面,但无论如何,正是由于这种种因素的作用,终于导致抗战时期上海华商证券市场获得了远较正常时期不一样的自由和活动空间,失去了对投机和种种混乱不规范行为的制约,再加上战争时期带来的种种非常环境,才使得投机之风炽而难禁,并最终酿成这期间上海华商证券市场的畸形发展和种种特点。

应该说,证券市场的正常发展是需要一系列条件和环境的配合才能实现的。而首要的,应该是有权威和能力的政府、安定的环境、严格制定并形成有效制约的相关法律。但是这些条件在抗战时期的上海证券市场上并不具备,因此,这期间上海华商证券市场上出现种种异于正常时期的

---

① 吴毅堂编著:《中国股票年鉴》,中国股票年鉴社1947年版,第42页。
② 吴毅堂编著:《中国股票年鉴》,中国股票年鉴社1947年版,第41页。

现象和特点,也就是不奇怪和必然的了。

四、沦陷区金融市场与经济间的关系

近代上海成为经济和金融中心,其支柱与发达的对外贸易和制造业分不开。1937 年抗战全面爆发后,这种情况也没有发生根本的变化。这时,推动上海经济复苏和发展的动力,仍然来自对外贸易和制造业这两个支柱产业,但这两个支柱产业的复苏和发展又与金融市场有着紧密联系。先来看看工厂制造业。

1938 年年初,没有受到战争的波及和损毁的沪西纱厂及小工业,相继重新开工,以供市场上经济生活需要。上海的各种金融行业也在救济经济和谋取自身利益的双重考虑下,开始办理各种货物押款。同时,在租界中新设的工厂更是迅速出现。据统计,1938 年 1 月 1 日起到 5 月 1 日止,"在公共租界中、西、北三区,以及沪西外国军队防线以内越界筑路上,开始之新工厂共计 560 家,所用工人共计 31162 名。截至 9 月底,公共租界中、西、北三区之工厂复增达 2540 家,而工人人数在中、西、北、东及界外马路五区亦增为 154296 名"。1938 年 10 月至 1939 年 12 月,公共租界内"向电力公司陈请接通电流之大小工厂数目总计达到 1994 家"①。

这里以染织厂和造纸厂这两个行业为例对这期间工厂制造业的情况略窥一斑。

染织厂战前上海共有 270 家,布机约 12000 台,全年生产棉布约 700 万匹,每月平均约 60 万匹,厂址大部分在南市闸北及虹口一带。"'八一三'后,毁坏大小染织厂约 80 余家,损失达三分之一强。迨二十七年后,前租界特区比较安定,市面日趋繁荣,被毁各厂设法迁移至特区内整理复工,他如锡、常等地之厂,亦有迁沪开工者"。此后,至"二十八年新设染织厂犹如雨后春笋,据布厂业同业公会三十二(1943)年冬季调查记录,计有 A、织布组之单纯织布厂 516 家,布机 18000 台,如全部日夜运转,估

---

① 王季深主编:《战时上海经济》第 1 辑,上海经济研究所 1945 年版,第 15 页。

计每月可产棉布约 117 万匹,需要纱线约三万五千件;B、染织组之染织厂 20 家,布机 3300 余台,如日夜全部运转,估计每月可产棉布约 216000匹,需要纱线约 6500 件;C、手织组 287 家,布机 1900 余台,如全部开工,每月可产棉布 36000 余匹,需纱约 1090 件以上"。① 也就是说,到 1943 年冬时,不算染织组和手织组的数字,仅仅织布组之单纯织布厂一月的产量,与战前相比就几乎增长了一倍。

上海战前各厂生产的纸类,主要行销于上海本埠、长江流域一带及国内沿海交通便利之处,如华北的天津、青岛、威海卫、烟台等地。出口至国外者,多运销于中国香港、安南、泰国、日本、缅甸、新加坡及南洋一带,专供华侨应用为多。战前 1936 年总出口额为法币五百四、五十万元,1937年增为七百余万元,"八一三"战后,物价飞涨漫无止境,1938 年之出口额增为七百七十余万元,1939 年增至九百二十余万元,1940 年突增至一千九百四十余万元,1941 年更剧增为三千八百八十八万余元。而上海各纸厂的营业额,"逐年有增无减,1939 年、1940 年度平均恒在三四千万元,1941 年度约五千万元左右,1942 年度全业营业总额约六千万元,大厂每家平均约一千二百万元,小厂每家约七十二万元"②。

在单岩基、王季深《上海之造纸业》一文中,所列举的 10 家"华商重要造纸厂"除四家开办年代不详外,剩余六家中,一家开办于 1939 年,三家开办于 1940 年,一家开办于 1941 年,二家开办于 1942 年③,可见抗战爆发后也成为造纸业发展的重要时期,太平洋战争爆发后依然延续了这种趋势。

其次再看上海的另一经济支柱贸易业。

上海是近代中国的最大对外商埠,对外贸易额长期占据全国一半左右。1937 年抗战全面爆发前,对外贸易是英、美、日、德四国竞争的局面。抗战全面爆发后,1938 年进口方面,"以美国占第一位,日本占第二位,德国占第五位,英国占第四位"。出口方面"以美国占第一位,

<hr>

① 王季深主编:《战时上海经济》第 1 辑,上海经济研究所 1945 年版,第 198 页。
② 王季深主编:《战时上海经济》第 1 辑,上海经济研究所 1945 年版,第 205、210 页。
③ 王季深主编:《战时上海经济》第 1 辑,上海经济研究所 1945 年版,第 213—218 页。

中国香港占第二位,英国占第三位,印度占第四位,日本占第五位"。1939 年第二次世界大战爆发后,情况发生变化,"南洋与上海之贸易,日渐繁盛"。其原因在于第二次世界大战战事发生以后,上海与交战各国之间的交通逐渐阻塞,进出口数量逐渐减少,而南洋距上海较近,富于农产矿产等物,需要上海的工业制造品,凡"各种部门之制造,皆有其相当之建设与发展"。"虽重工业尚未发达,然凡一切衣食住日用所需之物品,上海能制造者不少"。再加上上海的制造业所出制品,虽然"以长江流域及国内各地为其销货之区域,然海外有南洋为尾闾,则于上海之工业实有莫大之利益。而南洋各国亦自有天然的特殊条件,足以形成其贸易上不变之特性"。因而"自二十八年欧洲战事爆发以后,上海之贸易已渐侧重南洋方面"①。

显然,上海作为制造业和贸易的重镇,其基础、设备和地理区位的优势等条件,在战争爆发后,各种物资需求大增的背景下,成为少有的能够快速恢复生产能力的地区。这种特点还因太平洋战争爆发日本军队占领上海租界后,"上海之英美势力,彻底解除","海道不通,输入断绝"等情况而进一步得到激发。这时,上海对各方物资供应"不特不能减少,且因需兼筹日方之军需,而数量大增"②,使得抗战爆发特别是太平洋战争爆发后,上海的工商业在种种复杂变化的背景下,勉力支撑,也因此与金融业互动,获得发展的推力,进而改变了此期间上海的经济状况。

(一) 太平洋战争后上海企业的新设与证券市场

1941 年 12 月 8 日,太平洋战争爆发,日军进占租界,上海的经济局势一变进入另一阶段,局势的变化首先在证券市场上得以体现:前已提到,这期间因此时上海由英美商人主导的西商众业公所被强令停业,导致"外汇冻结,外股外币群在禁止买卖之列",大量游资为求得归宿,群向中国股票集中,使得"从来未曾受人青睐之中国股票,至此始告勃兴"③。另

---

① 王季深主编:《战时上海经济》第 1 辑,上海经济研究所 1945 年版,第 61、62、60 页。
② 王季深主编:《战时上海经济》第 1 辑,上海经济研究所 1945 年版,第 36 页。
③ 吴毅堂编著:《中国股票年鉴》,中国股票年鉴社 1947 年版,第 8 页。

一方面,1942年上半年,汪伪政权"财政部"公布所谓新旧法币脱离政策,伪中储币对法币之比率,"由77、74、70、66、60、53,而降为50,币值日低,一般人均求资金安全之道,中国股票乃受第一次普遍欢迎,盛况空前"。吴毅堂在《中国股票年鉴》一书中对当时的状况描述为:"其时因无法令束缚,发展颇为迅速,企业界之增资,固能顺利进行,新公司之设立,新股票之发行,亦得美满结果,亦是你仿我效,一窝蜂地皆在股票投机园地上寻求出路。同时以利之所在,群趋若鹜,参加者日众,上至有产阶级,下至贩夫走卒,无不兼营中国股票,而风声所播,外埠游资,亦赶向上海,从事股票买卖,一时中国股票之盛况,驾乎黄金之上,而有领导市场之势"。①

这时上海的金融与企业之间的发展演变主要循着两条途径进行。

首先是新设企业日益增多。由于战时物资缺乏,原料限制,也由于物资求过于供,以及生产的供不应求,因此,这时"凡是拥有制成品和原料者当然都有因增值而赚钱的把握"②,因此,在大量游资追逐华商股票寻求增殖的气氛中,这期间除了老公司和老工厂复业复工外,新设立的公司工厂迅速增加,仅从1942年下半年看,新设立的公司企业就有208家,具体情况如表8-23所示。

表8-23　新设公司企业统计(1942年下半年)

类别 \ 年月	1942年6—11月	1942年12月	总计
纺织业	47	1	48
企业公司	28	12	40
银行业	21	30	51
电力机器	11	—	11
交通车辆	10	2	12
新药业	6	1	7

① 吴毅堂编著:《中国股票年鉴》,中国股票年鉴社1947年版,第8页。
② 金融史编委会编:《旧中国交易所股票金融市场资料汇编》下册,书目文献出版社1995年版,第1725页。

续表

年月 类别	1942 年 6— 11 月	1942 年 12 月	总计
化工业	6	—	6
出版业	5	1	6
造纸业	5	—	5
食品业	4	—	4
饮食业	3	2	5
地产业	3	1	4
农植业	3	—	3
百货业	2	1	3
钟表业	2	—	2
电影业	1	—	1
总计	157	51	208

注:"总计"栏为笔者增加及计算。

资料来源:金融史编委会编:《旧中国交易所股票金融市场资料汇编》下册,书目文献出版社 1995 年版,第 1727 页。

表 8-23 有两点值得注意,一是 1942 年 6 月至 11 月 6 个月中,上海新设的公司企业为 157 家,而 12 月一个月就新设 51 家,速度明显加快;二是前 6 个月新设公司企业中以纺织业最多,其次是企业公司,再其次是银行业,到 12 月时此项顺序发生变化,银行业新设 30 家排在第一,纺织业新设只有 1 家,但因此前基数较大,仍然排在第二,企业公司新设 12 家,仍然排在第三,而银行业、纺织业加上企业公司,这三类企业合计 139 家,占总数的 67%。

(二) 太平洋战后企业的增资与证券市场

在不断新设公司企业的同时,原有的老公司企业采用增资扩股的方式,也使得自身的实力增强和规模不断扩大。

表 8-24 是太平洋战争爆发后 1942 年上海主要公司股票增资情况。

表 8-24　上海 20 家主要公司股票增资情况统计（1942 年）

项目 企业名称	原有资本	增资后资本	增资办法
五和织造	法币 100 万元	中储券 300 万元	原有股票一股,除照升中储券外,并得认新股二股
永安纺织	法币 1200 万元	中储券 6000 万元	除照升为中储券外,每股再有四股赠予
世界书局	法币 300 万元	中储券 500 万元	原有股票一股除折成中储券外,所缺由公司之准备金下拨付之。此外,老股作为二股(因改票面为 25 元。)亦认新股一股,尚有 50 万元由公司董监及同人分认之
丽华公司	法币 70 万元	中储券 175 万元	原本照升中储券外,每股得赠半股,认新股一股
新亚酵素	法币 100 万元	中储券 300 万元	原有老股一股,除照升为中储券外,每一老股得有一股赠予
宁绍商轮	法币 150 万元	中储券 300 万元	原有老股一股,除照升为中储券外,每一老股得有一股赠予
中华商店	法币 20 万元	中储券 50 万元	原有老股一股,除照升为中储券外,每股除再有半股之赠予外,得认新股一股
中英药房	法币 160 万元	中储券 240 万元	每股依法折成中储券外,80 万元由公司固定资产内提出补足,再有 80 万元另由公司支出之,总计每股得有两股之赠予
信宜制药	法币 710 万元	中储券 2000 万元	原有普通股一股,赠送新股六股,并认得新股一股半,即原有普通股一股投资中储券 75 元,共可得普通股八股半。原有之优先股改为普通股,赠新普通股二股,即原有优先股一股,其可得新普通股三股,尚余股额 82.5 万元,由公司同人认购之
康元制罐	法币 200 万元	中储券 1000 万元	执有老股一股,赠送新股一股,并可认新股二股,尚余 200 万元,再由老股二股照市认购一股,计为 100 万元,另 100 万元由公司同人认购之,实际即以 50 元(连票面)溢价发行
中国国货	法币 600 万元	中储券 1000 万元	凡老股一股得认新股一股
中法药房	法币 500 万元	中储券 1500 万元	凡老股一股得认一股,另赠送二股。该二股由存货准备金名下拨之,尚有 500 万元,除由同人分认 100 万元外,余 400 万元照票面溢价 15 元发行之

续表

项目 企业名称	原有资本	增资后资本	增资办法
中华书局	法币 400 万元	中储券 800 万元	每一老股按照票面满币 50 元认购新股一股
大中华火柴	法币 360 万元	中储券 2400 万元	每一老股得升新股五股,尚余 210 万元,由各董监及同人分认之
新亚药厂	法币 800 万元	中储券 3000 万元	每一老股得升新股半股,及认购新股一股半,尚余 600 万元,以 17 元半溢价发行之(连票面共为 27 元半)
民谊药厂	法币 100 万元	中储券 250 万元	每一老股得认溢价股一股(连票面每股 65 元)
美亚绸厂	法币 400 万元	中储券 1000 万元	原有股本依法折成中储券,此外每股认新股二股,再得赠予股二股
荣丰纺织	法币 1000 万元	中储券 1250 万元	增资办法,250 万元悉由中国投资管理公司承募,以 30 元溢价发行(连票面 40 元)
中国内衣	法币 500 万元	中储券 1000 万元	每十股老股可认新股六股,其余四百股由中国布匹经销公司股东分认之,办法为每十股认四股
梅林罐头	法币 120 万元	中储券 500 万元	除将原有资本折为中储券外,每一老股可认新股三股,其余 20 万元,由盈余中提出补足之

资料来源:吴毅堂编著:《中国股票年鉴》,中国股票年鉴社 1947 年版,第 15—17 页。

  表 8-24 显示的是 1942 年上海 20 家主要企业股票的增资扩股情况,从扩股的方式看,有持有老股的股东才可认购的新股,有对老股东的赠股,由公司同人认购的扩股和从公司出资认购新股等多种方式。当然,在公司企业增资扩股的背后,这时的证券市场上华商股票受到追捧,股价上涨或投机严重也是一个重要的推动原因。关于这一点,当事人在对公司企业增资现象出现的原因分析后说:"原来新股票充斥市场以后,由于经营技术的幼稚与股票上市时大涨大跌之刺激予大众以恶劣印象,减削买户信仰心理,从而对新股深表怀疑",因而"转移目标,群相争购老股"。在这种情况下,"老公司厂商利用时机,开始增资,一部分固属正当需要,一部分则完全视股票流通之需求而增发,亦即因牟利而制造多量的股票,

此种不依产销状况为标准,不从业务着眼而滥行增资,竟成一时风气"。①

由表 8-24 可知,1942 年 20 家企业增资扩股后,1943 年增资扩股的企业一下剧增至 145 家,1944 年也有 48 家②,且增资扩股的方式和内容也与 1942 年的相仿。

也因此,1942 年可以说是上海企业发展的转折年,同样也成为上海证券市场的转折年。对于这种变化,当时人评论说,1942 年"在上海产业历史上,不能不说是一个值得重视的新阶段。在这个阶段中,我们看见了许多工厂的复活,也看到了无数工厂的新生。这一方面表现了民族的更生能力,一方面也预示了企业前途的希望。这一年,中国企业股票的价格都有大幅的上涨,以至于主编《华股指南》的江川认为,"统观这一年的整个状况,华股之投资不能不说稳妥可靠,而又利益优厚"。如以 6 月为基期,"则至少有半数左右的老股,均涨至一倍以上,此外亦大多涨起七八成,仅有十分之一二所涨不过一二成"。③

表 8-25 统计的是抗战时期上海证券市场上各家企业增资和分红的状况,从表中可以看出,这期间上海市场上华商企业的增资扩股背后除了证券市场上股票的上涨外,还有企业的分红作为支撑。换言之,这时期投资华商企业股票的股东,即使不参与股票的投机,也可从企业分红中获得比较丰厚的回报。

表 8-25　战时上海部分上市公司增资和分红状况统计

项目 企业名称	增资时间及数量	增资方式	分红状况
永安纺织股份有限公司(每股 10 元)	资本 600 万元,1930 年增为 1200 万元,1943 年增为 12000 万元	每次增资均为赠股	1938 年股息 5 元;1939 年、1940 年、1942 年股息红利各 5 元;1941 年股息 5 元红利 15 元

① 吴毅堂编著:《中国股票年鉴》,中国股票年鉴社 1947 年版,第 14 页。
② 吴毅堂编著:《中国股票年鉴》,中国股票年鉴社 1947 年版,第 17—28 页。
③ 《旧中国交易所股票金融市场资料汇编》下册,书目文献出版社 1995 年版,第 1724 页。

续表

项目 / 企业名称	增资时间及数量	增资方式	分红状况
美亚织绸股份有限公司（每股 10 元）	资本 200 万元,1941 年 11 月增资为 400 万元;1943 年 1 月增资为 1000 万元;1943 年 8 月增资为 4000 万元	—	1939 年股红利共 1.2 元;1940 年股红利 1.25 元,1941 年股红利 1.25 元另赠 4.5 元;1942 年股红利 1.3 元另赠 20 元;1943 年老股 0.8 元新股 0.3 元
康元制罐股份有限公司（每股 10 元）	1933 年资本 100 万元;1936 年增为 200 万元;1942 年增为 1000 万元;1943 年增为 4000 万元	1942 年增资为每一老股升一股认 2 股;同时发行溢价股 20 万股,其中 10 外股由老股 2 股认 1 股,其余公开招募	1939、1940、1941 年均为百分之十;1942 年百分之七十;1943 年股红利一分,赠品代金一分
新新百货股份有限公司（每股 10 元）	1926 年成立时资本 320 万元;1934 年增为 352 万元;1943 年 8 月增为 4000 万元		1938 年 4 元;1939 年 0.4 元;1940 年 1.6 元;1941 年 3 元;1942 年 4 元
同丰印染股份有限公司（每股 10 元）	1936 年成立时资本 6 万元;1937 年增为 15 万元;1940 年增为 40 万元;1942 年 11 月增为 1200 万元;1944 年增为 6000 万元	增资升股方式	1939 年股息 1 分红利 1 分;1940 年股息 1 分红利 3 厘;1941 年股息 1 分;1942 年 43 年增资升股
中国火柴厂股份有限公司（每股 20 元）	1932 年创设时资本 12 万元;1941 年增为 24 万元;1943 年 3 月增为 72 万元;同年 9 月增为 600 万元;1944 年 5 月增为 1500 万元	—	1940 年股息红利 4 元;1941 年股息红利 4 元,升股 20 元;1942 年股息红利 4 元;1943 年升股 40 元又升股 60 元
信义机器厂股份有限公司（每股 10 元）	1938 年成立时资本 120 万元;1942 年 8 月增为 500 万元;1943 年 8 月增为 2000 万元	1943 年增资时老股 1 股可照面值认购 1 股外,并可认购溢价股 1 股（每股溢价 20 元,连票面共 30 元）	1939 年股息红利 1.8 分;1940 年股息 8 厘红利 1 分 6 厘;1941 年股息 8 厘红利 1 分 2 厘;1942 年股息 8 厘红利 7 厘;1943 年股息 8 厘红利 7 厘

项目　　企业名称	增资时间及数量	增资方式	分红状况
中国国货股份有限公司（每股 30 元）	1933 年成立时资本 10 万元；此后历经 8 次增资增为 600 万元；1943 年第 9 次增资增为 4800 万元	—	1938 年股红利共 2 元；1939 年股红利 4 元；1940 年股红利 4.4 元；1941 年股红利 3.8 元；1942 年 3.6 元
中国内衣股份有限公司（每股 10 元）	创办于 1920 年。1943 年增资为 1000 万元；1943 年 8 月增为 3000 万元；1944 年 2 月增为 1 亿元	—	1938 年、1939 年、1940 年股息 1 分；1941 年股息 1 分红利 8 厘；1942 年股息 1 分红利 1 分；1943 年股息 1 分
中原染织厂股份有限公司（每股 10 元）	1940 年 10 月创立时资本 10 万元；1941 年 6 月增为 20 万元；1942 年 7 月增为 50 万元；同年 12 月增为 200 万元；1943 年 8 月增为 1000 万元；1944 年 2 月增为 3400 万元	第 1 次增资实收现款，2 次、3 次、4 次增资均由公司增值项下每一老股增一新股，余额由新旧股东以现金收足	1941 年股红利 1 分 4 厘；1942 年股红利连同增资共计百分之五百另二分四厘
五和织造厂股份有限公司（每股 10 元）	1928 年成立时资本 10 万两；1931 年增为 15 万两；1933 年改为 25 万元；1937 年增为 40 万元；1940 年增为 60 万元；1941 年增为 100 万元；1942 年增为 300 万元；同年增为 800 万元；1943 年增为 2400 万元	1941 年、1943 年均为增一赠一	1938 年股红利 5 元；1939 年股红利 9 元；1940 年股红利 12.5 元；1941 年股红利 8 元；1942 年股红利 6 元；1943 年股红利 1.2 元
祥生汽车股份有限公司（每股 10 元）	1931 年成立。1942 年 11 月资本增为 500 万元；1943 年 6 月、9 月两次增资，增为 1200 万元；1943 年 4 月增为 3000 万元	—	1937 年股红利 1 分 3 厘；1938 年股红利 2 分 4 厘；1939 年股红利 4 分 5 厘；1940 年股红利 5 分；1943 年股息 8 厘；1944 年股息 8 厘之外赠代价券

续表

项目 \\ 企业名称	增资时间及数量	增资方式	分红状况
景纶衫袜厂有限公司（每股10元）	1896年成立时资本12万两;1917年改为股份有限公司时资本16.8万元;1935年6月增为24万元;1942年9月增为200万元;同年11月增为1200万元;1943年9月增为2400万元;同年12月又增为5000万元	—	1938年股红利8厘;1939年7厘半;1940年1分3厘;1941年1分5厘;1942年6厘(每股赠1.25股)1943年股息0.2元
中国萃众制造股份有限公司(每股100元)	1931年成立时资本2.5万元;1939年1月增为12万元;1940年3月增为40万元;1941年3月增为60万元,6月增为80万元;1942年3月增为100万元;同年6月增为200万元;1943年11月增为800万元	—	1939年股红利1分2厘;1940年股红利1分6厘;1941年股红利2分3厘;1942年股红利1分2厘;1943年股息8厘

资料来源:根据汪伪政权时期上海华商证券交易所编印《证交》杂志(1944年9月16日—1945年3月17日),第1—12期内容制作。

表8-25是根据汪伪政权时期复业的上海证券交易所编印的杂志《证交》各期所刊载上市企业的内容所作。《证交》杂志从1944年9月16日到1945年3月17日止,共编印发行了12期,每一期中都有企业内容介绍。其介绍的所有企业都有增资记录,也都有股息红利分配的记录。这里随机选取的14家企业与该杂志刊载的其他企业一样,共同的特点是抗战期内增资次数多、数额大,特别是1941年太平洋战争爆发以后,多数企业年年增资,有的甚至一年内增资不止一次,例如景纶衫袜厂有限公司在1942年到1943年的两年中增资4次,资本金从抗战前1935年的24万元迅速增为1943年的5000万元。同丰印染股份有限公司1936年成立时资本仅为6万元;1937年增为15万元;此后历经1940年、1942年、1944年的增资,到1944年时已成为资本金6000万元的企业。成立于1931年的中国萃众制造股份有限公司,开始时资本金只有微不足道的2.5万元,但从1939年开始每年增资,有时一年增资两次,到1943年时历

经 7 次增资,资本金已增为 800 万元。而在这期间,如表 8-25 所示,这些企业都还有不低的股份红利可分,有的还有赠金赠股等好处。

简言之,全面抗战爆发后,以上海为中心的沦陷区在种种因素的作用下,成为日伪甚至成为国统区获取物质的重要来源地,又在金融市场和证券市场追求利润的推动下相互作用,形成了中国历史上一段相当特殊的时期,其中表现出来的特点,很值得总结和深入分析。

第三节　金融业的破坏和损失

在日本处心积虑对中国进行的大规模侵略活动中,中国原有的金融发展和改革进程被打断,原来的金融体系被破坏,金融财产被掠夺,由此带来巨大的损失。

一、日伪对东北、热河和伪"蒙疆"地区的榨取

在日本控制的东北和华北地区,日本通过设立上述被日本控制的傀儡银行,直接将原有的中国金融机构纳入日本金融体系;通过发行新的伪钞票,以不等价方式强行兑换原有中国货币;通过强制储蓄、强制购买日伪公债等方式对中国货币金融进行破坏和掠夺,同时还通过其他方式进行大规模的掠夺和破坏。这里主要从日伪财政金融政策以及 3 次大规模增加税收和其他金融掠夺的角度进行一些分析考察。

掠夺性的财政政策。伪"满洲国"成立后,最早的财政预算是 1932 年 10 月所编制,金额 9500 万元。其中支出仅计算了整顿行政机构费以及最小限度内的行政费。收入以海关收入为大宗(4100 万元),还有盐税(1700 万元)、吉黑两省的盐专卖收益(430 万元)、田赋及其他国内税(2400 万元)等。再加上 1933 年 2 月侵略热河的费用 2000 万元追加在内,1932 年预算共计约 1.15 亿元。这期间,以关税收入为大头的税收形

态,一直延续到 1941 年。一直占租税收入的半数以上。为增加岁入,1933 年实施了鸦片专卖制,1934 年实行了摇彩票制。到 1936 年止,一般会计收入每年仅增加 3000 万元到 5000 万元。岁出除整顿行政机构的经费外,重点放在整顿和充实军队警察的费用,通信设施的费用以及镇压抗日力量的经费等开支上。特别会计则注重于专卖事业、必需品、邮政和伪政府的国都建设等方面。"一般会计和特别会计每年计增加 1 亿元左右"①。

从 1937 年起,随着日本对关内进行大规模侵略,东北伪"满洲国"的财政也发生显著的变化,伪"满洲国"财政总预算呈现出异常的膨胀。1936 年至 1939 年的财政预算情况可见表 8-26。

表 8-26　伪"满洲国"财政预算情况统计(1936—1939 年)

(单位:百万元)

年份＼项目	一般会计	特别会计		总预算		公债发行额		
		预算额	纯计	预算额	纯计	一般会计	特别会计	共计
1936	220	190	145	410	365	—	—	—
1937	283	656	357	939	640	30	290	320
1938	304	1088	485	1393	789	40	357	397
1939	403	1288	640	1691	1043	65	393	458
备考	一般会计的数字是预算额,也是纯计。纯计预算是把一般会计预算和特别会计中互相重复的部分扣除后的纯预算额。							

资料来源:中央档案馆等编:《日本帝国主义侵华档案资料选编·东北经济掠夺》,中华书局 1991 年版,第 758 页。

从表 8-26 的数据看,1937 年至 1939 年,一般会计每年只增加 1 亿元左右,但是特别会计每年却是以 2 亿元至 4 亿元的速度增加。而到了

---

① 中央档案馆等编:《日本帝国主义侵华档案资料选编·东北经济掠夺》,中华书局 1991 年版,第 757 页。古海忠之 1937 年时是日本经济部主计处长,1940 年后任经济部次长"是负责金融事务的最高责任者"(见《东北经济掠夺》第 760、763 页古海自述)。

1940 年,"一般会计 5.7 亿元,特别会计超过了 10 亿元,国债金预算 5 亿元"①。特别会计预算如此增加的原因,是加大了对侵略战争的投资,如军需厂、军械厂、军需品、港口建设等的投入。

1941 年太平洋战争爆发后,日伪占领区当局实施了战时政策,尤其是对日支援政策。所有措施都集中到战时紧急物资的增产和扩大对日支援上。因此,各项战时经济政策的支出急剧增加。如第二次产业开发五年计划、第二次开拓五年计划的经费;农产品紧急增产、农地改造和农产品上市费;铁、煤及其他战时紧急物资增产补助奖励费;劳务体制整顿、劳工动员等费用;对满洲重工业会社补助金和对重要产业会社的投资;等等。为了应对这些猛增的费用,不择手段地扩大岁收。

日伪采取了增税、增发公债、大印纸币和强制储蓄等手段进行掠取。以下分别进行一些介绍。

从 1941 年到 1943 年,日伪进行了 3 次大增税。第一次是 1941 年 8 月,在上一年设立的砂糖税和事业所得税外,又新增设了通行税、特别卖钱税、法人所得税、资本所得税和油脂税。同时大幅提高酒税、烟税、卷烟税、房屋税和事业所得税的税率,修改了关税税率。这样,每年大约增加收入 1.5 亿元。1942 年 10 月,又进行第二次大增税。这次重点是增加消费税,新设了清凉饮料税和交易税,恢复了过去废止的小麦、棉花、水泥统税,提高了酒税、特别卖钱税、勤务及事业所得税的税率。每年增收金额 1.6 亿元。地方税里又新设了市民捐。1943 年 12 月又开始实行第三次大增税。这次提高了酒税、清凉饮料税、烟税、特别卖钱税和法人所得税。此外,还增加了专卖的利润,修改了土地税。每年增收 2.46 亿元。到 1945 年,进一步修改税制和扩大税收外,还大量提高香烟和鸦片的价格,增收金额达 3.5 亿元。②

很明显,日伪政权通过几次增税的方式,几年时间里,从广大民众身

---

① 《古海忠之笔供(1954 年 7 月 4 日)》,《东北经济掠夺》,中华书局 1991 年版,第759 页。

② 《古海忠之笔供(1954 年 7 月 4 日)》,《东北经济掠夺》,中华书局 1991 年版,第794 页。

上强行进行搜刮,在短期之内掠夺面之广,手段之烈,令人触目惊心。

发行公债,是一种掠取资源和国民财富的手段。太平洋战争爆发后,日伪发行的公债数额急剧增加。1939年12月底公债发行额为13.17亿元(包括借款),1944年12月底,公债发行额增加到39.63亿元(包括借款)。此外,在专卖方面(盐、石油、酒精、火柴等),1944年的利润增加约8000万元(1943年是6700万元)。鸦片的利润增加6000万元(1943年是1200万元)。监狱作业收入(包括矫正辅导院)约3500万元。赛马收入2500万元。彩票收入2500万元。总之,1944年度掠夺资金11.45亿元(公债金不在内),而1945年度预算将近15亿元。[①]

为了满足日本扩大战争对资源和资金的需求,日伪政府在此期间不断增发纸币。1943年6月,纸币发行额18亿元,到年底增加到30亿元。1944年6月35亿元,年底增加到40亿元。1945年达到45亿元。[②]

表8-27是伪"满洲中央银行"1932年至1945年货币发行情况的统计,纸币在货币发行数额中远远超过铸币的情况清晰可见。

表8-27 伪"满洲中央银行"货币发行情况统计(1932—1945年11月)

(单位:千元)

年份\项目	发行总额	其中	
		铸币	纸币
1932	151865	—	151865
1933	131392	2169	129223
1934	184104	15772	168332
1935	198939	20284	178655
1936	274691	20448	254243
1937	329909	22420	307489
1938	452896	27159	425737

---

① 《古海忠之笔供(1954年7月4日)》,《东北经济掠夺》,中华书局1991年版,第795页。

② 《古海忠之笔供(1954年7月4日)》,《东北经济掠夺》,中华书局1991年版,第796页。

续表

项目 年份	发行总额	其中	
		铸币	纸币
1939	657345	33724	623621
1940	991229	44179	947050
1941	1317029	55498	1261531
1942	1728145	58514	1669631
1943	3079795	68608	3011187
1944	5876853	71042	5805811
1945 年 7 月	8085042	—	—
1945 年 11 月	13600000	—	—

注:此件摘自伪满"中央银行"调查部 1944 年 12 月《满洲金融统计》(1945 年数字摘自国民政府伪满"中央银行"清理处档案)。日本帝国主义战败投降后,伪币仍流通一段时间。

资料来源:中央档案馆等编:《日本帝国主义侵华档案资料选编·东北经济掠夺》,中华书局 1991 年版,第 793 页。

从表 8-27 中数字看,1944 年时,纸币的发行量已经是铸币的 81.7 倍了。可以想象,如此滥发纸币,必然造成恶性通货膨胀。据统计,1944 年时物价比 1933 年增长了约 100 倍。例如猪肉在 1933 年时每斤 0.25 元,1944 年每斤私价 24 元。但是在收购农民生产的粮食时价格变化却不大,1939 年高粱每百公斤收买价格 7.2 元,大豆每百公斤收买价格 10 元;到 1944 年时高粱每百公斤收买价格 7.8 元,大豆每百公斤收买价格 12 元。"日常生活用品的价格暴涨,而农民生产的粮食价格基本没有变化,从而使广大劳动人民贫困破产"[1]。

另外,日本为了掠夺东北人民的资金,还先后发行了 1 厘公债、福民彩票、有奖储蓄,定期举办有奖储蓄,在满洲里、黑河等边远地区开设赌场等,以此达到搜刮资金的目的。[2]

除了这些手段以外,日伪经济部还强行制定各地吸收储蓄的数额,并

---

① 《曲秉善证词(1954 年 4 月 16 日)》,《东北经济掠夺》,中华书局 1991 年版,第 804 页。曲秉善当时职务为伪四平省长,见《东北经济掠夺》,中华书局 1991 年版,第 804 页。

② 《东北经济掠夺》,中华书局 1991 年版,第 804 页。曲秉善当时职务为伪四平省长,见《东北经济掠夺》,中华书局 1991 年版,第 805 页。

将之以命令的形式分摊到各省,再由各省层层分摊到各银行、机关、会社及各市县。据担任伪四平省长职务的曲秉善口供所说,1943 年至 1945年,在伪四平省内就以储蓄为名,在城市榨取了 1.5 亿元,在农村榨取了3800 万元,另外,还在城市推销了必胜储蓄票 224000 元,"总共榨取1.8822 亿元"。具体操作方式是将数额分摊下去后,由曲秉善和实业厅长到各地,召集各方面的首脑人物开会,督促他们完成储蓄任务。关于农民的储蓄,是在各县农民粮谷上市时,按其粮价所得的 20%,强迫农民立即储蓄,否则就不配给物质。"关于邻组储蓄,是伪四平市协和会本部通过邻组组织,按每户收入的 0.5%强迫市民购买必胜储蓄票"①。

日伪当局还强迫民众无偿向日伪当局捐献报效金钱,作为对政府的支持。采取的手段主要有两种:一种叫飞机献金,由各地协和会向学校学生和市镇居民进行摊派;另一种叫八钱献金,由各地协和会在每月 8 日那天,强迫居民缴纳 8 分钱以上的献金,支援日军发动的太平洋侵略战争。市内邻组则是从各户收集破布碎玻璃等,变卖后作为飞机献金。1943 年秋,伪四平省昌图县就给关东军献纳了 1 架飞机。1944 年秋,开原县用同样的方式献纳 2 架飞机。1945 年春,伪四平省协和会献纳了 2 架飞机,四平省的学生献纳了 2 架飞机,总共献纳的飞机达到 7 架。②

一般的民族工商业,同样逃脱不了这种榨取。据哈尔滨双合盛制粉厂的职工控诉,伪滨江省和哈尔滨市公署,经常利用各种名义敲诈勒索商民的钱财。每次进行所谓捐献和献纳时,都是先由省市公署决定款数,然后商工会根据各商号资金多少,经营好坏实行摊派。派多少就得缴多少,否则就以反满抗日论处,甚至查封商号,停止营业,受到各种处罚。同时,还有警察、宪兵借机勒索。因此,谁也不敢违抗。双合盛于 1943 年9 月 22 日,伪滨江省成立王道书院时,被强迫缴款 2000 元。11 月 2 日缴纳所谓太平神社献金 1000 元,11 月 30 日交纳修建哈尔滨市飞机场建设献金 5000 元。1944 年 2 月 8 日和 3 月 8 日,被摊派飞机献金

---

① 《东北经济掠夺》,第 805 页。
② 《东北经济掠夺》,中华书局 1991 年版,第 805 页。

23485 元。2 月 10 日一天就被索要 3 次,共缴出 21 元。1945 年 1 月 25 日,"哈尔滨思想练成保护金"2 万元(见表 8-28)。"这些繁重的苛捐杂税,使民族工商业受到极大损害"。①

表 8-28 哈尔滨双合盛主要捐献款清单(1943—1945 年) (单位:元)

年月	项目	金额	年月	项目	金额
1943 年 7 月 10 日	飞机献金	3	1944 年 1 月 24 日	王道书院赞助金	500
1943 年 7 月 28 日	法人市民捐	15541	1943 年 2 月 8 日	飞机献金	19570
1943 年 8 月 10 日	军警劳工慰灵祭	300	1943 年 2 月 10 日	飞机献金	21
1943 年 9 月 10 日	第 25 团军旗祭	200	1943 年 3 月 8 日	飞机献金	3915
1943 年 9 月 12 日	第 2 高射炮部队北镇神庙秋祭	200	1944 年 11 月 16 日	军人后援会赞助金	400
1943 年 9 月 22 日	王道书院寄付金	2000	1945 年 1 月 25 日	劳务报国队援护金	5000
1943 年 9 月 29 日	博览会协赞金	1000	1945 年 1 月 25 日	哈尔滨思想练成保护金	20000
1943 年 11 月 2 日	太平神社献纳金	1000	1945 年 3 月 17 日	飞机献金	1
1943 年 11 月 30 日	哈尔滨市飞机场建设献金	5000	1945 年 5 月 15 日	哈尔滨 3 月会捐款	10000
1943 年 12 月 6 日	东分区援护金	580			

资料来源:中央档案馆等编:《日本帝国主义侵华档案资料选编·东北经济掠夺》,中华书局 1991 年版,第 808 页。

在 1943 年 7 月至 1945 年 5 月不到两年的时间内,仅仅一个哈尔滨双合盛制粉厂,就被勒索了 19 次,1943 年 9 月一个月,就被勒索 4 次,共计 3400 元。最多的一次就被勒索 20000 元,19 次共缴纳各种献金 85231 元。可见日伪对东北地区民众的勒索攫夺达到何等疯狂的

---

① 《东北经济掠夺》,中华书局 1991 年版,第 807 页。

地步。

为了攫取尽可能多的资源和奠定长期侵占中国东北的目标,日本帝国主义不断加强对中国东北的投资。可以说,日本的大、中型财阀,没有一个不向东北投资的。其中最大的是鲇川义介的日本产业,它和关东军、伪满洲国相互勾结,设立了"满洲重工业开发会社",控制了东北重工业的主要部分。属于大仓财阀的有本溪湖煤铁公司(资本 1 亿元,大仓占 4000 万元)、本溪湖特殊钢会社(资本 1000 万元)、本溪湖水泥会社(资本 1500 万元)、大仓事业会社(资本 5000 万元)、大仓商事会社(资本 1000 万元)。属于住友财阀的有:住友金属工业会社(资本 3000 万元)、住友钢管会社(资本 1000 万元)、安东轻金属会社(资本 1 亿元,其中住友 5000 万元)。属于三菱财阀的有三菱商事支店、三菱机器会社(资本 2000 万元)、三菱土地建筑物(资本 1000 万元)、电气化学工业会社(资本 3000 万元)、小野田水泥会社(资本 500 万元)、昭德矿业会社(资本 700 万元)。属于三井系统的有满洲油化工业会社(资本 5000 万元,三井的占 2/3)、酒精制造会社(资本 500 万元)、三井物支店、康德苇纤维会社(资本 500 万元)、东满洲人绢纤维会社(资本 3000 万元)、康德工业会社(资本 100 万元)、农场及畜牧事业(资本 100 万元)。属于野口财阀的有鸭绿江水电会社(资本 5000 万元,政府和野口各出一半)、吉林人造石油会社(资本 1 亿元,野口占 1/3)、舒兰煤矿会社(资本 1500 万元)。浅野财阀的有大同水泥会社(1500 万元)、珲春沙金(资本 300 万元)。川西财阀的有东洋纤维会社(资本 1000 万元)、东洋轮胎会社(资本 1500 万元)。三井系统的有日满纤维会社(资本 1500 万元)、新闻纸制造会社(资本 1000 万元)、满洲电线会社(资本 2000 万元,住友、古河等财阀共同投资)。除此之外,中、小财阀对我国东北的投资不胜枚举。日本财阀对我国东北的投资总额,大约有 50 亿元。[①]

---

① 《古海忠之笔供(1954 年 7 月 21 日)》,《东北经济掠夺》,中华书局 1991 年版,第 796—797 页。

二、关内沦陷区的金融业损失

日本全面侵华战争爆发时,日本对中国进行侵略的指导方针中两个基本的关键点,就是"以华制华"和"以战养战"。因此,攫夺关内尤其是江南一带的财富,也就随着日军所到之处而立即开始实行。在此方针指导下,日本侵略者采取了一系列措施,除了发行军票、发行伪币等措施以外,还包括直接攫取关税税收、强收上海各银行储户存款、强征各银行和钱庄抵押质物、强征上海各银行所存中国政府税金,以及直接强行接管各国在华银行等。

(一)直接攫取关税盐税和统税

据 1937 年 10 月 2 日《申报》报道,日军"悍然不顾一切,在战区设税关攫取兰路海关局址,摧毁我国海关主权"。具体情况是,"江海关在杨树浦兰路,本设有分关,原有中西关员二十余人,担任验关填税单等工作。沪战后,因地处战区,无法工作,中西关员相继退出。厥后即由敌军占据,并准备设立税关,并自十月一日(即昨日)起,竟正式开始办公,凡来沪之敌轮货物,均在该处验关交税。但除日人外,其他各国外商均拒绝前往,仍赴江海关缴税"。[①]

日军占领华中地区后,"鉴于华中占领区内的军用手票对于本军的作战及长期建设所担负的重大使命以及构成,对日本国内日元通货政策的有力屏障这一现状,军票价值的维持不仅是日本军队赖以生存的关键,而且也是培育中国新政权的基本条件"的缘故。1939 年 5 月 16 日,日本华中派遣军司令部作出决定,"从华中关税收入中提出 1000 万元作为军用手票特别资金(以下称作甲资金),借以实现维持军票(日元通货)价值的目标"。具体操作方法是:"一、从华中关税收入中提出 1000 万元作为

---

① 《申报》1937 年 10 月 2 日,见上海市档案馆编:《日本在华中经济掠夺史料(1937—1945)》,上海书店出版社 2005 年版,第 257 页。

甲资金专款。二、本资金采取以华中关税收入剩余金担保,由日本政府作保,由横滨正金银行向华中派遣军经理部长贷款的形式。三、军方将上述资金存入横滨正金银行,开设甲资金账户,作为维持军票价值的调节资金。四、上述甲资金由军方保留必要的命令、监督权,委托横滨正金银行管理使用。五、由当地海关存款管理机关作出保证:横滨正金银行使用甲资金滋生的风险,不由该行承担。六、上述资金在完成其使命时,应立即归还正金银行(或进行清理)。七、关于本资金的使用,将另行规定。"[1]

1939 年 6 月 10 日,"为在上海市场控制日银券对法币的行市",日本兴亚院华中联络部通知日本正金银行,将该行"保管的上海海关存款账户内拨出法币 500 万元","列为乙资金账户进行整理",这笔存款的使用"专以防止日元价值的波动、跌落为目的。目前暂维持日元牌价与法币持平的局面,而后再逐渐提高日元行市。……通过对日元买卖的控制,要努力实现在尽可能长的时期内能维持日元牌价"。"本项调节工作,性质极为机密……要在极端保密的情况下进行此项工作"。[2]

显然,海关及其关税收入已经被日本视为维持占领区币值和金融秩序稳定所需资金的一大来源,同时也是其稳定的可攫取资金的重要来源地。因此截至 1941 年 12 月,华中华南已有 19 个海关被日军谋夺,其被谋夺的具体情况可见表 8-29。

表 8-29 华中华南的中国海关沦陷于日军的时间及情况统计

关名	口岸沦陷日期	税款被劫取日期	施行伪税则日期	政府令撤监督日期	备注
江海	1937. 11. 12	1938. 5. 3	1938. 6. 1	—	—
苏州	—	—	—	1938. 1. 17	—
镇口	—	—	—	1938. 1. 17	—
金陵	1937. 12. 13	—	—	1938. 1. 17	—

---

① 上海市档案馆编:《日本在华中经济掠夺史料(1937—1945)》,上海书店出版社 2005 年版,第 258 页。

② 《兴亚院华中联络部关于乙资金设立及使用事的通知》(1939 年 6 月 10 日),上海市档案馆编:《日本侵略上海史料汇编》(下),上海人民出版社 2015 年版,第 15 页。

关名	口岸沦陷日期	税款被劫取日期	施行伪税则日期	政府令撤监督日期	备注
杭州	1937.11.23	—	—	1938.1.17	—
芜湖	—	—	—	1938.1.17	—
九江	1938.7.27	—	—	1938.8.29	—
厦门	—	—	—	1938.8.1	—
江汉	1938.10.25	—	—	—	—
粤海	1938.10.21	—	—	—	该关监督监管江门、三水、九龙、拱北四关
江门	—	—	—	—	—
三水	—	—	—	—	—
潮海	1939.6.24	—	—	1939.10.19	—
北海	1939年11月第一次沦陷,1941年3月第二次沦陷	—	—	—	该关于1941年12月间第一次收复,今年3月底第二次收复
宜昌	—	—	—	—	—
荆沙	—	—	—	—	—
琼海	—	—	—	—	该关监督兼管北海雷州两关,现驻雷州关办事
拱北	—	—	—	—	—
龙州	—	—	—	—	该关已于1940年11月间收复

注:该资料来源于中央调查局特种经济调查处编《四年之敌寇经济侵略》一书,1941年12月出版。
资料来源:上海市档案馆编:《日本在华中经济掠夺史料(1937—1945)》,上海书店出版社2005年版,第259—260页。

因为江海关在海关中所处的重要位置,以及上海在国际关系中的地位特殊,因此日方乃放弃武力劫持手段,而采用与英政府和平谈判的方式进行谋夺,经数月避开中国政府的接洽,达成所谓"英日协定",而于1938年5月14日在伦敦与东京两地以公报宣布。该项协定的主要内容为:"凡在日本占领区域内各口岸海关所收入之税项,概将存入横滨正金银行。由此存款内,将应偿外债之额拨交总税务司,以完全履行以关税为抵押的外债与赔款之义务。此项外债与赔款之偿付,须视为关税于扣除海关行政经费及若干海关支付与津贴后之第一项开支"。但是实际上,"敌方缔结协定之主要目的,只在将税款完全攫为己有,所说偿付外债一端,只是幌子而已"。因此,协定缔结后,日本以"去年 6 月 1 日以前,所有海关存于汇丰银行之税款约 2000 万余元并未提存正金银行;中国停付日本庚子赔款约 40 万英镑(含 1000 万元)",未能清偿;中国政府未能承认英日海关协定三项理由为借口,不履行以关税为担保的外债及赔款。同时借口纽约英镑汇价低落,擅自改变关金单位的计算标准,"致使海关税率增加约 6.25%"。[1]

日本在关税收入中究竟攫取了多少款额,准确数字不得而知,但是1938 年华中华南沦陷各海关的税收总计是 13213 万余元,1939 年为18676 万余元,1940 年更增加为 28375 万余元[2],数额相当大。根据汪伪政权与日方往来文书判断,"(1)在伪维新政府时代,海关税收全为敌方所攫去,伪方大概毫无所用。(2)伪中央政府成立后,敌方虽允在原则上将税收拨归伪方,但只是空头支票而已,迄今犹未闻付之兑现。(3)华北及内蒙古方面:关税税收,不在伪中央政府过问之范围内。"[3]由此推断,其中被日本军方攫取的款额应该不在少数。

盐税收入的大头,也被日伪一方攫去。全面抗战爆发后,原来的盐税机关和正常工作,已经全部停顿。伪政府为搜刮盐税税收,乃在上海设立盐务管理局,又在两浙、松江、淮南等地先后设立分局办理征税事宜。伪政府统治区域辖有淮北、扬州、松江以至两浙等著名盐区。其产量在战前与华北地区的长芦和山东的盐区不相上下。战事爆发以后,淮浙盐区产量均减,只有海州盐区产量增加。根据敌方预算,大概每年可以征得税款约 8300 万元。"前维新政府之收入,全赖此直接征收之盐税及苏浙皖税务局附带征收之印花等税收,以为挹注"。"27 年(1938)度伪府盐税收

① 上海市档案馆编:《日本侵略上海史料汇编》(下),上海人民出版社 2015 年版,第260—261 页。

② 上海市档案馆编:《日本在华中经济掠夺史料(1937—1945)》,上海书店出版社 2005年版,第 262 页"华中南沦陷各关历年税收统计表"。

③ 上海市档案馆编:《日本侵略上海史料汇编》(下),上海人民出版社 2015 年版,第31 页。

入依据《扬子江》杂志刊载共 8500 万元,其中归敌特机关者 5600 万元,即税收总额约 68%,伪府所得仅 2900 万元,即税收总额的约 31%。"[①]

与关税、盐税并列三大税种之一的统税税收,同样逃不了被日伪攫夺的命运。还在伪"维新政府"成立之前,上海伪统税局已在敌特务机关的支持下成立。伪"维新政府"成立之后,该伪局改组为伪苏、浙、皖税务总局,共有分局 14 处,其中江苏 8 处,浙江 3 处,安徽 3 处。1938 年度的税收总额达 5200 万元,纯收入 2400 万元。此后因为上海等地工业逐渐恢复战前状态,因之统税税收数额亦逐渐增多的缘故,"计 28(1939)年度税收额约在 8000 万元左右,平均每月可达 600 余万元。至 29(1940)年度平均每日可达 20 余万元。唯该伪统税局,系独立组织,直属于敌特务机关,不属于伪维新政府,每月税额解缴敌特务机关,由该机关拨交一部于伪组织。"[②]汪伪政府成立后,曾向敌方请求将统税归由伪"财政部"接收,税收直接解缴伪组织,敌方虽口头上允诺,但实际上却迟迟拖着不予兑现。

(二) 掠夺中国金融资产

太平洋战争未爆发前,侵占上海的日军当局已不时进入上海租界,攫取中国国民党政府在租界所存的金融资产。如 1941 年 6 月 12 日,日本借检查法租界中国中央银行所租 Moiler 洋行堆栈时,欲强行提取在该处所存 70 万元钞币,经法方反复交涉无效,于 7 月 11 日被上海日本宪兵队夺取。又如同一天,中央银行所租法租界爱多亚路万国储蓄会库栈房所存物品,亦被日方将所储辅币券及铜镍币等"约合法币 90 万元,暨各种旧表单、账册、文卷、箱件、家具等件","全数搬去"。中国农民银行亦遭抢劫,1941 年 7 月 18 日,日方从上海中国农民银行仓库中掠去大批现钞、库券、金银等。该行当时报告中指明:"敌军侵占租界时,据现已查明者,计损失库存现钞 804351.10 元。又密存外库者,计现钞 1276500.00 元

---

① 上海市档案馆编:《日本侵略上海史料汇编》(下),上海人民出版社 2015 年版,第 31 页。

② 上海市档案馆编:《日本侵略上海史料汇编》(下),上海人民出版社 2015 年版,第 32 页。

外,发库 3363000.00 元(已盖作废戳记)、现洋 235680 元、标金三条计 210 两、赤八条计 80 两、银块 6200 两、美金镑 21 元、港币 754.00 元、统一公债 7400.00 元、寄存建华银行款 1779000.00 元。"[1]

在太平洋战争爆发后的 1941 年 12 月 15 日,日本驻海外财务官即向上海市银行业同业公会会员银行发出通告,通令银行在支付储户存款时需按下述规定执行:"一、对于个人,以维持其生活认为必不可少之数为限,但最多一个月不得超过四千元。二、对于商业机关、工场及团体等,以由日本方面许可其继续营业者为限。其数额以认为其继续时所必需者为限。"同时该通告还规定中央银行、中国银行、交通银行及中国农民银行存于上海市银行业同业公会会员银行的存款、保管品等之取出以及其他一切之交易,都必须"暂时中止"。1942 年 1 月 12 日,进而指令上海市银行业同业公会会员银行将英、美、和(荷)兰、比国这些"敌性国"籍人,以及重庆政府及政府关系人员的各种存款,"分别制表详细填报"[2],并将这些存款移交日本正金银行。

表 8-30 是 1942 年 4 月 21 日上海市银行业同业公会会员银行遵从日本指令,将"敌性国"籍人和重庆政府及政府关系人员的各种存款移交给日本正金银行的具体情况。

表 8-30　上海各银行移交日本正金银行款项统计(1942 年 4 月 21 日)

行名	数目
盐业	四千一百三十五元
四明	一千三百〇二元
四行储蓄会	贰元九角九分
中国垦业	二千四百元
浙江兴业	四千九百五十四元五角五分
中国农工	九百廿四元

---

[1]　上海市档案馆编:《日本侵略上海史料汇编》(下),上海人民出版社 2015 年版,第 23—25 页。

[2]　上海市档案馆编:《日本侵略上海史料汇编》(下),上海人民出版社 2015 年版,第 26 页。

续表

行名	数目
浙江实业	七千〇十元九角
中国实业	十一元三角九分
新华	二万七千九百一十九元一角四分
永亨	四百九十五元七角
中孚	一千三百三十八元一角四分
通商	三佰贰拾元四角六分
浙江建业	二千九百六十二元四角四分
上海	一万三千六百四十元七角七分
国华	二万五千〇七十八元八角九分
中兴	一千三百五十六元二角一分
共九万	四月二十日杨先生送去三千八百五十三元二角五分
金城	五万八千二百八十三元九角六分
大陆	二万贰仟四百一十七元四角七分
中华劝工	十五元八角八分
中汇	十四万五千四百八十一元八角　支票八张
共　贰拾贰万陆千壹百玖拾玖元壹角壹分 卅一年四月廿一日杨先生送去叁拾五万〇肆百五十七元八角壹分 中国国货银行,该行自行缴送	
总计　五拾柒万陆千陆百五拾六元九角贰分	

注:原件系稿本,故数据文字使用不统一,现仍照原件抄录。

资料来源:上海市档案馆编:《日本侵略上海史料汇编》(下),上海人民出版社 2015 年版,第 26—27 页。

如表 8-30 所示,1942 年 4 月 21 日,一次就有 20 余家上海市银行向日本正金银行移交了 57.6 万余元。另外,在 1942 年 1 月 26 日至 3 月 11 日,有十多家银行和钱业公会会员向上海市银钱业同业公会临时联合委员会致函,称他们所寄存在各家堆栈的抵押质物被日伪当局强行收走。这些被收走的物品都是银行和钱庄放出贷款时收受的抵押物,具体包括橡胶、铅皮、墨灰、电线、电灯线、羊皮、羊毛、麻料、洋钉等物资。[1]

---

[1] 上海市档案馆编:《日本侵略上海史料汇编》(下),上海人民出版社 2015 年版,第 34—37 页。

　　抗战时期日本对华的金融控制和掠夺,通过上面的简单介绍可知,涉及全方位大范围和各个层面:从建立伪政权汉奸银行控制金融体系、发行伪币、夺取税金收入、强行攫取中国银行存款到直接掠夺金属货币以及银钱业的抵押物等,其野蛮和暴虐程度极为少见,是日本"以华制华""以战养战"侵略政策的具体体现。但这些政策因其具有的反动本质,最终必然无法达到日本军国主义政府的目标,无法挽救侵略者的命运,无法逃脱最终必然失败的命运。

第 九 章

伪"满洲国"和关内伪政权的殖民地财政

第一节　伪"满洲国"的财政

　　"九一八事变"后,日本在东北沦陷区的财政政策主要依靠其傀儡——伪"满洲国"政府之手加以实施。伪满政府之财政远远不同于正常国家,其财政收入依赖于日本侵略者对中国东北主权的侵占,依赖于其对中国东北人民的殖民掠夺,依赖于以日本人为主导的殖民税收机构的运行。其财政支出也是以维系日本帝国主义东北地区殖民统治、将东北地区改造成为其军事侵略扩张的战略基地为目的的,具有鲜明的殖民政府特征。日本侵略者在"革除封建旧政权税制弊政""改革税制"等幌子下,对东北地区的财政机制进行了殖民集权化的改造,并窃取海关和盐税利权、滥发"公债"、横征苛捐杂税、大搞强迫储蓄、诓骗人民购买"有奖债券",种种暴政,罄竹难书。通过这些"财政"手段,日本侵略者将东北地区经济捆绑于其军国主义扩张的战车之上,助其实现了对东北地区殖民地最大程度的经济掠夺,给东北人民造成了深重的灾难。

一、沦陷前的东北财政制度及日本
帝国主义对其改造的企图

1928 年东北改旗易帜以来,形式上接受了国民党政府的领导,其财政却仍保持着非常大的独立性。其财政税收虽名义上可分为国税、省税、地方税三级,国税项目下包括一个庞杂的税收名目,如所得税、矿税、营业税、关税、盐税、烟酒税、丝绸税、茶税、糖税、出产税、销场税、印花税、登录税、承继税、运输税等十余种。① 但是,1928 年,张学良就在"东三省保安总司令"属辖下成立了一个叫"财政稽查处"的机构。"不受吉林、黑龙江等各省管理的海关、常关、盐务、印刷税、烟草、酒、司法收入以及国有矿业、林业等其他官办营业收入,悉归其管辖,以区别国家收入和地方收入"。② 因此,东北地区的所谓"国税"实际上仍是掌握在张学良政权手中的,国民党政府财政部并无法直接管辖。而东三省各省之间的财政制度仍属独立,且互无关联。各省主管省财政的财政厅主要依靠下辖的捐税局征收省税,对主管地方财政的市县财政局监管有限。且"作为省级机构的实业厅、将军行署、教育厅等等也分别征收一定的捐税"③。如吉林的船捐中就有一部分是邮船局征收的江防经费。④

从表 9-1 和表 9-2 可以看出,日本沦陷前的财政收入在不计入关税的情况下,以消费税为主,占总收入的 71.8%。而消费税中又以盐税为最大宗,其一项就占了总税收的 37.7%。不过,另有关税收入尚需额外统计,1930 年进出口贸易总额为 703713000 两,尽管当时中国海关关税税率较低,进出口税率仅有 5%,以此计价东三省的关税总额仍有 3500 万海关

---

① 满铁庶务部调查课:《满铁调查资料第 74 编 其 1 奉天省の财政》,昭和三年(1928 年)版,第 96—97 页。

② 满铁庶务部调查课:《调查时报》昭和四年(1929 年)第 9 卷第 1 号,第 601 页。

③ 解学诗:《伪满洲国史新编》,人民出版社 1995 年版,第 154 页。

④ 南满洲铁道株式会社庶务部调查课:《满铁调查资料第 82 编吉林省の财政》,昭和三年(1928 年)版,第 474 页。

表 9-1 东北三省财政收入情况（**1930 年**）　　　（单位:现大洋）

项目　　　　　　收入	金额	比率（%）
收益税—田赋	8333761	6.8
消费税 （内含盐税）	87416357 （45884301）	71.8 （37.7）
交通税	5887007	4.8
各种罚金	322320	—
官业收入	715048	—
杂收入	19101905	—
总计	121776398	100

注:消费税中包括盐税、消场税、出产税、卷烟统税、烟酒公务费、酒特税、豆税、油粮税、木税、蚕丝税、
　　矿税、硝矿税、牲畜税等。交通税中包括契税、印花税、车牌税、帖照税、烟酒牌照税。

资料来源:京都帝國大學經濟學會《經濟論叢》大正十一年（1932 年）第 35 卷第 2 号,第 10—11 页。

表 9-2 东北三省财政支出情况（**1930 年**）　　　（单位:现大洋）

项目　　　　　　支出	金额	百分比（%）
陆军费	98554951	68.3
财政费	18867717	13.1
外交费	206126	
教育费	4703080	
内务费	5606826	
司法费	1395561	18.6
建设费	339251	
农商务费	154240	
政务委员经费	700500	
预备费	13700553	
总计	144228805	100

资料来源:京都帝國大學經濟學會《經濟論叢》大正十一年（1932 年）第 35 卷第 2 号,第 9 页。

两之巨。① 而在支出中陆军费的开支比率高达总支出的 68.3%。可见尽管已经形式上改旗易帜,东三省财政仍然拿出绝大部分收入来维系供养张学良麾下数目庞大的军队。② 在支出中,财政费数额次之,占 13.1%,这笔钱主要用于政府的日常运转和官吏的薪俸支出。另外,省内各县还要收取各种地方税以充当县内的行政经费。以吉林省为例,其各县中所要收取的地方税名目就有垧捐、营业捐、粮米捐、车捐、学田捐、屠捐、商捐、木捐、木炭捐、自治捐等数十种之多③。另外,各地方还经常以补助军备等名目向人民征收相当数额的给养杂捐。另外,在财政亏空严重时,奉张政权还可能通过滥发纸币和发行公债等手段弥补财政赤字。如 1926年,因为前期为弥补财政亏空而滥发了大量奉票,造成奉票贬值,为了回收奉票抑制通货膨胀,由东三省公债局出头以"东三省整理金融公债"名目发行了 5000 万现大洋的公债,以奉票两元抵现大洋一元的兑换率发行。其中东三省官吏认购 900 万现大洋,东三省银行认购 800万现大洋,东三省农界认购 2100 万现大洋,东三省商界认购 1200 万现大洋④。

总体而言,东三省沦陷前的财政体系不仅一直独立于中央政府,且自身内部也可以说是十分松散、混乱。这主要在下面五个方面中得到体现。

一是各地税收的征集上具有很大随意性。不但两重甚至多重征收的现象普遍存在,如吉林省财政厅在收取农民田赋后,各县还要向其再收取垧捐;木材在向省内缴纳木税后,还要再向县里缴纳木捐。⑤ 就课税过程而言,也更多体现为"权宜主义,并无适当的课税标准。甚至很多情况下

---

① [日]天野元之助:《满洲经济の発達》,满铁经济调查会昭和七年(1932 年)版,第70 页。

② 另一方面,当年发生的中东路事件也可以看作该年度陆军费比率过高的原因之一。

③ 南满洲铁道株式会社庶务部调查课:《满铁调查资料第 82 编吉林省の财政》,昭和八年(1928 年)版,第 486—550 页。

④ 满铁庶务部调查课:《满铁调查资料第 74 编 其 2 奉天省の财政》,昭和三年(1928 年)版,第 41—44 页。

⑤ 南满洲铁道株式会社庶务部调查课:《满铁调查资料第 82 编吉林省の财政》,昭和八年(1928 年)版,第 268—530 页。

仅凭按物目击课税"①。就预算管理和决算管理来说,各省虽俱有章程,但是具体执行却十分松懈。如黑龙江省,仅于 1912 年和 1913 年两年编写有收支决算册,之后便未见下文。②

二是各省之间连税制、税率都各不相同。所谓沦陷前的"东北四省,其税目、税率各不相同,同一省内不同地域税制亦不统一"③。以田赋为例,奉天省征收标准为:正税上则地每亩大洋 1 角 4 分,中则地每亩大洋 1 角,下则地每亩大洋 6 分,沙碱地每亩大洋 3 分,"不分等则地"每亩大洋 1 分,另外还要征收 10% 的附加税和每枚 7 分的"税票费"。而吉林省的标准却是:正税是每垧不分土地好坏都要征收大洋 5 角。如果遇有战事还要再加每垧 5 角的附加税。而黑龙江的田赋征收标准则是:田赋正税一等地每垧大洋 5 角、二等地每垧大洋 3 角 5 分,三等地每垧大洋 2 角,"三费"附加税一等地每垧大洋 3 分,二等地每垧大洋 2 分,三等地每垧大洋 1 分,另外,在地租、三费的基础上还要额外再征收 3% 的附加税。④

三是各省不但财政基本独立于中央,各自为政,省内税收机构的设置、征税手续也很混乱。以奉天省为例,其各县中征税的手续就毫无规范而言,"在没有税捐局的地方,由各县知事征收各项税;在有税捐局的地方,则直接由税捐局征收;由各税捐局或知事汇款至财政厅。因此,在没有税捐局的地方,知事是中国政治组织的基层单位,直接向人民征收租税"⑤。

四是在整个沦陷前的东三省财政体制中,包税制盛行。就是为了促使基层征税机关完成税款的征缴,一般当局不把该机关所需经费足额拨付,

①　[日]冈野鑑:《満洲国財政の生成と発展》,"建国"大学伪"康德"十年(1943 年)印本,第 44 页。

②　黑龙江省财政厅史志办公室:《黑龙江省财政资料长编》(第 1 册),黑龙江人民出版社 1988 年版,第 265 页。

③　[日]"满洲国"史编纂刊行会:《满洲国史(总论)》,黑龙江省社会科学院历史研究所 1990 年印本,第 288 页。

④　南满洲铁道株式会社庶务部调查课:《東三省財政紀要》,昭和四年(1929 年)版,第 28、32、38 页。

⑤　满铁庶务部调查课:《満鉄調査資料第 74 編 其 2 奉天省の財政》,昭和三年(1928 年)版,第 120 页。

而是从需征税额中划出一部分提成金或"比额提奖金"，将其作为完成税款征收的奖励来发给这些机关充当经费。"同时，指定征税定额（称为比额），超过定额部分提取奖金，分配给所属职员。此外，以检讫费的名义，即对照检查课税证明书的工作也要征收手续费"。东三省"各征税机关一心追求增加税收，简直成为一个以承包征税为目的的营利机关"①。

五是财政制度的混乱，又助长了税收征收过程中的各种腐败行为。在那些县知事征收税款的地方，因为财政厅对其无直接监督之权，其"征税期及银钱的换算率等几乎听凭其意志决定，因此，就算税额一定不变，营私舞弊的余地肯定不少，所谓中饱即在于此，对于人民拥有极大的权威"②。在财政机构内部，人事制度也异常混乱且腐败。各省财政厅厅长可任意提拔亲信充任税捐局长，甚至买卖这一官职的现象也很普遍，而真正专业、正规的财政局局长却极少被聘用。这也导致了财政系统内贪污腐败、徇情课税的现象十分严重。

日本帝国主义自日俄战争进入东北以后，一直将东北地区作为其掠夺经济资源的"满洲生命线"。从第一次世界大战期间开始，总体战理论在各国之间迅速流行，主张对人力、物力等战争潜力进行彻底挖掘，扩大军事统率机关的权力，在国家经济层面对军事预算和军需生产进行有限配置。日本军事当局较早认识到这种理论对于其进一步进行侵略扩张的重要性，以田中义一、永田铁山为首的一批军官更是整日在国内对此理论进行鼓吹。出于对苏联这一社会主义国家的极端仇视，日本的总体战理论开始一直是以苏联为假想敌建立的。因此，东北的物资资源在日本的总体战略中也显得格外重要③。

---

① ［日］"满洲国"史编纂刊行会：《满洲国史（总论）》，黑龙江省社会科学院历史研究所1990年印本，第288页。

② 满铁庶务部调查课：《满铁调查资料第74编 其2奉天省の财政》，昭和三年（1928年）版，第120—121页。另外，参见同页中的下文，"县知事担当向人民征税的职务，而实际上直接执行这一任务的是所谓的幕友。知事更迭频繁，而幕友几乎没有变化，主要由当地人担任，甚至有终生担当者，其弊端极大，决不可等闲视之"。

③ ［日］安富步：《满州暴走隐された構造大豆满铁総力戦》，KADOKAWA株式会社2016年版，第124—125页。

东北沦陷前,日本对于东北地区的侵略活动一直是以南满洲铁道株式会社为急先锋进行的,通过从流通领域控制工业品的输入、矿业品和农产品的输出,把东北地区变成其原料产地、产品和资本投资市场。但是20世纪20年代以后,东北民众的民族意识进一步觉醒,中日在路权、铁路和港口修建、电业、特产交易、实业、金融业等领域进行了全面的经济斗争,制约了日本资本扩张,对日本在东北的经济侵略进行了有力的抑制①。如在满铁沿线的主要交易所的内部交易中,日本人所占的交易份额都大大减少了。1920—1930年,日本人在奉天交易所金票交易的份额从90%下降到36%,四平街交易所中大豆交易的份额从50%下降到22%,公主岭交易所中大豆交易的份额一直只有9%—10%,长春街交易所院内大豆交易的份额从27%下降到18%。② 因实业、金融领域中民族资本的竞争,以及农矿产品运量的削减,东北沦陷前的满铁已经开始出现了严重的亏损情况。这种对于东北经济控制力的减弱,是日本军国主义者所不能容忍的。为了全面控制东北经济,将其纳入日本的总体战略体系中,日本侵略者发动了入侵东三省的"九一八事变"。

东北沦陷后,不屈的东北人民在敌后进行了激烈的反抗,日本帝国主义在镇压东北人民反抗的过程中需要大量的财力支出。另外,日本侵略者还加紧了将东北改造为其总体战略体系中的殖民地和"兵站基地"的过程,加速了对东北地区的经济掠夺。特别是作为"九一八事变"元凶的石原莞尔,提出了他的"最终战争"理论,在关东军乃至整个日本军界都有不小的影响力。他认为,日本欲征服世界,实现"八纮一宇",以日本国内现有的资源是无法做到的。必须将东北乃至整个中国变成其称霸全球的"兵站"。在日本将于日后与美国展开的"最终战争"的军备体系中,东北地区定义的战略地位是,"将满洲作为重化学工业基地,以此为推动力,促进日本本国重化学工业的发展,在短时间内建成强有力的军事国

---

① 苏崇民:《日本侵占下东北经济的殖民地化》,北京交通大学出版社2018年版,第20—26页。

② [日]天野元之助:《满洲经济の发达》,满铁经济调查会昭和七年(1932年)版,第69页。

家"。"要构筑重化学工业,就必须确立具有管理能力的强有力的国家统制机构","构筑日满一体化的强有力的军事帝国"。①

要在东北地区构筑这样一个内部管理组织严密的军备工业体系,没有一套高效和严密的财政组织体系是不可能实现的。东北原有的那套松散、混乱的财政体系也显然不能适应日本侵略者进行疯狂军备扩张的野心,所以他们早晚必将对其进行彻底改造。对于这种财政体系的改造,按照当时日本著名的财政学家神户正雄的观点,起码要满足以下军事、文化、经济等几个方面的要求②。

在军事上,将东北地区建设成为日本的"国防第一线"。苏联在实行五年计划后,军力增长很快。作为中、日、苏联三国军事理论的折冲区,日本为实现其军事称霸野心,需要保持大量的军事力量。另外,为了镇压中国人民的反抗,还需要在财政收入中支出巨额的"治安维持费"。

在文化上,日本也要大量的"文治费"来推行奴化教育,并标榜日本"国民本位"的"德政"和"人民的福祉"。消弭中国人的抵抗意志,以便于日本侵略者的殖民统治。

在经济上,无论日本工业所需原料的采购,还是日本工业品的倾销都需要财政中划拨资金来维系一个庞大的产品流通体系。另外,建设东北重工业基地的投资、日本对东北的移民侵略也都需要大量的财政资金做支撑。

为了满足上述要求,日本帝国主义操纵下的伪满政府始终力图改革东北原有的财政制度,构建一种高效集权的财政体制,以满足其为供给军国主义战争机器而进行最大程度的经济掠夺的需要。当然,这种殖民地财政体制的构建在过程上因内外部环境和推进次序而表现出阶段性。所谓,"伪满之财政面目,在过去十余年中,随其内外情势之转移,数经更换。盖始则着重于整顿财政制度,以期收支相等;继而为谋产业之开发,

---

① [日]浅田乔二、小林英夫:《日本帝国主义对中国东北的统治:以十五年战争时期为中心》,东北沦陷十四年史吉林编写组内部资料,1993年印本,第15—16页。石原莞尔所提到的"重化学工业"体系,实际上所指的就是转化为军备生产的重工业体系。

② [日]神户正雄:《満洲國の財政経済》,立命館昭和七年(1932年)版,第3—12页。

积极起债成为量出为入的局面；终以日本之处境，受国际之包围，因而经济梗塞，为苟延残喘，临危挣扎，唯'加强战力'是图"①。从为求收支相当，到量出为入，再到唯战力是图的演变过程，映衬出了一条军国主义操纵下殖民地财政确立、扩张、崩溃的阶段性渐进趋势。

关于伪满时期殖民地财政各阶段演变趋势的分期和表述，从伪满时期起一般将其概括为三个阶段：第一阶段为东北沦陷至 1936 财政年度，伪“满政府”自己将其概括为“创业财政期”，也有称为“消极的健全财政时期”者，该阶段伪满殖民财政构建主要是围绕窃取海税和盐税，整顿税制、构建集权的财政体制进行的。第二阶段为 1937 年至 1939 年（财政年度），伪满当局自己将这一时期概括为“基础财政时期”，也有称为“积极的健全财政时期”者。这一阶段伪满的财政主要面向国内的“产业开发五年计划”和“日本开拓五年计划”等军备战备作战计划。通过扩大公债发行、增设特别会计收支项目等手段，“积极”为日本备战即将到来的世界大战聚敛财政资金。第三阶段为 1940 年至 1945 年（财政年度），被伪满当局称为“国防财政时期”，也称“重点的整备时期”。在这一时期内，为了应对日益不利的战争形势，日伪当局加速了战时经济体制和紧急的经济掠夺，通过战时征税、进一步增发债券，强制储蓄和强制“献纳”财物等手段，更加疯狂和非理性地利用财政手段向东北人民掠夺财物。② 总的来说，除名称略带殖民色彩外，上述分期方法和概述大致准确。结合上述分期概括，仅分期在名称上做一些调整，可以将伪满时期的财政政策和体制演变为：殖民化财政初步形成期、财政备战扩张期和战时财政癫狂期。

二、殖民化财政初步形成期的伪满财政

在入侵东北地区后，日本侵略者为了掩人耳目，积极尝试在东北各地

---

① 东北物资调节委员会研究组编：《东北经济小丛书·金融》，1947 年印行，第 199 页。

② ［日］冈野鑑：《满洲国财政の生成と发展》，“建国”大学伪“康德”十年（1943 年）印本，第 38、62、92 页。东北物资调节委员会研究组编：《东北经济小丛书·金融》，1947 年印行，第 199、203、207 页。

拼凑为其效命的傀儡政权。尽管日军侵略者尽力推进汉奸的收买工作,但因力有不及和中国人民的反抗,他们对东北广大基层地区仍在相当长一段时期内并不能加以有效控制。其所操纵的傀儡政权的有效控制范围,最多集中于他们军事占领的省城及附近的几个县而已。在更广大的基层地区,无论日军还是伪政权的指令都被当地搁置观望甚至拒不执行。"如吉林省熙洽以长官的名义通令全省42县服从他的指挥,然而,仅日军势力所能达到的省城附近及少数几个县,摄于威力不得不服从外,其他各县则束之高阁,不予理睬。辽宁省维持会所发布的政令几乎不能越出省城附近各县。"①后来,日本虽又积极推行了旨在派日本人直接往各县监督行政管理、弹压中国人民反抗的"自治指导部"。但那些身负"确保占领区的治安"和"对爱国者的武力镇压"的日籍自治指导员们,"其到县城就任本身已经属于有生命危险的事情","即使得到日本侵略军的掩护进到县里去,但在侵略军撤退以后,县城也是不保险的"。甚至有很多人长期躲在哈尔滨观望。②可见,在相当长一段时期,日本帝国主义者都无法对大多数县派驻行政监督人员,更勿论触及县内的财政了。因此,在东北沦陷最初的一年左右时间里,除了满铁沿线的一些城市,如沈阳、辽阳、营口、长春等之外,其他的一些地区基本没有征到多少税。另一方面,各地风起云涌的东北人民反抗也需要侵略军当局凑集大量的"治安维持费用"进行镇压,在这种前提下日本殖民者将魔爪伸向了中国在东北地区的关税和盐税。

关税收入历来是东北地区各届政府的财政收入大宗。1930年,东北经过海关的进出口贸易总量7亿海关两,关税收入总额约有3500万海关两之多。③不过,当时中国的关税主权已经严重丧失,海关的总税务司一直由英国人担任。在海关内部的管理机构设置基本是实行一种中外"二

---

① 车霁虹:《伪满基层政权研究》,黑龙江人民出版社2000年版,第5页。

② [日]岛村三郎等:《我们在满洲做了什么:侵华日本战犯忏悔录》,群众出版社2016年版,第3—4、25—26页。

③ [日]天野元之助:《満洲経済の発達》,满铁经济调查会昭和七年(1932年)版,第70页。海关关税收入为贸易总额乘以海关进出口关税税率5%得出。

元制"的管理模式,中方在海关内的代表是各地海关的海关监督,隶属于国民党政府的财政部管辖。不过,这种海关监督的作用更多的是彰显"主权",对海关实际的业务运营影响不大。外方在海关中的代表则是隶属于英国海关总税务司的税务司,他们才是海关业务的实际管理者。当时东北地区的海关共有大连、安东、营口、奉天、滨江、延吉、瑷珲 7 关,另有大东沟、满洲里、绥芬河、三姓、拉哈苏苏、旅顺等 7 处分关,还有 10 处比较小的"分卡"。除了大连关只有税务司而无海关监督外,其他各关的管理结构基本可归属为上述"二元"体制。因为,中国政府以前屡次在不平等条约中以关税抵押赔款或外债,中国实际能从总税务司领到的关税金额,需扣除赔款和外债的担保、利息和海关运营所必需的经费。

因为中国在东北海关中有英国的势力参与,日本侵略者要直接控制东北的海关势必要与英国发生直接的国际冲突。对于当时羽翼尚不丰满的日本军国主义来说,其还是力求尽量避免与英国发生正面冲突的。所以,日本利用当时海关"二元制"管理机制的漏洞,在伪满"中央政府"刚刚成立的 1932 年 3 月 8 日,就急不可待地强行往各处海关派遣了伪"海关监督",并蛮横无理地要求各关停止向上海的总税务司送交关税收入款项,并将其转交伪满政府所有。但因各个海关实际掌权者多为外国人的缘故,除哈尔滨关外这一阴谋暂时并未得逞。其间多次与上海的总税务司梅茨交涉也未见结果。又试图以变相代国民党政府缴纳借款偿还分担金的形式利诱其就范,也被拒绝。于是,5 月"伪满政府"又开始以情况最为特殊的大连关为突破口,实行"使海关人员归顺满洲国"的方针,妄图先占据这一收入占东北海关收入一半的东北最大关口,再强行接收海关。① 因大连的海关长福本是日本人,所以他很快就被说服了。6 月 24 日,总税务司梅茨接受国民党政府财政部部长宋子文之命,以严重失职为由罢免了福本海关长的职务。因为此事,日本操纵下的 65 名日本职员联名辞职,并宣布脱离与上海总税务司的关系。日本就以此为理由,指使伪

---

① 大连虽为无关税的自由港,但大连关的规定是凡经过大连进出东北其他地区的商品都要收税。日本依托"南满"铁路将大连作为中心地经营多年,才造成了大连关税收占东北地区总关税过半的形势。

满政府冒天下之大不韪强行接收了大连海关,后来又依次强行接收了滨江、营口、延吉、安东、奉天、瑷珲等东北其他各处海关,并冻结了海关收入,后又驱赶走了海关中的几乎全部外籍员工和绝大部分原有中国员工,宣布将中国作为"外国"对待,对中国商品一律按"外国"商品扣税,又改海关为税关①,强行窃夺了中国在东北的关税利权。

在窃取了东北地区海关的管理权后,日本殖民者又对关税税制进行了修改,使其窃取关税收入时更加方便高效。首先,实施税关货币制度的变革。原来中国东北海关的课税单位是:进口税以海关黄金计算,出口税、吨税、转口税以及海关的诸多其他手续费则以海关银两计算。伪满政府以"诸多通货计量,官民多有不便"为由,将其一律改为用伪满政府发行的"伪满币"计算。"以一海关金单位则算'伪满币'1.95元,一海关两则算'伪满币'1.56元为'伪满币'换算率"。其次,改订了海关税率。为了进一步分裂伪满与中国国内的关系,以"外国"商品的税率改订了中国关内输出入商品和船舶的课税率。另外,对海关原有的税率也进行了多次修改。仅1933年7月的第一次关税修改就修改了进口税表29项,出口税表6项。最后,伪满政府还更改了原来的吨税(入港税)税率,并于1933年6月通过了新的吨税法。还一定程度降低了转口税(国内水运转口)的税率。②

对于原来同样占据东北地区财政收入大宗的盐税收入,日本帝国主义者当然也绝不会放过。原来东北的盐税机构也和海关一样,因主权丧失严重而实行的是一种"二元制"的管理体制。由主要管理盐务机构行政事务以及食盐生产和监制的东三省盐运使和从事盐税征收业务工作的东三省盐务稽核所并行管理,其中有实权的盐务稽核所中因为以往中国政府将盐税作为外债担保的因素,重要职位上多由债权国家的外国人充当。日本对东北盐税机关的侵夺,采取了利诱收买与强制接收并行的方式。先是以许诺伪职为诱饵收买了原来东三省的盐运使和一些稽核所所

---

① 〔日〕"满洲国"史编纂刊行会:《满洲国史(总论)》,黑龙江省社会科学院历史研究所1990年印本,第288页。

② 〔日〕冈野鑑:《满洲国财政の生成と发展》,"建国"大学伪"康德"十年(1943年)印本,第51—52页。

长,并动用了守备队强行接收。在接收原有盐税机关后,日本迅速对其进行了改组,废黜了原来"二元制"的管理模式,将盐税征收的业务和食盐生产监制的行政工作都集中到了在营口成立的盐务署手中。并改吉黑榷运局为吉黑榷运署,专门负责吉林和黑龙江两省食盐的专卖和缉私工作,将盐政机关也窃取到其正在建构的殖民地财政体系框架之中。后来在"确保财政收入"的前提下,伪满政府又开始逐步将盐务从"中央政府"的国税财政管理中单独分离,"使之成为促进税收专卖统一和机构改革的机关"。并增设了盐仓和办事处,以便提高官盐配给效率,并加大了打击私盐的力度,降低盐税税率和食盐专卖价格,对生产流通领域的工作加以整顿,并推进对日出口,以"取得日满经济合作的成果"①。

　　除了窃取中国在东北地区的利权外,伪满政府这一时期内还在东北地区初步完成了一整套集权制殖民地财政体系的构建。伪满政府的财政大权看似掌握在伪财政部手中,实则不然。伪满财政部事实上仅仅偏向于一些事务性的管理工作,如税务和专卖等。真正掌管预算决算、国家资本使用、国库收支管理的却是伪"国务院"的总务厅。日本在伪满这个傀儡政权的行政决策中一直奉行"总务厅"中心的策略,将伪满的经济、法律、宣传、人事等一系列重要事务的决策都放在总务厅内部进行,各级其他行政机构仅仅是贯彻执行这些决策的机构。因此,由日本人主管的伪"国务院"总务厅主计处实际上在背后直接操纵着财政部的工作。② 主计处内开始以一些原来的满铁员工为主,后来不久"便成了日本大藏省的实际分号,以主计处长松田令辅为首的大藏省派遣官僚充斥主计处"③。总务厅主计处内这种人员身份的改变,一定程度上也反映出日本侵略者对作为殖民地的伪满财政和日本本土财政之间有效衔接的一种要求。

　　伪满成立后,为了削弱以省财政为代表的地方财政势力,实现财政上

　　① ［日］浅田乔二、小林英夫:《日本帝国主义对中国东北的统治:以十五年战争时期为中心》,东北沦陷十四年史吉林编写组内部资料,1993年印本,第632—633页。

　　② "满州国"総務庁情報处:《满洲国大系:日文.第26辑("康德"三年度予算に就て)》,伪"康德"三年(1936年)版,第14—19页。其中亦可看出"国务院"总理大臣、"财政部"大臣、"国务院"总务厅主计处处长在伪满预算编订过程中各自的作用和相互关系。

　　③ 谢学诗:《伪满洲国史新编》,人民出版社1995年版,第154页。

的中央集权。伪满政府将各省原有的财政厅一律废除,并新设立了奉天、吉林、滨江、龙江、热河等 5 个税务监督署。又于 1932 年 7 月在《教令第43 号》中,公布了税务监督署的新官制。根据这项规定,税务监督署为财政部下属的"国税监督"机构。其署长受财政总长的指挥监督,并受命指挥监督各个税务捐局长及其他所属征税机关。① 从 5 个税务监督署的分管地域上来看,奉天税务监督署分管了原属于奉天省财政厅管辖的奉天市、安东县、营口县等全部 38 个县市;吉林税务监督署分管了原属于吉林省财政厅管辖的吉林省城、长春县、永吉县等吉林大部分的 40 个县市;滨江税务监督署分管了原属于吉林省财政厅管辖的哈尔滨市、滨江县、双城县、阿城县,以及原属于黑龙江省财政厅管辖的呼兰县、兰西县、肇东县;龙江税务监督署分管了原属于黑龙江省财政厅管辖的克山县、龙江县、德度设置局等占大部分地区的 40 多个县或设置局;热河税务监督署分管了原属于热河省财政厅管辖的承德县、赤峰县、林东设置局等全部的 18 个县或设置局②。后来又采取所谓的"一县一局"主义,并将税捐局下属的分局和分所的配置进行了调整。这实际上从官制组织上,切断了原来"国税"与省财政之间的关系。不久,伪满政府又发表了《国税地方税划分案纲要及其办理方法》,以明晰"国税"和地方税为由,实际上废除省税,将原来省税的大部分并入"国税",仅一小部分划归为地方税。这实质上大大扩张了国税的地位,进一步强化了伪满"中央集权"的财政体制。各个税务监督署在重要的城市会设有下辖的"出张所",并接管了原来的县级税务税捐局。奉天税务监督署有 5 个出张所、50 个税捐局,吉林税务监督署有 2 个出张所、25 个税捐局,龙江税务监督署有 1 个出张所、34 个税捐局,滨江税务监督署有 2 个出张所、34 个税捐局,热河税务监督署有 2 个出张所、16 个税捐局。尽管税捐局这一县级的税收机构

---

① 满蒙文化協会:《昭和八年 满洲年鑑》,1933 年印行,第 109 页。即使是废除了省财政,仍有地方财政上的割据势力在短时间内仍然存在。特别突出的事件是,吉林省在废除省财政厅后坚决拒绝将省金库并入伪"中央"国库。这种情况的出现,也反过来进一步加速了日本侵略者推进伪满财政"中央"集权化的力度。

② 满蒙文化協会:《昭和八年 满洲年鑑》,1933 年印行,第 111—113 页。

1912年就早已存在,不过,伪满的"税捐局"和原来相比最大的不同,根据时人口述,却在于以下两点:"其一,有征收,又有监督。税署理及出张所专门对税收机构的人事、行政、业务全面监督,可以防止及减少贪污、偷税、漏税等弊端。其二,上有监督署,出张所,下有局、分所、卡组织机构严密,权力集中,能保证税收任务完成"①。

尽管在人员配置上,伪满政府在接管民国遗留财政系统的时候,留用了大量原有人员。但是,日本侵略者必然对伪满财政体制内的中国人根本谈不上信任,因此要派驻大量日本人到财政体制内去进行指挥和监督。不仅财政系统如此,伪满这个傀儡政权从中央到地方的行政系统中都充斥了这种日本"太上皇"。不过,在包括财政系统的大多数伪满政府机构中,为了显示"民族协和"这块遮羞布,一般都会把中国人放到正职官员的位置上,但绝不会给予真正的实权。而掌握实权的,往往是那些被安插到副职官员位置上的日本人。具体而言,在税务监督署中,一般也是中国署长是摆设,实权掌握在日本人担任的副署长手中(常设副署长仅一人)。出张所的情况比较特殊,除了翻译外,基本全是日本人。"税捐局"一般也是一个中国正局长和一个日本副局长,副局长掌实权。在局内的各科中,也往往安插几名日本职员进行监视,或同样以日本人充当掌实权的副科长。当然也有一些税捐局中,正副官职都被日本人包揽的。如吉林"税捐局","共有职员60余人,局长、科长和股长多由日本人担任"②。总的而言,"整个税务权力,从组织机构到人员安排,上至税署,下至局、分所,全在日本人掌控之下,中国籍的署长、局长,甚至有些课长都是牌位,没有实权。但其中确实有人甘当敌人的走卒,尽力报效,为日寇进行经济搜刮"③。

随着财政组织的改组和日本人官吏越来越多地渗透到上述组织中,伪满政府对以捐税局为代表的地方税务组织的控制力也逐步增强,能够越来越熟练地驱使他们为自己收集更多的税款。表9-3显示,1932年9

---

① 孙邦:《伪满史料丛书·经济掠夺》,吉林人民出版社1993年版,第656—657页。

② 吉林市地方志编纂委员会编纂:《吉林市志税务志》,吉林文史出版社1993年版,第33页。

③ 孙邦:《伪满史料丛书·经济掠夺》,吉林人民出版社1993年版,第657页。

月末到 1934 年 5 月末不到两年的时间里,总的来说全东北 160 个税捐局之中,成绩好的甲、乙等的总数越来越多,成绩不好的丙、丁等的数量也呈现出迅速减少的态势。就税收征集而言,效率提高非常快。另外还需注意的是,"情况不明"的丁种税捐局基本可以看作伪满政府不能实际控制的税捐局。这种税捐局在 1932 年至 1934 年数目大大下降。1932 年 9 月末有高达 96 个税捐局伪满政府不能实际控制,占全部税捐局总数的60%。1934 年 5 月末这一数字减少到只有 6 个,仅占全部税捐局总数的3.75%。这一数字的变化,也反映出伪满政府对县级财政控制力的增强。

表 9-3 全东北 160 个捐税局的工作成绩考核统计
(1932 年 9 月—1934 年 5 月)

年月 \ 等级	甲	乙	丙	丁	总计
1932 年 9 月末	总计 29		35	96	160
1933 年 11 月末	54	53	15	38	160
1934 年 5 月末	111	24	19	6	160

注:1. 甲乙丙丁等四级工作成绩考核的标准是:甲等为完成年度征税额定额以上者;乙等为按月准时缴纳收税金,但未完成预定征税额者;丙等每月缴纳税金不准时,临时办理征收事项者;丁等情况不明者。
　　2. 1932 年的工作成绩划分为三个等级考核。

资料来源:[日]"满洲国"史编纂刊行会:《满洲国史(总论)》,黑龙江省社会科学院历史研究所 1990年印本,第 289—290 页。

在改造财政组织的同时,日伪当局还对税制进行了所谓"整理",使之能够用以更加便捷地榨取东北人民手中的财富。这种税制"整理",包括在伪满时期一共进行了 5 次,殖民化财政初步形成期内进行了第一次这种税制"整理"。据伪满政府自称其整理的目标包括"(一)收入的确保;(二)课税负担的公平;(三)国民经济发展障碍的去除;(四)地方税关系的合理化;(五)征税机构的整备统制;(六)'外国人'课税问题的解决"等数个方面[①]。总体而言,这些目标除了那些与夸大"中央"财政收入

_____

① [日]冈野鑑:《満洲国財政の生成と発展》,"建国"大学伪"康德"十年(1943 年)印本,第 43 页。

和集权程度有关的内容以外,其他全属虚言。例如其中所谓的"课税负担公平","去除国民经济发展障害",伪满政府在成立之初确实号称要进行一些减免不合理税捐的"善政",但实际上如很多学者已经指出的那样,这些往往不过是故作姿态之言,实际对东北人民税捐负担的减轻十分有限。更重要的是在伪满号称减免税收时,有一大半税收机关是伪满政府并不能加以控制的,"因而无论增或减都是无稽之谈"①。可以说,实际上伪满政府所谓"减税"减掉的税,很多都是其无法收集上来的税。这种掩耳盗铃般的"减税",只是侵略者收买人心的一张廉价的幌子。

伪满的第一次税制整理分三期进行,第一期为所谓的"应急的整顿改善",即将"九一八事变"后原本陷入瘫痪的征税机构加以恢复,使之尽快成为侵略者聚敛财力的工具。并出于"收揽人心"的需要,对一些"过重""不合理"的税率进行了调整,并重新发行了印花税票。该期的"税制整顿"有很多内容其实就是前面所提到的财政组织改造。从上至下地对伪满的收税机关进行的"整顿",恢复并确保了财政的岁入。在此期财政税务整顿中,比较有意思的是,伪满当局还将民国时期所谓因资料丢失而不能征收的旧欠税款,统统加以"免除"。这种明显慷他人之慨的做法,还居然被其作为"善政主义"加以自我吹捧。伪满当局在税制改革中所宣扬的"合理化"税收的"虚伪"可见一斑。

第二期为所谓的"第一次税制整顿"和第三期所谓的"第二次税制整顿"在内容上实际都是围绕租税体系改革进行的,并对征税机构又进行了"应急整备"。具体而言,第二期税制整顿,主要面向"统一全国的税制,使租税体系合理化",而第三期税制整顿则面向"实现租税体系的彻底合理化"。② 在租税体系调整方面,将以国税和地方税明确区别为中央财政和地方财政,并将此作为租税整顿的重点。具体而言,是将事变后一些市县委派收取的田赋、营业税、牙当税、烟酒牌照税、牲畜税收归国税范围,又把国税中的一些包括车捐、般捐、庙捐、妓捐及戏捐委让到地方税名

①　解学诗:《伪满洲国史新编》,人民出版社 1995 年版,第 156—157 页。
②　[日]浅田乔二、小林英夫:《日本帝国主义对中国东北的统治:以十五年战争时期为中心》,东北沦陷十四年史吉林编写组内部资料,1993 年印本,第 638 页。

目之下。从税目上厘清了国税和地方税之间的关系。整顿后的国税(国内部分)条目包括盐税、田赋、契税、矿税(包括煤税)、营业税、牙当税、销场税、牲畜税、渔税、出产税、酒税、烟税、统税(卷烟统税、棉纱统税、麦粉统税、水泥统税)、印花税等。另外,还统一了各省之间税种、税目、课税标准、税率和课税方法。并规定了将收益税置于租税征收重点,将奢侈品消费置于消费税征收重点的原则,还制定了所谓"租税犯处罚法",对违反殖民地税收制度者进行残酷镇压。在整备税务征收机构方面,伪满政府不但以"合理化"为名对这些机构进行殖民化改组,还致力于预算制度的普及、全面废除后来的请负的征税制度、提高税务官吏的所谓"素质"和业务效率等。还于1934年在全东北的160个捐税局中,煞有介事地选出了40个"模范局",并废除了原来税捐局中征税有提成、奖金、差旅费包干补助等制度,以集权统一的殖民化财政体制代替了原来的松散的"包税制"①。

在伪满这一时期的财政收支和预算制定方面,日本入侵东北初期,因海关、税关一时尚未抢占,再加上暂时无法控制各地税捐局等基层税收组织的原因,在1932年3月前还谈不上有什么财政支出或财政预算。直到日伪从国民党政府手中强行窃取了东北地区的关税和盐税,才有了一定财政收入。伪满于1932年3月,才开始编写财政预算,因为考虑到接管上的便利,伪满政府沿用了民国的财政年度计算方法,以每年的7月1日作为新一个财政年度计算的开始。因此,在1932年3月至6月30日,虽然是伪满的第一个财政年度,但是预算却是仅仅按月编写了4个月,所以伪满政府后来一直自称这段时期为"月别财政预算"时期,或所谓的"建国年度"财政时期。如表9-4所示,在这一所谓的"财政年度"中,伪满政府岁出预算额18198000元,岁入决算额21237000元。岁出基本花在了"治安维持费"和伪"中央银行"成立时候的政府扶持金,而岁入则基本靠

---

① [日]田村敏雄:《满洲帝国经济全集5租税篇前篇》,东光书苑伪"康德"五年(1938年)版,第55—64页。

盐税和从伪"中央银行"借来的钱①。因此,直到 1932 年 7 月,伪满政府编写的 1932 年度财政预算才是一部真正的财政年度预算。

表 9-4　伪满政府一般会计财政预算额("建国财政年度"至 1936 财政年度)

(单位:伪满币万元)

项目 年度	总预算岁出额	总预算岁入额	追加预算额
"建国财政年度"	1883.9		48.9
1932 财年	11330.8	11330.8	2464.9
1933 财年	14916.9	14916.9	2137.3
1934 财年	18872.5	18873.5	1120.5
1935 财年	10499.9	10499.9	108.1
1936 财年	21940.5	21940.5	141.8

资料来源:[日]冈野鑑:《满洲国财政の生成と発展》,"建国"大学伪"康德"十年(1943 年)印本,第 4—5 页。

这一时期伪满政府的财政政策,整体上遵循着"消极的预算编制方针"。其中一般会计预算增加幅度并不大,甚至 1935 年度降低到了仅 1 亿元的程度。"岁出除整顿行政机构的经费外,重点放在治安经费上,如整顿和充实军队警察的费用,通讯设施的费用,以及镇压抗日力量的经费等等。特别会计,当时只有专卖事业,需品(政府购置器械),邮政,国都建设等"②。需要特别注意的是,在伪满时期,"特别会计"项财政预算一般系用来有限发展一些从战略角度优先发展的项目。这一时期,"特别会计"项在财政收支中比率和影响力偏低的事实,也反映了伪满政府在这一时期的财政政策的阶段性特征。因为当时东北人民的反抗风起云涌,也因为其时伪满政府对东北财政系统的控制和殖民化改造都尚在初始阶段,一切财政政策的制定不得不以"收买人心"为主要目的,不得不以一种财政上"消极"的姿态来标榜其"轻徭薄赋"的"德政"(见表 9-5)。

---

① 　[日]冈野鑑:《满洲国财政の生成と発展》,"建国"大学伪"康德"十年(1943 年)印本,第 40—41 页。

② 　中央档案馆等合编:《日本帝国主义侵华档案资料选编・东北经济掠夺》,中华书局 1991 年版,第 757 页。

表 9-5　伪满一般会计财政收入的比率分配(1932—1936 财政年度)

(单位:伪满币千元)

收入＼年度	"建国财政年度"	比率	1932财年	比率	1933财年	比率	1934财年	比率	1935财年	比率	1936财年	比率
经常费												
租税总计	8000	37.7%①	96532	63%	134076	68.9%	155727	72.3%	77435	58.2%	161757	73.2%
关税(租税)	—	—	52354	34.2%	75619	38.8%	86999	40.4%	43383	32.6%	84761	38.3%
内国税(租税)	—	—	25358	16.5%	37914	19.5%	46699	21.7%	25293	19%	53148	24.1%
盐税(租税)	8000	37.7%①	18820	12.3%	20543	10.6%	22029	10.2%	8759	6.6%	23848	10.8%
印花税	—	—	3651	2.3%	6041	3.1%	7587	3.5%	4265	3.5%	8639	3.9%
专卖利益	1000	4.7%	4731	3.1%	5540	2.8%	10841	5.3%	6373	4.8%	15834	7.2%
官产及其他收入	—	—	3515	2.3%	5485	2.8%	6282	3%	5311	4%	7003	3.2%
经常部收入总计	9001	42.4%	108429	70.7%	151142	77.6%	180437	84.1%	93384	70.5%	193233	87.5%
临时收入												
国债	11500	54.2%	36840	24%	9000	4.6%	—	—	5000	3.7%	10000	4.5%

① 原文献数据为 22.7%,此处做了更正。

续表

年度＼收入	"建国财政年度"	比率	1932财年	比率	1933财年	比率	1934财年	比率	1935财年	比率	1936财年	比率
由特别会计滚存	—	—	109	0.6%	789	0.4%	803	0.3%	679	0.5%	2925	1.6%
盈余	—	—	—	—	24713	12.7%	29795	13.8%	28568	21.5%	10564	4.8%
其他收入	736	3.4%	7542	4.7%	8926	4.5%	3861	1.8%	5134	3.8%	4099	1.6%
临时部总计	12236	57.6%	44491	29.3%	43426	22.4%	34459	15.9%	39381	29.5%	27589	12.5%
总计	21237	100%	152920	100%	194568	100%	214896	100%	132765	100%	220822	100%

注：1. 租税项目中内含关税、盐税、内国税。2. 1935财政年度数字，仅为当年度半年财政统计数字。
资料来源：东北物资调节委员会研究组编：《东北经济小丛书·金融》，1947年印行，第200—201页。此表中的总计根据现有数据做了订正。

　　从表9-5中可以看出,这一时期内伪满"一般会计"类财政收入变化的一些趋势。所谓"建国财政年度"的收入情况非常特殊。因在这一时期内伪满政府尚未接管海关,另外,伪满政府对于地方财政系统的接管也尚未完成,所以不但当时财政收入数量较少,而且900万元经常财政收入中有800万元只能依靠刚刚强行接收过来的盐政机构所收取的盐税,盐税一项收入就占到了经常财政收入的88.9%。在"建国财政年度"的3个月中,财政收入方面比盐税更加重要的是发行国债。这3个月中伪满政府,共发行国债1150万元,占同期全部财政经常支出的54.2%。1932财政年度以后,随着关税收入被伪满政府窃取,以及伪满政府对基层税收机构控制力的加强,伪满的经常性财政收入类趋于稳定。此后,关税开始成为伪满政府"一般会计"类财政收入中最重要的部分,始终在占总收入32.6%—40.4%徘徊。关税这一部分在财政收入中占据如此大的比率,与东北沦陷后,日本帝国主义者对东北地区的资本和商品输出增长是密不可分的。关税收入比率较大,"所以占岁入之中心地位者,乃日货源源输入使之然也;而日本货物之输入伪满,则为日本对伪满投资之一具体手段,故输入之增加,乃起因日本投资之增加"[1]。仅次于关税的是"内国税"和盐税,分别占"一般会计"类总收入的16.5%—24.1%。其中"内国税"系很多消费税和收益税税种的一个统称,如卷烟税、土地税、营业税、粮食税、酒税、统税(棉花、面粉、水泥)等。也有一些统计资料把盐税也包括在"内国税"一项之中。而专卖物品的种类,在伪满时期并不多。在这一时期只有盐、鸦片、硝矿、火柴是实行"公卖制"的[2],该项收入仅占"一般会计"收入的2.6%—3.9%。仅1934年鸦片专卖一项收入就达到了大约300万元伪满币。[3] 在此一时期,除一开始伪满政府因获得财政收入途径有限等原因不得不大量发行公债外,公债发行数量较少。1932

---

[1] 东北物资调节委员会研究组编:《东北经济小丛书·金融》,1947年印行,第201页。

[2] [日]浅田乔二、小林英夫:《日本帝国主义对中国东北的统治:以十五年战争时期为中心》,东北沦陷十四年史吉林编写组内部资料,1993年印本,第642页。

[3] 满洲国总务厅情报处:《满洲国大系 第16辑(财政金融篇)》,伪"康德"元年(1934年)版,第64页。

财政年度,公债发行数额就比所谓的"建国财政年度"下降了近半。此后一直在3.7%—4.6%的幅度徘徊。1934财政年度伪满政府竟然没有发行国债,这在整个伪满殖民时期都是绝无仅有的一个财政年度。所以若说这一时期伪满财政政策相对于后来更加"消极"更加注重"量入为出",倒也并非全是虚言。不过,需要强调的是这一国债数字应为仅在伪满国内的募集者,至于日本等海外募集之款应不在此列。若算上海外筹集的国债,则国债在财政收入中的比率可能要更高。"当时伪满取公债之路线,由日本筹措之资金,有时凌驾其在境内所筹措者。1936年年末,在日所募之公债与借款达17000万元。此外,日本以公司债、股票及其他方式对满投资,亦不在少数。"①(见表9-6)。

表9-6 伪满特别会计收支比率配置情况(1932—1936财政年度)
(单位:伪满币千元)

项目＼年度		1932财年	1933财年	1934财年	1935财年	1936财年
国都建设局	岁入	5283	7856	7639	6068	7666
	比率	20%/36.9%	8.7%/98.4%	4.4%/87.9%	4.4%/79.7%	2.9%/80.9%
国道局	岁入	1500	7620	—	—	—
	比率	5.7%/76.9%	8.4%/94.9%	—	—	—
北满特别区	岁入	—	2556	—	—	—
	比率	—	2.8%/107.2%	—	—	—
投资	岁入	—	—	17961	9249	25004
	比率	—	—	10.3%/88.8%	6.7%/117.9%	9.6%/95.5%
铁路国债	岁入	—	—	44647	34925	51903
	比率	—	—	25.7%/90.6%	25.5%/92.1%	19.9%/97.3%
国有林事业	岁入	—	—	—	—	10746
	比率	—	—	—	—	4.1%/85.2%

---

① 东北物资调节委员会研究组编:《东北经济小丛书·金融》,1947年印行,第201页。

续表

项目＼年度		1932 财年	1933 财年	1934 财年	1935 财年	1936 财年
金矿冶炼事业	岁入	—	—	—	—	300
	比率	—	—	—	—	0.1%/29%
专卖作业	岁入	3972	11140	22320	22083	62518
	比率	15.1%/155.4%	12.3%/116.8%	12.8%/114.5%	16.1%/111.4%	24%/72.4%
吉黑榷运局	岁入	—	17217	18040	8360	21234
	比率	—	19%/100%	10.4%/68.8%	6.1%/70.3%	8.1%/72.6%
关税及盐税担保	岁入	13475	25861	31160	36173	46497
	比率	51.1%/—	28.5%/—	17.9%/—	26.4%/—	17.8%/—
旧外债清理基金	岁入	—	—	—	—	—
	比率	——/100%	——/100%			
减债基金	岁入	—	1758	7663	4977	7131
	比率	—	1.9%/100%	4.4%/100%	3.6%/—	2.7%/14.8%
国有资产清理基金	岁入	—	1437	4801	4136	6089
	比率	—	1.6%/100%	2.8%/83.3%	3%/54.3%	2.4%/49.1%
需品资金（政府购置器械）	岁入	2132	5611	9323	4657	8641
	比率	8.1%/100%	6.2%/100%	5.4%/96.9%	3.4%/104.6%	3.3%/98.4%
被服厂	岁入	—	5889	4629	2521	4300
	比率	—	6.5%/90%	2.7%/111.2%	1.8%/75.9%	1.7%/83.2%
军械厂	岁入	—	—	1623	1280	2443
	比率	—	—	0.9%/100%	0.9%/100%	0.9%/100%
邮政	岁入	—	3637	4158	2657	6084
	比率	—	4%/80.8%	2.4%/93.7%	1.9%/77.3%	2.3%/82.6%
总计		26362	90582	173964	137112	260556

注：比率项中分号前所表示比率为分项岁入占总特别会计岁入的比率，分号后所表示比率为该项目岁出数字除以岁入数字所得之比率。

资料来源：东北物资调节委员会研究组编：《东北经济小丛书·金融》，1947 年印行，附表5《会计别岁出岁入历年比较》。此表中的总计根据已有数据做了订正。

除了一般会计收支外,特别会计收支也在伪满财政体系中发挥着极其重要的作用。这种特别会计项目不同于以确保国家财政统一透明为特征的一般会计项目。系政府为了推进某一事业或企业,而从政策上将其资金管理与一般会计项目分开,单独成立的一种特别会计预算管理制度。从表9-6可知,在殖民化财政初步形成期内,特别会计项目从1932财政年度的只有7项,增加到了1936财政年度的14项,其岁入的资金也从1932财政年度的26362000元扩大到了1936财政年度的260556000元,扩张了近十倍。特别项目岁入中,比较大的一笔岁入是关税及盐税担保项目。伪"满洲国"政府尽管强行接管了有英美帝国主义势力介入的海关和盐税机关,但是他们在这一时期内却始终不愿与前者彻底闹翻。因此,伪满政府一直声明要和国民党政府协商分配比率偿还原来用关税盐税抵押给欧美帝国主义国家的赔款和借款,这也是特别会计项目中每年都要保留很大数额和比率的关税及盐税担保资金的原因。不过,伪满政府在承诺分担关税及盐税担保的时候,还隐藏着一个"醉翁之意不在酒"的目的:就是凭借清偿担保的机会,宣布只对承认他的国家还债,想以此诱惑欧美和国民党政府承认伪"满洲国"政府的合法性。国民党政府为了坚决抵制伪满傀儡政权,也宣布对不承认伪满政府的债券国履行偿还义务。由于当时国际上的主流国家基本拒绝承认伪"满洲国"政府,因此除日本以外,大多数国家应由东北地区海关盐关担保的欠款实际也是中华民国政府所偿还的。因此,特别会计科目中的这笔比较大的岁入项目大部分并没有实际支出。另外,特别会计岁入中其他两个比较大的项目是1934财政年度才新增的"铁路国债"和"投资"两项,1936财政年度这两项相加有7700万伪满币之多,占全部特别会计岁入的29.5%。这也体现了所谓的"产业开发"在特别会计制定过程中的影响力开始显著增高。

由表9-7可见,在这一阶段的一般会计类伪满财政支出中,行政费与国防和治安费占据着最重要的地位,其中行政费支出约占总支出的四五成,国防和治安费约占总支出的三四成。不过此处的行政费并不能理解为单纯的一般行政费,事实上后者只占前者的一部分。这里的行政费包括一般行政费、警察费、司法费、教育费、产业费、土木费、交通费等。不

表 9-7　伪满一般会计财政支出决算用途分配情况（1932—1936 财政年度）

（单位：伪满币千元）

项目	"建国"财政年度		1932		1933		1934		1935		1936	
	金额	比率	金额	比率	金额	比率	金额	比率	金额	比率	金额	比率
帝室费	333	1.9%	1149	0.8%	1450	0.9%	3753	2.0%	1309	1.3%	3165	1.4%
行政费	9768	53.7%	57374	44.3%	79915	48.4%	90581	48.4%	52974	53.1%	101536	46%
国防和治安费	8088	44.4%	45481	35.1%	53850	32.5%	63060	33.7%	29077	29.1%	83586	37.9%
征税费	7	0%	8936	6.9%	10975	6.6%	12414	6.6%	5632	5.6%	11455	5.2%
国储费			16692	12.9%	19290	11.6%	17431	9.3%	10840	10.9%	21044	9.5%
国库准备金												
总计	18196	100%	129632	100%	165480	100%	187239	100%	99832	100%	220786	100%

注:1935财政年度支出应为半年度支出额。此表中的总计根据已有数据做了订正。

资料来源:中央档案馆等合编:《日本帝国主义侵华档案资料选编·东北经济掠夺》,中华书局1991年版,第779页。

过总的来说,一般行政费和警察司法费用占据着上述行政费支出的绝大多数比率。以1936财政年度为例,该年度行政费支出共计98247281元伪满币,其中一般行政费支出54658743元,占行政费总支出的55.6%;警察费支出11971925元,占行政费总支出的12.2%;司法费支出10109519元,占行政费总支出的10.3%;教育费支出5015448元,占行政费总支出的5.1%;土木费支出16491646元,占行政费总支出的16.8%①。需要指出的是,在一些研究中专门的"经济建设费"已经在这一时期伪满的一般会计财政支出中占据了重要地位,约占总支出的15%—21%②。实际在这一时期内,"国防道路"的建设费用和军马的饲养费用也被算到了上述"经济建设费"中。当时,伪满国内的反抗尚未平息,其基本政策仍以军事镇压内部反抗为主,尚无力进行以发展重工业军备为目的的大规模"产业开发"活动。因此在这一时期,即使是看起来很像单纯经济建设支出的财政支出项目,其背后也往往有军事或"治安维持"的色彩。③ 而对于治安维持费用来说,因真正镇压东北人民反抗的主力为日本财政出钱供养的关东军,所以尽管伪满傀儡政府要出钱分担一部分日本的国防经费④,但是关东军实际支出的军饷要远远超出伪满政府所分担的那部分经费。另外,在这一时期的伪满农村村屯中,以配合日伪军镇压东北人民反抗为目的而设立的保甲制乡村基层乡村组织,其所收取的"自卫团"费用等"治安维持费"也普遍为数不少,给各地的东北农民带来了不小的负担。总的来说,在这一时期里的伪满财政支出的用途中,军事镇压意向非常突出。

---

① 国务院総務庁情報処:《満洲帝国概覧 康徳三年版》,伪"康徳"三年(1936年)版,第76页。

② [日]満洲国史編纂刊行会:《満洲国史 各論》,纂謙光社昭和四十八年(1973年)版,第432—433页。

③ [日]浅田乔二、小林英夫:《日本帝国主义对中国东北的统治:以十五年战争时期为中心》,东北沦陷十四年史吉林编写组内部资料,1993年印本,第645页。

④ 根据1933年缔结的日满共同条约,规定每年从伪"满洲国"一般会计预算总额中,减去公债金(包括借款)后,抽出10%作为伪满洲国所负担的国防费,送交日本政府。然而,日本帝国议会表决不接受这笔国防分担费。因此,从1936年起不再编制这笔预算。见中央档案馆等合编:《日本帝国主义侵华档案资料选编·东北经济掠夺》,中华书局1991年版,第760页。

三、财政备战扩张期的伪满财政

1936 年以后,东北人民对日本侵略者和伪满傀儡政权的武装斗争开始逐渐转向地下,伪满财政收支的中心也开始转入在东北地区建设其进一步入侵中国关内和苏联的"兵站基地"和"前进基地",转入大量投资与战备有关的重工业和东北北部防御工程,转入积极备战即将到来的世界大战。由于日本在"九一八事变"中对东北地区的侵略暴行,其后续又一步步将侵略的魔爪伸向中国关内,这些行为都遭到了世界上其他稍有良知和正义感国家的谴责。面对这些谴责,日本侵略者在外交上常常采取一种"死猪不怕开水烫"的蛮横方针,如以退出国联对抗国际社会对其入侵东北的谴责等,而上述做法又使得日本军国主义政府在国际社会上陷入更深的孤立态势。为了打破这种国际孤立态势,日伪当局急于加速"日满经济融合",通过实现其经济体系内部的"自给化"来对抗国际关系中的孤立无援,以便"一旦发生战争,所必需的物质能够实现自给自足"。因此,极力要求扩大铁、煤炭、石油(包括页岩油等人造石油)、电气、棉花等稀缺的战略资源的产能。同时,德国纳粹党在 1933 年取得政权后,在欧洲加速了扩军备战的步伐。在战略上,与日本法西斯对社会主义苏联构成了东西夹击的态势。日本帝国主义者与苏联政府既有日俄战争的历史宿怨,又有对苏联五年计划后军事工业等重工业崛起的恐惧,更有社会制度根本上不同所带来的敌视。因此,在残酷镇压了伪满国内的反抗后,日伪政府又开始摩拳擦掌,妄图与德国一道"北进"夹击苏联。需要将东北建设为其"北进"入侵苏联的基地。另外,随着日本帝国主义对中国侵略战争的逐渐扩大,中国共产党和中国国民党也组成了抗日民族统一战线,最终将日本帝国主义拖进了抗日持久战的泥潭。在这种情况下,日本帝国主义者也开始感觉对华侵略战争不会如其预期迅速结束,不得不加速在东北殖民地挖掘战力,妄图实现"以战养战"的目的。在上述时代背景下,1937—1939 财政年度的伪满财政政策开始有计划转向为日本侵略者在东北地区的军备扩张和侵略"兵站"提供财力支持。

为掠夺东北资源充实战备以配合日本帝国主义侵略扩展的野心,日本帝国主义者于 1936 年 8 月制定了《“满洲国”第二期经济建设要纲》，继而又于同年年底制定了《（第一次）“满洲国”产业开发五年计划》，在“经济建设”和“产业开发”的幌子下，叫嚣要“确立长期自给体制”，“制定日满一体的综合动员计划”，实现“满洲产业统制向日满一体的战时方向转换”。因此，“就地筹措的自给自足原则”和“日满一体化的适业适地地发展产业的原则”被日本侵略者看作《产业开发五年计划》的两个核心原则①，企图通过发展重工业来掠夺中国东北的资源，通过加深日本和东北经济的“一体化”联系，弥补日本军国主义的先天不足，增强日本军国主义扩大侵略战争的潜力。在伪满政府的第一次“产业开发”五年计划中，工矿业、交通通信、日本对东北“移民”等项目，都需要大量资金做支持。特别是日本为了发展以军工为代表的制造业，借当时世界大战尚未爆发之机，向德国、美国等国提交了不少机械设备的购买订单。而这些订单也需要大量外汇来支付。对于如此巨大的资金需求，日本侵略者尽管有强烈的投资愿望，但是因其国内当时也在积极扩军备战、加速军事工业建设，财政赤字与日俱增。另一方面，作为原来日本在东北地区推行经济侵略急先锋的满铁，尽管历来都是日本侵略者对东北地区投资的国策主力，但自东北沦陷以来，其也因承接了大量军事铁路修建工程而连年经营状况不佳。而在当时的国际环境下，吸引他国投资更是根本不可能的事情。因此，无论日本政府还是满铁，都无力单独提供伪满进行“产业开发”五年计划的全部资金，有相当一部分资金尚需伪满政府“就地补充”。所以，尽管日本投资是该五年计划的主力，来自日本的资金却也只占计划投资额的 55%，而自东北本地凑集来的资金约占计划投资额的 45%。②在完成五年计划一共需要追加投资的 2583827000 元资金中，伪满政府就承当了其中的 611671000 元，筹资途径主要为发行国债。另外，东北所承担的资金部分的筹资途径还有东北民间出资 7300000 元，除满铁外其他

---

①　中央档案馆等合编：《日本帝国主义侵华档案资料选编·东北经济掠夺》，中华书局 1991 年版，第 224 页。

②　大连商工会议所：《满洲事业成绩分析、昭和十五年度 第 4 回》，昭和十六年（1941 年）印本，第 6 页。

会社借款 122818000 元,农业资金通融 135427000 元。① 另外,为了更好地贯彻经济掠夺政策及军备扩张要求,日伪在东北成立了大量专项独立经营的"特殊会社"。从 1936 年 12 月伪满政府 18 个"特殊会社"中伪满政府的出资情况来看,不少此类会社中都有伪满政府的直接投资。其中全部资本由伪满政府投资的有"满洲中央银行""满洲兴业银行""满洲棉花会社""满洲计器会社""满洲生命保险会社"等,其中过半资本由伪满政府投资的有"奉天造兵所""满洲采金会社""满洲林业会社""满洲火药贩卖会社"等。② 伪满政府依附日本军国主义政府,对所谓"产业开发"所做的资金投入可见一斑。

伪满政府为协助日本帝国主义而为"产业开发"五年计划筹集的资金中,大量来源于一般会计类财政收入。1937 年以后,伪满财政预算编制的原则发生较大变化。在拟定上述财政预算时,伪满政府自称其财政根本方针的转化主要面向下面五个方面:"一、极力避免一般行政费(统治财政)之膨胀,保持财政之强韧性。二、对于安定人民生活所需之设备经费(福利财政)采取积极之方针,除特定财源外,发行公债(在境内募集)以充之。三、凡以开发资源为目的之企业及重要产业,因新设或扩充所需经费(开发财政),积极发行公债(以在境外募集为原则)以充之。四、整备'内国税'、关税,以及各种官营事业之体系与机构,使能适应财政之急需,以图岁入之通畅,而涵养财政之强力性。五、谋中央财政及地方财政之组织一体化,使中央财政集权与地方财政自治,熔为一炉,以期全体财政之有机效率化"③。其中多是冠冕堂皇的虚言,如强化民生等项均鲜有实际实施④,仅有"开

---

① [日]浅田乔二、小林英夫:《日本帝国主义对中国东北的统治:以十五年战争时期为中心》,东北沦陷十四年史吉林编写组内部资料,1993 年印本,表 10.16《产业五年计划资金筹措计划》。

② [日]東洋经济新報社:《日本经济年報.第 27 輯(昭和十二年第 1 輯)》,昭和十二年(1937 年)印本,第 221 页。

③ 东北物资调节委员会研究组编:《东北经济小丛书·金融》,1947 年印行,第 203—204 页。

④ 根据古海忠之口供,伪满"产业开发"五年计划,"与中国人民的福利毫不相干,大部分计划远远超过了国内的需要","从一开始就把重点放在日本所缺乏的铁、石油及其他重工业的开发上,而且工矿业部分,尤其重工业所占的比重不断增加,扩大对日本的支援";"飞机、兵器制作等。与民生毫无关系。在工业部门里和民生有关的仅有纺织、人造肥料和白糖,但从整个计划看等于零"。见中央档案馆等合编:《日本帝国主义侵华档案资料选编·东北经济掠夺》,中华书局 1991 年版,第 204 页。

业开发""发行公债"等语算是能够表达日伪这一时期增加财政收入的真实
动机和实施方法。总的来讲,这一时期伪满政府开始将财政政策核心转变
为辅助"树立产业开发五年计划,不得不放弃'量入为出'之财政政策"。开
始转向主要通过在国内发行公债的方式扩张财政预算收支的"积极的建设
财政方针"。如表9-8所示,1937年至1939年这三个财政年度间,一般会
计类财政预算收支和追加预算额都显著扩大。其中财政预算收支从伪满
币248099000元增加到了403378000元,扩大了62.6%,财政预算追加额从
伪满币35049000元增加到了79331000元,扩大了126.3%。

表9-8 伪满政府一般会计财政预算额(1937—1939财政年度)

(单位:伪满币千元)

项目 年度	总预算岁出额	总预算岁入额	追加预算额
1937财年	248099	248099	35049
1938财年	304555	304555	35421
1939财年	403378	403378	79331

资料来源:[日]冈野鑑:《满洲国财政の生成と発展》,"建国"大学伪"康德"十年(1943年)印本,第
4—5页。

为了扩大财源,日伪当局这一时期对税制又进行了进一步的调整。
在1937年至1939年三个财政年度间,伪满大的成系统的税制调整就进
行了两次,即所谓的"第三期税制整理"和"第四期税制整理"。其中,"第
三期税制整理"主要发生在1936年至1938年年末。其自称主要是希望
实现"一、对中央和地方的租税制度进行全面彻底的调查研究。二、完善
国税的收益税体系。三、谋求有机地调整国税和地方税。四、谋求国税、
地方税和其他税种国民负担的综合平衡。五、采取租税制度措施,制定相
应制度,矫正伴随着国民经济发展的地域不平衡性而产生的地方税负担
地域不均衡,用上缴的地方财源总额,使最大多数的地方自治团体能够最
大限度地发挥自治运营功能。六、顺应旨在于'建国'第二期工作取得飞
跃发展的财政经济政策,确立相应的租税制度。七、鉴于我国与生俱来就
是国防国家,要完善一旦有事能够适应租税动员的租税制度"[1]。具体而

---

① [日]田村敏雄:《满洲帝国经济全集5租税篇前篇》,东光书苑伪"康德"五年(1938
年)版,第63页。

言,该期"税制整理"的内容主要包括制定商业登记税法(1936年)、制定地方税(1936年5月)、暂定契税法(1936年6月)并加以修订(1937年12月)、制定特许登录税(1936年6月)、制定意匠登录税(1936年6月)、制定国税征收法(1936年7月)、制定租税处罚法(1936年7月)、制定烟税法(1936年7月)、制定印花税法及结婚证书发放制度(1937年1月)、创设管理实施国税附加税及地方税中附课征收等事务的制度(1937年1月)、制定禁烟特税法(1937年1月)、制定土地执照的暂行发放规则(1937年1月)、制定工场财团登记税法(1937年6月)、制定针对参与全面侵华战争的"从军者"的租税减免办法(1937年10月)、制定不动产登录税法(1937年12月)、制定不动产登记税法(1937年12月)、制定船舶登录税法(1937年12月)、废止牲畜税法(1938年1月)、废止屠宰税法(1938年1月)、废止木税法(1938年1月)、制定勤劳所得税法(1938年1月)、制定自由职业税法(1938年1月)、制定家屋税法(1938年1月)、合理改正针对矿业的课税制度(1938年1月)、制定取引税法(1938年1月)、日本假意废除"治外法权"后对所谓"日本臣民"课税问题的实施细则等。[①]

伪满当局在1939年至1941年所进行的第四次税制整理,则更明确地点明了税制整理的原因:系因"全面侵华战争胶着化、国际关系的险恶化",伪满当局不得不"强行推进""产业开发"五年计划。在此"新形势"下,税制体制所进行的必要的"适应性整备"及新税法的实行。这次税制整理的实施方针也是一如既往的冠冕堂皇:(1)确立实现国库增收的"弹性"税制;(2)实现国民"负担的均衡化";(3)实现规制实时购买力和重要经济政策的"调和";(4)确立地方财政的基础。此次"整理的内容"包括三个方面。第一方面,修改税法。如1939年1月1日修改了勤劳所得税和家屋税法,1939年12月1日修改了棉纱统税、麦粉统税、水泥统税等三种统税的税法。第二方面,通过修改税法,变相增税。如两次修改法人营业税法(1939年1月1日进行该税法的第一次修改,1940年1月1日又进行了第二次修改)、两次

---

① [日]岡野鑑:《満洲国財政の生成と発展》,"建国"大学伪"康德"十年(1943年)印本,第111—112页。

修改卷烟税法(1939年2月进行该税法的第一次修改,1939年12月不到一年后就又进行了第二次修改)、两次修改酒税法(1939年4月1日第一次修改了该税法,第二次修改则是在1941年1月)。第三方面,通过制定新税法,开征新税。如1939年12月1日创设了"游兴饮食税"、1941年1月制定了事业所得税法、1940年10月28日制定了砂糖税法等(见表9-9)。①

表9-9　伪满国内税体系(1938年前后)

分类		税目
国内税体系	收益税 — 一般收益税	勤劳所得税
		自由职业税
		家屋税
		地税
		营业税(又包括个人营业税和法人营业税)
	收益税 — 特殊收益税	出产粮石税
		矿业税(又包括矿区税和矿产税)
		禁烟特税
	消费税	酒税
		卷烟税
		烟税
		三种统税(又包括棉纱统税、麦粉统税、水泥统税)
		契税
	流通税	矿业登录税
		商业登录税
		特许登录税
		意匠登录税
		工厂财团登记税
		船舶登录税
		不动产登录税
		不动产登记税
		印花税
		取引税

资料来源:[日]田村敏雄:《满洲帝国经济全集5租税篇前篇》,东光书苑伪"康德"五年(1938年)版,第13页。

---

① [日]冈野鑑:《满洲国财政の生成と発展》,"建国"大学伪"康德"十年(1943年)印本,第113—114页。

第三、第四次"税制整理"的实际影响,主要体现在两个方面。其一,通过整理税制,制定增加新税法并对原有税法进行调整,在事实上实现了税收的增加,加重了对东北人民的财力掠夺。在税制整理前,伪满当局曾多次假惺惺地声称:现有税制"不合理",消费税过多而收益税过少,底层人民因消费转嫁而税收负担"不均衡""过重"。为此,伪满当局假意废止了几个税收总额并不高的"消费税",如牲畜税法、屠宰税、木税法等。其二,增加了大量消费税和流通税税目,试图用这种掩耳盗铃的方法体现其税制的"均衡"。如表9-9所示,1938年前后伪满的国内税中,收益税、消费税、流通税三者税目之间看似分配"均衡"。这种"均衡"却是建立在第三、第四次税制整理中新增了大量收益税和流通税基础上的。如收益税中新增的有勤劳所得税、自由职业税、家屋税、禁烟特税等。流通税中绝大多数税目都是新增的,如工厂财团登记税、不动产登录税、取引税、意匠登录税等。更有甚者,尽管废止了一部分"消费税"的税目,却并不意味着消费税本身的降低。伪满当局又通过后续的修改消费税法,实质上提高了消费税的税率,导致其在"税制整理"过程中不降反增。如表9-10所示,在伪满1937—1939年的所谓"税制整理"中,无论收益税、消费税还是流通税等其他税种,其税收总额都显著上升。其中收益税从伪满币2590万元(主要依靠增收了法人营业税和勤劳所得税)增加到了4690万元,增加了2100万元。而消费税则从伪满币4640万元(主要依靠酒税和卷烟税的增税)增加到了7020万元,增加了2380万元。经过伪满税制整理的"均衡化"后,消费税增加的额度居然比收益税增加的额度还要多280万元伪满币。当然,这一时期伪满一般会计财政收入比重最高的还是关税收入,1937年为伪满币10810万元,占一般会计类财政经常收入的60%,1938年为伪满币13850万元,占一般会计类财政经常收入的62%,1939年为伪满币19300万元,占一般会计类财政经常收入的61%。[1]

---

[1] [日]東京銀行集会所調查課:《満洲の財政・金融・物価》,昭和十七年(1942年)版,第58页。

表 9-10 伪满国内税("内国税")税收细目(1937—1939 年)

(单位:伪满币百万元)

税目 \ 年份	1937	1938	1939
"收益税"合计	25.9	36.1	46.9
土地税	12.2	14.0	13.1
营业税	12.4	13.8	18.1
法人营业税	—	5.1	10.4
矿业税	1.3	1.5	1.9
勤劳所得税	—	1.7	3.4
"消费税"合计	46.4	43.3	70.2
酒税	9.9	11.5	16.3
卷烟税	16.7	16.1	37.6
三种统税	5.1	5.7	4.4
出产粮食税	11.4	10.0	11.9
牲畜税	3.3	—	—
所有税种总计(包括关税、流通税等)	180.7	221.9	319.0

资料来源:[日]"满洲国"史编纂刊行会:《满洲国史(总论)》,東京银行集会所調查課:《满洲の财政・金融・物価》,昭和十七年(1942 年)版,第 58 页。

　　税制整理所产生的第二个方面的影响则是一定程度上改善了对地方政府财政分权。在伪满建立初期,日本侵略者为了消弭地方政府的影响力,在财政上采取了高度中央集权化的方针。"采取缩小或削减省长及省公署的权限,将省当作伪中央与县的中间行政机构,没有军权,没有财权,没有独立处理省政之权,只有执行伪中央的权"①。一方面,随着伪满

① 黑龙江省财政厅史志办公室:《黑龙江省财政资料长编》(第 1 册),黑龙江人民出版社1988 年版,第 20 页。

殖民政治体系在地方上的不断完善,更多的日本人和死心塌地的汉奸开始在地方政府中掌握权力;另一方面,原来中央高度集权,地方高度依赖中央财政补助的财政模式也逐渐暴露出弊端。在这种财政模式下,日伪政府开始为地方财政逐渐松绑,更多地给予地方上一些财政自主权。最具代表性的是,伪满当局恢复了自1932年省财政厅废除以来,被取缔的省财政权力。在1932年至1936年,伪满省级政府的财政权被完全剥夺,所有省经费一律由中央划拨。1936年12月,伪满公布了《省地方费法》,并于1937年1月开始实施。根据该法案,一部分中央税收中将额外收取一部分的附加税以充当省地方费。收取此类附加费的比率为:法人营业税的50%、出产粮食税的50%、木税(很快被废除)的25%、矿区税的25%、禁烟特税的25%。如有不足,则伪"中央财政"还会提供一定数额的"国库补给金"[①]。

参见表9-11,再结合如表9-5所示的1936财政年度以前的情况,可以发现,这一时期伪满政府"一般会计"类财政收入已经可以说增长十分迅速,总收入从1936财政年度的伪满币220823000元增加到了1939财政年度的伪满币603903000元,增加了174%。结合1936财政年度的情况来看,经常税目下各个税目基本比率变化比较平稳。关税和国内税的比率仅有少量下降。变化比较明显的是盐税和专卖收入:盐税1936财政年度时期占一般会计财政收入总额的10.8%,1937年以后则被取消并入专卖收入;专卖收入则从1936财政年度的7.2%直接上升到了1937财政年度的18.2%,之后略有下降,不过,1939财政年度尚且占13.6%的比率。专卖收入项目的大幅度上升主要是源于原来的盐税收入被从租税类直接并入其中改为"盐专卖利益金"。另外,这一时期还将火柴、酒精、麦粉列入了专卖项目并收取了"专卖利益金",只不过数量很少,上述几个新建的"利益金"加起来也没有任何一年超过"一般会计"类财政总收入的1%。就"盐专卖利益金"而言,

---

① 《省地方费法》,见"國務院"总务厅:《满洲国政府公报》,伪"康德"三年(1936年)12月26日。

表 9-11 一般会计财政支出（1937—1939 财政年度）

（单位：伪满币千元）

项目 \ 年度	1937 财年		1938 财年		1939 财年	
	金额	比率	金额	比率	金额	比率
经常收入						
租税总计	180653	57.8%	221938	56%	320728	68.9%
内国税（租税）	72584	23.2%	83422	21%	127693	21.1%
关税（租税）	108069	34.6%	138501	35%	193035	32%
盐税（租税）	—	—	—	—	—	—
印花税	10399	3.3%	13638	3.4%	23548	3.9%
专卖利益	56899	18.2%	60124	15.2%	81681	13.6%
官产及其他收入	3853	1.2%	2623	0.7%	5120	0.8%
经常部收入合计	251805	80.5%	298333	75.3%	431078	71.4%
临时收入						
国债	5700	1.8%	40000	10.1%	80000	13.2%
普通收入	5106	1.6%	7382	1.9%	7782	1.3%
由特别会计滚存	7323	2.4%	5112	1.3%	15513	2.6%
盈余	42820	13.7%	45183	11.4%	69531	11.5%
临时部合计	60950	19.5%	97677	24.7%	172825	28.6%
总计	312755	100%	396010	100%	603903	100%

资料来源：［日］冈野鑑：《満洲国財政の生成と発展》，"建国"大学伪"康德"十年（1943 年）印本，第20—22 页。

尽管每年都有数量上的增长,但是增长幅度相对于一般会计财政总收入则显得很慢,这就造成了其所占总收入的比率逐年有所下降。1937 财政年度为伪满币 22280000 元,占总收入的 7.1%;1938 财政年度为伪满币27648000 元,占总收入的 7%;1939 财政年度为伪满币 28743000 元,占总收入的 4.8%,相对于 1936 财政年度的盐税收入(10.4%)下降了接近 6个百分点①。"一般会计"财政收入中的临时收入比重则越来越突出。从1936 财政年度的 12.5%上升到 1939 财政年度的 28.6%。其中增长最快的要数国债收入,从 1936 财政年度的 4.5%(还有很多资料认为 1936 财政年度一般会计预算中其实并没有发行国债)上升到了 1939 财政年度的 13.2%。

尽管一般会计类财政收入增长十分迅速,相对于这一时期内特别会计类收入及其公债发行那种爆炸性的增长却也相形见绌。根据长期掌管伪满经济系统的战犯古海忠之的笔供,1937 年以后的财政收入预算中,因增加了支撑"产业开发五年计划和日本开拓五年计划"等财政支出项目,因此,"决定放弃过去消极的财政方针,采取积极的财政方针。政府对生产事业和开拓等紧急事业的投资,依靠公债积极进行。从这时起,不仅一般会计具有侵略性,而且特别会计表现得尤为突出。通过特别会计,伪'满洲国'总预算呈现出异常的膨胀"②。可以说,在伪满的"产业开发"中,特别会计收入和公债发行的作用至关重要。③ 具体各项财政收入的分配情况,可以参考表 9-12。

---

① [日]岡野鑑:《满洲国财政の生成と発展》,"建国"大学伪"康德"十年(1943 年)印本,第 21 页。

② 中央档案馆等合编:《日本帝国主义侵华档案资料选编·东北经济掠夺》,中华书局1991 年版,第 758 页。

③ [日]星野直樹:《滿洲國财政の回顧と展望》,见满洲经济社:《滿洲經濟·滿洲国财政金融问题特辑号》,伪"康德"七年(1940 年)7 月 1 日,第 10 页。

表 9-12 伪满财政收入细目(1936—1939 财政年度)

(单位:伪满币百万元)

项目 年度	一般会计	特别会计		总预算		公债发行额		
		预算额	纯计	预算额	纯计	一般会计	特别会计	总计
1936 财年	220	190	145	410	365	—	—	—
1937 财年	283	656	357	939	640	30	290	320
1938 财年	304	1088	485	1339	789	40	357	397
1939 财年	403	1288	640	1691	1043	65	393	458

注:所谓"一般会计"的数字是预算额,也是纯计。这里的纯计预算是把一般会计和特别会计中互相重复的部分扣除后的纯预算额。其中的年份应为财政年度。

资料来源:中央档案馆等合编:《日本帝国主义侵华档案资料选编·东北经济掠夺》,中华书局 1991 年版,第 758 页。

表 9-12 中的数据主要来源于战犯古海忠之笔供,因统计口径和据当事年代久远等原因,在具体数字上可能与其他来源的数据资料有一定出入。不过,这份数据仍具有较大参考价值。从中可以看出特别预算(纯计)和公债都在这一时期里呈现出暴增的态势。至 1939 年,特别会计类纯计预算已经在数量上远远超过了一般会计类纯计预算,是后者的 1.59 倍。在增速上的差距更加突出,一般会计类纯计预算在 4 年间增长了 83%,而特别会计类纯计预算在 4 年间的增长幅度则达到了341%,增速是前者的近 4 倍。另外,伪满的公债发行额更是在此期间从无到有[①],1939 年达到了伪满币 45800 万元之多,已经超过了一般会计类纯计预算的总额。在所发行公债中,"特别会计"类的公债要远远超过"一般会计"类公债。1939 年时,前者占发行总额的 85.8%,后者则仅仅占 14.2%。

———————

① 不过根据包括之前引用的其他一些材料(如《东北经济小丛书》)来看,1936 年伪满政府可能发行有少量的公债。

表9-13　特别会计财政年收支情况（1936—1940 财政年度）

（单位：伪满币百万元）

年度　项目	1936 财年		1937 财年		1938 财年		1939 财年		1940 财年	
	年收入	年支出	年收入	年支出	年收入	年支出	年收入	年支出	年收入	年支出
地方财政调整资金	—	—	—	—	42.7	42.7	37.6	37.6	65.2	65.2
养老金	—	—	—	—	—	—	6.0	3.8	7.4	4.6
政府职员互助	—	—	极少	—	2.0	1.4	3.9	2.1	6.2	4.9
科学试验事业	—	—	—	—	2.2	2.2	4.8	4.8	6.7	6.7
需品（政府购置器械）	8.6	8.5	12.7	12.3	17.2	17.0	77.1	76.6	89.1	89.1
临时国都建设局	7.7	6.2	7.4	5.4	2.1	.2.1	3.2	3.2	7.0	7.0
北边振兴	—	—	—	—	—	—	—	—	86.9	86.9
军需厂	4.3	3.6	4.6	5.2	7.4	7.5	8.6	8.7	15.5	15.6
军械厂	2.4	2.4	2.7	2.3	12.3	12.3	15.7	15.7	12.2	12.2
赛马	—	—	2.6	1.1	4.4	2.3	5.9	2.9	10.1	2.9
禁烟	—	—	—	—	—	—	—	—	126.2	101.1
监狱	—	—	5.3	4.9	7.6	7.6	13	131	18.8	18.8
国有林事业	10.7	9.2	13.8	16.4	26.0	24.4	74.5	74.3	112.4	112.1

续表

年度 项目	1936 财年 年收入	年支出	1937 财年 年收入	年支出	1938 财年 年收入	年支出	1939 财年 年收入	年支出	1940 财年 年收入	年支出
水力电气建设事业	—	—	3.5	2.7	16.4	16.4	30.6	30.6	32.0	32.0
开拓事业	—	—	—	—	—	—	42.3	42.3	80.0	80.0
国内开拓推进事业	—	—	—	—	—	—	—	—	13.4	13.4
国债基金		—	158.1	158.1	366.9	366.9	396.4	396.4	506.9	506.9
关税盐税担保	46.5	—	—	—	—	—	—	—	—	—
国债整理资金	—	—	121.4	73.2	96.9	96.8	116.4	116.4	100.1	100.1
减债资金	7.1	7.1	—	—	—	—	—	—	—	—
投资	25.0	23.9	155.7	144.7	326.2	326.2	280.3	280.3	252.7	252.7
国有资产整理资金	6.1	3.0	8.5	5.8	5.7	5.1	10.6	10.6	20.8	20.0
榷运署	21.2	15.4	—	—	—	—	—	—	—	—
专卖作业		—	126.0	65.8	158.8	122.8	195.9	139.5	393.2	335.1
鸦片专卖	39.1	28.2	—	—	—	—	—	—	—	—
煤油类专卖	23.5	17.0	—	—	—	—	—	—	—	—
铁路国债	51.9	50.5	44.9	44.0	14.8	14.8	8.3	8.3	10.4	10.4

续表

项目	1936 财年		1937 财年		1938 财年		1939 财年		1940 财年	
	年收入	年支出	年收入	年支出	年收入	年支出	年收入	年支出	年收入	年支出
邮政	6.1	5.0	7.9	6.9	12.0	12.0	14.8	14.8	26.3	26.3
邮政生命保险	—	—	0.2	0.1	1.0	0.6	3.1	1.4	6.1	3.8
疏水事业	—	—	—	—	1.8	1.8	5.0	5.0	5.5	5.5
大东港建设事业	—	—	—	—	—	—	—	—	14.3	14.3
金矿精炼事业	0.3	0.1	1.5	1.3	4.5	5.4	—	—	—	—
总计	260.5	174.1	676.8	550.0	1128.9	1088.6	1854.0	1288.3	2025.4	1927.6

资料来源:[日]東京銀行集会所調査課:《満洲の財政・金融・物価》,昭和十七年(1942年)版,第88页。此表中的合计根据已有数据1288.3做了订正。

表9-13中反映了1936—1940财政年度间特别会计类财政收支的扩长情况,其中特别会计类财政收入从1936年的伪满币26050万元,增长到了1939年的伪满币185400万元,增长了6.1倍。特别会计类财政支出从1936年的伪满币17410万元,增长到了1939年的伪满币128830万元,增长了6.4倍。这种收支金额的增长有相当一部分是靠发行国债来实现的,这些公债发行的成本就是一笔不小的开支。为此,1937年伪满当局在特别会计类财政中设立了"国债金"项目,来推进公债的扩张发行,到了1939年该项目收支达到了39640万元,分别占特别会计类财政收支总额的21.4%和30.8%。另外,伪满当局还特别新设了地方财政调整资金、开拓事业、邮政生命保险、监狱、水力电气建设事业、疏水事业、政府职员互助、科学试验事业、赛马等多项特别会计类财政项目,将鸦片专卖、榷运署(盐专卖)、煤油类专卖全都合并到了专卖作业项目中,将减债资金(内债)、关税盐税担保(外债)合并到了"国债整理金"项目中,并取缔了如金矿精炼事业(1939年取缔)特别会计类财政项目。除了项目的调整外,伪满当局还大大增加了投资等项目的财政收支预算额度。在这些特别会计项目中,很多是专门面向日伪当时正在进行的以"产业开发"为名的经济掠夺的,如投资、水力电气建设事业等项目;有的项目是专门用来为日本军国主义的军备战争机器服务的,如军需厂、军械厂等项目;有的是协助日本向东北进行移民加深东北殖民化,如开拓事业项目;有的项目是直接资助日本侵略者镇压东北人民反抗的,如监狱项目。可以说,特别会计财政在各个项目上的调整和财政收支变动中,渗透了日本侵略者对东北进行经济掠夺和殖民化的野心。

这一时期的公债可以说是支撑日伪实施"产业开发计划"的经济保障。一般而言,伪满当局发行的公债都要归入1937年新设立的国债金会计之中,再分别分配到各项预算的会计收支之中。1937年4月至1939年12月,伪满当局在"国"内就发行了7次公债,分别是:1937年4月1日发行的"帝室财产公债",发行额折合550万日元,利息5%;1937年4月15日发行的"第2次4厘公债(整理公债)",发行额折合2000万日元,利息4%;1937年12月1日发行的"第3次4厘公债(投资公债)",发行额折合 8000 万日元,利息 4%;1938 年 3 月 2 日发行的"第 4 次 4 厘公债(投资公债)",发行额折合 10000 万日元,利息 4%;1938 年 12 月 27 日发行的"第 5 次 4 厘公债(投资公债)",发行额折合 5000 万日元,利息 4%;1939 年 1 月 1 日发行的"蒙古王裕生公债",发行额折合 600 万日元,利息 4%;1939 年 12 月 20 日发行的"第 6 次 4 厘公债(投资公债)",发行额折合 10000 万日元,利息 4%。另外,还在日本国内也发行了 7 次公债,分别是:1937 年 2 月 1 日发行的"第 1 回兴业金融公债",发行额为 2500 万日元,利息 4%;1937 年 8 月 23 日发行的"第 2 回兴业金融公债",发行额为 2000 万日元,利息 4%;1938 年 3 月 25 日发行的"第 5 回北满铁道公债",发行额为 5000 万日元,利息 4%;1939 年 2 月 15 日发行的"第 1 次投资事业公债",发行额为 5000 万日元,利息 4%;1939 年 4 月 20 日发行的"第 2 次投资事业公债",发行额为 5000 万日元,利息 4%;1939 年 10 月 10 日发行的"第 1 次水电事业公债伊号",发行额为 5000 万日元,利息 4%;1939 年 12 月 20 日发行的"第 3 次投资事业公债第 1 回",发行额为 3500 万日元,利息 4%。① 综上所述,1937—1939 年,伪满当局共在"国"内发行了折合 36150 万日元的公债,占总发行额的 56.4%,在日本发行了 28000 万日元的公债,占总发行额的 43.6%,总公债发行量折合 64150 万日元。

表 9-14 显示出 1936—1940 财政年度,伪满所发行的公债使用情况。1939 财政年度公债的发行额达到伪满币 39640 万元,比 1936 财政年度扩大了 13.7 倍,比 1937 财政年度扩大了 2.58 倍。在使用用途上,直到 1939 年"投资"都始终是伪满当局举借公债最主要的目的。1937 财政年度有 75%的公债被用来进行"投资",1938 财政年度用来"投资"的公债达到了公债总额的 83%,1939 财政年度尽管用来"投资"的公债支出比重有所下降,不过仍达公债总额的 60%。同时,该年度日本侵略者加速了对东北地区的"开拓"移民侵略,有伪满币 4230 万元的国债被用来辅助

① [日]浅田乔二、小林英夫:《日本帝国主义对中国东北的统治:以十五年战争时期为中心》,东北沦陷十四年史吉林编写组内部资料,1993 年印本,表 10.27《日中战争时期"满洲国"政府发行国债一览》。

表9-14　国债金使用金额累年比较(1936—1940 财政年度)

(单位:伪满币)

年度\项目	1936 财年 百万元	1937 财年 百万元	1937 财年 %	1938 财年 百万元	1938 财年 %	1939 财年 百万元	1939 财年 %	1940 财年 百万元	1940 财年 %
一般会计	—	15.0	13	40.0	11	65.0	16	75.0	14
科学试验事业	—	—	—	0.3	—	0.5	—	0.5	—
必需品	0.7	—	—	1.0	—	3.2	—	1.4	—
北边振兴	—	—	—	—	—	—	—	63.2	12
赛马	—	0.2	—	0.6	—	0.7	—	0.2	—
禁烟	—	—	—	—	—	—	—	21.7	4
监狱	—	0.8	0.5	0.6	—	0.9	—	1.2	—
国有林事业	—							9.0	
水力电气建设	—	3.2	3	16.4	5	30.6	7	32.0	5
开拓	—	—	—	—	—	42.3	11	77.2	15
国内开拓民扶助	—	—	—	—	—	—	—	10.3	2
投资	14.5	83.5	75	305.0	83	250.0	60	200.0	39
疏水事业	—	—	—	0.8	—	3.2	—	4.0	—
大东港建设	—	—	—	—	—	—	—	11.2	2
金属精炼事业	0.3	1.5	1	2.3	—	—	—	—	—
国都建设事业	3.0	1.6	1	—	—	—	—	—	—
国有财产整理资产	1.5	1.5	1	—	—	—	—	—	—
专卖作业	—	3.5	3	—	—	—	—	—	—

年度\项目	1936财年 百万元	1937财年 百万元	%	1938财年 百万元	%	1939财年 百万元	%	1940财年 百万元	%
国有林事业	7.0	—		—		—		—	
总计	27.0	110.8	100	367.0	100	396.4	100	506.9	100

注:原制表根据满铁《年报》和《满日康德六年12月下旬预算说明》(1939年)做成。

资料来源:[日]東京銀行集会所調查課:《満洲の財政・金融・物価》,昭和十七年(1942年)版,第91页。此表中的总计根据已有数据做了订正。

这项殖民企图,占当年伪满国债支出总额的11%。

就伪满当局的一般会计类财政支出而言,如表9-15所示,这一阶段中行政费与国防和治安费仍然占据着支出最重要的地位,其中行政费支出的比率有明显的上升,从1937财政年度的占总支出47.3%上升为1939财政年度的57%。国防和治安费则基本稳定在31.7%—37.8%。如前文所述,此处的行政费中一般行政费只占前者中的一部分。在这一时期内,一般行政费的支出比率在行政费支出比率中逐年有所减少,1936财政年度占行政费总支出的64.7%,1937财政年度占53.6%,1938财政

表9-15 伪满一般会计财政支出决算用途分配情况
(1937—1939财政年度) (单位:伪满币千元)

年度\项目	1937财年 金额	比率	1938财年 金额	比率	1939财年 金额	比率
帝室费	2524	0.9%	3499	1.1%	2499	0.6%
行政费	126539	47.3%	183659	56.3%	251185	57%
国防和治安费	101023	37.8%	103482	31.7%	150496	34.1%
征税费	11218	4.2%	13190	4.1%	13949	3.2%
国储费	26266	9.8%	22311	6.8%	22614	5.1%
国库准备金	—		—		—	
总计	267570	100%	326141	100%	440743	100%

资料来源:中央档案馆等合编:《日本帝国主义侵华档案资料选编・东北经济掠夺》,中华书局1991年版,第779—780页。

年度占 53.4%,1939 财政年度下降到了 49.3%。相对而言,警察费和土木费的比率都有所上升,其中警察费的比率,1936 财政年度占行政费总支出的 9.8%,1937 财政年度占 12.5%,1938 财政年度占 14.3%,1939 财政年度则占 12.6%;土木费的比率,1936 财政年度占行政费总支出的 2.2%,1937 财政年度占 14.4%,1938 财政年度占 9.8%,1939 财政年度回升到了 10.7%。另外,从 1938 财政年度开始,行政费中又添加了交通费项支出。到了 1939 财政年度,交通费已达行政费总支出的 5.3%。①

　　这一阶段,“中央”在各地方的税收征收机构仅是略做了调整。1934 年以后,伪满开始通过细化“省”的辖区,缩小“省长”权限,以加强中央的统制。并将包括热河在内的东北 4 省,改为奉天、吉林、龙江、热河、滨江、锦州、安东、间岛、三江、黑河东北 10 省。后来又新设通化、牡丹江、北安、东安、四平等省,并将兴安省分为兴安北省、兴安南省、兴安东省、兴安西省 4 个省份。伪满“中央政府”设在各个地方的“税务监督署”的管辖区域范围也随着政区的变动常有更改。以 1938 年为时间节点,当时伪满“中央”税收系统的 5 个“税务监督署”的管辖范围分别为:奉天税务监督署的管辖区域为奉天省、锦州省、安东省、通化省、兴安南省,下辖 52 个税捐局;吉林税务监督署的管辖区域为吉林省、间岛省和新京特别市,下辖 23 个税捐局;滨江税务监督署的管辖区域为滨江省、三江省、牡丹江省,下辖 37 个税捐局;龙江税务监督署的管辖区域为龙江省、黑河省、兴安东省、兴安北省,下辖 20 个税捐局;热河税务监督署的管辖区域为热河省和兴安西省,下辖 12 个税捐局。这一时期,税务监督署和税捐局之间的出张所被大量裁撤,由 1933 年前后的 12 个下降为 1938 年的 6 个。其中隶属于奉天税务监督署的出张所有通化出张所(主要管辖区域为通化省)、安东出张所(主要管辖区域为安东省)、锦州出张所(主要管辖区域为锦州省);隶属于滨江税务监督署的出张所有牡丹江出张所(主要管辖区域为牡丹江省)、佳木斯出张所(主要管辖区域为三江省);隶属于吉林税务

---

① 中央档案馆等合编:《日本帝国主义侵华档案资料选编·东北经济掠夺》,中华书局 1991 年版,第 780—781 页。

监督署的出张所有延吉出张所(主要管辖区域为间岛省)。[1]

另外,在1936年以前,因力图实行高度的财政中央集权化,伪满的地方税一直处于被"中央财政"相对压制的状态中。不但省财政被取缔,一切省级行政部门的支出都依赖"中央财政"拨款。在市、县、旗的行政层级,伪满"中央"长期以来也一直奉行补助地方市、县、旗级财政的方针,仅1933年度市、县两级地方财政列入预算的补助费就分别为54万元和570万元伪满币。[2] 1937年以后,伪满又转为支持地方财政上的分权,并恢复了省财政。在此之后,地方财政的收支数额激增。甚至在总额上隐隐有与"中央财政"分庭抗礼之势。根据1937年伪满"国民负担情况"统计,国税直接税只占东北人民税负负担的35.8%、省地方费税占5%,地方税(市、县、旗行政级别)占31.3%,街村税占28.4%[3]。另外,由表9-12可知,1938年伪满"中央财政"为伪满币7.89亿元,加上公债也不过11.86亿元;1939年"中央财政"收入为10.43亿元,加上公债一共能达到15.01亿元。而参见表9-16可知,伪满1938财政年度的地方财政收入达到2.99亿元,伪满1939财政年度的地方财政收入有3.88亿元。数量相对于"中央财政"也已经颇为可观。在地方财政收入中,省地方费税主要依靠征收牲畜税、家屋税、勤劳所得税附加税、法人营业税附加税、出产粮食税附加税、矿区税附加税、矿产税附加税、禁烟特税附加税等。地方税(市、县、旗行政级别)主要依靠征收地捐、车捐、船捐、渔业捐、不动产取得捐、屠宰捐、观览捐、牲畜捐及其他"许可"杂捐,再加上营业税附加捐、法人营业税附加捐、家屋税附加捐等国税的附加捐税。村街税附加税主要包括土地课税(据1937年统计该项占村街税收入的79%)、建

---

① [日]田村敏雄:《满洲帝国经济全集5租税篇前篇》,东光书苑伪"康德"五年(1938年)版,第68页。

② [日]"满洲国"史编纂刊行会:《满洲国史(总论)》,黑龙江省社会科学院历史研究所1990年印本,第451页。

③ [日]田村敏雄:《满洲帝国经济全集5租税篇前篇》,东光书苑伪"康德"五年(1938年)版,第350页。

筑物课税、营业者课税、构户者课税及车、舟船、牲畜等其他课税。① 需要注意的是无论省财政、市县旗财政、村街财政,都能从国库拿到相当数量的财政补助金,以 1938 年为例此三级地方财政分别拿到的补助金为省财政伪满币 47764976 元,市县旗财政伪满币 23989618 元、村街财政相对较少,仅伪满币 690186 元。省财政和市县旗财政也都各自发行有一定数量的公债,只不过数量较少,1938 年省财政公债发行额为 396600 元伪满币,市县旗财政公债发行额为 4169839 元伪满币。②

表 9-16　地方财政收入分析(1938—1939 财政年度)

(单位:伪满币元)

年度 项目	一般会计 (1938 财年)	特别会计 (1938 财年)	总计 (1938 财年)	一般会计 (1939 财年)	特别会计 (1939 财年)	总计 (1939 财年)
省地方费	71284442	2684725	73969167	87370367	17670464	105040831
市县旗费	94352217	95891003	190243220	109112858	132556010	241668868
街村(保甲)费	34359730	—	34359730	41121894	—	41121894
总计	199996389	98575728	298572117	237605119	150226474	387831593

资料来源:"國務院"内务局:《康德五年度 地方财政概要》,伪"康德"五年(1938 年)印本,第 1 页;"國務院"総务厅地方处:《康德六年度 地方财政概要》,伪"康德"六年(1939 年)印本,第 1 页。

除了一般会计类财政收支外,各省财政和市县旗财政也都有专门的特别会计类收支。以 1939 年为时间节点,地方税中的特别会计类财政收支项目有:单列类 2 项,分别为鸦片麻药作业特别会计和鸦片麻药公营益金特别会计;省财政专属特别会计 6 项,分别为都邑计书经济特别会计、复兴工作经济特别会计、农地造成事业经济特别会计、省会馆经济特别会计、耕牛资金经济特别会计、森林交付金经济特别会计;市财政专属特别

---

① [日]東京银行集会所调查课:《满洲の财政·金融·物价》,昭和十七年(1942 年)版,第 76—79 页。

② "國務院"内务局:《康德五年度 地方财政概要》,伪"康德"五年(1938 年)印本,第 1 页。

会计9项,分别为都市计书事业经济特别会计、水道经济特别会计、交通事业经济特别会计、市场经济特别会计、市营住宅经济特别会计、市立病院经济特别会计、基本财产经济特别会计、铁西工业土地事业经济特别会计、授产作业经济特别会计。地方特别会计经费的岁入总额在1938年以后增长特别快,1932财政年度特别会计岁入仅伪满币444145元,1936财政年度为8445530元,1937财政年度为8254276元,1938财政年度为94768003元,比1937财政年度增长了10.48%,1939财政年度为141420427元,比1937财政年度增长了16.13%。不过相较于同一时期的"中央财政"而言,地方上的特别会计类收入总额仅在市、县、旗这一层级上超过了一般会计财政,总体上并没有在"中央财政"中那么重要。由表9-16可知,1938年约占地方财政收入总额的33%,1939年占38.7%。①另外需要指出的是,在地方财政的特别会计收入中,因鸦片种植而带来的财政收入占到了相当大比重。1938财政年度中,鸦片麻药作业特别会计收入为伪满币67041901元,鸦片麻药公营益金特别会计收入为伪满币2699845元,总计69741746元,占地方特别会计类财政收入的70.75%,占全部地方财政收入的23.36%②;1939财政年度中,鸦片麻药作业特别会计收入为伪满币93422949元,鸦片麻药公营益金特别会计收入为伪满币6714444元,总计100137393元,占地方特别会计类财政收入的66.66%,占全部地方财政收入的25.82%。③可以说,伪满的地方财政有很大一部分是靠经营毒害中国人民的鸦片维持的。

从表9-17中所反映的1938年和1939年两个财政年度伪满地方财政一般会计项目支出明细中可以看出,警察费在地方财政支出中的重要地位,该项支出也是其经常性支出中所占比例最高的财政支出项目。1938财政年度地方伪满币199996389元的总财政支出中,警察费一项就

---

① "國務院"総務庁地方処:《康德六年度 地方财政概要》,伪"康德"六年(1939年)印本,第12—14页。

② "國務院"内務局:《康德五年度 地方财政概要》,伪"康德"五年(1938年)印本,第250页。

③ "國務院"総務庁地方処:《康德六年度 地方财政概要》,伪"康德"六年(1939年)印本,第12页。

表 9-17　伪满地方财政一般会计项目支出情况（1938、1939 财政年度）

（单位：伪满币元）

年度 项目	省地方费 （1938 财年）	市县旗费 （1938 财年）	街村 （保甲）费 （1938 财年）	总计 （1938 财年）	省地方费 （1939 财年）	市县旗费 （1939 财年）	街村 （保甲）费 （1939 财年）	总计 （1939 财年）
公署费	—	14954999	10066673	25021672	—	16898865	12310971	29209836
警察费	19924712	20437701	7646007	48008420	25382973	17604817	5038611	48026401
教育费	5677973	9524285	7711710	22913968	3011400	10760924	9962441	23734765
土木费	13441459	6412910	997368	20851737	16350128	4393238	1236277	21979643
营缮费	3404879	9890546	1358590	14654015	5668124	11366447	2478329	19512900
产业费	5699339	4993680	626884	11319903	7613688	5785882	912426	14311996
卫生费	686142	5700757	340091	6726990	814223	4281939	575452	5671614
公债诸费	—	267099	—	2676099	—	3031324	68647	3099971
其他诸费	22449938	19761240	5452293	47663471	28529831	34989422	8538740	72057993
总计	71284442	94352217	34199616	199836275*	87370367	109112858	41121894	237605119

资料来源：國務院"内務院"内務局：《康德五年度 地方財政概要》，伪"康德"五年（1938 年）刊本，第 1 页；國務院"总务厅"地方处：《康德六年度 地方財政概要》，伪"康德"六年（1939 年）刊本，第 1 页。*1938 财年总计数，原表为 199996389，此处为订正数。

占了 48008420 元,占地方总财政支出的 24%;1939 财政年度地方总财政支出上升为伪满币 237605119 元,警察费则保持在 48026401 元的程度,仍占地方总财政支出的 20.21%。地方财政支出中占据其次比率的是公署费用,两个财政年度分别占总支出的 12.5% 和 12.3%。警察费与公署费占据财政支出如此高的比率,也从另一个侧面反映出伪满殖民政权维持民族高压统治的本质。其他比率较高的支出,则应属教育费、土木费和营缮费,这几项支出的金额和比率都相差不是很大。所谓的"其他诸费"开支则是一个庞大繁杂的财政开支项目归类,包括诸如各种临时支出预备费、营业费、县税办理费、祭祀费、电话局费、社会事业费等,这些项目之间基本互无关联,仅仅具有统计归类上的意义。

四、战时财政癫狂期的伪满财政

日本帝国主义的侵华战争很快就陷入抗日持久战的泥潭,再加上续之又发动了太平洋战争,日军的侵略战线越拉越长,其经济实力上的先天不足也开始逐渐暴露。德、意、日法西斯国家与世界反法西斯阵营之间巨大的人力物力差距,使得前者逐渐开始在各条战线上陷入被动。为了加紧榨取各种物资以充实战力,日本侵略者以建立"战时经济体制"为名,开始孤注一掷、丧心病狂地在东北地区进行各种杀鸡取卵般的搜刮掠夺。在日本这一时期对东北地区的诸多经济掠夺暴行中,财政掠夺占了其中很重要的一部分。伪满政府增税、滥发国债、强制储蓄等诸多财政掠夺手段无所不用其极,其财政政策也陷入了战时的"癫狂期"。

日本侵略者在这一时期对伪满政府的经济要求,从其 1940 年制定的《日满支经济建设要纲》中可以略见端倪。这份文件主要要求打造"日满支一体"的经济自存圈,伪满政府要加速推行"矿业及电气事业"的"振兴",并争取东北地区的重工业"建设资材"实现"自给"化,极力扩大粮食和矿产资源产量与供给日本国内的数量,打造一个以日本为核心的自给自足的军备经济圈。落实在财政方面,就是以打造这一"日满支一体"的战争机器为最终目的,来确定"决战下之满洲国财政"。对此,当时掌握伪满财政实权的伊藤博毫不避讳,"日满不可分之关系,及复合民族国家之二国家之本质的特殊性,现于一起施策之上,将反映于财政之上者,谓为财政之本质性格"。"当日本赌皇国隆替,肩荷东亚兴废,为此圣战之际,满洲国协力亲邦日本,向圣战完遂之途,奋勇迈进",因此"增税及公债发行之增大等诸般施策,亦至早日实施矣。于财政方面,亦有取顺应之体制。而准备于任何紧急之时,亦将以充分对处之财政的动员计划之必要,乃不言而喻也"。① 可以说,搜刮财力,构建一个以支援侵略战争为目的的战时殖民化财政体系,是这一时期伪满财政政策的核心之所在。

　　1940 年至 1941 财政年度,从表面上来看,伪满财政的一般会计类预算编制方针,一度呈现出一种"空前之节约"的表象。以伪"康德"八年(1941 年)的财政预算编制为例,其自称的编制方针为以下五点:"一、以充实备战之种种紧急设施为目标;二、以扩充生产力,及安定人民生活,确保并增产必要物资;三、加强国民经济之统制;四、对于已定经费加以根本的探讨,使其合理化;五、加强物资及劳力之统制"②。不过,从表 9-18 可以注意到,1940 年至 1941 年财政年度预算收支数额在表中所列的伪满统治时期中,增长相对缓慢。不过,这种增速的放缓却绝非什么伪满当局"节约"收支的结果,而是因为当时第二次世界大战欧洲战场烽烟四起,伪满对欧洲物资进出口变得十分困难。再加上德、意、日三国轴心关系已经建立,同盟国虽暂时未对日宣战,但也从物资上对日进行了封锁。在这种情况下,日伪军当局临时压低财政收支预算,完全是源于战略物资缺乏所导致的战时经济增长乏力,暴露了日本军国主义侵略野心与其经济潜力之间不可调和的矛盾。1942 年以后,随着太平洋战争的爆发,日伪开始更加疯狂和非理性地掠夺东北资源。这种非理性的掠夺表现在,即使并非军需生产所必需的物质(特别是在最大产能的需要范围内),也要先搜刮到手再说。原料掠夺和军需生产进一步脱节,日本在东北的经济活动变成了毫无理性的"为掠夺而掠夺"。其中最突出的例子,战争后期

① 斋藤直基知:《满洲国指导综揽(满文版)》,满洲产业调查会伪"康德"十一年(1944年)版,第 52—53 页。

② 东北物资调节委员会研究组编:《东北经济小丛书·金融》,1947 年印行,第 207 页。

表 9-18　伪满政府一般会计财政预算额(1940—1945 财政年度)

(单位:伪满币千元)

年度＼项目	总预算岁出额	总预算岁入额	追加预算额
1940 财年 A	573555	573555	138204
1941 财年 A	649220	649220	96355
1942 财年 A	823400	823400	不明
1943 财年 B	1053000	1053000	不明
1944 财年 B	1315000	1315000	不明
1945 财年 C	1700000	1700000	不明

资料来源:A.[日]冈野鑑:《满洲国财政の生成と发展》,"建国"大学伪"康德"十年(1943 年)印本,第 6 页;B. 中央档案馆等合编:《日本帝国主义侵华档案资料选编·东北经济掠夺》,中华书局 1991 年版,第 797—798 页;C. 东北物资调节委员会研究组编:《东北经济小丛书·金融》,1947 年印行,第 209 页。

因为海路交通运输断绝和陆路交通运力下降等,日本在东北地区所掠夺来的粮食被大量积压在车站站台腐烂。即便如此,其在东北地区掠夺农产品的"粮食出荷"行为仍越来越疯狂,出荷指标也仍逐年激增。哪怕造成东北人民的饥荒,也要维持这种"饥饿输出"。[①] 在这种前提下,伪满政府的财政预算编制政策也随之很快被调整,1942 财政年度,其预算的编制方针的重点即修改为:"一、关于加强伪满军队,及充实防卫设施等经费;二、第二次产业开发计划所需经费,尤注重对日输出之铁、铜、煤、非铁金属、大豆、水产品、畜产品等之增产经费;三、开拓政策实行上所需经费;四、以往之振兴北边政策并于开发边境之计划中,所需经费列入一般会计,废止振兴北边之特别会计;五、防止劳工转移,统制工资以及关于劳工之福利抚恤等经费;六、关于生活必需物质增产及价格、配给等之统制所需经费;七、有关时局对策之机构所需经费。"[②]可见在这一时期,伪满财

---

① [日]山本有造:《「满洲国」经济史研究》,名古屋大学出版会平成十五年(2005 年)版,第 106 页。

② 东北物资调节委员会研究组编:《东北经济小丛书·金融》,1947 年印行,第 208 页。

政预算的中心已经转入到辅助日本对东北地区人力、物力资源的加速搜刮，和支援推进"产业开发""移民开拓""北边振兴"这三项最具殖民政策代表性的伪满"三大国策"上来。在这种背景下，以一般会计为代表的财政收支预算在数量上的畸形膨胀也就不可避免。1942 财政年度以后，伪满一般会计类财政预算开始爆炸性增长，迅速地从 1941 财政年度的伪满币 649220000 元，增长到 1944 财政年度的 1315000000 元，增长了 102.55%；到了 1945 财政年度更是增长为伪满币 1700000000 元，增长了 161.85%。

除了需要直接从财政上辅助满足日本帝国主义者日渐增长的经济掠夺贪欲外，这一时期财政预算增长的另一个原因则是伪满内部出现了严重的通货膨胀。自"关特演"以后，驻伪满日军军费逐年增加，日本政府采取向伪满提供日元"国库金送金"的形式支付这笔军费，而伪满当局则要向驻守的日军提供大量伪满币供其日常消费。在当时的历史背景下，日本政府所提供的这部分所谓的"国库金送金"越来越难以在国际市场上购买实际性的物资，只能用来购买日本国债和在日本国内存款。在这样的情况下，伪满当局只有通过滥发纸币的形式，筹措驻伪满日军的军费开支。[1] 1939—1945 年，伪满当局为驻东北日军筹措的军费，累计高达价值等同于 69.51 亿日元"国库金送金"和 3.4 亿日元"正金贷入"的伪满币。[2] 伪满政府的滥发纸币，造成了伪满境内严重的通货膨胀和伪满币贬值。1941—1945 年，伪满地区的纸币发行量扩大了 5.2 倍。[3] 尽管实行了严格的价格管控，各地的黑市交易仍然异常猖獗，黑市价格一日几涨，伪满当局所规定的"公价"在实际交易中已经没有太大意义。在这种背景下，伪满当局的财政收支扩张是不可避免的。

为了进一步扩大税收，聚敛财物。伪满当局在太平洋战争爆发前后，

---

① 相应而言，伪满政府的滥发纸币与进行所谓"产业开发"的关系却并不大。"产业开发"所需这部分资金主要是通过财政手段筹集的。

② ［日］山本有造：《「满洲国」の研究》，京都大学人文科学研究所昭和五十八年（1993 年）印本，第 231 页。

③ ［日］满史会：《满洲开发四十年史》下卷，东北沦陷十四年史辽宁编写组译，1988 年印本，第 389 页。

对国内的税制进行了所谓的"第五次税制整理"。日伪一如既往地给此次税制整理树立了适应国家财政对财政收入增加需要的"弹性税制"、有利于统制经济通过经济金融等政策渗透社会经济、力图实现"国民负担的均衡化"、吸收国内购买力等冠冕堂皇的道义牌坊。但总的来看,这次税制整理仍是围绕在"增税"两个字上展开的。也就是说,其实质目的可以说是从税收制度上给接下来的增收创造依据。具体而言,此次税制整理的实质措施主要围绕在以下两个方面进行的:其一,通过制定新税法,开征新税。如 1941 年 9 月 1 日制定了特别买钱税法(合并了游兴饮食税等)、1941 年 10 月 1 日制定了通行税法、1941 年 11 月 1 日特别制定了法人所得税法、资本所得税法和油脂税法等。其二,则是通过修改现存税法,提高税率或征收范围,达到增税的目的。包括 1941 年 9 月 1 日修改酒税法、1941 年 1 月 30 日修改卷烟税法、1942 年 8 月 30 日修改烟税法、1941 年 1 月 1 日修改家屋税法、1942 年 1 月 1 日分别修改了事业所得税法和矿业税法等。①

  基于第五次税制"整理"的成果,伪满政府在 1941 年至 1943 年 12 月共实施了三次"战时大增税"。其中"第一次战时大增税"发生在 1941 年,主要从以下 5 个方面增加了税收:(1)参照间接消费税征收办法,依据新制定的《特别买钱税法》开征特别买钱税,尽管该税目其实是合并了游兴饮食税等原有税目,并吸收合并了一些地方捐税。但由于扩大了纳税对象,仅此一项税收就可较以往财政年度增收 17711 万伪满币。(2)参考直接支付课税的方法,根据新设《通行税法》,对飞机、火车等交通工具的乘坐者开征通行税。此项税目的开征,可以每年增加伪满币 750 万元财政收入。(3)通过修改酒税法,将酒税的税率一下子增高了 50%,每财政年度又可增收 1200 万元。(4)对叶烟和"烟末"分别增税,前者增加 160%,后者增加 300%。此项增税又给伪满政府每财政年度增加了 510 万伪满币的收入。(5)通过修改卷烟零售价格税率把卷烟税实

---

  ① [日]冈野鑑:《满洲国财政の生成と发展》,"建国"大学伪"康德"十年(1943 年)印本,第 114—115 页。

际提高了 50%,此项增税每财政年度财政增收达伪满币 3200 元。1942 年 10 月 21 日,伪满政府又推行了"第二次战时大增税",主要从以下 6 个方面进行税收增收:(1)开征新税清凉饮料税,这项新设的消费税可每财政年度增收 240 万元。(2)对"第一次战时大增税"时刚刚开设或新增的酒税和特别买钱税两税进行再次增税。其中酒税每财政年度又增收了伪满币 3240 万元,特别买钱税则又增收了 5949 万元。(3)对勤劳所得税税率进行修改,每个财政年度可以多收 850 万元税款。(4)对原来事业所得税中分担率也进行修改,又可据此每个财政年度增收税款 514 万元。(5)又新创交易税,并一口气将除物品贩卖业以外的 26 种营业行为都作为缴纳该税的对象,规定进行这些交易行为就要缴税。据此又每财政年度增收了 2083 万元。(6)将 1939 年时根据《小麦粉专卖法》废除的麦类统税朝令夕改地加以恢复。并对棉、砂、水泥这三项统税的税法统统进行修改,以达到增税税收的目的。1943 年 12 月 11 日,伪满政府又变本加厉地通过修改税制的方式进行了"第三次战时大增税",并从以下 8 个方面入手增加税收:(1)借口原来酒税在各种类酒之间税率"不均衡",将各种类酒的酒税税率普遍提高,增税总额达原来酒税的 70% 之多;(2)伪满当局还生成汽水类商品的税率也应向酒类看齐,并把原来的汽水税税率也提高了 70%;(3)将卷烟税的税率提高到卷烟零售价格的 72%;(4)借口烟税也要和烟卷税在税率上保持"均衡",将烟税税率提高了 40%;(5)伪满当局声称战时必须抑制消费,因此需要提高消费性质的税收,并据此将特别卖钱税税收总额增加了 60%;(6)提高了法人所得税 50% 的税率;(7)伪满当局声称税收制度要找到生命保险业和银行业的"平衡",对原来交易税"计算课税标准的收入金额"采用"特殊的方法",将纳税周期改动为每年 2 次,起到了变相增加税收的作用;(8)将原来地方税中按照一定比率收取的国税附加税的税率进行了提高。[①] 另有资料显示,伪满在 1944 年 12 月还进行了所谓的"第四次战时大增税",主要内容包括 10 项之多:

---

① 中央档案馆等合编:《日本帝国主义侵华档案资料选编·东北经济掠夺》,中华书局 1991 年版,第 799—801 页。

(1)再次提高酒税税率30%；(2)清凉饮料税税率再提高70%；(3)砂糖税税率提高1倍；(4)麦粉统税由从价改为从量并将税率提高1.6倍；(5)油脂税由从价改为从量并将税率提高1倍；(6)特别卖钱税扩大纳税客体，并增加了第四种纳税场所；(7)提高通行税税率，该税总额增加了2.6倍；(8)提高事业所得税税率，并修改征税内容；(9)提高资本所得税税率，该税总额增加了30%；(10)应纳地税的旱田、水田提高收入价格，税率由1%提高到4%。[①]

伪满当局的这几次"战时大增税"大大提高了其搜刮聚敛钱财的速度，其中通过"第一次战时大增税"伪满当局每财政年度就多搜刮了1.5亿元伪满币，通过"第二次战时大增税"又多搜刮了伪满币1.6亿元，而通过"第三次战时大增税"每财政年度多搜刮的伪满币则达到了2.46亿元。另外，到了1945年，伪满当局还根据"经济平衡资金制度"，大幅度地提高了作为专卖品的香烟和鸦片的专卖价格，仅此一项每财政年度又可增加3.5亿元伪满币的财政收入，这本质上也可以看作伪满政府一次只在形式上略有差异的增税行为。[②]

通过上述几次"战时增税"，伪满当局增多了税种，提高了税率，到了伪满后期，算上各种地方税，一个庞大的捐税搜刮体系已经在东北地区形成，"几乎无人不税、无物不税"。其中，"由伪大同元年东北地方改权所征的内国税有七种，而1944年竟增加到三十四种，比'九一八事变'前增加二十一种"[③]。到1944年，伪满的国税体系中，共有直接税(所得税系统)9大类，包括勤劳所得税、事业所得税、资本所得税、法人所得税、地税、家屋税、禁言特税、出产粮石税、矿业税等；间接税(消费税系统)11大类，包括酒税、清凉饮料税、卷烟税、烟税、砂糖税、油脂税、统税(其中包括棉纱、水泥、麦粉三种统税)、特别卖钱税、通行税、关税、专卖益金(专

① 九台市政协文教卫生委员会编：《九台文史资料》第3辑，内部资料，1991年印本，第101—102页。
② 中央档案馆等合编：《日本帝国主义侵华档案资料选编·东北经济掠夺》，中华书局1991年版，第794页。
③ 宽甸县税务局编：《宽甸县税务志》，宽甸县税务局1987年印本，第26页。

卖品包括煤油、火柴、酒精、麦粉和盐)等;准间接税(流通税系统)6 大类,包括交易税、取引税、契税、各种登录税(其中又包括不动产登录税、船舶登录税、矿业财团登录税、工场财团登录税、铁道财团登录税、矿业登录税、特许登录税、意匠登录税等)、各种登记税(其中又包括不动产登记税、商业登记税)、印花税等。另外地方税还包括 14 种省税、25 种市县旗税、6 种村街税。①

由表 9-19 再结合表 9-11 可知,1940 财政年度以后伪满的一般会计财政收入在数量上总体上呈现激增的态势。1939 财政年度伪满该项岁入为伪满币 603902000 元,1940 财政年度年增长为 758269000 元,1943 财政年度进一步增长为 1055000000 元。此后的几年这种激增态势也被进一步保持,1944 财政年度一般会计类财政收入为 1300000000 元,1945 财政年度进一步增长为 1700000000 元②,1945 财政年度相对于 1939 财政年度增长了 181.50%。其中仅 1941 财政年度较为特殊,相对于 1940 财政年度收入不增反降。出现这种现象的原因,除了该财政年度各项税收增速放缓外,还和财政盈余资金的减少有关。具体而言,在 20 世纪 30 年代一般会计收入中,最为重要的关税收入开始日复一日地缩减。这主要与战争形势有关,第二次世界大战欧洲战场爆发后,伪满政府无论是向欧洲出口大豆还是从欧洲进口机械设备都变得极其困难。太平洋战争爆发后,与日伪直接进行贸易的国家基本只剩下日本在所谓"大东亚共荣圈"中的少数傀儡和"盟友"。1943 财政年度伪满的关税总额已经直降为伪满币 101755000 元,仅相当于 1939 财政年度关税数额的 52.7%,占一般会计收入总额的比率下降到不足 10%。随着海路运输的断绝和 1944 年以后日本要求伪满对日关税的"免除",可以想见在 1944 年乃至 1945 财政年度中关税收入的数额和比重只会越来越少。相对而言,国内税收入却大幅度增长。从 1939 财政年度的 127693000 元,占一般会计收入的 21.1%,上升到 1943 财政年度的 579326000 元,占一

---

① 满洲中央银行调查部:《調查彙报(第 1 輯)》,伪"康德"十一年(1944 年)印本,第 182—185 页。

② 东北物资调节委员会研究组编:《东北经济小丛书·金融》,1947 年印行,第 209 页。

表 9-19　伪满一般会计财政收入比率分配(1940—1943 财政年度)

（单位:伪满币千元）

年度\项目	1940财年A	比率	1941财年A	比率	1942财年A	比率	1943财年B	比率
经常费								
租税总计	377783	49.8%	377108	50.6%	504666	61.3%	681081	64.6%
关税(租税)	174570	23%	165368	22.2%	120000	14.6%	101755	9.7%
内国税(租税)	203213	26.8%	211740	28.4%	384666	46.7%	579326	54.9%
印花税	30404	4%	32149	4.3%	28981	3.5%	总计127379	总计12%
专卖利益	56531	7.4%	65012	8.7%	54266	6.6%		
官产及其他收入	14102	1.9%	20531	2.8%	22239	2.7%		
经常部收入合计	476820	63.1%	494800	66.4%	610152	74.1%	808460	76.6%
临时收入								
国债	40000	5.3%	115000	15.4%	145000	17.6%	不明	不明
由特别会计滚存	35303	4.7%	48184	6.5%	48184	4.9%	不明	不明
盈余	163156	21.5%	53565	7.1%	无	—	不明	不明
其他收入	40980	5.4%	34026	6.5%	27869	3.4%	不明	不明
临时部合计	279439	36.9%	250775	33.6%	213248	25.9%	246540	23.4%
总计	758269	100%	745575	100%	823400	100%	1055000	100%

资料来源:A、[日]冈野鑑:《满洲国财政の生成と发展》,"建国"大学伪"康德"十年(1943 年)印本,第 20—22 页;B、中央档案馆等合编:《日本帝国主义侵华档案资料选编·东北经济掠夺》,中华书局 1991 年版,第 776 页。原始表格总计、合计部分数据疑有误。

般会计收入的 54.9%,1945 财政年度相较于 1939 财政年度数量上增长了 353.64%。可以说,伪满后期一般会计类收入的暴增主要是靠国内税项收入的增长拉动的。国内税中有大量系伪满三次"战时大增税"所开征或增加税率的税目,该项税收的增长可以说是后者最主要的"成果"之一。

表 9-20 所反映的是 1939—1944 财政年度伪满一般会计和特别会计财政收入情况。显而易见,这一时期内无论是一般会计还是特别会计收入都出现了爆炸式的增长。其财政纯收入从 1939 财政年度的 1287969000 元伪满币上升到 1944 财政年度的 2737122000 元, 5 年间上升

表 9-20　伪满一般会计和特别会计财政收入比较(1939—1944 财政年度)

(单位:伪满币千元)

项目 年度	一般会计	特别会计	总额	扣除额	纯收入
1939 财年	603902	1401374	2005276	717307	1287969
1940 财年	711759	2487947	3199706	1012054	2187652
1941 财年	649230	1840477	2498697	283769	2214928
1942 财年	823400	1750736	2574136	796174	1775962
1943 财年	1055000	2244233	3299233	1063452	2335771
1944 财年	1315000	2670939	3985939	1248817	2737122

资料来源:东北财经委员会调查统计处编:《伪满时期东北经济统计(1931—1945 年)》,1949 年版,(11)—1。

了 112.51%。不过,过去研究中往往忽略了一般会计财政收入和特殊会计财政收入两个项目之间的重复计算问题,并未扣除这部分重复计算的收入。这也造成了一些研究成果中,无论伪满税收总额还是特别会计收入与一般会计收入的差距,都被严重过高估计。实际上,特别会计类财政收支并非如一般印象中那样远远高于一般会计类收支。1942 财政年度时,甚至由于特别会计类财政收入因伪满当局节约"不必要"的开支及日本对东北投资下降而大大削减,造成该财政年度税收总额相对于上一财政年度出现了下降的现象。这种情况在整个伪满时期都是独一无二的。"自美日战事爆发之后,则江河日下。盖民国三十一年(1942 年)以降,各生产事业之成绩皆徒具虚名而已"[1]。不过 1943 财政年度以后,"随大东亚战争之勃发,我国(伪满)经济已一掷从来之对日依存关系,而

---

[1] 东北物资调节委员会研究组编:《东北经济小丛书·金融》,1947 年印行,第 210 页。

须经由日满经济之一体化,自侧面援助日本,故我国亦不能避免'经费膨胀之原则'矣"①。在此之后,日本因战事失利而对东北经济进行更加疯狂的掠夺,特别会计类财政收支金额开始继续扩大,又保持了以往特别会计类财政收支继续膨胀的趋势。至 1944 年,特别会计类财政收支项目已经扩展到 24 个,分别为地方财政调整资金、恩给、政府职员共济、科学实验、需品、官舍、军需厂、军械、禁烟、勤劳奉公队、监狱、国有林、开拓事业、内国民开拓助成事业、国债基金、国债整理基金、投资、国有资产整理资金、专卖工厂、水力电气、邮政、邮政人寿保险、理水事业、大东港建设事业等。② 1945 年又开设了扶助爱国勤劳队员、临时都市建设、印刷工厂 3 个特别会计项目。

表 9-21 中反映了更加详细的特别会计类财政收支情况,从中可以看出,1940 财政年度以后国债金、国债整理资金、禁烟、专卖工厂、投资等

表 9-21　特别会计财政年度收支情况(1940—1945 财政年度)

(单位:伪满币千元)

年度 项目	1940 财年		1941 财年		1942 财年	
	收入	支出	收入	支出	收入	支出
地方财政调整资金	66283	63451	41382	38846	63487	61561
恩给	8392	14516	11072	6203	14730	9368
共济	7247	1650	8742	2792	12391	3159
科学实验	7412	5433	8422	6409	6627	6647
需品	80240	86290	72152	80680	86085	88072
都市建设	9977	5749	8099	4402	并入一般会计	
北边振兴	88221	78006	95343	82634	13660	13664
宿舍	—	—	—	—	34228	27535
军需厂	8407	8551	10677	11530	11100	13734

---

① 斋藤直基知:《满洲国指导综揽(满文版)》,满洲产业调查会伪"康德"十一年(1944年)版,第 479 页。

② 满洲事情案内所:《满洲事情案内所报告第 115 满洲国概览》,伪"康德"十一年(1944年)版,第 70 页。

续表

年度\项目	1940 财年		1941 财年		1942 财年	
	收入	支出	收入	支出	收入	支出
军械厂	11846	11987	14627	14409	14573	12656
禁烟	99476	83502	82550	61103	113047	89852
监狱	16179	16549	18752	17822	22512	22107
国有林	95559	94293	128011	122101	106699	100184
开拓事业	95740	94137	58226	53789	79114	69143
扶助境内开拓事业	9198	6483	11189	9044	11598	8328
赛马	15105	2828	20623	3516	3756	1517
国债金	485355	485355	475100	475100	485835	485835
国债整理资金	410861	388957	374256	345991	294682	253766
投资	318028	319549	295356	288304	224052	219768
国有资产整理资金	21980	21497	21905	21745	24841	23459
铁路	21993	21875	废止			
专卖工厂	265084	204318	254698	212495	258784	216507
水力电气	32593	32416	39316	34805	49678	47295
邮政	28806	26184	34301	32915	43332	39725
邮政人寿保险	6077	2764	10943	4745	16491	6450
理水事业	5802	5800	3818	3760	4173	3925
大东港建设事业	13511	10782	11617	9606	14595	10989
勤劳奉公队	—	—	—	—	—	—
扶助爱国勤劳队员	—	—	—	—	—	—
临时都市建设	—	—	—	—	—	—
印刷工厂	—	—	—	—	—	—
总计	2229372	2092382	2111175	1944746	2010070	1835264

年度\项目	1943 财年		1944 财年		1945 财年	
	收入	支出	收入	支出	收入	支出
地方财政调整资金	67558	67558	77558	77558	101258	101258
恩给	18593	12937	19866	13682	26935	25205
共济	15789	12937	19866	13682	24004	22235
科学实验	7651	7651	9720	9720	15618	15618

续表

年度 项目	1943 财年		1944 财年		1945 财年	
	收入	支出	收入	支出	收入	支出
需品	91481	91481	112884	112884	137793	137793
都市建设	—	—	—	—	—	—
北边振兴	并入一般会计					
宿舍	60928	60928	64645	64645	46592	46592
军需厂	14368	14368	20231	20231	84468	84468
军械厂	16113	16113	20200	20200	20200	20200
禁烟	110062	98362	107074	96723	536464	461659
监狱	35013	35013	49592	49592	65359	65359
国有林	140457	140457	261441	261441	129295	129295
开拓事业	94897	94897	103850	103850	109476	109476
扶助境内开拓事业	11247	11247	14591	14591	17268	17268
赛马	废止					
国债金	546116	546116	647070	647070	696530	696530
国债整理资金	212787	212787	311204	311204	403438	403438
投资	236787	236787	283625	283625	403143	403143
国有资产整理资金	33282	32921	22805	22404	24445	24445
铁路	废止					
专卖工厂	363564	296365	234353	149219	514364	451231
水力电气	51430	51430	70488	70488	废止	
邮政	52111	51919	59835	59540	90539	88273
邮政人寿保险	24066	11040	31268	14696	42667	20548
理水事业	9480	9480	16344	16344	13138	13138
大东港建设事业	14000	14000	28270	28270	29320	29320
勤劳奉公队	16447	15762	87443	84853	184204	184204
扶助爱国勤劳队员	—	—	—	—	79750	79750
临时都市建设	—	—	—	—	150000	150000
印刷工厂	—	—	—	—	36596	36596
总计	2244227	2142422	2670929	2546042	3928865	3817142

资料来源:东北物资调节委员会研究组编:《东北经济小丛书·金融》,1947 年印行,《附表五·会计别岁出、岁入历年比较》。

是特别会计类财政收支中数额最高的几个项目。众所周知,伪满政府的所谓"鸦片禁断"政策根本就是明禁实售,以禁促销的骗人把戏,"禁烟"实则就是其掩耳盗铃地公开兜售鸦片的招牌。而在伪满的所谓"专卖品"中,鸦片专卖品的数量,鸦片专卖常常占据过半比重。可以说,公债和鸦片在伪满特别会计收支中的作用异常重要。1940—1943 财政年度特别会计收支数额总体上虽起伏不定,但变化并不大。1944 财政年度后收支开始显著上涨,到 1945 财政年度时,特别会计类财政收入伪满币3928865000 元,支出 3817142000 元,均远超往年。从中可以看出日本在垂死前还念念不忘为最后一搏而敛财的疯狂。不过该财政年度拟定的疯狂的特别财政收支预算并未实行多长时间,伪满当局就灭亡了。

就 1940 财政年度以后的一般会计类财政支出而言,由表 9-22 可知,在这一阶段中行政费与国防和治安费尽管后期在总支出比率中有略微下降的趋势,但仍然占据着一般会计支出中最重要的地位,两项支出大体维持在总支出的 85%—90%,其比率的下降大半是源于 1942 财政年度以后增加了"国库准备金"这项支出,而且这两项支出在数量上增长较为明

表 9-22　伪满一般会计财政支出决算用途分配情况(1940—1943 财政年度)

(单位:伪满币千元)

年度 项目	1940 财年		1941 财年		1942 财年		1943 财年	
	金额	比率 (%)	金额	比率 (%)	金额	比率 (%)	金额	比率 (%)
帝室费	3168	0.5	4287	0.6	5673	0.7	4997	0.5
行政费	371788	54.9	415877	58.7	494138	56.9	589928	55.9
国防和 治安费	243140	35.9	242635	34	278770	32.1	313203	29.7
征税费	16701	2.5	17594	2	21188	2.4	22146	2.1
国储费	42063	6.2	27811	3.9	40141	4.6	73070	6.9
国库准 备金	—	—	—	—	28250	3.3	51654	4.9
总计	676860	100	708204	100	868160	100	1054998	100

资料来源:中央档案馆等合编:《日本帝国主义侵华档案资料选编·东北经济掠夺》,中华书局 1991年版,第781页。

显。1943 财政年度的行政费相较于 1940 财政年度，在数量上增长了58.67%；而同期国防和治安费用也增长了 28.81%。另外，就行政费支出而言，一般行政费从 1939 财政年度占总支出的 49.3% 骤降到 1940 财政年度的 39.4%，后面几个财政年度就基本维持在 40% 左右。产业费和警察费的比率上升较为明显。其中产业费的比率，1939 财政年度占行政费总支出的 10.5%，1940 财政年度就上升到占 27.7%，1941 财政年度占22.4%，1942 财政年度则为 25%，1943 财政年度则为 22.6%；警察费的比率，1939 财政年度占行政费总支出的 12.6%，1940 财政年度占 13.5%，1941 财政年度占 20.4%，1939 财政年度回升到了 17.7%，1943 财政年度回落到了 15.7%。[1]

在东北殖民地财政运行中，公债发行一如既往地是日伪当局敛财的重要手段。由表 9-23 可知，1940 财政年度以后，尽管数字存在波动，伪满政府的公债发行额却也一直远远高于 1939 财政年度以前。特别重要

表 9-23　伪满公债发行情况（1939—1945 财政年度）

（单位：伪满币元）

项目 年度	发行	偿还	余额	伪币发行	日币发行
1939 财年	306000000	11483000	880774250	106000000	200000000
1940 财年	737490000	2140000	1616124250	537490000	200000000
1941 财年	450000000	123970000	2053727250	230000000	220000000
1942 财年	660776000	3472300	2711030950	545776000	11500000
1943 财年	426000000	44336700	3092694250	406000000	20000000
1944 财年	487000000	15431600	3564262650	472000000	15000000
1945 财年	380000000	32384400	3911878250	380000000	无
总计	4055441250	143563000	3911878250	3025441250	1030000000

注：表中"总计"项数字系自 1932 财政年度到 1945 财政年度开始总计的数据。

资料来源：中央档案馆等合编：《日本帝国主义侵华档案资料选编·东北经济掠夺》，中华书局 1991 年版，第 782 页。

---

[1]　中央档案馆等合编：《日本帝国主义侵华档案资料选编·东北经济掠夺》，中华书局1991 年版，第 781 页。

的是,在伪满政府自 1932 财政年度累计发行的 4055441250 元伪满币公债中,仅仅偿还了 143563000 元,偿还率仅有 3.54%。可以说,伪满的所谓公债基本是"有借无还"的,财政掠夺性质异常突出。正是由于这个原因,伪满国债的未偿还余额呈现出爆炸式增长。1939 财政年度公债余额尚只有 880774250 元伪满币,1945 财政年度时已经累增到 3911878250 元,增长率高达 344.14%。在伪满累计发行的 4055441250 元公债中,有 3025441250 元是在伪满国内以伪满币的形式发行,占总发行量的 74.6%。另有 1030000000 元是在日本国内以日元的发行形式再折合伪满币募集的,占总发行量的 25.4%。可以说,伪满的所谓公债主要还是搜刮自东北境内。1944 年,伪满所发行的国内公债有 260000000 元是面向贮金部认购,占 37.1%,普通银行认购的有 200000000 元,占 28.6%。余者则主要被兴业银行、商工金融合作社(伪满用来强迫工商业者进行"储蓄"的组织)、各种工商企业、"地方富裕绅及居民"、工薪生活者、民间"拔会"、保险公司等认购。其中大部分认购具有强制摊派性质,且最终大半会转嫁到中国人民身上。其中所谓的贮金部就是一个伪满当局内部用以吸收其搜刮来的各种"会计资金",进行存款生息的机构。而根据 1943 年伪经济部和伪国务院总务厅企划局联合改订的新《银行法》规定,伪满境内各种银行的资金"对于发展工商业只能投入 20%,80% 的基金要用于购买'国债'"[①]。伪满当局为了"扩大公债推销,起初对民族工商业者、私营银行、个人采取软硬兼施办法进行诱逼,及至 1943 年 5 月,伪满政府公布《资金特定用途制度》,规定各银行及工商金融合作社等金融机构,需保有相当于月存款额 30% 的公债,各公司企业得保有占纯益金一定比例的公债,所有职工也都必须按工资收入的一定比例承购相应的公债。给人民生活造成极大困难"[②]。

　　除了税收和公债以外,强制储蓄也成了日伪当局在其统治后期聚敛

---

　　① 于祺元:《长春文史资料 第 75 辑 往事存真》,长春市政协文史资料委员会 2007 年版,第 102 页。

　　② 长春《金融志》编辑室:《长春市志资料选编第 5 辑·长春金融史料》,长春地方史志编纂委员会 1989 年版,第 90—91 页。

财富的一种别出心裁的重要手段。早在 1935 年 10 月，伪满就在其官吏系统内部强制推行了"义务储蓄"，规定月收入在 50 元以上者就要每月储蓄 3%，200 元以上者则要储蓄 5%。不过，当时这种强制储蓄主要面对伪满殖民政府中的高收入者，所以流毒不广。后来，伪满当局慢慢发觉这种"强制储蓄"是一项敛财的好办法，就开始将魔爪伸向普通的中国民众。1939 年 5 月，伪满当局就制定了"规定'国民'平均每人储蓄 12.5元，开展 5 亿元储蓄运动"的规划。① 1940 年时，该项储蓄计划由作为日本殖民政策主要贯彻者的协和会出头，以"筹措产业开发资金，防止通货恶性膨胀"的名义进行强行推进，并最终发展为"始于城市，遍及农村"的"国民储蓄运动"闹剧。为了确保储蓄指标顺利完成，日伪当局在伪满全国的城乡按地域和工作单位分别组织成立了"国民储蓄实践委员会"，该委员会前期是由伪满当局督导，后期(1944 年 3 月以后)直接隶属于政府机关。② 储蓄对象如果有工资则储蓄额强制每个月在工资中扣除，一般无工资居民的储蓄额就靠上述"储蓄实践委员会"分行业每月挨家挨户催缴。1942 年，伪满当局又公布了《国民储蓄会法》，将储蓄作为"国民"强制必须完成的"义务"，并在邮局、合作社、保险公司以及各种金融机构中强制摊派储蓄，并组成各种储蓄"挺身队"，胁迫群众参加储蓄。"被指定的认购数若完不成，即被视为违法，有的竟被抓去当劳工"。伪满当局对于这种"国民储蓄"的搜刮形式，也运用得越来越贪婪。1939 年的储蓄目标尚仅有伪满币 5 亿元，"1945 年竟把目标额扩大到60 亿元"③。

　　除了"国民储蓄"外，日伪当局还想出了其他五花八门的强制储蓄名目来搜刮民财，如"出卖不动产储蓄""小学生储蓄""邮政义务储蓄""瘾君子储蓄""银行职员储蓄""圣战必胜储蓄"等。开始是要求"国民"在出卖不动产时，将所得部分强制储蓄。到后来连买化妆品、娱乐消遣，甚

---

① 通河县地方志编纂委员会编纂:《通河县志》，中国展望出版社 1990 年版，第 341 页。
② 赤峰市地方志编纂委员会编:《赤峰市志》，内蒙古人民出版社 1996 年版，第 1547 页。
③ 长春《金融志》编辑室:《长春市志资料选编第 5 辑·长春金融史料》，长春市地方史志编纂委员会 1989 年版，第 89 页。

至到饭馆吃饭、买烟、买酒也要搭一定比例的"圣战必胜储蓄票"。上述提到的那些储蓄票大多"只能存，不能取"，或是必须存很长时间才允许支取，与抢劫无异。[①] 在农村也要实行"配集储蓄"，按已经被严重压低的"出荷粮"价格的 20% 在农民交"出荷粮"时强迫其储蓄。[②] 伪满政府所搜刮的这些储蓄款，大多又被其强制银行认购了伪满那些基本不偿还的国债，并最终变成了其一般会计和特别会计财政收支的一部分。从强制储蓄到公债再到财政收入，构成了伪满财政体系内独具一格的资金掠夺链条。

除了上述强制储蓄外，伪满政府还搞了不少所谓的"有奖债券"用来坑骗人民，如伪满当局以"奖励国民节约储蓄，吸收散布于民间之零碎资金，以政府开发产业及助长国民经济所需之长期低利资金，并借以调节通货"的名目，通过了《储蓄债券法》，决定发行票面价格达到实际售价 1 倍、30 年内随机抽签还款的"储蓄债券"，并在偿还时再进行 1 次随机抽奖，最高奖金达 1000 元伪满币。这实质上是一种结合了"彩票"和"债券"双重性质的"有奖债券"。当时确实诓骗了不少东北人民，第一次发行就一次卖出了 200 万元。后来，骗人把戏被识破，销售量有限。伪满政府就变本加厉，竟在推进"国民储蓄运动"过程中，在"各机关及公司于发放赏金时，强制摊派公债及该项债券"[③]。变诓骗为强售，也从侧面反映出这种"有奖债券"的资金掠夺本质。另外，伪满政府还先后发行了福民奖券、水灾赈济彩票、劳工裕民彩券、航空彩券等彩券，这些彩券中奖率低，发行量大，尽是坑钱骗人的把戏，着实给伪满政府骗得了不少钱财。

1940 财政年度以后的伪满地方财政也发生了很多新的变化。在此期间，日伪在地方上的统治更加残暴，税收掠夺也爆炸性增长，因此原来本已数额庞大的地方"治安维持"和征税费用支出也随之膨胀。此外，在伪满的统制经济体制逐步确立后，进行农产品出荷"督励"、组织经济警

---

① 丹东市金融志办公室编：《丹东市金融志 1876—1985》，辽宁大学出版社 1995 年版，第 26 页。

② 辽宁省委党史研究室：《辽宁省抗日战争时期人口伤亡和财产损失》，中共党史出版社 2015 年版，第 71 页。

③ 东北物资调节委员会研究组编：《东北经济小丛书·金融》，1947 年印行，第 217 页。

察等维系统制经济体系运作的费用支出也是与日俱增。在上述形势下,伪满原有地方财政"大部分依靠国库的补助费,极端缺乏自主性和灵活性"的状况,就开始暴露出"地方团体很难根据其行政情况,制订必要的财政计划,所以,在很大程度上阻碍了地方行政工作的开展"的弊端。因此,伪满政府在1940年12月3日制定了《地方财政确立要纲》,力图扩大地方财政的"灵活性和自主性"。该要纲中不但重新调整了中央和地方之间的税收分配关系,如把原属于"中央财政"的土地税、营业税、出产粮石税、矿区税、矿产悦、禁烟特税等税收分出50%的比率充实地方财政,还把"地籍整理"掠夺来的一些"无主地",以及其他"国有资产""尽可能地处理给"地方政府,以充实其"基本财产",并调整了省和县市旗之间的税收分配,重点加强后者的"财政计划性",甚至不惜承认县市旗级别的地方政府有独立设置地方税项目的权力,允许其"可以开辟途径,进行限制外课税"。①

在此之后,伪满地方税名目进一步增加,搜刮的数量也进一步增加,一定程度上能够保证伪满政府进行经济统制的经费需要。至1944年,伪满的地方税体系中省税包括:以牲畜税为代表的"固有税";勤劳所得税附加税(相当于正税的50%)、法人所得税附加税(正税的25%)、出产粮石税附加税(正税的50%)、矿区税附加税(正税的25%)、矿产税附加税(正税的65%)、禁烟特税附加税(正税的25%)等国税的附加税;土地税(省财政收走征税额的50%)、营业税(征税额的50%)、出产粮石税(征税额的50%)、矿区税(征税额的50%)、矿产税(征税额的50%)、禁烟特税(征税额的50%)、事业所得税(征税额的30%)、家屋税(征税额的100%)等与国税瓜分税收的"分与税"。市县旗税包括:事业所得税附加税(正税35%)、家屋税附加税(市收取正税的87.5%,县收取正税的50%)等国税附加税;地捐、市民捐(每人三元)、各种法定杂捐(车捐、船捐、渔业捐、不动产取得捐、牲畜捐、屠宰捐等)、各种许可杂捐(电灯电热消费捐、不动产增加捐、佣人捐、接待人捐、牲畜捐、畜犬捐、行商捐、出产

① 中央档案馆等合编:《日本帝国主义侵华档案资料选编·东北经济掠夺》,中华书局1991年版,第770—772页。

粮石捐、林业从事捐、狩猎捐、席捐、山货捐等);特别卖钱税分成税收额的 12.5%;并允许县旗加收 50% 的禁烟特税。街税包括门户费、地费、家屋费、杂种费。村费包括门户费和地费。① 地方财政收支也随着税收名目的增加而暴增,其中省财政收入从 1939 财政年度的一般会计类伪满币 31175464 元,特别会计类 56194903 元,合计 87370367 元,增长到 1942 财政年度的一般会计类 80952691 元、特别会计类 82668568 元,合计 163621259 元,增长了 87%。市县旗财政收入从 1939 财政年度的 109112858 元,增长到 1942 财政年度的 268981688 元,增长了 146.5%。村街财政也从 1939 财政年度的 62361401 元,增长到 1942 财政年度的 115086278 元,增长了 84.5%。在支出部分中,行政费用支出和警察费用支出的地位均异常突出,其资金增长趋势也十分明显。1939 财政年度,地方行政费开支为市县旗 16898865 元,村街为 19296704 元;1942 财政年度市县旗为 36201765 元,村街为 50015805 元,分别上升了 114.2% 和 195.97%。1939 财政年度,警察费开支为省财政支出伪满币 25382973 元,市县旗财政 17604817 元;到了 1942 财政年度则为省财政 32504187 元,市县旗财政 44317620 元,分别上涨了 28% 和 157.4%。② 而行政费与警察费对于维系日本在东北地区的殖民统治至关重要,可以说伪满地方财政中维系统制经济体系和民族压迫的特性表现得非常明显。

伪满财政政策上诸多"暴政"的推行,有赖于其对东北税收机构的殖民化改造和控制。如前所述,伪满建立初期,就对东北地方基层税务权力系统进行了殖民渗透,将税务监督署和税捐局的实权掌握在派遣下来的日本官员手中。到了伪满后期,这种情况更加明显,不但税收机构中日本人的比率较前期大幅度增加,甚至在基层税收机构中连很多科级单位的实权也开始落入日本人手中。如在沈阳铁西的税捐局中,不但"历届局长都是从日本国内税务机关派来的高级官员。各级的科长、股长都是日

---

① 满洲中央银行调查部:《調查彙報(第 1 辑)》,伪"康德"十一年(1944 年)印本,第 184—185 页。

② [日]新潟大学大学院现代社会文化研究科:《现代社会文化研究》第 50 期,2011 年 3 月,第 41—44 页。

本人。只有一个经理科科长是中国人,因为这个经理科没有掌管税务实权的职能"①。在税务系统中,除对少数汉奸官吏进行高薪拉拢外,日本职员和中国职员的待遇也截然不同,一般来说日本人不但比中国人工资高1倍有余,还单独享有中国职员没有的宿舍、休假、特殊生活用品供应等待遇。不过,对于税务系统中的少数中国官员,日本人也并不信任,"动辄扣以反满抗日的罪名"②。

日伪对税收机构殖民化控制的加强,不但大大提高了其征收各种"恶税"进行掠夺的效率,也使得其可以如臂使指地对无力缴纳这些"恶税"或是逃税的中国人进行残酷的处罚。早在1936年,伪满当局就指定了《租税犯处罚法》对逃避或不能按期缴纳租税者进行处罚。这个处罚法的厉害之处在于,"对一切有关租税犯案件,除涉及刑事诉讼应送交法院处理外,税捐局长有权审理和宣布即决处分,并对执行征收和对租税犯进行搜查的税务官吏赋予强制搜查权"③。这种所谓的"即决处分",不需要通过司法和检察机关的任何立案、审查、诉讼、审判程序,就可由税务机关的日伪官员自行决定对所谓的"租税犯"进行讯问、搜查、没收、拘留并实施各种处罚措施。④ 在实施过程中,日伪税收机构对于这些"租税犯""走私犯"(违反伪《关税法》)的处罚常常到了惨绝人寰的地步。如在鞍山地区,日伪税捐局利用"即决处分权",随意大肆对所谓违反租税法者处以罚金甚至查封财产,老百姓"谁也不敢上诉"⑤。更有甚者,在伪安东税关,对于逃避关税者"不但使用皮鞭、讨电、灌凉水或辣椒面等,还别出心裁发明'狗撕'(指挥狼狗撕咬受刑者身上的肉吃)和'下水'刑罚(把受刑者放入江水中,濒死后再捞起,如此反复数次;或用开水灌进受刑者

① 年介恒:《沈阳市铁西税务志1935—1990》,沈阳市铁西税务编纂委员会内部资料1990年印本,第148页。

② 中国人民政治协商会议吉林省图们市委员会文史资料研究委员会编:《图们文史资料第1辑》,内部资料1987年印本,第79页。

③ [日]田村敏雄:《满洲帝国经济全集5租税篇前篇》,东光书苑伪"康德"五年(1938年)版,第94页。

④ 郑树模主编:《辽宁税务志1840—1989年》,辽宁人民出版社1998年版,第574页。

⑤ 中国人民政治协商会议鞍山市委员会文史资料委员会编:《鞍山文史资料选辑》第9辑,内部资料,1992年印本,第91页。

口腔)"。甚至还有直接用刀刺死被怀疑售卖走私品小贩的情况①。

　　经过伪满当局的数次税制"整理"再加上数次"战时大增税",东北人民的财富被大量掠夺,税收负担十分沉重。1937 年,东北地区平均每人税收负担额为伪满币 6.68 元,1940 年上升到 12.5 元,1943 年更是上升到了 16.2 元。在短短 6 年间,每人的税收负担就上升了 142.5%。② 单就东北地区地方税收负担而言,1937 财政年度东北地区每人负担的省地方税为伪满币 0.16 元,市县旗税为每人伪满币 0.84 元,街村税为每人伪满币 0.82 元,合计每人地方税负担伪满币 1.79 元。到了 1941 财政年度,东北地区每人负担的省地方税为伪满币 1.44 元,市县旗税为每人伪满币 1.85 元,街村税为每人伪满币 1.67 元,合计每人地方税负担伪满币 4.96 元。4 年间人均省税负担上升了 800%,人均市县旗税负担上升了 120.2%,人均街村税负担上升了 103.7%,总计人均地方税负担上升了 177.1%。③ 另外,东北人民每人平均背负的公债负担,也随着伪满日益膨胀的公债发行和强制摊派而急剧上升。1937 年时,伪满每人负担公债为伪满币 12.04 元。到了 1943 年时,上升到伪满币 66.17 元。不过,上述公债数据中有相当一部分是对外发行的公债。若只按对内发行的国债和地方债计算,1937 年时每人平均负担额为伪满币 6.81 元,1940 年为每人伪满币 27.62 元,1942 年为每人伪满币 44.09 元,1943 年为每人伪满币 45.44 元,6 年间每人负担的公债额上升了 567.25%。④

　　除了上述苛捐杂税和公债外,东北人民还要承受很多额外的财政负担,诸如变相财政税收、税务官吏敲诈勒索等。日伪当局在东北地区搞的各种变相财政税收,五花八门,可以说是利用了一切能想象出来的名目,

---

　　① 中国人民政治协商会议辽宁省丹东市委员会文史资料研究委员会编:《丹东文史资料第 1 辑》,内部资料,1984 年印本,第 60—61 页。

　　② 东北财经委员会调查统计处编:《伪满时期东北经济统计(1931—1945 年)》,1949 年印本,(11)—5。

　　③ 中央档案馆等合编:《日本帝国主义侵华档案资料选编·东北经济掠夺》,中华书局 1991 年版,第 790 页。

　　④ 东北财经委员会调查统计处编:《伪满时期东北经济统计(1931—1945 年)》,1949 年版,(11)—6。

其中不仅有变相货币税收,还有变相的实物税收,诸如天照大神费、飞机献纳金、金属献纳、各种神社献纳金、各种部队或军事行动赞金等。所谓飞机献纳金,就是强行在各地挨家挨户地收取"赞助"日本制造战斗机的"献纳金"以支援"大东亚圣战"。在锦州地区,日本居然无耻到强行胁迫当地学校师生不准穿鞋走路,进行所谓"赤足练成"运动,把节省下来的鞋袜钱去充当"飞机献纳金"[1]。另外,日伪还不定期地大搞各种变相的实物税征收。如1943年日伪当局强行制定了《金属类回收法》,规定东北人民手里的53种金属制品都要加以强行回收,以供其造武器之用。在北镇地区,不但诸如家具上的小五金件等日常生活用品都被强行"回收",连"已登记允许保护的神佛铜像"也被其强行掠走,"最后连一把金属汤匙都不给留下"。还强行要当地居民定量缴纳如猪鬃、猪毛、狗毛等各种实物,"从军用萝卜干到细菌部队作试验用的田鼠"都有缴纳要求。[2]在岫岩县,日伪当局竟然要求当地每户中国居民缴纳野兔皮一张,并强行掠走居民家里的狗,"以供军资"。[3] 日伪这些无理的变相税收要求,常常和各种苛捐杂税一样搞得中国商民苦不堪言。从哈尔滨双合盛制粉厂的捐献款清单来看,1943年7月10日至1945年5月15日,其在两年不到的时间里被日伪以各种"献金"名义共计勒索了19次之多,勒索名目包括:飞机献金(勒索了5次)、法人市民捐、军警劳工慰灵祭、第25团(疑为联队)军旗祭、第2高射炮部队北镇神庙秋祭、王道书院寄附金、博览会协赞金、太平神社献纳金、哈尔滨市飞机场建设献金、东分区援护金、王道书院赞助金、军人后援会赞助金、劳务报国队援护金、哈尔滨思想练成保护金、哈尔滨3月会捐款等,总计勒索了伪满币85231元。[4] 另外,因为中

---

① 中国人民政治协商会议锦州市委员会学习文史委员会编:《锦州文史资料 第9辑 锦州教育文化今昔》,内部资料,1990年印本,第59—60页。

② 政协北镇满族自治县文史资料委员会编:《北镇文史资料第8辑伪满时期史料专辑》,内部资料,1986年印本,第27页。

③ 中国人民政治协商会议辽宁省岫岩满族自治县委员会文史资料研究委员会编:《岫岩文史资料第2辑》,内部资料,1988年印本,第30—31页。

④ 中央档案馆等合编:《日本帝国主义侵华档案资料选编·东北经济掠夺》,中华书局1991年版,第807—808页。

国官员在伪满税收体制内没有实权,中国职员工资也远少于日本职员,所以他们常常串通起来,运用手里仅有的权力敲诈勒索,危害乡里。如鞍山税捐局的"大部分(中国籍)局长课长,无所事事、手提文明棍,日出而出半夜方归,走商号,串买卖,抽大烟,打麻将,勒索商民,偷税分肥,勾结员工通同作弊。逢年过节,商民送礼,庖厨充盈。一般的科股长和职员,工资收入少,又无其他待遇,可利用职权,欺诈勒索商民,也有利可图"①。这也给饱受日伪当局诸多"恶税"掠夺的中国人民带来了二次伤害。

需要特别强调的是,在伪满统制时期,日本人和中国人的税收收取标准无论在制度上还是在实际操作中都是截然不同的。首先,日本人的税收缴纳完全由税务部门中的日本人亲自处理,中国人根本无从过问,"实际上是从轻征收"。而法人所得税等税的收取办法制订过程中,也刻意地"保护了日本人的工商业"②。其次,日本人在《租税犯处罚法》等方面,享有领事裁判权。伪满的各种税收机关在执行处罚政策时根本管不到日本人头上,这实际上是变相地鼓励和保护了日本人逃税。再次,日本人在伪满的很多税收项目上根据《关于日本臣民适用满洲国租税法的规定》,享有特权的减税优惠待遇。③ 最后,在实际的税收征收过程中,税收常常是被日伪当局作为一种"垄断市场,保护日商,打压华商"的手段。因此,但对于日商中的一些大资本家,"税务机关对此无可奈何"。对于一般日商也"从税法以至征收的方法程序,都有优惠和庇护"。很多日本税务员也明显偏袒日商,"所谓课税,徒具形式而已"④。伪满的税收体制这种民族差异性,显示出其明显地具有专门针对中国人民进行掠夺的民族压迫性和殖民性。

---

① 中国人民政治协商会议鞍山市委员会文史资料研究委员会编:《鞍山文史资料选辑》第3辑,内部资料,1984年印本,第79—80页。

② 孙邦:《伪满史料丛书·经济掠夺》,吉林人民出版社1993年版,第664页。

③ 长春市地方史志编纂委员会编:《长春市志资料选编长春税捐史料》,内部资料,1987年印本,第72页。

④ 中国人民政治协商会议鞍山市委员会文史资料研究委员会编:《鞍山文史资料选辑》第3辑,内部资料,1984年印本,第84页。

第二节 伪"蒙疆"政权的财政

1937年7月,日本全面侵华战争爆发后,日军在华北决定"迅速对河北省内的中国军队以及中国的空军主力给予打击",以期快速占领整个华北。[①] 日本关东军在沿平汉线向保定、石家庄方向;沿平沈线、津浦线分别向天津、秦皇岛,天津、沧州方向长驱直入的同时,派遣"察哈尔派遣兵团"(后称"蒙疆兵团")沿平绥线奔袭张家口、大同、绥远,先后发动"察哈尔作战"和"绥远作战",逐步占领了张家口、大同、归绥等地,形成了关东军侵占察南、晋北和绥远的局面。关东军为快速侵吞、分裂内蒙古,"准备对苏作战,要在华北、蒙疆建立地方政权、建立日、满、华北经济同盟的基础"[②],相继在张家口、大同、归绥等地成立察南、晋北、伪"蒙古联盟自治政府"三个伪政权。为了便于加强控制和统一指挥,关东军随后策划将联合察南、晋北和伪"蒙古联盟自治政府"这三个伪政权。在关东军的直接操纵下,三个伪政权于1937年11月在张家口正式签订《蒙疆联合委员会成立协定》,明确规定,伪"蒙疆联合委员会""处理有关产业、金融、交通及其他重大事项;各政权将原有权力的一部分,委交本会行使之""非经各政权之同意,不得脱离本委员会"。[③] 目的是通过伪"蒙疆联合委员会"对三个傀儡政权重要产业部门的整合,扩大和强化对伪"蒙疆"的侵略。1938年关东军"蒙疆兵团"改组为"驻蒙兵团",又于同年7月提升为"驻蒙军"。在不断强化对伪"蒙疆"地区控制的局势下,日本驻蒙军又决定在伪"蒙疆联合委员会"的基础上改组成立"蒙疆联合自治政

---

① 日本防卫厅防卫研究所作战史室:《中华民国史资料丛稿译稿第5辑——中国事变陆军作战史》第1卷第1分册,田琪之译,中华书局1979年版,第211页。

② 日本防卫厅防卫研究所作战史室:《中华民国史资料丛稿译稿第5辑——中国事变陆军作战史》第1卷第2分册,田琪之译,中华书局1979年版,第127页。

③ 卢明辉:《蒙古"自治运动"始末》,中华书局1980年版,第246页。

府"。1939 年 9 月,伪"蒙疆联合自治政府"正式出笼,下设政务院、参议府、最高法院等。其中政务院下辖总务、民政、治安、司法、财政、产业、交通七部,以及牧业总局、税务监督署、榷运清查总署等多个局署。① 1941年 8 月又改为伪"蒙古自治邦"。

当时伪"蒙疆"地区的经济发展状况主要表现为产业落后、以农畜产品输出为主,金融体系混乱、商业资本对外依赖大,生产规模总体规模狭小,生产力水平低下。鉴于此,为确保财源稳定,无论是三个伪政权分立时期还是伪"蒙疆联合自治政府"时期,仍旧沿袭此前南京国民政府在察哈尔省、山西省、绥远省的税制。如伪"察南政府"的税收主要分为直接税、间接税和特税三大类;伪"晋北政府"税收主要分为关税、国税、印花税三类;伪"蒙疆联盟"政府的财政收入主要分为部、盟、市三大类。1937 年成立伪"蒙疆联合委员会",初时经济统制集中于产业、金融、交通等领域,为保持财政稳定,同样沿用先前三伪政府所设立的税收制度。

1939 年,三个伪政权合并为伪"蒙疆联合自治政府"后,将三个伪政权各自分散的征税机构进行整合,并新设税务监督署于张家口、大同、厚和。其中,张家口税务监督署负责监督张家口、多伦等 15 个税务局;大同税务监督署负责监督大同、应县等 11 个税务局;厚和税务监督署负责监督厚和、包头等 11 个税务局。② 三伪政权在合并初期,依旧沿用传统的税收体制,分为国税和地方税两部分。其中国税包括:营业税、法人税、营业所得税、出产税、矿区税、矿产税、牲畜税、屠宰税、烟税、酒税、卷烟统税、棉纱统税、麦粉统税、火柴统税、水泥统税、物品税(即陆关税)、通行税、印花税、纸币发行税、鸦片税、盐税;地方税划分为特别市税、市县税、街镇乡村税(契税附加捐、屠宰附加捐、营业税附加捐、地捐、房捐、户别

---

① 中国第二历史档案馆编:《中华民国史档案资料汇编》第 5 辑第 2 编附录上,凤凰出版社 1998 年版,第 9 页。

② [日]高木翔之助编:《北支·蒙疆年鉴·蒙疆篇》,北支那经济通讯社 1941 年版,第51 页。

税杂种捐、地捐附加费、门户费、杂种费等)。①

由于受战争的影响,伪"蒙疆"地区的人口大量逃亡,对伪"蒙疆"汉奸政权财政收入产生重大影响。1939 年,伪"蒙疆"汉奸政权田赋税预计244 万元,实际仅收 144.8 万元。② 其后随着征税机构的整合加强,以及当地经济的少许恢复,人口部分回流,1940 年伪"蒙疆政权"一方面将伪"蒙疆"地区此前存在地域差别的税目转换为统一的税率。如将过去种类繁多的地方税整合为契税附加捐、屠宰附加捐、营业税附加捐、地捐、房捐、户别捐、杂捐(观览捐、车捐、游兴饮食捐等)7 种县市税和有地捐附加费、房捐附加费、门户费、杂费 4 种街镇乡村税。③ 另一方面,将主要征税对象转移到商业与贸易领域,并先后颁布《出产税法》《营业税法》《四种统税法》等。传统的田赋在伪"蒙疆政权"财政中的地位逐渐下降,在1940 年 1—4 月,伪"蒙疆政权"营业税为 68 万元,田赋为 24 万元。④ 据表 9-24 可知,1942 年和 1943 年,田赋占财政收入仅为 7% 左右。基于以上的税制调整,伪"蒙疆"地域内税制逐渐趋同,税制整顿的效果亦可通过财政岁入得到显现。由表 9-24 可知,从 1942—1943 年,伪"蒙疆政权"各项收入增减不一,但财政岁入整体呈上升趋势;各项税收虽有递减,但收入依然可观;税收的总体支出从 1942 年的 1590 万元上升增至1943 年的 1753 万元。

同时,当时伪"蒙疆政权"在财政支出方面,还"断然实行了一般行政费的节减"和"收支合理化"等举措,并制定新会计法,"确立划一的会计制度"⑤,至 1943 年实现了预算中收入与支出的基本平衡。

---

① 黄建伟:《伪蒙疆政府的税制》,《草原税务》1995 年第 12 期。
② [日]高木翔之助编:《北支·蒙疆年鉴·蒙疆篇》,北支那经济通讯社 1941 年版,第44 页。
③ [日]高木翔之助编:《北支·蒙疆年鉴·蒙疆篇》,北支那经济通讯社 1941 年版,第149 页。
④ [日]高木翔之助编:《北支·蒙疆年鉴·蒙疆篇》,北支那经济通讯社 1941 年版,第44 页。
⑤ 居之芬主编:《日本对华北经济的掠夺和统制——华北沦陷区经济资料选编》,北京出版社 1995 年版,第 910 页。

表 9-24　伪"蒙疆自治政府"财政预算收支比较(1942—1943 年)

(一)岁入　　　　　　　　　　(单位:蒙疆券元)

项目	类别	1942 年 金额	1942 年 百分比(%)	1943 年 金额	1943 年 百分比(%)	增(+)减(−)额 金额	增(+)减(−)额 增减(%)
租税收入	田赋	1122200	7	1296514	7	+174314	116
	禁烟特税	3906512	25	6837000	39	+2930488	177
	法人附加税	—	—	31000	0.2①	+31000	—
	小计	5028712	32	8164514	46.2	+3135802	162
税外收入	官业收入	864520	5	699507	4	−165013	81
	官产收入	314371	2	372215	2	+57844	118
	结余金	395382	3	800000	5	+404618	202
	跨年度收入	346683	2	1205975	7	+859292	348
	小计	1920956	12	3077632	18	+1156672	160
调整收纳金		1435530	9	1139980	7	−295550	79
国库补给金	一般补给金	5602306	35	3600000	20	−2002306	64
	特别补给金	1916411	12	1543424	9	−372987	81
	小计	7518717	47	5143424	29	−2375293	68
总计		15903915	100	17525550	100	+1621635	110

(二)岁出

项目	1942 年 金额	1942 年 百分比(%)	1943 年 金额	1943 年 百分比(%)	增(+)减(−)额 金额	增(+)减(−)额 增减(%)
公署费	178151	1.1	159692	0.9	−18459	90
医务费	3854618	24.2	4757376	27	+902758	123
教育费	686862	4.3	747898	4.2	+61036	109
卫生费	911648	5.7	736688	4.2	−147960	81
产业费	636863	4.4	899589	5.1	+262726	141

续表

年份 项目	1942 年		1943 年		增(+)减(−)额	
	金额	百分比 (%)	金额	百分比 (%)	金额	增减 (%)
土木费	2181452	13.7	2852372	16.3	+670920	131
营缮费	425820	2.6	976397	5.5	+550577	230
弘报宣传费	119300	0.7	130265	0.7	+10965	109
地方指导费	28891	0.1	140601	0.8	+111710	487
财务费	378571	2.3	550833	3.1	+172262	146
调查费	13500	0.1	180488	1	+166968	1337
辅助费	1027845	6.4	300500	1.7	−727345	29
补给费	4099528	25.7	3420700	19.5	−678828	84
预备费	1221610	7.6	1529870	8.7	+308260	125
其他	139796	0.8	142281	0.8	+2485	108
总计	15903915	100	17535550	100	+1621635	110

注:①因法人附加税于 1943 年开始征收,故 1942 年为 0,原表并无 1943 年比例,本表比例根据其在 1943 年总收入的比重计算而成。

资料来源:居之芬主编:《日本对华北经济的掠夺和统制——华北沦陷区经济资料选编》,北京出版社 1995 年版,第 910 页。

    1943 年后,日军因太平洋战争失利、长期战争耗费巨大等因素,加紧了对伪"蒙疆"地区的经济掠夺,要求伪"蒙疆联合自治政府"对 1940 年颁布的一系列税收制度进行调整,如扩大税收,对最常用的日用品提高税率等,竭泽而渔的财政税收洗劫,最终导致伪"蒙疆政权"的财政萎缩和崩塌。

    伪"蒙疆"地区作为日本侵略者全面侵华的第一批沦陷区,很早就被日本侵略者定义为:"作为日满华经济同盟的一部分担负着适应日本战时经济要求的生产力扩充以及外汇获得(或者外汇节约)的重要任务,就是要成为矿产资源(煤炭和铁)以及畜产品(主要是羊毛)的供给基地。"[①]因而,在

---

    ① [日]杨井克巳:《蒙旗经济の再编成について》,《蒙古》1940 年第11 期。

日本侵略者占领伪"蒙疆"地区之后,便开始制定各种政策掠夺资源,以迎合其侵华战争的需要。如1939年日本侵略者通过伪"蒙疆联合自治政府"颁布的《物资统制法》明确规定:"政府对认为有必要的物资之生产、配给、转让处理、使用消费、保有及场所变动等有权进行统制,同时对认为有必要的价格运费、保管费、保险费、租赁费及加工费等由政府决定费率,政府认为有必要时可以决定同种或异种事业之事业主,命令设立以统制该事业为目的的组合。"①根据该法,日本侵略者可以通过伪政权随时将任何"统制"物质,指定价格出售。此后,日本侵略者逐步对伪"蒙疆"地区的贸易进行强制管理。

伪"蒙疆"贸易输出,以鸦片为第一要义,占税额高达40%,其鸦片收入是伪"蒙疆政权"财政收入的主要来源。1939年7月,日本侵略者在伪"蒙疆"地区实施新的鸦片政策——清查制度,并对鸦片的生产及销售进行专制。1940年,制定了《鸦片收购机构改革实施要纲》,解散原指定的收购垄断机构"蒙疆土药股份公司",成立以鸦片收购人为中心的"蒙疆土业组合",通过给予鸦片商人一定的利润,由鸦片商人根据市场行情运行,而伪"蒙疆政权"以禁烟特税的名义,获取资金。据表9-21,1942年禁烟特税已占财政收入的25%,但随着日军在太平洋局势逐步走向颓败,为进一步掠夺伪"蒙疆"地区人民财富支撑日本侵略战争,伪"蒙疆"地区的鸦片贸易加速扩张。1943年,伪"蒙疆政权"财政收入中禁烟特税增至39%。这一方面显示出了日本侵略者在伪"蒙疆"地区种植鸦片并进行贩卖毒害中国人民,另一方面也显示出伪"蒙疆政权"财政的无力,只能依赖罪恶的鸦片贸易。

总之,伪"蒙疆政权"是由日本侵略者为巩固其在华北地区的统治而设立的傀儡政权,其财政政策多是围绕如何开发伪"蒙疆"、如何挖掘其资源限度展开,谋求建立殖民经济并为全面侵华战争服务。

---

① [日]高木翔之助编:《北支·蒙疆年鉴·蒙疆篇》,北支那经济通讯社1941年版,第115页。

第三节　华北伪政权、梁伪"维新政府"和
汪伪"国民政府"的财政

　　日本侵略者自"七七事变"之后,对华实行全面侵略,为达到长期霸占中国领土的目的,又要掩盖其侵略野心,日本侵略者根据侵占中国东北的经验,迫不及待地在新占领区内扶持傀儡政权。先后在华北地区成立"华北伪政权"、华中成立梁伪"维新政府",造成该地区仍由中国人统治的假象。实际上,这两个傀儡政权的实权都是由日本侵略者控制,特别是其财政完全成为日本侵略的工具。汪伪国民政府成立后,先前成立的两大傀儡政权合并到汪伪政权之中,而其财政运作机制也被汪伪政权所继承。随着日本发动太平洋战争,侵略范围的扩大,汪伪政权的财政逐步被日本侵略者控制,最终因日本侵略者的战败而瓦解。

一、华北伪政权和梁伪"维新政府"的
成立及其财政措施

　　1937 年,日本发动全面侵华战争,北平、天津相继沦陷。华北对于日本侵略者来说,战略意义极其重要,除了可以巩固伪"满洲国"后方的政治力量外,还是日本侵略者意图称霸"大东亚"的一个重要战略基地。日本侵略者为了灭亡中国,在政治上采取"以华制华、分而治之"的策略,因此战争一爆发,日本华北驻屯军不仅在军事上占领华北,还很快在平、津两地利用北京市政府时代的政客王克敏等人组建傀儡政权。1937 年 8月底,在日军尚未占领南京之前,日本侵略者设想"在北方建立新的政权,不应作为华北的地方政权,而应成为取代南京政府的中央政权,其政

令应普及到日本军势力范围"①,日本侵略者采取多方措施,企图诱降南京国民政府中的人员参与炮制伪政权,并多方游说吴佩孚等原北洋政府的高层,不过最终未能如愿。1937 年 12 月 13 日,日本占领南京,进行了残暴的南京大屠杀,企图磨灭中国人的抗战精神和打击国民党政府的信心,给国民党政府施加心理上的压力,同时准备立即建立能取代国民党政府的具有全国性质的伪政权。12 月 14 日,华北伪组织和伪"冀东防共自治政府"合并,在北平成立伪"中华民国临时政府",管辖山西、河北、河南、山东 4 省及北平、天津两市,这个伪政权由于没有找到合适的人选担任"总统",故不得不将汉奸政权名称定为"临时政府",它盗用"中华民国"的年号,以北京政府时期的五色旗为"国旗",以"卿云歌"为"国歌",标榜实行三权分立制度,伪"临时政府"由王克敏总揽,下设行政部、财政部、治安部、教育文教部、法制实业部和灾区救济部等机构。②

对日本侵略者来说,华北伪临时政府的成立,是其南下侵华的一大政治和经济上的"战略"。紧接着,"八一三沪战"后,日本侵略军溯江而上,将魔爪伸向了华中地区。对日本侵略者而言,华北地区的战略意义重大,华中则具有强大的经济优势。不过当时日军未打通津浦线,华北与华中的两块占领区无法连成一体。在"分而治之"政策下,京(南京)沪一带势必另行成立一个在本地区内相对统一的伪政权,以作华中日军的侵略工具。另外,华北、华中的日军分属华北方面军、华中派遣军两个军事政治系统,这二者又各受日本陆军和海军两大集团影响。华北日军扶植了一个伪"临时政府",华中日军则不甘落后,华中派遣军司令官松井石根、畑俊六先后积极着手筹建由自己掌握的傀儡政权。1938 年 1 月 16日,日本首相近卫发表声明,"尔后不以国民政府为对手,期待足与日本真正提携之新兴政权成立与发展,与之调整两国国交,协力建设更生之新

---

① 吴景平、曹振威:《中华民国史》(第 9 卷上册),中华书局 2011 年版,第 215 页。
② 居之芬主编:《日本对华北经济的掠夺和统制——华北沦陷区经济资料选编》,北京出版社 1995 年版,第 51—52 页。

中国"①。日本侵略者随即于 1938 年 3 月 28 日在南京成立以梁鸿志为首的伪"中华民国维新政府"。与华北伪"临时政府"一样,梁伪"维新政府"采取三权分立政策,行政院是伪"维新政府"最高行政机关,由梁鸿志任行政院院长,行政院设秘书厅、铨叙、考试、统计、典礼、印铸、侨务局及外交、内政、财政、实业、绥靖、交通、教育等部。②

华北汉奸政权和华中汉奸政权的财政架构与劫夺方面,华北汉奸政权的财政是由伪"华北政务委员会"下设的财政部专门负责管理。自伪政权成立以来,伪"华北政务委员会"通过确立预算制度、改造税制、整顿国有资产、扩充征税机关等措施,最大限度地恢复和增加了南京国民政府时期的三大税收——关税、统税和盐税。在 1938 年"华北伪政权"公布的财政收入中,关税为 7349 万元,盐税为 1864.9 万元,统税为 3965.1 万元,合计 1.32 亿元。但在 1939 年上半年,关税就达到了 6320.6 万元,盐税达 673.9 万元,统税达 3453.5 万元,合计达 1.04 亿元,显示出快速增长势头。③ 梁伪汉奸政权在其行政院设财政部,负责财政收支管理,财政部下设盐务处(后改为"盐务司")、税务署分别处理盐税与统税。由于梁伪汉奸政权主要管辖地区为华东地区,是当时中国经济最为繁荣的地区,因此日方虽已设立傀儡政权,但为了保证当地财政收入直接为其战争服务,分别通过直接或间接的方式牢牢地控制住梁伪"维新政权"财政。如税务署的下设机构苏浙皖三省税务总局,名义上虽然属于梁伪汉奸政权下属机构,但实"系独立组织,不属维新政府,每月税收缴日本特务机关,由该机关交一部与维新政府"④。据记载,税务总局月收入可达到 500 万元,但梁伪汉奸政权的统税仅能获取总税额的 1/5。⑤ 除统税收入之外,

---

① 中国国民党中央委员会党史委员会编印、秦孝仪主编:《中华民国重要史料初编——对日抗战时期》第 6 编 傀儡组织(3),中国国民党中央委员会 1981 年刊本,第 31 页。

② 费正、李作民、张家骥:《抗战时期的伪政权》,河南人民出版社 1993 年版,第 119 页。

③ 居之芬主编:《日本对华北经济的掠夺和统制——华北沦陷区经济资料选编》,北京出版社 1995 年版,第 901、906 页。

④ 中国社会科学院近代史研究所、中国抗日战争史学会编:《抗日战争史料丛编》第 3 辑第 30 册,国家图书馆出版社 2016 年版,第 133 页。

⑤ 上海档案馆藏:《汪伪苏浙皖总局任命及征税情况》,档案号 U38-2-466。

梁伪政权的盐税也被日本华中派遣军直接控制。如 1938 年华中的盐税收入共计 8500 万元,但是梁伪"维新政权"实际仅得 2900 万元,约占税收总额的 34%。[①]

由于财政收入的限制,两大傀儡政权在其统治时期,基本上属于"维持会"性质,更多是为了维持社会稳定,其财政体系更多是服务于日本侵略活动。因此,无论是华北伪政权还是华中伪政权,从财政机构的设置到财政体系的运转都体现出勉强与无能的一面,对税收的掌控完全出自日本侵略者的需要。日本侵略者的野心极大,华北、华中只是其南侵略政策的第一步,将华北、华中打通连成一片,建立更大的伪政权机关作为其傀儡政权,最终彻底灭亡中国,是日本帝国主义的既定目标。

二、汪伪"国民政府"的财政

汪伪"国民政府"的成立与日本侵略者的扶持密切相关。汪伪政权成立之后,意识到财政的重要性,为维持和巩固其统治,初期沿袭原国民党政府的财政体系,建立起以税收为主的财政结构。随着太平洋战争爆发,汪伪财政被直接纳入日本侵略战争体系当中,其财政收支受到更多限制,最终导致财政状况急剧恶化。1945 年日本战败投降,汪伪政权财政体系亦同时崩塌。

(一) 从沿袭旧制到日本掌控的汪伪政权财政体制

1938 年 12 月 18 日,汪精卫、曾仲鸣、周佛海等汉奸逃离重庆,抵达越南河内后发表降敌"艳电"。1939 年 4 月,由日本特务秘密护送汪精卫等进入上海,着手组织伪"中央政府"。汪精卫希望整合之前存在的华北伪"临时政府"和华中梁伪"维新政府",建立统一的傀儡政权。

日本政府曾考虑过将华北伪"临时政府"与梁伪"维新政府"合并成

---

① 国民党中央执行委员会调查统计局特种经济调查处编:《四年来之敌寇经济侵略》,特种经济处 1941 年印本,第 59 页。

一个伪"中央政府",但没有实现。1938年4月16日,日本内阁会议决定了《华北及华中政权关系调整要纲》,规定以伪"临时政府"作为傀儡"中央政府",尽快使梁伪"维新政府"与之合并。后来两傀儡政权会商取得了一些结果,在外交、教育、关税、盐税、财政上达成了卖国性质的协议。其后,华北汉奸纷纷提出各种建立伪"中央政府"的设想。同年11月2日,联委会第二次会议在北京举行。会议决定统一政权,以伪"临时政府"为改组中心,新的伪"中央政府"在地方上设"政务委员会",实现币制、教育、税收统一。但由于双方都想保留原有权力与势力范围,最终两大傀儡政权的合并没有取得实质结果。在汪精卫集团投敌后,日本侵略者把组建统一傀儡政权的希望寄托到汪精卫身上,对南、北两政权的联合逐渐失去了兴趣。经过一年多的"筹备",1940年3月30日,南京举行伪"国民政府"的所谓"还都"仪式,正式成立"中央"傀儡政权。同时,华北伪"临时政府"与华中梁伪"维新政府"同时取消,在形式上完成了傀儡政权的统一。

汪伪政权在建立之后,不完全承认其傀儡地位,对日本方面还抱有幻想。但日本侵略者很快就让汪伪政权这个幻想破灭,在汪伪政权与日本侵略者签订的《日华新关系调整要纲》附件中,明确提出"在长江下游地域,经济上须实现日华之间的紧密合作"[①]。为控制汪伪傀儡政权,日本侵略者通过内部直接控制的方式,在汪伪政权内部设立经济顾问部,由日方人员出任最高负责人。因此这个名义上的"中央政府",实际任由侵略者操纵、摆布;自建立之初,便在政治、军事、经济以至文化上全方位地适应日本侵略者对中国华北、华中地区进行法西斯殖民统治。汪伪政权的傀儡性质,使得其财政无法实现自主,只能受日本侵略者控制,彻底殖民地化。

汪精卫等成立的伪"国民政府"对外宣传是对原南京国民党政府的"继承",为显示其"正统"地位,设立伪"中央政治委员会"(以下简称伪

---

① 黄美真、张云编:《汪伪政权资料选辑·汪精卫国民政府成立》,上海人民出版社1984年版,第419页。

“中政会”)作为全国政治的最高指挥机关,由伪“中政会”对财政决策起决定作用。为使财政决策更为精当,又设伪“财政专门委员会”,其主任委员一般由伪政府“财政部”常务次长兼任,副主任一般由伪“财政部”钱币司司长兼任。1940 年 3 月 22 日,汪精卫代表伪中央政治会议公布了伪“国民政府”及各院、部、会长官名单,其中“财政部”部长为周佛海,政务次长为严家炽,常务次长为陈之硕。该委员会主要对伪“财政部”提出的财政政策进行“审查与设计”。伪“财政部”负责管理全国财政事宜,下辖关务署、税务署、盐务署,总务司、赋税司、公债司、国库司、钱币司,会计处三署五司一处,其中关务署、盐务署、税务署三署所征收的税收额占汪伪政权财政收入的一半以上。①

关于财政预决算,汪伪政权则沿袭国民党政府 1937 年 4 月颁布的《修正预算法》的规定,明确预算“是指经法定程序审核批准的国家年度集中性财政收支计划,是国家财政的主导环节”②。根据汪伪“国民政府”组织法规定“立法院”享有议决预算案的职权。③ 在立法院审议之前,伪“财政部”制定的财政收支计划只能称为概算,审议后方可称为预算。④财政预算编制最早是以月为单位,随着伪政权逐渐稳定,1941 年财政预算编制过渡为半年制。之所以改为半年制,主要是因为“依政治之进展,为编制之张本,以期接近事实”⑤。由于汪伪“国民政府”财政会计年度参照原国民政府的历年制,因此预算与会计年度的预算会存在差异。同时规定伪“财政部”编制的预算案暂时免送“立法院”审议⑥,但到汪伪政权坍塌时,其财政预算也还是半年制,而伪“立法院”长期处于有职无权的

①　中国第二历史档案馆藏:《财政部主管关盐统三税及货币金融之现在情况及将来方案》,汪伪政府财政部档案卷宗号 2063-1955。

②　王琪延主编:《大众常用经济词典》,中国发展出版社 2001 年版,第 429 页。

③　中国第二历史档案馆编:《中华民国史档案资料汇编》第 5 辑第 2 编附录(上),江苏古籍出版社 1997 年版,第 106 页。

④　王世杰、钱瑞升:《比较宪法》,中国政法大学出版社 1997 年版,第 458 页。

⑤　中国第二历史档案馆编:《汪伪中央政治委员会暨最高国防会议会议录》第 10 册,广西师范大学出版社 2002 年版,第 146—147 页。

⑥　中国第二历史档案馆编:《汪伪中央政治委员会暨最高国防会议会议录》第 10 册,广西师范大学出版社 2002 年版,第 147 页。

地位,财政预算全由伪"中政会"进行掌握,所以伪"国民政府"只有概算而无预算,并且是采用半年制的概算。既然缺失预算审议这一合法环节,财政决算也就没法进行。

在财政原则方面,从保守的"量入为出"向被动的"量出制入"转变。汪伪政权从梁伪"维新政权"手中接过一个由日本侵略者控制的财政体系。汪伪政权成立后,作为傀儡政权的"中央政府",日本侵略者不得不在名义上给予汪伪政权恢复财政统治权的机会。伪"宣传部"部长林柏生于1943年7月回顾1940年汪伪政权的财政时亦谈到"还都第一年(1940年)于杂乱之余而欲复兴建设自非易事,故首先厉行极度之紧缩以确立预决算收支之平衡,并尽最大之努力,维系仅存之元气,使民生经济不再受摧残"[1]。因而1940年汪伪政权"中央"的财政,只能根据有限的收入数额,按实际急缓需要应付支出。1941年,太平洋战争爆发后,汪伪政权作为日本帝国主义"以华制华"的手中工具,在日方的安排下,先后获得关税的管理权和保管权,但关税收入同样受太平洋战争的波及而缩减。正如日本侵略者所判断的那样,"海运断绝,贸易停滞,关税收入因而锐减,其于财政之影响,不可谓小"[2]。至于支出方面,"清乡"运动所需费用不断追加。基于以上现状,汪伪政权开始对财政进行调整,但这一时期汪伪政权仍然实行"量入为出"的财政原则。1943年1月,日本为了进一步"重点开发与取得在占领地区内的紧要物资以及积极获取敌方(按指重庆国民党政府)物资"[3],并将汪伪政权绑上"战车",令其直接参战,以此强化对汪伪政权的政治、军事和财政控制,扩大和强化经济与物资掠夺。如此一来,汪伪政权的军费开支不断攀升,通货膨胀更难抑制,财政支出陷于被动扩张的状态,因而不得不转为实行"量出制入"的财政原则。表面上汪伪政权依旧标榜"集中财力于治安、救济、经济建设和教育

---

① 浙江省档案馆藏:《汇集敌伪财政动态总资料》,财政档案卷宗号L057-010-0156。
② 伪中央储备银行调查处编:《中央经济月刊》第3卷第1号,第5页。
③ 余子道、刘其奎、曹振威编:《汪精卫国民政府"清乡"运动》,上海人民出版社1985年版,第123页。

文化等措施"①,实际上为应付 1943 年上半年高达 2000 万元的开支,被迫追加关税收入 2000 万元。下半年财政支出进一步扩大,又再追加关税,共计 1.02 亿元。② 到 1945 年,汪伪政权的财政预算,每月达至 36 亿元,"收支尚不能平衡,透支四万万元左右"③。如果说"量入为出"的实行是汪伪政权保守财政原则的体现,那么 1943 年后实施"量出制入"原则就是汪伪政权被绑上日本"战车"后财政收支不敷的必然。汪伪政权被绑上日本"战车"后,财政支出被动扩张,为应付不断增加的军费支出和无法控制的通货膨胀,不得不实行"量出制入",完全不顾沦陷区内的经济现状和民众负担能力,加紧赋税搜刮,从而进一步加速物价上涨。物价上涨又反过来恶化财政收入。

（二）日本侵略者直接控制下的汪伪财政收入

从财政收入结构来看,汪伪政权的常规收入有关税、盐税、统税、印花税、矿产税、所得税、特税、蚕丝建设特捐、通行税、国有事业收入、国有行政收入以及各省的解款收入等;此外,有些年份为弥补财政的不足,汪伪政权还采用发行公债、向日本借款等方式解决财政困难,但这些收入属于临时性质。

在汪伪政权的常规收入中,关税、盐税、统税占据了绝大部分。以 1941 年为例,在汪伪政权该年预算中,关、盐、统三税的比重由上半年的 69.04% 上升到下半年的 76.1%。④ 即使到了汪伪政权最为困难的 1944 年,三税的总收入还是占汪伪政权财政收入的 49.8%。⑤

"九一八事变"以后,日本侵略者逐渐控制了东北、华北、华中、华南

---

① 财政评论社编印:《财政评论》第 11 卷第 2 期,第 124 页。

② 中国第二历史档案馆编:《汪伪中央政治委员会暨最高国防会议会议录》第 17 册,广西师范大学出版社 2002 年版,第 133 页。

③ 伪中央储备银行调查处编:《中央经济月刊》第 5 卷第 4 号,第 80 页。

④ 中国历史第二档案馆藏:《1941、1942、1943 年度上半年国家收支总概算书》,汪伪政府中储行档案卷宗号 2041(1)-128。

⑤ 中国历史第二档案馆藏:《1941—1945 年国家收支总概算》,汪伪政府中政会档案卷宗号 2006-201。

等地区的海关,截至 1939 年年底,全国被占海关已达 22 处。这些沦陷区的海关关税收入大部分被日军扣留、挪用,仅仅将部分关余用于维持占领区傀儡政权的日常运转。汪伪政权成立之后,为缓解财政危机,决定与日方就海关税收问题进行交涉,希望能将 1938 年 5 月英日关税协定签订后至 1939 年 1 月为止的关税收入交与汪伪政权,使之成为汪伪政权财政基础的重要部分。但是,这一建议被日方拒绝。太平洋战争爆发前,汪伪政权能够获得关税来源的只有上海的江海关和广州的粤海关,华中、华南地区的其他海关或因战争缘故被迫关闭,或掌握在侵略的日军手中,汪伪政权无权管理。太平洋战争爆发后,日方进一步强化了"以华制华"的侵略方针,先后允许汪伪政权接收海关和接管关税收入保管权。1942 年,南京金陵关在日军协助下得以"恢复",并作为江海关的一个分支,专门征收转口税。同年 9 月,汪伪政权"恢复"了广东的潮海关;随后,广东的江门分关、浙江宁波的浙海关也相继"恢复"。尽管如此,日本侵略者仍掌握着各关的实际管理权。但这毕竟是名义上属于汪伪政权的海关,在一定程度上扩大了汪伪政权的关税收入,缓解了汪伪政权的财政压力。至于关税收入及其保管权,汪伪政权出笼前,汪精卫集团向日本提出,"中央政府"成立前,希望能从正金银行保管的关税中,以借款形式,借支4000 万元。"中央政府成立后,正金银行保管之关税,全部移交中央政府,以后每月之关税收入,纳入中央政府国库",不过汪精卫集团也清楚将全部的关税收回绝无可能,遂又补充,"但其中一部分,仍如以前保管于正金银行,余则由中央政府指定之中国银行保管,想亦可行"。① 但日本侵略者以"关税收入之保管,这与日英海关协定有关系,仍照以前一样,委托横滨正金银行进行保管,以充作中央政府的收入。剩余部分的处理,在中国政府国库制度未整顿好以前,暂时仍按过去办法处理"②。日本以日英海关协定为幌子,将关税收入的保管权系于日本正金银行。

---

① 黄美真、张云编:《汪伪政权资料选辑·汪精卫国民政府成立》,上海人民出版社 1984 年版,第 413 页。

② 黄美真、张云编:《汪伪政权资料选辑·汪精卫国民政府成立》,上海人民出版社 1984 年版,第 419 页。

1941 年汪伪政权伪国库成立后,虽然日方将关税扣除外债及赔款外的余额交由伪国库保管,但日本横滨正金银行依旧掌握着汪伪国民政府财政的命脉。直至 1943 年 1 月,日本侵略者统治下的所有海关关税收入交由海关总税务司管辖,汪伪政权才将关税的自由独立权收回。

　　汪伪政权关税收入包括进口税、出口税、转口税、船钞以及附加税等。中国海关大多集中在沿海地区,日本全面侵华战争爆发后,沿海海关大多受到战争的影响,中国的关税收入已亏损大半。据统计,1937年 1 月至 7 月,平均每月关税收入约为 3750 万元,而 8 月至 12 月月均收入仅 1610 万元;1937 年关税总收入为 34300 万元,1938 年的关税总收入为 25456 万元,与 1937 年相比,减少了 8844 万元,约为 26%。[①] 随着汪伪在日占区恢复统治秩序,这些地区的对外贸易又兴盛起来。基于此,汪伪政权在成立初期,仅粤海、江汉两关的收入每年都有余额。由表 9-25 可知,1940—1941 年汪伪政权的关税收入平稳中略有增长;1941 年 12 月太平洋战争爆发后,汪伪政权投入战争,贸易对象缩小,战争导致海运停顿,故关税收入呈下滑趋势;1943 年之后,日本侵略者在太平洋地区的失利,加之资源缺乏,使得日本侵略者对华北华中进一步扩大侵略,同时汪伪政权在此后一直输入军需战略物资给日本,使得关税收入继续下降;及至 1945 年,汪伪政权的关税收入比重仅占财政收入的 4.7%。汪伪政权关税收入的变化在一定程度上反映出该政权由兴盛到崩溃的过程。

表 9-25　汪伪政权关税收入(1941 年 4 月—1945 年)

单位:中储券(百万元)

年份	1940 年 4—12 月	1941	1942	1943	1944	1945
关税收入	61[①]	235	168[②]	588	2749	19645[③]

---

　　① 许毅主编:《从百年屈辱到民族复兴——南京国民政府外债与官僚资本》,经济科学出版社 2006 年版,第 227 页。

续表

年份	1940 年 4—12 月	1941	1942	1943	1944	1945
占总收入比例 (%)	27	48	24	23	23	4.7

注:①因资料不全,1940 年 4—12 月、1945 年的关税收入以预算数代替。据《财政部主管关盐统三税及货币金融之现在情况及将来方案》(二档馆藏汪伪政府财政部档案,2063-1955)来看,1940 年 4—6 月汪伪政府的关税实际收入即达 45 百万元,若以此数据为蓝本,取平均值每月为 15 百万元,则 1941 年 4—12 月的关税总收入为 120 百万元,将远远超过预算数,在总收入中所占比例也将高于预算数。

②余子道在其论文《汪精卫国民政府的"清乡"运动》中认为。太平洋战争爆发后,汪伪政权的"关税约等于零",这与史实不符,大概作者引用的是当时带有浓厚政治色彩的资料。见复旦大学历史系中国现代史研究室编:《汪精卫汉奸政权的兴亡——汪伪政权史研究论集》,复旦大学出版社 1987 年版,第 314 页。

③因资料缺乏,1945 年度的关税收入数额用预算数代替。

资料来源:1. 中国第二历史档案馆藏:《财政部主管关盐统三税及货币金融之现在情况及将来方案》,汪伪政府财政部档案卷宗号 2063-1955。

2. 中国第二历史档案馆藏:《国家总预算卷(1940 年 10—12 月)》,汪伪政府财政部档案卷宗号 2063-156。

3. 中国第二历史档案馆藏:《各年度国库收支决算报告及财政部追加国家收支总概算案并附表(1941—1945)》,汪伪政府中储行档案卷宗号 2041(2)-116。

4. 中国第二历史档案馆藏:《1941—1945 年国家收支总概算》,汪伪中央政治委员会档案卷宗号 2006-201。

统税是汪伪政权中第二大税项,在汪伪政权成立前,梁伪"维新政权"时的统税状况是,"江苏、浙江、安徽三省的统税局有独立之组织,不隶属于维新政府,每月缴纳税收的方式,先缴与日本方面,再由日本将其一部分缴与维新政府"。汪精卫集团提出,汪伪"中央政府"成立时,三省统税局交由财政部接收,税收纳入"国库"①。日本曾经承诺,"新中央政府成立后,江苏、浙江、安徽三省之统税,由中央政府财政部接收,税收归国库等,遂加以调整一层,并无异议"。但在 10 月 30 日的决定中,却明确表示反对汪伪政权完全控制统税。因此,汪伪政权在成立之初,其主要管辖长江地区的苏、浙、皖三省的统税是由日本侵略者扶持的苏浙皖税务总

① 黄美真、张云编:《汪伪政权资料选编·汪精卫国民政府成立》,上海人民出版社 1984 年版,第 414 页。

局负责征收,同时并由苏、浙、皖税务总局局长兼任汪伪政权的税务署署长。随着太平洋战争爆发,日本侵略者不得不表现出对汪伪政权的"诚意",同意于 1943 年 1 月 1 日将苏、浙、皖三省税务总局撤销,另于苏、浙、皖三省分别设立税务局及印花烟酒税局,其中税务局"专办统税及特税行政",印花烟酒局"专办印花烟酒税政",同时各税务部门的人事任免权也由汪伪政权控制。① 1942 年以后,汪伪政权面临关税收入减少,盐税收入增幅较小的财政收入困境。为渡过难关,汪伪政权对统税政策进行调整,通过整顿税务机关,屡屡提高统税率,改从量征收为从价征收以及征收临时特捐特税等方式,使 1942 年的统税收入不减反增,一跃而为第一财政收入项目。随着太平洋战争的爆发,1941 年(截至 1942 年 3 月 31 日)关税收入为 2.35 亿元,统税收入为 1.3 亿元;1942 年(截至 1943 年 3 月 31 日)关税收入减少为 1.68 亿元,统税收入则增加为 1.96 亿元。由表 9-26 可知,1943 年汪伪政权统税收入达到近 10 亿元,这与其政权建立后华中统治秩序相对稳定,工商业的恢复和发展息息相关。1941 年和 1942 年统税的实际收入大大超过预算数额,主要得益于汪伪政权采取提高税率等措施。汪伪政权统税收入 1943 年剧增到 9.05 亿元,1944 年到 28.85 亿元,但由于通货膨胀影响,物价上涨相当之快,统税的实际收入则在减少(见表 9-26)。

表 9-26　汪伪政权统税收入(1940—1945 年)

(单位:中储券百万元)

项目＼年份	1940 年 4—12 月	1941	1942	1943	1944	1945
预算数	46	109	162	395	1919	112254
实际收入	58	130	196	905	2885	—

---

① 中国第二历史档案馆编:《中华民国史档案资料汇编》第 5 辑第 2 编 附录(下),江苏古籍出版社 1997 年版,第 730 页。

续表

项目＼年份	1940 年 4—12 月	1941	1942	1943	1944	1945
实际收入占总收入的比例（％）	—	26.10	28.20	34.80	23.90	—

资料来源:根据中国历史第二档案馆藏:《财政部主管关盐统三税及货币金融之现在情况及将来方案》,汪伪政府财政部档案卷宗号 2063-1955;《国家总预算卷》,汪伪政府财政部档案卷宗号:2063-156;《1941、1942、1943 年度上半年国家收支总概算书》,汪伪政府中储行档案卷宗号 2041(2)-128;《中华民国三十年度下半年国家收支总概算书》,汪伪政府财政部档案卷宗号 2063-3772;《1941—1945 年国家收支总概算》,汪伪政府中政会档案卷宗号 2006-201;《各年度国库收支决算报告及财政部追加国家收支总概算案并附表(1941—1945)》,汪伪政府中储行档案卷宗号 2041(2)-116 计算得出。

　　盐税亦是汪伪政权财政收入的重要来源。据史料记载,汪伪政权的盐税收入包括粗盐税、精盐税以及硝磺余利等。[1] 日本自全面侵华战争爆发之后,因食盐关乎民生以及工业用盐是军需工业生产的基本原料,战略意义与煤、石油旗鼓相当,对所占领地区的食盐进行控制,实行专卖制度,仅将部分盐余转交给汪伪政权。但对汪伪政权来说,盐税收入在其财政收入中依旧占据着重要地位。为进一步提高盐税收入,汪伪政权先后采取强化管理机构体系,从产、运、销等环节加强控制、提高盐税等措施,如在汪伪政权成立之初,就成立伪盐务署,在重要产盐区成立伪盐务局,建立起一整套盐务管理体系。汪伪政权名下的盐场资源以长芦盐场、山东盐场和海州盐场最为重要,三个盐场的产量占全国产量的 2/3。但实际上大部分盐场都被集中控制在日本侵略者手中,仅有海州盐场留给汪伪政权支配。"七七事变"之前,海州盐场的税收可达 6000 万元,占全国盐税的三成;日本侵占后,盐田荒芜,加之暴雨侵袭,盐产量降低,难以维持正常需求。为了恢复盐场生产,汪伪政权在产盐、运盐和销售方面进行了长达一年多的整顿,最终使海州盐场产量得以恢复并提高。对于盐税税率,汪伪政权也先后多次提高。在汪伪政权成立之初,每担盐的税率

---

　　[1]　中国历史第二档案馆藏:《1941、1942、1943 年度上半年国家收支总概算书》,汪伪政府中储行档案卷宗号 2041(1)-128。

为日本军票 480 元;苏浙近场轻税地区为 1.80 元、1.90 元、2.20 元、2.30 元不等。华北的青岛精盐每担征税 2.65 元,天津、烟台精盐每担征税 3.75 元。[①] 太平洋战争爆发后,先后于 1941 年、1944 年、1945 年三次提高盐税税率,到 1945 年汪伪政权规定"食盐(精盐及粗盐)税率,不分产区、销区,一律改定为每担法币 3 千元,以先税后盐为原则,由产区盐务机关就场征收","另由销区盐务机关征收销区税,每担法币 6 百元"。[②] 汪伪政权如此频繁地修改税率反映了汪伪政权盐税收入的不稳定性。汪伪政权的历年盐税收入如表 9-27 所示。1940—1942 年,汪伪政权盐税的实际收入均超过概算数,而 1943 年盐税的实际收入却低于概算数。虽然从整体趋势来看,盐税每年收入都在递增,但 1943 年的盐税实际收入的转向问题值得深思。1943 年的汪伪政权,首先是关税收入剧减,军费开支屡次增加,伪中央政府的财政出现困难,整个财政系统面临大问题。同时,沦陷区的盐斤以极低的价格纷纷运往日本;最终使得汪伪政权的盐税收入到 1944 年以后更为下降。虽然汪伪政权财政体系中,盐税依旧占据重要地位,但与之前相比不可同日而语。

表 9-27　汪伪政权盐税概算数与实际收入比较(1940—1945 年)

(单位:中储券百万元)

年月	项目	概算(A)	实际收入(B)	B/A(%)
1940 年	4—6 月	5	13	118
	7—12 月	6		
1941 年	上半年	9	23	110
	下半年	12		

①　余子道、曹振威等:《汪伪政权全史》(下卷),上海人民出版社 2006 年版,第 744—745 页。

②　中国第二历史档案馆编:《中华民国史档案资料汇编》第 5 辑第 2 编 附录(下),江苏古籍出版社 1997 年版,第 763 页。

续表

年月 项目		概算 (A)	实际收入 (B)	B/A (%)
1942年	上半年	12	61	149
	下半年	29		
1943年	上半年	33	83	95
	下半年	54		
1944年	上半年	85	137[①]	64
	下半年	130		
1945年	上半年	691	—	—
	下半年	2002		

注:①1944年度盐税收入额的统计时间为1944年4月1日—1945年3月31日。

资料来源:根据中国第二历史档案馆编:《汪伪中央政治委员会暨最高国防会议录》(第一册),广西
师范大学出版社2002年版,第38—40页;中国第二历史档案馆:《财政部主管关盐统三税
及货币金融现在情形及将来方策》,汪伪政府财政部档案卷宗号2063-1955;《国家总预算
卷》,汪伪政府财政部档案卷宗号2063-156;《1941、1942、1943年度上半年国家收支总概
算书》,汪伪政府中储行档案卷宗号2041(2)-128;《中华民国三十年度下半年国家收支总
概算书》,汪伪政府财政部档案卷宗号2063-3772;《1941—1945年国家收支总概算》,汪伪
政府中政档案卷宗号2006-201;《本部施政概况》,汪伪政府财政部档案卷宗号2063-1949
综合统计、编制。

  总体而言,1941—1943年,日本侵略者进一步扩大战争,所需的战略
物资,大多仰给东北、华北、华中等地,因而对汪伪政权的财政较为重视,
采取"帮助恢复"部分海关、增加税种等一系列措施,帮助汪伪政权渡过
财政难关,而汪伪政权则从财政、经济和物资资源上全面支持日本灭亡中
国、称霸世界的罪恶战争。在日本侵略者的支持下,这一阶段汪伪政权的
财政收入呈上升趋势。如表9-28所示,汪伪政权财政收入从1940年3
月汪伪政权成立时的2.3亿增长到1944年年底的120.51亿元。具体年
份而言,1941年比1940年上涨了1.15倍;不过从月份比较而言,仅增加
61%。1941年年底,太平洋战争爆发,一方面,日本的侵略扩张呈加速度
膨胀态势;另一方面,因英美海上封锁,汪伪政权对外贸易受阻,关税、盐

税和统税不断减少。为了维持汪伪政权统治,日本侵略者调整对华财政政策,以维持汪伪政权 1942 年的财政平衡。1943 年,日本在太平洋战场不断失守,汪伪政权完全沦为日本侵略战争的物资提供者,不得不实行竭泽而渔的税收政策,使得财政收入出现爆炸式增长,对其统治区经济民生却造成了严重打击,导致 1944 年财政收入不降反增,但汪伪政权的财政收入主要是数字上呈现增加趋势,实际上受通货膨胀的影响,其实际购买力并未出现显著增加,到后期反而下降,1945 年更为恶化。

表 9-28 汪伪政权财政收入(1940—1944 年)

(单位:中储券百万元)

项目＼年份	1940 年 4—12 月	1941	1942	1943	1944
总收入	230	496	695	2601	12051
平均月收入	27	41	57	216	1004
比上年增长率	—	161	140	374	463

注:1941—1944 年收入包括上一年度的剩余款。
资料来源:中国第二历史档案馆:《财政部国库司 1940 年收支概况及应付未付款清册》,汪伪政府财政部档案卷宗号 2063-4616;中国第二历史档案馆:《各年度国库收支决算报告及财政部追加国家收支总概算案并附表》,汪伪政府中储行档案卷宗号 2041(2)-116。

(三)汪伪政权的财政支出与财政体系的崩溃

财政支出是政府根据其各项职能对国民收入的再分配。因汪伪政权1940 年还没有建立国库制度,1945 年的垮台又没有机会作出年度会计决算,所以对于汪伪政权财政支出的研究主要集中在 1941—1944 年度。汪伪政权财政支出主要包括国务费、内务费、外交费、财务费、军务费、实业费、交通费、教育文化费、司法费、事业费、抚恤费、总预备费以及地方补助费等。在汪伪政权的各项支出中,军务费支出处于首要地位,其中 1941年为 1.3 亿元,占总支出的 38%,到 1944 年军务费支出高达 37 亿元,占总支出的 52%。[①] 军费的巨额开支,除了一部分用以支持日军的军事侵

---

① 中国第二历史档案馆:《各年度国库收支决算报告及财政部追加国家收支总概算案并附表》,汪伪政府中储行档案卷宗号 2041(2)-116。

略和武装劫夺外,大部分用于日伪共同进行的"清乡"运动。汪伪政权的傀儡性质决定了其无法自主安排财政支出的重点方向,为维持汪伪和日本侵略者的统治,汪伪不得不将财政支出投入"清乡"运动中去。

1941年7月,汪伪政权开始实行"清乡"运动,这主要是日本侵略者要求的"沪、宁、杭三角地带的治安稳定需要,以利于从占领区汲取更多的物资和人力"[1]。而且伪政权地方收入远不能满足行政需要。如表9-29所示,在汪伪政权成立之后,已经对地方做了整顿,但1940年江苏收支尚缺22万元。因此汪伪政权借助"强化治安,改善经济"的口号,意图通过清乡整理杂税,统一地方财政。"清乡"运动后,汪伪政权加强了对苏、浙、皖等省的控制,这些省份的支出也较之前稳定。如表9-29所示,江苏在1941年下半年实行"清乡"之后,收入快速增长,改变了过去入不敷出的状况。

表9-29 "清乡"前后江苏省财政收支变化(1939—1942年)

(单位:中储券万元)

年份 \ 项目	收入	支出
1939	332	332
1940	580	602
1941	895	807
1942	9495	6456

资料来源:申报出版社编辑:《申报年鉴》,申报出版社1944年版,第1078页。

随着太平洋战争的爆发,日本侵略者为其战争需要,要求汪伪政权开始谋求自身的财政收支平衡,因此1942年度军费开支相对1941年有所减少。但1943年汪伪政权宣布"参战"后,成为日本太平洋战争的重要后方,汪伪政权不仅需要从财力、物力上支持日本侵略活动,更需要为日本侵略者打造较为稳定的殖民统治秩序。从表9-30可以看出,1943年,作为汪伪政权统治核心地带的苏南地区"清乡"运动进入第四期,上海、

---

① 浙江省档案馆:《汇集敌伪财政动态总资料》,财政档案卷宗号 LD57-010-0159。

苏北也开始"清乡",进一步扩大清乡范围。这种大规模的"清乡"运动给汪伪财政带来了严重的压力,1943年度,汪伪政权的军务费为6.45亿元,占总支出的45.75%[①];日军在战场上的节节败退也使得汪伪政权投入大量财政的"清乡"运动最终瓦解,为汪伪政权的瓦解埋下了伏笔。

表9-30 汪伪政权"清乡"运动工作经费(1943年)

(单位:中储券万元)

"清乡"区地 项目	必要总数	中央补助费		自筹数额
		上半年	下半年	
镇江、苏州第四期地区	1500	750	250	500
苏北第一期地区	2450	1400	1050	—
杭州地区	1500	200	1000	300
太湖第二期地区	600	300	—	300
上海第一期地区	400	200	—	200
上海第二期地区	800	250	250	300
余姚盐场地区	350	50	—	300
安徽省准备地区	200	50	150	—
预备	100	—	100	—
总计	7900	3200	2800	1900

资料来源:余子道、刘其奎、曹振威编:《汪精卫国民政府"清乡"运动》,上海人民出版社1985年版,第78页。

汪伪政权的开支大部分用于帮助日本侵略者维持在华的治安秩序,对于国民经济发展与基础设施虽然名义上编列预算,但在实际建设中却未投入资金,反而积极帮助日本侵略者统制华中沦陷区的经济。从表9-31中可以明显看出,汪伪政权的经济建设费与军务费相比,两者明显不协调,这种不正常比例充分显示了作为一个傀儡政权,无权决策,更无法做到独立自主。何况,1943年汪伪政权"参战"后,疲于为"大东亚战争"供应物资与财力,根本没有精力考虑华中地区的经济建设,更不用说

[①] 中国第二历史档案馆:《1941—1945年国家收支总概算》,汪伪政府中政会档案卷宗号2006-201。

基础设施的投入了。由表 9-31 可知,1943 年的财政预算中,汪伪政权财政支出重点投入在"治安"与"救济",而对"经济建设"与"教育文化""实业费"财政支出并不重视。

表 9-31　汪伪政权军务费、经济建设费概算比较(1941—1945 年)

(单位:中储券万元)

项目 年份	军事费		实业费		建设费	
	经常门	临时门	经常门	临时门	经常门	临时门
1941	9355	3622	317	7	无	无
1942	14121	7610	440	7	无	无
1943	24337	40186	947	58	无	290
1944	82420	371910	1977	83	793	42
1945	555963	30888480	10231	698	10275	1340

资料来源:中国第二历史档案馆:《1941、1942、1943 年度上半年国家收支总概算书》,汪伪政府中储行档案卷宗号 2041(2)-128;中国第二历史档案馆:《中华民国三十年度下半年国家收支总概算书》,汪伪政府财政部档案卷宗号 2063-3772;中国第二历史档案馆:《各年度国库收支决算报告及财政部追加国家收支总概算案并附表》,汪伪政府中储行档案卷宗号 2041(2)-116;中国第二历史档案馆:《1941—1945 年国家收支总概算》,汪伪政府中政会档案卷宗号 2006-201。

日本侵略者在中国占领区扶持伪政权,就是要通过"以华制华"的侵略方针来维持占领区的统治秩序、协助日军统制与掠夺占领区的物资,达到"以战养战"的目的。因此,汪伪政权作为日本侵略者在关内扶持的最大伪政权,必须根据日本的战略需要调整自己的政策方针,从表 9-32 中可以发现,汪伪政权财政支出从 1941 年到 1944 年呈快速发展趋势。由于 1943 年中储券的大量发行,以及 1943 年 4 月 1 日军票停止发行后,日伪双方又于 1943 年 4 月 7 日与 1944 年 8 月 1 日续订了互相存放款契约,日本在华的军、政费完全由汪伪政权筹措。据统计,1943 年支付军费为 152 亿元,1944 年支付军费为 1445 亿元,1945 年为 23438 亿元,三年共计 25035 亿元[①],从而造成严重的通货膨胀。

---

① [日]浅田乔二等:《1937—1945 日本在中国沦陷区的经济掠夺》,袁愈佺译,复旦大学出版社 1997 年版,第 265 页。

表 9-32 汪伪政权财政支出规模变化（1941—1944 年）

（单位：中储券亿元）

年份	1941	1942	1943	1944
支出额	3.4	5.0	11.8	70
比上年增长(%)	—	58	136	493

资料来源：中国第二历史档案馆：《各年度国库收支决算报告及财政部追加国家收支总概算案并附表》，汪伪政府中储行档案卷宗号 2041(2)-116。

总而言之，汪伪政权的收入与支出均呈不断增长之势，而且增长的速度越来越快，不过实际上，这种增长是通货膨胀造成的后果，按不变价格计算，其实际收支是不断下降的；此外，在收入与支出同时增长的趋势下，支出的增长速度逐渐快于收入，1940—1942 年汪伪政权的支出差不多与收入持平。但 1943 年宣布"参战"后，其支出迅猛扩张，最终导致汪伪政权财政体系的彻底瓦解。汪伪政权、伪满洲国都是日本侵略者扶持的傀儡政权，旨在为实现日本灭亡中国、征服世界的野心服务，汪伪政权的存在，是日本"以战养战"的需要，其生存的命运与日本帝国主义共存亡。随着日本帝国主义在战场上的失败，汪伪汉奸政府的财政体系和整个傀儡政权也最终土崩瓦解。

第四节　财政和税收损失

一、东北、热河和伪"蒙疆"地区的财政、税收损失

（一）东北地区的财政、税收损失

1928 年，国民党政府在形式上取得统一，开启了国民党政府统治中国的时代，为巩固其一党专政的大地主大资产阶级的统治，国民党政府在继承原北洋政府时期的财政政策和措施的基础上，对国家财政的各个方面做了调整。财政管理方面，整顿从中央到地方的财政机构，划分国税和

地税,建立预算和决算制度;税收和税制方面,收回关税自主权、改革盐税税制并调整税率;裁撤厘金,改征货物统税;整顿印花、烟酒、矿产等国税,收回税权,革除积弊,统一征管等一系列措施。在结束了北洋政府羸弱的管理局面,国民党政府整顿财政的措施以及明确划分中央和地方财政后,国民党政府经济在 1928—1936 年呈现出岁入明显增长的趋势。表 9-33 数据显示,中央收入在 1928 年为 3.34 亿元,此后 1929 年到 1936 年,呈上升趋势;除 1932 年度,国民政府受日本侵华的影响,比上年度略低。而且以税收这一项做考察,关税、盐税和统税是间接税,此三税的缴纳者为商品运销、经销商,税收负担最终转化为商品,表格中提取的信息,关税是每一年度所收收入最多的项目,盐税次之。

表 9-33 中央收入统计(1928—1936 年)　　　　(单位:百万元)

项目 年份	岁　入　项　目								总计 I ②	总计 II ③
	关税	盐税	统税	其他 税收	各省征 解中央 税款	官产官 业收入 ①	行政 收入	杂项 收入		
1928	179	30	30	7	77	—	—	12	335	335
1929	276	122	41	12	11	1	—	21	484	484
1930	313	150	53	15	4	1	—	25	561	558
1931	370	144	89	13	—	3	—	15	634	619
1932	326	158	80	18	5	22	—	5	614	614
1933	352	177	106	25	—	23	3	4	689	689
1934	353	167	105	24	—	64	11	21	745	745
1935	272	184	135	31	2	86	12	78	800	817
1936	379	197	158	35	—	25	8	68	870	870

注:①官产官业收入包括原表"国有事业收入""国有事业利润"两项内容。原表注:国有事业收入"大部分来自各铁路,其中包括为军用运输服务所得收入";国有事业利润"大部分来自中央银行"。

②总计 I 为各分项收入的总计数。各数均照原表录入。

③总计 II 为总计 I 中扣除"应行退还之收入"并加上"从暂记账中收回之款项"以后的数字。各数均照原表录入。

资料来源:据杨格《中国财政经济情况》,第 483—485 页附录 1《1928 年 7 月 1 日至 1937 年 6 月 30 日常年岁入和岁出》(岁入部分)。

　　东北地区虽然改旗易帜以后归属于国民党政府的管理,但其财政仍然有极大的独立性。东北地区的"国税"掌握在张学良手中,而不完全属于国民党政府管辖。各省主管省财政的财政厅由其下的捐税局管辖,东北地区"国税"下辖所得税、茶税、关税、盐税、烟酒税等,参照表9-1东北三省财政收入情况(1930年)、表9-2东北三省财政支出情况(1930年),我们可以对东北地区20世纪30年代财政收入和支出做详细探究。在1930年,消费税占东三省财政收入最高,盐税收入达到了37.7%,尽管当时中国海关关税税率较低,进出口税率仅有5%,以此计价东三省的关税总额仍有3500万两之巨。[①] 张学良维持东三省的财政力量较为强大。在支出中,陆军费达到了68.3%,在日本侵略中国东北时,东北的军费开支颇为巨大,这可能是在日常行政开支下,东北地区军队的开支与维护本省安全有关。在东北沦陷之前,日本通过株式会社控制东北地区的经贸往来,这一时期,东北民众与日本的侵入在贸易、电业、金融诸方面做斗争,日本在东北地区经济力的控制有所减弱。1920—1930年,日本人在奉天交易所金票交易的份额从90%下降到36%,四平街交易所中大豆交易的份额从50%下降到22%,公主岭交易所中大豆交易的份额一直只有9%—10%,长春街交易所院内大豆交易的份额从27%下降到18%。[②] 但是,这一时期最主要的问题仍是中国民族资本在实业、金融等领域的竞争力不足,农产品运销量的减少,东北沦陷前的财政处于一定程度的损失状态。

　　日本占领东北后,决定在中国东北构筑一个内部严密的管理体系,建立一整套严格的经济、政治、文化体系;1932年,伪"满洲国"成立,被绑架在日本战车上的傀儡政权从一开始其财政的收支跟着日本经济、战略需要而涨落。从1932年到1936年,伪"满洲国"财政损失表现在日本侵略经济财政体系后,伪"满洲国"在军事方面的支出呈现出很大的开支,即使财政用

---

　　① [日]天野元之助:《满洲经济の発达》,满铁经济调查会昭和七年(1932年)版,第70页。

　　② [日]天野元之助:《满洲经济の発达》,满铁经济调查会昭和七年(1932年)版,第69页。

途指向经济性质,其军事维持"治安"的特征依然明显,行政费和国防治安费占有很大比例,以 1936 年为例,该年度行政费支出共计 98247281 元伪满币,其中一般行政费支出 54658743 元,占行政费总支出的 55.6%;警察费支出 11971925 元,占行政费总支出的 12.2%;司法费支出 10109519 元,占行政费总支出的 10.3%;教育费支出 5015448 元,占行政费总支出的 5.1%;土木费支出 16491646 元,占行政费总支出的 16.8%。①

从 1937 年到 1939 年,东北人民对日本和伪"满洲国"的抗争转入地下,为充分掠夺东北的战略物资满足战争需要,日本帝国主义者这一阶段挟持伪"满洲国"进行了一系列的税制改革。税制改革无外乎体现在两个方面:其一,通过税制改革,制定新税,加强对东北人民的掠夺;其二,增加消费税和流通税。参照表 9-10 伪满国内税("内国税")税收细目(1937—1939 年),表中数据证明了,其在流通税、收益税以及消费税额方面有所增加,这一阶段的"税制整理"经过平衡,消费税增加的额度比收益税高。当然,这一阶段,关税收入在财政收入比重中依旧很高。对这一阶段,伪"满洲国"的财政损失所占比重较为稳定。

从 1940—1945 年伪满政府发行公债的情况,我们可以推断,东北地区在伪"满洲国"的傀儡控制下,其财政损失,所背负的经济负担何其严重。债务偿还未能还清,这也与日本帝国主义在这一阶段疯狂投入战场,拖垮了伪"满洲国"经济有关,其所背负的财政损失很严重。参照表 9-23 伪满公债发行情况(1939—1945 财政年度),1939 财政年度公债余额尚只有 880774250 元伪满币,1945 财政年度时已经累增至 3911878250 元,增长率高达 344.14%。在伪满累计发行的 4055441250 元公债中,有 3025441250 元是在伪满国内以伪满币的形式发行,占总发行量的 74.6%。伪满主要公债的发行,其掠夺的是东北人民的资产,给东北人民的生活造成极大困难,无论是东北境内人民面临的损失还是伪"满洲国"财政损失,在这一阶段都表现得极为明显。

---

① "国务院"总务厅情报处:《满洲国概览·康德三年版》,伪"康德"三年(1936 年)版,第 76 页。

（二）热河地区的财政、税收损失

自 1933 年春，日本以武力占领热河，1933 年 4 月前后，日本帝国主义者组织热河省资源调查团，对热河省的各个方面做了一个详细的调查，以利于其未来对热河的施政与管辖。日本侵略者占领热河之后，将西拉木伦河以北之地划为“兴安西省”，并划出三县归“锦州省”，将热河划为七县六旗。财政和赋税是经济统制的主要方面，它构成了日伪在伪“满洲国”以及热河地区的经济管制，并对热河地区的经济、人民生活以及社会形势产生了重大影响。

对“热河省”社会、政治、经济等各方面进行考察，尤其是深入了解日伪进入热河地区实施统治之前热河地区的经济发展、财政问题，易于对此一时段热河经济结构做直观的观测。“热河省”在当时，其可耕地已经全部消耗，为政者对所统治区域不知道纾民困，反而加紧剥削，以致民不聊生，加之日本侵略者入侵，其肆虐杀人，百姓无法生存，导致大批百姓从热河逃亡。赤峰为四通八达的道路中心所在地，但道路的修建工作尚未做好，利用自然道路做长距离的运输工作，只能用驴骡等简单的牲畜作为交通工具，交通的落后，阻碍了热河地区致富的可能性。除了陈旧的交通设施之外，对于货物之经销、办理，例如赤峰之特产甘草，甘草商行，仅有日人满洲兴业公司一家，金融上不能得到更多帮助，经销地区距离太远以及证券化利用程度低，再加之，热河地区近代工业，仅有赤峰电厂以及满洲兴业甘草厂，规模狭小、资金不足、农村人口不能吸纳到城市。如表 9-34 所示，热河地区兴业银行票价的变化过程，很明显，从 1925 年到 1928 年，票价的涨幅达到 200 元，而 1930 年后即使发行了纸币，其票面市场流通的价格依旧很高，金融之阻滞，不但商民受其损害，农民也受其苦。

表 9-34　热河兴业银行票价暴落状况（1925—1933 年 1 月）

（对现大洋一元之比）

| 1925 年春 | 1 元 | 1930 年 3 月 | 5 元 |
| 1925 年 1 月 | 3 元 | 1930 年 7 月 | 1 元（发行新纸币） |

续表

1925 年春	1 元	1930 年 3 月	5 元
1926 年 2 月	6 元	1931	—
1927 年 1 月	15 元	1932	
1927 年 2 月	20 元	1932 年 9 月	25 元
1928 年春	40 元	1932 年年末	30 元
1928 年 9 月	200 元	1933 年 1 月	50 元
1929 年春	—	—	—

资料来源:《国际贸易导报》1933 年第 5 卷第 12 期,第 59 页。

  货币价值之暴落,赋税的严重,都市衰落,农商陷入疾苦的境地,故其财政也受重大影响,表 9-35 数据显示,赤峰县财政局之地方税收,由原本的 178813 元,减少到 1931 年的 93290 元。赤峰县下完纳亩捐之官地,在数年前达到 7045 顷 23 亩,近年民户逃亡,官地骤减 3700 亩,总计不过 4000 亩。其地方税收如此大减,可以想象全省赋税的征收。其直接导致地方公安的给养费不足、学校教育经费缺乏等一系列连锁反应。财政税收之损伤对整个热河省的经济造成了不可估计之影响。

表 9-35 赤峰县财政局征收地方税收预算额   (单位:元)

税目 ＼ 预算额	旧有全年预算额	1931 年 实收状况预算额
亩捐	169086	84000
乌舟商捐	1680	1680
杂捐	8047	7610
五车驮捐	1260	1100
出街油粮捐	960	600
奢侈品铺捐	200	210
由省招商承包屠宰捐	4427	4400
由县招商承包小肠捐	600	700
由县招商承包汤锅捐	600	600
计(地方捐收入)	178813	93290

资料来源:《国际贸易导报》1933 年第 5 卷第 12 期,第 64—65 页。

1932年,伪满当局在统辖区内设立"税务司"负责掌管国内税务,在各省设立了税务监督署,署下设"税捐局",采取"一旗县一局"原则,直接执行赋税征收事务。1937年,日伪加强对热河地区的管辖,专门派遣人员调查各县的财政状况,以达到充分利用与管理的目的,进行了一整套财政改革,废除了1937年前对热河地区采取的消极"量入为出"措施。地方伪政府财政机关逐渐代替税捐局某些职能,各旗县财政执行"收支分管"的措施,财政收入由财务局办理,财政支出由总务科会计股办理,事务员是日本人,监视财政局状况。① 财政的基本制度实行预算制度,记载了日伪统治时期赤峰县的预算岁入,"县税、交付金、过年度收入"都是用征税形式"取之于民"的,占岁入总额的95%。日伪统治者把预算"化整为零",分裂开来,表示所征收的县税,仅占总预算的56.6%,掩盖了事实真相,混淆视听。② 日本在预算制度上的"量入为出"主要是想借其实际岁入的能力对财政进行调配,以达到岁入岁出的均衡。在财政支出方面,其殖民特征也是十分明显。其目的是有效控制地方的财政,通过财政的搜刮对当地老百姓进行剥削,扩大侵略战争。

据记载,1933年日伪当局强迫农民多种鸦片,除按规定每亩土地征收亩捐外,另加征"禁烟特税"6元,后又增到13元。1934年,全县征收禁烟特税35万元,对不按期缴"禁烟特税"者加罚滞纳金,对密植和多种者处以罚金。1935年,仅滞纳金和罚金两项即达3.6万元,其管控程度相当严格。日伪对没有耕地以及十分贫困的老百姓,利用春耕之季,积极设法筹办贷款给百姓,以伪省公署为主体,设立春耕贷款监理委员会。该委员会提出救济金额150万元,其中普通耕地每亩借与法币3角,鸦片地每亩借与2元,利息二分三厘,故一般老百姓以为可以多贷款,谁知被日本人坑骗,结果热河到处都是罂粟,利息之重,老百姓到期不能还,变得越加贫困。

---

① 全国政协赤峰市红山区委员会文史资料委员会编:《红山文史》第2集,1987年印本,第79页。

② 全国政协赤峰市红山区委员会文史资料委员会编:《红山文史》第2集,1987年印本,第84页。

尤其在日伪统治后期,为了达到"以战养战"的目的,日伪更加随意提升赋税税率,加重对老百姓的剥削,人民负担沉重。伪"满洲国"的财政也面临艰难处境,财政损失程度颇为严重,以赤峰县为例,1933年,日伪制定《国税征收发》,1935年赤峰县各税征缴253127元,1936年仅国税一项就达383000元,增长了51.3%。1940年太平洋战争爆发后,日伪对经济全面掠夺。1941年,第一次战时大增税,"国税"税率就提高了82%;同时提高卷烟税率20%,酒税50%,并增征制造税、出厂税;还增征特别卖钱税、通行税、法人所得税、资本所得税、油脂税。1944年,由于战争需要,进行全面大增税,并新增不动产所得税。酒税税率总额增13成;卷烟按等级课征,烟税率由5.5%提高到15%,如"三统税"增加6%—10%,清凉饮料税由35%提高到70%;地税由10%提高到40%;家屋税由3%提高到5%;资本所得税率提高3成以上。[1]

总体观之,一方面,日伪占领热河地区,对省下县旗的经济管辖,进行财政整顿改革,其财政结构有所完整,并为地方制度奠定基础;另一方面,其大部分财政剥削来源于日伪对热河地区的掠夺与控制,并随着战事的加紧,日伪对伪"满洲国"的掠夺日益加剧,导致伪"满洲国"财政负担加重,从而内外交困,面临崩溃。

(三) 伪"蒙疆"政权辖区的财税损失

1937年"七七事变"后,日军先后占领了中国的察哈尔省、山西省北部以及绥远省部分地区,随后在这些地区成立了察南、晋北、蒙古联盟自治政府三个傀儡政权。日本很早就认为"满蒙的资源很是丰富,有着作为国防资源所必需的所有资源,是帝国自给自足所绝对必要的地区"[2]。为了加强控制该地区的经济命脉和最大限度地掠夺资源,1939年9月,日本驻蒙兵团将该区域内的上述三个伪政权进行合并,成立了伪"蒙古联合自治政府"。虽然这个政权名义上是独立政权,但实权却掌握在日

---

① 赵建国主编:《松山区志》,辽宁人民出版社1995年版,第717页。
② 复旦大学历史系日本史组编译:《日本帝国主义对外侵略史料选编(1931—1945)》,上海人民出版社1975年版,第3页。

本侵略者的手中,日本人除了担任该自治政府的顾问外,还直接出任各级政府的官吏。日本侵略者对于伪“蒙疆”地区的战略意图不但是将其建成一个巩固的对苏作战基地,而且要利用该地区的丰富资源将这里建成支持日本战争的资源基地。

为了将伪“蒙疆”地区的资源用于日本侵略战争,日本对蒙疆地区的财税掠夺包括两大方面:一方面是直接从伪“蒙疆政权”获取财政收入;另一方面是将伪“蒙疆”地区丰富的农矿资源运往日本。

日本直接获取财政收入的方式主要有两种:一种是直接利用傀儡政权的财政体系获取。据统计,仅 1942 年和 1943 年,伪“蒙疆政权”的财政收入就高达 3342 万元。① 另一种主要利用日本控制的伪“蒙疆银行”进行资金转移。据统计,到 1945 年 8 月 20 日止,“蒙疆银行”资产转入日本银行或日本帝国所属银行,华中南户 1.74 亿元,海南岛户 600 万元,香港户 1230 万元,南方户 50 万元。② 这些巨额资金掠夺导致伪“蒙疆”人民普遍赤贫,农户现金收入极少,只能维持简单的生产与生活。

日本对伪“蒙疆”地区进行财税掠夺的另外一种方式是直接对伪“蒙疆地区”丰富的农矿资源掠夺。日本认为“应该由伪‘蒙疆’供给的原料品第一是国防工业、重工业的基本原料,尤其是矿石和煤炭,第二是军需资源羊毛”③。日本在伪“蒙疆”地区调查资源的基础上,假办企业之名,行掠夺资源之实,在满足屯军和侵略战争需要后,其余部分运回本土。掠夺的资源主要有铁、煤炭、盐及各种农畜产品。据统计,整个华北及伪“蒙疆”地区,1936 年煤矿产量为 1673 万吨,1944 年为 2039 万吨,是 1936 年的 1.2 倍;生铁产量 1936 年为 5000 吨,1944 年为 2 万吨,是 1936 年的 4 倍。④ 由此可见,日本侵略者对伪“蒙疆”地区的矿产掠夺达到了十分猖狂的程度。

---

① 居之芬主编:《日本对华北经济的掠夺和统制——华北沦陷区经济资料选编》,北京出版社 1995 年版,第 910 页。

② 中国第二历史档案馆编:《中华民国史档案资料汇编》第 5 辑第 2 编“附录”(上),江苏古籍出版社 1997 年版,第 898 页。

③ 杨井克巳编:《蒙古资源经济论》,三笠书房 1941 年版,第 58 页。

④ 严中平等编:《中国近代经济史统计资料选辑》,科学出版社 1955 年版,第 147 页。

伪"蒙疆"地区自古畜牧业发达,日本在伪政权下设牧业总局,为统制和掠夺畜牧产品服务。1938年,又设立"东洋拓殖会社"负责经营畜牧,设立"蒙疆羊毛同业会社"专门经营羊毛业,并在平津设立羊毛工厂。[①] 日本对畜牧业实行严格的一元化统制,以独家经营为基本原则,避免竞争。这种垄断经营,便于对畜牧业的掠夺。日本通过伪政权的牧业总局定出"公定价格",然后分配各旗、县收买,按牲畜与皮张种类、数目,限期完成,用强制性手段掠夺了大量畜产品。日本强占包头后,立即成立"物资调办社"实行经济军事管制政策,贬价强行收购皮、绒、毛。到1945年,包头的皮毛店已倒闭者十之六七,幸存者也铺底无存。[②] 日本通过强制的方法,用低价从伪"蒙疆"搜刮了近乎全部的畜牧业资源。

伪"蒙疆政权"财政随着日本的战争掠夺、挤压、无休止的索取,走向了崩溃的边缘,政权也因此走向崩塌。

二、关内沦陷区的财政、税收损失

(一) 华北地区的财税损失

"七七事变"后,日本从华北开始发动了全面的侵华战争,先后侵占了华北、华中和华南地区,并在沦陷区扶植傀儡政权来实行侵略统治。

中国许多地区成为日本掠夺的对象,而关内沦陷区(华北、华中)因其特殊的战略意义成为日本帝国主义者"开发"的重点对象,日本通过傀儡政权对华北和华中等地进行法西斯残暴的管理,对经济进行残酷的掠夺与控制。

在华北地区,日军每占领一处,即以"军管"的名义,对重要的工矿企业进行管制,然后委托日本企业进行生产经营。"日华事变以来,军部给华北接收了很多矿山、工厂为军管工厂,在自己支配下进行着管理指导,

---

① 延安时事问题研究会编:《日本帝国主义在中国沦陷区》,上海人民出版社1958年版,第67页。

② 中国人民政治协商会议内蒙古自治区委员会文史资料研究委员会编:《内蒙古文史资料第39辑 内蒙古工商史料》,内蒙古文史书店1990年版,第225页。

为有效经营工厂,军部委托适当业者,受托的业者必须根据军部所指示的条件很好地经营。"[1]

到1939年,日本企业先后控制了华北地区的11个煤矿,预计该年产煤400万吨;在盐业方面,日本企业控制华北地区的长芦盐场,计划该年度对日输出40万吨,并将长芦盐场的产量由40万吨增至64.5万吨。[2]

日本还通过掠夺华北伪政权的财政税收用以支撑其罪恶的侵略战争。1937年年底,日军控制华北海关,"并于1938年实行了第一次关税改正,改正后的新税目有输入税60种,输出税16种。与旧税相比,输入税降低了3成至7成,输出税降低了5成至6成"[3]。除接管海关之外,日本侵略者还控制了华北伪政权的国税总署,改称"统税总署",将其下属的征税管理处改称"统税分局"。盐税方面,除设立长芦盐务管理局外,还设立了青岛盐务管理局。通过对以上三大税种和征税机关的整理,伪"华北临时政府"在1938年初步确立了财政基础,"1938年关税约7349万元,盐税约1865万元,统税约3965万元,合计13179万元,距年度预算相差近30000万元"[4]。而这些财政收入大部分被日本侵略者控制用于侵略战争。

(二)华中地区的财税损失

华中地区是中国工商业的中心地区,虽然矿产资源较华北及东北贫乏,但贸易、交通、工商、农业等都较为发达。因此,日军经济侵略华中的重点,也主要集中在这些方面。

日本对华中地区的掠夺,始于"八一三"淞沪抗战。日本侵略者相继占领上海、南京等地,由于战争破坏和日军的掠夺,华中地区经济损失惨重。以上海为例,在战前,上海占到了全国工业生产的1/2强,有华商工

---

① 中央档案馆编:《华北经济掠夺》,中华书局2004年版,第233页。

② 中央档案馆编:《华北经济掠夺》,中华书局2004年版,第238—239页。

③ 居之芬、张利民主编:《日本在华北经济统制掠夺史》,天津古籍出版社1997年版,第102页。

④ 居之芬、张利民主编:《日本在华北经济统制掠夺史》,天津古籍出版社1997年版,第103页。

厂5200余家。在淞沪会战中,上海工厂合计被毁者约达70%,密集于闸北一带而全毁者,约占35%,浦东南市一带全毁者,占20%,损失总额当在8亿元以上。① 大量的中国工厂被日本侵略者"军管",仅梁伪政权时期,苏、浙、皖三省属于"军管"的纺织、丝绸、化工等工厂,达到了200多家。②

为优先保证军需,日本当局对华中沦陷区出产的小麦、棉花、大米等农产品进行了统制。华中地区的米粮,一律被置于日军司令部的统制管辖之下,要进行运输则必须持有日本特务机关发给的"物品搬出许可证"。③ 1939年8月,日军对苏、浙、皖三省主要产谷地区发布禁止新米出境令,并指定由各日本商社进行收购。在日本指定军粮收购的地区里,只有军方指定的商人才能收购;沦陷区所产小麦,通过设立华中制粉联合会收购;沦陷区的棉花,则由华中棉花协会收购。所谓"收购",实际上和强制征收相差无几。④

梁伪政权期间,伪统税局只属于日本侵略者,不属于梁伪政府。梁伪政府每月税额直接交付给日本特务机关,再由该机关划拨一部分给伪组织,充当伪组织所需经费。因此,梁伪政府期间华中沦陷区的主要税收均被日本侵略者控制,梁伪政权只能通过日本侵略者的划拨,才能满足基本的运转需求。

汪伪政权成立之后,汪伪政权接手了一部分向日军提供粮米的任务,开始插手日军的物资统制。⑤ 1941年9月,汪伪政权成立了"中央物资统制会",并设置地方物资统制会,具体负责督导改进物资供求及计划配给、调查统计物资产销、审议准许移出物资标准数量、严防物资流入大后

① 潘健:《汪伪政权财政研究》,中国社会科学出版社2009年版,第30—31页。
② 黄美真编:《伪廷幽影录——对汪伪政权的回忆》,东方出版社2010年版,第158页。
③ [日]浅田乔二等:《1937—1945日本在中国沦陷区的经济掠夺》,袁愈佺译,复旦大学出版社1997年版,第10页。
④ 中国社会科学院近代史研究所编:《日本侵华七十年史》,中国社会科学出版社1992年版,第620页。
⑤ 黄美真主编:《日伪对华中沦陷区经济的掠夺与统制》,社会科学文献出版社2005年版,第506—507页。

方等。① 然而,这一机构的实际领导权仍在日军手中,并未改变日军主导统制沦陷区物资的现状。

随着太平洋战争的爆发,日军对沦陷区的物资统制政策进行了调整。一方面,日军企图加强对沦陷区物资的掠夺,当前对华经济施策的着眼点,是增加获取战争完成必需的物资,图谋占领区内紧要物资的重点开发与获得,并积极获取地方物资;另一方面,为提高汪伪政权的积极性,日本方面一定程度上放松了对沦陷区经济的统制和垄断,"在实行经济施策过程中,力戒日本方面的垄断,同时活用中国方面官民之责任与创意使之体现其积极地对日协助之实"②。1943 年 6 月,汪伪政权公布《战时物资移动取缔暂行条例》,以苏、浙、皖三省及上海、南京两个特别市为对象,内容与日军统制规定相类。若宣布统制某项物资,则先由统委会核定一个极低价格,向生产者分头收购,集中物资供日军提购后,再把剩余物资另定高价,向民间销售。③ 这不仅使日军优先获取军需品,而且直接盘剥了沦陷区百姓。

除了对物质进行掠夺之外,日本还通过汪伪政权发行的"中储券"进行掠夺华中民众的财产。日本认为"军需物资的筹措和其他军方所需及确保供日物资等方面的紧急需要""指导储备银行及财务当局,尽可能有效地使用储备券,以期军方所需等万无一失"。④ 随着日本将"中储券"日益"军费化",造成华中沦陷区的大规模恶性通货膨胀。如表 9-36、表9-37 所示,1943 年、1944 年汪伪政权的财政收入均有结余,但是其中真伪未必如此。1943 年汪伪政权对商品实行从价征税,该年度关税、统税收入剧增,正是账面上财政结余的缘故,导致 1944 年统税增加缓慢,沦陷

---

① 上海市档案馆编:《日本在华中经济掠夺史料 1937—1945》,上海书店出版社 2005 年版,第 301 页。

② 中央档案馆、中国第二历史档案馆、吉林省社会科学院编:《日本帝国主义侵华档案资料选编·汪伪政权》,中华书局 2004 年版,第 935 页。

③ 中国人民政治协商会议全国委员会文史资料委员会编:《文史资料存稿选编·日伪政权》,中国文史出版社 2002 年版,第 890 页。

④ 上海市档案馆编:《日本在华中经济掠夺史料 1937—1945》,上海书店出版社 2005 年版,第 439 页。

区经济开始衰退。账面上,显示 1943 年、1944 年汪伪财政收多于支,其实质是 1943 年后日本与汪伪通过中储行大量发行中储券增加日本军费开支,使得汪伪政权成为日本军事开支的机器,1944 年汪伪政权的财政更加恶劣,中储券大量发行,物价高涨,通货膨胀,1945 年,汪伪政权整个财政体系崩溃,再也无法维持下去。

表 9-36 汪伪政权的财政收支(1943 年) (单位:万元)

科目	金额	科目	金额
岁入类		岁出类	
经常门		经常门	
关税	58760	国务费	4406
盐税	8326	内务费	2522
统税	90538	外交费	1550
烟酒税	8135	财务费	10068
印花税	512	军务费	14962
矿税	395	实业费	721
所得税	8532	交通费	123
特税	8367	建设费	265
通行税	3521	教育文化费	1683
蚕丝建设特捐	3302	司法费	1722
国有事业收入	765	事业费	7835
国家行政收入	375	抚恤费	181
国有营业纯益	2898	总预备费	7295
各省解款收入	21390	临时门	
交易税	313	国务费	2426
临时门		内务费	86
关税外债基金收入	5285	外交费	35
特种协款	859	财务费	55
拨款	897	军务费	33625
其他收入	16344	实业费	46
兑换损益	484	教育文化费	55

续表

科目	金额	科目	金额
经费剩余	436	国有营业资本支出	754
上年度移入款	19668	补助费	13772
		粤鄂临时补助费	37
		临时加成费	6077
		特种建设基金	6
—		其他临时费	705
		补付款	2302
		第三次加成费	4197
		本年度支出	117509
		结存	142593

表 9-37　汪伪政权的财政收支（1944 年）　　　　（单位：万元）

科目	金额	科目	金额
岁入类		岁出类	
经常门	—	经常门	—
关税	274875	国务费	6828
盐税	13694	内务费	2877
统税	288544	外交费	2175
烟酒税	33970	财务费	31917
印花税	5594	军务费	63476
矿税	884	实业费	1538
所得税	42185	建设费	704
特税	7652	教育文化费	3082
通行税	33781	司法费	4497
蚕丝建设特捐	10878	事业费	60797
交易税	2714	抚恤费	407
零售筵席娱乐等税	149290	总预备费	61797

续表

科目	金额	科目	金额
国有事业收入	962		—
国家行政收入	354		
国有营业纯益	1879	临时门	
各省解款收入	56655	国务费	—
香烛税	1450	内务费	4501
临时门		外交费	82
关税	4887	财务费	383
禁烟收入	51537	军务费	317299
特种协款	14361	实业费	36
债款收入	25224	建设费	42
公债收入	20711	教育文化费	608
其他收入	17109	补助费	16620
经费剩余	639	临时加俸费	20655
上年度移入款	142593	行政机关临时加俸费	90944
拨款	2646	其他临时费	457
兑换损益	0.2	补付款	6681
本年度收入	1205068	本年度支出	698498
		结存	506570

资料来源:中国第二历史档案馆藏:《各年度国库收支决算报告及财政部追加国家收支总概算案并附表》,汪伪政府中储行档案卷宗号 2041(2)-116。

上册图表索引